ZHANGJIAGANG ALMANAC 2020

中国年鉴全文数据库收录年鉴

張家港年鑑

张家港市人民政府主办

中共张家港市委党史地方志办公室编

方志出版社
Publishing House of Local Records

图书在版编目（CIP）数据

张家港年鉴. 2020 / 中共张家港市委党史地方志办公室编. -- 北京 : 方志出版社, 2020.9
ISBN 978-7-5144-4363-9

Ⅰ. ①张… Ⅱ. ①中… Ⅲ. ①张家港－2020－年鉴
Ⅳ. ①Z525.33

中国版本图书馆CIP数据核字（2020）第188355号

张家港年鉴（2020）

编　　者：中共张家港市委党史地方志办公室
责任编辑：丛　珺
出 版 者：方志出版社
地址　北京市朝阳区潘家园东里9号（国家方志馆4层）
邮编　100021
网址　http://www.fzph.org
发　　行：方志出版社图书经销中心
电话（010）67110500
经　　销：各地新华书店
印　　刷：南京凯德印刷有限公司
开　　本：889×1194　1/16
印　　张：39
字　　数：1165千字
版　　次：2020年9月第1版　2020年9月第1次印刷
印　　数：0001～2000册
ISBN 978-7-5144-4363-9　定价：210.00元

张家港年鉴编纂委员会

《张家港年鉴(2020)》

主　　审	陈雪明　刘东兴
主　　编	陈飞健
副 主 编	汪丽菁　陆文琰　张　洁
编　　辑	汪丽菁　陆文琰　卢德兴　张　洁　沈立平
	黄宏庆　陆正芳　景力颖　朱永平　宋佳辰
	陆婷婷
图片编辑	沈立平
编　　务	马　俊　许建东
装帧设计	张家港市无界广告设计中心

序

中共张家港市委书记 潘国强

鉴往知来　以史明志
奋力打赢高水平全面建成小康社会“收官仗”

岁编一辑，书脉相传。在收官“十三五”、开篇“十四五”的重要历史时刻，2020卷《张家港年鉴》如约与大家见面。汇百卷于一册、凝一岁为一夕。她以丰富的内容、翔实的资料、精美的图片，全面客观记录了过去一年全市经济社会发展的可喜成绩和崭新成果，可谓思接千绪、视通万里，是一部传承文明、服务当代、资政未来的生动教材。

2019年，全市上下紧扣高质量发展走在前列的总要求，以“招商突破年”为主攻点，深入推进“港城发展升级版”建设，各项工作在张家港精神再弘扬的总动员中起步开局，在大事要事的节节推进中起势成势，在新时代“三超一争”的生动实践中彻底“燃起来”。实现地区生产总值2547.26亿元，比上年增6.1%;公共财政预算收入247亿元，增长5.8%; 居民人均可支配收入5.8万元，增长8.4%。长城宝马光束汽车、有机硅一体化基地等一批重点项目加快建设，44.2平方千米的高铁新城建设如火如荼，江海交汇第一湾“张家港湾”展露雏形。与此同时，张家港市还成功获评“中国率先全面建成小康社会范例城市”，获2019中国县级市全面小康指数第一名等一系列荣誉，生动诠释了又一个激情燃烧、干事创业的“火红年代”。

2020年，面对新冠肺炎疫情和国内外复杂环境的叠加影响，全市上下将始终坚持以习近平新时代中国特色社会主义思想为指导，深入贯彻落实上级各项决策部署，积极抢抓长三角一体化、长江经济带高质量发展等多重战略机遇，与时俱进大力弘扬张家港精神，全力以赴抓好疫情防控，不遗余力推动高质量发展，全方位勾勒“美丽张家港”壮美画卷，一体谋划“临港转型示范区、综合枢纽辐射区、美丽幸福引领区、文明城市策源地”，在“两手抓双胜利”中全力夺取“三标杆一率先”首战首胜，奋力提交好收官“十三五”、高水平全面建成小康社会的“张家港答卷”！

鉴往知来，年鉴是时间的坐标，承载着城市的记忆，当我们端起“年代滤镜”审视过往，其实也是在用“未来视角”聚焦当下、谋划未来。站在“两个一百年”历史交汇点上，我们更当学好用好这部“地方百科全书”，以史资政、以史鉴今、以史明志，借鉴历史智慧，为现代化建设吹响奋斗号角、汲取奋进动力！

2020年10月

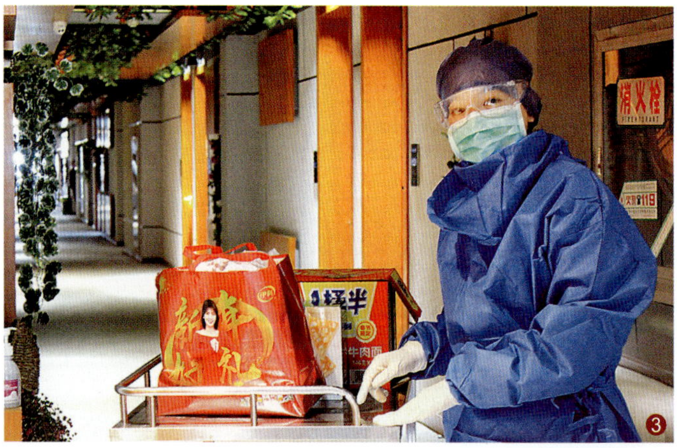

1 1月28日，志愿者在沪武高速张家港出口测量体温

2 1月22日，市新型冠状病毒感染的肺炎防控工作专题部署会议

3 2月2日，塘桥镇集中医学观察隔离点医生在工作

4 1月27日，张家港市第一批支援湖北医疗队出征

图片提供：市卫健委

新冠肺炎 疫情防控

2020 年，面对突如其来的新冠肺炎疫情，全市上下坚决贯彻“坚定信心、同舟共济、科学防治、精准施策”总要求，严格落实“外防输入、内防扩散”工作举措，科学研判、快速反应、精准防控，坚决打赢疫情防控阻击战。相关职能部门忠于职守、勇于担当，基层干部尽职尽责、坚守一线，全市市民众志成城、群防群控，1.73 万名志愿者不计得失、无私奉献，特别是 43 名医护人员奉命出征、驰援湖北，展现了“最美逆行者”的担当与风采；广大企业深明大义、慷慨解囊，捐献抗疫资金 6500 余万元、抗疫物资 50 余万件，体现了企业家强烈的责任意识和家国情怀。在确保疫情可防可控的基础上，市委、市政府积极稳妥恢复生产生活秩序，扎实做好“六稳”“六保”工作，先后出台“惠企十条”“惠外十四条”等惠企助企政策，开展“美好 2020，从 4 月开始”“多彩夜沙洲”等主题活动，千方百计帮助企业纾困解难、拉动消费回升，牢牢稳住经济运行“基本盘”。

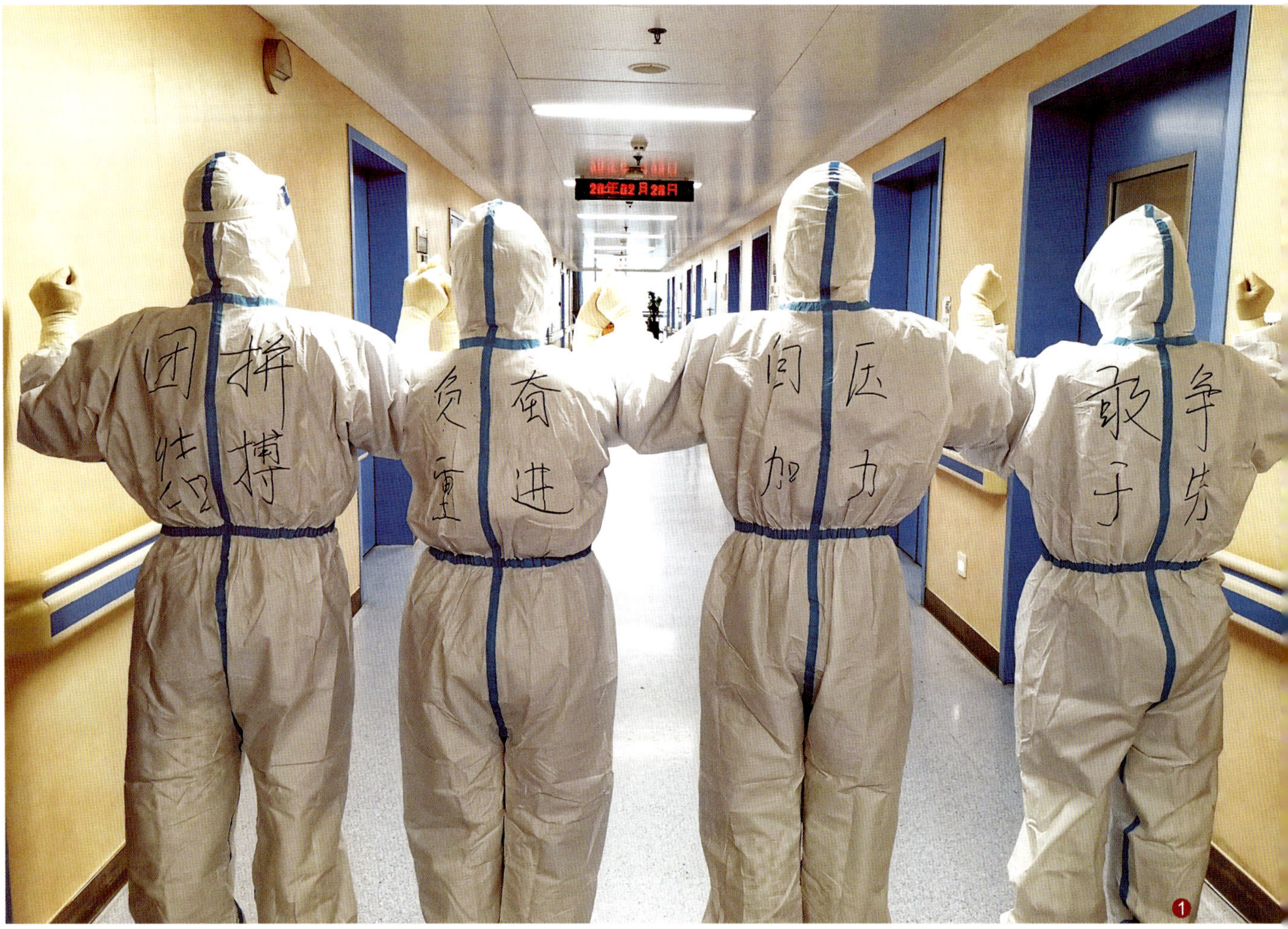

1 3月13日，张家港市支援湖北医疗队队员在湖北当地医院工作

2 2月8日，苏州火车站防疫分流点张家港工作组开展工作

3 2月13日，江苏邮政公司运输沙钢集团捐赠抗疫物资驰援湖北省鄂州市

4 2月15日，市新型冠状病毒肺炎疫情防控指挥部专班工作汇报会召开

5 全市一级以上医院全面开展预检分诊，图为2月21日市中医医院预检分诊处

6 4月15日，张家港市第二批支援湖北医疗队队员返港欢迎仪式举行

图片提供：市卫健委、市交通运输局、江苏邮政张家港分公司

4

新冠肺炎

疫情防控

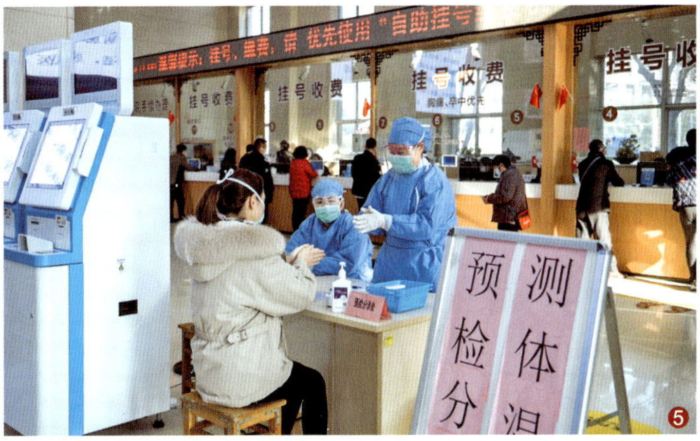

5

6

1 疫情防控志愿服务队在行动

2 志愿者在苏州波力斯医疗科技有限公司制作口罩

3 2月3日，张家港中集圣达因低温装备有限公司医用氧供保设备驰援武汉火神山医院

4 永钢集团员工献血

5 教育系统开设线上课堂

6 2月20日，江苏德丰建设集团“返岗直通车”包车接回河南籍员工

摄影：张惠香、许海斌、朱小清、黄志强、杨海平、谢卫东

新冠
肺炎
疫情防控

3

4

5

6

1 张家港港

陈 勇 摄

2 5月30日，全市智能工业千企推进会召开，图为国家专精特新“小巨人”企业颁奖仪式

市工信局 提供

3 10月16日，国泰创新中心及智能制造产业园开工仪式举行

褚珊珊 摄

临港转型示范区

2019年，张家港市以“招商突破年”为抓手，全年到账内资160亿元，实际利用外资5亿美元，比上年增26.5%。召开智能工业千企推进大会、科技创新大会，加快国家创新型县市建设，“港城上市通”上线运营。全年完成地区生产总值2547.26亿元，公共财政预算收入247亿元。完成工业投资160.14亿元，比上年增24%，其中新兴产业投资占比超80%。

2

3

1 5 月 31 日，“港城上市通”启动仪式举行

褚珊珊　摄

2 江苏亿都智能特种装备有限公司智能生产车间

市工信局　提供

3 欧璧医药包装科技（中国）有限公司智能生产车间

市工信局　提供

4 5 月 30 日，张家港腾讯云工业云基地签约

市工信局　提供

5 9 月 29 日，全市科技创新大会召开

市科技局　提供

临港转型示范区

综合枢纽辐射区

2019 年，沪苏通长江公铁大桥成功合龙，张家港市出台高铁新城总体规划，一体打造 44.2 平方千米的城市副中心；致力沿江经济带转型发展，实施“十百千万”工程，建设江海交汇第一湾“张家港湾”；坚决打赢污染防治攻坚战，开展大范围“三优三保”，建成 4 个康居特色村、109 个三星级康居乡村，永联村获评首批“全国乡村旅游重点村”；打造全国首家“智慧城市应用创新中心”，荣膺“2019 年中国领军智慧城市”称号。

1 世纪广场

靳　泉　摄

2 张家港保税区文化中心

靳　泉　摄

3 全省首个乡村 5G 基站——南丰镇永联村 5G 基站

黄智强　摄

4 张家港湾

陈瑞平　摄

1 渡江胜利公园

陈 勇 摄

2 常阴沙现代农业示范园区稻田画

石小蛟 摄

3 凤凰山景区

市文体广旅局 提供

4 沙洲新城

陈 勇 摄

③

综合枢纽辐射区

④

1 妈妈为双胞胎姐妹在暨阳湖留影

侯一华　摄

2 采收荸荠

王苗苗　摄

3 7月9日至13日，2019年中国足球协会第二十二届“贝贝杯”青少年（12岁男子组）足球赛在市举行，张家港贝贝队获冠军

市文体广旅局　提供

4 市社会救助服务中心

市民政局　提供

5 市民在香山景区休闲游览

侯一华　摄

美丽幸福
引领区

4

2019 年，全市居民人均可支配收入 5.8 万元，比上年增 8.4%。“民生微实事”项目实现区镇全覆盖，公共服务“一网通办”扎实推进，省教育现代化、义务教育优质均衡发展监测结果均列苏州各市（区）第一，高标准通过国家卫生城市复审，“弱有所扶”大救助体系建设成效得到民政部肯定，市少儿足球队获得中国足球协会第二十二届“贝贝杯”青少年足球赛冠军。

5

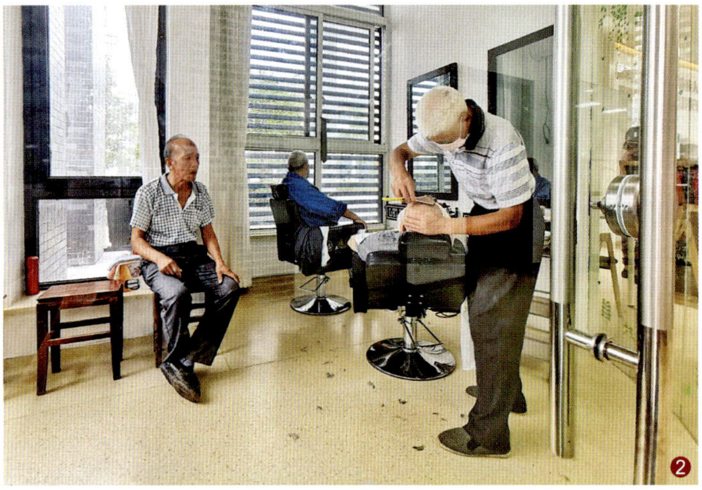

1 2 大新镇养老服务中心

邹　颖　摄

3 开展残疾人机器人辅助康复训练

市残联　提供

4 市第一人民医院国家级卒中防治中心

市卫健委　提供

5 市机关幼儿园举行毕业典礼，喜迎新中国成立70周年

石小蛟　摄

美丽幸福

引领区

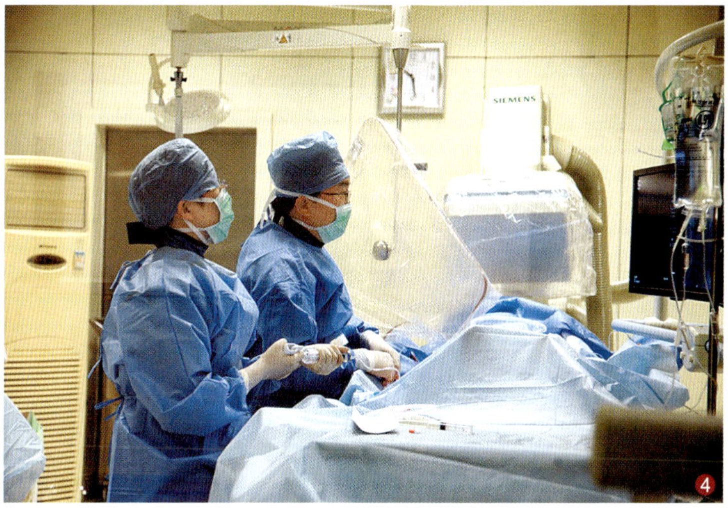

1 11月1日，中国（张家港）长江文化艺术节开幕

市文体广旅局　提供

2 常阴沙现代农业示范园区组织垃圾分类主题宣讲

市机关事务管理中心　提供

3 善港村赴贵州省沿河土家族自治县高峰村开展精准脱贫农业帮扶

沿河县　提供

4 “一盔一带”宣传

市公安局　提供

5 乐余镇永利村村民在移风易俗倡议书上签字

王苗苗　摄

2

3

4

文明城市
策源地

2019年，市社会综合治理网格化联动中心成立，各镇综合行政执法局实现实体化运作，“村民自治国家级试点任务”“全省现代社区治理创新实验区建设”高标准通过验收，新时代文明实践网络实现市、镇、村（社区）全覆盖，在全省率先建成县级退役军人服务中心，全面推行“快警务”实战模式，群众安全感和法治建设满意度继续位居全省前列。

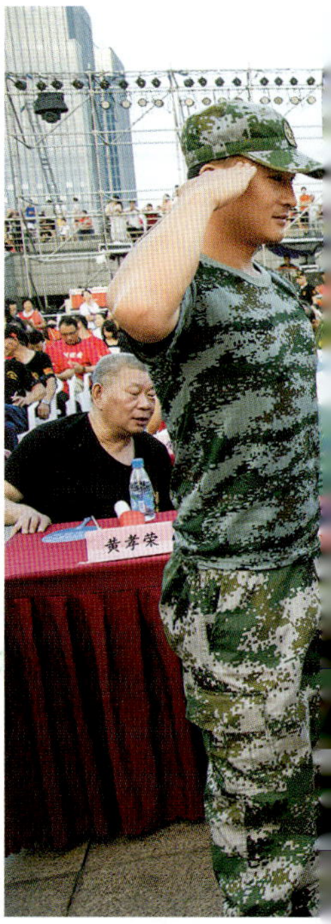

1 新春文化非遗展在杨舍老街举行

周　全　摄

2 致敬老兵活动

黄勤芬　摄

3 南丰镇永联村村民议事会

谢卫东　摄

②

文明城市
策源地

③

1 1月17日，苏州龙杰特种纤维股份有限公司在上海证券交易所挂牌上市

市金融工作服务中心 提供

2 1月26日，全市机构改革动员部署会召开，对全市机构改革工作进行动员部署。图为新组建的市文体广电和旅游局挂牌仪式

市文体广旅局 提供

3 4月9日，市政府与华为公司签署战略合作协议，共同推进全市新型智慧城市建设

市大数据管理局 提供

4 3月29日，张家港黄泗浦遗址入选“2018年度全国十大考古新发现”

市文体广旅局 提供

高标准保护利用文物 服务社会发展和民生需求
全国重点文物保护单位
黄泗浦遗址
中华人民共和国国务院
二〇一三年三月五日公布
张家港市人民政府立
4

全市“不忘初心、牢记使命”
主题教育动员大会
2019年9月
1

全市新时代“三超一争”聚焦聚力“三标杆一率先”誓师大会
光荣与梦想
2

1 9月12日，全市“不忘初心、牢记使命”主题教育动员大会召开

陈佳琪　摄

2 10月23日，全市新时代“三超一争”，聚焦聚力“三标杆一率先”誓师大会召开

褚珊珊　摄

3 6月27日至28日，中共中央宣传部在张家港市召开学习宣传贯彻习近平新时代中国特色社会主义思想系列研讨会

市融媒体中心　提供

3

1 2月28日，法国展望与创新基金会青年代表团访问张家港市

2 4月14日，“外籍人士看港城”活动开展

3 5月11日，德国贝尔吉施格拉德巴赫市市长卢茨·伍巴赫访问张家港市

4 6月13日，韩国驻上海总领事崔泳杉访问张家港市

5 6月26日，“驻沪领馆、国际商协会、外企高管走进张家港”活动举行

图片提供：市政府办（外事办）、商务局、团市委

友好往来

4

5

1 9月19日，张家港市与澳大利亚墨纳堡郡签署友好交流城市关系备忘录

2 10月17日，瑞士驻上海总领事曾礼惟访问张家港市

3 10月29日，中国张家港市—日本丸龟市友好交流20周年庆典举行

4 10月31日至11月2日，韩国浦项市自治行政局局长郑景元率政府议会团访问张家港市

5 11月1日至2日，日本永平寺町代表团访问张家港市

图片提供：市政府办（外事办）

4

5

编辑说明

一、《张家港年鉴（2020）》坚持以马克思列宁主义、毛泽东思想、邓小平理论、“三个代表”重要思想、科学发展观、习近平新时代中国特色社会主义思想为指导，坚持辩证唯物主义和历史唯物主义的立场、观点和方法，实事求是记载2019年张家港市经济建设、政治建设、文化建设、社会建设、生态文明建设等各方面的基本面貌和发展情况，为各级领导提供准确的信息和情况，为各界人士了解、研究张家港提供基本信息资料，为编修地方综合志书积累资料。

二、张家港年鉴是由中共张家港市委领导、张家港市人民政府主办、中共张家港市委党史地方志办公室负责逐年编纂的张家港市地方综合性年鉴。《张家港年鉴（2020）》为第二十五卷。

三、张家港年鉴采用条目式记事体，分类编纂。基本结构为类目、分目、条目3个层次。《张家港年鉴（2020）》设类目34个，下设分目221个、条目1005个、表格115张。

四、《张家港年鉴（2020）》彩页突出“开展新时代‘三超一争’，推进‘三标杆一率先’”主题。以“新冠肺炎疫情防控”为题，直播2020年张家港市科学研判、快速反应、精准防控，坚决打赢疫情防控阻击战的举措；以“临港转型示范区”“综合枢纽辐射区”“美丽幸福引领区”“文明城市策源地”为题展现2019年张家港全市人民守初心、担使命，推动高质量发展的年度重点和亮点工作。

五、根据2019年机构改革变化、时代特色及为充分反映张家港全面落实国家的乡村振兴战略，《张家港年鉴（2020）》纲目作了一些调整。一是增加乡村振兴与脱贫致富类目，设置乡村振兴、农村资产管理、对口帮扶、全国贫困村创业致富带头人（善港）培训基地分目，体现张家港对内抓乡村振兴、对外抓挂钩帮扶共同奔小康的工作特点；二是将邮电·信息化类目改成数字张家港，增加张家港大数据管理局以及智慧城市建设相关内容；三是将文化新闻类目改成文化体育，将体育相关内容并入，取消原来的体育类目；四是将卫生和计划生育类目改成卫生健康；五是将居民与社会民生类目改成社会生活；六是在相关类目增加应急管理、自然资源保护利用、退役军人事务等新的分目。

六、《张家港年鉴（2020）》采用的稿件由全市各区镇、各部门提供，并经相关单位领导审核。文中所列数据，原则上依据《张家港统计年鉴（2019）》，统计年鉴中没有的以主管部门统计为准。有些数据因统计口径不同而有所差异，请读者在引用时加以注意。

七、《张家港年鉴（2020）》有纸型版、光盘版和网络版三种版本。光盘版内除文字、图片外附有视频、音频资料。网络版通过手机微信二维码扫码可实现移动阅读。同时，部分类目增加视频等资料链接，作为该类目内容的补充，读者可通过二维码扫码实现立体化阅读。

八、根据行文实际需要，《张家港年鉴（2020）》部分机构使用简称，机构全称与简称对照表列于目录前。文中“年初”“年内”“年末”特指2019年年初、2019年年内、2019年年末，“上年”指2018年。

九、《张家港年鉴（2020）》卷首有总目和详细的中文目录、英文要目，卷末有按汉语拼音顺序排列的主题分析索引，各篇有该篇分目提示，文中信息可由目录、索引、书眉等获得。

十、张家港年鉴编纂工作，得到了上级领导、部门和全市各区镇、各部门、各单位的大力支持和帮助。由于编辑水平有限，不足之处恳请广大读者批评指正。

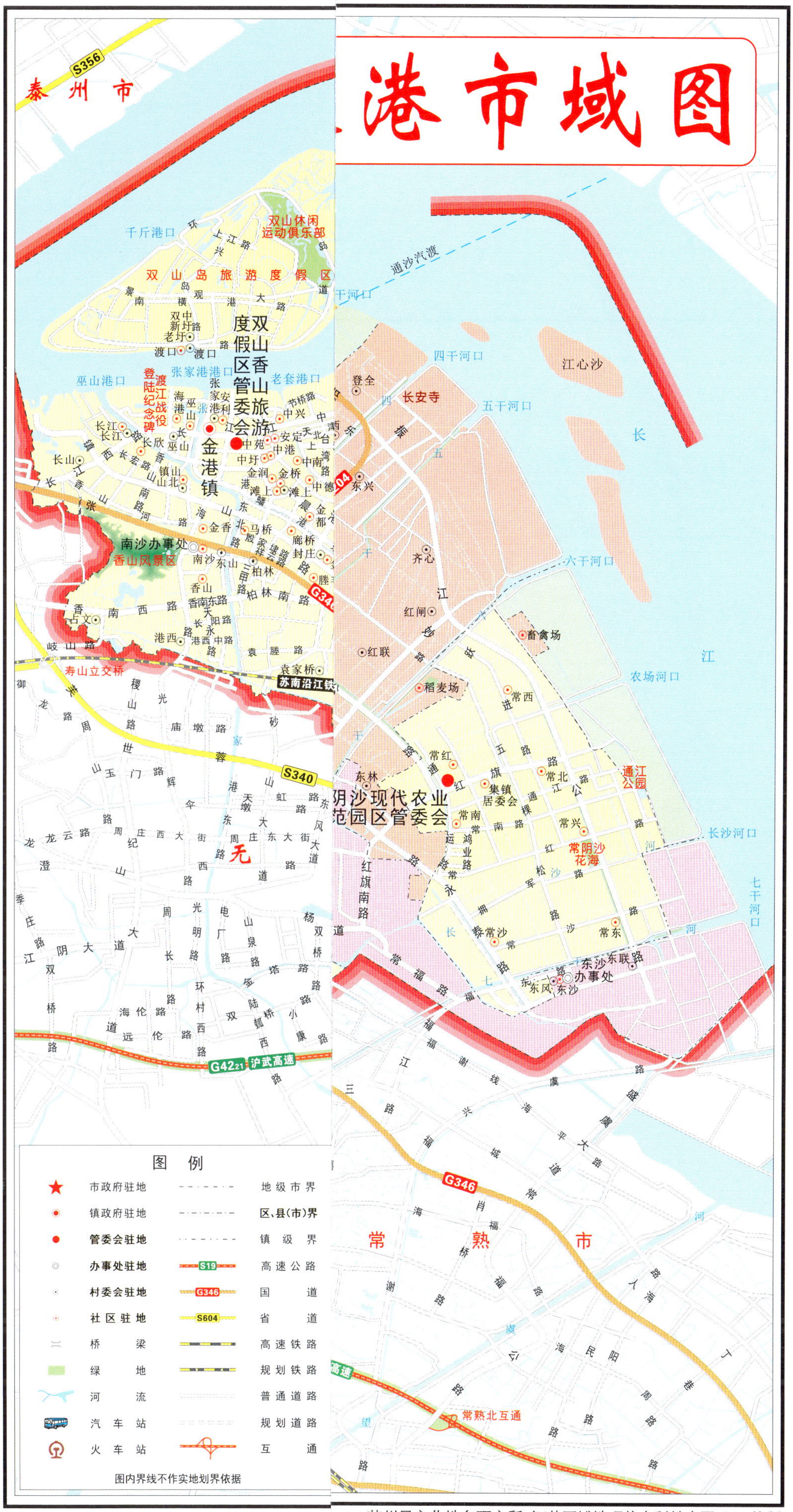

审图号：图苏E审（2020）045号

苏州吴文化地名研究所 江苏图博地理信息科技有限公司 编制

张家港城区图

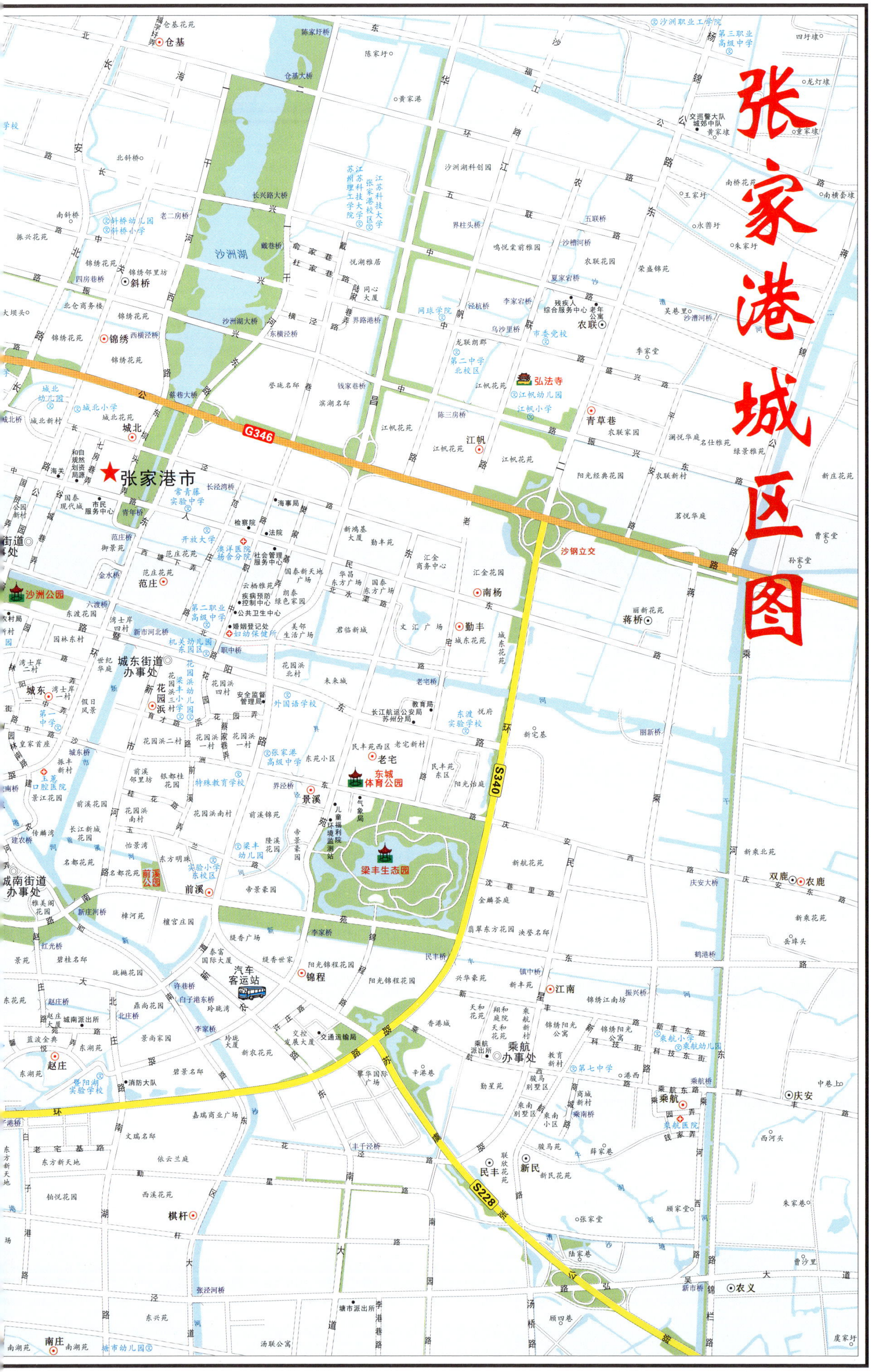

苏州吴文化地名研究所　江苏图博地理信息科技有限公司 编制

2019年张家港市部分机构简称、全称对照表

简　称	全　　称	简　称	全　　称
市委	中国共产党张家港市委员会	市资规局	张家港市自然资源和规划局
市人大	张家港市人民代表大会	市住建局	张家港市住房和城乡建设局
市政府	张家港市人民政府	市城管局	张家港市城市管理局
市政协	政协张家港市委员会	市市场监管局	张家港市市场监督管理局
市纪委监委	中国共产党张家港市纪律检查委员会、张家港市监察委员会	市人社局	张家港市人力资源和社会保障局
民革市基层委员会	中国国民党革命委员会张家港市基层委员会	市人武部	张家港市人民武装部
民盟市委	中国民主同盟张家港市委员会	市税务局	国家税务总局张家港市税务局
民建市基层委员会	中国民主建国会张家港市基层委员会	张家港住房公积金中心	苏州市住房公积金管理中心张家港分中心
民进张家港支部	中国民主促进会苏州市张家港支部委员会	市工商联	张家港市工商业联合会（总商会）
农工党市委	中国农工民主党张家港市委员会	团市委	共青团张家港市委员会
致公党张家港支部	中国致公党苏州市张家港支部委员会	市妇联	张家港市妇女联合会
保税区（金港镇）	张家港保税区（金港镇）	市侨联	张家港市归国华侨联合会
经开区（杨舍镇）	张家港经济技术开发区（杨舍镇）	市文联	张家港市文学艺术界联合会
冶金园（锦丰镇）	江苏扬子江国际冶金工业园（锦丰镇）	市社科联	张家港市哲学社会科学界联合会
高新区	张家港高新技术产业开发区	市科协	张家港市科学技术协会
市文明办	张家港市精神文明建设委员会办公室	市残联	张家港市残疾人联合会
市委统战部	中国共产党张家港市委统一战线工作部	市关工委	张家港市关心下一代工作委员会
市委史志办	中国共产党张家港市委党史地方志办公室	张家港边检站	张家港边防检查站
市发改委	市发展和改革委员会	张家港引航站	长江引航中心张家港引航站
市工信局	张家港市工业和信息化局	市人民银行	中国人民银行张家港市支行
市科技局	张家港市科学技术局	市外汇管理局	国家外汇管理局张家港市支局
市文体广旅局	张家港市文体广电和旅游局	市银保监会	中国银行保险监督管理委员会苏州监管分局张家港监管组
市卫健委	张家港市卫生健康委员会	沙钢集团	江苏沙钢集团有限公司
市医保局	张家港市医疗保障局	永钢集团	江苏永钢集团有限公司
市台办	张家港市人民政府台湾事务办公室（中国共产党张家港市委台湾工作办公室）	国泰集团	江苏国泰国际集团有限公司
市侨办	张家港市人民政府侨务办公室	东海粮油	中粮东海粮油工业（张家港）有限公司
市外事办	张家港市人民政府外事办公室	攀华集团	攀华集团有限公司
市人才办	市人才工作领导小组办公室	华昌集团	江苏华昌（集团）有限公司

总　　目

目　录

特　载

媒体聚焦

大 事 记

全国文明城市张家港概览

中共张家港市委

张家港市人大

张家港市政府

张家港市政协

纪检监察

民主党派·人民团体

法治·军事

乡村振兴与脱贫致富

张家港港

生态环境

城乡建设

交通·水务

数字张家港

开放型经济

民营经济

农　　业

工　　业

建筑业·房地产业

服务业

财税·金融

综合经济管理

科学技术

教　　育

文化·体育

卫生健康

社会生活

区　镇

人物·先进集体

附　　录

索　　引

宣传画页

Main Contents

Important Notes

Media Focus

Chronicle of Important Event

The Overview of the National Civilized City of Zhangjiagang

Zhangjiagang Municipal Committee of the CPC

Zhangjiagang Municipal People's Congress

Zhangjiagang Municipal People's Government

Zhangjiagang Municipal Committee of the CPPCC

Discipline Inspection & Supervision

Democratic Parties & People's Group

Rule of Law & Armed Forces

Rural Revitalization and Poverty Alleviation

Zhangjiagang Harbor

Ecological Environment

Urban and Rural Construction

Traffic & Water Conservancy

Digital Zhangjiagang

Open Economy

Private Economy

Agriculture

Industry

Architecture & Real Estate

Service Industry

Fiscal Taxation & Finance

Comprehensive Administration

Science and Technology

Education

Culture & Sports

Health

Social Life

Zones and Towns

Personages & Advanced Collectives

Appendix

Index

特 载

Important Notes

凤凰山景区 （朱小清 摄）

张家港市综合实力列全国县市前三名

“不忘初心、牢记使命”主题教育

开展新时代“三超一争”，聚焦聚力“三标杆一率先”

張家港年鑑(2020)

扫码欣赏

遇港城 共未来

张家港市综合实力列全国县市前三名

7月19日，由工信部赛迪顾问县域经济研究中心编制的《2019赛迪县域经济百强研究》发布，张家港市蝉联全国百强县第三名。此次百强研究报告坚持五大发展理念，遵循科学、系统、客观、可操作、可对比的基本原则，确定“地区生产总值大于400亿元、一般公共预算收入大于20亿元”两大数据入库门槛，建立了县域经济高质量发展的评价指标体系，包括一级指标4个，二级指标8个，三级指标22个，从经济实力、增长潜力、富裕程度、绿色发展四个方面对全国县域经济发展进行评价。

10月8日，2019年中国中小城市高质量发展指数研究成果发布，张家港市排名2019年度全国综合实力百强县市第三。杨舍镇、金港镇、锦丰镇、塘桥镇入选2019年度全国综合实力千强镇前100名。综合实力研究指标体系立足践行新发展理念和高质量发展的要求，从现代经济发展、社会民生改善、生态环境建设、城乡融合发展和政府服务效率五个方面进行研究。

11月13日，由中国信息通信研究院主办的中国县域工业经济发展论坛发布年度《中国工业百强县（市）、百强区发展报告》，张家港市列中国工业百强县（市）榜单第三名。张家港市从“传统制造”转向“智能制造”，以政府购买进行补助的方式，打造智能制造大数据平台、智能制造专业服务平台、智能制造金融服务平台三大平台，推动“智造”加速发展。上榜百强县平均每万人发明专利拥有量12.4件，张家港市超过40件。

11月14日，在中国国际高新技术成果交易会举办的2019年亚太智慧城市评选活动中，张家港市获评2019年中国领军智慧城市。4月全市启动新型智慧城市建设工作，以“打造中国智慧城市的县域标杆”为总体目标，打造“一座平台支撑、一体数据打通、一网联动运行、一套体系运营”四大创新亮点，统筹推进新型智慧城市建设。全市实现以大数据支撑的社会精准治理和政务服务，政务大数据在政务服务、社会治理、医疗保障等领域取得创新实践成果，已支撑23个部门38项共享创新应用，入库数据总量5.05亿元。

11月21日，第三方机构竞争力智库和中国信息协会信用专业委员会联合发布《中国城市全面建成小康社会监测报告2019》。张家港市列2019年中国县级市全面小康指数排名第一名，入选中国率先全面建成小康社会范例城市。中国城市全面建成小康社会监测体系包括客观数据监测和主观满意度监测两部分，分别从经济发展、人民生活、文化建设、生态环境、城市治理五个领域进行监测，依次形成小康经济指数、小康生活指数、小康文化指数、小康生态指数、小康治理指数五个小康分项指数，分别衡量各领域建成水平，五个小康分项指数集成“全面建成小康社会指数”，衡量城市全面建成小康社会整体水平。

12月16日，中郡研究所发布《第十九届县域经济基本竞争力评价》，张家港市列全国县域经济基本竞争力第二名。此次评价，在县域经济与县域发展监测的基础上，采用县域经济总量、均量、质量、速度和活力等基本指标评价县域经济强县指数，进而评价出县域经济强县的县域经济基本竞争力。县域经济强县指数是进行县域经济基本竞争力评价的指数，由县域经济强县基础指数、县域经济质量强化指数和县域经济活力强化指数组成。为了强化县域经济可持续化发展的现实需要，在县域经济含金量、县域相对民富指数、县域居民增收跑赢指数和县域相对天蓝指数的基础上，增加了县域经济可持续性发展指数。在报告中，张家港强县指数达到993.59。（史　志）

“不忘初心、牢记使命”主题教育

9月12日，张家港“不忘初心、牢记使命”主题教育动员大会召开。在主题教育中，张家港市委把握“守初心、担使命、找差距、抓落实”总要求，全面贯彻苏州市委“五聚焦五自觉”（聚焦解放思想再出发，自觉做到理论学习有收获；聚焦锤炼党性再提升，自觉做到思想政治受洗礼；聚焦“三项机制”再推进，自觉做到干事创业敢担当；聚焦转变作风再发力，自觉做到为民服务解难题；聚焦政治生态再净化，自觉做到清正廉洁作表率）部署要求，在苏州市委第三巡回指导组的指导下，将主题教育与学习贯彻中共十九届四中全会精神相结合，与改革发展稳定各项工作相结合，与张家港新时代“三超一争”相结合，一体推进学习教育、调查研究、检视问题、整改落实四项重点措施。

一、聚焦入脑入心，在思想洗礼中筑牢根基，确保主题教育开展有高度

发出精神提振“动员令”。在主题教育启动之初，省委常委、苏州市委书记蓝绍敏赴张家港调研，提出新时代“三超一争”的“时代之问”。全市上下聚焦学习贯彻新思想主题主线，围绕“三超一争”的新时代内涵，掀起大学习、大讨论、大动员的热潮。市委明确要求广大党员在主题教育中大兴狠抓落实之风，认真思考“践行初心使命，我们的落点在哪里？”“与时俱进大力弘扬张家港精神，我们的抓手在哪里？”“决胜高水平全面建成小康社会，我们的担当在哪里？”主题教育“三问”。

奏响干事创业“最强音”。通过聆听“改革先锋”“最美奋斗者”市委原书记秦振华的“初心报告”、拍摄“三超一争”专题片《光荣与梦想》，对话历史、跨越时间、点燃激情，汲取新时代干事创业的精神伟力。召开新时代“三超一争”千人誓师大会，省委常委、苏州市委书记蓝绍敏带领苏州四套班子主要领导、苏州市委第三巡回指导组专程到会；大会同时在全市各区镇、各部门设立分会场，超15万人集中收看，并面向全社会网络直播，以夙夜在公的奋斗精神、决战决胜的鲜明态度扛起全市人民的时代重托。

亮出理论学习“组合拳”。市委常委班子率先垂范，排出学习计划“时间表”，挂起理论学习“作战图”，高标准制订“讲政治、守信念、作表率”等6个学习专题，示范带动全市4700余个基层党组织、近7万名党员理论学习。创作编排反映王继才先进事迹的现代锡剧《云水谣》，讲述初心故事的微视频《信·念》被人民网采用。创新开设“暖风习习”全媒体互动党课，精心打造第二季“先锋擂台”书记PK直播赛，创新开设“月读先锋”线上读书会，深入实施“初心专线”实境教学，广泛开展“身边党课”点单巡讲，在新时代用新方式推动主题教育更接地气、直抵内心。

二、聚焦主责主业，在担当作为中服务发展，确保主题教育推进有力度

以“大格局”推动“大发展”。站在“两个一百年”奋斗目标的历史交汇点，聚焦省委常委、苏州市委书记蓝绍敏对张家港提出的“三个转”要求，立足苏州发展大格局，以时代视野、未来眼光，谋划张家港高质量发展“路线图”，发出了打造“经济高质量标杆、城乡一体化标杆、新时代文明标杆，在全省率先基本实现现代化”的奋进宣言，全力推动思想观念、产业结构、城乡建设实现大转型。全市上下聚焦聚力“三标杆一率先”，在各自领域寻找对手，在全国范围赶超典型，97个主题教育参学单位全部制定对标行动方案，研究细化380余个赶超争先任务，将“争第一”“创唯一”内化为张家港发展的新时代印记。

以“大招商”带动“大突破”。坚持以“招商突破”撬动发展突破，牢牢把握“项目为王”制胜利器，聚力高质量发展的攻坚热潮。主题教育开展后，集中开竣工89个项目，总投资418亿元；依托金秋经贸周、深圳投资推介会交流平台，签约90个项目，投资总规模499亿元；中国放开合资股比后签约的首家合资整车企业长城宝马光束汽车项目启动，日本加特可项目竣工投产，“氢汇港城”氢能产业发展大会举办。

以“大魄力”助力“大战略”。深入践行“长江大保护”战略，把修复长江生态环境摆到压倒性位置，将“张家港湾”生态提升工程作为主题教育成果落地的重要抓手，省委常委、苏州市委书记蓝绍敏赴现场调研指导，张家港市委、市政府主要领导专题研究部署，并作为主题教育调研课题深入推进。张家港湾入选“江苏省沿江岸线整治和生态修复标志性工程”，张家港市计划将四分之三生产岸线调整为生态岸线，切实打造江海交汇“第一湾”。

三、聚焦立行立改，在为民解难中淬炼作风，确保主题教育落点有温度

突出“关键少数”深调研。全市各级领导干部带着任务要求、带着群众期盼真正沉下身子，将调研工作落实落细。市四套班子成员以上率下，带头建立主题教育联系点制度，围绕率先实现基本现代化、沿江产业转型、智能工业生态体系、基层社会治理等20个课题，提出126条针对性建议对策。各市管干部围绕中心工作，结合各自分工，采取“四不两直”“六个一”大走访等形式直奔田间地头、工厂车间，开展调查研究，走访群众6800余人次，召开座谈会820余场，收集面上问题建议4300余条，形成调研报告1050余篇。

瞄准“关键环节”抓整改。切实把作风建设摆在主题教育的突出位置，用好对照党章找差距专题会议、专题民主生活会等制度，深挖彻查问题“病灶”，坚决防止问题检视不精不准、不真不实、不痛不痒。主题教育期间，市委常委班子查摆问题180余条，召开座谈会20余场，征求意见120余条，完成惠民助企实事115件。紧扣“8+1”专项整治，细化33大项、111小项整治措施，集中开展“百日攻坚”行动；聚焦工程建设领域潜在廉政风险，出台《工程建设领域“三项禁令”》，坚决防范违纪违规现象。

紧盯“关键小事”解民忧。主题教育开始后，就从群众身边的事入手，用老百姓看得见、摸得着、感受得到的实际行动为民纾困，共受理群众诉求2.7万件，办结率98.5%。比如，针对老旧小区居民上下楼困难问题，推进既有多层住宅加装电梯工作，取得苏州大市范围第一台既有多层住宅加装电梯的成功突破。将“民生微实事”项目审核时间压缩至10个工作日内，有343个项目落地实施，《新华日报》头版刊载张家港做好“微实事”解决群众“小急难”。创新推进“互联网+政务服务”体系建设，首批29个高频公共服务事项在全市推广运行，真正实现“数据多跑路，群众少跑腿”。

四、聚焦走深走实，在真抓实干中直抵一线，确保主题教育实施有深度

分类指导力戒“一般粗”。明确党组织书记抓主题教育3张责任清单68项具体任务，完成4000余名支部书记轮训，提升主题教育一线指挥能力。对194名市级机关党务干部开展业务培训，确保主题教育走在前、作表率。依托1884个基础网格党支部，就近联系网格内农村（社区）党员开展主题教育。以区域党建工作站为平台，派遣45名非公党建指导员，“点对点”指导“两新”组织主题教育抓实抓好。针对高龄、行动不便以及流动党员，通过“初心送学”“红色快递”“微信课堂”等形式，搭建学习交流平台，确保主题教育“一个也不掉队”。

基层减负杜绝“一阵风”。把落实“基层减负年”作为主题教育的重要内容，组织开展形式主义、官僚主义集中整治，查处典型问题4起5人，切实形成威慑力。对全市综合性会议严格报批程序，严控会议规格规模，市级会议和发文数量分别比上年减24.7%、30.5%。深入排查全市205个政务新媒体运行情况，大幅减少至60个，力戒“指尖上的形式主义”。建立大督察工作机制，对督查检查考核实行备案管理，将考核事项压缩为38项，已开展25项，比上年减75.5%。集中清理规范村（社区）“牌子乱象”，同时深挖整治背后的“责任乱象”，为基层腾出更多时间抓落实营造宽松条件。

督促指导严防“一头热”。建立“市、镇、村（社区）”三级巡察制度，在全市成立8个一级指导组基础上，各参学单位对照成立两级指导组，延伸督查下属单位、村（社区）主题教育工作，确保全市4200余个基层党支部主题教育不走样、不降温。针对基层支部实际特点，以党支部为单位、支部书记为重点、普通党员为主体，通过开展个别谈话、下沉基层支部、暗访民生一线，实地督察主题教育推进成效。创新一把手联络、组内联络、联络员联络“三联督导”机制，将指导评价、跟踪问效贯穿主题教育全过程，着力推动基层党员思想认识到位、理论学习到位、学用结合到位。

主题教育中，张家港围绕四项重点措施，深学细照，对标笃行，真正抓到位、做到位，取得的阶段性成果可以凝练为“三点收获”：

首要的是上级指导组的严督实导。主题教育开展后，苏州市委第三巡回指导组以高度的政治责任感和强烈的职责使命感，发扬优良作风，全面细致督导，是全市主题教育扎实推进的首要保证。组长带头践行主题教育“倾听一线诉求攀新高”，除了列席会议、听取汇报，还多次“四不两直”实地走访区镇、两新组织、村社区等基层一线，与群众面对面调研、一对一交流；专门召开指导组工作会，现场指导全市8个指导组工作推进，确保上级各项要求贯彻到位、落实到底。指导组全体人员建立“三报三核”制度，加班加点工作，认真督导把关，推动全市主题教育环环相扣、步步深入。

关键的是领导干部的求真务实。主题教育过程中，全市领导干部发挥关键少数引领作用，市四套班子领导带头学原文读原著悟原理，在集中学习、平时研读的同时，还集体观摩了以学习新思想为主题的“暖风习习”创新型党课、歌颂王继才英雄事迹的锡剧《云水谣》，以上率下营造学习先进、坚守初心、践行使命的浓厚氛围。各级领导干部在主题教育中主动把自己摆进去、把工作摆进去、把职责摆进去，全面反思全市作风建设大会上提出的“庸”“懒”“散”等“十种病灶”，以“今天再晚也是早”的实干精神，大力弘扬“拼”“抢”“争”等“十种作风”，切实把主题教育成果转化为作风建设的实际成效。

基本的是广大党员的广泛参与。主题教育中，认真贯彻习近平总书记关于“开门搞教育”的重要指示精神，坚持站好基层角度、走好群众路线，充分发挥广大党员的参与主体作用，激发基层组织的“细胞”活力，将学习教育沉到一线、落在基层。遴选53个市镇两级观摩点，开展“中共十九届四中全会精神”专题“组织生活开放日”，迅速掀起学习宣传全会精神的热潮。依托遍布全市的五级红堡阵地，全面开展“寻党员初心、看组织振兴、万名党员进基地”主题实践，累计开展220批支部活动，参与党员2.5万人次。《万名党员进“红堡”》被“江苏先锋”转发，市组织力提升实训基地、1926年中共金村党支部园茂里旧址等一批初心阵地成为党员身边的“网红”打卡地。（龚宇晨）

开展新时代“三超一争”　聚焦聚力“三标杆一率先”

1962年，张家港的前身沙洲县由邻近两县“边角料”组建而成，虽然地处苏南却面貌落后，被称为“苏南的北大荒”。1978年中共十一届三中全会后，沙洲县掀起大办社队企业的热潮，当时的沙洲县委、县政府所在地杨舍镇，将一个落后乡镇建成苏州乡镇“八颗星”典型中的第一块牌子。1992年邓小平南方谈话发表后，张家港在各方面条件都不占优的情况下，响亮喊出“工业超常熟，外贸超吴江，城市建设超昆山，样样工作争第一”的“三超一争”目标，建成了全国首家内河港型保税区，并在创业实践中形成了“团结拼搏、负重奋进、自加压力、敢于争先”的张家港精神，迈出了从“苏南的边角料”蝶变成为“全国明星城市”的关键一步，全面激活了苏南县域经济发展的“一池春水”。

2019年9月19日，江苏省委常委、苏州市委书记蓝绍敏在张家港市调研，对张家港提出了新时代“三超一争”的重大命题。9月21日，张家港市领导干部（扩大）会议召开，要求深刻领会省委常委、苏州市委书记蓝绍敏的讲话精神，抓好传达学习贯彻，并以此为强大动力，全面开启张家港干事创业的又一个“火红年代”。与此同时，为了回答好新时代“三超一争”这一重大命题，张家港市委立即组织有关部门专题会商，就“三超一争”的新时代内涵及表现形式进行了深入探讨，并就探讨结果征求多方意见、以市委常委会会议的形式集体审议，形成了关于开展新时代“三超一争”、聚焦聚力“三标杆一率先”的设想。

10月21日，张家港市委、市政府联合印发《关于开展新时代“三超一争”、聚焦聚力“三标杆一率先”的行动方案》，提出要突出高质量发展鲜明导向，与时俱进大力弘扬张家港精神，以在全省率先基本实现现代化为目标，紧扣“经济高质量标杆、城乡一体化标杆、新时代文明标杆”三大发力点，解放思想、拼搏实干，在促进县域良性竞争的同时，奋力开辟新时代全市发展新境界、再创新辉煌。具体内容是：打造经济高质量标杆，依托综合实力位居三甲、规模企业集聚集群等固有基础，提升先进制造业能级、创新生态能级、绿色发展能级，扬长优势、补齐短板，积蓄新动能、厚植新优势，实现县域经济高质量发展争先进位。打造城乡一体化标杆，加快生产要素在城乡之间合理流动和优化组合，实现城乡经济和社会生活紧密结合与协调发展，推动城市建设和乡村振兴同频共振、相得益彰，展现城乡建设高品位、公共服务高标准、生活水平高质量，确保城乡一体化水平苏州领先。打造新时代文明标杆，以当好“领头雁”的奋进姿态，与时俱进大力弘扬张家港精神，不断拔高新时代精神文明建设的新高度，打造最具精气神的城市、最具安全感的城市、最具美誉度的城市，确保新时代文明全国领先。在全省率先基本实现现代化，主要是在保持高质量发展考核“全省第一等次”的同时，以打造“三标杆”为支撑，科学设定基本现代化的架构、体系及推进节点，确保在全省率先基本实现现代化，为探索中国特色社会主义现代化建设提供县域样板。

10月22日，张家港市召开新时代“三超一争”、聚焦聚力“三标杆一率先”誓师大会，动员全市上下以新时代“三超一争”为奋斗指向，与时俱进大力弘扬张家港精神，勠力同心向高质量发展、率先基本实现现代化发起攻坚，奋力开启张家港干事创业的又一个“火红年代”。誓师大会围绕四个方面提出要求：一是重温20世纪90年代“三超一争”的峥嵘岁月，对话历史、跨越时空，树立新时代赶超跨越的精神坐标、奋进目标。“三超一争”的历史实践证明，没有赶超就不会有地位，在任何时代，只有敢于拼抢、勇于赶超，才能赢得未来；张家港在新时代再次提出“三超一争”，不仅是为了铭记那段光辉岁月，更是为了让大家不忘初心、赓续传承、继往开来，汇聚起百万人民接续奋斗、跨越赶超的磅礴力量。二是打消思想疑虑，卸下思想包袱，在聚焦聚力“三标杆一率先”上，形成绝对的思想统一、绝对的行动统一。开展新时代“三超一争”、聚焦聚力“三标杆一率先”，是市委立足新时期张家港发展作出的重大决策部署，也是回答苏州市委“时代命题”的“宣言书”和“路径图”，全市干部群众必须抱着攻无不克、战无不胜的信心和决心，坚决消除思想上关于当下喊出“三超一争”恰不恰当、“三标杆一率先”目标贴不贴切、新时代“三超一争”可不可行、提出“三超一争”后如何自处的“种种疑虑”，做到不自说自话、不自娱自乐、不自怨自艾，厉兵秣马、昂扬出征。三是在致敬历史中再造历史，全力以赴、勇往直前，搅动苏南发展的“一池春水”，开辟新时代张家港干事创业的“火红年代”。四是与时俱进大力弘扬张家港精神，以“敢教日月换新天”的大无畏姿态，奋力打赢新时代“三超一争”的伟大斗争。全市上下必须传承和弘扬好张家港精神这个制胜法宝，不仅要内化于心，更要外化于行，体现在工作作风中、落实在实际行动上，倡导“拼、抢、争、闯、比、学、进、融、硬、公”十种优良作风，为聚焦聚力“三标杆一率先”提供坚强的作风保障。

10月25日，张家港市委、市政府联合印发《关于成立新时代“三超一争”、聚焦聚力“三标杆一率先”领导小组的通知》，领导小组由市委书记沈国芳担任第一组长，市委副书记、市长潘国强担任组长，设立经济高质量标杆、城乡一体化标杆、新时代文明标杆、在全省率先基本实现现代化4个专项推进组，负责组织管理、协调指导全市开展相关工作。

2019年，张家港市各项工作在张家港精神再弘扬的总动员中起步开局，在大事要事的节节推进中起势成势，在新时代“三超一争”的横空出世中彻底“燃起来”。经过全市上下的共同努力，张家港市获评江苏省2018年度推进高质量发展先进县（市、区），荣膺“中国率先全面建成小康社会范例城市”、“2019中国县级市全面小康指数”第一名等荣誉。全年工作总体呈现出五大亮点。突出重点领域改革，找准了“克难奋进、爬坡过坎”的方法路径。创新设立八个实体化专班，健全完善市委全面深化改革委员会月度例会、市领导联系重点改革任务等制度，集中精力攻坚改革重点关键，10个大类24项年度重点改革事项顺利推进，双山香山一体化、融媒体中心、水务集团、酒店集团等重点领域改革取得明显成效。以“招商突破年”为抓手，交出了“不同以往、不同凡响”的成绩单。持续优化招商引资的体制机制，瞄准“北上广深”开展专题推介，组织驻沪领事馆、中央企业高管、华侨华人高层次人才走进张家港活动，举办长江文化艺术节暨金秋经贸周活动。全年到账内资160亿元；实际利用外资5亿美元，比上年增26.5%。放大高铁新城的框架格局，打下“三年成形、五年成城”的坚实基础。出台高铁新城总体规划，一体打造44.2平方千米的城市副中心，“七纵七横”主要路网拉开框架。绿地集团“张家港AI城际空间站”、国泰创新中心等重大产业项目签约落户；“独角兽”企业国双智数有限公司项目完成注册。致力沿江经济带转型发展，坚定了“共抓大保护、不搞大开发”的行动自觉。出台《张家港市沿江经济带转型发展三年行动计划》等政策意见，大力实施“十百千万”工程（“十大板块提标”“百里岸线还绿”“千企腾挪扩容”“万顷良田保护”等工程的简称），谋划建设的江海交汇第一湾“张家港湾”，入选省沿江岸线整治和生态修复标志性工程。深入开展沿江环境“三化”（长江沿线区域“净化、绿化、美化”）专项行动，治理成效在全省长江大保护现场推进会上获得肯定。推动产业剑指高端，迈出“创新赋能、智造未来”的坚定步伐。召开全市智能工业千企推进大会、科技创新大会，加快国家创新型县市建设，智能制造跃居全省前列，累计获评国家级智能制造项目3项、省级智能工厂1个、省级示范智能车间45个，新增“国家级重大人才培育工程”专家1人，省“双创计划”、“姑苏计划”人才新增数分别位居省、苏州县（市）第一。

12月28日，中共张家港市委十一届九次全体（扩大）会议召开，明确提出以“三标杆一率先”为风向标、以“项目提速年”为发力点，与时俱进大力弘扬张家港精神，全面开展新时代“三超一争”，打好高水平全面建成小康社会“收官仗”，奋力探索开启率先基本实现现代化新征程。

（宦皓铭）

【编辑　沈立平】

媒体聚焦

Media Focus

梁丰生态园 （靳 泉 摄）

一座城市的精神成长史

用行动领跑新时代文明实践

沪通、通苏嘉甬、南沿江三条铁路交会，

“地无寸铁”张家港而今亮出枢纽雄心

让张家港精神在新时代再放光彩

根须扎下去，枝叶茂起来

——感受江苏省张家港市提升基层组织力的实践脉动

张家港：以文立城、以文化人、用文化自信为城市培根铸魂

张家港：实干担当再创火红年代

張家港年鑑(2020)

一座城市的精神成长史

《求是》文化编辑部、张家港市委宣传部联合调研组

1949年4月21日深夜，渡江战役东线战场炮声隆隆，中国人民解放军直扑江苏张家港双山岛。江面风高浪急，成百上千名船工自告奋勇，冒着枪林弹雨护送大军过江。

在“打过长江去，解放全中国”的号角声中，百万雄师横渡长江，取得了渡江战役的伟大胜利。从此，张家港这片土地回到了人民的手中。昔日贫瘠、偏僻的小滩涂生长出了希望，勤劳的张家港人民开始在自己当家做主的土地上建设家园。

1962年，这片长江入海口的沙洲设立了行政区划，拥有了第一张“身份证”——“沙洲县”。1986年，撤县建市，共和国的版图上多了一个叫“张家港”的县级市。

万里长江奔腾不息，孕育了源远流长的中华文明。临江而居的张家港人以浩浩长江那样一往无前的气概，屹立在家乡大地，奔跑于中国特色社会主义大道上，建起了一座物质财富丰富、精神财富也丰富的文明之城。

精神文明春风化人

改革开放的浩荡春风吹拂着长江南岸这片热土。乡镇企业办起来了，上海的“星期天工程师”请来了，外轮进来了，“五讲四美三热爱”活动开展起来了……在向“四个现代化”进军中，张家港人迸发出了建设社会主义的巨大热情。

然而，20世纪90年代初的张家港，城乡居民环境卫生意识淡薄，脏乱差现象随处可见，人员素质亟待提高。物质文明上去了，精神文明也不能落后！张家港人开始反思，“市容市貌是城市的脸面。如果连环境卫生都搞不好，还谈什么文明？”

抓环境卫生、抓精神文明建设就是抓生产力啊！以环境卫生整治为突破口，一场轰轰烈烈的为了家乡“颜值”的革命由此拉开帷幕。以经济建设为中心、以卫生为基础、以育人为根本、以服务人民为宗旨，张家港的精神文明建设春风化人，有了一个新的开端。

当年，重庆姑娘喻兴英刚到张家港，心就凉了半截。“这明明就是农村嘛。”喻兴英对着老乡嘟囔，哪里有想象中秀丽的“江南水乡”的半点影子？最不能忍受的是路边的露天茅坑，蚊蝇嗡嗡，臭气熏天。为了这个，还惊动了警察。

那一次，村里有人要在河边建一个露天茅坑，喻兴英急了。因为这个茅坑距离她家大门口只有五六米。“家门口放个露天茅坑，谁愿意?!”这个“辣妹子”把手里的锄头“哐当”往地上一扔说：“如果要建，我就砸了它！”露天茅坑动工的时候，喻兴英说到做到，挥起锄头砸了上去。双方争执不下，喻兴英报了警，把警察“请”了过来。

露天茅坑最终没能建成。这还不光是喻兴英的功劳，真正给力的，是没过多久，政府在这里有了一系列“大动作”：改水改厕、除“四害”、临街店铺“门前三包”……

改变就从这里开始。

春风拂面，文明的“种子”很快舒展开枝叶，感染到每一个人。从干部到群众，从城市到农村，80万张家港人上街捡垃圾、扫马路、拆除露天茅坑，靠着一把把笤帚，在1994年，张家港获评全国首批“国家卫生城市”。

彼时，在张家港的一个小乡村，同样上演着更新迭变。

100多平方米的大居室，医院、学校、农贸市场都在10分钟生活圈内。很多年前，南丰镇永联村村民就住上了这样的小区。

看着村民们兴奋的样子，村干部钱桂芬也跟着高兴。但没过多久，问题来了。有的把自家门口的草坪铲掉，种上了葱和蒜；有的在人行道上支起炉灶烧起了柴火；还有的村民早上一起床就急急忙忙骑上自行车，出门挤公共厕所，因为舍不得用自家抽水马桶里的水。

有一回，钱桂芬还意外地收到了一个“大礼包”。

那天，她前往村民家中登记信息，经过一栋楼前，“呼”的一声从楼上掉下来一件东西。钱桂芬转头一看，竟是一包垃圾，除了果皮纸屑，还有一堆煤灰，洒了一地。钱桂芬惊出了一身冷汗，要是慢了一步，不就砸上头了吗？

生活条件越来越好，行为习惯却还是原地踏步。文明的“穷根”也得拔掉啊！在每月一次的村工作例会上，村干部就这一问题讨论开了。“不如评选‘文明家庭’。”有人提了出来。大家眼睛一亮，对啊，村民们都爱面子，评不上多丢人！考核以村小组为单位，一人不文明，全组都扣分，用“联动”的办法相互监督和制约。

凡是拿捏不准的，就把家庭文明的标准拿出来对照一下。村民们说，奖励倒是其次，“不蒸馒头争口气啊！”

大家都在暗地里较着劲呢！

……

随地吐痰、乱扔垃圾会被旁人鄙视，违章搭建、私拉乱接会被立即叫停，机动车和行人各行其道……这些不起眼而又不容易做好的事，张家港人偏偏就做好了。与城市“颜值”一起改变的，还有张家港人的精神面貌。文明细胞被激活了，从城区到村镇，从单位到家庭……人们铆足了劲，凡事都要当“最文明”的那一个。

人改变着环境，环境也在潜移默化地改变着这座城市里的人！张家港人当年对城市“颜值”的追求，早已变

为生动的现实图样。无论何时,走进张家港,都是始终如一的干净整洁有序,这也让生活在这座城市里的人们对未来有了更美好的憧憬,对精神文明建设有了更深切的期待。

自从有了市魂

“人无精神则不立,国无精神则不强。”每个走向复兴的民族,都离不开精神价值的指引;每段砥砺奋进的征程,都必定有精神力量的支撑。

一场全民参与的“大扫除”,不仅扫除了陋习,扫掉了“脏乱差”,还扫出了干事创业的“精气神”。

在忘我的奋斗中,“团结拼搏、负重奋进、自加压力、敢于争先”,16字的“张家港精神”形成并深深地种在了这块土地上,融入了城市血脉,铸就成“城市之魂”。

当年的沙钢,在钢铁行业摸爬滚打,闯入了大中型企业的行列,令业内人士啧啧称奇。看着工人们的小日子过得蛮舒服,“当家人”沈文荣却很清醒,如果还是守着旧设备老技术,好日子很快就到头。他把目光瞄准了世界第一流的设备和技术。

听说沈厂长买回一台德国90吨超高功率竖式电炉,工人们一个个兴奋得摩拳擦掌。这在全世界可只有4台啊!但很快,一个消息把大家砸懵了。原本预计3年的建设周期,沈厂长硬生生地要把它压缩到23个月。

“不吃不喝不睡也来不及啊!”工人们顿时炸开了锅。也对,这么高端的设备,且不说是一群“土包子”在捣鼓,就算是外方工程师,也不敢打这个包票。“国际专家都说要3年,这不是瞎搞嘛。”工人们想不明白,一向“沉稳”的沈厂长怎么会做这么没把握的事呢?

当时的筹建组成员黄伯民至今还清楚地记得1993年的全厂动员会。

“总投资预计要20亿元,早建成一分钟,就是一分钟的效益。我们赔不起啊!”会场顿时一阵躁动。突然,沈文荣话锋一转:“我要让工程一开工就能赚钱!”

瞬时,会场安静了下来。

“把眼光放远点,一个国家的发展离不开钢铁工业,没有点吃苦的精神,怎么能迎头赶上!”沈文荣目光炯炯,壮志满怀。

“大家拼命地鼓掌,心里的火被烧得旺旺的!”黄伯民沉浸在那段激情燃烧的岁月中。

拿破仑曾说,在战争中,“精神对物质的比重是三比一”。多么精彩的名言,生动表明了特定时空内精神力量的重要作用!正是靠着一股子不怕吃苦、追求卓越的炽热精神,沙钢人创造了世界奇迹:1995年9月项目如期建成投产,时间提前了一年多不说,总投资节省了7个亿!

“我们的决心就是我们的资源,我们的信念就是我们的未来。”自2009年以来,沙钢连续11年入围世界500强企业。现在的沙钢人,依然用这句“座右铭”向世人证明着精神的伟力。

不只沙钢一家,张家港的企业,最大的财富不是账户上的数字,而是创造了这些数字的、闪闪发光的张家港精神。随着自身实力的发展壮大,越来越多的张家港企业开始走出去投资设厂,同时也把张家港精神带到了一个个新地方……

东渡纺织集团每建一家工厂,都必定要成立党组织,必定要将“张家港精神”标牌醒目地竖立在厂区。甚至开在柬埔寨的工厂,“张家港精神”也抖擞地迎接着每一位员工。东渡的“掌舵人”徐卫民说:“张家港精神已经融入了我们每个张家港人的血脉,在任何时候、任何地方都不能丢。”

张家港精神内化为持续发展的动力。万千张家港人在这方沃土上奋力拔节,朝着梦想奋进。大伙都像是上足了发条,一鼓作气往前冲。建起了全国第一家内河港型保税区,拼来了全国县级市第一条高等级的张杨公路,造起了全国县级市第一条步行街,摘得了全国第一个环境保护模范城市桂冠……短时间内,张家港创下了28个“全国第一”。

激情在燃烧。这里的人们认准一个理——每一份工作,每一个岗位,都是追求出彩、实现价值的舞台。然而,从曾被称为苏南地区的“边角料”发展成为全国明星城市,张家港人有的还不只是激情。这里的广大党员干部抱有坚定的理想信念,坚持用党的创新理论武装头脑,带领群众把实现中国特色社会主义共同理想同张家港的发展结合起来,同自己每一天要做的事情、要干的工作结合起来,转化为战胜挑战、克服困难的强大动力,最终成就了今日的张家港。可以说,张家港精神的真正内核,就是广大干部群众那种坚定的理想信念、崇高的价值追求。

张家港历届市委、市政府始终坚持“一把手抓两手,两手抓两手硬”,注重培育城市精神。每年春节后上班的第一个全市性大会,一定是精神文明建设总结表彰大会。会场外的红榜,既展示经济建设的实绩,更公布精神文明建设的排名。1995年,中宣部、国务院办公厅在张家港市召开全国精神文明建设经验交流会,向全国推广“一把手抓两手,两手抓两手硬”的张家港经验。

习近平总书记指出,“要坚持‘两手抓、两手都要硬’,以辩证的、全面的、平衡的观点正确处理物质文明和精神文明的关系,把精神文明建设贯穿改革开放和现代化全过程、渗透社会生活各方面”。张家港人用“两手抓、两手硬”的生动实践,印证着“实现中国梦,是物质文明和精神文明比翼双飞的发展过程”。

扛起文化的大旗

“文化自信是更基本、更深沉、更持久的力量。”当今时代,文化越来越成为衡量社会文明程度和人民生活质量的重要标尺。进入新世纪,张家港人对文化的渴求如春草一般在内心旺盛成长,城市精神文明建设从市魂锻造向文化浸润升华……

每年的11月,张家港都和长江文化有个约定。沪剧《挑山女人》、黄梅戏《女驸马》、锡剧《幸福港湾》、藏族歌舞剧《大爱永恒》……一个个雅俗共赏的文艺作品,以老百姓喜闻乐见的形式弘扬正能量、传递真善美,用文艺的力量温暖人、鼓舞人、启迪人。

2018年，长江流域一年一度的文化艺术盛会——长江文化艺术节在一片姹紫嫣红中迎来了她的“15岁”。早在2004年，张家港牵手沿江十二省（区、市），成功举办首届长江文化艺术展示周，各大主流媒体惊叹：张家港这座小县城竟然扛起了弘扬长江文化的大旗！

观看一台精彩的演出，市民只需要掏20元。市民张卫国是老戏迷了，每年的“文化大餐”从不落下。特别是来自湖北的楚剧《乡里乡亲》，让他看得大呼过瘾。老伴也是这样，“她看的时候一会儿哭一会儿笑，完全入戏了！”一旁的老伴被张卫国说得都有点不好意思了。

眼界开阔了，精神充盈了，文化改变了大家的生活。

今年49岁的李珍是杨舍镇老宅社区的一名普通工作人员，和张卫国一样，也是长江文化艺术节的“铁杆粉丝”，自幼酷爱越剧的她有“几把刷子”。在“追”了几届长江文化艺术节之后，李珍技痒难忍，索性和几个有着同样爱好的姐妹组建了一个越剧团，取名“百家乐”。“主要是老百姓自娱自乐。”李珍掩嘴一笑。

一群“半路出家”的演员成了当地老百姓心中的“名角”。李珍和她的姐妹们走进社区、走进学校，教孩子们练基本功。跑圆场、挥扇子、学唱腔、练表情……梁丰小学“小星星戏曲社”的孩子们已连续3年参加了中国少儿戏曲小梅花荟萃活动，揽下了一个又一个“小梅花”。

像“百家乐”这样的群众文艺团队，在张家港有800多支。他们活跃在全市1015个文化网格中，每年为老百姓送上万余场文化活动。

长江文化艺术节种下了文化的种子，深深扎进群众的土壤，生根发芽，努力生长，迎来了最美的“花期”。“中国曲艺名城”“中国小戏小品之乡”“中国宝卷之乡”，一系列称号蕴含了固守文化根脉的深情；苏州评弹《焦裕禄》摘得中国曲艺牡丹奖，小品《生日聚会》拿下“群星奖”……厚积薄发，水到渠成，张家港的文化建设从量的积累实现了质的突破。

精神文明建设是在人的心灵里、头脑里搞建设，那是一个春风化雨、润物无声的漫长过程，只有坚持，才能收获芳华！锲而不舍、持之以恒，张家港人的收获是丰硕的：城乡一体文明建设加快推进，群众文化生活丰富多彩，公民文明素质和社会文明程度显著提升……

在这里，文化的滋养是多渠道、全方位的。2012年11月，张家港出台全国首个“书香城市”建设指标评价体系，将“书香城市”概念量化，变模糊型推动为制度化发展。

图书馆工作人员吴洁，每天要负责全市140余个农家书屋图书的配送。即使再忙，她也要登录24小时图书馆监控管理系统，看一看当天的运行情况。在张家港，像这样的24小时图书馆驿站有40多家，遍布城乡。1800余名阅读推广人每年开展各级阅读活动超过3000场次，阅读活动针对不同人群，还可“私人定制”。

童话书屋、湖畔书房、开心书吧……在张家港，还有许多美丽的“悦读空间”。每逢周末，市民肖卫军和上小学的儿子都会在梁丰生态园的森林书屋待上半天。巧的话，还能遇上阅读推广活动，“蹭”上一节课。肖卫军觉得，对于孩子，“一篇好童话胜过一百句说教。”

孩子们是祖国的花朵和未来。习近平总书记指出：“青少年时期是价值观、人生观和祖国观、民族观形成的关键期。”张家港高度重视未成年人思想道德建设工作，紧紧围绕立德树人根本任务，推进经典诵读进校园、深化文明校园创建、普及乡村少年宫、创新打造“幸福家长驿站”……创载体、抓活动、强阵地，引导青少年扣好人生“第一粒扣子”。

文以化人，日新其德。文化的浸润不仅丰厚滋养着这座城市的底蕴，更把精神文明建设提升到了一个新高度。

道德的力量

道德的力量是无穷的。“只要中华民族一代接着一代追求美好崇高的道德境界，我们的民族就永远充满希望。”习近平总书记发出深情号召。

党的十八大以来，张家港人掀起了社会主义思想道德建设的新热潮，他们心心念念的美好愿景，正在眼前徐徐打开——既有“仓廪实衣食足”的物质生活，又有“崇礼节知荣辱”的社会风气。

道德的理念只有通过千万人的实践，才能成为推动社会风貌向上向善的强大力量。张家港的志愿服务曾经陷入过“走形不走心”的窘境。志愿者一个接一个，一批接一批地往老年公寓跑。“老人一天被洗了三次脚，指甲也快剪秃了。”志愿服务要么“一窝蜂”而上，要么“一勺烩”乱炖，

森林书屋　　（徐建浦　摄）

闹出了不少笑话。

如何让志愿服务更“走心”？张家港市文明办着实动了一番脑筋。

项目不接地气怎么办？组织专业的志愿团队摸清需求、设计项目；活动要持续开展经费哪里来？企业加入“伙伴计划”，主动认领项目；活动中出现意外怎么办？保险公司无偿提供人身意外伤害险，志愿者没有了后顾之忧；志愿服务不专业怎么办？在全国县级市中率先成立志愿者学院，系统化给志愿者“充电”……一系列实招，让志愿服务成为城市的闪亮名片。

来自河南的新市民高要鑫，耳濡目染之下，就这样被“圈粉”了。2014年初，高要鑫注册成为志愿者，生活渐渐忙碌起来。

他为人忠厚，办事踏实，点子又多，很快就“升任”同城伙伴志愿服务团团长，大家都亲切地称他“高团”。这是一个服务新市民的志愿团队，高要鑫如鱼得水。“足印港城”“快乐艺站”“闪亮自我”……志愿服务项目一个接一个。从一开始10多人的“班”，到如今900多人的“团”，只用了5年时间。

而在妻子高凯歌看来，丈夫越来越“不像话”了，常常忙到半夜才回来。但是高要鑫停不下来啊，总觉得有一股力量推着他往前走。

“这里的每个人，内心都好像燃烧着一团熊熊的火，升华着自己，也照亮着别人”。每每提到志愿团队，高要鑫的声音都不自觉地带着兴奋，那是他和伙伴们的骄傲啊！

高要鑫的付出有了温暖的回报——两个女儿凭着父亲遥遥领先的积分入读公办学校。张家港在全国县级市中率先施行新市民积分管理，这是一座讲道德的城市对有道德的好人的馈赠。

在城市精神文明建设的持续涵濡浸润下，张家港人的道德境界在提升，越来越多的张家港人发自内心地帮助他人、服务他人，和着城市的文明一起律动。超过13万的注册志愿者，1142支志愿团队，超过300万小时的志愿服务时长，每天约100场志愿服务活动闪亮城乡……这是张家港志愿者的“热度与激情”。

樊惠平、陈春明、倪永祥、殷志兰、王志勇……27个“张家港面孔”先后亮相“中国好人”榜，数量在全省同类城市中首屈一指。越来越多的人在服务和被服务中得到成长。

2005年，张家港获评全国首批、县级城市首个“全国文明城市”。2017年4月，中央文明委再次在张家港召开全国创建文明城市工作经验交流会，社会主义精神文明建设的老典型又一次迎来了它的高光时刻。

习近平总书记指出：“要广泛宣传道德模范的先进事迹，弘扬道德模范高尚品格，引导人们向道德模范学习，争做崇高道德的践行者、文明风尚的维护者、美好生活的创造者。”

持之以恒的精神文明建设，给张家港带来越来越深远的影响。无数感人的故事在传颂、辐射，如同身边的一盏盏明灯，为全社会树立了道德标杆，成为引领践行社会主义核心价值观的一面面旗帜。

2018年12月18日，北京人民大会堂华灯璀璨，气氛热烈。庆祝改革开放40周年大会正在这里隆重举行。

“看，我们的老秦书记！”

当特写镜头聚焦在“改革先锋”、张家港原市委书记秦振华的身上时，守候在电视机前的张家港人兴奋了。转发、点赞，朋友圈被点燃。人们以这样的方式向秦振华老书记致敬，向“张家港精神”致敬。

习近平总书记指出：“中国特色社会主义是物质文明和精神文明全面发展的社会主义。”20多年来，张家港市主要领导更换了一任又一任，但“一把手抓两手，两手抓两手硬”的传统始终没有改变。张家港精神文明建设的脚步永不停歇，张家港人创造的宝贵精神财富永不过时。

“只有用好张家港精神这个‘传家宝’，才能接好张家港改革发展的接力棒。”张家港市委书记沈国芳在今年年初“张家港精神再弘扬大会”上的一席话掷地有声。

文明花开香满园，同心搁得满庭芳。张家港孕育着文明，文明成就着张家港。新时代的张家港人，坚持以习近平新时代中国特色社会主义思想为指引，让理想信念的基因代际传承、精神文明的力量奔涌激荡，正在高质量发展的征程中奋力书写着“物质变精神、精神变物质”的新传奇。

（摘自《求是》2019年第18期）

用行动领跑新时代文明实践

王乐飞　杨　溢

连续3天、8堂大课，张家港市270名村（社区）党组织书记首次以新时代文明实践站站长的身份集中“充电”，接受思想“洗礼”——

连日来，在老牌“全国文明城市”张家港，“新时代文明实践”成为当地村（社区）党组织书记的“头号话题”。

话题的热度，缘于张家港的一个率先之举。今年2月26日，张家港市在全国新时代文明实践中心试点城市中率先启动了新时代文明实践工作综合性培训。3天时间里，紧扣新时代文明实践站站长能力提升的主题，通过专家讲座、现场教学、案例分享等8堂大课，该市270名村（社区）党组织书记首次以新时代文明实践站站长的身份集中“充电”，接受了一次思想“洗礼”。

这次的创新“课堂”，是张家港市积极探索、主动谋划新时代文明实践工作的有益尝试。一次精心准备的“投石问路”，激起了一池春水的阵阵涟漪。在培训班的学习微信群里，一位学员写下了这样一段话：“新时代文明实践站的建设，就好比一道只有答题原则、没有标准答案的考题，要求基层村（社区）创造性地来回答。只有大胆改革创新，才能走出具有张家港特色的文明实践路径。”

锁定靶心，精准发力，
新时代文明实践不仅要加速也要“加油”

新时代文明实践工作，是党中央重视和加强基层思想政治工作的重要战略部署，是打通宣传群众、教育群众、关心群众、服务群众“最后一千米”的重要举措。

作为全国新时代文明实践中心建设试点城市，如何有效开篇破题，这是张家港的责任和担当。去年11月，张家港市新时代文明实践中心揭牌，该市基层新时代文明实践所、站相继建立，特别是在直接面向群众的村（社区）一级，新时代文明实践站站长全部由党组织书记“挂帅”。

在加速推进新时代文明实践站建设的过程中，部分人员和单位对这项战略部署的认识出现了偏差。张家港市文明办副主任蔡磊说：“有些人认为新时代文明实践站就是多挂一块牌子，其他一切照旧；有些单位认为新时代文明实践就是一个筐，什么活动都可以往里装。”

这些问题的症结，就是基层站长的理论素养和工作能力亟待提升。新时代文明实践不仅要加速也要“加油”“充电”，该市决定用一年的时间，对所、站、机关、相关企事业单位的主要负责人进行业务轮训，重点是整合盘活现有资源，发挥出“1+1>2”的效应。各基层新时代文明实践所、站直接面向群众，被列为第一批参训对象。

锁定靶心，精准发力。新时代文明实践站站长能力如何提升？这在全国尚无先例可循。但敢为人先的张家港人，遵循目标导向，主动作为，大胆尝试，精心策划出新时代文明实践的张家港版“课程”。

翻开培训课程清单，理论学习方面，有习近平新时代中国特色社会主义思想专题辅导、新时代文明实践中心建设专题辅导、加强和改进农村思想政治工作、中华优秀传统文化传承与发展等；能力实务方面，有志愿服务项目设计与管理、群众工作中的沟通技能提升等；针对基层站长工作中遇到的问题，将理论指导与能力提升紧密结合，务求学以致用。

“社区年轻党员参加党组织活动积极性不高怎么办？”“志愿服务项目如何设计才有吸引力？”“基层志愿者的服务能力如何提升？”“村里想开展志愿服务没资源怎么办？”值得一提的是，每堂课最后30分钟的互动问答环节，总是最热闹的时候。张家港市委宣传部副部长、文明办主任何俊说：“手把手地教，帮助他们一笔一画描摹出新时代文明实践站的精准画像。”

因地制宜，走出特色，
新时代文明实践既要“连天线”也要“接地气”

志愿服务是新时代文明实践的主要抓手，志愿者是新时代文明实践的主体力量。

培训班上，张家港市委书记、张家港市新时代文明实践中心主任沈国芳为学员们上了一堂专题辅导课，他说，要有效动员村（社区）书记、党员干部、热心的村（居）民和网格员力量，建设一支无私奉献、堪当重任的志愿服务队伍，形成一批管理有序、精益求精的志愿服务组织，凝聚起新时代文明实践中心建设的工作力量。

在现场教学环节，南丰镇建农村为大家展现了一本“活教材”。“没想到，村里的文明实践站还能这样建。”这是张家港保税区（金港镇）金香社区党支部书记李萍在建农村观摩时发出的感慨。建农村因地制宜，充分整合村里的党员、能人和志愿者资源，把新时代文明实践站变成53个村民小组家中的“和美乡风志愿岗”。按照功能，这些“志愿岗”又细分为“先锋岗”“科普岗”“民情岗”“帮扶岗”“阅读岗”“文艺岗”“环保岗”和“治安岗”。各个“岗”既可独立运作，也能优势互补，共同应用，把理论政策、文化教育、健康环保、科学家教等一系列服务有效送到百姓家门口。“我们总觉得新时代文明实践站是一个固定的载体，但是建农村却把‘站’拆成了‘岗’，载体虽然‘化整为零’，充分发挥了村民志愿者的作用，服务反而‘化零为整’。这次深受启发！”李萍说。

建农村的特色做法，提供了一条行之有效的路径：新时代文明实践既要“连天线”也要“接地气”。

金港镇袁家桥村民生茶馆　（市委宣传部　提供）

特别是，本次培训围绕“志愿服务”等主题，专门设计了现场观摩和经验分享交流等案例教学环节，并将张家港市30个文明实践典型案例汇编成册，发放给参训学员学习参考。通过真听、真看、真感受，让学员们寻找到可借鉴、可操作、可应用的文明实践新路径。其中，锦丰镇悦来社区通过组建“悦善乐邻联盟”，整合链接了27家单位的志愿服务资源，形成了志愿服务进社区的“枢纽”效应；金港镇袁家桥村，在村文化礼堂专门建起了“民生茶馆”，村“两委”班子轮流值班，以志愿者的身份担任“民生观察员”，建起一座拉近干群关系的“连心桥”……

直击难题，对症开方，
新时代文明实践不仅要见实效更要成样本

培训班的最后一堂课，北京市社工委副巡视员、教授张青之带来了《群众工作中的沟通技能提升》专题讲座。凤凰镇桃源社区党支部书记孙丽萍在笔记本上快速地记录着授课的要点内容，趁着课间，她就将课堂笔记分享给没来参会的同事。孙丽萍说：“在基层最难的就是做‘群众工作’，张老师的课教给我们很多具体的沟通技巧，对于今后工作的开展很有帮助。”

翻开孙丽萍厚厚的笔记本，培训3天，她写下了近20页内容，重点内容上还打着星标。“参加这次培训收获很大，为新时代文明实践站的建设指明了方向。我觉得要把新时代文明实践站建设和农村治理、乡村振兴结合起来，同步推进。如果农民思想觉悟、道德水准都提升了，很多问题就会迎刃而解。”孙丽萍说。

孙丽萍的学习感悟，恰恰体现了这次培训班的“良苦用心”。张家港市委副书记王亚方说，希望通过这次培训，实现深入交流、思想碰撞的效果，进一步深化认识，厘清思路，明确重点，推动基层宣传思想工作和精神文明建设实起来、强起来。

文明实践，旨在文明，贵在实践。这既是一项政治任务，也是一项民心工程，不光要做“盆景”、更要育“苗圃”，不仅要出经验、更要见成效。接下来，张家港将进一步构建新时代文明实践中心建设的有效阵地，盘活“存量”阵地，做优“增量”阵地，建强“线上”阵地，逐步完善基层基本公共服务阵地，强化资源整合，打造理论宣讲、教育服务、文化服务、科技与科普服务、健康促进与体育服务等“五大平台”，统筹使用，协同运行。同时，不断完善更新群众需求清单、社会资源清单和服务项目清单，把“群众要什么”与“我们有什么”有机结合起来，针对不同对象的各类需求，提供个性化的服务。

新时代文明实践中心建设是一个崭新的课题，没有现成经验，也没有既定模板。沈国芳说，要突出工作重点、大胆改革创新，走出具有张家港特色的创新路径；要把牢供需对接“清单化”、衔接联动“一体化”、服务群众“精准化”，与时俱进大力弘扬张家港精神，在思想上高度统一，在行动中积极探索，努力为全国、全省试点工作提供“张家港样本”，全力争当新时代文明实践中心建设的领跑者。

（摘自2019年3月4日《苏州日报》A01版）

沪通、通苏嘉甬、南沿江三条铁路交会
“地无寸铁”张家港而今亮出枢纽雄心

孔令君

多年来“地无寸铁”的苏州张家港市一鸣惊人。日前有消息称，张家港东南部一座规划36.6平方千米的高铁新城正呼之欲出。未来，张家港将成为铁路枢纽，按照相关铁路发展规划，张家港站定位为江苏省铁路主导型区域性综合客运枢纽，计划2020年6月竣工。张家港市正组建实体化运作高铁新城工作专班。

当地人早已津津乐道，张家港将成铁路枢纽，未来途经张家港，有三条铁路正加快推进建设。一条是沪通铁路，从苏北沿海一路而来，由南通过江到张家港，再途经常熟、太仓，到上海。设计时速200千米，以客运为主、兼顾货运，其中的关键工程长江大桥计划2019年8月主塔封顶，10月主跨合龙。按照计划，2020年3月开展联调联试，6月底正式开通运营。另一条是通苏嘉甬铁路，设计时速为350千米，张家港段力争2019年底开工建设。还有一条是南沿江城际铁路，这是以江苏省为主投资建设的铁路项目，为沪宁第二通道高速铁路，设计时速350千米，江苏省委、省政府已于2018年10月8日宣布开工建设。

姗姗来迟却后来居上。张家港人也羡慕过昆山，处于京沪、沪宁的交通大动脉上，高铁甚至地铁都能通上海；说来苏南铁路网密布，可沪宁城际铁路、京沪高铁、宁杭铁路、新长铁路等，都距离张家港较远。未来三条新铁路将在张家港交会，张家港的铁路将在苏南县级城市中处于领先地位。

张家港人是低调的。有不少人问，沪通铁路由南通过江，还要经过苏州的张家港、常熟与太仓三个县级市才进上海，按照沪苏湖、通苏嘉甬、连淮扬镇等铁路的取名逻辑，不应该叫“通苏沪”吗？记者去问张家港人，他们回答也巧，笑道：叫“沪通”多好，过了南通就是上海，我们就都“算是上海”了，显得与上海亲近。

记者多次赴南通、盐城、连云港等地采访，他们都关注沪通铁路的进程。相关媒体上，每次工程进度发布，都能

"上头条",引发一阵热议——他们盼着距离上海"近"一点,各类通车后与上海通勤时间的不同版本层出不穷,人们都热议着到上海"跨省上班"的可能性。不应该被忽视的是,张家港所在的苏州,也是沪通铁路上重要的一环。苏州与南通之间,以及苏州内部的张家港、常熟、太仓之间,能否通过新铁路来更高质量融合发展,才是一体化题中之意。

张家港作为枢纽的"雄心",也不光盯着接轨上海,还要打造融入长三角一体化发展的"桥头堡"。张家港从长江边上的"穷沙洲""边角料",发展成为全国的"明星城市",综合实力多年稳居全国县域经济前三,是全国知名的文明城市,"张家港精神"至今是长三角各地高质量发展的"老法宝"之一——不少人都记得,早在1992年,张家港人就提出,以1991年为基数,一年新增一个张家港的经济总量;那些年,张家港上下干得热火朝天,提出了"工业赶超常熟、外贸赶超吴江、城建赶超昆山,各项工作争创一流"的奋斗目标。1992年,新建的张家港成为新兴的国际贸易港,怎么更好地利用港口条件?搞保税区。说干就干,农民拆迁一个多月结束,水厂、变电站同时上马,连接市区的公路、配套综合大楼资金短时间内筹集到位:"像运动员蹲在起跑线上,只等裁判发令了。"后来,保税区设在张家港,而不在大城市、老城市,这令人意外,又不意外。不少见证苏南乡镇经济大发展的"老人"们都记得当时那股劲头:张家港市提出"三超一争"后,常熟、吴江、昆山、太仓等地都提出发展新目标,苏南地区你追我赶……多年过去,在高铁枢纽的"新名片"下,"张家港精神"不敢忘。张家港高铁新城的建设理念中,有"不是精品就是败笔",若能保持这股劲,张家港在长三角一体化中定有新成绩。

(摘自2019年3月27日《解放日报》09版)

让张家港精神在新时代再放光彩

沈国芳

"团结拼搏、负重奋进、自加压力、敢于争先"的张家港精神,是名动江苏、享誉全国的苏州"三大法宝"之一,是张家港的城市之魂、力量之源,是最为宝贵的精神财富。

多年来,在张家港精神的激励下,张家港人砥砺奋进、拼搏争先,创造了一个个"不敢想""不可能"的发展奇迹,实现了"从苏南边角料到明星城市的飞跃"。如今,在"两个一百年"奋斗目标的历史交汇期,张家港将自我加压、再攀高峰,努力书写高质量发展的新篇章,让张家港精神在新时代再绽芳华、再放光彩。

坚持锐意求新,推动弘扬张家港精神与学习贯彻新思想紧密结合。思想是行动的先导,精神是事业的灵魂。从把握党的十一届三中全会释放的强烈信号,在艰苦创业中推动乡镇企业的强势崛起,到乘着"南方谈话"的强劲东风,在弯道超越中成就"伟大理论的成功实践",再到如今连续25年稳居全国同类城市"前三甲"、荣获200多项国家级以上荣誉,张家港之所以能够做到"无名山丘崛起为峰",离不开思想的指引和精神的支撑,而最为根本、最为关键的一条,就是坚持走中国特色社会主义道路,孕育、弘扬、践行了张家港精神。2018年,"张家港精神的塑造者"秦振华被党中央、国务院表彰为改革开放40周年100名"改革先锋"之一,这是对张家港精神的最高礼赞,也是对张家港发展成就的高度肯定。

作为历史的续写者,我们坚持以习近平新时代中国特色社会主义思想"定向导航",将弘扬张家港精神与学习贯彻新思想紧密结合,在立心铸魂中打造具有张家港精神特质的干部队伍。我们对照习近平总书记提出的"三个区分开来"原则,在全省率先出台"容错免责"等系列举措,创新开展"担当作为好单位、好干部"考核,激发干事创业的壮志豪情。为了进一步激励先进、鞭挞平庸,我们在今年春节后召开的第一个全市性大会,就是以"张家港精神再弘扬"为主题,掷地有声提出三个"有言在先",旗帜鲜明地为敢闯敢试者兜底撑腰。与此同时,刀刃向内深挖与张家港精神不符的庸、懒、散、推、拖、软、混、私、浮、冷等"十种病灶",通过红脸出汗、警示镜鉴,推动全市上下发自内心地认同并践行张家港精神,形成了担当作为、竞相有为的良好氛围。

坚持守正创新,推动张家港精神与新时代高度契合。知常明变者赢,守正创新者进。张家港精神创造了张家港速度、成就了张家港辉煌,历经实践检验和时间考验,具有旺盛的生命力和强大的感召力。但是张家港精神并非一成不变,更不会固步自封。一代又一代的张家港人,根据不同时期的发展主题,在践行张家港精神中不断丰富张家港精神,从上世纪90年代初的"拼搏、进位",到90年代中后期的"巩固、提升",再到新世纪的"统筹、协调",张家港精神始终与发展同步、与时代同行。

立足新时代、踏上新征程,在奋力冲刺高水平全面建成小康社会的关键时期,张家港的发展正处在由"量变"向"质变"跃升的重要节点。我们传承和弘扬张家港精神,不变的是争先率先的核心特质,变的是有所侧重的实践取向,只有因时而变、随事而制,才能历久弥新、赓续相传。为此,我们既在延续传统中坚守张家港精神16字的本真内涵,号召全市上下树立"样样工作争第一"的争先意识,激发"咬定青山不放松"的实干精神,增强"无须扬鞭自奋蹄"的行动自觉,体现"敢涉险滩不畏难"的担当魄力;又在创新求变中赋予张家港精神新的时代内涵,把张家港精神突出体现在"创新性、探索性、引领性"上,锚定"推动高质量发展走在前列"这一目标,以张家港精神和全面深化改革为"双强动力”，全方位开启“经济、功能、生态、生活、治理”五个升级版建设，坚定不移推进全面从严治党，努力以张家港精神的“再教育、再弘扬、再实践”，推动张家港发展的“再出发、再突破、再引领”，让张家港精神始终保持与时俱进的鲜明品格、有效汇聚激励前进的磅礴力量。

坚持革故鼎新，推动张家港精神与新方位深度融合。新故相推，日生不滞。张家港精神自诞生之日起，就充满了改革创新的基因，激励着张家港人敢于想别人没想到的事、敢于走别人没走过的路、敢于干别人没干成的事，创办了全国第一所县办大学，创设了全国第一家内河型保税区，创出了“两个文明一起抓”的全国典型，创造了令人惊叹的张家港奇迹，在每一个历史方位都标注了张家港的独特印记。

站在新的历史方位，面临长三角区域一体化发展、长江经济带高质量发展、“三铁交汇”等多重战略机遇叠加，谁能振奋精神、推陈出新，谁就能在奔腾不息的改革浪潮中破浪前行、行稳致远。我们把弘扬张家港精神作为改革创新的强大激励，以精神再振奋推动改革迈新步、发展大跨步。从部门和区镇分头攻坚重大事项，到成立八个重点工作专班协同推进；从接受上海的资源溢出，到主动融入、全面对接大上海都市圈；从谋划新旧动能转换，到提升存量产业竞争力、培育增量产业新优势齐头并进；从巩固放大城乡一体优势，到统筹构建“一核双副四中心”的城市格局；从着眼当前打造铁路枢纽，到放眼长远整体布局36.6平方千米的高铁新城……每一次华丽转身，都定格了勇于变革、勇于创新的风采；每一处跋涉脚印，都镌刻着永不僵化、永不停滞的劲头。在百万港城人民不安现状、不囿成规的拼搏奋斗中，一座港产城深度融合的创新型城市、长三角枢纽型大城市、彰显人居典范的绿色发展标杆城市、群众获得感最强的和谐幸福城市、富有独特人文气质的标兵型文明城市正呼之欲出，将再次诠释张家港精神的时代伟力。

伟大的事业孕育伟大的精神，伟大的精神推动伟大的事业。张家港精神既是对这片热土历史文脉的传承提升，也是历代张家港人在奋斗中积累下来的宝贵财富。在奔跑追梦的道路上，张家港将高高擎起这个永不熄灭的“精神火炬”，点燃流淌在血液里的拼搏激情，照亮张家港发展的灿烂明天，创造出无愧于历史、无愧于时代、无愧于人民的瞩目成就。 （摘自2019年5月5日《群众》第九期）

根须扎下去，枝叶茂起来

——感受江苏省张家港市提升基层组织力的实践脉动

吴储岐

多年前的苏南小城，如今跻身发达地区行列，成为长江三角洲上一颗明珠。探其“奥秘”，强劲的基层组织力是江苏省张家港市创新发展的不竭动力之一。

党的十九大报告指出，加强基层组织建设。如何适应新时代、把握新要求，全面提升基层党组织组织力，是摆在各级党组织面前的一项重大课题。张家港市大抓基层党建，全面提升组织力，激发基层党组织新活力，呈现出根须扎下去、枝叶茂起来的生动局面。

“红堡”织密基层党建网络，打造“10分钟党建圈”

眼下，走在张家港市的主干道上，不难发现许多带有“红堡”字样的道路指示牌。一个个红色的指示牌，配上“海棠花红”的鲜艳图案，格外醒目。跟着这些“向导”，可以轻松地到达各个“红堡”。道路指示牌指向了一个个具体的“红堡”，而《张家港红堡地图》则展现出“红堡”全貌。一打开《张家港红堡地图》，就能精准锁定遍布城乡的红色“坐标”。在这张图上，各党建示范基地、党性教育基地、区镇内部、区镇之间的“红堡”串点成线、连线成面，织起了一张基层党建网络。

记者走进一个个“红堡”，充分感受其呈现出的丰富多彩的形式：在“张家港组织力提升实训基地”参训的党员们看来，它是一个在互动体验中提升党性的“实境课堂”；在金港镇袁家桥村的村民看来，它是可以一边喝茶一边跟村干部反映问题的“民生茶馆”；在建筑工地的工友们看来，它是一个在劳碌一天之后，放松休闲、看书上网的“先锋港湾”……

一条条“红堡”线路，把几十个党建示范基地串联起来，形成了全方位、多层次、立体式的综合党建体，使政治引领力更强、服务半径更广、辐射效应更大……这样的精选“红堡”线路在张家港市还有很多，成为一道道闪亮的风景线。

张家港市如此发力实施基层党建“红堡”工程，缘由何在？“以前，许多企事业单位都建设了党建教育阵地，但大多效果不理想。”张家港市委常委、组织部部长陆德峰告诉记者，推进市、镇、区域、村（社区）、基础网格五级“红堡”标准化建设，就是要织密基层党建阵地网络，打造基层“10分钟党建圈”。

“10分钟党建圈”把“红堡”建在党员群众身边。记者走进杨舍镇梁丰社区，17座小木屋排列得井井有条，85岁的老校长夏庆祥正在小木屋“五老之家”里看材料，“‘红堡’就在家旁边，‘五老之家’就是我们退休老党员的温暖港湾。”

如今，随着一个个“红堡”建起来用起来，党建活动越来越火，全市已有近7万名党员走进“红堡”接受洗礼。

“堡垒指数”＋“先锋指数”，激发基层党建内生动力

党员参加本支部活动，积2分；参加区域活动，积3分……初夏时节，在保税区（金港镇）外企党建区域，记者点开党员积分管理平台，可以清楚地了解区域内党员的学习教育与参加活动情况。

一千河东路、靠近沙洲湖附近，摆放着一台党员积分自助兑换机。用手机点开“张家港先锋”平台，凭借积分可以随时换取钥匙扣、水杯、围巾等文创产品。“这些兑换物是特别定制的，十分受欢迎。”张家港市委组织部副部长、市委党建办主任周颖一边用手机操作一边向记者介绍。

这样的党员积分自助兑换机在张家港市还有很多。除了可以兑换实物外，党员积分还能兑换项目保障资金。锦丰镇悦来社区由20多个村动迁安置组成，年过古稀的老党员黄士才参加党组织活动十分积极，党员积分遥遥领先，不久前，他用党员积分兑换了社区的“义务巡逻队”项目。如今，黄士才和两位老伙计组成了社区“义务巡逻队”。“年龄是大了，但还能贡献力量。”黄士才很自豪。

为何要兑换党员积分？激发内生动力。作为“红堡”工程的配套抓手，去年9月，张家港市出台《张家港市党支部“堡垒指数”和党员“先锋指数”考核管理办法（试行）》，通过实时监测、动态反映、综合考评，让两个“指数”成为衡量基层党建工作的一把“标尺”。

在提升党支部“堡垒指数”方面，众所周知，党组织生活是加强党员管理，促进党员学习，提高党员素质的有效手段。但部分基层党组织在认真严格过组织生活上打了折扣；部分支部存在党员管理不严、“三会一课”制度落实不到位、主题党日活动流于形式等问题。实施这两个“指数”，旨在解决这些基层党建面临的现实问题。

“党支部一年开展活动少于6次会被一票否决。党员如果在参加组织生活、教育培训中弄虚作假，也会被扣分。”周颖说，对两个“指数”的考核采用百分制，以年度为周期，根据实际积分对党支部和党员进行星级评定，考评结果将作为评先评优、考核任用的重要参考。

以前，一些地方由于村组居住分散、社区管辖范围大，党组织活动难以叫齐人，开展的志愿活动也难以深入到群众家中。为解决这一问题，张家港市探索“网格支部”机制，让党组织植根村社“肌理”，让党员走到群众身边。

在张家港市，网格化已经成为提升社会治理能力的一把“钥匙”。全市探索把支部建在网格上，形成“村（社区）党组织—网格党支部—埭组（楼栋）党小组”三级组织架构，定格、定员、定责、定点精细化管理。目前，张家港市共建立“网格支部”1577个。“党支部进网格组成盖边沉底‘一张网’，能使群众感到‘组织就在眼前、有事就找网格员、办事就在家门口’，实现了‘1+1>2’的社会治理效能。”陆德峰说。

互联网打破时空界限，助推基层党建高质量发展

早些年，在大新镇“走企业，访党员”满意度调查活动中，一些年纪偏大的党员留言：“我不知道有工作站”“希望工作人员能多联系我们党员”“希望党组织多举办活动”……活动都办了，效果却不佳，甚至很多人都不知道，这让该镇党务工作者朱熙陷入了沉思：如何才能打通党员教育管理“最后一千米”？

朱熙想了个最直接的办法：开通“红信来了”专递，推动红色主题短信——时而传递时事热点，时而推送上级党组织精神和决议等，还设置了“党章说”“党员聚焦”“法律小常识”等主题，不定期在各主题中加入党员互动环节，引入区域化党员积分比拼机制，收效明显。

近年来，张家港市主动适应互联网、大数据发展的新趋势，将“红堡”工程拓展到线上，推动党建工作向移动式、互动式转变，构建起线上线下互联互通、党员群众互动参与的开放式党建工作体系。

如今，在保税区（金港镇）新经济组织党建领域，借力“互联网+”进行党员教育管理的模式显示出了强大的生命力。“这些企业党员的学历普遍较高，对新媒体的运用程度高，通过‘互联网+’的方式对他们教育管理成效显著。”金港镇党委组织委员卢向群举例说，比如，利用新媒体线上教育、交流的方式深受企业党员欢迎，两会期间举办的“观两会微互动”活动，仅在微信平台上就征集到40多篇心得体会。

张家港市还设置了“互联网+党建”的大平台。打开

张家港红堡地图　　（市委组织部　提供）

“智慧党建信息平台”，“党员发展流程管理、党员积分管理、党组织动态考核管理、党代表网上工作、党费收缴管理”等系统一目了然。点进各系统可以发现，大平台之下，许多小平台在开展丰富多彩的党组织活动。比如，依托“张家港先锋”微信公众平台，建立线上服务超市，策划开展“网上新三会一课”；通过“线上点单、线下服务”的方式，将年轻的“两新”党员吸收到组织中来。此外，依托党建“大数据库”，在信息平台实时按需抓取“区域活力指数”“党组织活跃度”“网络点击量”等集成数据，定期编制党建大数据报告、“数”说基层党建专题片，为党组织及时调整工作方向、关注重点问题提供全方位数据支撑。

“通过探索实践‘党建+互联网’方式，打破了基层党建在时空上的界限，改变了一些党组织活动方式单一、内容单调、封闭运行的局面，激发出广大党员新动能，提升了基层党组织的组织力。”陆德峰说。

摘自（2019年5月14日《人民日报》19版）

张家港：以文立城、以文化人、用文化自信为城市培根铸魂

李仲勋

第十八届群星奖颁奖晚会日前在上海举行，在全国各地的84个“群星奖”决赛入围作品中，来自张家港市的小品《生日聚会》脱颖而出，捧回了沉甸甸的奖杯。

群星奖是我国群众文化最高奖，勇摘群星奖是张家港建设文化强市的一个重要标志。“文化是一个民族凝聚力和创造力的重要源泉，也是一座城市最鲜明的气质和品格。”张家港市委书记沈国芳说，张家港始终不渝坚持把文化当作城市的灵魂，把文明当作城市的根脉，努力建设崇德向善、文化厚重、和谐宜居，让群众充满归属感、自豪感、获得感的文明城市。

连续15年举办长江文化艺术节，到全国首创“网格化公共文化服务体系”，再到全国首推《书香城市建设指标》评价体系，虽然建市仅33年，但张家港牢牢锁住“以文立城”“以文化人”两个关键点，始终让文化浸润整座城市、让文明滋养每个市民。这座年轻的城市也一跃成为文化事业产业发展的高地，激发出文化自信的深厚力量。

在文化的滋养下，张家港精神历久弥坚。改革开放以来，张家港实现了从“苏南边角料到明星城市的飞跃”，综合实力稳居全国县域前三甲，并获得200多项国家级荣誉。这一发展奇迹的背后，是张家港人依靠文化的凝心聚力，使得“团结拼搏、负重奋进、自加压力、敢于争先”的张家港精神“聚合裂变”，激发出推动地方发展的强大力量。

在文化的洗礼中，“文明张家港”享誉全国。张家港市新时代文明实践中心文明张家港展示馆内，一幅幅图片详细记录了这座城市持之以恒抓文明创建的奋斗历程。从首个全国县级文明城市，到全国文明城市“五连冠”、文明奖项“大满贯”，张家港在长期坚定文化自信中塑造了最富魅力的城市特质。

“党的十八大以来，张家港不断推进文化建设向高水平迈进，增强文化引领力、文化凝聚力、文化软实力。”张家港市委宣传部有关负责人介绍，结合新时代文明实践中心建设，张家港在各项文化活动中全面践行社会主义核心价值观，为这座年轻的城市涵养出最鲜明的城市特质。

有着25年党龄的周长发，退休后一直坚持学习各类理论知识，“学习强国”App推出后，他在第一时间下载安装，学习答题。张家港在新时代文明实践中心市级点位上，创新打造“追梦学堂”线下交流平台。作为理论学习、宣传、传播的重要阵地，“追梦学堂”设公共区（个人自助学习区）和“思想之光”“星火之耀”“磅礴之力”“城市之魂”4个团队活动区，且含有“学习强国”平台上所有的学习资源。在这里，周长发向年轻党员们分享了自己的学习故事。今后，全市党员干部群众可以来诵读党章、讲党课、重温入党誓词，还可以开展演讲比赛、主题朗诵会、读书沙龙、红歌传唱、知识竞赛等。

培育社会主义核心价值观，不仅要打造新平台，还要升级老阵地。张家港把现有的22家“理论氧吧”，纳入新时代文明实践中心志愿服务阵地管理，面向村、社区普通群众开放。与此同时，结合新时代文明实践中心建设试点工作，张家港将原来的科技、文化、卫生“三下乡”升华为新时代文明实践服务“进村、入户、见人、走心”新模式，建立覆盖市、镇、村（社区）三级的教育服务资源库，让群众享受到高质量的文化生活。张家港还在全国同类城市中，率先建设心理科普馆、开通“全民健心云平台”、成立心理志愿服务项目孵化工坊，打造百姓称赞的“开心驿站”。

“经济的迅速发展，决定了城市的地位；文化的持续浸润，塑造了城市的品格。”张家港市市长潘国强说，城市发展，既要有“颜值”，又要有“气质”，而气质就来自于人的素质提升。

仲夏时节，来到永联村，村里的户外大屏上反复播放着一个短片，内容是村民们在谈论电动车要不要上牌，正反两方观点对立，讨论得十分热烈。永联村把与日常生活息息相关的政策和规定交由村民们讨论，不设前提，自由讨论，并将讨论的观点制作成短视频播放，至今已就文明养犬、公厕

文明、垃圾分类等议题进行了辩论。在村民们“唇枪舌剑”中，国家的有关政策和规定得到了认同。这些议题都是村里用“智慧永联”互联网平台收集而来，潜移默化间提升了村民的人文素养和精神境界。

腹有诗书气自华，人如此，城亦然。在文化的感召下，张家港共有全国道德模范3人、“中国好人”26人，形成了江苏省同类城市中最大的“好人群体”。全市违法犯罪警情和刑事发案率连续10年下降，群众安全感和法治满意度持续走在全省前列。

（摘自2019年6月25日《新华日报》1版）

张家港：实干担当再创火红年代

杨 溢

隆冬时节，走进张家港，依旧“热气腾腾”。

投资51亿元的长城宝马光束汽车项目正式启动，拓展产业升级新版图；牵手华为打造全国首家“智慧城市应用创新中心”，拉开了“互联网+政务服务”新格局；向民营企业发出三个“大礼包”：企业家沙龙制度、微信群联系制度、信息直报制度，让企业诉求“听得到、看得到、办得到”……

只有时刻保持“百米冲刺”的状态，拿出破旧立新的勇气，着力推动思想观念、产业结构、城乡建设“三个转”，才能叫人“士别三日、刮目相看”。

上世纪90年代“搅活苏南县域经济‘一池春水’”的张家港，如今跨越时空再次擂响“张家港精神”战鼓号角，用实干担当回答新时代“三超一争”的“时代命题”。

“一道光”照亮产业升级新赛道

高质量项目是引领高质量发展的龙头和支点，更是构建现代化经济体系的“关键一招”。

2019年11月29日，宝马集团和长城汽车合资的光束汽车项目在张家港经开区正式启动，犹如“一道光”照亮了港城产业升级的新赛道，更成为张家港开放再出发的生动注脚和鲜明例证。

作为国家第二批重大外资项目，光束汽车项目总投资51亿元。项目集研发、生产、仓储物流于一体，建成后具备年产16万辆燃油乘用车全出口及纯电动车研发制造的能力。光束汽车将实现“联合研发，中国制造，服务全球顾客”的崭新业态模式。

长城宝马光束汽车项目的启动，是张家港争当“经济高质量标杆”，勾勒现代经济体系的一个“里程碑”。秉承“项目为王”的理念，张家港将集聚最优资源、营造一流环境，全力推动光束汽车项目早日建成投产，将其打造成在苏州、全省乃至全国都具有示范引领作用的产业地标，扛起领风气之先的时代担当。

好项目都是跑出来的。北京、上海、广州、深圳……在这个被定义为“招商突破年”的2019年，张家港人用全年9场国内外市级推介会与10余场区镇、部门专场推介会狠狠地刷了一波“存在感”，交出了“不同以往、不同凡响”的成绩单。其中，2019张家港市经济社会发展（上海）说明会、2019张家港市创新发展（北京）投资推介会、2019金秋经贸周暨创新发展投资说明会、2019张家港市（深圳）投资推介会等4场市级推介活动，共签下157个有“颜值”、有“内涵”的好项目。

项目引得来，更要落得下，立得起。

张家港建立健全项目跟踪服务机制，为重大项目建设提供全链式服务，推动新项目及时落地。该市常态化开展项目集中开工投产月活动，掀起了大干快上的项目建设热潮。杜邦中国制造基地、有机硅一体化基地项目加快推进，中车氢能源产业基地成功签约，加特可变速箱项目竣工投产……诞生“张家港精神”的这片土地，再一次成为了创业的热土、投资的热土、发展的热土。2019年，张家港完成工业投资155亿元、同比增长20%，其中新兴产业投资占比超80%；新增注册外资13.6亿美元，同比增长60.5%；实际利用外资5亿美元，同比增长26.5%。

项目大干快上，助推产业转型高端，张家港迈出了“创新赋能、智造未来”的坚定步伐。2019年，该市获评国家级智能制造项目3个、省级智能工厂1个、省级示范智能车间45个，智能制造跃居全省同类城市前列；省“双创计划”、“姑苏计划”人才新增数分别位居省、苏州县（市）第一。

“一座城”铸就长三角一体化新地标

2019年12月11日，沪通铁路跨长江大桥首节轨排开始铺设；12月13日，高铁张家港枢纽站地下空间主体结构成功封顶；12月19日，沪通铁路实现全线短轨贯通……当2019年的日历即将翻完时，以“高铁”二字为关键词的新闻屡屡在张家港市民朋友圈刷屏。这背后承载着多少期待，就蕴含着多大的能量。

随着高铁时代的全面到来，张家港即将告别“手无寸铁”的历史，转而迎来沪通铁路、通苏嘉甬铁路和南沿江城际铁路“三铁交会”的重大历史机遇，更加紧密地融入上海“半小时经济圈”已箭在弦上。

以此为契机，一座高铁新城的建设蓝图勾画完成，标高城市能级，成为张家港打造“城乡一体化”标杆的新引擎。

张家港高铁新城位于张家港中心城区的东部，规划面积44.2平方千米，建设用地34.2平方千米，规划以“挖掘生态潜力，释放创新活力，彰显文化魅力”为目标，按照“文

追梦学堂　　（市新时代文明实践中心　提供）

化生态双轴，四大功能引擎，七大产城分区”的空间布局结构，将高铁新城建设成为服务长三角的“开放引领新门户，科创智慧领航区，港城文化彰显地，宜居健康乐活城”。

张家港将高铁新城建设作为助推港城高质量发展的“百年大计”，按照“三年成型、五年成城”的目标，秉持“不是精品、就是败笔”的理念，全力打造“产城融合”的示范样本。

高铁新城对张家港来说，是融入长三角区域一体化发展的“桥头堡”，对于投资者来说，更是逐梦圆梦的“梦工厂”。2019年7月，张家港市与绿地集团达成了“张家港AI城际空间站”战略合作协议，将针对高铁枢纽核心区106.67公顷土地进行整体综合开发，此外中交、中铁等大型央企已经强势加盟，华为供应链中小企业总部、阿里云（张家港）智慧园区等重大项目相约而来，一批国际化的高端学校、医院、酒店、会展等设施蓄势待发，一座高质量发展与高品质生活相得益彰的活力新城呼之欲出。

作为城市发展新的增长极，高铁新城也将成为张家港对接上海、融入长三角区域一体化发展的新“锚点”。2019年3月29日，张家港在上海举办经济社会发展情况说明会。会上，张家港与虹桥商务区签订战略合作框架协议，高铁新城与虹桥商务区将在产业招商、产城融合、人才交流等领域进行全面合作。未来，张家港高铁新城将依托高铁带来的同城效应和资源再配置效应，大力发展与上海虹桥国际商务区功能相配套，与张家港高端产业发展需求相匹配的服务经济、创新经济和消费经济。

“一个湾”刷新城市文明新底色

万里长江奔流入海前的一次转身，孕育了张家港，也勾画出江海交汇的第一道湾——“张家港湾”。而如今，这座被长江怀抱的城市正以生态之笔，描画“最美江湾”新画像。

2019年9月，总投资达37.6亿元的“张家港湾”生态提升工程正式启动，将上起老沙码头下至段山港的12千米沿江岸线全部纳入其中，涉及面积约10平方千米。“张家港湾”建设的核心是生态保护，在长江滩涂区域不搞大开发，不搞大建设，着力修复生态基底，使其恢复为原生的自然长江滩涂湿地。根据计划，“张家港湾”

四分之三的生产岸线将全面调整为生态岸线，彻底解决港城百姓“临江不见江、近水难亲水”的问题。

“张家港湾”的美丽新生是港城生态文明建设的新坐标，暨阳湖畔的“社会心理服务指导中心”则是属于每一个张家港人的“心灵港湾”。中心内建成了社会心理科普馆，开通了全民健心云平台，成立了心理志愿服务孵化中心，形成了一个完整的心理服务生态系统。

这个港城百姓身边的“开心驿站”，正是张家港新时代文明实践的又一次“认知升级”——新时代文明实践中心建设没有现成的路径可走，是一道只有答题原则、没有标准答案的考题，唯有守正创新，才能走出具有张家港特色的新时代文明实践路径。

率先建起“学习强国”线下交流分享平台——“追梦学堂”，变“一人学”为“一起学”，构筑文明实践思想“能量池”；出台《新时代文明实践中心建设工作推进方案》等系列文件，建立了“部门协调、供需对接、分类培训、项目发布、考核激励”等五项机制，确保工作常态长效；发布《新时代文明实践所、站操作手册》和《新时代文明实践志愿服务操作手册》，为基层开展工作提供统一标准；编印《张家港市新时代文明实践工作案例集》和本土化志愿服务通识教材，提升文明实践的专业化、规范化水平……

深接地气，活力满满。张家港以一个个硬招、实招，在新时代文明实践的赛道上成为领跑者。

江与城相宜相生，“生态自觉”孕育“文明自觉”，生发为蓬勃开放的“文化自信”。

2019年11月，第16届中国（张家港）长江文化艺术节如约而至。“唱响长江文化，讲好港城故事、链接优质资源、做优经贸生态”“四重奏”成为响亮主题。

“长江文明物语”文物展细说长江文明与海上丝绸之路的千年情缘；小剧场艺术季“点亮”了城市的“文化夜空”；“金秋经贸周”赋予文旅与经贸融共进新内涵……一个个巧妙的文化创意，让长江文化艺术节这一老牌文化“IP”再一次成为区域文化融合发展的成功案例，更彰显出张家港开放、包容的城市气质和争先、率先的城市精神。

站在开放再出发的新起点，港城上下高擎张家港精神“火炬”，聚焦聚力“三标杆一率先”，勇当现代化建设的“探路者”“先行军”，全面点燃港城新时代干事创业的“火红年代”。

（摘自2020年1月3日《苏州日报》）

【编辑　宋佳辰】

大事记

Chronicle of Important Event

7月30日，江苏省梁丰高级中学入选江苏省高品质示范高中首批建设立项学校名单　（百家桥村　提供）

張家港年鑑(2020)

扫码欣赏

百万港城
人民的高铁梦

1月

1日　张家港出入境边防检查站正式转隶国家移民管理局。

2日　市委中心组（扩大）学习报告会举行，省政协原常委、苏州市人大常委会原副主任、张家港市委原书记秦振华作报告。

4日　张家港现代供应链创新与应用试点城市一期成果汇报举行，张家港现代供应链公共服务平台开通上线。

7日至9日　政协张家港市第十二届委员会第三次会议举行。

8日至10日　张家港市第十四届人民代表大会第三次会议举行。

17日　苏州龙杰特种纤维股份有限公司在上海证券交易所挂牌上市，成为张家港市第20家境内A股上市企业。

18日　“服务港城升级版，助力发展高质量”2019年苏州·张家港政银企恳谈会举行。会议集中签约项目88项，协议融资金额688亿元。

23日　辽宁省沈阳市委副书记、市长姜有为率考察团到张家港市考察优化营商环境、推行企业开办“一窗融合”服务情况。

23日　2018年江苏V影响力峰会暨微博融合创新城市论坛在南京举行，省政协原常委、苏州市人大常委会原副主任、张家港市委原书记秦振华获评“江苏年度致敬人物”。

26日　全市机构改革动员部署会召开，对全市机构改革工作进行动员部署。机构改革后共设置党政机构37个。党委机构10个，其中纪检监察机关1个、工作机关9个；政府工作部门27个。

30日　江苏省文明办发布2018年江苏社会文明程度测评指数，张家港市列县（市、区）第一。

2月

13日　张家港精神再弘扬动员大会召开，动员全市广大干部与时俱进大力弘扬张家港精神，进一步解放思想、开拓创新，以饱满的工作热情、强烈的使命担当，积极打造“港城发展升级版”，加快推动高质量发展走在前列。

是日　“集聚产业转型新动能、打造港城发展升级版”张家港2019年第一季度项目集中开工暨签约活动举行，50个项目集中开工，总投资176.82亿元；13个项目集中签约，总投资68.48亿元。

22日　张家港市首个5G基站在南丰镇永联村开通。这是全省首个农村基站。

23日　在2019年体操世界杯墨尔本站男子鞍马决赛中，张家港籍选手翁浩以15.233分获得亚军。

24日　农民日报社公布“2019农业产业化龙头企业500强”名单，中粮东海粮油工业（张家港）有限公司、张家港市青草巷农副产品批发市场、江苏梁丰食品集团有限公司、江苏张家港酿酒有限公司4家企业上榜。

28日　全国爱国卫生运动委员会发出《关于2018年国家卫生城市（区）和国家卫生县城（乡镇）复评结果的通报》，张家港市被通报表扬。

3月

7日至8日　江苏省人大农业和农村工作座谈会在张家港市召开，省人大常委会副主任魏国强出席会议并讲话。

11日　张家港市人民政府与绿地控股集团战略合作协议签约仪式在沙洲湖酒店举行。

14日至16日　民政部在张家港市召开社会救助综合改革试点工作座谈会。

15日　芬美意香料张家港工厂举行开业庆典，投资总额7500万美元。

22日　金港海关挂牌成立。

3月22日，金港海关挂牌成立仪式　（施东海　摄）

26日　三维精密测控产业项目分享会暨普达迪泰总部基地项目签约仪式在沙洲湖酒店举行，项目一期投资3亿元。

28日　中央统战部副部长、全国工商联党组书记、常务副主席徐乐江到张家港市专题调研关键领域民营企业核心技术创新及防范化解风险情况。

28至29日　“2018年度全国十大考古新发现终评会”在北京举行，会议评选产生“2018年度全国十大考古新发现”，张家港黄泗浦遗址上榜。

29日　以“融入上海、共赢未来”为主题的2019年张家港市经济社会发展（上海）说明会在上海举办。

31日　沙钢集团与纽柯钢铁公司举行沙钢超薄带项目性能考核验收通过签约仪式。这标志中国首条、世界第三条的超薄带实现工业化生产。

4月

1日　中国红十字会党组成员、副会长王汝鹏到张家港市调研红十字会工作。

4日　市水务集团有限公司成立。

9日　省委常委、统战部部长杨岳到张家港市调研。

是日　张家港市政府与华为公司签署战略合作协议，共同推进全市新型智慧城市建设。

11日　采埃孚张家港生产基地二期转向工厂开业，总投资9000万美元。

是日　江苏省县域义务教育优质均衡发展情况调研座谈会在张家港市召开。

17日　青海省杂多县乡村振兴专题培训班结业仪式在善港农村干部学院举行，张家港市与杂多县签订文化交流合作框架协议。

22日　江苏省委、省政府召开全省2018年度高质量发展总结表彰大会，张家港市因考核优秀获得表彰，被评为推进高质量发展先进县（市、区）。

23日至24日　省政协副主席王荣平到张家港市就"长三角区域污染防治协作机制落实情况"进行监督性调研。

26日　苏州市2018年度高质量发展总结表彰大会召开，张家港市获苏州2018年度县级市（区）综合考核第一等次。

5月

9日至13日　德国贝尔吉施格拉德巴赫市市长卢茨·厄巴赫一行到张家港市进行友好访问。

16日　"集聚产业转型新动能，打造港城发展升级版"张家港市2019年第二季度项目集中开竣工活动举行。36个项目集中开工，总投资68.91亿元；27个项目竣工，总投资70.27亿元。活动现场，张家港市重大项目在线服务管理平台上线运行。

是日　苏州软体机器人科技有限公司工程制造研发中心在张家港挂牌投入使用，这是软体机器人领域全球第一个工程制造研发中心。

16日至17日　人民网、新华社、中央电视台、中国新闻社、新华网、法制日报社等中央媒体组成采访团，集中采访张家港市深入推进扫黑除恶专项斗争的先进经验。

21日　工信部公示第一批专精特新"小巨人"企业名单，江苏海狮机械股份有限公司和张家港保税区灿勤科技有限公司上榜。

30日　"赋能升级，智造港城"——全市智能工业千企推进大会召开。

31日　"港城上市通"上线运行，在全省首创企业上市核查"一网通办"服务，核查的办理时限由原来的1至3个月，成功压缩至3至5个工作日。

是日　全国首创的"24小时新时代文明实践驿站"在贵州省沿河土家族自治县建成并试开放。

6月

5日　全国人大常委会执法检查组到江苏省检查水污染防治法实施情况期间，到永钢集团污水处理厂检查。

13日　韩国驻上海总领事崔泳杉访问张家港市，市委副书记、市长潘国强会见崔泳杉一行。

是日　市社会救助服务中心揭牌，这标志全市通过构建"一体系、一中心、一平台"因病致贫精准帮扶体系，打破收入标准、户籍门槛限制，将社会化救助对象从传统的绝对贫困人口向相对贫困人口扩展，形成"弱有所扶"救助新格局。

14日　张家港市与菲律宾圣帕斯夸尔市签署友好交流城市关系备忘录。

16日　市第二人民医院新院启用暨深化长三角一体化发展医疗合作揭牌仪式举行。

22日　张家港万豪国际酒店开业，总投资约9亿元。

26日　"驻沪领馆、国际商协会、外企高管走进张家港活动"举行。

27日至28日　中央宣传部在张家港市召开学习宣传贯彻习近平新时代中国特色社会主义思想系列研讨会，围绕"建设社会主义文化强国"进行专题研讨。中央宣传部副部长梁言顺，江苏省委常委、宣传部部长王燕文等出席会议。

29日　苏州市张家港生态环境局挂牌成立。

是日　以"让科学走进生活，让创新点燃梦想"为主题的2019年市"科技·人才活动周"开幕。开幕式上，上海—张家港技术转移协作中心、中科院EDA中心张家港分中心、长三角一体化集成电路产业合作孵化基地（上海工研院张家港磁传感器创新中心）等长三角一体化重大创新平台集中揭牌。

7月

1日　"榜样"张家港市纪念建党98周年暨先进表彰活动在市职工文体中心举行。

是日　第二届中国氢能燃料电池论坛张家港峰会召开，中国科学院南京分院副院长华伟，中科院大连化学物理研究所院士李灿，清华大学核能与新能源技术研究院党委书记唐亚平等出席会议。

2日至3日　2019年第二届先进激光制造产业发展大会在张家港市召开，中国工程院院士范滇元、周寿桓，中国科学院院士王立军等出席大会。

4日　张家港高新区举行基金投资合作协议签约仪式，和韩国投资伙伴株式会社共同发起设立10亿元投资基金。

9日至13日　2019年中国足协第二十二届“贝贝杯”青少年（12岁男子组）足球赛举行。

12日　张家港市融媒体中心（传媒集团）成立。

18日　苏州中车氢能动力技术有限公司成立大会暨揭牌仪式在张家港市举行。

19日　工信部赛迪顾问县域经济研究中心编制的《2019赛迪县域经济百强研究》发布，张家港市蝉联全国百强县市第三名。

20日　张家港市人民政府与绿地控股集团签署战略合作框架协议，在张家港高铁新城共同打造AI城际空间站和康养小镇项目。

21日　“梅花蓓蕾向阳开，向新中国成立70周年献礼”第23届中国少儿戏曲小梅花荟萃集体节目汇报演出在市保利大剧院举行。

22日　《财富》发布2019年世界500强榜单，江苏沙钢集团以营业收入364.41亿美元的业绩排名340位。

26日至27日　中共张家港市委十一届八次全体（扩大）会议举行。会议动员全市各级党组织、广大党员和干部群众，紧扣高质量发展走在前列的目标要求，不忘初心、勇担使命，振奋精神、实干担当，以坚强定力推动“港城发展升级版”建设，以过硬实绩向中华人民共和国成立70周年献礼。

28日　全国乡村旅游（民宿）工作现场会在四川成都召开，会上发布第一批全国乡村旅游重点村名单，南丰镇永联村上榜。

30日　省教育厅印发《关于进一步推进高品质示范高中建设的意见》，公布20所江苏省高品质示范高中首批建设立项学校名单，江苏省梁丰高级中学入选。

8月

2日　张家港莱爵学校签约仪式举行。

12日　永钢集团与上海宝冶集团有限公司合作设立的宝冶永联（江苏）建筑科技有限公司投产。

13日　以“聚力创新、筑梦港城”为主题的2019年张家港市创新发展（北京）投资推介会在北京举行。

22日　全国工商联发布“2019中国民营企业500强”榜单，张家港市有7家企业上榜。其中沙钢集团以2410.02亿元的营收总额排名第17位，永钢集团、张家港东华能源股份有限公司、澳洋集团、华芳集团、攀华集团、长江润发集团分别居第111位、146位、247位、265位、287位、444位。

23日　张家港市召开高质量推进乡村振兴工作现场会，推进全市乡村振兴三年行动计划（2018—2020年），夯实乡村全面振兴基础。

25日　李可染画院凤凰艺术中心在凤凰镇河阳山歌馆成立，成为苏南县级市中首家国家级画院。

28日　保税区（金港镇）2019年下半年度项目集中开竣工活动举行。15个项目集中开工，3个项目集中竣工，总投资82.2亿元。

29日　中国社科院新闻与传播研究所张家港国情调研基地揭牌成立。

9月

1日　2019年中国企业500强发布，沙钢集团、国泰国际集团、澳洋集团上榜。

5日　中央文明委发布《关于表彰第七届全国道德模范的决定》，南丰镇永联村党委书记吴惠芳获全国道德模范提名奖。

11日　第三方机构竞争力智库和中国信息协会信用专业委员会在北京发布《中国乡镇综合竞争力报告2018》，杨舍镇、金港镇、锦丰镇、塘桥镇分别列2018中国乡镇综合竞争力100强的第3、4、9、99位。

12日　全市“不忘初心、牢记使命”主题教育动员大会召开。

是日　贵州省委书记孙志刚，省委副书记、省长谌贻琴率党政代表团在江苏省委书记娄勤俭，省委副书记、省长吴政隆的陪同下到张家港市善港村考察，调研张家港市与贵州省沿河土家族自治县对口帮扶工作。

19日　省委常委、苏州市委书记蓝绍敏到张家港市调研。

是日　张家港市与澳大利亚墨纳保郡签署友好交流城市关系备忘录。

20日　南起张家港、北接南通的长江大桥主航道桥合龙。这标志由中国自主设计施工的世界首座主跨超千米的公铁两用斜拉桥建设取得决定性胜利，进入铁轨铺设、路面浇筑的最后冲刺阶段。

25日　“最美奋斗者”表彰大会在北京人民大会堂举行，“张家港精神”的塑造者秦振华被授予“最美奋斗者”称号。

9月　张家港市启动实施“张家港湾”生态提升工程，计划投资37.6亿元。“张家港湾”上起老沙码头，下至段山港，全长约12千米。

10月

8日　2019年中国中小城市高质量发展指数研究成果发布，张家港市排名2019年度全国综合实力百强县市第三。杨舍镇、金港镇、锦丰镇、塘桥镇入选2019年度全国综合实力千强镇前100名。

9日　2019年北京世界园艺博览会落幕，由江苏澳洋生态园林股份有限公司打造的“澳洋园”获北京世园会组委会银奖。

16日　“聚焦重大产业项目建设，聚合‘三标杆一率先’新动能”张家港市2019年金秋经贸周项目集中开竣工活动在高铁新城开发区举行。54个项目集中开工，总投资313.73亿元；35个项目集中竣工，总投资104.3亿元。

是日　市委、市政府印发《工程建设领域“三项禁令”》。

17日　瑞士驻上海总领事曾礼惟一行到张家港市考察经济社会发展情况。

18日　“致敬七十年，奋进现代化”——《乡村振兴永联宣言》发布仪式在永联村举行，这是中国第一份关于乡村振兴建设的宣言。

10月18日，《乡村振兴永联宣言》发布　（黄智强　摄）

19日　第十九届全国“村长”论坛在南丰镇永联村举行。

23日　全市新时代“三超一争”、聚焦聚力“三标杆一率先”誓师大会在市保利大剧院召开。

29日　张家港市与日本丸龟市缔结友好城市20周年庆典在东渡苑景区古黄泗浦广场举行。

31日　张家港智慧科学城项目集中开工活动在高新区举行，总投资约300亿元。

11月

1日　“奔腾，新时代的大河”2019年中国（张家港）长江文化艺术节暨金秋经贸周开幕式举行。

2日　2019年张家港金秋经贸周暨创新发展投资说明会举行，活动累计66个签约项目，总投资329亿元，现场31个项目举行集中签约仪式。

8日　全国全民阅读工作经验交流会在广东深圳召开，国家新闻出版署颁发2019年全民阅读优秀项目，张家港市“书香城市”建设指标体系（试行）入选。

是日　加特可（苏州）自动变速箱有限公司投产仪式在经开区举行，公司注册资金3.98亿元。

13日　由中国信息通信研究院主办的中国县域工业经济发展论坛发布最新年度《中国工业百强县（市）、百强区发展报告》，张家港市列中国工业百强县（市）榜单第三名。

14日　2019年中国国际高新技术成果交易会在广东深圳举行，在会上举办的2019年亚太智慧城市评选活动中，张家港市获“2019中国领军智慧城市”称号。

19日至21日　2019年全球智慧城市大会在西班牙巴塞罗那举行，张家港市获中国赛区“城市精细化治理奖”提名奖。

21日　华东房车交易中心开业庆典暨2019年首届华东房车交易博览会在张家港保税区国际汽车城开幕。

是日　第三方机构竞争力智库和中国信息协会信用专业委员会联合发布《中国城市全面建成小康社会监测报告2019》，张家港市列2019中国县级市全面小康指数排名第一名，入选中国率先全面建成小康社会范例城市。

22日　张家港市籍上海交通大学教授樊春海当选为中国科学院院士。

29日　由长城汽车股份有限公司和宝马（荷兰）控股公司共同建设的光束汽车项目在张家港市启动，省委常委、常务副省长樊金龙，省委常委、苏州市委书记蓝绍敏等出席启动仪式，总投资约51亿元。

12月

3日　2019年张家港市“创新引领，转型发展”（深圳）投资推介会举行，24个项目集中签约，投资规模170.1亿元。张家港市政府与华为技术有限公司正式签署共建“华为智慧城市（张家港）应用创新中心”框架协议。

5日　由中国纺织工业联合会举办的2019年全国纺织产业集群复查工作总结大会在北京召开，张家港市被授予“中国纺织产业基地市”称号。

8日　首届“张家港精神和新时代城市文化担当”论坛在中国文联报告厅举行。

16日　中郡研究所发布《第十九届县域经济基本竞争力评价》，张家港市列全国县域经济基本竞争力第二名。

18日　张家港中集圣达因低温装备有限公司产业基地项目开工仪式举行，总投资2.39亿美元。

24日　凤凰水蜜桃通过农业农村部农产品地理标志登记评审，成为张家港市首个国家地理标志农产品。

28日　中共张家港市委十一届九次全体（扩大）会议举行。会议动员紧紧扭住新发展理念推动发展，牢牢盯住高质量导向聚力发展，以“三标杆一率先”为风向标、以“项目提速年”为发力点，与时俱进大力弘扬张家港精神，全面开展新时代“三超一争”，打好高水平全面建成小康社会“收官仗”，奋力探索开启率先基本实现现代化新征程。

【编辑　沈立平】

全国文明城市张家港概览

The Overview of the National Civilized City of Zhangjiagang

暨阳湖　（宋春飞　摄）

地情概要

人文风情

文明引领

经济建设

政治建设

文化建设

社会建设

生态文明建设

张家港年鑑(2020)

扫码欣赏

我的城市

地情概要

【地理位置】 张家港市位于长江下游南岸，江苏省东南部。东、东南连常熟市，西、西南接江阴市，北、东北、西北临长江，是位于沿海和长江两大经济开发带交会处的国际化、现代化港口城市。地理坐标北纬31° 43′ 12″—32° 02′，东经120° 21′ 57″—120° 52′。东南距上海市98千米；南近太湖，分别距无锡市58千米、苏州市90千米；西距常州市55千米、南京市200千米；北隔江距南通市62千米，是长江三角洲的重要组成部分。全市总面积986.73平方千米，占全省面积的0.92%、苏州市面积的11.62%。其中，陆地面积791.06平方千米，占全市总面积的80.17%；长江水域面积195.67平方千米，占19.83%。陆地东西最大直线距离44.58千米，南北最大直线距离33.71千米。北宽南窄，呈三角形。

【地质地貌】 *地层* 张家港境内主要是第四系沉积物覆盖。第四系覆盖层的厚度为90米至240米，是全新统现代沉积。西南零星出露基岩属泥盆系茅山群的紫红色沙砾岩。第四系覆盖层的可耕层为2米至3米，耕层下面是沙质黏土、黏土层，隔水性能较好，厚度为50米至70米；在地面以下70米至150米之间，有含水性较好、透水性较强的细沙层、黏质沙层、中沙层、砾石层，但中间夹有含砾黏土层、黏土层等不透水层。在地面140米至240米以下是砂岩、灰岩、砾岩层。在第四系覆盖层下有白垩系的杂色砾岩、粉砂岩及灰岩，厚度约210米；三叠系青龙群的灰岩和钙质泥岩，厚600米；二叠系龙潭组的海陆交互相岩层、砂岩、灰岩、泥岩等，厚450余米；石炭系的砂岩、灰岩和泥岩等，厚450余米。

地震地质 江苏省主要的地震带是西北部的郯庐断裂地震带和沿长江的扬铜地震带。张家港市主要受扬铜地震带所控制，在大地构造上属扬子准地台下扬子古拗陷的东部，苏锡中台拱的北东部，北邻苏北中新凹陷，南部和东部与钱塘褶皱带相连，西部是常州中凹陷。张家港境内基本构造格架为“二隆二凹”构造形式。“二隆”是段山—张家港褶断束、顾山—铜官山褶断束；“二凹”是祝塘—锦丰凹陷、谢桥凹陷。境内有北北西向、北西向和北东向（华夏）构造发育，形成网络系统。根据可考文字和有关地震研究，张家港市历史上未见强震记载。从地震强度背景值而论，境内所在位置介于强震和弱震的过渡区域，受扬州—铜陵地震带所控制。

工程地质 根据市建筑设计院历年工程地质勘探资料，境内的地耐力一般为每平方米10吨左右。其中，南部黏土一般为每平方米20吨左右，亚黏土一般为每平方米18吨左右，轻亚黏土一般为每平方米10吨左右；北部粉黏土一般为每平方米8吨左右。

地貌 张家港市地跨长江三角洲平原的两个地貌副区，即长江南岸古代沙嘴区和靖江常阴古沙洲区。北面临江，双山沙（福姜沙）孑立江中，长江沿岸滩地绵长。古长江岸线把境内陆地分为南、北两个部分，南部属老长江三角洲的古代沙嘴区，成陆8000年以上，地势高亢，高程（吴淞零点，下同）为5米至8米，散落着大小10座山丘；北部属新长江三角洲，由数十个沙洲积涨连接而成，成陆最早的800余年，地势低平，高程为3米至5米。根据地面黄海高程，全境地貌可分为丘陵、高平田、平田、低平田和圩田。其中，南部地区主要为高平田、平田和低平田，北部地区均为圩田，丘陵主要散落在塘桥镇的妙桥地区、金港镇的南沙地区和凤凰镇的少量地区。

【沿江岸线】 张家港市境内有沿江岸线63.6千米，其中不冻不淤的深水岸线约40千米。依托优越的沿江岸线，建有国际贸易商港张家港港，并由西向东排布着江苏省张家港保税区、江苏扬子江国际冶金工业园等各具特色的专业园区。西北部有江中小岛双山岛，离南岸1千米，是张家港港天然的避风屏障。双山岛与南岸之间的航道为福南水道。双山岛距北岸3千米，之间为福中水道和福北水道。双山环岛洲堤长16.8千米，面积20平方千米，高程4米至5米。

【自然资源】 *土地资源* 据市国土资源局统计，至2018年年末，全市实有耕地30272.92公顷、园地3364.84公顷、林地201.44公顷、城镇村及工矿用地30114.75公顷、交通运输用地6446.54公顷、水域及水利设施用地27861公顷、其他土地411.05公顷。

水资源 境内水资源丰富。地表水中河港蓄水量丰水年为4.74亿立方米，中等干旱年为8624万立方米。2018年全市沿江各闸共引水19.06亿立方米，排水22.7亿立方米。泵站运行919小时，引水量达7096.38万立方米。全年实际用水量：地表水20.28亿立方米（火电企业用水量为全口径计算），浅层地下水75.59万立方米。全境河港纵横，土地肥沃，有大小河道8700余条，其中市级以上骨干河道29条、镇级河道270条、村级河道8400余条，总长度4500余千米。

矿产资源 境内已发现的矿产品种主要有砂石、砖瓦黏土、矿泉水、煤炭、天然气等。其中，探明的储量有砂石约6000万吨，煤炭约2010万吨，天然气约8000万立方米，矿泉水约8000万立方米。2003年建成凤凰地热井温泉，水温45摄氏度，日产地热水624立方米。

野生动植物资源 境内共有野生动物资源13纲292个品种。其中，鱼纲类有刀鱼、河豚、鲫鱼等96种，爬行纲类有龟、鳖、蛇等21种，鸟纲类有野鸡、野鸭、鹰、雀等105种，哺乳纲类有野兔、刺猬、鼠等8种，另有野生无脊椎动物63种。野生植物资源比较丰富，有百余科近500个品种，常见的有24个科80个品种，分布在田间、山丘、河边、滩地，可用于农、牧、渔业生产、手工编织及疾病治疗。另有常见绿化植物314种。

【气候】 *光照* 全年日照时数1701.6小时，比上年少233.4小时，比常年1981年到2010年平均日照1863.5小时少161.9小时；年日照百分率（相对日照）为38%。日照时数最多的月份是5月，为192.5小时，占月可照时数的45%；月日照时数最少的月份是2月，为60.0小时，占月可照时数的20%。

气温 全年平均气温17.1摄氏

度，比上年低0.2摄氏度，比1981年至2010年平均气温15.9摄氏度高1.2摄氏度，气温偏高。8月是全年最热的月份，月平均气温为28.4摄氏度。年极端最高气温38.6摄氏度，出现在7月30日。全年达到35摄氏度的高温日数14天，比上年少5天。1月是全年最冷的月份，月平均气温为4.8摄氏度。年极端最低气温零下2.5摄氏度，出现在1月17日。全年日最低气温低于0摄氏度的低温日数14天，比上年少18天。

降水　全年降水量1045.6毫米，比上年少317.7毫米，与1981年至2010年平均降水量1081.8毫米相比少36.2毫米，年降水量正常略偏少。全年降水分布不均，3月降水量最少，月降水量21.6毫米；8月降水量最多，月降水量214.6毫米。与常年同期相比，2月降水量126.8毫米、9月降水量166.4毫米、12月降水量72.9毫米，均异常偏多；3月降水量21.6毫米、10月降水量25.5毫米，明显偏少，4月到7月的降水量均偏少。4月至9月汛期降水量706.9毫米，与历年同期平均736.5毫米相比降水略偏少。全年有3个暴雨日，分别出现在8月10日、8月28日、9月2日，降水量分别为97.4毫米、63毫米、55.9毫米。梅雨期自6月18日至7月17日，历时30天，入梅比常年略偏迟，出梅较常年偏晚。总梅雨量200毫米，较常年偏少。

霜、雪、风、霾及灾害性天气　2019年度初霜日为2018年12月13日，终霜日为2019年3月8日，霜期86天，全年无霜期255天，与1981年到2010年平均值225天相比偏多30天。全年降雪日数8天，积雪日5天。2月8日到10日，全市出现连续降雪天气，其中2月8日雨雪量15.8毫米，达到暴雪量级，最大积雪深度为10厘米。年平均风速每秒1.9米，监测到8级以上大风3次，分别出现在2月7日、4月9日、11月18日，极大风速为每秒21.7米、23.3米、17.3米。全年有53个霾天气，与上年相比减少4天。年内持续时间较长且$PM_{2.5}$浓度大的三次霾天气过程分别出现在1月17日至20日、3月4日至7日、12月8日至11日，均持续4天。全年出现大雾10天，其中11月23日出现最小能见度103米的浓雾。全年张家港市有3次台风影响，分别是第9号台风“利奇马”、第13号台风“玲玲”、第17号台风“塔巴”。其中，第9号台风“利奇马”，8月10日1时45分在浙江省台州市温岭市城南镇沿海登陆，22时进入苏州境内的太湖金庭镇，先后经无锡市、张家港市继续向北，于11日4时进入南通市如皋市境内，是1949年以后登陆东南沿海的第3个超强台风。受“利奇马”影响，8月9日夜里到11日全市普降暴雨，局部大暴雨，锦丰镇197.7毫米、金港镇148.7毫米、凤凰镇136.1毫米、南丰镇117.1毫米、杨舍镇110.4毫米、塘桥镇110.2毫米、大新镇110.1毫米、常阴沙现代农业示范园区102.1毫米、乐余镇95.8毫米。锦丰出现每秒21.1米（9级）大风，乐余出现每秒19.7米（8级）大风，常阴沙出现每秒19.1米（8级）大风。9月5日受第13号台风“玲玲”外围气流和西风带低压槽共同影响，塘桥镇、杨舍镇出现短时强降水，6日凌晨，张家港市东部地区出现暴雨，日降水量最大出现在常阴沙126.9毫米。9月22日受第17号台风“塔巴”外围环流影响，张家港市出现阵雨天气，并伴有7至8级大风，其中张家港监测站监测每秒16.6米（7级），常阴沙监测每秒18.3米（8级），长江防汛处监测每秒18.5米（8级），乐余监测每秒20.5米（8级）。此次台风对张家港市主要是风的影响。

【建置沿革】　张家港市历史悠久。8000年前，南部地区就有人类活动。商末，属勾吴之地。春秋时期，属吴国延陵郡。秦代，属会稽郡。汉高祖五年（公元前202年），建毗陵县暨阳乡，为境内有据可查的最早的乡级行政建制。晋代，置暨阳县，为境内第一个县级行政建制。南朝梁代，在暨阳之墟建梁丰县。唐代以后，分属常熟、江阴两县。清代至民国，常通港以北属南通县（今南通市）。抗日战争时期，中国共产党曾一度在北部沿江地区建立沙洲县，南部及常熟、江阴两县的边界地区设立虞西县。新中国成立后，东部属常熟县（今常熟市），西部属江阴县（今江阴市）。1962年，常熟划出14个公社和常阴沙农场，江阴划出9个公社，建立沙洲县，隶属于苏州地区。1986年9月，经国务院批准，撤销沙洲县，以天然良港——张家港港命名设立张家港市，隶属于苏州市。

【行政区划】　年初，杨舍镇调整、优化部分村委会和社区居委会设置。调整后，杨舍镇下辖23个村委会、51个社区居委会。4月，金港镇新成立2个社区，分别为金香社区和长欣社区。12月，锦丰镇撤销厚生村、久生村，合并成立十一圩港村。至年末，全市有村委会146个，比上年减7个；有社区居委会121个，比上年减23个。

【消亡自然村】　2019年，因环境整治和保护项目、新区开发、铁路建设等，全市消亡自然村59个，其中金港镇7个、锦丰镇1个、塘桥镇37个、乐余镇14个。至年末，全市共有自然村2225个，其中杨舍镇361个、塘桥镇518个、金港镇239个、锦丰镇268个、乐余镇179个、凤凰镇445个、南丰镇138个、大新镇62个、常阴沙现代农业示范园区21个。　（史　志）

2019年张家港市消亡自然村一览表

表1

镇　名	自然村名（所属行政村）	消亡原因	镇　名	自然村名（所属行政村）	消亡原因
金港镇	朱家埭（晨阳村）	环保项目	金港镇	九圩埭（北荫村）	环保项目
	六圩埭（晨阳村）	环保项目		小十圩（北荫村）	环保项目

续表1

镇　名	自然村名（所属行政村）	消亡原因	镇　名	自然村名（所属行政村）	消亡原因
金港镇	东新圩（北荫村）	环保项目	塘桥镇	周家宕（刘村村）	铁路建设、“三优三保”项目
	西新圩（北荫村）	环保项目		钱家组（横泾村）	铁路建设、“三优三保”项目
	农场埭（北荫村）	环保项目		三条桥（横泾村）	铁路建设、“三优三保”项目
锦丰镇	喻家埭（洪桥村）	环境整治		余家组（横泾村）	铁路建设、“三优三保”项目
塘桥镇	蔡舍（周巷村）	安置房建设		马家组（横泾村）	铁路建设、“三优三保”项目
	陈家桥（周巷村）	安置房建设		纪家组（横泾村）	铁路建设、“三优三保”项目
	李家宕（青龙村）	宅基归并		迈步组（横泾村）	铁路建设、“三优三保”项目
	河南宕（青龙村）	宅基归并		沙田8、9、10组（蒋家村）	城乡一体化建设
	泾西巷（青龙村）	宅基归并		壬午圩（蒋家村）	城乡一体化建设
	窑上（韩山村）	铁路建设		任案圩（蒋家村）	城乡一体化建设
	松树坟（韩山村）	“三优三保”项目		三角圩（蒋家村）	城乡一体化建设
	赵家桥（韩山村）	“三优三保”项目		六三圩（蒋家村）	城乡一体化建设
	蔡家宕（花园村）	安置房建设		六六圩（蒋家村）	城乡一体化建设
	潘家宕（花园村）	安置房建设		跃进圩（蒋家村）	“三优三保”项目
	陆家巷（花园村）	安置房建设	乐余镇	女师五圩（齐心村）	“三优三保”项目
	中心场（花园村）	高铁新城建设		女师六圩（齐心村）	“三优三保”项目
	毛家宕（花园村）	高铁新城建设		鼎兴七圩（齐心村）	“三优三保”项目
	洪家桥（花园村）	高铁新城建设		文革圩（齐心村）	“三优三保”项目
	徐家湾（花园村）	高铁新城建设		五百圩（齐心村）	“三优三保”项目
	金家湾（花园村）	高铁新城建设		整风圩（齐心村）	“三优三保”项目
	任家宕（花园村）	高铁新城建设		登十二圩（登全村）	“三优三保”项目
	周家宕（花园村）	高铁新城建设		登十一圩（登全村）	“三优三保”项目
	新宅基（花园村）	高铁新城建设		教育圩（登全村）	“三优三保”项目
	袁家垅（牛桥村）	“三优三保”项目		登全圩（登全村）	“三优三保”项目
	银巷里（牛桥村）	批次预动迁		文兴二圩（东兴村）	“三优三保”项目
	旗杆下（牛桥村）	铁路建设		文兴南四圩（东兴村）	“三优三保”项目
	羊棚头（刘村村）	铁路建设、“三优三保”项目		聚丰圩（永乐村）	净谷小镇项目

人文风情

【人口】 2019年年末，张家港市常住人口126.4万人，比上年增3400人。户籍登记321059户，总人口930364人，分别比上年减少2266户，增加935人。总人口中，男性454572人，女性475792人，男女性别比为95.5∶100。0周岁至17周岁的129190人，占13.89%；18周岁至59周岁的544545人，占58.53%；60周岁及以上的256629人，占27.57%。全市出生人口6416人，出生率6.75‰，死亡人口6927人，死亡率7.29‰，人口自然增长率−0.54‰。全年迁入人口2966人，迁出人口1456人，机械增长1510人。

【方言】 张家港方言主要有虞西话、澄东（澄要）话、老沙话、常阴沙话（崇明话）、江北话五大类。其中，虞西话、澄东（澄要）话、老沙话和常阴沙话分布地域最广、使用人口最多，成为境内有代表性的方言；江北话主要有南通话、如皋话和靖江话。其方言具体分区及其人口分布情况为讲虞西话的约有20万人，占户籍人口的21.5%，分布在凤凰镇的全部；塘桥镇塘桥地区全部，鹿苑地区的绝大部分，妙桥地区的大部分；杨舍镇乘航地区全部，杨舍、塘市、东莱地区的绝大部分；南丰镇的小部分地域。讲澄东（澄要）话的约有21万人，占户籍人口的22.57%，分布在金港镇南沙、港区、后塍地区的绝大部分；杨舍镇泗港地区的大部分，杨舍、塘市地区的小部分地域。讲老沙话的约有24万人，占户籍人口的25.8%，分布在金港镇的德积地区、晨阳并入部分的绝大部分，港区、后塍地区的小部分；双山岛旅游度假区的绝大部分；锦丰镇合兴地区的绝大部分，锦丰地区的小部分；大新镇（含晨阳并入部分）的绝大部分；南丰镇的小部分；塘桥镇妙桥、鹿苑地区的小部分；杨舍镇泗港、东莱地区的小部分，晨阳地区的绝大部分；乐余镇和常阴沙现代农业示范园区的小部分地域。讲常阴沙话（崇明话）的约有17万人，占户籍人口的18.27%，分布在锦丰镇锦丰地区的大部分，三兴地区的绝大部分；南丰镇的部分（含东沙地区的绝大部分）；乐余镇和常阴沙现代农业示范园区的绝大部分；金港镇港区、后塍、德积地区的小部分；杨舍镇东莱、泗港地区的小部分；塘桥镇妙桥地区的小部分；大新镇的小部分地域。讲江北话的有3万余人，分布在沿江一带，占户籍人口的3.22%。

【历代名人】 据史料记载，自唐宋至清末，张家港境内共出状元、榜眼、探花等进士数百名。唐代状元陆器是苏州范围内最早的状元；章卿赵氏自宋代至清末共出37名进士；鹿苑钱氏在明代有“一门九进士”之誉；港口蒋氏在清康熙、乾隆年间出了蒋廷锡、蒋溥父子大学士。境内官至大学士、尚书、御史、总督、巡抚者代不乏人。张家港人民有着光荣的爱国斗争传统。宋代有抗金名将丘崇；明代有抗倭英烈钱泮、徐督、许蓉、朱贵等，有斗阉直臣缪昌期、黄昭。在文化艺术方面，著述宏富的经学家有北宋职方郎中陆绾、清代国子监纂修庞大坤；享誉文坛的诗人学者有号称东南文宗的钱谦益、近代诗人杨云史、南社诗人庞树柏、新文学家刘半农；史学家有主纂《江阴县志》的北宋进士郭庭坚、纂修《元史》的元末明初学士陈基、主纂《常熟县志》的清代举人钱陆灿、进士庞鸿文；书画篆刻、工艺美术名人有清代篆隶书法家杨沂孙、近代金石篆刻家赵古泥、现代工艺美术家庞熏琹；乐坛耆宿有近代民族音乐家刘天华、刘北茂，古琴学家吴景略；医药名家有明代缪希雍、清代缪柳村，近代名医周憩棠、金兰升、章成器等。在社会主义现代化建设中，张家港涌现出一大批科学家、文学家等，张光斗、钱人元、曹楚南、章申、童秉纲、薛永祺、吴培亨、吴中伟、樊春海9位院士为其中的杰出代表。

【地方特产】 长江三鲜　鲥鱼、刀鱼、河豚并誉为“长江三鲜”。鲥鱼为南方水产中的珍品，《本草纲目》载，鲥鱼“夏初时有，余月则无，故名”。鲥鱼鳞可食，肥嫩清鲜。古时曾列为皇帝的“御膳”珍肴，后蜚声海外，远销新加坡、日本、美国等地。张家港境内长江水域属河口段，鲥鱼至此，体内脂肪消耗少，丰腴肥硕，肉味鲜，营养丰富。20世纪70年代，长江鲥鱼产量较高，至21世纪后，已鲜少发现。刀鱼体形狭长侧薄，颇似尖刀，银白色，肉质细嫩，但多细毛状骨刺。肉味鲜美，肥而不腻，兼有微香。宋代名士刘宰曾有诗称赞：“肩耸乍惊雷，腮红新出水，芼以姜桂椒，未熟香浮鼻。”河豚产于咸水和淡水相交处的水域里，营养丰富，腴肥鲜美且带野味，与众不同。宋《明道杂志》曾称颂它为“水族中之奇味也”。河豚有补虚去湿、舒胃、祛痔疾等效用。但血液、肝脏、卵巢都有剧毒，烹煮不慎，食用后易中毒致死。河豚经处理后，可制成冻鱼片或罐头食品，还可从肝脏、卵巢中提炼出河豚素、河豚酸等名贵药品。进入21世纪，随着养殖技术的日益成熟，河豚人工养殖普遍。由于养殖河豚毒性有所降低，烹饪方法亦更多样。2020年起，长江实行十年禁捕，除专业养殖品种外，长江鲜将告别餐桌。

长江蟹　学名中华绒螯蟹，养殖历史较久，但规模较小。进入21世纪后，在境内沿长江一带发展较快。锦丰镇、乐余镇、常阴沙现代农业示范园区等地均建有养殖基地。长江蟹营养丰富，每100克蟹肉含蛋白质14克、脂肪5.9克、碳水化合物7克，维生素A为5960国际单位，热量139千卡，为一般水产品之冠。由于其所含脂肪为不饱和脂肪，对高血压、高血脂、高血糖、血管硬化有预防作用，蟹黄中富含的卵磷脂对智力发育亦有良好的促进作用。优质的长江蟹外观表现为青背、白肚、金爪、黄毛，在肉质与口味方面表现为肥、鲜、腥、甜。长江蟹曾获首届中国“华东杯”河蟹评比大赛“最佳种质奖”和“优胜奖”。

鹿苑鸡　因产于鹿苑而得名，相传已有200年的饲养历史。鹿苑鸡的毛、皮、嘴、脚均为黄色，颈羽、尾羽和翅羽间有稀疏黑毛。公鸡脚杆高壮，傲然挺立，大的体重可达到4千克以上，有“九斤王”之称。母鸡脚杆粗矮，浑重壮实，重2千克以上，年产蛋在140个至200个之间，平均蛋重54克。该鸡肉质细嫩、肥美、香鲜、味浓。民间传说，清代同治、光绪皇帝的老师翁同龢常把鹿苑鸡作为特产，带至京城赠送亲友和同僚。2014年，鹿苑鸡被确定为国家级畜禽遗传资源保护品种。

凤凰稻　凤凰山附近长期培育成的优良粳稻，谷粒基部有双翼（护颖），似凤凰展翅，故名凤凰稻。清代《常昭合志》中列为著名物产。凤凰稻碾成的米，色洁白如珍珠，煮饭烧粥，性黏腻，香软适口，为粳米中的上品，载誉江南。

常阴沙大米　产于常阴沙现代农业示范园区。主栽品种“南粳5055”，产地环境良好，间接引用长江水灌溉，米质优良，谷粒外观饱满，米粒晶莹透亮，整精米率高，蒸煮米饭色泽鲜明，口感较佳。2009年开始试种，株型紧凑，长势较旺，分蘖力较强，叶色较深，群体整齐度较好，穗型中等，偏直立，着粒较密，抗倒性强，产量高，属阴糯类型，为优质食味品种。2010年开始大面积推广，在苏州地区上市销售，广受好评，在第三届江苏省优质粳稻新品种食味品尝会上获评第一名。2011年被评为苏州地产大米金奖，在第六届全国粳稻米大会上被评为全国优质食味粳米。2011年和2012年在第十届和第十一届中国优质稻米博览交易会上分别获“金奖大米”和“优质稻品”称号。2013年在首届江苏好品种评选活动——粳稻优质米品尝评比中获金奖，获得国家“大米地产地理标志商标”。2017年常阴沙现代农业示范园区参加第二届江苏优质稻米博览会获评“味稻小镇”称号。

凤凰水蜜桃　自古凤凰适宜种植桃树，50年代前农户房前屋后均有种植。在1952年引进无锡水蜜桃的基础上，经长期选育，凤凰水蜜桃形成白凤、江花、湖景黄皮、小青等优良主栽品种，皮色有淡黄、乳白、微红色，具有果大、肉嫩、鲜甜、多汁、果皮易剥等特点，受到苏州、南京、上海等地居民喜爱。鸷山和凤凰山山麓是主要产地。2005年，凤凰水蜜桃获农业部签发的绿色食品证书；2010年，“凤凰水蜜桃”成为张家港市地理标志证明商标；2019年12月，凤凰水蜜桃成为张家港市首个“国家地理标志农产品”。

高峰鹿液茶　产于金港镇长山一带。长山因地处长江边，江雾迷漫，空气清新，气候湿润，适合茶叶生长。所产茶叶具有气香色清的天然品质。长山高峰茶场制成的高峰鹿液茶，条索紧结，色泽嫩绿，带有清香。用水冲泡，碧色诱人，味感鲜醇，有生津止渴、解乏提神的作用。高峰鹿液茶分春、秋两季采摘，以谷雨前为最好。曾在江苏省品茶会上获第一名。

凤凰白茶　2008年，凤凰山茶园批量引进安吉白茶良种，针对其适应性要求高的特点，改革栽培技术，创新加工工艺，形成“采摘把关、重视萎凋、注重杀青、回潮揉捻、薄摊二青、扬去末子、搓条整形、足干提香”的独特工艺流程。凤凰白茶以“叶白、脉绿、香郁、味醇”独树一帜，营养丰富，药用价值高，氨基酸含量高于普通绿茶2倍至5倍，味鲜爽不苦涩，受到消费者青睐，成为张家港市茶叶新品牌。

弄里芹菜　凤凰镇金谷村朱家弄种植的水芹，品质优良，历史悠久。在上海、苏州等地享有盛名，称“弄里芹菜”。相传宋代名将韩世忠和夫人梁红玉带兵驻守庆安，被金兵围困，军中缺粮，梁红玉率部遍寻野菜，至弄里一带见有大片野芹，味清香，采食充饥。以后，人们把野芹移植家种，称为“玉芹”，并精心培育，世代栽种。芹菜品种有大青种、小青种、红种、麻栗等，具有嫩茎（俗称白头）长、叶柄青、质地脆、香味浓、存放时间较久等特点。无论是清炒，或与豆制品素炒，或与肉类混炒，都味道鲜美，各具风味；在开水里稍烫后，浇上酱油、麻油等佐料，拌作冷菜，则香脆、鲜嫩、爽口，能去腻、舒胃。是苏州、无锡、上海一带家庭日常生活和便宴常用的菜肴。

高庄豆腐干　凤凰高庄豆腐干始于清咸丰年间，已有100余年的历史。原料选用经精心筛选的地产小黄豆，制法独特，一般要经过磨豆、滤浆、点卤等11道工序，制作精细，风味独特。清末民初，已畅销常熟、江阴、无锡等地。高庄豆腐干有厚型、薄型两种，呈绛色，质地细实，五香佐料渗透入味，闲吃或做下酒菜，均属佳品。

拖炉饼　杨舍、塘桥等地的著名传统风味小吃，已有150余年历史。其制作工艺独特，烘烤时需用两口炉，下面为底炉（平底），上面为顶炉（尖顶，呈锥状），烘烤时两口炉同时加热吻合，并以顶炉的热量将饼吊熟，大有顶炉拖底炉之势，故称拖炉饼。拖炉饼采用上等面粉、白糖、净板油（加工过的生猪油）、荠菜、芝麻、桂花等为原辅料。口味油而不腻，甜而不黏，清香可口。集酥、甜、松、脆、香于一体，外形饱满，色泽金黄，酥层清晰。

沙洲优黄　沙洲优黄（后塍黄酒）始酿于清光绪年间，已有100余年的历史。原料选用优质大米。其制作需经过过筛、浸渍、摊冷、落缸、发酵、压榨、澄清、勾兑、煎酒等十几道工序，工艺精细。所酿黄酒具有色泽金黄、酒体协调、清亮透明、醇厚爽口等特点，不仅营养丰富，而且在文化、工艺、保健和药用等方面有重要价值。产品历经江苏张家港酿酒有限公司数十年开发，已形成沙洲优黄、江南印象、吉星高照、太湖之星等系列150余种黄酒产品，酒龄为2年、3年、5年、6年、7年、10年、15年、20年等不同规格，沙洲优黄被誉为中国半甜型黄酒的典范。产品深受上海、苏州等地消费者欢迎，还远销海外。“沙洲”“沙洲优黄”商标被认定为中国驰名商标。

【名胜古迹】　张家港境内有多处新石器时代遗址。其中，金港镇南沙东山村遗址以马家浜文化和崧泽文化为主，发现马家浜晚期和崧泽文化早中期大墓、房址及分区埋葬现象，是长江下游重要的史前遗址。塘桥镇境内的黄泗浦是唐代鉴真大和尚第六次东渡日本并获得成功的起航地，1963年鉴真和尚逝世1200年纪念委员会在鹿苑黄泗浦古址设立纪念经幢，20世纪90年代后陆续修建东渡纪念馆、碑亭和东渡禅院。金港镇香山景区古迹众多，有梅花堂、桃花涧、圣过潭、藏军洞、香山寺等，其中梅花堂由宋代大文豪苏东坡题写匾额，明代地理学家徐霞客曾在堂内小住并写下6首诗、2篇序文。张家港南部地区的集镇大多是明清以前建成的古镇。其中，杨舍镇是古暨阳、梁丰县的县治，明代多次发生抗倭斗争，当时建造的杨舍堡城是5座城池中规模最大的防御倭寇攻城；凤凰镇恬庄古镇保留有榜眼府、杨氏孝坊以及石板街道等古迹，已完成保护性修复；塘桥镇已修复庞氏故居嘉荫堂。凤凰境内的永庆寺、塘桥境内的永昌寺均属“南朝四百八十寺”之列，其中永庆寺所在的河阳山（凤凰山）周围有秀峰、醴泉、读书台、红豆树等名胜古迹，且有多处名人墓葬。北部的乐余镇有保存较为完整的民国时期一条街——乐余老街。至2019年年末，全市有国家AAAA级旅游景区4个，分别是凤凰山景区、永联小镇景区、香山景区、暨阳湖生态旅游区；有AAA级旅游景区3个，分别是东渡苑景区、常阴沙生态农业旅游区、梁丰生态园。省工业旅游点2个，分别为江苏大唐纺织有限公司和江苏永钢集团有限公司，省星级乡村旅游区12个（五星级1个、四星级7个、三星级4个），省级旅游度假区1个——双山香山旅游度假区，省自驾游基地3个，分别为凤凰山景区、震宇生态园和凤凰休闲农业园。

【革命传统纪念地】　张家港是一块英雄辈出、风雷激荡的红色热土。在战火纷飞的革命年代，张家港人民在中国共产党领导下，发动沙洲农民暴动起义，开展抗日救国运动，积极配合渡江作战，建立人民民主政权。境内重要的纪念设施有双山渡江胜利公园、沙洲县抗日民主政府纪念馆、香山烈士陵园、巫山渡江战役登陆纪念碑、学勤广场、毋忘国耻纪念碑亭、南丰之战纪念广场等。重要革命机构旧址有1926年中国共产党金村支部旧址、江南人民抗日救国军沙洲县办事处旧址、沙洲县抗日民主政府成立地旧址、蔡悲鸿办公旧址、重建后的沙洲县抗日民主政府活动地旧址、江南保安司令部警卫一团成立地、新四军六师十八旅后方医院第一疗养所旧址、新四军六师十八旅修械所旧址、地下情报站、交通站旧址等。重要历史事件纪念地有农民暴动纪念地（后塍农民暴动纪念地、占文桥农民暴动纪念地、杨舍农民暴动纪念地、店岸福利垦殖公司暴动纪念地）、拦门沙江心遭遇战纪念地、常家埭地洞旧址、恬庄“千人坑”纪念地、谭震林抗战动员讲话纪念地暨年旺街小学党支部旧址、血战南横套纪念地、收缴伪军武装纪念地等。重要人物故居及纪念地有：孙逊群烈士纪念地、谢恺烈士故居、茅学勤烈士纪念地、范醒之故居、田平故居、许亚故居、孙洁人故居等。（黄　丹）

文 明 引 领

【张家港精神】　1992年，在改革开放的进程中，张家港人培育、塑造“团结拼搏、负重奋进、自加压力、敢于争先”的张家港精神，实现张家港的大变化、大发展。张家港精神是一种艰苦奋斗的创业精神，是一种科学务实的创新精神，是一种敢争一流的创优精神。1995年10月，全国精神文明建设经验交流会在张家港召开，张家港精神在全国迅速产生极为广泛的影响，时任中央宣传部副部长的刘云山曾说：“张家港精神已经成为我们中华民族精神和时代精神的重要组成部分。”通过深入持久的教育和熏陶，张家港精神成为全市人民的自觉行动和共同追求，成为实现率先发展的强大动力，同时成为江苏“三创三先”（创业、创新、创优，争先、领先、率先）精神的一个生动典型和苏州科学发展“三大法宝”之一。在张家港精神激励下，全市文明城市创建结出丰硕成果，荣膺首批全国文明城市，成为江苏省首批全面小康达标县（市）。2017年11月，实现全国文明城市“五连冠”。至2019年年末，张家港市先后获国家级荣誉200余项。

【文明系列创建与新时代文明实践】 2019年，全市组织开展2016—2018年度江苏省文明单位、文明村镇、文明社区、文明校园创建工作，张家港市有33个单位、8个镇、21个村、6个社区、4所学校分别获评2016—2018年度江苏省文明单位、文明村镇、文明社区、文明校园。在2019年度张家港市文明机关、文明区镇、文明村、文明社区、文明单位评比中，市委办公室等77个部门、保税区（金港镇）等9个区镇、保税区（金港镇）长江村等99个行政村、保税区（金港镇）塍丰社区等70个社区、张家港保税科技（集团）股份有限公司等261个单位、市万红幼儿园等91所学校，分别获评2019年度文明机关、文明区镇、文明村、文明社区、文明单位、文明校园。冶金园（锦丰镇）、南丰镇等2个区镇，保税区（金港镇）柏林村等10个行政村、保税区（金港镇）德丰社区等15个社区、市公安局交通警察大队等25个单位、沙洲职业工学院等7所学校、市公安局锦丰派出所等60个单位、市花园浜幼儿园等22所学校，分别获评2019年度文明区镇标兵、文明村标兵、文明社区标兵、文明单位标兵、文明校园标兵、先进文明单位、先进文明校园。年内，吴惠芳获第七届全国道德模范提名奖，王志勇入选“中国好人榜”，秦振华获评“最美奋斗者”“江苏年度致敬人物”，沈文荣荣膺“苏州市优秀慈善家”。至年末，全市有全国道德模范4人（含提名奖），江苏省道德模范5人，“中国好人”27人。1月12日，国家“最美退役军人”先进事迹报告会在永联村文化活动中心举行。1月18日，第五届张家港市道德模范授奖仪式在乐余举行，马阿玉、叶二保、蔡玉娟、王建芬、王希彪、陈华东、归蕴芬、冯小华、明凡华、叶根乐10人获评张家港市道德模范。1月23日，由新浪网、微博、新浪江苏共同举办的“2018年江苏V影响力峰会暨微博融合创新城市论坛”在南京举行，秦振华获得大会最高奖项——“江苏年度致敬人物”。1月29日，市委书记沈国芳、市委副书记王亚方一行走访慰问部分道德模范和优秀志愿者代表。2月13日，市委召开张家港精神再弘扬动员大会。2月26日，由市委宣传部、市文明办举办的张家港市新时代文明实践站站长能力提升班开班，市委副书记王亚方，市委常委、宣传部部长杨芳出席开班仪式。27日，市委书记、市新时代文明实践中心主任沈国芳为市新时代文明实践站站长能力提升班全体学员作新时代文明实践中心建设工作专题讲座。3月27日，江苏省“张家港杯·文明城市·爱敬诚善美”主题公益广告作品（文创旅游产品）创作大赛颁奖仪式暨张家港市广告协会年会在市举行，主题公益广告创作大赛系全省首次由市（县）冠名。4月18日，市新时代文明实践中心卫生健康分中心揭牌，卫健系统首批10个新时代卫生健康文明实践点、市新时代文明实践卫生健康志愿服务支队及首批10支志愿服务分队正式亮相。6月25日，张家港市举行2019年市网络文化季活动发布暨“网聚正能量，文明e动力”新时代文明实践活动启动仪式。7月12日，苏州市新时代文明实践中心暨乡风文明建设、县级融媒体中心建设推进会在张家港市召开，苏州市委常委、宣传部部长金洁，苏州市副市长王飏出席会议。8月21日，由市新时代文明实践中心办公室、市文明办、市教育局、团市委主办的“文明实践，青春力量”大学生暑期新时代文明实践志愿服务暨“快乐暑假”青少年暑期社会实践总结会在星海剧场举行，副市长王瑜出席。9月17日，“巾帼心向党、礼赞新中国”庆祝新中国成立70周年暨2019年家庭文化节闭幕式在乐余镇新时代文明实践所举行。9月29日，市委宣传部（文明办）、市退役军人事务局、市妇联共同开展“为模范送一面国旗”走访活动。10月23日，全市新时代“三超一争”聚焦聚力“三标杆一率先”誓师大会在保利大剧院召开，省委常委、苏州市委书记蓝绍敏出席会议并讲话，苏州及张家港市四套班子主要领导出席会议。11月4日，张家港市召开深化拓展新时代文明实践工作暨全国文明城市长效管理推进会，市委书记沈国芳出席并讲话。11月18日至22日，市文明办面向广大市民朋友开展深化全国文明城市建设有奖问卷调查活动。12月8日，首届“张家港精神和新时代城市文化担当”论坛在北京举行，市委常委、宣传部部长杨芳等出席活动。

【社会志愿服务与志愿精神弘扬】 1月16日，苏州市暨张家港市文化科技卫生“三下乡”集中服务活动在大新镇新时代文明实践所举行，苏州市及张家港市40余支志愿团队参加现场服务。3月2日，市新时代文明实践中心办公室、市文明办在万达广场举办“文明实践，志愿同行”张家港市学雷锋志愿服务集中行动暨2018年度优秀志愿典型嘉许仪式，全市50余个志愿团队设置60个摊位为市民提供服务。3月3日，“文明实践，志愿同行”志愿益集基层行在杨舍镇金塘社区举行首场活动，全年开展20场。3月22日，韩国的18岁双胞胎姐妹刘世英（证号114944）、刘拿英（证号114947）在友爱港城网注册，成为张家港市首例外籍注册志愿者。5月5日，志愿者能量屋首期活动在保利大剧院艺书房举办，全年开展活动27次。5月13日，市新时代文明实践中心办公室举行新时代文明实践首批部门重点项目暨友爱港城网新时代文明实践志愿服务操作手册新闻发布会。5月13日，市益路邮你志愿服务社在张家港市民政局注册成立。5月27日，市养老志愿者协会在市民政局注册成立。至6月19日，友爱港城网注册志愿者总服务时长达到300万小时。6月25日，市网络文明志愿者联盟成立。6月27日，友爱港城网加载的新时代文明实践操作平台功能上线。7月13日至14日，江苏省第四届志愿服务交流会在扬州举行，张家港市作为新时代文明实践中心建设全国试点县设置专门展区，市委宣传部副部长、市文明办主任何俊在大会上作《张家港市新时代文明实践志愿服务工作机制探索》经验交流。8月15日，市文明办组织学习贯彻习近平贺信精神分享交流活动。8月24日，市蓝盾志愿者协会在市民政局注册成立。8月26日，志愿者自助服务终端（制卡机、礼遇兑换机）实现建制镇的全覆盖，共10套，极大的方便志愿者就近自助办理业务。9月17日，市委宣传部副部长、市文明办主任何俊接受中国文明网专访，介绍张家港市志愿者礼遇工作。10月1日至7日，700余名党员志愿者参与“我和国旗同框”主题教育活动志愿服务。11月4日，友爱港城网个人登记注册志愿者达到15万人。11月22日，市新时代文明实践中心办公室、市文明办、市民政局举办“福彩杯”市第四届志愿者才艺大赛。11月25日，市文明办、团市委、市民政局联合举办张家港市首届青年志愿公益项目创意大赛项目类决赛暨颁奖仪式。11月26日，张家港市对口扶贫协作的贵州省沿河土家族自治县师生志愿服务队在友爱港城网注册，使用张家港志愿者系统在沿河县开展志愿服务。12月20日，在2019年市总商会年会上，金新城集团、笙景建筑、易华润东、形象广告等9家爱心企业结对资助10个志愿服务伙伴项目，项目资助款合计21.5万元。12月31日，市文明办印发通知，要求全市结合新时代文明实践工作实际，在元旦春节期间广泛开展新时代文明实践志愿服务活动。

【未成年人思想道德建设】 4月4日，由市委宣传部、市文明办联合举办的以“一岁一追思”为主题的“我们的节日·清明”活动在梁丰初级中学报告厅举行。4月19日，“春天里成长”市实验小学“十岁成长礼”活动在实验小学南校区举行。4月20日，“青春·责任·梦想”张家港高级中学2019届高三成人仪式暨高考五十天誓师大会在张家港高级中学举行。5月3日，由市文明办、市教育局、团市委联合举办的“让责任引航，与青春同行”青春仪式在市第二中学北校区报告厅举行。5月17日，由市文明办和市教育局联合举办的“让责任引航，与青春同行”青春仪式在市第二中学北校区举行。7月1日，由市委宣传部、市文明办、市教育局、市文体广旅局联合主办的“向美而行”市文教战略合作成果展示暨“绽放在港城”公益艺术培训进校园——江帆小学阮族音乐会在市保利大剧院举行。9月2日，“奔跑新时代，共筑中国梦”市南丰小学一年级学生入学仪式于南丰小学永联小区举行。9月11日，由市文明办、市教育局联合举办的“情满中秋节，奋进新时代”——庆祝新中国成立70周年系列活动启动仪式在市新塍小学举行。9月25日，由市文明办、市教育局联合举办的市中小学“八礼四仪”之“入学仪式”主题活动在塘市小学举行。（蔡 磊）

经 济 建 设

【综合实力】 全年经济发展稳步增长，转型升级取得新突破，全市实现地区生产总值2547.26亿元，按可比价格计算，比上年增6.1%。其中，第一产业增加值28.82亿元，比上年减2%；第二产业增加值1308.48亿元，比上年增5.3%；第三产业增加值1209.96亿元，比上年增7.2%。三次产业的比重为1.1∶51.4∶47.5。按户籍人口计算，人均地区生产总值27.39万元，按平均汇率折3.97美元；按常住人口计算，人均地区生产总值20.18万元，按平均汇率折2.93万美元。

财政收入 全年实现财政总收入564.42亿元。其中，一般公共财政预算收入247亿元，比上年增5.8%；公共财政预算内支出224.67亿元，比上年增6%；增值税、企业所得税分别比上年增-10.5%、17.5%，个人所得税比上年减28.3%。

固定资产投资 全年完成全社会固定资产投资额438.58亿元。其中，完成工业投资160.14亿元，比上年增24%；服务业投资增6.8%；新兴产业投资增11.5%。其中，高端装备制造、节能环保分别增142.4%、93.6%。

【农业】 全市完成农、林、牧、渔业总产值53.03亿元，比上年减1.5%；实现农、林、牧、渔业增加值32.86亿元。农、林、牧、渔业总产值中，农业产值31.82亿元，林业产值5.93亿元，牧业产值3.08亿元，渔业产值3.28亿元，农、林、牧、渔服务业产值8.91亿元。全市有各级农业产业化龙头企业51家，其中国家级2家、省级7家、苏州市级14家，张家港市级28家。2019年，全市省级以上龙头企业实现销售收入271.62亿元、利税6.44亿元、创汇1.81亿美元，各休闲农业综合园区接待游客646万人次，实现综合收入4.97亿元。

【工业】 2019年，全市1283家规模以上企业完成工业产值4614.69亿元，比上年增2.1%，营业收入5595.49亿元，完成利税324.27亿元。冶金、纺织、机电、化工和粮油食品五大行业在规模以上工业总产值中所占比重为93.9%，其中冶金占44.7%、纺织占12.4%、机电占16.6%、化工占15.4%、粮油食品占4.8%。全市工业用电量311.53亿千瓦小时，比上年降0.7%。全市实施工业项目385项，完成工业投入工作量160.14亿元，比上年增24%。在建技术改造项目299项，完成投资106.14亿元，占工业投资的66.3%；新建项目86项，完成投资54亿元。全市规模以上新兴产业企业实现工业产值2215.3亿元。沙钢集团连续11年入围世界500强，列第340位。规模以上工业企业主要产品产量：精制食用植物油171.2万吨，比上年增7.2%；饮料酒5654万升，比上年增1.4%；布19031万米，比上年增6.8%；服装15229万件，比上年减7.1%；纯碱64.88万吨，比上年增3.3%；化学肥料35.20万吨，比上年增9.3%；化学农药7967吨，比上年减15.1%；水泥325万吨，比上年增15.7%；钢材4040万吨，比上年增6.7%；铜材1.81万吨，比上年增21.4%。全市民营企业规模壮大，规模以上民营企业完成工业总产值3179.36亿元，3家入围中国企业500强，7家入围中国民营企业500强，3家入围中国制造业企业500强。新增私营企业6755家、个体工商户20269户，新增注册资本分别为287.2亿元和29.83亿元，私营企业注册资本累计达到4046.47亿元。全市有上市企业21家，募集资金总额607.7亿元，另有76家企业在“新三板”挂牌，上市总数继续保持苏州市领先。

【建筑业】 全市建筑业企业完成建筑业总产值163.21亿元，竣工产值128.53亿元；房屋施工面积1373.48万平方米，其中新开工房屋建筑面积419.18万平方米。至年末，全市建筑业资质企业总数426家，其中施工总承包企业282家、专业承包企业310家、劳务分包企业23家，企业主、兼营（增项）涉及专业24个。全市拥有建设工程勘察甲级资质企业1家；拥有建筑设计资质企业3家，其中甲级2家、乙级1家；拥有工程监理企业10家、包含甲级5家、乙级4家；拥有工程造价咨询企业9家、包含甲级6家、乙级3家。全市建筑业企业从业人员4.27万人，其中技术经济人员7094人。

【服务业】 全市实现服务业增加值1225.5亿元，比上年增7.2%。服务业增加值占全市地区生产总值的比重为47.5%，比上年提高1个百分点，其中生产性服务业占服务业比重为64%。服务业入库税收170.01亿元，占全市税收总额的43.04%；服务业公共财政预算收入101.29亿元，占全市总量的41.01%。

港口物流　张家港港有码头企业29家，建有泊位135个，其中1万吨级以上泊位为78个。已拥有对外开放泊位为84个，其中万吨级对外开放泊位72个。张家港口岸共完成货物吞吐量2.36亿吨，其中金属矿石7954.13万吨、煤炭及制品6260.65万吨、钢铁2328.92万吨、矿建材料1112.94万吨、化工原料及制品1294.14万吨、粮食914.62万吨、木材588.1万吨、化肥及农药287.63万吨、石油天然气及制品279.38万吨、水泥102.6万吨、机械设备120.35万吨、其他1896.95万吨。至2019年年末，全市共有AAA级以上物流企业39家，有邮政企业1家，为中国邮政集团公司张家港市分公司，有邮政普遍服务营业场所34处，直接通邮建制村146个。有持快递业务许可企业11家、快递品牌24个、分支机构11家、备案末端网点253个。有快递从业人员2200人（不含邮政EMS），快递车辆1916辆。全年完成快递业务出件量4498.29万件，进件量5883.76万件，实名收寄终端在全市各寄递企业基本实现100%，邮件快件处理场所安检机配备覆盖率100%。

商品贸易　全市实现社会消费品零售总额639.62亿元，比上年增5.6%。其中，城镇零售总额548.29亿元，农村零售总额91.33亿元，分别比上年增5.4%和6.5%。社会消费品零售总额按行业分：批发和零售业535.34亿元，比上年增5.3%；住宿餐饮业104.27亿元，比上年增7.2%。全市有经市市场监督管理局核准登记的各类市场65家，其中消费品市场55家、工业消费品市场2家、生产资料市场7家、生产要素市场1家。年内，4家农贸市场改造为生鲜超市，6家农贸市场、2家生产资料市场、1家工业消费品市场保留执照。全年市场成交额153.75亿元。

金融　全市银行业金融机构本外币各项存款余额3170.71亿元，比上年增8.9%。其中人民币各项存款余额2810.2亿元，比上年增9.48%；外币各项存款余额17.27亿美元，比上年减7.25%。在本外币存款余额中，住户存款余额1299.85亿元，比上年增8.25%；非金融企业存款余额1218.40亿元，比上年增8.97%；广义政府存款余额518.93亿元，比上年增3.57%；非银行业金融机构存款余额59.95亿元，比上年增134.55%。全市银行业金融机构本外币贷款余额2536.54亿元，比上年增5.3%。全市保险机构实现标准保费收入64.67亿元，比上年增5.4%，其中财险收入20.05亿元、寿险收入43亿元。全年赔付支出17.81亿元，比上年增3.23%，其中财险支出11.48亿元、寿险支出6.34亿元。全市证券开户数28.08万户，全年证券交易额2973.85亿元。

房地产　全市共有房地产开发企业109家。全市完成房地产开发投资205.95亿元，比上年减34.09%；商品房施工面积949.79万平方米，比上年减7.65%。新开工面积177.03万平方米，比上年减58.8%。竣工商品房面积315.97万平方米，比上年增40.34%。市区预（销）售面积150.58万平方米，比上年减12.53%。新核准预售商品房13675套、236.57万平方米，比上年减37.76%。新建商品房成交13838套、220.32万平方米，比上年减22.49%，二手住房成交13002套、164.31万平方米，比上年减15.06%。全市新建商品房成交均价每平方米14252元，比上年增12.99%，其中市区成交均价每平方米15957元，比上年增10.59%。

【交通】 全市完成交通基础设施建设投资36.61亿元，其中铁路建设21.75亿元、道路建设12.49亿元、港航建设2.37亿元。沪苏通铁路、盐通张铁路、南沿江城际铁路、锡通高速公路（S19）南接线工程、晨丰公路（国泰路至港华路）改造工程、新泾路快速化改造工程、港华路拓宽工程、永泰路改造（港丰公路东延）工程、晨丰公路（一干河西至国泰路）改造工程、福南水道-12.5米进港航道治理工程等工程项目顺利推进。全市公路总里程1604.38千米，其中国省干线公路229.61千米、县级公路268.5千米、乡镇公路649.83千米，村级公路456.44千米。全市新建农村公交候车亭75座，新建公交首末站4个，改造候车亭35座。至年末，全市有一级客运站1家（张家港汽车站），二级客运站1

家（港城汽车站），公交场站56个，其中公交停车场8个、公交枢纽站1个、公交中转站2个、公交首末站45个，公交候车亭1589座，公交站牌1133个；国省干线公路有桥梁107座，农村公路有桥梁590座。

【水务】 全市完成水务投资14.79亿元，其中水利工程3.65亿元、供水工程4.79亿元、排水工程6.35亿元。全市共有长江堤防104.57千米，其中主江堤88.55千米（含双山岛洲堤16.77千米）、闸外港堤16.02千米；有沿江节制闸23座、出江（港）涵洞22座；有内河水闸43座，其中内河套闸9座、节制闸18座、泵站16座；有防洪圩区71个，排涝站364座，排涝流量每秒823立方米，装机总功率3.80万千瓦，圩口涵闸307座。全市开展农村水系连片治理，疏浚镇村河道848条，总长393千米，拆坝111条，建桥110座，总投资2290万元；开展农村黑臭河道综合整治，整治河道96条，总投资1687万元。

【旅游】 2019年，全市旅游业接待游客935.59万人次，旅游总收入197亿元。其中，国内旅游接待游客883.97万人次，旅游收入198.65亿元。暨阳湖欢乐世界、江南农耕文化园、凤凰山景区、香山景区和双山岛旅游度假区5个收费景区实现门票收入2713.09万元，景区营业收入17311.12万元。全市有旅游星级饭店8家，其中五星级3家、四星级3家、三星级2家。有旅行社40家，其中国际旅行社7家。星级旅行社7家，其中省四星级旅行社2家，省三星级旅行社5家。全市注册导游218人，其中高级导游1人，中级导游11人。全年累计组团人数20万人次，接待游客20.91万人次，营业总收入2.38亿元。永联村首批获评“全国乡村旅游重点村”。

【数字张家港】 全年通信运营商业务总收入7.97亿元。全市有固定电话用户21.51万户，移动电话用户180.16万户，互联网用户109.73万户。江苏有线张家港分公司加快推进“有线智慧镇”项目建设，初步完成凤凰镇“有线智慧镇”用户全覆盖工作，建成塘桥镇、乐余镇、凤凰镇、双山香山旅游度假区4个“有线智慧镇（区）”，覆盖用户6万户左右。2019年，市大数据管理局按照电子政务架构治理工作实施细则，重点在系统数据整合共享方面加强管控，加快推动政务信息系统整合和政务信息资源共享应用，实现3个层级的完全归口管理，统一政务服务总入口，在政务侧上线“张家港党政通”，定位为张家港市党政办公的唯一入口，实现“党政办公一平台”。

【开放型经济】 全市新批外商和港澳台投资企业项目40项，新增注册外资和港澳台资16.16亿美元，到账外资和港澳台资5亿美元。全年批办增资项目34项，新增注册外资和港澳台资5.6亿美元，占全市总额的33.9%；新设服务业外资和港澳台资项目24项，新增服务业和港澳台资注册外资10.21亿美元，到账外资及港澳台资5394万美元；新设投资总额超1000万美元项目9项，注册外资15.87亿美元（含增资项目），占全市注册外资及港澳台资总额的96.3%。全年战略性新兴产业实际利用外资占比67.9%。

对外及对港澳台贸易 全市完成对外及对港澳台进出口贸易总额343.61亿美元，比上年减5.78%，其中进口总额182.25亿美元，比上年减3.82%；出口总额161.36亿美元，比上年减7.89%；贸易逆差20.89亿美元。一般贸易进出口仍占主导地位，为282.27亿美元，占全年进出口总额的82.15%，其中出口141.54亿美元，比上年减6.44%，占全市出口总额的87.72%。全市有出口实绩企业3281家。其中，内资企业2908家，合计出口126亿美元（海关统计数，下同），比上年减6.22%，占全市出口总额的78.1%；三资企业373家，合计出口35.36亿美元，比上年减13.38%，占全市出口总额的21.9%。

对外及对港澳台经济技术合作 全市新批对外及对港澳台投资企业（项目）17家，完成中方境外协议投资5.04亿美元，比上年增6%；纳入商务统计口径外派劳务36人。埃塞俄比亚东方工业园累计完成基础设施投资1.13亿美元，完成基建32万平方米标准型厂房、3.5万平方米绿化、1.85万平方米员工住宅宿舍楼、3024平方米综合食堂。入驻企业110家。

【科技创新】 市财政科技支出15.4亿元，占市级财政一般预算支出的6.85%。净增高新技术企业110家、比上年增69.23%，全社会研发投入占地区生产总值比重达到2.95%，高新技术产业产值占规模以上工业总产值比重达到34.9%。新增省众创空间7家，累计21家；新增省工程技术研究中心6家，累计113家；新增省企业研究生工作站8家，累计303家；“十大新型研发机构”建成运行9家。新增国家“万人计划”人才1人、省“双创计划”人才20人、“姑苏计划”人才31人，引进外国专家102人。全市新增省科学技术奖5项，其中二等奖1项、三等奖4项，累计114项。新增产学研合作项目240项，新建成各类政产学研联合体48家，在张家港产学研综合信息平台上累计发布技术成果1340项、企业需求239项。张家港市位居“全国科技创新百强县市”同类城市第一方阵、长三角县域城市创新投资竞争力30强第2名，获苏州市创新发展专项考核二等奖。 （史 志）

政治建设

【党的建设】 2019年，市委召开常委会会议36次，全市领导干部会议6次。市委、市政府联合发文29份，市委发文39份。重要决策涉及成立八个重点工作推进办公室、开展“招商突破年”行动、高质量发展产业扶持政策、沿江经济带转型发展、社会治理创新、全面从严治党等方面。1月4日，市委办公室、市政府办公室联合印发《关于成立八个重点工作推进办公室的工作方案》，提出按照“专班精干、高效、有力”的要求，以问题为导向、需求为引领，选取事关全市发展大局的重点事项、关键环节，作为推进办设置方向，组建高铁新城开发建设、重大项目推进、智能工业发展、智慧城市建设、治违治污治隐患、社会治理、长三角区域合作、港产城融合提升8个推进办公室，采取“实体运作、集中办公”的方式，推动重点工作落实。1月9日，市委、市政府联合印发《关于实施社会治理创新“七大工程”服务高质量发展的意见》，提出积极探索具有区域特色的社会治理新模式，打造港城社会治理“升级版”，持续提升人民群众的获得感、幸福感和安全感，为全市高质量发展走在前列营造公正有序、融合共治、便捷高效、和谐稳定的社会环境。4月30日，市委印发《集中整治形式主义、官僚主义三年行动计划（2019—2021年）》，提出坚持“党委主抓、纪委协助”，坚持“谁的问题谁解决”，利用三年时间在全市开展集中整治。6月21日，市委、市政府联合印发《张家港市高质量发展产业扶持政策意见》，提出践行新发展理念，坚持质量第一、效率优先原则，以供给侧结构性改革为主线，充分发挥市场在资源配置中的决定性作用，实施精准的财政扶持政策，实现生产要素高效集聚、营商环境持续优化、经济社会高质量发展。

【人大监督】 2019年年初，全市有市十四届人大代表334人。至年末，有江苏省十二届人大代表4人、苏州市十六届人大代表72人、张家港市十四届人大代表332人。收到代表建议批评和意见205件。市十四届人大三次会议后，市人大及其常委会围绕全市中心工作，对全市重点工作和重大项目、经济转型升级、生态环境整治和城乡建设管理等工作进行工作监督，综合运用执法检查、工作评议、视察调研、专题询问等方式方法，聚焦监督重点，统筹推进依法行政、公正司法、民主法治等工作。年内，市人大常委会制定印发《关于高质量建设人大代表之家“一中心多站点”工作体系的实施意见》《关于人大代表联络工作站的有关运行要求》等文件，着力打造有效覆盖基层群众、有效支撑代表履职的“一中心多站点”工作体系，全市建成代表履职中心8家，代表联络站42个。全年接待选民3000余人次，帮助解决问题1300余件。

【政务公开】 2019年市政府召开常务会议24次。召开全市性会议62次，其中市委、市政府联合召开27次。会议主题涉及重大项目建设、民营经济发展、科技、金融、环保、安全、城市管理、农村社区治理等方面。市政府党组召开全体扩大会议6次，专题学习会议5次，收听收看上级电视电话会议23次。2019年确定实施的民生实事项目12项。7个项目年内完工，公共交通能力提升、建设中心城区健身步道、老旧小区二次供水改造、新建城东社区卫生服务中心、新建凤凰高级中学等5个项目结转至2020年。全年公开公共资源配置、社会公益事业建设等重点领域政府信息8391条，发布政策文字解读31件，政策图解52件，政策法规相关报道14件，访谈解读3件，召开新闻发布会38次，开展《港城会客厅》10期，其他各类直播23次。组织举办《美好“政”发生》赠书暨民生政策解读咨询活动。全年收到并按时办结政府信息公开依申请公开489件。

【政治协商】 2019年年初，市十二届政协有委员330人。年内，有24人由于工作变动等原因，不再担任该届政协委员。根据《中国人民政治协商会议章程》规定，经市政协十二届十六次、十七次、十八次、二十次常委（扩大）会议审议通过，调整增补政协委员25人。至年末，市十二届政协有常委会组成人员59人、委员331人。市政协组织召开各类协商议政会议10次。收到提案344件、立案203件。其中，市政协常委会议分别就抢抓长三角一体化机遇、高铁新城建设、公共体育服务体系建设、经济社会发展及提案办理等议题，市政协主席会议分别就贯彻落实长江经济带“共抓大保护、不搞大开发”、医保基金使用和管理、宗教事业健康发展、非遗传承和保护、优化政务服务环境、重点提案督办等议题，与市政府及有关部门进行协商，形成《关于推进张家港特色长江大保护的若干建议》《关于加强我市医保基金使用管理的对策建议》《聚力新经济 对接大上海——张家港市在长三角一体化中实施“六大新经济工程”的建议》《关于不断提高新形势下我市宗教工作水平的建议》《关于全市非物质文化遗产传承保护工作的几点建议》《建好高铁新城 推动张家港高质量发展的若干建议》《发力“互联网+”破题“三大矛盾”全力打造区域政务服务新标杆——关于张家港市政务服务改革的思考与建议》《落实全民健身战略，推动公共体育服务高质量发展——关于张家港市全民健身与体育产业工作的若干建议》专题调研报告8篇，提出各类意见、建议60余条。 （史 志）

文化建设

【教育事业】 2019年，全市有各级各类学校163所，其中高等院校3所、普通高中9所（含完全中学2所）、职业院校5所（含开放大学）、初中34所（含国际学校1所、民办新市民子女学校4所）、小学39所（含民办新市民子女学校5所）、幼儿园72所、特殊教育学校1所。另有社区教育中心9所。全市教育系统教育经费总投入47.81亿元，其中公共预算教育经费39.94亿元。招收新生5.76万人，毕业生4.88万人，年末在校学生21.54万人（中小学幼儿园19.56万人，高校1.46万人），比上年增3100人，其中新市民子女学生9.75万人（不含3所高校）。年内，加速学校工程项目实施，新建、改扩建工程项目建设60项。全市新建省级课程基地4个、累计14个，新建苏州市级课程基地8个、累计35个，新建苏州市“新时代有效教学研究”项目实验学校17所、累计23所。普通高考本一、本二达线率继续位居苏州市前列，职业学校对口单招本科达线人数连续19年位居苏州第一。全市招录新教师529人，其中事业编制教师274人、备案制教师255人，新招录教师中硕士研究生和双一流高校本科生43人，签约27名市籍优秀高三毕业生报考“985”“211”师范院校师范类专业，与7名乡村定向师范生签订定向就业协议，有效缓解师资紧缺压力。

【文化和体育事业】 2019年，全市新建成24小时图书馆驿站6家，累计42家。至年末，全市人均公共文化设施面积超2.5平方米。全年购买文艺演出服务30场。全市拥有市锡剧艺术中心、市评弹艺术传承中心、市文化馆东方艺术团3个专业艺术团体，成员137人。小品《生日聚会》获第十八届“群星奖”，黄泗浦遗址获评“2018年度全国十大考古新发现”，《张家港市“书香城市”建设指标体系（试行）》获评中宣部全民阅读优秀项目，中国画《大国工匠·沪通长江大桥建设者》入选“第十二届中国艺术节全国优秀美术作品展览”和“第十三届全国美术作品展览中国画展”，“看得见的二十四节气——非物质文化遗产系列活动”获评文旅部2018年度全国美术馆优秀公共教育项目，“绽放在港城”和“艺路同行”两个项目入选文旅部2019年“春雨工程”志愿服务项目。原市文广新局获评2018年全国“扫黄打非”先进集体。市文体广旅局被中宣部版权局授予查处重大侵权盗版案件有功单位二等奖，获评2016—2018年度江苏省文明单位，被省文旅厅记集体二等功一次。3个作品（个人）获第四届江苏省文华奖，锡剧《云水谣》获2019江苏省紫金文化艺术节“优秀剧目奖”。全市文化馆、市锡剧艺术中心、市评弹艺术传承中心、市巨星影演公司等举办“村村演”282场、“周周演”104场、“天天说”3302场、“暨阳艺术大讲堂”60课时。全市有公共体育设施2778个，人均占有体育场地面积4.5平方米，万人拥有公共体育设施30.3个。村（社区）实现“两室一场一路径”全覆盖并开始向自然村巷（宅基）延伸，有91个村（社区）达到省定一类标准，占行政村总数的60%以上。全年新建成便民健身步道17条，共计35.1千米，全市健身步道总数366条，合计580.05千米。年内市体育运动学校招生76人，涉及田径、游泳、武术、网球、手球、羽毛球等项目。全年向省优秀运动队输送2人（手球、足球）、省体校5人（田径、武术、网球），向苏州市级体校输送运动员21人（田径、射击、武术、拳击）。全市有体育产业单位975个。有国际级裁判员1人，国家级裁判员7人，一级裁判员85人；有社会体育指导员6890人。全年承办国际级比赛3项、国家级比赛4项。

【卫生健康事业】 2019年年末，全市有医疗卫生机构465个，其中医院41个（综合医院21个、中医医院1个、中西医结合医院1个、专科医院12个、护理院6个），基层医疗卫生机构417个（镇公立社区卫生服务机构216个、门诊部22个、卫生室、诊所及护理站172个），专业公共卫生机构6个（卫生监督所、疾病预防控制中心、妇幼保健所、红十字血站、健康促进中心、120急救指挥中心），其他卫生机构1个（医学检验所）。全市医疗卫生机构总人数12696人，比上年增加1023人，增8.76%。其中，卫生技术人员10588人，占83.4%。卫生技术人员中，医疗人员4299人、护理人员4477人、药剂人员528人、医技人员534人。市第二人民医院新院正式启用，市第一人民医院科教楼基本完成装修，凤凰医院完成土建工程并启动装修工作，东城社区卫生服务中心开工建设。全市有各级重点专科45个，其中国家级1个、省级4个、苏州市级16个、张家港市级24个；重点学科14个，其中苏州市级3个、张家港市级11个。全年总诊疗1114.36万人次，比上年增加22.51万人次，增2.06%。其中，门、急诊人次数1075.97万人次；住院人数29.46万人次，比上年减少1.91万人，少0.64%。全市医疗机构病床使用率81.66%，其中医院病床使用率82.75%、镇公立医院病床使用率为76.99%。全市医疗机构出院患者平均住院日9.5天，其中医院出院患者平均住院日10.1天，镇公立医院为7.5天。全市医院门急诊均次医疗费用217.8元，比上年增加7元，增3.3%；出院病人均次医疗费用8737.6元，比上年增加235.9元，增2.8%。

（史　志）

社会建设

【社会民生】 全市社会民生协调发展，人民生活得到持续改善。年末全体居民人均可支配收入57957元，比上年增8.4%。全市农村居民人均可支配纯收入35453元，比上年增8.5%，城镇居民人均可支配收入69243元，比上年增8.1%，居民消费支出不断增长。农村居民人均生活消费支出23108元，比上年增6.8%，恩格尔系数为27.7%。城镇居民人均生活消费支出37687元，比上年增6.2%，恩格尔系数为27.7%。新增住房公积金缴存职工4.84万人。

【劳动就业】 2019年，市人社局开发公益性岗位956个，帮助城乡就业困难人员实现就业5733人，全年当地户籍劳动力新增就业1.52万人。城镇登记失业率1.76%。发放就业困难人员灵活就业社会保险补贴8622.29万元，公益性岗位安置就业困难人员就业岗位补贴180.21万元，公益性岗位安置就业困难人员社会保险补贴193.92万元；发放就业援助单位社会保险补贴569.44万元，创业社会保险补贴3080.46万元；发放稳岗补贴888.6万元，稳岗返还782.38万元，职工技能提升补贴202.55万元。继续执行1%的失业保险总费率。年内征缴失业保险费基金2.03亿元，新增领取失业保险1287人，发放失业保险金2252.64万元，期末在领失业保险金1064人。市人社局对5115名张家港市籍需就业的高校毕业生实行实名制管理，动态掌握高校毕业生就业创业情况。

【社会保障】 全年养老保险机关事业参保人数21517人，城镇企业参保人数504140人。失业保险参保人数445734人，职工基本医疗保险762109人，工伤保险589328人，生育保险451799人。新建居家养老服务中心33家。年末在册低保对象2099户、3054人，低保边缘重病困难对象765户、810人，特困对象425户、428人。全年发放低保（含低保边缘、特困人员）补助金4824.57万元，为低保对象发放水费补贴79.22万元。市慈善总会（基金会）募集善款7390.17万元，其中“爱满港城”慈善募捐活动募集善款6830万元。年度支出善款8396.21万元。张家港福利彩票全年销售额36747万元，年内开展“福彩爱心敬老”“福彩和你在一起”“福彩生日礼物包”“福彩图书室”“福彩圆梦——寻亲公益行”等公益活动。

（史　志）

【平安张家港建设】 2019年，全市进一步深化综治和平安建设，持续推进“技防2.0”工程进度，加快构建新时代“共建、共治、共享”社会治理新格局。1月，成立社会治理推进办公室，向社会报告网格化社会治理联动机制建设工作。2月，召开全市政法工作会议暨扫黑除恶专项斗争推进会，对扫黑工作再动员、再部署；各区镇、相关部门组织开展春节期间大巡防和非法金融专项整治宣传工作。3月至4月，启用网格化集中统一管理“六个一”模式，整合社会治理联动中心、数字化城管、便民服务中心社会治理联动职能，筹建社会综合治理网格化联动中心，推动提升联动效能；根据省、苏州市消委会统一部署，全面实施居民住宅火灾防控六项紧急硬性措施，巩固“331”整治成效；市扫黑办部署开展“打财断血”“打伞破网”行动；市委政法委印发《关于进一步规范全市专职巡防队伍建设管理的指导意见》，明确路面巡防力量配置，规范日常管理模式。5月，市委、市政府成立视频监控图像大数据工作领导小组，规范视频监控建设，推动数据整合、共享；出台铁路护路联防工作建议方案，统筹护路联防基层基础设施和队伍建设；部署开展全市网格安全稳定隐患大排查大整治工作。6月，市铁路护路联防工作领导小组成立，同步推进铁路沿线安全隐患排查整治专项行动；各区镇、村（社区）启动网格化联动分中心、工作站规范化建设；全市部署开展社会矛盾化解和维护公共安全专项行动。7月，市社会综合治理网格化联动中心挂牌成立，确立网格巡查员“四统一”机制、网格事务责任清单；市扫黑办组织开展扫黑除恶专项斗争中期调研督导工作。8月，市委政法委牵头对全市重点目标守护、重点物品监管和重点阵地管控等开展安全稳定暗访工作。9月，市委政法委联合市公安局、市住建局、市发改委、市资规局印发《张家港市居民住宅小区、商务办公楼、城市综合体安全技术防范设施建设管理办法》，规范“三类建筑”安防设施建设和管理。10月，部署开展加强综治平安建设七大重点工作，严密大庆安保措施；启动2019年度提升群众安全感专项行动，依托移动平台向100万户移动用户发送宣传短信；结合“不忘初心、牢记使命”主题教育，对黄赌毒和黑恶势力听之任之、失职失责、包庇纵容、充当保护伞的问题进行专项整治。11月，专题召开苏州铁路公安张家港派出所筹备会议，组织开展沪苏通铁路市域范围沿线基础信息采集，建立铁路护路基础台账；对2019年度社会治理创新项目实施“以奖代补”，全市有35个项目获“以奖代补”。12月，塘桥、南丰、锦丰3个镇建成铁路护路联防工作站。年内，市委政法委会同公安部门对24个治安重点地区和突出问题开展综合整治，联合公安、教育、城管等部门对校园安防及周边地区治安隐患问题开展专项治理，社会治安持续稳定；完成2019年技防2.0工程建设预定任务，新建道路监控5385套，更新模拟监控1327套，其中农村新增监控1000套，校园更新监控1065套。

（丁洪军）

生态文明建设

【生态保护】 2019年，列入2019年度苏州市生态文明建设“十大工程”的张家港13项重点工程全面完成，总投资超40亿元。全市新建、改造城镇控源截污主支管网220千米、完成农村生活污水处理3045户，市区、镇区、农村生活污水处理率分别达到99%、95%、87.7%；扬子江化工园明管化改造完成工程量40%、飞翔化工集中区实现雨污分流，胜科水务、富淼科技、清源水处理废水提标升级改造完成；城乡生活垃圾无害化处理率100%、分类设施覆盖率99.6%，10个区镇全面开展全域垃圾分类试点，8个区镇建筑装潢垃圾分拣中心建成运行，杨舍镇、塘桥镇、凤凰镇、大新镇、南丰镇废品回收中心建成投运。全年$PM_{2.5}$平均浓度为每立方米38.7微克，优良天数为285天，优良率78.3%；主要通江支流水质全部达到Ⅲ类，省考断面水质优Ⅲ比例100%，无劣V类断面，总体水质状况良好。

【城市建设】 2019年，中心城区由市建筑工务处代建政府投资的公共建筑项目有张家港高中扩建工程、悦丰幼儿园、民丰苑幼儿园等32项，总建筑面积34.2万平方米，投资额15.84亿元。年内，5座治安卡口、张家港高中扩建工程、云盘小学地下停车场、悦丰幼儿园等10个项目竣工，城南文体中心、妙桥粮库、凤凰高级中学、赵庄小学、云盘小学悦丰校区等实事工程、重点工程顺利推进。全市首个PPP项目南横套滨水生态廊道启动。福东苑西区按期推进，学府花苑等4个安置小区竣工，交付30万平方米，分房1051户。建成福前人才公寓二期1000套。加快启动晨丰污水处理厂建设，新建6千米生活污水管道，实施东莱、塘市等地1046户生活污水纳管，污水集中收集处理能力增强。

【城乡绿化】 2019年，全市投入财政资金1.09亿元，新建各类绿化工程12个，新增各类绿化115.44公顷。城区公共绿地养护面积668万平方米，四季草花面积2.38万平方米，行道树33912棵，景观造型树369棵，花箱1722组，管理考核12家绿化养护企业。市林业部门依托市、镇两级重大建设项目，配套市林业绿化资金约1亿元，完成绿化造林117.53公顷，其中新增林地79.07公顷。至年末，城市建成区绿地率为37.6%，绿化覆盖率41.3%，人均公园绿地面积14.92平方米。全市林木覆盖率为19.84%，位居苏州县市之首。

（史　志）

【编辑　张　洁】

中共张家港市委

Zhangjiagang Municipal Committee of the CPC

全市新时代"三超一争"聚焦聚力"三标杆一率先"誓师大会　（市委组织部　提供）

市委全会
重要决策
重大活动
调查研究
组　织
宣　传
统　战
机构编制管理
老干部工作
党　校
史　志
档　案
保密工作

張家港年鑑(2020)

扫码欣赏

孜孜问道人

市委全会

【市委十一届八次全体（扩大）会议】7月27日在市馨苑度假村会议中心召开。会议听取并讨论市委书记沈国芳代表市委常委会所作的《不忘初心担使命，提振精神抓落实，坚定不移推动“港城发展升级版”建设》的报告，审议通过《中国共产党张家港市第十一届委员会第八次全体（扩大）会议决议》。会议强调，要提高政治站位抓落实、增强本领能力抓落实、优化体制机制抓落实、锤炼过硬作风抓落实、坚持结果导向抓落实，以“抓落实”的高标准，成就抓发展的高质量。会议指出，建设“五个升级版”、打造“五个城市”，是张家港下阶段工作的总体思路和发展落点，全市上下要把“抓落实”作为最鲜明的工作导向，在系统谋划中精准落子，在关键环节上持续发力，确保高质量发展水平保持全省“第一等次”。强调做好下半年工作，要牢牢抓住“八个发力点”，以点带面、推动全局，全力以赴完成全年目标任务。要以“招商突破年”为抓手，推动增量经济扩容放量、量质并举；以智能制造为着力点，推动存量经济实现内涵式增长；以创新为第一动力，积蓄创新要素充分涌动的“一池活水”；以关键领域改革为突破，全面释放更宽领域、更大范畴的改革红利；以高铁新城建设为驱动，实现城市发展能级的全域提升；以沿江环境大提升为契机，推动生态环境实现根本性好转；以群众需求侧为导向，实现公共服务“均衡供给”与“精准供给”的协同推进；以深化社会治理为重心，彰显和谐稳定、文明向上的社会形态。会议强调，事业兴衰，关键在党、关键在人。各级党组织要发挥战斗堡垒作用，全体党员干部要切实发挥先锋模范作用，为打造“港城发展升级版”、推动港城高质量发展走在前列，做出应有的积极贡献。

【市委十一届九次全体（扩大）会议】12月28日在市馨苑度假村会议中心召开。会议听取并讨论市委书记沈国芳代表市委常委会所作的《书写好“两个一百年”历史交汇点的港城奋斗篇章》的报告，审议通过《中国共产党张家港市第十一届委员会第九次全体（扩大）会议决议》。会议指出，要坚决扛起历史和人民赋予的重要使命，聚焦聚力“三标杆一率先”，勇当现代化建设的“探路者”“先行军”，全方位推进经济发展、民主法治、文化发展、社会发展、生态文明和人的现代化，构筑长三角极富活跃度的现代化经济体系、公平正义充分彰显的现代化治理体系、具有独特精神内核的现代化文化体系、城乡协调一体发展的现代化社会体系、堪当沿江绿色典范的现代化生态体系、获得感幸福感最强的现代化民生体系，在探索实践中勾勒中国特色社会主义现代化的“县域样板”。会议明确2020年工作的指导思想是：以习近平新时代中国特色社会主义思想为指导，全面贯彻党的十九大和十九届二中、三中、四中全会精神，贯彻中央经济工作会议和省委、苏州市委决策部署，扭住新发展理念推动发展、盯住高质量导向聚力发展，以“三标杆一率先”为风向标、以“项目提速年”为发力点，与时俱进大力弘扬张家港精神，全面开展新时代“三超一争”，打好高水平全面建成小康社会“收官仗”，奋力探索开启率先基本实现现代化新征程。会议指出，提高产业能级，是聚焦聚力“经济高质量标杆”的必然要求，必须一以贯之推动产业提质增效、迈向更高层次；提高城市能级，是聚焦聚力“城乡一体化标杆”的必然要求，必须一以贯之推动城乡出新出彩、迈向更高品质；拔高文明指数，是聚焦聚力“新时代文明标杆”的必然要求，必须一以贯之推动文明领先领跑、迈向更高水平；拔高幸福指数，是聚焦聚力“三标杆一率先”的根本目的，必须一以贯之推动民生向优向好、迈向更高标准。会议强调，要贯彻新时代党的建设总要求，矢志不渝“守初心、担使命”，锻造过硬的政治担当；始终紧扣“高素质、专业化”，锻造过硬的干部队伍；持之以恒“抓两头、带中间”，锻造过硬的基层组织；牢牢把握“越往后、越严格”，锻造过硬的纪律防线，推动全面从严治党向纵深发展。 （宦皓铭）

重要决策

【概况】2019年，市委召开常委会会议36次，全市领导干部会议5次。市委、市政府联合发文29份，市委发文39份。重要决策涉及成立八个重点工作推进办公室、开展“招商突破年”行动、高质量发展产业扶持政策、沿江经济带转型发展、社会治理创新、全面从严治党等方面。

【成立8个重点工作推进办公室决策】经十一届市委第59次常委会会议审议通过，1月4日，市委办公室、市政府办公室联合印发《关于成立八个重点工作推进办公室的工作方案》，提出按照“专班精干、高效、有力”的要求，以问题为导向、需求为引领，选取事关全市发展大局的重点事项、关键环节，作为推进办设置方向，组建高铁新城开发建设、重大项目推进、智能工业发展、智慧城市建设、治违治污治隐患、社会治理、长三角区域合作、港产城融合提升8个推进办公室，采取“实体运作、集中办公”的方式，推动重点工作落实。主要工作职责是：负责对各自领域的重大任务、重点工作进行全局性规划，提出具体推进举措，并分解到相关单位负责实施；对各自领域涉及的跨层级、跨单位事项，负责联络协调、统筹解决；对各自领域确定的目标任务和重点工作，强化督导督办、开展考评考核。

【开展“招商突破年”行动决策】3月11日，市委办公室、市政府办公室联合下发《关于深入开展“招商突破年”行动的实施方案》，提出牢牢把握高质量发展抓招商的主题，统一招商政策、优化招商平台、统筹招商力量、提升招商环境，坚持数量规模与质量效益并重，坚持招大引强与产业提升并重，坚持扩大增量与挖掘存量并重，坚持招商引资与招才引智并重，坚持洽谈签约与落地建设并重，使招商引资工作成为扩大有效投资、推进经济转型发展和提升城市功能品位的强大动力。主要内容是:围绕外资、内资、科技人才工作,确定全市工作目标并对各区镇分解下达;根据全市加快构建以“沿江经济带”和“创新集聚环”为主体的“一带一环”产业发展架构,以智能化、特色化、服务化、绿色化为导向,明确各区镇重点招商引资方向;完善招商资源共享机制、招商激励机制、招商引资目标考核通报约谈机制、项目落地推进机制、招商宣传推介机制、招商引资联动机制、招商引资渠道拓宽机制、上海产业园区对接挂钩挂职机制、载体平台建设机制、项目审批服务机制、重点项目领导挂钩联系机制、招商引资例会机制、招商队伍建设机制等13个方面的招商体制机制。

【高质量发展产业扶持政策出台】 经十一届市委第74次常委会会议和市政府第31次常务会议审议通过,6月21日,市委、市政府联合印发《张家港市高质量发展产业扶持政策意见》,提出践行新发展理念,坚持质量第一、效率优先原则,以供给侧结构性改革为主线,充分发挥市场在资源配置中的决定性作用,实施精准的财政扶持政策,实现生产要素高效集聚、营商环境持续优化、经济社会高质量发展。政策范围包括工业、人才、科技、金融、商贸、服务业、旅游、安监、环保领域等方面的产业扶持财政政策。政策内容是:支持择商选资,吸引资本集聚,主要包括鼓励项目引进、鼓励股权融资等方面;支持产业升级,增添发展动能,主要包括鼓励智能化改造、培育小巨人企业、扶持氢能产业发展、扶持半导体产业发展、培育文化创意产业等方面;支持商业流通,繁荣服务市场,主要包括鼓励新兴服务业发展、促进传统商贸业转型、鼓励运用电子商务、促进运输行业发展、提升文化服务环境等方面;支持绿色发展,集约资源利用,主要包括鼓励企业节能技改、保护环境减少排放、支持企业安全生产、集约利用工业土地、推广新能源汽车等方面;支持人才汇聚,激发创新活力,主要包括鼓励高端人才引进、鼓励社会化招才引智、支持人才项目开发、优化人才企业融资环境、给予人才贡献激励等方面;支持科技创新,增强研发实力,主要包括鼓励企业加大科研投入、强化高新技术企业培育、支持研发机构及载体、促进科技合作和转化、提供科技服务和保障等方面;支持品牌战略,提高竞争能力,主要包括引导企业注重知识产权、鼓励企业提升产品质量、促进对外贸易稳定增长、助力企业拓展市场等方面;支持做大做强,激励争先创优,主要包括突出贡献激励、先进示范激励等方面。

【沿江经济转型发展决策】 6月19日,全市召开沿江经济带转型发展推进会,要求以系统化的思维统领沿江经济带转型发展,不断增强“共抓大保护、不搞大开发”的思想自觉和行动自觉;以压倒性的态势修复沿江生态环境,切实为港城守住“绿水青山”、为后代留下“金山银山”;以高质量的导向推动沿江经济带转型发展,努力实现“质量变革、效率变革、动力变革”;以钉钉子的精神落实沿江经济带转型发展各项任务,努力彰显“功成不必在我”“功成必定有我”的气度格局。经十一届市委第76次常委会会议和市政府第33次常务会议审议通过,7月22日,市委、市政府联合印发《张家港市沿江经济带转型发展三年行动计划(2019—2021)》,提出深入实施岸线建设“美丽”、绿色发展“攻坚”、产业质态“升级”、改革创新“强核”、区域开放“融合”五大行动,加快建成更加强劲、更高质量、更显卓越的临港经济新增长极,全面打造长江经济带转型发展示范城市。明确至2021年,“沿江1千米”范围内基本完成“三高一低”(高投入、高能耗、高污染、低效益)企业的关停并转;长江干流及洲岛岸线开发利用率控制在50%以内,地表水达到或好于III类水体比例90%以上;市域蓝绿空间占比持续提高;三次产业结构比例调整为1∶51∶48,工业核心增加值率达到22.5%,新兴产业产值占规模以上工业总产值的比重超51%;单位建设用地GDP产出超每平方千米9亿元,单位GDP能耗较2015年下降20%以上;美丽宜居乡村建设达标率100%;科技进步贡献率达到65%,生态环境状况指数(EI)大于等于55且不降低,万元GDP用水量低于每万元22立方米;多层次多元素共享型公共服务体系加快完善;营商环境指数走在全省前列。

【实施社会治理创新“七大工程”决策】 经市委十一届七次全体(扩大)会议讨论通过,1月9日,市委、市政府联合印发《关于实施社会治理创新“七大工程”服务高质量发展的意见》,提出积极探索具有区域特色的社会治理新模式,打造港城社会治理“升级版”,持续提升人民群众的获得感、幸福感和安全感,为全市高质量发展走在前列营造公正有序、融合共治、便捷高效、和谐稳定的社会环境。主要目标是:力争实现社会秩序更加和谐稳定、社会治理更加精准高效、社会风险更加平稳可控、社会服务更加多元共享、社会效应更加彰显满意。工作重点是:深入实施网格化创新工程,加强和改进社会治理联动机制建设;纵深推进“三治融合”工程,全面提升基层自治、法治、德治建设水平;全面实施智慧治理工程,高水平提升港城社会安全指数;深入推进扫黑除恶专项斗争工程,全力营造安全稳定社会环境;大力推进服务能力提升工程,有力推动经济社会高质量发展;大力实施源头治理工程,扎实推进矛盾纠纷多元化防控化解;探索实施城管创新工程,进一步提升城市综合管理水平。

【集中整治形式主义、官僚主义决策】 经十一届市委第69次常委会会议审议通过,4月30日,市委印发《集中整治形式主义、官僚主义三年行动计划(2019—2021年)》,提出坚持“党委主抓、纪委协助”,坚持“谁的问题谁解决”,利用三年时间在全市开展集中整治,抓重点带一般、抓关键促全面,既管住乱用滥用权力的渎职行为,又管住弃用不用权力的失职行为,形成凝心聚力干事创业的良好氛围,为打造“港城发展升级版”提供坚强保证。整治工作分为3个阶段:2019年6月前，按时完成第一轮集中整治各项规定任务，实现从“要我改”到“我要改”的转变；2019—2020年，深入整治影响、制约张家港高质量发展的形式主义、官僚主义突出问题；2021年，强化日常监督和长期监督，建立健全长效机制，把查找纠正形式主义、官僚主义隐形变异，防止问题反弹回潮作为一项重要任务长期抓下去。重点任务是：集中整治落实上级决策部署不用心不务实不尽力方面问题，集中整治文山会海、调研督查检查考核过多过泛方面问题，集中整治服务群众服务企业不作为慢作为乱作为方面问题，集中整治履行职责不愿担当不敢担当不会担当方面问题，集中整治巡视巡察问题整改不落实不扎实不真实方面问题，集中整治落实全面从严治党责任不严不实不紧不硬方面问题。

（宦皓铭）

重大活动

【干部学习培训活动】 2019年，全市开展干部教育菜单式讲座12期，内容涉及男女平等基本国策、新常态下的中国经济发展与转型、国学智慧与为政之道、全面从严治党新要求与新形势下反腐败案例分析、生态文明与城市绿色发展、公共管理与公共服务的前沿探索与实践、区域经济发展的核心驱动力——营商环境、树立法治思维与全面依法治国、投资环境建设与招商引资的政府服务、金融衍生品市场与风险防范等，邀请古洪霞、达良俊、周学强等知名专家教授、上级条线领导作专题授课，培训干部7000余人次。全年共举办各类专题主体培训班41期，累计培训干部3000余人次。其中，4月，组织48名市管正职和副职领导干部赴中央党校开展第九期领导干部高级研修班；6月至8月，组织开展第五期行政文秘（复旦）培训班；7月中旬，赴兰考开展第三期领导干部党性教育专题培训班；8月下旬，赴山东邹城开展领导干部首期政德教育培训班；10月，举办新录用公务员暨事业单位定岗特选青年人才初任培训班。此外，领导干部还通过“张家港干部教育在线学习中心”开展网络自学，学习内容包括党的建设、政治理论、高层解读、国际形势、国内形势、经济金融、公共管理、产业发展、生态文明、国防安全、人文历史等15个方面。

【党政领导考察活动】 3月26日至27日，市委书记沈国芳率党政代表团赴天津考察，进一步加强与重点企业、重大项目的交流合作。3月29日，市委书记沈国芳率党政代表团赴上海考察，参加2019年张家港市经济社会发展（上海）说明会。4月24日至25日，市委书记沈国芳率党政代表团赴贵州省沿河土家族自治县考察交流，慰问张家港市在沿对口帮扶干部及支教支农专技人才，签订对口帮扶协议，推动扶贫工作精准对接。6月24日，市委书记沈国芳，市委副书记、市长潘国强带队赴南京栖霞区、泰州泰兴市考察，学习借鉴省内先进地区长江经济带发展典型经验和做法。7月29日至8月3日，市委书记沈国芳率党政代表团赴新疆伊犁州巩留县、宁夏银川市永宁县考察交流，看望慰问援建干部人才、新疆生产建设兵团张家港商会，分别与巩留县、永宁县党委政府共商对口支援和东西部交流合作工作。11月6日至7日，市委书记沈国芳率党政代表团赴常熟市、太仓市、苏州高新区考察，学习借鉴周边县市在创新驱动、转型升级、集成式改革、社会治理、乡村振兴等方面的先进经验和做法。12月3日，市委书记沈国芳，市委副书记、市长潘国强带队赴深圳招商考察，参加2019年张家港市“创新引领，转型发展”（深圳）投资推介会，进一步加强与深圳有关重点企业的联系。12月13日至14日，市委书记沈国芳率党政代表团赴杭州市余杭区、临安区学习考察，学习在创新驱动、转型升级、乡村振兴等方面的先进经验和做法。12月18日至19日，市委书记沈国芳率党政代表团赴宿迁市宿豫区考察，就推进与宿迁市宿豫区的南北挂钩工作进行深入交流。

【项目签约、奠基、竣工、开业等活动】 2019年，全市共举办重大项目签约、奠基、竣工、开业等活动20余次。有3次集中开竣工活动，分别是：2月13日，全市举行一季度项目集中开工仪式和集中签约活动，50个项目集中开工，总投资176.8亿元；13个项目集中签约，总投资68.5亿元。5月16日，全市举行“集聚产业新动能，打造港城发展升级版”二季度项目集中开竣工活动，63个项目集中开竣工，总投资139亿元。10月16日，全市举行“聚焦重大产业项目建设，聚合‘三标杆一率先’新动能”金秋经贸周项目集中开竣工活动，89个项目集中开竣工，总投资418亿元，涵盖先进制造业、生产性服务业等多个领域。参加项目签约活动的主要有：中车氢能源产业基地项目、采埃孚汽车底盘零部件项目、中铁世博城项目、绿地集团项目、国测集团项目等。项目奠基开工的主要有：长城宝马光束汽车项目、陶氏有机硅一体化基地、香港易高碳纤维项目、张家港智慧科学城、东恒鑫进口汽车高端定制产业基地、中集圣达因LNG低温装备产业基地、静脉科技产业园生活垃圾焚烧发电项目、上海大学张家港产业中心、张家港新型智慧城市建设项目等。项目竣工投产的主要有：沙钢冷轧硅钢项目、庄信万丰汽车催化剂项目、加特可变速箱项目等。项目揭牌开业的主要有：芬美意张家港生产基地、医疗器械产业园、中车氢动力项目、华东房车交易中心、北大新世纪张家港国际学校等。

【文体、科教活动】 2019年，全市举办重大文体、科教活动近20次。其中，文体活动主要有：2019年中国（张家港）长江文化艺术节暨金秋经贸周、2019年中国少儿戏曲小梅花荟萃、第九届全国小戏小品编导演研修班、长三角少儿戏曲小梅花专场展演暨庆祝新中国成立70周年汇报演出、第八届迎新年万人健步行活动暨首届“爱运动、爱生活”体育健身集市、第22届“贝贝杯”中国足协青少年足球赛、ATP男子职业网球挑战赛、亚洲东区男子排球赛等。科教活动主要有：江苏省创新创业促进会创新创业大赛、“2019年科技·人才活动周”、“2019苏州·张家港”创新创业大赛、

“创业沙洲”投融资对接会、2019年苏州国际精英创业周张家港专场活动等。（官皓铭）

调查研究

【概况】 2019年，市委研究室（市委改革办）高质量起草完成张家港精神再弘扬动员大会、“招商突破年”动员大会、作风建设大会、智能工业千企推进大会、沿江经济带转型发展推进会、高铁新城开发建设推进大会、新时代“三超一争”誓师大会、常委市长联席会议等领导讲话，市委十一届八次、九次全会报告，以及媒体署名文章、专项或综合汇报材料，各类文稿共计442篇、153.1万字。围绕中国特色社会主义现代化建设、推动高质量发展、全面深化改革、全会报告起草等主题，先后赴西安、大连等地调研考察，赴广东、福建等地学习取经，深入走访市工信局、金融办等职能部门，经开区、高新区、高铁新城等区镇，冶金、纺织、机械等传统行业规模企业，以及新能源汽车、氢能、化合物半导体、高性能材料、智能装备等新兴产业企业，形成《张家港市光伏产业高质量发展路径思考》《关于依托高铁新城培育“枢纽偏好型产业”的对策建议》等调研报告8篇，获市委主要领导肯定，为市委科学决策提供有力参考。

【专题调研】 年内，市委研究室（市委改革办）围绕推动双山香山旅游度假区补齐短板、优化提升、融合发展等方面，与保税区、双山香山旅游度假区有关负责人进行个别座谈，并会同市政府办、市委组织部、市绩效办，以及财政、文旅等部门赴双山香山旅游度假区开展联合调研，形成《关于双山香山一体化改革推进情况的调研报告》，指出双山香山一体化改革的管理体制初步理顺、投入机制不断健全、规划建设有序实施、社会事业加速衔接，提出要通过提高发展站位、健全组织架构、强化投入保障、突出项目招商、优化社会治理等方面的有力举措来深化双山香山一体化改革。围绕光伏产业的高质量发展，市委研究室通过对全市规模以上光伏企业进行走访调研，形成《张家港市光伏产业高质量发展的路径思考》，总结张家港市在国际市场和国家政策的双重利好环境下，涌现出爱康、协鑫、永能等一批光伏龙头企业，形成百亿级产业规模，呈现出产业较为完善、企业运营良好、装备技术领先等方面的特点，指出在国家实施“531”新政后，张家港市光伏产业面临的资金短缺、产能短期过剩、非技术成本增加、利益协调等方面的问题，提出强化政策转型、科技创新、金融支持、智能制造、市场消纳等5个方面的行动举措，为全市全力打造具有核心竞争力的光伏产业集群提供借鉴参考。围绕张家港市新经济的培育发展，市委研究室赴成都、重庆、杭州等地进行考察，学习借鉴各地培育发展新经济的经验做法，形成《关于张家港市强化新经济发展战略导向的建议》，指出全市新经济发展仍处于从萌芽期向起步阶段过渡，提出要准确把握全市新经济发展的战略定位，着力发展数字经济、智能经济、流量经济、绿色经济等“四种形态”，深入实施实体经济提质、智慧城市示范、现代供应链融合、绿色低碳建设、“双创”平台提升、人力资本协同、营商环境优化等“七大工程”。围绕高铁新城“枢纽偏好型产业”培育，市委研究室对张家港市高铁新城产业布局进行调研，并对比分析国内特别是周边部分高铁新城建设经验，形成《关于依托高铁新城培育“枢纽偏好型产业”的对策建议》，指出全市高铁新城产业发展存在现有产业传统低端、项目招引任重道远等方面的问题，提出要统筹考量产业规划、腾换、招引、延伸“四大环节”，实现高点定位和精细谋划的有机统一、低端淘汰与转型升级的协同推进、招商对象和招商人才的同步考量、实体枢纽和虚拟枢纽的融合互补，增强产业集聚力、辐射力和吸引力，全力以赴打造“枢纽偏好型产业”发展高地。

【统筹深化改革】 2019年，市委研究室（市委改革办）统筹抓好全市全面深化改革工作，发挥协调、督察职能，牵头制定出台《中共张家港市委全面深化改革委员会2019年工作要点》，推进经济体制改革、行政体制改革、生态文明体制改革、深化城乡发展一体化综合改革、文化体制改革、社会治理改革、民主法制领域改革、社会民生改革、党的建设制度改革、纪律检查体制改革等10个方面的改革工作，重点部署创新重点工作推进机制、深化科技体制改革、深入推进乡村振兴战略、民生微实事项目、创新政协重点提案办理机制、新时代文明实践中心建设、优化政务生态环境、深化监察体制改革、完善干部激励考核机制、完善网格化社会治理联动机制、全国供应链创新与应用试点、高铁新城开发建设、全国义务教育优质均衡发展县（市、区）创建、推动智能工业发展、全国农村社区治理试验区建设、生态文明体制改革、推动社会治理大联动指挥平台建设等30项改革任务，深入实施10项国家级、省改革试点和14项张家港市级创新性、探索性改革事项。出台市委深改委、改革专项小组以及市委改革办工作规（细）则，调整优化各改革专项小组和市委改革办成员名单，健全完善市委深改委月度例会、市领导联系重点改革任务机制，改革工作运行机制更加优化。全年组织召开深改委（组）会议9次，审议双山香山一体化管理改革、代建制等改革方案文件16个，听取协调重点改革事项8项。创新重点工作落实推进体系，围绕智慧城市、智能工业、港产城融合等重点领域改革分别成立8个专班，每月定期形成改革督察专报，实现重点改革重点推进、重点责任重点落实。对经济体制、社会治理等重点领域改革推进情况进行专项督察，督察报告获市委主要领导批示。深化国资国企改革，组建成立水务集团、酒店管理集团。召开全市全面深化改革工作推进会，编印下发《张家港市优秀改革案例选编》，推广基层先进改革经验，在全市上下营造合力推动改革的鲜明导向和浓厚氛围。系统梳理挖掘并向上推荐8项可在全省复制推广的改革试点经验，《张家港县级文化馆总分馆制建设试点：打造百姓家门口的文化阵地》《张家港市村民自治改革试点：“三治融合”让农村社区更和谐》两篇文稿入选《苏州市改革试点典型案例汇编》,《张家港：善用改革“金钥匙”，实体专班“克难题”》《抢先机、抓重点、补短板，张家港保税区以改革推动发展新跃升》《张家港市：“三治融合”构建农村社区治理新体系》3篇改革经验入选《苏州改革》期刊。高质量完成省委深改委第三督察组赴张家港市督察验证重点改革事项落实情况工作，以及省、苏州市对张家港市2019年重点改革任务推进完成情况的监测评估工作。张家港市作为苏州唯一县市纳入江苏省2018年度重点改革任务推进完成情况监测评估试点并完成试点评估工作。（宦皓铭）

组　织

【概况】 2019年年末，全市有基层党组织4691个，其中党委137个、党总支277个、党支部4277个，另有党工委38个。新发展党员740人，转入2835人，减少3582人。至年末，有中共党员68916人。全市有副科级以上干部1464人，其中女干部286人，占19.5%；非中共党员67人，占4.6%；全部为大专以上学历。年内，市委组织部完成《张家港市建设专业化干部队伍的实践与思考》《张家港市实施村书记“县乡共管”制度的探索与实践》《加强人才政治引领与政治吸纳的路径分析》等重点调研课题报告。加强组织条线信息工作，全年向上级组织部门和市委办报送组工信息75篇，编印《张家港组工信息》17期，“张家港先锋”微信平台推送信息311条，“人才张家港”微信平台推送信息170条。加大人才引进力度，全年新增国家“万人计划”人才1人、江苏省“双创计划”人才20人、苏州“姑苏计划”人才31人、张家港市领军型创新创业人才（团队）97个。

【领导班子和干部队伍建设】 2019年，全年市委共召开21次市委常委会研究干部调配工作，调整干部459人次，提拔干部155人，其中提拔35岁以下干部28人，提拔大学学历以上干部149人，提拔女干部33人，提拔党外干部7人。对167名科职干部进行岗位交流。8个党外干部必配部门中有7个配备到位，9个优先配备女干部的部门全部配备到位。加强年轻干部培养，5月统筹选配12名优秀90后年轻干部到区镇副科职岗位开展试岗锻炼。统筹加强年轻干部“四级梯队”建设，出台年轻干部配备专项预审制度，全市提拔90后中层干部47人，公开招考公务员94人，定岗特选“双一流”高校优秀毕业生41人，面向社会选聘招商专业人才20人。持续开展年轻干部双月座谈会，7月16日召开市年轻干部座谈会。持续推进“三项机制”落实，至年末对9名干部实施容错免责，提拔重用29名敢闯敢试的担当作为好干部，对8名干部实施组织调整。及时总结“三项机制”典型案例，建立案例动态发布机制，全年下发4期17例，其中被省委组织部录用1例、苏州市委组织部录用3例，切实推动“三项机制”落地见效。开展新一轮担当作为好单位、好干部考核工作，在2月初张家港精神再弘扬动员大会上对担当作为好单位、好干部进行通报表扬。有序推进公务员职务与职级并行，做好全市2368名公务员职级套转和首次职级晋升工作。从严从实做好省委巡视整改工作，并得到省委组织部认可。完善干部负面信息收集渠道，重点聚焦政治纪律和政治规矩、担当作为、从严治党等情况，全年开展提醒40人次、函询20人次，对334名领导干部的个人有关事项报告进行查核，及早发现和遏制各类苗头性、倾向性问题。年内，对南丰镇党委原副书记、原镇长袁政国，市发展和改革委员会原党组书记、原主任刘东兴等11人实施离任经济责任审计。加强对出国（境）人员的监督和管理，创新实施出国出境审批系统，推动出国（境）审批“最多跑一次”。开展“张家港精神”再弘扬再教育，邀请“改革先锋”“最美奋斗者”秦振华为市镇两级领导班子、部委办局主要领导作专题报告，在全市年轻干部中开展学习践行“张家港精神”系列活动，通过大讨论、主旨演讲、主题征文、举办分享会等多种形式，推动张家港精神代际传承。

【基层党组织和党员队伍建设】 2019年，市委组织部围绕机构改革，协同推进党的组织调整，撤销单设的市委市级机关工委，改在市委组织部挂牌，成立机关党建科，依托财政局建立市委国有企业工作委员会，调整新设市发改委等8个机关党委、市退役军人事务局等12个机关党总支，并按单位中层正职配备专职副书记。持续深化“组织生活开放日”制度，总结优化“仪式教育”“实境体验”“节日纪念”等组织生活创意模块，供基层互学互鉴，有1500余个支部举办“开放式组织生活”2000余场。深化党建项目化推进机制，实施2019年度“市级十大重点党建项目”“书记项目”“基层好项目”“同心·同行”为民服务项目，有效解决一批基层党建难题。7月8日，市委党建工作领导小组印发《2019年度全市党的建设考核实施方案》，整合各条线党建考核，优化考核标准，并将党建考核作为高质量发展考核的系数考量，以目标导向强化党建责任落实。年内，实施“红堡关爱十项制度”，建立全员实训、入党仪式、政治生日、党龄纪念、荣耀时刻、流动牵引、驻点联系、集中慰问、精准帮扶、优待抚恤等10项党内关爱制度，全年发放关爱帮扶基金852万元，惠及困难党员群众11621人次，为740名新发展党员发放《入党纪念册》，为党龄在50年、40年、30年的2852名老党员分别颁发党龄纪念章。10月31日，市委组织部举办“城市党建面对面”活动，调整构建街道大工委、区域联合党委、社区大党委三级区域共建架构。张家港市“‘党建+互联网’集聚新智慧助推城市基层党建高质量发展”入选全国城市基层党建创新案例。10月，举办全市机关党建工作业务培训班，聚焦学习贯彻习近平在中央和国家机关党的建设工作会议上的讲话精神，加强机构改革后全市机关党建，对市级机关分管领导、党务干部进行思想动员和业务培训。12月25日，首次举办市级机关“党建七问”面对面活动，以现场“问答会”形式，随机抽点市发改委、市检察院等10个单位分管领导依次上台，针对党建工作中的亮点、难点、突破点，围绕年度党建考核7个方面指标，开展“七问”面对面考察活动。加强基层党员队伍建设，6月，张家港市第一届村级中青年后备人才培训班中青班届满结业。3年间已有超过三分之一的学员走上村（社区）书记岗位。同月，第二届村级中青年后备人才培训班中青班接续开班，全市遴选46名学员参加培训。7月24日，省党支部书记学院农村分院落户张家港市善港农村干部学院。省委书记娄勤俭、省长吴政隆先后专题调研，充分认可分院的办学理念和培训成效，办学经验在全国“乡村发展和脱贫攻坚论坛”上交流推广，为农村带头人队伍建设输出了张家港经验、提供了张家港模式。10月19日，承办第十九届全国“村长”论坛之“党建引领乡村振兴的实践与创新”主题论坛，复旦大学、中国浦东干部学院的多位专家学者以及部分村干部代表近300人参加论坛。加强党员干部学习教育，7月1日，以“榜样”为主题，举办纪念中国共产党成立98周年暨先进表彰活动，四套班子领导参加并集体宣誓。8月，开发“暖风习习”系列创新型党课，以《习近平新时代中国特色社会主义思想学习纲要》为主要内容，分7个专场，通过知识比拼、实践展示、互动分享、嘉宾解读等方式开展理论学习，并通过张家港电视台、“张家港先锋”公众号等融媒体平台，为全市各级党组织和党员提供“线上”点播服务。年内，举办6期“先锋擂台”PK直播活动，12名不同领域的党组织书记登台亮相、晒成绩单、接受“检阅”。5部作品入围全省“初心·使命”党员教育全媒体作品大赛展评榜单，其中“红堡”系列文创产品党龄纪念章、入党纪念册等获“十佳作品”、新媒体类一等奖，承接制作的省委组织部点题项目《百炼成钢》微视频荣获特别奖。10月1日，市委原书记秦振华、南丰镇永联村党委书记吴惠芳、金港镇长江村党委书记郁霞秋、杨舍镇农联村党委书记赵建军应邀现场观礼国庆阅兵。吴惠芳、郁霞秋入选全省“百名示范”村书记。

【市组织力提升实训基地建成投用】 3月21日，集党建综合馆、政治生活馆、党性体检馆、党群（人才）创意馆四大区域场馆的市组织力提升实训基地建成投用，成为专门面向全市7万名党员打造的多功能、一站式、综合性实训基地。市组织力提升实训基地于2018年8月8日正式开工，历经半年竣工完成，是张家港市2018年的民生实事项目。基地位于张家港市五联路与华昌路交叉口，作为张家港市级的党群服务中心，是市、镇、区域、村（社区）、基础网格五级“红堡”阵地的核心组成部分，占地约1500平方米。主要涵盖党史长廊、先锋光影、红色档案、党性熔炉、党性体检等20多个功能模块，具备党建成果实效展示、党员教育实境课堂、组织生活实景模拟、支部书记实务培训、项目孵化实践中心等五大功能，为基层党组织提升组织力、广大党员锤炼党性修养提供一站式解决方案。实训基地还依托“互联网+”，精准对接全市智慧党建大数据，与图书馆借阅书籍的信息库连接，实现图书的通借通还，同时还能以“电子书”的形式，供党员免费下载阅读。实训基地得到省委组织部领导肯定。至年末，基地接待党员1020批次、2万余人学习培训，河南省长葛市、山东省肥城市、苏州工业园区等都组织到此参观学习。

【“两新”工作亮点纷呈】 10月11日，张家港市承办苏州市创新创业人才企业党建“沧浪初心”行动启动仪式，成立市人才创新创业促进会和领军人才党支部，强化对创新创业人才的政治引领和政治吸纳。上线发布服务创新创业“红堡超市”平台，梳理形成6大类498项服务菜单，精准对接企业创新和人才创业需求。以“爱国奋斗奉献”为主题举办理想信念教育培训、政企对接专场服务和主题党日活动，为企业经营减负、发展赋能。《苏州日报》《科技日报》和新华网、人民网等媒体分别报道。创新建立以市委“两新”工委为“主干”，以社会组织、律师行业、互联网企业等10个行业党建专委会（党委）为“支干”的“一干十支”工作体系。全市在社会组织、律师行业、民办学校3个领域已经建立行业党委的基础上，在互联网企业、商圈市场、科创园区、住建行业、汽修行业、民营医院、商会协会7个行业建立行业党建专委会，同步设立行业党建工作站。行业党建专委会为两新组织行业党建工作机构，由行业主管部门牵头设立，指导和推进本行业党建工作，每年规划、完成1至2个党建工作项目，培育至少1个品牌项目，形成以市委“两新”工委为“主干”，10个行业党建专委会（党委）为“支干”的工作体系。

【村（社区）“三项机制”出台】 8月，市委出台《张家港市村（社区）“三项机制”实施办法（试行）》。其中，《张家港市村（社区）干部“鼓励激励”实施办法》明确积分构成为“年功分+绩效分+奖惩分”，将积分情况与退休待遇挂钩，形成“四级”待遇保障体系，75%以上的村（社区）书记、主任退休待遇得到明显提升；《张家港市村（社区）干部“容错免责”实施办法》为村干部量身定制8种适用容错免责的具体情形，并打破“先问责，后免责”的常规做法，明确在调查过程中即要对照免责情形，对符合条件的，直接作出不予处分或减轻处分的决定，将容错免责程序前置；《张家港市村（社区）干部“能上能下”实施办法》全面规范村书记队伍任职体系，实施“县乡共管”制度，在为村书记拓展发展空间、提升政治待遇的同时，划定任职“红线”，明确履职满5年，积分未达标要作出组织调整。村（社区）“三项机制”被列为张家港市2019年度基层党建“书记项目”，同时被列为苏州市级2019年度基层党建“书记项目”，由苏州市委副书记、市长李亚平包挂联系重点推进。8月20日，李亚平专题到张家港市调研指导项目推进情况，对张家港市村（社区）“三项机制”予以充分肯定。

【万名党员进基地活动开展】 3月起，市委组织部在全市广泛开展“寻党员初心、看组织振兴，万名党员进基地”活动，依托五级“红堡”1330个点位，明确“五个一”基本议程（走一条“红堡”线路：选择若干“红堡”点位，组织党员实地走访、现场观摩；过一次组织生活：在条件允许的点位，根据实际开展"三会一课"、组织生活会、民主评议党员、主题党日等组织生活；留一段"暖心"时刻：结合"政治生日""党龄纪念""荣耀时刻"等制度，组织凸显仪式感的小活动；拍一张支部"全家福"：在观摩点位的标志性场所，支部全体党员合影留念；给一个评价感言：组织党员在张家港先锋微信公众平台"我为红堡打CALL"模块中，对观摩点位进行评价，抒发感言），组织基层党组织和广大党员走进阵地观摩学习，开展实境教学、接受党性洗礼。全年开展活动851批，参与党员22336人。

（龚宇晨）

宣 传

【概况】 2019年，全市宣传思想文化战线贯彻落实全国、全省、苏州市宣传思想工作会议和宣传部长会议精神，承担起举旗帜、聚民心、育新人、兴文化、展形象的使命任务，理论舆论、文化文明和思想教育等各项工作取得明显成效，为打造"港城发展升级版"、推动张家港高质量发展走在前列提供了强大思想文化保证。年内，成功承办中宣部理论局建设社会主义文化强国专题研讨会，调研报告《一座城市的精神成长史》在《求是》杂志上刊发，《张家港市文明城市创建的探索与实践》被中央组织部组织编选的《贯彻落实习近平新时代中国特色社会主义思想在改革发展稳定中攻坚克难案例》丛书收录。

【理论武装】 年内，市委宣传部组织全市党员、干部深入学习贯彻习近平新时代中国特色社会主义思想，《习近平新时代中国特色社会主义思想学习纲要》征订超过6万册，党员覆盖率100%。制定党委（党组）理论学习中心组专题学习计划，组织开展中心组学习旁听督学。市委理论学习中心组带头加强学习，全年组织开展集体学习和交流研讨18次。在县处级领导干部中开展专题读书调研活动，形成68篇调研文章。突出抓师资力量整合、创新案例评选、督察结果运用，推动基层党员冬训各项任务落地见效，获评2018—2019年度全省基层党员冬训工作示范县（市），常阴沙现代农业示范园区获评2018—2019年度全省基层党员冬训工作示范乡（镇、街道）。推广使用"学习强国"平台，学员注册数超过6万人次，张家港市通讯站获评苏州市2019年度"学习强国"学习平台供稿工作先进通讯站。

【舆论引导】 年内，市委宣传部以庆祝新中国成立70周年为主线，组织开展"壮丽70年·奋斗新时代""开展新时代'三超一争'，聚焦聚力'三标杆一率先'"等重大主题报道，全媒体共推出原创系列报道、主题专栏74个，采写稿件约1500篇。全年向中央级媒体发稿突破100条、省级媒体发稿460余条。"学习强国"平台刊发稿件180余篇。通过组织开展上海媒体张家港采风活动等重点合作、活动推广，不断加强张家港市在上海的"曝光率"；《解放日报》"上观新闻"App推出"长三角新锐之城张家港"系列报道；重点面向上海地区推送的"遇见文明张家港"微博话题，阅读量达到916万次，单条微博最高阅读量145万次。张家港市融媒体中心（传媒集团）正式挂牌，打造城市级客户端"今日张家港"App，采用大数据、云计算、人工智能等前沿技术，实现"新时代文明实践中心""融媒体中心"和"张家港智慧城市"三大平台的一体化运营。张家港市融媒体中心获"指尖融媒榜"最具影响力县级融媒中心称号。

【网络新媒体管理】 年内，市委宣传部全面加强政务新媒体建设和管理力度，进一步完善"张家港城事"微信公众号考核激励机制、张家港市政务微信排行阅评机制，对全市各区镇、机关（部门）的微信工作群进行清理规范。"张家港城事"策划推出的"暖冬"系列报道获第二十一届"苏州新闻奖"一等奖。组织2019年网络安全宣传周活动，开展多途径、多层次、广覆盖的网络安全宣传教育。加强《中华人民共和国网络安全法》等法律法规宣传普及，举办"我和我的祖国"庆祝中华人民共和国成立70周年知识竞赛、网络安全宣讲进校园、网络安全主题宣传漫画征集等活动。组织开展2019年张家港市网络文化季系列活动，评出"暖风习习"系列创新型党课、2019年"五彩沙洲任我游"全民短视频挑战赛、"红色"系列微党课等11个新媒体应用创新奖。指导市互联网协会完成换届工作，成立"张家港市互联网企业行业党建联盟""张家港市互联网协会党建专委会"，推动党建工作与互联网企业发展"同频共振"。市网络文明志愿者联盟成立，组织策划"网民送清凉""网络安全进校园"等志愿服务活动，倡导网络文明，传播网络安全知识。

【版权管理】 全年审批38家出版物零售单位和2家影院，新设立印刷企业39家。2019年全市完成作品著作权登记量21759件，其中，一般作品登记量在苏州市占比38.1%，软件作品比上年增170.2%，办结侵权盗版案件13起。开展2019年度张家港市优秀版权作品评选活动，4件作品获江苏省优秀版权奖，2件作品获苏州市优秀版权奖。持续深化版权宣传"六进"工作，举办作品应用版权保护专题讲座，开展曼巴特广场咨询活动、少年儿童版权创意作品大赛、"版权知识进校园"志愿服务活动等，提升公众版权保护意识。

【社科工作】 市哲学社会科学界联合会（简称市社科联）下辖社科类学术团体32个，涵盖政治、经济、教育、文化、金融、财税等各个领域。加强与中国社会科学院新闻与传播研究所合作，成立"中国社会科学院新闻与传播研究所张家港国情调研基地"。2019年，全市确立市级社科应用研究课题62项，其中立项课题50项，重点立项课题12项。《遗产廊道视角下的江苏大运河旅游开发研究》《江苏基层志愿服务社会化模式创新研究》《信息化教学环境对高职学生跨文化交际能力培养的影响研究》等3项课题纳入2019年度"江苏省社科应用研究精品工程"课题，《"1+4"模式下的基层治理问题研析》获第四届"苏州市社科应用研究精品工程”优秀成果奖一等奖。市社会心理服务指导中心于6月15日建成开放,“学习强国”平台以率先建成全国领先的心理科普馆、全民健心云平台、心理志愿服务项目孵化中心,推送《江苏张家港三项“硬核”创新构建社会心理服务新生态》一文,受到广泛关注。全国首个城市级心理服务云平台系统——张家港全民健心云向全体市民免费开放,注册人数超过8000人。《从健身到健心——社会心理服务体系建设的张家港实践》获评2019年度苏州市精神文明建设十佳新事。（葛云涛）

统　战

【概况】2019年年末,全市共有民革张家港市基层委员会、民盟张家港市委、民建张家港市基层委员会、民进张家港支部、农工党张家港市委、致公党张家港支部、九三学社张家港市基层委员会等7个民主党派组织和无党派人士联谊会。有成员997人,其中民革98人、民盟274人、民建126人、民进30人、农工党255人、致公党23人、九三学社112人,无党派人士联谊会79人。全市有副科级以上党外领导干部47人。3月,市委统战部分别召开民主党派工作座谈会和民主党派组织建设工作座谈会。全年召开市委党外人士双月座谈会6次,征求意见、建议100余条。协调市委办,把市委领导与党外代表人士联系交友工作纳入《2019年度市领导班子成员挂钩联系事项一览表》。其中,4月25日,市委书记沈国芳与党外人士攀华集团董事长李兴华交流交心,谈企业发展前景。5月中旬,市委常委、统战部部长赵建明带领全市各民主党派领导班子和无党派代表人士30余人,赴雄安新区和西柏坡等地开展理想信念教育和国情考察活动。市委统战部协助全市各民主党派、无党派人士联谊会开展专题调研,召开民主党派工作座谈会、民主党派组织建设工作座谈会,为民主党派参政议政、建言献策做好助力。协助各民主党派考察积极分子20余人。9月20日,召开统战工作领导小组成员单位(扩大)会议,根据机构改革有关要求,将成员单位由34个减少到30个,修订市委统一战线工作领导小组工作规则、成员单位职责分工。10月,与各民主党派、无党派人士联谊会共同研究,遴选出50名民主党派组织后备人才。11月,市政协与市委统战部联合在湖南大学举办一期民主党派后备干部培训班。同月,完成民革、民建基层委员会各增补1名副主委,无党派人士联谊会增补2名副会长及3名党外干部任副科职干部的考察工作,完成33名市政协委员调整工作。12月,召开统战工作联席会议,总结2019年度工作,部署下年度任务。全年利用“张家港统战”微信公众号推送145期437篇文章,其中1篇文章阅读量突破7000次。《张家港:让区镇统战工作更出彩》在《中国统一战线》杂志刊登,《民族团结之花越开越艳》在《挚友》杂志发表。民革一支部被民革中央评为全国示范支部,民进支部组织委员李晓华获民进全国组织建设先进个人称号。钱昌照故居、市民族团结进步主题教育馆被评为第二批苏州市统一战线传统教育基地。

【民族事务】2019年年末,全市有常住少数民族人口3904人,比上年增237人,有少数民族成分39个,与上年持平;有暂住少数民族人口18502人,比上年增3071人,有少数民族成分44个,比上年多1个。1月,市委统战部(市民宗局)举办“共话民族情,同圆中国梦”2019年迎新春游园联欢会。2月,携手塘桥镇胡同社区举办“文明实践扬新风、民族团结庆元宵”活动。2月末,开展“民族团结一家亲、同心共建张家港——港城企业家为少数民族讲述创业故事”系列活动。3月,揭牌成立张家港市“民族团结进步·农联记忆”体验式宣传教育基地。3月18日,开展第六届“尝尝我的拉面”才艺比赛暨民盟张家港市委健康义诊活动。该活动成为新时代民族工作的创新之举和重点品牌。3月末,组织永钢集团6名运动员参加“江苏省少数民族传统体育项目运动会”,张家港市代表团获男女团体二等奖、男子个人二等奖、女子个人三等奖、优秀运动员奖和优秀教练员奖。6月,市民宗局开展民族宗教法规学习宣传月活动。7月,组织全市各民族同胞33人赴苏州吴中区光福镇新四军太湖游击队纪念馆开展“壮丽70年·奋进新时代——庆祝新中国成立70周年”红色主题教育活动。8月,开展“我们的家·民族团结如一家”征文比赛,共评出获奖作品56篇。9月,举办“壮丽70年·奋进新时代——祖国好”歌咏会。10月,举办市第二届新疆风味烧烤才艺大赛。塘市小学、永钢集团被评为首批苏州市民族团结进步创建示范基地。市民宗局为128名少数民族中考学生出具

8月27日,保税区(金港镇)举办首届统战人士、少数民族群众才艺展示赛
（市委统战部　提供）

民族成分证明，为3名少数民族学生进行更改民族成分审核，为100户少数民族困难家庭、特殊家庭等发放专项救助金10万元。

【宗教事务】 2019年年末，全市有宗教活动场所26处，其中佛教15处、道教1处、天主教3处、基督教7处，有宗教教职人员125人（备案82人），与上年持平。年初，市民宗局与全市25个宗教活动场所签订《消防安全和食品卫生责任书》，制定《关于印发宗教活动场所"防风险、保平安、迎大庆"消防安全执法检查专项行动工作方案》。3月1日，召开年度民族宗教工作领导小组成员单位（扩大）会议，与各区镇签订《2019年度民族宗教工作目标管理责任书》，制定下发《2019年度民族宗教工作考核细则》《区镇"民族宗教工作"扣分项目监测细则》。贯彻落实《关于进一步治理佛教道教商业化问题的若干意见》，开展全市大摸排，防范佛教商业化倾向。7月30日，市民宗局邀请江苏省民委副主任周伟文给市委中心组领导作专题讲座。8月，组织全市民族宗教界人士110余人开展"看港城巨变，颂祖国伟业"社会实践活动。9月30日，组织各民族宗教团体、宗教活动场所举办唱国歌、升国旗仪式。指导市佛教慈善协会开展少数民族困难学生金秋助学活动，走访慰问15名少数民族困难学生，发放慰问金1.5万元。引导宗教中国化健康发展，按照"四进"标准，全市24处宗教场所竖立国旗。依法治理基督教私设聚会点4处。指导市天主教爱国会完成换届工作。杨舍天主教堂顺利开堂，正式投用。金港基督教堂易地新建工程有序推进，塘桥基督教堂启动易地新建工程。

【台湾事务】 2019年，全市新批台资企业7家，新增注册资本403.27万美元。至年末，累计建办台资企业878家，注册台资31.93亿美元。全市有34批101人次因公赴台考察、交流和培训。1月，举办"两岸一家人，共筑中国梦"张家港台商新春联谊晚会。3月，邀请台湾扶伦社一行59名台胞到张家港市参观考察，通过与台湾文经交流协会联系，协助市农业农村工作局3批9人次赴台开展现代农业交流。3月，邀请原国民党中常委办公室主任、杭州玺富环保科技有限公司董事长汪国纶一行6人到张家港市访问考察。4月，为解决部分台企融资问题，协调中国农业银行张家港分行与市台协会签订不低于30亿元人民币授信支持额度的协议书。5月，反映两代台商在张家港创业的微电影《港湾》举行首发式。邀请省台办调研处原处长桑登平作"当前台岛局势及两岸关系"专题讲座。组织台胞台属联谊会20名台胞赴浙江丽水、缙云开展革命传统教育主题活动。召开全市台资企业安全生产工作推进会，与市应急管理局建立《张家港市台资企业安全生产服务合作机制》，开展"安全生产进台企主题月"服务活动，对10家重点台企开展隐患排查工作，发现安全隐患100余处，发出书面整改建议12份。6月，邀请台胞台湾资源回收推广协会秘书长邱碧云携家人回张家港探亲祭祖。7月，出台《市台办挂钩联系区镇和蹲点联系规模台企工作制度》。9月，台湾乡镇市民代表联合会（台湾社区发展协会联合总会）会长刘冠雄一行35人到张家港市永联村考察交流。与苏州市张家港生态环境局建立市台资企业环境保护服务合作机制，为台商台企协调解决矛盾纠纷8件。11月，组织台企在内的38家企业参加苏州市第18届电子博览会。

【侨务】 2019年年末，全市有归国华侨12人，海外华侨华人、侨眷、归国留学生1万余人，侨资企业300余家。侨界有市人大代表2人，张家港市政协委员12人。3月，集中开展"侨法宣传月"活动，编印《侨务法律法规汇编（2019版）》5000册向侨企和侨界人士发放。5月，组织侨资企业赴镇江、上海等地学习交流。7月8日至9日，举办"德国华人华侨科技工商协会博士团江苏行"活动，18名旅德博士携项目到市进行路演。5月，启动市侨情普查工作，7月完成。8月，组织侨资企业、侨界人士开展"追寻红色足迹，牢记初心使命"爱国主义教育。8月，美国《侨报》免费刊登张家港专版。9月，举办"月是故乡明——2019年张家港市侨界人士中秋联谊会"。11月，举办海外侨界高层次人才"相聚长三角"活动，60余位海外华侨华人高层次人才携带项目到市考察洽谈。省侨办副主任杜伟，苏州市委统战部副部长、苏州市侨办主任杨新以及张家港市委书记沈国芳等出席。主动与美国华人专家会、德国华人华侨科技工商协会、美中投资协会、澳大利亚江苏总商会张家港分会、上海统嘉集团、江苏大学绿色材料与冶金研究院、江苏科技大学等团体、企业的人才项目开展互访，成功引进"苏宁易购张家港分拨运营中心"。协调处理"华东国际创新中心"等11起侨界人士的纠纷，保持侨界的和谐稳定。每月编制《乡情乡音》和《张家港之窗》电子月刊。利用春节、中秋等传统佳节，走访困难、病弱、空巢、老年归侨侨眷、侨资企业家、重点侨界人士60余人次。

【无党派人士联谊会工作】 2019年年末，全市有无党派人士联谊会会员79人。具有高级职称的25人，具有硕士学位的18人。有苏州市人大代表1人，苏州市政协委员1人，张家港市人大代表3人，张家港市政协委员15人。2019年，在市"两会"上，提交《关于进一步加强扶持中小企业发展，优化我市产业结构的建议》等集体提案4件，提交《关于新建少年宫》等个人提案10件，提交《关于加强门诊挂号和门诊医生制度管理》等社情民意4件。撰写《关于抢抓长三角一体化机遇，加快农业一二三产业融合》调研报告。

【新的社会阶层人士联谊会工作】 2019年年末，新的社会阶层人士联谊会有会员85人。年内，建成"新的社会阶层人士统战工作基地"4个，香樟文化联盟被授予苏州市新的社会阶层人士统战工作示范点。制定《理事会议制度》《新会员入会制度》《积分管理制度（试行）》。举办灯谜讲座、"跃动青春，校企招聘会"、"布"

务正业扎染体验、民企外企联盟安全管理理念分享会等活动,举行庆祝中华人民共和国成立70周年暨市新联会成立一周年文艺会演。组织会员参加厦门大学理论与实践培训,赴重庆、西安等地专项调研新的社会阶层人士统战工作。筹划在香港、澳门两地举办"无边光景·张家港"摄影作品展,促进相互交流。3月28日,市海外联谊会第五届理事大会召开,有理事90人。

【欧美同学会成立】 9月10日,张家港市欧美同学会(张家港市留学人员联谊会)成立大会召开。成立大会前,张家港市欧美同学会(张家港市留学人员联谊会)一届一次理事会召开。会议审议通过《张家港市欧美同学会(张家港市留学人员联谊会)章程(草案)》《张家港市欧美同学会(张家港市留学人员联谊会)会长、副会长和常务理事选举办法》。大会选举产生市能华微电子科技发展有限公司总经理朱廷刚任欧美同学会会长。同学会有理事68人,其中常务理事9人。理事中有研究生学历的56人,占理事总数的82.4%。留学目的地涉及十多个国家和地区。 (姜 科)

机构编制管理

【概况】 年内,市委机构编制委员会办公室强化镇域综合执法权限,参照凤凰、塘桥经济发达镇做法,对杨舍、金港等6个镇制订相对集中行政处罚权方案,报省司法厅待审批,拟下放执法权限457项。全市加速推进经济发达镇改革,市委编办指导凤凰镇实现"江苏政务一张网"互联互通,开办"一窗融合"服务,加强"全能型"执法队伍建设;推动塘桥镇整合组建全新架构体制1室7局,梳理公布赋权事项747项,建成资源整合、实时调度、数据分析于一体的综合指挥系统,顺利通过经济发达镇改革试点评估验收。整合优化双山香山旅游度假区管理机构建设,编制"三定"方案,理顺机构职能,优化管理层级,提升管理效能。持续推进行政审批改革试点,公布首批集中事项市级81项、保税区107项。

【党政机构改革】 2019年,全市实施完成党政机构改革,精简党政机构配置,按照大县规格设置全市党政机构37个,精简比例为21.3%;减少部门领导职数50个,精简19.2%;精简压缩内设机构68个,压缩20.7%;清理额外机构30个,顺利转隶人员281人,消化调整领导干部59人。规范完善党组织机构设置和运行,在36个党政机构内部设立党建科,为机关党委、党总支配备专职副书记27名,全面加强机关内部党的组织建设、队伍建设。全面启动综合执法改革,市城管局加挂"市综合行政执法局"牌子,统一行使综合协调监督管理职能。完成各领域综合执法队伍改革,按照"一个领域一支队伍"的要求完成构建市场监管、文化、农业三支执法队伍。

【事业单位管理】 2019年,市委编办推进承担行政职能事业单位改革,根据省、苏州改革精神,实现12个承担行政职能事业单位行政职能由行政机构承担、执法职能由综合行政执法机构承担、公益服务职能由事业单位承担。探索建设事业单位信用体系,出台事业单位信用等级评价办法及细则,完成评价系统的试运行。优化编制配置确保只减不增。年内新设事业单位14个,仅从全市总量中调剂27个编制,从事业单位系统内部调剂98个编制,始终做到事业编制总量不超过2012年年末的全市基数。从严事业单位登记管理,实现事业单位年度报告备案全流程网上办理,公示事业单位法人465个,公示率100%,年内共办理事业单位设立登记1个,变更登记211个,注销登记8个,清理规范已冻结事业单位25个。

【市、镇两级绩效考核】 2019年,市绩效办将落实省、苏州高质量发展指标全面纳入市级机关、区镇绩效考核体系。科学分解目标责任,确定市主要指标目标53个,明确工作责任部门35家,分解至各区镇指标40个,同步确定市级机关职能工作目标760项,按照量化指标与定性指标相结合方式,逐一明确目标措施和推进责任人。动态监测工作进度,每月对市主要指标动态监控,每季对部门职能工作目标进行监测。优化绩效考核导向,统一全市奖励基数、奖励系数和职务系数,突出基层一线与重点领域。经考核,市交通运输局等8个部门、市应急管理局等20个部门、市老干部局等16个部门、市税务局等7个部门、消防大队等12个部门,分别获评2019年度突出贡献奖、综合贡献奖、优胜贡献奖、服务地方优胜奖、服务地方奖。 (马睿捷)

老干部工作

【概况】 2019年年末,全市有离休干部88人,比上年减18人。享受县处级以上待遇市级老领导61人。离休干部中,除易地安置张家港5人和部省属单位6人外,享受县处级待遇22人,享受乡科级待遇54人。按照"标准+示范"建设要求,全市60%左右离退休干部党支部实现"六有一提升"目标。2019年,市关心下一代工作委员会被评为全省老干部先进集体。

【老干部党建】 2019年,市委老干部局引导离退休干部党员学习贯彻习近平新时代中国特色社会主义思想和党的十九大精神,开展党的十九大精神、"两会"精神、"扫黑除恶"专题教育活动,实施"六有一提升"工程,4月,召开社区离退休干部党建工作推进会。市级机关各部门、各有关单位老干部工作负责人,社区党组织书记代表、离退休干部党支部书记代表80余人参加。5月,举办全市老干部党支部书记培训班,全市离退休干部党支部书记和部分市级机关老干部工作负责人共80余人参加。6月,在全市离退休干部党支部中开展"颂祖国、感党恩、当先锋"主题党日活动;在冶金工业园(锦丰镇)滨江社区离退休干部党支部开展"颂祖国、感党恩、当先锋"主题党日活动现场观摩会;组织市委老干部局支部党员、老干部兴趣团队党支部党员、共建社区离退休干部党员代表80余人参加“弘扬爱国奋斗精神，建功立业新时代——走基地、看变化、聚力量”主题宣传教育活动。8月，召开全市离退休干部党支部“六有一提升”专题部署会，出台《关于加强新时代离退休干部党组织建设的实施意见》《张家港市离退休干部党支部“六有一提升”达标创优实施细则》，在全市72个单独建立的离退休干部支部开展标准支部达标创建工作，年内完成达标任务43个。10月，组织5个老干部兴趣团队党支部成员共28人采取集中参观学习、重温入党誓词、爱国主义教育和上党课等形式，开展“不忘初心、牢记使命”主题教育。11月，对各区镇和部分市级机关单位开展调查，研究离退休干部党员与在职混合党支部具体情况，提出推进全市离退休干部党组织合理设置建议方案。

【老干部服务管理】 2019年，市委老干部局为全市离休干部和市级老领导订阅《银潮》《中国老年报》，免费赠阅《张家港日报》和《秋韵》内刊，发放学习材料，落实文件阅读、听报告、参加重要会议和重大活动制度。全年刊发老干部宣传信息200余篇，公众平台推送老干部理论学习体会文章145篇。坚持做好经常上门走访慰问，在春节、夏季高温、中秋节和重阳节，分片组走访慰问全市离休干部、市级老领导以及遗属；在获悉老干部生病住院等情况时，及时看望慰问，全年走访慰问1000余人次。1月，组织市级老领导40余人，列席张家港市政协十二届三次会议和张家港市第十四届人大三次会议；召开县处级以上离退休干部情况通报会，市委书记沈国芳通报2018年全市经济社会发展基本情况以及2019年工作设想，老干部50余人参加。5月，组织市级老领导35人赴浙江省进行保健疗养。8月，举行上半年度县处级以上离退休干部情况通报会，市委副书记、市长潘国强结合传达市委十一届八次全会精神，向老干部通报全市上半年度经济社会发展情况和下半年工作打算；组织全市市级老领导、离休干部进行健康体检，邀请上海专家开展健康咨询。国庆前夕，为全市离休干部颁发“庆祝中华人民共和国成立七十周年”纪念章并发放一次性慰问金。做好离休干部看病就医“三有一落实”工程，实现离休干部绿色就医通道畅通，完成离休干部家庭医生签约全覆盖，解决离休干部目录外医疗费报销事宜。开展“医师工作站”专家门诊服务，邀请市第一人民医院、市中医医院、市澳洋医院专科医师为市级老领导提供一对一健康咨询服务。3月、6月、9月、12月，先后组织市级老领导调研全市教育、卫生、住房和城乡建设、美丽乡村建设工作。4月、10月，先后组织市级老常委参观考察无锡市美丽乡村建设和生态文明建设。

【老干部活动】 年内，市委老干部局结合元旦、春节、元宵、五一、重阳等节日，开展“我们的节日”系列活动，组织老干部开展各类文体活动60余次，活动人数近3500人次。1月，组织召开老干部兴趣团队年终工作总结交流会，兴趣团队主要负责人15人参加会议。2月，举办“欢乐庆佳节”老干部闹元宵综艺活动，设置“叮叮好运来”“赏花灯猜灯谜”“团团圆圆套圈”“幸福投篮”“欢乐吹福球”5个游戏项目，市级机关36个单位280余名副镇（局）级以上离退休干部参加；组织老干部摄影学会赴香山开展“走进春天”采风活动。4月，组织50余名老干部代表参加苏州市委老干部局主办的“晚霞生辉——颂祖国、感党恩、当先锋”主题活动启动仪式暨苏州市老干部“回红色圣地，唱深情赞歌”百人团千人万步走活动；组织市老干部书画协会参加河阳书画艺术馆开业活动，并赠送《夕阳情怀》《追梦》等老干部书画作品集60余册，与韩山书画社、暨阳书画笔友会老年书画爱好者一起创作书画作品60余幅，并进行现场笔会交流；组织南片区老干部棋牌赛，杨舍镇、凤凰镇、塘桥镇30位老干部参加。5月，承办苏州市老干部桥牌友谊赛，苏州各市、区共9支老干部象棋队40余人参加；组织西片区老干部棋牌赛，金港镇、锦丰镇、大新镇30位老干部参加；组织摄影学会老干部赴苏州桃花坞摄影采风。6月，开展“手拉手践行法治，心连心共建和谐”老干部法治宣传活动，市老干部书画协会、艺术团、棋牌协会、球类协会、摄影学会老干部代表共30余人参加；参加苏州朗诵会，创元麻将赛、太仓太极拳交流赛。7月，开展“红色电影展播月”活动，每周播放一部红色电影。9月，组织老干部参加苏州书画影展、昆山门球赛；组织老干部兴趣团队党支部成员参加“不忘初心、牢记使命”主题教育动员会；组织老干部各兴趣团队举行“庆祝新中国成立70周年”棋牌、乒乓、桌球、麻将赛。10月，组织5个老干部兴趣团队党支部成员共28人采取集中参观学习、重温入党誓词、爱国主义教育

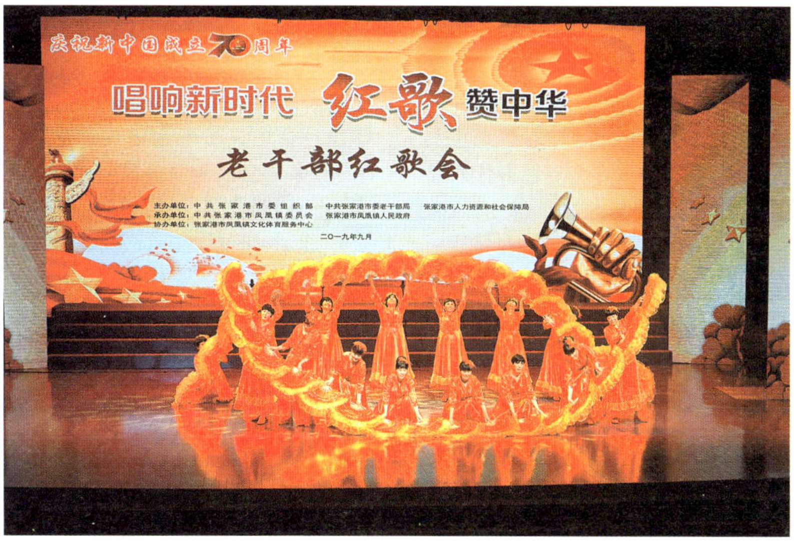

庆祝新中国成立70周年老干部红歌会 （市委老干部局 提供）

和上党课形式，开展“不忘初心、牢记使命”主题教育；与市人社局联合举办全市老干部棋牌比赛，26个单位部门130余位老干部参加；举办东片区老干部棋、牌赛，乐余镇、南丰镇、现代农业示范园区30位老干部参加；参加苏州80分赛。11月，组织老干部摄影学会成员赴镇江开展摄影采风；参加姑苏区掼蛋比赛；组织老干部艺术团赴太仓市沙溪镇开展主题教育活动。12月，组织举办“银龄心向党、筑梦新时代”迎新寄语志愿活动；与人社局联合举办全市老干部迎元旦棋牌总决赛，9个区镇15个单位部门65位老干部参加。年内，组织各兴趣团队与常熟、太仓、吴中区、市政协联谊会、市老年活动中心等开展对口交流。

【老干部发挥作用】 1月，市委老干部局组织市老干部书画协会开展“写春联、送祝福”活动，组织送春联小组40余个，走进全市各镇村、社区、医院、商场等，现场书写和赠送春联8000余对，参与老干部80余人次。4月，以“礼赞新中国，奋进新时代”为主题，庆祝新中国成立70周年，在全市离退休干部中开展“奋进新时代、光影颂祖国”摄影展，“奋进新时代、翰墨写华章”书画展，“我和我的祖国”主题征文活动以及“唱响新时代、红歌赞中华”红歌会，收到摄影作品250余幅，书画作品120余幅，征文80余篇。7月，联合庆丰社区开展“牢记红色历史、传承红色基因”爱国主义教育暨“童声唱响爱国心”老少同乐迎八一红歌会活动，市老干部兴趣团队老党员代表、庆丰社区老年人代表、市第二中学学生志愿者代表及暑期学生共60余人参加。9月，与市委组织部、市人力资源和社会保障局联合举办全市离退休干部“唱响新时代、红歌赞中华”红歌会，全市各区镇老干部代表们500余人参加。10月，组织市老干部艺术团和市委老干部局七彩阳光志愿队共30余人走进杨舍镇南新花苑社区，开展“同唱中国梦”主题公益文艺活动。年内，组建“银发生辉”老干部志愿服务队，组织“五个助力”志愿活动，开展“写春联、送祝福”“关爱环卫工人、传递志愿精神”“手拉手践行法治心连心共建和谐”“牢记红色历史传承红色基因”“向共和国同龄老兵致敬”“同创中国梦”基层巡演和“助力乡村振兴——送政策下基层”“送文艺、送温暖、送健康”等志愿活动20余次，参与人数350余人次。10月、12月，分别组织市级老领导代表参加市征求意见座谈会和政府工作报告征求意见座谈会。（施翠萍）

党　校

【概况】 2019年，中国共产党张家港市委员会党校（简称市委党校）提出“五个党校”办学理念，即红色党校、活力党校、人文党校、智慧党校、竞先党校。确定“三标兵一争创”目标任务，即将市委党校全面建设成为全省乃至全国县级党校系统“党性教育标兵、智库咨政标兵、城市精神与品牌弘扬研究标兵”，争创全国一流现代化党校。全年共举办市第五期行政文秘（复旦）培训班、市青年干部轮训班、张家港法治专题培训班、市村（社区）主任社区治理能力提升培训班、市新录用公务员暨事业单位定岗特选人才初任培训班、市事业单位新聘工作人员岗前培训班、市发展对象标准化培训班等各类培训班108期，培训轮训党员干部1.3万人。依托“红色讲坛”“百场万人理论巡回宣讲”“民生大讲堂”等平台，紧扣党员冬训、“不忘初心、牢记使命”主题教育、“两会”“七一”等重要时间节点，开展中共十九大精神、习近平新时代中国特色社会主义思想和中共十九届三中、四中全会精神等主题宣讲365场次，受众超过1.5万人。“微党校”公众号录制、发布“红色微讲坛”党课微视频15期，被评为“2019年度新媒体应用创新奖”；创设特色栏目“党课周周送，党史今日谈”，每周发布一期，发布38期；创设全新栏目“读红色诗词，忆峥嵘岁月”，发布12期，被命名为“苏州市社科创新一类项目”“张家港市理论宣教立项示范项目”。在《张家港日报》开设“红色微讲坛”专栏，围绕“纪念五四运动100周年”“张家港精神再弘扬”“港城发展升级版建设”等主题，刊发千字文11篇。坚持科研“高品质扩影响”，聚焦市委市政府重大决策部署、聚焦社会难点问题及典型案例、聚焦党校事业高质量发展开展专题研究、定向研究，全年完成苏州市党校系统、环太湖发展研究中心、市社科联等立项课题10个、协作课题7个，在《江南论坛》《江苏党校报》《江苏党校行政学院工作通讯》等社科刊物发表科研成果8篇。另有论文《增强张家港市芯片半导体产业高端人才集聚度的调研报告》获得苏州市第四届“社科应用研究精品工程”优秀成果奖，论文《七十年伟大光辉历程，看农村集体经济体制演变——以张家港永联村为样本》《创新配置土地资源 助力乡村振兴——乐余镇“三优三保”工作的调查研究》获得苏州市农经学会第九届学术成果一等奖。累计上报资政报告《市情研究参考》7期，其中获市领导批示1期。持续加强师资队伍和干部队伍建设，全年组织教师50余人次赴中央党校、江苏省委党校、南昌市委党校、济宁市委党校等地学习党的创新理论、开展党性教育；安排赴新疆巩留县参与柔性引才1人、赴市委宣传部挂职锻炼1人、参与苏州市委党校《再燃激情——苏州“三大法宝”读本》编写工作1人；1人参加苏州市党校系统“现场教学精品课程”比赛获得一等奖、1人获得三等奖。

【基层党校建设】 2019年，全市有基层党校12家，其中镇党校8家，常阴沙现代农业示范园区党校1家，沙钢集团、华昌集团及沙洲职业工学院党校各1家。年内，各基层党校以党的基本理论、方针政策、法律法规、经济社会发展等为培训内容，开展党员轮训、入党积极分子培训及各类专业技术培训。各基层党校通过集中辅导、讨论交流、专题报告会、党课教案和微型党课演讲竞赛、基层巡讲等多种方式，组织广大基层党员干部学习中共十九大精神和习近平新时代中国特色社会主义思想，把握中国特色社会主义的理论精髓、实践成就和发展要求。全年举办集中辅导300余场，巡讲、座谈交流1500余场，超过10万人次参加。以“奋进新时代、改革再出发”为主题，组织策划2019“理论氧吧”宣讲志愿者理论巡讲活动，以定点巡讲、菜单选讲、“理论+文艺”宣讲等形式，组织宣讲近百场。打造“追梦学堂”理论宣教阵地，开展“最”系列主题党日、“我是学习明星”、“学习强国”平台学习分享会、“IN青春·我想说”青年思想交流会、“圆桌思享会”等项目。自5月1日学堂开放至年末，共开展主题活动249场，参与10028人次。创新开展基层党员冬训活动，组织“奋进新时代、改革再出发”主题大讨论活动，征集理论文章299篇。加强理论宣讲骨干培训，11月举办“理论氧吧”宣讲骨干培训班，围绕中国党史、习近平新时代中国特色社会主义思想、社会主义核心价值观、张家港党史、张家港精神之路等重点主题教案，进行理论宣讲的专题辅导和集中备课。

【政德教育培训班举办】 6月10日至14日、6月24日至28日，张家港市党员干部政德教育培训班分两期在山东省济宁市委党校举行。此次培训班由市委党校牵头组织，市委党校的教职工及各区镇、部分市直机关的党员干部70余人参加培训。培训班为期5天，以专题授课、现场教学为主，邀请济宁市委党校副校长王峰、科研处处长刘克运、济宁学院儒学与地域文化传播研究中心副主任刘振佳、曲阜师范大学中华礼乐文明研究所所长宋立林、济宁干部政德教育学院院长李敬学等作《习近平总书记关于弘扬优秀传统文化系列讲话精神解读》《知行合一及其时代价值》《儒家思想精华与政德修养》《礼序乐和——传统礼乐文化》《为政之道，以德为先——习近平“政德观”的传统文化意蕴》专题讲座，并赴曾庙、武氏祠、孟庙孟府、孔庙孔府、孔子博物馆、孔子研究院等地开展现场教学，深入学习优秀传统文化和文明礼仪知识，提升道德修养。

【校园文化建设工程竣工】 1月，市委党校校园文化建设工程动工，投入资金650万元。校园文化建设工程总体框架为“一门、两路、三室、三卷”，即党校大门，党性之路、风采之路，党性教育实训室、情景模拟教室、红色经典阅览室，浮雕长卷、书画长卷、廉洁文化长卷。主要内容为：在党校大门外设置“人生出彩”和“忠诚、干净、担当”主题雕塑；在主干道两侧设置宣传橱窗，全面展示党校办学特色、成绩和风采；改造教学楼前围墙，设置反映中共党史、新中国发展史、张家港地方党史、张家港精神发展历程、张家港全国文明城市创建历程等主题的大型浮雕长卷；在教学楼底楼设置展馆，围绕“不忘初心、牢记使命”主题布展，并开辟学习研讨专用空间，形成党性实训室；在教学楼二楼新建集声、光、电等现代化信息技术于一体的情景模拟教室，为培训班进行“危机管理与媒体应对”课程学习、模拟召开新闻发布会等提供专业场所。此外，在室内室外配套设置中共十九大精神牌匾和毛泽东诗词墙，以及楼顶“高举中国特色社会主义伟大旗帜”大型宣传牌等，充分展现“党校姓党”的红色文化氛围，着力将市委党校打造成为坚强的“红色堡垒”和“红色阵地”。7月，校园文化建设工程竣工，先后有无锡滨湖区委党校、浙江慈溪市委党校、苏州姑苏区委党校等6家兄弟党校到校考察学习，并有张家港边检站、张家港移动公司等3家单位组织党员到校开展现场教学。

【党课红色情景剧编排】 11月8日，市委党校创新型党课红色情景剧《信仰》亮相全市新党员标准化培训班课堂。该剧以革命先烈的感人事迹为背景，以“信仰的力量”为主线，将《可爱的中国》《刑场上的婚礼》《绣红旗》三个故事串联起来，采用朗诵、情景表演、歌唱相结合的方式，带领广大党员“穿越时光隧道”回到那段激情燃烧的岁月，接受革命的洗礼，感悟信仰的力量。全剧长20分钟，由市委党校教职工历时两个月编排完成。至年末，红色情景剧《信仰》先后参加苏州市委党校、杨舍镇东莱街道庆祝新中国成立70周年文艺会演，受众超过1000人。12月30日，“学习强国”江苏学习平台以《江苏张家港：把情景剧搬上讲堂，让党课“活”起来》为题进行宣传报道。

【党校特聘首批智库专家、科研联系点研究员】 12月18日，市委党校举行党校智库专家、科研联系点特聘研究员聘请仪式。常务副校长马狄武向中国人民大学经济学博士、新华社智库特聘专家、河海大学区域经济研究中心原主任刘奇洪颁发聘书，聘请其为党校智库专家，并签订科研合作协议。同时，根据建立市委党校科研联系点工作机制的相关要求，从全市各区镇、部分机关单位遴选确定市委研究室、市发改委、永钢集团等10个点位作为首批科研联系点，每个点位聘请1名专家担任特聘研究员，与市委党校合作开展课题研究。常务副校长马狄武向首批10名特聘研究员颁发聘书，受聘研究员围绕课题协作问题作交流发言，刘奇洪作题为“如何做好决策咨询，推动党校智库高质量发展”的专题辅导。 （丁志宏）

史 志

【概况】 2019年，市委党史地方志办公室围绕史志修编、综合年鉴编纂、地情历史宣传等重点目标开展工作。持续开展“学党史、知地情、爱家乡”志愿服务，加强党史地情宣讲志愿服务队、镇村志编纂志愿服务队、区镇史志文化宣讲志愿服务队、革命斗争史宣讲志愿服务队、党史场馆讲解志愿服务队等5支特色志愿宣讲服务队建设，提供专业服务40余场。在梁丰生态园“森林书屋”开设地情书籍阅读角、微讲坛，扩大地方志、地情文化的受众面。持续督导各区镇做好红色遗址保护和场馆建设工作。5月，对青少年史志教育馆进行整修，完成场馆硬件修缮和展品补充。年内，市委史志办服务基层案例“红色加油站、乡愁储蓄所”入选全市新时代文明实践案例，并参与新时代文明实践中心追梦学堂建设以及综合展示馆改版，提供文案及图片资料，提供相关史志书籍200套。策划、组织与开展庆祝

森林书屋地情书籍阅读角　　（市委史志办　提供）

新中国成立70周年相关活动，在"张家港史志"微信平台上连载6期专题文章。为农业农村部经改司对全市乡村城镇化调研提供地情历史材料。为凤凰水蜜桃申报农产品地理标志提供地情历史资料说明，助推凤凰水蜜桃获评全市首个"国家地理标志农产品"。为《中国年鉴》《江苏年鉴》《苏州纪事》等书籍提供相关资料，上报苏州方志办论文18篇。6月，市政府对《张家港年鉴（2018）》编纂工作中做出突出贡献的集体和个人记功和通报表扬，给办公室记集体三等功，给予相关人员记功和通报表扬。7月，市委史志办作为江苏省唯一的大会发言单位在第四次全国地方志工作经验交流会上作经验介绍。年末，史志工作在苏州市党史系统综合考评中名列第一。

【党史工作】 市委史志办开展《岁月留声——改革开放新时期张家港口述资料集》全3册文稿的编辑、排版、配图、校对等工作，年末，进入出版程序。继续推进《中国共产党张家港历史（第三卷）》编纂工作。研讨完善纲目设置，制订编写工作进度表，明确编写分工，定期开展研讨。全书设4编，至年末，初稿基本完成。为全面展现张家港人民在大革命时期、抗日战争时期、解放战争时期的革命斗争史，市委史志办于年初启动《沙洲风云》党史专题片制作。该片分星火燎原、抗日烽火、迎来曙光3集，10月完成制作。6月，参与苏州市委党建办、苏州市委党校组织的《再燃激情——苏州"三大法宝"》主题教育读本编写，承担该书"张家港精神"相关章节内容编写并提供历史图片，8月完成编写，11月正式出版。

【地方志工作】 年内，《张家港市扶贫协作和对口支援志》编纂全面开展。先后与新疆、陕西、四川、重庆、江西、贵州等受援地联系采访征集资料，专题采访张家港市援藏领导，充实编纂内容。至年末，完成援藏援疆、东西协作帮扶陕西、南北挂钩帮扶宿豫、对口支援四川等地资料整理形成初稿。《江苏省援藏援疆志》张家港部分和苏州市援建志张家港部分内容上报省、苏州市地方志办。继续推进江苏名村志文化工程。至年末，《金村志》《柏林村志》书稿完成修改并上报省地方志办和出版社审稿，《善港村志》完成复审。全市累计启动张家港市名村志编纂62部，正式出版38部。年内，《南庄村志》《封庄村志》《东山村志》《德积村志》《农联村志》《柏林村志》《三角滩村志》《朝南村志》等20部村志出版。全市首部社区志《横河社区志》完成终审。持续推进镇村志、部门志工作。全市唯一一部自然实体志《双山志》完成初稿9编，约12万字。三轮镇志试点《冶金园（锦丰镇）志（1999—2019）》完成资料收集与部分初稿，《南丰镇志（2000—2017）》完成初稿及初审。11月，全市三轮修志推进会在南丰镇召开。首部涉改部门志《张家港市地方税务局志》1月正式出版发行。《张家港市统战志》完成终审进入出版程序，《张家港市政法志》《张家港市工会志》完成初稿修改。《张家港纪事（2019）》完成编纂。《张家港史志（2019）》完成编纂并作为会议材料在全市两会发放。

【《张家港年鉴》《永联年鉴》双双获奖】 4月18日至19日，江苏省年鉴编纂工作推进会暨业务培训班在海安举办。江苏省地方志办公室副主任、《江苏年鉴》主编牟国义，全省各市、县（市、区）地方史志部门相关负责人和年鉴编辑等170余人参加会议。会上，第五届江苏省优秀年鉴评选活动结果揭晓。《张家港年鉴（2017）》获综合优秀一等奖（最高奖），《永联年鉴（2017）》获"内容资料"类单项优秀奖。第五届江苏省优秀年鉴评选活动于2018年由江苏省地方志办公室组织评选，评选范围为2016年至2017年全省编纂出版的地方综合年鉴，奖项分地方综合年鉴综合优秀一等、二等、三等奖和单项优秀奖，旨在贯彻落实《江苏省实施〈地方志工作条例〉办法》和《江苏省贯彻〈全国地方志事业发展规划纲要（2015—2020年）〉实施方案》，发挥年鉴在服务发展大局和文化强省建设中的重要作用。年内，《张家港年鉴（2018）》同时获中国出版协会编校质量特等奖和中指组一等年鉴称号。《张家港年鉴（2019）》突出年度特色，在公共彩页设"庆祝新中国成立70周年、沙洲解放70周年"专题，围绕"港城经济、港城功能、港城生态、港城生活、港城治理"五大发展，反映全市在决战决胜高水平全面建成小康社会，奋力推动港城高质量发展过程中所取得的成绩。正文特载设党建"红堡"工程、乡村振兴篇章，媒体聚焦设《秦振华："张家港精神"的塑造者》等张家港精神报道专题，反映全市在改革发展过程中的热点重点。

【《永联年鉴》作为省唯一村级年鉴在全省作经验交流】 12月19日至20日，江苏省乡镇年鉴编纂工作座谈会在苏州召开、全省13个地级市及部分县级市地方志办公室负责人参加会议。会上，张家港市《永联年鉴》作为全省首部村级年鉴作交流发言。《永联年鉴》自2015年开始严格按照编纂规范要求逐年编纂，一年一鉴，已连续出版2016—2019卷4部。年鉴突出乡村治理、永联小镇、永钢集团等亮点特色，已成为宣传永联村、推介永联村、讲好永联发展故事的一个靓丽品牌，发挥着"鉴往知来"的作用，为村企领导科学决策提供重要依据。与会代表对《永联年鉴》予以充分肯定，认为《永联年鉴》内容翔实、体例规范。作为全省首部而且是唯一的村级年鉴，充分体现了张家港市奋力拼搏、争先率先创一流的精神风貌。

【《图说张家港》首发】 4月12日，《图说张家港》首发式在华芳金陵国际酒店举行。苏州市地方志办公室主任陈兴南、张家港市政府副市长王瑜，市委史志办、市文体广电和旅游局主要领导、分管领导和科室代表，张家港日报社、市农村商业银行、市烹饪协会负责人，全市星级酒店、品牌酒店、A级以上景区、星级旅行社负责人等参加活动。《图说张家港》于2018年年末由广陵书社正式出版。该书分为"张家港从这里走来""闪耀的崧泽文明之光""方言民俗，非遗传承""我们的家乡物产丰饶""美丽港城，宜居家园""名人名贤辈出""文明创建的领航者"等7个篇章，以图文并茂的形式简明扼要地普及了张家港市的建置区划、自然环境、资源特产、民俗非遗、文明创建等基本地情知识。该书向全市星级酒店、品牌酒店、A级以上景区、星级旅行社广泛发放赠阅，多途径推动地情文化与旅游文化产业的深度结合。张家港史志办积极推动文旅融合的做法受到广泛关注，活动信息被苏州市委办录用并刊载在苏州市人民政府网站上。6月，在市商务局主办的驻沪领事馆、国际商协会代表以及外企高管走进张家港活动中，《图说张家港》作为张家港地情介绍简本向外国友人发放。至年末，《图说张家港》共发行6000册。

【"红色加油站·乡愁储蓄所"入选全市新时代文明实践案例】 2月26日至28日，由市委宣传部、市文明办举办的市新时代文明实践站站长能力提升培训班在馨苑度假村举行。其间，张家港市委史志办服务基层案例"红色加油站·乡愁储蓄所"入选培训教材。近年，市委史志办通过深入基层调研走访，在全市实施以"传承历史文化，留住美丽乡愁"为目标，市、镇、村三级联动的党史地情馆建设，让人们"看得见山、望得见水、留得住乡愁"。在市级层面，依托市图书馆建成张家港市史志馆，拥有各类史志书籍5000余册，吸引市民群众现场查阅或借阅近1万人次，为爱好历史研究的市民搭建学习平台；依托市青少年教育实践基地建成市青少年史志教育馆，馆内设有张家港市情、党史、名人等内容，每年接待全市基础教育阶段学生2万余人次，为青少年了解家乡历史提供了重要场所。在镇级层面，依托各区镇文化中心等公共文化服务场所，设立市史志馆分馆，方便基层群众查阅历史资料。在村级层面，依托全市名村志编纂工作，实施"一村一志一馆"工程，指导有条件的村因地制宜，建设村史馆或村史长廊，至年末，全市建成永联村史馆、农联村史馆、常家村村史馆等20余个各具特色的村史馆，展示乡村的历史沿革、村容村貌、乡贤名人、风土民俗等，实现"欲知港城史，就在家门口"。

（史　志）

档　案

【概况】 2019年年末，全市有综合档案馆1个，馆藏档案527039卷、532891件，资料13330册；城建档案馆1个，馆藏档案117320卷；镇（村）级档案馆7个，馆藏档案277679卷、1079207件，底图档案7668张，资料2627册；政务公开信息查阅中心1个，保存91个单位的纸质政务公开信息37125件；图片中心1个，存贮图片390127张；音视频档案中心1个，存贮音视频档案20740件。全市有599个单位档案工作达到省星级规范标准，其中省五星级26个、省四星级8个、省三星级346个、省二星级169个、省一星级50个。全市有档案研究馆员1人、副研究馆员11人、馆员69人。

【档案宣传教育】 6月，市档案馆围绕"新中国的记忆"主题开展"6·9"国际档案日系列宣传活动，举办"奋进七十年，砥砺新时代——张家港影像记忆（1949—2019）"展览。市档案馆爱国主义教育展览馆承接"寻党员初心、看组织振兴，万民党员进基地"主题活动，年内共接待107个机关、社区、企业党支部3244名党员参观学习。依托爱国主义教育基地加强与共建学校的协作，常态化运行三色花开未成年人社会实践驿站，年内接待6批318名未成年人参观。2019年，市档案馆举办各类档案基础业务技能培训班11期，受训人员累计1373余人。"张家港档案"微信公众号全年发布微信41期，阅读人次13万人。年内，在国家级、省级档案刊物发表论文7篇。

【档案保管利用】 2019年，市档案馆接收承包地确权登记、涉改单位、复退军人等档案3675卷57021件。接收17家市级机关形成的政务公开信息纸质文件494件。收集张家港地情资料170册。整理进馆报纸杂志144册。按照档案保护"八防"要求，落实各项安保措施，开展消防演练1次，维修档案库房设施设备3次，确保档案实体安全。全年通过现场查阅、信函、电话、网上查档等多种服务方式，共为社会各界提供档案利用12573人次、30007卷（件）次，提供资料68册，查档窗口保持零投诉纪录。

【档案征集编研】 年内，名人档案新增郭建恩全宗。征集"张家港精神"档案资料172件。征集《陆氏世谱（古泾支）》《钦贤张氏宗谱》《杜园陈氏宗谱》等家谱族谱、史志、文化作品等51册。"百村万户"口述历史采集音频3904分钟，整理成文40余万字，获评江苏省"百村万户"口述历史档案采集工作二等奖。图片中心收集和整理市、镇机关形成的各类图片10183张，为社会各界提供图片档案服务3039张。征集、在线采集音视频档案2679件。编纂出版《张家港方言大观》《奋进七十年，砥砺新时代——张家港影像记忆（1949~2019）》《南丰影像》，获评2017—2019年度苏州市档案文化精品评选一等奖、二等奖、组织奖，编写《张家港大事记》12期。

【档案监督指导】 2019年，市档案馆加强全市档案安全监管，健全“双随机、一公开”检查机制，实地督查单位31家。抓好机构改革中的档案管理与处置，20家市级机关涉改单位档案移交进馆。推动全市档案管理规范化，年内新增档案工作省四星级档案室3个，档案工作首次纳入市级机关绩效考核内容。做好《机关档案管理规定》、企业档案管理等专题业务培训，编印《张家港市建设项目档案指导书》，全年累计参训1300余人次。规范巡察档案、农村集体资产交易文件材料归档工作，服务江苏华昌化工、华灿光电、圣达因等多家企业规范建档，市级重点建设项目档案备案46个。

【档案信息化建设】 2019年，“民生档案信息共享平台”查阅点新增保税区行政审批局等10个点，全市查阅点累计达到49个。9月，市档案馆参加长三角地区三省一市档案工作座谈会并就民生档案共享平台建设作经验交流。年内，启动张家港市电子档案管理平台项目建设，总投资111万元。全年累计投入资金33.38万元，增添及更换光盘库、UPS不间断电源蓄电池等硬件设备，强化档案数据安全管理。市电子文件中心累计上载电子文件150884件，其中完全公开90461件、局部公开11692件、不公开48691件，全年查询电子文件2477人次，累计98253人次。

【未成年人成长档案建档活动开展】 年内，“成长档案催开‘五色’繁花”入选苏州市未成年人思想道德建设工作一类创新案例。全年开展“五色档案伴你成长”新时代文明实践惠民活动20次，1518户未成年人完成建档，黄纪霖等22名同学获评“未成年人建档示范户”，陶依婷等38名同学获评“未成年人建档优秀户”。8月，江苏省家庭档案研究会青少年分会会长路晓红一行调研考察张家港市未成年人成长档案工作。“学习强国”平台及今日头条、人民网、新浪等全媒体平台报道张家港市未成年人建档经验。

【乡村振兴档案工作】 2019年，常家村、龙潭村、花园村档案工作通过省四星级测评。完成长江土地股份专业合作社等4家农民合作社规范建档工作。国家档案局确定张家港市为档案工作服务农村基层社会治理整体试点地区。“档案穿越时光记忆，时代见证乡村振兴”系列社科普及活动入选苏州市2019年度社科普及创新引导扶持项目，“基于乡村振兴战略背景下的档案工作新机制研究”列入2019年度张家港市社会科学研究课题。6月4日，苏州市乡村振兴档案工作推进会在张家港市召开。年内，市档案馆在全国村级档案工作服务乡村振兴经验交流会上作交流发言，在国家档案局档案工作服务农村基层社会治理试点推进会上作经验交流。（徐　婷）

保密工作

【概况】 2019年，市保密局全面推动保密工作标准化管理。开展基础能力建设，下发《全市涉改单位日常保密管理基本规范目录》，系统解读机关、单位日常保密管理工作的重点问题；严格规范涉改单位日常保密管理工作，全年共有37家机关单位完成调整。推进保密“三大管理”，按上级工作部署，对全市机关、单位定密事项情况进行统计上报；督促相关部门调整单位涉密人员，依托苏州市保密局教育平台，完成全市9名计算机管理人员的“三员”培训；深入开展保密工作自查自评，重点对全市35家重点涉密机关单位及其互联网门户网站开展检查督查工作，实现对市直重点涉密机关单位的全覆盖。年内，新增涉密计算机1台，完成“三合一”系统安装3次，确保涉密信息安全可控。持续深化保密服务保障，为市委、市政府召开的各类会议提供保密服务保障32次；组织全市12家军工单位开展涉密领域国产化替代工程工作，规范各单位的涉密专用信息设备采购管理工作。对上协调、对下指导，对全市4家企业申报保密资质提供帮助，1家企业取得保密资质证书。逐步落实涉密领域国产化替代工作。根据中央、省委关于涉密领域国产化替代工程部署要求，对全市16家单位的20台涉密计算机进行国产化替代统计，落实全市涉密计算机检查全覆盖，督促各单位及军工资质企业于2020年全部完成国产化替代工作。每月向全市各单位提供销毁服务。全年，共回收销毁各类文件资料114.9吨，电子类办公设备台式计算机1152台，笔记本计算机237台，硬盘607个，显示器1152台，打印机311台，复印机58台，一体机27台，服务器53台。

【涉改单位日常保密管理】 年内，市保密局为做好党政机构改革的保密工作，组织全市保密主官和相关涉密人员进行保密业务知识的学习教育。明确全市机关、单位日常保密管理的基本工作要求，利用各种形式进行保密知识的学习宣传。在政务网平台上开设保密教育专栏，向全市机关、单位工作人员宣传保密相关法律法规，向全市7000余名公务人员发送编办《保密之窗》简报共计6期，为全市相关单位订阅《保密工作》杂志580份。做好送教上门活动，先后到5家党政机关和1家军工企业进行7次保密教育专题授课，并发放《党政干部和涉密人员保密常识必知必读》600余本。组织全市公务人员和军工涉密企业参加国家保密局开展的“五法”普法知识竞赛。根据《张家港市市级2019年度督查检查考核工作计划》要求，对全市35家重点机关、单位和区镇的保密工作自查自评、保密台账、互联网计算机、涉密计算机进行现场检查，共检查互联网计算机270余台，涉密计算机21台，涉密文电近400份，通过保密检查完善全市机关单位的保密防护措施。对上级通报的失泄密典型案例，认真组织传达学习，对全市重点涉密单位进行保密提醒和教育。（王　健）

【编辑　黄宏庆】

张家港市人大

Zhangjiagang Municipal People's Congress

1月8日，市十四届人大三次会议开幕　（市人大办　提供）

人大会议　　执法检查

依法监督　　视察调查

审议与任免　　代表工作

張家港年鑑(2020)

人大会议

【市十四届人民代表大会第三次会议】 1月7日至10日召开。应到代表334人，8日上午第一次全体会议实到326人，9日下午第二次全体会议实到327人，10日下午第三次全体会议实到330人。会议听取和审议市人大常委会工作报告、市人民政府工作报告、市人民法院工作报告、市人民检察院工作报告，审议张家港市2018年国民经济和社会发展计划执行情况与2019年国民经济和社会发展计划草案的报告，审议张家港市2018年财政预算执行情况和2019年财政预算草案的报告。会议通过无记名投票的方式，选举产生市十四届人大常委会委员、市人民政府市长、市人民法院院长。王苏嘉、徐刚、徐卫明当选为市十四届人大常委会委员，潘国强当选为市人民政府市长，朱劼纯当选为市人民法院院长。会议以举手表决方式通过《关于政府工作报告的决议》《关于张家港市2018年国民经济和社会发展计划执行情况与2019年国民经济和社会发展计划的决议》《关于张家港市2018年财政预算执行情况和2019年财政预算的决议》《关于张家港市人民代表大会常务委员会工作报告的决议》《关于张家港市人民法院工作报告的决议》《关于张家港市人民检察院工作报告的决议》。收到代表建议、批评和意见205件，其中，城市建设管理方面54件，交通水利方面29件，教科文卫方面29件，民生保障方面27件，政法公安方面20件，三农方面12件，三产服务业方面8件，工业经济方面6件，生态环保方面5件，财政金融方面3件，其他方面12件。

【市十四届人大常委会会议】 年内，市十四届人大常委会召开常委会会议9次。

第十八次会议　1月28日召开。审议有关人事任免事项。审议市人大常委会2019年度工作要点和工作安排。

第十九次会议　3月13日召开。审议有关人事任免事项。审议《张家港市人大常委会2019年工作评议实施方案》。听取审议市政府关于2018年全市环境状况和环境保护目标完成情况的报告。

第二十次会议　4月16日召开。审议接受有关辞呈的决定。审议有关人事任免事项。审议《张家港市人大常委会关于高质量建设人大代表之家“一中心多站点”工作体系的实施意见》。

第二十一次会议　6月4日召开。审议有关人事任命事项。听取和审议市政府关于贯彻实施《江苏省物业管理条例》情况的报告。听取市住建局、市教育局、市工信局、市司法局工作情况报告，进行工作评议。

第二十二次会议　7月31日召开。审议有关人事任命事项。听取和审议市政府关于2018年度财政决算的报告。听取市政府关于2019年上半年财政预算执行情况的报告。听取和审议市政府关于2019年地方政府新增债券预算安排的报告。听取和审议市政府关于2018年度财政预算执行及其他财政收支的审计工作报告。听取和审议市政府关于贯彻实施《中华人民共和国人民调解法》情况的报告。听取和审议市政府关于贯彻实施《中华人民共和国中小企业促进法》情况的报告。听取和审议市政府关于贯彻实施《中华人民共和国义务教育法》情况的报告。审议市政府关于2019年上半年国民经济和社会发展计划执行情况的报告。

第二十三次会议　9月25日召开。审议接受有关辞呈的决定。审议有关人事任免事项。听取市住建局、市教育局、市工信局、市司法局整改情况报告，进行工作评议二次审议。

第二十四次会议　11月30日召开。审议有关人事任免事项。审议2019年度优秀代表建议和先进承办单位。作出关于召开市十四届人大四次会议的决定。听取和审议市政府关于代表议案办理情况的报告，开展专题询问。听取和审议市政府关于代表建议办结情况的报告。听取和审议市政府关于民生实事项目和“民生微实事”实施情况的报告。听取和审议市政府关于张家港市企业国有资产管理情况的报告。听取和审议市政府关于贯彻实施《中华人民共和国台湾同胞投资保护法》情况的报告。听取部分苏州市人大代表履职情况报告。

第二十五次会议　12月17日召开。听取和审议市政府关于2019年部分经济指标预期目标和财政预算调整的报告。听取和审议市政府关于2019年国民经济和社会发展计划执行情况与2020年国民经济和社会发展计划草案的报告。听取和审议市政府关于2019年财政预算执行情况和2020年财政预算草案的报告。听取部分苏州市人大代表履职情况报告。审议市人大常委会工作报告（草案）、市人民法院工作报告（草案）、市人民检察院工作报告（草案）。

第二十六次会议　12月27日召开。审议接受有关辞呈的决定。审议有关人事任免事项。补选苏州市人大代表。听取市十四届人大四次会议筹备工作情况汇报。审议市十四届人大四次会议的有关事项。审议市政府工作报告（草案）、市政府关于代表议案办理情况的报告。

【市十四届人大常委会主任会议】 年内，市十四届人大常委会召开主任会议11次。

第二十三次主任会议　1月11日召开。讨论市人大常委会2019年度工作要点和工作安排。听取市十四届人大三次会议代表建议、批评、意见情况的报告。研究和部署市十四届人大常委会第十八次会议准备工作。开展扫黑除恶专项斗争集体政治谈话。

第二十四次主任会议　2月26日召开。讨论《张家港市人大常委会2019年工作评议实施方案》。研究和部署市十四届人大常委会第十九次会议准备工作。部署全市重点工作（重点项目）督察督办工作。传达学习上级和张家港市相关会议精神。

第二十五次主任会议　4月18日召开。听取市政府关于全市宅基地利用和管理情况的报告。研究和部署市十四届人大常委会第二十一次会议准备工作。

第二十六次主任会议　5月10日召开。讨论市人大常委会2019年度重点督办建议。研究工作评议调查报告，讨论工作评议意见。

第二十七次主任会议　6月5日召开。听取市政府关于《沙洲小学易地新建、梁丰小学扩区的实施意见》和《张家港市实施房产产权与学位关联政策的意见》起草情况的报告。

第二十八次主任会议　6月26日召开。听取市政府关于2018年度财政决算的报告。听取市政府关于2018年度财政预算执行及其他财政收支的审计工作报告。研究和部署市十四届人大常委会第二十二次会议准备工作。传达学习栗战书委员长在江苏开展水污染防治法执法检查时的讲话精神。

第二十九次主任会议　8月1日召开。听取市政府关于市十四届人大三次会议代表建议办理情况的报告。听取市政府关于全市基层卫生队伍建设情况的报告。研究和部署市十四届人大常委会第二十三次会议准备工作。

第三十次主任会议　9月10日召开。研究和讨论工作评议整改调查报告。学习市“两办”关于进一步重申有关纪律的通知精神。

第三十一次主任会议　10月11日召开。听取市政府关于重大项目推进情况的报告。听取市人大常委会各工委室关于重点建议督办情况的报告。研究和部署市十四届人大常委会第二十四次会议准备工作。

第三十二次主任会议　11月9日召开。讨论2019年度优秀代表建议和先进承办单位名单。讨论确定2019年度优秀人大代表小组和优秀人大代表名单。部署人代会筹备工作。部署市人大机关贯彻落实新时代“三超一争”、聚焦聚力“三标杆一率先”相关工作。

第三十三次主任会议　12月11日召开。听取市政府关于2019年国民经济和社会发展计划执行情况与2020年国民经济和社会发展计划草案的报告。听取市政府关于2019年财政预算执行情况和预算调整及2020年财政预算草案的报告。讨论市人大常委会工作报告。讨论市十四届人大四次会议有关事项。研究和部署市十四届人大常委会第二十五次、二十六次会议准备工作。交流各工委室工作总结和2020年工作打算。

（何开元）

依法监督

【概况】　2019年年初，全市有市十四届人大代表334人。至年末，有江苏省十二届人大代表3人、苏州市十六届人大代表72人、张家港市十四届人大代表332人。市十四届人大三次会议后，市人大及其常委会围绕全市中心工作，紧扣经济高质量发展、增进民生福祉和民主法治建设等工作重点，对全市重点工作和重大项目、经济转型升级、生态环境整治和城乡建设管理等工作进行工作监督，综合运用执法检查、工作评议、视察调研、专题询问等方式方法，聚焦监督重点，统筹推进依法行政、公正司法、民主法治等工作。加强宣传工作，年内编发《张家港市人大常委会会报》2期、《张家港人大信息》8期，利用张家港人大网站、微信公众号以及各类新闻媒体，宣传人大及其常委会的重要活动、人大代表认真履行职责情况，在《人民与权力》、江苏人大网站、《苏州人大》等上级人大媒体发表信息稿件200余篇。

【环境保护工作监督】　3月，市十四届人大常委会第十九次主任会议听取市政府关于2018年全市环境状况和环境保护目标完成情况的报告。针对产业结构不够合理、环境质量有待进一步提升、环境信访调处难度较大和环保能力建设比较薄弱等问题，要求市政府及相关职能部门聚焦突出环境问题依法打好污染防治攻坚战，推动张家港市生态环境高质量发展走在前列；坚持创新驱动发展，加快发展智能制造，努力推动传统产业转型升级；严格建设项目环保准入门槛，从源头上控制“两高一资”（高耗能、高污染、资源性）和产能过剩行业新上项目，优化产业布局；加大政策和资金引导力度，积极推广和使用节能减排的新技术和新设备，加快生产工艺和设备的改进，推行清洁生产，发展循环经济，推动经济社会生态文明发展；发挥政府主导作用，以加快推进生态文明建设为契机，统筹部署生态文明建设各项目标任务，形成资源共享、责任共担的环保工作联动机制；强化督察考核奖惩，落实环保主体责任，推动环境保护“党政同责”和“一岗双责”的落实，督促各类企业、事业单位和社会组织落实环保主体责任；深化和落实生态环保领域改革，健全生态补偿政策，创新绿色发展制度保障；依法从严从重查处各类破坏生态和污染环境的违法行为；加大督办力度，积极开展经常性巡查和突击检查，加强对重点区域、重点企业的环境监管，严厉打击偷排、直排等严重环境违法行为，加大“铁腕治污”力度，对污染环境严重、治理达标无望的企业坚决予以关停；强化部门协调机制，加强联合执法，利用“两高”（中华人民共和国最高人民法院和最高人民检察院）司法解释，发挥司法执法联动作用，提升执法效能，形成震慑威力。

【宅基地利用和管理工作监督】　4月，市十四届人大常委会第二十五次主任会议听取市政府关于全市宅基地利用和管理情况的报告。针对宅基地管理工作中存在监管工作力度不够大、统筹协调不够到位、政策调整相对滞后等问题，要求市政府及其相关职能部门继续深化涉农部门机构改革，明确宅基地管理工作的相关职责，保障人员及经费，强化基层阵地建设，确保规范开展好相关监督管理工作；加强政策研究，学习先进地区改革经验，关注政策方向，根据上级政策及时完善张家港市宅基地管理相关制度，做好政策衔接，确保全市宅基地管理沿正确方向不断推进；进一步对全市宅基地的使用管理情况以村组为单位开展深入全面细致的调研，摸清底数，掌握实情，为下阶段推进农村宅基地改革打好基础；强化政策的宣传引导，利用各类宣传阵地，特别是利用好网络新媒体，开展宅基地管理法律法规政策常态化宣传；汇总、梳理好关于农村宅基地方面的各类历史遗留问题，本着既要依法依规符合政策，又要尊重历史符合实际的原则，分类研究，提出可行性的处理办法，妥善化解难点问题。

【财政运行监督】 6月，市十四届人大常委会第二十八次主任会议听取市政府关于2018年财政决算情况的报告和2018年度财政预算执行及其他财政收支审计情况的报告。7月，市人大常委会第二十二次会议听取和审议2018年度财政决算的报告，听取关于2019年上半年财政预算执行情况的报告，听取和审议2018年度财政预算执行及其他财政收支情况的审计工作报告。针对财政收支矛盾依然突出、预算编制不够科学、财政管理长效机制有待完善等问题，要求市政府及相关职能部门要以高质量发展为目标，全面贯彻落实中央减税降费政策，深入推进“放管服”改革，优化营商环境，降低企业运行成本；培育经济发展新动能，支持重大产业项目建设，夯实财源基础，积极培育新财源，确保财政收入的稳定性和可持续性；加强对经济形势的研判，准确把握宏观经济形势对全市经济发展及财政收入的影响，提高财政收入预算的准确性；进一步有效配置公共财政资源，优化财政支出结构，确保中央重大方针政策和市委决策部署落实，更好地保障全市重点基础设施和重大产业项目顺利推进；全方位、全过程、全覆盖地实施预算绩效管理，着力提高财政资源配置效率和使用效益；提高国有资产经营收益，加大国有资本经营预算与一般公共预算的统筹力度，提升国资国企运行质量；加快推进财政预算联网监督，建立实施市政府向市人大常委会报告国有资产管理情况制度；持续深化审计制度改革，进一步健全审计整改机制，全面深化整改落实，真正实现以审计整改实效推进工作水平的全面提高。

【重大教育事项监督】 6月，市十四届人大常委会第二十七次主任会议听取市政府《关于沙洲小学易地新建、梁丰小学扩区的实施意见》《张家港市实施房产产权与学位关联政策的意见》起草情况的报告。会议要求市政府及相关职能部门要高度重视，积极回应群众关切，制定出台的政策既要结合张家港市教育事业发展实际，又要注重与苏州的相关政策有效衔接，确保政府重大行政决策依法依规推进；提前思考好政策实施过程中可能遇到的相关问题，并制定好科学的应对预案，保证相关政策平稳有序实施；相互协调配合，完善联动机制，理顺管理体制，落实好两个学校新建、扩建的管理职责，履行好政策实施的组织协调、指导督察等职责，把这件惠及群众的好事做实、实事做好，真正让广大群众受益；根据工作实际，畅通信息发布渠道，全方位、多层次、多形式地加强对新政策的宣传解读，积极营造良好舆论环境，积极争取广大群众的理解与支持，把政策的“最后一公里”真正联通到人民群众心里，切实发挥政府重大决策的实施效果。

【基层卫生队伍建设工作监督】 8月，市十四届人大常委会第二十九次主任会议听取市政府关于全市基层卫生队伍建设情况的报告。针对基层卫技人员总量不足、医疗技术水平偏低、结构不合理，全科医生队伍建设有待进一步提质增量，基层卫技人才“引不进、留不住”等问题，要求市政府及相关职能部门要立足市情实际，进一步优化基层卫技人员的聘用培养、管理培训、薪酬待遇等政策措施；加强组织领导，形成政府负责、部门协作、区镇共建、合力推进的工作机制，加大督促检查力度，确保基层卫生队伍建设的各项政策措施真正落到实处；结合基层实际，细化人才引进优惠政策，灵活调整基层卫技人才招录数量和准入条件，加大全科医生等人才的引进、培育力度；深入实施定向资助培养基层卫技人才相关政策，加快本土化、专业化卫技人才培养，进一步缓解基层卫生人才短缺的现状；完善绩效评价机制，加大优秀基层卫生人才的奖励力度，落实好基层人才在职称评定、岗位聘用、晋级进修、岗位津贴等方面的倾斜政策；健全业务培训体系，完善全科医师规范化培训和转岗培训制度，加强上级医院与基层医疗卫生机构之间的人才合作交流、对口支援帮扶，提高基层医疗卫生服务质量，建立完善市、镇、村分级诊疗和双向转诊制度；合理配置全市基层卫生人力资源，研究完善医联体内人才流动机制，逐步改善卫技人员年龄、学历、职称等结构，保障全市基层医疗卫生事业可持续发展。

【代表建议和议案办理工作监督】 8月，市十四届人大常委会第十六次主任会议，听取市政府关于市十四届人大三次会议代表建议办理情况的报告。针对办理成效还有进一步提升空间、解释性办理答复偏多、办理效果与代表的期望值还有差距等问题，要求市政府及各承办单位要不断提升建议办理工作的规范化、精细化水平，确保代表建议“件件有着落，事事有回音”；进一步强化责任意识，发挥工作主观能动性，形成合力，共解难题，提高办理效率；在落实好以往各项办理工作制度的基础上，积极构建代表建议办理的新机制，以解决问题为导向，努力把办理工作“往深处想、往实里做”，进一步建立和完善“职责明确、督办有序、审核严格、答复规范、跟踪反馈”的建议办理工作格局。11月，市十四届人大常委会第二十四次会议听取和审议市政府代表议案办理情况的报告，开展专题询问。针对农村生活污水治理工程部分设施需要进一步维护保养，城乡雨污水管网错接、乱接、漏接等问题依然存在，部分企业生活污水排放未得到有效管制，少数河道水质尚不稳定，涉河违建拆除进度较慢等问题，要求市政府及其相关职能部门深化“河长制”改革，发挥河长牵头抓总作用，持之以恒加强水污染防治；强化部门联合执法，建立健全监测预警体系，打通各部门水质信息互通渠道，推动水环境治理智能化、精准化；加快全市排水规划修编，完善污水管网布局体系，推进污水厂提标扩容，加快实施污水厂扩建工程；实施农村生活污水治理扩面工程，推进企业生活污水规范接管，推进小区雨污分流改造，突出城中村、老城区等重点区域，试点推进“污水零直排区”建设；聚焦工业、农业、生活、水运等污染源头，切实从源头上杜绝环境污染问题发生；推进养殖业绿色发展，以健康养殖示范创建为抓手，加快池塘标准化改造和养殖环境综合整治，推广畜禽生态循环养殖模式，推进美丽生态牧场创建，满足群众对美好生态环境的需求。

【重大项目工作监督】 10月，市十四届人大常委会第三十一次主任会议听取市政府关于重大项目推进情况的报告。针对项目质态有待进一步提升、推进力度有待进一步加强、要素制约有待进一步化解、部门服务有待进一步优化等问题，要求市政府及相关职能部门从战略和全局高度聚焦聚力，继续把招商引资工作作为头等大事，全力突破龙头型、基地型、高科技、高产出的大项目，紧盯先进制造业、战略性新兴产业和未来发展重点，超前谋划、提前布局；对条件成熟的项目，强势推进项目的前期工作，形成在建一批、推进一批、谋划一批、储备一批的良性循环；创新招商方式，注重现有企业内部挖潜，鼓励全市现有优质企业，抢抓长三角区域一体化战略机遇，全力招引优质项目、人才和平台等资源，进行技术升级改造、增资扩产，促进产业链延伸和补强，增强产业核心竞争力；深入推进“放管服”改革，加强“不见面”审批规范化、标准化建设，全力构建新型政商关系，破解要素障碍，统筹安排政策、土地、资金、环保等各类要素资源，优先向优质企业倾斜，优先保障带动性更好、效应更高的好项目；利用好重大项目在线服务管理平台，建立重点建设项目月通报制度，及时通报项目实施进展情况，建立难点问题交办制度，落实难点工作的责任单位、任务和时间要求；强化跟踪督查，围绕项目落地、建设、达产，进一步发挥绩效考核的导向作用，持续提升工作执行力和落实力，形成齐心协力抓重大项目的良好局面。

【企业国有资产工作监督】 11月，市十四届人大常委会第二十四次会议听取和审议市企业国有资产管理情况的报告。针对国有企业法人治理结构还不健全、现代企业制度建设还不完善、国有企业实力还不强、国有资产监管制度体系还不够健全等问题，要求市政府及其相关职能部门要建立健全现代企业制度，完善法人治理结构，建立系统科学的管理标准、制度体系和运行机制，实现国资监管由管企业为主向管资本为主转变；理顺产权关系，进一步摸清企业家底，加强对投资、产权、财务、考核分配等重点环节监督管理，做好负债规模和风险管控；努力提高国有资本配置效率和经营效益，为全市经济社会发展提供有力支撑；依法履行出资人职责，突出以管资本为主加强国有资产监管，强化法治化手段，规范资本运作，提高资本回报和运行效率；增强国有资本运营风险防范意识，通过预算管理、成本控制、财务预警等方式，不断提升有效管控运营风险的能力，防范和杜绝国有资产重大损失；创新监管方式，充分运用信息化手段，强化事前事中事后监管，提升监管效能；认真贯彻落实《市委关于建立市政府向市人大常委会报告国有资产管理情况制度的实施意见》的要求，主动向人大报告，自觉接受人大监督，确保国有资产的安全完整和保值增值。

【政府工作评议】 年内，市人大常委会组织对市住建局、市教育局、市工信局、市司法局4个部门进行工作评议，深入推进依法行政。评议组深入区镇、村（社区）和企业，通过召开座谈会、明察暗访、查阅资料、民主测评、开展问卷调查等形式，从依法行政、贯彻市委决策部署、落实人大及其常委会决议决定和办理代表议案建议、维护民生、行政效能和廉政建设等方面，广泛听取人大代表、基层群众和服务对象的意见。在市十四届人大常委会第二十一次会议上，组成人员对4个部门工作形成客观公正的评议意见。被评议各部门按照评议意见，制定整改措施，抓好整改落实。在市十四届人大常委会第二十三次会议上，组织工作评议二次审议，对整改落实情况进行满意度测评，将被评议部门整改落实情况作为评议的着力点，推动被评议部门依法行政、优化服务、提高效能。

（何开元）

审议与任免

【审议工作】 2019年，市人大常委会听取和审议“一府一委两院”专项工作报告40项，作出《关于批准张家港市2018年度财政决算的决议》《关于批准2019年部分经济指标预期目标和财政预算调整的决议》《关于批准张家港市2019年地方政府新增债券预算安排的决议》等决议决定32项。先后听取和审议市政府关于2018年度财政决算的报告、关于2018年全市环境状况和环境保护目标完成情况的报告、关于代表议案办理情况的报告、关于民生实事项目和“民生微实事”实施情况的报告、关于张家港市企业国有资产管理情况的报告、《关于沙洲小学易地新建、梁丰小学扩区的实施意见》和《张家港市实施房产产权与学位关联政策的意见》起草情况的报告等。

【人事任免】 全市坚持党管干部和人大依法任免相统一的原则，进一步规范人事任免程序，促使被任命干部强化人大意识、法治意识和责任意识，增强人大人事任免的规范性和严肃性。全年市人大常委会依法任免国家机关工作人员89人次，其中包括市人大、市政府工作人员40人次，市监察委员会工作人员6人次，市人民法院、人民检察院工作人员43人次。补选苏州市人大代表1人。接受辞去张家港市第十四届人民代表大会常务委员会委员职务4人，接受辞去张家港市人大代表职务5人。接受辞去张家港市副市长职务1人。

（何开元）

2019年张家港市人大常委会任免"一府一委两院"及人大机关人员情况表

表2

时间	会议	任免情况
1月28日	市十四届人大常委会第十八次会议	任命刘东兴为市政府办公室主任，任命袁政国为市发展和改革委员会主任，任命陶彦斌为工业和信息化局局长，任命蒋新峰为市住房和城乡建设局局长，任命陆晓平为市城市管理局局长，任命严栋兴为市水务局局长，任命徐江为市农业农村局局长，任命孙建忠为市文体广电和旅游局局长，任命王卫国为市卫生健康委员会主任，任命李军强为市退役军人事务局局长，任命陈国庆为市应急管理局局长，任命丁峰为市医疗保障局局长，任命沙立平为市环保局局长；免去刘东兴市发展和改革委员会主任职务，免去陈卫兵市政府办公室主任职务，免去陶彦斌市经济和信息化委员会主任职务，免去蒋新峰市规划局局长职务，免去彭炜市住房和城乡建设局局长职务，免去徐向前市城市管理局局长职务，免去严栋兴市水利局局长职务，免去徐江市农业委员会主任职务，免去孙建忠市文化广电新闻出版局局长职务，免去王卫国市卫生和计划生育委员会主任职务，免去陈国庆市安监局局长职务，免去严亚明市环保局局长职务，免去张莉莎市体育局局长职务，免去蔡彩虹市旅游局局长职务，免去赵志刚市民族宗教事务局局长职务，免去张璇市物价局局长职务，免去龙凤清市粮食局局长职务，免去许进志市民防局局长职务，免去顾海斌市人民法院副院长、审判委员会委员、审判员职务
3月13日	市十四届人大常委会第十九次会议	接受李兆玮辞去市人民政府副市长职务的请求，并报张家港市十四届人民代表大会第四次会议备案；任命王瑜为市人民政府副市长，任命袁勋为市审计局局长；免去张耀明市审计局局长职务，免去盛红坚市人民检察院检察员职务
4月16日	市十四届人大常委会第二十次会议	接受孙朝枫辞去张家港市第十四届人民代表大会常务委员会委员职务的请求，并报张家港市第十四届人民代表大会第四次会议备案，接受张耀清辞去张家港市第十四届人民代表大会常务委员会委员职务的请求，并报张家港市第十四届人民代表大会第四次会议备案；任命张成兵为市人大常委会办公室副主任，任命巫刚为市统计局局长，任命张婷为市监察委员会委员，任命蒋晓为市人民法院锦丰人民法庭庭长，任命朱伟为市人民法院经济技术开发区人民法庭庭长，任命吴丹为市人民法院乐余人民法庭庭长，任命沈坚为市人民法院审判委员会委员、刑事审判庭庭长，任命季新宏为市人民法院审判委员会委员、民事审判第一庭庭长，任命钱璐为市人民法院刑事审判庭副庭长，任命卞干国为市人民法院锦丰人民法庭副庭长，任命朱二广为市人民法院知识产权审判庭（道路交通事故审判庭）副庭长，任命俞铁城为市人民法院审判委员会委员、立案庭（诉讼服务中心）庭长，任命黄海燕为市人民法院审判委员会委员、清算与破产审判庭（执行裁判庭）庭长，任命唐勇为市人民法院民事审判第二庭（金融审判庭）副庭长，任命陈振振为市人民法院凤凰人民法庭副庭长，任命许跃市为人民法院金港人民法庭副庭长，任命洪春为市人民法院立案庭（诉讼服务中心）副庭长，任命肖建峰为市人民法院民事审判第二庭（金融审判庭）副庭长，任命施沈东为市人民法院民事审判第二庭（金融审判庭）副庭长，任命石松林为市人民法院知识产权审判庭（道路交通事故审判庭）庭长，任命袁斌为市人民法院知识产权审判庭（道路交通事故审判庭）副庭长，任命季建华为市人民法院清算与破产审判庭（执行裁判庭）副庭长，任命陈晓红为市人民法院清算与破产审判庭（执行裁判庭）副庭长，任命赵晖为市人民法院少年及家事审判庭庭长，任命黄彩霞为市人民法院少年及家事审判庭副庭长，任命黄薇为市人民法院少年及家事审判庭副庭长；免去孙朝枫市人大常委会办公室副主任、研究室副主任，市人大法制委员会委员职务，免去罗晓骏市统计局局长职务，免去张成兵市监察委员会委员职务，免去蒋晓市人民法院民事审判第一庭庭长职务，免去朱伟市人民法院民事审判第二庭庭长职务，免去吴丹市人民法院乐余人民法庭副庭长职务，免去沈坚市人民法院金港人民法庭副庭长职务，免去季新宏市人民法院民事审判第一庭副庭长职务，免去俞铁城市人民法院经济技术开发区人民法庭庭长职务，免去黄海燕市人民法院刑事审判庭副庭长职务，免去唐勇市人民法院刑事审判庭副庭长职务，免去陈振振市人民法院金港人民法庭副庭长职务，免去许跃市人民法院塘桥人民法庭副庭长职务，免去洪春市人民法院立案庭副庭长职务，免去肖建峰市人民法院民事审判第二庭副庭长职务，免去施沈东市人民法院民事审判第二庭副庭长职务，免去石松林市人民法院民事审判第三庭庭长职务，免去袁斌市人民法院民事审判第三庭副庭长职务，免去季建华市人民法院民事审判第四庭（执行裁决庭）副庭长职务，免去陈晓红市人民法院民事审判第四庭（执行裁决庭）副庭长职务，免去赵晖市人民法院少年和家事综合审判庭庭长职务，免去黄彩霞市人民法院少年和家事综合审判庭副庭长职务，免去黄薇市人民法院少年和家事综合审判庭副庭长职务，免去刘安市人民法院立案庭庭长职务，免去朱琴娟市人民法院审判委员会委员、民事审判第四庭（执行裁决庭）庭长职务，免去邵红市人民法院凤凰人民法庭庭长职务，免去李军市人民法院锦丰人民法庭副庭长职务

续表2

时　间	会　议	任　免　情　况
6月4日	市十四届人大常委会第二十一次会议	任命温献民为张家港保税区监察工作委员会主任，任命夏琼为张家港保税区监察工作委员会副主任，任命吴卫中为张家港经济技术开发区监察工作委员会主任
7月31日	市十四届人大常委会第二十二次会议	任命金炯为张家港经济技术开发区监察工作委员会副主任，任命马建新为张家港市人民检察院副检察长
9月25日	市十四届人大常委会第二十三次会议	接受袁雪祥辞去张家港市第十四届人民代表大会常务委员会委员职务的请求，并报张家港市第十四届人民代表大会第四次会议备案；任命仇玉山为市人民政府副市长，任命赵瑜为市科学技术局局长，任命韩广强、王友艳、寇建坤、杨雪松等为市人民检察院检察委员会委员；免去黄祥亮市科学技术局局长职务
11月30日	市十四届人大常委会第二十四次会议	任命蓬元为市人大常委会人事代表联络工作委员会副主任，任命张毅为市人力资源和社会保障局局长，任命邵继东为市信访局局长，任命卞干国为市人民法院金港人民法庭副庭长职务；免去袁寨平市人大常委会人事代表联络工作委员会副主任职务，免去刘俭市人力资源和社会保障局局长职务，免去张毅市信访局局长职务，免去卞干国市人民法院锦丰人民法庭副庭长职务，免去徐笑非市人民法院审判监督庭庭长职务，免去倪礼祥市人民法院刑事审判庭副庭长职务，免去徐辉市人民法院行政审判庭副庭长职务，免去唐奇英市人民法院金港人民法庭副庭长职务，免去邓月市人民法院审判员职务，免去戴伟强、戴越市人民检察院检察员职务
12月27日	市十四届人大常委会第二十六次会议	接受许京海辞去张家港市第十四届人民代表大会常务委员会委员职务的请求，并报张家港市第十四届人民代表大会第四次会议备案；接受张玮辞去张家港市监察委员会主任职务的请求，报张家港市第十四届人民代表大会第四次会议备案；接受陈卫兵辞去张家港市第十四届人民代表大会代表职务的请求，接受张耀清辞去张家港市第十四届人民代表大会代表职务的请求，接受侯虎珍辞去张家港市第十四届人民代表大会代表职务的请求，接受孙朝枫辞去张家港市第十四届人民代表大会代表职务的请求，接受邹毅辞去张家港市第十四届人民代表大会代表职务的请求；任命陈卫兵市人民政府副市长；免去许京海市人大常委会城建环保工作委员会主任职务，免去杨红市人民检察院检察员职务

执法检查

【概况】 年内，市人大常委会自觉维护宪法和法律权威，推进严格执法、公正司法、全民守法，维护公平正义，促进社会和谐。根据全国、省以及苏州市人大常委会统一部署安排，组织开展《中华人民共和国水污染防治法》执法检查，并先后组织对《中华人民共和国义务教育法》《中华人民共和国人民调解法》《中华人民共和国中小企业促进法》《中华人民共和国台湾同胞投资保护法》4部法律和《江苏省物业管理条例》《苏州市节约用水条例》2部法规贯彻实施情况进行检查。针对检查中发现的问题，要求市政府及相关职能部门加大法律法规宣传，落实责任，提升管理服务能力和水平。

【水污染防治法执法检查】 5月至6月，市人大常委会组织开展《中华人民共和国水污染防治法》执法检查。针对污水收集处理和雨污分流存在短板、水污染防治保障机制有待完善、执法监管力度尚需加大等问题，要求市政府及相关职能部门深入实施水污染防治行动计划，加强统筹协调，细化部门职责，形成齐抓共管的工作机制；加大对《中华人民共和国水污染防治法》的宣传，强化企业防治污染主体责任，建立健全环境信息公开制度，公开曝光环保违法违规典型案例，震慑环境违法行为；严格建设项目环保准入门槛，切实从源头上控制高耗能、高污染和资源性项目以及产能过剩行业新上项目，实行污染物排放总量和排放标准双重控制制度；深化新一轮镇村生活污水接纳排查，督促工业企业加快生活污水管网建设，合力推进生活污水纳管、区域工业污水集中处理和排污口归并工作；扎实开展农村河道综合整治，构建完善水循环体系，落实长效管护机制；加强水运污染治理，强化船舶污染监管，增加专项检查和现场巡航频次；抓好畜禽养殖污染治理、农药化肥减量使用等工作，持续降低农业面源污染；依法严惩超标排污、偷排偷放、监测数据弄虚作假等违法行为，对群众反映强烈的环境质量突出问题，采取挂牌督办、约谈、处罚等综合手段，加大督办力度，确保按时整治到位。

【义务教育法贯彻实施情况检查】 3月，市人大常委会就全市贯彻实施《中华人民共和国义务教育法》情况进行执法检查。针对贯彻实施中教育资源配置仍不够均衡、教育质量还存在一定差距、师资力量有待进一步加强、教育综合管理水平还需进一步提升等问题，要求市政府及相关职能部门要统筹布局、超前规划，加快推进新建、改造、筹建教育项目，推进学校标准化、规范化建设，全面改善城乡办学条件，有效扩充学位资源；进一步加大财政保障力度，健全教育投入稳定增长机制，逐步缩小城乡、公办民办学校之间在软、硬件上的差距，推动义务教育由基本均衡向优质均衡迈进；加大品牌教育资源的引进力度，重视现有优质民办学校的建设发展，加大新市民子女学校的扶持指导，切实提升全市整体办学层次；完善新任教师定期补充机制，实施高层次教育人才引进和当地人才培养并举，吸引更多优秀专业人才进入教师队伍，切实解决教师结构失衡和部分学科教师缺员等问题；进一步增强教师教学能力，提升校长管理能力，依法保障教师权益，提高教师尤其是农村一线教师的各类待遇，充分调动教师和教育管理队伍的主动性和创造性；充分发挥名师的引领、辐射和示范作用，选派优秀教师到农村学校、薄弱学校支教，支持学校建设和发展，帮助更多骨干青年教师加快成长。

【省物业管理条例贯彻实施情况检查】 4月，市人大常委会就全市贯彻实施《江苏省物业管理条例》情况进行执法检查。针对贯彻实施条例中存在的责任机制落实尚不到位、部门管理合力有待增强、物业费收缴难比较普遍、维修资金动用程序复杂、物管企业整体服务水平有待提升等问题，要求市政府及其职能部门要加强组织领导，强化责任落实，进一步推进综合执法进小区，切实破解小区内违法装修、违规搭建、经营扰民等老大难问题，要全面推进信用管理，将物业服务企业日常经营行为及业主缴纳物业费情况纳入社会诚信体系，建立失信惩戒制度；加强综合治理，共建和谐物管，增强业主法治意识，切实解决业委会不作为、乱作为的问题；深入研究如何从体制、机制上破解拆迁安置小区物业费收费难问题，采取扎实有效措施，着力解决拆迁安置小区管理矛盾；加大考核考评力度，强化物业管理市场的准入退出机制和奖惩激励机制，实行优胜劣汰，促进物业市场规范有序；积极开展培训教育，不断提高调解和处理物管矛盾的能力；深化完善专项维修资金使用管理方面的政策，充分发挥专项维修资金的应有作用，切实推动老旧住宅区加装电梯、封闭管理、新旧物业交接难等突出问题的解决。

【人民调解法贯彻实施情况检查】 5月，市人大常委会就全市贯彻实施《中华人民共和国人民调解法》情况进行执法检查。针对贯彻实施中少数部门对调解工作重视不够、调解员队伍建设需要进一步加强、人民调解预防纠纷的作用发挥不够充分、依法调解与精准普法的融合度不够紧密等问题，要求市政府及相关职能部门要建立更高标准的人民调解工作制度，强化信息共享和部门联动，引导社会力量共同参与，有机整合各类资源，构建齐抓共管的大调解工作格局；加强管理培训和素质教育，探索人民调解员等级评定管理，培养和发掘一批“金牌”调解员，充分发挥品牌效应，吸引更多的专业人才充实队伍；充分利用信息化手段、大数据平台，加强对重大事项的风险评估和分析研判，最大限度地把矛盾和问题预防在发生之前、化解在萌芽状态、处置在初始阶段；创新调优工作方式，坚持运用法治思维和因案施策相结合，加强司法确认及普法宣传在调解工作中的应用，把能否有效预防及化解矛盾作为重要评价标准，不断提高人民调解工作的能力和水平。

【中小企业促进法贯彻实施情况检查】 6月，市人大常委会就全市贯彻实施《中华人民共和国中小企业促进法》情况进行执法检查。针对贯彻实施中营商环境仍需优化、沟通协调机制还需健全、企业研发创新动力仍显不足、“融资难”等问题，要求市政府及相关职能部门继续加大对《中华人民共和国中小企业促进法》的学习宣传力度，贯彻落实好支持中小企业发展的各项政策措施；聚焦解决中小企业发展中的“痛点、难点、堵点”，在规划用地、财政激励、市场开拓、创新创业、人才培养、融资服务等方面进一步制定完善政策措施，支持中小企业又好又快发展；引导企业抓好体制、科技、管理创新，建立现代企业制度，规范管理行为，引进先进经营理念和管理方式，增强企业发展活力；加快中小企业信息化进程，积极推动智能制造向广大中小企业延伸覆盖，加速中小企业与“互联网+”的融合，助推企业实现高质量发展；积极拓宽中小企业融资渠道，发挥政府性融资担保作用，缓解中小企业“融资难”问题；按照中小企业促进法要求，建立专门渠道，听取中小企业对政府相关管理工作的意见和建议，及时查处侵犯中小企业合法权益的行为。

【台湾同胞投资保护法贯彻实施情况检查】 10月，市人大常委会就全市贯彻实施《中华人民共和国台湾同胞投资保护法》情况进行执法检查。针对贯彻实施中存在相关法律法规宣传教育不够全面深入、对台服务工作机制有待进一步完善、一些台资企业运行发展还面临不少挑战等问题，要求市政府及相关职能部门加大《中华人民共和国台湾同胞投资保护法》等法律法规及各项惠台政策的宣传力度，着力营造领导重视、部门关心、群众支持、依法保护台胞合法权益的良好氛围；落实责任，长效管理，进一步发挥台湾同胞投资权益保障协调委员会的职能作用，形成做好台商权益保障工作的强大合力；积极发挥台资企业协会及台属联谊会的资源优势、信息优势和桥梁纽带作用，不断深化张家港和台湾两地经贸交流与合作；落实好国家、省、市在促进两岸经济文化交流合作方面的政策措施，研究制定符合全市实际的具体措施，全力引导、支持市台资企业转型升级、做大做强，切实增强台商发展信心；根据市产业发展方向，加大对台招商引资力度，引进优质企业、先进技术和管理模式，助推全市经济高质量发展；要坚持执法与支持相结合，进一步改进工作作风，强化服务意识，对台资企业反映的共性问题，加强政策引导和解释工作，为台湾同胞和台资企业提供更加优质、规范、便捷的服务，推动全市台湾同胞投资权益保护工作取得更大实效。

【苏州市节约用水条例贯彻实施情况检查】 11月，市人大常委会就全市贯彻实施《苏州市节约用水条例》情况进行执法检查。针对执法检查过程中发现的全社会节水意识有待增强、节水水平有待提高、职能部门的联合监管契合不够紧密等问题，要求市政府及相关职能部门要学深学透习近平新时代生态文明思想，进一步增强节约水资源、保护水环境的使命感和责任感，不折不扣落实好条例各项要求，把节水工作作为贯彻落实党的十九届四中全会精神，推进全市生态文明建设、助推全市高质量发展走在前列的有力抓手；落实部门及区镇节约用水监管责任，逐级明确节水任务，层层压实节水措施；严格依法治水，用好节水工作行政、经济、科技、市场“新手段”，加强对节约用水的指导、检查、监督；注重宣传引导，促进节水教育“常态化”。（何开元）

视察调查

【概况】 年内，市人大常委会就防汛排涝工作、文体旅产业发展情况、全市企业上市工作、残疾人保障工作、政府投资工程代建工作等进行调查和视察57次，撰写《关于全市宅基地利用和管理情况的调研报告》《关于全市基层卫生队伍建设情况的调研报告》《关于全市重大项目建设情况的调研报告》等调研报告38篇。其中《市人大常委会一季度督查督办2019年度重点工作和重点项目情况的报告》获市委主要领导批示。紧扣发展主题，围绕“农旅融合”“智能工业”“特色社区”等课题，深入实地调研，形成《关于区镇生活垃圾分类及处置工作情况的调研报告》《关于完善乡村公共法律服务的实践与探索》《探索农旅融合新路子，打造乡村振兴新样板》等主题鲜明、内容丰富的调研报告20余篇。各代表专业小组充分发挥专业优势，围绕全市畜禽养殖工作等课题，深入开展调查研究，形成高质量调研成果《关于我市企业上市工作的调研报告》《关于我市既有多层住宅加装电梯的调研报告》《关于全市畜禽养殖工作的调研报告》《系好法治绳，稳住压舱石——张家港市多措并举筑牢和谐劳动关系的思考》《关于全市民办新市民子女学校建设情况的调研报告》5篇，为党委政府决策提供重要参考。此外，配合全国、省人大代表对全市乡村振兴、退役军人安置等开展调研视察。

【多元化教育投入体系建设情况调研】 4月22日，市人大常委会召开座谈会，听取全市多元化教育投入体系建设情况汇报。针对教育投入分配不够平衡、教育经费多渠道筹集的体制不健全、社会资本参与教育服务供给的积极性不高等现状，调研组强调市政府及相关职能部门要进一步深化教育体制改革，创新教育投入机制，在强化公共财政投入的前提下，加快推动教育投入主体和经费来源的多元化、立体化；履行教育投入的主体责任，在财政资金投入上优先保障教育并适时提高拨款标准，确保财政一般公共预算教育支出逐年只增不减、生均一般公共预算教育支出逐年只增不减，使教育经费保障水平同优先发展教育事业战略地位相匹配；进一步优化教育经费使用结构，推动教育经费向薄弱环节和关键领域精准投放，促进城乡各级各类教育协调、公平、高质量发展；完善教育投入的激励机制，研究出台鼓励社会资本进入教育领域、支持民办教育健康发展、推动教育合作共建项目的相关政策，从适度放宽办学准入条件、简化审批程序、优先土地供给、强化财政扶持、加强师资建设、规范自主办学等方面提出具体、可操作性强的措施，充分调动社会资本办学助学的积极性，切实激活民间资本助力教育供给的丰富形态；扩大教育开放，加强教育交流合作，创新政府与院校、行业、企业、科研机构、社会组织等各类主体合作办学的模式，积极引进国内外优质高端教育资源。

【防汛排涝工作视察】 5月29日，市人大常委会对全市防汛排涝工作进行视察。视察组实地察看了大新镇新建防汛仓库、护严河河道整治及排涝闸站工程、长江干流江苏段崩岸应急治理工程、横河里雨污分流改造工程等，并听取相关情况汇报。视察组对全市防汛排涝工作给予充分肯定，认为市政府和水务局等相关职能部门组织有力、措施扎实、纪律严明、成效明显，为全市安全度汛打下坚实基础。针对全市防汛排涝方面存在的问题和薄弱环节，视察组要求市政府及相关职能部门要强化忧患意识、担当意识、职责意识，全力做好防汛排涝各项工作，确保安全度汛；坚持问题导向，狠抓措施落实，加强协调配合，切实提高全市综合应急能力，确保人民群众生命财产安全；进一步夯实应急基础，完善防汛抢险应急预案，强化应急管理信息化建设，加强防汛应急宣传教育，着力补短板、织底网、强能力，构建全方位、立体化的应急管理组织体系。

【文体旅产业发展工作视察】 7月2日，市人大常委会专题组织视察文体旅产业发展情况，实地察看了幸运金属、黄泗浦遗址、金陵体育、永联江南田园风情小镇，并听取全市文体旅产业发展工作情况。针对文体旅产业规模小少弱现状没有得到缓解、融合的新业态不多、对外营销的能力不强等问题，视察组要求市政府及相关职能部门要转变观念，加强部门协作，完善相关政策，形成文体旅产业发展工作的有效机制和强大合力；摸清底数，科学规划，全力推进文化与旅游融合，全力推进体育与文化旅游融合，全力推进文化、体育、旅游与农业、生态、商贸等融合，全力挖掘港城文化内涵，切实将港城的资源优势转化为产品优势、将产品优势聚集为产业优势；完善基础设施建设，提升队伍建设，提高管理服务水平，全面提升全市文体旅产业发展水平，满足广大群众多层次的消费需求。

【“两院”工作情况视察】 7月30日，市人大常委会视察“两院”（市人民法院、人民检察院）半年度工作情况。视察组实地察看了市人民检察院“知行”党建馆及走廊文化、市人民法院立案大厅执行接待室及执行指挥中心以及网拍中心，在听取“两院”工作情况汇报后，充分肯定“两院”所做工作，要求“两院”要准确把握新时代新方位，把“抓落实”作为最鲜明的工作导向，进一步营造实干氛围，努力在服务发展上落实新要求，在公正司法上展现新作为；进一步深化司法改革，完善体制机制，强化队伍建设，以更大的决心、更好的状态、更实的作风、更强的干劲，为坚定不移推动"港城发展升级版"建设提供坚强法治保障和精准法律服务。

【企业上市工作调研】 8月8日，市人大常委会对全市企业上市工作开展调研，调研组实地察看了张家港广大特材股份有限公司、苏州龙杰特种纤维股份有限公司等企业，听取市金融工作服务中心以及相关企业负责人所作的情况汇报。调研组指出，市政府及相关职能部门围绕实现"港城高质量发展走在前列"的目标，在政策、资金等方面整合资源、集中发力，鼓励和推动企业登陆多层次资本市场，努力争创"张家港板块"新优势，在推动全市实体经济发展、企业转型升级、提增资本活力等方面取得了一定成效。就做好下阶段的工作，调研组要求市政府及相关职能部门要进一步精准施策，提升企业上市工作服务的效率效果，加大对全市科创企业的培育和扶持力度，积极帮助破解企业在上市过程中遇到的难题，激发企业上市内生动力；进一步引导企业主动作为、抢抓机遇，强化企业资本发展的战略意识，推动企业做优做强，最大限度地为全市企业上市创造良好环境，为全市打造"港城发展升级版"作出应有的贡献。

【残疾人保障工作视察】 9月17日，市人大常委会就全市残疾人保障工作情况组织专题视察。视察组现场察看了全市残疾人就业、康复等点位，并听取有关汇报。就如何进一步做好全市残疾人保障工作工作，视察组要求，市政府和相关职能部门要不断完善体制和机制，加大资金投入，强化工作措施，有效解决残疾人生活保障面临的突出问题，努力促进全市残疾人保障工作实现高质量发展；对照残疾人保障工作中职责分工找差距、想办法，尤其是对已出台的各项扶残助残优惠政策，要认真研究、组织实施，确保各项政策落实到位；注重发挥志愿者、社会助残机构的作用，努力形成扶残助残的社会合力；全面提高全市残疾人保障工作的法治化水平，努力构建全覆盖、保基本、多层次、可持续的残疾人社会保障体系；着力加强残疾人特殊教育教师队伍建设，大力发展残疾人职业教育，不断拓宽残疾人职业教育和就业培训的渠道；进一步加大经费保障，不断提高残疾人生活质量和丰富残疾人文化生活，让残疾人保障这一"民心工程"真正成为群众满意的"暖心工程"。

【政府投资代建工程视察】 10月10日，市人大常委会对政府投资工程代建工作进行专题视察。视察组实地察看了悦丰幼儿园、云盘小学地下停车场、赵庄小学等政府投资工程代建项目建设情况，并听取工作报告。针对交通管理中存在的问题及薄弱环节，视察组要求市政府及相关职能部门坚持"提高站位"，解决好思想认识问题，积极回应群众的关切与期待，加大提升整治力度，集中力量解决影响全市城市道路交通安全畅通的突出问题；坚持"发展理念"，解决好规划引领问题，在深入调研基础上，坚持科学化、高标准，突出民主决策，提高设计品位，科学合理规划交通布局，确保道路交通与城市建设同步协调发展；坚持"问题导向"，解决好管理实效问题，多想办法和措施，在"智慧交通""提升改造""重点对象"等三个方面狠抓不放，着力提升人民群众出行满意度；坚持"凝聚共识"，解决好提升合力问题，坚持政府主导，明确部门职责，加大宣传力度，加强队伍建设，努力为全市经济社会发展创造良好道路交通环境。

【民生实事项目视察】 11月19日，市人大常委会就2019年民生实事和民生微实事项目实施情况组织专题视察。视察组实地察看了张家港高级中学地下停车场建设、老旧小区二次供水改造、凤凰镇桃源社区河道增设生态浮床项目、易地新建凤凰镇人民医院、新建城南文体中心、建设社会心理服务中心等6个民生实事和微实事项目，并听取相关情况汇报。视察组强调市政府及相关职能部门要坚持目标导向、问题导向、惠民导向，全力以赴拼抢工程进度，确保顺利完成各项任务；注重项目绩效，把握好质量与进度、建设与管理的关系，充分发挥民生实事项目的最大效用；狠抓质量安全，强化过程监管，实行督察奖罚，高质量高效率推进项目建设，确保民生工程经得起时间和群众的检验；重视后续管理，制定完善民生实事项目后续运行、维护和管理等方面的配套机制，确保项目尽早投用、发挥效应；按照新时代"三超一争"、聚焦聚力"三标杆一率先"的要求，瞄准群众需求，及早谋划2020年实事项目；合理简化"民生微实事"办理流程，大力推广成功案例和先进经验，推动项目提速提效，更广泛地惠及群众；积极做好"民生项目票选"探索实践工作，不断推进全市民生实事项目决策实施的民主化、科学化、法制化。 （何开元）

代表工作

【概况】 年内，市人大常委会制定印发《关于高质量建设人大代表之家"一中心多站点"工作体系的实施意见》《关于人大代表联络工作站的有关运行要求》等文件，着力打造有效覆盖基层群众、有效支撑代表履职的"一中心多站点"工作体系，全市建成代表履职中心8家，代表联络站42个。全年接待选民3000余人次，帮助解决问题1300余件。年内，市人大常委会围绕"打造五个升级版、人大代表在行动"开展代表主题活动，组织苏州市人大代表小组开展活动9次，督促指导各镇人大常态化、规范化开展市镇两级代表小组活动96次，邀请各级人大代表40余人次列席常委会会议，3批30余人次旁听案件庭审，20余人次参与政府制度制定、民生工作听证等工作。根据基层推荐，研究确定2个优秀代表小组和15名优秀人大代表，通过树典型、立标杆，给代表履职增热情、添动力。

【"一中心多站点"建设】 年内，市人大常委会全面推进人大代表之家"一中心多站点"工作体系建设。"一中心多站点"是指每个镇（区、机关）建设一个“代表履职中心”、多个“代表联络站”,形成统分结合、各有侧重的工作体系,保障和促进人大代表在闭会期间经常化、制度化、规范化履职,推动人大代表联系群众从“有形覆盖”向“有效覆盖”转变。4月,市人大常委会根据市委《关于加强和规范镇人大工作的意见》,出台《张家港市人大常委会关于高质量建设人大代表之家“一中心多站点”工作体系的实施意见》,进一步提升、加强和规范代表之家运行,努力建成有效覆盖基层群众、有效支撑代表履职的工作体系。9月,市人大常委会召开全市代表工作推进会,实地考察“一中心多站点”建设,对各镇在建设及运行方面进行指导。10月,市人大常委会印发《关于人大代表联络站的有关运行要求》。至年底,全市“一中心多站点”总体框架布局已形成,共有8个代表履职中心、42个代表联络站已建成并投入使用,初步实现有效“全覆盖”。

【选民接待】 年内,市人大常委会依托人大代表之家“一中心多站点”工作体系,创新开展代表轮值接待选民活动,深入开展“主任接待日”暨常委会组成人员联系代表和选民活动,接待市、镇两级人大代表及选民150余人次,收集意见建议130余条,并全部提交政府有关部门研究处理。此外,根据上级人大常委会统一部署,组织全市五级人大代表联动开展“统一接待选民日”活动,75名人大代表参加,接待选民140余人次,收集意见建议70余条。同时,组织苏州市人大代表向原选举单位述职10人次,督促指导各镇人大开展代表接待选民、代表向选民述职活动120余场,260余名市镇两级代表向选民述职,进一步夯实代表联系选民的基础。

【重点建议督办】 年内,市人大常委会进一步规范“常委会分管领导牵头、各工委(室)和代表专业小组负责、主任会议督办”机制,坚持突出重点督办、对口联系督办和分类跟踪督办相结合,“以点带面”促进提升代表建议办理工作整体水平。确定《关于在高铁新城建设大背景下深入推进黄泗浦生态园、东渡苑、鹿苑老街“三位一体”旅游发展的建议》《关于加强田间农药废弃包装物治理的建议》《关于加强市民心理健康教育和指导的建议》《关于加强老年保健品市场监管的建议》《关于弘扬工匠精神,做优做强制造业,推动港城高质量发展的建议》《关于加强餐厨垃圾源头整治的建议》《关于加强网络信息安全保障的建议》《关于按需普法,扎实做好法治宣传工作的建议》8件关乎民生、质量较高、涉及面广的重点督办建议,分别由市人大常委会领导牵头督办,召开主任会议专题听取审议督办情况,并邀请提出建议的代表和承办单位参会,面对面沟通,听取意见和建议。同时,对其他所有代表建议的办理和办结情况进行专项督察,206件(含闭会期间1件)代表建议全部在规定时间内完成见面、答复和办结,代表满意和基本满意率100%。此外,市人大常委会会议审议通过15件优秀代表建议和12家先进承办单位,积极引导代表提出更高质量的建议,激励承办单位进一步提高建议办理成效。 (何开元)

2019年张家港市优秀代表建议一览表

表3

建议号	建议人	建 议 事 项	承办单位
1	张耀清	关于在实施乡村振兴战略中须加强农村建筑垃圾监管的建议	市城管局
10	王红娟	关于加强餐厨垃圾源头整治的建议	市城管局
46	严 勇	关于加强房地产市场监管的建议	市住建局
50	庞天舒	关于进一步加强住宅小区物业管理的建议	市住建局
83	许京海	关于进一步加快推进城区老住宅区雨污分流改造的建议	市水务局
105	黄秀娟	关于加强食品安全督查管理的建议	市市场监管局
110	杨利民	关于加强社会养老的建议	市民政局
117	周耀德	关于对校外培训机构要“堵”“疏”并重的建议	市教育局
125	徐 刚	关于弘扬工匠精神,做优做强制造业,推动港城高质量发展的建议	市人社局
127	钱 耿	关于加强市民心理健康教育和指导的建议	市卫生健康委
150	杨 红	关于加强田间农药废弃包装物治理的建议	市供销总社
158	严 勇	关于加强网络信息安全保障的建议	市网信办
168	钱 益	关于高铁新城建设的大背景下,深入推进黄泗浦生态园、东渡苑、鹿苑老街“三位一体”旅游发展的建议	塘桥镇
171	蒋 锋	关于加强老年保健品市场监管的建议	市市场监管局
183	乙小娟	关于按需普法,扎实做好法治宣传工作的建议	市司法局

【编辑 宋佳辰】

张家港市政府

Zhangjiagang Municipal People's Government

1月，市应急管理局挂牌成立　（市应急管理局　提供）

張家港年鑑(2020)

重要会议

【概况】 2019年，市政府召开常务会议24次，召开全市性会议62次，其中市委、市政府联合召开27次。会议主题涉及重大项目建设、民营经济发展、科技、金融、环保、安全、城市管理、农村社区治理等方面。市政府党组召开全体扩大会议6次，专题学习会议5次，收听收看上级电视电话会议23次。

【市政府常务会议】 1月19日，市十四届政府第21次常务会议召开，审议《关于落实安全生产领域改革发展的实施意见》《张家港市党政领导干部安全生产责任制规定实施办法》《张家港市深入推进〈居住证暂行条例〉的实施意见》《2018年第四批市领军人才计划资助建议方案》；听取关于全市“331”整治火灾隐患专项行动阶段工作情况汇报（2018年5月9日—2019年1月17日），关于“大棚房”问题清理整治情况的汇报，关于非洲猪瘟防控工作情况的汇报。

1月28日，市十四届政府第22次常务会议召开，审议《张家港市低碳控制方案》《关于推进张家港市低碳发展建设绿色港城的实施意见》《张家港市创新型县（市）建设方案》《张家港市科技企业贷款风险补偿资金实施细则》《张家港市“智汇港城”重大创新创业团队引进培育计划实施办法》《张家港市保障性住房购房补贴发放规定》。

2月21日，市十四届政府第23次常务会议召开，审议《张家港市人民政府2018年法治政府建设情况报告》《张家港市工业企业资源集约利用资源要素差别化配置政策实施意见》《2019年度政府信息化重点项目建设计划》《张家港市关于改革完善全科医生培养与使用激励机制的实施意见》。

3月9日，市十四届政府第24次常务会议召开，审议《张家港市民生微实事项目实施办法》《张家港市濒危非物质文化遗产代表性项目保护办法》《2019年度经营性用地出让计划》，听取关于全市“三治”工作治隐患方面阶段工作情况汇报（2018年5月9日—2019年3月8日）、关于近期市信访工作情况的汇报、关于当前经济运行情况分析、关于全市政策性粮食库存大清查相关工作情况汇报。

3月30日，市十四届政府第25次常务会议召开，听取全市安全生产工作和化工企业“四个一批”工作情况的汇报、关于中央环保督察交办问题整改落实情况及下一步工作打算的汇报、关于市扫黑除恶专项斗争工作情况的汇报、关于贯彻落实上级长江环境整治有关指示精神的汇报，审议《张家港市镇域相对集中行政处罚权工作方案》《张家港市镇域相对集中行政处罚权工作管理规定》《张家港市安全生产大检查大整治工作方案》。

4月12日，市十四届政府第26次常务会议召开，专题研究扫黑除恶工作。会议传达学习苏州十二届市委第91次常委会会议精神，听取关于全市扫黑除恶专项斗争推进情况的汇报。

4月12日，市十四届政府第27次常务会议召开，专题研究安全生产工作。会议传达学习苏州十二届市委第92次常委会会议精神，听取关于全市安全生产大检查大整治工作推进情况的汇报。

4月26日，市十四届政府第28次常务会议召开，听取关于进一步加大工作力度推动全市安全生产大排查大整治的汇报、2018年法治政府建设考核情况和2019年重点工作安排、一季度全市经济运行情况及下一阶段重点工作建议的汇报，审议《关于推进十二项“三年行动计划”2019年重点工作的意见（政府部分）》《2019年市政府规范性文件制定工作计划》《张家港市政府投资项目代建管理办法（试行）》《张家港市政府投资项目代建单位名录库管理办法（试行）》《张家港市河湖违法圈圩和违法建设专项整治行动实施计划》。

5月11日，市十四届政府第29次常务会议召开，审议《张家港市配合中央扫黑除恶督导工作实施办法》《张家港市氢能产业发展规划》《关于提高工业用地容积率的意见（试行）》《关于2019年第一批市领军人才计划资助建议方案》，听取市退役军人工作情况汇报、市重点行业扫黑除恶工作督导汇报、关于调整“三优三保”有关政策和2019年度复垦任务的汇报。

5月20日，市十四届政府第30次常务会议召开，审议《〈2018—2020年张家港市突出环境问题清单〉整改工作方案》，听取关于1至4月全市经济运行情况和下一阶段重点工作建议的汇报。

5月27日，市十四届政府第31次常务会议召开，专题审议《张家港市高质量发展产业扶持政策意见》。

6月17日，市政府常务会议召开 （市政府办 提供）

6月1日，市十四届政府第32次常务会议召开，审议《张家港市化工产业安全环保整治提升实施方案》《张家港市小型工程和零星作业安全生产管理办法》《张家港市实施房产产权与学位关联政策的意见》《关于沙洲小学易地新建、梁丰小学扩区的实施意见》。

6月17日，市十四届政府第33次常务会议召开，审议《张家港市沿江经济带转型发展三年行动计划（2019—2021）》《张家港市港口码头等物流企业资源集约利用综合评价实施细则（试行）》《关于加强工业企业淘汰落后促进产业转型升级的意见》《关于全面推进城乡社区治理现代化的实施意见》。

7月6日，市十四届政府第34次常务会议召开，审议《张家港市打好污染防治攻坚战暨打造"港城生态升级版"三年行动计划（2019—2021年）》《张家港市重大行政决策程序规定实施细则》《"弱有所扶"大救助综合改革试点工作方案》《关于2019年第二批市领军人才计划资助建议方案》，听取关于贯彻落实《江苏省违法用地综合整治三年行动工作方案》及做好市卫片执法检查相关工作的情况汇报。

7月20日，市十四届政府第35次常务会议召开，审议《张家港市工业企业资源集约利用综合评价实施细则（修订）》，听取关于上半年全市经济运行情况和下一阶段重点工作建议的汇报、关于上半年民生实事进展情况的汇报。

8月24日，市十四届政府第36次常务会议召开，传达学习苏州市大气污染防治工作会议精神，听取关于省第一安全生产巡查组在全市巡查相关情况的汇报。

9月7日，市十四届政府第37次常务会议召开，审议《港城教育人才计划实施细则》《关于扶持民办新市民子女学校高质量发展的意见》。

9月21日，市十四届政府第38次常务会议召开，审议《关于促进张家港市旅游民宿规范发展的实施意见（试行）》《关于聚焦企业关切进一步优化营商环境实施方案》及2019年第三批市领军人才计划资助建议方案。

9月30日，市十四届政府第39次常务会议召开，听取关于市安全生产工作情况的汇报、关于《张家港市优化提升生产性服务业三年行动方案（2019—2021年）》的汇报、关于全市"菜篮子"产品产供情况的汇报，审议《张家港市贯彻落实中央环境保护督查"回头看"及大气污染问题专项督查反馈意见整改方案》。

10月23日，市十四届政府第40次常务会议召开，审议《张家港市人民政府关于限制高排放机动车通行的通告》《张家港市稳定生猪生产保障市场供应工作方案》。

11月9日，市十四届政府第41次常务会议召开，审议《张家港市全面推行行政执法公示制度执法全过程记录制度重大执法决定法制审核制度实施方案》以及行政执法"三个办法"，听取关于全市食品安全监管工作情况的汇报。

11月23日，市十四届政府第42次常务会议召开，审议《苏州市第三安全生产巡查组巡查张家港情况的整改方案》《张家港市人民政府关于废止和宣布失效部分规范性文件的决定》《张家港市人民政府关于公布继续施行和拟修改规范性文件目录的通告》《张家港市审计整改工作实施办法》《关于2019年第四批市领军人才计划及部分"先评审"专场、创业大赛已落户项目的资助建议方案》以及《张家港市推进区域医共体建设三年行动计划（2019—2021年）》。

12月7日，市十四届政府第43次常务会议召开，审议《张家港市深入开展安全生产专项整治行动工作方案》《关于加强镇村工业集中区及出租厂房安全生产规范化管理的实施意见》《张家港市税收协同共治管理办法》《张家港市长江干流禁捕和建立退捕渔民补偿制度实施方案》和《关于2019年张家港市重大创新创业团队评审及资助建议方案》。

12月14日，市十四届政府第44次常务会议召开，审议2020年安全生产重大隐患三级政府挂牌督办项目、政府工作报告（送审稿）和《关于2019年部分市领军人才计划资助建议方案》。 （张　哲）

政府施政

【概况】 2019年，市政府把握全市高质量发展走在前列的目标要求，"港城发展升级版"建设取得重要进展。经济建设方面：完成规模以上工业总产值4559.06亿元，工业投资比上年增24%，新兴产业投资比上年增11.5%。完成口岸货物吞吐量2.36亿吨、外贸运量5970.6万吨，实现商品市场成交额4314亿元。重大项目方面：省、苏州、张家港市级重大项目分别完成投资30.1亿元、120.9亿元、143.5亿元。国家第二批重大外资推进项目"光束汽车项目"启动。中车氢能源产业基地、中铁世博城等优质项目签约。城市建设方面：沪通铁路跨江大桥成功合龙，长轨换铺基本完成；盐通张铁路、南沿江铁路顺利推进。城区快速路启动建设。完成高铁新城总体城市设计、镇村布局规划和地下管线综合规划。环境保护方面：空气质量优良率78%，省考断面水质优Ⅲ比例100%，长江张家港段生产岸线占比压减至42%，生态岸线占比提升至50%，"张家港湾"、双山岛入选省沿江岸线整治和生态修复标志性工程。民生福祉方面：12个民生实事项目顺利推进；实施民生"微实事"项目347项。新增就业1.5万人，社保参保人员6.3万人。实施"弱有所扶"大救助综合改革试点。梁丰高中首批入选省高品质示范高中立项建设名单。社会治理方面：全国农村社区治理实验区建设有力推进，首批建成全省"现代社区治理创新实验区"，高标准通过村民自治国家级试点验收。组建运行市社会综合治理网格化联动中心，实体化运作镇域综合执法局。违法犯罪警情和刑事发案率持续下降，群众安全感和法治建设满意度保持全省前列。依法行政方面：纵深推进法治政府建设，依法推行政务公开。"12345"受理各类求助240万件。办复人大代表建议206件、政协提案203件。

【工业企业资源集约利用资源要素差别化配置政策实施】 3月31日，市政府办公室印发《张家港市工业企业资源集约利用资源要素差别化配置政策实施意见》，提出深化供给侧结构性改革，紧扣“两聚一高”主题，以工业企业资源集约利用综合评价工作为基础，建立基于评价结果的企业服务、资源要素配置、产业政策引导等机制，用市场和行政相结合的手段促进资源要素优化配置，引导企业绿色高效发展，加快落后产能淘汰退出，推动工业经济转型发展。将企业综合评价结果分为ABCD四类，优先发展A类企业，支持发展B类企业，提升发展C类企业，限制发展D类企业。在审批、土地、能源、排污、金融、创新和监管等要素上突出差别化配置。

【生活垃圾分类推进工作实施】 4月25日，市政府办公室印发《张家港市全市域生活垃圾分类推进工作实施方案》，提出全方位开启“港城生态升级版”建设，加快全市域推进生活垃圾分类与源头减量制度的实施，进一步推进生活垃圾无害化、减量化和资源化处置。按照城乡统筹、源头减量、分类处置、系统治理的原则，强化全面推行生活垃圾分类的行动自觉，全面动员，全民参与，凝聚全社会共同推进的强大合力，全力推行全市域生活垃圾分类扩面工作。方案提出至2019年年末，城乡生活垃圾分类投放、收运和处理体系基本全覆盖，分类设施覆盖率超90%；至2020年，分类设施覆盖率超95%。

【氢能产业发展规划制定】 6月17日，市政府印发《张家港市氢能产业发展规划》，提出深入践行“创新、协调、绿色、开放、共享”的发展理念，发挥张家港资源禀赋和先发优势，培育壮大现有涉氢企业，集聚国内外优质资源要素，营造良好的创新体系和优越的投资环境。引进一批国际、国内一流的氢能领军企业和研发机构，打造一批拥有自主知识产权、具有较大市场份额的高附加值产品，不断完善氢能产业价值链条，构建氢能产业的核心竞争优势，打造氢能产业高地，成为引领产业转型升级、促进市域经济发展的有力支撑。规划提出到2020年，全市氢能产业链产值规模突破100亿元，其中制氢环节约为10亿元，氢能储运装备约为20亿元，氢燃料电池产值约为60亿元，氢燃料电池汽车产值约为10亿元。“中国氢港”建设初具成效。至2025年，全市氢能产业链产值规模力争达到500亿元，其中制氢环节约为50亿元，氢能储运装备约为80亿元，氢燃料电池产值约为300亿元，氢燃料电池汽车产值约为70亿元。“中国氢港”建设深入推进。至2035年，张家港氢能产业在国内居于领先地位，氢能产业由示范带动转向市场拉动，氢能产业链产值规模突破1000亿元，建成具有全国影响力的“中国氢港”。

老旧小区二次供水改造 （市发改委 提供）

【《张家港市推进区域医共体建设三年行动计划（2019—2021年）》出台】 12月2日，市政府办公室印发《张家港市推进区域医共体建设三年行动计划（2019—2021年）》，提出以提高人民健康水平为目标，以落实医疗机构功能定位、提升基层服务能力、理顺双向转诊流程为重点，进一步完善医共体组织管理模式、运行机制和激励政策，推进构建协同、连续、高效的现代医疗卫生服务体系，逐步形成服务、责任、利益、管理、发展的医疗共同体，至2021年年末，居民市域内就诊率达到90%以上，基层就诊率达到70%以上；基层医疗卫生机构上转病人例数增幅每年不超过10%，二、三级医院下转病人例数增幅每年不低于20%；区镇医院在苏州或张家港市绩效考核中达到“良好”以上等级，社区卫生服务中心全部达到国家服务能力基本标准并转型成市民健康管理综合服务平台，其中3家以上社区卫生服务中心达到国家服务能力推荐标准并转型成社区医院；医疗机构、医务人员、群众满意度均达到90%以上。

【民生实事项目】 2019年确定实施的民生实事项目12项。7个项目年内完工，公共交通能力提升、建设中心城区健身步道、老旧小区二次供水改造、新建城东社区卫生服务中心、新建凤凰高级中学等5个项目结转至2020年。往年结转12个项目，市第一人民医院科教综合楼（市卫生进修学校、市全科医生培训中心）新建工程（2015年5月开始建设，投资额1.57亿元）、云盘小学地下停车场改造工程（2018年6月开始建设，投资额1200万元）、张家港高级中学地下停车场建设（2018年7月开始建设，投资额4700万元）、公共场所母乳哺育设施建设（2018年1月开始建设，投资额100万元）年内完成。扩建每日20万吨深度处理水厂工程（2017

年10月开始建设，投资额6.5亿元）、学校新建工程（2016年8月开始建设，投资额1.57亿元）、建设新妙桥粮库（2018年12月开始建设，投资额1.2亿元）、凤凰镇人民医院易地新建（2018年1月开始启动，投资额1.33亿元）、新建城南文体中心（2018年8月开始启动，投资额1.27亿元）、智慧交通建设（2018年7月开始启动，投资额7000万元）、智慧医疗平台建设（2018年1月开始启动，投资额3100万元）、新建第二集贸市场（2018年1月开始启动，投资额8000万元）结转至2020年。（张 哲）

【政府信息公开】 2019年，市政府贯彻落实国务院新修订的《政府信息公开条例》，推进政务公开标准化规范化建设，完善公开机制、细化公开内容、扩大公开范围，强化政策解读和政务舆情回应，加大公开平台建设力度，以公开促落实，以公开促规范，以公开促服务。全年公开公共资源配置、社会公益事业建设等重点领域政府信息8391条，发布政策文字解读31件，政策图解52件，政策法规相关报道14件，访谈解读3件，召开新闻发布会38次，开展《港城会客厅》10期，其他各类直播23次。组织举办"美好'政'发生"赠书暨民生政策解读咨询活动。全年收到并按时办结政府信息公开依申请公开489件。（贾 翰）

2019年张家港市民生实事项目完成情况表

表4

序号	项目名称	建设内容	投资额（万元）	完成情况
1	建设食品安全"智慧化"防控平台	构建"一中心二系统三方联动"的阳光食品智慧共治体系，具体由应急指挥中心、企业主体责任系统、社会共治系统，以及监管端、企业端、公众端三方联动操作端构成	300	12月末完成
2	公共安全应急能力提升	建设中小企业安全生产双重预防机制，新增32米登高平台消防车1辆、大功率水罐泡沫消防车1辆、压缩空气泡沫消防车1辆	1500	12月末完成
3	城区停车位增建	新增停车位约300个	575	12月末完成
4	公共交通能力提升	新建保税区（金港镇）公交首末站，采购10米级氢燃料公交车15辆、更新新能源公交车55辆	9985	12月末，由于全市建设用地总规模超出上级下达2020年的建设用地总规模，保税区（金港镇）公交首末站征地报批手续与省厅沟通项目开工；其余完成
5	城区农贸市场提档升级	对城北菜场提档升级	300	12月末完成
6	建设社会心理服务中心	主要包括规划指导中心、培育孵化中心、科普体验中心、信息数据中心等	748	12月末完成
7	实施民生微实事	坚持以基层民生需求为导向，充分发挥居民议事会作用，以群众点菜、政府买单的方式开展实施民生微实事项目，快速解决市民群众身边的小事、急事、难事	2000	12月末完成工程类项目239个，服务类项目122个
8	建设中心城区健身步道	总长8.48千米，通过新建东横河口环形桥、沙洲公园至城北路人行桥及部分亲水步道，接通沙洲公园—沙宾绿地—谷渎港—河港公园—新沙河—南二环路，同时对沙洲公园及沙宾绿地进行提升改造	4500	12月末进场施工；沙宾绿地提升改造已完工
9	老旧小区二次供水改造	分两年对全市65个老旧小区实施二次供水改造和运行维护管理	15000	12月末完成57个小区改造，超额完成当年度改造任务
10	新建城东社区卫生服务中心	选址于城北路北侧、华昌路东侧、君临新城西侧，使用面积4000平方米	3000	12月末完成设计图纸；工程前期手续除环评外全部办妥，推进项目立项预审批
11	长江沿岸造林绿化工程	至2020年，全市长江沿岸计划造林绿化76.99公顷，其中：临水侧护堤内，2019年计划实施31.07公顷，2020年计划实施39.6公顷江堤外坡地块绿化；背水侧护堤外，2019年计划实施3.72公顷，2020年计划实施2.6公顷	3220	12月末，2019年任务全部完成
12	新建凤凰高级中学	选址于凤凰镇新城区支山北侧，占地约8公顷，办学规模16轨48班，建筑面积约4.58万平方米	20633	12月末完成桩基工程

（温 馨）

政务服务

【概况】 2019年，市行政审批局完成原市经济和信息化委员会固定资产投资项目节能评估和审查、企业投资技术改造项目核准、企业技术改造项目备案等4个行政权力事项的交接工作，“一枚印章管审批”基本落地。市行政审批局暂可办理行政政务服务事项150项，其中行政许可类包括办理企业登记、建筑工程施工许可证等80项，行政确认类包括不动产登记、核发居民身份证等12项、行政征收类包括契约征收等6项，其他类包括建设工程消防设备备案抽查等52项。至年末，共办理各类行政审批服务事项55.7万件，提前办结率为99.91%，承诺件按期办结率100%。苏州市公共资源交易中心张家港分中心年内完成交易项目1340个，交易总额596.85亿元，节约国有资金37.83亿元。其中，工程建设项目629个，交易总额447.34亿元，节减资金36.48亿元，节减率7.54%；政府采购项目596个，成交金额9.97亿元，节约资金1.35亿元，节减率11.93%。土地交易完成进场交易114宗，交易金额139.54亿元。1月，完成政府采购交易系统与江苏省财政监管平台的对接工作，进一步完善交易监管体系。4月，完成水利工程监理和设计项目电子化流程，实现水利工程全流程电子化开评标。7月，建设工程交易系统由市住建局迁移至公共资源交易平台，实现评标系统、评委抽取、交易操作、信息数据与中心全面融合。10月13日，“张家港市公共资源交易信息网”关闭并将所有功能迁移至苏州市公共资源交易平台网站，完成市县一体化工作。年内，中心获2019年度全国优秀公共资源交易机构（区县级）、苏州市为民服务工作先进集体荣誉称号。

【基层“互联网+政务服务”】 2019年，为贯彻落实国务院和省政府关于加快推进“互联网+政务服务”的精神，根据市政府《关于建立完善基层“互联网+政务服务”体系的工作方案》《市政府办公室关于印发苏州市基层“互联网+政务服务”体系规划方案的通知》要求，结合苏州市清单和张家港市实际办理业务，以民政、人社、卫生等6个高频公共服务事项部门为突破口，经过51轮调研访谈和业务梳理，形成包含67个事项和86个业务子项的具有“张家港标准”的《张家港市首批公共服务事项清单（依申请服务类）》。同时，开创“业务协同”的办件处理模式，对首批公共服务事项清单内的67个事项采用业务协同模式进行优化，将原本由部门出具的材料或审核意见通过管理平台配置在指定环节，改由政务服务管理平台向各部门、乡镇自动派单，将事项申请和材料派送至各部门、乡镇，减少申请人来往各部门、乡镇300余次，高效促进业务协同办理，实现办事群众从传统的“一对多”向“一对一”的转变。至年末，实现《张家港市首批公共服务事项清单（依申请服务类）》中全部事项的线上申报以及30个业务子项的线上办理。

【企业登记管理】 年内，全市登记各类新设市场主体28188户。其中，新登记内资企业867户，注册资本129.82亿元；新登记私营企业6955户，注册资本306.69亿元；新登记个体工商户20304户，注册资金30.24亿元；新登记农民专业合作社11户，注册资金1610万元。新登记外资投资企业51户，投资总额145340.54万美元，注册资本85944.13万美元，其中外方认缴80162.78万美元。至年末，全市登记有内资企业5329家，注册资本1786.53亿元；私营企业54270家，注册资本2979.47亿元；个体工商户110761户，资金数额124.34亿元；农民专业合作社503家，资金总额10.34亿元。外商投资企业1207家，投资总额238.35亿美元，注册资本117.28亿美元，其中外方认缴96.96亿美元。全市市场主体总数突破17万户，全年发放电子营业执照7873户，开办企业从名称预核到税务领票最快实现1个工作日内完成。实行简易注销登记改革，年内为1439家企业办理简易注销登记。（以上统计数据包含保税区）

市民服务中心改造效果图 （市行政审批局 提供）

【"2440"改革】"2440"改革是指开办企业2个工作日内完成、不动产登记4个工作日内完成、工业建设项目施工许可40个工作日内完成。企业开办方面，自2月25日起，市人民银行不再核发开户许可证，通过优化完善"一窗融合"服务新流程，保证2个工作日内完成企业开办，同时将企业开办"一窗受理、集成服务"模式向镇(区)延伸，至年末，延伸至凤凰、锦丰、塘桥3个镇(区)。不动产登记方面，优化不动产登记办理流程，实现从原来国土、税务、房管、银行等4个部门7次优化缩减为国土和银行2个部门4次，申办材料从25份缩减为14份，办理时间由7个工作日压缩至3至4个工作日。建设项目施工许可方面，针对机构改革和事项调整的情况，对事项、审批环节进行重新梳理明确，设立投资建设综合窗口和陪代办窗口，推动工业建设项目审批提速至40个工作日内获施工许可证。

【"一网一门一次"改革】年内，根据国务院印发的《关于进一步深化"互联网+政务服务"推进政务服务"一网、一门、一次"改革实施方案》要求，市行政审批局牵头制订《关于深入推进政务服务"一网、一门、一次"实施方案》，推进线上服务"一网通办"、线下办事"只进一扇门"、现场办理"最多跑一次"。完善政务服务集中模式，完成对农业农村局、卫健委、水务局、交通局等15个部门的业务访谈，共访谈政务服务事项496个，涉及业务586项，确定在张家港市政务服务管理平台上实现一网通办的事项109项；贯彻落实省审改办《"不见面审批"标准化指引》，先后组织发改委、教育局、公安局等27个部门对省网847个"不见面"事项1337个业务项进行标准化维护4次，完善"网上办理深度""是否网办""网办地址""在线办理"等字段50余个；对外公布"不见面审批"政务服务事项清单，至年末，1232项政务服务事项可以实现"不见面审批"，占全市1287项政务服务事项的95.7%；在"快递送"方面，依托EMS，开展承诺件审批结果"不见面"送达服务，年内共寄送各类证照98368份。

【电子证照库建设】年内，持续优化完善电子证照库建设，提升全市数据共享应用水平。市行政审批局联合市大数据管理局进行三轮电子证照库建设培训，完成对发改委、人社局等39个部门相关事项申请材料与电子证照的关联，梳理识别出全市247类证照目录可实现共享应用；按照"一次生成、多方复用，一库管理、互认共享"的原则建成资源集成的证照共享应用平台，新增居住证、居民户口簿等6类证照的入库应用；完成电子证照共享平台与全市统一电子签章系统对接，制作完成行政审批局在内的部门电子印章20个，为标准化证照合成及全市范围内共享复用提供安全保障。同时，依托大数据管理局汇集的存量证照数据，完成全市首批50类电子证照156万条数据的标准化合成；依托市政务服务管理平台，开发设计不动产权证的电子证照核验功能，提升工作人员线上核验材料信息的效率和精度。(韦　苇　潘雯君)

外事和港澳事务

【概况】3月，市政府外事办归并入市政府办，在政府办挂牌，不设内设科室，具体工作由市政府办外事科开展，职能为归口管理，统筹协调全市各领域对外交流与合作，与香港、澳门特别行政区往来，做好国际友城交流、外宾接待、因公出国(境)手续审批、APEC商务旅行卡办理、外国人来华邀请、涉外事件处置、领事保护、外国人荣誉称号和名誉职务授予、外事文稿起草等工作。年内，张家港市因公出国(境)111人次；申办APEC商务旅行卡27张，累计申办494张。全年初审代办外籍人员邀请函213批361人次；受理并处置涉外事(案)件5起；组织2批9人分赴菲律宾和马来西亚、日本和韩国开展经济贸易、人文旅游、医疗养老、港口合作等领域交流；接待外宾21批275人次，其中友城代表7批83人、其他14批192人。年内，张家港市先后与菲律宾圣帕斯夸尔市、澳大利亚墨纳堡郡签署缔结友好交流城市关系备忘录。9月，贝内克—长顺汽车内饰材料(张家港)有限公司亚太区副总裁魏育文获评第9批"苏州之友荣誉奖"。年内，无港澳事务。

【中国张家港·日本丸龟市缔结友好交流20周年庆】10月29日，"中国张家港市—日本丸龟市友好交流20周年"庆典活动在东渡苑景区古黄泗浦广场举办，日本驻上海总领事馆首席领事等等力研、商务领事田中昭男、丸龟市市长梶正治、丸龟市议会议长内田俊英，张家港市人大常委会主任徐仲高、副市长徐平观等100余人参加庆典活动，两市签署20周年友好交流确认书并共同种植友谊之树。1995年，张家港市与丸龟市由日本海鸥株式会社社长徐鸥牵线搭桥开始交往。1997年8月，市委常委彭建平率代表团一行5人访问丸龟市，并代表张家港市与丸龟市签订缔结友好城市关系意向书。1999年5月28日，丸龟市市长片山圭之率政府代表团一行13人访问张家港，两市正式签订缔结友好城市关系协议书。25年中，张家港市与丸龟市友好合作持续发展，丸龟市先后组织21批次、240余人到张家港访问，张家港市先后组织15批次、170余人到丸龟市访问，交流领域不断拓展。(李　杰)

应急管理

【概况】1月29日，张家港市安全生产监督管理局转隶组建为张家港市应急管理局，张家港市应急管理局正式挂牌成立，工作职能主要包括依法监督检查工矿商贸、危险化学品生产经营单位安全监督管理综合工作和烟花爆竹安全生产监督管理工作；依法组织开展生产安全事故调查处理，监督事故查处和责任追究落实情况。内设应急指挥科、危险化学品安全监督管理科、安全生产基础管理科等8个科室，在职在编人员81人。年内，市应急管理局围绕"双下降、一杜绝"(死亡人数、事故起数双下降，杜绝较大以上生产安全事故)总体目标，抓细抓实重点领域整治，着力提升安全基

2019年张家港市危险化学品泄漏事故应急演练 （市应急管理局 提供）

础管理水平，全市没有发生较大及以上事故。市应急管理局获评江苏省安全生产执法先进集体、江苏省抗旱抗汛抗台先进集体，苏州市安全生产执法考核一等奖、张家港市文明机关，获张家港市级机关绩效考核"综合贡献奖"。

安全生产监管　年内，开展"精准执法年"活动，坚持问题导向和事故导向，出台"七查七必罚"执法工作指南（一查重点工作推进情况，对双重预防机制建设等重点工作不重视、消极应付的企业必罚；二查安全隐患整改落实情况，对隐患不积极整改，且涉及重大隐患的企业必罚；三查工伤事故企业，对一年内发生5起工伤事故或者发生重伤事故的必罚；四查出租厂房企业，对存在违法违规行为的出租房和承租方必罚；五查企业危险作业安全管理情况，对高处作业等安全作业方案措施等不到位的必罚；六查特种作业人员持证情况，对未持证上岗作业的必罚；七查企业安全机构能力建设情况，对没有按照法律法规设立安全管理机构、配备安全管理人员的必罚），加大安全生产监管查处力度。年内，市应急管理局实施事前处罚750起，处罚金额2855万元，在媒体曝光违法行为58次，形成执法监管高压态势；双重预防机制方面，在工贸、交通、建筑、电力等十大行业中同步推进，新创建双重预防机制企业1005家；挂牌隐患整治方面，会同各区镇和交通、住建等部门开展各类专项检查和集中督察，督促隐患责任单位按照"能早则早、能快则快"的原则，完成三级政府挂牌督办重大隐患项目的整改工作55个。安全生产综合监管方面，围绕江苏省、苏州市对张家港市的安全生产巡查，高标准做好一系列迎检工作，并组织实施张家港市的安全生产巡查。加强综合协调，推动15个专业委员常态化运行，会商各领域安全生产突出问题。推动各区镇、相关部门加强小型工程的安全监管，会同住建局制定《张家港市小型工程和零星作业安全生产管理办法》。

安全宣传教育　全年举办各类安全知识培训班343期，其中社会化知识培训班49期，"三项岗位"人员法定持证培训班294期，培训各类人员25453人次。会同市文明办启动"安全到家"全民应急能力提升三年行动，建设应急管理文明实践"12350"工程（打造一个"安全到家"服务品牌；建设应急救援和应急智库两支服务团队；活动面向企业职工、社区居民和学校学生三类群体；推动安全意识培训工程、安全生产百千万工程、应急知识宣讲工程、家居安全普惠工程、工伤人群关爱工程五大工程；最终实现零伤害的目标），开展进企业、进社区、进学校各类应急知识宣传活动25期；会同市总工会开展安全宣传普惠项目，在全市各镇政府及部分重点企业设置公共显示屏，滚动播放安全生产公益广告，宣传安全知识；继续保持与张家港市"一报两台"合作力度，通过《张家港新闻》和"安全到家"联办节目，深度解读市应急管理局2019年各项重点工作，播出危化品专项检查、基层安全管理队伍等联办节目；继续维持专版、重点版面、公益广告、微信推送等报道形式。特别是在全市安全生产大排查大整治期间、江苏省第一安全生产巡查组巡查期间、苏州市第三安全生产巡查组巡查期间，在"一报两台"开设专题，集中开展监督检查报道、安全隐患曝光活动，督促企业扎实做好隐患整改工作，发挥媒体监督作用。

应急救援和防灾减灾　年内，重点培育索尔维精细化工、华昌化工、长江国际等大型危化品企业应急队伍作为应急处置联动单位。全市先后组织危化品泄露、大型商业体火灾等综合演练，组织专项演练35次，有效检验各层级应急响应和处置能力；市金港镇金都社区通过江苏省综合减灾示范社区、苏州市两级验收。成功处置张家港市宁兴液化储运有限公司"9·30"槽罐车爆燃事故。

【防汛防旱】 全市有防汛抢险队伍302支5552人，防汛防旱物资储备点46个（其中区镇21个，市级点位22个，直管企业3个），储备土工布袋44.85万只、防汛木材199.18立方米、土工布4.64万平方米、块石2.7万吨和柴油、救生衣、钢管等。各区镇和有关单位落实挖掘机、装载机78台（套）、运输车辆202辆、排水泵750台（套）、发电机组19套。2019年张家港汛期总体汛情平稳，6月18日入梅、较常年略偏迟（常年6月16日），7月18日出梅、较常年偏晚（常年7月9日），梅长30天、较常年偏长8天。年梅雨量200毫米，较常年偏少19.9%。汛期总降水量650.1毫米。汛期受3个台风影响，分别是第9号台风"利奇马"、第13号台风"玲玲"、第17号台风"塔巴"。全年沿江各闸泵引水20.53亿立

公共机构节能宣传周启动仪式　　（市级机关事务管理中心　提供）

方米，排水20.71亿立方米。其中，汛期沿江各节制闸引水11.96亿立方米，排水10.71亿立方米。

【重点领域安全生产专项整治】 市应急管理局扎实开展重点领域专项整治，协调统筹推进化工（危化品）、工矿商贸、人员密集场所、特种设备、建筑施工、城镇燃气、城市地下管网、交通运输、旅游安全、环保固废、农业机械(渔业生产)、油气管道、电力安全、教育、森林防火、民爆物品与船舶修造、养老护理与救助等17个领域的安全生产大排查大整治，检查各类生产经营单位50522个次，排查隐患81759条，责令改正、限期整改、停止违法行为为12169起，关闭非法违法企业13家，行政处罚1182家47.7万元。（侯　燕）

机关事务管理

【概况】 2019年，市级机关事务管理中心履行管理、保障、服务职能，为市级机关创造良好办公条件和工作环境，为市级重大活动做好后勤保障。全年完成会议接待2223次，提供会议音响服务671次，其中视频会议94次，用车服务安全行驶74.8万千米。为5个集中办公区提供设备设施维修850余次，收发信邮件6万余封、包裹2.5万件，5个机关食堂每天平均为1600余人提供餐饮服务。推进科技安保建设，组织实施市政府大院和港城大厦监控探头高清化改造，启用机关大院南门和东侧门人脸比对系统，在港城大厦和市民服务中心安装停车收费系统。履行办公用房管理职责，做好市政府大院及周边地块配套建设规划设计，完成机关大院综合楼、民主党派、政协联谊会、审计局、机关幼儿园东园区等办公用房的维修改造和设施设备采购。协调完成公安局、人民银行、公共资源交易中心、商务局等单位的办公用房借用、租用需求。重点做好机构改革涉改单位的办公用房和公务用车调配，确保正常办公。有序推进党政机关垃圾分类，牵头开展“垃圾分类主题宣传周”活动，全市党政机关垃圾分类设施配备实现全覆盖。

【公共机构节能工作】 市级机关事务管理中心持续推进节能技改和新能源设备推广，投资近30万元完成报业大厦照明系统改造。推动沙洲宾馆实施蒸汽锅炉改造。推动市场监督局等单位淘汰高能耗用电设备，更换LED照明灯具，科学布置照明线路，实行智能控制。指导市文化中心完成200千瓦分布式光伏发电站安装。持续推进能耗监测平台建设，完成卫生服务中心、沙洲职业工学院、交通大厦和南丰镇政府4个区域能耗监测平台的安装。至年末，全市能耗监测覆盖面积达到60余万平方米，党政机关监测覆盖率80%以上。注重节能示范创建和宣传，承办江苏省公共机构节能示范单位创建现场推进会，开展张家港市公共机构节能宣传周、全国低碳日、中国水周等活动，组织经开区（杨舍镇）、市检察院、张家港海关、张家港海事局等4家国家级节约型公共机构示范单位录制公共机构节能公益广告。年内，塘桥镇政府、市市场监督管理局创建成2019年度江苏省公共机构节能示范单位，市文化中心获评“2019年度江苏省公共机构能效领跑者”称号，冶金园（锦丰镇）、市市场监管局、司法局、应急管理局、农业农村局、城管局等6个单位创建成江苏省节水型单位。至年末，全市“江苏省公共机构节能示范单位”累计14个，“江苏省公共机构能效领跑者”单位累计2个，“江苏省节水型单位”累计72个，“全国节约型公共机构示范单位”累计4个。

【公务用车管理】 市级机关事务管理中心推进公务用车管理“一张网”建设，规范公务用车配备、使用、处置，优化公车资源调配，对公车购置、报废、拍卖实行全周期管理，巩固公务用车制度改革成果。年内，针对市机构改革中的涉改部门整合撤并情况，及时统筹车辆保障，收回撤并整合部门的机要应急用车5辆，派驻新设部门和职能大幅增加部门的机要应急用车4辆，按“车随职走”原则划转执法执勤用车3辆。抓好《江苏省党政机关公务用车管理办法》和《苏州市公务用车管理工作规程》的贯彻落实，就年度机关事业单位公车更新执行经费预算制度，严格把控公车编制、排量和价格，全年累计审核报批党政机关公务用车59辆，事业单位公务用车更新104辆。加强对旧车处置的监管，机关事业单位淘汰旧车一律评估后再行处置，具有使用价值的车辆均组织公开拍卖，全年累计拍卖成交车辆28辆，成交额64.8万元。（曹　倩）

【编辑　景力颖】

张家港市政协

Zhangjiagang Municipal Committee of the CPPCC

11月30日，市委政协工作会议暨庆祝中国人民政治协商会议成立70周年大会　（市政协办　提供）

政协会议

协商议政

民主监督

张家港年鉴（2020）

政协会议

【市政协十二届三次会议】 1月7日至9日在市馨苑度假村会议中心举行。应出席委员330人，实到315人。会议审议通过市政协主席黄雪元代表常务委员会所作的常委会工作报告和副主席景惠新代表常务委员会所作的提案工作情况的报告。与会委员列席市十四届人大三次会议，听取并讨论市政府工作报告和其他报告。会议收到提案344件，立案203件。

【市十二届政协常委会议】 2019年，市十二届政协举行7次常委会议。

第十四次会议 1月8日召开。听取市政协十二届三次会议各讨论组讨论市委书记沈国芳在大会开幕式上的讲话和审议市政协常委会两个报告的情况汇报，协商《中国人民政治协商会议江苏省张家港市第十二届委员会第三次会议决议（草案）》，审议通过《政协张家港市第十二届委员会常务委员会2019年度工作要点（草案）》。

第十五次会议 1月9日召开。听取市政协十二届三次会议各讨论组讨论政府工作报告和财政报告的情况汇报，通过《中国人民政治协商会议江苏省张家港市第十二届委员会第三次会议决议（草案）》。

第十六次会议 3月6日召开。审议通过市政协专委会设置变更调整、市政协有关人事任免事项，举办"政协大讲堂——高铁时代张家港机遇与挑战"。

第十七次会议 5月31日召开。审议通过市政协有关人事任免事项，传达政协江苏省委员会常务委员会《关于加强自身建设的意见》，协商"聚力新经济、融入长三角"工作。

第十八次会议 8月30日召开。审议通过市政协有关人事任免事项，听取市政府关于全市上半年经济社会发展及提案办理工作情况通报，协商推进高铁新城建设工作，传达学习有关会议精神，部署市政协委员爱心基金募捐工作。

第十九次会议 11月30日召开。协商公共体育服务体系建设工作，传达学习省委政协工作会议、苏州市委政协工作会议精神。

第二十次会议 12月23日召开。审议通过市政协有关人事任免事项，听取市政府关于全市经济社会发展及政协提案办理情况的通报，审议通过市政协常委会工作报告（草案）、提案工作报告（草案），审议通过《关于召开市政协十二届四次会议的决定（草案）》，审议通过市政协十二届四次会议有关事项。

【市十二届政协主席会议】 2019年，市十二届政协举行主席会议14次。

第二十三次会议 1月4日召开。传达市纪委有关通知精神，研究讨论《政协张家港市第十二届委员会常务委员会2019年度工作要点（草案）》，听取市政协办公室及各专委会月度工作交流。

第二十四次会议 3月4日召开。听取市政协十二届三次会议提案审查情况通报，审议通过市政协十二届十六次常委（扩大）会议议程（草案），听取市政协办公室及各专委会月度工作交流，组织开展集体学习活动。

第二十五次会议 4月8日召开。协商全市贯彻落实长江经济带"共抓大保护、不搞大开发"工作，研究讨论市政协提案、社情民意等有关工作，研究讨论民主评议交通运输工作实施方案，研究讨论市政协委员集中培训工作方案，听取市政协办公室及各专委会月度工作交流，组织开展集体学习活动。

第二十六次会议 5月5日召开。审议通过市政协机关绩效考核有关工作，审议通过全市纪念人民政协成立70周年系列活动总体安排方案，听取市政协办公室及各专委会月度工作交流，组织开展集体学习活动。

第二十七次会议 5月24日召开。协商加强全市医保基金使用和管理工作，协商讨论"聚力新经济、融入长三角"调研报告，听取市政协民主评议各工作组情况汇报，研究讨论《关于对市交通运输工作的民主评议意见》，审议通过市政协十二届十七次常委（扩大）会议议程（草案），听取市政协办公室及各专委会月度工作交流，组织开展集体学习活动。

第二十八次会议 7月3日召开。协商推进全市宗教事业健康发展工作，审议通过《关于进一步完善委员之家建设的建议方案》，听取市政协办公室及各专委会月度工作交流，组织开展集体学习活动。

第二十九次会议 8月5日召开。协商非遗传承和保护工作，协商讨论推进高铁新城建设调研报告，审议通过界别委员之家正副主任建议名单，审议通过市政协十二届十八次常委（扩大）会议议程（草案），听取市政协办公室及各专委会月度工作交流。

第三十次会议 9月3日召开。督办重点提案《关于进一步推动民营医院健康发展的建议》，听取政协委员爱心基金募集情况的汇报，传达《市委办公室、市政府办公室关于进一步重申有关纪律的通知》精神，听取市政协办公室及各专委会月度工作交流。

第三十一次会议 10月9日召开。协商优化政务服务环境工作，传达习近平总书记在中央政协工作会议暨庆祝人民政协成立70周年大会上的重要讲话精神，审议《市政协机关党支部换届工作方案》，审议《关于市政协党组成员联系有关党员委员、党员委员联系党外委员的制度》，研究讨论市政协办公室中层干部任免事项，听取市政协办公室及各专委会月度工作交流。

第三十二次会议 10月26日召开。传达省委政协工作会议精神及全省市、县（市、区）政协主席座谈会精神，研究讨论市政协十二届四次会议筹备工作方案，机关6名工作人员就贯彻全市新时代"三超一争"誓师大会精神作交流发言。

第三十三次会议 11月1日召开。协商讨论《加强公共体育服务体系建设》调研报告，审议通过市政协十二届十九次常委（扩大）会议议程（草案），机关6名工作人员结合习近平总书记在中央政协工作会议暨庆祝人民政协成立70周年大会上的重要讲话精神及全市新时代"三超一争"

誓师大会精神作交流发言，听取市政协办公室及各专委会月度工作交流。

第三十四次会议　12月2日召开。传达中共十九届四中全会精神，审议关于确定2019年度优秀委员的建议方案，审议张家港市政协关于成立“好商量”协商议事室、委员之家、社情民意联系点“三位一体”平台载体建设工作专班的建议方案，审议关于确定市政协十二届三次会议期间十件有影响力提案的建议方案，听取市政协办公室及各专委会2019年工作情况及2020年工作设想的汇报，市政协主席作“不忘初心、牢记使命”专题党课。

第三十五次会议　12月11日召开。听取各筹备工作组关于市政协十二届四次会议筹备工作情况汇报，审议市政协常委会工作报告（讨论稿）和提案工作报告（讨论稿），确定市政协十二届三次会议“提案双向评价”先进提案人和先进承办单位名单以及2019年度市政协反映社情民意信息工作先进单位和积极分子名单，审议市政协十二届四次会议议程（草案）及日程（草案），审议市政协常委会2020年度协商计划，审议通过市政协十二届二十次常委（扩大）会议议程（草案）。

第三十六次会议　12月31日召开。传达学习市委十一届九次全体（扩大）会议精神，审议《政协张家港市第十二届委员会常务委员会2020年度工作要点（草案）》及政协各专门委员会2019年度工作报告（讨论稿），听取市政协办公室及各专委会月度工作交流。

2019年张家港市政协人事任免情况表

表5

时　间	会　议	任　免　情　况
3月6日	市政协十二届十六次常委会议	任命李笑梅为市政协经济科技和农业农村委员会主任，许峰为市政协文化文史委员会主任，葛云芳、纪峰为市政经济科技和农业农村委员会副主任，朱文焰为市政协文化文史委员会副主任，解志荣、庞建阳、孙丽婵、吴彦刚、张进兼任市政协经济科技和农业农村委员会副主任，高卫平、汪丽菁兼任市政协文化文史委员会副主任；免去李笑梅市政协经济科技委员会主任职务，免去许峰市政协文史委员会主任职务，免去纪峰市政协经济科技委员会副主任职务，免去朱文焰市政协文史委员会副主任职务，免去解志荣、庞建阳、孙丽婵、吴彦刚、张进兼任的市政协经济科技委员会副主任职务，免去高卫平、汪丽菁兼任的市政协文史委员会副主任职务
5月31日	市政协十二届十七次常委会议	任命朱育才为市政协副秘书长、办公室副主任，黄冰青为市政协港澳台侨（民族宗教）委员会副主任，於海良兼任市政协乐余镇工作委员会主任，丁浩兼任市政协提案委员会副主任，蒋昊兼任市政协经济科技和农业农村委员会副主任，钱洁雅、李忠影、朱长春兼任市政协社会事业委员会副主任；免去朱育才市政协港澳台侨（民族宗教）委员会副主任职务，免去周小军市政协副秘书长、办公室副主任职务，免去钱梁斌兼任的市政协乐余镇工作委员会主任职务，免去卜家怡兼任的市政协经济科技和农业农村委员会副主任职务，免去孙建忠、黄卫星兼任的市政协社会事业委员会副主任职务
8月30日	市政协十二届十八次常委会议	任命唐雷刚兼任市政协港澳台侨（民族宗教）委员会副主任，赵琦萍兼任市政协杨舍镇工作委员会主任，卞振磊兼任市政协大新镇工作委员会主任；免去薛平兼任的市政协港澳台侨（民族宗教）委员会副主任职务，免去邱晶嘉兼任的市政协锦丰镇工作委员会主任职务，免去赵瑜兼任的市政协大新镇工作委员会主任职务
12月23日	市政协十二届二十次常委会议	任命钱晓东兼任市政协社会事业委员会副主任，张耀清兼任市政协港澳台侨（民族宗教）委员会副主任，黄建浩兼任市政协锦丰镇工作委员会主任，焦频频为市政协办公室副主任；免去何俊兼任的市政协社会事业委员会副主任职务，免去魏新阳兼任的市政协凤凰镇工作委员会副主任职务，免去王舒风市政协办公室副主任职务

（谭　晔）

协商议政

【概况】 2019年年初，市十二届政协有委员330人。年内，有24人由于工作变动等原因，不再担任该届政协委员。根据《中国人民政治协商会议章程》规定，经市政协十二届十六次、十七次、十八次、二十次常委（扩大）会议审议通过，调整增补政协委员25人。至年末，市十二届政协有常委会组成人员59人、委员331人。其中，界别分布为中共14人、民盟12人、农工党12人、工商联16人、无党派人士8人、总工会8人、共青团（青联）6人、妇联7人、科协8人、文艺新闻界7人、科技界15人、经济界51人、农业和农村界15人、教育界19人、体育界5人、医卫界25人、侨联界11人、民族宗教界9人、社会福利和社会保障界20人、社会科学界11人、特邀人士52人。市政协组织召开各类协商议政会议10次。其中，市政协常委会议分别就抢抓长三角一体化机遇、高铁新城建设、公共体育服务体系建设、经济社会发展及提案办理等议题，市政协主席会议分别就贯彻落实长江经济带“共抓大保护、不搞大开发”、医保基金使用和管理、宗教事业健康发展、非遗传承和保护、优化政务服务环境、重点提案督办等议题，与市政府及有关部门进行协商，形成《关于推进张家港特色长江大保护的若干建议》《关于加强我市医保基金使用管理的对策建议》《聚力新经济，对接大上海——张家港市在长三角一体化中实施“六大新经济工程”的建议》《关于不断提高新形势下我市宗教工作水平的建议》《关于全市非物质文化遗产传承保护工作的几点建议》《建好高铁新城，推动张家港高质量发展的若干建议》《发力“互联网+”破题“三大矛盾”全力打造区域政务服务新标杆——关于张家港市政务服务改革的思考与建议》《落实全民健身战略，推动公共体育服务高质量发展——关于张家港市全民健身与体育产业工作的若干建议》专题调研报告8篇，提出各类意见、建议60余条，专委会分别就青少年工作与社区治理情况、企业走出去战略实施工作情况、新市民积分管理与素质提升情况、外事工作情况、综合治理与技防工程实施情况、装配式建筑推进情况、民生实事项目建设情况、海关工作、文化旅游工作、“三优三保”工作、快速环路建设工作等课题开展对口通报协商活动11次。

【贯彻长江经济带“共抓大保护、不搞大开发”情况协商】 4月，市政协召开主席会议，协商贯彻落实长江经济带“共抓大保护、不搞大开发”工作。会议针对长江经济带“共抓大保护、不搞大开发”认识有偏差、机制不完善、沿江产业布局混杂、岸线利用偏经济等问题，提出要高起点规划形成特色，在总体规划指导下，编制沿江产业布局、沿江生态景观等专项规划，形成体现张家港市特色的长江大保护规划及三年行动计划；高定位加强组织领导，进一步凝聚“长江大保护”的思想共识，营造共促共抓长江大保护的浓厚氛围，形成上下联动、齐抓共管、合力推进的工作格局；高标准推进问题整改，明确沿江环境整治的主体责任，整体推进沿江环境的整治，加快改变沿江面貌，实施严格的专项治理行动，落实最严格的管理制度，坚决淘汰落后产能，加快已存污染治理和污染处置设施建设，提高产业“含绿量”；高水平推进长江生态保护，稳妥推进已利用岸线布局优化，逐步调整与长江生态保护不符的开发功能，对已开发利用的岸线，建立岸线资源有偿使用制度和有效退出机制，积极推进未开发岸线利用保护，加快推进长江岸线生态利用，结合工业、农业、旅游，结合经济社会发展和人民需求，系统优化提升已有发展现状，打响长江生态文化旅游品牌，打造具有张家港特色的滨江城市。

【医保基金使用管理工作协商】 5月，市政协召开主席会议，协商医保基金使用管理工作。会议围绕政策及制度对基金支出的影响、参保人员对基金支出的影响、医药机构对基金支出的影响、监管力量配置不足等因素对基金支出的影响等问题进行讨论，提出要通过加强协调配合、充分发挥第三方监管力量、聘请社会监督员、落实举报和奖励措施、建立诚信体系建设、建立约谈与惩戒机制等措施，整合监管资源，建立联合监管机制，推动打击欺诈、骗保的常态化；通过建立完善智能监控平台运行机制、建立大数据定制监测分析系统、探索运用人脸识别技术等科技手段，提升监管质效；深化重点领域改革，推动医疗服务合理化，完善总额控制结算办法，合理确定医联体总控指标，促进分级诊疗制度的进一步落实，推进按病种结算管理，进一步扩大按病种结算的病种数量，研究探索和建立DRGS付费体系并率先试行，实现医疗质量安全和合理控制费用的双重目标；加大部门间的联络合作，进一步深化“三医联动”，加大对医疗行为的监管力度，进一步强化医保医师考核制度在规范医疗行为中的作用，医保部门建立与定点机构间的良性互动机制与协商机制，充分发挥定点机构对控费的主观能动性。

【“聚力新经济、融入长三角”工作协商】 5月，市政协召开常委会议，就抢抓长三角一体化机遇进行研究协商，形成调研报告《聚力新经济，对接大上海——张家港市在长三角一体化中实施“六大新经济工程”的建议》。调研报告结合全市发展阶段、发展需求，侧重从经济层面建议全市在对接大上海、融入长三角过程中，在理念导向上，力推“一体化思维、本土化作为”，即一方面要以全市内部的一体化、协同化，整合全市资源去参与长三角一体化；另一方面，要以全市的新经济新作为，练好内功去领先领跑长三角高质量发展。在行动落实上，梳理出全市六大优势与劣势：一是对接通道全部打通，但缺乏反向虹吸力；二是对接资源点状密集，但缺乏整体梳理谋划；三是要素资源相对低廉，但缺乏国际营商配套环境；四是企业合作模式创新，但缺乏体制性的抱团合作；五是招商资源相对丰富，但缺乏资源统抓统配；六是科研文旅对接有实质突破，但缺乏量的支撑。从近期、微观层面，提出建议在高铁新城引进上海大高校、知名高校，在高铁新城与上海分别建设大科技载体、大孵化中心，强化市级招商协商机制，做好1到2个长三角产业联盟，用足用好全国供应链创新应用试点机会。从长期、宏观层面，建议实施“六大新经济工程”，推动港产城一体化转型，推动张家港在长三角一体化高质量发展中赢得先机、获得转机。“六大新经济”包括新平台经济，建议牵头打造各层面长三角合作平台，让主动融入有抓手、有平台、有品牌；新高铁经济，建议全力以赴做好“三个区”（用高端城市资源导入高端人口建设高端社区，用商务连接交通和产业建设高铁商务区，集中科技载体资源建设高铁科研区）；新总部枢纽经济，建议除打造联通全国的物理交通枢纽外，更要打造“总部在张家港、协调控制全国乃至全球清算结算的价值链枢纽”；新开放经济，全市既要争取外部政策资源等“向我开放、一体共享”，也要力推内部政策资源等“破除壁垒、统配协调”，形成新的内外开放相结合的开放型经济；新地标经济，通过建立新的文化地标、新的康养地标，在长三角一体化中做出地标性产业，推行地标性文化，增强城市的辨识度；新离岸经济，建议建设离岸展示中心、离岸孵化中心和离岸金融中心。

【宗教事业发展协商】 7月，市政协召开主席会议，协商推进全市宗教事业健康发展工作。会议围绕宗教工作责任机制有待进一步落实、合法宗教活动场所作用有待进一步发挥、宗教队伍建设有待进一步加强等问题进行讨论，提出要进一步深化思想认识，健全工作机制，引导广大干部加强对党的宗教问题理论和方针政策的学习，提高处理宗教问题的能力，加大《宗教事务条例》学习宣传力度，引导宗教界人士和信教群众增强学法遵法守法用法意识，运用全媒体、新媒体等多种途径，加大对社会各阶层关于党的宗教政策宣传教育力度，发挥宗教工作领导小组和联席会议制度的作用，加强宗教事务的动态研判、分类管理，各区镇担负起属地管理责任，推动宗教工作的网格化管理落到实处；进一步推进依法治理，提高管理水平，把宗教活动场所的规划建设，纳入城乡一体化建设总体规划，并研究制订宗教活动场所建设专项规划和实施方案，对已批准登记的宗教活动场所使用的土地逐一梳理，开展确权、补登记等工作，加强对宗教场所的现场管理，积极推进宗教活动场所技防型、智能化治安体系建设，坚持“保护合法、制止非法、遏制极端、抵御渗透、打击犯罪”的处理宗教问题的基本原则，依法清理非法宗教场所；进一步加强宗教界自身建设，发挥桥梁纽带作用，重视培养爱国宗教教职人员队伍，加快宗教界内部骨干人员的培养，采取有力措施提高宗教界人士、宗教网格管理员综合素质，以推进宗教文化的传承和保护为抓手，引导宗教界发挥自身优势，参与全市文化旅游品牌的内涵研究、形象提炼和塑造，鼓励引导宗教界人士关注民生、回馈社会，积极参与慈善公益事业和精准扶贫工作。

【非物质文化遗产传承保护协商】 8月，市政协召开主席会议，协商全市非物质文化遗产传承保护工作。会议针对非遗传承后续乏人、经费保障不足、载体建设落后等问题，提出要因地制宜，实现非遗分类保护，对濒危遗产和年老体弱的传承人开展抢救性保护，用科技手段建立全市非遗数据库，对具有一定市场前景和社会受众的非遗项目，鼓励和扶持开展生产性保护，对沙上文化生态保护区及其他文化生态区，注重实行整体性保护，加快制定全市非遗传习所、传承人、传承项目等相关管理办法，完善准入退出机制，实现非遗工作的规范化、科学化、长效化；科学规划，推进非遗场馆建设，建议结合黄泗浦遗址开发和黄泗浦生态园建设，同步规划建设张家港市非遗展示馆，打造成重要的文化教育场所和旅游体验新点位，同时进一步提升已有场馆及各个非遗传习所的服务水平，鼓励和支持建设非遗传承基地、非遗展示馆、传习所，常态化开展非遗传习、体验活动；立足传承，强化人才队伍建设，建议设立非遗项目发展基金，完善非遗资金投入机制，奖励非遗保护先进集体和个人，补助非遗传承人，调动各级参与非遗保护的积极性和主动性；借力发力，推动非遗融合发展，推动非遗与文化旅游相结合，以旅游为载体给文化发展搭建平台，以文化为灵魂给旅游发展注入内涵，推动非遗与乡村振兴相结合，推动非遗保护实践创造性转化、创新性发展，为乡村振兴铸魂点睛，推动非遗与志愿服务相结合，鼓励更多热心非遗保护工作的人士参与非遗的调查研究、记录整理、宣传推广等，推动非遗与新时代文明实践相结合，组织开展非遗特色展览、非遗大讲堂、非遗文艺巡演等活动，以文化传承助推文明实践。

【高铁新城建设协商】 8月，市政协召开常委会议，就高铁新城建设工作进行协商，形成调研报告《建好高铁新城，推动张家港高质量发展的若干建议》。调研报告针对认识高度不一致，城市发展信心尚需提振；高铁新城基础弱，转型升级引领作用不强；工作推进难度大，体制机制还需逐步理顺；市域交通不便捷，快速路网短板仍需拉长；城市竞争能级低，反向虹吸效应值得警惕等问题，提出要正确把握高铁新城的发展定位，把高铁新城打造成张家港乃至长三角著名的“双创之城、文创之城、生态之城、宜居之城”，同时，以苏州工业园区为标杆，把高铁新城建设成为张家港的商务中心、研发中心和城市客厅，通过高铁新城把张家港市发展成为长三角区域著名的枢纽城市、科技创新城市，坚持把高铁新城作为张家港市主城区的组成部分，加大高铁新城的投入建设力度，促进高铁新城与已有杨舍主城区的融合发展；不断构筑对内对外的交通优势，在对外大交通方面，重点打造“公铁空港”，发挥多式联运功能，建立张家港市多维度、多元化、多层次立体交通体系，在对内交通方面，构建长三角交通一体化背景下张家港铁路、公路、内河交通枢纽；加快推进工业2.0到4.0跨越发展，选择符合高铁枢纽偏好要求、具有较高投入产出率的产业，使之成为张家港市未来经济发展“增长极”；高品质打造高铁新城宜居城市环境，注重着眼于新城未来产业及城市发展的需求，导入先进理念科学规划，完善规划体系，打造智慧、绿色、友好、开放、高效、以人为本的都市生活和工作环境，在统筹规划的基础上，以产业为先导，同步推进居住社区的开发建设，最终形成产城深度融合状态；积极探索优化服务管理新模式，高铁新城和塘桥镇加快磨合，建议尝试高铁新城与塘桥镇一体化管理模式，促进塘桥镇域更加全面发展，形成良好开端；积极引进符合需求的各类人才，为人才创造优质的事业发展平台，依靠事业留人，为人才及其配偶提供丰沛优质的就业机会，依靠生活环境留人，同时，提升城区影响力、吸引力，大力引进各类人才。

【政务服务改革工作协商】 9月，市政协召开主席会议，协商政务服务改革工作。会议针对全市政务服务改革领域突出存在的重业务运行与轻改革设计、假“互联网+”与真“互联网+”、举“一家之力”与聚“全市之力”三大矛盾，提出要统一思想、合力攻坚，支撑“最大化”，全市上下要以系统思维、用户思维、互联网思维“三个思维”的统一，激发合力攻坚的内生动力，实现全要素主动参与改革、全力服务改革；先行先试、规范标准，服务“最优化”，政务服务既要先行先试，更要规范标准，建议“两手抓、两手都要硬”，一方面，在全流程网办等关键领域先行先试，以“先行先试”突破限制，另一方面，在服务内容等方面规范标准，以“规范标准”推广成果，最终实现最大范围的服务“最优化”；横向到边、纵向到底，改革“大联动”，横向上，建议突出重点，攻坚本级系统对接、数据共享，纵向上，建议逐步统一全市政务服务管理平台，已单独开发使用平台的逐步与市级平台对接，流程上，建议全程畅通，“互联网+监管”从“事前审批、事中监管、事后执法”一体化考虑；放大优势、打造标杆，探索“无人区”，建议充分利用已有优势，对标先进地区，向“无人区”探索前进，至少在电子证照共享应用、大数据应用、社会治理三个方面作努力探索，打造全省乃至全国政务服务“第一地标”。

【全民健身与体育产业工作协商】 11月，市政协召开常委会议，就全民健身与体育产业工作进行协商，形成调研报告《落实全民健身战略，推动公共体育服务高质量发展——关于张家港市全民健身与体育产业工作的若干建议》。调研报告针对硬件设施资源配置标准不高、优质优育公共资源城乡发展不均衡、社会服务能力和质量需完善和提高等问题，提出要高起点定位，规划建设城市新标志——张家港奥体中心，将张家港奥林匹克体育中心列入城市总体规划和建设项目，高点规划，高标实施，使之成为代表城市品质的标志性工程，提升城市能级和影响力；市场化引导，充分运用社会力量推动体育事业健康发展，积极利用较丰富的社会资本与社会资源，加上政府灵活的体制机制，发挥政府和市场两个积极性，培育社会力量办体育的土壤，充分激发民间活力，努力形成体育产品和服务供给主体多样；政策性扶持，促进全民健身与体育产业融合发展，根据发展需求增大体育产业发展专项资金规模，扩展扶持项目，合理规划各类体育产业基地的建设布局，打造品牌，扩大影响，形成体育制造产业集聚区和体育服务业集聚区；高标杆争先，加快推进“体育强市”建设，把全民健身理念贯穿融入体育强市建设全过程，使之成为全体市民的一致思想和行动自觉，加大投入力度，加快推进城西文体中心、奥体中心等体育公共设施建设，做亮赛事品牌，通过承接和引进国内外赛事，组织和举办精品赛事，扩大全市足球特色影响等方式，持续增强全市体育竞争力。（谭　晔）

民主监督

【概况】 根据市委、市政府关于跟踪督察督办2019年全市重点工作和重点项目的要求，市政协全年对市10项重点工作和2项重点项目每季组织开展相应的监督性调研视察活动，并向市委、市政府报送专项报告。先后就积极稳妥推进“退港还城”、防范和处置非法集资风险、提升居家和社区养老服务专业化水平等方面，提出了80余条相关意见建议，有力保障推动全市重点工作实施和重点项目建设。年内，市政协进一步拓展“政协大讲堂”内涵，以传播新思想、新政策、新知识为主旨，先后举办“高铁时代张家港机遇与挑战”“水做的江南”“习近平新时代中国特色社会主义思想学习纲要”“关于加强和改进人民政协工作的重要思想”等4期学习讲座，有委员318人次听取讲座，进一步推动委员精准把握时代脉搏、社会热点，有效提高履职本领。市政协增进同各方面团结合作，充分发挥人民政协作为民主党派参政议政平台作用，支持党派团体开展形式多样的参政议政活动，充分发挥党派团体在集体提案、大会发言、调研视察、协商议政、民主监督等方面的主力军作用，使党派特色与界别优势充分展现。注重做好民族宗教和港澳台侨工作，举办“民族一家亲、政协助成长”活动，推动少数民族新市民管理服务工作，组织开展华人华侨创新创业园和侨胞之家建设专题视察，开展外事工作和台资企业运行情况通报协商。探索新时代对外联络、引才引智新思路，主动服务留学回国人员实现更好发展，积极助推江苏、台湾两地青少年交流交往。有序开展政协文史资料征集编纂，全年征集各类文史资料16.5万字；合作编纂出版《港城老味道》、《钱承有道》、《张家港史志》（张家港文史资料第39辑）、《金港镇政协十年履职成果汇编》（张家港文史资料第40辑）。全年就社会力量办学机构整治工作、防汛排涝工作、科技场馆使用工作、全市智能制造工作、对外承包学校食堂食品安全管理工作、生活污水处理工作、侨胞之家建设工作、老旧小区加装电梯工作等课题组织开展专题视察通报活动8次，提出各类合理化意见建议50余条，助推相关部门职能工作。

【提案办理】 市政协十二届三次会议期间收到提案344件，其中集体提案70件、个人提案274件。经审查，立案203件，其中经济科技类46件、城乡建设类56件、社会事业类26件、民生保障类72件、其他类3件。市政协坚持通过加强重点提案遴选与督办、开展提案办理质量双向评价与评选有影响力提案、加大提案办理协商与提案办理视察工作力度等举措，履行民主监督职责，助推民主监督工作。选取《关于推动中小企业高质量发展的几点建议》《关于抢抓长三角一体化发展战略机遇，推动张家港的高质量发展的建议》《关于加强动迁安置小区物业管理的建议》《关于加强农村河道综合整治，全面优化我市水生态环境的建议》《关于发展科技促进我市节能减排的建议》《加强中小学教师人才队伍建设》《关于深挖现有道路潜力，多措并举，助力缓解高峰期市区交通拥堵的建议》7件提案，合并《关于如何推进我市非物质文化遗产保护与开发的建议》《关于推进沙上非物质文化遗产保护传承工作的建议》《关于高标准推进我市非遗传承与保护的建议》为1件提案，共8件提案作为市委、市政府领导牵头领办提案，选取《关于进一步推动民营医院健康发展的建议》《关于深度推进我市军民融合产业发展的建议》《关于深化产城融合，助推高铁新城建设的建议》《关于促进我市学校足球可持续发展的建议》《关于推进我市科技企业加速器建设,推动小微科技企业高质量发展的建议》5件提案,合并《关于加快推进我市快速环路建设的建议》《关于加快推进我市快速环路建设研究的建议》《关于加快城区外围快速路及公共交通建设,缓解上下班交通拥问题的建议》《关于加快建设我市快速环路的建议》《关于加快中心城区快速路建设的建议》《关于加快实施城区快速环线的建议》为1件提案,共6件提案作为市政协主席会议、主席、副主席督办重点提案,同时结合政协专委会工作实际,将《关于加快推进我市印染行业转型升级的建议》《关于依法严厉打击黑恶势力 维护人民群众合法权益的建议》《关于加强厨房油烟源头治理的建议》《关于恢复升级市华人华侨经济文化交流服务中心的建议》《关于培育双山香山文旅融合新亮点 乡村振兴新示范旅游品牌的建议》等5件提案列入专委会联合督办范畴。

张家港市政协十二届三次会议期间“十件有影响力提案”一览表

表6

提案单位(人)	案　由	承办单位
民革市基层委员会	关于抢抓长三角区域一体化发展战略机遇,推动张家港高质量发展的建议	市发改委
九三学社市基层委员会	关于加强乡村生态振兴的建议	市农业农村局
政协杨舍镇工委 政协锦丰镇工委 政协凤凰镇工委	关于如何推进我市非物质文化遗产保护与开发的建议	市文体广电和旅游局
民盟市委	关于进一步推动民营医院健康发展的建议	市卫健委
政协金港镇工委	关于深度推进我市军民融合产业发展的建议	市发改委
政协锦丰镇工委	关于加强我市非法集资风险防范的建议	市金融工作服务中心
民建市基层委员会	关于推动中小企业高质量发展的几点建议	市工信局
民建市基层委员会	关于深化产城融合,助推高铁新城建设的建议	市高铁新城管委会
民革市基层委员会 市台胞台属联谊会	关于加快推进我市既有多层住宅加装电梯的建议	市住建局
侯蔚枫　蒋红梅 葛建东　缪　艳 祁小春	关于加快推进我市快速环路建设的建议	市交通运输局

【“委员知情明政直通车”活动】 年内,市政协进一步深化“委员知情明政直通车”活动,夯实委员知情明政平台,围绕推进张家港口岸海关工作与经济社会融合发展、加快文化旅游一体化发展、深入开展“三优三保”、提升快速环路建设水平等专题,举办4次“委员知情明政直通车”活动,邀请海关、发改、工信、商务、财政、文体广旅、交通等10余个职能部门,为委员作情况通报,参与委员200余人次,取得了委员热心参与、部门积极配合、社会广泛好评的多赢效果。

【“委员联村(社区)”工作】 年内,市政协扎实推进“委员联村(社区)”工作,以助推党政重大决策部署落实、收集和反映社情民意为主要任务,按照“中共委员联系党外委员、组团式走访、分组管理”的原则,组织全市300余名政协委员,对应联系全市278个村(社区),以组团分片走访形式,每季参与走访村、社区活动,深入基层、深入一线,全年开展走访1000余人次,收集并反映社情民意信息90余条,通过广泛调研、深入协商、精准建言,积极助推事关群众切身问题得到及时有效解决,努力当好方针政策的宣传员、社情民意的调研员、建言献策的参谋员。

【“委员之家”建设】 年内,市政协进一步推进“委员之家”扩面提质,围绕“委员之家”建设、委员纳入“委员之家”活动“两个全覆盖”目标,扎实做好平台的延伸、巩固、提升工作,出台《关于进一步完善我市界别“委员之家”建设的实施方案》,全市调整和新建界别“委员之家”13家,“委员之家”总数22家,努力将“委员之家”打造成为委员学习培训、交流联谊、履行职能、汇聚智慧的新平台,为委员更好地履职尽责提供有力保障。其中,经济界委员之家作为市首家界别委员之家,在市委党校的大力支持下,落实300平方米办公室、投入15万元用于委员之家建设。建成后,经济界委员之家不断创新履职形式,丰富活动内容,推进建言资政和凝聚共识双向发力。工商联界委员之家位于市企业家俱乐部,落实1000余平方米的活动场所,成为委员协商议政、项目推介、会议接待、交流联谊、商企沙龙、读书摄影的多功能平台阵地。市科协将科技、科协界委员之家安排在市图书馆与科技之家共享,投入近8

万元用于设备添置和环境布置，将科技、科协界委员之家打造成集开放式服务、线上线下、菜单式服务于一体的智慧家园。

【社情民意信息收集】 年内，市政协共收集社情民意157条，经筛选向市委、市政府报送社情民意专报3期14条，涉及提升中小学伙食标准、生活垃圾分类、失地农民养老等问题，均被批示并给出了具体处理意见。向苏州市政协报送33条，其中市政协委员陈兰提交的《关于以村民自治促进基层治理创新的建议》和民进市支部提交的《关于加快推出幼儿托育服务行业地方规定和标准的建议》被省政协采用，市政协委员刘亚芬提交的《关于为新生儿办证提供高质量一站式便民服务的建议》被苏州市委、市政府批示。

【交通运输工作评议】 4月至6月，围绕市委、市政府关于"交通强市"的决策部署，市政协组织开展民主评议交通运输工作。组成4个评议工作小组，采取调研视察、座谈协商、行风建设问卷调查等多种方式，深入市交通运输局机关和各区镇，实地走访部分企业、社区，先后召开10个座谈会，发放调查问卷157份，广泛征集社会各界对交通运输工作的意见建议。针对全市交通运输工作在综合交通运输体系、行业与基层治理监管、公交事业发展等方面存在的问题，提出要着力在健全完善现代化综合交通运输体系、提升行业监管能力、加强和改进公共交通服务等方面求突破、上水平，并形成民主评议报告报送市委、市政府，积极推动构建现代化综合交通运输体系。市交通运输局根据评议意见，研究制定了完善交通运输体系、加强交通基础设施建设、强化行业监管力量、提升交通服务水平、持续锤炼工作作风、加强交通队伍建设等10余条整改措施，认真推进实施。 （谭 晔）

2019年张家港市政协委员反映的重点社情民意信息解决情况表

表7

反映信息	解决情况
关于提升全市中小学伙食标准的建议	市教育局对全市中小学伙食费标准情况进行专题调研，张家港市与周边市（区）相比，中小学、幼儿园的伙食费标准偏低，为保证学生伙食质量，合理满足学生营养需求，市教育局会同市发改委、财政局等部门进行会商，由市教育局发文明确从2019年秋季学期起对中小学、幼儿园学生伙食费标准作适当调整，具体为：幼儿园（含一餐两点）每餐8至10元，小学每餐8至10元，初中每餐8.5至10.5元。市教育局要求各学校应在广泛征求学生家长意见的基础上，稳妥推进，分步实施，按照实际成本确定学校2019年秋季学期伙食费标准，幼儿园、小学不超过每餐9元，初中不超过每餐9.5元；伙食费标准确定后原则上两年内保持不变
关于强化活禽市场监管的建议	根据市政府印发《关于公布张家港市定点活禽零售市场名录的通知》（张政发〔2017〕52号），自2018年起，市商务、市场监管、城管、农业农村等部门先后多次联合在全市范围内开展活禽交易专项整治行动，着力规范活禽交易市场秩序。明确下一步，市各责任部门重点做好以下四方面工作：一是落实市场主体责任。积极督促活禽定点交易市场全面履行主体责任，强化市场准入，建立完善经营户台账，如实记录经营户进货渠道、活禽检疫等情况。二是完善长效监管机制。各职能部门根据职责分工，强化联合执法、提高巡查频次、加大处罚力度，建立完善稳固、长效的监管机制。三是加快构建冷鲜禽供应体系。加快全市冷鲜禽销售网络布局，构建"定点宰杀、冷链配送、冷鲜上市"的冷鲜禽供应体系，引导消费者传统禽类消费观念的转变。四是充分发挥公众舆论监督作用。在各农贸市场、社区等公共场所以电子显示屏、横幅等形式广泛开展宣教活动，联合市新闻媒体，加大对活禽交易违法行为的曝光力度，及时公开有关信息，切实保障人民群众的身体健康和生命安全
关于推进新生儿办证"四合一"，提供高质量一站式便民服务的建议	张家港市新生儿"四证"（出生医学证明、新生儿预防接种卡、新生儿户口证明、城镇医疗保障卡）分别由市卫健委、公安局、人社局负责办理发放，办理流程主要由各承办单位分别执行条线系统规定，经办人需要到不同的机构办理。全省在相关政策设定方面未有实质性突破，新生儿办证"四合一"暂时无法实现。下一步，市有关职能部门积极与上级条线沟通汇报，寻求上级政策支持，同时加强部门间资料信息共享，尽量让老百姓在办理相关证件的时候少走重复路，做到便民服务更加高效
关于尽快规范"城管外包"行为的建议	城管服务外包是政府购买公共服务的一种形式，也是依法开展城市管理的一项创新举措。城管服务外包存在外包企业及人员的监管考核制度不健全、服务外包人员素质有待提高等客观问题。下一步，张家港市在总结前期经验得失的基础上，采取措施加以改进：一是建立城管服务外包市场充分竞争机制，鼓励、引导优质企业参与市城市管理。二是健全对城管服务外包企业及人员的监管、评估、考核制度，采取日常巡查、随机抽查、暗查、专项检查等方式，对服务质量进行全面客观的考核评估，对人员进行奖勤罚懒，对企业实行优胜劣汰。三是建立城管队员与服务人员间的信息互通、管理互助机制，城管队员指导、监督、考核服务人员，服务人员反馈、配合城管队员，强化城管队员执法权的规范行使和服务人员管理职能的有效实施，有效预防行政不作为、履职不到位的问题

续表7

反映信息	解决情况
关于在机构改革后梳理各部门规章文件并向社会公开的建议	相关部门对建议办理工作进行商议，制定三条针对性举措：一是开展每两年一次的定期清理工作。在2017年行政规范性文件清理结果的基础上，由市司法局牵头组织各区镇与有关部门对当前施行的行政规范性文件进行全面清理，结果按“继续施行”“拟修改”“废止”“宣布失效”4个类别主动向社会公开，并作为政府行政管理的依据。二是做好机构改革后制定主体认定工作。根据《苏州市行政规范性文件制定和监督管理规定》第八条规定，对有权制定行政规范性文件的行政机关和组织进行重新登记确认并向社会公布，未经登记确认的其他任何部门或单位，不得制发行政规范性文件。三是严格行政规范性文件合法性审核。严格按照有关规定，将凡是涉及公民、法人和其他组织权利义务的行政规范性文件，均纳入合法性审核范围，未经合法性审核或合法性审核不合格的，不得出台行政规范性文件，从源头上防止违法文件出台，推进法治政府建设，维护群众合法权益
关于规范完善农村电线杆设置的建议	全市共有各类管线18种，市住建局《张家港市城市地下管线安全生产综合大排查方案》明确了各管网的责任部门，市城管委《2019年张家港市城市管理重点工作实施方案》明确由市住建局负责牵头“市容街景提升工程”和“道路窨井盖整治工程”。其中，市容街景提升工程包含了逐年推进背街小巷、老旧小区等区域架空线落地整治的内容，城区主干道率先消除管线“蜘蛛网”。各管线单位已完成摸查工作，正制定整治计划，初步考虑先行对横河里区域进行整治。鉴于各类架空管线点多、面广、量大，各管线单位拟逐步推进改造整治，其中，主次干道、背街小巷的架空管线拟结合道路改造或大中修工程一并入地；开放式小区、城中村的架空管线拟结合雨污分流改造入地；镇村的架空管线拟结合美丽乡村建设、“331”整治、各管线单位的年度改造更新计划逐步推进整治
关于提升市生活垃圾分类工作的建议	近年，张家港市按照上级关于生活垃圾分类工作的部署要求，全面推进城乡生活垃圾分类各项工作，并取得初步成效。下一步重点做好几个方面工作：一是强化文明养犬。针对宠物粪便的清理问题，将继续加强部门协同，做好市民文明养犬引导，督促物业、环卫等部门做好日常保洁，并进一步加强养犬行为的日常监管。二是提高分类标准。建设垃圾分类信息化管理系统，在全市范围内推行垃圾四分类工作。同时，在居民小区试点实施“定时定点+智能分类容器”模式。三是增强监督手段。待《苏州市生活垃圾分类管理条例》出台后，张家港市将研究配套执法措施。此外，将垃圾分类作为网格化治理重要内容，不断提高分类实效。四是加强宣传引导。加强垃圾分类社区宣传、入户宣传，加强党员引领、巾帼助力、志愿服务等多方力量，广泛发动群众积极参与垃圾分类
关于加强常阴沙现代农业示范园区交通管理的建议	针对该建议，市公安局会市交通局、市城管局、常阴沙现代农业示范园区等单位进行专题会商，制定三条针对性措施。一、关于永泰路安全问题。经研究决定，在永泰路加装5套交通信号灯设备、2套电子警察抓拍系统，并在视线不佳的支路与永泰路交会点增设凸面镜，配齐道路安全设施，进一步提升永泰路交通安全管理水平。二、关于运输车停放问题。易地设置常阴沙货运市场车辆停放点，在通运北路现有三家码头的位置，为货运市场提供相应集中、固定的场地；完成码头搬迁后，进行合理、科学的停车规划；加强整治和管理，在多方位宣传教育的基础上，有针对性地开展集中整治，确保取得实效。三、关于路口往来安全问题。市公安局交警大队乐余中队将联合乐余交管所、常阴沙城管中队等部门，进一步加强永泰路交通安全管理，加大对大型货车超载、超速等重点违法行为的查处力度，并建立常态化管理机制，不断完善已有道路安全设施配套建设，最大限度减少安全隐患点
关于多措并举关心好失地农民养老问题的建议	针对该建议，市民政局第一时间召开办理工作会议进行专题会商，下一步重点做好以下工作：一是不断完善养老服务政策。结合此次工作调研情况，进一步加强对失地农民养老服务相关政策的研究，通过政策引导吸引更多社会力量参与失地农民养老服务建设和运营。二是推进社区养老服务设施建设。年内全市将完成新建居家养老服务中心(站)35家，村、社区养老服务设施建成率将达90%，届时将能够覆盖更多失地农民。三是提升社区居家养老服务能力。针对失地农民等特殊老年人群体，创新服务模式、拓展服务内容，试点在2家社区居家养老服务中心内设护理站，提升社区养老服务设施医疗服务水平。四是培育养老服务志愿者队伍。在加强养老护理员以及各类护老者职业技能培训的同时，将依托实体化运作的市养老志愿者协会，链接更丰富的为老服务社会资源，努力建成与经济社会发展相适应，布局合理、管理规范、服务完善、充满活力的养老志愿服务体系
关于关注基层学校校医配备的建议	市教育局对全市校医配备情况进行梳理，2019年全市在校学生19.5万人，校医总人数75人，比2018年增加41人，均为市教育局聘用人员。所有正式校医均为校医、预防医学、临床医学、中医学、卫校护士、药学等对口专业毕业生，综合素质较好，能满足岗位需求。根据《学校卫生工作条例》，对照“按学生人数600∶1的比例配备专职卫生技术人员”标准，全市配备力量差距较大（对标需配备专职校医300余人），且存在解决渠道困难的现状。下一步，市教育局、卫健委将加强沟通协调，在做好校医聘用工作的同时，采取两个方面措施，进一步提升全市校医队伍的数量与质量。一是加强业务培训。针对不同学段学校的学生特点，组织校医开展专项业务培训，提高在职校医的业务素质与能力水平。二是强化内部挖潜。由市教育局、卫健委建立协调机制，在自愿的前提下，以返聘方式引导和动员退休医护人员从事校医工作

【编辑　宋佳辰】

纪检监察

Discipline Inspection & Supervision

2月19日，中共张家港市第十一届纪律检查委员会第四次全体会议召开　（市纪委　提供）

党风廉政体制建设

廉政宣传教育

正风肃纪

专项治理

巡察工作

張家港年鑑(2020)

党风廉政体制建设

【概况】 2019年，市纪委监委履行纪检、监察两项职能，通过做实做细政治监督，压紧压实政治责任，不断健全体制机制，用监督执纪问责和监督调查处置的实际行动践行"两个维护"，为全市经济社会发展大局提供坚强纪律保障。年内，相继出台《市纪委监委关于规范问责工作的意见（试行）》《关于推进市属国有企业纪检监察体制改革的实施方案》《关于推进市直属事业单位纪检监察体制改革的实施方案》。协助市委研究制定《集中整治形式主义、官僚主义三年行动计划（2019—2021）》，明确6个方面18项重点工作任务，督促各级领导班子及党员干部持续查摆解决自身问题，组织开展形式主义、官僚主义集中整治工作情况专项督察，坚决纠治有令不行、有禁不止行为，严肃查处典型问题4起5人，确保集中整治工作成效。在原有"三项机制"的基础上，会同市委组织部拟定村（社区）干部鼓励激励、能上能下、容错免责相关文件，在全市范围内大力营造想干事、能干事、干成事的浓厚氛围，将"三项机制"的政策红利向广大村干部延伸覆盖，推动各级党组织、党员干部积极履行主体责任。

【党风廉政建设】 年内，市纪委监委深入贯彻落实省委《关于落实全面从严治党党委主体责任、纪委监督责任的意见》，结合工作实际制定年度责任清单，严格落实省、苏州市履责记实制度，切实推动主体责任、监督责任落实有迹可循。出台《关于推进全面从严治党三年行动方案2019年重点工作的意见》，部署2019年度7类27项重点任务，明确时间节点和责任部门，不断推动新时代全面从严治党向纵深发展。按照机构改革方案，结合张家港市实际升级完善全面从严治党"两个责任"监督监测平台，抓紧抓牢全市76个党组织、34个纪检监察组织以及党组织领导班子成员等三类重点对象，以指标化形式细化全面从严治党履责清单，采用系统预警和人工预警相结合方式，对工作开展不力的组织、个人进行实时预警提醒，推动形成集体履责、人人尽责的良好局面。协同市委定期梳理填报苏州全面从严治党"两个责任"履责纪实信息平台，依托"衡镜"系统开展政治生态监测评价工作，建立政治生态监测数据采集联动工作机制，协调指导各有关单位及时准确提供监测数据，有效把握全市各区镇、各单位政治生态状况，同时按月对比分析各考核项得分情况，对于发现的突出问题进行有效预警，促进生态优化。始终坚持惩处问责和正向激励双管齐下、同步推进，以有力度、有温度的监督执纪工作推动主体责任落实。出台《市纪委市监委关于规范问责工作的意见（试行）》，进一步健全问责工作机制，规范问责工作流程，督促相关职能科室围绕推进全面从严治党不力、落实中央重大决策部署不坚决不到位等问题，进行一案双查、责任倒查，从严查处相关党组织、党员干部在履行主体责任、监督责任方面的失职渎职问题。对2个基层党组织、6名党员干部履行"两个责任"不力问题进行责任追究，切实推动管党治党政治责任全面覆盖、层层传导。

【纪检监察体制改革】 年内，市纪委监委统筹实施纪检监察"三项改革"，坚持内涵式发展，推动改革任务落地落实，切实将制度优势转化为治理效能。推进派出监察员办公室改革，探索实施"一办一网一机制"建设，推进监察员办公室标准化建设。聘请首届特约监察员，社会各界的12名特约监察员正式受聘上岗。制发《张家港市监察委员会特约监察员工作办法(试行)》，明确聘任条件、工作职责、权利与义务，进一步规范特约监察员工作。聘任308名村（社区）监察员助理，下发《关于印发〈张家港市监察员助理工作暂行规定〉的通知》，通过构建基层监督网、完善配套工作机制，不断提升基层监察监督效能，形成重点问题"嵌入监督"、重大专项"交叉监督"、风险隐患"排查监督"、衔接巡察"接续监督"等创新举措，切实打通全面从严治党"最后一公里"。年内，4个派出监察员办公室共组织开展各类监督196次，处置问题线索122件。深化派驻机构调整改革，紧跟全市深化党和国家机构改革进度，对派驻纪检监察组监督范围作出相应调整，共对65家市一级党和国家机关和市属事业单位进行派驻监督。12月，全面启动企事业单位纪检监察体制改革，未纳入派驻监督范围的6家市直属企业、2家市属事业单位，由相关派驻机关纪检监察组实施监察全覆盖，规范建立企事业单位内设纪检机构，理顺内设纪检机构、派驻纪检监察组和市纪委监委职责界

12月12日，开展国企纪检监察体制改革调研 （市纪委监委 提供）

限，倒逼企事业单位纪委深化“三转”（转职能、转方式、转作风），聚焦主责主业，做细做实日常监督。实施省级以上开发区监察体制改革，结合全市实际，研究制定《张家港市监委向省级以上开发区派出监察工委实施方案》，完成张家港保税区监察工委和张家港经济技术开发区监察工委组建任务，依法赋予相应监察权限，保税区监工委率先完成首例政务立案，实现对全市所有区镇监察全覆盖。

（宋俊俊）

廉政宣传教育

【概况】 2019年，市纪委全年在苏州市级以上报刊媒体发表党风廉政建设报道536篇，全方位展现张家港市党风廉政建设成效。其中，省级以上媒体刊发313篇。年内，张家港廉政网更新信息900余篇，网站点击率10万余人次，通报执纪审查信息6条。至年末，市纪委官方微博“张家港纪检”发布信息872条。2月19日，以图文并茂的“全媒体”直播形式对市纪委全会进行报道，2500余人实时关注会议。5月10日，邀请国家检察官学院教授张亮为全市800余名党员干部作“全面从严治党新要求与新形势下反腐败案例分析”专题讲座。针对性地安排案发单位或相关领域主要领导干部赴法院旁听典型职务犯罪案件公开庭审。年内，继续用好市反腐倡廉警示教育基地“主阵地”，接待240余批次、8700余名党员干部、公职人员到基地接受警示教育。拍摄制作《“微权力”任性的代价》《明察暗访正风肃纪》等警示教育片和作风建设片，组织指导全市各单位观看警示教育片200多场次，共3000余人次。在全市各单位组织开展“酒后驾车”专题警示教育，进一步增强党员干部规矩意识、法制意识。精挑细选农村集体“三资”管理领域违纪案件、违反“中央八项规定”典型性案件和贪污、受贿、挪用公款等职务犯罪类案件，通过张家港廉政网、张家港纪检官方微博、短信等形式向全市通报，达到使党员干部警醒心神的作用。

【“承暨阳清风，启勤廉之旅”系列活动】 5月20日，市纪委监委举办2019年度“520我爱廉”港城清韵宣教月启动暨“暨阳清风文化馆”开馆仪式，围绕“清纪醒廉”“清语诵廉”“清影益廉”“清规测廉”“清廉献礼”等9项活动，在全市集中开展勤廉宣传教育。年内，开放暨阳清风文化馆，并联合钱氏名人馆、香山廉政文化馆等一批精品教育基地串点成线，发布“清风扬帆航行”廉洁教育线路。依托报纸媒体开展“明法纪、守初心、担使命”百题万人答活动，吸引1.98万名党员群众参与答题。组织全市246名新提拔领导干部开展“不忘初心敢担当，牢记使命善作为”集体廉政谈话，并进行廉政知识测试，对廉政“风险点”进行提前警示。成立“清风讲师团”，24名清风讲师深入全市各区镇、各单位特别是基层一线“送廉课”30余次，受众3500余人。连续六年举办“美好家园，廉洁是福”廉洁文化社区行活动，为社区群众赠送廉政春联3000余幅。开展第七批市级廉洁文化建设示范点检查工作，通过现场查看、听取汇报、查阅台账等方式，检查各示范点的场所设施建设、廉政活动组织、反腐倡廉教育活动情况，发挥廉洁文化示范引领作用，持续开展丰富多彩的廉政文化活动，在全市营造风清气正的廉洁环境。

（宋俊俊）

10月14日，开展纪检监察干部应知应会知识测试 （市纪委监委 提供）

正风肃纪

【概况】 2019年，市纪委监委准确把握作风建设新形势新要求，通过开展作风监督、坚持纠“四风”和树新风并举，引导党员干部和公职人员改进工作作风、提升服务效能，推动化风成俗、成为习惯。保持惩贪治腐震慑力，依托审查调查“五化建设”，建立自办案件指导督导工作专班等方式，紧盯重点领域、关键岗位，切实加大案件查办力度，始终保持惩治腐败的高压态势。以“清风行动”专项督察为抓手，持续督导落实中央八项规定精神，继续深入整治作风顽疾。突出元旦、春节、清明、五一、中秋、国庆等重要时间节点，围绕享乐主义奢靡之风老问题、新表现，督促全市各区镇各部门各单位开展自查自纠和整改落实；组织市农业农村局、财政局、审计局、人社局、总工会等职能部门形成多个专项督察组，紧盯津补贴、奖金及福利发放情况、公款消费行为、礼金礼券登记收缴工作、民生资金发放情况等方面，针对性开展“地毯式”排查，确保监督检查不留死角。年内开展不间断、交叉式检查50余次，查处违反中央八项规定精神24起49人，分4批对11起典型问题进行点名道姓通报曝光。年内，市纪委贯彻全市作风建设大会精神，以干部作息时间督察为切口，对全市20余个机关单位及部分下属企事业单位作息制度执行情况进行专项检查，并下发情况通报。围绕张家港市“三标杆一率先”重点任务，针对推动高质量发展过程中工程项目众多、廉政风险点广的阶段特点，制定出台《工程建设领域“三项禁令”》，以三项禁令堵住说情打招呼、吃拿卡要、开方便之门等典型问题，并配套完善五条补充说明，明确建设单位对干预工程建设的行为实行登记备案制度，对各级干部插手干预工程建设领域的违纪违法行为一律严肃查处，切实以鲜明态度积极加强工程建设领域党风廉政建设。集中整治形式主义官僚主义，协助市委制定出台《集中整治形式主义、官僚主义三年行动计划（2019—2021）》，明确6个方面18项重点工作任务，督促各级领导班子及党员干部持续查摆解决自身存在的问题，会同市委办、政府办组织开展形式主义、官僚主义集中整治工作情况专项督察，坚决纠治有令不行、有禁不止行为，严肃查处典型问题4起5人，并点名道姓通报曝光3起，形成集中整治的有力氛围。会同组织部门建立《村（社区）干部“三项机制”实施办法（试行）》，将政策红利向广大村干部延伸覆盖，年内实施运用容错免责2例。深化失实举报澄清正名机制，探索运用信访举报失实澄清4件，树立鲜明导向。

【日常监督机制】 年内，市纪委监委注重有形、有效“两个覆盖”，着力在日常监督、长期监督上下功夫。凝聚纪律监督、监察监督、派驻监督、巡察监督“四个监督”合力，出台“四个监督”协调衔接办法，探索打造“一核心四协同”监督工作机制，对“四个监督”的内容方式、结果运用以及保障措施予以明确，健全完善内部协作、信息分析、联合检查等工作机制，推动监督有形化、规范化、长效化。探索创新监督举措，建立派驻机构、市直属单位（公司）纪委联席例会制度，创新推进派驻“嵌入式”监督，形成廉情分析机制、“三清”工作方案等监督举措，推动派驻专责监督与部门党委监督贯通联动、形成合力。制定出台《关于进一步规范村（社区）纪检组织建设的意见》，深入推进“一人一委一网”基层监督体系建设。

【“阳光扶贫”监督】 年内，市纪委深入贯彻省纪委《关于2019年开展扶贫领域腐败和作风问题专项治理的工作方案》，结合张家港市实际，拟定下发《关于落实省纪委监委〈关于2019年开展扶贫领域腐败和作风问题专项治理的工作方案〉的任务分工建议》，全面部署张家港市2019年度扶贫领域腐败和作风问题专项治理，督促相关纪检监察室围绕农村低保开展专项检查，严肃查处低保领域弄虚作假、优亲厚友问题。坚决贯彻推广阳光扶贫监管系统，会同市农业农村局（市扶贫办）开展多轮次针对性培训，督促全市相关职能部门、各区镇高效使用平台功能，切实做好上级督察反馈意见整改落实工作，并依托系统按季度筛选比对未走访数据，及时下发未入户走访整改通知，约谈未走访党员干部9人。

【农村集体“三资”监管】 市纪委充分发挥“监督的再监督”职责作用，督促市农业农村局常态化开展村级财务“第三方代理”、农村集体资产资源“线上交易”、村级资金“非现金结算”、村务公开“e阳光行动”等重点工作，进一步巩固完善农村集体资产清产核资工作。结合“不忘初心、牢记使命”主题教育，聚焦农村集体“三资”监管问题开展集中专项整治，深入开展“纠偏清违镇村行”专项行动，围绕农村集体资产清产核资、农村产权交易、村级财务非现金结算、村级财务“第三方代理”、“e阳光行动”和清缴欠租等方面工作开展专项整治督导调研，推动出台《张家港市村级财务“第三方代理”管理办法（试行）》，不断巩固深化张家港市农村集体“三资”专项治理各项重点工作。针对日常监督检查、巡察反馈以及上级专项督察中发现的个别区镇在落实上级决策部署上存在反复的问题，督促市农业农村局成立“三资”管理专项指导工作组，组织召开工作推进会，责成相关责任区镇立行立改、举一反三，确保第一时间整改落实到位。

【领导干部廉洁自律】 市纪委抓好领导干部重大事项报告工作，全年有512名领导干部报告婚丧嫁娶、因私出国（境）等重大事项。严格禁止领导干部违规收受礼金礼券行为，市廉政办共收到领导干部上交礼金礼券88.3万元。做好廉政公积金管理工作，2019年累计审核办理690人次廉政公积金；依据相关要求，对符合定期返还条件的，组织开展廉政公积金返还工作；对于受到“第一种形态”以及党纪政务处分的77名公职人员，进行了廉政公积金扣缴工作。按照上级统一部署，注销张家港市“510”廉政账户，账户余额共计340余万元上缴市财政。

【执纪查案】 年内，市纪委监委收接各类信访举报383件（不含巡视巡察转办信访件），其中信件229件、到访52件、电话12件、网络88件、其他2件；另收接省委第八巡视组巡视苏州期间转办信访13件。运用“四种形态”综合处置问题线索1415件，占比依次为74.8%、20%、1.5%、3.7%，其中运用第一种形态处置苗头性、倾向性问题1000余件。全年立案查处各类违纪违法案件425件，涉及乡科级干部26人，采取留置措施13人，移送司法机关13人，严肃查处刘胜、陈建强等一批有影响力的案件，在全社会形成有力震慑。 （宋俊俊）

专项治理

【概况】 2019年，市纪委监委牢固树立以人民为中心的思想，统筹推进各类攻坚行动、专项治理，不断提升群众获得感、幸福感、安全感。深挖彻查涉黑涉恶腐败和黑恶势力“保护伞”，坚决纠正对扫黑除恶专项斗争重视不够、责任不清、措施不力等问题，累计办结涉黑涉恶腐败问题线索31件，处理党员干部27人，办理苏州市监委指定管辖扫黑除恶留置案件6起

11月1日，开展纪检监察信访举报工作宣传　　（市纪委监委　提供）

6人。强化民生领域专项治理。深化教育领域专项治理，推动义务教育规范办学、校园安全隐患大排查、“阳光食堂”“空中课堂”建设，查处问题线索2件，立案6人。推进高值医用耗材问题专项整治，发现并督促整改问题15项。开展“大棚房”问题整治督查，对违法违规建设问题问责15人。开展人防系统腐败问题专项治理，围绕人防项目审批、易地建设费征收等环节开展实地抽查50次，推动追缴违规“减免缓”易地建设费4210万元。结合主题教育专项整治，查处群众身边不正之风和腐败问题34起40人，新发生问题数占比较2018年下降9个百分点。推进重点领域专项监督。扎实开展安全生产大排查大整治专项监督，结合安全生产专项巡察“回头看”，对10个区镇和16家部门进行专项督察，累计问责42人。嵌入式参与垃圾分类督导，对通报问题进行回头看并跟踪督察，累计开展专项督察12次，下发整改督办单11张。

【深挖彻查涉黑涉恶腐败】 年内，市纪委监委紧盯当地涉黑涉恶案件，先后召开8次市纪委常委会市监委会议，传达学习习近平重要指示精神及中央、省、苏州市对扫黑除恶专项斗争工作的重要文件和会议精神，部署全市扫黑除恶监督执纪问责工作，组织市反腐败协调小组成员单位召开“打伞破网”专题会议，对惩治涉黑涉恶腐败和“打伞破网”工作作专门部署。召开工作例会，组织领导架构，突出监督首责，压实各方责任。把扫黑除恶专项斗争和“惩腐打伞”纳入巡察监督重点内容，依托常规巡察、村（社区）巡察等多种方式，及时发现和纠正属地党委政府主体责任和有关部门监管责任落实不到位等问题，畅通与政法机关的涉黑涉恶问题线索信息共享渠道，带着问题线索进驻巡察，不断提高巡察监督的针对性和有效性。经巡察反馈，市公安、法院各2条线索，均移交相关单位处置。年内，由市纪委监委班子成员带队，成立3个督察组，对市城管、民政、市场监管、交通运输等9个单位的工作部署落实情况进行专项督察，推动重点行业涉黑涉恶综合治理。督促市公安机关开展案件自查自纠，全年深挖和受理涉黑涉恶腐败问题线索54件，查处、问责党员干部和公职人员28人。其中，党纪政务立案15人，采取留置措置移送司法机关6人，第一种形态处理11人。开展“套路贷”等非法金融活动专项治理，对黄赌毒和黑恶势力听之任之、失职失责甚至包庇纵容、充当“保护伞”专项整治，开展非法集资、房地产经纪、建筑工程领域等12项重点行业领域治乱专项行动。共排查出党员干部和公职人员涉嫌黄赌毒问题线索64件，其中，涉黑涉恶黄赌毒案件问题线索6件；公职人员涉嫌黄赌毒个案腐败和保护伞问题线索2件，党员干部参与嫖娼、赌博等问题线索56件，排查出党员干部和公职人员涉嫌套路贷问题线索5件。已办结案件中，查实3件，查否1件，政务立案3人，组织处理2人。

【教育领域专项治理】 年内，市纪委监委开展教育领域人民群众反映突出问题专项治理工作，开展校外培训机构集中整治及“回头看”，检查学科类校外培训机构700多家，开具处罚决定书64份、整改通知书150余份，关停无证机构95家，吊销办学许可证8家。开展义务教育学校违规办学行为、学校安全风险隐患专项治理，排查教育系统安全隐患、薄弱问题360余条，推动整改到位340条。以严肃问责释放从严信号。聚焦教育领域信访举报和问题线索，先后查处违纪问题7个，党纪立案7人，运用第一种形态处置44人次。推动落实“一案一整改”，深入剖析案件原因，查找制度漏洞，提出纪律检查建议4条，督促教育部门和学校制定整改措施34项，完善出台规章制度18个。利用处分送达进行通报曝光，召开全市教育系统警示教育大会，强化震慑效应，筑牢廉洁底线。

【高值医用耗材领域专项治理】 年内，市纪委监委在卫生系统开展药品耗材采购管理“大排查大整治”，以全市各级公立医院为重点，不断督促其查纠违规采购行为，规范采购流程，推动信息公开。经排查，全市10家公立医院药品采购金额9.5亿元，耗材采购金额14.6亿元，药品品规和金额以及耗材省平台采购率均达95%以上。组织开展高值医用耗材专项督察及“回头看”，发现全市各公立医院高值医用耗材采购环节问题2个，临床使用管理环节问题10个，对相关责任人进行廉政谈话15次，查处通报1起公职人员在耗材使用及审批环节利用职权谋取私利的严重违纪违法问题。紧盯药品耗材采购、使用、管理等重点环节，组织设备科、骨科、普外科等重点岗位召开廉情分析会，针对性排查廉政风险点10个，制定防控措施20条。出台《张家港市进一步加强高值医用耗材临床应用管理实施意见》，实现药品耗材采购管理全流程监管，构建管用可行的长效机制。

【人防领域专项治理】 2019年，根据中央纪委国家监委有关工作要求和省纪委、苏州市纪委专项治理工作统一部署，按照张家港市《在全市开展人防系统腐败问题专项治理的工作方案》《深入贯彻全省人防专项治理工作推进会精神，落实人防易地建设费追缴工作的实施方案》等要求，市纪委监委围绕人防资金管理情况、人防项目立项审批、人防项目招投标、人防项目建设管理、区域人防规范使用、违反中央八项规定精神等方面开展专项治理工作。督促人防办梳理2013年以来审批的人防工程项目，发现违规减免缓易地建设费项目总数161个，金额6.62亿元。其中，违规征收6.2亿元（主要包括：农民集中居住点全免项目53项，共6.13亿元；城镇规划农民安置房减半项目1项，共670.02万元），退费1.12亿元，违规减免缓项目95项，共4210.61万元，经省人防部门确认，人防易地建设费减免缓全部清零。

【安全生产专项督察】 年内，市纪委监委深入开展安全生产大排查大整治专项督察，有序开展监督执纪问责，为切实维护人民群众的生命财产安全提供坚强纪律保障。4月，组织开展“安全生产专项巡察回头看”暨安全生产大排查大整治集中督察活动，由市纪委监委班子成员带队组成3个专项督察组，对10个区镇及16家部门进行专项督察，抽查企业、工地及相关单位30余家，指出安全隐患问题55处。压实属地管理领导责任，要求各区镇党政领导干部每人挂钩联系辖区2家重点企业，全面检查企业安全隐患，对55个重点隐患整改实施三级挂牌督办，推动市、镇主要领导亲自挂帅；压实行业监管责任，督促相关职能部门紧盯关键点位、关键环节，按照全覆盖、零死角要求，全面开展大排查大整治工作；压实企业主体责任，对在集中整治中发现的存在违规违法行为的企业，督促职能部门重拳出击、严处重罚。全年追究安全生产领域责任人员35人，党纪立案审查9人，第一种形态诫勉谈话、提醒谈话26人。坚持执纪问责和督促整改并重，充分发挥事故调查对加强和改进安全生产工作的促进作用。针对事故调查发现的突出问题，针对性提出整改建议，督促属地党委政府和行业主管部门举一反三、加强监管、堵塞漏洞。围绕事故多发的小型工程、零星作业安全生产事故，配合行业主管部门推动制定《小型工程和零星作业安全生产管理办法》《小型建设工程操作管理办法（试行）》等制度。对法律法规不健全、标准体系不完备、安全准入制度不严格、监管执法行为不规范、执法监督机制不完善等体制机制问题，及时提出监察建议。

【减税降费专项督察】 年内，市纪委监委召开减税降费督察督办专题工作会议，通过建立会商机制研究减税降费督察督办工作进度和重点难点，有针对性地开展督察督办工作。制定减税降费监督执纪问责工作任务清单，确定任务类别、工作项目、具体工作事项以及牵头单位等内容。督促相关职能部门围绕减税降费目标任务，梳理任务清单，细化工作措施，督促拟定实施方案，紧扣时间节点，对标对表加以推进。加强日常监督，开展“嵌入式”督察，加强对关键岗位、关键人员的监督，及时发现问题、解决问题。通过开展减税降费、社会保险经办业务专项审计、依法行政、作风效能、形式主义等8项专项督察，紧盯空翻表态、敷衍塞责、打折扣等形式主义问题，紧盯干扰减税降费或者借落实减税降费之机以权谋私、吃拿卡要、不作为等官僚主义现象，紧盯违反组织收入原则、虚收、不收，变相增加企业负担等问题，强化监督检查，对政策落实不力、进展缓慢的责任部门及时约谈，重申对于政策执行过程中工作有重大疏漏、不作为、乱作为等依规依纪严肃追责问责。2019年，全市落实新增减税降费共53.5亿元，因年内新出台的减税政策减免34.69亿元；办理自然人退税2466户、4762次，合计退税64.75万元；办理小微企业政策优惠退税15984户、56113次，退税629.35万元。 （宋俊俊）

巡察工作

【概况】 年内，市委巡察机构共调整交流干部17人，其中内部提拔正科职1人，交流重用4人，交流提拔中层干部4人，调整充实副科以上市管干部8人。市委组织部全年选派4名优秀年轻干部到市委巡察机构学习

10月14日至19日，在湖南大学举办派驻监督专题培训班

（市纪委监委 提供）

锻炼，并根据需要从派驻纪检监察组、区镇、财政、审计、税务等部门选调专业干部参加市委巡察工作。建立巡察工作兼职人才库，进一步充实巡察干部队伍人员力量。加强能力素质建设，强化巡察干部业务常态化学习，通过“请进来、走出去”提升巡察干部能力。积极利用巡察机构学习会、组务会等活动，组织巡察干部加强对上级巡视巡察部署要求和相关制度规定的学习。1月4日，邀请市档案局开设巡察档案工作专题培训，选派骨干参加赴杭州、苏州等参加上级纪检监察和巡察业务培训。1月8日至9日，组织举办为期2天的市委巡察干部业务培训班，邀请市委组织部、市纪委监委、市财政局、市审计局及市委巡察机构的业务骨干，对全市60余名巡察干部开展实务培训。加强纪律作风建设与市委巡察机构党组织建设，推动巡察业务和党建工作齐头并进，引导巡察干部牢固树立“四个意识”，保持政治定力。组织召开市委巡察机构借调、挂职干部座谈会，开展谈心谈话，增强巡察干部保密纪律、工作纪律和廉洁纪律意识。在4个市委巡察组成立党小组，由市委巡察组组长担任党小组长，定期召开党小组会议，强化巡察机构内部监督。结合全市安全生产工作形势和市委决策部署，4月至5月，市委巡察办牵头组织相关部门组成3个督察组，对10个区镇和16个单位的安全生产工作专项巡察整改落实情况及安全生产大排查、大整治工作推进情况进行专项督察，梳理呈报的《关于全市安全生产工作专项巡察回头看暨重点行业领域安全生产大排查大整治情况督察报告》获市委、市政府主要领导批示。在第八轮巡察中，对标上级新部署、新要求，采用“常规+专项”的方式，将扫黑除恶专项斗争相关内容纳入对市公安局党委、市人民法院党组及村(社区)党组织的巡察工作重点，将防范化解重大风险等专项巡察内容纳入市商务局党委、市金融工作服务中心的巡察工作重点，有针对性地开展监督检查。从第八轮巡察开始，市委巡察机构会同市委组织部、市委宣传部，对被巡察党组织开展选人用人、意识形态专项检查，进一步强化重点领域内容的巡察。

【政治巡察】 2019年，市委巡察机构落实上级巡视巡察决策部署，深入开展政治巡察，推动全面从严治党向基层延伸。1月，启动十一届市委第八轮巡察，对市人民法院、市委党校、市委接待办、市公安局、市商务局、市信访局、市行政审批局、市市级机关事务管理中心、市新市民事务中心、市金融工作服务中心、市检验检测中心、苏州市公共资源交易中心张家港分中心、团市委、市妇联、市侨联、市文联等16个单位开展巡察。3月，完成对十一届市委第七轮巡察的市农委、市供销合作总社、市科技局、市委教育工委、张家港开放大学、张家港日报社、市文广新局、市广电(总)台、市文化中心、市民政局、市民防局、市台办等12个单位的巡察情况反馈工作。7月，启动十一届市委第九轮巡察，对市自然资源和规划局、市统计局、市总工会、市委史志办、市发改委、市应急管理局、市司法局、市委老干部局、市财政局、市国有资产管理办公室、市委研究室、市委编办、市人社局、市审计局等14个单位和塘桥镇、乐余镇、凤凰镇、大新镇和常阴沙现代农业示范园区等区镇有关村(社区)开展巡察。8月，完成十一届市委第八轮巡察的16家单位的巡察情况反馈工作。第七、第八轮市委巡察共反馈问题224个，移交问题线索40条。实行巡察反馈工作“双通报、一谈话”模式：坚持市委巡察工作领导小组领导全程参加各单位巡察情况反馈会制度，坚持巡察反馈面向被巡察单位及其分管市领导的“双通报”制度，坚持落实巡察反馈“一把手”谈话制度，先后对28个被巡察单位开展谈话26人。3月，配合市委出台《中共张家港市委关于〈十三届省委第五轮巡视市县板块发现的共性问题〉整改工作方案》《关于省委第五轮巡视期间巡察工作专项检查发现共性问题的整改工作方案》，协助市委抓好各项整改落实工作。9月，制定《张家港市委巡察整改情况评估办法(试行)》，会同市纪委监委纪检监察室、市监委派出监察员办公室组成4个专项督察组，对7个区镇党(工)委和市委第一轮至第三轮巡察的6个单位巡察反馈意见整改工作进行专项督察，并集中反馈督察发现问题，督促被巡察单位做好巡察整改工作。

【村(社区)巡察】 市委巡察机构从市委巡察组、纪检监察、审计、财政、税务等单位抽调50余名业务骨干参加村(社区)巡察。按照“一拖N”的方式和大小搭配的原则，合理确定各组巡察对象，实施统筹市级机关部门单位和村(社区)巡察一体化推进。各巡察组坚持重点聚焦“三大攻坚战”、乡村振兴等重大决策部署落实，围绕扶贫惠农、扫黑除恶、征地拆迁等重点领域群众反映强烈的突出问题开展对村(社区)巡察。4月，出台《张家港市对村(社区)巡察工作操作指引》，进一步健全“一个重点、两个清单”“七个步骤二十五项流程”的对村(社区)巡察样本。积极探索对村(社区)巡察工作的新方式新方法。运用大数据，建立市、镇、村三级全覆盖的巡前资料收集体系，广泛收集与村(社区)各条线业务工作及群众身边的不正之风和腐败问题等资料，筛查分析归纳相关数据信息，对被巡察村(社区)初步画像，提高巡察信息化工作水平。坚持在对村(社区)巡察过程中边巡边改，对于群众反映迫切需要解决的热点难点问题，第一时间下发《立行立改通知书》，并同步抄送职能部门，及时联系新闻媒体追踪报道，督促被巡察单位迅速整改，推动解决农村交通安全设施配备、小区文体休闲设施建设、村级环境整治等一批群众反映突出的民生问题。年内，市委各巡察组共下发《立行立改通知书》58份，要求相关被巡察单位迅速组织整改和限期上报整改情况，进一步提升巡察质效。至年末，巡察村(社区)155个，反馈问题1651个、移交问题线索99条。

(宋俊俊)

【编辑　宋佳辰】

民主党派·人民团体

Democratic Parties & People's Group

8月20日，江苏女性融媒体创意大赛苏南赛区“她说”活动　（市妇联　提供）

中国国民党革命委员会张家港市基层委员会
中国民主同盟张家港市委员会
中国民主建国会张家港市基层委员会
中国民主促进会苏州市张家港支部委员会
中国农工民主党张家港市委员会
中国致公党苏州市张家港支部委员会
九三学社张家港市基层委员会
张家港市总工会
中国共产主义青年团张家港市委员会
张家港市妇女联合会
张家港市归国华侨联合会
张家港市工商业联合会（总商会）

扫码欣赏

劳动最光荣

扫码欣赏

全国巾帼文明岗
公交六路

中国国民党革命委员会张家港市基层委员会

【概况】 2019年年末，中国国民党革命委员会张家港市基层委员会（简称民革市基层委员会）下属支部5个，有党员99人，其中在职党员96人、女党员38人，分别占总数的97%、38%。党员中，具有高级职称的18人、中级职称的20人，分别占18%、20%；有苏州市人大代表1人、苏州市政协委员1人、张家港市人大代表1人、张家港市政协委员20人。全年召开主委办公会议6次，基层委员会中心组成员会议4次，各支部组织活动30次。年内，组织5个支部分别赴广州黄埔军校、成都战役纪念馆、红军长征邛崃纪念馆、安徽皖南红色教育基地开展“缅怀先烈，不忘初心”主题教育实践活动。有30条信息被《苏州民革》杂志、《江苏民革》杂志、民革江苏省委网站、《团结报》等录用。5个支部以“示范支部建设”为抓手，推进设施完善、制度齐全、台账规范、活动正常的“党员之家”活动室，一支部被民革中央委员会授予全国示范支部称号，一支部党员之家获评“省优秀中山博爱之家”，二支部和五支部获苏州市级示范支部称号。

【参政议政】 在市政协十二届三次会议上，民革市基层委员会提交集体提案4件、个人提案及联名提案17件。其中，《关于推进残疾人事业高质量发展的建议》被列为口头发言，《关于抢抓长三角一体化发展战略机遇，推动张家港高质量发展的建议》获评“10件有影响力提案”。年内，收集社情民意60余条，有21件分别转化为大会发言、“直通车”、集体提案、个人提案和调研报告。其中，《关于对涉案未成年人实施精准帮教的建议》的调研报告获民革苏州市委首届“中山论坛”一等奖，关于市档案馆建设的社情民意得到市委书记批示，社情民意《关于完善政府采购专家库制度的建议》被民革江苏省委录用。

【社会服务】 年内，民革市基层委员会组织党员在保税区（金港镇）金都社区开展急救护理、疾病预防、金融防骗、家电维修、指尖艺吧、国学吟诵、暑假悦读、灯火故事会等志愿服务50余次，受益居民约2万人次。组织律师党员赴江苏申港锅炉有限公司、市体育运动学校等单位举办“法企同行”“法教同行”讲座4次，300余人参加。组织常阴沙现代农业示范园区部分学生参加“扬帆起航，超越自我”永联行、双山行关爱活动以及“我是小小艺术家”文艺关爱活动。

（蔡克荣）

中国民主同盟张家港市委员会

【概况】 2019年年末，中国民主同盟张家港市委员会（简称民盟市委）下属支部11个，盟员274人，平均年龄51.15岁。其中机关50人，教育界110人，科学技术界38人，文化艺术界15人，新阶层52人，公有制经济界9人。盟员中，具有高级职称的138人，中级职称80人，分别占50.36%和29.20%；江苏省人大代表1人，苏州市人大代表2人，苏州市政协委员1人，张家港市人大代表5人，张家港市政协委员34人。全年召开民盟市委主委办公会议、市委扩大会议、专题学习会议、支部学习会议等50余次。全年编印《张家港盟讯》4期。在《人民日报》《人民政协报》《团结报》《群言》“学习强国”和《张家港日报》等发表文章和简讯376篇次。盟员撰写江苏民盟《我们都是追梦人》、民盟苏州市委《庆华诞，增共识，明担当》、张家港市政协《纪念人民政协成立70周年》、民盟张家港市委《怀揣初心，奔跑追梦》等文章97篇，其中44篇次在省级以上报刊、网站发表；民盟市委宣传工作在民盟江苏省委考核中列全省县级市第一。民盟张家港市委获苏州民盟社情民意优秀组织奖、庆祝新中国成立70周年系列主题活动优秀组织奖，民盟江苏省委宣传工作先进集体一等奖、庆祝新中国成立70周年先进集体、民盟中央群言杂志社2019年度发行工作突出成绩奖。文化支部、张高支部获评江苏民盟先进集体，7位盟员获评江苏民盟先进个人，7位盟员获评张家港市优秀政协委员。盟员420人次在张家港市级以上获奖、发表、展出作品及举行公开课。其中，7位盟员获国家级奖项，27位盟员获省级奖项，74位盟员获苏州市级奖项。

【“不忘合作初心，继续携手前进”主题教育活动】 9月中旬，民盟市委成立“不忘合作初心，继续携手前进”主题教育活动领导小组，制定并下发实施方案。9月25日，召开“不忘合作初心，继续携手前进”动员会议，同时举行新中国成立暨多党合作制度确立70周年座谈会。围绕主题教育活动，先后开展10余项活动。其中，班子成员、支部主委及处室人员，赴吴江费孝通江村纪念馆、常州史良故居参观学习；盟员骨干近20人参加“红色讲坛”专题讲座；2位盟员赴常州参加民盟中央主题教育宣讲会，听取民盟中央主席丁仲礼《谈谈民盟的合作初心》宣讲报告；组织盟员参加苏州民盟专题报告会、诵读、书画影展览等系列主题教育活动。面向所属11个支部全体盟员，下发《习近平新时代中国特色社会主义思想学习纲要》《习近平关于“不忘初心、牢记使命”论述汇编》学习材料。沙中、教研、经贸、新盟员支部等，赴丹阳总前委旧址、永联村等地开展“忆初心、学典型、强担当”活动。

【参政议政】 在市政协十二届三次会议上，民盟市委提交集体提案11件、个人提案16件。其中，《打造低碳城市，留住蓝天白云》为口头发言，《关于打造高铁新城教育生态链的建议》《关于打造智慧园区服务平台的建议》为书面发言。集体提案《关于中美贸易摩擦背景下我市外向型经济发展的建议》引起市政府重视，市政府办公室牵头市商务局对企业开展应对指导，推动外贸进出口稳中有进。集体提案《关于进一步推动民营医院健康发展的建议》、个人提案《关于加快实施城区快速环线的建议》被列为政协主席督办提案，获评“10件有影响力提案”。《关于更高质量推进美丽乡村建设的建议》被转化为民盟苏州市委集体提案，被列为苏州市政协副主席重点督办提案，并作为个人提案提交江苏省政协十二届二次会议。组织盟员围绕旅游业、高铁新城、人才政策、垃圾分类、无废城市、虚假诉讼、物业管理、张家港精神、民营养老机构、新兴产业集聚等课题到相关职能部门进行调研。年内，完成与中共市委统战部合作调研课题《关于有序推进我市智慧校园建设的建议》。组织盟员参与民盟江苏省委城镇化、教育、生态文明3个论坛，提交论文7篇，其中3篇入选、获奖。全年收集社情民意信息83条，择优报送69条。其中，《关于为新生儿办证提供高质量一站式便民服务的建议》获苏州市委、市政府领导批示，《加大对养老专业护理技能人才扶持力度的建议》《健全完善机制，避免失信惩戒"误伤"现象》分别被省委统战部、民盟中央采用。在民盟苏州市委社情民意信息表彰中，盟员30人次获奖。

【社会服务】 年内，民盟市委开展"五民工程"社会服务活动15次，受惠群众4600余人次，1名盟员获评江苏民盟社会服务工作先进个人。组织送春联活动3次，义务书写春联600余幅、"福"字200余个；举办义诊活动7场，服务市民700余人次，开展"健康加油站"进校园活动3次，3名盟员医生分别到贵州省沿河土家族自治县、新疆维吾尔自治区巩留县开展医疗援助；1位盟员教师暑期赴沿河县支教，举办"民盟市委·梁丰高中高校招生咨询会"，服务近3000名高考考生和家长；开展"阳光生活，爱在港城"活动，与在张家港的沿河籍学生一起包馄饨，重阳节前慰问保税区（金港镇）朝南村4位老人。盟员以各种渠道开展爱心公益活动，捐助金额物资近4万元。 （刘玉梅）

中国民主建国会张家港市基层委员会

【概况】 2019年年末，中国民主建国会张家港市基层委员会（简称民建市基层委员会）下属6个支部和青年工作委员会、妇女工作委员会，有会员122人。会员中，本科及以上学历占83.6%，经济界人士占72.3%，有苏州市人大代表2人、苏州市政协委员2人、张家港市人大代表3人、张家港市政协委员22人。年内，民建市基层委员会召开全体会员大会1次、班子扩大会议4次，选举增补基层委员会委员1人、副主委1人；并对各支部班子进行调整，每个支部选举增补1名社会服务委员。全年各支部（工委）开展各类活动30余次。9月至11月，开展"不忘合作初心、继续携手前进"主题教育活动，将帮助会员企业解决困难和问题作为重点，组织20余家重点会员企业负责人召开座谈会，之后邀请市相关职能部门负责人逐个走访调研江苏五洲电力科技有限公司等8家重点会员企业，听取企业情况介绍，对存在问题协商提出解决办法。选派骨干会员35人次参加上级民建组织、各级统战部门和张家港市政协组织的培训学习。做好上级民建组织网站、会刊和"张家港统战"微信公众号的组稿工作，在民建苏州市委、民建江苏省委及民建中央网站分别登载信息14条、8条、5条。参加上级民建组织开展的庆祝新中国成立70周年、推进基层组织建设等主题征文活动，1名会员获民建中央颁发的优秀作品二等奖，2名会员获民建江苏省委颁发的优秀征文奖，17名会员获民建苏州市委征文作品奖。7月26日，在民建苏州市委成立65周年纪念大会上，五支部获评先进支部，6名会员获评优秀会员。

【参政议政】 在市政协十二届三次会议上，民建市基层委员会提交口头发言1件、书面发言1件，集体提案6件、个人提案21件。其中，《关于推动中小企业高质量发展的几点建议》被列入市长牵头领办提案，《关于深化产城融合，助推高铁新城建设的建议》被列入政协主席督办提案，这两件案例获评市政协"10件有影响力提案"，《关于加强厨房油烟源头治理的建议》被列入市政协各专门委员会联合督办提案。年内，根据市委"双月座谈会"议题和市委统战部要求，组织会员围绕教育改革、城市管理、纺织产业发展、中小企业融资等课题组织调研，撰写调研文章6篇，征集社情民意10条。调研报告《关于推进我市高新区创新发展的对策研究》得到市委常委、组织部部长专门批示。

【社会服务】 年内，民建市基层委员会启动"春雨计划"，发动会员广泛参与公益慈善事业，募资10余万元开展各类社会服务活动8次。三八妇女节期间，组织女会员到市第一人民医院看望长期结对帮扶对象，送上5000元慰问金，之后向乐余镇10户困难家庭现场捐赠3万元，向江西省新干县隋岗村捐赠3万余元用于增添养老院设施。6月22日，联合市卫健委、上海市第九人民医院开展"第十二期走遍中国前列县（腺）——诊疗泌尿疾病，关爱老年健康"公益活动（张家港站），开展学术讲座6场、免费公益手术2例，义诊200余人次。

（刘向民）

中国民主促进会苏州市张家港支部委员会

【概况】 2019年，中国民主促进会苏州市张家港支部委员会（简称民进张家港支部）发展会员3人，年末有会员27人，其中在职会员26人。会员中，有张家港市政协委员2人。全年召开全体会员大会1次，外出调研考察学习5次，社会活动9次，支部学习活动6次。选派10名骨干会员参加上级民进组织、市委统战部和市政协组织的各类学习培训活动。向上级民进组织和市委统战部报送信息20余条，其中11条被江苏民进网站录用，22条被苏州民进网站录用，1条被《苏州民进》杂志录用，4条被苏州统一战线网站录用，21条被"张家港统战"微信公众号录用。开展"不忘合作初心，继续携手前进"主题教育活动，专程赴中共皖南特委、新四军军部纪念馆、皖南事变纪念馆等地参观学习。

【参政议政】 在市政协十二届三次会议上，民进张家港支部提交《关于发展张家港特色民宿经济的建议》等

1月7日，民进张家港支部送春联进福沁苑活动 （民进支部 提供）

5件集体提案及2件个人提案。其中《关于加快推出幼儿托育服务行业地方规定和标准的建议》被苏州市政协转报江苏省政协。组织会员围绕城市交通、报废机动车管理、学校心理健康教育、“互联网+垃圾分类”等重大课题进行调研，撰写调研文章5篇，征集上报社情民意近20条。组织会员赴广州、东莞等地进行调研，完成《关于疏通城市血脉加速打造我市城市交通畅通的建议》等调研报告。

【社会服务】 年内，民进张家港支部通过“彩虹行动”社会服务品牌，开展“捐资助学、文化下乡、微公益”活动。1月7日，联合塘桥镇文联送春联进福沁养老院；4月21日，联合市体育运动学校举办“书香沁民进，文化润心灵”读书活动；5月19日，联合户外公益组织，开展“保护母亲河，洁净港城行”公益活动；7月28日，联合市东方艺术团，赴武警张家港中队开展以“拥军爱民谱新曲，军民鱼水情谊长”为主题的庆“八一”军民联欢慰问活动；9月5日，牵线南沙小学与贵州省毕节市金沙县沙土镇中心小学结对，捐赠图书并安排4名教师在南沙小学跟班学习；9月22日，组织会员走进市体育运动学校以“珍爱生命，活出精彩”为主题，为60余名小运动员开展生命价值讲座；11月25日，邀请苏州大学心理学博士施英走进结对共建学校白云学校，开展心理健康讲座。 （蒋 恒）

中国农工民主党张家港市委员会

【概况】 2019年年末，中国农工民主党张家港市委员会（简称农工党市委）有下属支部11个，其中医卫界6个，教育界3个，经济、科技界各1个。有农工党员255人，其中在职党员173人，退休党员82人，平均年龄50岁。具有高级职称的126人，中级职称的102人，医卫界125人、文教界57人、科技界31人、经济界40人，分别占49%、22.4%、12.2%、5.7%。党员中，苏州市人大代表2人，苏州市政协委员2人，张家港市人大代表3人，张家港市政协委员29人。年初，组建“悦动篮球队”。3月，成立“悦唱团”。4月，举办“不忘合作初心，继续携手前进”主题大党课。同月，开展“多彩悦摄”手机摄影讲座、“健康悦动”徒步登山活动。5月，举办参政议政专题讲座、微信公众号制作专题讲座。6月，举办“我和我的祖国”演讲选拔赛暨歌咏活动，并派员参加农工党苏州市委“我和我的祖国”演讲比赛，3名选手分别获1个二等奖、2个三等奖。先后组织30余人次参加各级各类培训，举办“书香悦读”活动2场。8月，经济支部“农工之家”活动室建成。10月，“农工党界政协委员之家”活动室建成挂牌。11月，组织部分骨干党员前往浙江嘉兴南湖、长兴新四军苏浙军区纪念馆等处开展学习教育活动。同月，举办第四届趣味运动会。《农工党，我的家》微视频在农工党中央举办的“不忘合作初心，继续携手前进”主题微视频展播活动中获三等奖。2人分别被评为农工党省委2019年度专职党务工作先进个人、参政议政工作优秀个人。在农工党苏州市委“我和我的祖国”主题宣教系列活动中，农工党张家港市委获“先进集体”称号，3人获“先进个人”称号，1人征文获一等奖，3人征文获三等奖。全年获市级以上表彰的农工党员40余人次，其中4人获国家级荣誉、3人获省级荣誉。编印《张家港农工》4期，发布微信公众号信息98篇，全年在统战、农工党条线对外投稿60余篇。

【参政议政】 在市政协十二届三次会议上，农工党市委提交《狠抓关键，完善机制，全面提升城乡污水治理水平》《给科技插上金融的翅膀——关于我市科技金融助推中小企业发展的建议》大会发言材料。提交集体提案9件、个人提案立案的44件。其中，《关于加强动迁安置小区物业管理工作的建议》《关于深挖现有道路潜力，多措并举，助力缓解高峰期市区交通拥堵的建议》被列为市政府领导牵头领办提案，《关于促进我市学校足球可持续发展的建议》《关于推进我市科技企业加速器建设，推动小微科技企业高质量发展的建议》被列为市政协主席督办提案。年内，完成《进一步优化港口服务，促进港产城融合发展》《关于推进张家港市食品安全智慧监管的建议》《切实解决住宅小区排水设施管理运维突出问题》《谋划“四联并进”助推我市医共体建设》调研报告。其中，《谋划“四联并进”助推我市医共体建设》获农工党苏州市委2019年调研课题评审一等奖。上报社情民意60余条，其中1篇被省委统战部采用，9篇被农工党江苏省委采用，30余篇被农工党苏州市委采用，3篇被中共张家港市委采用。

【社会服务】 年内，农工党市委及下属支部到塘桥镇花园社区、冶金园（锦丰镇）光明村、大新镇龙潭村等地开展义诊活动24次，参与党员200余人次，服务群众4300余人次。7月，启动与光明村的结对共建活动，此后对光明村开展定点服务。向农工党苏州市委爱心公益基金捐入1.88万元爱心款，向市第三职业高级中学“最美三职生”捐赠爱心助学金3万元。

（陈莎莎）

中国致公党苏州市张家港支部委员会

【概况】 2019年年末，中国致公党苏州市张家港支部委员会（简称致公党张家港支部）有党员22人，其中海归、侨眷和有其他海外关系的人士占77%。党员中有张家港市人大代表1人，张家港市政协委员5人。年内，党员6人次参加致公党全省社情民意信息工作培训班、湖南大学·张家港市民主党派骨干培训、致公党苏州市委新党员培训、张家港市民主党派后备干部培训班等，提升履职能力。1月，支部首个“致公之家”在沙洲大厦成立，成为党员活动阵地和对外交流窗口。3月，与致公党苏州大学三支部结对开展共建活动。11月，开展“不忘合作初心，继续携手前进”主题教育活动，成立支部“致爱·致远”书友社，举办“阅分享，暖心田”首场读书活动。

【参政议政】 在市政协十二届三次会议上，致公党支部提交集体提案3件、个人提案4件。《关于大力发展新能源微电网的建议》和《关于推进地区能源效率提升与发展的建议》被列入大会书面交流材料。支部调研课题组先后赴广东东莞、张家港港务集团和保税区（金港镇），就木材绿色产业链、木材进口和产业发展现状进行深度调研，形成《紧扣港产城融合，加快木产业发展》调研报告。支部参加市委统战部“双月座谈会”，分别就教育改革、招商引资和重大项目推进等作交流发言。支部赴市检察院，就检察工作和扫黑除恶专项斗争进行专题调研并提出相关建议。

【社会服务】 2019年，致公党张家港支部继续以“致爱·致美”为社会服务品牌，与市特殊教育学校携手开展自闭症儿童绘画疗育、特殊儿童烘焙职业康复、慰问市老年公寓老人等活动。在持续走访安徽广德四合乡两名结对学生的同时，新结对金港镇两名贫困学生并给予慰问，每人资助1000元。“八一”建军节前夕，支部慰问3名因公伤残退伍军人。“9·20”全国爱牙日前，走进市机关幼儿园，开展以“口腔健康，全身健康”为主题的志愿服务活动，为100余位幼儿园师生作知识讲座和免费口腔体检。

（温　虹）

九三学社张家港市基层委员会

【概况】 2019年年末，九三学社张家港市基层委员会有下属支社6个，社员112人。其中在职社员96人，退休社员16人。社员中，具有高级职称的74人，中级职称的22人。有苏州市人大代表1人，苏州市政协委员1人，张家港市人大代表3人，张家港市政协委员18人。3月8日，组织女社员开展手绘绢扇主题活动。5月11日，部分社员赴苏州参加九三学社苏州市委员会下属部分基层委员会青工委成立仪式。9月1日，组织70余名社员赴常熟沙家浜爱国主义教育基地开展“庆祝新中国成立70周年暨九三纪念日徒步行”活动。11月，举行九三学社市基层委员会下属各支社换届选举，选出各支社新一届领导班子。年内，“张家港九三”微信公众号推送文章66篇。九三学社市基层委员会获评九三学社省委思想宣传工作先进集体，2人获评九三学社省委思想宣传工作先进个人，社员钱王平获全国自动化学会颁发的科学技术进步二等奖，社员鲁怀敏主持的移动锂离子动力电源系统研发团队获江苏省教育厅“优秀科技创新团队”称号。

【九三学社第三次社员大会】 12月22日，九三学社市基层委员会第三次换届大会暨三届一次全体社员会议在沙洲宾馆召开，到会会员87人。九三学市基层委员会主委徐平观代表第二届基层委员会作工作报告，回顾前五年的工作和取得的主要业绩，对下一届基层委员会需要改进和加强的工作提出建议，建议增加组织活力、提升参政质量、丰富社会服务，投票选举产生市第三届基层委员会委员7人，徐平观当选主委，讨论决定成立基层委员会下属青年工作委员会。

【参政议政】 在市政协十二届三次会议上，九三学社市基层委员会提交提

12月22日，九三学社市基层委员会第三次换届大会召开（九三学社　提供）

案并立案29件,其中集体提案4件、个人提案25件,政协大会书面提案1件。社员撰写的《县域义务教育幼稚均衡发展的路径体系及推进机制研究》入选九三学社省委课题,《江苏中小农户创新营运平台措施的研究》入选江苏《九三论坛》。4月7日至11日,部分社员参加中共张家港市委统战部组织的赴福建龙岩、广西南宁开展的生态农业主题调研活动,参与赴市科技局、商务局、城管局、塘桥镇及高铁新城项目推进调研活动并建言献策。

【社会服务】 年内,九三学社市基层委员会由社工部牵头组织,开展社会志愿服务活动。6月5日,11名社员在保税区(金港镇)后塍颐沁苑敬老院开展"端午送健康"送医下乡活动。8月12日,组织6名社员与受捐助学生开展观影活动并发放助学金。9月28日,12名社员赴南丰小学开展"献礼华诞,暖阳重教"义诊义演活动,为30余位退休老教师表演节目并义诊。10月8日,组织开展老社员座谈会暨慰问活动。 (黄 河)

张家港市总工会

【概况】 2019年年末,市总工会下辖10个区镇工会、10个系统工会、28个直属工会。全市单独建会2822家,其中非公企业2262家。建立行业工会18家,村级工会联合会184家,覆盖建会企业15173家。全市累计建会17995家,会员近47万人。年内,市总工会规范推进全市工会组织基础工作,加大新产业、新业态、新领域工会组建力度,加强工会联合会、联合工会建设,不断扩大对"两新"组织的覆盖面。全市新增单独建会单位84个,新增会员11172人。

【职工宣教】 年内,市总工会开展"不忘初心跟党走、凝心聚力新时代"主题教育活动,获市委宣传部2018—2019年工作创新案例奖。开展"最美职工"大型宣传活动和"文明班组""文明职工"评选活动,承办市道德模范与身边好人、"最美职工"现场交流活动暨新时代文明实践劳模精神百场讲坛。举办第二届职工文化艺术节,邀请全国总工会文工团慰问演出,设置职工书画影大赛、健身操(广场舞)比赛等十大主题,组织全市各级工会组织开展活动113项。加强工会新媒体矩阵建设,市总工会网站审核发布信息836条,"张家港职工之友"微信公众号开展主题活动43次,发布文章720条(原创230条),阅读量约78万人次,"张家港职工驿站"第三方应用程序加载完善各版块功能,"积分商城"等模块整合上线。

【劳动竞赛】 年内,市总工会以"新时代、新技能、新梦想"为主题,联合相关单位开展第七届"行行出状元"职业技能大赛,设电工、育婴员、CAD机械设计、纺织品检验、动物检验检疫、电炉炼钢工等10个项目,市镇两级组织40个工种的劳动技能竞赛,参赛职工1700余人。与市科技局、市科协联合开展"十佳职工科技创新之星""十大职工科技创新金点子"推荐评选活动,举办首届"十佳职工科技创新之星""十大职工科技创新金点子"职工科技创新经验交流会。组织"状元带高徒"活动暨技能大师经验分享会,促进技能传承、人才接续,带动提升全市职工队伍整体素质。

【劳模管理】 年内,市总工会组织全国、省、苏州市"五一劳动奖"和"工人先锋号"推荐评选工作,推选全国五一劳动奖章1人,省五一劳动奖状、奖章、荣誉奖章各1个,省工人先锋号3个,苏州市五一劳动奖状、奖章30个,苏州市工人先锋号14个,首次集中评选张家港市五一劳动奖,命名市级以上五一劳动奖状、奖章72个。优化管理服务,实施劳模支部"双创双提升"工程,组织承办苏州市创建劳模创新工作室现场推进会,开展劳模志愿服务集中展示、"壮丽七十年·礼赞劳动者"关爱劳模等系列活动,推出退休劳模健康关爱、劳模家庭医生签约等服务套餐,全年发放劳模春节慰问金84.1万元、困难劳模补助金30.8万元、退休劳模荣誉津贴91.9万元。

【职工民主管理】 年内,市总工会深入推进劳动关系和谐企业创建,健全完善以职工代表大会为基本形式的企业民主管理制度,加强"小三级"工会厂务公开民主管理规范化建设,做实以职代会为基本形式的企事业单位民主管理建设,推动区域性、行业性工会建制。全市有529个单位获评"劳动关系和谐企业",10个单位获评"和谐劳动关系示范企业"。推进集体协商和集体合同提质增效,全市独立建会企业工资集体合同签订率保持在95%以上。做好优秀职工代表提案和全省"民主管理推进企业高质量发展经验交流会"典型材料征集工作,申报的"加强小三级工会建设,推动非公企业工会改革"工作被评为全省厂务公开民主管理创优实践项目。

【职工维权】 年内,市总工会加强普法宣传教育,组织"尊法守法·携手筑梦"服务职工专项行动,创新劳模法律服务项目,成立工会"阳光法律"志愿服务分队,举办法律公益宣传、农民工返乡集中宣传10余场,开展劳动法律监督检查98次,参与7867人次。发挥市劳动人事争议仲裁委员会工会分庭作用,全年受理案件164件,调解撤诉44件、裁决85件,涉及标的678.95万元。加强工会劳动保护,开展"安康杯"竞赛,组织劳动保护专项培训、安全隐患"随手拍"、"网上安康课堂"等活动,保障企业职工健康权益。

【职工帮扶】 年内,市总工会做好春送岗位、夏送清凉、金秋助学、冬送温暖的四季帮扶工作,助学活动首次实现从幼儿园、义务教育到大学以上范围全覆盖。全市132个企事业单位加入工会互助互济保障计划,33145人加入大病医疗互助保障计划,8883人加入女职工互助保障计划。2019年"送温暖"活动集中慰问困难职工和病困职工、环卫工人2000余人,发放慰问物资价值近300万元。病困职工救助机制为141名病困职工发放医疗和生活补贴66.99万元。加强"智慧工会"建设,构建多元化网上服务平台,打造"一微一网一端"为主体的服务矩阵,畅通工会与职工联系渠道,促进各类政策信息、特色服务与职工实现即时连线。

【市职工文体中心建成投用】 市职工文体中心地处一干河东路、职中路、长兴路之间,占地2.33公顷,建筑面积5.5万平方米,总投资约4.1亿元,由市总工会投资建设,市城投集团代建,是2015年市政府民生实事工程。项目于2016年6月开工建设,2018年年末竣工,2019年4月启用,由职工服务中心、职工体育中心、职工大剧院和职工文化中心4个区域组成。其中,职工大剧院包括1200座大剧场及化妆间等附属配套设施;职工文化中心包括300座多功能厅、5个专用会议室及25个培训教室(会议室);职工体育中心配备游泳馆、乒乓球馆、篮球馆、羽毛球馆、笼式足球场、电影院及健身房等场馆,相关楼层预留部分配套商业区域;职工服务中心由职工援助服务中心、仲裁庭、安康驿站等服务阵地组成,为职工提供就业指导、保障维权、困难救助等服务。至年末,市职工文体中心先后承办市道德模范与身边好人、"最美职工"现场交流暨新时代文明实践劳模精神百场讲坛,"匠心向党"市职工文艺会演暨第二届职工文化艺术节闭幕式、经开区(杨舍镇)书香工会·朗读经典"职工朗读者"分享会等大型活动44场。

【职工素质提升"普工英计划"】 2020年,围绕职工素质提升,市总工会计划五年投入引导资金1000万元,推进"思想领航"政治建设工程、"精工名匠"赋能成长工程、"关爱护航"普法安全工程。畅通职工发展通道,与苏州大学合办职工专升本学历提升班,精心培育"红色工匠",开设"职工技能大讲堂",300余名职工获得职业技能等级提升。开展"智慧蓝领"科学素质提升行动,组织"科普新干线""安全科普书架"等活动,惠及职工近1万人。年内,全市各级工会开展文体才艺培训399次、读书活动309次、技能培训253项,参与职工近10万人次。 (吴 吉)

中国共产主义青年团张家港市委员会

【概况】 2019年年末,全市有团(工)委250个、团总支258个、团支部2688个,团员61219人。全年发展团员2780人。有各级少先队组织84个,少先队员104415人,少先队辅导员2550人。年内,召开团市委十六届二次全体(扩大)会议。团中央发布基层团组织规范化建设情况通报,张家港市基层团组织新增数在全国县(市、区)中排名第一,受到通报表扬。张家港市青联被列为全国"健全青联地方青联组织社团基础试点"单位。2月,团市委面向全市各级团组织开展"团情大调研"行动,年末撰写《关于加强村(社区)团组织建设的实践研究——以张家港为例》调研报告。3月,启动"1010"创新创优工程,全年确定重点项目23项、优秀项目24项。5月,启动红堡·市青年中心建设,该中心位于暨阳国际商务中心,建筑面积253平方米,打造联系和服务青少年的"张家港共青团门店"。是月,牵头建立张家港市青年工作联席会议制度。6月,成立"张家港爱上网网络团委"社会组织团工委。7月,开展"游家乡、看变化、谈成长"主题活动,34名张家港籍优秀学子参加活动。8月起,开展"不忘初心走基层,牢记使命勇担当"专题调研,全年走访32次,收集意见建议12件,形成调研报告4篇。9月,举办"你我的港湾——张家港在沪青年中秋分享沙龙"活动。11月,召开市驻沪青年人才联谊会第一届会员代表大会暨市驻沪青年人才联谊会成立大会。全年举办机关开放日12期、联合团支部会议6次。全年接待各级调研、考察6次,接待交流团队7批。2019年,全市共青团获得国家级荣誉7项、省级荣誉42项、苏州市级荣誉47项。

【五四运动100周年纪念活动】 4月,团市委在"追梦学堂"磅礴之力厅举行"IN青春·我想说"青年思想交流分享会。开展"薪火相传,致敬青春"系列活动,引导广大团员青年继承和发扬"五四精神"。组织全市共青团组织学习习近平在纪念五四运动100周年上的讲话。承办"青春心向党·建功新时代"苏州市暨张家港市纪念五四运动100周年特别主题团日活动,开展"爱敬诚善,微影港城"——首届践行社会主义核心价值观微视频大赛,举办"律动五四、唱响青春"市青年红歌赛。5月,开展"青春遇见"青享惠VIP消费日活动、"青春心向党,建功新时代"市纪念五四运动100周年火炬接力活动暨《五四运动一百周年》纪念邮票首发仪式、"青春光影"图片展、"百年青春梦,绽放新时代"纪念五四运动100周年主题团日活动。4月至6月,在全市青年干部中开展"张家港精神再弘扬"系

4月30日,"律动五四,唱响青春"市青年红歌赛举办 (团市委 提供)

列活动。5月至8月，举办“沙钢杯”市第二届青年体育运动会。11月，举办“青春齐奋进，点赞新时代”张家港市年轻干部学习践行“张家港精神”分享会。12月，举办“三大法宝青年传承、两个标杆青年冲锋”主题实践活动。全年开展意识形态专题学习会2次，“青年大学习”覆盖青年20万余人次；建成青年学习社54家，全年开展活动350余场。在《张家港日报》创新开辟《青春榜样》专栏，微信公众号开辟《青春遇见你》专栏，推出青年榜样事迹分享和特色青年事迹报道共32期。

【青年创新创业】4月，团市委走进“港城会客厅”，聚焦青年创业，围绕助力青年创新创业展开讨论。3月至6月，2019年苏州·张家港创新创业大赛暨第六届“创业张家港”青年精英创业大赛先后在北京、深圳、广州、上海等9个城市举办12场启动仪式和城市分赛。7月，大赛总决赛举行，吸引800余个项目参与，72个项目进入决赛，9个项目申报领军人才计划，12个项目完成注册或办理注册手续。举办中国青年创新创业人才训练营，江苏、陕西、贵州等地的119名创新创业人才参加培训。举办“创青春，梦时代”青年金融产品推介会，扩大青创贷、青创卡覆盖面，至年末完成“青创贷”190笔5539万元，发放“青创卡”442张，授信金额2655万元。举办“青聚港城”校园大使项目对接会。10月，在电子科技大学举办“校园苏州日”系列活动。11月，在华东理工大学举办“校园张家港日”系列活动。

【创二代“新菁英计划”】2月，《张家港市创二代“新菁英计划”实施意见》下发，着力在“创二代”青年企业家中培养、产生一批“领航雁”“排头兵”。3月，创二代“新菁英计划”开班仪式举行，市委组织部、团市委等8个单位共同成立市创二代“‘新菁英计划’助力联盟”。是月，团市委与上海交通大学安泰经济与管理学院签订校地合作协议，并挂牌成立“张家港新菁英青商学院”，组织学员每月2天集中赴上海交通大学培训，全年开展集中学习10次。4月，出台职能部门服务清单，开展“青蓝对话”活动，邀请永钢集团董事局主席吴耀芳作“传承与发展”主题讲座。5月，举办“二代传承”主题沙龙活动。6月，举办市青年企业家井冈山研修班。7月，举办“中管企业—张家港标杆民企”对话活动。8月，制定《张家港市创二代“新菁英计划”班级规章制度和学分制管理办法（修订版）》。9月，发布《飞翔新精英》班歌。10月，开展庆祝中华人民共和国成立70周年主题观影活动，组织学员赴浙江知名企业学习非公企业党建工作。12月，举办新菁英2020年迎新年会，出版新菁英班刊《沙洲谷雨》。

【青年商会建设】1月，市青年商会举办“当好追梦人，升级再出发”迎新年会。2月，法国展望与创新基金会组织法国青年企业家代表团到市访问。3月，市青年商会、青年商圈举办专场招聘会。4月，联合开展“青法筑行”涉法服务保障系列活动。6月，举办第四期“会员企业文秘培训班”。9月，接待韩国浦项青年会议所到访，举办“‘青商聚力·携爱童行’——点亮梦想”活动、“情满中秋·共谋发展”中秋茶话会暨青商党建联盟组织力提升行动。9月，赴连云港参观学习。11月，赴武汉大学参加青年企业家创新培训班。12月，举办“共享新时代共赢新未来”张家港青年商会2020年新年年会。

【青年干部培养】2月，团市委召开挂职干部座谈会。3月至7月，每月举办青年大讲堂及青年干部轮训班，全年举办青年大讲堂6期、青年干部轮训班5期。8月，承办全国“青马工程”农村班学员集中社会实践活动（江苏）；举办全市优秀大学生村干部、青年干部培训班，43名学员赴山东沂蒙党性教育基地参训。10月，承办“青春新视野金融青年行”——江苏青联委员助力青年成长分享会；举办市优秀青年人才培训班，45名团干部赴中央团校参训。11月，设立中央团校培训中心张家港培训基地。12月，举办全市优秀青年干部座谈会。

【少先队工作】3月，团市委等部门联合启动“红领巾相约2035，争做新时代好队员”系列主题活动。4月，组织全市学校少先队组织开展清明纪念教育活动。5月，联合举办“践行青春新使命·接力奋斗新时代”市新团员离队入团观摩活动、市少先队活动优质课展评活动、市少先队新队员入队仪式。6月，举办匡慧娟名辅工作室少先队活动课展示观摩活动。7月，举办市第三期红领巾成长训练营，全市30名优秀少先队员参加。9月，在全市中小学校集中组织开展“领航·开学第一课”活动、开展“为祖国呼号”庆祝新中国成立70周年——张家港少先队员红领巾快闪活动。10月，在上海青年管理干部学院（上海团校）举办市中学中职团组织书记培训班，开展以“红领巾心向党，争做新时代好队员”为主题的市纪念中国少年先锋队建队70周年系列活动，举办市初中建队仪式观摩活动。11月，在上海举办“学中悟初心，练中担使命”——市少先队辅导员培训班，全市56名辅导员参加培训。

【青年志愿者行动】3月，团市委等联合举办“文明实践，志愿同行”——志愿益集基层行暨“悦公益·炫青春”2019年青年志愿服务文化推广月启动仪式。举办“春风十里，绿意港城”暨《中国植树节》纪念邮票首发活动。5月，举办2场“风信子计划·考前减压”活动。6月，市青年志愿者协会第三届会员代表大会召开。7月，主办第一期“缤纷夏日·快乐暑假”爱心暑托班，旨在缓解全市小学生暑期“看护难”问题，招募学生63人。7月，举办“清凉益夏”公益活动。7月至8月，举办“文明实践青春力量”大学生暑期新时代文明实践志愿服务暨“快乐暑假”青少年暑期社会实践活动，63个实践岗位358名青少年参与为期一个月的活动。10月至11月，举办市首届青年志愿公益项目创意大赛。

【“希望之光”助学工程】2019年，依托苏州市阳光港城青少年发展基金会，团市委推进“希望之光”助学工程，全年资助困境学生310人，资助金额45.95万元。1月，联合市法院走访慰问困难家庭学生；开展张家港共青团“暖冬行动”，捐赠物品和资金6.9万元。4月，举办“小小的运动馆，大大的少年梦”2019青商助学捐赠仪式暨红蕾学校“在阳光下成长”文艺会演活动。8月，举行ZPSS“希望之光”助学金发放仪式，资助7名贫困学生2.05万元；举办“希望之光”圆梦行动青商奖学金发放仪式，资助贫困学生8人3.8万元；举办“希望之光”国泰奖学金发放仪式，资助全市19所学校的114名学生奖学金33.2万元。此外，开展东西部扶贫协作助学工作，4月，赴贵州省沿河土家族自治县捐建“青少年之家”（博爱书屋）2个，爱心包裹1000个，启动“张家港—沿河”两地少年儿童手拉手活动。6月，赴新疆维吾尔自治区巩留县捐赠志愿者马甲300套、爱心包裹200个、鼓号队器材2套、“共青团爱心生日会”项目资金等，价值5万元；赴宁夏回族自治区永宁县捐赠爱心资金、物品30万元；向西藏自治区林周县捐赠爱心包裹1000个。（汤敏蕾）

张家港市妇女联合会

【概况】 2019年是市妇联“改革深化年”，市妇联立足党建带妇建，推动妇联改革向纵深推进，至年末，全市有村（社区）妇联组织254个，机关系统妇联组织54个。1月，召开市妇联第十一届二次执委（扩大）会议。3月，市妇女儿童活动中心挂牌市新时代文明实践点。4月，组织全市50名妇女干部赴北京中华女子学院参加妇女干部能力提升培训班。3月至12月，建立新时代文明实践巾帼志愿市级服务队1个，区镇、系统服务分队36个，村（社区）服务支队250个，妇女微家服务微支队25个。年内，制定实施《张家港市妇联第十一届执委履职规则》，落实执委轮值主席等工作制度，探索建立“妇女微家”50个，推动入驻省妇联云平台并定期发布活动，领导班子带头开展“下基层、访妇情、办实事”基层调研活动119次。创新推进“四新”领域妇联建设，市妇联第二批挂职干部为4人，其中挂职副主席1人、挂职副部长3人，项目化实施“玫瑰益+”区域联合妇联妇女干部成长互助计划，开展各类活动21场，700余人次参与。市妇联系统累计发布公益服务项目300余项。其中，市妇联面向基层推出“玫瑰有约”单身青年交友、“守护童心”儿童保护等8个妇儿家庭公益项目，开展活动近400次。

【妇女思想引领】 年内，市妇联开展“巾帼心向党，礼赞新中国”、“我们的节日”等群众性宣传教育活动70余场。3月，举办“巾帼心向党，奋进新时代”三八国际妇女节庆祝活动。4月，联合卫健委举办“我运动，我健康，我美丽”市2019年女子趣味运动会。5月至12月，举办第三、第四期女性健康营养公益课堂系列活动24次，举办“慧雅课堂”女性素质提升项目活动20余场。8月，承办省妇联“芳华礼赞70年”江苏女性融媒体创意大赛苏南赛区“她说”活动，作品《初心》《长大后，我就成了你》《不平凡的她们》获奖，江苏绿亿环境工程有限公司总经理顾云蕾作为优秀女企业家代表参加访谈。10月，推荐郁霞秋作为优秀妇女代表参加新中国成立70周年国庆庆典活动并组织观礼分享会。“暨阳玫瑰”微信公众号全年发布微信296条，微信关注人数2.6万余人，微信传播指数排名全省县域妇联组织第一。年内，选树市级“最美巾帼之星”20人、“最美娘家人”10个，唐奇英获评全国三八红旗手。全年在“学习强国”平台发布文章1篇，在全国妇联、省妇联全媒体平台各刊发文章7篇，在市电台、报社制作专题27期。

【妇女创业创新】 2月至8月，市妇联举办女性专场招聘会，提供岗位3102个，发放创业担保贷款45笔450万元。2月至12月，实施“梦想启航——女大学生就业创业平台支持计划”项目，带动200余名女大学生就业。3月至8月，开展巾帼文明岗开放日活动2次。3月至12月，实施“暨阳玫瑰，一引四提”乡村振兴巾帼行动，开展“巾帼新农人”竞赛活动，举办4期劳动力转移培训班，培树省级巾帼示范专业合作组织1个、苏州市“最美妈妈”土特产1家、苏州市“美丽庭院”106户、市级“最美农家”100户。5月至12月，实施“分类新时尚，巾帼她先行”生活垃圾分类进家庭项目，开展活动70场。6月，在广州举办女企业家高级研修班，开展“木兰荟”市女企业家魅力课堂之海外安全专题讲座。11月，举办“巾帼文明岗”创岗提优班，培育省“巾帼文明岗”2个，苏州市“巾帼文明岗”4个、“巾帼建功标兵”1人，评选张家港市级“巾帼文明岗”30个、巾帼建功标兵20人。12月，开展“情系乌江，筑梦港城”沿河女大学生成长助力计划活动2次。年内，顾云蕾获评苏州市“青年创业标兵”，黄翠萍获“巾帼礼赞”手工艺品创新创业大赛创业类三等奖。

【家庭文明建设】 4月至12月，市妇联开展“暨阳玫瑰，心系未来”家庭教育志愿活动78场。5月，联合市文明办、市卫健委举办“文以化人，家和业兴”2019年市家庭文化节启动仪式暨新时代文明实践巾帼志愿益集活动。5月至8月，开展“暨阳玫瑰，阅享童年”“社会妈妈”亲子阅读项目，开展活动33场。9月，举办“巾帼心向党，建功新时代”庆祝新中国成立70周年暨家庭文化节闭幕式，选树市文明家庭标兵10户、市文明家庭100户，周汛峰家庭获评第二届江苏省文明家庭，常新霞家庭获评第五届苏州市最美家庭，陈鹏飞家庭获评苏州市最美家庭提名。9月，市妇联联合市文明办、退役军人事务局开展“为模范送一面国旗”走访活动。11月，联合市法院、检察院、公安局、教育局在省内率先出台《张家港市关于责令未成年人监护人接受家庭教育指导实施办法》，召开贯彻落实《江苏省家庭教育促进条例》推进会暨实施办法发布活动，联合市委党校邀请周秉宜举办家教家风专题讲座。

【妇儿民生关爱】 3月，市妇联举办“暨阳玫瑰，益暖童心”关爱新市民子女主题活动。3月至8月，举办“8·26爱心助学”系列活动，向市困境儿童关爱中心捐赠爱心图书1045本，向15名贫困女大学生发放助学金3万元，给贵州省沿河土家族自治县黑水完小的学生上儿童生理保护课1节，举办“社会妈妈”爱心讲座1场。3月至12月，开展“暨阳玫瑰，守护童心”儿童保护项目，专题授课307场，惠及1万余人。5月至6月，举办“儿童友好城市”座谈会，开展儿童发展状态以及需求调研。5月至12月，在全市排摸低保、低保边缘户“两癌”患病妇女37人，帮助4名“两癌”患病妇女获全国补助金，发放退职离岗村妇代会主任生活补助金5万余元。6月至8月，面向困境儿童、新市民儿童家庭开展展亲子体验之旅5次。11月，试点建设城东社区儿童友好社区、民政“益童家园”儿童友好平台项目。年内，全市新建公共场所母乳哺育室5家，累计建成25家。

【妇儿权益保障】 3月，市妇联举办“男女平等与政府责任”讲座，走进《港城会客厅》栏目讨论女性平等就业。3月至9月，联合市人社局等部门走进15家企业开展妇女权益保障专项检查。3月至12月，举办“暨阳玫瑰，法在身边”主题活动，开展广场宣传、模拟法庭等活动5次。6月至12月，实施“阳光伙伴”暨阳好阿姨婚调增能项目，组建247人的婚调员队伍，开展活动14次。10月，开通网上巾帼维权平台。11月，开设网上妇儿维权平台。年内，完成7份政策文件性别平等评估；实施“暨阳玫瑰，守护幸福”婚姻家庭和谐关系建设项目，辅导夫妻218对，现场劝和176对，辅导家庭成员90人，提供法律咨询25人次，公安系统开具家暴告诫书11份。全年成立村（社区）妇女议事会253个，7月召开全市基层妇女议事工作推进会。 （朱忆宁）

张家港市归国华侨联合会

【概况】 2019年年末，全市有“侨胞之家”9个，“侨务工作站”1个，侨联委员31人，海外顾问14人。市侨联全年先后接待海外侨胞8批130人次到市参观考察。在春节、元宵、端午、中秋等传统节日，市侨联为全市60余户归侨及困难侨眷发放慰问金和物资5万余元。2月13日，邀请中广核华盛投资有限公司投资创新主管周鸿博到市开展调研。2月19日，开展“我们的节日”侨界庆元宵系列活动。3月4日，开展“筑梦港城——新侨创新创业形势及政策分享会”，促进新侨人才创新创业成果转化。3月11日，启动“阳光侨界，爱在港城”文明实践活动，在沙洲职业工学院举行口腔健康知识大讲堂。3月26日，邀请马来西亚知名导演马逸腾考察市华侨文化交流基地。4月14日，在凤凰镇举办“亲情中华，爱在港城”侨界青年智慧分享活动。4月16日，携手红蕾学校共同举办“亲情中华，爱我港城”侨界阅读活动，捐赠图书100余册。4月30日，启动“侨与新中国共奋进——庆祝中华人民共和国成立70周年”侨界主题征文活动。5月17日，在沙洲职业工学院举行“送法进校园”法律宣传月专题活动。6月5日，“翰墨侨韵·情系港城”苏州市侨界庆祝中华人民共和国成立70周年书画展在市博物馆开幕。6月12日，市冶金园（锦丰镇）侨界联合会成立。6月12日，日本长崎综合科学大学校长池上国宏以及国际班系长郑美花一行，拜访江苏科技大学苏州理工学院，就交换留学生项目达成交流合作协议。7月9日，上海市侨联到市开展全方位、多层次、宽领域合作交流。9月17日，市塘桥镇侨界联合会成立，累计有区镇侨联5家。9月24日，市侨联举办“亲情中华，爱我港城——张家港市侨界庆祝中华人民共和国成立70周年”主题活动。11月14日，举行“创业中华，智汇港城”——2019年上海侨智走进张家港活动。11月29日，在保税区科创园豆牛空间举办“阳光侨界，爱在港城”法治专题公益讲座。12月，市侨联与捷克华人青年联合会、德国中华工商联合会黑森州分会签订友好协议，并在德国、捷克建立市侨联海外联络站。年内，永联村获评江苏省华侨文化交流基地，市梁丰双语实验学校、苏华美术馆获评苏州市华侨文化交流基地。

4月24日，侨资侨智对接交流活动在张家港举行 （市侨联 提供）

【“创业中华，建设江苏”——2019年侨资侨智对接交流活动】 4月24日至25日，“创业中华，建设江苏”——2019年侨资侨智对接交流活动在张家港举行。开幕式后举行创业环境说明会和项目路演，在随后的对接交流活动中，80余名区镇人才工作负责人、“风投”“创投”公司、企业界代表结合各自需求，与30余位侨界高层次专家开展探讨合作。项目涵盖纳米新材料、生物医疗、人工智能等领域，“钢渣骨料制备及其在抗滑沥青混凝土中的应用技术”等10余个项目达成合作意向。活动期间，与会嘉宾参观市综合展示馆、产业资本中心等，了解张家港的创新创业环境。

【海外高层次人才创新医疗器械“港城行”】 为发挥侨界智力密集、海外联系广泛的优势，搭建海外高层次人才服务市经济发展平台，推动海内外多领域交流合作，5月9日至10日，海外高层次人才创新医疗器械“港城行”开幕式暨张家港创业环境说明会在沙洲湖酒店举行。医疗器械领域的海内外高层次人才、有关“风投”“创投”机构、金融机构负责人，以及市相关部门、区镇负责人商讨市医疗器械产业发展。美国、加拿大等国家和地区30余位医疗器械行业专家，开展项目路演和对接交流，其中乳腺CT项目、氮化镓化合物半导体项目等进入落户洽谈阶段。活动中，“张家港医疗器械高新产业园”揭牌，该园2月经市政府批准设立，打造以医疗器械为主的医用装备研发、制造产业集群。

（李进达）

张家港市工商业联合会（总商会）

【概况】 2019年年末，全市建有各类商会58家，其中区镇商会9家、街道商会15家、行业商会19家，异地商会8家、村级商会6家。有工商联会员单位4502个，其中企业会员4344个、团体会员58个、个人会员100个。年内，新一代企业家商会、港口商会、兴化商会、二手车商会先后成立。市工商联召开全市商会组织高质量发展推进会，赴南京钢贸商会、赛虹桥商会和金华商会学习。完善基层商会、行业商会工作考核办法，市装修装饰行业协会获评全国“四好”商会，市电子商务商会、塑饮机协会、大新商会、安徽商会获评江苏省“四好”商会，另有14家商会获评苏州市“四好”商会。市装修装饰行业协会、冶金园（锦丰镇）商会、大新镇商会、氨纶纱商会围绕落实减税降费政策，组织专题宣讲会；分离机商会、五金商会、保税区石化业商会围绕安全生产主题，在会员企业内部开展安全生产自查，举办专题培训；电子商务商会开展读书会、四季谈，外贸提升班、精益生产研习社、女神帮、企业趣味拓展等活动。

【参政议政】 年内，市工商联走访会员企业300余家，及时发现民营经济发展中遇到的矛盾和问题，其中《我市民营企业对中美经贸摩擦前景的看法建议》《基层民营企业家高度关注税收新政》等舆情信息获苏州市委重视。围绕企业关注热点，在市政协十二届三次会议上提出《抢抓“一带一路”战略机遇、加快推进企业“走出去”》等提案，带领工商界代表人士分别参与党风廉政建设和反腐败工作、教育改革、城市管理等专题调研活动。《构建商会服务会员的有效平台和运行机制》《积极探索商会党建新路径、全力助推“两个健康”新发展》调研报告分别被全国工商联、苏州市委统战部录用，《引导非公经济人士有序政治培养》获省工商联调研二等奖。市工商联完成减税降费等4项专题调研，获评全国工商联调研点先进集体。8月，全国工商联发布民营企业500强榜单，全市7家企业上榜。

【会员服务】 年内，市工商联推进“双心”（贴心工商联、暖心总商会）服务品牌建设，开展近商、亲商、爱商系列服务活动。开设“商会讲堂”，邀请中国当代作家毕飞宇作专题文学讲座，举办“企业家刑事法律风险防范”等专题讲座6场；开展企业家沙龙系列走进移动、电信、联通活动，为企业搭建信息化、智能化场景应用合作平台；组织企业家代表团赴深圳、重庆、杭州、海南、新疆等地进行经贸交流。重建市企业家俱乐部，成立悦读、户外徒步、书画摄影、棋牌四大俱乐部，举办活动50余场，参与近1000人次。加强校企“两支队伍”建设，组织“企业家进课堂”25场，参听学生2500余人，开展专家教授走进企业6次。全年各商会帮助12家企业申报高新技术企业。市工商联与市场监管局协作开展行业企业产品联盟标准制定奖励；联合市环保局、应急管理局组织环保、安全生产企业专场宣讲，印发《关于加强安全生产的倡议书》；立足纳税人之家平台，开展减税降费政策宣讲进商会、进企业活动，发放各类宣传资料1000余份。举办民营企业高质量发展政企对接交流会，与检察院签订服务保障民营经济沟通联系机制。

【理想信念教育】 年内，市工商联持续深化非公经济领域理想信念教育，开展主题学习8场、系统宣传12次。以“守法诚信经营，坚定发展信心”为重点，开展“张家港精神再弘扬、民营企业在行动”专题大讨论，5月邀请全国“改革先锋”秦振华作专题报告会。举办理想信念教育专题培训班，组织企业家赴贵州遵义接受革命传统教育。围绕庆祝新中国成立70周年，组织商会和企业开展再拍“东方红”——献礼新中国70华诞摄影大赛，在媒体集中宣传沈文荣、吴耀芳、郁霞秋等50余名诚信立业、依法治企、创新发展的企业家典型。坚持党建引领，成立安徽商会党支部和新一代企业家党建联盟，推出“红心莲”商会党建特色品牌，探索形成“六联”党建新模式，商会党建做法在全国工商联直属商会与非公党建专委会上作典型交流。引导商会及会员企业融入新时代文明实践，参与精准扶贫。会员企业认领市文明办“志愿者服务项目”12项，资助金额33万元。市总商会、电子商务商会、浙江商会、安徽商会、装修装饰商会多次赴贵州省沿河土家族自治县帮扶对接，在沿河县中寨镇设立“张家港市商会助学关爱基金”，累计捐资近百万元。

【新一代企业家培养】 4月23日，张家港市新一代企业家商会成立大会召开。首批入会的企业家96人，年龄都在45周岁以下。所涉企业中，90%为实体制造业企业，另有少量建筑业、房地产业、文化产业和服务业行业领军企业。会议邀请永钢集团董事局主席吴耀芳作“传承与发展”主题讲座。商会成立后，建立副会长轮值和分组活动制度，组织高质量发展吴江行、“日本精益生产和工匠精神探寻之旅”游学活动，组织团队拓展和企业互访20余场，会员参与活动覆盖率100%。年内，新一代企业家中，沙钢集团党委书记、董事长沈彬入选“全国新时代民营企业家培养计划”，并多次在全国青年企业家座谈会、理想信念教育活动中代表发言。 （彭　嫣）

【编辑　沈立平】

法治·军事

Rule of Law & Military Affairs

张家港特警风采　（市公安局　提供）

法治建设

公　安

检　察

法　院

司法行政

消　防

人民武装

武　警

張家港年鑑(2020)

法治建设

【概况】 2019年，市依法治市领导小组办公室在市委全面依法治市委员会领导下，发挥统筹协调功能，制定委员会、协调小组工作规则和办公室工作细则，组织市委全面依法治市委员会第一次、第二次会议和执法、普法守法协调小组会议，建立市委依法治市委员会组织架构和工作机制。落实依法治市工作旬报告制度，建立健全张家港市法治政府建设与责任落实督察工作实施意见、联络员工作联系机制、专家决策咨询工作机制等法治建设组织保障工作体系。集中力量筹备张家港市法治政府建设示范创建申报工作和法治江苏、法治苏州建设测评工作，组织张家港市法治建设工作测评，协调各有关单位完善法治建设制度体系。组织开展营造法治化营商环境、保护民营企业发展专项督察，优化营商环境。深入开展法治惠民工程，36个单位开展41个“关爱民生法治行”项目。启动法治政府建设情况第三方评估，采取问卷调查、座谈会、指标体系完成情况书面报告等形式，对张家港市法治政府建设情况进行评估。年内，开展张家港市法治政府建设情况问卷调查结果显示，市民群众对张家港市法治政府建设满意度达到96.5%。规范政府行政行为，对行政规范性文件开展清理和后评估工作。修订完善重大行政决策相关制度，对重大行政决策事项范围、重大行政决策的提出和调整程序、重大行政决策责任追究等方面作出具体规定，指导全市重大行政决策规范化管理工作，做好市级决策事项的合法性审查。

法治宣传　市依法治市领导小组办公室梳理列出全市132项重点普法工作，明确责任单位和时序计划，并按季度检查相关普法工作落实情况。依托重要时间节点，普法责任单位联合开展大型普法活动，形成普法合力。制定《张家港市乡科职领导干部任前法律法规知识考试办法》，年内，共组织6批105人次进行非人大常委会任命领导干部任前法律知识考试。召开青少年法治教育工作推进会，下发《关于开展全国第四届“关爱明天·普法先行”——青少年普法教育活动的实施意见》，落实“法治休业式”“法治第一课”等活动，帮助青少年建立对法律的认识与信仰。策划“法在身边”2019年市民学法用法互动工程、新时代文明实践普法活动，深入村社区、企业工地开展“送宪法法律下乡”“农民工学法活动月”“法润沙洲·春风行动”等普法活动。策划“法治的力量”法治文化惠民工程，开展“法治的力量”优秀法治文艺作品、优秀法治课征集评比活动，收到各类文艺作品近400件、法治教案课件150余件。开展“我眼里的法”法治案例宣讲活动，组织律师、普法志愿者走进机关、单位、学校、村居开展案例分享宣讲。举办第九届“法治文化月”启动仪式暨冶金园（锦丰镇）法治文化主题园启用仪式，组织开展第二届“法治张家港”圆桌论坛、“法治的力量”优秀书画作品及视频展映仪式、“为爱行走·与法同行”徒步志愿服务、领导干部旁听庭审、“我与宪法同框”点赞宪法、“宪法集中宣讲”等活动。

行政执法监督　年内，市司法局体系化推进行政执法监督工作，通过听取工作汇报、行政执法人员抽考、抽查执法案卷、查阅台账等方式，开展重点、热点领域行政执法工作情况督察，对市农业农村局、城管局、市场监管局、凤凰镇、卫生健康委员会等13个重点执法部门的执法情况进行专项督察。加大执法案卷评查频率，通过购买服务的方式，委托专家从6月起对重点执法领域的案卷进行随机抽查，及时反馈存在问题并督促整改，共评查78份行政处罚案卷和33份行政许可案卷。出台《张家港市行政处罚证据管理指导规范（试行）》，全面规范行政处罚案件证据收集、审查和认定工作。组织开展行政执法实务培训、新任行政执法人员公共法律知识培训等活动，进一步提升行政执法人员法律素质和执法能力。组织全市1229名行政执法人员参加换证考试，共1154人参加考试，参考率为93.9%，及格率达到100%。组织全市421名新任执法人员参加2019年度苏州市行政执法证件申领资格考试，351人通过考试，另有10人因取得国家统一法律职业资格而予以免考。至年末，全市共有行政执法人员1515人。

依法行政　年内，市司法局加强行政规范性文件管理。组织对145件市政府规范性文件和有关部门、镇（区）制发的行政规范性文件开展全面清理；对2017年市政府出台的行政规范性文件开展后评估工作；对92件张家港市各类文件进行合法性审核，并出具书面法律意见。强化重大行政决策规范化管理，组织决策实施部门对3项2017年出台的市政府重大行政决策开展后评估工作；指导全市重大行政决策规范化管理工作，做好市级决策事项的合法性审查工作；对《张家港市重大行政决策程序操作细则》进行修改，制定《张家港市重大行政决策程序规定实施细则》，对重大行政决策事项范围、重大行政决策的提出和调整程序、重大行政决策责任追究等方面作出具体规定。做好行政复议应诉工作，2019年度收到行政复议申请173件，受理150件，审结148件（含上年结转13件），直接纠错率5.4%，制发行政复议建议书2份。办理市政府被复议案件8件，办理市政府为被告的行政诉讼案件58件（含2018年结转21件）。

【扫黑除恶专项斗争】 2019年，全市围绕政治站位、依法严惩、综合治理、深挖彻查、组织建设、组织领导等六个方面，持续深化扫黑除恶专项斗争。市委常委会专题研究扫黑除恶工作13次，市政府常务会议研究4次，召开领导小组会议和扫黑除恶专项斗争推进会4次，开展专项督察5次，推动扫黑除恶专项斗争向纵深拓展。1月，市扫黑除恶专项斗争领导小组升格，由市委书记、市长任双组长。各区镇、各成员单位配套调整，由党政主要领导任组长。全面开展扫黑除恶专项斗争政治谈话，签订责任书、承诺书，压实各区镇、各部门主要负责人第一责任人职责。从公安、检察、法院等6部门抽调10名骨干力量充实市级扫黑除恶工作专班，强化实体化运作。2月起，市扫黑办牵头开展系列宣传活动，组织发动基层综治干部、网格员、社区民警开展入户走访，联合市教育局、公安局、司法局举办校园法治讲座，开展网上竞答、电视知识竞赛和专题文艺巡演等活动。苏州市扫黑办10月通报，张家港群众对扫黑除恶工作的知晓率为99%、满意度为96%。3月至4月，组织开展重点行业领域专项治乱整治工作，进一步排查涉黑涉恶违法犯罪和“关系网”“保护伞”问题线索，强化“打财断血”措施，铲除黑恶势力滋生土壤。4月至5月，市四套班子领导分赴各区镇、成员单位督导扫黑除恶工作，检验阶段性工作成效，推动问题整改。6月，高标准通过中央扫黑除恶第17督导组下沉督导；市扫黑办根据督导组反馈意见，制定整改方案，明确6个方面18项整改措施，推动中央督导反馈问题整改工作落实落细。8月至9月，部署开展非法金融活动专项治理工作，印发《关于在扫黑除恶专项斗争中开展非法金融活动专项治理实施方案》，在市扫黑办增设非法金融专项治理工作组，全面启动和推进非法金融活动整治。10月，结合“不忘初心、牢记使命”主题教育活动，由市委政法委牵头，组织对黄赌毒和黑恶势力听之任之、失职失责，甚至包庇纵容、充当保护伞问题进行专项整治，将扫黑除恶专项斗争与反腐败斗争和基层“拍蝇”结合起来，依法严惩黄赌毒和黑恶势力。11月，启动非法金融活动专项治理主题宣传月活动，组建宣讲团开展宣传，引导群众理性投资、合法理财，提高对非法金融活动的识别能力。12月，张家港市委政法委被省扫黑办通报表扬为“2019年度全省扫黑除恶先进集体”。年内，全市共立涉黑涉恶9类案件266起，破案251起，现行破案率94.4%；打掉黑社会性质组织1个、恶势力犯罪集团4个、恶势力团伙3个；刑事拘留341人，直保51人，逮捕189人，移送起诉381人。审结涉黑涉恶案件4件24人，其中被判处五年以上有期徒刑6人，被判处十年以上有期徒刑7人，执行涉恶案件财产37.09万元。

【网格化社会治理】 2019年，张家港市按照国家标准及“人口规模适度、服务管理方便、资源配置有效、功能相对齐全”的原则，调整划分市社会治理一级（区镇级）综合网格10个、二级（村、社区级）综合网格255个、二级专属网格16个、三级（基层级）综合网格1330个、三级专属网格536个，每个网格明确唯一编码。按照“1+3+N”（“1”即网格长，“3”即网格巡查员、网格督导员、网格警务员，“N”即兼职网格员）的组织架构配齐配强网格服务管理人员，明确由村（社区）“两委”班子成员担任网格党支部书记。制定区镇联动分中心、村（社区）联动工作站规范化建设标准，对镇村两级阵地实行提标升级，对工作站的上墙内容予以统一规范，并对制式服装、交通工具、工作标牌和工作装备实行“四统一”。挂牌成立市社会综合治理网格化联动中心，整合网格化社会治理、数字化城管以及便民服务中心三家平台，实行联动运行。全面推进警务网格与社会治理网格“双网融合”，有机整合市应急管理、消防、环保、人社等职能，划分149个专业网格。全年各级网格共办理民生事件7.5万余件，办结率98.6%，开展关心关爱活动8600余人次，开展便民服务3.82万人次。

（丁洪军 鲁延海）

公 安

【概况】 2019年，市公安局结合大庆安保工作，分别组织开展“庆祝新中国成立70周年”主题党日活动、“践行新使命，忠诚保大庆”活动，在重大任务推进、重点专案侦办中成立临时党支部，把党建工作与各项中心工作有机融合。建成集教育、宣传、交流、服务功能于一体的公安党建服务中心，7个党支部被上级评为“先进基层党组织”“党建示范点”。市公安局获评新中国成立70周年大庆全省安保维稳工作先进集体，并被市委、市政府授予“2019年度突出贡献奖”。

打防犯罪 市公安局深入推进警务实战模式，提升数字侦察打击效能，精准打击各类违法犯罪行为，全年共抓获刑事作案成员3502人，破获“八类”（放火、爆炸、劫持、杀人、伤害、强奸、绑架、抢劫）案件147起，环食药案件46起。抓获娼赌人员1887人、涉毒人员256人、网上逃犯332人，其中命案逃犯3人，依托大数据战法破获的案件占到全部破案的90%以上，侦破公安部督办的“9·26”特大跨境网络开设赌场案件。深入推进扫黑除恶专项斗争，加大“打财断血”“打伞破网”力度，扫黑除恶群众知晓率99%，线索办结率86%，打掉黑恶势力团伙7个、“套路贷”犯罪团伙10个。

交通管理 市公安局全面启动道路交通、群租房、危险物品、寄递物流、重点目标、水域公共安全等六大专项整治行动，牵头推进道路交通专项整治，开展“除隐患、防事故、保大庆”交通安全整治攻坚战、安全生产大排查大整治、货车超载集中整治、电动自行车专项治理等一系列集中治理行动，加大交通违法行为执法力度，年内共查处交通违法行为120万余起，其中饮酒驾驶机动车违法行为626起、醉酒驾驶机动车违法行为1088起。排查整改交通安全隐患320处，交通事故死亡人数比上年下降15.22%，连续15年保持下降，涉危车辆交通事故连续6年保持零死亡。建立交通事故“警保联动”快处快赔机制，在线快处交通事故1.8万余起，占交通事故总数的43%。智慧交通综合应用平台建设基本完成，市区二环路内信号灯全部实现联网。年内发生交通事故59288起，其中一般以上交通事故2243起，死亡151人、伤6046人，办理汽车注册登记47151辆，核发车辆检验合格标志24.78万辆。

治安管理 市公安局全面强化社会面治安防控，为新中国成立70周年大庆营造安全稳定的社会治安秩序。优化“情指勤一体”警务工作运行机制，精准指导路面警力开展巡逻防控，系统推进通信网络诈骗防范宣传，组织7万余名实名注册的蓝盾志愿者参加社会治安联防联治，“两骗”发案率比上年降31.6%，违法犯罪警情和刑事发案12年连降，抢夺案件全年零发案。强化重大警情跨区域联动处置机制，明确规定市区应急响应的主要警力和重点区域，围绕警力报备、频点值守、点调拉练、联勤联动、综合警务室运行、实战技能培训等方面，规范牵头部门和具体措施，定期组织设警演练和点调拉练，提升应急处置能力水平。年内，共查破各类治安案件4382起，查获违法人员5033人，收缴枪支25支、弹药351发、管制刀具240把、非法储存的假冒伪劣烟花爆竹1102箱。

执法服务　市公安局建成并启用执法办案管理服务中心，创新刑事案件集中办、专业办、快速办“三个办”工作机制和行政案件快速办理工作机制，实现办案效率提升、警力消耗降低、规范执法升级的目标，获评全省公安机关“执法办案管理中心示范点”。探索建立公检法司“一站式”办理刑事速裁案件工作机制，全盘统筹公检法软硬资源，实现刑事案件快侦快诉快审，对于案情简单的刑事案件一般在10日内完成全部流程，最快36小时移送起诉。推进“放管服”改革，下放13个事项审批权限至镇级政务服务中心，新增全部网上办理政务服务事项75个，实现“不见面审批”。推动政务服务中心公安审批事项实现“一窗通办”，开通居民身份证、居住证办理“绿色通道”，窗口办事满意率达到98%。创新推出访企、安企、便企的“三字”工作法，选择一批重点企业提供“一对一”服务。

“110”接处警工作　2019年，市公安局指挥中心共受理报警69.11万起。其中，违法犯罪警情3.11万起、火灾警情2131起、交通警情13.84万起、纠纷警情5.04万起、群众求助警情7.91万起、其他警情39万起。通过快速指挥调度，直接抓获违法犯罪嫌疑人238名。

【“9·26”特大跨境网络开设赌场案破获】　经过一年零四个月的缜密侦查，8月，在上级公安机关统一组织协调和直接指挥下，市公安局组织开展“9·26”特大跨境网络开设赌场案件集中收网行动，专门抽调200余名警力组成多个抓捕组，分赴中国福建、柬埔寨巴域、菲律宾马尼拉等地，一举捣毁一个注册会员超50万人、投注金额300余亿元、犯罪集团成员300余人的特大网络赌博团伙。共抓获犯罪嫌疑人330余人，在柬埔寨、菲律宾、中国澳门等地查扣涉案财产总价值折合4亿余元，该案是有史以来江苏省公安机关侦破的最大网络赌博类案件，是“人员链”“信息链”“资金链”全链条打击的全国首起跨境网络开设赌场案件，也是2019年中国和柬埔寨执法合作年侦办的首起案件，得到中央和部省领导的批示肯定。

【一体化执法办案管理服务中心启用】在“快警务”的驱动下，2019年，市公安局全面启用一体化执法办案管理服务中心，首创刑事案件集中办、快速办、专业办“三个办”机制，推动公安内部实现办案效率提升、警力消耗降低、规范执法升级的目标。在此基础上，为适应以审判为中心的刑事诉讼制度改革，市公安局探索公检法司“一站式”办理刑事速裁案件工作机制，以执法办案管理服务中心为载体，推动公检法司“一体化”办公，市检察院在办案中心派驻检察室，指派4名检察官、4名书记员、2名案管工作人员在中心办公；市法院在办案中心设立刑事速裁法庭，每日安排1名法官、2名书记员、1名法警在办案中心办公；市司法局建立值班律师制度，每日安排1名律师入驻办案中心办公；办案中心抽调8名精干警力成立刑事速裁组。对进入办案中心案件，符合速裁条件的，由速裁组民警第一时间进行调查取证，依托中心协同区，同步开展鉴定、送达等工作，同时通知派驻检察官提前介入，对案件进行动态掌握和监督指导，最大限度缩减案件办理时间。全局移送检察机关人数比上年升6%，办案周期减少50%，行政复议诉讼下降19%，获评全省公安机关“执法办案管理中心示范点”。

【“警辅人员先期处警”机制实施】　为策应“快警务”实战模式，释放基层派出所警力，经过充分调研和多方会商，2019年，市公安局联合市司法局全面实施“警辅人员先期处警”机制，采取公开遴选和单位推荐的方式，从全市各派出所辅警和巡防专业队伍中，挑选300余名政治可靠、具备一定法律基础、具有较好的语言表达和协调沟通能力，且协助开展接处警工作或专职调解工作一年以上的警务辅助人员，作为先期处置调解员人选，由司法行政部门统一培训并核发调解资格证，将先期处置调解员置于司法驻所人民调解员队伍序列，并按照《警务辅助人员兼职人民调解员先期处警调解非紧急非警务类警情工作规范》，规定将需要公安机关到现场处置的噪音扰民、动物侵扰、流浪乞讨、捡拾物品等非紧急求助警情，以及移车纠纷、消费纠纷、邻里纠纷、婚姻家庭纠纷等民事纠纷警情，直接由派出所调度人民调解员到现场进行先期处置，提高非紧急非警务类警情处置效率，保障民警集中精力快速高效处置违法犯罪警情和重大紧急敏感警情，辅警兼职人民调解员日均先期处警70余起。

【蓝盾志愿者协会成立】　市公安局重视平安志愿服务工作，组织开展文明交通劝导、社会治安巡逻、安全知识宣传等常态化、多种类平安志愿服务。全市平安志愿者人数不断增多，组织规模不断壮大，共建立平安志愿者队伍38个，注册平安志愿者8171人。8月24日，张家港市召开蓝盾志愿者协会成立大会，审议通过协会章程，选举产生协会第一届理事会、常务理事会以及协会会长、副会长、秘书长。蓝盾志愿者协会的成立，将使构成多元、组织松散、流动性大的平安志愿者队伍得到有效管理，为开展平安志愿服务活动提供组织保障，进一步激发平安志愿者队伍活力，为维护全市和谐稳定、构建新型警民关系

注入强劲动力。年内，该协会招募平安志愿者2万余人，组织开展文明交通引导、护学岗、电瓶车上牌、治安巡逻等工作。（刘　宇）

检　　察

【概况】 2019年，市检察院依法全面履行法律监督职责，为打造“港城发展升级版”、聚焦聚力“三标杆一率先”积极贡献检察力量。年内，办理的“3·24”非法采砂系列案入选全国检察机关服务保障长江经济带发展典型案例，同时被评为江苏省、苏州市检察机关法律监督十大典型案例；办理的郭某某盗窃案和姜某松、姜某丽盗窃案入选江苏检察机关依法正确行使不起诉权新闻发布会，承办检察官作为代表参加会议并接受媒体采访；办理的徐某盗窃案入选江苏检察机关准确适用认罪认罚从宽制度新闻发布会；认罪认罚等三项业务工作经验做法在全国检察系统会议上作专题交流，其中两项得到最高检推广；先后获得全国节约型公共机构示范单位、江苏省文明单位、江苏省AAAAA级数字档案室等荣誉；先后涌现出全省检察机关先进工作者、苏州市政法系统优秀党支部书记、苏州市检察机关青年精英人才、张家港市担当作为好干部等先进个人30人次。

刑事检察　市检察院全年批准逮捕各类犯罪嫌疑人864人，提起公诉2177人。依法办理涉黑涉恶案件10件，批准逮捕83人，提起公诉49人，监督侦查机关立案6人、撤销不当立案1人，追加认定恶势力犯罪团伙1个。化解各类风险23起，促进刑事和解41件。依法提出抗诉1件，监督侦查机关应当立案而未立案22人，监督撤销不当立案1人、1个单位，纠正漏捕1人，追加起诉1人，对取证不规范等问题发出纠正违法通知书20份，执行条件消失而未予收监的纠正力度，督促收监罪犯6人。监督财产刑执行到位81件，金额45.6万余元。

民事行政检察　市检察院全年受理民事行政诉讼监督案件152件，审查后提出再审检察建议30件，提出审判程序监督类检察建议5件、执行监督类检察建议22件。针对务工人员合法权益受侵害的情况，联合市司法局、法律援助中心制定《关于加强支持起诉与法律援助工作协作配合的意见》，通过支持当事人向法院提起民事诉讼的方式，帮助33名务工人员成功追索劳动报酬70万余元。开展环境资源类行政非诉执行案件专项监督，针对行政处罚内容不具体、加处罚款未执行、超期执行等问题，发出检察建议4份。

公益诉讼检察　市检察院在食品药品安全、生态环境保护、国土资源等领域开展公益诉讼工作，立案审查刑事附带民事公益诉讼10件，提起诉讼5件，敦促5名当事人在媒体上公开道歉，追索公益赔偿金40万余元。办理的一起非法倾倒固体废物损害生态环境公益诉讼案中，促成1656万余元生态损害赔偿协议，并通过两年的持续跟进监督，推动赔偿款支付到位、受损环境修复到位，入选苏州市检察机关公益诉讼典型案例。立案审查行政公益诉讼20件，向相关行政机关发出检察建议19件，全部得到采纳。

未成年人检察　市检察院加强未成年人全面综合司法保护，获评全省政法系统关心下一代工作先进集体。对性侵害、套路贷等严重侵犯未成年人合法权益的犯罪“零容忍”，批准逮捕23人，提起公诉29人。精准惩戒帮教罪错未成年人，对轻微犯罪并有悔罪表现的依法从宽，不批准逮捕5人，不起诉14人；对严重犯罪的依法惩治，批准逮捕5人，提起公诉22人。参与法治校园建设，检察长担任法治副校长，检察官进校园上法治课17次，受众学生2.4万余人，“爱立方”青少年维权项目获评市十佳普法项目。联合市法院、公安、教育、妇联等部门制定全省首个《关于责令未成年人监护人接受家庭教育指导实施办法》，完善涉案未成年人帮教工作社会支持体系。联合市公安、教育、团委、妇联等部门建立未成年被害人“一站式”关护机制，获评市青少年群体“成长护航工程”一等奖。

【检察护航服务民营企业】 年内，市检察院不断深化“打击、保护、服务、促进”八字方针，通过发挥检察职能，护航民营企业高质量发展。市检察院探索建立服务民营企业“七个一”工作法。分别是成立一个部门，专门负责涉企案件办理、企业产权保护等工作；制定一份意见，出台服务保障民营经济高质量发展的意见和年度实施方案；深化一项协作，与市工商联会签协作意见，形成工作合力；进行一次分析，分析涉企案件类型、发案原因等，形成3份案件分析报告；开展一项活动，组织开展“检察进百企”活动，深入百余家民营企业，递送《检察服务民营企业手册》和专题宣讲视频，提供定制化的检察服务；研发一个软件，研发运行“检企互联智慧平台”，发布政策文件12条、服务示例10件、警示案例13件，回复企业家咨询52条；办好一批案件，通过依法履行审查逮捕、审查起诉、羁押必要性审查以及民事行政等职能纾困涉案民营企业。此外，市检察院制定《2019年度服务保障民营经济高质量发展工作方案》，明确9个重点推进项目及责任人和完成时限，细化落实市委主要领导批示精神；发动全院检察干警，收集整理近三年的涉企案件信息，分析涉企案件类型、发案原因等情况，形成《涉企犯罪案件分析报告》《涉民营企业司法保护典型案例》，为针对性开展服务保障工作打下基础。

【认罪认罚从宽制度配套机制形成】 年内，市检察院加强与市法院、公安、司法、律师协会等部门的协作，制定《关于贯彻落实认罪认罚从宽制度的工作意见》和《律师参与认罪认罚刑事案件实施办法》，经验做法在全国检察机关适用认罪认罚从宽制度推进会上作专题交流、得到最高检推广；制定《关于“一站式”办理刑拘直判案件的工作意见》，在公安执法办案管理服务中心派驻全省首个检察室，办理的第一起刑拘直判案件，1天完成审查起诉工作，7天完成从公安刑拘到法院判决全部诉讼流程，入选全省检察机关准确适用认罪认罚十大典型案例。

加大认罪认罚案件中确定刑量刑建议适用力度，对1590名被告人提出确定刑量刑建议，其中一审判决后提出上诉的17人，上诉率为1.07%，比上年下降73.8%，被告人认罪服判比例显著提升。

【依法适用不起诉权工作机制探索】 年内，市检察院落实审前过滤、诉前主导责任，严格把握起诉条件和起诉必要性。制定《不起诉工作操作规范》，明确盗窃、危险驾驶等7个常见罪名的不起诉标准，严格办案流程，全年共办理274件不起诉案件，均实现侦查机关零复议、上级检察院零复核、被害人零自诉以及被不起诉人零申诉、零再犯等“五个零”的办案效果，经验做法在全国检察机关“不起诉权的合理适用”研讨会上作专题交流。办理的“姜某松、姜某丽盗窃奶粉案”和“未成年人郭某某盗窃案”，同时入选全省检察机关十大不起诉典型案例。

【小微公益诉讼诉前和解制度推行】 年内，市检察院针对大量发生在群众身边、受损面不大但又实质侵害公共利益、群众反映强烈的小微公益诉讼案件，建立快速检测、及时立案、依法办理等工作机制。探索推行诉前和解制度，制定《刑事附带民事公益诉讼诉前和解办法》，通过设立公益保护专用账户、将被告人赔偿行为作为量刑情节、依法适用不起诉权等举措，破解小微公益保护难问题，得到上级机关和法学专家认可。在办理孙某某非法狩猎案中，当事人非法捕杀25羽禽鸟，对社会公共利益造成损害，但影响相对较小，通过诉前和解，追索7500元赔偿金，作为鸟类生物资源的保护资金；综合考虑犯罪情节和认罪悔罪态度等，依法予以不起诉，实现多赢共赢的办案效果。

（陈梦清）

法　　院

【概况】 2019年，市人民法院在审判执行工作、司法改革、队伍建设等方面取得新进步。4月，完成内设机构改革，内设机构从16个精简至12个。5月，成立机关党委和相应党支部。市法院推出“组建一个团队、搭建一个平台、构建三项机制”的“113”司法举措，为全市上市公司高质量发展提供专业性、针对性、前瞻性的司法服务。全年共受理各类案件37285件，审执结33881件，分别比上年增10.37%和11.97%，连续两年收结案超过3万件。员额法官人均结案385件，比上年增13.23%。年内，市法院被省文明委评为2016—2018年度省文明单位。

刑事审判　市法院全年受理刑事案件1792件，审结1700件2256人，其中审结危害公共安全罪588件611人，破坏社会主义市场经济秩序罪68件144人，侵犯公民人身权利、民主权利罪128件183人，侵犯财产罪668件855人，妨害社会管理秩序罪239件454人，贪污渎职犯罪9件9人。

民商事审判　市法院全年受理民商事案件18201件，审结16190件。其中，人格权纠纷232件，婚姻家庭、继承纠纷1657件，物权纠纷284件，合同、无因管理、不当得利纠纷10551件，知识产权与竞争纠纷188件，劳动争议、人事争议952件，与公司、证券、保险、票据等有关的纠纷661件，侵权责任纠纷1462件，使用特殊程序案件118件，诉前保全85件。

执行工作　市法院全年受理执行案件15997件，执结14741件，执行标的金额152.77亿元，执行标的到位金额103.92亿元，执结率92.15%。其中，执结刑事案件1082件、民事案件6869件、行政非诉审查与执行案件87件，仲裁584件，保全案件5848件，执行异议案件249件，执行监督案件22件。

审判监督和行政审判　市法院受理再审案件296件，审结293件，受理申诉、申请再审案件513件，审结490件。受理行政案件327件，审结308件，其中驳回诉讼请求140件、裁定驳回起诉30件、撤诉34件、视为撤诉5件、移送3件、撤销7件、确认违法5件、履行法定职责6件，不予受理78件。受理行政非诉审查案件159件，审结159件。

【刑事速裁工作机制构建】 10月，市法院率先在市公安局执法办案中心设立全省首家刑事速裁法庭，构建“一站式”刑事速裁工作机制。联合市检察院、市公安局和市司法局出台“一站式”办理刑拘直诉快判案件的工作意见，规范案件办理程序，明确适用范围。对可能判处3年有期徒刑以下刑罚、案件事实清楚、犯罪嫌疑人认罪认罚并符合速裁条件的刑事案件，适用速裁程序办理。对进入办案中心案件，符合速裁条件的，由速裁组民警第一时间进行调查取证，依托中心协同区，同步开展鉴定、送达等工作。派驻检察官提前介入，对案件进行动态掌握和监督指导。专职律师第一时间为犯罪嫌疑人提供法律咨询和帮助，参与认罪认罚见证等工作。这种全新的工作机制，让刑事速裁案件进入绿色通道，实现案件“即送即受即立”“应快尽快”办理。至月末，审结刑事案件200件209人，平均审理天数为3.48天。其中，刘某盗窃案件，从公安刑拘、检察院起诉到法院宣判用时仅21小时，刷新刑事案件审理用时的纪录。

【法官入基层推进矛盾纠纷多元化解】 年内，市法院推进“审务进基层、法官进网格”，强化22个驻村法官工作室的功能发挥，积极预防和调处各种矛盾纠纷，最大程度把矛盾化解在萌芽状态。推进“两个一站式”建设，挂牌设立“非诉讼服务分中心”，整合人民调解、律师调解等资源，大力推行诉前调解，全年调解纠纷1473起，化解矛盾1582人次，其中开发区法庭通过诉前调解成功化解物业纠纷85件。充分发挥人民法庭对基层法治保障的突出优势，指导辖区人民调解工作，助力辖区“无讼村居”建设，凤凰法庭利用法官“直接送达”模式协同基层组织化解纠纷76件，乐余法庭深入辖区40余个村委、社区开展“法官下基层，法治村村行”活动。积极为基层治理和乡村振兴培养法治人才，不断增强年轻村干部的法治思维和法治能力，凤凰镇、大新镇等先后派出9名大学生村干部到法庭锻炼。

（何　薇）

司法行政

【概况】 2019年，市司法局不断健全完善全面依法治市制度建设，全方位、多角度开展法治宣传工作，扎实推进“七五”普法工作；体系化推进行政执法监督工作，开展重点、热点领域行政执法工作情况督察；加强行政规范性文件审核管理，政府行政行为得到进一步规范；开展矛盾纠纷排查工作，重点关注农民工、欠薪、医患和涉法涉诉三类纠纷，矛盾纠纷调解数和群众满意度相比上年上升幅度大；加大社区矫正和安置帮教力度，推进社区矫正标准化建设工作，提升矫正效能；全面启动“律政先锋领航行动”；立足规范机制，积极参与张家港市“一站式”刑拘直诉试点工作，积极发挥好法律援助作用。年末，市司法局有司法行政工作人员41人。全市有执业律师302人，公职（公司）律师37人，援助律师2人，基层法律服务工作者70人，公证员7人。

人民调解 年内，市司法局开展矛盾纠纷排查调处工作，重点关注农民工欠薪、医患和涉法涉诉等三类纠纷，对涉及当事人10人以上、赔偿金额10万元以上、到司法所上访10次以上等三种纠纷，主动介入，优先处置，防止群体性事件、个人极端事件、民转刑案件的发生。优化矛盾纠纷多元化解网络，创新施行“辅警兼职人民调解员先期处置非紧急非警务类警情”矛盾调解勤务新模式，543名辅警被纳入人民调解员序列，至年末，现场调处矛盾纠纷2万余件，占公安总警情量的22.8%。重新修订《张家港市人民调解个案补贴办法》，将个案补贴预算由原来的每年50万元增加至每年100万元，补贴频率由“一季一补”改为“一月一补”，提升人民调解员工作积极性。持续做好人民调解法治督察工作，全年对16532件调处成功的人民调解案件进行审查，出具人民调解案件法治督察整改表18份。开展人民调解菜单式培训，全年安排专题培训6场，全市调解员进行点单式、自主式学习。年内，全市各类人民调解委员会及两级调处中心共调解纠纷28777件，调处成功率为99.3%。矛盾纠纷调解数和群众满意度分别比上年上升11.32%和9.52%。

社区矫正和安置帮教 年内，市司法局持续推进社区矫正标准化建设工作，提升矫正效能。紧扣扫黑除恶专项斗争和新中国成立70周年安保工作，筑牢安全防线。创新教育学习方式，在社区服刑人员教育管理中引入“学习强国”App和“社矫之声”App，社区服刑人员自主学习热情提升。强化刑满释放人员衔接保障，落实“必接必送”工作要求，远赴广东、青海等地接回重点帮教对象36人。落实“法律扶贫”任务，启动阳光帮扶行动和护苗行动，帮扶贫困特殊人群家庭及未成年子女66人，资助6.3万元。强化监地协作，联合苏州监狱、溧阳监狱深化开展“走进大墙，播撒阳光”延伸帮教活动。完善远程视频会见系统，全年成功发起视频会见114起。全市接收社区服刑人员297人，解矫社区服刑人员340人，年末在册367人，刑满释放人员在册总计2265人。

法律援助 作为全省首家试点地区，市法律援助中心参与张家港市“一站式”刑拘直诉试点工作。与市法院联合出台《张家港市刑事案件律师辩护全覆盖工作实施方案》和《关于开展刑事案件律师辩护全覆盖工作的实施意见》，公开选拔招聘兼职律师组成法律援助骨干律师团，全面推开刑事案件律师辩护全覆盖工作。积极推进法律援助值班律师见证犯罪嫌疑人签署认罪认罚具结书工作，完善检察院、危驾中心、看守所站点建设，安排执业三年以上、精通刑事业务的律师轮流值班。年末，25名律师（5名专职、20名兼职）分成5个组分别驻市仲裁委、法院、检察院、看守所和法援窗口定期值班，承办刑事案件16件，提供法律帮助807件。不断优化劳动争议援助站工作效能，每个工作日安排2名律师坐班。至年末，市劳动人事争议工作站接收案件近80件，涉及金额3000余万元；办理20人以上的集体性讨薪案件10起，涉案人数426人，涉案标的1500万元。深入开展法律援助宣传“七进”活动，开展宣传活动20场，提供法律咨询5000余人次。市法律援助中心接待到访咨询1719次，电话咨询3655次，受理法律援助案件1513件，“12348”法律援助热线满意率位列苏州第一。

【律政先锋领航行动】 6月29日，市律师行业举办“律政先锋领航行动”启动仪式，提升新时代律师行业党组织的凝聚力和战斗力，纪念中国共产党成立98周年，开展“一律所支部一党建品牌”创建，实现党建工作与律所发展的双赢。启动仪式上还进行“律政先锋领航行动”授牌、12个律师事务所党建子项目授牌以及全体党员律师重温入党誓词集中宣誓活动。年内，围绕队伍思想政治、执业道德和执业纪律、业务素质提升、青年律师培养4个方面，强化律师队伍建设。启动“青年律师训练营”计划，开展律师职业技能大赛，组织专题培训、高校能力提升培训等活动，提升律师队伍整体素养。通过互联网+监管、律师监管系统、实地检查等方式，强化法律服务行业监管。组织开展为期3个月的法律服务行业专项警示教育整顿活动，全面查找问题、落实举措、集中整改。会同市场监督管理局、城管局等10个部门联合开展法律服务市场专项整治行动，维护法律服务市场正常秩序。深化“法企同行”活动，重点为民营企业提供多方位、多层次、多内容法律服务。继续推行公职和公司律师制度，为依法行政、依法经营提供法律保障。全市16家律师事务所参与刑事辩护与代理435件，代理民事诉讼案件7736件，行政案件142件，非诉讼法律事务156件，避免和挽回经济损失18.36亿元。10家法律服务所代理诉讼案件2254件，非诉讼案件334件，避免和挽回经济损失2.5亿元。市公证处办理各类公证7177件。2家司法鉴定所办理各类司法鉴定业务2392件，采信率95%以上。

（鲁延海）

消　　防

【概况】2019年，全市发生火灾1498起，无人员伤亡，直接财产损失680.79万元。火灾起数比上年下降3.79%，市消防救援大队成功处置785起抢险救援和社会救助任务，疏散营救被困群众430人。全市消防救援队伍完成台风“利奇马”应急救援、宿迁抗洪抢险前置力量备勤、新中国成立70周年大庆消防安保等多项重点消防安保及全市各类会议、活动的消防安保工作。在2019年度市级机关（单位）绩效考核和精神文明建设考核中，大队获评服务地方奖、张家港市先进文明单位;被张家港市委、市政府评为2019年度担当作为好单位；被苏州市消防支队评为基层建设先进大队、全市消防监督管理工作先进单位；大队党委被苏州市消防救援支队评为大队级“好班子”。

消防基层基础建设　市消防救援大队组织全市网格员开展消防安全网格化业务培训，固化网格员消防工作职责和日常工作流程，推动基层网格按照“六有”（有组织、有制度、有队伍、有设施、有检查、有宣传）标准实体运转，将安全监管责任嵌入到每个网格、将隐患治理措施落实到基层一线。加强技术防范手段应用，在全市范围推动安装独立式感烟火灾探测报警器4499个、简易喷淋装置45套、电气火灾监控系统224套。推广电动自行车集中充电停放点建设，建成376个电动车集中充电停放点。加强公共消防设施建设。积极协调各区镇和相关职能部门推进市政消火栓建设，全市新建市政消火栓104个。全市建成重点单位微型消防站826个、社区微型消防站229个。

执勤备战　年内，市消防救援大队立足实战，坚持全员参训，从严从难、对标找差，掀起练兵比武热潮。大队获苏州市政府专职队普考综合排名第二，塘桥中队、大新中队分别获得中队综合排名第二、第四；城北中队刑宁康代表苏州支队参加全省消防救援队伍岗位大练兵比武竞赛荣获专职队团体第一、个人400米救人疏散物资项目第二的好成绩；保税区特勤中队获得苏州支队第一次“火焰蓝”夏训工作技能比武竞赛枪炮协同灭火操第二名；大队获苏州市消防救援队伍应急通信比武竞赛三等奖。大队组织开展化工、深井救援、大型商业综合体、高层建筑等领域实战演练，全面提升应急处置能力，成功处置“9·30”宁兴液化储罐危化品槽罐车爆炸起火事故。着眼“全灾种、大应急”，对标队伍转型升级要求，组织开展水域事故救援、HS美国心脏协会急救课程等专业培训，强化全市消防指战员综合救援能力。

消防宣传　市消防救援大队持续深化消防宣传“七进”（进军营、工地、学校、敬老院、福利院、社区、看守所）工作，深化消防站对外开放，全年接待参观人员8126人。全市88块固定电子屏阵地滚动播放消防常识，流动宣传车出动宣传165次，承接机关、学校、社区、企事业单位等消防培训262次，开展夏季夜间错时巡回宣传35次。

【消防安全执法专项行动】年内，市消防救援大队借助市消防安全委员会工作平台，开展人员密集场所、“9+1”场所、高层建筑、“防风险保平安迎大庆”消防安全执法检查等专项行动，推进居民住宅火灾防控六项措施。共检查人员密集场所636家、“九小场所”5589家、小微企业1797家、高层建筑310幢、居民小区353个、住宅楼院40551幢，发现并督促整改隐患12523处，查处“三合一”场所213家、消防违法行为33起、电动车违规充电452处，临时查封25处，责令停产停业23家，责令“三停”14家，行政处罚396家，核查投诉举报269个，拆除铁栅栏286平方米、违章搭建27722平方米，张贴《江苏省消防安全委员会办公室关于开展消防安全专项执法检查的通告》4721份，发动居民家庭开展消防隐患自查133556家，发送家庭防火知识短信253067条，发放消防安全宣传提示单188097份，组织约谈938人，组织培训2343人。

【消防救援大队举行挂牌仪式】张家港市消防救援大队的前身是张家港市公安消防大队，又称中国人民武装警察部队张家港市消防大队，2018年12月31日，张家港市消防救援大队举行授衔和换装仪式。2019年12月30日，消防救援大队举行挂牌仪式。市委常委、常务副市长卞东方，市委组织部、市编办、市财政局、市公安局、市人社局、市退役军人事务局、市应急管理局负责人，消防救援大队全体指战员参加仪式。在庄严隆重的奏唱国歌、迎中国消防救援队队旗仪式后，消防救援大队教导员严士刚致辞。卞东方代表市委、市政府作讲话，希望全体指战员以挂牌仪式为契机，加快消防救援工作和消防救援队伍各方面建设发展，全面推动队伍转型升级。随后，卞东方与市应急管理局局长陈国庆共同为“张家港市消防救援大队”揭牌。　（常　妍）

人民武装

【概况】2019年，市人武部坚持抓教育统思想，抓班子树形象，抓演训强能力，抓基层打基础，主动适应军队调整改革新形势。年内，市人武部先后被中央军委国防动员部表彰为民兵调整改革先进单位和参与打赢脱贫攻坚战先进单位，被江苏省军区表彰为“先进团级单位党委”和“军事训练先进单位”。6月下旬，张家港市人武部代表苏州军分区参加省军区民兵“四会”教练员带分队比武，综合成绩全优位列全省第五。完成新兵征集任务，其中大学学历占征集总数89%，本科学历占20%，大学毕业生占38%。民兵中，党团员占65%，退役军人占55%。民兵调整改革位列苏州军分区年终考核第一名。8月至9月，市人武部与市教育局完成全市11所高中、7900余名学生军训任务。

战备训练　年内，市人武部会同市公安、消防完善人武部“军警民联防”和“营区防袭扰”行动方案，升级“三室两库”的视频监控系统，完善“三铁一器”硬件设施；整治改造民兵训练基地训练和生活设施；各区镇购置配齐“抗洪抢险、森林防火、应急维稳、执勤巡逻”四类战备物资器材。修订《森林火灾扑救》《突发地质灾害抢险救灾》等10套应急预案。民兵应急分队先后3次接受苏州军分区战备拉动，部机关组织指挥、应急分队应对突发情况的处置能力不断增强。4月，高标准开展民兵整组工作，完成全市基干民兵调整组建任务。参加苏州军分区应急连整建制考核，成绩名列前茅。先后组织民兵应急连、学生军训教员、“四会”教练员、专武干部和新任职民兵营长集训，有效提升业务水平和组织指挥能力。采取“大专业小集中”“小专业大集中”等方式，先后组织63名民兵骨干参加上级军事机关组织的抗洪抢险、工程抢修、防化救援、情报信息分队集训，提升民兵专业分队战斗力。

国防教育　市人武部坚持每月组织理论学习体会交流，每月开展“月读一书”活动，并指导基层开展学创新理论、学系列讲话、学军事理论活动。持续开展“不忘初心、牢记使命”和“传承红色基因、担当强军重任”主题教育，组织民兵向革命烈士献花专题战斗精神教育活动，争当“王继才式好民兵”活动。广泛开展战备形势、网络安全、“四反”警示、“铁纪强军”教育和庆祝新中国成立70周年活动。4月，“缅怀革命先烈，传承红色基因”活动被“中国民兵”公众号和地方媒体报道。5月，《中国国防报》二版头条专题报道题为《“应急‘尖刀’这样锻造”的张家港人武部打造过硬民兵应急分队纪事》，并在新媒体公众号广泛宣传。8月，联合市退役军人事务局举办“强军梦沙洲情”专题八一文艺会演，并结合民兵应急连备勤训练，与市红蜻蜓幸福号公益组织开展“同谱拥军爱民曲，共叙军民鱼水情”双拥联谊会活动。8月，联合市退役军人事务局分别出资10万元，建立基金与井冈山市联合开展“情系革命老区、关爱革命功臣”活动。8月21日，联合市委宣传部、市教育局、市总工会组织“领航新时代、共筑强军梦”国防教育文艺会演，利用学生军训契机，先后2次为学生进行国防教育授课。11月，投入5.2万元用于沿河县现役及退役军人困难家庭的帮扶，并组织部机关干部职工开展“爱满港城”一日捐款活动。

兵役工作　年内，以提高征兵质量为指引，把高学历优秀青年输送到部队。市政府召开征兵工作领导小组会议和全市征兵工作会议。3月，市征兵办统一组织一线征兵工作人员分片区、系统开展征兵宣传、政治考核、体检标准办法、网上兵役登记和网上报名等业务培训。按照“一季征兵，全年准备”的思路，注重整合军地力量，联合市委宣传部超前进行征兵宣传部署，营造浓厚的征兵工作氛围，共印发征兵宣传单、廉洁征兵联系卡1500张，订购征兵宣传挂图300套，进校园开展征兵宣传，筹划召开全市欢送新兵大会，邀请市书法协会为每名进藏兵书写并赠送励志书法作品。8月，役前训练期间，市人武部联合市委宣传部、市教育局、市总工会组织新兵观看“领航新时代、共筑强军梦”国防教育文艺演，激发广大青年的参军热情。10月，市人武部开展2019年度新兵回访工作，召集回访单位的张家港市新兵，组织慰问和开展思想教育，做好新兵入伍后的安全稳定工作。

【人武干部冬训活动】 1月14日早上8时，在香山脚下，2019年市人武部军事训练开训，随着部长任伏军下达冬训命令，人武部干部职工、专武干部和民兵统一着迷彩服的参训人员携带背囊、挎包、水壶及各种训练器材，向5千米外的集结点出发。拉练结束后，全体人员到香山烈士陵园开展祭扫瞻仰活动，参观烈士纪念馆，缅怀革命先烈，传承红色基因，并在纪念碑前重温军人入队宣誓仪式。（陈　航）

武　警

【概况】 市武警中队主要担负市看守所外围看守任务。中队依据《军队基层建设纲要》，以四项经常性工作为基点，打造全面过硬的标兵中队，确保以执勤、处突、反恐为中心的各项任务的圆满完成。年内，市武警中队完成临时性押解勤务53起，出动执勤兵力128人次，押送罪犯452人，行程约7198.2千米；承担暨阳高级中学、沙洲职业工学院、市第二中学、市舞蹈学校、张家港开放大学、市城管局等单位和民兵预备役的军训任务，更换升级执勤设施系统，中队连续20年被武警江苏省总队评为基层单位建设标兵中队，中队党支部连续19年被武警江苏总队党委评为先进基层党组织。中队先后获集体一等功1次，集体二等功7次，集体三等功7次。

【“军民联欢，共庆八一”慰问演出】 7月28日，市委统战部副部长王世芳、民进张家港支部联合市东方艺术团赴武警张家港中队，开展以“拥军爱民谱新曲，军民鱼水情谊长”为主题的庆“八一”军民联欢慰问演出活动，与武警中队官兵共同庆祝建军92周年。市委统战部领导以及民进会员和入会积极分子实地参观武警张家港中队官兵练操场所、宿舍、荣誉陈列室，详细了解战士们平时的训练和生活细节，对中队历年取得的诸多荣誉给予大力赞扬。慰问演出活动由武警战士和民进入会积极分子共同主持。在市东方艺术团舞蹈演员表演的舞蹈《茉莉花》中拉开帷幕。武警战士张健、区耿聪二人合唱歌曲《真的爱你》。民进入会积极分子、市锡剧团二胡演奏员符莎莎带来二胡独奏《往事随想》。武警战士许胜叶表演的武术虎虎生风，气势十足。市东方艺术团成员周伟、赵石磊表演的双人舞蹈《戈壁沙丘》技艺精湛。武警战士李昊阳的架子鼓、入会积极分子陈建新带来的男生独唱《梦驼铃》各具风韵。民进会员迟红梅和入会积极分子边策联袂表演的小品《找钥匙》曾参加央视演出，讲述关爱父母的主题让武警官兵心有触动，思念家乡的亲人。专业歌手庞思远带来男声独唱《精忠报国》《等待》掀起活动的高潮。最后，慰问演出在全体人员合唱《我和我的祖国》歌声中落幕。

（张　健　蒋　恒）

【编辑　张　洁】

市人民代表大会常务委员会

2019年，市人大常委会在市委的坚强领导下，围绕全市中心工作，积极履职、主动作为，为推动全市经济社会高质量发展作出了新贡献。一是坚持紧扣市委决策部署，紧贴人大工作实际，建立健全跟踪督察督办全市重点工作和重点项目等工作机制，首次听取和审议市属企业国有资产管理情况报告，对全市企业上市工作等进行调研，开展《中华人民共和国中小企业促进法》等执法检查，在服务发展大局上积极作为。二是聚焦保障和改善民生，深入开展民生实事和“民生微实事”项目建设等督察，扎实组织多元化教育投入体系建设和新市民子女学校发展等调研，探索建立民生实事项目票决制，全力督办“标本兼治，长效管护，全面提升我市水生态环境”代表议案，在增进民生福祉上履职尽责。三是切实增强人大监督实效，组织检查《中华人民共和国人民调解法》等6部法律法规的贯彻实施情况，对市住建局等4个部门开展工作评议，对市政府报送的《张家港市保障性住房购房补贴发放规定》等3件规范性文件进行备案审查，在推进依法治市上精准发力。四是牢固树立代表主体意识，创新打造代表之家“一中心多站点”工作体系，深化常委会“主任接待日”暨“常委会组成人员联系代表和选民”以及“打造五个升级版，人大代表在行动”等活动，规范“常委会分管领导牵头、各工委和代表专业小组负责、主任会议督办”代表建议办理机制，在发挥代表作用上倾心尽力。

1 6月6日，市人大常委会召开市住建局工作评议通报会

2 7月31日，市十四届人大常委会第二十二次会议听取和审议市人民政府2018年度财政决算报告

3 9月29日，市人大常委会召开代表工作推进会

4 11月15日，市人大常委会检查全市贯彻实施《苏州市节约用水条例》情况

5 11月30日，市人大常委会召开水环境代表议案办理情况专题询问会

政协张家港市委员会

2019年，市政协常委会在市委的领导下，围绕打造港城“五个升级版”、推动高质量发展走在前列，认真履职尽责，积极担当作为，在广泛凝聚思想共识、提高资政建言质量、弘扬团结民主主题、推进政协自身建设等方面都取得了新的进步，为助推全市经济社会发展不断迈上新台阶作出了积极贡献。一是坚持围绕中心有效协商议政，聚焦推进高铁新城建设、“聚力新经济、融入长三角”、政务服务改革、推进张家港特色长江大保护等课题，开展多种形式的调研协商活动，为打造港城“五个升级版”出实招、献良策。二是坚持履职为民深入民主监督，推进提案和社情民意信息工作，精心组织民主评议，全力开展跟踪督查督办，履行民主监督职责，助力民生事业发展。三是坚持团结民主广泛凝心聚力，增进同各方面的团结合作，注重做好民族宗教和港澳台侨工作，做深做实政协宣传和文史工作，筑牢团结奋斗的共同思想政治基础。四是坚持委员主体加强自身建设，重视发挥区镇政协工委的基础性作用，深入推进委员履职“四个平台”建设，优化管理服务工作，展现政协良好形象。

1 市政协十二届三次会议

2 市政协第十一期“委员知情明政直通车”活动——聚焦快速环路建设

3 市政协界别委员之家建设推进会

4 市政协《关于深度推进我市军民融合产业发展的建议》重点提案督办会

5 市政协民主评议市交通运输工作情况通报会

市委宣传部

2019年，全市宣传思想文化战线在市委的坚强领导下，坚持以习近平新时代中国特色社会主义思想为指导，认真贯彻落实全国、全省、苏州市宣传思想工作会议和宣传部长会议精神，紧扣主题主线、坚持守正创新，自觉承担起举旗帜、聚民心、育新人、兴文化、展形象的使命任务，加强理论武装，壮大主流舆论，厚植文化文明，全市上下思想上的团结统一不断巩固，人民精神文化生活的新期待不断满足，市民文明素质和城市文明程度不断提升，为打造“港城发展升级版”、推动张家港高质量发展走在前列提供了强大思想文化保证。

1 争创全国文明城市“六连冠”动员大会召开
2 市新时代文明实践站站长能力提升培训班举办
3 沪苏通铁路张家港站“益空间”新时代文明实践点
4 追梦学堂2020年新项目——“我们的新时代”
5 市乡村文艺进城大展演系列活动启动仪式

中共张家港市纪律检查委员会、张家港市监察委员会

2019年，市纪委监委以习近平新时代中国特色社会主义思想为指导，深入贯彻党的十九大和十九届二中、三中、四中全会精神，始终不忘初心、牢记使命，忠诚履行纪检监察职责，持之以恒正风肃纪反腐，用监督执纪问责和监督调查处置的实际行动践行“两个维护”，推动全市党风廉政建设和反腐败工作迈上新台阶，有力维护了风清气正的政治生态。

1 8月28日，市纪委机关党总支换届选举大会召开

2 12月31日，深化张家港市纪委监委派驻机构改革工作推进会召开

3 7月18日，市监察委员会第一批特约监察员聘任会议上特约监察员合影

4 8月30日，勤廉大讲堂暨纪检监察系统培训活动举办

5 12月5日，市纪委监委新进干部警示教育大会召开

6 5月25日至6月2日，纪检干部赴杭州纪检监察培训中心开展业务培训

7 10月9日，市纪委监委举办“不忘初心、牢记使命”主题教育专题党课暨领导干部“带头讲”活动

8 5月20日，“520”（我爱廉）港城清韵宣教月活动暨“暨阳清风文化馆开馆仪式举办

9 3月5日，“清风护林”党建活动开展

10 11月11日，市纪委监委机关开展“四重四亮”主题党日活动

11 1月25日，“美好家园，廉洁是福”廉洁文化社区行活动开展

市纪委监委"不忘初心、牢记使命"主题教育专题党课暨领导干部"带头讲"活动
7

承暨阳清风 启勤廉之旅
"暨阳清风文化馆"开馆仪式
王维
8

清风志愿者
9

10

我们的节日——春节
"美好家园廉洁是福"廉洁法治文化社区
廉
11

市人民检察院

2019年，市检察院围绕“业务创第一、队伍建一流”工作目标，与时俱进大力弘扬张家港精神，依法全面履行法律监督职责，为打造“港城发展升级版”、聚焦聚力“三标杆一率先”积极贡献检察力量。一年中，市检察院获得国家级荣誉2项、省级荣誉3项；入选全国检察系统典型案例1个、江苏省检察系统典型案例3个；业务工作经验做法在全国检察系统会议上作专题交流3项，得到最高检推广2项。

1 3月22日，中央政法委宣传教育局副局长侯召迅一行到院视察调研

2 1月9日，在市十四届人大三次会议上，检察长邓根保作工作报告

3 7月30日，市人大常委会主任徐仲高一行到院视察检察工作

4 8月6日，民营企业高质量发展政企对接交流会现场，检察长邓根保受邀作保护民营企业合法权益法治讲座

5 4月26日，市检察院开展“共和国建设者走进检察机关”检察开放日活动，邀请劳模、人大代表、市最美职工等各行业优秀劳动者代表28人

6 10月16日，全国检察机关司法警察骨干培训班暨法警总队长集训班结业仪式上，院法警演练专班演示现场全景

7 10月10日，市检察院2件案例入选江苏检察机关依法正确行使不起诉权发布会，相关做法被最高检作为经验推广。图为市检察院对一起交通肇事案例开展不起诉听证会

8 11月9日，院检察官与民政部门沟通对接社会救助事项

9 11月21日，“3·24”非法采矿系列案入选最高检服务保障长江经济带发展典型案例，图为院检察官实地调查采砂船只

10 11月18日，院检察官通过远程视频系统连线700千米之外的申诉人实现网上“见面”，解决群众实际问题

民营企业高质量发展政企对接交流会暨服务保障民营经济沟通联系机制会签仪式
市工商联（总商会）、市人民检察院、市科技局、市人社局
4

法者治之端也
5

全国检察机关第二十二期司法警察
骨干培训班暨法警总队长集训班结业仪式
6

7

综治民调
8

9

张家港市人民检察院
视频接待室
10

市人民法院

1

2

3

4

2019年，市法院聚焦聚力“三标杆一率先”，依法履行审判职责，全力维护社会公平和正义。受理各类案件37285件，审执结33881件，比上年分别增10.37%和11.97%，连续两年收结案超过3万件。员额法官人均结案385件，比上年增13.23%。

围绕公平正义依法履职。坚持宽严相济的刑事政策，审结各类刑事案件1700件。纵深推进扫黑除恶专项斗争，范平等16人恶势力犯罪集团、杨杰等4人恶势力团伙、国方鹏等4人恶势力团伙被依法惩处。注重发挥民事审判维护权益、保障民生功能，坚持依法、平等、全面保护民营经济健康有序发展，审结各类民商事案件16190件，“名校包过班”培训案获评江苏法院消费者权益保护十大典型案例。依法助推法治政府建设，审结各类行政诉讼案件308件。加强执行攻坚兑现胜诉权益，执结案件14741件。

创新服务发展司法举措。围绕市委打造高铁新城的重大决策部署，推出“一队一站一组合”的专项服务举措，即组建一支联动服务团队、设立一个法院派驻高铁新城司法服务工作站、推出六项服务组合拳。围绕打造“港城经济升级版”，推出“组建一个团队、搭建一个平台、构建三项机制”的“113”司法举措，实地走访上市公司11家，组织旁听庭审2次，开展专题法律讲座3次,汇编典型案例1册。

回应群众多元司法需求。优化升级诉讼服务中心，增设跨域立案、集中送达、集中财产保全等功能，为4万余人次提供各类诉讼服务。推行司法鉴定程序前置，诉前鉴定案件1260件，经过鉴定的诉讼案件审理周期平均缩短65天。联合交警部门、人民调解组织、保险公司成立“交通事故一站式服务中心”，简化理赔流程，打造快速理赔机制。持续深化审判流程信息、庭审直播、裁判文书、执行信息四大司法公开平台建设，直播庭审10355次，公开裁判文书24246篇。

持续深化司法改革创新。坚持院庭长办案常态化，院庭长办结案件16970件，占全院结案数的50.09%。设立刑事速裁法庭，推进刑事速裁案件快诉快审，“一站式”办理刑事速裁案件200件209人，平均审理天数3.48天。加强智慧法院建设，通过信息化手段，推动科技创新成果同司法工作深度融合。

1 市委常委黄亚平和赵建明共同为法院驻高铁新城“司法服务工作站”揭牌
2 院长审理涉恶势力犯罪集团案件
3 开展“不忘初心、牢记使命”主题教育活动
4 在全市各镇（街道）设立审务工作站
5 金港法庭新审判综合楼投入使用
6 服务上市公司团队走访调研企业
7 凤凰镇法治教育培训基地落户凤凰法庭
8 涉民生案件凌晨执行会战
9 举行升国旗仪式暨重温入党誓词活动
10 唐奇英获“全国三八红旗手”称号

市司法局

2019年是张家港市司法行政系统完成机构重新组建后夯基垒台的开局之年。市司法局紧扣打造“让党放心、让人民满意模范机关”总定位，以全面推进依法治市为引领，履行好法治政府建设、行政执法监督、刑事执行、公共法律服务等职能，奋力开创司法行政工作新局面，为全力打造“港城发展升级版”、推动张家港高质量发展走在前列做出积极贡献。在市委全面依法治市委员会领导下，充分履行办公室职责，发挥好统筹协调功能，完善全面依法治市制度建设，努力构建法治建设三位一体新格局。扎实推进“七五”普法工作，策划“法在身边”2019年市民学法用法互动工程、“法治的力量”法治文化惠民工程、新时代文明实践等普法活动，传播法治正能量。稳步推进镇域综合执法改革，推行行政执法“三项制度”，落实行政规范性文件和重大行政决策的审核工作，做好行政复议应诉工作，不断规范政府职能，推动行政执法工作迈上新台阶。开展矛盾纠纷排查调处工作，创新施行“辅警兼职人民调解员先期处置非紧急非警务类警情”矛盾调解勤务新模式，纵深推进矛盾纠纷多元化解。持续推进社区矫正标准化建设工作，率先创立“亮灯行动”错时点验核查制度，在社区服刑人员教育管理中引入“学习强国”App，筑牢特殊人员管控体系。全面启动“律师先锋领航行动”，实现党建工作与律所发展的双赢。深化“法企同行”活动，重点为民营企业提供多方位、多层次、多内容法律服务。开展法律援助试点工作，全面推开刑事案件律师辩护全覆盖工作和法律援助值班律师见证犯罪嫌疑人签署认罪认罚具结书工作，全力保障困难群众合法权益。完善公共法律服务体系建设，推动镇级公共法律服务中心提档升级，实现村（社区）法律顾问全覆盖，进一步优化服务机制。

1 律师职业技能大赛
2 辅警兼职人民调解员参与矛盾纠纷化解
3 全市首次未成年社区服刑人员集中教育整训活动
4 省“三下乡”之“送宪法法律下乡”志愿服务活动在市举办
5 联合万红小学开展“寻法探密”活动

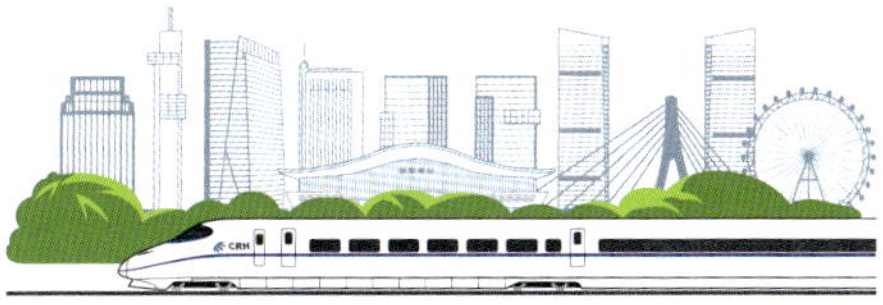

市自然资源和规划局

在机构改革的起步之年，市自然资源和规划局紧扣“优空间、护资源、促集约”工作主线，以精准的靶向抓主业、以靠实的举措抓推进、以清单化的方式抓落实，推动自然资源和规划工作深度融合、互促互进，实现统一布局、整体保护、系统修复、科学利用、综合治理。处置2009—2016年批而未供建设用地288.8公顷，位居苏州第一。完成《张家港市高铁新城总体城市设计》，通洲沙江心岛湿地总体规划成果被中国科协风景园林学会评为一等奖。新增造林绿化面积261.67公顷，林木覆盖率预计提升至19.84%，自然湿地保护率维持在61.1%。

2020年5月8日，国务院办公厅发文公布2019年落实有关重大政策措施真抓实干成效明显的地方名单，张家港市被评为土地节约集约利用成效好、闲置土地少且用地需求量较大的地方，获奖励用地计划指标66.67公顷。

1 市自然资源和规划局挂牌成立
2 原国家土地管理局局长邹玉川到市作专题讲座
3 全市“三优三保”工作现场推进会召开
4 便民服务进社区
5 “6·25”全国土地日宣传活动开展

市住房和城乡建设局

2019年是市住建局成立40周年，也是住建系统机构改革整合后的第一年。市住建局紧扣“港城发展升级版”要求，以打造城乡一体的高品质现代城市为主线，全力提升城市建设功能品质。9月，江苏省政府投资工程集中建设工作推进会在张家港召开。全年承担政府投资工程集中建设项目36项，投资总额23.9亿元。实施绿化项目13项，总投资2.23亿元，新增绿地面积约210万平方米。启动“江海交汇第一湾”生态提升工程（江滩湿地修复提升）建设，基本完成锡通过江通道公路南接线绿化工程。着力推进建筑节能和绿色建筑发展，顺利通过省级绿色建筑示范城市（县）验收，基本编制完成《张家港市建筑产业现代化专项规划（2020—2025）》。在苏州大市率先实现既有多层住宅加装电梯的首台突破。稳步推进海绵城市建设，推动出台《张家港市海绵城市规划建设管理办法》。不断优化公园游园环境，全年接待市民游客500万人次，精心筹办市第二十三届菊花展。市委、市政府首次启动房屋征收搬迁“双清”工作，至年末，26个往年结转项目中有13项完成扫尾清零，新启动的高铁新城、快速环路等四大项目2017户完成1966户，完成率97.5%，“双清”工作首战告捷。指导完成全市房屋征收搬迁8781户，安置房竣工31万平方米，安置在外过渡户2400户。指导各区镇推进201个美丽城镇建设项目，完成年度投入23.9亿元，5个项目获评“2019年度苏州市美丽城镇建设优秀示范项目”。培育特色田园乡村建设精品点位，全年累计投入7000余万元，凤凰镇双塘村肖家巷获“苏州市特色田园乡村建设精品示范村”称号。全力保障房地产市场平稳运行，出台《张家港市保障性住房购房补贴发放规定》，住房保障水平稳步提升。推进物业党建引领工程，推动“红堡管家”党建品牌建设。持续提高人民防空核心能力，张家港市作为县级市代表参加“9·18”全省防空警报试鸣活动。深入推进文明创建工作，市住建局获评2016—2018年度江苏省文明单位。

1 全省政府投资工程集中建设工作推进会在市召开
2 中欧社会保障改革专家调研虹筑之家
3 政府投资集中建设工程第一人民医院科教综合楼
4 政府投资集中建设工程花园浜幼儿园东园区
5 第二十三届菊花展
6 沙工新村 47 幢 1 单元成功加装电梯（苏州首台既有多层住宅加装电梯）
7 组织开展道路窨井盖整治
8 张家港“行行出状元”第七届职业技能大赛建筑木工比赛现场
9 庆祝中华人民共和国成立 70 周年、市住建局建局 40 周年歌咏比赛中“住建标兵”颁奖现场
10 沙洲湖

市交通运输局

2019年，市交通运输局以建设“区域性交通枢纽城市”为目标，完成城区快速路建设细化方案研究、沿江港口岸线整合利用五年规划、过江通道对全市交通影响分析及地方道路衔接规划研究，完成交通基础设施建设投资36.61亿元，沪苏通铁路、锡通高速公路（S19）南接线、新泾路快速化改造、福南水道-12.5米进港航道治理等一批重点项目顺利推进。完成营业性公路、水路客货运2987.9万人次和2320万吨，张家港船闸通过量7341万吨。持续推进平安交通建设，全面开展扫黑除恶专项行动，交通运输形势平稳安全有序。市交通运输局获评2016—2018年度江苏省文明单位，被市委、市政府授予“突出贡献奖”。

1 9月20日，沪苏通长江公铁大桥顺利合龙
2 11月22日，政协委员聚焦快速环路建设
3 市交通运输局开展交通运输安全综合治理督察
4 12月16日，张家港站地下空间主体结构最后一个顶板浇筑完成
5 12月12日，福南水道-12.5米进港航道治理工程竣工验收
6 11月28日，张家港港口危化品企业安全联盟成立

市水务局

2019年，市水务局贯彻落实市委、市政府的决策部署，完成机构改革和深化水务一体化改革，深入践行高质量发展理念，聚力攻坚，加压争先，努力提高水务服务保障能力。**防洪除涝体系不断完善。**长江干流江苏段崩岸应急治理工程、六干河东西港堤百年一遇建设完工，全力推进江海交汇“第一湾”百年一遇最美江堤工程建设，新建改造排涝站16座、圩口闸29座。水环境综合整治持续推进。盐铁塘东延、东横河及城区河道疏浚淤泥固化工程基本完工，疏浚河道848条，拆坝111条、建桥110座，整治黑臭河道96条。**供排水提质增效深入推进。**城南污水处理厂扩建工程投入运行，新建各类污水管网200余千米，治理城镇小区67个、农村3045户、企业2210家、小散乱排水户1280户，暨阳湖区域排水达标区试点成功创建，第四水厂20万立方米扩建及深度处理工程加快推进，老旧小区二次供水改造获评“2019年苏州十大民心工程”入围奖。**河长制改革见实效。**办结“一事一办”清单工作任务66项、工作交办单378份，整治市级河道“两违”项目232项、乱占12.1万平方米、乱建19.2万平方米、乱排222处。年内，国家节水型城市通过复查验收，环城河国家级水利风景区通过复核考评，获评全省水利系统先进集体，北横套整治典型事例入选中组部生态文明案例，治水经验得到省委副书记任振鹤肯定，并在全省推广。

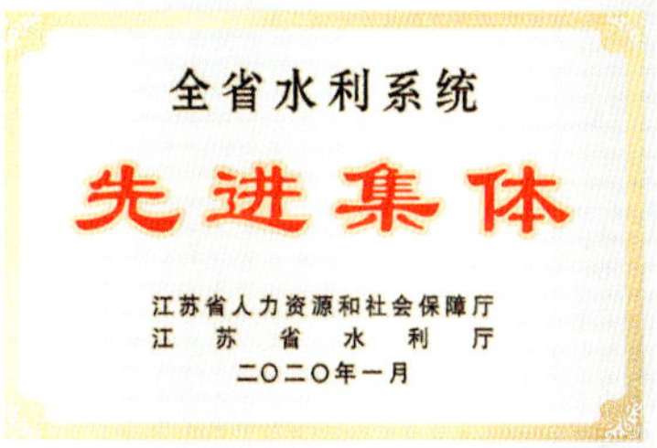

1 6月4日，市级总河长工作会议暨河湖“两违”专项整治工作部署会召开

2 9月3日，江苏省首届“最美基层河长”“最美民间河长”发布会在张家港举行

3 张家港湾百年一遇江堤建设

4 城南污水处理厂

市文体广电和旅游局

1月，市文体广电和旅游局正式组建成立。一年中，市文体广旅系统融合发展，推动各项工作有序开展、争先进位。小品《生日聚会》获第十八届“群星奖”，黄泗浦遗址获评“2018年度全国十大考古新发现”，《张家港市“书香城市”建设指标体系（试行）》获评中宣部全民阅读优秀项目，中国画《大国工匠·沪通长江大桥建设者》入选第十二届中国艺术节全国优秀美术作品展览和第十三届全国美术作品展览中国画展，“看得见的二十四节气——非物质文化遗产系列活动”获评文旅部2018年度全国美术馆优秀公共教育项目，2个项目入选文旅部2019年“春雨工程”志愿服务项目；市文体广旅局被中宣部版权局授予查处重大侵权盗版案件有功单位二等奖，原文广新局获评2018年全国“扫黄打非”先进集体，永联村获评首批“全国乡村旅游重点村”。张家港市获2019年度江苏省县级体育重点工作督察和县级体育总会重点工作督察“双冠王”。市文体广旅局获评2016—2018年度江苏省文明单位，被省文旅厅记集体二等功。公共服务水平显著提升。人均拥有公共文体设施面积位居苏州前列。成功举办2019年中国（张家港）长江文化艺术节、第八届中国民族节庆峰会、第八届全国优秀小戏小品展演、2019年张家港小剧场艺术季等活动。深入开展“全民阅读”系列活动，全市居民综合阅读率达到97.5%，列全省县级市第一。全年开展文体活动累次超过3200场。文体精品生产硕果累累。除小品《生日聚会》、中国画《大国工匠·沪通长江大桥建设者》外，锡剧《云水谣》、锡剧小戏《嫂娘》、短篇弹词《情在深处》、锡剧《江姐》、舞蹈《谢谢你》等一批文艺精品在各级评比展演中崭露头角。组队参加第二十二届“贝贝杯”中国足协青少年足球赛、2019年江苏省青少年田径锦标赛暨县组田径比赛（第一赛区）、2019年桌式足球“世界杯”比赛均斩获不俗成绩。文物保护传承稳步推进。黄泗浦遗址东部考古发掘区保护工程、东山村遗址博物馆新建工程列入2020年城建计划。完成黄泗浦遗址本轮考古发掘工作。完成“海上丝绸之路”保护与申遗总体方案文本初稿。“千年黄泗浦”系列节目登陆央视中文国际频道“国宝·发现”栏目。举办“长江文明物语——长江文明与海上丝绸之路展”，引进省级巡展项目3项，累计开展文物普及研学活动160次。出台《张家港市濒危非物质文化遗产代表性项目保护办法》。组建成立中国曲艺名城发展战略联盟。创新打造“港城绝技”非遗集市小程序。文化产业实力持续壮大。修订《张家港市文化体育旅游产业高质量发展扶持政策实施细则（试行）》，设置“张家港市文体旅产业发展专项资金”。出台《关于促进张家港

市旅游民宿规范发展的实施意见（试行）》。体育健康特色小镇——凤凰贝贝足球小镇获省级资金扶助。6个项目获评苏州市级重点（优秀）项目。深入推进全域旅游建设，指导永联完善小镇客厅基础设施建设，指导有关景区、酒店做好A级旅游景区和星级酒店复核复评。举办旅游文化（上海）推介会、文化旅游推介暨产业发展座谈会等专场推介。举办苏州创博会首届张家港分会场活动，整合张家港春秋两季赏花赏景特色旅游产品，成功举办赏花季和秋游季。行业市场管理从严从紧。对宗教出版物市场、校园周边文化市场、无证文化经营场所、露天KTV、酒吧非法娱乐经营、旅游市场秩序、游泳馆等重点领域和难点问题开展专项整治。全年共出动检查人员11121人次，检查经营单位3994个次，立案查处各类违法违规案件234起，结案218起，罚没金额126.84万元，收缴各类非法文化制品2.7万件。查处报送的“一本读”小说网涉嫌侵犯著作权案等3个案件被中宣部版权管理局、全国“扫黄打非”工作小组办公室、公安部治安管理局、最高人民检察院第四检察厅四部门列为联合挂牌督办案件。

1 1月29日，市委书记沈国芳走访慰问市文化志愿者协会

2 1月29日，新组建的张家港市文体广电和旅游局正式挂牌

3 3月31日，2019年张家港赏花季、“文明百村欢乐行”大型公益文艺会演暨凤凰桃花节开幕

4 4月24日，“长江水·乌江情”2019年张家港市一沿河土家族自治县文化交流周开幕

5 5月31日，第十二届中国艺术节第十八届群星奖颁奖晚会举行，张家港市小品《生日聚会》获奖

6 6月23日，“国泰景云”杯张家港短程马拉松系列赛（第四站）在暨阳湖开跑

市文体广电和旅游局

1

2

3

4

5

1 7 月 4 日，江苏省旅游风情小镇创建工作推进会在市召开

2 7 月 9 日至 13 日，2019 年中国足球协会第二十二届“贝贝杯”青少年（12 岁男子组）足球赛在市举行，张家港贝贝队获冠军

3 9 月 22 日，2019 年长三角少儿戏曲小梅花专场展演举行

4 10 月 4 日，市委副书记、市长潘国强带队赴文体广旅点位开展节日期间安全生产工作现场督察

5 11 月 3 日，2019 年张家港小剧场艺术季开幕

6 11 月 1 日，2019 年中国（张家港）长江文化艺术节暨金秋经贸周开幕

7 11 月 4 日，张家港市文化旅游创新推介暨产业发展座谈会举行

8 11 月 10 日，由中国文物报社和张家港市政府共同主办的“长江文明物语——长江文明与海上丝绸之路”主题展览在张家港博物馆开幕

9 12 月 13 日，在 2019 年全国拔河新星系列赛总决赛开幕式上，国家体育总局社体中心副主任尹国臣、张家港市政府副市长王瑜共同为“长三角拔河训练和竞赛基地”揭牌

市退役军人事务局

市退役军人事务局自1月30日挂牌成立后，坚持政策导向、问题导向、需求导向，全面推进双拥工作、优抚安置、权益维护、烈士陵园管理等工作，维护军人及军属的合法权益，打通服务保障“最后一公里”。

着力推进体系建设，成立市委退役军人事务工作领导小组，在全省率先启动并建成县级市退役军人服务中心场所，建成覆盖全市262个区镇、村（社区）的退役军人服务站，实现组织架构全覆盖。着力开展信息采集，完成信息采集录入34659人，实现信息采集通过率五个百分之百目标。着力解决需求困难，开展“老兵邮路”党建项目，设立“张家港市退役军人帮扶关爱专项基金”，促进政策规定落到实处。着力组织就业安置，按政策接收军转干部、符合政府安排工作条件的退役士兵，以及2019年度自主就业退役士兵，推动实施退役士兵（士官）“积分进村”工程，出台《关于实施退役士兵（士官）村干部培养工程的意见》。着力深化双拥工作，做好全国双拥模范城“七连冠”创建迎检工作，建成市双拥展示馆，深入开展与井冈山市“情系革命老区、关爱革命功臣”、与灌云县“心系开山岛、共建固国防”活动，批复成立2家民办非企业“市橄榄绿退役军人工作室”“市荣辉社会事务所”，与8家银行签订战略协议，推出“浓情拥军•关爱军人”项目。着力加强宣传激励，举办唯一一场县级市全国“最美退役军人”先进事迹报告会，在全省率先开展寻找“最美退役军人”活动；吴惠芳被表彰为首届全国“最美退役军人”，孙永华获江苏省“最美退役军人”提名。率先出台《关于退役军人和优抚对象免费游览旅游景点实施办法》，为3.4万名退役军人和其他优抚对象制作拥军卡。投入110万元对市烈士陵园进行整体修缮，首次吸纳“最美退役军人”方阵、军转干部方阵和退役士兵方阵参加“烈士纪念日”公祭活动。

1

2

3

4

5

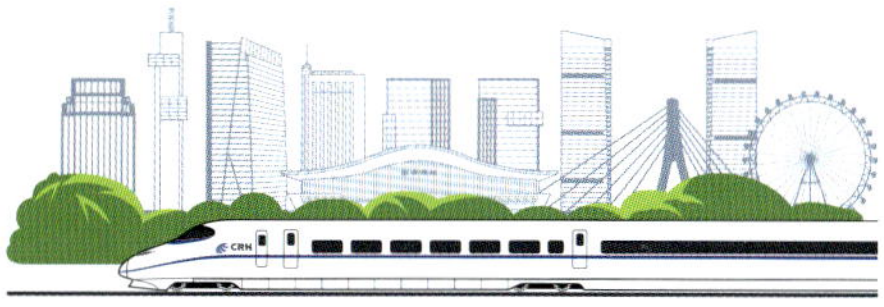

6

7

8

1 1月30日，市退役军人事务局挂牌成立

2 1月12日，张家港市举办县市级唯一一场全国“最美退役军人”先进事迹报告会

3 5月15日，承办苏州市退役军人服务保障体系建设现场推进会

4 6月6日，为军烈属和退役军人家庭悬挂“光荣之家”匾牌启动仪式举行

5 7月5日，全市创建全国双拥模范城“七连冠”动员大会召开

6 8月5日至7日，张家港市、井冈山市两地人武部、退役军人事务局共同签订“情系革命老区，关爱革命功臣”战略合作协议

7 9月3日，市退役军人事务局与市慈善总会联合设立“张家港市退役军人帮扶关爱专项基金”

8 10月23日，首届寻找港城“最美退役军人”宣传发布仪式在凤凰镇举行

9 9月11日，新兵综合保险项目签约

10 11月12日，江苏省首家退役军人事务教育培训学院——张家港市退役军人事务教育培训学院揭牌成立

9

10

市档案馆

2019年，市档案馆紧扣全市打造“港城发展升级版”重大部署，旗帜鲜明讲政治，忠实履行“为党管档、为国守史、为民服务”职责，各项工作取得新进展。高质量开展“不忘初心、牢记使命”主题教育，践行档案工作初心使命，成功举办新中国成立70周年主题展览，年内共接待107个党支部3244名党员代表参观学习；高站位服务中心大局，机构改革档案处置工作顺利完成，档案工作服务乡村振兴成效显著，张家港市被国家档案局、民政部选定为“档案工作服务农村基层社会治理”试点地区之一，年内承办苏州市乡村振兴档案工作推进会；高效能提供档案服务，全年接收档案资料3675卷、57193件，提供利用12573人次、33046卷（件）次，民生档案共享平台新增10个；高品质打造档案文化品牌，编纂出版《张家港方言大观》《奋进七十年，砥砺新时代——张家港影像记忆（1949—2019）》《南丰影像》，“百村万户”口述历史档案工作获2018—2019年度全省二等奖，成长档案工作入选苏州市未成年人思想道德建设工作创新案例；高要求夯实基础业务，扎实开展档案安全隐患排查整治，档案工作首次纳入市级机关绩效考核内容，重点企业、重大项目实现高质量建档。年内，市档案馆获张家港市委、市政府“综合贡献奖”，黄惠珍获评全国档案系统先进工作者。

证　书

张家港市档案馆：

你单位在2018-2019年度全省“百村万户”口述历史采集工作中，成绩突出，荣获二等奖。特发此证，以资鼓励。

江苏省档案局　江苏省档案馆

2019年12月3日

1 8 月 22 日，承办“学先进、励斗志、建新功”张家港市道德模范、身边好人现场交流活动

2 9 月 29 日，市档案学会年会暨《张家港影像记忆》首发仪式

3 2 月 19 日，全市市级涉改单位档案处置工作会议在市档案馆举行

4 12 月 17 日，开展市第二届未成年人成长档案评比活动

5 7 月 30 日，市档案馆开展“走近档案、对话乡贤”志愿服务活动

6 6 月 4 日，苏州市乡村振兴档案工作推进会在乐余镇召开

7 9 月 24 日，市档案馆党支部开展“不忘初心、牢记使命”主题教育活动

8 6 月 27 日，市档案馆开展“颂祖国、感党恩、当先锋”主题党日活动

6

7

8

苏州市住房公积金管理中心张家港分中心

2019年，苏州市住房公积金管理中心张家港分中心聚焦聚力“三标杆一率先”，在深化缴存扩面、优化使用服务上求突破见实效。全市新增开户职工48419人，净增缴存职工27419人，期末缴存人数27.76万人。归集住房公积金39.7亿元，历年累计归集284.62亿元，归集余额95.42亿元；各类提取公积金28.42亿元，历年累计提取188.65亿元。历年累计向5.95万户家庭发放贷款162.28亿元。年度公积金基数调整率87.89%，增加月缴额4418万元。全年通过行政约谈475家企业为19908名职工开户缴存住房公积金。整合设置服务大厅综合柜台，推广宣传“苏州公积金”手机APP，延展“不见面”服务范围和内涵。面向中低收入家庭购买保障性住房开展公积金贷款贴息，共办理贴息56笔、23.49万元。严控贷款逾期率，三个月以上逾期率为“0”，资金运行率93.5%。年内，在苏州市住房公积金系统防范违规提取专项考核活动中获团体一等奖；获评张家港市绩效管理委员会、市精神文明建设委员会颁发的“2018年度服务地方优胜奖”；被张家港市精神文明建设委员会授予“2018年度优秀文明机关”称号。

1 住房公积金扩面推进会

2 中心参与各区镇组织的“春风行动”

3 律师走进区镇开展公积金政策巡回宣讲项目

4 “祖国我想对您说”主题党日活动

5 工作人员引导客户使用自助机

乡村振兴与脱贫致富

Rural revitalization and poverty alleviation

善港村村民学校　（善港村　提供）

乡村振兴

农村资产管理

对口帮扶

全国贫困村创业致富带头人（善港）培训基地

張家港年鑑（2020）

扫码欣赏

扶贫记录短片

扫码欣赏

全国扶贫村创业致富带头人（善港）培训基地

乡 村 振 兴

【概况】 2019年，张家港市对照乡村振兴战略“产业兴旺、生态宜居、乡风文明、治理有效、生活富裕”20字总要求，印发《关于坚持农业农村优先发展加快推动乡村振兴的实施意见》《张家港市品牌强农实施意见》等文件，召开全市乡村振兴大会深入动员，落实市领导挂钩联系制度，强化调研督察和考评，乡村振兴工作取得积极成效。重点推进凤凰肖家巷等6个特色田园乡村建设。投入7135万元，推进第二批苏州特色田园乡村试点杨舍镇福前村福东片区、锦丰镇南港村后套圩建设，大新镇中山村伏兴埭入围苏州市第三批特色田园乡村建设试点。常阴沙现代农业示范园区常兴社区青年圩、凤凰镇双塘村肖家巷通过苏州市田园办验收，肖家巷还获“苏州市精品示范村”称号。全市新建高标准农田786.67公顷，新增农业园区面积341.33公顷，新（改、扩）建优质蔬菜基地40公顷，完成养殖池塘标准化施工改造124.22公顷，畜禽粪污综合利用率99.25%。推进产业融合发展，全年休闲农业收入4.96亿元，全市电商交易额2.83亿元。深入推进农村人居环境整治，农村生活垃圾分类实现全覆盖，全市农村生活污水处理率89%，新改建农村公共厕所80座。完成5个康居特色村、111个三星级康居乡村、24条美丽河道建设任务。高标准实现新时代文明实践中心、所、站全域覆盖。苏州在张家港市召开市新时代文明实践中心暨乡风文明建设推进会。村综合文化服务中心实现100%全覆盖。加快形成自治、法治、德治相结合的乡村治理体系，全科社工覆盖率100%，“三社联动”覆盖率85%。整合各类资源平台，发挥“大数据+互联网”作用，覆盖基层网格治理模式。推进平安乡村建设，群众安全感列苏州第一。加强村级经济的扶持，支持资金1.01亿元；持续推广“整村授信”服务，授信规模36.7亿元，全市村均年可支配收入1113万元，农村居民人均可支配收入3.55万元。实施大病保险和社会医疗救助制度，发放大病保险基金补偿7005万元。

【领导挂钩乡村振兴重点项目制度建立】 为推动乡村振兴重点项目建设，市委、市政府决定，建立市领导挂钩联系乡村振兴重点项目制度，以加强对重点项目推进的组织领导和统筹协调。12月，《关于建立市领导挂钩联系乡村振兴重点项目制度的通知》出台，确定“美丽新塍”乡村生活示范园区等17个乡村振兴重点项目。由市委常委、市人大常委会主任、市政协主席、副市长分别挂钩联系1个重点项目，深入开展调研、指导、督促，及时协调解决项目实施过程中遇到的困难和问题，推动项目及早开工、有序推进，确保质量。市乡村振兴工作领导小组办公室加强与各区镇的对接联系，做好市领导挂钩联系重点项目的组织、协调、督促、反馈等工作，了解重点项目进展情况，建立每季度项目进度统计报送和通报制度。各区镇作为乡村振兴重点项目的实施主体，加强组织领导和要素保障，细化工作任务，明确时间节点，落实责任到人，及时向挂钩联系的市领导汇报工作进展和遇到的困难问题，为项目推进争取更多支持，确保乡村振兴重点项目顺利实施。乡村振兴重点项目的扎口管理部门改进工作作风，深入基层一线，了解工作动态，做好对上争取和对下服务，确保项目按时序、高质量推进，发挥重点项目对全市实施乡村振兴战略的示范带动作用。

【《张家港市乡村振兴战略实施规划（2018—2022年）》编制】 12月，《张家港市乡村振兴战略实施规划（2018—2022年）》编制出台，规划按照20字总要求，对全市实施乡村振兴战略作出总体部署和系统谋划。规划从规划背景、总体要求、空间布局、产业振兴、生态振兴、文化振兴、组织振兴、保障和改善民生、城乡融合发展、保障措施等10个方面详细描绘了张家港乡村振兴工作的“时间表”和“路线图”，是全市各部门、各区镇有序推进乡村振兴的指导性文件。规划目标至2020年，全市乡村振兴取得明显进展，乡村振兴战略实施的制度框架和政策体系基本健全，各部门合理推进乡村振兴的格局全面形成；到2022年，率先基本实现农业农村现代化，基本形成城乡空间布局优化、功能分区合理、基础设施完善、产业融合发展、村容村貌整洁、乡风民风文明、农民生活富裕的新格局；至2035年，率先实现乡村全面振兴，乡村现代产业体系更加完善，美丽宜居乡村全面建成，乡风文明达到新的高度，共同富裕迈出坚实步伐，城乡融合发展模式成为示范标杆；至2050年，农业强、农村美、农民富的乡村振兴蓝图完美呈现，农业农村现代化高水平实现。

长江村 （谢卫东 摄）

永联小镇　　（王苗苗　摄）

【农村人居环境整治】 2019年,张家港市始终把农村人居环境整治作为实施乡村振兴战略的第一场硬仗和造福百姓的民心工程,坚持因地制宜、分类施策,全域推进全市所有自然村庄的环境整治。全市开展农村生活垃圾分类、农村生活污水处理、农村厕所改造、村容村貌提升等重点工作,并创新"天气图"督察考评工作系统,建立市直机关单位挂钩联系村(社区)、区镇领导包挂村组制度,全市10个区镇均成立农村人居环境工作领导小组,明确各自然村庄、社区的挂钩联系干部,167名村党组织书记担任"村庄清洁指挥长"、2050名村干部落实分片包干责任制。组建"田小爱""村小清""河小志"志愿团队,全年出动各类志愿服务超1万人次。坚持因地制宜,分类施策。预拆迁区域,以农村垃圾治理和提升村容村貌为主攻方向,重点整治河道岸坡、清理陈旧垃圾、归并绿化种植。一般村庄,围绕"三清一改"集中攻坚,重点整治私搭乱建、破旧棚舍、河道整治,公共服务配套设施建设。美丽乡村,以连片整治和提升文化品位为主攻方向,将村庄、农田、水系等村庄自然风貌连片整治、整村推进,通过水环境、基础设施提升,持续优化提升人居环境质量。年内,创建成苏州市农村人居环境整治工作示范镇2个、示范村12个。张家港市在苏州市农村人居环境整治工作年终考评8个市(区)中列第四名。

【永联成为全省农村一、二、三产业融合发展先导区】 12月,2019年江苏省农村一、二、三产业融合发展先导区名单公布,全省共有20个典型上榜,南丰镇永联村成功入选。先导区是指农村一、二、三产业融合发展中,部分县乡等行政区或某一产业集聚区已经形成了相对成型、成熟的融合发展模式和全产业链条,产业价值链增值和区域品牌溢价效果已初步显现,并且其做法经验可复制、可推广,能够发挥标杆引领和典型示范作用的区域。永联一、二、三产业融合发展先导区立足现代农业产业示范园,坚持走工业反哺农业的道路,发展特色农业产业,强化农业产业化经营。其按照"政府搭台,多元投入,市场运行,产业兴园"的要求规划建设,核心区累计投入资金2.95亿元,以"一园一核四大产业"为模式,已初步形成"基地—加工—美食—销售—观光"农旅结合全产业链,农业结构布局合理,现代农业迅速发展。该区将永联的现代粮食基地、特种水产养殖基地、天天鲜鸡鸭鱼羊和蔬菜基地,通过相关作坊和工厂的深层次加工提升附加值;通过供应到餐饮美食店打造江鲜美食街;通过标准化配送、供应,构建天天鲜生鲜配送网络;通过旅游化改造、开放参观,形成受市场青睐的乡村旅游产品。永联村通过一、二、三产业协调发展,2019年实现销售收入380亿元,利税80亿元,村级可用财力达到1.65亿元。其乡村振兴经验被中央七套专题报道。

（黄云霞　徐永才）

农村资产管理

【概况】 2019年,全市农村村级集体可支配收入181446万元,比上年增加9903万元,增长5.8%;村均集体可支配收入1113万元(不含涉农社区),比上年增10.3%。全市深化农村集体"三资"治理,2019年完成了清产核资审核、账务处理、数据提交、资产上图工作。清产核资结果是,2017年时点,村级资产账面数总计175.42亿元,核实数169.1亿元;所有者权益合计账面数78.35亿元,核实数77.67亿元。测得房屋建筑物528.62万平方米,增加7.54万平方米;土地2021.01公顷,增加153.8公顷。2019年末,全市农村集体资产总额622.14亿元,负债461.65亿元,净资产160.49亿元。其中,镇级集体资产总额372.25亿元,净资产56.4亿元;村级集体资产总额249.89亿元,净资产104.09亿元。开展新一轮清缴欠租行动,2018年7月31日至2018年8月31日,全市村级集体资产应收未收租金1889笔,涉及142个村,欠缴租金18657万元,镇级资产欠缴租金872万元。至年末,完成清缴17974万元,其中已收到10260万元。全市村级财务全面实行"第三方"代理记账,全市年总投入381.33万元,"第三方"常驻人员34人。经过两年的运作,各镇村与"第三方"理顺权责关系,"第三方"发挥其独立性和专业性优势,严格把住审核付款和入账关,此外第三方还对村级财务管理、内部管理提出了积极的意见和建议,村级财务状况明显改善。全市全面推行"农村集体资金监管系统"。强化民主监督,村务公开全面推行"e阳光"微信公众号,关注人数达20万人,户关注率92.68%。进一步规范农村集体资产资源交易行为。协调做好村资厂房、土地等各类集体资产上市流转工作,确保交易品种应进必进,交易行为规范有序。全市农村产权交易在苏州平台交易的累计金额16.28亿元。

【土地承包管理】 年内，市农业农村局开展农村土地承包经营权确权登记颁证“回头看”整改工作，巩固农村土地承包经营权确权登记颁证工作成果，切实保障农民土地承包经营权。创新规范新型农业经营主体培育和管理，在苏州市率先创新建成新型农业经营主体评价体系平台。全市有24家农业专业合作社列入2019年政府优先扶持名录库。年内张家港市成功认定省级家庭农场4家（市金港镇宇鑫园家庭农场、市金鑫家庭农场、市塘桥建科家庭农场、市乐华家庭农场）、新增苏州市“十佳”农民合作社1家（市凤凰镇杏市土地股份专业合作社）、“十佳”家庭农场2家（市金港镇宇鑫园家庭农场、市华田家庭农场）。组织农民合作社、家庭农场外出考察学习合作社规范化建设及家庭农场培育4场。

【农民合作社】 年末，全市进行工商登记的各类农民合作社443个，其中土地股份合作社124个，其他农民专业合作社300个。共有社区股份合作社170个。2019年，进一步规范合作经济，形成农民利益联结机制，完善合作社运作制度和收益分配制度，提高社员分配比例。全市有73个社区股份合作社进行股金分红，分红额7406万元；3家富民合作社进行分红，分红额261万元。

【农村集体资产清产核资完成】 2018年5月，《张家港市农村集体资产清产核资工作方案》明确2017年度全市农村集体资产清产核资工作的总体要求及目标任务，张家港市农村集体资产清产核资工作领导小组成立。2018年完成第三方审计和测绘工作，2019年完成清产核资审核、账务处理、数据提交和资产上图等工作。清产核资结果是，2017年12月31日，全市村级资产账面数总计175亿元，核实数169亿元；所有者权益合计账面数78亿元，核实数77.67亿元。测得房屋建筑物528.62万平方米，增加7.54万平方米；土地2021.01公顷，增加153.8公顷。通过清产核资，基本理清家底。通过测绘增加原出租资产面积，经调整合同后能成为全市村级收入新增长来源。

对口帮扶

【概况】 2019年，张家港市继续对口帮扶江苏省宿迁市宿豫区、贵州省铜仁市沿河土家族自治县，对口支援新疆维吾尔自治区巩留县、重庆云阳县、西藏自治区林周县、宁夏回族自治区永宁县，与陕西省子洲县、湖北省秭归县、陕西省汉阴县、江西省井冈山市保持友好合作关系。除省财政在张家港市统筹的资金（项目）外，全年对上述地区实施对口帮扶项目19项，提供援助资金4891.12万元（市财政出资2732万元，各区镇财政、机关企事业单位和个人对口援助2159.12万元）。其中，援助沿河县2845.02万元、宿迁市宿豫区976万元、巩留县978.1万元、云阳县46万元、林周县46万元。

【对口地区间交流】 2019年，张家港市与对口地区开展形式多样的交流活动。其中，张家港市领导出访的有：4月24日至25日，张家港市委书记沈国芳率领由市委常委、市委组织部部长陆德峰，副市长徐平观，市政协副主席周兵和相关部门、企业主要负责人组成的张家港市党政考察团赴沿河土家族自治县考察，参加“长江水，乌江情”张家港市——沿河土家族自治县文化交流周开幕式，慰问在沿对口帮扶干部及支医、支教、支农专技人才，召开张家港市·沿河县东西部扶贫协作联席会议，签订《“长江水·乌江情”，党建引领促脱贫协议》《“长江水·乌江情”，文明共建助脱贫协议》《2019年张家港沿河东西部扶贫协作协议》。7月29日至8月3日，张家港市委书记沈国芳率领党政考察团赴新疆巩留县、宁夏永宁县考察交流，就脱贫攻坚、产业帮扶、人才支持等各项工作进行考察，举行2019年张家港（巩留）援疆公益关爱基金发放仪式，看望慰问援疆援宁干部人才，张家港市与永宁县签订《深化战略合作〈框架协议〉》。10月29日至30日，张家港市委副书记、市长潘国强率党政代表团实地考察新疆巩留县经济社会发展成效，举行第九批张家港市对口支援巩留县项目交接暨留园落成仪式，看望慰问援疆干部。12月18日至19日，张家港市委书记沈国芳率领市党政考察团考察宿豫区经济社会发展成效，召开张家港市·宿豫区南北挂钩合作座谈会。对口地区到访的有：1月2日至4日，沿河土家族自治县县委常委、宣传部部长杨超率党政代表团赴张家港市考察交流，学习借鉴新时代文明实践中心建设、文明城市创建、媒体融合发展等方面的经验。2月25日至26日，永宁县委副书记、县长郝春明率党组代表团赴张家港市考察交流。5月28日至30日，沿河土家族自治县委书记任廷浬率党政代表团赴张家港市考察对接，召开张家港·沿河

4月29日，在铜仁沿河县召开张家港·沿河东西部扶贫协作联席会议，现场签订2019年结对帮扶协议等多个协议 （市发改委 提供）

开东西部协作联席会议。7月11日至12日，宿迁市宿豫区委书记、宿迁高新区党工委书记刘海红率党政代表团赴张家港市考察社会经济发展方面工作情况，对接新一轮挂钩合作事宜。7月23日至25日，沿河家族自治县委副书记宋选文率党政代表团赴张家港市考察对接，举办2019年招商引资暨旅游和“沿货出山”宣传推介会。年内，新疆维吾尔自治区伊犁哈萨克自治州巩留县、贵州省铜仁市沿河土家族自治县24名干部到张家港市政府办、市委组织部、发改委等单位及各区镇挂职学习。市委组织部、市委党校、教育和卫生系统等为对口地区培训干部人才636人次。杨舍镇善港村探索实践“整村推进结对帮扶”新模式，作为全国第三家国务院扶贫办贫困村创业致富带头人培训基地，主动承担苏州对口帮扶铜仁农村致富带头人培训任务，举办各类培训班10期，培训铜仁市创业致富带头人1023人，其中张家港市对口帮扶的沿河县175人。

【张家港宿豫工业园区建设】 张家港宿豫工业园区东至杨舍路、北至泰山河、西至张家港大道、南至宿泗路，面积2.2平方千米，开发区域内实现“八通一平”，各项配套设施完备。2019年，实现业务总收入35.2亿元，其中工业产品销售收入16.77亿元，财政总收入1.64亿元，出口总额1929万美元。签约项目4项，分别为永卫康、猫先生科技、英博酒业、宇宏科技项目；开工项目4项，分别为英博酒业、焱钰电子、永卫康和猫先生科技项目；竣工项目3项，分别为焱钰电子、猫先生科技、永卫康项目；重点意向项目4项。

【援藏援疆】 张家港市与西藏林周县、新疆巩留县继续在业务、人才、项目、技术等方面开展全方位合作。援藏方面，塘桥镇支援西藏林周县边角林乡建设资金40万元。塘桥镇党委副书记、高铁新城开发区招商部部长张艳丽带队于8月21日至23日专程赴西藏林周县边交林乡开展对口帮扶走访活动，实地走访当杰、卡优、色康3个行政村，听取各村农牧业、经济发展情况，并向其各捐赠2万元。援疆方面，市委常委部军民、副处级干部马春青继续担任巩留县委副书记和巩留县副县长，负责援疆工作。2019年，张家港市选派22名干部、教师、医生赴巩留县工作，50余位江苏省、苏州市和张家港市领导先后率团到巩留考察援疆工作、慰问援疆干部。安排援疆资金8328万元实施21个援疆项目，13个非基建类项目，8个基建类项目按计划推进。全市800名爱心人士联合巩留800名党员干部提供资金150余万元实施“1+1帮1”精准帮扶巩留800贫困户全部脱贫。年内，张家港市各界援助800余万元支持巩留县社会事业发展，张家港（巩留）援疆公益关爱基金募集超580万元，安排支出382.6万元，从爱心助学、爱心助残、医疗救助、结对帮扶、特殊帮扶5个方面救助12类特殊困难群体。安排900万元援疆资金在7个村建成8个民生坊，促进村民就地就近就业。投资438.63万元的14个标准化警务室建成投用。投资359.7万元为89个村队（社区）阵地配备和更新办公配套设备。投入1850万元援疆资金，建设生态农业观光园项目，5月11日正式开园。组织212批4099人次参加“张家港人游伊犁（巩留）”活动。张家港市举办的“第二届新疆巩留风情节”，6万人次参加。组织安排56名巩留贫困家庭富余劳动力赴张家港市金鹿集团和国贸集团务工。安排援疆资金488万元实施22个干部人才援疆项目，355名巩留干部人才赴浙江大学、井冈山、延安、张家港等地培训；张家港100余个单位赴巩留对口交流，针对巩留县22个行业部门40个岗位引进需求，分批推进从张家港柔性引进44名巩留紧缺人才，指导相关部门开展工作，传帮带本土人才97人，提出意见、建议178条。投入2100万元的巩留县援疆人才交流服务中心（留园）完成主体工程。5月，投入援疆资金3900余万元、总面积1.5万平方米的城北中小微企业创业园民生工业基地标准化厂房交付巩留县国投公司，年内入驻企业4家。在张家港设立近3000平方米的“张家港·巩留之家”，打造“北纬43°”销售品牌，累计销售农产品708万元。

【贵州沿河县帮扶】 贵州沿河土家族自治县为深度贫困县，张家港市对口帮扶沿河县作为苏州市对口帮扶贵州省铜仁市的重要组成部分，于2017年纳入国家东西部扶贫协作考核，张家港市连续三年位列苏州各县市第一方阵。9月12日，贵州省委党政代表团到张家港市考察善港村现代农业基地和农村干部学院。沿河县2019年共选派24名干部到张家港市开展挂职工作；张家港市选派96名优秀干部赴沿河挂职，其中94名优秀青年干部均进入沿河县镇村基层一线进行蹲点挂职。派驻50名医教农专业技术人员赴沿河进行为期1月以上的挂职。全年为沿河县干部人才开展培训380人次，其中党政干部240人次。为沿河县引进22项医疗、农业等新技术。年内，帮助沿河县引进苏黔农业产业开发公司、乌江生物科技发展公司等高质量发展项目7个，到位资金9.11亿元，新增扶贫车间3个，吸纳贫困人口就业365人。设立全国首创东西部扶贫协作劳务协作驿站“两江家园”，为近100人次沿河县务工人员提供免费食宿和就业服务。为沿河县等举办34期劳务协作培训班，培训劳动力779人次，全年为帮扶地区贫困人口实现就业数共1758人，省内就近就业数1301人。通过沙洲职业工学院开拓教育扶贫新模式，9月，沙洲职业工学院新招收297名沿河籍学生，累计招录沿河学子511人，为其中257名建档立卡贫困学生每年单独补助1万元、其他学生每年单独补助5000元。张家港市教育局与沿河教育局继续实施各个乡镇、各类学校、各个学段“三个全覆盖”的一对一帮扶机制，张家港市62所学校与沿河88所学校结对。张家港市帮扶沿河县在全国县域卫健系统率先实现县级医院、镇级医院、公共卫生单位“三个全覆盖”结对帮扶，张家港市11家医院分别以一对一、一对多形式对沿河县24家医院结对开展帮扶，并以张家港第一人民医院为牵头单位对沿河县人民医院开展“组团式”帮扶。2018年张家港市市级财政帮扶资金增至1900万元，主要用于中官舟镇移民安置点扶贫车间项目、晓景乡侯家村中药材种植项目、中界镇联山村花椒

10月17日，在沙洲职业工学院开展"张沿携手·同奔小康"张家港市2019年全国扶贫日活动 （市发改委 提供）

产业路项目、官舟镇安置点卫生室等涉及产业发展（350万元）、基础设施建设（350万元）、劳务协作（136万元）、医疗教育提升等共20个项目，帮助建档立卡贫困人口脱贫20386人，其中贫困残疾人571人，各区镇向沿河拨付财政帮扶资金累计230万元。10月17日，举办"张沿携手·同奔小康"全国扶贫日系列宣传和捐赠活动，现场发放《10·17扶贫日倡议书》和《"互联网+扶贫"倡议书》等千份倡议书。2019年张家港市引导各类企业、社会组织和行业协会向沿河捐赠社会捐赠总额725.2万元，捐物折价合计257.02万元。2019年，张家港市多个对口扶贫案例得到上级部门和社会各界的肯定，其中《精准对接助脱贫，智志帮扶显成效》、善港村《率先实践"整村推进结对帮扶"新模式》扶贫案例成功入选国务院扶贫办"全国东西部扶贫协作案例选编"。

【沿河县文明志愿服务帮扶】 2019年，张家港市指导沿河建立和完善志愿服务运行机制、志愿者权益保障和激励机制，帮助设计一批理论宣讲、党建服务、文化服务、科普科技、健康卫生、扶贫济困、文明风尚等方面的志愿服务项目。凤凰镇挂职青年干部携手沿河县官舟镇青年志愿者在爱新村开展以"敬老爱幼，东西同行"为主题的新时代文明实践活动，开展爱心义诊、爱心义剪等志愿服务；沿河县委宣传部组织志愿服务中心、各乡镇（街道）新时代文明实践所（站）有关负责人到张家港市考察学习志愿服务阵地打造、运行机制、工作模式等经验，打造"善行沿河·和美土家"志愿服务品牌；沙洲职业工学院教师及大学生志愿者到官舟二守小开展"青春志愿行——沙工学子到官舟"暑期陪伴志愿活动；张家港市耆彩社会工作服务社组织10名志愿者到沿河晓景小学开展"陪伴·韶华"为主题的志愿服务，为农村留守儿童开设暑期安全课堂，与沿河春晖公益协会在晓景中学联合举办"港沿牵手行、春晖汇爱心"志愿服务项目，开展爱心陪护；张家港百姓公益义工协会组织24名志愿者到沿河黑水镇，与黑水中心完小的孩子们同吃农家饭、同走上学路、同住农家屋、同叙两地情，市融媒体中心记者随行并将此次志愿之行拍摄制作成视频发布在新华网客户端，关注量超过100万人次；市惠群社会工作服务中心、张家港飓风体育文化发展有限公司组织社工人员走进沿河县儿童福利院、乡镇（街道）、村、学校，开展"携手禁毒·护航青春"青少年禁毒防艾宣传教育活动，受益人数1200余人。在张家港市支教帮扶教师的带动和指导下，沿河职校组建7支志愿服务队，1780余名师生注册为贵州志愿者，近200人在张家港市友爱港城网上注册，其中20人获张家港志愿者协会颁发的星级志愿者证书。年内，沿河县志愿者开展支农扶贫、文明交通、创卫环保、大型会务赛服务、关爱老人儿童、技能培训等六大类常态化志愿服务活动200余个，累计志愿服务时间1万余小时，志愿服务活动范围覆盖全县22个乡镇、街道，宣传和服务群众逾1万人，沿河职校的志愿服务也成为沿河志愿服务的"当家花旦"。

【善港村与高峰村整村结对帮扶】 从2018年3月25日开始，江苏省张家港市善港村率先探索村村结对的"整村推进结对帮扶"新模式，在脱贫攻坚一线成立"善登高峰"青年党员队伍。与沿河县高峰村结对并签订《善港村——高峰村"整村推进帮扶"协议书》。将高峰村有机农业产业园拓展为共建园区，助推高峰村打造"三园三业一中心"产业发展形态（有机农业产业园、茶叶公园、生态养殖园，种植、养殖、旅游业，创业致富带头人培训中心）。2018年至2019年，善港村向高峰村派出7批105名驻村工作队员，援助帮扶资金1500万元开展整村推进及产业发展规划工作，形成以党建领扶贫、以文化提素质、以产业促发展、以治理提效益的结对帮扶新思路，发展高峰村茶产业、山羊养殖和美国金瓜等特色产业，以"公司+合作社+贫困户+村组织"的合作方式，采取"保底+1234分红"，实现公司、合作社、贫困户、村组织"四方"共赢。善港村与高峰村成为可推广、可复制的深度贫困村精准扶贫、精准脱贫的村村结对的"善登高峰"范例。 （陆飞宏）

全国贫困村创业致富带头人（善港）培训基地

【概况】 善港农村干部学院于2018年5月批准成立，总建筑面积8300平方米，有教学楼及会议、食宿、休闲等综合配套设施，可同时容纳300名以上学员学习培训。是年9月，国务院扶贫办正式批准在善港农村干部学院设立全国贫困村创业致富带头人（善港）培训基地（简称善港基地）。2019年3月，善港基地首批获批"苏州市干部党性十大教育基地"，7月挂牌江苏省党支部书记学院农村分院。善港

苏州—铜仁贫困村创业致富带头人培育培训班在姜港基地开班

（善港村　提供）

基地以助力精准扶贫、促进乡村振兴为己任，以打造创业致富带头人和基层党建带头人的"双带培训"品牌为目标，秉承"放大东部扶贫辐射优势、丰富按需定制供给模式、打造精准扶贫服务链"的办学理念，突出"农民是教员，田园是课堂，合作为纽带，共富为目标"的办学特色，融"扶志、扶智、扶市、扶管"四位一体，设置理念革新、模式推广、党建引领、项目扶持、专技讲堂等五大模块30余个专题，针对不同培训对象，量身定制培训"套餐"。善港基地（学院）聘请全国著名三农专家、全国脱贫攻坚奖获得者、时代楷模赵亚夫任名誉院长，建立以赵亚夫团队、赵亚夫农业农村研究院专家为主体，全国各类科研院校专家为补充的师资库，组建"既能说给学员听，又能做给学员看，还能领着学员干"的创业导师库，入库师资200余人。科学整合长三角地区丰富的革命传统红色教育资源、改革开放与现代化建设实践资源，开发形成了"一点多题"和"一题多点"、点面结合、模块组合的现场教学点66个。

【善港学院培训致富带头人和党建带头人5191人】 善港学院坚持"三化办学标准"（教学内容精准化、教学形式实战化、教学服务星级化），全方位提升办学品质，着力打造具有示范性、引领性的"双带培训"（创业致富带头人和基层党建带头人）品牌。学院坚持"训为基础，育为根本"，不搞"一培了之"，强化"终身服务"，开创性地探索实践"1+1+N"的创业致富带头人和"党建+N"的基层党建带头人培育模式。基地特设创业服务专职机构和专业平台，通过"枢纽型"资源整合、"树干型"创业指导和"沙漏型"项目扶持，努力形成以基地为中心，逐步向全国辐射拓展的"母巢式"效应。首创分级制办学模式，通过一年级转观念、激动力；二年级定项目、学技能；三年级闯市场，增效益，并通过把创业服务组织网络不断向贫困地区延伸拓展，率先制订评估评价标准、引入第三方评估体制机制等举措，努力使培训成效经得起时间和社会的检验。2019年，学院筹划易地新建占地3.33公顷、总投入1.5亿元的善港农村干部学院工程，届时将达到同时开设10个班、容纳500人、全年培训5万人的规模，为全面建成小康社会、打赢精准脱贫攻坚战，提供"善港模式""张家港方案"和"苏州样板"。截至2019年年末，学院已举办各类培训班61期，培训学员5191人。其中，创业致富带头人培育班27期，培训学员2504人；基层党建带头人培育班34期，培训学员2687人。

【省党支部书记学院首个农村分院在善港基地成立】 7月24日，江苏省党支部书记学院农村分院(苏州)在张家港善港农村干部学院揭牌成立，这也是省党支部书记学院设立的首个农村分院。张家港市高度重视农村基层党建工作特别是村书记队伍建设，以"打造具有张家港精神特质的干部队伍"为引领，在全省首创村干部"鼓励激励、容错纠错、能上能下"三项机制，培育了一批懂农业、爱农村、爱农民的优秀村书记，涌现出一批先进典型，建成苏南地区最大的强村群体，为党建引领乡村振兴创造了鲜活的张家港经验。善港农村干部学院充分利用张家港市的优质资源，创新培训模式，努力把学院打造成培育优秀村书记的"黄埔军校"。

【国务院扶贫办产业扶贫带贫减贫机制培训班在善港举行】 10月22日至24日，由国务院扶贫办开发指导司主办的"国务院扶贫办产业扶贫带贫减贫机制培训班"在善港农村干部学院举行。全国10个省的103名致富带头人完成培训。学院培训重点聚焦产业扶贫。课程包括全国著名三农专家、时代楷模赵亚夫的"推广生态农业，走绿色发展道路"专题讲座，江苏省农业农村厅党组成员、副厅长蔡恒的"习近平总书记论'三农工作'和乡村振兴"专题讲座，人社部国家创业培训师杨周荣的"乡村创业方法"专题讲座，善港村党委书记葛剑锋的"乡村发展与脱贫攻坚"等理论指导，以及参观善港农业基地等具有龙头带动作用的产业脱贫典范。通过培训，帮助学员拓宽产业扶贫发展思路，精准定位增收项目选择目标。

【创业致富带头人业务培训省级示范班开班】 11月6日，江苏省定经济薄弱村党组织书记及创业致富带头人业务培训省级示范班在善港农村干部学院开班。徐州、宿迁、盐城、淮安、连云港等市的177名村党组织书记、第一书记、创业致富带头人参加培训。培训为期三天，内容包括专题讲座、经验传授座谈、影视教学、现场教学、研讨交流等培训模块。重点聚焦乡村振兴与脱贫攻坚两大战略主题，围绕习近平新时代中国特色社会主义思想和习近平总书记关于扶贫开发的重要论述，结合江苏省脱贫攻坚发展规划和实际情况精心组织、周密安排。

（徐　琼）

【编辑　张　洁】

张家港港

Zhangjiagang Harbor

张家港出入境边防检查站揭牌仪式　　（边检站　提供）

港口航运　　长江引航

海　　关　　长航公安

海　　事　　口岸服务

边防检查

張家港年鑑(2020)

扫码欣赏

牢记使命勇担当
坚守本色走前列

港口航运

【概况】 张家港港于1968年建港，1982年对外开放，作为苏州、无锡、常州地区对外开放的重要门户，港口拥有富庶的经济腹地和区港一体的自然条件，是长江内河流域第一批对外开放的国家一类口岸。张家港港东距上海吴淞口146.5千米，西离南京港219.4千米，南与杭嘉湖地区相连，北通苏北各港。根据苏州港总体规划意见，张家港港成为苏州港三个港区之一，张家港港区以服务长江中上游地区物资转运和张家港市临港产业开发为主，重点发展煤炭、铁矿石、粮食等大宗散货和集装箱、液体化工品、件杂货运输。港口岸线西起长山（与江阴交界），东至东沙（与常熟接界），全长80.4千米，其中长江岸线63.6千米。张家港港区共规划港口岸线40.1千米，已开发利用27.5千米，剩余12.6千米。港区主要由长山、张家港、化学工业园、段山港、冶金工业园、东沙6个作业区组成。

【码头泊位】 年内，福南水道-12.5米进港航道治理工程12月通过竣工验收；孚宝化工码头二期工程水工部分建设基本完成；集装箱码头改扩建工程（港务集团18号泊位）整体完成80%。张家港港有大新专用航道、东沙专用航道，以及张家港海轮锚地、8号锚地、危险品锚地3个锚地。永嘉码头17号泊位获得省政府对外开放批复，永恒码头4号泊位、港新重装码头5号泊位获得省商务厅临时启用批复。有码头企业29家，建有泊位135个，其中万吨级以上泊位为78个。已拥有对外开放泊位为84个，其中万吨级对外开放泊位72个。

【货物吞吐】 2019年，张家港口岸共完成货物吞吐量2.36亿吨，其中金属矿石7954.13万吨、煤炭及制品6260.65万吨、钢铁2328.92万吨、矿建材料1112.94万吨、化工原料及制品1294.14万吨、粮食914.62万吨、木材588.1万吨、化肥及农药287.63万吨、石油天然气及制品279.38万吨、水泥102.6万吨、机械设备120.35万吨、其他1896.95万吨。外贸运量5970.6万吨，其中外贸进口4777.68万吨。集装箱吞吐量88.4万标箱。张家港保税港区进出口汽车8585辆，其中进口7540辆，比上年增18.3%。张家港口岸已开辟集装箱班轮航线42条，其中外贸近洋航线6条，外贸内支线21条，内贸航线15条。 （袁玉洁　许诗晨）

【长江航道管理】 2019年，长江张家港航道处完成航标维护82857座次，完成计划的101.6%；航道维护尺度保证率100%；航标维护正常率100%。完成维护性测量2049.74平方千米，完成计划的100%。航道维护船舶开航438航次，恢复失常航标149座次，设置航标14座，调整航标22座次，撤销航标9座，未校核航标。 （沈小平）

2019年张家港口岸码头泊位一览表

表8

作业区	码头单位	码头泊位名称	泊位个数	主要用途	前沿水深（米）	码头长度（米）	靠泊能力（吨级）	投产年月	对外开放年月
长山作业区	锦隆重件	锦隆重件	4	重件 件杂货 件杂货	-8.00	540.00	1个8000 2个5000 1个2000	2011年8月	2016年3月
	久盛船业	久盛码头	2	船修	-8.00	300.00	1个30000 1个50000	2008年12月	2009年9月
	上海港机	港机厂码头	1	港机发运	-7.50至-9.00	84.00	10000	1997年12月	1998年5月
张家港作业区	港务集团	1号泊位	1	散杂货	-11.00	185.00	50000	2012年	1983年5月
		2号泊位	1	散杂货	-11.00	185.00	50000	2012年	1983年5月
		4、5号泊位	2	海轮泊位（可散货）	-11.85	581.00	100000	2016年	1983年5月
		6号泊位	1	件杂货	-10.50	180.00	10000	1985年12月	—
		7号泊位	1	件杂货	-10.50	180.00	10000	1985年12月	—
		8号泊位	1	海轮泊位（可散货）	-11.62	203.00	70000	2014年	1994年12月
		9号泊位	1		-11.62	185.00	70000		1994年12月
		10号泊位	1	液体化工	-11.62	196.00	25000	1993年8月	1994年12月
		13号泊位	1	件杂货	-11.68	180.00	30000	2009年	1988年12月
		14号泊位	1	件杂货	-11.62	195.00	40000		1992年12月

续表8

作业区	码头单位	码头泊位名称	泊位个数	主要用途	前沿水深（米）	码头长度（米）	靠泊能力（吨级）	投产年月	对外开放年月
张家港作业区	港务集团	15号泊位	1	集装箱	-11.62	255.00	25000	1992年10月	1992年12月
		16号泊位	1	集装箱	-11.62	250.00	25000	1997年10月	2015年12月
		17号泊位	1	集装箱	-11.90	217.00	30000	2006年10月	—
	江海粮油	1号泊位	1	粮油	-9.80	180.00	50000	2016年	1987年12月
		2号泊位	1	粮油	-10.00	220.00	70000		1991年11月
		3号泊位	1	粮油	-10.00	210.00	70000		1996年9月
		4号泊位	1	件杂货	-13.10	200.00	70000		2007年1月
	保税港务码头	保税港务码头	2	集装箱 多用途	-13.00	470.40	2个50000	2014年	2007年7月
	长江国际	1号泊位	1	化学品	-13.00	170.00	30000	2016年	1993年7月
		2号泊位	1	化学品	-13.00	280.00	50000		1993年7月
		3号泊位	1	化学品	-13.00	40.40	3000		2006年8月
化工园作业区	东海粮油	1号泊位	1	海轮泊位（可散货）	-11.00	284.00	70000	2016年	1995年7月
		2号泊位	1	杂货	-11.00	96.00	10000	2016年	1995年7月
		改扩建码头	1	散货	-11.00	290.00	50000（可70000）	2004年2月	2004年9月
		3号泊位	1	杂货	-7.50	120.00	10000	2016年	—
	陶氏化学	陶氏化学	1	液体化学品	-14.00	244.25	25000（可40000）	2002年7月	2002年6月
	孚宝仓储	孚宝码头	2	液体化工	-12.50	461.00	2个50000	2013年	2008年1月
		内港池	2	液体化工	-4.00	195.40	2个1000	2015年	—
	东华能源	东华能源	1	LPG	-11.00至-14.00	280.00	54000	2013年	1999年11月
		东华能源	1	液体化工	-11.00~-14.00	217.50	20000	2012年	2011年11月
	双狮物流	液化泊位	1	液体化工	-14.90	312.00	50000	2005年2月	2005年6月
		散货泊位	1	散货	-15.20	275.00	50000	2005年2月	2005年6月
		内港池	5	液体化工	-4.05	403.60	5个500	2005年2月	—
段山港作业区	港新重装基地	长江泊位	5	重件 件杂货	-9.84	898.00	3个8000 2个5000	2017年	3个8000 2016年1月
		内港池泊位	5	件杂货	-4.20	455.00	5个2000		—
	华达码头	华达码头	5	散杂货 杂货	-10.50	908.00	3个20000（2个可70000） 2个10000	2016年 2007年11月	2008年7月
	中油泰富	1号码头	1	油品	-12.50	195.00	50000	2014年	2007年12月
		2号码头	1	油品	-12.50	72.00	50000		1995年2月

续表8

作业区	码头单位	码头泊位名称	泊位个数	主要用途	前沿水深（米）	码头长度（米）	靠泊能力（吨级）	投产年月	对外开放年月
段山港作业区	永恒码头	永恒码头	2	散货	−11.50	369.45	50000 50000	2014年	2003年12月
	过产业重机	过产业码头	1	件杂货	—	115.00	3000	2003年12月	2004年5月
		2号码头	1	原材料	−7.90	46.00	5000	2005年11月	2006年2月
		过产业扩建码头	1	重建泊位	−7.50	202.00	10000 （可30000）	2014年12月 （未竣工验收）	—
	海螺水泥	海螺水泥	1	散货	−6.30	137.00	5000	2002年7月	—
		海螺水泥	1	散货	−14.50	274.00	20000	2005年10月	2005年10月
	浦项码头	浦项码头	3	废钢、成品钢	−14.50	546.00	1个35000 （可50000） 2个10000	2006年9月	2006年12月
冶金工业园作业区	沙钢集团海力码头	浦沙码头	1	件杂货	−11.50	144.50	5000	1998年7月	1998年07月
		海力0号码头	1	散货	−12.50	289.00	50000	2007年	2009年12月
		海力1号码头	1	件杂货	−14.20	234.00	30000	2003年4月	2003年12月
		海力2号码头	3	钢铁码头件杂货	−11.20	237.00	5000	1998年1月	2010年10月
							30000		1998年11月
						275.00	50000	2015年	2013年9月
		海力3号码头	1	钢铁辅料	−12.00	238.00	30000	2003年	—
		海力4号码头	2	件杂货	−12.00	450.00	2个70000	2016年	2000年8月 2001年11月
		海力5号码头	2	原料、散货	−12.00	388.00	50000 5000（可100000）	2017年	2005年6月
		海力6号码头	2	散货	−11.00	453.50	50000 5000（可120000）	结构加固改造待竣工验收	2006年02月
		海力7号码头	2	散货	−11.00	313.50	2个70000	2016年	2004年08月
		海力8号码头	2	煤炭辅料	−12.00	398.00	5000 50000（2个均可70000）	2017年	2010年2月
		海力9号码头	2	散货	−13.00	640.00	2个40000 （2个可70000）		2007年
		宏源1号浮码头	2	重油	−5.50	80.00	2个3000	1997年3月	—
		宏源2号浮码头	2	钢铁	−5.50	96.00	2个3000	2000年4月	—
		宏源3号浮码头	2	钢铁	−5.50	97.00	2个1000	2001年1月	—
		润忠三线码头	5	件杂货	−3.45	258.00	5个1000	2001年2月	—
		九龙港池码头	14	散货	−2.70	1600.00	14个1000	2001年	—
		奔辉码头	2	通用	−16.00	481.00	2个50000 （可100000）	2018年	2000年1月

续表8

作业区	码头单位	码头泊位名称	泊位个数	主要用途	前沿水深（米）	码头长度（米）	靠泊能力（吨级）	投产年月	对外开放年月
冶金工业园作业区	沙洲电力	重件码头	1	件杂货	—	97.00	3000	—	—
		煤炭码头	1	散货	-15.00	275.00	50000	2016年	—
		二期码头	1	煤炭	-15.00	325.00	100000	2018年	—
	中东石化	石化码头	1	化工品	-11.00	96.00	5000（可20000）	2003年2月	2003年8月
	越洋码头	越洋A码头	1	化学品	-18.00	90.00	30000		1999年4月
		越洋B码头	1	化学品	-14.00	90.00	10000	2014年	1999年4月
		越洋C码头	1	化学品	-9.00	23.00	300		—
东沙作业区	宏泰物流	1号泊位	2	散货	-13.00	356.00	2个50000	2015年	2006年8月
	宏泰码头	通用码头	2	散货	-13.60	464.00	2个35000	2015年	2009年9月
	盛泰港务	通用码头	3	杂货 散货 通用	-13.00	808.00	40000 50000 50000（可100000）	2015年	2014年6月
	合 计		135						

说明：对外开放时间为对外籍船舶开放时间，投产年月比对外开放时间晚的是重新改建的码头泊位

【港务集团吞吐量超6000万吨】 张家港港务集团有限公司（简称港务集团）是苏州市境内历史最久、开放最早、规模最大、功能最全的社会公共码头企业，有员工2526人。港务集团经营范围包括货物装卸、仓储、中转、驳运；理货；船舶拖带服务；港口机械制造维修、电器设备维修、安装；船舶代理、货运代理（危险货物除外）；货运经营；港湾疏浚、船舶供应；房地产开发、物业管理；国内贸易；港口工程开发建设、工程监理服务、混凝土连锁块制造，疏港车辆停放；港口服务以及港口信息业、租赁业务；货物或技术进出口（国家禁止或涉及行政审批的货物和技术进出口除外）。港务集团本部拥有长江岸线2375米，江心浮筒9个，内河港池1967米，11个万吨级以上长江泊位（其中18号泊位在建），最大可停靠15万吨级船舶。起重、装卸等大型港口作业专用设备430余台，库场面积120万平方米，年吞吐能力6000万吨。2019年，港务集团本部完成货物吞吐量6359万吨，其中外贸吞吐量1355万吨。主要货种吞吐量情况：木材303万立方米，煤炭3642万吨，金属矿石2080万吨，钢材107万吨，化肥169万吨，粮食15万吨。有2个项目获国家实用新型专利，1个项目获发明专利，1个项目获中国港口协会科技进步奖二等奖，1个项目入选交通运输重大科技创新成果库，2个项目入选交通运输行业重点节能低碳技术推广目录。获全国交通运输企业文化建设卓越单位、全国交通运输党建文化建设优秀单位、全国交通运输廉政文化建设优秀单位、全国“海员之家”、第六届全国交通企（事）业法治先进单位、2018年度中国港口新闻宣传工作突出贡献奖、2016—2018年度江苏省文明单位、2017—2018年度苏州市AAAAA级劳动保障信誉等级单位、2017—2018年度苏州市劳动关系和谐企业、张家港市物流信息管理系统示范企业、张家港市百强企业服务业骨干企业、服务业领军（创新示范）企业等称号，通过质量管理体系及能源管理体系的外部监督审核。（许咏梅）

【永嘉码头开辟“张家港—太仓穿梭巴士”航线】 张家港永嘉集装箱码头有限公司（简称永嘉码头）成立于1992年5月，1992年12月正式营运，由中国远洋海运集团旗下中远海运港口有限公司与张家港港务集团有限公司合资经营，股权分布为51%和49%，有职工249人。永嘉码头有3个万吨级泊位，可接卸5万吨级集装箱船舶，码头岸线长722米，前沿水深10米，陆域面积45万平方米，集装箱堆场面积35万平方米，堆箱容量4万标箱，泊位设计年吞吐能力100万标箱。永嘉码头拥有全年通过能力为5.05万标箱、面积2.57万平方米的专业化危险品堆场，拥有448标箱的冷藏箱堆场、48标箱冷危箱堆场、1000平方米的查验冷库、8000平方米的月台式仓库和2万平方米的查验熏蒸堆场。有集装箱装卸桥6台、轮胎式龙门吊14台、集铲8台，各种拖车、拖架、叉车等70余台。承接集装箱装卸、堆存、货物拆装、冷藏箱和危险品箱的运营管理和船舶供水、修箱、货运代理等相关业务。公司公共驳船网络已覆盖苏南地区90%以上区域，开辟日本航线、韩国航线、长江内支线、沿海内贸线，通过中转，集装箱可运抵世界各地。8月30日，开辟“张家港—太仓穿梭巴士”航线，大幅降低船公司的物流成本，提升中转作业效率，全年实现44个航次运营，吞吐量4758标箱。2019年因暂停危险品箱作业和木材箱量减少，导致全年箱量有所下降，共完成集装箱吞吐量65.78万标箱，比上年减13.65%。

（龚华斐）

【江海粮油散粮接卸能力提升】 江海粮油（张家港）产业有限公司（简称江海粮油）成立于1984年，有土地58.42公顷，长江深水岸线800余米，万吨级码头泊位4个，粮食仓容40万吨，油脂罐容38万吨。2019年，码头接卸大轮119条，比上年增25.3%；完成货物吞吐量805万吨，比上年增4.7%。其中，粮食饲料吞吐量631万吨，比上年增3.9%；油脂吞吐量164万吨，比上年增21.1%；杂货吞吐量10万吨，比上年减62%。经营收入约1.5亿元。新建设的9.9万吨油罐开始试生产，12万吨浅圆仓项目进场试桩，综合办公楼项目审批手续完成，9万吨钢板仓、散粮输送线改造、豆粕装船机等项目基本完成。发挥新建4.5万吨钢板仓、9万吨钢板仓进粮速度快、效率高的优势，散粮卸船作业能力持续提升，"玛格丽特"轮进口玉米平均卸率达到每工作日3.2万吨，"瑞宁3"轮内贸玉米平均卸率每工作日23225吨。 （屈佳利）

【海力码头吞吐量超7500万吨】 张家港海力码头有限公司为沙钢集团成员企业，成立于1997年8月，位于长江下游浏海沙水道南岸，拥有7.8千米长的码头岸线，主要功能是解决沙钢集团各成员分厂生产所需的铁矿、煤、焦炭和辅料的上卸及其冷热轧卷钢、宽厚板、螺纹钢、线材等产成品的装船。公司在册员工1400余人，下设办公室、生产安全调度科、设备技术科、车辆运输管理科，下设3个公司保证码头前沿的生产、管理和后勤保障工作。有3万吨至10万吨级码头12座，1000吨级至3000吨级岸壁式码头7座，千吨级港池码头4座，其中对外开放码头12座，泊位20个。设施配备有16吨至60吨门座式起重机15台，每小时300吨至1800吨的桥式卸船机30台，45吨、75吨桥式装船机4台，同时配备25吨至45吨卡尔玛及海斯特进口大型叉车14台，50吨至100吨移动吊7台，装载机35台，8吨至10吨叉车22台，码头实际吞吐能力7300万吨。公司吸取和借鉴国内外码头先进管理经验，卸废钢最高单船班产6000吨，卸17万吨大轮日作业量突破5万吨大关，8.5万吨矿粉仅用40小时就完成卸货任务，卸煤炭日产达到24050吨，装线材单机最高班产1729吨，出口线材单船最高日产8253吨，卷钢单机最高班产4365吨，出口卷钢单船最高日产11744吨，成品钢材装船最高日产37319吨，散货、件杂货单船作业水平达到国内领先水平。2019年，海力码头实现货物吞吐总量7689.65万吨，其中外贸吞吐量663.5万吨，实现营业收入3.26亿元。 （江传磊）

【永钢集团码头环境整治】 永钢集团码头由宏泰物流码头、宏泰、盛泰三个长江码头和宏顺、永丰两个内河码头组成。宏泰物流码头于2005年投产，拥有2个5万吨级散货泊位，占用长江岸线356米，引桥1座，长1163米，宽15米，设计年吞吐能力440万吨。拥有卸船、输送、起重等大型专用装卸设备48台，堆场面积30万平方米。宏泰码头于2009年投产，拥有2个7万吨级通用泊位，占用长江岸线464米，引桥1座，长1125米，宽15米，设计年吞吐量为300万吨，其中进口110万吨、出口190万吨。拥有装卸、输送、起重等大型专用装卸设备60台，库场面积10万平方米。盛泰码头拥有5万吨级散货和散杂泊位各1个，4万吨级件杂泊位1个。码头结构兼顾10万吨级散货船，设计年吞吐量884万吨，其中散货705万吨、件杂货179万吨。占用长江岸线808米，引桥1座，长1085米，宽27米。有装卸、输送、起重等大型专用装卸设备52台，库场面积8.5万平方米。宏顺码头于2014年1月投产，码头长度为385米，拥有6个300吨级散杂货通用泊位（水工结构兼顾500吨级），有装卸、输送、起重等大型专用装卸设备8台，堆场面积5.8万平方米。永丰内河码头于2015年11月投产，占地面积5.93公顷，采用挖入式港池形式，利用与走马塘相通的东滨河拓挖形成，拥有3个2000吨级散货装卸泊位，水工结构采用灌注桩悬臂式挡墙结构，设计年吞吐量为550万吨。拥有装卸、除尘、空压等专用装卸设备8台。2019年，永钢集团码头共实现货物吞吐总量2929.11万吨，其中外贸货物吞吐量839.92万吨。实现营业收入4.99亿元。永钢集团码头持续加大环保投入，全方位加强环境综合整治。3月，完成码头汽车受料仓增设雾化喷淋装置；5月，完成永丰码头装船机抑尘封闭项目；11月，完成码头室外皮带机通廊、重锤箱封闭项目，封闭室外皮带机总长5.1千米，重锤箱封闭16个；11月完成宏泰堆场喷淋远程自动控制改造，系统与张家港生态环境局粉尘在线监测系统对接，实现智能化喷淋。2019年，江苏宏泰物流有限公司获评江苏省口岸运行管理先进单位、2019年江苏省重点物流企业。 （徐素芬）

【长江国际乙二醇期货交割业务落地】 张家港保税区长江国际港务有限公司（简称长江国际）系张家港保税科技（集团）股份有限公司控股子公司，下辖张家港保税区长江国际扬州石化仓储有限公司和张家港保税区华泰化工仓储有限公司两个子公司。公司成立于2001年4月，注册资金5.94亿元，建有3万吨级、5万吨级两个液体散化专用码头。公司专业从事乙二醇、二甘醇、甲醇、甲苯、二甲苯、二辛酯等散装液体化工产品的码头接卸、保税仓储和分拨转运服务，同时为保税区区内仓储、生产企业提供码头中转和管道物流配送服务。全年码头累计接卸船舶537艘次，接卸货物总量371.68万吨，码头吞吐量421.1万吨，进入储罐的货物总量363.56万吨，其中接卸乙二醇336.78万吨。公司实现营业收入4.25亿元，利润总额2.04亿元，净利润1.72亿元。年内，公司通过ISO 9001、ISO 14001、ISO 45001三标一体化管理体系换版换证审核、交通运输企业一级安全生产标准化达标考评，获中国航海学会"港区储罐安全风险防控与应急技术奖"、化工品物流供应链创新与应用优秀案例、"张家港市进出口十强企业"称号。至年末，公司自主研发的集网上下单、费用结算、自助查询、提货预约、易交割等功能于一体的网上仓储智慧物流服务平台线上注册客户11217家，其中有7342家在网上进行操作，电子单证占比超97%。9月，母公司张家港保税科技（集团）股份有限公司与京东数字科技集团签署战略合作协议，双方结合化工仓储、智慧物流、数字科技等领域优势，携手打造智慧物流电商平台3.0版本。长江国际是大连商品交易所乙二醇期货指定交割库，子公司张家港保税区长江国际扬州石化仓储有限公司也于4月获批大连商品交易所乙二醇期货指定交割仓库资质。5月，全国首张大连商品交易所乙二醇期货交易注册仓单在长江国际生成，标志长江国际乙二醇期货交割业务落地。全年完成乙二醇仓单注册162450吨，占大连商品交易所注册仓单的89%。（吴海燕）

【保税港务首批入选市现代服务业小巨人（培育）企业】 张家港保税港区港务有限公司坐落于张家港保税港区，注册资本46974.37万元，由张家港保税区金港资产经营有限公司（占股65.23%）、张家港保税科技（集团）股份有限公司（占股34.77%）共同出资设立。公司拥有2个万吨级泊位，码头使用深水岸线总长470.4米，靠船装卸平台长432米，最大可停靠5万吨级的船舶。陆域面积55万平方米，其中堆场面积20万平方米，仓库面积5万平方米。公司拥有完备的集装箱、件杂货装卸堆存机械70余台，业务范围涵盖整车进出口、集装箱、散杂货、油脂及港内拆装箱、保税仓储等。公司从2009年起进行IMS管理体系认证，同年通过环境管理体系、质量管理体系以及职业健康安全管理体系认证。公司于2013年8月获得郑州商品交易所PTA（对苯二甲酸）指定交割库的资质。2014年12月，公司通过普通货物码头二级安全标准化达标验收。2018年11月，公司获批PTA期货指定保税交割仓库。公司先后获评张家港市劳动关系和谐企业、张家港口岸规范化管理优秀单位等。2019年，全年码头靠泊船舶3778艘次，完成集装箱吞吐量22.64万标箱，完成散杂货自然吨193.5万吨，进出口整车8585辆，首批入选张家港市现代服务业小巨人（培育）企业。

（胡陈希）

海　关

【概况】 2019年，根据海关总署、南京海关关于张家港地区海关机构改革的统一部署，张家港地区重新组建张家港海关，同时设立金港海关。1月28日，金港海关对外办理业务，3月22日挂牌成立。新组建的张家港海关和金港海关以口岸管理与属地管理的功能化定位为原则进行分工。张家港海关全年征收入库税款202.36亿元，比上年减5.01%。其中，关税35.11亿元，比上年增1.72%；代征进口环节税167.25亿元，比上年减6.9%。监管进出境货运量7244.6万吨，货值277.39亿美元，分别比上年减5.52%、9.37%；监管进出境集装箱38.35万标箱，比上年减15.25%；监管船舶7539艘次，验放进出境人员8.26万人次。加强税收申报要素审核，强化审价、归类、原产地认定，全年审价补税1.79亿元。审结报关单16.07万份。受理出入境报检5.5万批，比上年减2%；检疫出入境船舶4453艘次，比上年增18.7%。检验进口矿产品2333万吨，比上年增31.14%；检验进口大豆366万吨，比上年增0.4%；检验进口羊毛14.1万吨，比上年减25%；检验进口木材460万立方米，比上年减15%；检验进口油脂172.6万吨，比上年增26.09%；检验进口肉类2.67万吨，比上年减37.02%；检验进口汽车8548辆，比上年增66.4%。全年报送统计监测预警信息131篇，其中海关要情录用5篇。金港海关全年处理报关单10826份，征税2.95亿元；监管进出境货物684万吨，货值68亿美元，监管进出境集装箱5.92万标箱；海关注册登记企业730家；加工贸易备案金额25.6亿美元；审核减免税货值6035万美元，免征税款3591万元；签发原产地证书2.83万份、货值22.36亿美元；完成货物检验检疫9276批、货值9.8亿美元。

【口岸监管】 张家港海关全年查处发现固体废物14批，协助南京海关完成滞港涉案固体废物（矿渣）的综合利用处置，查获象牙等濒危动植物及其制品9起，查获濒危木材3批。强化非洲猪瘟等动植物疫病防控，全国口岸首次从加纳船舶食品舱猪肉样品中检出非洲猪瘟病毒核酸阳性，2018年起全国口岸首次从加拿大输中国猪肉产品中检出莱克多巴胺超标。全年截获进境动植物疫情826种3.7万种次，其中检疫性有害生物63种、5353种次。医学媒介生物检出599批次。首次从加拿大油菜籽中检出十字花科黑斑病菌和苯含量超标，植物疫情量化考核指标列南京海关关区前茅。完善口岸疫情联防联控机制，首次在入境集装箱中截获黑家鼠、猫栉首蚤，“国境卫生检疫传染病检出率”指标考核获得满分；退运不符合中国进口要求（准入、证书要求）的进口肉类3批50余吨；完成健康检查857人次，检疫出入境人员8.23万人，传染病检出5人次。加大不合格商品查处力度，全年检出不合格工业品112批、6657万美元，退运、销毁不合格食品11批，上报的2个重大案例获得海关总署警示通报。创新开展进口危化品综合查验监管，对10个涉危监管场所展开危险隐患排查，建立GHS管理制度和应急预案，实现对进口危险化学品全方位、立体式监管。全年压减危化品储罐133个、62.7万立方米，退出海关监管作业场所3家，安全监管进口危化品4202批、475.18万吨，超全省总量20%。金港海关检验危险化学品345批、14.7万吨、3879万美元；实施危险品包装检验5395批，检出不合格13批。检验出口食品228批、10264.63吨、1396.5万美元。销毁不合格进口葡萄酒876瓶。对辖区内10家出口食品企业和81家进口食品收货人开展风险排查，发现问题3个。加强进口棉花检验，检验检疫进口485批、15.4万吨、货值金额2.9亿美元，检出不合格进口棉花403批，出证对外索赔总金额458万美元，1家进口棉花境外供货企业被检出质量严重不合格，受到海关总署质量信用层级的降级处理。检疫截获疫情194批，一般性有害生物39种，在进口巴西棉花中首次截获检疫性有害生物硬雀麦。从入境集装箱中截获猫栉首蚤，为南京关区首次截获、全国第二次截获。在进口澳大利亚棉花中截获死鼠。严格资质备案和原产地备案管理，资质管理注册登记730家，变更487家，注销146家。原产地备案企业205家。受理行政审批20批。强化加工贸易监管，现场和中心协同管理，及时捕捉风险警示，加强实地核实。超额完成稽查作业指标，移交缉私案件23起，案值2.03亿元。开展核查作业132个，发现各类问题52起，移交缉私部门案件线索5起。

【"国门利剑"打击走私专项行动】 2019年，围绕"国门利剑2019"联合专项行动，张家港海关缉私分局加大对成品油、白糖、枪支、冻品、濒危物种走私等打击力度，共受理各类案件线索88起，立案侦办刑事案件13起（其中海关总署缉私局一级挂牌督办案件1起），案值4.45亿元，涉嫌偷逃税额3088.82万元，抓获犯罪嫌疑人32人，逮捕犯罪嫌疑人8人，立案查办行政案件215起，其中一般案件87起、"两简"案件128起，案值4.14亿元，涉税450.89万元，执行罚没入库850.01万元，补税323.83万元。金港海关查办行政案件62起，向张家港海关缉私分局移交案件线索11起；查处发现检验检疫类行政案件1起，查办"两简"案件36起。

【海关通关改革】 2019年，张家港海关、金港海关克服一地重组两关的特殊困难，按期完成机构改革。建立两关综合协调、技术保障等工作组，创新推出两关联系配合办法、跨关际首问负责制、综合协调应急机制等举措，确保各项业务开展。实施"大融合"，发挥关检业务叠加优势，整合关检行政审批事项，精简通关环节流程，实施"查检合一""联合登临"等监管新模式，探索实施一站式作业、一次性查验，实行船、港、货、场地、卡口一体化监管。新海关监管服务效率显著提升，货物整体通关时长较2017年压缩超30%。实施进口货物"提前申报"、矿产品"先验后放"、扩大农副产品通关"绿色通道"、两步申报等新举措，探索进口铜精矿长三角一体化监管，试点应用新一代查验管理系统；加快推进口岸查验中心、监控指挥中心建设，打造进境木材监管、进口食品监管、港口卫生检疫3个实训基地，进境木材监管实训示范点在南京海关关区首家通过验收；落实大宗商品重量鉴定监管改革模式，关区首先全面实现船舶申报无纸化，工作成效获省委常委、苏州市委书记的批示肯定。

【海关服务地方经济发展】 2019年，响应国家"一带一路"倡议，张家港海关全力服务中国—印尼青山项目、中国—文莱石化项目等，推动青山钢铁项目出口货量超80万立方米，比上年增137%；服务国家粮食"去库存"战略，全年推动出口非洲大米35.4万吨、货值9760万美元，分别比上年增38.3%和28%；落实国家煤炭进口管控要求，全年监管煤炭进口205.79吨，货值46767.08万美元。对接张家港新时代"三标杆一率先"部署，实施汽车、木材、化工等重要产业服务方案，推动长城宝马光束汽车项目、张家港保税区东恒鑫房车项目落地；实施张家港保税港区监管场所规范化设置与改造，参与并支持打造保税区转型升级2.0版本。贯彻落实优化营商环境21项政策措施，深入乡镇、企业调研和现场办公；开展量化统计分析，全年为地方党政和进出口企业提供海关统计服务22期；开展企业问题清零，搜集问题100余个，涉及企业400余家；开展涉企收费自查自纠工作，持续推进汇总征税、自报自缴、关税保证保险、检疫处理收费减免等税费征管便利化措施，全年检疫处理收费比上年减少2800万余元。金港海关优化口岸营商环境，促进跨境贸易便利化，支持国际航行船舶物料分拨业务开展，监管入保税区仓储船供物料货值10亿元，服务全国沿海沿江范围内进出境船舶1303艘次，支持保税区内仓储企业开展由哈萨克斯坦进口的高碳铬铁保税仓储。开展加工贸易"白名单"管理，为5家符合条件的企业减免担保1000余万元。促进整车口岸做强做大，开展平行进口车保税仓储7222台，货值2.49亿美元，车辆平均进口成本下降3000元。

（张家港海关　金港海关）

海　　事

【概况】 2019年，张家港海事局履行口岸查验召集人职能，建立健全国际航行船舶联合登临检查机制，便利船舶快进快出、大进大出，保障27.4万艘次船舶安全进出港，实现船载货物运量2.75亿吨，比上年增11.5%，征收港口建设费3.68亿元，比上年增12.95%，居江苏前列。保障7017艘次国际航行船舶进出口岸，实现外贸装卸货量4905万吨，分别比上年增4.86%和7.77%。服务开普敦型船舶进江，帮助港务集团、沙钢集团、永钢集团等市重点企业节约物流成本近7亿元。深化"放管服"改革，健全政务服务体系，出台优化营商环境34项工作举措，研发运行张家港港口综合服务信息平台，建成码头政务服务24小时无人值守站。发布航行通告46期，在长江首次实现57次钢桁梁吊装"零封航"突破，沪苏通长江张家港大桥合龙，开展张皋过江通道、张靖过江通道和苏通第二过江通道的前期工作。审批水工作业51项，办理通航作业报备260项，发布航行通告118期，有效保障59项涉水工程施工建设，支持福南水道-12.5米进港航道治理，释放"深水良港"竞争优势，推进大新航道协同治理，方便大型船舶"直进直出、直靠直离"。服务"张家港湾""双山慢岛"建设，保障市第四自来水厂扩建工程、长江干流张家港段崩岸应急整治工程等完工，维护福南水道-12.5米进港航道治理工程、沪通长江大桥主航道桥等重点水工建设和船舶通航安全。

【水上安全监管】 年内，水上交通安全围绕"不发生有海事监管责任的水上交通事故，事故起数和死亡人数同比实现'双下降'"目标，张家港海事局动态梳理辨识4个大类45项安全风险，发放隐患整改通知书13份，隐患整改完成率100%。研发海事行政检查、VTS报告辅助平台等系统，得到江苏海事系统推广。探索实施进江海轮信誉管理机制，实施突出违法行为举报奖励制度。开展海轮安全管理年、中小型船舶突出违法行为、走私、内河船涉海运输等16项整治行动，查获非法入境船舶2艘，强制扣押吸砂船舶近20艘，清理“三无”船舶近30艘。发布极端天气预警40期，发布预警信息20余万条，实施交通管制27次、146小时，合理引导船舶、港航企业落实防范措施，全员连续72小时上岗成功防抗超强台风“利奇马”，全年高效应对4次台风侵袭。

【水上搜救】 年内，贯彻《国务院办公厅关于加强水上搜救工作的通知》精神，张家港海事局修订《张家港市水上搜救应急预案》，开展搜救技能培训2次，提升现场执法人员搜救技能水平；开展船舶碰撞、人员落水，水域污染应急演练2次。将无人机等新技术用于日常巡航与应急搜救，搜救应急视角由二维升至三维，实现快速发现、快速定位、远程监控指挥等多种手段，有效提升应急处置效率。全年有效处置险情34起，水上人命救助成功率100%。

【船舶污染防治】 年内，张家港海事局开展长江环境大整治环保大提升、沿江环境“三化”专项行动，在江苏省率先实施全港区“一零两全四免费”（长江张家港段靠港和锚泊船舶污染物零排放、全接收，在航船舶污染物排放全达标，内河船舶生活垃圾接收、生活污水接收、水上交通、锚泊均免费）治理机制，实现接收、转运和处置全过程可控，接收生活垃圾3477立方米、生活污水1123吨。落实沿江岸线生态整治，推动拆除江海船厂，关停五友船厂拆船业务，修复生态岸线。按照船舶排放控制区要求，抽检到港船舶燃油1049艘次，查处违规使用燃油行为33起。建立“黑白灰”名单制度，辖区12家危化品码头100%使用选船平台，选船率95%，有效淘汰低标准船舶。建设码头应急联防体，形成“海事+社会力量”应急合力，排查问题隐患27项，提高危化品装卸作业安全系数。加大船舶载运危险品谎报、瞒报整治力度，实施集装箱开箱检查294起，查获危险货物瞒报2起。深入开展“263”专项行动，实施船舶防污染作业检查828艘次。

【张家港港口综合服务信息平台上线】 11月1日，张家港港口综合服务信息平台上线，这是张家港海事局围绕“安全绿色便利”港口建设目标，结合“放管服”要求，联合张家港电子口岸有限公司在省内率先研发的服务平台。张家港海事局辖区具有监管岸线长、泊位多、航道繁忙、作业复杂等特点，通过建立一个综合性智能信息平台，可以自动采集港口实时数据、船舶定位信息，辅助判断安全风险，并向码头、航运公司、船舶、船员、货主开放信息数据，搭建船港、船货、港货交流平台，解决信息不对称问题，减少运营成本，提升海事监管效能，促进企业降本增效。同时，建立港口监管协同联动机制，实现跨部门的作业联动、指令对碰、预约撮合，提高口岸营商环境，提升港口综合竞争力和服务水平。平台包含船舶、港口、船员、危化品监管、联单、信息、信用、可视化窗口、动态等几大模块。至年末，除了危化品监管、动态模块，其他模块已完成开发在辖区推广使用。

（欧阳帅帅）

边防检查

【概况】 2019年1月1日起，张家港出入境边防检查站（简称张家港边检站）转隶国家移民管理局。张家港边检站全年检查出入境（港）船舶7000余艘次、登轮登陆人员13.4万人次，办理各种许可类证件6万余份，有力服务口岸经济发展。先后开通“绿色通道”11次，接受服务对象求助30余次，救助重症船员和遇险群众12人。张家港边检站被国家移民管理局记集体二等功，获评江苏省文明单位、江苏省口岸管理先进单位，执勤二队立集体三等功。

【口岸安全管控】 2019年，张家港边检站坚持“改制不改作风纪律、换装不换工作态度”，聚焦“五大安保”任务，严密安保维稳举措，严格一线查缉，深化后台核查，强化应急处突，深入开展反恐等专项治理行动，完成两会安保、庆祝新中国成立70周年安保、澳门回归20周年安保等各项重大安保任务，全力维护国门口岸安全稳定。全年查处各类案件40余起，查获有害宣传视频20余部、图片100余张，办理涉边案件数比上年增244%，有力维护口岸通关秩序。在打击走私方面取得重大突破，8月，查获1起走私冻品案，当场查获冻品2000余吨，涉案金额1000万元，为张家港历年查获案值最大的走私冻品案。

【边检创新服务】 2019年，张家港边检站贯彻全国公安工作会议精神，加强执法规范化建设，打造四个“铁一般”边检队伍。严格落实上级文件要求，改进工作措施12项，推进“单一窗口”建设，实现船舶进出港网上申报、提前预约。在全省率先开展边检行政权力事项上线平台的试点应用工作，办理时间仅为过去的三分之一。以移民机构改革落实人员“三定”为契机，配齐配强一线执勤队骨干力量，科学合理划分勤务区，花费30余万元为一线民警配发警务通、翻译器等设备，提升民警工作效率，有效缩短船舶检查时间。加强后台核查建设，投入60余万元改造升级梅沙等系统，强化数据核查运用，后台核查中心全年核查船舶2700余艘次，其中重点船舶1100余艘次，核查重点人员4000余人次，实现对到港船舶、人员提前研判、预警在前，做到精准管控，将船舶入港检查平均时间压缩50%，保证船舶入港即作业。统筹推进扶贫茶产业帮扶、“三江党旗红”党建共建、基础设施援建、“稻鸭共养”试点等扶贫任务，打造的“八协红”扶贫茶品牌获第九届“中茶杯”红茶组金奖，相关经验做法被国家移民管理局简报刊载，形成扶贫工作“张家港边检经验”，完成广西壮族自治区柳州市三江侗族自治县独峒镇八协村脱贫任务。

（房绍杰）

长江引航

【概况】 2019年，张家港引航站围绕张家港市高质量发展理念，全年引领中外籍船舶10556艘次，连续11年破1万艘次，比上年减1.7%；总吨位20516万吨，比上年增2%；净吨位11231万吨，比上年增2.2%；载重吨34530万吨。其中，引领国际航行船舶9471艘次，引航总吨位19319万吨、净吨位10579万吨、载重吨32682万吨。引领受限船舶1466艘次，比上年增14.9%；其中开普敦型船舶233艘次，比上年增26.6%；引领危化品船舶4443艘次，占引航总数的41%；引领夜航船舶4028艘次，占引航总数的38.2%。全年未发生任何责任事故和险情。

【引航精准服务能力提升】 港新重装码头位于大新专用水道最上端，属于专业的重件码头，近年为“一带一路”沿线国家和地区建造的重件设施一部分从该码头出口。随着重件设备的大型化、规模化发展，大新水道航道较窄、水深易变等不利因素和船舶特殊的靠泊方式，给码头发展和货主选船造成较大困扰。2019年，张家港引航站为进出港新重装码头重件设施运输的船舶制定以“T”型靠泊、倒车航行为重点的“个性化”引航方案，出口重件创造多个单件体积、容积最大的世界纪录。其中，9月30日，船长199.69米、马耳他籍“阿斯尼克”轮以倒车航行的方式安全驶离港新重装码头，再次刷新港新重装码头接靠最长船舶的纪录。为东华能源码头的船舶开辟安全绿色通道，最大限度降低中美贸易战给企业带去的影响，保障工厂生产需求和民生用气供应。参与孚宝码头二期、陶氏化工码头的通航评估工作，为港口和码头发展提供引航方案。引航调度室全年无休，日均接打电话200余次，没有发生压船压港现象，生产组织科学有序，先后收到锦旗6面，感谢信1封，张家港引航站获评江苏省口岸运行先进单位。

（张庆明）

长航公安

【概况】 长江航运公安局苏州分局系长江航运公安局所属16个分局之一，处级建制，下设5个机关职能科室、4个直属实战单位和4个基层派出机构，行使长江苏州、无锡江阴段南线（上至江阴石庄、下至太仓浏河）全长约175千米水域公安管理事权。2019年，长江航运公安局机关整建制划转，由公安部统一领导管理。有3个集体、12名民警受上级表彰。长江航运公安局苏州分局抓住“以打开路、以打促稳”主线，开展扫黑除恶专项行动，严厉打击辖区非法采矿、非法捕捞水产品等违法犯罪行为。全年破获各类刑事案件317起，抓获犯罪嫌疑人235人，其中网上逃犯41人，打掉犯罪团伙15个，打击处理各类犯罪嫌疑人201人，破获公安部督办的“3·15”系列敲诈勒索案。全年破获非法采矿案件172起，打掉非法采矿犯罪团伙18个，共抓获犯罪嫌疑人124人，涉案价值2047余万元，扣押作案船舶11条、江砂11452余吨，冻结赃款337万余元。破获非法捕捞水产品刑事案件40起，抓获犯罪嫌疑人57人，查获非法捕捞船舶3艘，查获非法捕捞渔具87套，查获渔获物210千克。开展“三保一创”（保畅通、保运输、保安全，创和谐通航环境）、缉枪治爆、长江干线水域突出治安问题综合整治专项行动、危化品储运场所等专项整治，全年查破各类行政案件1821起，查处违法人员1747人，行政拘留63人。发现并责令整改火灾隐患1528起，扑灭船舶火灾2起，办理消防行政案件17起，建设工程消防设计、消防验收备案6起。

【冒充军警抢劫案破获】 2019年，长江航运公安局苏州分局加强扫黑除恶专项斗争打击力度，通过循线深挖、技术侦查、联合抓捕、突击审查、反向分析等手段，破获中华人民共和国成立后长江水域抢劫成品油数量最大、涉案金额最多的冒充军警抢劫案，共破获冒充军警抢劫案件7起，涉案柴油约2000吨，价值约1500余万元，抓获犯罪嫌疑人44人，扣押作案工具运油船舶2艘，快艇1艘，轿车6辆，手机40部，冻结资金196万元，查封房产1套。

（陈鹏宇）

口岸服务

【概况】 年末，张家港口岸有各类口岸、港口服务企业118家，包括船舶代理、货运代理企业47家，理货企业2家，船舶港口服务企业69家。代理企业主要有中国外运长江有限公司张家港分公司、中国张家港外轮代理有限公司、张家港保税区海捷国际船务代理有限公司、张家港联合国际船舶代理有限公司、张家港保税区中海船务代理有限公司、张家港远东国际船舶代理有限公司、江苏远东物流有限公司张家港分公司等。理货企业分别为张家港中理外轮理货有限公司和张家港中联理货有限公司。船舶物料、生活品、淡水供应企业主要有张家港市上源外轮船用物资供应有限公司、江苏省外轮供应公司张家港公司、张家港国际海员俱乐部、张家港保税区鼎胜贸易有限公司等。船舶油料供应企业主要有江苏省中油泰富船舶燃料有限公司、江苏中燃油品储运有限公司张家港分公司等。围油栏供应企业主要有江苏海宇航务工程有限公司张家港分公司等。提供船舶污染物接收服务的企业主要有张家港沿江港务服务有限公司、市通江船舶服务有限公司等。经营港口拖轮业务的企业主要有张家港港务集团有限公司船务分公司、张家港保税区港鑫船务有限公司等。船舶航修企业主要有江阴澄西船舶航修有限公司张家港分公司、张家港市龙鑫达船舶维修有限公司等。

（许诗晨）

【电子口岸推动智慧港口建设】 2019年，张家港电子口岸有限公司全力服务智慧口岸、港口物流协同、船港货一体化等海关海事项目，并且围绕保税区仓储、大宗商品的融资需求开展供应链金融创新服务，开展新经济新业态领域的尝试。在全国创新研发涵盖船舶、货物、人员、港口、场站等全要素的监管服务一体化平台。平台上线后，发现各类违法违规线索267条，提高长江张家港段的监管能力和服务水平。近年依托智慧港口建设，公司打造船港货一体化、集疏运一体化等物流服务平台，于4月23日第二批获批江苏省无车承运试点资质。经过多年建设运营，以口岸为物流集散地，实现整个进出港过程物流运输的数字化、规范化、标准化，平台累计注册各类持证司机14272人，备案车辆11773辆，车辆类型主要涵盖平板车、厢式货车及集装箱运输车。公司获批苏州市服务业创新型示范企业、人工智能和大数据应用示范企业，省级供应链创新与应用重点培育企业，“一码通”掌上物流系统软件获江苏省优秀软件产品奖（金慧奖）。（王潇烨）

【张家港中外运完成批量汽车进口业务】 中国外运长江有限公司张家港分公司（简称张家港中外运）是中国外运长江有限公司在张家港的分支机构。在张家港口岸已有42年的历史，总部设在金港镇，公司有员工297人，拥有先进的海运、仓储、物流信息、GPS车辆调度系统、钉钉办公管理系统、i-SCP智慧供应链平台；拥有卡尔玛大型设备、多台集装箱拖车和各种吨位的叉车、吊车；拥有3.5万平方米仓库和4.5万平方米集装箱堆场。公司保税区仓库被张家港保税区海关评为“五星级保税仓储”，面积为2000平方米。公司依托驳船洋山线，自营日本、韩国航线和内贸航线，全年完成代理集装箱12.4万标箱；船代方面，全年完成自揽船890艘次，自揽船净吨867万吨，自揽船货吨477万吨；仓储方面，仓储吞吐量52.3万吨，货运量9.53万吨，运输行驶里程44万千米，周转量534.36万吨千米；空运业务方面，完成空运快件34903票，代理普货602吨。5月，张家港中外运克服清关时效、气候变化等问题，准时将装载125个集装箱（250台日产途乐）的中外运驳船“信源和18”号靠泊张家港保税港务码头，完成客户委托的汽车批量进口业务。10月，张家港中外运综合办公楼迁至香山南路130号。12月，22名员工参加国际货运代理从业人员资格考试，全员通过考试。其中，7名员工成绩优异可免试申请FIATA证书。FIATA证书是国际货运代理协会联合会（FIATA）颁发的全球国际货代物流行业知名度和认可度较高的职业培训资格证书，被全世界所有从事国际货代物流企业公认，是全球货代物流行业中含金量和权威性最高的资格证书，具有“全球通用、终身有效”的特色。（成媛怡）

【张家港外代牵头实施道路运输综合服务中心项目】 中国张家港外轮代理有限公司（简称张家港外代）隶属于中国远洋海运集团，始建于1981年，是张家港口岸最早从事船舶代理的企业，代理了张家港口岸第一条外轮“日本商人”号。经过近40年的发展，有160余人的专业人才队伍和物流品牌，公司先后获得江苏省文明口岸先进单位、AAAA级物流企业，海关AEO认证企业等称号和专业资质。全年实现营业收入4亿元，代理船舶1388艘次，完成船舶代理货量1165万吨，代理出口箱量25237标箱等。牵头实施张家港道路运输综合服务中心项目，该项目于2018年4月开工，计划2020年竣工，解决张家港市注册1500余辆危化品车辆及外地派驻或在途车辆的违规停放、清洗、维修、检测、加油等诸多社会突出问题，建成后将有效杜绝张家港港区危化品运输车辆的乱停放、乱清洗、乱维修等违规现象，确保危化品车辆道路运输安全有序，从而促进港口物流安全发展。（王华龙）

【张家港中理理货检验业务正式运营】 张家港中理理货有限公司（简称张家港中理理货）有员工170余人，内设6个部门和1个分公司，在张家港口岸设有7个办事处，在张家港及周边地区、苏州工业园区等地均有业务开展。公司通过ISO 9001:2015质量管理体系认证，业务管理信息系统与张家港电子口岸、南京海关物流信息化管理系统联网。主要经营国际、国内航线船舶货物及集装箱的理货、理箱；集装箱装、拆箱理货业务；货物计量、丈量；船舶水尺计量；监装、监卸；货损、箱损检定与鉴定；出具理货单证及理货报告；理货信息咨询；检验鉴定、检测等相关业务。3月28日，中理理货与苏州港集团共同投资成立的江苏苏州港检验检测有限公司完成工商注册登记，7月29日取得海关总署颁发的进出口商品检验鉴定资格证书，正式揭牌运营。全年完成检验检测业务729批，其中进出口检验鉴定业务351批。智慧理货再升级，推广应用理货第三方应用程序，全面对接港务集团码头、海力码头、宏泰码头等单位数据库。2019年，中理理货共受理船舶2255艘次，完成理货量1611万吨，被授予苏州市守合同重信用企业、劳动关系和谐企业称号。（胡杨杨）

【张家港中联理货获评系统先进集体】 张家港中联理货有限公司（简称张家港中联理货）由中联理货有限公司控股、张家港港务集团有限公司和张家港市金城港口服务有限公司参股组建成立。2019年，公司获GB/T 19001:2016质量管理体系认证，获中联理货有限公司2019年度先进集体称号。公司贯彻落实总部“发展智能理货，提升理货价值”的总体要求，投资260万元完成集装箱智能理货系统设备安装、光纤线路改造铺设、机房升级等硬件建设和软件安装、联调联试等相关工作，实现集装箱箱号由人工识别为智能自动识别，提高理货准确率。在巩固理货业务基础上，依托北京中联海陆商品检验品牌，该品牌取得中国计量认证（CMA）和中国合格评定国家认可委员会（CNAS）双证书，全面提升检验与鉴定服务能力，打造“理货、检验、公估”三位一体的第三方物流服务公正机构，开展木材检尺、货物残损鉴定、大宗设备丈量、箱检、货物监装监卸及各类海事检验等业务。公司全年检测液化品、油品、煤炭、矿产品等5258个样品，并出具品质检测报告。全年受理船舶8500艘次，受理集装箱78万标箱、件杂货184万吨。（李　健）

【编辑　沈立平】

生态环境

Ecological Environment

香山梅岭　（双山香山旅游度假区　提供）

扫码欣赏

凤凰有赞山田心

扫码欣赏

芍药花海

生态建设

【概况】 2019年，全市以“打好污染防治攻坚战”为抓手，纵深推进生态文明建设。在《张家港市生态文明建设规划（2017—2025）》指引下，结合国家“打好污染防治攻坚战”战略任务和“港城发展升级版”目标定位，系统整合生态环境治理各项目标任务，制定出台《张家港市打好污染防治攻坚战暨打造“港城生态升级版”三年行动计划（2019—2021年）》（以下简称“行动计划”）并召开动员大会专题部署。“行动计划”把握“共抓大保护、不搞大开发”战略导向，强势推进“基础强、污染治、岸线美、产业优、生态好、民众赞”六大行动100项具体工作。在持续强化生态文明绩效考核的同时，出台《张家港市镇（区）党政主要领导自然资源资产离任审计办法》，围绕土地资源保护、资源节约利用、环境质量改善、生态效益、资金投入、环境风险防范、群众评价等七大类25项指标，坚持问题导向和目标考核相结合，对领导干部按照好、较好、一般、较差、差5个等次进行生态环境履职情况离任审计，审计结果及整改情况作为领导干部考核、任免、奖惩重要依据。

强化空间管护 张家港市在严格落实《江苏省国家级生态保护红线规划》管控要求基础上，进一步对全市生态保护红线区域反复校核、优化调整。根据《江苏省生态空间管控区域规划》，香山、双山岛、凤凰山、梁丰生态园4个风景名胜区和一干河清水通道维护区、张家港暨阳湖国家生态公园（试点）（不包括生态保育区和核心景观区）、长江（张家港市）重要湿地144.96平方千米区域被列为生态空间管控区范围。全市进一步加强生态区域管控，全年未发生破坏生态保护红线现象。根据江苏省、苏州市“绿盾2019”专项行动统一部署，年内对采矿石、采砂、设立码头、开办工矿企业、挤占河（湖）岸、侵占湿地和自然保护地生态敏感区域内旅游开发等对生态环境影响较大的活动进行全面排查，重点对省自然保护地遥感监测疑似问题清单中所涉张家港市境内香山、双山岛、凤凰山、梁丰生态园4个风景名胜区逐一核查，对排查过程中在香山风景名胜区发现的3个问题（良丰汽修养护中心彩钢棚房、市骁熠木材厂厂区东侧露天木材堆放场、市鹏昶木业厂区东侧彩钢棚房）落实销号制度，确保整改到位。按照《江苏省畜禽养殖禁养区划定“回头看”排查整治工作方案》，年内对全市畜禽养殖区域进行优化调整，形成《张家港市畜禽养殖禁养区划定方案》，市域范围4个区域（一干河新港桥饮用水水源保护区、长江张家港第三水厂饮用水水源保护区、张家港城区和镇区建成区）被划定为畜禽养殖禁养区，总面积102.98平方千米，占国土面积10.44%。

夯实生态基础 年内，列入2019年度苏州市生态文明建设“十大工程”的张家港13项重点工程全面完成，总投资超40亿元。全市新建、改造城镇控源截污主支管网220千米、完成农村生活污水处理3045户，市区、镇区、农村生活污水处理率分别达到99%、95%、87.7%；扬子江化工园明管化改造完成工程量40%、飞翔化工集中区实现雨污分流，胜科水务、富淼科技、清源水处理废水提标升级改造完成；城乡生活垃圾无害化处理率100%、分类设施覆盖率99.6%，10个区镇全面开展全域垃圾分类试点，8个区镇建筑装潢垃圾分拣中心建成运行，杨舍镇、塘桥镇、凤凰镇、大新镇、南丰镇废品回收中心建成投运；静脉科技产业园内生活垃圾焚烧发电和固体废物填埋场项目有序推进，华瑞危废焚烧处置扩建项目已完成，总库容约55万立方米的危废填埋场开工建设；完成全市302家企业的“云电力监控系统”建设。围绕“污染治”，全市非电行业煤炭削减240.95万吨，天然气占一次能源消费比重9.62%，可再生能源发电容量28.1万千瓦。“263”专项行动中的剩余69个单位挥发性有机物整治全面完成，扬尘污染、机动车船舶污染有效管控；开展对市级河道“乱占乱建乱排”清理专项行动，完成848条农村河道疏浚任务，拆坝建桥107处，整治黑臭河道10条。稻麦测土配方施肥技术推广覆盖率97%、化肥施用总量较2015年削减14.5%，年内关闭畜禽养殖场（户）23家、整治1家，完成养殖池塘标准化改造124.22公顷，废旧农膜回收率85%；完成东沙化工区遗留地块采样监测，钢渣行业专项整治扎实推进，完成杨舍镇章卿村生活污水处理厂污泥塘场地调查和塘桥刘村村化工污染地块修复治理任务。围绕“岸线美”，推进19条通江支流整治，通江支流水质优Ⅲ比例100%；沿江企业和化工码头整治有序推进，完成入江排污口“减半”工程，37个加油站地下油罐防渗改造完工，全年完成长江沿岸造林绿化面积144.12公顷，全力推进全长12千米（上起老沙

航拍永联小镇 （市文体广旅局 提供）

码头、下至段山港，区域面积140万平方米）的张家港湾建设；沙钢、永钢等重点企业环保提升工程按序推进，中央环保督察“回头看”、省级环保督察、长江经济带生态环保审计等交办的突出环境问题整改逐步实现“全销号”。

优化产业结构　2019年，全市高新技术、新兴产业产值占规模以上工业总产值比重分别达34.9%、49%，生产性服务业占服务业总量比重预计64%，新增高标准农田400公顷、现代农业园区200公顷，绿色优质农产品比重58%。“两区一园”循环化改造有序推进，全年完成35家企业清洁生产审核；全面完成钢铁“去产能”任务，实施低端低效产能淘汰和整治企业（作坊）386家，“散乱污”企业整治基本完成，东沙化工区关停后续工作按序进行，索尔维精细化工1台RTO焚烧炉已建成。严控全社会能源消费增量，万元GDP用水量低于19.93立方米、耕地保有量完成上级任务，新建民用建筑绿色建筑比例100%、按二星及以上绿色建筑标准设计建造比例49%、绿色建筑运行标识25%。围绕“生态好”，强化区域生态保护，“三优三保”行动拆旧复垦土地412.33公顷，自然湿地保护率61.6%，全年下拨生态补偿资金10793.48万元。实施生物多样性保护，新增绿化面积117.53公顷，林木覆盖率19.84%，市区建成区绿化覆盖率41.5%。

提升生态品质　推行绿色办公，全年公共机构单位建筑面积能耗同比下降3.12%、人均综合能耗下降2.51%、人均用水量下降3.11%。倡导绿色生活，引导居民选购节能产品和节水器具，争做文明用餐、绿色消费的低碳生活践行者。节水型器具在市场销售中占比100%、流通领域用水产品质量抽检合格率100%。鼓励绿色出行，完善公共交通体系，全年新增清洁能源公交车70辆。推进生态创建，大新、凤凰两镇，金港镇永兴村、常阴沙现代农业示范园区常兴社区两村年内争创省级生态文明建设示范镇村工作通过苏州市现场考核，10个被撤并镇环境整治投入4.34亿元，全面完成年度任务，全年新增苏州市三星级康居乡村111个、苏州市康居特色村5个，受益人口6400余人。特色田园乡村建设至年末投资7100万元，全面完成年度建设任务。

【“263”环境问题整改】 2019年，张家港市树立生态优先、绿色发展理念，及时行动、扎实推进，全市环境质量稳步改善，获得“江苏省2019年度打好污染防治攻坚战宣传工作先进集体”“2018—2019年度苏州市打好污染防治攻坚战贡献突出集体”等荣誉。3月，由市主要领导担任主任的“治违治污治隐患”推进办公室（简称“三治”办）成立，整合“263”、清理整顿沿江环境污染、“散乱污”等一系列专项行动工作职责，从全市32个机关部门（单位）抽调52名精干力量实体化运作，为打赢污染防治攻坚战提供坚强保障。5月20日，市委市政府组织召开打好污染防治攻坚战暨打造“港城生态升级版”动员大会，制订《张家港市打好污染防治攻坚战暨打造“港城生态升级版”三年行动计划（2019—2021）》。会上全面部署推进全市2019年度污染防治工作目标任务，与各区镇签订打好污染防治攻坚战2019年度目标责任书，明确目标任务，划定时间节点，统筹推进污染防治攻坚各项工作。同时，市主要领导每月带队督察突出环境问题整改进展，强化整改力度，针对督察暴露出来的环境问题，相关区镇迅速落实整改，整治效果明显。至2019年年末，全市完成打好污染防治攻坚战重点工程项目86项。全年播出曝光节目88期，涉及问题175个；下发督办单141份，涉及问题252个。第一轮中央环保督察、中央环保督察“回头看”、省级环保督察交办问题总体完成率96%。摸排整治“散乱污”企业（作坊）1008家，整治腾出土地181.47公顷。

全市打好污染防治攻坚战暨打造港城生态升级版动员大会

（市生态环境局　提供）

自然资源保护利用

【概况】 2019年，市自然资源和规划局立足机构改革新起点，做好规划引领、资源保护、用地保障、权益维护等工作。年内，张家港市获评全省国土资源节约集约利用资金奖励地区，市自然资源和规划局获评2016—2018年度江苏省文明单位、获张家港市市级机关绩效考核突出贡献奖。

建设用地保障　年内组织开展5期土地指标有偿交易活动，市场化配置年度计划指标197.27公顷、30.04亿元，“三优三保”建设用地指标187.33公顷，形成土地和资金要素城乡间双向良性流动。对上报批19批，总面积695.35公顷，苏南沿江城际铁路、盐通铁路、锦丰镇高端产业园等重大项目实现落地。落实供地184宗，面积658.8公顷。其中签订出让合同102宗、338.83公顷，出让金额118.56亿元，划拨决定书82宗、

319.85公顷。出让供地中，工业（仓储）用地52宗、207.01公顷，出让金额9.2亿元（含30年弹性出让合同31宗、97.03公顷，出让金3.67亿元，收取履约保证金1944.4万元；50年出让收取履约保证金290.86万元）；房地产项目用地34宗、100.97公顷，出让金额107.25亿元（商业18宗、15.65公顷，出让金6.86亿元）；安置房用地13宗、26.76公顷，出让金额1.58亿元；公共管理与公共服务用地2宗、1.57公顷，出让金额4189.4万元；交通运输用地1宗、2.64公顷，出让金额1096万元。划拨决定书包括：公共管理与公共服务用地40宗、47.43公顷，安置房用地2宗、2.6公顷，交通运输用地39宗、269.71公顷，特殊用地1宗、0.11公顷。

耕地资源 严守2.83万公顷永久基本农田保护红线和3.17万公顷耕地保有量，推进数量、质量和生态“三位一体”保护。坚持早发现、早制止、早报告和早查处联动，立案查处违法用地56宗、76.98公顷，处罚款420.4万元，到位152.67万元，没收建筑面积27158平方米，拆除建筑面积16704平方米。围绕全市环保污染重点行业企业名单，明确拆旧复垦地块必须开展土壤检测，确保新增耕地质量安全。开展耕作层剥离再利用，提升新增耕地质量。42.88公顷耕地占补平衡指标通过苏州验收。

集约用地 落实开竣工申报验收制度，结合自然资源部土地市场动态监测监管系统，按季度向市政府及各区镇通报征而未供、供而未用地块情况。对未能按合同约定按期开竣工的项目，通过电话通知、发函等方式督促企业尽快开工建设，并视情况分别采取办理延期、征缴违约金等措施。年内办理开工申报79宗、205.5公顷，竣工验收93宗、252.6公顷。办理延期开竣工30宗（不含行政赋权后保税区项目）、81.23公顷，未按期开竣工征缴违约金3.91万元，缴纳履约保证金30.23万元。年内消化历年全口径批而未供土地559.01公顷，其中完成部省考核任务288.8公顷，超额完成上级下达目标任务，处置完成闲置土地3宗、6.7公顷，其中政府收回1宗、5.13公顷，其余2宗、1.57公顷通过重新约定开竣工时间完成处置。通过工矿废弃地复垦、城乡建设用地增减挂钩、收回重新供应、提高容积率、增资技改项目、存量建设用地转让等多种方式，盘活存量建设用地405.6公顷。完成工业用地调查年度更新及2019年低效用地再开发专项计划编制调整工作，全年完成低效再开发用地77宗、193.47公顷。

【土地储备交易】 市土地储备中心围绕助力提升城市能级和核心竞争力，科学推进土地储备、土地交易、拆迁安置等各项工作。全年储备经营性用地30宗，总面积106.33公顷，按收储区域划分：市区储备11宗，面积44公顷；镇区储备19宗，面积62.33公顷。全年出让经营性用地38宗，总面积114.13公顷，成交总价129.18亿元，规划总建筑面积220.14万平方米。其中，市区出让25宗，面积79.6公顷，成交价104.61亿元，规划总建筑面积155.81万平方米；镇区出让13宗，面积34.53公顷，成交价24.57亿元，规划总建筑面积64.33万平方米。全年出让安置房用地15宗，总面积28.87公顷，成交总价1.73亿元；另通过公开挂牌、拍卖方式出让工业用地62宗，总面积230.27公顷，成交总价10.31亿元。年内通过举办张家港市经营性用地（上海）招商恳谈会、张家港市经营性用地看地座谈会、张家港市金秋土地恳谈会三场土地推介会，参加2019年中国（杭州）城市土地展、2019年中国·深圳自然资源博览会——第14届城市土地展等，开展多层次、广领域的土地推介活动，吸引诸多品牌房企到市参加土地竞拍，金茂、金地商置等2家房企首次进驻张家港，建发、朗诗、中锐、碧桂园、金厦等房企再次补仓。

（庞小婴 王翠翠）

环境保护

【概况】 2019年，全市生态环境保护工作以打造“港城生态升级版”为总目标，以环境质量改善为核心，以生态环境保护工作“五聚一高”（聚焦固本强基、聚焦重点难点、聚焦执法监管、聚焦制度创新、聚焦党建引领，为建设高质量的“港城生态升级版”贡献力量）为抓手，有力有序推进各项目标任务落实，生态环境质量持续稳控，全年$PM_{2.5}$平均浓度为每立方米38.7微克，优良天数为285天，优良率78.3%；主要通江支流水质全部达到Ⅲ类，省考断面水质优Ⅲ比例100%，无劣Ⅴ类断面，总体水质状况良好。

【环境质量】 *水环境质量* 第三和第四水厂集中式饮用水源地、一干河新港桥备用水源地水质均达到Ⅲ类水质目标，水质总体保持良好。全市4个省级考核断面平均水质均达到2019年度考核目标，达标率100%。17个苏州市控断面水质均达到功能区水质标准，无劣Ⅴ类或Ⅴ类水质断面，优于Ⅲ类断面比例为100.0%，比上年提高11.8个百分点。水质优于Ⅲ类断面比例在苏州位列第一。

空气质量 2019年，城区环境空气达标天数为285天，无重度和严重污染天数。细颗粒物$PM_{2.5}$年均浓度值为每立方米39微克，比上年下降2.5%。城区环境空气全年超标天数79天，其中首要污染物为臭氧的，有38天，占48.1%，较上年减少5天；首要污染物为细颗粒物的，有36天，占45.6%，与上年持平；首要污染物为可吸入颗粒物的，有5天，占6.3%，较上年减少1天。

声环境质量 2019年，张家港市城区区域昼间声环境质量为较好；道路交通昼间声环境质量为好；1类、2类、3类和4a类定点声功能区除1类昼间等效声级达标率为87.5%、4a类夜间等效声级达标率为62.5%外，其余达标率均为100.0%。声环境质量总体与上年基本持平。

【水污染防治】 2019年，全市实施“水十条”治理项目50项、太湖目标责任书项目10项，各项指标达到考核要求。重点开展五个方面的工作：深化工业污染防治，实施太湖流域工业污水厂和六大重点行业企业提标改造，分两年推进1家重点行业企业提标改造、7家工业类污水处理厂提标改造，其中2019年5家提标改造任务全部完成。加强城乡生活污染治理，全市组织实施生活污水治理小区57个、农村3000余户、企业2200余家、“十个必接”重点排水户1100余个，新建各类污水管网200余千米，全面消除城区黑臭水体。开展农村环境综合整治，至2019年年末，全市畜禽规模养殖场治理率达到100%，全市畜禽粪污资源化利用率99.25%。完成张家港市养殖水域滩涂的规划，持续开展农村人居环境整治行动，全市农村生活垃圾分类覆盖率100%，农村生活污水处理率87%，农村无害化卫生户厕普及率100%。保障水环境安全，强化饮用水水源地管控，进行环境状况调查评估，推动问题整改，定期公开水源地水质监测情况，接受社会监督。持续推进长江水岸同治，19条主要入江支流水质优Ⅲ比例100%。

【大气污染防治】 2019年，全市共完成治气重点工程101项，空气质量持续改善。重点开展七个方面的工作：调整能源结构，实施淘汰整治工作6项，其中每小时35蒸吨及以下燃煤锅炉全部完成淘汰，非电行业煤炭消费总量削减240.95万吨，完成年度任务。完成工业炉窑整治6项，港口岸电建设5套。推进挥发性有机物（VOCs）治理，完成VOCs综合治理和低VOCs原料替代项目69项。加快重点行业的超低排放改造，沙钢集团完成8台焦炉、4台烧结机、1条球团线的超低改造；永钢集团完成1条球团线和2台烧结机的超低改造。完成长源热电、骏马热电5台锅炉的超低排放改造，全市65蒸吨以上锅炉22台全部完成超低改造。强化机动车污染防治，市区二环路以内实施限行，淘汰国二及以下排放标准汽油车6362辆。做好重污染天气应急管控，完善应急减排清单，排定工业企业585家，其中29家工业企业实现差别化豁免。提升科学精准治理水平，率先运用走航分析等技术手段，对污染区域进行针对性细致排查、科学甄别。压实属地治气责任，完善全市10个区镇的空气监测站，落实“点位长”制度，出台《张家港市区镇空气质量排名及考核办法（试行）》，定期通报区镇空气质量排名。

【土壤污染防治】 2019年，市生态环境部门推进土壤污染重点监管单位与政府签订责任书，督促重点监管单位开展隐患排查和自行监测工作。对纳入重点行业企业用地土壤调查范围的清单进行核实增补，确定调查对象清单，最终共纳入调查企业地块1046个。开展重点行业企业用地基础信息采集和风险筛查。经过现场踏勘和资料收集，完成地块信息采集。完成区级空间信息整合，形成辖区“一张图”，编制完成辖区疑似污染地块空间分布报告，根据系统确定的地块评分等因素，确定全市42个高关注度地块及58个采样地块。开展涉镉等重金属企业排查整治工作，梳理建立整治问题清单，督促相关企业开展整治工作。开展工业固体废物堆存场所环境整治工作，对2018年中央环保督察回头看发现的沙钢集团张家港市恒乐新型建筑材料有限公司沿江1千米范围钢渣按要求清理完成。对11家土壤重点污染企业和3个工业园区周边开展土壤、地下水监测工作。

【工业固废污染防治】 2019年，全市推进固废处置能力建设，建成每年1.56万吨危险废物焚烧处置项目并调试，在全市形成每年2.9万吨危险废物焚烧处置，每年1000吨医疗废物焚烧处置及每年2640吨医疗废物高温蒸煮能力。推动工业固废（危废、一般工业固废）填埋场项目及一般工业固废焚烧项目纳入张家港市静脉科技产业园整体规划。推进危废规范化考核开展，组织2019年度300家危险废物规范化达标考核企业开展规范化达标建设业务培训。引入第三方专业机构对全市企业开展达标建设抽查考核，抽查达标率为95%。开展危险废物专项治理工作，委托第三方开展自建危险废物焚烧设施专项检查。组织各区镇对年产废量10吨以上的企业开展危险废物贮存情况摸底调查，摸清企业危险废物产生种类、数量以及储存情况，对照江苏省危险废物动态管理系统数据信息，核实企业库存，明确企业减库存目标任务，减库存年度任务顺利完成。开展一般工业固废网上申报登记工作，逐步将全市一般工业固废纳入申报管理。

【核与辐射安全管理】 2019年年末，全市有核技术利用单位171个（其中涉源单位41个），在用放射源558枚，射线装置646台。有移动通信基站物理站3929个（其中移动1740个，联通825个，电信1364个）；有500千伏变电站3座，容量5500兆伏安；220千瓦变电站16座，容量7680兆伏安，线路545.16千米；110千瓦变电站42座，容量4475.5兆伏安，线路605.95千米。年内，开展辐射环境安全风险隐患排查整治专项行动和每季度的放射源专项检查，开展射线装置单位、移动探伤夜间检查等专项检查活动，全市所有放射源、射线装置安全可控，辐射环境本底始终稳定。组织开展苏州市“环辐九号”辐射事故应急演习。全面开展废旧、闲置放射源清查工作，废旧、闲置放射源数量得到进一步压降，送贮闲置、废旧放射源8枚。废旧金属熔炼企业放射性监测开展有序，检出放射性废物65千克，全部安全送贮。全年未发生放射源被盗丢失、人员意外受照、金属产品融入放射性物质等辐射事故。

【环境监督】 2019年，市生态环境部门制定“周周有夜查、月月有重点”执法工作计划，对重点区域、重点企业、重点问题开展全天候执法检查，严查重处违法排污行为。全年立案调查涉嫌环境违法行为1017件，实施行政处罚552件，罚款6418万元，实施查封扣押21件、限产停产22件，向公安机关移送涉嫌犯罪案件7件、适用行政拘留案件4件，立案、处罚件比上年增33.3%、19.7%。同时，积极做好信访压降，对索尔维精细化工异味等20个问题实施市级挂牌督办，进一步强化企业治污主体责任和镇（区）属地管理责任；同时，针对群众反响强烈区域异味问题、金属表面处理行业污染问题、污水处理设施异味问题，加强走访调研并引入技术第三方，科学推进问题整治。全市环境信

2019年“六五”环境日香山健步行活动 （市生态环境局 提供）

访总量2149件，比上年降31.5%，其中省级以上信访总量63件，比上年降43.2%。组织开展全国第二次污染源普查，确定全市污染源普查单位8256个；构建完善“一企一档”，开发污染源基础信息数据管理平台；做好环保信用评价、资金补助、审批验收等政务服务工作，完成1295家企业环保信用评价信息的系统导入，评定绿色企业156家、蓝色企业1118家、黄色企业13家、黑色企业8家；受理环保补助资金申请66家，对19家企业下达补助资金1146.7万元，审批及预审建设项目2585个，完成193家建设项目环保（固废）竣工验收，核发排污许可证522家；完成凤凰镇韩国工业园、常阴沙工业集中区规划环评审查工作，经开区、保税区规划环评取得生态环境部审查意见。

【环保宣传】 2019年，市生态环境部门在各级报刊发生态环保宣传信息112件，制作《关注环保》电视专栏12期，在“张家港生态环境”两微推送各类信息1808条。围绕“六五”环境月开展宣传，举办“一条热线、一份寄语、一个仪式、一个专版、一个专栏”的“五个一”主题活动，组织开展“绿动港城”香山健步行活动，吸引近3000名市民参与。12月，打造“三色花开，快乐成长”未成年人社会实践驿站——青少年环境基地，利用监测站办公大厅、楼梯走道、员工活动室等空间，设置科普墙、居家节能模型、电子互动触摸屏、科普实验室，向青少年普及、传播生态环保理念。同时，纵深推动志愿服务，建强用好“倡导者”“践行者”“守护者”“服务者”“党员先锋”5支志愿服务队，开展各类新时代文明实践活动191场，受众18622人次，志愿者参与1414人次，总志愿服务时长1242.5小时；发布青少年环境教育项目“绿色TA未来”三年行动计划，自然读书会项目入选生态环境部组织开展的“美丽中国，我是行动者”主题实践活动典型案例。

【辐射事故应急演习举行】 为提升生态环境、公安、卫健委、宣传等有关部门对突发辐射事故的应急响应、组织协调以及协同作战能力，11月15日，苏州市“环辐九号”辐射事故应急演习在沙钢集团沙景特钢码头举行。张家港市人民政府副市长陆崇琨任演习总指挥，张家港生态环境局局长沙立平、苏州市核与辐射安全监督站站长唐剑飞任副总指挥，市委宣传部、生态环境局、市公安局、市应急管理局、市卫健委等部门组织相关人员60余人参与演习。演练模拟一枚Ⅳ类源丢失后混入废钢出售给沙钢集团，而后开展搜寻救援的行动。演练过程包括启动辐射事故应急预案，迅速报告有关部门，组织人员疏散、设隔离带，开展事故调查、现场处置等。演习组织有序，各小组、各部门通力合作，现场处置措施得力，有效控制了辐射污染事件，检验了苏州市及张家港市辐射事故应急预案的有效性，验证了辐射应急队伍和装备的适应性。

（鞠东辉）

环境卫生整治

【概况】 2019年，市城乡环境卫生指导中心深化巩固创卫成果，区域化推进美丽乡村建设，深化“健康+”主线，扩大健康城市建设品牌效应。经开区（杨舍镇）启动6条黑臭水体、水环境“三乱”等专项治理。金港镇整治黑臭河道24条，清理乱堆放、建筑装潢垃圾2.6万吨；冶金园（锦丰镇）投入1635万元治理黑臭河道7条，其中投资230万元完成悦来14组河、向阳9组河2条村组河道整治。凤凰镇整治黑臭河道2条，集中开展农村人居环境整治自然村庄200个，夏市村获评“2019年苏州市人居环境整治工作示范村”称号，肖家巷特色田园乡村创成“苏州市特色田园乡村精品示范村”。乐余镇清理农村各类垃圾8.6万吨，治理河道420余条、370千米，整治家前屋后乱堆乱放2000余处；沿江1千米钢渣清理全面完成，五干河垃圾填埋场整治年内任务完成。常阴沙现代农业示范园区常北社区获评2019年度全省最美乡村健身公园、2019年度江苏省健康小区、省人居环境整治综合示范典型，常西社区获评省人居环境整治综合示范典型和苏州市特色田园乡村。全市累计整治河道96条，总投资1687万元；新建AAA级公厕2座，改造城区公厕9座，新建和改建农村公厕80座。年内，张家港市获评全国首批健康城市建设示范市，健康江苏建设示范点。

【卫生城市创建】 2019年，市城乡环境卫生指导中心按照国家卫生城市（镇）、省级卫生村标准，加强督导考核力度，组织开展明察暗访9次，并下发督察通报。4月，开展以“共推‘厕所革命’，共促卫生健康”为主题的爱国卫生月活动。6月，会同市市场监督管理局、市城市管理局，对照《国家

第32个世界无烟日活动现场　（市城乡环境卫生指导中心　提供）

卫生城市标准》以及垃圾分类工作指导意见，对市域范围内的12家集贸市场开展联合督察。组织实施“厕所革命”，以农村人居环境整治为契机，根据上级下达农村公厕建设任务数，分解落实区镇目标任务，加强建设指导与工程督导，加快农村公厕的短板补强。规范开展春冬季灭鼠等专项消杀活动，严格鼠药安全管理，全市城乡鼠药统一纳入农药集中配送平台，严格定量投放管理，投放溴鼠灵、溴敌隆毒饵约10吨，各类菊酯类等杀虫剂500余千克，新改建水泥、陶瓷毒饵站400余只，布放捕蝇笼、诱蝇袋3000余个，清除鼠类和蚊蝇各类滋生栖息场所100余处。组织杨舍镇、凤凰镇等区镇同步开展爱卫月系列广场式公益科普咨询活动，发放粘鼠板、粘蝇纸等支持性宣传用品20余箱。针对周边登革热日趋严峻的防制态势，组织启动健康港城灭蚊行动，先后会同市疾控、各区镇爱卫办开展灭蚊周公益集中宣传活动8场，广泛宣传蚊虫防制科学知识，发放气雾剂、粘蝇纸等防制药械20余箱，宣传知识折页1万余份。配合市疾控中心，按照相关规范，围绕3例登革热输入性病例，组织病例涉及区域锦丰镇悦来花苑、凤凰镇恬庄花苑、奥美思服饰有限公司等进行现场消杀，投入人力50余人次，派发宣传折页、告居民书1000余份，清理杂草堆积地30余处、各类废弃物、水缸瓶罐等200余处，整治河道3条，进行超低、滞留、烟熏等消杀作业15次，使用菊酯类等杀虫剂200余千克。区镇级监测评估工作全面开展，会同市疾控，研究制定2019年度卫生消杀用药指导目录。在凤凰镇、金港镇等5个试点基础上，全面启动区镇级病媒生物监测评估工作，初步完成城乡全覆盖的“1+8”监测评估网络。首次发现当地新蚊种常型曼蚊、褐尾库蚊。

【健康城市建设】　为进一步培育、创新健康城市活动载体品牌，推进健康惠民活动常态化，2019年，市城乡环境卫生指导中心结合全市健康镇村建设，在金港镇北荫村，杨舍镇福前村，锦丰镇南港村，凤凰镇桃源社区，南丰镇振兴社区、永合社区、新丰社区，常阴沙常西社区等8个村（社区）开展健康“益”家试点建设，以社区（村）为单位，引进社会组织，承接以社区健康促进为主要任务的个性化公益服务。3月21日，健康城市公益项目推介评审会召开，对8个村（社区）的项目方案进行评审。年内，健康“益”家项目共开展活动220余场，直接受益人群2万余人次。4月16日，全市健康城市（镇、村）、单位建设推进会召开。5月31日，以第32个世界无烟日为契机，举办“我为控烟发声”公益接力活动、2019年张家港戒烟大赛、“拒吸第一支烟，做不吸烟新一代”进校园千人签名活动、戒烟知识培训等系列活动，会同新闻单位录制控烟公益宣传片，利用微信朋友圈发放控烟知识宣传17万条；在市区重要商业圈、车站、酒店等400块电子显示屏播放控烟海报。结合新时代文明实践，全年组织开展控烟相关志愿活动10次，市卫健委、市教育局、市市场监管局等行业主管部门每月开展控烟专项督察，全年共督察相关场所1011家。9月，与市教育局、市卫生健康委、市文联联合举办第二届“我眼中的健康城市”青少年绘画大赛。9月29日，与市卫健委、市总工会组织开展全市健康促进技能竞赛。年内，大新镇建成江苏省健康镇；金港镇北荫村、封庄村、元丰社区，杨舍镇福前村，塘桥镇胡同社区，乐余镇东林村、乐海社区，南丰镇海坝村、大新镇大新社区，常阴沙现代农业示范园区常北社区等10个村（社区）建成江苏省健康社区（村）；市人民检察院、市第二人民医院、市第六（锦丰）人民医院、张家港保税区（金港镇）德积办事处、康维明工程薄膜（张家港）有限公司、市锦丰镇文化体育服务中心等6个单位建成江苏省健康单位；金港镇朱家宕村等9个村（社区）建成苏州市健康村（社区），市市级机关事务管理中心等12个单位建成苏州市健康单位。市市民急救体验馆、金港镇大健康管理服务中心建成苏州市健康教育与健康促进基地。

【美丽乡村建设】　2019年，市政府成立由主要领导挂帅的市美丽村庄建设领导小组，办公室设在农业农村局，同时按照乡村振兴新要求，适时调整美丽乡村建设成员部门，新增自然资源和规划局、文体广电和旅游局。3月7日、6月21日，市政协两次对全市美丽乡村、美丽河道建设进行督察督办。5月24日，苏州市农业农村局专题调研张家港市年度康居特色村建设。7月，张家港市与上海交大、扬州大学合作，举办首届乡村文化艺术节乡土创客装置艺术设计竞赛，选取优秀作品在南丰镇永丰村落地实施。结合常北社区美丽乡村建设，引入社会资本，建设“闲心公社”田园文化旅游度假综合体。年内，杨舍镇百家桥村、金港镇新塍村、凤凰镇杏市村、乐余镇永利村、

百家桥村 （袁忠艳　摄）

常阴沙现代农业示范园区常北社区建成苏州市康居特色村，杨舍镇百家桥村（再头巷）等111个自然村庄建成苏州市三星级康居乡村。2019年，全市累计建成江苏省美丽乡村建设示范村15个、苏州市美丽村庄示范点13个、苏州市康居特色村10个、三星级康居乡村373个，惠及农户27802户。完成5个康居特色村、111个三星级康居乡村、24条美丽河道建设任务，并顺利通过苏州市级验收。（吴　燕）

【南丰"三治"先进经验被推广】"治违、治污、治隐患"的"三治"战役掀起了环境综合整治攻坚行动的高潮。南丰镇党委、政府高度重视，第一时间出台"三治"工作实施意见，明确镇"三治"办部门职责、机构设置、人员组成、工作分工等，成立以镇党委主要领导为组长和副组长，相关职能部门、村（社区）书记（主任）等为成员的"三治"工作领导小组，统筹推动全镇"三治"工作。南丰镇在全市率先完成"三治"点位排摸、"331"市级挂牌督办项目销号、"三合一"场所和"9+1"场所整治工作。南丰镇党委书记沈琳、镇长陈磊率镇建管、绿化、爱卫、水利、企管等职能部门分管领导和负责人就新德村渣土清理和东沙化工区环境提升中存在的重点、难点问题进行现场办公。新德村成立"331清零"工作小组，根据辖区出租房、"三合一"场所的总数，村工作人员放弃休息，利用出租户早晚在家的时间段，集中查找隐患，督促出租户白天进行整改。改造时，防盗窗切割和线路穿管同时进行，并在外墙预留充电插座，防止电动车充电火灾事故发生。通过边工作、边总结、边创新思路的方法，新德村实现整治标准和进度的双提升。建农村村干部联合镇"三治"办成员，分成"检查评定队"和"整改督促队"两组，挨家挨户开展工作。永合社区范围广、居民户数多，"三治"工作任务重，社区创新了一套"双线"机制，即线上媒体报道和线下工作持续推进相结合，社区、惠邻社工、物业联动，对辖区内出租户、"三合一"场所、"9+1"场所进行排查，罗列问题，提出整改时限。镇"三治办"要求各村对辖区内的"散乱污"企业开展不留死角、地毯式再排查，做到发现一家、整治一家，切实建立好"散乱污"企业（作坊）长效管理机制。其间，南丰镇拆除违章建筑15.5万平方米，整治"散乱污"企业（作坊）362家，其中关停取缔150家，腾出并复耕土地7.6公顷。同时，建设充电桩81处196个，印发《居民住宅防火提示单》2.9万份、《致"9+1"场所业主的一封公开信》1200余份、《消防安全责任状》2400份，并签订责任状，广泛发动群众参与"三治"工作。全市在南丰镇召开"三治"工作现场推进会，南丰"三治"相关事迹被央视《纪录东方》和《新华日报》等媒体报道。（黄云霞）

绿化美化

【概况】2019年，市绿化部门启动"江海交汇第一湾"绿化代建工程，以长江生态保护与修复为核心，围绕百年一遇江堤改造提升项目，通过堤坡提升、还滩于民、还塘于江三大工程，对张家港湾江堤内、外侧进行综合整治提升，恢复具有大江风貌的湿地森林漫滩，解决"临江不见江、近水不亲水"等问题，打造"最美江堤、最美江湾、最美江滩及最美江村"，打造江海交汇最美的"第一道江湾"。江堤外侧环境整治提升，工程概算1.12亿元，涉及沿江岸线总长度9千米，总面积约为126.63公顷，工程于2019年10月启动。年内，园林废弃物循环利用项目获中国风景园林学会科学技术奖（科技进步奖）三等奖。市绿化部门与供电公司合作开发的"一种共享清凉景观亭"已申报专利。市林业部门依托市、镇两级重大建设项目，配套张家港市林业绿化资金约1亿元，完成绿化造林117.53公顷，其中新增林地79.07公顷。至年末，城市建成区绿地率为37.6%，绿化覆盖率41.3%，人均公园绿地面积为14.92平方米。全市林木覆盖率为19.84%，位居苏州县市之首。

【绿地建设】2019年，全市投入财政资金1.09亿元，新建各类绿化工程12个，新增各类绿化115.44公顷。建成锡通过江通道公路南接线工程、锡通高速公路北延段（港丰公路至长江边）绿化工程、港华路苗木搬迁工程、乐余镇沿江公路绿化工程、永泰路绿化一期工程、疏港高速原便道修复工程等道路绿化，新增绿化面积111.3公顷；建成南苑路南侧河道绿化工程等景观河道工程，新增绿化面积0.34公顷；建成华昌路西侧地块环境整治及临时绿化工程增加部分、大新滨江公园沿江整治应急工程、新庄河桥周边景观绿化修复工程、小城河步道景观提升工程、慕蝦桥周边绿地景观绿化改造等环境整治工程，总共修复景观绿化面积3.8公顷。新建杨舍镇福前村雄鸡埭、张家埭、张家小埭、教堂埭、中老圩埭、杨舍镇河北村胡巷廊2个“三化”示范村创建。编制长江沿岸造林绿化方案，新增长江沿岸造林绿化面积114.12公顷。

【绿化养护】 2019年，城区公共绿地养护面积668万平方米，四季草花面积2.38万平方米，行道树33912棵，景观造型树369棵，花箱1722组，管理考核12家绿化养护企业。结合城区绿化环境整治、创建国家生态园林城市专家意见整改等契机，总计清理枯枝落叶垃圾7600余吨，不断提升绿地景观效果。高标准开展农村绿化养护任务。市域主干道绿化管护面积为2490.04万平方米，全年拨付绿化土地租金5076万元，绿化养护经费3417万元。2019年市域主干道沿线春季补苗工作与交通干线沿线环境综合整治相结合，对张杨公路、苏虞张公路、疏港高速等沿线78个占绿种菜、空缺较大的点位进行绿化补种，修复绿地77113平方米，累计投入资金96.62万元。对疏港高速二期、塘桥西环路等5个在建工程进行养护移交，累计增加在建管护面积88.5万平方米。林业局坚持农村绿化管护考核月度通报和月度例会制，全年共开展12次农村市域主干道绿化养护考核，召开养护例会6次。做好绿化民生服务，全年办理数字化城管2147件，办结“12345”便民服务转办绿化求助事项607起。

【绿化行业管理】 2019年，市绿化部门完成附属绿地方案审查56个，其中金茂幼儿园、华昌路邻里中心等建有立体绿化的大于10%。绿化施工图备案10个。参加土地出让会审30余次，参加各类控制性详规审查3次。完成全市2020年度绿化预选承包商受理评选工作。完成观澜玉园、凤凰春晓、茗悦华庭、暨阳湖苑等19个新建小区及汇港商务楼的配套绿化验收工作，新增绿地面积30.12万平方米。全面梳理园林绿化行政权力，确认保留行政权力共5项，其中涉绿行政许可2项、行政确认1项、行政奖励1项、其他行政权力1项。办理行政许可共115件，其中临时占用绿地92件，永久占用绿地23件，与交通、市政、城管等部门联办25件，共收取绿化补偿费用310余万元，审批件按时办结率100%。通过政府采购服务形式，完成市区7600吨园林废弃物的集中处置。年内，投入45万元完成杨絮、柳絮防治实施项目（物理防治+化学防治）、草坪喷播实施项目、马家泾景观水体生态修复项目实施及水质检测项目、绿篱机械化修剪设备改造项目及草坪修剪高效提升项目、梁丰生态园树木修复保护项目研究，大树工程新品种引进等4个项目正在研究中。市风景园林学会召开第五届换届选举大会，通过了《张家港市风景园林学会章程》、理事会机构等事宜，确定新一届常务理事、秘书长。年内，组织会员参加苏州市2019年园林绿化行业绿化工职业技能竞赛，市缤纷园林有限公司田磊获得竞赛二等奖，并获“苏州技术能手”荣誉称号。

【湿地保护】 2019年，全市严格依法保护湿地，实行湿地资源全面保护，逐步增加自然湿地受保护面积，完成省级重要湿地名录认定上报工作。至2019年年末，张家港市有湿地面积2.11万公顷，其中自然湿地1734.67公顷，有苏州市级重要湿地2处，一般湿地7处，湿地保护小区1处，受保护的自然湿地1.06万公顷，自然湿地保护率61.1%。

【公园建设与服务】 2019年，市公园管理处投入400余万元用于沙洲公园新建下水道及厕所、新建景观河入水口，梁丰生态园溢水口改造、数字化监控系统等工程。张家港公园、梁丰生态园、沙洲公园全年接待游客约500万人次，其中学习参观团队97批次，领导视察1592人次，吸引学校、企业、协会团体开展亲子、义卖、春游等公益活动100批次。“美湖志愿者”“跑之美志愿者”团队在公园内设置专门的服务站，经登记在公园开展志愿活动的约有1100余人。

【第二十三届菊花展】 11月1日至28日，第二十三届菊花展在梁丰生态园举办，该届菊花展以“魅力长江、菊香港城”为主题，融入了长江流域的非遗文化、民间故事等元素，并首次纳入长江文化艺术周系列活动。布置大小景点20余处，展示菊花品种近500种，菊花盆花3.5万盆，菊花切花1万枝，各类菊花造型22种320盆，各类草花2万余盆以及各种配景植物1000余盆。与往年相比，此次菊展除采用造型及文化布展等形式外，还通过提供菊花茶、酒、糕点、书籍、菊花产品、插花活动等新形式与游客互动，让市民游客能更好地参与其中。据统计，菊花展接待游客42万人次，最高峰日游客量7.5万人次。 （朱　涛）

生态景区

【概况】 至年末，全市有国家AAAA级旅游景区4个，AAA级旅游景区3个。有省工业旅游点2个，省星级乡村旅游区12个，省级旅游度假区1个，省自驾游基地3个。年内，共有6个重点旅游项目，分别为永联江南田园风情小镇、香山运动公园、香山景区竹林景观、常阴沙闲心公社田园文化旅游度假综合体、双山岛旅游度假区“双山慢镇”和凤凰肖家巷特色田园乡村项目，完成投资超33亿元。

【凤凰山景区】 年内，凤凰山景区以国家AAAA景区整改提升项目为契机，优化软件硬件设施配置、放大农产休闲资源优势、促进业态文创联动交融，通过江苏省A级景区暗访验收，景区以凤恬路为主轴，凤凰山景区为中心，集历史古蕴、乡村休闲、佛教文化、农产采摘于一体。结合“旅游+文创+互动”新发展理念，打造“河阳河恬”原创IP形象，筹建河阳河恬风物店，开发推广文创产品。全年先后举办状元成长记、非遗文创展示、抖音音乐节、江南风情节等活动，编排并演绎首场沉浸式情景剧——“杨泗孙传奇”，提升游客的互动体验度。7月中下旬，凤凰山景区河阳山歌馆闭馆修缮。年内，景区获评苏州市第13批“零投诉企业”称号，凤凰山AAAA级景区提升项目获2019年度苏州市美丽城镇建设优秀示范项目。

2019年年末张家港市省级以上旅游景区情况表

表9

类　别	景区名称	景区级别	地　　址	电　话
国家A级旅游景区	凤凰山景区	国家AAAA	凤凰镇金谷路9号	58451336
	永联小镇景区	国家AAAA	南丰镇永联村	58906066
	香山景区	国家AAAA	金港镇望江路	58379500
	暨阳湖生态旅游区	国家AAAA	杨舍镇金港大道	58268697
	东渡苑景区	国家AAA	塘桥镇鹿苑办事处	58112400
	常阴沙生态农业旅游区	国家AAA	常阴沙现代农业示范园区通江路3号	58633707
	梁丰生态园	国家AAA	杨舍镇沙洲东路	56992302
江苏省工业旅游点	江苏大唐纺织有限公司	省工业旅游示范点	塘桥镇花园开发区	58351128
	江苏永钢集团有限公司	省工业旅游示范点	南丰镇永联村	58906066
江苏省星级乡村旅游区	张家港市永联村（苏州江南农耕文化园）	省五星级	南丰镇永联村	58906060
	震宇生态园	省四星级	常阴沙现代农业示范园区常西社区	58640502
	金麦穗生态农庄	省四星级	杨舍镇河头村	58166385
	常阴沙生态农业度假区	省四星级	常阴沙现代农业示范园区通江路3号	58633707
	凤凰（飞翔）休闲农业园	省四星级	凤凰镇高庄村	58406023
	启园农庄	省四星级	塘桥镇欧桥村	58412515
	永兴生态园	省四星级	金港镇永兴村	58710300
	七彩莲园	省四星级	塘桥镇346国道延伸段与新204国道交界处	58185818
	初见香草园	省三星级	锦丰镇环新北路	58518128
	雅农生态园	省三星级	塘桥镇妙丰路	58417068
	梁丰生态牧业文化园	省三星级	常阴沙现代农业示范园区走马塘工程七干河闸旁	58180120
	年丰生态园	省三星级	南丰镇妙丰公路与长安路交界处	58119880
省级旅游度假区	双山香山旅游度假区	江苏省级	金港镇长江中路177号	58305066
江苏省自驾游基地	凤凰山景区	省自驾游基地	凤凰镇金谷路9号	58451336
	震宇生态园	省自驾游基地	常阴沙现代农业示范园区常西社区	58640502
	凤凰休闲农业园	省自驾游基地	凤凰镇高庄村	58406023

【香山景区】 年内，香山景区完成总投资460万元的香山湖东侧绿化景观工程，完成总投资1600万元的香山竹林景观工程配套服务设施工程，完成总投资258万元的香山湖东侧生态步道（浮桥）项目工程，完成总投资约180万元的香山北侧综合整治工程（包括场地平整和苗木种植）项目，完成总投资约8000万元建设香山运动公园工程，启动配套服务项目（拓展等）的招商。全年推出系列旅游活动主要有：第四届香山梅花节、双山香山樱花旅游节、双山香山红叶节、香山山地短程马拉松挑战赛、第四届中华灯谜团体邀请赛、重阳登高节等。与携程旅行等多家线上OTA平台合作开展“5·19”中国旅游日等景区优惠推广活动。3月13日香山景区登上《人民日报（海外版）》。全年累计入园人数约65万人次，其中购票人数约12万人次。

【永联小镇景区】 年内，永联小镇景区加强景点建设。3月完成永联小镇中心河景观改造、永联菜园工程；4月完成农耕园一期改造，全园分为农家乐园区、作坊街、休闲木屋区、肥米粒萌宠乐园、水世界、游乐场等六大区域；6月完成永联小镇社区绿化改造工程；9月完成钢村路与永瑞路建成通车；10月完成东街酒店群改造（新增客房102间），永南河两座桥梁建成通车，农耕园西门旅游品商店改造为永联游客中心，提升永联旅游景区整体形象。全年推出系列旅游活动主要有：4月6日至5月6日举办永联乡村美食节，接待游客6万人次；6月22日至8月31日举办永联水世界狂欢节，通过“日场+夜场”方式，接待游客

双山岛　　（市文体广旅局　提供）

7万人次；7月4日举办“盱眙龙虾·永联之夜”第四届永联龙虾节，接待游客5000人次；10月20日至11月20日举办永联小镇乡趣生活节，接待游客5万余人次；10月19日举办第十九届全国“村长”论坛，共有1100人到永联发展经验，共话乡村振兴。全年累计完成投资额8.5亿元，接待游客100万人次。年内，承办江苏省、苏州市旅游风情小镇创建工作推进会，永联村获评“全国乡村旅游重点村”，永联村党委书记吴惠芳入选文旅部发起的2019年度乡村文化和旅游能人支持项目。

【暨阳湖生态旅游区】 年内，暨阳湖生态旅游区完成金沙滩景点、螺洲岛鸟塔、欢乐世界部分项目延保、标识系统提升等改造；新上线自助语音讲解系统及哈啰单车项目；暨阳湖湿地公园成为张家港市世茂幼儿园校外实践教育基地。全年推出系列旅游活动主要有：7月6日至8月25日，举办“暨阳湖欢乐啤酒节”特色活动，吸引超过2万游客入园体验。年内承办“环暨阳湖爱心公益跑”“外商投资企业环湖乐跑赛”“魔术音乐节”和“中韩写生友谊赛”等大型活动；配合举办“自然读书会活动”“夜空中最亮的星”“亲子涂鸦全家总动员”“小小讲解员之生态教育馆之行”“让童心和春天一起发芽”等公益活动。全年入园游客330万人次。

【常阴沙生态农业旅游区】 年内，常阴沙生态旅游区农旅融合项目“闲心公社”田园文化度假综合体项目主要由亲子度假特色民宿、江鲜土菜馆、八宝洲生态农场、文创商店、知青主题生活体验区等项目构成。全年推出系列旅游活动主要有：3月中旬，举办常阴沙油菜花节活动；6月至9月，组织开展桃子、西瓜、葡萄、猕猴桃、无花果等采摘拓展活动；9月下旬，举办中国农民丰收节暨金秋乡村欢乐游系列活动，推出农民趣味运动会、割稻脱粒尝新米活动、挖红薯采橘子农事体验等活动。

【双山岛旅游度假区】 年内，双山岛度假区推进投资15.7亿元的基础设施建设，道路、绿化、水系等基础配套日渐铺开，完成道路及桥梁总工程量的90%。完成大伯墩码头4.67公顷区域复绿、栈桥修复、鸟类观测站等建设，完成约2千米银杏大道种植。有序推进南码头拆迁和北码头改造，完成南北码头轮渡智能化改造初步设计方案。“乡伴理想村”完成3个民宿点位改造，年内完成10个点位改造。全年推出系列旅游活动主要有：1月，举行2019新年运动会启动仪式暨环岛健步行活动；4月，举办庆祝新中国成立70周年全民健身系列活动——2019年张家港市第五届镇级太极拳比赛以及慢岛双山·生态之旅行“2019—2020上海市民（万人）游双山欢迎仪式”；5月，乡伴双山岛理想村第一个民宿改造点位“那方艺宿·有光咖啡”运营；6月，举办2019高尔夫女子中巡赛张家港双山挑战赛、“我们的节日·端午——民俗之旅·追梦香山”文旅主题活动和“双山全国青少年高尔夫球比洞赛”；7月，举办第152届“茅台股份高尔夫酒杯”邀请赛暨奥运选手·欧巡比赛冠军吴阿顺双山挑战赛；9月20日举行“鲜活张家港、秋色满江红”2019张家港秋游季开幕式；28日与乡伴双山理想村共同开启“忆长江，慢时光”环保生态主题之亲子彩绘活动；10月，与同程旅游联合举办“2019张家港双山香山红叶节摄影大赛”；确立每年10月10日为乡伴双山岛理想村环保日，开展创建垃圾分类示范岛，举办环保生态艺术节、环保主题体育赛事等环保主题活动；11月，举办“喜庆七十年·慢岛漫金秋”理想村杯第三届双山环跑赛和“野趣鲜枫”双山岛露营大会；12月27日举行张家港双山岛飞行营地开工仪式。全年接待游客总数超100万人。

【黄泗浦生态公园试开放】 2019年，春节期间和节假日，黄泗浦生态公园东区环湖区域向游客试开放，开放的东湖区占黄泗浦生态园三分之一。开放日期间每天吸引上千游客观光游览。五一假日后，生态公园闭园继续施工。黄泗浦生态公园工程启动于2014年，位于杨舍镇和塘桥镇的中轴，东至塘桥西环路，西至杨舍农鹿路，北临南苑路，南至新泾路，沿锡通高速长7.8千米的狭长地带。规划占地面积4.7平方千米，其中生态绿地面积208.33公顷，水域总面积144公顷。生态园以锡通高速为分界线，分为东西两个区域，两区各有一湖，园内小桥流水、绿林灌木充满江南古韵风味。根据规划，黄泗浦文化生态园将打造成集遗址保护、生态休闲、商业居住于一体的城市综合功能区。无论规模还是工期，都创下了张家港城市建设历史之最。（黄　丹　张维民）

【编辑　张　洁】

城乡建设

Urban and Rural Construction

乐余广场 （乐余镇 提供）

城乡规划

城区建设

镇村建设

公用事业

城乡管理

城 乡 规 划

【概况】 2019年，市自然资源和规划局完成规划编制25项。编制完成《张家港市镇村布局规划（2019版）》《张家港市综合交通规划（2012—2030）（2019年修改）》等专项规划2项。编制完成《通洲沙江心岛生态湿地总体规划》《张家港湾规划设计》等概念规划2项。编制《张家港市步行街空间景观更新规划及商业业态研究》《张家港市沿江地区生态保护规划》《张家港市杨舍城区城中村更新规划》等规划研究3项。编制完成《杨舍城区城东2号地块控制性详细规划》《杨舍城区城西6号地块控制性详细规划》《杨舍城区城西3号地块（YSCX-03-08基本控制单元）控制性详细规划调整》《杨舍城东组团1号地块（YSCD-03-01基本控制单元）控制性详细规划调整》《杨舍核心区（YSHX-01-08基本控制单元）控制性详细规划调整》《张家港城北科教生态城（YSCB-01-03基本控制单元）控制性详细规划调整》《张家港城北科教生态城（YSCB-02-03基本控制单元）控制性详细规划调整》《张家港城北科教生态城（YSCB-03-02基本控制单元）控制性详细规划调整》《张家港城北科教生态城（YSCB-05-02基本控制单元）控制性详细规划调整》等控制性详细规划9项。编制完成晨阳、后塍、德积、南沙、港口、三兴、合兴、妙桥、兆丰等9个办事处更新规划。《通洲沙江心岛生态湿地总体规划》3月经专家评选，确定中国城市规划设计研究院方案为征集方案第一名，4月至6月对方案加以完善和优化，7月通过市规划委员会审议，10月获2019年度中国风景园林学会科学技术奖规划设计一等奖。《杨舍城区城东2号地块控制性详细规划》4月经公开招标，确定编制单位为省城镇与乡村规划设计院，5月启动现场调研和规划编制，12月完成成果并向市政府汇报。年内，南丰镇围绕构筑新型城镇化格局，调整修编西部新镇区等多项控制性规划，启动镇村布局规划修编、全镇路网规划设计、东部新镇区概念性规划编制，完成城镇形象提升项目方案设计。围绕高铁新城（塘桥镇）建设“三年成型，五年成城”目标，完成高铁新城（城市副中心）总体城市设计。邀请四家国际公司参与方案竞选设计，最终确定新加坡邦城公司的方案，规划确定“一城七区”（创新门户区、中央活力区、文创体验区、乐活新城区、老镇提升区、智能“智”造区、生态核心区）的城市空间结构，建成辐射长三角的开放引领新门户、创新智慧领航区、港城文化彰显地、生态健康乐活城。着眼未来产城市融合，完成公共设施、市政设施、路网深化设计、河道排洪、公共交通等18项专项规划编制。

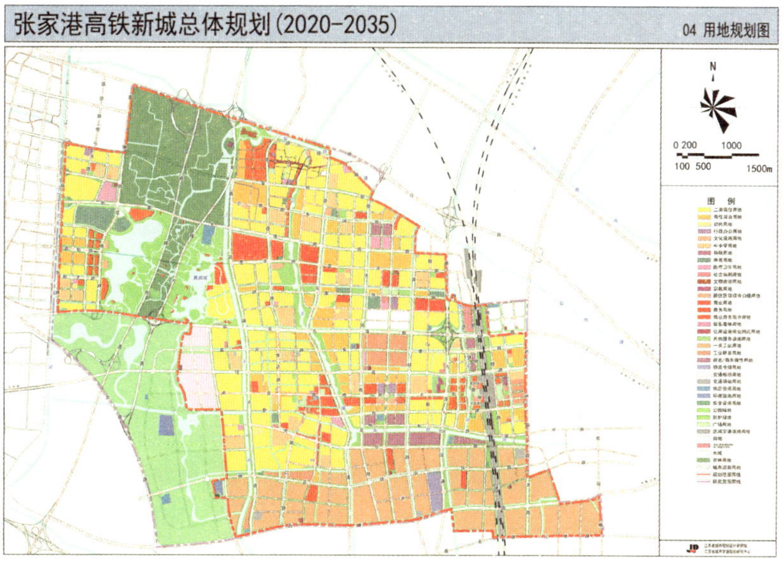

张家港高铁新城总体规划 （市自然资源与规划局 提供）

【规划管理】 年内，市自然资源与规划局贯彻落实《中华人民共和国城乡规划法》和《江苏省城乡规划条例》，严格执行规划委员会制度、规划公示制度、技术论证会制度等。加强规划实施的过程监督，做好规划批中、批后管理。完成规划验线146个、规划核实68个，发现和处理违法违章建设案件7起，实施行政处罚36.38万元，出具规划认定函移交市城管局107份。加强信息公开工作，及时按照法律法规对各类规划进行公示、公开。全年实施规划批前公示145项、批后公告380项，答复市长信箱及“12345”信件、电话258件（含国土），主办人大代表建议12件，政协委员提案6件（含国土）。

【规划服务】 年内，市自然资源与规划局做好沪苏通铁路张家港站站房综合体（地方配套部分）、黄泗浦生态园配套用房、东城区配套幼儿园、赵庄小学、实验小学泗港校区、市公安局业务技术用房、东城社区卫生服务中心、市安全生产监察监管用房、南丰镇行政服务中心等项目规划服务工作，完善新城区功能布局，服务各区镇开发建设。做好东渡大道新建，新泾路—苏虞张—南二环、东二环路快速化改造，沙洲东路拓宽改造，一支河、二支河新建，500千伏晨阳变、110千伏大新变等工程规划管理工作。

【城市测量】 年内，市自然资源和规划局基础地理信息中心共对丰银纺织公司、宏马纱业公司等187个地块的地形图进行修测和新测，保证地形图的现势性，为规划管理和规划设计提供翔实的科学数据。对贝尔机械公司、金帆箱柜公司等104个建设项目进行竣工测量，为规划核实和绿化验收提供翔实依据；完成阳光新城一期、智茂置业等158个项目的规划放样测量，作为建设单位基础放样和细部放样依据；开展信义玻璃公司、第二集贸市场等34个项目的控制点布设任务，为项目的精确定位提供控制基准，另外全年完成全市330个管线项目的规划监督测量，保证地下管线信息系统中数据的现势性。

【镇村布局规划】 年内，市自然资源和规划局组织编制《张家港市镇村布局规划（2019版）》。2月15日，按市政府办公室通知，要求各区镇启动镇村布局规划编制。2月28日，发布《张家港市镇村布局规划编制单位征集公告》。3月18日，经专家评选，确定8个推荐单位名单，供各区镇选择。4月，各区镇确定编制单位，推动规划编制。12月，对各区镇成果进行整合，形成全市镇村布局规划成果。规划因地制宜将现状村庄划分为“集聚提升类村庄”“特色保护类村庄”“城郊融合类村庄”“搬迁撤并类村庄”和“其他一般村庄”，明确各类村庄布局，统筹基础设施和公共服务设施配置，促进城乡融合发展。

【杨舍城区城中村更新规划】 年内，市自然资源和规划局组织编制《张家港市杨舍城区城中村更新规划》。规划范围为杨舍城区二环范围内的城中村地块，总研究范围10.43平方千米，重点研究范围为北至张杨公路、东至东二环、南至南二环、西至西二环，面积约4平方千米。主要针对二环内城中村建筑老旧、环境面貌差、居住人员复杂，带来安全、卫生等一系列问题，为改善居住环境，完善城市功能，提升生活品质，对杨舍城区城中村进行更新研究。9月20日，发布招标公告。10月15日，确定编制单位为深圳市新城市规划建筑设计股份有限公司。11月，完成规划现场调研和基础资料收集。规划充分分析城中村突出问题以及发展诉求，明确发展目标，提出有针对性的改造方案和实施策略建议，同步研究全市老城更新改造相关政策，实现优化人居环境、发展产业经济、完善配套设施、传承文化特色的目标。 （庞小罂）

城区建设

【概况】 2019年，中心城区由市建筑工务处代建政府投资的公共建筑项目有张家港高级中学扩建工程、悦丰幼儿园、花园浜幼儿园东园区等32项，总建筑面积34.2万平方米，投资额15.84亿元。年内，张家港高级中学扩建工程、云盘小学地下停车场、悦丰幼儿园等10个项目竣工，城南文体中心、妙桥粮库、凤凰高级中学、赵庄小学、云盘小学悦丰校区等实事工程、重点工程顺利推进。年内，全市首个PPP项目南横套滨水生态廊道启动。福东苑西区按期推进，学府花苑等4个安置小区竣工，交付30万平方米，分房1051户。建成福前人才公寓二期1000套。加快启动晨丰污水处理厂建设，新建6千米生活污水管道，实施东莱、塘市等地1046户生活污水纳管，污水集中收集处理能力增强。

2019年张家港市城区部分重点工程建设情况表

表10

项目名称	工程概况	进展情况
张家港高级中学扩建工程	面积1450平方米，总投资510万元	2018年5月开工，2019年3月完工
悦丰幼儿园新建工程	占地1公顷，建筑面积7000平方米，工程概算2920万元	2018年3月开工，2019年7月完工
云盘小学停车场新建工程	115个车位，4300平方米，投资1680万元	2018年7月开工，2019年5月完工
花园浜幼儿园东园区新建工程	占地4867平方米，建筑面积5000平方米，工程概算2085万元	2018年6月开工，2019年12月完工
城南文体中心新建工程	占地1.19公顷，建筑面积2.12万平方米，工程概算1.27亿元	2018年6月开工，2019年年末脚手架落架，开始内装施工
妙桥粮库新建工程	征地3.47公顷，建筑面积14087平方米，工程概算1.2亿元	2018年11月开工，2019年年末室外市政灰土完成、管道完成，储粮设备进场安装
赵庄小学新建工程	建筑面积2.2万平方米，工程概算9340万元（不含内部设备设施费用）	5月开工，至年末A区窗框安装完成，B区屋顶钢筋绑扎，墙体砌筑二层，C、D、E区封顶，墙体砌筑三层，F区二层模板搭设
云盘小学悦丰校区新建工程	占地2公顷，建筑面积1.8万平方米，工程概算8000万元	工程桩开始施工

【城东新区建设】 年内，城东新区建设以高铁新城枢纽区建设及黄泗浦生态公园为重点。高铁新城枢纽区建设地方配套工程地下空间项目完成主体结构验收，装饰装修工程进场。站房工程完成外立面幕墙龙骨，站房两侧综合体有序推进，站前路进场施工。启动张家港高铁枢纽站前广场景观、高铁新城临时规划展示馆设计工作，推进枢纽区域周边北京路、人民路等6条道路建设。与绿地集团达成张家港AI城际空间站战略合作协议，针对高铁枢纽核心区106.67公顷土地进行整体开发。全年完成投资额6.2亿元。黄泗浦生态公园项目完成4处停

省级绿色建筑示范城市验收评估工作会议　　（市住建局　提供）

车场建设，共设置机动车停车位452个，许庄、南入口配套建筑年末完成主体结构，亮化、智能化及标识标牌工程年末竣工。年内完成投资额2亿元。

【城西新区建设】 年内，城西新区建设以基础教育等配套设施为重点。其中，实验小学西校区、梁丰初中西校区4月开工建设，年末主体结构完成并拆除部分脚手架。实验小学泗港校区改造、市六中易地新建工程年末开工建设。泗港便民服务中心入驻中国电信、宜家生鲜超市、街角训练中心等商户15家，招商率73%。新时代精神文明实践教育基地开始方案招标等前期准备工作。开展“清障扫尾、清场交地”攻坚战，城西泗港集镇区完成民宅签约29户、企业签约12家，为区域开发、项目建设及土地收储提供前提保障。

【张家港市通过省级绿色建筑示范城市验收】 9月24日，省住房城乡建设厅组成专家委员会，对张家港市创建省级绿色建筑示范城市工作进行验收。经过查看资料、听取汇报等环节，专家委员会一致同意张家港市创建省级绿色建筑示范城市工作通过验收。张家港市2014年申报江苏省绿色建筑示范城市，此后以加快发展绿色建筑、促进成长建设模式转型升级为目标，全面推进全市绿色建筑规模化发展，编制完成绿色建筑、能源、水资源、综合交通等11项绿色生态专项规划，完成25.6万平方米既有公共建筑节能改造，新建建筑全部按绿色建筑标准设计建造，33个示范项目地下空间开发利用率54.6%，在城市空间复合利用、可再生能源建筑一体化、绿色施工、住宅全装修等节约型城乡建设重点工作领域取得明显成效。专家组认为张家港市构建了绿色建筑全面发展的长效管理机制，资金使用管理规范，在超低能耗绿色建筑、城市水环境修复、城市再生水利用等方面进行了积极的探索实践。

【省政府投资工程集中建设推进会在市召开】 9月23日至24日，江苏省政府投资工程集中建设工作推进会在张家港市召开，全省各设区市、省管县以及相关政府投资工程集中建设单位的业务负责人100余人参加会议。市建筑工务处作为全省政府投资工程集中建设示范单位作交流发言，介绍张家港市政府投资工程集中建设的管理模式及取得的成绩。市建筑工务处是全省首个政府工程代建机构，自2005年成立起，全市共实施政府投资工程集中建设项目158项，总建筑面积近300万平方米，投资总额140余亿元，至2019年年末竣工交付127项，总竣工面积250万平方米，累计完成投资120余亿元。所有竣工项目无一起超概算，无一起重大工程安全、质量事故，未发现一起违纪违法行为。　　（童　惠　姚亚运）

镇村建设

【概况】 全市除中心城区外，共有集镇35个，建成区面积135.43平方千米，其中中心镇区面积62.47平方千米。年内，金港镇投资5300万元完成6条市政道路建设，投资1.1亿元的10条市政道路开工建设。锦丰镇投资3000万元，完成川港整治工程二期北排项目，将川港与悦来横套、渡泾港排水通道贯通。塘桥镇投入2500万元，新增农村和集镇区污水管网10千米，惠及900余户。乐余镇启动大范围“三优三保”工作，完成拆旧复垦123.67公顷。凤凰镇全面修缮河阳山歌馆，投资1326万元新建肖家巷特色田园景观绿化工程一期。南丰镇投入900余万元，打造全苏州最大单体智能化垃圾分类示范小区。大新镇投资1200万元建设新海坝村滨江生态湿地修复工程。各区镇继续推进康居乡村建设、美丽村庄建设，提升生态环境。2月，锦丰镇被苏州市委、市政府授予“苏州市美丽城镇建设先进集体”称号。

【金港镇建设】 金港镇有集镇5个，建成区面积45平方千米，其中中心镇区面积7.6平方千米，村庄建设用地面积19.45平方千米。全年建设总投资7.58亿元，其中房屋投资1.9亿元，市政公用设施投资5.68亿元。投资3562万元完成公共建筑面积5.54万平方米，年末实有公共建筑面积100.42万平方米。投资1.54亿元完成生产性建筑面积9.5万平方米，年末实有生产性建筑面积358.3万平方米。建成区供水管道299.25千米，道路长度433.87千米，道路面积464.75万平方米。建成区桥梁55座，生活垃圾中转站4座，环卫专用车辆95辆，公共厕所60座。村庄供水管道长度162.5千米，用水、用气人口57095人。村庄内道路长度378.6千米，村庄内道路面积145.5万平方米，排水管道沟渠长度72.5千米。区镇生活垃圾集中处理率100%，污水处理率85%，垃圾无害化处理率100%。投

保税区（金港镇）长山村 （朱小清 摄）

资5300万元完成东海路、港西北路、新塍幼儿园南侧道路、三新路、段山港东侧临时便道、长江北路等6条市政道路建设。投资1.1亿元的三甲里路、晨丰公路、酒香路、塍东路、小明沙路南延、蟠港东路、广东路、天港路、双朱路、文星路南延等10条市政道路开工建设，其中小明沙路南延、广东路竣工。投资2亿元的金港大桥竣工通车。投资265万元的新高桥进行桩基施工。投资341万元的迎新3号桥、肖封桥、向朱桥进行桩基施工。投资640万元完成兴塍桥、晨阳桥、占文桥、中华路南延桥梁、胜牌润滑油公司出入口桥梁的改建及6座桥梁的维修加固。投资2000万元改造老旧小区及其他应急修缮工程。完成2972户农户、3446户集镇区居民、495家企业生活污水纳管，完成畜禽养殖污染治理21家。新建261个集中充电棚，可集中停放、充电电动自行车5200余辆。投入700万元对护漕港中学、南沙小学等进行综合改造，投入1090万元为金港幼儿园、中兴小学、南沙中学等添置设施设备。护漕港中学体育馆、新塍幼儿园建成投用。投资789万元改造供水管道2.58万米，新建供水管道2.14万米；投资477万元改造户表2505组，投资142万元更换水表6412组。投资350万元疏浚镇、村河道113条，长47.91千米，土方34.77万立方米，其中镇级河道为新农港、缪家港、新三港、马贤沟、东横港、北横港、钱昌河7条，长10.23千米，土方7.82万立方米。完成村级河道疏浚106条，涉及20个村，长37.69千米，土方26.95万立方米。投资388.28万元拆坝16条、建桥涵16座。投资1850万元建跃新河、南马泗泾生态河道2条，新建生态砌块挡墙3.5千米、木桩挡墙2.5千米。投资550万元新建小明沙排涝站、福民村西鸭子圩排涝站、北荫村洋汰港排涝站。新建、改建圩口闸7座。 （邱亚峰）

【锦丰镇建设】 锦丰镇有集镇7个，建成区总面积24.78平方千米，其中中心镇区面积15平方千米。沙洲新城规划建设面积12.94平方千米，建成区总面积7.65平方千米。年内有旧城改造、环境整治、村建预动迁、规划预动迁、高架动迁、水厂线管动迁、“三优三保”及其他零星项目等动迁项目，完成农户协议签订420户，拆除农房面积9.35万平方米；完成企业签订协议157家，拆除厂房面积19.7万平方米。全年安置动迁户590户，854套。总建筑面积13万平方米的悦兴花苑竣工，永盛花苑、大南六村二期有序推进。向阳一村、华尔润小区等雨污分流改造完成。十里锦绣、保利锦庐商品房竣工30.71万平方米。人民路南段、锦乐路、环新北路、滨河路、兴南路、悦兴南路拓宽改造竣工。投入1150万元，对鼎盛路、团结河路、兴联路等三条乡村道进行大中修，共3.06千米。投入164万元，对总长142.08千米的57条乡村道开展小修保养，维修面积1.2万平方米。投入73.6万元，安装防撞护栏3.55千米、标线3140平方米、减速块100米、宣传牌2块，提升农村公路交通安全水平。年末，乡村道综合好路率90.2%。投资330万元，在10个行政村完成拆坝建桥24座。投资323万元，完成南中心河、太平港、界港等3条镇级河道疏浚，涉及19个行政村，疏浚总长度51.2千米，土方32.8万立方米。投资700万元，完成星火东排涝站新建、交通村大寨河排涝站改造等工程。投资102万元，完成2条生态河道建设，生态护岸总长540米。投资3000万元，完成川港整治工程二期北排项目，将川港与悦来横套、渡泾港排水通道贯通。鼎盛村、建设村2个苏州市三星级康居乡村河道整治投入902万元，完成木桩护岸8600米、垒石护岸2400米，改造桥梁14座。改建农村垃圾收集房280座，发放农户垃圾分类桶2.45万个，新增、更换垃圾桶3630个，涉及垃圾分类农户13186户。 （俞 峥）

【塘桥镇建设】 塘桥镇有集镇7个，建成区面积21平方千米，其中中心镇区面积10平方千米。优化城乡建设，围绕高铁新城与城乡建设，全年完成企业、农户动迁1173户。其中，实施“三优三保”，完成农户、企业动迁681户，可腾出土地56.67公顷。启动乐活新城区、创新门户区等重点区域拆迁，腾出空间80公顷。合理布局21个安置房点位，新开工韩山三期、妙景三期、原青龙老铜厂等安置小区，总建筑面积15万平方米，年内开工6.58万平方米，建成临时过渡房600套。推进蒋家小区、柯家宅基、牛桥小区、欧桥场角小区、菜场小区和欧桥小区等小区扩容，启动翻建农户32户，其中蒋家小区归并点建设投入800余万元。在刘村、牛桥等村5个点位，推进美丽乡村建设，涉及农户193户。结合新一轮村镇布局规划，对73户已会办的建房农户逐户排摸，落实新一轮农民建房规定，有49户农户翻建新房。完成妙桥中路交通畅通工程，蒋家路、牛桥路竣工通车。推进鹿苑老街开发，完成廊桥及景观等工程建设，启动明代古桥弘济桥修复工程。完成鹿苑中学综合楼建设、塘桥幼儿园北园封顶、塘桥社会福利中心装饰改造、塘桥初中广场改造、胡同社区车位改造等工程，启动塘桥基督教堂新建、塘桥菜场停车位改造等工程。完成集镇区生活污水收集工程，涉及150户。完成农村生活污水扩面工程，涉及647户。投入1200万元，新增绿化18.8公顷。投入2500万元，新增农村和集镇区污水管网10千米，惠及900余户。投入37万元，完善集镇区26座垃圾分类收集亭，增添50余个果壳箱，村（社区）投入150万元，新建86座垃圾分类收集亭，添置1.2万个垃圾分类收集桶，馨塘社区成为全市垃圾分类示范点，居民垃圾分类投放率85%。投入100余万元，完成塘桥、妙桥和鹿苑镇区21座公厕改造，新建、改建农村公厕11座。投入460万元，开辟数字塘桥综合指挥中心，打造基层社会治理新体系。（张维民）

【乐余镇建设】乐余镇有集镇2个，建成区面积8.7平方千米，其中中心镇区建成区5.8平方千米。年内，启动大范围“三优三保”工作，动迁农户3571户、企业24家，完成拆旧复垦123.67公顷，复垦面积全市第一。安置房在建18万平方米。乐江花苑三期安置房项目的规划许可证办理、施工图设计完成，进入桩基施工阶段；扶海花苑三期9幢安置房完成桩基工程。投入760万元优化城乡路网，改建同发桥、乐红桥、林场桥，改造四干河桥，在港丰公路（老204国道—新204国道）、乐江路（乐丰路—五棵松路）安装路灯170盏。新建柏油道路4.1万平方米，新铺排水管道33928.1米，新铺供水管道6317米。新增公共文化体育设施面积1.5万平方米。投入2430万元实施老旧小区雨污分流600户、农村生活污水截污纳管700户，城镇污水集中处理率92%。改造停车位120个。全市首家建筑装潢垃圾利用中心投入使用，再生资源分拣回收中心同步配套。新建四分类垃圾收集亭4座、可回收物及有害垃圾暂存仓库4座，投放户分类垃圾桶

古镇新貌（乐余镇 提供）

7800个，区域内垃圾分类设施实现全覆盖。完成长江及入江支流、集镇区重点河道沿线企业生活污水治理282家；整治河道沿线码头企业13家，清除市级河道内河废弃杂船6艘、驱离沿江闸外“三无”船舶65艘，市级河道沿线补绿3.5万平方米，辖区河道断面III类水质比例全年保持100%。（秦 香）

【凤凰镇建设】凤凰镇有集镇6个，建成区总面积16.6平方千米，其中中心镇区面积7.37平方千米。年内，凤凰镇集装箱过渡房工程（79户），肖家巷建筑庭院提升绿化及沟渠整理工程，国家AAAA级景区改造、民兵训练营基地改造、凤凰区域综合性文化服务中心改造工程，港口临时菜场工程完成并交付使用。凤凰高级中学新建、港口学校初中部扩建、港口集贸市场改造等民生实事工程启动建设。凤凰人民医院、便民服务中心、社会福利服务中心等在建工程全部封顶。中新“莺山桃花源”项目完成城市展示厅、北湖石庭、南湖蓬莱、湿地公园等主要节点建设。新开凤凰印象、凤鸣水岸、凤凰春晓二期等地产楼盘3个。投资560万元全面修缮河阳山歌馆，投资1326万元新建肖家巷特色田园乡村景观绿化工程一期。累计动迁农户660户、企业27家，启动安置房建设16万平方米。投资4838万元完成张家港河两侧企业生活污水接管工程、2019年度走马塘奚浦塘两侧企业生活污水接管工程、飞翔路、济富路新建生活污水管道工程、北京庄生活污水接管工程等28个项目，铺设雨污水管网82千米，治理农村生活污水1190户、企业生活污水490家。新改扩建城镇公厕16座、农村小型公厕25座。深入实施垃圾分类，完成镇级废品回收中心、厨余垃圾资源化处理站、建筑装潢垃圾分拣中心等项目建设，新建垃圾分类收集亭110余座，添置分类垃圾桶7000余个。新增天然气配套240户、城镇路灯476盏、各类绿化9.53公顷。疏浚河道147条，拆坝建桥7座。（谢凤姣）

【南丰镇建设】年内，南丰镇基本建成年丰新村二期A区、聚成苑二期安置房，新增住宅面积超9万平方米。完成南丰实验幼儿园主体工程建设，南丰中学体育馆建设实现封顶，室外操场改造进入收尾阶段。实施年丰二期B区安置房项目及振兴南路南延道路工程建设，启动永联卫生服务中心、年丰三期、新丰路南延与建工大道道路建设，完成苏盛路、常福路路面修复。完成常福路、东福路（南丰段）等沿线建筑、围墙等墙面刷新。完成20千米雨污水管网闭路电路检测，金陵小区一期、新丰小区、振丰苑等小区的雨污分流改造竣工。推进永联江南田园风情小镇建设，完成永联菜园等多个重点项目。完成市东三环动迁、南丰大道动迁扫尾等年度征收搬迁“双清”任务。推广垃圾分类工作，投入900余万元，建设永联小镇智能化垃圾分类试点项目，覆

盖居民8000余户，打造全苏州乃至全省最大单体智能化垃圾分类示范小区。投入80万元建成全市首座建筑装潢垃圾分拣中心，并进行市场化运作。市静脉科技产业园基础设施项目（一期）市政与水利部分工程竣工，园区内路灯安装到位，推进园区外部供电、供水、供气管网建设。实施市静脉产业园水系整治工程，包括1543米河道整治和新建1座排涝闸站。完成镇村组河道疏浚85条，长度44.68千米，重点河道断面Ⅲ类水质比例100%；建成闸桥2座；投入800万元在永丰村建设苏州市三星级康居乡村点位2个，涉及农户157户，对泗兴港和平村段圩堤进行加高加固，完成对23座排涝站、2座圩口闸维修；拆坝建桥3座，新建圩口闸4座，新开河道245米，并对河道两岸岸坡进行防护。强化市政设施和道路养护管理，镇村道路综合好路率超过93%。

（黄云霞　徐永方）

【大新镇建设】 大新镇建成区总面积7.2平方千米，其中中心镇区建成区面积6.7平方千米。全年完成“三优三保”拆旧复垦29.33公顷，“腾笼换凤”土地面积3.67公顷。启动“动迁扫尾清零”攻坚战，9个地块实现“清零”。年内，新南幼儿园、养老综合服务中心投入使用。新东二期实现分房，新润花苑主体竣工，阳光新城开工建设。大新镇建成江苏省健康镇。投资250万元建设新湖公园西侧6公顷防尘生态修复工程，投资1200万元建设新海坝村滨江生态湿地修复工程。至年末，治理集镇区生活污水1291户、农村生活污水5190户、企业污水382家。实施河道综合整治“211”工程，投资2600万元完成渡泾港、悦来横套2条镇级河道建设；投资590万元，疏浚河道33条、建设生态河道5条。投资1564万元新增农村绿化6.67公顷，建设“绿化示范村”1个。投资1100万元启动中山村特色田园乡村苏州市级试点。阳光家园智能化垃圾四分类试点运行，新东社区、新海坝村智能化垃圾四分类试点启动建设。全市首家一般工业固废集中收储转运中心建成运营，建筑装潢垃圾分拣中心、废品回收处置中心投入使用。

（邹　颖）

【常阴沙现代农业示范园区建设】 常阴沙现代农业示范园区有集镇1个，建成区面积2.2平方千米。集镇区道路铺设总面积10.21万平方米，新建柏油路2500平方米，新增排水管道2100米，整治桥梁1座。投资3500万元，建筑面积1.86万平方米的禾丰佳苑五期1幢至4幢安置房主体结构封顶。常北社区通过苏州市康居特色村验收，常兴社区青年圩创建为苏州市特色田园乡村。投资200万元建成636平方米的常阴沙微型消防站。投资90万元完成农村生活污水治理项目，新增污水管网2.16千米，完成城镇雨污分流纳管31户，完成农村生活污水治理27户、企业47家。全面启动占地52公顷的农创园建设，新建连栋大棚及日光温室3.13万平方米，改造提升育苗温室2500平方米，新建智慧节水灌溉工程5.67公顷，新建5.5米宽的沥青路面1万平方米，新建渠道3458米及进排水设施，新建机耕桥3座、箱涵1座。完成常阴沙智慧农业公共服务平台主体架构。拓展稻米产业休闲功能，打造常北社区“稻田画”26.67公顷，配套建成瞭望台以及稻麦科普长廊。新增新型农业机械44台套。改造标准化养殖池塘28.52公顷。完成园区新增绿化总面积2公顷。建筑装潢垃圾分拣中心建成投运，生活垃圾处理总量7291.37吨，在全市率先实现垃圾分类全覆盖。投入240万元完成沿江环境“净化、绿化、美化”专项整治，疏浚河道37条，长度34.45千米，建成美丽河道2条，林场桥建成通车，完成民房搬迁74户、企业搬迁5家，拆旧复垦土地4.83公顷。

（陈佩蕾）

公用事业

【概况】 2019年，全市继续推进以供电、供水、供气、污水处理等为重点的基础设施建设。张家港电网完成500千伏晨阳变输变电新建、110千伏新民变扩建、110千伏建丰变新建和110千伏中兴变主变扩建等工程。新建供水管网263千米，新增天然气管道82.33千米。新建污水提升泵站3座、污水主支管网220千米。新增路灯1037杆。新增及翻铺人行道2.6万平方米，翻铺及修复游园广场道板2000平方米、木地板3000平方米。

【供电】 2019年，全市全社会用电量311.53亿千瓦小时，比上年减0.73%；日最高网供电量9567万千瓦小时（7月30日），比上年日最高网供电量增411万千瓦小时；最高用电负荷452.75万千瓦（8月27日12时57分），比上年最高用电负荷增6.38万千瓦。年平均负荷率90.74%，比上年下降0.4个百分点；线损率1.3%，比上年下降0.42个百分点，农网电压合格率近100%，城市、农村供电可靠率分别为99.98%、99.95%。全市平均电价为每1000千瓦小时678.03元，比上年下降14.12元，回收各类电费178.67亿元。全年完成业扩报装户数4.43万户，完成容量234.41万千伏安。至年末，全市拥有220千伏变电站16座，主变38台，容量768万千伏安；110千伏变电站42座，主变83台，容量447.55万千伏安；35千伏变电站13座，主变26台，容量48.4万千伏安。至年末，35千伏及以上线路226条，共计1602.35千米。其中，220千伏线路56条，长度552.88千米，其中架空长度550.35千米，电缆长度2.54千米；110千伏线路99条，长度669.8千米，其中架空长度576.48千米，电缆长度93.32千米；35千伏线路71条，长度379.67千米，其中架空长度311.5千米，电缆长度68.17千米。10千伏变压器9730台，容量471.61万千伏安，线路885条，回路长度6125.39千米，电缆长度2792.75千米；20千伏线路13条，回路长度58.49千米，电缆长度29.79千米。380伏线路4887.74千米，其中电缆3235.61千米；220伏线路9.5千米，电缆2.04千米。

【供水】 2019年，全市有3座地面水厂，日供水能力65万立方米；1座应急备用水源厂，日供水能力30万立方米。年内，全市供水量1.64亿立方米，售水量1.47亿立方米，管网漏损率10.71%，最高日供水量51.86万立方米，水质综合合格率100%。新增自来水用户28348户，新建供水管线263千米，累计7716千米。开展浑水管改造，更新供水管线111千米。加强供水能力建设，总投资9.2亿元的第四水厂20万立方米扩建及深度处理工程，完成取水工程、土建工程和厂外管线工程，完成投资3.9亿元，计划2020年6月投运。第三水厂、第四水厂深度处理改造项目完成前期可行性研究评审，计划2020年投建。启动65个老旧小区二次供水改造工程，完成改造45个小区，完成投资8900万元，计划2020年全部完成改造，该工程获"2019苏州十大民心工程"入围奖。

【供气】 全市有大型液化石油气中转站1家，管道燃气公司1家，民用液化石油气储罐场8家，工业液化石油气储罐场1家，汽车液化石油气加气站1家，LNG汽车加气站8家，瓶装液化石油气供应站点23家。全年新增天然气管道82.33千米，新增投资12092万元，累计天然气管网长度1721千米；新增工商用户338户；新增居民配套用户2.2万户，全市累计配套用户30.1万户。全年天然气供应总量5.1亿立方米，比上年增6000万立方米。全市天然气日均用气量139万立方米，日高峰用气量190.7万立方米。

【污水处理】 全市有城镇生活污水处理厂10座，污水日处理能力24.7万立方米。其中，市区4座，污水日处理能力15.5万立方米，分别为第一污水处理厂、第二污水处理厂、第三污水处理厂和城南污水处理厂；镇区6座，污水日处理能力9.2万立方米，分别为金港片区污水处理厂、锦丰片区污水处理厂、塘桥片区污水处理厂、乐余片区污水处理厂、常阴沙污水处理厂和双山污水处理厂。2019年，全市处理生活污水6719万立方米，尾水排放合格率100%，处理污泥5.55万吨。加强污水处理能力，城南污水处理厂扩建工程投入运行，新增污水日处理能力1万立方米；完成城南污水处理厂、第二污水处理厂尾水提标改造和城南污水处理厂除臭改造。第三污水处理厂、塘桥片区污水处理厂扩建和提标改造工程9月启动建设，预计2020年完工，建成后将新增污水日处理能力4万立方米。推进城乡生活污水治理，治理城镇小区67个、农户3045户、企业2210家、小散乱排水户1280家。提升污水输送效能，新建污水提升泵站3座、污水主支管网220千米，新建第二污水处理厂与城南污水处理厂污水连通管道1.4千米，完成950千米排水管网检测修复。

【市容保洁】 市市容管理处有各类作业车辆及工程机械198辆，打捞船9艘、快艇2艘，压缩式垃圾中转站9座，职工639人。年内，加快环卫终端设施建设，完成泗港污泥塘生态封场工程及塘桥镇炉渣清理，化解环保隐患。启动区镇建筑装潢垃圾分拣中心建设，探索解决建筑装潢垃圾围城困扰。全年收运、处置生活垃圾58.52万吨、餐厨废弃物3.87万吨，全市生活垃圾无害化处理率持续保持100%。

【路灯管理】 10月，根据张编办〔2019〕50号《关于同意张家港市路灯管理所更名的批复》，市路灯管理所更名为市市政服务中心。年内，市市政服务中心较好完成城建计划，实施沿江公路德积段、晨丰公路、港华路、长泾路等照明工程，新增路灯1037杆。强化管理维护职能，坚持有诉必修、有坏即修、从快抢修原则，全年办理数字化城管、"12345"热线、"110"案卷、市民电话报修等670余起，维修路灯5260余盏、景观设施3.1万余套，受理路灯迁移申请39起，处理57起撞灯事故，事故及时处理率100%。全年辖区道路照明设施亮灯率平均99%，景观照明设施亮灯率95%，照明设施完好率95%。至年末，全市有路灯3.34万盏、景观照明16.77万套。

【市政养护和管理】 市公用事业管理处全年完成沥青及水泥混凝土路面维修8000平方米，新增及翻铺人行道2.6万平方米，翻铺及修复游园广场道板2000平方米、木地板3000平方米，完成木结构油漆1万平方米。开展桥梁日常养护工作，对82座桥梁的桥面系及上、下部结构进行养护维修，完成市区桥梁结构定期检测，督促区镇加强桥梁管理和养护工作。接处各类市民求助6800余件。全年养护工程资金投入1500万元。受理行政审批申请项目186项，其中占道65项、挖掘66项、城市顶管11项、道口开设44项。编制《关于加强城区临街开放式场地管理的实施意见》，加强开展临街开放式场地管理。开展地下管线占用城市道路地下空间资源的综合协调和监督管理工作。出台《张家港市市政施工企业动态考评办法（暂行）》，召开市政行业管理工作会议，加大对在建市政工程市场行为检查力度，规范企业市场行为。对杨舍东街人行廊架、天桥等设施进行维修，对暨阳路、杨舍西街街景立面进行应急维修。完成市税务局南侧待建地块停车位改造工程。完成市区广电大厦小桥和通运东桥的大修加固工程。市级层面成立海绵城市建设领导小组，出台《张家港市海绵城市规划建设管理办法（暂行）》，稳步推进海绵城市建设管理。

【4座变电站新（扩）建工程投运】 年内，全市有500千伏晨阳变输变电工程、110千伏新民变扩建工程、110千伏建丰变新建工程和110千伏中兴变主变扩建工程竣工投运。4月29日，全市第三座500千伏变电站晨阳变投运。该工程位于大新镇，本体工程2018年5月标准化开工建设，工程动态总投资6.6亿元。新装设1000兆伏安主变1组，500千伏出线4回、220千伏出线8回，60兆乏电容器2组、电抗器1组。6月1日，110千伏新民变2号主变一次启动成功，此项工程新扩一台63兆伏安变压器，新建110千伏GIS组合电器一套，新出10千伏线路12回、10千伏电容器2组、接地变消弧线圈1组。9月2日，110千伏建丰变投运，该站位于大新镇国泰北路旁，是苏州市范围内第一座户内布置

智能化变电站,采用钢结构模块化建造,具有占地面积小、结构紧凑的优点。站内拥有主变压器2台,总容量100兆伏安,10千伏出线24回。12月19日,中兴变2号主变扩建工程投运,该工程更换2号主变,容量由31.5兆伏安变更为50兆伏安,工程动态总投资227万元。(李峥 刘淇 童惠 何嘉佳)

城乡管理

【概况】年内,市城管局开展城乡环境综合治理,制订完善市容秩序、环境卫生、市政设施等管理标准,深入治理城乡环境卫生薄弱环节和脏乱差区域,合力提升城市环境质量。推动停车便利化工程,主要针对居民小区、学校、集贸市场、医院、商业中心等重点区域,深挖有限空间做增量,全市配建、改建新增停车位2.1万个;启动共享单车项目建设,与公共自行车项目实行双轨运行,完成共享单车网点站点建设240个,安装锁柱8000套、投入车辆6400辆。全市创建成省级城市管理示范路8条、苏州市级示范路35条,实现区镇全覆盖,创建成省级城市管理示范社区4个、苏州市级示范社区11个。市城管行政执法大队被省文明委评为2016—2018年度江苏省文明单位。

【城镇管理】年内,市城管局制定出台《张家港市城市精细化管理提升行动方案》,提升城市精细化管理水平。项目化、工程化、清单化推进城乡环境综合治理,启动城市管理重点工作整治,排定任务清单2900余项,完成率100%。牵头开展"提升街景容貌秩序,喜迎70周年国庆"活动,项目化推进1499项整治任务,完成率100%。牵头实施"全力奋战两个月,干净有序迎春节"行动,围绕建筑工地管理、沿街店面卫生和秩序管理、停车秩序管理三方面开展整治攻坚。制定出台全市城市管理工作考核办法和农村环境长效管理以奖代补经费兑付意见,完善垃圾分类考核办法,通过以监管促精细、以考核抓落实,推动构建全覆盖、全过程、全天候的城市精细化管理体系。

【城管执法】年内,城管部门严查流动摊贩、占道经营、渣土车违章,全年教育查处占道经营、流动摊贩5200余起,查处渣土抛撒滴漏、偷倒乱倒等违规案件720余起,违章停车12.2万起。持续开展小广告联动治理,违规小广告移交三大运营商停机6批共1765个,查处384起。年内查处一般程序4773起、简易程序3.4万余起,处罚金额427.5万元。拆除各类户外广告设施(店招标牌)2971处,拆除面积9.6万平方米,其中屋顶广告设施571处,高炮广告设施21处,落地看板广告设施265处,墙体广告393处,屋顶镂空字126处,遮窗店招、多层多招等店招标牌327处。制定城市管理非诉行政案件执行联动实施意见,强化与市人民法院联动,对逾期不缴纳罚款的,强制执行7起。会同市文明办发布诚信"黑榜",加强信用惩戒。

【智慧城管】根据《关于深化综合行政执法体制改革的指导意见》等文件精神,按照《张家港市新型智慧城市顶层设计(2019—2021)》要求,智慧城管项目作为市城管局重点工作,在综合行政执法监督平台基础上,运用物联网、云计算等科技手段,建设城市管理数据分析、视频监控指挥调度、户外广告监管、智能监管考核、智能环卫(垃圾分类)5个子系统,全面加强全市综合行政执法、市容管理、垃圾分类、户外广告等方面的指挥协调和智能监管,充分显现"互联网+城市管理"成效。年内基本完成建设方案制定,预计2020年年末建成运行,智慧城管平台的使用,将有效提升城市管理和综合执法的效能,使城市管理工作更上新台阶。

【"厕所革命"】根据《2019年苏州市"厕所革命"工作行动方案》,全市新建AAA+级公厕2座,改造城区公厕9座,新建和改造农村公厕80座。新建的2座AAA+级公厕,建筑面积均在140平方米以上,其中城北路与老宅路交叉口的公厕为全市首个装配式智慧公厕,厕所内的所有设备均由微电脑进行智慧化控制,温度、湿度、空气内的氨气含量以及水电能耗等动态数据实时在电视屏上显示。公厕内的人流量、用水量和用电量等数据在上传到相关部门的管理系统后,经大数据分析,可以掌握公厕的日常运行状况。公厕设有化妆间、母婴室、第三卫生间等,每个蹲位及坐便位均配备求助系统,感应式消毒除臭系统及温湿度传感器使公厕环境更干净整洁。该公厕预计2020年上半年投入使用。成立"厕所开放联盟",在工作时间内开放内部卫生间,供市民和游客无偿使用,至年末有70个单位加入,其中年内新增20个,运行正常。

【垃圾分类】2019年年末,全市有581家公共机构、362个居民小区、635家宾馆饭店、46个农贸市场、312个果蔬超市和142个行政村推行生活垃圾分类,分类投放设施覆盖率超99%(含建成区及农村地区)。初步建成餐厨垃圾、建筑装潢垃圾(含大件垃圾)、园林绿化垃圾可回收物、有害垃圾、厨余垃圾和其他垃圾分类收运体系,配备易腐垃圾(含餐厨和易腐)收运车61辆、园林绿化垃圾收运车125辆、有害垃圾收运车25辆、可回收物收运车25辆、其他垃圾收运车400余辆。建成投运38个其他垃圾中转站、26个可回收物及有害垃圾中转暂存仓库和100余个村级暂存点。9个区镇建筑装潢垃圾(含大件垃圾和园林绿化垃圾)分拣或利用中心、8个区镇废品(可回收物)回收中心基本建成。全年累计处理厨余垃圾2.13万吨、园林绿化垃圾7500吨、有害垃圾18吨、可回收物548吨,基本实现垃圾分类减量化、资源化和无害化处理。同时,通过宣传引导、教育培训等方式,党政机关、企事业单位、社会团体的分类意识不断增强,广大市民垃圾分类的自觉性得到明显提高。(何嘉佳)

【编辑 朱永平】

交通·水务

Traffic & Water Conservancy

金港镇村级河道 （市水务局 提供）

交通建设　　水务建设

交通运输　　水务管理

交通管理

扫码欣赏　　扫码欣赏

文明交通人　　抗疫交通人

交通建设

【概况】 2019年,市交通运输局以建设“区域性交通枢纽性城市”为目标,以建成能力充分、结构合理、衔接顺畅的综合交通网络为准线,完成城区快速路建设细化方案研究、过江通道对全市交通影响分析及地方道路衔接规划研究、普通国省道国土空间规划等,实施公交优先发展,完成县道网、乡村道网规划,持续推进现代综合交通运输体系建设。全市完成交通基础设施建设投资36.61亿元,其中铁路建设21.75亿元、道路建设12.49亿元、港航建设2.37亿元。沪苏通铁路、盐通张铁路、南沿江城际铁路、锡通高速公路(S19)南接线工程、晨丰公路(国泰路至港华路段)改造工程、新泾路快速化改造工程、港华路拓宽工程、永泰路改造(港丰公路东延段)工程、晨丰公路(一干河西路至国泰路段)改造工程、福南水道12.5米深进港航道治理工程等顺利推进。

公路建设 年内,锡通高速公路(S19)南接线建成通车,新泾路(塘桥西环路至沪通铁路段)快速化改造主线高架全线贯通,晨丰公路(港华路至杨新公路段)基本完工,港华路立交主线南、北两幅双向贯通,章卿路(小河坝路至新泾路段)新建、康乐医院支路新建、城南路改建工程及新丰路新建一期工程、沪苏通铁路地方道路配套工程、永泰路改造(港丰公路东延)工程、港丰公路锦丰互通节点临时连接道路工程完工。晨丰公路(一干河西路至国泰路段)改造工程完成钻孔灌注桩90%,259省道港丰公路至西黄桥段路面改造工程启动。全年完成公路养护资金投入1.39亿元,其中国省干线公路整治投资2000万元、市域一级主干道大中修投资1200万元、县道小修投资200万元、乡村道养护工程投入1.05亿元。乡村道路投入小修保养资金900万元,修补路面4.24万平方米;投入大中修资金9100万元,完成乡村大中修改造11.87千米;投入安全生命防护工程资金200万元;危桥改造投资300万元,全年改造加固三类桥梁10座。国省干线公路MQI(路况综合指数)为97,优良路率100%;县道MQI为96.2,优良路率99.5%;乡村道MQI为89.3,优良路率89.02%,比上年提高1%。至年末,全市公路总里程1604.38千米,其中国省干线公路229.61千米、县级公路268.5千米、乡镇公路649.83千米,村级公路456.44千米,公路密度为每平方千米1.57千米(按陆地面积计算,密度为每平方千米1.96千米)。公路总里程中,按技术等级分,高速公路55.76千米、一级公路238.03千米、二级公路721.34千米、三级公路134.2千米、四级公路455.05千米。

铁路建设 3月,南沿江城际铁路项目建设启动。至年末,沿途民房和非住宅动迁协议签订率分别为99%、85%,地面附着物清障完成率96%,临时设施全部建成并投入使用。盐通张铁路动迁清障任务全部完成,并完成铁路桥梁桩基建设,开展墩身、梁板预制及连续梁上部结构施工。通苏嘉甬铁路站区段纳入南沿江城际铁路同步实施,站区以南段可行性研究通过审查。沪苏通铁路项目动迁工作全部完成,9月沪苏通长江公铁大桥顺利合龙。至年末,沪苏通铁路张家港市境内段长轨换铺、站房主体结构及站台雨棚钢结构工程施工全部完成。

港航建设 3月,张家港船闸引航道疏浚工程和高清视频改造项目竣工。9月,二号闸闸室两侧道路改造工程完成招投标,12月完成施工。是月,福南水道12.5米深进港航道治理工程通过竣工验收。至年末,孚宝化工码头二期工程水工部分建设基本完成,集装箱码头改扩建工程(港务集团18号泊位)完成80%。申张线航道整治有序推进,金港段整治基本完成,凤凰段完成上塘桥重建工程设计招标。

场站枢纽建设 年内,全市新建农村公交候车亭75座,新建公交首末站4个,改造候车亭35座。至年末,全市有一级客运站1家(张家港汽车站),二级客运站1家(港城汽车站),公交场站56个,其中公交停车场8个、公交枢纽站1个、公交中转站2个、公交首末站45个,公交候车亭1589座,公交站牌1133个;国省干线公路有桥梁107座,农村公路有桥梁590座。

【城区快速路建设规划出台】 年内,为缓解上下班高峰期进出城区交通拥堵,打造“多式联运、层次分明、节点相通、高效便捷、绿色低碳”的现代综合立体交通体系,实现“辖区主要区镇半小时内抵达张家港高铁站,张家港高铁站半小时抵达上海”的两个“半小时”交通出行目标,市交通运输局围绕区域枢纽型城市建设,开展城区快速路建设规划。规划按照“五年建成,能快则快”的总要求,计划投资203.3亿元,建设总长度59.3千米的城区快速路和“十”字快速轴线,包括实施346国道绕城段改建工程、东渡大道南段新建工程,以及新泾东路—苏虞张—南二环、西二环、东二环、张杨公路等快速化改造工程。快速路采用主路加辅路的形式,主路为双向六车道,全线无红绿灯,设计速度为每小时80千米。至2019年年末,346国道改建项目通过用地预审批,东渡大道南段完成施工图设计,新泾东路—苏虞张—南二环快速化改造工程完成可行性研究,东二环完成用地预审批,西二环、张杨公路快速化改造工程完成工程可行性研究报告编制。

【福南水道12.5米深进港航道治理工程竣工】 福南水道是长江主航道,支撑着张家港市经济社会的发展。为进一步提升长江黄金水道功能,促进沿江地区经济发展,2017年12月15日,张家港港产城融合发展战略研讨会暨福南水道12.5米深进港航道治理工程开工活动举行。2018年2月,进港航道治理工程开工,5月18日通过基建期交工验收。2019年1月18日,航道完成航标配布工作,开始试运行。至2019年12月,试运行结束。工程总投资1.35亿元,改造范围自巫山港(张家港港区10号泊位上游150米处)至福南水道下游出口处,疏浚里程12.45千米。原水深10.5米长江干线航道通过疏浚,浚深至12.5米,航道通航宽度为200米。福南水道工程充分释放了临港20个5万吨级以上泊位靠泊能力，为张家港港挖掘深水岸线资源、加快港口转型升级注入新的动力。

【沪苏通长江公铁大桥合龙】 沪苏通长江公铁大桥是沪苏通铁路控制性工程，北起南通市通州区，南至张家港市锦丰镇，是沪苏通铁路、通苏嘉甬铁路、锡通高速公路共同的过江通道。2014年3月1日，大桥开工建设。10月28日大桥29号墩沉井开始作业。2016年2月17日，大桥跨南岸大堤3×112米简支钢梁首件梁架设成功，10月23日大桥29号主塔墩首次封底圆满完成。2017年6月24日，大桥南岸第一块C型简支钢桁梁公路桥面板架设，桥面板施工正式开始。2018年9月9日，大桥南引桥贯通。2019年3月11日，大桥南主塔第一根斜拉索架设完成。6月27日，大桥南主塔封顶。9月20日，大桥正式合龙。大桥采用主跨1092米的钢桁梁斜拉桥结构，是世界上首座超过1000米跨度的公铁两用斜拉桥，全长11076米。其中公铁合建桥梁长6989米，两岸大堤间正桥长5827米，北引桥长1876米，南引桥长3369米。正桥为双塔五跨斜拉桥，主跨度为1092米，主塔高330米，大桥上层为双向六车道高速公路，设计速度每小时100千米，下层为双向四线铁路，设计速度为沪苏通铁路每小时200千米、通苏嘉甬铁路每小时250千米。大桥工程总投资约150亿元。 （袁玉洁）

【张家港高铁枢纽站主体结构完成】 12月16日11时30分，张家港高铁枢纽站地下空间主体结构最后一个顶板浇筑完成，标志着该项目成功封顶。张家港高铁枢纽站位于塘桥镇境内新204国道东侧，距市中心13千米，是沪苏通铁路、南沿江城际铁路、通苏嘉甬铁路三线合一的综合枢纽站，定位为全省铁路主导型区域性综合客运枢纽。年初，枢纽站站房（含地下空间部分）完成站房施工图，并上报上海铁路局技术审查，获铁路总公司批复，3月正式开工建设。站房为线侧站，建筑面积1.1万平方米，并预留东侧站房，主体二层，局部三层。一层中部为候车大厅及配套服务用房；局部夹层布置信息机房、通信机械室、车站办公、卫生间等；二层中部为候车大厅，两侧布置旅客卫生间及旅客服务用房。张家港站总规模为4台12线。4台即设4个站台，沪苏通铁路设有2个站台，通苏嘉和南沿江城际铁路共用2个站台。12线是指有12条铁路轨道线，其中沪苏通铁路、通苏嘉甬铁路和南沿江城际铁路分别有2条到发线和2条正线。（张维民）

【永泰路改造完成】 永泰路改造暨港丰公路东延工程北接港丰公路终点，向南跨越七干河、东福公路，并于东福公路设置互通立交后至沿江公路，全长6885米。改造工程包括新建沿江公路948米、连接线1371米，总投资3.63亿元，设计时速为每小时50千米。全线路基宽9.5米，路面宽8米，采用沥青混凝土路面。工程于2015年7月开工建设，2019年10月完工。项目的建成，进一步完善了区域路网结构，提升了至张家港港的对外集疏运能力。 （袁玉洁）

交通运输

【概况】 2019年，全市营业性交通运输完成公路、水路客运量2987.9万人次、客运周转量119650.3万人千米，分别比上年减0.5%、0.8%；完成公路、水路货运量2320万吨，货运周转量405119.1万吨千米，分别比上年增6.6%、6.1%。张家港船闸全年开放闸次20572次，放行船舶95311艘，船队493拖，船舶通过量7341万吨，比上年增10.7%。

客运 年内，全市新增、更新客运车辆127辆。至年末，全市有客运车辆1826辆，其中公交车798辆（含学生公交专线车106辆）、出租车477辆、长途班车155辆、旅游客车190辆、县内包车206辆。公交车中，有清洁能源及新能源公交车477辆，占公交车总数的60.92%。有客运船舶6艘。有客运企业（含旅游包车企业）66家，其中公交企业2家、长途客运企业14家、出租客运企业48家、水路客运企业2家。开通长途客运省际班线84条，市际班线82条，县际班线14条。开通公交线路65条，均为无人售票线路，日发班次5115班，日接送旅客13.1万人次。

货运 年内，全市新增、更新货运车辆1864辆，其中危化品运输车辆84辆。至年末，有各类货运车辆15280辆，其中集装箱车688辆、危险品运输车辆1658辆；有船舶14艘，载重吨位15755吨，其中液货运输船舶11艘，载重吨位15580吨。有道路货物运输业户（企业）7972（家），其中个体运输业户5469户、专业运输企业1408家（含集装箱运输企业97家、道路危险品运输企业44家）。有道路运输服务（含代理、装卸、仓储等服务）业户52户（家）。有水路货物运输企业5家，水路运输服务业户78户（家），沿江码头企业29家，内河港口码头企业61家。

2019年张家港市营业性客货运输量一览表

表11

项 目	单位	实 绩
客运量	万人次	2987.90
其中：水运	万人次	118.40
公路	万人次	2869.50
旅客周转量	万人千米	119650.30
其中：水运	万人千米	1073.30
公路	万人千米	118577.00
货运量	万吨	2320.00
其中：水运	万吨	273.70

续表11

项　目	单位	实　绩
公路	万吨	2046.30
货运周转量	万吨千米	405119.10
其中：水运	万吨千米	116938.80
公路	万吨千米	288180.30

机动车维修及驾驶员培训　年末，全市有机动车维修企业941家。其中，一类维修企业49家（含品牌4S店38家、客车维修企业1家、危险品车辆维修企业3家），二类维修企业154家（含品牌4S店8家），三类维修企业738家。维修企业中，有“江苏快修”企业7家，“绿色汽修”示范企业3家，连锁汽修企业36家，全行业实现年产值30亿元，年维修能力超110万辆次。年末，全市有驾校7家，有教练车586辆，教练员781人。全年全市学员报名29442人，培训27095人；培训各类道路运输从业人员2802人。

【邮政业务】 2019年，市邮政分公司实现非寄递业务收入1.99亿元、寄递业务收入1.43亿元。市邮政分公司优化普通服务网点，对6个网点进行优化，其中东沙、双山代办改为自办，保税区、城北网点搬迁至人流较多的区域，南门、万红网点按规定配齐专职人员。年末，全市邮政行业有各类营业网点34处，平均每一营业网点服务面积6平方千米，日平均投递2次。1月，市邮政分公司联合团市委开展“暖冬行动”，为全市300余名经济困难家庭青少年、城市流动儿童等群体送上“希望之光”新春慰问大礼包。大礼包包括大米、色拉油和学生文具用品，价值200元。3月14日，市妇联、市女企业家联谊会与市邮政分公司共同举办“筑梦有声，花开有你”女企业家走进邮政活动。市妇女联合会主席秦真智、江苏国泰汉帛贸易有限公司董事长马辛、江苏国泰国际集团国贸股份有限公司行政总裁谭秋斌等50余名女企业家参加活动。6月，在中国2019年世界集邮展览上，张家港市集邮协会参展的《我心中的毛爷爷》获青少年A类组镀金奖，这是市集邮协会首次参加世界邮展并获奖。7月，市邮政分公司推进寄递翼（原速递公司）改革，整合邮政处理中心，邮政快包与揽投，建立营投部，优化人员配置，充实一线营销力量。年内，推进绿色邮政建设，发放绿色邮政倡议书，开展环保志愿活动，持续抓好新型绿色包装箱、窄胶带使用，营业网点全面使用绿色环保材料，开展压降平信丢失率活动，实施平信条码化、“套封”投递、条码断点通报考核机制和跟段及接转点检查。协助张家港交警大队车管所开展电动自行车上牌，先后组织108场进村委、企业上牌活动，累计上牌数36427个。组织张家港市第二届快递技能操作比赛，城区营投部何敏波获第一名，并被授予张家港职业技术能手称号。年末，市邮政分公司被评为江苏省文明单位，投递员何敏波被评为江苏邮政工匠。

【苏州市首条氢燃料公交专线开通】 6月14日，15辆氢燃料电池公交车，从汇金中心公交首末站出发，标志着苏州市首条氢燃料电池公交线路在张家港市正式运营。该批公交车长10.5米、宽2.55米、高3.4米，外观时尚大气，内部空间宽敞。其中车窗设计为往外推拉式，遇到紧急情况时，车窗可以向外打开逃生，而不需要用破窗锤砸窗。车厢顶部设6个喷淋装置，当遇到车厢火灾险情时，能够迅速对车厢进行降温和灭火，最大程度保障乘客人身安全。车辆配备氢燃料电池发动机，利用氢气电化学反应产生电力，取代传统的燃烧供能，安全性能更高。车辆的运行过程中排放物只有水，实现“零污染”“零排放”，低碳环保。　（袁玉洁）

【教师节明信片鲜花全城免费送】 9月10日，市邮政分公司利用邮政平台，弘扬中国传统的书信文化，组织开展教师节明信片鲜花全城免费送活动。市邮政分公司以区域为单位，全城走访中小学校，分发明信片，预约学生给老师的祝福语，并通过微信公众号进行推送，学校家长或学生通过关注“张家港邮政”“You宝贝”等公众号，并留下学校、收寄信人名称、祝福语等信息，就可免费获得一张明信片及一支鲜花。教师节当天，市邮政分公司指定专人负责为家长或学生免费打印明信片，并由当地网点负责人或客户经理亲自送到学校。全市2000余名教师收到鲜花与明信片等节日祝福。

【红堡党建和文明实践系列产品开发】 4月，围绕张家港市开展的“寻党员初心、看组织振兴，万名党员进基地”活

首批氢燃料公交车投入运行　（市交通运输局　提供）

动，市邮政分公司与市委组织部合作，联合开发红宝书、《我的红堡日志》、红堡地图等系列产品。红宝书内含《关于新形势下党内政治生活的若干准则》《中国共产党巡视工作条例》等8本书，采用精装，大开本，单独印刷。《我的红堡日志》包括活动主题、流程，以及推荐活动路线、参观后党员感想等。红堡地图内含张家港市组织力量提升实训基地，10个党性教育基地以及29个党建示范基地相关情况介绍，仿宣纸精装印刷。红宝书、红堡地图放置在市组织力量提升实训基地，供全市党员免费领取。11月，市邮政分公司以创建全国文明城市，建设新时代文明实践中心为契机，与各镇文明办联系，开发文明实践手绘地图。手绘地图包括各镇文明实践中心详细地址，以及文明实践中心意义及具体职能，并通过全市教育、科普等五大平台内容推广。市邮政分公司开发制作手绘地图2000份。

【服刑人员明信片寄递业务开发】 1月，市邮政分公司与市看守所合作，根据所内服刑人员家属寄递需求，开发服刑人员明信片寄递业务。明信片为折页式，外页印有“打造平安监所”等宣传语，内页印制服刑人员的基本权利、义务，服刑犯家属会见须知、家属送物指南等内容。明信片由看守所免费向服刑人员提供，鼓励服刑人员通过卡片向家人寄托思念，传达爱意，汇报自己的改造成果，受到服刑人员欢迎。市邮政分公司首批印制明信片产品2万枚。（孙　俊）

交 通 管 理

【概况】 1月，原市政府口岸办公室（市港口管理局）的港口管理职责划入市交通运输局，其下属的市港政执法大队调整为市交通运输局下属事业单位。年末，市交通运输局机关内设科室8个，下辖公路管理处等事业单位20个。年内，市交通运输部门共办理各类交通行政许可（货运、网约）1193件，比上年减14.6%。办理道路运输经营户的经营许可证、营运车辆的道路运输证审验20762件。继续实行交通行政执法网上公开透明运行，查处和纠正各类交通运输违法违章行为1615起，办理执法事项提示、违法行为纠错等行政指导案件33件，全面推进说理式执法文书工作，开展乡镇交通管理综合执法网格化管理试点工作。

交通工程质量安全管理　年内，对12个重点工程开展质量安全监管，召开2个新开工重点工程项目质量监督交底会议，经现场评审核发工地试验室备案1个。对区镇36个交通项目、5座农桥改造项目进行指导和督查察。全年在质量管理中实行定人、定点、定线的“三定”管理，监督覆盖率100%，开展质量综合监督检查、巡查12次，季度质量检查4次，综合督查2次，专项检查、飞行检查300余次，发出整改通报4份。实施安全督察12次，下发督察通报12份，发现并当场指出各类安全隐患330余处，整改率100%。

运政管理　市运输管理部门全年办理道路运输许可件1059件，其中机动车维修经营备案119件。查处道路运输违法行为1256起，其中非法运营行为（黑车）185起、客运违法行为455起、货运违法行为528起。查处机动车维修企业违规经营案件1起，营运车辆技术等级评定超期案件3起，检测营运车辆12358辆次。继续推进市场主体结构和运力调整，专业化车辆载重吨位比上年提高1.89%。治理列入淘汰范围的营运黄标车72辆，引进LNG插电式混合动力公交车35辆，LNG清洁能源货运车辆66辆。深化运输市场诚信体系建设，至年末，全市信用维修企业193家，占一、二类维修企业总数的95%。升级危化品道路运输信息系统，优化运政信息中心，24小时监控“两客一危”（从事旅游的包车、三类以上班线客车和运输危险化学品、烟花爆竹、民用爆炸物品的道路专用车辆）的运行情况。建成“汽车维修电子健康档案系统”，全市一、二类维修企业数据与系统平台对接率98%，实现维修作业全过程的远程、动态、电子化监管。

路政管理　市公路管理部门全年办理国省道路行政许可12件，县乡道路行政许可27件。坚持国省干线日巡查全覆盖制、农村公路每周不少于2次巡查覆盖制，全年组织专项检查8次，巡查里程92030千米，清除摊点85处、障碍物90处462平方米，下发整改通知书25份。查处违法超限超载车辆566辆，卸驳载超限货物13524吨，公安计分2944分。

内河航政管理　市航道管理部门全年办理航道类许可30件，全年巡航里程1.85万千米，现场维护航标80座次，遥控遥测3650座次，收取航道赔（补）偿费76.7万元，干线航道清障扫床70.5千米，干线航道通航保证率100%。开展“8+2”联动执法8次，行政纠违6起，行政提示4件，实施行政处罚1件，罚款4000元，完成申张线金港段航道边坡3万余平方米的岸线清理和补绿工作，完善绿化岸线10余千米、清理岸线近12千米。市船闸管理部门深入推进安全生产标准化建设，全年开展专项隐患排查12次，落实整改项目16项，新版便捷船舶过闸自动缴费系统ETC在支付宝、银行卡、储值账户支付方式基础上，新增微信支付功能。

港口管理　2019年，全市完成港口货物吞吐量2.36亿吨，外贸吞吐量5970.6万吨，集装箱吞吐量88.4万标箱，整车进出口总计8585辆。沿江港口聘请第三方对危化品码头、普货码头进行安全检查，出动260余人次，查出问题隐患1387项，全部督促企业落实整改。市内河港口管理部门全年办理内河港口经营许可证35份，审批长江港口危险货物作业10654次，审批非长江港口危险货物作业3次。组织实施内河码头综合整治提升行动，年内拆除32家，纳入规范化管理8家、整改3家。全面落实安全监管责任，组织危险货物码头安全专项检查3次，全年内河码头未发生有责安全事故。

内河水上交通安全管理　年内，市地方海事管理部门继续实行“365全天候”工作制，落实“长江环境大保护，环保大提升”系列行动，实施船舶污染物治理，促进辖区水域环境保护，开展安全生产月、“防风险、保安全、迎大庆”等安全领专项行动，保障辖区水上交通运输安全。全年上航2067艇次、7485人次，巡航里程50688千米，检查船舶16679艘次，查处各类船舶违章行为，未发生24小时以上堵航事件。做好施工安全维护，实施交通管制4起，发放水上、水下活动许可证18张，发布航行通告23次。全年接警94次，出警248人次，救助船舶148艘，挽回各类经济损失36万余元，内河水上搜救成功率提升至99%。

邮政管理　年内，市邮政管理局稳步推进快递末端投递改革，统一定制并投放快递包装回收装置280个，完成信报箱验收项目36项，为17394户家庭设置信报箱。全年对寄递企业开展日常监管313次，发现并督促企业整改寄递及安全隐患行为90余起。

【超限超载运输治理】 年内，为防范化解交通运输领域重大安全风险，遏制重特大事故，市交通运输行业多举措开展超限超载运输治理，共查处违法超限超载车辆566辆，卸驳载超限货物13524吨，公安计分2944分，实施非现场处罚7起，实施“一超四罚”（对超限超载行为从车辆、人员、企业、源头四个方面进行处罚）17起。市港政执法大队强化源头管控，全年巡查港口码头企业26家共52次，运管处巡查监管重点货运源头单位张家港市金港物流有限公司24次，均未发现超限超载现象。开展“百吨王”车辆专项整治，查处“百吨王”车辆47辆，卸驳载3830.44吨，公安计分267分。加大科技治超力度。结合道路货运流向、路网结构、车辆超限超载特征，以及交通运输执法场所、公路管养节点、公安检查站设置等情况，完成全市动态称重检测系统布局方案，计划建设动态称重系统19套，并列入2020年度建设计划。

【张家港港口危化品企业安全联盟成立】 11月28日，张家港港口危化品企业安全联盟成立大会举行。联盟由沿江15家危化品码头单位组成。会议选举曹明为第一届联盟会长，葛建峰、邵永丰、徐晓光、聂俊峰、王勇、龚道斌为副会长，史建峰为秘书长。联盟秘书处设在长江国际。张家港港口危化品企业安全联盟旨在整合港口安全资源，加强港口危化品企业间的交流学习，强化企业安全生产主体责任落实，提高港口安全领域抗风险能力，切实保障人民群众生命财产安全。联盟定期举行沙龙活动，分析港口行业安全生产形势，加强港口企业之间安全工作经验的总结推广和制度创新，提升本质安全水平。定期帮助成员单位梳理安全管理体系，规范建立安全设施台账，完善管理制度和操作规程，落实管控措施。定期开展联合演练，加强安全联盟成员单位间的协作，全面提升港口危化品突发事故的应急处置能力。至年末，共开展港口企业安全管理人员培训1次，港口反恐暨危化品突发事故应急救援演练1次，港口危化品企业安全联盟安全操作规程研讨1次。

【机动车维修经营实施备案管理】 2019年，市机动车维修管理处贯彻落实《中华人民共和国道路运输条例》、交通运输部《机动车维修管理规定》中有关汽修行业行政许可改为备案管理的要求，对汽修市场进行重新摸底登记。经逐一排查，全市共有汽修企业941家，其中一、二类维修企业203家，客车维修企业1家，危险品车辆维修企业3家，连锁维修企业36家。全行业年维修能力超110万辆次，年产值约30亿元。至年末，全市共发放汽修企业备案凭证119件。　（袁玉洁）

水务建设

【概况】 2019年，市水务局持续推进水务工程建设，着力补齐水务基础设施短板，提升防汛保障能力，改善水生态环境和水务民生福祉，为全市高质量发展提供有力支撑。全市完成水务投资14.79亿元，其中水利工程3.65亿元、供水工程4.79亿元、排水工程6.35亿元。

防洪治涝工程　1月，四干河闸站改建工程通过完工验收，完成投资9000万元；4月，老海坝节点综合整治工程通过苏州市水务局组织的竣工验收，完成投资3.8亿元；6月，长江干流江苏段崩岸应急治理工程苏州市境内工程完工；10月，长江张家港浏海沙水道上段右岸（张家港湾）百年一遇江堤工程开工，概算投资2亿元。全年新建（改造）排涝站16座、圩口闸29座，新增排涝流量每秒49立方米，总投资4120万元。至年末，全市共有长江堤防104.57千米，其中主江堤88.55千米（含双山岛洲堤16.77千米）、闸外港堤16.02千米；有沿江节制闸23座、出江（港）涵洞22座；有内河水闸43座，其中内河套闸9座、节制闸18座、泵站16座；有防洪圩区71个，排涝站364座，排涝流量每秒823立方米，装机总功率3.8万千瓦，圩口涵闸307座。

活水畅流工程　12月，东横河及城区河道疏浚及淤泥固化工程完工，投资3200万元，疏浚东横河（东横河西泵站—张家港河段）7.34千米、城区河道7.38千米，其中城区河道为谷渎港、万红港、小城河、一支河东段、纪澄河南段、东长泾、张杨公路景观河、东墩头和建设局后河，实施淤泥固化外运16.63万立方米。盐铁塘东延工程，西起西旸塘，沿张杨公路南侧向东接走马塘，是走马塘张家港段拓浚项目的延伸工程，总投资4550万元，新开河道2.72千米，新建跨河桥梁2座、节制闸1座，预计2020年4月完工。全市开展农村水系连片治理，疏浚镇村河道848条，总长393千米，拆坝111条，建桥110座，总投资2290万元；开展农村黑臭河道综合整治，整治河道96条，总投资1687万元。

【张家港湾江堤改造工程开工】 10月，长江张家港浏海沙水道上段右岸（张家港湾）百年一遇江堤工程开工建设。工程计划投资2亿元，对西起金港镇北荫村、东至段山港，全长9千米的江堤实施加高加固，并对穿堤建筑物洋汰港涵洞、沙泥圩港涵洞实施接长，拆除新三港涵洞，新建护漕港桥。江堤设计堤顶高程7.66米、堤顶宽9米，至年末，完成所有施工范围内的清表清基和老护坡拆除、施工道路会车点的摊铺，以及部分土方填筑、桥梁下部结构和涵洞基础工程。

【长江干流江苏段崩岸应急治理完工】为维护河势稳定，保障防洪及供水安全，根据2017年《省水利厅关于长江干流江苏段崩岸应急治理工程苏州市境内工程初步设计的批复》，张家港市实施长江干流江苏段崩岸应急治理工程苏州市境内工程。工程由两段组成，分两期完成，工期2年。一期工程为段山港—二干河段，加固护岸4599米，采用散抛石护脚防护，2018年开工，2019年8月通过验收。二期工程为老港—双狮码头段，新建护岸3.23千米，采用散抛石防护，2018年开工，2019年10月通过验收。两期工程累计完成投资1.54亿元，抛石72.96万立方米。

水务管理

【概况】3月28日，市委办公室、市政府办公室印发《张家港市水务局职能配置、内设机构和人员编制规定》，对水务职能以及相应机构编制进行调整。水旱灾害防治、防汛抗旱相关职责划入市应急管理局，农村水利建设项目管理工作划入市农业农村局，水资源调查和确权登记相关管理工作划入市自然资源和规划局，原水利局下属的市防汛防旱指挥部办公室整建制划入市应急管理局，水务局由挂牌调整为单位设置，不再保留水利局。年内，市水务局完成机构改革和深化水务一体化改革，改革后市水务局机关内设5个科室，下辖7个直属事业单位、9个水利站。水务局机关下设办公室、政策法规科（水资源与供水管理科）、规划与建设管理科（水土保持科）、河湖和工程管理科和排水管理科5个科室，并设机关党总支（党建科），行政编制21人。年内，共办理行政许可163件，办结行政处罚13起，水利工程管理、水资源管理、河道管理、供排水管理等工作有序推进。市水务局获评全省水利系统先进集体，张家港市通过国家节水型城市复查验收，环城河国家级水利风景区通过复核考评。

水利工程管理　年内，完成走马塘江边枢纽节制闸下游防冲漕外河道冲坑及岸坡维修工程、一干河水利枢纽电气设备维修工程、长江堤防及江边闸自动化系统更新改造一期工程、电气设备养护项目和金属结构及设备养护项目5个省级维修养护项目，完成五节桥泵闸站下游新建拦河索工程、沿江水闸闸门及滚轮维修工程和走马塘江边枢纽安全防护项目3个苏州市级补助项目，完成沿江泵站水导轴承检修、一干河泵站主机组大修工程等多个岁修工程。持续做好全市江堤巡查工作，全年开展巡查353次，制止违章行为17起，下发限期整改（停工）通知书30份，铲除违章种植8400平方米，清理违章占用堆放13120平方米，处理河道倾倒垃圾、排放淤泥2起。全年沿江各闸泵引水20.53亿立方米、排水20.71亿立方米，其中汛期引水11.96亿立方米、排水10.71亿立方米。11月22日，张家港市环城河水利风景区以196分的高分通过复核考评。

水资源管理　落实最严格水资源管理，全年审验取水许可证107份，占发证总数100%，其中地表水81份、浅层水25份、地热水1份，办理取水许可申请审批4件，征收水资源费5717万元，水利工程水费1001万元。继续推行节水型社会建设，至年末，全市共建成各级节水型学校83所，其中省级节水型学校29所、苏州市级节水型学校54所，建成省级节水型企业50家、省级节水型单位40个、省级节水型社区17个，市区三星级以上宾馆全部建成苏州市级以上节水型宾馆。6月27日，张家港市通过省发改委、住建厅、工信厅的国家节水型城市第三轮复查。

供排水管理　全市加强供水行业监管，全流程管控原水、出厂水、管网水、末梢水的水质安全。编制《张家港市供水专项规划（2019—2035）》，完成供水管线GIS探测完成1173.2千米、11.4万个探测点。8月12日，苏州市对张家港市供水行业达标建设开展中期督导。9月17日，市水务局组织开展保障供水安全专项监督检查。加强排水行业监管，修编《张家港市污水专项规划（2019—2035）》，编制《张家港市排水管理办法（暂行）》《张家港水务局农村生活污水治理设施运行管护办法》，开展供排水地下管网安全生产专项行动，排查问题530个、治理517处，开展垃圾中转站、工业企业废水专项检查和医疗废水、洗车场排水专项整治，督促违规排水单位整改，并加强排水户证后监管。

水政执法　年内，组织日常水事巡查5844人次，出动执法车辆2824车次，制止各类涉河违章行为53起。持续打击长江非法采砂，共开展水政执法车辆巡查158次、水上巡航58次，出动人员909人次，现场抓获非法采砂船8艘、大型运砂船4艘、未按指定停泊点停泊涉砂船30艘，其中新型伪装式采砂船2艘，拆除采砂设备159台套，立案11起。办理行政许可163件，其中河道管理范围内建设项目审批21件、生产建设项目水土保持方案审批8件、取水许可审批3件，入河排污口设置审批2件，核发城镇污水排入排水管网许可证129件，按时办结率100%。

【长江水文勘测】完成老海坝区域水下地形监测（1∶2000）6次，累计面积38.85平方千米；完成福姜沙右汊凹岸区域水下地形监测（1∶2000）3次，累计面积7.5平方千米；完成双山沙左侧区域水下地形监测（1∶2000）3次，累计面积8.1平方千米；完成通洲沙西水道三干河至五干河重点段水下地形（1∶2000）和固定断面监测2次，累计面积1.7平方千米，固定断面16条；完成张家港湾区域水下地形监测（1∶2000）1次，面积3.4平方千米。

【河道管理】年末，全市有市级及以上骨干河道25条，总长365.09千米；镇级河道251条，总长674.05千米，其中跨界河道22条；村级河道7016条，总长3022.25千米。年内，市水务局推进水域岸线整治，制定《张家港市河湖违法圈圩和违法建设（简称“两违”）专项整治行动方案》，完成市级河道“两违”专项整治项目232项。

持续开展河湖“三乱”（乱占、乱建、乱排）整治，清理市级河道乱建15.6万平方米、乱占20.7万平方米、乱堆放2143处、鸡鸭棚245处、垃圾2881处、“三无”船只225条、网具84口、地笼2328口，打捞各类水生植物和水面垃圾7274吨。全年开展市级河道巡查180余次，出动人员410余人次，发现和制止涉河违章行为23起，送达水事巡查警示书10份，督促5个涉河项目办理行政许可。强化河道堤防占用管理，组织开展河道工程占用证年度审核工作，全年收缴河道堤防工程占用补偿费411万元。全年全市410名河长共巡河1.3万次，发现并及时协调解决河道存在问题，推动办结“一事一办”清单工作任务66项，办结河长制工作交办单378份，河湖治理工作取得明显成效，长江及19条通江支流年均水质全部达到Ⅲ类标准。大新镇北横套河长履职案例入选中组部生态文明建设案例，《我家门前的小河——北横套》国庆期间在中央人民广播电台“中国之声”栏目播出。全年发布河长制工作信息300余条，其中在人民网、新华网、省河长办公众号、苏州媒体上发布40余条，利用“高炮”、墙绘、公交站台、宣传栏、横幅等开展户外广告宣传，发动市民参与共管共治。9月，江苏省首届“最美河长”发布会在大新镇召开，市民钱雪英被评为江苏省“最美民间河长”。

2019年张家港市级以上河道一览表

表12

序号	河道名称	起止位置	长度（千米）	流经区镇
1	张家港河	北起长江，南至常熟交界	20.00	金港镇、凤凰镇
2	十一圩港	北起长江，南至江阴交界	26.50	锦丰镇、杨舍镇、凤凰镇
3	走马塘	北起长江，经过常熟地段，向南至凤凰高庄与常熟交界	15.60	南丰镇、常阴沙现代农业示范园区、塘桥镇、凤凰镇
4	盐铁塘	西起二干河，东至西旸塘	13.20	杨舍镇、塘桥镇
5	东横河	西起江阴交界，东至二干河	21.50	金港镇、杨舍镇
6	太字圩港	长江口至东横河	13.90	金港镇、杨舍镇、大新镇
7	朝东圩港—环城河	北起长江，南至西区河	19.80	大新镇、杨舍镇
8	一干河—新市河—新沙河	北起长江，南至江阴交界	23.90	锦丰镇、杨舍镇
9	三干河	北起长江，南至张家港河	31.30	锦丰镇、乐余镇、南丰镇、杨舍镇、塘桥镇、凤凰镇
10	四干河—新泾浦塘	北起长江，南至张家港河	33.90	乐余镇、南丰镇、塘桥镇、凤凰镇
11	五干河	北起长江，南至永南河	14.50	南丰镇、乐余镇
12	六干河	北起长江，南至永南河	10.70	乐余镇、常阴沙现代农业示范园区、南丰镇
13	七干河	六干河至走马塘	6.60	南丰镇、塘桥镇、常阴沙现代农业示范园区
14	南横套—永南河	西起张家港，东接七干河	31.90	金港镇、杨舍镇、塘桥镇、南丰镇
15	北中心河	二干河至七干河	18.10	锦丰镇、乐余镇、常阴沙现代农业示范园区
16	华妙河	西起二干河，东至西旸塘	9.80	杨舍镇、塘桥镇、凤凰镇
17	十字港	北起长江，南至南横套	6.59	金港镇
18	五节桥港	北起长江，南至十字港	4.50	金港镇
19	护漕港	北起长江，南至十太港	7.80	金港镇
20	十太港	西起十字港，东至太子圩港	4.10	金港镇
21	三丈浦	北起盐铁塘，南至张家港河	12.40	塘桥镇、凤凰镇
22	西旸塘	北起七干河，南至奚浦塘	10.00	塘桥镇、凤凰镇
23	农场河	北起长江，南至常沙河	7.40	常阴沙现代农业示范园区
24	常沙河	北起长江，南至七干河	6.60	常阴沙现代农业示范园区
25	奚浦塘	南起华妙河，北至沙漕交界河	5.70	塘桥镇

2019年张家港市镇级河道一览表

表13

序号	河道名称	起止位置	长度（千米）	流经区镇
1	南中心河	西起浦项公司，东至四干河	12.90	杨舍镇、锦丰镇、大新镇、南丰镇
2	川港	南起南横套，北至老悦来横套	8.30	杨舍镇、锦丰镇、大新镇
3	黄泗浦	南起二干河，北至南横套	7.20	杨舍镇、塘桥镇
4	泗兴港	西起泗兴支港，东至北中心河	7.00	南丰镇、乐余镇
5	曲塘泾	西起奚浦塘，向东往北至走马塘	6.63	凤凰镇、塘桥镇
6	老一干河	南起南横套，北至南中心河	6.40	杨舍镇、锦丰镇
7	庙港	南起南丰中心河，北至港丰公路	6.40	锦丰镇、南丰镇
8	悦来横套	西起渡泾港，东至油车港	5.50	锦丰镇、大新镇
9	河泾塘	西起奚浦塘，东至走马塘	5.10	凤凰镇、塘桥镇
10	夹江塘	南起张家港河，北至二干河	4.70	凤凰镇
11	华塘河	西起江阴界，东至二干河	4.40	杨舍镇、凤凰镇
12	东福河	北起走马塘，向南往东至东风村	4.30	南丰镇
13	寿兴横套	西起一干河，东至二干河	3.70	杨舍镇、锦丰镇
14	老二干河	南起二干河，北至三里泾	3.00	杨舍镇、凤凰镇
15	北中心河	西起锦丰镇，东至四干河	2.60	南丰镇、锦丰镇
16	朝山港	南起登瀛村1组，北至长江	2.20	锦丰镇、乐余镇
17	木排港	南起三水洞，北至老套河	2.10	杨舍镇、金港镇
18	水涝圩	西起川港，东至一干河	1.90	杨舍镇、锦丰镇
19	私盐港	南起北中心河，北至常通港	1.70	锦丰镇、乐余镇
20	界港	南起老悦来横套，北至新海坝村	1.70	锦丰镇、大新镇
21	安徽洞河	南起长寿河，北至何桥村	1.31	凤凰镇、塘桥镇
22	三里泾（杨木塘）	西起老二干河，东至二干河	1.25	杨舍镇、凤凰镇
23	严子港	南起永顺圩河，北至海事局东侧江堤	4.70	金港镇
24	永顺圩河	西起道康宁，东至太字圩港	4.70	金港镇
25	香山河	西起长江路，东至张家港	4.10	金港镇
26	老套河	西起天生港，东至木排港	3.72	金港镇
27	跃新河	南起东横河，北至南横套	3.64	金港镇
28	老港	西起长江口，东至邱家港	3.62	金港镇
29	缪家港	西起华达路，东至华昌河	3.23	金港镇
30	思贤港	南起护漕港，北至太丰港	3.00	金港镇
31	韩家港	南起南横套，北至老套河	2.90	金港镇
32	苗新河	西起天生港，东至太字圩港	2.74	金港镇
33	南横港	西起张家港，东至迎新河	2.71	金港镇
34	迎新河	南起东横河，北至南横套	2.62	金港镇
35	晨西河	西起港华路，东至太字圩港	2.44	金港镇
36	侯家港	西起张家港，向北往东至五节桥港	2.39	金港镇

续表13

序号	河道名称	起止位置	长度（千米）	流经区镇
37	大丰浜	南起占文村，北至香山湾	2.30	金港镇
38	南马泗泾	西起迎新河，东至太字圩港	2.00	金港镇
39	马贤河	西起迎新河，东至太字圩港	1.95	金港镇
40	太丰港	西起护漕港，东至太字圩港	1.90	金港镇
41	火通港	南起协丰路，北至洋汰港	1.85	金港镇
42	三节桥港	西起南横套，向北往东至五节桥港	1.80	金港镇
43	学田河	南起南横套，北至五节桥港	1.80	金港镇
44	新三港	南起朝南村17组，北至新三港闸	1.69	金港镇
45	护严河	西起严子港，东至护槽港	1.60	金港镇
46	邱家港	南起香山河，北至张家港	1.57	金港镇
47	八房泾	南起东横河，向北往西至港西村	1.56	金港镇
48	南横泾	西起香山湖，东至张家港	1.54	金港镇
49	东方红河	西起长江路，东至老港	1.50	金港镇
50	新农港	西起北京路，东至护漕港	1.50	金港镇
51	东横港	西起张杨公路，向东往南至柏林村	1.48	金港镇
52	苗港	南起袁塍路南，北至赵家坝	1.46	金港镇
53	北横港	西起跃新河，东至迎新河	1.30	金港镇
54	直港	南起南横套，北至五节桥港	1.16	金港镇
55	东新港	西起严子港，东至护漕港	1.15	金港镇
56	老雷沟	南起袁塍路，北至肖封港	1.12	金港镇
57	马桥港	南起塍西河，北至南横套	1.12	金港镇
58	旱塘泾	南起东横河，北至江海路	1.10	金港镇
59	洋汰港	西起严子港，东至护漕港	1.10	金港镇
60	殷家港	南起塍西河，北至南横套	1.06	金港镇
61	张公港	南起香山河，北至老港	1.00	金港镇
62	石头港	南起张家港，向西往北至张家港	0.87	金港镇
63	肖封港	西起老雷沟，东至跃新河	0.82	金港镇
64	钱昌河	西起张家港，东至七房庄	0.76	金港镇
65	北横泾	西起江海路，东至府前路	0.37	金港镇
66	沙家河	西起张皋路，东至段山港	0.20	金港镇
67	蔡港河	南起江阴交界，北至东横河	7.50	杨舍镇
68	南新丰河	西起西区河，东至二干河	5.72	杨舍镇
69	谷渎港	南起新沙河，北至南横套	5.72	杨舍镇
70	白子港	西起环城河，东至新沙河	5.21	杨舍镇
71	北大寨河	北起南横套，向南往东至范港	5.20	杨舍镇
72	沙漕河	西起乌沙港，东至黄泗浦	4.90	杨舍镇
73	北新丰河	西起新沙河，东至黄泗浦湖	4.76	杨舍镇

续表13

序号	河道名称	起止位置	长度（千米）	流经区镇
74	晨中河	西起太子圩港，东至朝东圩港	3.70	杨舍镇
75	纪澄河（包港）	南起东横河，北至南横套	3.65	杨舍镇
76	团结河	西起二干河，东至三干河	3.55	杨舍镇
77	南大寨河	西起蔡港，东至朝东圩港	3.20	杨舍镇
78	晨中河东段	西起朝东圩港，东至老一干河	3.10	杨舍镇
79	范港河	南起东横河，北至南横套	3.09	杨舍镇
80	汤桥河	南只三里泾，北至苏虞张	2.87	杨舍镇
81	范泾河	西起南横套，东至谷渎港	2.73	杨舍镇
82	西区河	南起华塘河，北至环城河	2.70	杨舍镇
83	塘市大寨河	西起河头浜，东至新沙河	2.70	杨舍镇
84	朱家浜	西起西区河，东至新沙河	2.65	杨舍镇
85	漕沙塘	西起苏虞张，东至黄泗浦	2.60	杨舍镇
86	周家浜	西起二干河，东至锡张高速	2.60	杨舍镇
87	晨中南河	南起腰沟埭，北至大新界	2.60	杨舍镇
88	小城河	西起万红港，东至谷渎港	2.48	杨舍镇
89	王庄浜	西起二干河，东至塘桥界	2.40	杨舍镇
90	新开界罗港	南起张杨公路，北至南横套	2.40	杨舍镇
91	杨汉港	南起疏港高速，北至百桥新村	2.32	杨舍镇
92	农联南泾河	西起新开界罗港，东至二干河	2.31	杨舍镇
93	乌沙港	南起南泾河，北至南横套	2.30	杨舍镇
94	庆丰河	南起南横套，北至锦丰界	2.30	杨舍镇
95	弯背塘	南起暨阳湖，北至谷渎港	2.29	杨舍镇
96	小河坝路河	西起环城河，东至万红港	2.06	杨舍镇
97	万红港	南起小城河，北至横河	2.02	杨舍镇
98	界泾河	南起北新丰河，北至东横河	2.01	杨舍镇
99	七圩港	南起南横套，北至寿兴横套	2.00	杨舍镇
100	丰千泾	南起漕沙塘，北至沙洲路	2.00	杨舍镇
101	二圩港	南起南横套，北至寿兴横套	1.80	杨舍镇
102	梁丰河	西起环城河，东至万红港	1.76	杨舍镇
103	龙潭泾	西起二干河，东至农义村陆家堂	1.70	杨舍镇
104	和尚港	南起南横套，北至团结河	1.60	杨舍镇
105	牛洞浜	西起东千泾，东至漕沙塘	1.60	杨舍镇
106	东千泾	西起新沙河，向东往北至新乘路	1.52	杨舍镇
107	黎明南泾河	西起二干河，东至农鹿路	1.50	杨舍镇
108	季港	南起北大寨河，北至南横套	1.50	杨舍镇
109	马桥港	南起季港，北至南横套	1.49	杨舍镇
110	河头浜	南起江阴界，北至沿江高速	1.45	杨舍镇

续表13

序号	河道名称	起止位置	长度（千米）	流经区镇
111	幸福河	南起南大寨河，北至东横河	1.40	杨舍镇
112	善港河	南起张杨公路，北至南横套	1.40	杨舍镇
113	黄家港	南起沙洲湖，北至南横套	1.32	杨舍镇
114	扁泾浜	西起新沙河，东至二干河	1.30	杨舍镇
115	后浜河	西起老二干河，东至二干河	1.25	杨舍镇
116	彩虹河	西起国泰路，东至港城大道	1.18	杨舍镇
117	横河	西起老一干河，东至一干河	1.15	杨舍镇
118	乘航大寨河	南起东横河，北至张杨公路	1.06	杨舍镇
119	杨舍大寨河	西起环城河，东至暨阳湖	1.05	杨舍镇
120	罗长浜	西起金港大道，东至新沙河	1.02	杨舍镇
121	苍蒲塘	南起二干河，北至南新丰河	0.92	杨舍镇
122	丁家流漕	西起南丰界，东至三干河	0.75	杨舍镇
123	油车港	南起寿兴横套，北至南中心河	6.24	锦丰镇
124	合兴横套	西起川港，东至二干河	5.44	锦丰镇
125	常通港	西起二干河，东至三干河	5.13	锦丰镇
126	大寨河	西起二干河，东至三干河	4.75	锦丰镇
127	锦西河	西起二干河，东至三干河	4.55	锦丰镇
128	十三圩港	南起常通港，北至长江	4.41	锦丰镇
129	老三干河	南起二干河，北至北中心河	3.60	锦丰镇
130	新港	南起横港，北至长江	3.52	锦丰镇
131	团结河	西起二干河，东至老三干河	3.45	锦丰镇
132	横港	西起十二圩港，东至三干河	3.37	锦丰镇
133	老悦来横套	西起川港，东至悦来横套	2.60	锦丰镇
134	双红港	西起界河，东至一干河	2.24	锦丰镇
135	夹漕港	南起锦西河，北至北中心河	2.22	锦丰镇
136	新民丰港	南起北中心河，北至常通港	2.04	锦丰镇
137	锦阳河	南起南中心河，北至北中心河	2.02	锦丰镇
138	十二十三界河	南起北中心河，北至常通港	1.85	锦丰镇
139	建设支港	南起锦西河，北至北中心河	1.83	锦丰镇
140	天福横套	西起油车港，东至二干河	1.62	锦丰镇
141	北中心河	西起沙钢厂区，东至二干河	1.60	锦丰镇
142	元西河	西起夹漕港，东至老三干河	1.15	锦丰镇
143	太平港	南起南中心河，北至沙钢厂区	1.14	锦丰镇
144	十二圩港	南起常通港，北至横港	1.05	锦丰镇
145	交界河	西起三干河，东至西旸塘	10.00	塘桥镇
146	芦浦塘	西起妙金塘，向东往北至西旸塘、往南至走马塘	6.10	塘桥镇
147	妙金塘	南起走马塘，北至西旸塘	5.70	塘桥镇

续表13

序号	河道名称	起止位置	长度（千米）	流经区镇
148	北横塘	西起何桥鱼池塘，向北往东至奚浦塘	4.80	塘桥镇
149	顾先塘	西起西旸塘，向东往南至河泾塘，东至妙泾塘	4.10	塘桥镇
150	浏泾塘	南起西塘公路，北起徐庄塘	3.70	塘桥镇
151	沙田中心塘	西起吴家港，东至马嘶塘西	3.40	塘桥镇
152	周巷塘	南起西塘公路，北至华妙河，西至镇中路，东至周巷路	3.10	塘桥镇
153	裕庄塘	西起奚浦塘，东至小城浦	2.50	塘桥镇
154	马嘶塘	南起盐铁塘，北至永南河	2.40	塘桥镇
155	南横塘	西起小麦塘，东至周巷塘	2.36	塘桥镇
156	新泾塘	南起华妙河，北至盐铁塘	2.00	塘桥镇
157	塔泾塘	西起三干河，向东往北至鹿苑金桥路	2.00	塘桥镇
158	小麦塘	南起长寿河，北至华妙河	1.94	塘桥镇
159	青龙中心塘	南起华妙河，北至北横塘	1.82	塘桥镇
160	桑园港	西起奚浦塘，向东往南至裕庄塘、往北至盐铁塘	1.80	塘桥镇
161	十字港中心塘	南起华妙河，北至新泾路	1.63	塘桥镇
162	老顾先塘	西起妙泾塘，向东往南至兄华路，东至妙丰公路	1.60	塘桥镇
163	何桥中心塘	南起华妙河，北至新泾路	1.50	塘桥镇
164	小城浦	南起裕庄塘，北至盐铁塘	1.50	塘桥镇
165	北小塘	西起三丈浦，东至奚浦塘	1.49	塘桥镇
166	杨园中心塘	南起华妙河，北至北横塘	1.27	塘桥镇
167	广泾梢	南起202县道，北至华妙河	1.24	塘桥镇
168	大城浦	南起盐铁塘，北至沙漕交界河	1.22	塘桥镇
169	韩山中心塘	西起奚浦塘，东至韩山村与顾家村交界	1.20	塘桥镇
170	小奚浦塘	南起盐铁塘，北至鹿马公路北	1.20	塘桥镇
171	吴家港	南起沙漕交界河，北至南横套	1.00	塘桥镇
172	常通港	西起私盐港，东至六干河	8.10	乐余镇
173	朝东港	西起双桥32号河，东至老六干河	6.35	乐余镇
174	齐光河	西起恒乐新型建材厂东侧进厂道路，东至六干河	3.09	乐余镇
175	老三干河	南起永乐13号河，北至北中心河	2.65	乐余镇
176	恤济港	南起镇北路，北至朝东港	2.55	乐余镇
177	东兴港	西起五干河，东至齐心20号河	2.53	乐余镇
178	团结河	西起三干河，东至乐港河	2.34	乐余镇
179	老庙港	南起团结河，北至北中心河	2.30	乐余镇
180	联合河	西起五干河，东至六干河	2.20	乐余镇
181	兆丰支港	西起五干河，东至六干河	2.10	乐余镇
182	三兴支港	西起四干河，东至港丰公路	1.59	乐余镇
183	乐港河	西起老庙港，东至老四干河	1.50	乐余镇

续表13

序号	河道名称	起止位置	长度（千米）	流经区镇
184	新胜河	西起朝山港，东至四干河	1.48	乐余镇
185	老四干河	西起扶海1号河，东至四干河	1.26	乐余镇
186	海丰港	西起扶海26号河，东至五干河	1.25	乐余镇
187	大寨河	南起乐余7号河，北至北中心河	1.15	乐余镇
188	大庆河	南起五干河，北至北中心河	1.00	乐余镇
189	老六干河	南起六干河，北至朝东港	0.90	乐余镇
190	新西河	西起二干河、东至奚浦塘	9.51	凤凰镇
191	长寿河	西起二干河、东至三干河	7.31	凤凰镇
192	支塘河	南起凤码路，向北往东至三干河	4.96	凤凰镇
193	沿塘河	南起凤凰大道，北至新西河	4.35	凤凰镇
194	新横河	南起凤码路，北至新西河	4.19	凤凰镇
195	西浜	南起程墩路，北至张家港塘	3.40	凤凰镇
196	八仙浜	南起走马塘，北至张家港塘	3.23	凤凰镇
197	龙房巷河	南起支山村道路，北至沿塘河	2.20	凤凰镇
198	白马隆	南起张家港塘，向北往东至三干河	2.03	凤凰镇
199	钱泾塘	南起曲塘泾，北至杏福路	1.84	凤凰镇
200	西参河	南起新西河，北至长寿河	1.82	凤凰镇
201	西塘河	南起高庄村崔家巷，向北往东至飞翔新开河	1.80	凤凰镇
202	马王塘	南起长寿河，向北往西至安庆村村道	1.69	凤凰镇
203	石塘河	南起凤恬路，北至支塘河	1.65	凤凰镇
204	蟹婆塘	西起三丈浦，向东往北至北横塘	1.59	凤凰镇
205	北横塘	西起三丈浦，东至奚浦塘	1.51	凤凰镇
206	杨沐塘	南起苏虞张，北至张家港塘	1.48	凤凰镇
207	飞翔新开河	西起西塘河，东至西浜	1.47	凤凰镇
208	黄泥塘	南起张家港塘，北至凤翔新村	1.41	凤凰镇
209	港口镇区河	西起张家港塘，东至张家港塘	1.26	凤凰镇
210	黄莲塘	南起港程路，北至张家港塘	1.24	凤凰镇
211	马路河	南起凤凰玻璃厂，北至张家港塘	1.04	凤凰镇
212	深家浜	西起三丈浦，东至新204国道	0.92	凤凰镇
213	居墩河	西起双龙北窑塘，东至三干河	0.88	凤凰镇
214	山东塘	西起三干河，东至三丈浦	0.73	凤凰镇
215	莺山塘	南起张家港塘，北至支山老村委	0.55	凤凰镇
216	船舫浜	南起夏市路，北至张家港塘	0.32	凤凰镇
217	助剂厂浜	西起凤南路，东至张家港塘	0.32	凤凰镇
218	海丰河	西起新204国道，东至妙丰公路	4.70	南丰镇
219	永兴河	南起永南河，北至泗兴港	3.96	南丰镇
220	永丰支港	西起永兴河，东至妙丰公路	3.90	南丰镇

续表13

序号	河道名称	起止位置	长度（千米）	流经区镇
221	东沙支港	南起村主干道，北至走马塘	3.78	南丰镇
222	三兴港	西起东港村委，东至五干河	2.60	南丰镇
223	建工大道南河	南起永南河，向北往西至四干河	2.50	南丰镇
224	泗兴支港	西起四干河，东至泗兴港	2.08	南丰镇
225	南丰市河	南起永南河，向北往西至四干河	1.80	南丰镇
226	永兴支河	西起永兴河，向东往北至永钢大道	1.78	南丰镇
227	东滨河	南起东滨排涝站，北至内河码头	1.10	南丰镇
228	东风支港	南起东跃排涝站，北至走马塘	1.10	南丰镇
229	永泰河	西起东进排涝站，东至东滨排涝站	1.00	南丰镇
230	洞子港	南起南丰镇南中心河，北至海坝村八组	0.72	南丰镇
231	段山港	南起北横套，北至长江	6.48	大新镇
232	迎丰港	南起中山村8组，北至朝东圩港村沙家岸埭	5.30	大新镇
233	北横套	西起太字圩港，东至川港	5.21	大新镇
234	大新横套	西起段山港，东至港城大道	3.95	大新镇
235	新丰港	南起新凯村黄德基圩埭，北至大新横套	3.55	大新镇
236	大新港	南起长丰村周家埭，北至大新横套	3.30	大新镇
237	渡泾港	南起大新横套，北至长江	2.20	大新镇
238	新南河	西起朝东圩港，东至川港	1.70	大新镇
239	南中心河	西起渡泾港，东至港城大道	1.42	大新镇
240	九横套	南起段山港，北至大新金港界	1.24	大新镇
241	跃进河	南起红旗路，北至六干河	3.60	常阴沙现代农业示范园区
242	常兴河	北起红旗路，南至常沙河	2.82	常阴沙现代农业示范园区
243	常沙支港	西起港丰公路农场变电站，东至走马塘	2.76	常阴沙现代农业示范园区
244	常东支港	南起走马塘，北至常沙河	2.14	常阴沙现代农业示范园区
245	运输河	西起北中心河，东至农场河	1.45	常阴沙现代农业示范园区
246	农场支港	西起常红通运路边，东至农场河	1.40	常阴沙现代农业示范园区
247	东环岛河	南起双山客运北码头，向东北至高尔夫球场	8.00	双山香山旅游度假区
248	南横港	东起绿江农场，西至渡江胜利公园	4.50	双山香山旅游度假区
249	西环岛河	东起南闸，向西北至渡江胜利公园	4.00	双山香山旅游度假区
250	双山港	南起南闸，向北往东至高尔夫球场	2.60	双山香山旅游度假区
251	东港	南起东环岛路，北至南横港	1.20	双山香山旅游度假区

【市水务集团成立】 4月4日，张家港市水务集团有限公司成立大会在沙洲宾馆举行，市委副书记王亚方出席会议并为市水务集团揭牌。集团以市给排水公司为主体，整合市水务局下属国资企业江苏新水工业供水有限公司、张家港市长江治理工程有限公司组建而成，承担张家港市城市供排水服务，管理自来水生产和供应、污水处理、中水回用、给排水管网等涉水国有资产和经营业务，开展水务基础设施及水环境、污泥、固废处置等相关涉水资产的投资、建设、运营与服务等职能工作。6月24日，市水务集团成立张家港市张水项目管理有限公司，承接政府投资水利工程代建业务。2019年，水务集团实现营业收入5.12亿元、利税6014.23万元。

（刘　祺）

【编辑　陆正芳】

数字张家港

Digital Zhangjiagang

张家港首个5G基站开通助力乡村振兴　（张家港移动公司　提供）

信息基础设施建设

通　　信

信息技术应用

信息化管理

張家港年鑑(2020)

信息基础设施建设

【概况】 2019年，全市继续加大信息化基础设施建设投资，新增光缆1780皮长千米，累计7.39皮长千米。新建各类基站268个。

电信网建设 2019年，中国电信张家港分公司践行网络强国战略，发挥信息化建设主力军作用，助力智慧城市建设。建设无线网络，进行4G网络深度覆盖和5G建设。围绕“五高一地”场景（高速、高铁、高校、高密度商务区、高密度小区），提升移动质量。通过关键站址建设、质差小区优化、负荷优化扩容，提升客户感知。2019年，建设4G基站48个，室外站点累计1570个；建设室内分布系统21个，室内分布系统累计422个；开通5G基站178个，覆盖市区和港区核心区域。全市光纤网络覆盖率100%，覆盖所有行政村。全年新增千兆PON口448线、千兆分光器端口49489线，千兆端口总量125267线，千兆网络覆盖率65%。

移动网建设 2019年，中国移动通信集团江苏有限公司张家港分公司总投资1.3亿元，全面建设第五代移动通信网络，4G站点总规模1740个，5G站点总规模105个，新建通信管道30沟千米；新敷设光缆1700皮长千米。驻地网小区覆盖64.23万户。完成集团专线三线业务接入2900家，完成开通治安监控6000个，提升了全业务网络容量。

联通网建设 2019年，张家港联通公司网络建设投资2700余万元。全年新开通4G基站8个，累计4G基站825个；新建开通LTE 900基站298个，提升4G网络的覆盖广度和深度；新建开通5G基站16个、5G室分站点18个；同时共享开通友商5G基站156个和5G室内分布站点9个；新建光缆80皮长千米，累计光缆7676皮长千米；新建管道3孔千米，累计管道1226孔千米。完成16个新国标小区共计9014户居民的通信配套设施建设及268个广电小区50585户用户资源信息匹配；建设完成一个模块26个机柜的IDC机房，为企事业单位主机托管业务提供优质的环境和服务。

广电网建设 江苏有线张家港分公司以提升广播电视安全播出能力和促进广电高质量发展为目标，2019年投入约3000万元，加强机房建设、完善平台功能、优化网络结构。完成视频监控平台的第一期扩容，达到接入8000路、存储4000路的业务容量；积极推进机顶盒TVOS升级，实施了3716CV200机顶盒两次大网升级，成功升级10.5万台，并完成机顶盒UI界面的改版升级；加快推进广电网信息化建设，GIS系统完成分配网新录入7.62万户，完成主干管线新录入1550千米。

【“智慧广电”项目建设】 2019年，江苏有线张家港分公司加快推进“智慧广电”项目建设，初步完成凤凰镇“智慧广电”用户全覆盖工作，建成塘桥镇、乐余镇、凤凰镇、双山香山旅游度假区4个“有线智慧镇（区）”，覆盖用户6万户左右。加强视频监控业务建设，完成公安治安监控1000个新增点位建设，建设治安监控点位1.3万个，并着重推进村级视频监控租赁业务，在锦丰镇实施村级视频监控全覆盖工程，并在其他大部分乡镇逐步推动，取得一定的规模效应。实施社会综合治理网格化联动工作站项目，在金港镇、凤凰镇、塘桥镇部分村率先进行试点建设并初步取得成功，金港镇、凤凰镇基本实现全覆盖。实施新时代文明实践中心云平台项目，相继完成常阴沙现代农业示范园区文明实践中心项目和凤凰镇“1+18”新时代文明实践智慧云平台。规划智慧工地监管项目，采用“扬尘噪声在线监测+视频监控”的模式，将82个在建工地接入住建、环保部门的监管平台。

【全省首个农村5G基站开通】 与4G技术相比，5G网络拥有更强的性能，支持超高速率、超低时延、超大连接的应用场景，可实现从消费到生产的全环节、从人到物的全场景覆盖，快速促进互联网、物联网与各行各业深度融合，催生各类应用，有力推动经济社会高质量发展，创造高品质生活。2月22日，张家港市首个5G基站在永联小镇正式开通，这也是全省首个农村5G基站，信号覆盖永联小镇、江南农耕园和永钢集团。标志着永联村率先迈入“5G”时代。张家港移动在永联小镇建设5G基站，强化5G技术在乡村振兴中的应用，为智慧农业、智慧旅游、智能制造等提供服务，进一步助推永联乡村振兴和永钢转型升级，以重点信息化项目建设，启动新一轮智能化车间和智能工厂的建设，发展智能制造专业平台，助力经济社会数字化、网络化、智能化发展迈上新台阶。

【移动公司与张家港高铁新城签订5G战略合作协议】 6月28日，移动公司与张家港高铁新城开发区管理委员会在塘桥文化中心举行“5G赋能，共建智慧高铁新城”战略合作签约仪式。5G战略合作签约后，公司持续探索5G新技术、新业务、新生态，着力推动构建高铁新城5G产业创新环境、打造区域5G应用产业链和生态圈，提升“智慧高铁新城”管理效率和社会满意度，带动产业发展，增强区域经济的科技创新竞争力和可持续发展能力。公司将加快高铁新城光网资源升级，加快5G网络、NB-IOT物联网等新一代信息基础网络及设施建设，实现网络覆盖更全面、网速更超前、使用更方便，为推动高铁新城城市网络设施系统化建设、提升城市产业创新活力、增强区域科技创新竞争力做更大贡献。 （钱　坚　唐力媛　陈　莹　李怡玮）

通　信

【概况】 2019年，各通信运营商完成业务总量7.97亿元，主要经营范围包括移动通信业务、固话业务、宽带业务、互联网专线、数据通信等综合电信业务。至年末，全市有固定电话用户21.51万户，移动电话用户180.16万户，互联网用户109.73万户。

中国电信股份有限公司张家港分

公司　简称中国电信张家港分公司，下设办公室、销售部、政企客户部、渠道运营中心、维护安装部及18个分局，员工总数709人。至年末，公司有固定电话用户27.8万户，移动电话用户66.1万户，宽带用户30.6万户，天翼高清用户25.5万户。年内，公司获得2019年度张家港市服务地方奖、2019年度城区"同创共建"示范单位等荣誉称号。

中国移动通信集团江苏有限公司张家港分公司　简称张家港移动公司，下设综合部、市场经营部、集团客户部和技术业务支撑中心4个部门及城北、金港、塘桥、锦丰、城南、乐余6个分局，共有员工258人。2019年，公司年收入规模近10亿元，用户超100万户，其中4G用户数87万户、5G用户数14万户，家庭宽带24万户。年内，公司与张家港高铁新城、乐余净谷小镇等重点发展区域率先签订5G战略合作协议，全面实施"5G+"计划，加快推动全市5G发展，助力产业升级和经济高质量发展。年内，公司先后获江苏省文明单位、苏州市五一劳动奖状、张家港市劳动关系示范企业、张家港市文明单位、张家港市爱心会员单位等称号。

中国联合网络通信有限公司张家港市分公司　简称张家港联通公司，下设综合部、公众客户营销中心、政企客户营销中心和网络中心4个部门，其中政企客户营销中心下设市区、金港、塘桥、锦丰4个分局，有员工154人，营业服务网点71个。2019年6月6日，中国联通获得5G商用牌照；10月31日，5G正式商用后，张家港联通公司加快推进各行业应用落地，推动5G产品孵化，与合作伙伴共建5G产业新生态。11月27日，"携号转网"启动，为群众提供更好的信息通信服务。年末，张家港联通公司有移动用户21.34万户，宽带和固话用户2.27万户，全年实现综合业务收入1.56亿元。2019年先后获2018年度全省"放心消费、满意服务"示范营业厅、2018年度张家港市文明单位等荣誉。

江苏有线网络发展有限责任公司张家港分公司　简称江苏有线张家港分公司，下辖综合办公室、财务资产部、公众客户部、集团客户部、工程技术部、运维播控中心6个部门，杨舍、金港、城区、塘桥、凤凰、锦丰、乐余、南丰、大新、常阴沙10个广电站，有员工373人。公司经营数字电视、宽带（包含无线宽带）、数据、监控及其他智能化和信息化业务。年末，有网内数字电视注册用户32万户，其中高清互动终端16.5万个，宽带用户7.8万户。全年实现经营收入1.9亿元。

"张闻明"爱心包裹捐赠　　（张家港移动公司　提供）

【"张闻明"爱心包裹捐赠】 4月，移动公司"张闻明"爱心志愿团队得知贵州省铜仁市沿河土家族自治县官舟镇二完小留守儿童学习条件艰苦、缺少学习用品后，发动全体员工、业主踊跃奉献爱心，共筹得5000余元善款购买了100份爱心包裹，里面包括笔袋、铅笔、彩笔、尺子、橡皮等必备文具用品。这批爱心包裹由沙洲职业工学院暑期支教师生带到沿河县，为孩子们送去爱，让他们不因远离父母而产生孤独感，时时处处能感受到温暖。

【电信公司推进员工幸福工程】 中国电信张家港分公司以"美丽、健康、爱心"三大系列为主线、十件实事为重点推进员工幸福工程，解决基层员工工作生活中的痛点、难点、热点，增强员工获得感和幸福感。十件实事包括：员工饮用净水实现全覆盖，全面开展净水设施改造，所有办公场所的员工都喝上直饮水。开展美丽支局建设，以"环境美、生活美、氛围美"为导向，改善和提升支局的餐饮质量、工作环境、活动条件、生活品质和卫生安全;支局的办公环境和就餐条件得到改善，其中，塘桥支局、乐余支局、经开区支局、塘市支局、东莱支局、后塍支局先后建成美丽支局。细化员工关爱举措，解决员工急难愁盼问题。比如，优化大厦营业厅停车场停车办法；改造食堂，添置餐厨设施，提升菜品质量，减少就餐等待时间。关注员工身心健康，组织员工健康体检，开展体检指标科普讲座，医疗专家提供一对一咨询。落实"五必访五必贺"，慰问生病、结婚、生育员工40人次，开展节日慰问、高温慰问。多种形式关爱服务女员工，开展"三八"妇女节系列活动、成立女职工健身操俱乐部。关爱员工子女，8月开展员工子女升入大学慰问。关爱青年员工，落实新员工成长成才"普洱茶计划"，关心新员工的衣食住行，为外地籍新员工提供住宿解决方案，开展青年员工中秋座谈会。建设李刚劳模创新工作室，加强高技能人才培养，劳模创新工作室新增3名成员。李刚劳模创新工作室获评苏州市总工会授牌的首批劳模工作室。 （钱 坚 唐力媛 陈 莹 李怡玮）

信息技术应用

【概况】 4月，张家港市与华为正式签署战略合作协议，确立打造“中国智慧城市县域标杆”的总体目标。11月，张家港市获2项智慧城市大奖，分别为2019年全球智慧城市大会世界智慧城市大奖（中国赛区）城市精细化治理奖提名奖、2019年亚太智慧城市发展论坛中国领军智慧城市奖。涵盖电子政务网络、政务云平台、政务大数据、各项智慧应用的数字政府全面构建，协同共享的政府服务新模式已经初步成型。10月，张家港政务网更名为“张家港党政通”，年内注册人数21590人次，公务邮件收发653.5万份，公文交换收17639份、发934份，发布新闻信息3723条，发布政务内刊56期。会议分票系统发送会议票84场。“无线张家港”新闻客户端升级为“今日张家港”新闻客户端，张家港在线网、张家港新闻网及“今日张家港”新闻客户端发布新闻信息54810条，资讯图集459个，各类专题65个，网络直播121场，截至2019年年末，客户端用户15万人。张家港人才网新增网上会员单位2270个，累计16443个，全年发布招聘岗位52538个，入库求职简历23313份，年流量2969万人次。全市金融系统取款机减少68台，累计159台；存取款一体机减少14台，累计730台；新增自助终端100台，累计428台。

【大数据建设】 2019年，市大数据管理局按照电子政务架构治理工作实施细则，重点在系统数据整合共享方面加强管控，加快推动政务信息系统整合和政务信息资源共享应用，实现3个层级的完全归口管理：统一政务服务总入口，在政务侧上线“张家港党政通”，定位为张家港市党政办公的唯一入口，实现“党政办公一平台”。统一项目管理总入口，建立“技术和资金同步评审”的项目管控机制，减少重复建设，提升建设成效。2019年，评审21个市级机关部门、单位申报的28个电子政务项目，在与智慧城市顶层设计适应、数据共享交换、信息安全等方面提出89条可行性意见建议。统一数据资源总入口，张家港市政务大数据平台已汇聚48个部门5.19亿条数据，支撑工业企业评价、互联网+政务服务等25个部门45类6630万条数据共享应用。大数据汇聚、共享、应用的价值进一步凸显。同时，张家港市政务云计算中心支撑62个政府信息化项目，全市信息资源共享共用、集约建设。

【智慧城市建设】 2019年，市大数据管理局承担智慧城市建设推进办公室职能，通过抓好顶层规划、重点项目、创新应用等关键环节，加快推动港城智慧城市建设。《张家港市新型智慧城市顶层设计（2019—2021年）》经深改委会议审议通过，顶设立足张家港实际，突出示范引领，按照把握近期（2019）、着手中期（2020）、放眼远期（2021—）要求，实施“三步走”策略，确立“构建高质量发展的数字张家港，打造全国智慧城市的县域标杆”目标，明确“4115”重点工程建设任务（“4”是指4类信息基础设施升级建设，“1”是指1个城市数字平台建设，“1”是指1个城市运行中心；“5”是指党建、善政、惠民、兴业和文明实践5类24项智慧应用工程），是面向未来的张家港新型智慧城市建设行动指南。智慧城市三大基础支撑项目（下一代云计算中心、城市数字平台、智慧城市大脑）启动实施，公安局数据工厂、“互联网+政务服务”、智慧医疗、网格化大联动、综合执法等一批社会治理信息化项目相继落地建设。探索“一办一局一中心一公司”智慧城市组织运行体系，签约全国首家“华为智慧城市（张家港）应用创新中心”，设立沙洲工学院、江苏科技大学张家港校区ICT学院，推动政企共建塘桥高铁新城数字园区，着力在智慧应用创新生态体系培育上下功夫。

【电信公司助力智慧城市建设】 中国电信张家港分公司助力智慧城市建设，通过云网融合，助力诸多行业实现高质量“升级”，持续提高客户信息化新技术应用的整体水平。公司依托高等级IDC数据中心及安全可信的云网服务能力，配合全市500余家政府单位、企业服务器上云，有效降低客户信息化建设的成本及门槛，推动客户迈向智能制造的步伐。公司为电子科技企业通过云专线保证数据的安全隔离，既满足客户转型的需要，也减轻了客户一次性投资的成本压力；为连锁超市制定综合解决方案，以天翼云主机、天翼云存储、云专线、主机托管等方式实现该企业的信息化建设需求；公司推动教育网站集群项目建设，建成全省领先的新一代IPV6万兆教育城域网及教育云中心。建设智慧校园应用，提升学校网站安全管理水平，打造数字课堂、校园云桌面、无线校园、平安校园等新兴应用。公司发挥网络优势，助力医院信息安全再上新台阶。为医院提供高速影像存储服务、灾备服务，建设云桌面，有效提升医院的信息安全保障能力。公司应用5G、云计算、物联网、大数据等先进技术，提供20余种丰富的社区应用，加强社区安全风险防范能力，提高居民对社区服务的满意度。积极打造试点标杆项目，加快推动社区美丽家园建设。

【张家港联通助力教育信息化】 2019年，张家港联通公司“智慧校园”助力教育信息化建设。聚焦信息化在智慧课堂、学生上下学自动考勤、电子班牌、校园安全等校园管理方面的运用，着力打造中兴小学等多所学校的“优教云”智慧课堂，课前实现教师在线备课，提高教育质量；课堂上运用预习展评、趣味选人、答题检测等丰富的信息化教学手段，让课堂更加智慧高效，实现课堂教学大容量、多信息、多趣味和高效率；课后老师与家长实时线上互动、交流，随时掌握学生在校情况；除此之外，参与“四点半学校”建设工程，破解电子考勤等难题，助力张家港小学打造成特色鲜明的现代化、智慧型校园。

【张家港联通太阳能视频监控消除综合执法局监控盲点】 2019年，张家港联通公司联合市综合行政执法局，推进太阳能视频监控项目。该项目通过联通的高速物联网通道实现安全、高效、实时、高清的视频传输效果，规避路面开挖铺设管线、线路断电、线路受潮进水等弊端，能够根据实际监控需要快速、灵活布点，解决综合执法部门在市区内多个监控盲点。通过该项目的顺利实施，使各网格综合执法部门可随时通过网络查看现场情况，为综合执法部门在执法取证方面提供高清数据依据。

【张家港联通助推交通行业“企业上云”】 2019年，张家港联通公司为港城公共交通有限公司、港城驾校等多家企业提供数据安全可控、数据存储灵活弹性的“云平台”服务。随着“云平台”服务的推进，解决企业本地机房设备老旧、故障频发、数据存储量不足等问题。张家港联通联合市港城公共交通有限公司，改造公交信息查询系统，市民通过公众号“张家港公交”微信公众号即可随时查看实时公交、时刻表等信息，满足大容量数据的查询要求；联合港城驾校打造在线报考系统，学员无须到驾校现场报名，即可在阳光e驾官网上预约报名，选择时间、教练、缴费等，极大方便市民网上报考驾校。 （汪皖平　钱　坚　唐力媛　陈　莹　李怡玮）

信息化管理

【概况】 年内，市信息化建设以智能制造为核心，推进企业信息化、社会信息化、工业互联网和信息基础设施建设以及推进软件和集成电路企业发展，年内2家企业获软件和集成电路企业做大做强奖励234万元，5家企业获软件和集成电路企业开展资质认证奖励145万元。推进企业“两化融合”（信息化和工业化的高层次深度结合）工作，年内新增国家级“两化融合”管理体系贯标认证企业7家；新增“两化融合”贯标试点企业8家；新增苏州市级工业互联网重点平台2家；新增苏州市级工业互联网典型应用企业2家；新增苏州市级工业互联网专业服务商12家；新增省级示范智能车间45家；新增省级星级上云企业63家，其中五星1家、四星15家、三星47家。创建国家级“两化融合”管理体系贯标试点企业13家，“两化融合”管理体系贯标试点企业21家，苏州市级工业互联网重点平台3家，苏州市级工业互联网典型应用企业4家，苏州市级工业互联网专业服务商12家，省级示范智能车间62家。软件产业全年实现产值38亿元。

【62个车间成为省级示范智能车间】 2019年，市工信局狠抓工业经济提质增效核心，深入推进智能工业发展，项目申报成效显著，45个车间入围2019年省级示范智能车间拟授牌名单，获评数为上年（9家）的5倍，为历年（17家）的近3倍，取得申报数（83家）、获评数全省“双第一”的成绩，创建工作实现历史性突破。至2019年年末，全市省级示范智能车间数62家，智能工业发展跃居全省前列，实现从“跟跑”到“领跑”的精彩跨越。市工信局聚焦智能制造第一工程，以三年获评100个省级示范智能车间为目标，深入推进机电、纺织细分行业的深度对标学习及专场对接活动，帮助企业家拓宽视野，打开思路。持续开展智能化诊断，会同专业服务商为有智能化改造规划的企业进行针对性改造，加快提升，以点带面推动全市智能工业纵深发展。

【张家港与腾讯签署腾讯数字经济（张家港）产业创新中心框架协议】 12月3日，2019年张家港市“创新引领、转型发展”（深圳）投资推介会在深圳举行。会上，张家港市人民政府与深圳市腾讯计算机系统有限公司签署腾讯数字经济（张家港）产业创新中心框架协议。双方将借助腾讯在人工智能、大数据、云计算、区块链、物联网等领域的技术创新及产业生态资源方面的优势，依托张家港高新区、高铁新城等发展载体，建设数字经济产业创新中心，合力推动张家港数字经济发展。在深圳期间，张家港市委书记沈国芳在腾讯云副总裁罗朝亮陪同下参观考察了深圳腾讯科技有限公司，双方就产业发展方面进一步深化合作进行交流。罗朝亮表达了腾讯与张家港市开展深度合作的愿望，希望利用腾讯在大数据、云计算和智慧城市建设等方面的技术优势，深度融入张家港城市发展，开发应用场景，孵化培育新业态、新模式，共同把张家港打造成为百强县（市）数字经济发展的标杆。沈国芳表示，经过前期多次洽谈交流，双方达成明确的合作意愿，可充分利用和发挥各自的资源和优势，围绕“产业数字化、数字产业化”的方向，积极开展深度合作，共同将张家港打造为长三角数字经济标杆示范城市。

（陈　玲）

【沙钢集团收购英国数据中心运营商】 8月28日，沙钢集团通过间接全资子公司Tough Expert Limited完成对Aldersgate Investments Limited持有的Global Switch Holdings Limited（简称“GS”）24.01%股权收购。另外，沙钢集团前期通过境内控股子公司苏州卿峰投资管理有限公司的全资子公司Elegant Jubilee Limited和境外控股子公司Strategic IDC Limited分别持有GS51%和24.99%的股权。GS成立于1998年，总部位于英国伦敦，是欧洲和亚太地区第一、全球第三的数据中心业主、运营商和开发商，拥有全球数据中心行业最高的信用评级（惠誉BBB+、标准普尔BBB、穆迪Baa2）。GS已有数据中心分布在伦敦、巴黎、阿姆斯特丹、马德里、法兰克福、新加坡、悉尼、香港等8个国际一线城市，拥有并经营13个数据中心，总建筑面积达到39.3万平方米。2019年GS实现营业收入4.39亿英镑、EBITDA2.5亿英镑。GS是中资控制的最具战略价值的海外数据中心资产。

（黄　超）

【编辑　张　洁】

开放型经济

Open Economy

国泰时代广场　（靳　泉　摄）

招商引资

对外及对港澳台贸易

对外及对港澳台经济技术合作

江苏国泰国际集团

招商引资

7月，在成都电子科技大学举办招商引资专题培训班 （市商务局 提供）

【概况】 2019年被市委、市政府定为“招商突破年”，全市营造“大招商、大突破”浓厚氛围。市商务局调优招商工作体制机制，强化项目督促推进，出台《关于深入开展“招商突破年”行动的实施方案》，修订完善《张家港市招商顾问管理办法》，并与2家机构签订招商合作服务协议。编制全市对外招商宣传手册，制作高质量城市宣传片；举办2019年张家港市经济社会发展（上海）说明会欧美专场招商会，驻沪领馆、国际商协会、外企高管走进张家港活动，2019年张家港市“创新引领、转型发展”（深圳）投资推介会，日本、以色列专场招商推介会；策划组织赴欧洲、美国、日本开展境外经贸活动；协助举办2019年张家港市创新发展（北京）投资推介会、2019年张家港长江文化艺术节金秋经贸周暨创新发展投资说明会以及等8场市级招商活动。组织全市各区镇招商部门业务骨干、市“招商突破年”推进工作领导小组成员单位及中心相关人员共47人赴成都电子科技大学参加2019年张家港市招商引资专题培训班。全市新设外商和港澳台投资企业项目40项，新增注册外资和港澳台资16.16亿美元，到账外资和港澳台资5亿美元。全年批办增资项目34项，新增注册外资和港澳台资5.6亿美元，占全市总额的33.9%；新设服务业外资和港澳台资项目24项，新增服务业和港澳台资注册外资10.21亿美元，到账外资及港澳台资5394万美元；新设投资总额超1000万美元项目9个，注册外资15.87亿美元（含增资项目），占全市注册外资及港澳台资总额的96.3%。全年战略性新兴产业实际利用外资占比67.9%。至年末，全市共有三资企业1032家，其中世界500强投资企业63家。

2019年张家港市主要新设（含增资）外资及中国香港地区项目情况表

表14

行业	项目（企业）名称	投资方（万美元）	投资总额（万美元）	注册资本（万美元）	注册外资及港资（万美元）	外资或港资比例	备案时间
化工	梅塞尔气体产品（张家港）有限公司（增资）	德国	6000	2000	2000	100%	4月
	张家港迪克汽车化学品有限公司（增资）	日本	7500	2500	746	30%	6月
	陶氏有机硅（张家港）有限公司（增资）	美国	6900	2300	2300	100%	8月
汽配	中鑫汽配（张家港）有限公司（增资）	韩国	6000	2000	2000	100%	8月
汽车制造	光束汽车有限公司	德国	72549	24183	12091	50%	12月
服务业	张家港慧茂置业有限公司	中国香港	45000	15000	15000	100%	2月
	乐中供应链管理（张家港）有限公司	新加坡	10000	5000	5000	100%	3月
	光大绿色环保固废处置（张家港）有限公司（增资）	中国香港	8061	2866	2293	80%	8月
	信义新能源（苏州）有限公司	中国香港	6000	3000	3000	100%	11月
	北控环境再生能源（张家港）有限公司（增资）	中国香港	18154	5050	5050	100%	12月

【开发区招商引资】 年内，张家港保税区（含工业配套区江苏扬子江国际化学工业园）、张家港经济技术开发区、江苏扬子江国际冶金工业园共完成注册外资和港澳台资14.62亿美元，到账外资和港澳台资4.55亿美元。张家港保税区全年新设外资项目9项，新增注册外资和港澳台资7.08亿美元，到账外资和港澳台资2.1亿美元，分别占全市的43.8%和41.7%。其中新设投资总额超1000万美元项目3项，新增注册外资及港澳

5月28日，兰生·凤凰智造产业园开工典礼暨签约仪式举行

（龚晓东 摄）

台资7.06亿美元（含增资）。全年增资项目14项，新增注册外资及港澳台资1.7亿美元。陶氏、易高、梅塞尔、AAK等世界知名企业增资扩股。张家港经济技术开发区全年新设外资和港澳台资项目22项，新增注册外资和港澳台资5.84亿美元，到账外资和港澳台资1.8亿美元，分别占全市的36.2%和35.8%。其中新设投资总额超1000万美元项目4项，新增注册外资及港澳台资5.68亿美元（含增资）。全年增资项目10项，新增注册外资及港澳台资1.5亿美元。采埃孚、中鑫、小谷等企业增资扩股，宝马光束汽车、爱汽科技、慧茂置业等项目落户经开区。江苏扬子江国际冶金工业园全年新设外资项目1项，完成注册外资1.69亿美元，分别占全市的10.5%和12.9%。全年增资项目2项，新增注册外资及港澳台资1.39亿美元。信义新能源项目落户冶金工业园。

【镇（区）招商引资】 年内，塘桥镇、乐余镇、凤凰镇、南丰镇、大新镇共完成注册外资及港澳台资1.54亿美元，到账外资及港澳台资4197万美元。其中，塘桥镇新设外资项目2项，注册外资及港澳台资195万美元，到账外资45万美元；乐余镇新设外资项目1项，注册外资及港澳台资5000万美元，到账外资及港澳台资1121万美元；凤凰镇新设外资及港澳台资项目3项，注册外资及港澳台资2135万美元，到账外资及港澳台资1810万美元；南丰镇新设外资及港澳台资项目1项，注册外资及港澳台资7861万美元，到账外资及港澳台资1221万美元；大新镇新设外资及港澳台资项目1项，注册外资及港澳台资200万美元。

【长城宝马光束汽车项目启动】 11月29日，由长城汽车股份有限公司和宝马（荷兰）控股公司共同建设的光束汽车项目正式启动，省委常委、常务副省长樊金龙，省委常委、苏州市委书记蓝绍敏等出席启动仪式。2018年7月，在中德两国总理见证下，长城汽车、宝马集团合资成立光束汽车项目，这是中国放开股比限制后的第一家合资整车企业，开创了中国汽车产业开放发展的新型范例。光束汽车选址落户张家港经济技术开发区，总投资约51亿元，被列为国家第二批重大外资项目。项目集研发、生产、仓储物流于一体，建成后具备年产16万辆燃油乘用车全出口及纯电动乘用车的研发和制造能力。

【采埃孚汽车底盘零部件项目签约】 1月29日下午，采埃孚汽车底盘零部件项目签约仪式在市举行。采埃孚底盘零部件项目是世界500强、国际汽车零部件龙头企业德国采埃孚集团在张家港经济技术开发区投资的生产基地三期项目，新增总投资1亿美元，新增注册外资3482.58万美元，新征工业用地4公顷。项目2019年4月底正式开工建设，预计2020年下半年投产，达产后年实现销售额2.5亿美元。三期项目建成后，采埃孚张家港将成为采埃孚集团亚太区投资最大、规模最大的生产基地，成为国内最具知名度和影响力的汽车零部件生产基地。

【韩国株式会社CTR新项目签约】 3月15日下午，韩国株式会社CENTRAL（CTR）新能源汽车轻量化部件项目与张家港经济技术开发区签约。韩国株式会社CTR成立于1960年，集团公司下属12家子公司，从事汽车零部件生产，产品涵盖新能源汽车轻量化产品、底盘悬架、变速箱等关键零部件，在悬挂球头万向节领域中处于世界领先地位，占据世界20%的市场份额。2011年，韩国株式会社CTR在张家港投资设立中鑫汽配（张家港）有限公司，项目总投资4500万美元，注册资本2000万美元，占地3.13公顷，主要生产悬架系统关键部件。为进一步拓展国内新能源汽车市场，公司决定新增投资6000万美元，在经开区建设年产5500万件新能源汽车底盘和转向系统部件项目。项目9月开工建设，预计2020年9月竣工并投产，达产后可增加销售6亿元。 （徐 琼）

对外及对港澳台贸易

【概况】 2019年，受整体经济形势下行的影响，全市完成对外及对港澳台进出口贸易总额343.61亿美元，比上年减5.78%，其中进口总额182.25亿美元，比上年减3.82%；出口总额161.36亿美元，比上年减7.89%；贸易逆差20.89亿美元。一般贸易进出口仍占主导地位，为282.27亿美元，占全年进出口总额的82.15%，其中出口141.54亿美元，比上年减6.44%，占全市出口总额的87.72%。全市有出口实绩企业3281家。其中，内资企业2908家，合计出口126亿美元（海关统计数，下同），比上年减

6.22%，占全市出口总额的78.1%；三资企业373家，合计出口35.36亿美元，比上年减13.38%，占全市出口总额的21.9%。江苏国泰国际集团出口额全市最高，为40.04亿美元，比上年减5.28%，占全市出口总额的24.81%。张家港保税区、张家港经济技术开发区、扬子江国际冶金工业园出口额分别为31.68亿美元、77.67亿美元和20.91亿美元，进口额分别为121.57亿美元、8.75亿美元和30.89亿美元。

2019年张家港市十大出口企业出口情况表

表15

企业名称	主要出口产品	出口总额（万美元）	比上年增长率（%）
江苏国泰国际集团股份有限公司	纺织、机电、化工产品等	400431	−5.28
江苏沙钢集团有限公司	钢材	116826	−29.51
江苏永钢集团有限公司	钢材	77849	−14.56
江苏一达通企业服务有限公司	外贸综合服务	76906	5.74
张家港市易华润东新材料有限公司	塑料制品	34613	1.85
张家港协鑫集成科技有限公司	机电产品	19273	69.32
索尔维（张家港）精细化工有限公司	化工品	19044	−20.39
天宇羊毛工业（张家港保税区）有限公司	纺织原料	19036	−10.36
爱康集团	机电产品、金属制品	18047	60.77
骏马集团	纺织品、金属制品	16626	−1.48

2019年张家港市十大进口企业进口情况表

表16

企业名称	主要进口产品	进口总额（万美元）	比上年增长率（%）
中粮四海丰（张家港）贸易有限公司	农产品	474300	−9.11
江苏沙钢集团有限公司	矿产品	341354	−0.63
江苏永钢集团有限公司	矿产品	171043	87.16
张家港孚宝仓储有限公司	化工品	85318	35.05
东华能源股份有限公司	能源产品	83736	−38.84
江苏国泰国际集团股份有限公司	纺织、机电、化工产品等	55549	28.20
张家港保税区长江国际港务有限公司	化工品	47433	−40.56
张家港保税港区港务有限公司	化工品	43734	124.31
浦项（张家港）不锈钢股份有限公司	钢材	31801	−19.20
天宇羊毛工业(张家港保税区)有限公司	纺织原料	30912	−15.22

2019年张家港市进出口主要商品情况表

表17

商品名称	出口（万美元）	比上年增长率（%）	商品名称	进口（万美元）	比上年增长率（%）
纺织原料及纺织制品	660361	−4.80	矿产品	609148	5.38
贱金属及其制品	339932	−18.57	植物产品	412964	−19.11
机器、机械设备	189194	10.47	化工产品	237186	−9.28
化工产品	151734	−12.70	纺织原料及纺织制品	127547	−6.27
塑料、橡胶及其制品	135984	−15.91	贱金属及其制品	105396	−10.37
杂项制品	40578	5.47	动、植物油、脂产品	103533	37.25

续表17

商品名称	出口（万美元）	比上年增长率（%）	商品名称	进口（万美元）	比上年增长率（%）
交通运输工具	30315	-6.52	塑料、橡胶及其制品	63940	-4.13
鞋、帽、伞等	14717	-2.91	机器、机械设备	53688	-2.29

2019年张家港市进出口主要国家（地区）情况表

表18

国家（地区）	出口（万美元）	比上年增长率（%）	国家（地区）	进口（万美元）	比上年增长率（%）
美国	355916	-7.62	澳大利亚	479474	12.34
韩国	133157	15.90	巴西	387950	-17.70
日本	107050	-7.22	日本	84185	35.91
越南	79986	3.93	韩国	80057	-21.09
孟加拉国	62006	-12.62	印度尼西亚	79383	29.02
“一带一路”沿线国家	533296	-9.74	“一带一路”沿线国家	386392	-0.70

【货物贸易进出口】 2019年，全市有进出口实绩的外贸企业3674家，进出口超1亿美元的有46家、超1000万美元的有298家，其中出口超1亿美元的25家、超1000万美元的202家。以民营企业为主的贸易主体结构使全市一般贸易进出口占货物进出口总数额比重达到82%。从商品类别来看，进出口量前五名分别为纺织原料及其制品、矿产品、贱金属及其制品、植物产品、化工产品，全年进出口额分别达到78.8亿美元、61.3亿美元、44.5亿美元、41.5亿美元和38.9亿美元，比上年分别减5%、增5.7%、减16.8%、减19.1和减10.7%。出口量排名前三名的分别为纺织原料及纺织制品、贱金属及其制品、机器机械设备，出口额分别为66亿美元、34亿美元和18.9亿美元，比上年分别减4.8%、18.6%和增10.5%。进口量排名前三名的分别为矿产品、植物产品、化工产品，进口额分别为60.9亿美元、41.3亿美元和23.7亿美元，比上年分别增5.4%、减19.1%和减9.3%。从进出口主要国家看，出口的主要国家为美国、韩国、日本，出口额分别为35.6亿美元、13.3亿美元、10.7亿美元，比上年分别减7.6%、增15.9%和减7.2%；进口的主要国家分别为澳大利亚、巴西、日本，进口额分别为47.9亿美元、38.8亿美元、8.4亿美元，比上年分别增12.3%、减17.7%和增35.9%。从全市主要进出口地区分布情况看，出口亚洲77.59亿美元，比上年减8.64%；出口北美洲38.3亿美元，比上年减7.68%；出口欧洲28.78亿美元，比上年减2.56%；出口拉丁美洲7.83亿美元，比上年减12.72%；出口非洲5.19亿美元，比上年减15.47%；出口大洋洲3.67亿美元，比上年减10.8%。其中，出口“一带一路”沿线国家53.33亿美元，比上年减9.74%；出口东盟26.86亿美元，比上年减6.33%；出口欧盟25.36亿美元，比上年减3.31%。进口亚洲53.93亿美元，比上年减4.31%；进口拉丁美洲49.69亿美元，比上年减1.23%；进口大洋洲49.67亿美元，比上年增11.04%；进口欧洲12.28亿美元，比上年增15.85%；进口北美洲11.06亿美元，比上年减46.21%；进口非洲5.61亿美元，比上年减19.03%。其中，进口“一带一路”沿线国家38.64亿美元，比上年减0.7%；进口东盟15.57亿美元，比上年增30.73%；进口欧盟8.18亿美元，比上年增4.28%。从全市进出口前十强企业来看，5家企业增长，其中3家企业增幅20%以上。永钢集团完成进出口24.9亿美元，比上年增36.4%；孚宝仓储完成进出口9亿美元，比上年增37.3%；保税港区港务有限公司完成进出口4.8亿美元，比上年增113.1%。

【江苏一达通公司出口逆势上扬】 江苏一达通公司于2014年1月获批成为外贸综合服务的第一批省级试点企业。2016年8月，阿里巴巴公司对其进行重组，成为阿里在江苏设立的唯一省级子公司。重组后，江苏一达通公司创新互联网一站式为中小企业提供通关、运输、保险、码头、外汇、退税、担保、融资等全流程的进出口服务。2019年，平台完成出口额7.69亿美元，比上年增5.7%，累计实现出口25.91亿美元，服务对象覆盖华东地区1万余家中小微外贸企业，处于全省领先阵营。

对外及对港澳台经济技术合作

【概况】 2019年，全市新批对外及对港澳台投资企业（项目）17家，完成中方境外协议投资5.04亿美元，比上年增6%；纳入商务统计口径外派劳务36人。在境外投资重点项目运营良好的同时，张家港市企业开始从“走出去”到“走上去”迈进：沙钢集团通过其香港公司收购英国大数据管理公司（GS项目）已完成境外再投资33.26亿美元，最终计划实现境内外同步上市；万蓬木业经过多年海外发展，开始资本市场运作，努力打造民营上市跨国集团公司；爱康集团策划在东南亚国家涉足开发光伏电站EPC业务。年内，市商务局深入贯彻落实融入长三角区域一体化行动方案，加强宣传“走出去服务港”微信公众号功能，与全市“走出去”服务平台对接整合；会同外汇、外事、税务等部门宣传“一带一路国家外汇管理政策”“走出去税收指引”“领事保护和管理”等方面的政策，帮助企业充分做好“走出去”可行性研究，提高海外投资能力；组织企业参与省商务厅举办的21期“走出去”培训班、18场投资推介活动和1场海外人才招聘活动，提高企业海外经营水平；密切关注中美贸易摩擦对全市可能存在的影响，在日常工作中收集境外安全风险信息，整理分析和评估信息。

东方工业园入园企业——三圣药业　　（市商务局　提供）

【埃塞俄比亚东方工业园】 由江苏永元投资有限公司于2007年在商务部境外经贸合作区中标创建。2015年4月，埃塞俄比亚东方工业园通过商务部、财政部考核，成为江苏省第二个国家级境外经贸合作区。经过10余年的开发建设，工业园成为江苏乃至中国在埃塞俄比亚的形象工程、中国企业走进非洲的良好平台、国内产业转移的优良载体。至2019年年末，埃塞俄比亚东方工业园累计完成基础设施投资1.1亿美元，完成基建32万平方米标准型厂房、3.5万平方米绿化、1.85万平方米员工住宅宿舍楼、3024平方米综合食堂。入驻企业110家，实际投资额6.21亿美元，实现总产值12.66亿美元，上缴埃塞政府税收1.02亿美元，为东道国创造就业岗位21503个。

2019年张家港市批设对外及对港澳台投资企业（项目）情况表

表19

投资企业（项目）	投资目的地	投资总额（万美元）	张家港投资方出资（万美元）	投资行业	投资主体
埃塞俄比亚万鑫铸造有限公司	埃塞俄比亚	480	480	钢铁	江苏华金元投资有限公司
东方工业园有限公司	埃塞俄比亚	10000	10000	工业园	江苏永元投资有限公司
汉邦建筑材料有限公司	埃塞俄比亚	300	300	建材	江苏华尔达国际贸易有限公司
紫星包装实业有限公司	埃塞俄比亚	1500	765	塑料	江苏新美星包装机械股份有限公司
缅甸国泰富驰服饰有限公司	缅甸	200	200	服装	江苏国泰华盛实业有限公司、张家港锦兴制衣有限公司
宗宏（缅甸）服饰有限公司	缅甸	200	200	服装	张家港市宗宏纺织品有限公司
缅甸富华服装有限公司	缅甸	450	450	服装	江苏国泰国华实业有限公司、张家港保税区凯利华国际贸易有限公司
缅甸国泰华盛锦泰服饰有限公司	缅甸	250	250	服装	江苏国泰华盛实业有限公司
小国上田合志合同会社	日本	3404	3404	光伏	苏州爱康能源工程技术股份有限公司
和束太阳能电站合同会社	日本	8489	8489	光伏	苏州爱康能源工程技术股份有限公司
51号摄影棚服饰（美国）	美国	100	100	贸易	江苏国泰亿盛实业有限公司
美国吉泰斯服装有限公司	美国	28	28	服装	江苏国泰华盛实业有限公司
汤姆（泰国）有限公司	泰国	87	87	轮胎	张家港先锋轮胎有限公司

续表19

投资企业(项目)	投资目的地	投资总额(万美元)	张家港投资方出资(万美元)	投资行业	投资主体
辰龙控股(马来西亚)有限公司	马来西亚	100	100	回收	江苏辰龙再生资源股份有限公司
亿翔控股私人有限公司	新加坡	16390	16390	教育	金宝贝教育投资有限公司
美莱迪服饰有限公司	中国香港	10	10	贸易	江苏国泰国贸实业有限公司
贝斯特医药(亚洲)有限公司	中国香港	9150	9150	医药	长江润发张家港保税区医药投资有限公司

国泰缅甸服装产业园　　（市商务局　提供）

【国泰缅甸服装产业园】 由江苏国泰下属公司江苏国泰海外技术服务有限公司投资设立，2017年1月开工建设，用地面积8.67公顷，是缅甸规模最大、人数最多的中资服装工业园区。至2019年年末，国泰缅甸服装工业园累计投资5100万美元，已有亿达缅甸华誉服饰有限公司等工厂竣工投产，创造就业岗位近9000个，为公司打造供应链管理新模式提供良好的平台。2019年完成二期增资1200万美元用于项目扩建，计划2020年竣工投产。　（许诗晨）

江苏国泰国际集团

【概况】 5月，上市公司江苏国泰国际集团国贸股份有限公司正式更名为江苏国泰国际集团股份有限公司（简称“国泰集团”）。集团主营业务包括进出口贸易、实业及金融投资三大板块。在2019年中国企业500强中，国泰集团位列第308位。2019年，国泰集团实现全口径进出口总额51亿美元，其中出口42.6亿美元，进口8.4亿美元。进出口产品以纺织服装等民生消费品为主。至年末，集团参控股企业超过210家，其中独资、控股的企业超过180家，包括传统纺织服装产业、锂离子电池材料产业、环保水处理产业和科技健康产业。国泰集团的化工新能源板块主要以瑞泰新能源为统一持股管理平台，以华荣化工及超威新材料为业务平台开展日常经营。华荣化工是国家火炬计划重点高新技术企业，主要生产锂离子电池电解液和硅烷偶联剂，2019年实现营业收入15.47亿元，比上年增32.71%。超威新材料是高新技术企业，主要致力于专业的电子化学品研发、生产，2019年实现营业收入1.36亿元，比上年增23.02%。

【国泰创新中心及智能制造产业园开工仪式举行】 10月16日，张家港市2019年金秋经贸周项目集中开竣工活动在高铁新城开发区举行，作为重点项目之一的国泰创新中心及智能制造产业园同时举行开工仪式。市领导沈国芳、潘国强、徐仲高、黄雪元、卞东方等，国泰集团张子燕、陈晓东等出席活动，并共同为国泰创新中心及智能制造产业园项目培土奠基，集团相关高管及职能部门共计20余人参加活动。国泰创新中心项目占地14公顷，总投资30亿元，依托高铁新城产城融合发展趋势，致力于构建集研发设计、大数据中心、办公集群等为一体的一站式平台。国泰智能制造产业园占地16.67公顷，总投资20亿元，项目整合国泰集团在贸易、实业、金融等方面的优质资源，以智慧和科技的力量，主打高端纺织智能智造、国家级检验检测平台以及其他高端智能智造项目，是集团构筑传统产业转型升级、科技智慧引领创新的新平台。

【国泰集团获博爱慈善奖】 10月，张家港市文明办、市红十字会在全市组织开展“寻找最美红十字人”活动，经推荐申报、遴选初审、网络投票、评委评审、社会公示等环节，国泰集团获“最美红十字集体——博爱慈善奖”。2019年，集团发放“希望之光”奖学金33.2万元，继续资助全市19所大中小学的114名学习成绩优异、品德优良的贫困学子。自2008年创立起，集团已连续12年发放“希望之光”国泰奖学金，共捐助1338名优秀学生，累计资助金额308.4万元，资金全部来自国泰员工的自愿捐款。

（倪佳竞）

【编辑　黄宏庆】

民营经济

Private Economy

江苏爱康实业集团有限公司　（苏玉琦　摄）

民营经济综情

私营企业与个体工商户

资本市场

張家港年鑑(2020)

民营经济综情

【概况】2019年，全市民营企业以高质量发展为主题，注重制度创新、科技创新与管理创新，全力以赴破解发展瓶颈，民营经济保持平稳发展态势。全市规模以上民营企业完成总产值3179.36亿元，比上年增3.6%，高出规模以上工业企业产值增幅0.4个百分点。其中沙钢集团（本部）全年完成销售收入1250.34亿元，实现利税115.6亿元。沙钢集团以2018年营业收入364.41亿美元的业绩连续第十一年入围世界500强企业，排名第340位，比上年提升24位，居国内钢企排名第3位。7家企业入围中国民营企业500强，比上年增加1家，入围企业数连续多年位居苏州之首，并实现近5年来数量新突破。其中，江苏沙钢集团有限公司以2410.02亿元的营收总额排名第17位，江苏永钢集团有限公司位居第111位，东华能源股份有限公司位居第146位，澳洋集团有限公司位居第247位，华芳集团有限公司位居第265位，攀华集团有限公司位居第287位，长江润发集团有限公司位居第444位。沙钢集团、永钢集团、澳洋集团、华芳集团、攀华集团、长江润发集团、东渡纺织集团、爱康集团等8家企业入围中国民营企业制造业500强。全市新增国家级专精特新小巨人企业2家（上榜名单中苏州占5家，其中张家港2家），新增省级专精特新产品3个、省级小巨人制造类企业4家、省级小巨人创新类企业1家，10家企业获评苏州市专精特新示范中小企业。年内，市工业和信息化局引导全市中小企业向特色产业基地集约集聚发展，做好标准型厂房的审核管理及经济一般村新增物业的扶持工作，联合市委农工办和市财政局对锦丰镇南港村等4个符合“十三五”期间市级相对一般村扶持条件的村实施专项补助，分别给予西港村、南港村项目补助各250万元，给予光明村、悦来村项目补助各209万元，共计918万元。给予乐余镇红星村、红闸村、红联村等3个经济一般村各250万元的补助。

2019年张家港市特色产业基地情况表

表20

类型	基地名称	公布时间
国家级新型工业化产业示范基地	张家港经济技术开发区现代装备制造业（石化）产业基地	2014年
省级新型工业化产业示范基地	张家港保税港区环保新材料产业园	2010年
	江苏·钢铁（精品钢材）产业基地	2012年
苏州市级特色产业基地	苏州市食品（张家港）特色产业基地	2006年
	苏州市汽车及零部件（乐余）特色产业基地	2006年
	苏州市纺织品毛衫（塘桥）特色产业基地	2006年
	苏州市五金（大新）特色产业基地	2006年
	苏州市氨纶纱（金港）特色产业基地	2006年
	苏州市毛纺织（杨舍）特色产业基地	2006年
	苏州市五金机械（锦丰）特色产业基地	2006年
	苏州市机械（南丰）特色产业基地	2007年
	苏州市装备制造（金港镇）特色产业基地	2009年
	苏州市汽车精密配件（凤凰镇）特色产业基地	2009年
	苏州市塑（饮）机（张家港）特色产业基地	2009年
	苏州市压力容器（张家港）特色产业基地	2009年
	苏州市锂电（张家港）特色产业基地	2011年
	苏州精密机械及锻造（凤凰）特色产业基地	2011年
	苏州新能源材料（张家港经济开发区）特色产业基地	2011年

【民营企业服务】年内，市工业和信息化局依托市中小企业发展与服务联盟，整合服务资源、创新服务内容，为中小企业提供融资服务、法律咨询、财税指导等方面服务。搭建纺织公共服务平台，围绕打造国内独具特色、拥有行业话语权的公共服务平台的目标定位，以纺织产业发展指数编制为重点，加快建成以毛纱、氨纶纱、精纺面料为主的张家港纺织指数。帮助民营企业拓市场争订单，组织全市20余家企业参加“第二十一届江苏国际服装节”“第二十七届西博会”“第十八届中国国际装备制造业博览会”“第十六届中国国际中小企业博览会”“第十一届APEC中小企业技术交流暨展览会”“世界智能制造大会”等各类展会，全年发放展会补贴资金748万元，帮助企业开拓市场。

【民营企业家培训】2019年，市工业和信息化局围绕企业关注的热点、难点问题，以智能工业、创新转型内容为主，制订2019年企业家培训建议方案，组织开展2019企业家管理能力提升讲座4期，举办2019年江苏省中小企业竞争力大讲堂活动走进张家港活动，参与民营企业家750人。推荐富淼科技等15家企业法定代表人参加苏州市“苏商讲座”之“营造企业良好创新生态”讲座，中天精密模塑有限公司等2家企业法定代表人参加第四期江苏省工信厅“智慧管理智能制造”总裁班；组织纺织行业智能制造对标学习、乡镇技改政策宣讲、各行业节能培训和信息化培训，培训企业家300人；以中小企业服务联盟为抓手，举办“机遇与挑战——新常态下的中国经济发展与转型”专题讲座、宁波银行“金色池塘走进张家港市中小企业发展与服务联盟”和“新形势下企业转型升级之道”专题培训活动，拟定并实施中小企业政策宣传月活动方案，开展节能、信息化、技改政策宣讲，共完成培训人数1317人次。组织企业申报2019年工业经济扶持政策资金项目中的规模企业管理内训补贴，为29家符合条件的企业发放补贴71.79万元。12月，组织召开2019年度张家港市企业家培训联席会议，会同市科技局、人社局、金融办、团市委、台办、侨办、妇联商量确定2020年张家港市企业“转型升级创新突围”大课堂系列课程。

【3位民营企业家上榜“改革开放40年百名杰出苏商”名单】 2月，省委统战部、省工商业联合会(总商会)公布“改革开放40年百名杰出苏商”名单，永钢集团有限公司董事局名誉主席吴栋材，沙钢集团董事局主席沈文荣，长江润发集团有限公司总裁、长江村党委书记郁霞秋上榜。40余年中，吴栋材开拓奋进，勇创大业，将一个仅投资30万元建成的永联轧钢厂建设成一座大型联合型钢铁企业。他满怀造福村民、造福社会的理想，让永联村变成富裕、民主、文明、和谐的新农村，成为“社会主义现代化新农村鲜活样本”。沈文荣1975年靠45万元自筹资金创办沙钢，经过40余年创新发展，沙钢集团成为全国最大的民营钢铁企业、国家创新型企业、世界500强企业，效益水平在国内同行名列前茅。郁霞秋从医15年，成长为一名技术精湛的妇产科医生。2001年，她的父亲郁全和把事业红火的郁霞秋“拽”回长江村。近20年，郁霞秋团结带领一班人，已使村办上市企业长江润发集团发展成为含医药、医疗、工业智造、三产服务、现代农业和资产租赁六大板块的中国民营500强企业。

【两家民营企业入围首批专精特新“小巨人”企业名单】 5月21日，工信部公示第一批国家级专精特新“小巨人”企业名单，江苏海狮机械股份有限公司和张家港保税区灿勤科技有限公司榜上有名。专精特新“小巨人”企业是“专精特新”中小企业中的佼佼者，是专注于细分市场、创新能力强、市场占有率高、掌握关键核心技术、质量效益优的排头兵企业。国家计划利用3年时间(2018—2020年)，培育600家左右专精特新“小巨人”企业，促进其在创新能力、国际市场开拓、经营管理水平、智能转型等方面得到提升发展。江苏海狮机械股份有限公司是中国领先的工业用洗涤机械制造商，隧道式连续大型洗涤机组属国内首创，通过“自动焊接”“压榨—漂洗”等核心工艺，实现从“单机洗涤”到“集成连续洗涤”模式的转型提升，整体工艺达到国际先进水平，部分达到国际领先水平。张家港保税区灿勤科技有限公司是专业制造微波电子陶瓷产品的民营高新技术企业，主要从事微波介质滤波器、介质谐振器、介质天线等无源、有源器件的研发、生产和销售。获得授权专利42项，其中获得授权发明专利13项。有2个项目被列入国家火炬计划，2个项目获得科技部中小企业创新基金，1个项目被列入江苏省重点研发计划。(缪健佳)

私营企业与个体工商户

【概况】 2019年，全市新注册登记私营企业6755家，比上年减9.7%。新增注册资本287.2亿元，比上年减25.85%。累计注册私营企业60775家，累计注册资本4046.47亿元。根据市市场监督管理局统计结果，按照企业性质分类，全市有独资企业2003家、注册资本11.56亿元，有合伙企业381家、认缴出资金额335.13亿元，有有限责任公司36118家、注册资本1538.47亿元，有股份有限公司12家。按行业分类，从事农、林、牧、渔业186家、注册资本3.93亿元，从事采矿业1家、注册资本200万元，从事制造业12403家、注册资本405.71亿元，从事电力、热力、燃气及水生产和供应业33家、注册资本3.81亿元，从事建筑业2600家、注册资本142.3亿元，从事批发和零售业11748家、注册资本319.62亿元，从事交通运输、仓储和邮政业1188家、注册资本92.9亿元，从事住宿和餐饮业141家、注册资本3.63亿元，从事信息传输、软件和信息技术服务业402家、注册资本11.85亿元，从事金融业50家、注册资本43.49亿元，从事房地产业636家、注册资本54.49亿元，从事租赁和商务服务业2992家、注册资本485.56亿元，从事科学研究和技术服务业4803家、注册资本289.7亿元，从事水利、环境和公共设施管理业79家、注册资本2.67亿元，从事居民服务、修理和其他服务业548家、注册资本12.94亿元，从事教育293家、注册资本2.2亿元，从事卫生和社会工作91家、注册资本1.94亿元，从事文化、体育和娱乐业320家、注册资本8.39亿元。高校毕业生从事私营经济368人。

年内，全市新注册个体工商户20269户，比上年增3%，新增注册资本29.83亿元，比上年增3.02%。至年末，累计注册个体工商户117049户，累计注册资本149.4亿元。全市经市市场监督管理局登记的个体工商户按行业分类，从事农、林、牧、渔业475户、1211人，注册资本1.52亿元；从事采矿业3户、15人，注册资本85万元；从事制造业11954户、44861人，注册资本17.67亿元；从事电力、热力、燃气及水生产和供应业12户、24人，注册资本103万元；从事建筑业2549户、11704人，注册资本5.82亿元；从事批发和零售业42106户、281847人，注册资本37.07亿元；从事交通运输、仓储和邮政业7826户、8997人，注册资本6.46亿元；从事住宿和餐饮业9277户、27446人，注册资本13.27亿元；从事信息传输、软件和信息技术服务业666户、1276人，注册资本5077.3万元；从事金融业3户、3人，注册资本30万元；从事房地产业526户、1335人，注册资本4508.6万元；从事租赁和商务服务业2703户、5306人，注册资本2.55亿元；从事科学研究和技术服务业220户、492人，注册资本4299万元；从事水利、环境和公共设施管理业66户、

280人，注册资本803万元；从事居民服务、修理和其他服务业10056户、23816人，注册资本10.06亿元；从事教育409户、1386人，注册资本7322万元；从事卫生和社会工作99户、215人，注册资本1613万元；从事文化、体育和娱乐业1056户、2715人，注册资本1.44 亿元；从事其他4户、9人，注册资本105万元。 （缪健佳）

【个私协会服务】 1月，市个私协会召开促进民企发展政策座谈会，解读省政府《关于进一步降低企业负担促进实体经济高质量发展若干政策措施的通知》，结合市场监督管理职能进行重点讲解。服务私营企业和个体工商户做好年报工作，通过会员服务室、商贸集中点、集贸市场、网格路段等设立年报辅导服务站，安排专人现场面对面、手把手指导、服务。利用QQ群、短信平台、公共场所LED显示屏、上门通知等形式告知会员经营户及时年报。做好融资服务，助推会员创业。利用上门年报服务期间，开展"阳光信贷"融资服务宣传走访活动，帮助解决会员发展中的融资难问题，与张家港农商行等金融机构联合开展"银企双赢、创先争优"主题服务，全年全市共有1218户个私企业进行抵押融资，融资金额达到70.9亿元。做好每季度一次的国家工商总局和中国个体劳动者协会百县万家新设立小微企业周年活跃度调查，通过电话通知、电话调查、上门走访、微信、QQ等多种方式服务调查，及时上报调查结果。5月，张家港市个私协会被中国个协评为2018年度调查工作先进集体。 （何建平）

【长江润发集团六大产业板块并进】 1月，长江润发集团召开八届二次董监事局会议暨股东大会，将集团产业划分为六大板块，分别为医药、医疗、工业智造、三产服务、现代农业和资产租赁。10月18日，公司证券简称由"长江润发"变更为"长江健康"。年内，医药板块率先发展，下属海南海灵化学制药有限公司推进一致性评价和仿制药的开发，拓展销售，获中国医药工业100强企业、2019年海南省企业100强（第39位）等16项荣誉。4月，成立长江润发（苏州）医药科技有限公司和长江润发（苏州）工程科技有限公司，加强国际合作。医疗板块积极拓展，下属长江润发无锡怡和妇产医院主体工程封顶，进入装潢阶段，计划2020年5月末完工。12月，无锡市妇幼保健院怡和分院成立，构建无锡一南一北妇幼医院的合作框架；是月，上海市第十人民医院怡和合作医院揭牌，力争把无锡怡和打造成为长三角公立医院与民营医院合作的标杆。下属长江润发郑州圣玛妇产医院与河南省妇联、妇女儿童联合发展基金会共同设立百万"郁金香孕育基金"，完成东方女子医院的转型过渡，全力打造国内首家子宫腺肌症专科医院。工业智造板块负重奋进，下属长江润发（张家港）机械有限公司高分通过省级智能化车间验收，被授予"高精度导轨智能制造车间"奖牌，为公司导轨制造提档升级打开全新局面。下属长江润发（张家港）浦钢有限公司成功开发140号大规格电力角钢、16号角钢、16B铲槽钢，实现9号至16号角钢系列的全覆盖；下属江苏润创石墨烯科技有限公司自行开发5种电热膜，合作开发2款新型取暖器、3款生活护理产品，拓展市场；下属长江润发（江苏）薄板镀层有限公司攻克涂料、生产工艺等关键难点，成功开发黑色耐指纹板项目，打造特色产品；下属张家港鑫宏铝业开发有限公司升级改造1600、2300机台项目，生产能力、生产效率大幅提升；下属宿迁市鑫宏铝业开发有限公司2300吨挤压机车间新线成功投产，产品质量显著提升。下属长江润发（张家港）重工有限公司通过船舶生产企业三级I类资质认定，如皋水上绿色综合服务区110米趸船项目开工。三产服务、现代农业、资产租赁板块同步提升，下属长江润发（张家港）房地产有限公司实现"新开楼盘争业绩，原有尾盘去库存"，宿迁豫和苑一期全部清盘，二期销售前景好，全年完成销售131套。下属市长江大酒店有限公司顺利通过四星级复评。下属长江润发（东区）园林有限公司以郁金香为主题，与香山、梁丰生态园等合作，申报江苏省主题创意农园、现代智能管理项目等。资产租赁企业按照"长江大保护"的总要求，确保所有资产都与环保、生态、生产同步发展，实现集团资产增值保值。2019年，长江润发集团有限公司位列2019年中国民营企业500强第444位。

（长江润发集团）

【澳洋集团聚焦健康产业】 2019年，澳洋集团明确将健康产业定位为目标主业，推进板块整合，以健康产业、纤维纺织、生态园林、金融板块为主体。澳洋健康产业方面，立足"一园两基地"战略定位，项目建设成效显著。8月，澳洋现代医药物流中心启用，提高作业效率。10月，东北吉林野山参交易市场完成土建工程，吉林澳洋大酒店正常运营，保障中国农民丰收节的顺利开幕。11月，医疗事业部根据战略定位，优化产业架构，推进医护体系整合，将原来康养产业中的护理院、港城康复全部纳入医疗产业体系。是月，澳洋肿瘤研究院、国医馆启用。澳洋医院推进人才培养创新体系，制订"333"人才培养计划，持续做好三级医院创建工作，提升患者满意度；10月，泌尿外科、肿瘤科、医学检验科均被评为苏州市重点专科；12月，建立北京协和医院远程会诊中心，成为上海瑞金医院神经内科、肿瘤内科诊疗分中心。下属三兴分院与南通市肿瘤医院建立紧密联系，打响肿瘤专科品牌。下属塘市分院完成医院内部环境改造，风湿免疫内分泌科成为医院的业务支撑科室。下属港城康复分院4月全面启动国际康复机构认证，取得2020年全国非公康复年会的主办权。7月儿童康复项目成为张家港市残联定点机构。健管公司作为非医保业务的主体，加强PET-CT业务推广，尝试胶囊胃肠镜、HPV疫苗新兴业务。下属杨舍分院推进拆迁工作，制订合并、搬迁方案，做好资产保全与交割，人员的分流与安置，完成拆并任务，为61年的历史画上圆满的句号。下属养老产业方面，1月南通护理院运营，9月如意家院完成首批江苏省养老机构标准化试点项目验收，吉祥家院11月全部售罄，提升养老产业知名度和影响力。纤维纺织产业方面，受盐城响水爆炸事故牵连，阜宁基地停产6个月，承受巨大经济损失，10月顺利开产。11月，江苏澳洋新材料科技有限公司成立，成为粘胶销售主战场。下属新疆玛纳斯公司同丝丽雅集团的合作全面落地，进一步激发活力。毛纺产业上，对澳洋男装进行处置，闲置资产全部清理完成。生态园林产业方面，紧盯项目不放松，中标项目27项，推进北京世园会、北京冬奥会、北京环球影城等重点工程。澳洋展园获2019年北京世园会“企业展园银奖”。10月，云南碧色寨文旅项目启动，正式向文旅产业进军，为公司发展注入新动能。金融板块方面，12月，集团调整组织架构，以张家港澳洋投资控股有限公司为主体，组建成立集团公司金融板块，将鑫澳创投、如意通、澳洋置业、海纳电商以及各企业的下属控股子公司、参股公司和关联企业等纳入金融板块体系，为产业发展打好基础。2019年，集团实现营业收入200余亿元。

（何晓璞）

【攀华集团实施“走出去”战略】 攀华集团主要有张家港本部和重庆两大产业基地。2019年，攀华集团公司围绕“大项目、大生产、大销售、大物流”发展思路，各产业转型发展呈现积极态势。实施“走出去”战略，计划投资35亿美元，在菲律宾建造第一个1000万吨级大型综合性钢厂，形成1000亿级的产业园区。集团计划在“一带一路”沿线的东南亚、非洲和欧洲等地建设分支机构及工业园区，扩大市场营销份额，实现集团快速成长，打造世界“薄板之王”。全年公司总部张家港地区酸洗板生产53.41万吨，轧硬卷生产52.8万吨，成品52.08万吨，生产人均成品产钢1132吨。薄板销售276万吨，比上年增15%；张家港攀华房产全年实现营业收入2679万元；华达码头全年实现营业收入8872万元，比上年增14.15%。公司重庆片区成品镀锌、彩涂和冷轧产量184万吨。万达薄板销售收入112亿元，实现利润1.15亿元。江津攀达房产营业额1.77亿元。攀华码头完成吞吐量294万吨，实现营业收入2566万元；车队运输量286万吨，实现营业收入997万元。公司重庆片区全年实现营业收入163.32亿元，利税2.81亿元。2019年，攀华集团位列中国民营企业500强第287位，中国民营企业制造业500强第167位；重庆万达薄板有限公司入选“第一批重庆市制造业龙头企业”，荣膺2019年重庆企业100强第32名、重庆制造业企业100强第19名。

（攀华集团）

资本市场

【概况】 2019年，全市新增上市企业1家。至年末，全市上市企业21家，募集资金总额607.7亿元，其中，保税区（金港镇）6家：保税科技、东华能源、华昌化工、长江健康、天沃科技、康得新；经开区（杨舍镇）9家：江苏国泰、澳洋健康、澳洋顺昌、海陆重工、富瑞特装、新美星、张家港行、金鸿顺、苏州龙杰；冶金园（锦丰镇）2家：沙钢股份、格兰奇；塘桥镇2家：银河电子、鹿港文化；南丰镇1家：金陵体育；大新镇1家：长城影视。

2019年，全市新增“新三板”挂牌企业3家，挂牌“新三板”企业累计76家；4家“新三板”挂牌企业完成再融资，募集资金9000万元，“新三板”企业累计募集资金13.9亿元。至年末，全市“新三板”存量企业48家，其中，保税区（金港镇）14家：物润船联、汉龙科技、华菱医疗、正大富通、江苏神农、华夏检验、浦士达、骏昌通讯、福吉佳、辰龙股份、奥斯佳、清能股份、中天行、信东股份；经开区（杨舍镇）14家：威孚热能、天乐橡塑、远大信息、瑞铁股份、耐维思通、爱上网、如意通、东方四通、万诚科技、丰亿港营、固耐特、江苏红人、宏基铝业、金新城；冶金园（锦丰镇）4家：保丽洁、迪威高压、荷普医疗、吉美瑞；塘桥镇4家：佳成科技、薪泽奇、索尔科技、友诚科技；凤凰镇5家：协昌科技、聚晟科技、飞鸽友联、先锋股份、华创特材；乐余镇3家：飞驰环保、宝田科技、富丽华；大新镇1家：宏宝锻造；南丰镇2家：中孚达、天天鲜；现代农业示范园区1家：赛康医疗。

2019年张家港市在主板上市企业情况表

表21

上市公司	证券代码	主行业归属	主营构成	上市时间	累计募资总额（亿元）	总股本（万股）	流通股（万股）	12月31日股价（元）	市值（亿元）
保税科技	600794	交通运输业	液体化工品的码头装卸及保税仓储业务	1997年3月	16.17	121215.22	121215.22	3.82	46.30
长城影视	002071	信息服务业	电视剧的投资、制作与发行及其衍生业务	2006年10月	20.89	52542.99	52166.04	3.45	18.13
沙钢股份	002075	黑色金属业	优特钢产品的生产与销售	2006年10月	24.84	220677.18	220677.07	6.23	137.48
江苏国泰	002091	商业贸易业	外贸和化工新材料	2006年12月	81.94	156353.66	97240.23	6.87	107.41
澳洋健康	002172	化工业	化学纤维及健康医疗	2007年9月	21.74	77648.14	77311.86	3.74	29.04
东华能源	002221	化工业	生产、销售液化气并提供相关售后服务	2008年3月	74.66	164978.28	151759.18	7.76	128.02

续表21

上市公司	证券代码	主行业归属	主营构成	上市时间	累计募资总额（亿元）	总股本（万股）	流通股（万股）	12月31日股价（元）	市值（亿元）
澳洋顺昌	002245	交通运输业	金属材料的加工、LED业务及小额贷款业务	2008年6月	12.49	98131.18	91477.40	4.09	40.14
海陆重工	002255	机械设备业	余热锅炉、大型及特种材质压力容器和核电产品的制造销售	2008年6月	29.11	84227.11	64443.11	3.19	26.87
华昌化工	002274	化工业	化工原料、化工产品、化肥生产	2008年9月	18.98	95236.46	93799.91	6.43	61.24
长江健康	002435	制造业	医药制造业	2010年6月	48.12	123598.30	119959.45	4.00	49.44
康得新	002450	化工业	预涂膜和预涂膜覆膜机的研发、生产和销售	2010年7月	99.99	354090.03	323055.42	3.52	124.64
银河电子	002519	家用电器业	数字电视智能终端、智能机电设备和电动汽车关键部件	2010年12月	29.84	112643.09	101070.15	3.92	44.16
天沃科技	002564	机械设备业	非标压力容器的设计、制造	2011年3月	37.81	86937.53	86815.10	4.57	39.73
鹿港文化	601599	纺织服装业	纺织和影视业务	2011年5月	23.84	89272.50	89272.50	3.32	29.64
富瑞特装	300228	机械设备业	低温储运应用设备、重装设备、发动机再制造	2011年6月	12.24	47274.16	41382.29	5.08	24.02
新美星	300509	机械设备	液态食品包装机械的研发、生产与销售	2016年4月	2.64	22800.00	12642.60	9.20	20.98
张家港行	002839	金融业	公司、个人、金融市场业务	2017年1月	7.90	180756.37	86562.33	5.94	107.37
金陵体育	300651	制造业	综合性体育器材	2017年5月	2.60	12874.68	4475.73	27.38	35.25
金鸿顺	603922	制造业	汽车模具、摩托车模具、夹具等汽车零部件	2017年10月	5.61	12800.00	3200.00	15.40	19.71
苏州龙杰	603332	化学纤维制造业	化学纤维及化学纤维品制造	2019年1月	5.78	11893.80	2973.50	27.04	32.16

2019年张家港市“新三板”挂牌企业情况表

表22

公司名称	证券简称	证券代码	主营业务	挂牌时间	总股本（万元）	主营业务收入（万元）
江苏佳成科技股份有限公司	佳成科技	830957	电线电缆专用生产机械的研发、生产与销售	2014年8月12日	3433.33	—
江苏物润船联网络股份有限公司	物润船联	831096	信息服务、在线船舶视频监控服务、撮合交易服务	2014年8月21日	2176.45	91277.31
江苏薪泽奇机械股份有限公司	薪泽奇	831424	金属加工机械和纺织机械的研发、制造和销售	2014年12月8日	3112.00	26229.40
江苏索尔新能源科技股份有限公司	索尔科技	831486	锂电池组件及管理系统的研发、生产和销售	2014年12月9日	10946.00	12317.15
张家港汉龙新能源科技股份有限公司	汉龙科技	831521	太阳能铝合金边框的研发、生产和销售	2014年12月16日	3360.07	31923.06
张家港威孚热能股份有限公司	威孚热能	831561	锅炉的制造和销售	2014年12月18日	1781.50	3848.62
张家港天乐橡塑科技股份有限公司	天乐橡塑	831555	汽车用橡胶、塑料产品的开发、生产和销售	2014年12月19日	3924.00	8960.65

续表22

公司名称	证券简称	证券代码	主营业务	挂牌时间	总股本（万元）	主营业务收入（万元）
苏州飞驰环保科技股份有限公司	飞驰环保	831846	水面清洁船及相关配件的研发、生产和销售	2015年1月21日	2639.72	15278.12
张家港华菱医疗设备股份公司	华菱医疗	831826	消毒、灭菌等医疗器械的研发、生产与销售	2015年1月23日	770.00	2740.10
江苏远大信息股份有限公司	远大信息	831897	监控系统软件和数据采集设备的研发、生产和销售	2015年1月28日	2900.00	8263.18
江苏正大富通股份有限公司	正大富通	831794	商用车配件销售与技术服务	2015年2月3日	12078.48	62932.58
江苏协昌电子科技股份有限公司	协昌科技	831954	电动车控制器和电机的研发、生产和销售	2015年2月6日	5500.00	46805.29
江苏神农灭菌设备股份有限公司	江苏神农	832369	消毒灭菌设备产品的研发、生产及销售	2015年4月16日	1045.00	5785.41
江苏保丽洁环境科技股份有限公司	保丽洁	832802	静电式空气净化设备的研发、生产和销售	2015年7月24日	5210.00	22934.33
江苏瑞铁轨道装备股份有限公司	瑞铁股份	833120	铁路轨道产品及装备的设计、制造、加工、销售和售后服务	2015年8月5日	5600.00	31077.46
江苏中孚达科技股份有限公司	中孚达	833705	毛纺织品的生产、加工和销售	2015年10月14日	1616.43	4912.35
江苏华夏检验股份有限公司	华夏检验	834958	提供一站式综合化的专业检测检验技术服务	2015年12月16日	1066.67	2472.85
苏州聚晟太阳能科技股份有限公司	聚晟科技	835829	光伏太阳能跟踪支架的技术研发、生产、销售和服务	2015年2月15日	1500.00	5788.89
江苏耐维思通科技股份有限公司	耐维思通	836373	研发、生产和销售航海电子产品及数字化港口系统集成服务	2016年3月10日	2145.00	1877.30
江苏浦士达环保科技股份有限公司	浦士达	836440	净水用椰壳活性炭及其相关产品的研发、生产及销售	2016年4月14日	3500.00	11880.99
苏州爱上网络科技股份有限公司	爱上网	837312	网上广告发布业务、线下活动服务	2016年5月9日	100.00	437.61
江苏如意通动漫产业股份有限公司	如意通	837083	动漫作品的制作与授权，动漫衍生品和衍生产业、动漫制作软件	2016年5月16日	5000.00	826.61
江苏东方四通科技股份有限公司	东方四通	837120	开关电源、中高频电源、调压器的研究、开发、生产、销售	2016年5月16日	5808.00	13958.75
江苏飞鸽友联机械股份有限公司	飞鸽友联	837328	挤塑设备生产线、吹瓶设备生产线的研发、生产、销售	2016年5月17日	520.00	—
江苏迪威高压科技股份有限公司	迪威高压	837289	高压管件、端塞、分配器等产品的研发、生产、销售和运营维护服务	2016年5月18日	1683.51	7083.41
张家港先锋自动化机械设备股份有限公司	先锋股份	837660	一次性手套自动化机械设备及配件的研发、生产及销售	2016年7月25日	2970.00	—
张家港万诚科技股份有限公司	万诚科技	839588	汽车玻璃升降器的研发、生产、销售	2016年11月8日	3580.00	4114.94
江苏宏宝锻造股份有限公司	宏宝锻造	839652	汽车零部件锻件及工程机械锻件的生产、加工、研发与销售	2016年11月9日	9398.00	17886.46
江苏荷普医疗科技股份有限公司	荷普医疗	839926	骨科医疗植入材料的研发、生产、销售	2016年11月14日	4800.00	3664.29
苏州丰亿港口运营股份有限公司	丰亿港营	839879	提供货物装卸服务	2016年11月24日	2500.00	12035.96
苏州骏昌通讯科技股份有限公司	骏昌通讯	839982	连接器组件、手机天线等通信产品零配件的研发、生产与销售	2016年11月28日	2000.00	4310.80

续表22

公司名称	证券简称	证券代码	主营业务	挂牌时间	总股本（万元）	主营业务收入（万元）
江苏赛康医疗设备股份有限公司	赛康医疗	870098	医疗设备相关的设计、研发、制造、销售、服务	2016年12月16日	2480.00	8480.04
苏州永联天天鲜配送股份有限公司	天天鲜	870138	生鲜农产品和食品的销售和配送	2016年12月20日	2000.00	13125.31
苏州华创特材股份有限公司	华程特材	870365	工业用冷拔无缝异型钢管制造、加工和销售	2016年12月29日	1658.00	13004.60
江苏宝田新型材料科技股份有限公司	宝田科技	870521	PET改性热固性粉末涂料用聚酯树脂的研发、生产和销售	2017年2月6日	6583.00	1237.65
苏州吉美瑞医疗器械股份有限公司	吉美瑞	870766	骨科医疗器械产品的研发、生产和销售	2017年2月22日	3000.00	—
张家港福吉佳食品股份有限公司	福吉佳	871782	面包、蛋糕等西式烘焙类食品的生产及销售	2017年8月28日	3800.00	3120.50
江苏固耐特围栏系统股份有限公司	固耐特	872291	安防系统、周界围栏系统及应用材料的研发、生产及销售	2017年11月8日	2020.82	4126.35
江苏红人实业股份有限公司	江苏红人	872395	生产定制展示架、陈列架，提供店铺营销和产品陈列的解决方案	2017年11月23日	1000.00	13418.18
江苏辰龙再生资源股份有限公司	辰龙股份	872474	废汽车压件的拆解破碎	2017年12月13日	100000.00	—
江苏富丽华通用设备股份有限公司	富丽华	872473	空压机用风机、商用空调风机的设计、生产及销售	2017年12月19日	1000.00	8607.56
江苏奥斯佳材料科技股份有限公司	奥斯佳	872534	聚氨酯用改性有机硅、聚氨酯用催化剂、水性胶黏剂、纺织助剂、水性树脂等各类特种助剂的研发、生产和销售	2018年1月24日	3350.00	10020.22
江苏宏基铝业科技股份有限公司	宏基铝业	872588	聚氨酯用改性有机硅、聚氨酯用催化剂、水性胶黏剂、纺织助剂、水性树脂等各类特种助剂的研发、生产和销售	2018年1月24日	2580.00	35338.51
江苏清能新能源技术股份有限公司	江苏清能	872589	氢燃料电池、氢燃料电池玩教具车、便携式氢燃料电池充电器的研发、生产、销售、自有技术转让并提供相关售前后技术服务	2018年6月11日	3127.67	20203.95
江苏金新城物业服务股份有限公司	金新城	873058	物业管理服务，主要包括基础物业管理服务、顾问咨询服务	2018年11月13日	1000.00	9359.42
张家港保税区中天行进出口股份有限公司	中天行	873142	进口房车底盘、房车专用零配件的经销业务	2019年1月7日	2133.00	5706.57
张家港友诚新能源科技股份有限公司	友诚科技	873087	新能源电动汽车充电连接装置、电源连接器的研发、生产及销售	2019年2月11日	3183.00	20885.19
信东仪器仪表（苏州）股份有限公司	信东股份	873137	流量仪表、液位仪表等测量仪器仪表及自动化控制系统产品的研发、制造、销售与综合服务	2019年2月25日	3542.44	3691.71

【企业上市挂牌推进】 2019年，市委、市政府把推动企业上市作为全市产业转型升级、创新发展的重要抓手，资本市场的“张家港板块”的集聚效应和规模优势不断显现。苏州龙杰在上交所主板上市；爱丽家居上交所主板上市申请、广大特材上交所科创板上市申请均成功过会；协昌科技上报创业板上市申请材料；利柏特、富森科技、保丽洁、海锅新能源、中环海陆、江苏博云接受证监会江苏监管局上市辅导。全市企业上市培育工作不断加力，按照“政府引导、政策扶持、企业自主、市场运作”原则，形成良好的上市推进工作生态链。市金融服务中心主动加强与上交所对接。1月17日，组织全市“科创板”后备企业走进上交所专场对接；3月29日，

"上交所市场服务张家港工作站"正式授牌，作为在苏州地区设立的首家工作站，为张家港区域资本市场发展提供更加优质、高效的服务，全面加速全市优质企业挂牌上交所。5月31日，"对话科创·共享资本活力"专题推介会举行；9月17日至18日，"走进上交所，构建沪港资本圈"2019年度张家港企业家资本战略（上海）专题研修班举办，推动企业不断做精做优、做大做强。6月21日，《张家港市高质量发展产业扶持政策意见》出台其中对企业股权融资扶持政策进行优化提升，倾斜企业上市过程阶段性奖励。奖励操作进一步简化优化，阶段性奖励全部以完成时间节点为依据，操作方便，公开透明。意见规定，在境内上市首发募资5亿元以下、10亿元以下、10亿元及以上的企业，分别奖励1500万元、2000万元、2500万元。在完成股改、辅导、申报材料后分别奖励100万元、200万元和500万元，其余上市后补足。"科创板"上市企业在上述基础上再给予每家200万元奖励。全省首创"港城上市通"服务落地见效，以高效便捷的上市服务，加速企业登陆资本市场；开展"上市服务百企行"活动，全面走访全市拟上市及上市重点后备企业，"一企一策"提供精准服务和专业指导；在此基础上，进一步完善全市上市后备企业库，科学规划、分类指导、专项培育，全面提升资本市场"张家港板块"可持续发展的能力。抢抓科创板机遇，把"科创板"推进作为重要工作，全力服务全市优质科创企业对接"科创板"，对照标准，分类、分层、分梯队建立科创板拟上市企业培育库。

【苏州龙杰在上交所上市】1月17日，苏州龙杰特种纤维股份有限公司在上海证券交易所上市，成为全市第20家境内A股上市企业。股票简称"苏州龙杰"，股票代码"603332"，发行价每股19.44元。公司成立于2003年6月，位于张家港经济技术开发区，是一家专注于差别化涤纶长丝、PTT纤维等差别化、新型聚酯纤维长丝的研发、生产及销售的高新技术企业，

1月，苏州龙杰在上交所上市　（市金融工作服务中心　提供）

产品主要集中于仿麂皮纤维、仿皮草纤维及PTT纤维三大细分领域。公司是国内少数掌握仿羊毛、仿兔毛等高/超仿真动物皮毛涤纶纤维生产技术的企业之一，仿麂皮纤维、仿皮草纤维、PTT纤维的规格种类丰富，在相应细分市场的市场占有率居于行业前列。公司集省名牌产品、省级高新技术企业、国家火炬计划重点高新技术企业等荣誉为一体，取得国家发明专利11项，实用新型专利53项，被中国化纤协会授予全国化纤行业社会责任先进单位、国家复合纤维研发生产基地，主持并参与《化学纤维长丝热收缩率试验方法》等四项国家标准的制定，以及《海岛涤纶牵伸丝》等八项行业标准的制定。公司先后被评为江苏省高技术差别化纤维工程技术研究中心、国家复合纤维研发生产基地、中国精细化涤纶长丝研发和生产基地，获评全国化纤行业"十二五"期间最具技术创新突破奖。

【全省首创"港城上市通"服务】5月31日，"港城上市通"开通仪式举行。至此，凡涉及企业上市的常规核查，统一纳入"港城上市通"服务平台，按照"清单式开展常规核查"的要求，通过"集中受理、规范办理、优化流程、限时反馈"的方式，把原本涉及20余个职能部门，需要1至3个月时间才能办理完毕的常规核查，办结时限压缩到3至5个工作日；针对企业上市过程中遇到的各类问题，"港城上市通"启动"一企一策"机制，金融部门主动服务，为企业上市开辟"绿色通道"，提供一对一的综合解决方案。8月1日，举行"港城上市通"之"政企线下面对面、链接生态环境局"活动，以政府热情高效服务，充分激发企业上市动力。12月，"港城上市通"服务成功扩面至保税区，真正以"全市域、一站式、一网通"服务助力拟上市企业加速快跑登陆资本市场。"港城上市通"服务的每一项工作都公开办理，有据可依，有迹可循。市金融工作服务中心对各部门工作成效跟踪督查，按实排名，考核结果与部门绩效考核、评优评先挂钩，从而形成工作合力，打好上市服务"组合拳"，壮大资本市场"张家港板块"。年内通过"港城上市通"共办理19起。

【"港城合伙人"系列活动举办】年内，市金融服务中心坚持"高点定位、高端规划"的思路，深入推进"港城合伙人"，打造区域品牌，举办"资本助力，互联融通"（上海）金融对接交流会、"张家港市—国盛证券'港城合伙人'金秋论道"活动等系列活动，突出长三角地区"资本助力，互联融通"主题，创新"资本驱动+产业融合"模式，助力企业发展，实现企业拥抱优质资本资源。全市新增11对"港城合伙人"，累计结对企业129对，会员企业突破340家。（郁　欢）

【编辑　黄宏庆】

农业

Agriculture

春暖花开　（王苗苗　摄）

扫码欣赏

乡村兽医

农业综情

【概况】 2019年，全市完成农、林、牧、渔业总产值53.03亿元，比上年减11.3%；实现农、林、牧、渔业增加值32.86亿元。农、林、牧、渔业总产值中，农业产值31.82亿元，林业产值5.93亿元，牧业产值3.08亿元，渔业产值3.28亿元，农、林、牧、渔服务业产值8.91亿元。市农业农村局严守"四个百万亩"底线，落地上图面积3.62万公顷。严格执行生态补偿政策，突出水稻生态保护，发放财政补贴1.08亿元。实施耕地轮作休耕5233.73公顷。建成苏州市"三高一美"（高标准田园小综合体、高标准水产养殖、高标准蔬菜生产和美丽生态牧场）示范基地10个，新增国家级农业龙头企业1家。4家企业在江苏股权交易中心"农业板"挂牌上市。8月，张家港市通过农业农村部专家组政府购买农业公益性服务机制创新试点验收。9月，市农业综合行政执法大队揭牌成立。10月，全省农机转型升级现场推进会在张家港市召开。

农业基本建设　全市新增高标准农田786.67公顷，新增农业园区333.33公顷，新（改、扩）建优质蔬菜基地42.67公顷，落实标准化池塘改造面积285.25公顷，建立张家港市梨产业推广示范核心基地1个、示范点3个。落实省级以上农机购置补贴财政资金354.02万元，下发省、市财政设施农业"机器换人"补贴资金500.21万元。新增农机具417台，完成2家烘干中心12台烘干机的热源改造，建成设施农业"机器换人"省级示范点5个。

农副产品供给　持续实施稻麦品种优良化工程，稻麦良种覆盖率99%，筛选"南粳3908号""镇麦12号"等多个稻麦接班品种。播种水稻16080公顷，推广水稻集中育秧，建设0.33公顷以上集中育秧点105个，推广面积69.33公顷，集中供秧占比达到41.6%。小麦每公顷产量5055千克，总产5.47万吨；水稻单产每公顷产量9163千克，总产14.73万吨。推广稻鸭、稻虾等复合种养模式，稻田综合种养120.52公顷。全年引进果蔬新品种28种、新技术7项、新模式3项，示范面积8公顷，落实夏、冬季蔬菜保供面积133.33公顷。凤凰水蜜桃通过国家地理标志农产品评审。

农产品质量安全　积极巩固国家农产品质量安全县创建成果，地产农产品质量安全水平保持在99%以上。全市培训监管对象3740人次，培训率100%。申报绿色食品14种，续展绿色食品4种、有机食品9种，验收通过省级绿色优质农产品基地1个，新申报省级绿色优质农产品基地9个，组织申报国家农产品地理标志产品1种。至年末，全市有绿色食品、有机食品113种，建成标准化的果园、菜园、茶园和标准化畜禽养殖场、水产健康养殖场29个。加强病虫草害防控，低毒、微毒农药使用量占农药使用总量的98%以上。继续实施农药集中配送，全市统一配送、统一价格、统一服务。对列入主推目录的高效低毒低残留农药，由市镇两级财政进行补贴，补贴资金651.21万元，补贴比例18%以上。粮食和果蔬农药配送率稳定在95%和90%，渔兽药配送率80%，稻麦测土配方肥配送率92%。为助力生态农业建设，通过政府采购引进黄花苜蓿种子1.19吨，由各区镇免费提供给农民示范种植。

农业行政执法　9月，为解决多头执法、重复执法等突出问题，建立权责统一、监管到位、运行高效的农业综合行政执法体系，提高农业执法效率和监管水平，市农业农村局整合全市农业系统执法资源，成立市农业综合行政执法大队。农业综合行政执法大队先后开展秋收秋种农机生产专项整治、打击电鱼毒鱼专项行动、羊及羊产品检疫专项治理等专项执法行动，开展农机具牌证管理及年度检审，狠抓农机安全生产。开展动物诊疗行业规范建设行动，严格动物防疫、养殖投入品及生鲜乳企业监管，建设全市农药监管系统平台，开展农资打假专项治理联合执法行动等系列农业执法行动。全年查处涉农违法案件67起。

【"大棚房"专项清理整治完成】"大棚房"是指一些企业和个人借建农业大棚之名，占用耕地建设"私家庄园"、别墅、休闲度假设施、商品住宅等非农设施的违法违规行为。其本质是改变土地性质和用途，改变农业生产功能，触碰"农地姓农"的底线，直接影响国家粮食安全。2018年10月，根据国务院、省政府开展"大棚房"问题专项清理整治行动电视电话会议的部署要求，张家港市成立专项整治行动领导小组，组织全面排查，认真核实疑似图斑和举报线索。全市发现"大棚房"违法违规点位20处，发

善港村有机农业产业园鸟瞰　　（善港村　提供）

现违法违规建设大棚59个，占地面积3.97公顷，涉及经开区（杨舍镇）、保税区（金港镇）、塘桥、乐余、凤凰、南丰、冶金园（锦丰镇）、常阴沙现代农业示范园区等8个区镇。经过5个月的整治，2019年3月5日，各区镇全部完成初验并提交验收。3月12日，全市20宗“大棚房”违法违规项目全部通过苏州市复核验收。市“大棚房”问题专项清理整治行动领导小组多次组织“回头看”，强化督察检查，确保彻底整改到位，巩固清理整治成果。

种植业

【概况】 2019年，全市主要种植的粮食作物有水稻和小麦。水稻的主栽品种为南粳5055、南粳46、宁粳8号，种植面积占全市水稻种植面积的97.42%，种植方式以机插为主，占91.33%，其余为机直播及少量人工撒播。小麦主栽品种为扬麦16号，播种方式以机条（匀）播为主，搭配机撒播和人工撒播。经济作物主要有油菜、蔬菜和果品。油菜品种有苏油4号、沪油16等，种植方式以人工移栽为主。蔬菜冬春季以茄果类、葱蒜类、叶菜类、根菜类为主，夏秋季以豆类、瓜类、叶菜类等为主，生产方式以早春提早茬、秋冬露地茬生产为主。果品主要品种有桃、葡萄、梨、枇杷、柑橘、草莓等，大部分果树以露地种植为主，少部分为大棚设施栽培。全市实现种植业产值31.82亿元。

粮食作物 2019年，全市粮食作物播种面积27990公顷，比上年减少5570公顷，减16.6%；总产量20.56万吨，比上年减少2040吨，减9.03%。水稻播种面积16080公顷，比上年减少130公顷，减0.8%；总产量14.73万吨，比上年增加200吨，增1.38%；每公顷产量9163千克，比上年增加216千克，增2.4%。小麦播种面积10833公顷，比上年减少4800公顷，减30.7%；总产量5.47万吨，比上年减少2.06万吨，减27.35%；每公顷产量5055千克，比上年增加240千克，增4.98%。全市共建设0.33公顷以上集中育秧点105个，育秧面积69.33公顷，供秧面积约6666公顷，集中育供秧面积占全市水稻生产总面积的41.6%。其中，采用“三改”（软盘改硬盘，营养土改基质，人工改流水线）技术的标准化规模育秧点69个，秧池面积50.56公顷。

经济作物 2019年，全市油菜收获面积1120公顷，比上年增加420公顷，增长60%；总产量2940吨，比上年增加1125吨，增长62%；每公顷产量2634千克，比上年增加8千克，增加0.3%。蔬菜种植面积8827公顷，比上年减少483公顷，下降5.2%；总产量25.8万吨，比上年减少0.9万吨，下降3.3%。瓜果种植面积1658公顷，比上年减少332公顷，下降20%；总产量6.5万吨，比上年减少1.3万吨，下降16.7%。新（改、扩）建蔬菜基地42.67公顷，新建成苏州市高标准蔬菜生产示范基地2个，省级蔬菜标准园2个。引进新品种28种，重点

有机蔬果 （善港村 提供）

推广江苏省农科院的“金陵”系列番茄、南京农业大学的“南春”和“南热”系列萝卜、扬州大学的“康秀”系列黄瓜；引进果实发育调控技术、重大病虫害绿色防控等新技术7项，引进湿旱轮作、轻简化栽培等新模式2项。调优果品结构，引进“苏翠1号”“苏翠4号”“秋月”3个梨品种，“红美人”“大雅”“明日见”3个柑橘品种，“紫金玖红”“宁玉”2个草莓品种。发展设施栽培，推广桃、枇杷、柑橘设施栽培技术，葡萄设施避雨及促成栽培技术。加入江苏现代农业（梨）产业技术体系，建立张家港市梨产业推广示范核心基地1个，示范点3个。在第十届“神园杯”江苏优质水果评比中，市神园葡萄科技有限公司、市凤凰农业有限公司、市俞氏生态果园、市港诚生态农业有限公司等生产的水果获9个金奖、10个银奖。在2019年中国北京世界园艺博览会优质果品大赛中，市俞氏生态果园、市神园葡萄科技有限公司、市港诚生态农业有限公司生产的水果获1个银奖、2个铜奖。

【“机器换人”示范推广】 年内，为解决设施蔬菜生产中劳动强度高、人工用工量大的问题，提高设施蔬菜生产关键环节机械化作业水平，市农业农村局先后组织7次现场会，示范推广设施农业“机器换人”工程。3月21日，苏州市农机推广“田间日”活动暨张家港市农机“两大工程”（省绿色环保农机装备与技术示范应用工程、省设施农业“机器换人”工程）机具展示演示会在南丰镇永联村举行。苏州市及各区市农机推广站负责人和技术人员、农机管理员及典型种植户等200余人参加演示会。现场会集中展示30余台套“两大工程”机具，包括履带式拖拉机、大棚王、灭茬旋耕机、起垄机、撒肥机、田园管理机（起垄、开沟、除草）、乘坐式割草机、遥控自走式开沟机、遥控风送式植保机、电动遥控喷杆式喷雾机、气吸式蔬菜播种机、蔬菜精密播种机、蔬菜移栽机、叶菜收割机、粉碎机、采摘升降平台等。在永联粮食基地还展示部分大田作业智能机具，包括无人驾驶插秧机、侧深施肥插秧机、无人植保飞机、折叠式水田耙等。11月26日，全市农机蔬菜生产机械化技术现场演示会在杨舍镇善港村举行。各区镇农机管理员和设施蔬菜种植大户代表共36人参加演示会。演示会现场，按设施蔬菜生产机械化技术路线主要展示割草机、撒肥机、灭茬旋耕机、遥控自走式整地机、自走式起垄机、开沟机、蔬菜种子撒播机、条播机、遥控喷杆式植保机、叶菜收割机、自走式搬运机、蔬菜捆扎机、蔬菜尾菜无害化处理装备等13种新型农机装备。至年末，江苏善港生态农业科技有限公司、市永联菜篮农业专业合作社、市凤凰农业科技有限公司、锦丰镇花盛家庭农场、市港诚生态农业有限公司等5家企业建成省级“机器换人”示范点，全市设施蔬菜（鸡毛菜）生产机械化水平从40%提高到90%。

善港蔬菜基地物联网灌溉中心　（善港村　提供）

【第二届省柑橘产业发展研讨会暨“红美人”设施栽培现场会在市召开】 12月3日，第二届江苏省柑橘产业发展研讨会暨“红美人”设施栽培现场会在张家港市召开。会议由江苏省太湖常绿果树技术推广中心、江苏省农业技术推广总站和张家港市农业农村局联合举办，旨在推进全省柑橘产业快速发展。全省果树技术干部、水果合作社负责人等110余人参观了张家港市颐园农林有限责任公司的柑橘园，品尝了“红美人”柑橘。“红美人”是浙江省象山县从日本引进的杂交柑橘品种，外观漂亮、肉嫩多汁、入口即化，在市场上备受消费者欢迎。2017年，张家港市从浙江省象山县引进种植，并不断探索使用新技术提升品质和提高产量。同时引进柑橘分级选果设备，产品分级包装销售，不仅让不同等级的“红美人”得以精准投放市场，而且可以提高销售价格，产生更高经济效益。2019年11月，在苏州市第一届好柑橘评比中，市颐园农林有限责任公司、市俞氏生态果园和市红美人农林科技有限公司生产的优质杂柑“红美人”获2个一等奖、1个二等奖。2019年，全市“红美人”种植面积6.67公顷，产量约100吨。

养殖业

【概况】 2019年，全市实现养殖业总产值6.36亿元，比上年减少2.26亿元，占农林牧渔业总产值的11.99%。其中畜牧业产值3.08亿元，比上年减少1.04亿元，占农、林、牧、渔业总产值的5.81%；渔业产值3.28亿元，比上年减少1.21亿元，占农、林、牧、渔业总产值的6.19%。按可比价计算，分别比上年减少2.06%、15.94%。

畜牧业　全年生猪出栏3.61万头，年末存栏1.67万头，其中能繁母猪1418头；羊出栏4311只，年末存栏3602只；家禽上市60.78万羽，年末存栏25.65万羽；兔出栏1730只，年末无存栏；奶牛存栏3284头。养殖品种主要为苏淮猪、苏太猪、黑白花

梨园养鸡　（王苗苗　摄）

荷斯坦奶牛、山羊、绵羊、鹿苑鸡、康贝尔鸭、番鸭、雁鹅、鹌鹑等。积极创建畜禽规模养殖场，成功创建苏州市美丽生态牧场1家，累计2家，全市畜禽生态健康养殖比重为100%。

水产业　2019年，全市水产养殖总面积867公顷，水产品总产量1.1万吨，其中淡水养殖产量0.95万吨，主要养殖品种为青鱼、草鱼、鲢鳙鱼、鲫鱼、鳊鱼、青虾、小龙虾和大闸蟹，特种养殖品种有鳜鱼、鲈鱼、甲鱼等，多采取河蟹与青虾、河蟹与鳜鱼、河蟹与沙塘鳢鱼等套养模式。年末，全市有农业部健康养殖示范场4家，分别为市旺农水产养殖专业合作社、市震宇农副产品生态园有限公司、市华阳生态农业发展有限公司、市正德河蟹养殖基地；有苏州市高标准水产养殖示范基地1家，为市鸿屹水产养殖有限公司。

【长江干流实施禁捕和退捕】　根据省农业农村厅、财政厅、人力资源和社会保障厅《〈关于印发江苏省重点水域禁捕和建立补偿制度实施方案〉的通知》和苏州市农业农村局、财政局、人力资源和社会保障局下发的《苏州市长江段重点水域禁捕和建立补偿制度实施方案》要求，9月，市农业综合行政执法大队对全市长江捕捞渔民的渔船、家庭人员、住房、人员性质及参保情况进行调查摸底。10月，市农业农村局委托第三方苏州方正资产评估有限公司完成25艘长江捕捞渔船评估。11月，制定《张家港市长江干流禁捕和建立退捕渔民补偿制度实施方案》。12月，市十四届政府第43次常务会议审议并通过该方案。12月17日起，市农业农村局分批召开沿江相关区镇退捕渔船船主座谈会，通报评估信息。12月25日，全市25艘长江捕捞渔船的捕捞许可证在江苏省渔船管理信息系统中注销。至年末，25位渔船主全部签订《张家港市长江干流退捕补偿协议》。全市下发收回捕捞权补偿、专用生产设备报废补偿、过渡期临时生活补贴等补偿经费共1394.54万元，其中收回捕捞权补偿364.25万元、过渡期补偿116.4万元、渔船补偿846.39万元、网具补偿67.5万元。

【瑞和种养专业合作社获评苏州市畜牧生态健康养殖示范基地】　市瑞和种养专业合作社位于常阴沙现代农业示范园区常东社区，是全省较大的鹌鹑养殖基地，始建于2017年。2019年，基地占地面积8.82公顷，养殖鹌鹑83万羽，鹌鹑蛋产量1498.5吨，实现销售收入1498.5万元。瑞和养殖场坚持种养结合、畜地平衡的原则进行鹌鹑养殖，严格控制养殖总量，同时推行鹌鹑粪污肥料化利用，建设鹌鹑粪污发酵罐设施，将粪污进一步商品化生产、资源化利用。12月，基地通过苏州市畜牧兽医站验收被授予苏州市畜牧生态健康养殖示范基地。

农业服务

【概况】　2019年，全市实现农、林、牧、渔业服务业总产值8.91亿元，比上年增加3000万元，占农业总产值的16.8%，比上年上升2.39个百分点。

农资供应　年内，全市水稻良种补贴面积1.58万公顷，统一供种量为950吨，良种覆盖率98%以上。品种以“南粳5055”和“南粳46”为主，搭配种植“武运粳30号”“宁粳8号”“常优5号”等品种。小麦良种补贴面积1.07万公顷，统一供种量为1610吨，品种以“扬麦16”为主，示范推广“镇麦12”和“扬麦23”，良种覆盖率99%以上。全市农业支持保护补贴（耕地地力保护）面积2.27万公顷，补贴标准为每公顷1800元，补贴总额4086.14万元，惠及农户80892户。推广商品有机肥8500吨，下发补贴170万元。拨付重大动物疫病防控经费62.94万元，投入生猪养殖、屠宰环节无害化处理专项经费74.55万元。发放水稻育秧基质7910.4吨，下发补贴316.42万元。发放壮秧剂9170包，价值2.29万元。下发集中育秧补贴71.55万元，补助育秧面积50.06公顷。下发水稻生态补偿1.04亿元，补偿面积1.66万公顷。完成稻麦秸秆机械化还田面积2.12万公顷，下发秸秆机械化还田补助资金621.49万元。全市按照“立足预防、突出重点、打准适期、统筹兼顾、绿色防控，减量控害”的原则开展适期科学防治，统防统治占90%以上，专业化服务比例超过75%。全市年粮食农药配送率95%、果蔬农药配送率90%，测土配方肥集中配送11543.4吨。

农机服务　全市落实省级以上农机购置补贴财政资金354.02万元，省、市财政落实设施农业“机器换人”补贴资金500.21万元，发放秸秆机械化还田作业补助资金621.49万元。新增农机具417台，其中大中型拖拉机34台、水稻插秧机24台、联合收割机10台、无人植保飞机5台、粮食烘干机9台共117吨位、自走式喷杆喷雾机34台，各类设施农业机具

机插秧　（善港村　提供）

132台，完成2家烘干中心12台烘干机的热源改造，淘汰各类老旧农机具32台，农机综合化水平达到93.95%。塘桥镇金村农机服务专业合作社建成“全程机械化+综合农事”服务中心，被农业部推介为第一批全国“全程机械化+综合农事”服务中心典型案例。建成5个设施农业“机器换人”省级示范点。吸收农机销售企业人员、镇级农机维修人员壮大农机科技志愿者服务队伍，志愿者总数达到35人。夏秋农忙时期，组织志愿者分组联系各区镇，落实值班制度，对农民生产所需的农机化技术开展指导服务。

技术培训　全年举办农民培训班16期，培训新型职业农民1614人，培训资金110万元，其中省级新型职业农民培育项目60万元、苏州市级新型职业农民培训50万元。按照“培训一批、认定一批、扶持一批”的方针，年内认定新型职业农民205人，全市累计792人。发放2018年度新型职业农民社保补贴11人，人均8646元，共95106元。开展新型职业农民培育，将培训班从农民科技教育培训中心搬到村（社区）和田间地头，由村主任或村干部直接带头参加培训班。培训课程上开展农民手机培训，邀请老师讲授实用知识技巧，共享信息化。实施农业科技入户工程，91名专家和技术指导员挂钩指导示范户715户。

【农作物病虫害绿色防控】 年内，全市在开展水稻、蔬菜、果品绿色防控技术集成研究的基础上，利用项目技术成果，加大病虫害绿色防控示范力度，开展小麦、水稻、桃、蔬菜等4个省级农作物病虫绿色防控示范区建设。建成小麦绿色防控示范区69.33公顷，辐射1621.2公顷；水稻示范区67.47公顷，辐射2337.27公顷；蔬菜示范区7.47公顷，辐射77.27公顷；桃树示范区13.33公顷，辐射66.67公顷。示范区内绿色防控产品使用面积均为100%。生物、物理等非化学防控措施覆盖率，水稻为36%，桃为42%，蔬菜为66.3%，小麦为52.1%。与2015年相比，全市农作物化学农药商品用量均大幅减少，其中水稻减少58.7%、桃减少46.1%、蔬菜减少33.5%、小麦减少26.5%。年末，市农业农村局植保植检站被评为全省2019年度农作物病虫害绿色防控先进单位。

【全省农机化转型升级现场推进会在市举办】 为贯彻落实省政府《关于加快推进农业机械化和农机装备产业转型升级的实施意见》，10月15日，省农业农村厅在张家港市举办全省农机化转型升级现场推进会，部署推进农机“两融两适”（农机农艺融合、机械化信息化融合、农机服务模式与农业适度规模经营相适应、机械化生产与农田建设相适应），促进农业机械化向“两全两高”（全程、全面，高质、高效）转型升级发展。省农业农村厅副厅长沈毅，中国工程院院士、扬州大学农学院教授、博士生导师张洪程及全省各市、县农业农村局相关负责人近200人参加会议。张家港市、南京市、扬州市宝应县、常州市金坛区、徐州市沛县分别围绕农机化转型升级、蔬菜生产机械化、粮食生产全程机械化、河蟹养殖机械化、林果生产机械化工作在会上交流发言。与会代表先后参观塘桥镇金村农机专业合作社、南丰镇永联菜篮农业专业合作社、南丰镇永联特种养殖场、南丰镇梨园春家庭农场，观摩粮食生产全程机械化+综合农事服务+全产业链经营+智能化无人农机装备与技术、设施蔬菜水产养殖主要环节农机化装备与技术、设施林果（梨）生产主要环节农机化装备与技术的演示现场。

农业产业化

【概况】 年内，江苏张家港酿酒有限公司成为国家级农业产业化重点龙头企业，市统清食品有限公司和市威胜生物医药有限公司成为苏州市级农业产业化龙头企业，市金沙洲壹号庄园农渔生态有限公司，张家港诚启农业有限公司，江苏鸿逸泰生态农业科技有限公司，市长江湾旅游文化发展有限公司创建成苏州市高标准田园综合体，经开区（杨舍镇）福前村，常阴沙现代农业示范园区常北社区创建成苏州市休闲农业精品村，经开区（杨舍镇）福前村创建成江苏省休闲农业精品村，长江润发郁金香休闲农园、“吾香”大愚木舍花卉园创建成省创意农业园，南丰镇永联村入选江苏省农村一二三产融合发展先导区名单。年末，全市有各级农业产业化龙头企业51家，其中国家级2家、省级7家、苏州市级14家，张家港市级28家。2019年，全市省级以上龙头企业实现销售收入271.62亿元、利税6.44亿元、创汇1.81亿美元，各休闲农业综合园区接待游客646万人次，实现综合收入4.97亿元。

江苏省休闲农业精品村——福前村 (谢卫东 摄)

【2个基地入选全国农村创新创业孵化实训基地】 12月，市金丰众创空间、永联村培训中心入选第二批全国农村创新创业孵化实训基地。金丰众创空间成立于2015年，是由金港镇封庄村创办，依托金丰生态农业发展有限公司为运作主体，致力于构建全要素的青年创业孵化平台。空间集中力量搭建金丰青商会，推广区域特色农业、金丰教育产业联盟、蜂麦电商产业联盟，打造"1+3"产业生态模式，将点状的项目孵化成线状的产业链、面状的产业集群，更好地体现"助力创新，共筑成长"的服务理念。空间入驻创业团队31家，入驻企业49家，成功孵化创业团队21家，孵化企业19家，2019年围绕农业、教育、电商三方共建4个板块产业方向，空间累计入驻项目40项。其中，有归国留学生回乡传承家族非遗技艺的"棉文化"项目，有致力于建设"家门口的常春藤"的艺术体育教辅项目，有大力培育"匠心文化"的青年手工艺品制作项目。永联村培训中心成立于2013年，是由永联村发起成立的以指导乡村振兴、培育农村致富带头人为特色的农村创新创业孵化中心。培训中心通过提供政策咨询、输出发展模式等服务，培育农村创新创业人员累计超过4万人次，到基地学习交流的超过20万人次。中心孵化培育贵州沿河空心李专业合作社等农村创新创业主体50余个。

【江苏张家港酿酒有限公司获评国家重点龙头企业】 12月，农业农村部、国家发改委、财政部、商务部、中国人民银行、国家税务总局、中国证券监督管理委员会、中华全国供销总社联合发布第六批农业产业化国家重点龙头企业名单，江苏张家港酿酒有限公司入选。这是继江苏梁丰食品集团有限公司后张家港市第二家国家级龙头企业。江苏张家港酿酒有限公司是全国黄酒行业的重点骨干企业、全国黄酒协会副理事长单位，黄酒国家标准起草制定单位之一，是具有百年历史的中华老字号企业。公司黄酒年生产能力15万吨，基酒储备超过22万吨，是全国最大的民营黄酒生产制造企业，拥有全国最大的清爽型黄酒酿造基地。江苏张家港酿酒有限公司依托自身品牌优势，立足于自有基地和合作基地，通过农民合作社、粮食购销中介服务公司等收购稻麦原料，带动种植基地2000余公顷，带动农户超1万户。2019年，公司实现工业总产值7.85亿元、主营业务收入7.48亿元、利税3.84亿元。

【震宇生态园获评苏州共享农庄】 苏州共享农庄(乡村民宿)是以特色农业、乡村民宿共享为基本特征，融绿色循环农业、创意农业、农耕体验、休闲度假等为一体的乡村产业综合发展模式。震宇生态园位于常阴沙现代农业示范园区常西社区，成立于2009年，是江苏省四星级乡村旅游区、苏州市五星级农家乐，占地面积约50公顷，是一个集水产品养殖、农产品种植及净菜加工配送、农业体验、休闲娱乐等综合业务于一体的生态园区。生态园坚持以农为本、多元融合、共建共享的原则，依托临江自然生态、田园风光，以水产养殖和果蔬种植为核心，融合乡村民宿、农耕体验、餐饮娱乐等功能，努力打造具有张家港特色的共享农庄(乡村民宿)样板，提升全市休闲农业和乡村旅游中高端产品供应能力。园内有果园采摘体验区2个、标准化水产品养殖区3个、蔬菜苗木种植区2个、家禽养殖区1个，并设有净菜配送和餐饮休闲两大业务部门。餐饮部总面积约6000平方米。12月16日，苏州市农业农村局公布2019年苏州共享农庄(乡村民宿)名单，张家港市震宇生态园入选，成为张家港市首个苏州共享农庄。

【福前村获评江苏省休闲农业精品村】 12月16日，江苏省农业农村厅公布2019年江苏省休闲农业精品村和主题创意农园名单，经开区(杨舍镇)福前村成功入选省休闲农业精品村。福前村位于江苏省张家港经济技术开发区(杨舍镇)北区，由原来的福前村、福东村、永协村三村合并而成，区域面积约8平方千米。近年来，村集体坚持以农业为载体，先后引进市神园葡萄科技有限公司、市顺峰农民专业合作社等新型农业主体，结合当地特色，推进农旅融合发展。福前村依托区域内葡萄基地、现代农业示范园以及其他蔬果基地，在福东片区打造集农产品销售、观光采摘、休闲垂钓、农家美食等为一体的田园综合体，总规划面积80公顷。

(孙艺 邱亚峰 徐琼)

【编辑 陆正芳】

工业

Industry

沙钢集团　（沙钢集团　提供）

工业综情

冶金工业

纺织工业

食品工业

机电工业

化学工业

其他工业

新兴产业

江苏沙钢集团

張家港年鑑(2020)

扫码欣赏

百年沙钢

工业综情

【概况】 2019年，全市工业突出智能工业、创新转型，强化协调服务、精准指导，积极培育先进制造业新动能。全市1283家规模以上工业企业（全部国有及年主营业务收入500万元以上非国有工业企业，下同）完成工业产值4614.69亿元，比上年增2.1%，主营业务收入5595.49亿元，完成利税324.27亿元。规模以上工业企业按轻重工业分，轻工业企业575家，主营业务收入1195.79亿元；重工业企业708家，主营业务收入4399.7亿元。按企业规模分，大中型企业152家，主营业务收入3922.03亿元；小型微型企业1131家，主营业务收入1673.46亿元。按登记注册类型分，国有企业1家，完成主营业务收入4.82亿元；集体企业2家，完成主营业务收入1.81亿元；股份合作制企业1家，完成主营业务收入3045万元；有限责任公司118家，完成主营业务收入156.5亿元；股份有限公司37家，完成主营业务收入234.66亿元；私营企业876家，完成主营业务收入2361.55亿元；港澳台投资企业62家，完成主营业务收入263.95亿元；外商投资企业186家，完成主营业务收入1163.37亿元。全市工业用电量311.53亿千瓦小时，比上年降0.7%。

2019年张家港市十大集团一览表

表23

序号	企业名称	序号	企业名称
1	江苏沙钢集团有限公司	6	江苏华昌（集团）有限公司
2	江苏永钢集团有限公司	7	澳洋集团有限公司
3	江苏国泰国际集团股份有限公司	8	浦项（张家港）不锈钢股份有限公司
4	陶氏化学（张家港）有限公司	9	华芳集团有限公司
5	东华能源股份有限公司	10	江苏骏马集团有限责任公司

2019年张家港市75家重点工业企业一览表

表24

序号	企业名称	序号	企业名称
1	中粮东海粮油工业（张家港）有限公司	24	张家港爱丽家居科技股份有限公司
2	张家港沙洲电力有限公司	25	苏州龙杰特种纤维股份有限公司
3	佐敦涂料（张家港）有限公司	26	张家港富瑞特种装备股份有限公司
4	江苏灿勤科技股份有限公司	27	江苏爱康实业集团有限公司
5	霍尼韦尔特性材料和技术（中国）有限公司	28	盛禧奥聚合物（张家港）有限公司
6	江苏张家港酿酒有限公司	29	苏州天沃科技股份有限公司
7	天宇羊毛工业（张家港保税区）有限公司	30	张家港保税区长源热电有限公司
8	索尔维（张家港）精细化工有限公司	31	张家港中集圣达因低温装备有限公司
9	双狮（张家港）精细化工有限公司	32	张家港海螺水泥有限公司
10	江苏长顺集团有限公司	33	江苏现代威亚有限公司
11	张家港市国泰华荣化工新材料有限公司	34	华奇（中国）化工有限公司
12	科波西电子材料张家港有限公司	35	江苏新芳科技集团股份有限公司
13	张家港广大特材股份有限公司	36	江苏赛宝龙石化有限公司
14	泰柯棕化（张家港）有限公司	37	南港（张家港保税区）橡胶工业有限公司
15	张家港市苏闽金属制品有限公司	38	张家港华兴电力有限公司
16	苏州海陆重工股份有限公司	39	液化空气（张家港）工业气体有限公司
17	PPG涂料（张家港）有限公司	40	江苏宏宝集团有限公司
18	攀华集团有限公司	41	江苏协昌电子科技股份有限公司
19	长江润发集团有限公司	42	江苏金帆电气集团有限公司
20	江苏鹿港文化股份有限公司	43	苏州圣汇装备有限公司
21	张家港市易华润东新材料有限公司	44	梅塞尔气体产品（张家港）有限公司
22	江苏梁丰食品集团有限公司	45	江苏银河电子股份有限公司
23	瓦克化学（张家港）有限公司	46	采埃孚汽车科技（张家港）有限公司

续表24

序号	企业名称	序号	企业名称
47	江苏沙印集团有限公司	62	润英联(中国)有限公司
48	张家港欣欣高纤股份有限公司	63	东熙汽车配件(张家港)有限公司
49	江苏东渡纺织集团有限公司	64	江苏利柏特股份有限公司
50	富美实(张家港)特殊化学品有限公司	65	江苏富淼科技股份有限公司
51	丰田合成(张家港)科技有限公司	66	张家港迪爱生化工有限公司
52	苏州欣荣博尔特医疗器械有限公司	67	雅仕德化工(江苏)有限公司
53	那智不二越(江苏)精密机械有限公司	68	张家港市普坤纺织实业有限公司
54	张家港华捷电子有限公司	69	苏州双象光学材料有限公司
55	江苏金陵体育器材股份有限公司	70	张家港中环海陆高端装备股份有限公司
56	江苏华伟特种薄板有限公司	71	江苏联宏纺织有限公司
57	江苏华程工业制管股份有限公司	72	江苏新美星包装机械股份有限公司
58	张家港恩斯克精密机械有限公司	73	张家港保税区保点标签有限公司
59	马尼托瓦克起重设备(中国)有限公司	74	苏州晶台光电有限公司
60	张家港迪克汽车化学品有限公司	75	江苏海狮机械股份有限公司
61	苏州金鸿顺汽车部件股份有限公司		

【工业投入】 2019年,张家港市实施工业项目385项,完成工业投入工作量160.14亿元,比上年增24%。其中,传统产业完成投入工作量19.11亿元,占全市工业投入总量的11.9%;新兴产业完成投入工作量141.03亿元,占全市工业投入总量的88.1%。在建1亿元以上项目133项,完成投入工作量133.09亿元,占全市工业投入总量的83.1%;5亿元以上项目38项,完成投入工作量84.4亿元,占全市工业投入总量的52.7%。在建技术改造项目299项,计划总投资499.22亿元,完成投资106.14亿元,占工业投资的66.3%;新建项目86项,完成投资54亿元。保税区、经开区、冶金园投资占全市投资的比重超八成。其中,工业投资128.82亿元,占全市的80.44%;技改投资78.2亿元,占全市的73.7%;新兴产业投资113.85亿元,占全市的80.7%。2019年实施超1亿元项目102项(其中保税区43项、经开区34项、冶金园25项),占全市超1亿元项目总数的76.7%,完成投资额111.5亿元(其中保税区41.4亿元、经开区30亿元、冶金园40.1亿元),占全市超1亿元项目投资额的83.8%。

(朱佳文)

【转型升级】 2019年,江苏灿勤科技股份有限公司、江苏海狮机械股份有限公司首批获评国家专精特新小巨人企业,苏州海陆重工股份有限公司、江苏金陵体育器材股份有限公司、江苏华鹿纺织有限公司第四批入选国家绿色制造名单,经开区首批获评全省"互联网+先进制造业"特色产业培育基地,江苏东渡纺织集团有限公司等63家企业获评省星级上云企业,苏州飞驰环保科技股份有限公司等8家企业产品获省级专精特新小巨人企业(产品),江苏保丽洁环境科技股份有限公司等11家企业获评省级工业企业技术中心,张家港富瑞氢能装备有限公司等5家企业的产品入选省首台(套)重大装备,江苏国富氢能技术装备有限公司等10家企业获评苏州专精特新示范中小企业。推进沙钢集团余热蒸汽回收等18个节能项目建设,形成年节能能力8万吨标煤。淘汰整治低端低效产能企业386家,完成年度目标的126%;"腾笼换凤"土地面积97.47公顷,完成年度目标任务的146%。完成年度关停2家化工企业的目标任务。深入开展工业企业资源集约利用综合评价工作,修订评价细则,明确以地块为基本评价单位,做好工业企业评价首次全覆盖。全面摸排梳理全市7000余宗工业用地实际使用面积、租赁等情况,对接税务、供电、资规、环保、安监等20余个部门,归集企业数据100余万条,完成年度综合评价并正式公布结果。出台资源要素差别化配置政策,将城镇土地使用税、水、电、气价等要素纳入优化配置内容,全年为A、B类企业减负6500万元,向D类企业征收惩罚性电费、水费近300万元。

【智能制造】 2019年,张家港市重点发展智能工业,提升存量产业竞争力,深入实施智能制造"155"计划。全市智能制造投资82亿元,比上年增30%,占工业投资比重51%。2月,市工信局启动全市规模以上工业企业智能制造成熟度测评,问卷内容涵盖研发设计、采购物流、品质追溯、调配能源、计划生产、仓储配送等工业生产主要环节的智能化情况,全面了解市工业企业智能制造整体水平,全市有1179家规模以上工业企业参加测评。5月30日,"赋能升级,智造港城"——全市智能工业千企推进大会召开。会议为2018年度获省级智能制造示范工厂、省级示范智能车间、国家第一批专精特新“小巨人”企业和张家港市首批认定的“小巨人”企业进行颁奖，聘请5位智能领域专家为张家港市智能工业发展顾问。现场还举行智能工业服务项目合作签约、省企业信息化协会张家港代表处和苏州工业互联网联盟张家港办事处的揭牌仪式。沙钢集团、华芳集团、张家港协鑫集成科技有限公司、江苏徐工信息技术股份有限公司、苏州睿牛机器人技术有限公司等企业代表在会上作交流发言。年内，江苏新美星包装机械有限公司等3家企业项目获评国家级智能制造项目，长江润发高精度导轨智能制造车间等45个车间入选2019年省级示范智能车间，累计62家；迪克汽车精细化学品生产车间等27个车间获评苏州示范智能车间。

（冯文峰）

冶金工业

【概况】 2019年，全市规模以上冶金工业企业完成工业总产值2043.78亿元，占全市规模以上工业总产值的44.29%，比上年增11.62%。其中，黑色金属冶炼及压延加工企业53家，完成工业总产值1869.26亿元；有色金属冶炼及压延加工企业38家，完成工业总产值174.52亿元。有5家企业年销售收入超100亿元。沙钢集团（本部）全年完成销售收入1250.34亿元，比上年减2.9%；实现利税115.6亿元，比上年减40.4%。永钢集团全年完成销售收入465.44亿元，比上年增4.9%；实现利税46.85亿元，比上年减25.5%。张家港浦项不锈钢有限公司完成销售收入188.63亿元，比上年增1.79%；实现利税1.8亿元，比上年减47.6%。张家港联合铜业有限公司完成销售收入143.5亿元，比上年增16.8%；实现利税4700万元，比上年增560.6%。攀华集团完成销售收入118.58亿元，比上年增7.6%；实现利税1.13亿元，比上年减22.6%。全年冶金工业完成投资42.36亿元，占全市的26.45%，比上年增59.23%。

2019年张家港市规模以上冶金工业企业主要产品产量情况表

表25

产品名称	年产量（万吨）	比上年增长率（%）
钢材	4040.46	5.00
其中：冷轧薄宽钢带	87.93	-66.00
线材（盘条）	970.26	2.10
钢筋	998.69	5.10
铜材	1.81	21.50
铝材	9.95	0.80

2019年张家港市冶金工业企业投入1亿元以上竣工项目情况表

表26

企业名称	项目内容	项目类别	总投资（万元）	竣工时间
江苏沙钢集团有限公司	焦化烟气脱硫脱硝环保提升二期项目	内资技改	22000	3月
浦项（张家港）不锈钢股份有限公司	真空精密装置技术改造项目	外资技改	12025	6月
江苏沙钢集团有限公司	球团烟气脱硫脱硝环保提升项目	内资技改	10000	7月
江苏沙钢集团有限公司	新建c型料场环保治理项目	内资技改	15000	7月
江苏沙钢集团有限公司	新建环保治理7料场大棚项目	内资技改	12000	12月
江苏沙钢集团有限公司	高端线材智能制造改造项目	内资技改	45000	12月

【永钢集团获评国家级“推动绿色发展示范基地”】 江苏永钢集团总资产400余亿元，有员工1万余人。年生产能力炼铁900万吨、炼钢900万吨、钢材900万吨。有江苏联峰实业股份有限公司、江苏永联精筑建设集团有限公司、张家港联峰金属制品有限公司、张家港乐欣再生资源有限公司、南丰小额贷款有限公司、江苏联峰金盾智能科技有限公司、上海铠钺钢铁技术咨询有限公司、江苏象石实业股份有限公司、江苏联峰工业装备科技有限公司、永钢投融、苏州昆仑重型装备制造有限公司等11家全资（控股）子公司。2019年全年完成炼铁874万吨、炼钢925万吨、轧钢844万吨；钢材销售918.2万吨，其中出口147.56万吨；销售普钢656.97万吨，优钢183.57万吨，特钢77.66万吨。完成新产品开发27个，其中普钢7个、优特钢线材20个，产品远销111个国家和地区，其中“一带一路”沿线国家和地区32个。年内，永钢集团被国家节能中心树为“推动绿色发展示范基地”，成为第一家同时获评工信部“绿色工厂”和“绿色供应链管理示范企业”的钢铁企业。1号450平方米与300平方米烧结机烟气净化系统升级改造项目总投资4.5亿元，占地面积1.2万平方米。项目新建2套活性焦烟气净化系统，分别用于永钢集团1号450平方米烧结机和300平方米烧结机的烧结烟气净化。活性焦烟气净化系统包括烟气系统、吸附净化系统、活性焦再生系统、物料循环输送系统、除尘系统、制酸系统和氨站系统，以及其他辅助系统等，工程采用管式换热方式控制烟气进入吸附塔的温度。项目改造完成后，实现二氧化硫、氮氧化物、颗粒物等污染物的超低排放达到国家规范排放要求。该项目于2018年8月开工建设，2019年10月改造完成投入生产。电力厂80兆瓦发电锅炉烟气脱硫项目项目总投资2668万元，占地面积约2500平方米。该项目采用钠基干法脱硫工艺，将80兆瓦锅炉的原始烟气由引风机出口引入新建的钠基干法脱

永钢集团转炉炼钢控制中心 （黄智强 摄）

硫反应器，对烟气进行脱硫，脱硫后的烟气进入布袋除尘器除尘净化，净化后烟气由新增增压风机再送到原烟囱排放。整体系统包括烟气系统、制粉及喷射系统、布袋除尘系统、后产物处理系统及电仪系统等。项目建成投运后确保锅炉烟气中二氧化硫、粉尘、氮氧化物浓度达到国家环保排放要求。该项目于2018年10月开工建设，2019年6月改造完成投入生产。

【全球最高摩天轮“迪拜眼”融入永钢“元素”】 近年，永钢集团加快“普转优、优转特、特转精”转型升级步伐，在产品提档升级道路上取得新突破，凭借高质量的产品和一流的服务，永钢的钢材被应用到港珠澳大桥、沪通大桥、上海世博会中国馆、京沪高铁等国内重点工程，以及文莱淡布隆跨海大桥、巴基斯坦卡拉奇核电站k2和k3项目等国际重点工程。2013年起，永钢集团向高端锻件市场进军，凭借3万吨模锻液压机，通过应用先进的“整体—精确成形”模锻工艺、精湛的技术替代自由锻工艺，先后研制和生产了几十余项航空锻件和高端民用锻件。全球最大摩天轮“迪拜眼”项目高250余米，整个轮体设计48个高科技轿厢，每个轿箱乘坐40人，整个摩天轮可容纳1920人乘坐，是全球最高、最大的摩天轮项目。该项目的48个轿箱由法国波马集团［波马嘉仕其（北京）索道有限公司］设计制造。永钢集团与波马嘉仕其（北京）索道有限公司经过8个月的开发跟进，2019年10月21日，承接了波马嘉仕其公司模具1套及支撑座锻件197件的订单，轿厢厢体用支撑座锻件长2430毫米、宽517毫米、重348千克，为“迪拜眼”摩天轮轿厢厢体的关键承重结构件。11月，模具的制造验收及试装完成；12月，首批样件生产试制完成。“迪拜眼”摩天轮轿厢厢体的关键承重结构件的承接生产，证明了永钢集团在大型模锻领域中创新和设计、制造方面出色的能力。

【联合铜业公司节电增效】 2019年，张家港联合铜业有限公司在开展节电增效活动中，通过优化生产工艺、落实分时用电政策、强化能管中心建设和节电管理考核，加大节能技术改造，全厂综合能耗在同行业处于领先水平，年节约用电成本600万元以上。公司首先从分时用电管理入手，通过优化阳极铜生产工序，减少压缩风用量，严格控制环保风机等用电设备的开启时间，阳极铜生产用电量比上年下降6.18%。根据江苏省分时电价相关政策，实施峰谷用电调控，因电解整流用电占公司用电的80%以上，着力对电解车间峰谷用电进行调控和考核。采用自动化、智能化控制装置，严格控制可间断用电负荷启停时间，在电解系统各工段生产泵增加变频器，并与高位槽液位连锁，调控用电设备运行状态。电解低压配电系统升级中，公司对常规电解系统高压柜及115伏低压系统进行升级改造，由1000千伏安油变更换为2000千伏安干变，优化电路，降低设备自身损耗，并委托专业机构对4个配电房进行谐波测试，制定谐波治理的方案，增加无功补偿设备，降低电能损耗。同时，通过基本电费容量法改需量法、电力需求侧响应、电力直接交易、提高谷时用电量等用电政策降低企业用电成本，年节约电力政策支持300余万元，并采取空压机合同能源管理、绿色照明、推广节能电机、合理调整电解电流密度等措施节约企业用电量，主产品阴极铜综合用电量比2018年下降2%，电费下降5%以上。根据国家推广使用清洁能源和江苏省加强大气治理、实现超低排放的要求，先后完成精炼系统1号、2号阳极炉重油改天然气，于9月完成最后一台阳极炉重油改天然气。全年生产电解铜28.62万吨，生产阳极铜15.03万吨，粗硫酸镍1550吨。

（陈 毅 冯文峰 宋立娟 杨学文 黄云霞）

纺织工业

【概况】 2019年，全市规模以上纺织工业企业完成工业总产值586.38亿元，比上年减6.74%，占全市规模以上工业总量的12.71%。其中，棉纺织、毛纺织、丝织、印染等纺织企业266家，完成工业总产值357.38亿元；纺织服装、服饰制造企业62家，完成工业总产值71亿元；化学纤维制造企业39家，完成工业总产值157.99亿元。全年有10家企业销售收入超10亿元。其中，华芳集团完成销售收入93.53亿元，居榜首；其次为江苏骏马集团有限公司78.59亿元、澳洋集团有限公司43.51亿元、江苏东渡纺织集团有限公司26.79亿元、张家港欣欣高纤股份有限公司24.78亿元、张家港保税区天宇毛纺有限公司24.27亿元、江苏鹿港文化股份有限公司23.39亿元、江苏沙印集团有限公司16.83亿元、苏州龙杰特种化纤有限公司16.04亿元、江苏港洋实业股份有限公司10.02亿元。全年纺织工业完成投资5.42亿元，占全市的3.38%，比上年增0.79%。

2019年张家港市规模以上纺织工业企业主要产品产量情况表

表27

产品名称	单位	年产量	比上年增长率（%）
化学纤维	万吨	59.93	−18.30
布	万米	19030.53	9.30
印染布	万米	21762.00	−23.10
帘子布	万吨	6.66	−35.70
毛机织物（呢绒）	万米	7314.64	4.20
服装	万件	15228.81	−8.30

2019年张家港市纺织工业企业投入1亿元以上竣工项目情况表

表28

企业名称	项目内容	项目类别	总投资（万元）	竣工时间
张家港华夏帽业有限公司	帽子围巾手套箱包生产项目	内资技改	30000	10月
可隆科技特（张家港）特种纺织品有限公司	年产1220万平方米汽车内饰用材料扩建项目	外资技改	21000	12月

【张家港纺织产业指数发布】 11月2日，张家港纺织产业指数发布会暨纺织产业发展专家讲座举行。纺织行业是全市支柱产业之一，张家港市已成为全国重要的纺织产业集群地，共集聚纺织企业3100余家，打造澳洋集团、华芳集团、东渡集团等一批有影响力和知名度的骨干企业。近年，张家港市按照“提升质量效率，创新业态模式”的思路，全力谋划提升纺织产业综合竞争力，2018年启动编制张家港纺织产业指数，发挥大数据力量，推动纺织产业转型与数字经济深度融合。体系由价格指数、景气指数和产业发展指数构成，旨在客观准确反映以张家港纺织产业集群为代表，以毛条、毛纱、氨纶包芯纱、毛纺面料为重点的产品价格、经营景气及产业发展的变动情况和市场趋势。其中，价格指数反映张家港集群企业重点产品内销价格与出口价格的波动情况；景气指数反映张家港集群企业的生产运营景气状况，可以根据企业所属子行业性质进一步细分为对应的行业景气指数；产业发展指数反映张家港集群企业的产业发展水平。编制和发布张家港纺织产业指数，有助于提高纺织企业市场竞争能力和抗风险能力，提高纺织产业话语权和行业拓展力，打造张家港纺织产业集群新名片。

【可隆科技特公司新建生产线】 可隆科技特（张家港）特种纺织品有限公司成立于2004年，注册资本为2909万美元，总投资额8727万美元，主要生产汽车内饰特种纺织品和安全气囊面料。公司获得国际汽车质量管理体系颁发的ISO/TS-16949认证，通过ISO 14001等环保认证，是通用、福特、丰田、现代等知名汽车厂商的供应商。为顺应市场需求，2019年，公司新建TPO等高附加值的新材料生产线，该产品具有易加工、可重复利用、节能环保的特性。新建车间购入国际先进设备，搭配企业SAP系统，实现车间整体智能化生产，获评苏州市智能制造示范车间。整条生产线用工10人左右，可实现1.5亿元的产值。相比公司原生产线需100余人，实现2.5亿元产值，人均产值大幅提升近9倍。2019年公司实现开票销售2.5亿元。

【千里马袜业公司智能制造升级】 江苏千里马袜业有限公司创建于1993年，位于经开区（杨舍镇），专业生产各种高中档男、女、童袜及运动袜系列。该公司拥有袜机700台，为加快产业结构调整，先后投入1500万元对原先的传统设备进行改造升级，引进128台全自动设备，年生产能力5000万双，产品主要销往日本、美国、澳大利亚、欧洲等国家和地区。传统工艺至少需要15分钟才能生产出袜子，2018年智能制造车间建成后，车间设备实现联网，物料配送实现自动化，生产过程实现实时调度，只需3分钟就能完成工序，企业整体生产效率提升20%，新增年产值500万元。同时研发智能管理平台，借助3个二维码，实现对产品的实时追踪。2019年，公司实现开票销售收入1.4亿元。

（陈　毅　冯文峰　谢凤姣
徐　琼）

食品工业

【概况】 2019年，全市规模以上食品工业企业完成工业总产值220.75亿元，比上年增11.47%，占全市规模以上工业总量的4.78%；完成营业收入290.58亿元，比上年增10.36%，实现利税2.81亿元，利润1.62亿元。其中，规模以上农副食品加工企业9家，完成工业总产值206.36亿元；

2019年张家港市规模以上食品工业企业主要产品产量情况表

表29

产品名称	单位	产量	比上年增长率（%）
精制食用植物油	万吨	171.25	20.50
小麦粉	万吨	18.24	4.90
饲料	万吨	282.10	1011.50
乳制品	万吨	2.74	−0.40
糖果	万吨	0.54	1.40
饮料酒	万千升	5.65	1.50

食品制造企业6家,完成工业总产值6.54亿元;饮料制造企业1家,完成工业总产值7.85亿元。全市食品行业中,营业收入超1亿元企业10家,其中4家企业的营业收入超过10亿元,中粮东海粮油工业(张家港)有限公司营业收入149亿元,益江(张家港)粮油工业公司营业收入81亿元,路易达孚(霸州)饲料蛋白有限公司张家港分公司营业收入27亿元,江苏梁丰食品集团有限公司营业收入12亿元。

【东海粮油菜籽项目开工】 8月28日,中粮东海粮油工业(张家港)有限公司新项目开工仪式举行。中粮集团是世界500强企业之一、中国最大的粮油食品企业,1993年在张家港保税区投资建设中国第一家粮油综合加工产业园。经过20余年的发展,东海粮油已是中粮集团旗下最大的综合性粮油生产基地,成为中粮集团沿海战略、沿江战略的重要支撑节点。此次新建每天3000吨菜籽压榨及配套粕库、每天1200吨精炼及每小时60吨污水处理项目占地面积11850平方米,总投资4.52亿元,工程建设周期2年。项目建设采用新工艺,提升自动化控制程度,建成后年加工90万吨一级菜籽油及菜粕。

【新菊味精公司继承和开发“菊花”牌调味品】 张家港市新菊味精有限公司位于凤凰镇,前身是创于1977年的江苏菊花味精集团有限公司,厂区面积7551平方米,建筑面积3281平方米,员工70人,有鸡精生产线1条、味精包装线6条。公司是苏州市农业产业化龙头企业、张家港市创建消费放心城市工作示范单位。“菊花”牌味精是张家港市首个获得也是国内同行首批被认定为“中国驰名商标”和“中国名牌产品”的品牌。公司自2009年11月承接生产经营“菊花”牌味精、鸡精及固态调味料后,在汲取和发扬原江苏菊花味精集团有限公司科技、质量等精华的基础上,进一步建立更为完善、健全的科学管理模式和食品质量安全管理体系,采用先进水平的生产、检测设备及工艺,使产品质量在国内同行中保持领先地位。2019年公司投入技改资金300余万元,对基础设施、生产设备进行提档升级,同时,依托品牌优势,开发研制了鸡鲜精、排骨汤、鲜味宝及风味汤料等调味新品,全年实现开票销售8000余万元,产品在畅销国内市场的同时,还远销欧美、非洲和东南亚等国家和地区。

(李闻笛　邱亚峰　谢凤姣)

机电工业

【概况】 2019年,全市规模以上机电工业企业完成工业总产值783.15亿元,比上年减0.34%,占全市规模以上工业总量的16.97%。行业中主要涉及化工压力容器制造、锅炉及锅炉附件制造、汽车及零部件、输变电设备、机床及精密机械制造、建筑机械、吊装机械、环保机械、洗涤及分离机械制造、纺织机械、医疗机械、电子类等众多门类。通过多年发展,全市机电行业已形成明显的集群特色,主要有以保税区(金港镇)和经开区(杨舍镇)为中心的高端机械制造工业园,以乐余镇为中心的汽车及汽车零配件生产集群地,以冶金园(锦丰镇)三兴办事处为主的塑机、饮机生产集群地,以大新镇为中心的五金工具生产集群地和以塘桥镇为中心的纺机生产集群地。全年有14家企业销售收入超10亿元,其中江苏长江润发集团有限公司75.48亿元、江苏爱康实业集团有限公司50.64亿元、天合汽车安全技术(张家港)有限公司35.78亿元、苏州天沃科技股份有限公司31.96亿元、张家港协鑫集成科技有限公司20.05亿元、华灿光电股份有限公司19.29亿元、张家港富瑞特种装备股份有限公司16.95亿元、张家港中集圣达因低温装备有限公司15.31亿元、丰田合成(张家港)科技有限公司14.78亿元、江苏灿勤科技股份有限公司13.76亿元、江苏现代威亚有限公司12.91亿元、张家港广大特材股份有限公司12.9亿元、苏州海陆重工股份有限公司12.01亿元、苏州晶台光电有限公司10.6亿元。全年机电工业累计完成投资51.4亿元,占全市的32.09%,比上年增37.09%。

2019年张家港市规模以上机电工业企业主要产品产量情况表

表30

产品名称	单位	产量	比上年增长率(%)	产品名称	单位	产量	比上年增长率(%)
模具	万套	6.72	12.00	滚动轴承	万套	8299.00	-43.70
电力电缆	万千米	2.96	54.90	医疗仪器设备及器械	万台	39854.00	84.20

2019年张家港市机电工业企业投入1亿元以上竣工项目情况表

表31

企业名称	项目内容	项目类别	总投资(万元)	竣工时间
牡丹汽车股份有限公司	客车车身总装项目	内资技改	19000	3月
张家港建和汽车配件有限公司	年产300万台汽车驱动总成零部件项目	外资新建	16270	11月
张家港市法兰尔重工设备制造有限公司	硬面材料修复项目	内资新建	13000	12月
江苏海狮机械股份有限公司	微粒子全自动洗涤脱水机和隧道式连续大型洗涤机组生产项目二期项目	内资技改	50000	12月

【采埃孚张家港生产基地二期项目建成投产】 4月11日，由世界500强、国际汽车零部件龙头企业德国采埃孚集团投资的采埃孚张家港生产基地二期转向工厂开业，总投资约9000万美元，新增注册外资约3000万美元，项目达产后年实现销售额约40亿元。采埃孚张家港生产基地一期项目为主动和被动安全系统工厂，于2015年11月投产，2018年实现销售收入27.8亿元。三期项目汽车底盘零部件工厂于2019年6月开工建设，计划2020年下半年投产，达产后预计年实现销售额约20亿元。项目全部建成后，采埃孚张家港公司成为采埃孚集团在亚太区投资最大、规模最大的生产基地。

【世珍集装箱部件项目开建】 7月，张家港世珍集装箱部件有限公司集装箱部件生产项目在大新镇奠基。该公司成立于2018年4月，注册资本3000万元，由"新三板"挂牌企业太仓世珍集装箱部件股份有限公司全额出资，主要从事集装箱锁具及配件的生产。经过多年发展，太仓世珍公司已成长为世界上集装箱锁杆的主要生产商。张家港世珍集装箱部件项目总投资1.58亿元，建筑面积1.8万平方米，项目达产后可年产150万套集装箱门锁具及配件，年销售额3亿元，入库税金2500万元。 （陈　毅　冯文峰　徐　琼　邹　颖）

化学工业

【概况】 2019年，全市规模以上化学工业企业完成工业总产值759.13亿元，比上年减9.89%，占全市规模以上工业总量的16.45%。其中，石油加工、炼焦和核燃料加工企业2家，完成工业总产值1.42亿元；化学原料和化学制品制造企业93家，完成工业总产值540.36亿元；橡胶和塑料制造企业78家，完成工业总产值139.52亿元；医药制造企业11家，完成工业总产值9.27亿元；非金属矿物制品企业55家，完成工业总产值68.56亿元。全年有22家企业销售收入超10亿元，其中华昌集团108.74亿元、东华能源（张家港）新材料有限公司51.10亿元、张家港东华能源股份有限公司33.07亿元、陶氏硅氧烷（张家港）有限公司33.06亿元、佐敦涂料（张家港）有限公司25.04亿元、张家港市易华润东新材料有限公司24.70亿元、索尔维（张家港）精细化工有限公司24.38亿元、江苏长顺集团有限公司23.02亿元、陶氏有机硅（张家港）有限公司22.31亿元、盛禧奥聚合物（张家港）有限公司19.24亿元、瓦克化学（张家港）有限公司18.5亿元、陶氏化学（张家港）有限公司18.11亿元、泰柯棕化（张家港）有限公司17.08亿元、张家港市国泰华荣化工新材料有限公司14.65亿元、华奇（张家港）化工有限公司13.69亿元、科波西电子材料张家港有限公司12.44亿元、PPG涂料（张家港）有限公司12.36亿元、张家港爱丽家居科技股份有限公司11.46亿元、兰科化工（张家港）有限公司11.25亿元、江苏赛宝龙石化有限公司10.77亿元、霍尼韦尔特性材料和技术（中国）有限公司10.75亿元、张家港康得新光电材料有限公司10.18亿元。全年化学工业累计完成投资35.02亿元，占全市的21.87%，比上年下降19.4%。

2019年张家港市规模以上化学工业企业主要产品产量情况表

表32

产品名称	单位	年产量	比上年增长率（%）	产品名称	单位	年产量	比上年增长率（%）
硫酸（折100%）	万吨	155.76	-3.80	化学农药原药	万吨	0.80	-15.20
纯碱（碳酸钠）	万吨	64.88	3.30	塑料制品	万吨	64.15	-3.20
合成氨（无水氨）	万吨	65.56	23.80	水泥	万吨	324.87	15.70
化肥（折纯）	万吨	35.20	9.30	商品混凝土	万立方米	405.33	-5.00

2019年张家港市化学工业企业投入1亿元以上竣工项目情况表

表33

企业名称	项目内容	项目类别	总投资（万元）	竣工时间
张家港市国泰华荣化工新材料有限公司	年产2万吨锂离子动力电池电解液扩建项目	内资技改	10705	1月
国际香料（张家港）有限公司	年产2.4万吨食品用香精香料项目	外资新建	29363	1月
芬美意香料（张家港）有限公司	年产2.5万吨ABS食品用香精香料项目	外资新建	51750	2月
陶氏有机硅（张家港）有限公司	年产11.1万吨有机硅下游新型产品扩建项目	外资技改	42700	2月
苏州双象光学材料有限公司	年产4万吨PMMA高性能光学级液晶材料技术升级扩建项目	内资技改	19413	2月
怡成屏障（张家港）科技有限公司	年产12万吨超精密耐指纹铝锌硅项目	内资新建	20000	6月

续表33

企业名称	项目内容	项目类别	总投资（万元）	竣工时间
张家港思淇科技有限公司	特种高性能劳防手套项目	内资技改	14000	10月
苏州创蓝新材料有限公司	年产625万平方米酚醛树脂泡沫保温板项目	外资新建	31000	11月
复榆（张家港）新材料科技有限公司	年产5000吨催化剂项目	内资技改	15714	12月
江苏晶华新材料科技有限公司	年产6亿平方米功能型胶带及5万吨新型胶水项目	内资新建	100000	12月
张家港市易华润东新材料有限公司	年产600万平方米SPC墙地板、2400万平方米WPC墙地板后道工序生产项目	内资技改	17800	12月
江苏华昌（集团）有限公司	氮肥生产装置节能减排技术项目改造	内资技改	74112	12月

【华昌集团转型升级项目推进】 2019年，江苏华昌（集团）有限公司坚持“优存量、扩增量”战略，优化产业结构，在氢能源、新材料和环保产业上发力，确定的转型升级重大项目稳步推进。下属核心企业江苏华昌化工股份有限公司总投资1020万元的氢气充装站项目，年内完成设备安装，进入试生产阶段。总投资4980万元的加氢站及其配套设施项目，年内已完成项目选址、发改委立项、环境影响评价、规划要点和总图设计等工作。7月26日，首台65千瓦氢燃料电池发动机在苏州市华昌能源科技有限公司下线；8月30日，该氢燃料电池动力系统通过国家强检，并取得检验报告。10月15日，由苏州市华昌能源科技有限公司与金龙联合汽车工业（苏州）有限公司共同研发设计的海格牌（产品型号KLQ106GAFCEV2）燃料电池低入口城市客车，被工信部列入《新能源汽车推广应用推荐车型目录》；12月25日，经张家港市政府批准，5辆氢燃料电池汽车投入公交线路示范运行。下属张家港市华瑞危险废物处理中心有限公司四期焚烧处置项目开工建设，项目建成后可形成每年4.56万吨的危险废物焚烧处置能力和每年2640吨的医疗废物高温蒸煮能力，将促进危险废物的减量化、无害化和资源化。下属成员企业实施走出去战略，江苏华昌化工股份有限公司位于涟水县淮安（薛行）循环经济产业园内，占地面积15公顷的华昌智典年产10万吨环保型成膜助剂、增塑剂、彩砂及功能性材料项目，设备已全部安装就位，进入试车阶段。江苏七洲绿色化工有限公司在山东济宁化工园区购置33.33公顷工业用地，用于农药中间体的生产，并完成项目相关报批程序，解除企业发展的后顾之忧。

【瓦克化学张家港硅橡胶工厂扩建开业】 6月10日，瓦克化学（张家港）有限公司新建的有机硅弹性体生产线启动。生产线位于新建成的占地约2000平方米的综合楼中，配备混炼设备，其混合与筛选设备及废物处理工艺在生产效率和可持续发展方面居行业领先地位，生产高温硫化硅橡胶（HCR）产品，年产能7000吨。瓦克化学公司在有机硅弹性体领域拥有67年经验。HCR在超过1000摄氏度下完成交联，由此得到的有机硅弹性体拥有耐高温性和极高的弹性。HCR产品广泛用于汽车、医疗、电子电气等行业。2019年，公司实现工业总产值17.54亿元，主营业收入17.95亿元，利税1.19亿元。 （陈　毅　冯文峰　陈饶忠　邱亚峰）

其他工业

【概况】 2019年，全市工业除冶金、纺织、食品、机电、化工行业外，还有其他行业类别的规模型企业77家，全年完成工业总产值221.5亿元，占全市规模以上工业总量的4.8%。其中，有皮革、毛皮、羽毛及其制品和制鞋企业4家，完成工业总产值3.04亿元；木材加工和木、竹、藤、棕、草制品企业3家，完成工业总产值9593万元；家具制造企业2家，完成工业总产值1.37亿元；造纸及纸制品企业10家，完成工业总产值17.35亿元；印刷业和记录媒介复制企业18家，完成工业总产值17.17亿元；文教、工美、体育和娱乐用品制造企业17家，完成工业总产值35.41亿元；其他制造企业2家，完成工业总产值4.27亿元；废弃资源综合利用企业6家，完成工业总产值13.28亿元；金属制品、机械和设备修理企业2家，完成工业总产值2.96亿元；电力、热力生产和供应企业8家，完成工业总产值75.3亿元；燃气生产和供应企业2家，完成工业总产值46.38亿元；水的生产和供应企业3家，完成工业总产值4.03亿元。

【电力工业】 2019年，全市共有省调电力生产企业2家，装机运行容量4040兆瓦；地方（热）电力生产企业10家，装机运行容量1092.9兆瓦；分布式光伏发电容量209.29兆瓦。运行的2家省调电力生产企业中，张家港沙洲电力有限公司2台630兆瓦机组完成发电量61.4亿千瓦小时，上网电量58.12亿千瓦小时，供电标准煤耗为每千瓦小时299.45克，2台1000兆瓦机组完成发电量95.09亿千瓦小时，上网电量90.74亿千瓦小时，供电标准煤耗为每千瓦小时281.3克，共实现售电收入47.28亿元，利润7.08亿元，入库税金4.7亿元；张家港华兴电力有限公司2台390兆瓦燃气机组完成发电量16.4亿千瓦小时，上网电量16.1亿千瓦小时，实现售电收入8.56亿元，净利润6500万元，入库税金5300万元。全市地方热电生产企业（含分布式光伏发电项目）拥有供热管网461千米，供热量3988.96万吉焦，发电量51.72亿千瓦小时，其中上网电量7.17亿千瓦小时，自发自用电量37.9亿千瓦小时，综合厂用电量6.65亿千瓦小时。张家港市大新热电有限公司热电机组于10月30日停运。

2019年张家港市（热）电力工业企业基本情况表

表34

（热）电厂名称	发电机组			锅炉		
	单机功率（兆瓦）	台数	合计（兆瓦）	额定蒸发量（吨/小时）	台数	合计（吨/小时）
张家港沙洲电力有限公司	630.00	2	1260.00	1913	2	3826
	1000.00	2	2000.00	3100	2	6200
张家港华兴电力有限公司	390.00	2	780.00	280	2	560
张家港保税区长源热电有限公司	35.00	2	70.00	220	4	880
张家港永兴热电有限公司	15.00	2	30.00	100	3	300
张家港市印染厂（合兴热电厂）	6.00	2	12.00	50 65	1 2	180
江苏沙钢集团资源综合利用热电厂	50.00	4	200.00	220	4	880
	50.00	4	200.00	78	4	312
	135.00	2	270.00	400	2	800
	16.20	2	32.40	120	2	240
江苏富森科技股份有限公司	4.50	1	4.50	75	2	150
张家港骏马涤纶制品有限公司热电厂	15.00	2	30.00	130 150	2 1	410
双狮（张家港）精细化工有限公司	50.00 3.00	2 1	103.00	165 26	2 1	356
江苏永钢集团资源综合利用电厂	80.00	1	80.00	265	1	265
江苏华昌化工股份有限公司热电厂	12.00 25.00	2 1	49.00	75 130	3 2	485
北控环境再生能源（张家港）有限公司）	6.00	2	12.00	24	3	72
分布式光伏发电项目	—	—	209.29	—	—	—

【新型墙材生产】 2019年，全市有新型墙体材料生产企业6家，主要企业有张家港市华诚新型建筑材料有限公司、江苏亿大新型墙体材料有限公司、张家港市新乘建材制造有限公司等。墙体材料年生产能力3.4亿块标砖，实际产量2.15亿块标砖，其中新型墙体材料产量2.15亿块标砖，占墙材总量的100%。生产新型墙体材料与生产传统的烧结黏土砖相比，相当于节约土地23.65公顷，节约能源13330吨标准煤，减少二氧化硫排放266.6吨，减少二氧化碳排放2.95万吨。全年生产新型墙体材料利用工业固体废渣4638吨。全年城镇房屋使用新型墙体材料建筑竣工面积352.85万平方米，新墙材建筑比例为94%。

【顺德工业公司主打SDI文具】 顺德工业（江苏）有限公司是中国台湾顺德工业集团于1997年11月在张家港保税区投资建成的全资子公司，注册资金3500万美元，占地面积71829平方米，拥有员工1000余人，公司主要生产和销售各类五金文具、单体导线架、集成电路导线架以及精密模具开发制造，已成为国内大中型电子导线框架制造企业和国际大型文具产品制造企业。公司的五金文具产品系列以订书机、美工刀、刀片、削铅笔机、活页夹及各种办公周边用品为主，拥有产品设计、模具设计制造、冲压成型、连续式热处理、刀片研磨、塑料射出、表面处理以及装配包装等全系列制程能力。2007年,公司三期厂房落成,10月通过ISO 14001环境体系认证,12月被认定为江苏省高新技术企业。2012年,POLO双主修修正带获德国iF产品设计大奖。2014年5月,SDI文具获评江苏省名牌产品,销售遍布美国、日本、欧盟等50余个国家和地区。2019年,公司实现工业总产值5.39亿元,年营业收入5.59亿元。

【辰龙再生资源公司发展废钢拆解业务】 江苏辰龙再生资源股份有限公司隶属于江苏辰龙投资集团,2009年6月经江苏省发改委批准成立,位于张家港保税区。公司注册资本1亿元,占地面积7.2万平方米,建筑面积3.5万平方米,拥有进口废汽车拆解粉碎线,设计年产能60万吨,项目总投资2.5亿元。公司是首批获得国家环境保护总局批准,江苏省立项核准经营进口废汽车压件拆解、粉碎、销售拆解后的废钢、铜、铝、橡胶、塑料、玻璃、皮革等产品的企业。近年,公司拓展国内废钢收购、加工粉碎及销售业务,已在浙江、上海、安徽等地布局废钢收购点,主要收购汽车压块、摩托车架、混压、轻钢龙骨、家电、槽钢角铁等各品种废钢,生产的各类粉碎类钢铁杂质少、纯度高,经生产流水线挑选后几乎不含有色金属、橡胶塑料、泥土、玻璃等杂质,公司已与沙钢集团等特大型钢厂签订长期供货协议,2019年实现工业产值6.83亿元,年营业收入8.16亿元,利税572万元。

(陈　毅　冯文峰　邱亚峰)

新 兴 产 业

【概况】 2019年,全市规模以上新兴产业企业实现工业产值2215.26亿元,比上年减2.6%,占全市规模以上工业总产值的48.6%,比上年提高1.1个百分点。其中,新材料产业实现产值1359.52亿元,比上年减6.1%;新能源产业实现产值203.8亿元,比上年减30.1%;高端装备实现产值401.32亿元,比上年增20.8%;智能电网及再生利用产业实现产值190.07亿元,比上年增7.4%;新医药及其他实现产值60.55亿元,比上年增135.1%。全年新兴产业完成投资141.03亿元,比上年增11.5%,占工业总投资的88.1%。其中,新材料产业投资22.83亿元,比上年减50.4%;高端装备制造产业44.78亿元,比上年增142.4%;新型平板显示产业5.68亿元,比上年减60.8%;生物和新医药产业2.06亿元,比上年减3.7%;节能环保产业51.86亿元,比上年增93.6%;新能源产业9.17亿元,比上年减10.6%;智能电网和物联网产业4.16亿元,比上年减45%;软件和集成电路产业4900万元,比上年减33.1%。保税区(金港镇)依托已有产业基础,打造页岩气新材料综合利用、光学膜产业、有机硅产业、新能源锂电、临港装备等产业基地。经开区(杨舍镇)重点打造智能装备、化合物半导体、光伏、LED、氢能等产业基地。冶金园(锦丰镇)依托冶金、医疗器械等产业集群优势,发展以沙钢超薄带等精品钢材、以医疗器械为主的新医药产业等基地。

2019年张家港市新兴产业分行业产值完成情况表

表35

产业分类	企业数(家)	产值(亿元)	比上年增幅(%)
新材料	182	1359.52	-6.10
新能源	42	203.80	-30.10
高端装备	172	401.32	20.80
智能电网及再生利用	40	190.07	7.40
新医药及其他	27	60.55	135.10
合计	463	2215.26	-2.60

【苏州中车氢能动力技术有限公司成立】 7月18日,苏州中车氢能动力技术有限公司举行成立大会暨揭牌仪式,注册资本18亿元。中车集团与张家港开展全面投资合作,设立苏州中车氢能动力技术有限公司,建设氢能源产业基地。该基地坐落于张家港保税区环保新材料产业园,主要依托中车氢能轨道交通、铁路客货机车、电动大中型客车、重卡、物流车及新能源发电储能等应用场景为基础,以氢能燃料电池动力系统集成为平台,研发和生产各类动力系统集成及电控、热控、供氢系统等核心辅机,燃料电池系统及电堆集成,燃料电池膜电极、双极板等核心部件,以及动力系统新应用,新型氢气储运技术等氢能源技术与产品。并打造产学研一体化氢能产业基地,开展氢能研发和示范推广,加快布局和建设氢能基础设施。

【易高环保公司新型碳材料项目开工】 11月1日,易高环保能源科技(张家港)有限公司新型碳材料项目开工。项目一期总投资额超1亿美元,占地7.13公顷,生产规模为年产1000吨碳纤维材料及相关产品,产品广泛应用于汽车外壳、车身框架、碳纤维刹车片、启停装置以及新能源车等,达产后预计年销售收入约10亿元,2021年第一季度投产。作为知名的世界500强企业——中国香港中华煤气公司的全资子公司,易高环保投资有限公司自2015年在张家港保税区建成生产基地后,实施科技创新本土化战略,建立张家港保税区首家港澳台资独立法人研发中心,并在碳材料、煤基喷气燃料等领域取得系列创新成果。

【中集圣达因LNG低温装备产业基地项目开工】 12月18日,中集圣达因LNG低温装备产业基地项目举行开工仪式。张家港中集圣达因低温装备有限公司1999年落户张家港保税区,产能规模居世界前列,是全省低温装备行业的标杆企业、国内低温装备技术研发的先行者。项目总投资2.39亿美元，占地18.33公顷。计划分三期建设，分别建设年产8万台气瓶生产线、综合厂房、以LNG罐式集装箱为主的混合产品罐箱线。预计2023年1月全部投产，届时公司整体销售可达到50亿元，利税5.3亿元。该项目计划建成多条具有行业领先地位的信息化、智能化、数字化生产线，项目达产后成为全球最大的LNG低温装备产业基地，其中LNG车用瓶市场占有率达到30%左右；液氢罐箱车间建成后，填补国内尚无液氢罐箱制造生产线的空白；LNG罐箱线成为中集安瑞科控股有限公司低温罐箱基地，并将安瑞科公司LNG罐箱市场占有率提升到60%左右。

【普达迪泰精密测控产业总部基地项目落户冶金园】 3月26日，三维精密测控产业项目分享会暨普达迪泰总部基地项目签约仪式在沙洲湖酒店举行。北京普达迪泰科技有限公司是一家从事精密工业测量与检测系统产品的研发、销售和技术服务的高新技术企业，成立于2012年8月，先后参与中国探月工程、FAST天眼射电望远镜、大型环形粒子对撞机（CEPC）等国家大科学工程项目。2018年与中国规模最大的核工程综合安装企业——中国核工业二三建设有限公司成立合资企业，建设核工业无人智能车间。经过两年磋商，普达迪泰公司确定在冶金园投资建设总部基地项目，以此作为公司上市主体。该项目一期总投资6亿元，计划购买科研用地2.85公顷，主要建设高精度测量产业总部和研发基地，同时引进包括工业体系设计、精密测量控制、数据管理服务、智能装备制造等在内的完整产业链条的相关合作企业落户，孵化一批高端智能制造、军民融合创新创业企业，建成一个国际领先的精密测控产业园。项目建成后预计年销售收入8亿元，上缴税收超5000万元。

【苏州软体机器人公司工程制造研发中心投用】 5月16日，苏州软体机器人科技有限公司工程制造研发中心在经开区投入使用，这是软体机器人领域全球第一个工程化制造研发中心。软体机器人科技有限公司（SRT）成立于2016年3月，是专注于软体机器人技术研发推广和应用的高科技公司。公司主要成员出自美国东北大学、北京航空航天大学等高校，在北京设有基础研发中心，在张家港、苏州工业园区设有工程研发中心、生产基地和装备研发中心，在深圳设有办事处，在日本、韩国、新加坡、马来西亚、泰国、西班牙等国家和地区设有代理机构。软体机器人技术是一项全新的机器人设计、制造、控制技术，是未来机器人结构发展的重要方向。该项技术的工程化应用是世界级难题，在全球范围内实现软体机器人技术工业级应用的公司屈指可数。

（刘　庆　邱亚峰　徐　琼）

江苏沙钢集团

【概况】 江苏沙钢集团有总资产2900亿元，职工4万余人。年产钢能力超4000万吨，为江苏省重点企业集团、国家特大型工业企业、国家创新型企业、全国最大的民营钢铁企业。沙钢集团拥有江苏沙钢集团有限公司、东北特殊钢集团股份有限公司、淮钢特钢股份有限公司、安阳永兴特钢有限公司、江苏沙钢集团投资控股有限公司、寰宇万通控股有限公司、江苏沙钢国际贸易有限公司、沙钢物流运输管理公司8家成员企业。其中沙钢集团本部江苏沙钢集团有限公司是全国最大的电炉钢生产基地，也是世界单体规模最大的钢铁企业；东北特殊钢集团股份有限公司是中国高科技领域所需高档特殊钢材料的研发、生产和供应基地。同时，沙钢集团已发展成为以钢铁为主，包括拥有资源能源、金属制品、金融期货、贸易物流、风险投资、大数据等板块在内的跨国企业集团。沙钢集团主导产品为棒材、线材、宽厚板、热卷板、冷轧延伸加工等系列产品，涵盖普钢、优钢和特钢各大类产品，形成150余个系列，1.4万个品种，6000余个规格，应用于基础建设、机械装备、汽车船舶、航空航天、国防军工核电、石油化工、轨道交通等领域。沙钢集团先后获“中国钢铁行业改革开放40年功勋企业”“全国用户满意企业”“中国质量服务信誉AAA级企业”“中国诚信企业”“国家创新型企业”“中国环境保护示范单位”“国家能效四星级企业”“全国钢铁行业清洁生产先进企业”“中华慈善奖企业”“中国钢铁‘A+’级竞争力极强企业”等称号。2019年，铁、钢、材产量分别完成3325万吨、4110万吨、4052万吨，分别比上年增4.5%、1.1%、2.5%；实现营业收入2520亿元，利税170亿元，效益实绩继续位居国内同行前列。在美国《财富》杂志发布的2019年世界500强排行榜中，沙钢集团以2018年营业收入364.41亿美元的成绩列第340位，连续11年入围世界500强；在世界钢铁协会发布的《世界钢铁统计数据2019》中，沙钢以2018年4066万吨粗钢产量位居世界钢企第6位；在2019年中国民营企业500强、中国企业500强排名中，沙钢集团分别列第17位和第85位；在商务部发布的2018年中国对外贸易500强企业名单中，沙钢以总进出口额37.5亿美元列第87名；上榜《财富》发布的“2019年度最受赞赏的中国公司”排行榜。在冶金工业规划研究院发布的2019年中国钢铁企业综合竞争力评级报告中，沙钢继续保持在竞争力极强钢企方阵，再次获评最高级“A+”级。在由世界品牌实验室发布的《2019年中国500最具价值品牌》分析报告中，沙钢集团以405.08亿元的品牌价值列榜单149位。由新华社、经济日报社、中国国际贸易促进委员会、中国品牌建设促进会、中国资产评估协会等单位联合举办的“2019中国品牌价值评价信息发布”结果中，沙钢集团以品牌强度885、品牌价值86.38亿元列冶金有色企业第3位；在中国冶金报社发布的2019年品牌评价结果中，沙钢集团荣膺“2019年卓越钢铁企业品牌”沙钢集团有限公司获评为“具有全球影响力和国内一流的企业研发机构培育企业”，入选江苏省第一层次“企业研发机构高质量提升计划”。

【中国首条超薄带实现工业化生产】3月31日，沙钢集团董事局主席沈文荣和美国纽柯钢铁公司董事长约翰·费里奥拉在沙钢集团超薄带项目性能考核验收通过协议上签字，标志超薄带项目性能达到预定目标，中国首条、国际上最先进的双辊薄带铸轧技术实现工业化生产。该生产线代表国际最先进的薄带铸轧技术，具有生产成本低、产品附加值高、生产灵活性大等特点，特别是在生产薄规格（小于1.5毫米）、高表面质量带钢方面与薄板坯连铸连轧和传统热连轧工艺相比具有明显优势。同时双辊薄带工艺能降低设备投资和生产成本，燃耗减少95%，水耗减少80%，电耗减少90%，节能环保效果显著。超薄带调试及生产的产品类型已形成结构钢、耐候集装箱板、高强钢、中高碳钢四大类十几个品种。重点研发并推广冲压用产品UTS-SPHC，出口制管用钢SPHT1-B，出口普通结构钢SPHT2-B，高强钢HSLA100、Q460、Q550、Q355B，高碳钢UTS-50JP等超薄带新品，其中结构钢、耐候集装箱板产品已形成批量供货。

【85亿元打造环保技改项目】2019年，沙钢集团重视环保管理水平提升，加快推进“水、气、声、渣”85亿元共83个环保技改工程项目。其中，5套焦炉脱硫脱硝项目已稳定达到超低排放标准；烧结球团脱硫脱硝项目按计划推进，部分项目已投入调试；原料烧结三车间破碎除尘、机侧除尘等一批除尘技改项目也相继投运，厂区空气质量持续得到改善，已形成颗粒物无组织减排57%、二氧化硫减排50%、氮氧化物减排70%的能力。4月，环保管控平台上线运行；7月，环保信息公示大屏对环保在线监测数据进行公示。开展沿江环境“净化、绿化、美化”专项行动，厂区道路及两侧构筑物亮化美化，码头岸线焕然一新，整体环境得到有效提升。7月30日，国内最大规模自发自用分布式光伏电站在沙钢集团并网发电。该项目建设在公司冷轧厂房、宽厚板厂房、热处理厂房、棒线厂房及海力物流库房屋面，总面积45万平方米，总容量36兆瓦，共安装光伏组件127416块，项目可实现连续发电25年，全生命周期内可提供绿色电力8.5亿千瓦小时，节约标准煤33.2万吨，减少碳粉尘22.6万吨、二氧化碳排放量85万吨、二氧化硫排放量2.5万吨、氮氧化合物排放量1.2万吨。

【沙钢集团研发新品55种】2019年，沙钢钢铁研究院先后开发并试制55种新品，其中厚板新品14种、热卷新品3种、线材新品15种，冷轧新品15种、超薄带新品8种。新品中40余种实现批量化生产，加铬帘线钢SGLX82ACr、大线能量焊接船板EH36-W200以及超薄带新品填补国内空白。新品累计销售约575万吨，销售收入超231亿元，新增效益3.9亿元。600兆帕级超高强度抗震钢筋关键技术研究和产业化应用等2个项目被提名为国家技术发明奖二等奖、国家科技进步奖二等奖。2060兆帕级桥梁缆索镀锌钢丝用盘条的研制等4项成果达到国际领先水平和国际先进水平。国内首家完成西气东输四号线用38.5毫米大壁厚X80管线钢试制，高等级管线钢产品处于国内第一梯队。先后申报专利93件（其中发明专利70件），新获授权专利39件（其中发明专利23件）；新申请PCT国际专利4项，新获PCT授权4项。沙钢钢铁研究院参编的1项国家标准和4项团体标准已发布实施。首卷薄规格无取向硅钢SG35W440、首卷花纹板热卷下线，号称钢板制造领域“皇冠”的大线能量焊接船板钢交付，高强度石油储罐用容器钢产品再出成果，汽车钢产品迈进高端汽车板行业。沙钢集团产品广泛应用于安九高速铁路、西气东输管线、沪苏通长江公铁大桥等国家重点工程，以及克罗地亚佩列沙茨大桥、孟加拉BRAC大学城、埃及苏伊士运河铁路大桥等国外项目。

【沙钢集团获评年度企业文化建设典范企业】2019年，沙钢集团开展庆祝新中国成立70周年企业文化系列活动。4月2日，“沙钢展风华·开放新时代”全国书画作品大赛获奖作品展在市文联开幕。4月29日，全国总工会文工团走进沙钢集团车间慰问演出。5月12日，2019年第五届“沙钢杯”职工足球联赛举行。6月27日，沙钢集团联合冶金园（锦丰镇）举办“初心相伴、榜样同行”纪念建党98周年主题活动，开展“我和祖国共成长”主题征文活动，176人参赛，18篇征文获奖；拍摄《我和我的祖国》《我们是光荣的钢铁工人》等专题片，其中《我和我的祖国》专题快闪被新华网转载传播。9月28日，举行“壮丽70年、唱响新时代”庆祝新中国成立70周年晚会。10月1日，沙钢集团70名干部职工代表在科技大楼广场，举行“同升国旗，同唱国歌”活动。10月8日至12日，沙钢集团党委组织开展以“重走初心路，砥砺担使命”为主题的井冈山优秀党员代表培训教育活动，41名优秀党员参与。11月23日，开展“不忘初心，我和沙钢共担使命”主题活动，50人参加。9月24日，董事局主席沈文荣、沙钢集团有限公司副总经理黄永林获“庆祝中华人民共和国成立70周年”纪念章。沙钢集团与冶金工业园深度融合“618”共建计划深入推进，资助实施“沙爱人间‘钢’好有你”爱心助餐项目，开展第二届“沙钢教育发展基金”评选表彰，开展党建睦邻坊、“共享阳光”慈善助学、“牵手银巢”助老志愿服务等活动。4月15日，召开东北特殊钢集团股份有限公司赴沙钢集团本部锻炼学习人员见面会，在沙钢集团历史上属首次；7月1日起，沙钢集团对职工全额交纳“五险一金”实施大幅收入补贴；9月26日至28日举行第七届“沙钢杯”职工职业技能比武，200余人参加；为近200位外地大学生及骨干职工解决住房问题。组织全员健康体检，为2019年高考优秀职工子女颁发奖学金，126名职工子女进入沙钢延时班，解决职工困难。8月22日，在第三届中国民营企业文化论坛上，沙钢集团获“中国民营幸福企业标杆单位”称号；10月18日，在2019年中国企业文化建设峰会上，沙钢集团获“2019年度企业文化建设典范企业”称号。（黄　超）

【编辑　沈立平】

建筑业·房地产业

Architecture & Real Estate

凤凰春晓　（市住建局　提供）

建　筑
装　潢
房地产

建筑

【概况】2019年，全市建筑业企业完成建筑业总产值163.21亿元，竣工产值128.53亿元；房屋施工面积1373.48万平方米，其中新开工房屋建筑面积419.18万平方米。江苏永联精筑建设集团有限公司获评江苏省建筑业百强企业。年内，全市受理各类企业资质事项申报224家次。至年末，市建筑业资质企业总数426家，比上年增15家，其中施工总承包企业282家、专业承包企业310家、劳务分包企业23家，企业主、兼营（增项）涉及专业24个。全市拥有建设工程勘察甲级资质企业1家；拥有建筑设计资质企业3家，其中甲级2家、乙级1家；拥有工程监理企业10家，其中甲级5家、乙级4家；拥有工程造价咨询企业9家，其中甲级6家、乙级3家。全市建筑业企业从业人员4.27万人，其中技术经济人员7094人，有国家一级注册建造师704人、国家二级注册建造师4195人，有国家注册监理工程师237人，有国家注册造价工程师138人，有国家一级注册结构师19人、一级注册建筑师16人、注册岩土工程师3人、注册设备工程师9人。

【建筑市场管理】年内，市建筑业管理部门推进“3550”改革，推进并联审批、网上审批，全力提升审批服务效能，优化营商环境。将施工合同备案采取告知承诺、内部流转等方式，进一步简化备案环节和资料提供；将施工许可申报实现全程网上办，压缩施工许可证办理时限至2个工作日内完成；完善非化工类工业项目流程优化，30天内完成审批，进一步方便群众办事。全年累计核发施工许可证492份，建筑面积658万平方米，工程造价157亿元。行政服务事项按时办结率100%，办理事项零差错、零投诉。进一步完善建筑业数字监管系统，加强数据信息交互共享，不断适应“数据一个库、监管一张网、管理一条线”的管理要求。对接市文明办、金融办、市场监管局等部门，及时报送建筑业企业“红黑榜”信息26条，其他各类信息17148条。依据建筑业企业信用综合评价要求，及时录入房建和市政企业的相关信用信息，产生企业综合信用分，应用于工程“三合一”招投标。组织开展建筑业企业信用等级评价，核发企业信用管理手册97件，修复企业信用信息1家。进一步深化招投标监管与服务。对建筑设计方案招标项目、工程总承包项目、政府集中建设的大型或技术复杂项目，实行“评定分离”制度。在政府投资工程中率先推行工程总承包，装配式建筑原则上采用工程总承包模式，采用工程总承包（EPC）方式发包的项目共12项。进一步压缩招投标时限，对于施工总承包项目，招标文件中明确投标人无须编制施工组织设计、服务大纲或设备安装调试方案等技术表评审内容的，自招标文件开始发出之日至递交投标文件截止之日不少于10天；对于工程总承包（EPC），采用通用技术的一般建设项目，招标文件开始发出之日至投标人提交投标文件截止之日不少于20日，国家重大建设项目以及技术复杂，有特殊要求的项目，不少于30日。全年完成建筑工程发包标段468个，建筑面积502.28万平方米，总合同金额335.68亿元。其中，招标发包标段299个，298.42万平方米，中标金额293.07亿元，平均下浮率8.53%；直接发包标段169个，203.86万平方米，合同金额42.61亿元。不断规范建筑劳务用工管理，完善实名制管理系统，开发部署项目管理人员考勤功能模块，实现工资专户与工资支付的线上监控，逐步健全“黑名单”等实名制信用评价应用。年内，实名制考勤项目324项，工资专户开设170个，涉及企业161家，涉及人员31032人，发放银行卡9424张，专户工资发放3.02亿元。深入开展工程建设领域专项治乱整治。组织和联合开展建筑工程施工违法发包、转包、违法分包、挂靠等违法行为专项执法检查，打击扰乱市场不法行为。共查处违法分包项目8项、转包项目2项、肢解发包项目1项、项目经理不到岗履职项目5项、未报先建项目7项。组织开展施工企业市场检查考评，开展市场行为检查考评项目276项、苏州市建筑市场综合大检查项目50项，对主要管理人员不到岗、工程质量安全隐患突出的项目部，发出整改通知书50份、约谈整改不落实的企业19家。对不良行为记分满20分及以上的项目经理进行强制考核，暂停8名项目经理承接工程业务。组织开展全市执业资格挂证整治工作，1400余名人员完成整改。深化造价管理与服务。贯彻实施省地下管廊有关定额，组织建筑指标估算，重点关注钢材、水泥等建筑材料的市场价格波动及应对“超载”整治引起的材料价格上涨、工期影响等，及时调整发布工程材料指导价、人工指导价，提出合理化应对建议。全年发布材料指导价12期，劳务用工价格测报2次。开展苏州及张家港市造价咨询企业综合考评、咨询质量检查，规范从业行为，全年考评企业16家80项、咨询质量专项企业19家57项。受理计价解释和争议调解182起。全市造价咨询企业共完成清单标底编制169项，总造价约65.3亿元；完成项目结算审核130项，总造价57.37亿元，核减金额5.4亿元，核减率9.41%。加强执法检查，严厉打击违法违规建设行为。全年受理各类违法（章）建设案件142起，下达《停工（核查）通知书》37份，收缴罚没金1729.48万元。抓好治欠保支工作，及早布置和开展年底清欠专项排查，保障社会稳定。全年受理调处农民工工资投诉事件110起，涉及人数1417人，金额2403.6万元。

【工程建设管理】市建筑业管理部门贯彻执行建设工程质量监督管理的法律、法规和强制性标准，着力强化建设工程质量监管。全年在建监督项目2311项，监督总面积1503万平方米。推进质量安全提升行动，强化参建各方的主体责任和项目负责人质量终身责任，加强质量监管。全年现场监督抽查项目1991项，现场混凝土实体结构检验抽测761次，开具工程质量整改通知书172份，开具局部停工通知书5份，对施工单位项目经理进行不良行为记录4次，提请行政处罚建议3次；利用信用惩戒等机制深化落实主体责任和项目负责人质量终身责任。完善工程质量监督机制，监督要点不断调整细化，利用日常监督抽查、专项巡查、质量考评相结合的方式实现项目网格化监督。除日常监督抽查外，开展商品住宅专项巡查21次，巡查项目337项、面积228万平方米，实现在建商品住宅项目全覆盖。在监督重点上，加强对影响结构安全和重要使用功能的原材料监管，对全市辖区内16家预拌商品混凝土企业进行检查；开展违规使用海砂专项检查2次；开展对工地使用墙体（砖）和节能材料的专项检查，完成原材料检测124286组，合格数量123347组，合格率99.2%，全年处理投诉111起。加强勘察设计管理。开展勘察设计企业综合考评，考评企业50家次，考评项目188项，提高勘察设计质量。全面推行数字化审图，施工图审查工程数390个，查纠违反工程建设标准强制性条文862条。加强监理企业管理，开展监理项目部综合考评工作，共考评监理企业22家，监理项目部102个，开具整改通知单22份。共组织评审出张家港市示范监理项目22项，其中择优上报苏州市示范监理项目2项，分别是年丰新村二期33-52号及地下室拆迁安置业用房监理、阳光锦程商住用房D号地块1-3号，5-9号商业用房、配电房、地下车库、房屋建筑及室外配套工程施工监理。获评国家优质工程奖1项，申报江苏省“扬子杯”优质工程1项，获评苏州市“姑苏杯”优质工程25项。着力推进绿色建筑发展。部署能效测评、建筑能耗监测、太阳能热水应用等相关事项的执行落实，推进示范项目建设，年内，对14个市级建筑节能和绿色建筑示范项目进行专项引导资金补助。9月，通过省级绿色建筑示范城市（县）验收。全市先后有17个项目获绿色建筑标识，其中3个项目（华东国际大厦、如意通大厦、国泰金融广场）获二星级绿色建筑运行标识，1个项目（张家港城建档案馆和基础地理信息中心业务用房）获三星级绿色建筑设计标识。建筑产业现代化发展工作有序推进，全年在土地出让环节出具《项目建设条件意见书》14份，明确建筑产业现代化相关要求，涉及总建筑面积160.23万平方米。加强已开工工程项目建设条件落实情况督察。全年新开工装配式建筑面积144.51万平方米，新开工成品住房面积93.75万平方米，竣工的成品住房面积9.3万平方米。年内，城建档案馆项目和江苏联卓建筑科技有限公司分别获评苏州市2018年度建筑产业现代化示范项目和示范基地；《张家港市建筑产业现代化专项规划（2020—2025）》编制工作基本完成，进入专家论证程序。全面落实安全生产责任。定期召开安全生产工作例会，研究细化职能部门联动惩戒机制，强化建筑施工安全监督监管。年内，组织“三类人员”（建筑施工企业主要负责人、项目负责人和专职安全生产管理人员）培训4571人、放映安全影片20场、发放宣传资料2万余册。推广使用《房屋市政工程安全生产标准化指导图册》，扎实推进建筑施工安全生产标准化管理。强化“危大工程”安全监管。开展以春节复工、高处坠落、夏季高温、防台、防汛、起重机械、冬季施工、建筑消防和扬尘治理为重点的建筑安全专项整治。对管理较差、现场管理薄弱的项目，加大日常监管和违法行为查处力度，检查工地1278个次，排查安全隐患1487个，完成整改1485个，签发《建设工程施工（局部）停工整改通知书》100份、《建设工程施工安全隐患整改通知书》353份，行政处罚金额912.66万元。加强安全生产信息化建设，辖区在建项目一律纳入“江苏省建筑安全监督管理系统”实施监管。建筑面积5000平方米以上建筑工地安装在线视频监控、扬尘监测设备，并与当地有关主管部门监控平台联网，为安全监督和扬尘防控等提供全过程多视角有重点的实时动态信息，以信息化手段弥补一线监管人员不足问题，消除监管空白和盲区。推进安全生产标准化建设。组织辖区内15家省级标准化星级工地创建单位主要负责人、项目负责人到江苏金厦建设集团施工的太仓医疗卫生中心项目进行智慧工地观摩。年内，获评省级标准化文明示范工地13个。

2019年苏州市级以上优质工程情况表

表36

奖　项	工程名称	承建（参建、监理）单位	项目经理
国家优质工程奖	张家港保税区滨江大厦工程	中铁建设集团有限公司张家港市同济建筑装饰工程有限公司 苏州苏明装饰股份有限公司 中铁建设集团华东工程有限公司 江苏众信工程投资项目管理咨询有限公司	胡　周
江苏省“扬子杯”优质工程奖（申报）	张家港金沙洲学校图书信息楼体育馆报告厅小学教学楼	中铁上海工程局建设集团有限公司 江苏顺力工业设备安装有限公司 江苏众信工程投资项目管理咨询有限公司	赵　军
苏州市“姑苏杯”优质工程奖	张家港金沙洲学校工程图书信息楼报告厅体育馆	中铁上海工程局集团有限公司 江苏顺力工业设备安装有限公司 江苏众信工程投资项目管理咨询有限公司	赵　军
	张家港金沙洲学校工程小学教学楼	中铁上海工程局集团有限公司 江苏众信工程投资项目管理咨询有限公司	赵　军

续表36

奖　项	工程名称	承建（参建、监理）单位	项目经理
苏州市“姑苏杯”优质工程奖	张家港市交警大队技术业务用房	张家港市建业建筑安装工程有限公司 江苏华通工程管理有限公司	冯　亚
	旺西幼儿园	江苏鹿苑建设集团有限公司 江苏顺力工业设备安装有限公司 张家港华申建设监理咨询有限公司	范正刚
	阳光锦程花园住宅用房28号房	江苏双山建筑工程有限公司 江苏兴安建设集团有限公司 江苏众信工程投资项目管理咨询有限公司	姜云峰
	阳光锦程花园住宅用房31号房	江苏双山建筑工程有限公司 江苏兴安建设集团有限公司 江苏众信工程投资项目管理咨询有限公司	姜云峰
	阳光锦程花园住宅用房32号房	江苏双山建筑工程有限公司 江苏兴安建设集团有限公司 江苏众信工程投资项目管理咨询有限公司	姜云峰
	阳光锦程花园商业用房F工程	江苏德丰建设集团有限公司 江苏众信工程投资项目管理咨询有限公司	夏燕勇
	风景世家1号房工程	江苏兴港建设集团有限公司 江苏华通工程管理有限公司	丰爱乐
	风景世家3号房工程	江苏兴港建设集团有限公司 江苏华通工程管理有限公司	丰爱乐
	新乘北苑二期安置房二标段7号	江苏德丰建设集团有限公司 江苏众信工程投资项目管理咨询有限公司	施洪刚
	新乘北苑二期安置房二标段11号	江苏德丰建设集团有限公司 江苏众信工程投资项目管理咨询有限公司	施洪刚
	新珑湾小区34号房	江苏双山建筑工程有限公司 江苏众信工程投资项目管理咨询有限公司	张网宝
	勤星花苑拆迁安置房2号房	苏州市苏城建筑安装工程有限责任公司 江苏顺力工业设备安装有限公司	张伟平
	勤星花苑拆迁安置房6号房	苏州市苏城建筑安装工程有限责任公司 江苏顺力工业设备安装有限公司	张伟平
	勤星花苑拆迁安置房8号房	苏州市苏城建筑安装工程有限责任公司 江苏顺力工业设备安装有限公司	张伟平
	勤星花苑拆迁安置房9号房	苏州市苏城建筑安装工程有限责任公司 江苏顺力工业设备安装有限公司	张伟平
	小莱巷二期安置房12号房	江苏金厦建设集团有限公司 江苏众信工程投资项目管理咨询有限公司	刘海兵
	九洲国际广场2号楼工程	张家港市兆丰城建有限公司 苏州市天和工程管理咨询有限公司	许莉君
	新建西雅克水族馆项目桩基、土建、水电安装工程	江苏乐建建设有限公司 江苏众信工程投资项目管理咨询有限公司	展祖兴
	新南社区三期安置房C区21号房	江苏德丰建设集团有限公司 江苏众信工程投资项目管理咨询有限公司	江金许
	新南社区三期安置房C区23号房	江苏德丰建设集团有限公司 江苏众信工程投资项目管理咨询有限公司	江金许
	新南社区三期安置房C区24号房	江苏德丰建设集团有限公司 江苏众信工程投资项目管理咨询有限公司	江金许
	新南社区三期安置房C区25号房	江苏德丰建设集团有限公司 江苏众信工程投资项目管理咨询有限公司	江金许
	新南社区三期安置房C区26号房	江苏德丰建设集团有限公司 江苏众信工程投资项目管理咨询有限公司	江金许

（徐荣华）

【张家港保税区滨江大厦工程】 工程总建筑面积150474.98平方米，地下1层，地上31层，建筑高度140米。桩基筏板基础，框架筒中筒结构。由市滨江新城投资发展有限公司投资建造，江苏中煤地质工程研究院有限公司、筑博设计股份有限公司设计，中铁建设集团有限公司承建，市同济建筑装饰工程有限公司、苏州苏明装饰股份有限公司、中铁建设集团华东工程有限公司参建，江苏众信工程投资项目管理咨询有限公司监理。工程于2012年4月1日开工建设，2017年1月20日竣工验收。工程以A、B塔楼为中心，呈双子楼对称布局，塔楼超高层开放式干挂石材幕墙，大空间弧形铝板吊顶，多功能报告厅吸声吊顶，形态及施工工艺复杂，质量安全要求高，施工难度大。智能化系统专业种类及工序交叉多，机房内大型设备吊装施工难度大。工程建设围绕创“国家优质工程奖”的质量目标，建设方全局把控，监理方严格监督，设计方精心设计，施工方严格落实。施工过程全面应用建筑业十项新技术中的10个大项34个子项，应用BIM技术解决地下室综合管线排布难题，获国家级BIM成果奖1项、专利2项、科学技术奖2项、工法1项，新技术应用达到国内先进水平。贯彻“四节一环保”的绿色施工理念，采用施工道路永临结合、消防管道永临结合等多项绿色施工技术。建筑设计采用Low-E中空玻璃、STP真空绝热保温材料、KNX智能照明控制系统、能耗监测系统等综合节能技术。2019年，工程获江苏省安全文明工地、全国优秀设计成果奖、国家优质工程奖等多项荣誉。

装　潢

【概况】 至年末，全市在市场监管部门登记注册的装潢企业460余家。市装饰装修行业协会(商会)共有会员117个。会员企业中，装饰企业74家(公装43家、家装37家)，装饰材料生产与经销商31家，室内环境检测单位2个，景观装饰1个，加固公司8个，院校1家。当地会员施工企业中具有国家施工资质的27家，其中具有一级施工资质的7家，二级施工资质20家。据不完全统计，会员企业全年累计完成设计、施工产值14.5亿元，比上年增7.2%，其中公装(含幕墙)10.6亿元(外地市场5.27亿元)，比上年增16.22%；家装产值3.9亿元，比上年下降11.4%；建材生产经销商销售额近10亿元。4月，协会组织开展2018年度张家港市“梁丰杯”优质(建筑、幕墙、家庭、景观)装饰工程奖和2018年度张家港市“家庭装饰示范”优质工程奖评选活动。经专家考评，11项工程获2018年度张家港市“梁丰杯”优质(建筑、幕墙)装饰工程奖，10项家庭装饰工程获2018年度张家港市“家庭装饰示范”优质工程奖。协会推荐的创佳和远鹏的港城康复医院和国泰金融广场B幢6—12、15层获2019年苏州市“姑苏杯”(装饰类)；大拇指和天成文业两家装饰公司的大南三村13-1101和国泰润园31-2获2018年度苏州市家庭装饰示范工程奖。江苏豪斯建设工程有限公司承接的金港医院新建一期项目，国泰金融广场B幢6—12、15层，暨阳湖金融街1号、5号、7号、9号室内装饰工程；江苏创佳装饰设计工程有限公司承接的港城澳洋康复医院，暨阳湖金融街2号、8号、10号、11号获2018—2019年度中国建筑装饰工程奖。

【“九洲杯”首届室内装饰方案创意设计大赛举办】 为鼓励设计师提升能力，提高建筑装饰设计科技创新和文化创新水平，7月20日，由市装修装饰行业协会(商会)主办，张家港九洲家居(市场)有限公司承办，沙洲职业工学院建筑工程系协办的“九洲杯”首届室内装饰方案创意设计大赛正式启动。9月17日，大赛评审会在金兴港建材城举办，由5位专家评委对45家企业申报的73项作品，严格按照评审标准，通过初评与复评，经评审领导小组审定，评选出23个作品分获“九洲杯”一、二、三等奖和优秀奖，其中：一等奖1项，为江苏见一空间设计咨询有限公司沈龙飞设计的方案；二等奖3项，为J&C Decoration孟晓虎、江苏见一空间设计咨询有限公司徐惠峰、张家港极致空间装饰工程有限公司杨磊设计的方案；三等奖6项，为江苏见一空间设计咨询有限公司李华，苏州雅集室内设计有限责任公司金童、胡佳南、顾佳宇，张家港大千装饰工程有限公司陈海，市安邸元洲装饰设计工程有限公司陈永生设计的方案；优秀奖13项。

【装饰行业校企合作】 6月13日，沙洲职业工学院2017—2018年度“建筑业协会奖”“同济装饰奖”颁奖典礼在沙洲职业工学院举行。装饰协会监事长朱桂明、建筑业协会会长陈仁元、同济装饰董事长黄翠娟等参加颁奖典礼。仪式上，沙工副院长钱锦东宣读2017—2018年度“建筑业协会奖学奖教金”和“同济建筑装饰奖学奖教金”文件。邀请嘉宾分别为获奖学生颁发荣誉证书与奖学金。该奖学金是2008年在市装修装饰行业协会组织下，沙洲职业工学院建工系(建筑装潢专业)与张家港同济建筑装饰工程有限公司签订，企业向校方提供50万元用以奖励优秀学生，颁奖仪式每两年举办一次。

【装饰行业税收政策法规解读业务培训举办】 为贯彻落实“营业税改征增值税”相关税改精神，有效规避税务风险，提升小微企业经营管理水平，5月22日，市装修装饰行业协会在市建设大厦会议室举办税收政策法规解读业务培训，共有50家建筑装饰企业的主要负责人和财务100余人参加培训。协会特邀苏州税务局高新区税务分局副局长邬海斌团队进行讲授，培训从“营改增的进程”“小微企业的分类及税收优惠的文件规定”“税目及税率”“计税方法”“进项抵扣”“纳税时间地点”“员工报销”等方面进行减税降费政策梳理，根据建筑装饰业实际情况，深入浅出地讲解了相关税务知识。培训结束，学员们还就企业自身情况与税务人员作互动交流。

2019年张家港市装修装饰工程获苏州市级以上奖项情况表

表37

奖　项	承建单位	项目名称
苏州市“姑苏杯”优质工程奖	江苏创佳装饰设计工程有限公司	港城康复医院室内装饰
	深圳远鹏装饰集团有限公司	办公用房装修工程（国泰金融广场B幢6-12、15层）
苏州市第二十三届家庭装饰示范工程奖	张家港市大拇指装饰装潢有限公司	大南三村13-1101号
	张家港天成文业装饰设计工程有限公司	国泰润园31-2号
2018—2019年度中国建筑装饰工程奖	江苏创佳装饰设计工程有限公司	暨阳湖金融街2号、8号、10号、11号室内装饰工程
		港城康复医院室内装饰
	深圳远鹏装饰集团有限公司	暨阳湖金融街1号、5号、7号、9号装修及水电改造工程
		金港医院易地新建一期项目内装饰工程
		办公用房装修工程（国泰金融广场B幢6-12、15层）

（秦亚琴）

房地产

【概况】 2019年，市房管中心围绕房地产“去库存、稳房价”目标，科学调控房地产市场，持续加强市场监管，规范房地产市场交易秩序，努力保持房地产市场运行健康有序。至年末，共有房地产开发企业109家，其中一级资质企业2家，二级资质企业4家，三级资质企业1家，暂定二级资质企业84家，暂定三级资质企业18家。全市完成房地产开发投资205.95亿元，比上年减34.09%；商品房施工面积949.79万平方米，比上年减7.65%。新开工面积177.03万平方米，比上年减58.8%。竣工商品房面积315.97万平方米，比上年增40.34%。市区预（销）售面积150.58万平方米，比上年减12.53%。新核准预售商品房13675套、236.57万平方米，比上年减37.76%。新建商品房成交13838套、220.32万平方米，比上年减22.49%，二手住房成交13002套、164.31万平方米，比上年减15.06%。全市新建商品房成交均价每平方米14252元，比上年增12.99%，其中市区成交均价每平方米15957元，比上年增10.59%。

2019年张家港市主要竣工楼盘情况表

表38

项目名称	区　域	开发企业	竣工日期
汇金商务中心A楼	杨舍镇	张家港汇金置业有限公司	1月9日
龙庭华府6幢、8-12幢	锦丰镇	江苏越洋置业有限公司	1月16日
乐悦生活广场1-9幢、12幢	乐余镇	张家港港佳置业有限公司	1月23日
好佳雅园5-24幢	塘桥镇	张家港市好家房产有限公司	1月24日
汇金商务中心D幢	杨舍镇	张家港汇金置业有限公司	2月1日
丽新花苑1-6幢	杨舍镇	张家港城投置业有限公司	2月3日
好佳雅园1-4幢	塘桥镇	张家港市好家房产有限公司	2月3日
碧景名邸5-9幢、商业A、B	杨舍镇	张家港金碧房地产开发有限公司	2月13日
文瑞名邸9-16幢	杨舍镇	张家港城南碧桂园房地产开发有限公司	2月13日
新珑湾26幢	杨舍镇	张家港市南城房地产有限公司	3月14日
金丰商业广场	金港镇	张家港保税区安居置业有限公司	3月14日
华兴综合商务楼	锦丰镇	张家港鸿伟置业有限公司	3月21日
汇金商务中心B楼（不含裙楼）	杨舍镇	张家港汇金置业有限公司	3月29日
观澜玉园3、7、10、16、19、22幢	杨舍镇	张家港众合房地产开发有限公司	4月12日
星奕花园1-9、11、12幢	杨舍镇	张家港中锐万红置业有限公司	4月12日
荣盛锦苑1-67幢及D1-D4	杨舍镇	张家港市沿江建设综合开发有限公司	5月5日

续表38

项目名称	区 域	开发企业	竣工日期
汇港商务楼	金港镇	张家港保税区长红房地产开发有限公司	5月7日
滨港玉园1-18幢	金港镇	张家港市美创房地产开发有限公司	5月24日
朗泰绿色家园11幢、12幢	杨舍镇	张家港保税区国泰朗诗置业有限公司	5月31日
乐悦生活广场10号、11号楼	乐余镇	张家港港佳置业有限公司	6月20日
茗悦华庭17-19幢、21幢、23-26幢、28-30幢、31幢、34幢及车库	杨舍镇	张家港市祥盛房地产开发有限公司	6月24日
新珑湾36幢	杨舍镇	张家港市南城房地产有限公司	7月10日
博翠名邸1-28幢	金港镇	张家港百俊房地产开发有限公司	8月12日
西妙路8号1、2幢	凤凰镇	张家港市华苑置业有限公司	8月14日
馨塘新村26幢	塘桥镇	张家港市塘桥城乡房地产开发有限责任公司	8月22日
铂金名邸1-29幢	塘桥镇	张家港市华苑置业有限公司	8月27日
汇金商务中心（二期）二标段酒店宴会厅及公寓式酒店	杨舍镇	张家港汇金置业有限公司	8月27日
廊桥美墅12-17幢	金港镇	张家港保税区金科置业发展有限公司	9月29日
文瑞名邸1-8幢	杨舍镇	张家港城南碧桂园房地产开发有限公司	9月30日
茗悦华庭S4、S5幢	杨舍镇	张家港市祥盛房地产开发有限公司	9月30日
滨河生活广场15幢、16幢、21-24幢	塘桥镇	张家港碧桂园房地产开发有限公司	10月10日
鼎尚花园1-17幢	杨舍镇	张家港市中梁轩置业有限公司	10月14日
玉景天筑9幢、11-18幢	塘桥镇	苏州金宾士房地产开发有限公司	10月30日
茗悦华庭22幢、27幢、32幢、33幢	杨舍镇	张家港市祥盛房地产开发有限公司	11月6日
联峰雅园12-17幢	南丰镇	张家港市创鸿房地产开发有限公司	11月29日
尚东名邸1-6幢	塘桥镇	张家港城东碧桂园房地产开发有限公司	12月5日
观澜玉园1幢、2幢、5幢、6幢、8幢、9幢、11-13幢、15幢、17幢、18幢、20幢、21幢	杨舍镇	张家港众合房地产开发有限公司	12月9日
誉珑名邸70幢、71幢、76幢、79幢、80幢	杨舍镇	张家港建丰房地产开发有限公司	12月11日
春晓花园1-3幢、5-13幢、15-20幢	凤凰镇	张家港市金厦置业有限公司	12月13日
誉珑名邸45-48幢、52幢、53幢、55幢、56幢、60-62幢、67-69幢	杨舍镇	张家港建丰房地产开发有限公司	12月23日
昕悦名邸1-6幢、8-14幢	大新镇	张家港弘晨置业有限公司	12月26日
香山麓院1幢、3-21幢	金港镇	苏州正利置业有限公司	12月27日
朗润花园11-13幢、15-19幢	凤凰镇	苏州中昂地产有限公司	12月27日
汇金花园15-18幢	杨舍镇	张家港汇金置业有限公司	12月27日
新珑湾11幢、12幢、14幢、15幢、17幢、18幢、20幢、21幢、24幢、25幢、27幢、28幢、31幢、32幢	杨舍镇	张家港市南城房地产有限公司	12月31日
朗润花园20幢、21幢	凤凰镇	苏州中昂地产有限公司	12月31日

【房政管理】 2019年，全市共办理不动产登记16.98万件，其中产权登记11.2万件、抵押权登记5.13万件、查封登记6872件。推广“互联网+不动产抵押登记”方式，与建设银行、农业银行等11家商业银行签订协议，构建“线上申请、即时审核、立等可取”的不动产抵押登记模式，办理线上抵押登记1969笔，其中向银行颁

发纸质登记证明1004笔，发放电子登记证明415笔，缩短企业融资时间，降低融资成本。市房管部门完成全市存量房交易备案14006笔，成交面积158.6万平方米。其中：自行成交网签备案6848笔，成交面积73.5万平方米；委托中介成交网签备案7158笔，成交面积85.1万平方米。通过实践，简化工作流程，有效开展房屋租赁登记备案工作，租赁双方立等可取《房屋租赁登记备案证明》，全年办理租赁登记备案34笔，备案面积3.21万平方米。重点办理“人才安居”房屋租赁登记备案相应工作。全方位做好存量房交易资金托管的各项工作。进一步优化资金托管的流程、升级软件，优化服务；增加建行、农行、邮储3家银行作为托管银行。年内，全市办理新增存量房交易资金托管7490笔，申请托管总额61.13亿元，完成资金托管流程6434笔，托管平台账户支付房款52.29亿元，另有1056笔正在实施资金托管，托管总额8.84亿元，其中已到账资金3.93亿元、需存入和贷款转入的资金4.91亿元。

【物业管理】 2019年，市房管部门配合组织部门出台《关于以党建引领推进业主委员会和物业企业建设的通知（试行）》，明确推进物业服务行业党建工作的意义作用、目标要求、工作任务、工作措施。苏南万科党支部与阳光绿城、城市之光2个小区所在社区党组织结成党建联盟，“红堡管家”党建品牌在这2个小区落地。开展物业领域扫黑除恶治乱，按照中央、省、苏州关于“扫黑除恶”专项斗争工作部署，结合苏州市住建局《苏州市2019年物业服务领域专项治乱整治工作方案》和《张家港市2019年重点行业领域专项治乱整治工作方案》工作要求，按照“造声势、排线索、治乱象、抓长效”的步骤，组织在全市范围内开展物业服务领域专项治乱整治工作。普洛斯物流园创建成2018年度江苏省物业管理示范项目，朗泰绿色家园、湖滨国际、湖滨世家、滨江大厦项目创建成2019年度苏州市物业管理示范项目。做好物业管理项目的招标指导，全年指导和监督铂悦花园四期、隆溪花苑、悦湖雅居等15个项目物业管理招标，总建筑面积近190万平方米。办理26个物业管理项目的承接查验备案手续，办理23个项目物业用房产权明晰工作，明确其中的物业用房面积227011平方米。全年归集住宅专项维修资金2.37亿元，核准使用维修资金1535.7万元。全年指导湖滨水岸、阳光花苑、玉景天筑等22个项目召开业主大会或改选业主委员会，业委会中党员比例不低于40%。共受理物业投诉1928起，协调沟通处理受理信访46件。受理数字化城管转办件558起。受理物业纠纷调解165件。运用报纸、电视、微信等多种媒体形式开展行业宣传，塑造良好形象，扩大物业与业主的沟通。张家港物业推送信息156条，宣传内容为扫黑除恶、安全管理、行业监管动态等信息，公众号关注人数6万余人。开展各类专题培训，包括上岗证（继续教育）、项目经理培训、物业管理消监控人员、示范项目创建工作培训等，参加培训247人。

【住房保障】 2019年，市房管部门贯彻落实“加快建立多主体供给、多渠道保障、租购并举的住房制度，让全体人民住有所居”的奋斗目标，完善住房保障体系建设，建立住房保障货币化保障机制和实物保障机制，全面保障全市中等偏下收入住房困难家庭、稳定就业的外来务工人员和新就业人员。降低准入门槛，提高补贴标准，加大住房保障力度。进一步上调公共租赁住房和共有产权保障性住房收入控制线，家庭人均月可支配收入从3946元以下提高到4300元以下，让更多的住房困难人群享受到政策红利。提高公共租赁住房租金补贴发放标准：杨舍镇最低收入家庭（低保户、低保边缘户、特困职工家庭）租金补贴标准由每月每平方米13元调整到16元，其他区镇租金补贴标准由每月每平方米11元调整到12元；杨舍镇低收入家庭租金补贴标准由每月每平方米11元调整到14元，其他区镇租金补贴标准由每月平方米10元调整到11元；杨舍镇中等偏低收入家庭租金补贴标准由每月每平方米9元调整到12元，其他区镇租金补贴标准由每月每平方米8元调整到10元。棚户区改造有序推进。年内，全市新开工棚改项目1项，新建棚改安置房1364套，基本建成3510套，获中央和省级棚改项目补助资金1083.75万元，下拨到项目主体1083.75万元，另有中央财政清算资金520万元，及时下发项目主体。公共租赁住房保障稳步实施。经审核公示，有162户家庭符合公共租赁住房租金补贴保障条件，确保城镇住房保障家庭租赁补贴发放150户目标任务的完成。年内，为企业外来务工人员和新就业人员及张家港市户籍家庭提供公共租赁住房850套，为164户家庭发放公共租赁住房租金补贴96万元。

【住房公积金归集使用】 2019年，全市新增缴存公积金开户职工48419人，净增缴存职工27419人，年末缴存人数27.76万人。全年实现归集住房公积金39.7亿元，比上年增15.88%。历年累计归集284.62亿元，归集余额95.42亿元。年均归集率100.82%，职工人均月缴存1191.95元，月归集额3.31亿元。全年发放公积金贷款3799户、16.43亿元，户均43.25万元，职工提取公积金28.42亿元。全市历年累计发放贷款162.28亿元，5.95万户家庭得到公积金优惠政策支持。历年累计提取188.65亿元。苏州市住房公积金管理中心张家港分中心完善扩面考核指标，着力点由“重使用”向“重缴存使用”转变。全市公积金基数调整率87.89%，月缴额增加4418万元。严控贷款逾期率，三个月以上逾期率始终保持为0，资金运行率93.5%。组织全员业务服务提升培训会、服务点评会，实施第三方暗访、电话回访，在苏州市住房公积金“惠民杯”流动红旗评比中获评第一，获职工锦旗和书面表扬5次。整合设置服务大厅综合柜台，做到“一口清”导办，“一窗式”办理。以信息化应用为基础，拓宽线上服务范围，推广宣传“苏州公积金”App，实现“一次都不用跑”，延展“不见面”服务范围和内涵。开展业务培训，提高经办人员甄别能力和防范意识，明确办理人员和审核人员双重负责制，在苏州市住房公积金管理中心防范违规提取专项考核活动中获团体一等奖。8月1日起，简化与苏州工业园区社会保险基金和公积金管理中心转移业务办理流程，取消“职工需先到转入地公积金管理部门打印转移联系表，再到转出地公积金管理部门办理销户转移手续”的规定，改为“职工直接到转出地公积金管理部门申请，符合条件的一次性办结”。要将住房公积金转入园区的职工，凭本人身份证到分中心服务大厅、指定承办银行网点直接办理。市公积金中心指定网点工作人员根据园区公积金中心通过系统反馈的结果按规定办理销户转移手续，打印《职工住房公积金销户转移通知书》作为转移凭证交于职工。10月8日起，根据中国人民银行相关规定，苏州市住房公积金管理中心对《个人住房公积金（组合）借款及保证担保合同》《个人住房公积金（组合）借款及抵押担保合同》和《个人住房公积金（组合）借款及质押担保合同》的商业性贷款利率和商业性贷款利率调整的有关条款内容进行修订。各住房公积金贷款业务受托银行、住房置业担保有限公司使用新版合同与借款人签约。7月中旬，全市住房公积金缴存基数调整及缴存单位基础信息核对工作启动，2019年度缴存基数从7月起执行。缴存基数调整按职工本人2018年度月平均工资收入（工资总额）核定。缴存基数最高不得超过2.37万元，职工月平均工资高于最高限额的按最高限额计算，不到最高限额的按实计算；调整后的职工缴存基数不得低于市社保最低缴费基数3160元。企业缴存比例仍为单位和职工各8%至12%，对经营困难、亏损的企业，经企业职代会通过，可降至5%的缴存比例。对于7月至调整当月之间少缴部分的住房公积金，单位在调整汇缴时做一次性补缴。

（缪怡佳）

【房屋网签备案与国家房地产市场监测平台数据实现联网】 4月，张家港市房地产市场交易数据接入住建部统一的数据平台，实时上报房地产市场运行的相关指标77个。数据联网后，张家港市房屋网签备案信息可及时共享给住建部和省住建厅，便于上级部门及时掌握房地产市场基础数据，为及时分析房地产市场状况提供基础数据，对确保房地产宏观调控政策、促进房地产市场健康发展具有积极作用。2019年，张家港市利用“一城一策”调控契机，密切关注苏州“一城一策”方案进展，有序安排商品房买卖合同网签备案，牢牢抓住房地产市场价格调控窗口期，拉高新建商品房价格基数，为完成下一年度的价格调控任务留出空间。全市新建商品房住房成交均价由2018年年末的每平方米12613元上调至2019年年末的每平方米14252元。

【多家房地产经纪机构获行业荣誉】 2019年，苏州市房地产经纪业协会二届三次会员大会暨评选中，张家港市友邦置业营销策划有限公司获“优秀房地产代理企业TOP10”，张家港中圆房产营销策划有限公司和张家港市邦尼营销策划咨询有限公司获“优秀房地产中介企业TOP18”，苏州赛源房地产投资顾问有限公司获“突出贡献会员企业TOP310”，近年，在房地产经纪行业中，由于少数经纪机构不规范经营，导致群众对房地产经纪机构诚信程度的怀疑。针对此种情况，张家港市根据新启用的“苏州市房地产经纪与信用管理平台”的相关要求，对517家房地产经纪机构信息进行审核完善。连续下发《关于规范房地产经纪机构经纪行为的通知》《关于继续深入开展房地产经纪机构乱象专项整治的通知》，不定期巡查全市范围内各房地产经纪机构门店情况，发现经纪不合规行为立即纠正整改。

【房屋结构改造安全行政许可规范出台】 为保障公民、法人和其他组织的人身财产安全，维护公共安全，11月20日，市住建局印发《关于加强房屋结构改造管理的通知》，禁止拆改房屋的基础、墙、柱、主梁及屋架等主要承重构件，或者超过房屋原设计承载力增加荷载；许可的房屋结构改造设计方案，仅涉及在楼面结构层开凿、扩大洞口，拆除或者部分拆除房屋中抗震、防火措施以外的非承重墙体；申请人知悉行政许可所需提交的申请材料，确认改造所涉的共用部位是指根据法律、法规和房屋买卖合同规定，由单幢住宅内业主或者单幢住宅内业主及与之结构相连的非住宅业主共有的部分，保证提交共用人同意的书面证明；申请人应当在房屋装修改造前将房屋结构改造安全行政许可决定报送物业服务企业、居民委员会、村民委员会或者其他管理单位。市住建部门在办理房屋结构改造安全行政许可时不收取任何费用。年内，市住建部门共开具行政许可决定书30份。

【首台既有住宅增设电梯投入使用】 11月8日，市沙工新村47幢1单元，全市第一台既有多层住宅增设电梯投入使用。这标志着张家港市既有多层住宅加装电梯工作取得实质性突破。为解决老旧小区日益凸显的居民上下楼难题，响应群众加装电梯的民生诉求，市房管部门多次深入全市老旧小区考察调研，赴外地学习既有小区加装电梯工作经验，积极探索符合张家港市实际的具体操作办法，既有多层住宅加装电梯工作是适应经济社会发展和人口老龄化的需求，完善全市既有多层住宅使用功能，改善住房品质，提高居住质量的一件民生实事。至年末，全市在3个住宅小区进行加装电梯的成功试点。除沙工新村第一台电梯完工使用外，云盘三村14幢2单元和16幢6单元的电梯开工建设，通运新村44幢1单元加装施工图纸初步通过专家论证，根据专家论证意见修改施工图纸，即将进入联合审查程序。市房管部门进一步跟进服务，加快在全市范围内推广既有多层住宅加装电梯工作，让该项政策福利辐射更多的居民。

（戴高乐）

【编辑　张　洁】

服务业

Service Industry

万达广场（汇金中心）　（靳　泉　提供）

服务业综情

商　　业

供　　销

粮食购销

专营专卖

电子商务

市　　场

物　　流

張家港年鑑(2020)

服务业综情

【概况】 2019年，全市进一步加快现代服务业发展，着力构建现代产业体系，服务业呈现健康发展态势。全市实现服务业增加值1209.96亿元。服务业增加值占全市地区生产总值的比重为47.5%，比上年提高1个百分点，其中生产性服务业占服务业比重为64%。服务业入库税收170.01亿元，占全市税收总额的43.04%；服务业公共财政预算收入101.29亿元，占全市总量的41.01%。全市实现社会消费品零售总额718.26亿元，比上年增18.55%。其中，城镇零售总额646.95亿元，农村零售总额71.31亿元，分别比上年增24.38%和减16.81%。社会消费品零售总额按行业分：批发和零售业662.95亿元，住宿餐饮业55.31亿元。全市服务业固定资产投资278.43亿元，占全市固定资产投资总额的比重为63.48%。新批外资及港澳台资服务业企业24家，新增服务业注册外资及港澳台资10.21亿美元，到账外资及港澳台资5400万美元，分别占全市总额的63.18%和10.74%。全市完成商品市场成交额4314亿元，总量居全省县市首位。科技研发、软件开发、文化创意、服务外包等新兴服务业加快发展。全市经认定的苏州市级以上现代服务业集聚区有12家，其中省级服务业集聚（示范）区4家。现代服务业集聚区基础设施和服务功能逐渐完善，初步形成规模化、集约化发展态势。年内，新点软件、澳洋顺昌、港务集团等10家企业被授予市服务业领军（创新示范）企业称号。优居壹佰获评省级养老服务创新示范企业。新增6家企业入选苏州市平台重点企业培育库，电子口岸获评苏州市服务业创新示范企业。江苏宏泰物流有限公司认定为2019年江苏省重点物流企业，全市累计13家。江苏扬子江冶金技术研究院、凤凰镇鸷山区域新城镇化项目、澳洋健康产业项目（澳洋医院三期、澳洋医药物流易地新建、澳洋优居壹佰暨阳湖医养结合项目）、兰生中恒张家港产业园、长顺创谷工业园项目、苏州港张家港港区集装箱码头改扩建工程、中科院张家港纳米产业园、常阴沙闲心公社田园文化旅游度假综合体、国泰智慧软件园二期、苏州中远物流张家港综合物流基地三期项目等10个项目被列入市服务业十大重大建设项目，总投资232.9亿元，年内投资60.44亿元。张家港汇金中心、张家港农联新镇项目、市舞蹈学校二期校区、美邻广场、金宝贝幼儿园、前溪商业综合体、新能源物流车平台项目、百信物流（三期）等40个项目被列入市生产经营性服务业重点项目，总投资356.43亿元，年内投资85.03亿元。

【服务业分行业情况】 据市行政审批局数据，至2019年12月23日，全市（不含张家港保税区）服务业分行业发展状况良好，继续呈现健康、规范、有序的发展态势。其中，交通运输、仓储、邮政业有在册企业（含个体工商户）9064家，注册资金115.39亿元，从业人员20089人。信息传输、计算机服务业有在册企业（含个体工商户）1152家，注册资金17.43亿元，从业人员4436人。批发和零售业有在册企业（含个体工商户）53699家，注册资金452.37亿元，从业人员144969人。住宿和餐饮业有在册企业（含个体工商户）9152家，注册资金22.87亿元，从业人员28009人。金融保险业有在册企业（含个体工商户）463家，注册资金171.32亿元，从业人员701人。房地产业有在册企业（含个体工商户）1345家，注册资金244.9亿元，从业人员6984人。租赁和商务服务业有在册企业（含个体工商户）6340家，注册资金1056.98亿元，从业人员28345人。其他服务业有企业（含个体工商户）18653家，注册资金585.72亿元，从业人员85817人。

【9家企业位列中国服务业企业500强】 9月，由中国企业联合会、中国企业家协会按国际通行方式，经专家委员会审定后排出的2019年中国服务业企业500强公布，张家港市有9家服务业企业入选。分别为江苏国泰国际集团有限公司（第118位）、东华能源股份有限公司（第130位）、市泽厚贸易有限公司（第250位）、市沃丰贸易有限公司（第254位）、张家港保税区旭江贸易有限公司（第272位）、玖隆钢铁物流有限公司（第304位）、苏州裕景泰贸易有限公司（第318位）、张家港保税区日祥贸易有限公司（第448位）、江苏张家港农村商业银行股份有限公司（第495位）。

（崔婷婷　韦　苇）

商　业

【概况】 2019年，市商贸业呈现整体平稳发展态势，全市分布有万达广场、曼巴特购物广场、吾悦广场、购物公园和杨舍老街等集餐饮、购物、娱乐为一体的大型购物场所，有大润发、欧尚、麦德龙、百信生活广场、永辉超市等大型超市，有香港城小商品市场、梁丰五金机电城、九洲家居装饰城、保意建材城、红星美凯龙等专业类市场，商品种类丰富。推进便利店品牌化连锁化发展，推进消费品市场提档升级。全市有百信超市132家，其中直营店5家，有好邻超市54家、天天鲜生鲜超市10家（其中农改超2家）、吉麦隆超市9家，基本实现区镇全覆盖。全市14家重点商贸流通企业实现销售额31.36亿元；属全省50强商品交易市场的5家市场实现成交额4200亿元。6月28日，步行街重点商贸企业市国际购物中心与苏宁易购合作设立的苏宁易购张家港旗舰店开业，日均人流量1200人次，日均销售额55万元，进一步丰富了步行街商圈商业业态。10月30日，览秀城商业综合体开工，项目总投资16亿元，建筑面积20.2万平方米，目标打造全市高端优享生活中心。

【餐饮行业品牌打造】 市商务局设立有商务发展专项资金，根据相关规定，对新获评中华餐饮名店、江苏餐饮名店、苏州餐饮业特色店分别奖励10万元、5万元和2万元，对新获评注册中国烹饪大师、注册中国烹饪名师、江苏烹饪大师、江苏烹饪名师的

建设中的凤凰生活广场　　（凤凰镇　提供）

个人分别给予2万元、1万元、5000元和2000元的奖励，以鼓励和引导餐饮企业引进现代经营方式和先进质量管理模式，推动餐饮行业持续健康发展。同时密切联系市烹饪技术协会、餐饮行业协会，引导餐饮企业健康发展，建立品牌意识，提升服务质量。年内，中油泰富国际酒店获评江苏餐饮名店，中油泰富国际酒店常谱、东方精品酒店钱海东获评江苏烹饪大师称号。至年末，全市有馨苑度假村、沙洲宾馆、国贸酒店、联峰宾馆等中华餐饮名店4家，有江苏餐饮名店18家、苏州餐饮业特色名店10家。

【凤凰生活广场开业】 9月30日，凤凰生活广场开业。该项目位于凤凰镇西凤路西侧，由张家港远祥生活广场投资有限公司投资，总投资额8亿元，占地总面积3.8公顷，总建筑面积约10万平方米。主力商家和经营品牌有大润发发到家超市、宝丽杰健身中心、肯德基、嘟嘟乌儿童乐园、巨星影城、耐克、阿迪达斯等，是全市东南片区最大的集购物、休闲、餐饮、亲子、文化、雅趣、食宿等商业于一体的一站式时尚生活中心。

【青茂源商业广场开建】 该项目由江苏扬子江沙洲置业有限公司开发建设，位于市青草巷农副产品批发市场西侧，总占地面积13741.2平方米，总建筑面积15838.22平方米。项目总投资1.28亿元，主要建设内容为沿街商业单体2栋，二至三层结构。房屋类型为商业用房及配套仓储，建设形态为批发、零售为主，休闲、餐饮为辅，聚集多种生活服务的沿街商铺，为周边居住人群提供成熟便捷的生活配套。项目建成后，将对市青草巷农副产品批发市场及周边商业具有一定带动作用。12月，项目开工建设，预计2020年5月主体封顶，2021年5月竣工验收并交付。

（许诗晨　谢凤娇）

供　　销

【概况】 市供销合作总社下辖管理11家集体企业（市青草巷农副产品批发市场、市农业生产资料总公司以及9家基层供销社）、3家参股企业（市惠农物资有限公司、市供商烟花爆竹公司、市青草巷生鲜配送有限公司）以及5家转制企业。2019年，完成工商企业销售收入100.33亿元，消费品零售额12.07亿元，工商企业入库税费10351万元，市场成交额70.3亿元。年内，市供销合作总社机关被评为市文明机关，市青草巷农副产品批发市场、市惠农物资有限公司被评为市先进文明单位，市再生资源有限公司以及5家基层供销社被评为市文明单位。

【农资服务配送优化】 年内，市供销合作总社整合优化农资配送网络。增加市供销合作总社股本份额，将惠农公司由总社的参股企业变更为控股企业。对下辖30个网点进行整合优化，去劣存优，去小存大。对配送企业、基层网点实施一体化管理，统一标识、统一标准、统一监管，使农资配送网点成为代表供销形象的重要门面。加强监督管理，会同市财政局调整农资配送政策体系，加大农资配送工作在镇村考核体系中的比重和分值，督促各镇村做好农资配送工作。加大对农资供货商、经销商、种植大户的监管力度，建立定期督察和通报制度，督察考核结果与其切身利益直接挂钩。优化农资配送宣传。采取传统与非传统、网上与网下等多种形式进行广泛宣传，让社会各界，特别是市镇村三级农业部门和农户了解农资配送的意义与作用，自觉支持农资配送工作，提高农资配送效率，提高农产品尤其是初级农产品的质量安全系数，降低农业面源污染。优化农资配送服务。采取与市农业农村局、区镇、配送农药生产厂家联合办班等形式，组织开展专题植保培训，新推广农药试点跟踪服务管理。加强配送体系示范基地建设，提高配送体系的植保专业化水平，提升自身服务能力。全年粮食农药配送率95%、果蔬农药配送率90%，实现农药配送销售3677.23万元，其中粮食农药2763.43万元、果蔬农药589.72万元、绿化农药26.31万元；测土配方肥集中配送11543.4吨，销售金额404.05万元。

【青草巷市场农产品质量监管】 年内，市青草巷农副产品批发市场严把农副产品质量关，对市场固定摊位实行亮证经营。加大对市场经营商户的宣传教育引导工作，督促经营户严格执行《中华人民共和国食品安全法》，严格履行食品索证索票制度和台账登记制度，把好进货关、质量关，从源头上抓起、从采购环节上查起，确保不合格农产品销毁于市场之内。全年市场检测中心检测农副产品44326批，合格44312批，检测合格率99.97%，销毁处置不合格农产品1103千克，涉及当事人11人，12个品种。速测灵快速检测14720批。

【基层供销社综合改革试点推进】 按照“三体二强”（自主经营实体、农民社员主体、合作经济联合体，综合实力强、为农服务能力强）基层社建设工作要求，市供销合作总社抓好基层社建设改造，推进综合改革试点有序进行。9月，完成南丰供销社薄弱基层社改造任务。抓好乐余乐源联社为农服务的深度和广度，探索发展大田托管经验，承接通洲沙西水道500公顷土地改良工作，在2018年试种333.33公顷水稻基础上，年内扩大种植500公顷小麦，经济效益和土壤熟化改良成效不断显现。创新供销社治理机制，开展“三会”制度（供销合作社代表大会领导下的理事会、监事会制度）建设推进工作。9月18日，乐余供销社第一次成员大会召开，选举出第一届理事会和监事会，至年末，全市9家基层供销社均完成“三会”制度建设工作。 （张 健）

粮食购销

【概况】 2019年，原粮食局整建制并入市发展和改革委员会（对外加挂市粮食和物资储备局牌子）。年内，全市粮食流通各项重点工作全面落实，物资储备体系建设初显成效，市粮食和物资储备局获评全国粮食和物资储备系统先进集体，市粮食购销总公司获评第九届中国粮油榜百佳粮油企业，市粮油行业协会获评苏州市行业先进，“润众软米”获评首届“好吃苏米”品鉴大赛金奖。全市粮油工业列入统计的企业14家，其中省级龙头企业4家、外商投资企业1家、苏州市级龙头企业4家。全市粮油企业实现工业总产值203亿元，比上年增14%，完成销售收入270亿元，比上年增12%，实现利润1.2亿元。全年大米总产量8.1万吨，面粉总产量17.1万吨，油脂总产量130.7万吨，豆粕总产量135.3万吨，饲料总产量10.1万吨。

粮食收购储备 （市发改委 提供）

【粮食收购储备】 2019年，全市粮食系统顺应国家收储制度改革要求，严格执行国家粮食收购政策，发挥国有粮食企业主渠道作用，引导各类主体参与市场化收购。收购过程做到敞开收购，随到随收，提供24小时烘干服务。全年收购入库粮食15.2万吨，其中小麦4.8万吨、水稻10.4万吨。按照《苏州市地方储备粮管理办法》规定，加强与市粮食购销总公司、东海粮油公司、市青草巷农副产品批发市场协作，依托两季收购、加工企业和批发市场，完成5.6万吨地方储备原粮和2590吨成品粮油储备。加强储备粮监管督察，规范承储企业运作，每季度开展储备专项检查，定期开展储备品质检验，保障地方储备原粮数量真实、质量可靠、储存安全。年内，根据职能分工，与市商务局就1万头生猪活体储备的相关资料进行移交。完成苏州市发展和改革委员会下达张家港市的550吨冻猪肉储备任务，同时为应对非洲猪瘟疫情影响，按照市政府要求落实临时应急储备冻猪肉838吨，确保重大节日期间猪肉市场供应。

【数字化粮库建设】 年内，张家港市践行国家“藏粮于地、藏粮于技、藏粮于企”战略，自主设计的数字粮库智能出入库系统、沙洲中心粮库绿色储粮技术应用示范仓、粮食低温烘干生产线以及全天候自动收发一体吸粮码头等设施设备投入运行，粮库建设基本实现数字化、信息化、智能化。沙洲中心粮库是市粮食购销总公司下属最大的粮食收储库，先后被列入“国家粮食储运监管物联网示范工程”、市政府民生实事工程和重点信息化建设项目。总仓容6万吨，烘干能力每次720吨，其自主开发的粮食收购信息化系统实现售粮“一卡通”，并创新了预约收购、两次烘干等收购举措。

【妙桥粮库新建】 根据《市政府关于印发张家港市粮食安全保障体系建设“十三五”规划的通知》及2017年城建计划和实事工程要求，为解决粮食收购仓容不足的矛盾，在塘桥镇金村区域新建总仓容4.2万吨的妙桥粮库。该粮库占地3.47公顷，仓容建设面积14912平方米，项目总投资15683万元，2018年12月开工奠基，至2019年年末，粮库主体工程完工，预计2020年上半年可以交付使用。

（项亚杰）

专营专卖

【烟草经营】 2019年，市烟草专卖局（苏州市烟草公司张家港分公司）致力于营销服务、市场监管、内部管理，获评2016—2018年度江苏省文明单位、第十批苏州市职工书屋示范点、2018年度张家港市服务地方优胜奖、张家港市和谐劳动关系示范企业、张家港市文明机关，市烟草专卖局党支部获评2018年度市级机关先进基层党组织。全年实现销售卷烟5.22万箱，比上年增3.66%，单箱销售额4.15万元，实现税利6.48亿元、利润5.45亿元。打击卷烟贩假售假行为，强化与市公安巡警大队、交通物流运输环节以及毗邻协作机制，全年查获涉烟违法案件161起，比上年增50.47%；查获各类违法卷烟906万支，比上年增41.1%；查获各类违法卷烟总案值1213万元，比上年增20.34%。其中，查获假烟59万支，查获走私烟7.54万支。刑拘3人，取保候审2人。确认国标网络案件1起，上报国标网络案件1起。推进政务服务"一网、一门、一次"（政务服务一网通办、企业和群众办事力争"只进一扇门""最多跑一次"）改革要求，最大限度简化流程。严格执行新的《苏州市烟草制品零售点布局管理规定》，实行负面清单制度。全年受理新办申请1798户，其中准予许可1573户，不予许可225户；延续621户，变更154户，停业2户；注销820户，其中歇业773户，审批注销47户。（许群高）

【盐业经营】 2019年，按照工业和信息化部《食盐定点生产企业和食盐定点批发企业规范条件》《食盐定点生产企业和食盐定点批发企业规范条件管理办法》要求，经省国资委批准，省盐业集团出台《关于市县盐业分公司整体划入市县盐业有限公司的报告》，江苏省苏盐连锁有限公司张家港分公司整体划转至张家港市盐业有限公司，由分公司转变为法人公司，并通过省国资委食盐定点批发企业的审核。年内，市盐业有限公司配合市市场监管局开展食盐市场综合整治，规范盐业市场秩序。开展多次多部门联合执法行动，保障食盐市场稳定有序，全年共出动执法人员698人次，配合检查食盐经营户1320户，立案查处21件，移送公安1件，查扣不合格食盐36.36吨，罚款5.07万元，组织宣传活动162场，抽检食盐15批。根据苏州市盐业公司部署安排，张家港市盐业有限公司积极开拓有效终端，落实渠道下沉。KA超市（综合型的超级购物市场）、B类超市、农贸C类各施其策，通过精分终端网络，提升经营质效。年内，小包装食盐开票销售6795.1吨，实现营业收入7596.33万元，小工业盐出库销售11300.11吨，非盐销售收入5461.54万元。

（张　磊）

【石油经营】 根据中国石化体制改革要求，2018年12月，中国石化销售有限公司更名为中国石化销售股份有限公司。下属省、市、县分公司及分支机构统一同步更名。2019年4月，中国石化销售有限公司江苏苏州张家港石油分公司更名为中国石化销售股份有限公司江苏苏州张家港石油分公司。至年末，全市有中国石化销售股份有限公司江苏苏州张家港石油分公司、中石化壳牌（江苏）石油销售有限公司张家港分公司、中国石油天然气股份有限公司江苏苏州张家港分公司、江苏中油泰富石油集团公司等成品油零售企业106家。中国石化销售股份有限公司江苏苏州张家港石油分公司和中石化壳牌（江苏）石油销售有限公司张家港分公司年末有加油站44家，其中自有经营站25家、社会租赁和轻资产合作经营加油站19家。中国石化销售股份有限公司江苏苏州张家港石油分公司实现成品油销售总量26.88万吨，比上年增7.12%。其中，零售21.85万吨，比上年增5.9%；直分销5.03万吨，比上年增12%；润滑油2600吨，比上年增10%；实现非油品销售总额8552万元，比上年增10%。年内，为进一步拓展零售网络建设，完成3座社会加油站的租赁签约、1座社会加油站的合作经营签约，分别于11月、12月改造开业。根据市政府《水污染防治工作方案》要求，完成加油站双层罐改造29座。中国石油天然气股份有限公司江苏苏州张家港分公司有加油站8个，其中租赁经营3个。全年实现成品油销售总量2.9万吨，比上年增21%，非油品经营收入822万元，比上年增9.8%。江苏中油泰富集团公司有加油站11个，其中租赁经营1个。实现成品油销售总量6.6万吨，比上年减10%，非油品经营收入1062万元，比上年增92%。中油泰富石油集团有限公司年末有加油站11家，实现油品销售4.98万吨。

（顾　艳　丁卫刚）

电子商务

【概况】 2019年，依托港口、产业和政策优势，全市电子商务产业发展规模不断扩大，应用能力持续提高，发展环境进一步优化，产业发展氛围浓厚。载体平台建设持续完善，电子商务企业实现快速发展，江苏化工品交易中心成交量5630.81万吨，成交额2652.17亿元，签约交易商4368家；玖隆电子商务平台交易量168.59万吨，交易额64.36亿元，有会员单位18343个。B2C网络零售持续发展，至年末，全市有542家淘宝天猫电子商务B2C企业店铺。年内实现网络零售交易额46.32亿元，零售量2.88亿件。据数据统计，全市B2C网络销售行业相对集中，主要以服装鞋包、百货食品、家居建材三大行业为主。"双十一"购物狂欢节当天，全市网络零售额2.96亿元，比上年增13%。市电子商务商会、市电子商务协会及B2C分会不断发展壮大，电子商务商会80家会员企业总销售额超50亿元，其中外贸销售额5.1亿美元，内贸销售额16亿元。年内，沙洲职业工学院电子商务专业招收学生73人。

【市电子商务产业园】 2014年8月，市电子商务产业园获批成立，成为全市电子商务产业发展的重要载体。至2019年年末，累计入驻电子商务企业300余家。2019年，园区电子商务企业线上交易额突破40亿元，开票销售收入4.5亿元，入库税金1800万元。通过持续完善电子商务配套服务、提升公共服务资源整合和配置能力，产业园获评2019—2020年江苏省级电子商务示范基地。年内，园区连续第三年承办全市电子商务创新创业大赛，不断活跃电子商务产业发展氛围。

【跨境电子商务】 年内，全市大力推进外贸综合服务试点工作，一达通、慧贸通等外贸综合服务平台企业得到

市电子商务产业园 （市商务局 提供）

快速发展，实现外贸综合服务进出口7.5亿美元，处于全省领先阵营。依托阿里巴巴、中国制造网、慧聪网、Amazon等跨境电子商务平台，全市外贸企业积极开展跨境电子商务业务，品牌优势初步建立，一批优秀的跨境B2C电商企业发展迅速，如苏州涵一网络科技有限公司运营两年，始终保持良好销售势态，年内实现销售额超880万元，发出邮政包裹3.5万余件。

（许诗晨）

市　场

【概况】 2019年年末，全市有经市市场监督管理局核准登记的各类市场65家，其中消费品市场55家、工业消费品市场2家、生产资料市场7家、生产要素市场1家。年内，4家农贸市场改造为生鲜超市，6家农贸市场、2家生产资料市场、1家工业消费品市场保留执照。全年市场成交额153.75亿元。各类市场中，有国家级农村文明集市（市场）1家，为塘桥综合市场；有省级文明诚信集市（市场）5家，为塘桥综合市场、万红新区集贸市场、南丰集贸市场、城北菜场、市人才市场；有苏州级文明诚信集市（市场）20家。年内，市市场监督管理局举办市场检测人培训2场，开展市场专项整治4次。全市有玖隆物流园、化工品交易市场、纺织原料市场、粮油交易市场、进口消费品市场等5家市场列入全省50强商品交易市场。张家港保税区各类专业市场完成商品销售总额6275.63亿元，其中化工品交易所线上线下交易额3694.48亿元（现货交易1042.31亿元、电子交易2652.17亿元）、纺织原料市场390.27亿元、粮油交易市场538.94亿元、名贵木材交易中心49.32亿元、进口消费品中心212.98亿元、汽车整车进口口岸125.85亿元，保税区专业市场完成服务业税收43.73亿元。全市二手车市场发展平稳，2019年二手车交易量23311辆，比上年增10%。9月6日，世纪星汽车城二手车交易中心开工奠基，占地面积1.73万平方米，建筑面积22454平方米，设计经营车位1000个，计划建设周期1年，投入运营后预计年交易车辆近1万辆，交易金额超10亿元。华东房车交易中心开业运营，张家港口岸完成整车进口8000台，完成汽车改装3000余台。

消费品市场 全市经市市场监督管理局登记的消费品市场55家。占地总面积36.9万平方米，建筑总面积38.9万平方米，经营户3306户。全年成交额131.49亿元，其中农副产品综合市场成交额123.97亿元，其他消费品市场成交额7.52亿元。

生产资料市场 市生产资料市场主要经营化工、钢材、建材、汽车、木材、纺织原料、粮油、五金、家具、小商品及国际消费品等。在市市场监督管理局登记的9家市场年成交额22.26亿元。

生产要素市场 市生产要素市场主要有市人才市场、市技术市场、市房地产市场。市人才市场全年举办固定人才集市62期，进场设摊单位4616个，提供就业岗位85827个，平均每场提供就业岗位1385个。进场求职3.86万人次。“张家港人才网”新增网上会员单位1458个，累计3826个，全年发布招聘岗位59361个，入库求职简历23398份，网站平均每天流量8.1万人次，年流量2970万人次。市技术市场全年认定备案技术贸易合同305个，技术贸易合同额16.19亿元，比上年增122.7%。全年全市存量房交易备案14006笔，成交面积158.6万平方米，比上年减15.98%。其中，自行成交网签备案6848笔，成交面积73.5万平方米，委托中介成交网签备案7158笔，成交面积85.1万平方米。

2019年张家港市成交额超1亿元消费品市场一览表

表39

市场名称	主办者	营业地址	建办时间（年）	投资额（万元）	固定经营户（户）	年成交额（亿元）
锦丰市场管理有限公司	市锦丰镇资产经营公司	锦丰镇锦店路新天地2号	2007	3000	79	3.92
市青草巷农副产品批发市场	市供销总社	锦丰镇洪桥村	1995	8000	456	70.34

【青草巷市场服务管理规范化】 市青草巷农副产品批发市场立足服务市民，突出购物环境、营销服务、诚信建设提档升级，推动市场产业链融合发展，全年完成市场成交额70.3亿元，实现利润1602万元，完成当地农副产品交易额13.33亿元。在原有经营门类基础上，探索花卉批发、海鲜批发等新经营项目的可行性，挖掘新经济增长点。开展农产品产销对接战略合作，4月12日，张家港市、泗洪县两地供销社签订农产品产销对接战略合作协议，双方将着力在市场需求、产业对接和资源整合等方面开展深度、精准合作，推动泗洪县名优农产品进入张家港市场。开展倡导诚信建设活动，制定出台《诚信建设三年行动计划》，向商户发放《诚信经营倡议书》，开展"经营户讲堂"，让《文明经营公约》深入人心。8月，与市食品安全委员会办公室、市市场监督管理局联合举办以"尚德守法、诚信经营"为主题的知识竞赛。9月，评选出30位诚信建设示范经营户。拓展市场惠农助农服务领域，完善市场产业链，加大农产品配送、农产品电商平台等探索，加强市场综合服务功能。组建市青草巷生鲜配送中心，参与全市中小学校食堂食材配送招标活动，主要依托青草巷市场平台优势，各基层社共同参与，发挥集聚和辐射带动作用，延伸服务领域，拓展创收项目，实现社会效益和经济效益协调发展。

【华东房车交易中心建成】 8月30日，由张家港保税区与中国汽车报社合作的华东房车交易中心签约。近年，房车市场发展迅猛，华东地区是中国房车生产和消费量最大的区域，房车和改装车是张家港汽车口岸产业链延伸的重要方向。改装基地作为汽车口岸税源最优质的特色载体，吸引东恒鑫、罗伦士、霍夫勒、旌航等10余家优质改装和房车项目入驻。《中国汽车报》是中国汽车业内历史最长、影响力最大的专业产经类报纸，旗下《房车时代》杂志、房车时代网、房车时代新媒体矩阵等子平台是国内房车露营行业最大的会展平台。根据协议，双方在张家港保税港区汽车整车进口口岸设立华东房车交易中心，把保税区国际汽车城建成综合性房车服务平台。中心包含展厅大楼1.8万平方米、维修中心8800平方米、办公大楼2000平方米、会展广场2.5万平方米及房车营地20公顷，力争创造中国房车露营产业体验新模式，填补中国房车露营产业综合性全产业链服务平台的空白，带动中国房车改装企业集群式落户张家港。

（施沈君　张　健　邱亚峰）

物　流

【概况】 至2019年年末，全市共有AAA级以上物流企业39家，其中有张家港港务集团有限公司、玖隆钢铁物流有限公司等AAAAA级物流企业2家，江苏澳洋顺昌股份有限公司、江苏高兴达物流有限公司、张家港保税区金港物流中心有限公司、张家港震宇物流仓储有限公司、江苏正大富通股份有限公司、华润张家港百禾医药有限公司、华友管业有限公司、张家港保税区长江国际港务有限公司、中国张家港外轮代理有限公司等AAAA级物流企业23家，张家港捷通中石化工物流有限公司、江苏宏泰物流有限公司、大正信（张家港）物流有限公司、张家港驰乐汽车配件有限公司、张家港保税区沿江仓储有限公司等AAA级物流企业14家。全市有邮政企业1家，为中国邮政集团公司张家港市分公司，有邮政普遍服务营业场所34处，直接通邮建制村147个。有持快递业务许可企业11家、快递品牌24个、分支机构11家、备案末端网点253个。有快递从业人员2200人（不含邮政EMS），快递车辆1916辆。2019年，市邮政行业完成业务收入（不含邮政储蓄银行直接营业收入）7.72亿元，比上年减5.23%，完成业务总量12.89亿元，比上年减5.4%。全年完成快递业务出件量4498.29万件，进件量5883.76万件，实名收寄终端在全市各寄递企业基本实现100%，邮件快件处理场所安检机配备覆盖率100%。全市快递服务企业完成业务量5098.34万件，比上年减0.73%。快递业务完成收入6.5亿元，比上年增2.63%。攀华车队完成运输量286万吨，实现营业收入997万元。玖隆物流园获评全国优秀物流园区，引进国网进出口、云切智能制造、东北特钢等近200家贸易和加工企业，全年实现开票销售2200亿元，入库税收超6亿元。

2019年张家港市快递企业一览表

表40

类　别	企业名称	经营品牌	网点	通信地址	备注
省邮政局发证企业	市明俊中通速递服务有限公司	中通	45	杨舍镇东电大道西200米	
省邮政局发证企业	张家港江通速递有限公司	圆通	42	杨舍镇民营科技园中房路6号	
省邮政局发证企业	市申通快递有限公司	申通	25	杨舍镇中兴路5-1号	
省邮政局发证企业	市好韵达快件有限公司	韵达	38	杨舍镇范港村长安北路斜桥看守所对面	
省邮政局发证企业	张家港天顺速递有限公司	天天快递	17	杨舍镇河南村贝思特服饰公司内	暂停
省邮政局发证企业	张家港寒西物流有限公司	百世	21	大新镇标准型厂房集中区	
省邮政局发证企业	张家港优一速货运有限公司	优速物流	无网点	杨舍镇长兴路16号	

续表40

类　别	企业名称	经营品牌	网点	通信地址	备注
省邮政局发证企业	市宇通航空货运代理有限公司	速尔	无网点	杨舍镇乘航航道处东100米	
国家邮政局发证企业	张家港顺捷国际货运代理有限公司	其他	无网点	杨舍镇港城大道旺西大道一号未来财富大厦一楼	
国家邮政局发证企业	苏州霞丰国际货运代理有限公司	ZCE	无网点	杨舍镇港城大道168号	
分支机构	江苏德邦物流有限公司张家港长山分公司	德邦	19	金港镇后塍江苏环保新材料产业园长山路北侧	
分支机构	苏州工业园区顺丰速运有限公司	顺丰	17	杨舍镇华昌路16号	
分支机构	南京跨越速运有限公司张家港分公司	跨越	7	金港镇塍南路中华路路口东50米	
分支机构	上海宅急送物流有限公司张家港分公司	宅急送	1	杨舍镇乘航科技街7号	
分支机构	上海艾涕西国际物流有限公司张家港分公司	ITC	无网点	杨舍镇乘航振兴南路1号	
分支机构	中国邮政速递物流股份有限公司江苏省张家港市分公司	EMS	9	杨舍镇人民西路	
分支机构	中外运-敦豪国际航空快件有限公司张家港分公司	DHL Express	无网点	杨舍镇新泾西路5号	
分支机构	中国外运长江有限公司张家港分公司	其他	无网点	杨舍镇人民悦丰新村32栋M12-13门面	
分支机构	江苏京迅递供应链管理有限公司张家港分公司	京东	6	杨舍镇人民西路悦丰新村57栋M3	
分支机构	绍兴希凯易国际货运代理有限公司张家港分公司	希凯易	无网点	杨舍镇李巷村	
分支机构	市联邦快递（中国）有限公司苏州分公司	联邦	无网点	杨舍镇河北村欧洲工业园镇中西路	
网点	南京晟邦物流有限公司苏州市姑苏区分公司	晟邦	4	相城区黄埭镇漕湖花园17幢	
网点	欧西爱司物流（上海）有限公司无锡分公司	OCS	1	杨舍镇河南村华塘路1号	
网点	张家港源诚鑫供应链有限公司	极兔	1	杨舍镇李巷村刘市路58号	

【“寄递双百”实名收寄小程序】 针对实名寄递实施后，市民寄件时常有未随身携带身份证而不能顺利寄件的问题，4月，市邮政业发展中心开始开发“张家港市寄递业实名核查系统”微信小程序。7月22日，市“寄递双百”实名收寄小程序上线，应用人脸识别技术对接公安部门身份证数据库，通过刷脸进行身份识别，达到人证同一、收寄验视拍照实时上传，在揽收环节实现“实名收寄”“收寄验视”两个百分百。至年末，全市通过刷脸进行身份认证的邮寄共58766次。该项目获评2019年度市创新社会治理“以奖代补”项目。

【物润船联开启“网络货运”时代】 随着《网络平台道路货物运输经营管理暂行办法》将于2020年正式生效，交通部2016年开始推行的无车承运人试点模式于2019年年末结束，“网络货运”时代开启。2019年12月31日，江苏物润船联网络股份有限公司领取全国首张经营范围为“网络货运”的道路运输经营许可证。“无车承运人”是指不拥有运输工具，以承运人身份与托运人签订运输合同，承担承运人的责任和义务，通过委托实际承运人完成运输任务的道路货物运输经营者，它为网络货运发展奠定了坚实基础。为规范和促进网络货运平台发展，《网络平台道路货物运输经营管理暂行办法》将“无车承运”更名为“网络货运”，其形式与无车承运人一致，但企业申请模式由原审批制改为注册制。2019年，江苏物润船联网络股份有限公司接单55633单，共完成道路运输货运量698万吨，累计整合社会运力资源55632辆。

繁忙的东沙物流园码头　　（严子阳　摄）

【东沙物流园】 东沙物流园建设以服务苏南地区液态市场、区域调峰和配套燃气电厂用气为主，兼顾苏州市及周边城镇的基荷需求，为苏州地区形成多气源的供应格局提供保障。同时，有助于地方政府和燃气企业完成储气能力建设任务，形成以LNG为支撑的清洁能源产业链。项目总投资约100亿元，主要建设LNG接收站项目以及相关配套产业，最终形成以接收站为依托，以LNG冷能综合开发利用为目标，将LNG产业与区域现状产业有机结合，打造集接收站、燃气电厂、冷能空分、干冰制造、冷冻冷藏库、分布式能源、冰雪世界于一体的循环产业园区。2015年3月，市政府与华电江苏能源有限公司签订项目合作框架协议。后委托中交第二航务工程勘察设计院有限公司等专业单位开展前期方案设计、预可行性研究及可行性研究，编制完成项目可行性研究报告等一系列报告。2019年5月，项目选址被纳入国务院印发的《长江三角洲区域一体化发展规划纲要》。9月，在北京召开的项目咨询会上，专家们对项目必要性、建设规模及码头选址等相关情况均表示认可。至年末，项目取得苏州港张家港港区东沙作业区进港航道和锚地工程可行性研究报告的批复，同时取得苏州港张家港港区东沙作业区进港航道、锚地准予交通行政许可决定书。年内，加快推进LNG接收站一期项目，设计规模每年145万吨，计划2021年核准开工，2023年建成投产。

【东沙物流园新增LNG储备中心项目】 9月11日，江苏永钢集团有限公司、市交通控股有限公司、南丰城建投资开发有限公司共同组建江苏华鑫永南能源科技有限公司，注册资本1亿元。主要经营能源领域内的技术研发，LNG供应，码头及其他港口设施服务，在港口内从事货物装卸、驳运、仓储服务。由江苏华鑫永南能源科技有限公司投资建设的苏州LNG储备中心项目位于东沙物流园，总投资56.2亿元，总占地面积41.26公顷，项目规划建设规模为每年220万吨，其中一期设计规模为每年145万吨，计划2021年核准开工，2023年建成投产。投产后预计年营业收入99亿元。项目包含码头工程、接收站工程、输气管线工程三部分。其中，码头工程（含陆域管廊带）投资21.4亿元，占地17.59公顷，新建2个4万立方米LNG装卸泊位（结构兼顾8万立方米LNG船舶靠泊）及相应的配套设施。接收站工程投资33.2亿元，占地21公顷，新建3个16万立方米LNG储罐及其配套设施。输气管线工程投资约1.6亿元，项目建设用地2.67公顷，建设高压输气管线15千米，拟分为1干1支，苏州干线由接收站内输气首站至七干河分输站，预留与常熟高压管网接口，可与苏州城区、常熟市、无锡市等城市燃气管网实现互联互通，约3.3千米；张家港支线由七干河分输站输至乐余输气末站，约11.7千米。张家港市行政审批局批复核准同意实施苏州LNG储备中心项目。2019年，该项目完成工程可行性研究报告初步方案；完成安全影响评价、通航条件影响评价、通航安全技术报告编制工作。

【张家港医疗器械高新产业园（集聚区）运营】 1月，冶金工业园管委会和市市场监督管理局联合打造的张家港医疗器械贸易集聚区一期启动运营，选址为冶金园（锦丰镇）科技创业园。一期50家企业满额入驻，全部申领经营许可证并陆续开展业务。5月9日至10日，海外高层次人才创新医疗器械“港城行”开幕式暨张家港创业环境说明会在沙洲湖酒店举行。是月，集聚区二期启动建设，选址为锦丰镇华润路1号。二期在传统模式基础上，逐步导入第三方物流平台，提供集采、配送、金融等增值服务，助力企业做大做强，打造市场全国化、品牌一流化的高端医疗器械贸易集聚区。为加强行业管理，冶金园物流贸易局牵头筹建医疗贸易器械行业商会，商会有发起单位5个，参加单位近50个。11月8日，市工商联下发《关于同意筹备“张家港市医疗器械贸易集聚区商会”的批复》。12月9日，市民政局发文成立市医疗器械贸易行业商会。

（袁玉洁　黄云霞　徐素芬　俞　峥）

【编辑　朱永平】

市科学技术协会

2019年，市科协坚持科技创新与科学普及双轮驱动，围绕中心，突出重点，不断拓展和延伸“四服务一加强”工作内涵。**突出任务重点，积极助力创新发展。**“长三角地区绿色化钢铁生产核心技术推广及应用”是江苏省唯一被中国科协正式立项的项目，获得最高专项补助80万元；联合中国金属学会举办长三角绿色钢铁核心技术高级研讨会；举办市生物医学工程医疗器械产业项目推介会；牵头海陆重工和华裕金属、海陆环锻公司与中国工程院院士钟掘团队领衔项目进行对接；邀请美国青年华人创新与科技协会常务副会长钱晓东、日本日中经济技术促进会西日本副会长王海峰到市参观洽谈；完成科技查新515项，科技文献资料下载4.5万页，共取得科技创新成果120项；全年科协所属学会开展活动200余场；举办科技工作者运动会、科技鹊桥、科技讲座、企业家读书沙龙等主题活动。**聚力科普升级，不断提升科学素养。**举办第31届科普宣传周、首届市家庭创客大赛、全国科普日主场活动、第九届市青少年科技运动会。成立科普场馆联盟、科技科协界委员之家。沙洲中学成立薛永祺院士科普工作站、暨阳高中成立汪集旸院士地热科普工作站。成立新时代文明实践科普分中心，市级层面成立科学普及志愿服务支队，下设五大科普志愿分队，分别开展新时代文明实践志愿服务——“科普细胞工程进社区”256场、“科普人才进五区”83场、“科普新干线”巡展100场、科普场馆体验行28场、“蓝素行动”活动29场，全市公民科学素质比例14.4%。**稳步推进，不断加强基层组织建设。**召开市科协八届二次、三次、四次常委会，推进江苏省加强科协组织建设“四+一”首批试点工作，在建立“四+一”组织网络的基础上，探索“四长”作用发挥的路径和方法。

1 市科普电影周启动仪式
2 首届市家庭创客大赛
3 市科技工作者日主题运动会
4 长三角绿色钢铁核心技术高级研讨会
5 市生物医学工程医疗器械产业项目推介会

市委党史地方志办公室

1

2

3

4

2019年，市委党史地方志办公室围绕史志修编、综合年鉴编纂、地情历史宣传等重点目标开展工作。《岁月留声——改革开放新时期张家港口述资料集》完成编纂，进入出版程序；《中国共产党张家港历史（第三卷）》年末完成初稿；全面展现张家港（沙洲）人民革命斗争史的党史专题片《沙洲风云》制作完成。《张家港市对口支援和扶贫协作志》编纂全面开展；全市累计启动张家港市名村志编纂62部，正式出版38部。其中，《南庄村志》《封庄村志》《东山村志》等20部村志年内出版；全市首部社区志《横河社区志》完成终审。《张家港年鉴（2018）》获中国出版协会编校质量特等奖和中指组一等年鉴称号，《永联年鉴》作为省唯一村级年鉴在全省乡镇年鉴编纂工作座谈会作经验交流。持续开展“学党史、知地情、爱家乡”志愿服务，加强党史地情宣讲志愿服务队、镇村志编纂志愿服务队、区镇史志文化宣讲志愿服务队、革命斗争史宣讲志愿服务队、党史场馆讲解志愿服务队等5支特色志愿宣讲服务队建设，全年开展宣讲40余场。在梁丰生态园“森林书屋”开设地情书籍阅读角、微讲坛，扩大地方志、地情文化的受众面。持续督导各区镇做好红色遗址保护和场馆建设工作，市委史志办服务基层案例“红色加油站、乡愁储蓄所”入选全市新时代文明实践案例，组织开展庆祝新中国成立70周年相关活动，在“张家港史志”微信平台上连载6期专题文章。4月，《图说张家港》首发，并向全市星级酒店、品牌酒店、A级以上景区、星级旅行社广泛发放赠阅，多途径推动地情文化与旅游文化产业的深度结合。为农业农村部经改司对全市乡村城镇化调研提供地情历史材料；为凤凰水蜜桃申报农产品地理标志提供地情历史资料说明，助推凤凰水蜜桃获评全市首个“国家地理标志农产品”；为《中国年鉴》《江苏年鉴》《苏州纪事》等书籍提供相关资料。6月，市政府发文对《张家港年鉴（2018）》编纂工作中做出突出贡献的集体和个人记功和通报表扬，给办公室记集体三等功，给予相关同志记功和通报表扬。7月，市委史志办作为江苏省唯一的大会发言单位在第四次全国地方志工作经验交流会上作经验介绍。年末，史志工作在苏州市党史系统综合考评中名列第一。

5

6

7

8

9

10

11

1 省委党史工办副主任吴逵隆、苏州市委党史工办主任邓正发等参观锦丰镇常家村村史馆

2 《图说张家港》首发式在华芳金陵国际酒店举行

3 张家港市委史志办在全国地方志会议作经验交流

4 张家港市名村志文化工程总结暨《江苏省地方志工作条例》宣传贯彻会议召开

5 全市三轮修志推进现场会暨《南丰镇志》研讨会召开

6 《张家港年鉴（2019）》编纂业务培训会议

7 张家港市区镇史志工作会议

8 市委史志办开展“不忘初心、牢记使命”主题党日活动

9 市委史志办在梁丰生态园开展“辉煌七十年，史志伴你行”志愿者活动

10 走初心路线，开展“四重四亮”活动

11 市政府记功表彰同志合影

市总工会

2019年，全市各级工会在市委和上级工会的领导下，围绕中心、服务大局，履职尽责、创新发展，工会基层基础不断夯实，维权服务能力不断提升，凝聚力、战斗力不断增强，团结动员广大职工为聚焦聚力“三标杆一率先”、推动张家港高质量发展走在前列作出了积极贡献。

加强思想引领，强化理论武装，开展核心价值观教育，唱响先进文化，不断夯实了新时代共同奋斗的思想基础。提升职工素质，深化立功竞赛活动，发挥劳模示范效应，深入实施“普工英计划”，不断激发服务高质量发展的强大动力。聚焦主责主业，构建和谐劳动关系，维护职工合法权益，提升精准服务水平，不断增强广大职工对美好生活的获得感。强化改革创新，持续深入推进工会改革，着力夯实基层基础，加强队伍建设，不断巩固工会发展的工作基础。狠抓自身建设，全面加强党的建设，扎实推进比学赶超，大刀阔斧正风肃纪，凝聚主动作为的工作合力。

1 全国五一劳动奖章获得者颁奖仪式
2 市总工会与中华全国总工会文工团达成战略合作
3 市总工会慰问困难劳动模范
4 全市劳模支部“双创双提升”工程推进会暨劳模创新工作室战略合作签约仪式
5 “工会杯”市第一届职工工间操（健身操）比赛
6 受助职工向市总工会送锦旗致谢
7 市庆祝“五一”国际劳动节大会
8 建成投用的市职工文体中心

中国梦·劳动美·幸福路
5

集团职工服务中
互助保障解民忧
凝聚真情暖职工
6

张家港市庆祝"五一"国际劳动节大会
张家港市庆祝"五一"国际劳动节大会
7

职工文化中心
STAFF CULTURE CENTER
8

共青团张家港市委员会

1

2

3

4

2019年，全市共青团围绕党政工作大局，紧扣“港城发展五个升级版”，与时俱进弘扬张家港精神，坚定不移推进共青团改革，各项事业取得较好发展。

理论学习引领青年成长。创新学习载体，在“青春张家港”公众号上推出“青年大学习”“青春阅读”等专栏，覆盖青年20万余人次。推进青年学习社建设，设立中央团校培训中心张家港培训基地、上海交大安泰经管学院张家港教学点。

丰富活动凝聚社会共识。开展庆祝新中国成立70周年、纪念五四运动100周年系列主题活动，以光影图片展、火炬接力、主题团日活动等形式传播五四精神。联合开展“张家港精神再弘扬”系列活动及青年分享会，开展“时刻准备着”——万名少先队员“快闪”活动。推进线上线下融合发展，成立张家港驻沪青年人才联谊会等，主动作为紧密联系青年。

服务双创营造浓厚氛围。承办“中国青年创新创业人才训练营”，联合举办2019年苏州·张家港全国创新创业大赛暨第六届“创业张家港”青年精英创业大赛，参与“校园苏州日”“校园张家港日”，发挥“青聚港城”校园大使作用，推进“团建+金融”项目。

创新思维培育青商菁英。创新实施创二代“新菁英”计划，开展10期集中“充电”、井冈山党性锤炼等，提升学员接班能力。市青年商会常态化开展专题讲座、外出学习参观，举办武汉大学创新培训班，打造“对话青商”“青法筑行”等服务品牌，助力企业发展壮大。

多措并举增强组织活力。着力实现体制内共青团组织全覆盖，强化“两新”领域团建，非公企业新建团组织209家、青年社会组织建团5家、互联网行业组织建团2家。在团中央10月发布的基层团组织规范化建设情况通报中，张家港市在全国县（市、区）中排名第一，被全团通报表扬。承办2019年全国“青马工程”农村班，举办青年干部轮训班5期、青年大讲堂6期、中学中职团组织负责人培训班1期和少先队辅导员培训班1期，赴中央团校、山东临沂等地举办优秀青年人才培训班2期，全年培训青年干部超2000人次。

扶贫帮困书写大爱无疆。与新疆巩留、贵州沿河、宁夏永宁、西藏林州开展结对帮扶工作。持续实施“圆梦行动”“青商助学金”“国泰奖学金”“暖冬行动”等“希望之光”项目，发放奖助学金45.95万元，关爱困境青少年，助力梦想起航。

志愿奉献彰显城市有爱。召开市青年志愿者协会第三届会员大会。开展“文明实践 志愿同行”——港城青年志愿服务推广月活动，推出志愿服务“四大行动”。打造“河小志”“暑期大学生网格志愿服务”等品牌，推进“手绘乡村”“垃圾分类”等工作。

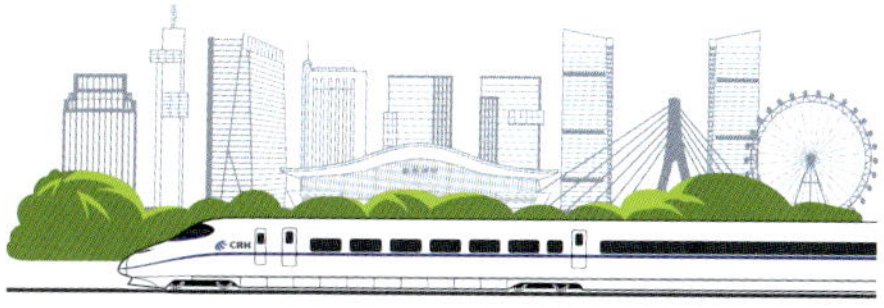

5

6

7

8

1 张家港市创二代新菁英计划开班仪式

2 中央团校培训中心张家港培训基地揭牌仪式

3 市驻沪青年人才联谊会第一届会员代表大会暨市驻沪青年人才联谊会成立大会

4 "百年青春梦，绽放新时代"纪念五四运动 100 周年主题团日活动

5 "青春心向党，建功新时代"主题团日活动

6 "三大法宝青年传承、两个标杆青年冲锋"活动青春宣讲会

7 2019 年张家港市优秀大学生村干部、青年干部培训班

8 "游家乡、看变化、谈成长"主题活动

9 苏州张家港全国创新创业大赛总决赛颁奖典礼暨中国青年创新创业人才训练营启动仪式

10 "创青春，梦时代"青年金融产品推介会

9

10

市工商业联合会

2019年，张家港市工商联以习近平新时代中国特色社会主义思想为引领，围绕市委十一届八次全会决策部署，牢牢把握“两个健康”的新趋势、新特征、新问题，按照坚持政治建会、团结立会、服务兴会、改革强会的总体要求，打响“双心服务”品牌，全力推进民营经济高质量发展。

以思想政治教育为核心，持续深化非公经济领域理想信念教育，举办“弘扬张家港精神、再创经济新辉煌——民营企业家理想信念教育专题报告会”，特邀秦振华老书记作专题报告；组织企业家赴贵州遵义接受革命传统教育；坚持党建引领，成立安徽商会党支部和新一代企业家党建联盟，创立“红心联”商会党建特色品牌。以“双心服务”为宗旨，大力推动民营经济高质量发展，开设“商会讲堂”，大力推动政企互通，高标准重建市企业家俱乐部。以培育新时代“五有”企业家为目标，全力加速新一代企业家教育培养，成立张家港市新一代企业家商会，邀请永钢集团董事局主席吴耀芳作“传承与发展”主题讲座，教育年轻企业家坚守实体、脚踏实地。以“四好商会”建设为重点，不断提升商会组织活力和凝聚力。市装修装饰行业协会获评全国“四好”商会；市电子商务商会、塑饮机协会、大新商会、安徽商会获评江苏省“四好”商会；“四好”创建成果在苏州范围内领先。

在8月全国工商联发布的民营企业500强榜单中，全市7家企业上榜，入围数连续十年位居苏州之首，并实现近5年来数量新突破。市工商联服务非公经济高质量发展工作获学习强国平台刊载，省委统战部副部长、工商联党组书记顾万峰先后两次对市工商联服务民营经济高质量发展和新一代企业家教育培养作出专题批示。全国工商联党组书记徐乐江，全国党组副书记、副主席樊友山先后到市调研，高度肯定张家港市工商联在全国五好县级工商联中的示范引领地位。

1 4月23日，市新一代企业家商会成立大会

2 6月5日，市工商联（总商会）组织企业家代表团赴上海学习考察

3 8月6日，民营企业高质量发展政企对接交流会

4 11月25日，市工商联组织爱心企业家赴贵州沿河县扶贫

5 12月20日，市民营企业家沙龙

市残疾人联合会

2019年，市残联落实各项基本保障政策，联合民政部门发放困难残疾人生活补贴和重度残疾人护理补贴5813万元，为842名残疾人发放社会保险补贴395.5万元，为343名残疾学生及贫困残疾人家庭子女发放助学金49万元，为16周岁至60周岁残疾人群增设意外住院补贴、癌症住院补贴和护理补贴，为2.76万人次残疾人购买团体商业险103.5万元。拓展就业服务渠道，线上开通残疾人就业绿色通道，线下举办10场残疾人就业专场招聘会，新增残疾人实名制就业150人。残疾人之家实现区镇全覆盖，200余名残疾人开展辅助性就业。走访调研25家残疾人集中就业企业，开展2期就业稳岗培训。精准康复服务水平不断提升，开展残疾筛查服务8000余人次，新认定残疾人定点康复机构2家，全市10家定点康复机构提供康复服务6.9万人次，为823名居民基本医疗参保人员提供白内障复明手术，为精障残疾人提供农疗、工疗康复服务2000余人次，为158名成人肢体康复对象提供康复补贴50.6万元，为253名在定点机构康复训练的儿童提供康复补贴400余万元，为793人提供辅具适配服务，为200名不易出户的残疾人开展康复体育进家庭服务。争取市党员关爱基金等配套资金100万元，为全市20户低收入残疾人家庭进行“幸福亮居”改造。举办第29次全国助残日暨“幸福亮居”工程系列助残活动启动仪式、第三届残疾人“自强模范”和“助残先进”授牌、残健共融门球邀请赛、“感恩的心”社会公益活动等。整合40余家助残组织，建立助残志愿联盟，形成一支近3000人的助残志愿者队伍，开展“无声的爱”手语培训、“残疾人游港城”、“快乐悦跑”、“盲人看电影”等助残服务项目，全年服务残疾人800余人次。

1 10月29日，省残联党组书记、理事长万力到张家港市调研残疾人工作

2 5月22日，市委书记沈国芳调研残疾人集中就业企业

3 3月26日，全市残疾人工作会议召开

4 5月18日，“幸福亮居”工程系列助残活动启动

5 6月22日，“走基地、看变化、聚力量”张家港市残疾人游港城活动开展

市城市投资发展集团有限公司

2019年，市城投集团以“港城发展升级版”为指引，全年共完成投资14.78亿元，其中城东高铁新城枢纽区工程6.2亿元、黄泗浦生态公园2亿元、安置房及教育配套项目4.59亿元、城北职工文体中心2800万元、道路项目1.71亿元。

新城区开发方面，城东以黄泗浦生态公园及高铁新城枢纽区域建设为重点，其中高铁新城枢纽区建设年内地方配套工程地下空间项目完成主体结构验收。城北职工文体中心和国际教育交流中心2个项目竣工交付。城西以基础教育等配套设施为重点。其中实验小学西校区、梁丰初中西校区4月开工建设，年末完成主体结构；实验小学泗港校区改造、市六中易地新建年末开工建设。

稳步推进城建中心工作的同时，市城投集团充分发挥党建引领作用，以创建党建品牌为抓手，以为民服务为宗旨，持续推动党组织标准化、规范化建设。以习近平新时代中国特色社会主义思想和党的十九大、十九届四中全会精神为指导，深入开展“不忘初心，牢记使命”主题教育，领导班子严格落实“照镜子、正衣冠、洗洗澡、治治病”要求，开展积极健康的思想斗争。组织党员干部赴金村园茂里1926年党支部旧址进行“寻党员初心、看组织振兴，万名党员进基地”主题党日活动。进一步加强项目参建各方在党建工作上的沟通和交流，持续发挥“高铁先锋”“圆梦安居”“三Q三有”等党建品牌优势，激发党员干部履职尽责、担当作为。“筑梦工程”实验小学西校区“1+3”行动支部获评苏州市国资系统“海棠花红”先锋阵地。

1 2月15日，市委书记沈国芳调研城投集团
2 上海崇明区党政代表团调研黄泗浦生态公园
3 城投集团党委书记邵建芳带领党员干部重温入党誓词
4 张家港精神的新时代价值专题报告会
5 黄泗浦生态公园
6 城投集团投入高铁站建设
7 雄姿初显的张家港站
8 集团建设的市职工文体中心
9 集团建设的范庄花苑

5

6

7

8

9

市供销合作总社

2020年9月，习近平就供销合作社工作作出重要指示：要从巩固党在农村执政基础的高度，继续办好供销合作社。近年，市供销合作总社围绕“为农、务农、姓农”主线，全面推进综合改革，供销合作事业取得了新成绩。总社有全资企业青草巷农副产品批发市场，是全市十大流通企业之一，承载着全市70%的农副产品供应保障任务，2019年市场交易额超过70亿元。有农资配送企业惠农公司，全年实现销售收入7000万元，果蔬、稻麦农药配送率分别稳定在90%、95%以上。组建新供销生鲜配送公司，配送业务稳步提升，年内业务收入有望达到4000万元。总社及8个基层供销社全面完成“三会”制度建设任务，治理体系改革迈开新的步伐。总社机关获评省二十强县级供销合作社、全国百强县级供销合作社。

新的时代呼唤新的使命，新的使命要求有新的作为，市供销合作总社着力在农业流通领域发挥主导作用，通过进一步提升青草巷市场能级，优先开展生鲜配送项目，适时推进“中央厨房”项目，建设新供销生鲜超市等，努力打造亿元级“新供销”产业集团，为推进张家港市高质量发展走在全省前列做出供销人应有的贡献。

1 省供销合作总社主任陶长生考察

2 市供销合作社第三次代表大会

3 市青草巷农副产品批发市场

4 乐源合作联社大田飞防作业

5 新供销妙桥配送中心

金港镇长山村

长山村位于保税区（金港镇）西部，东与长江村接壤，南临香山风景区，西依长山，北濒长江。2004 年 4 月，由原长山村、高峰村、朝阳村合并而成。总面积 6.9 平方千米，下辖 41 个村民小组，居民 2105 户 7810 人。1957 年春，长山村建立党支部，1994 年升格为党总支，2004 年成立长山村党委。村党委下设党支部 20 个，党员 536 人。2019 年全村完成工业销售 33.3 亿元，利税总额 2.4 亿元，村级可用财力 3036 万元，人均可支配收入 3 万元，总资产 2.61 亿元。

近年，长山村紧紧围绕"科学发展、争先创优、富民强村"总目标，始终坚持"既要金杯银杯，更要百姓口碑"的工作理念，抢抓机遇，科学谋划，锐意创新。新注册成立张家港市长欣企业管理有限公司，用于投资对外购买优质资产进行租赁。联合张家港市金茂担保有限公司、张家港市金睿企业管理公司组建张家港市金欣国际贸易有限公司。2012 年开始，先后投入 3500 余万元完成郁家埭"省三星级村庄整治"以及高家巷、张家巷、尤家巷"美丽村庄"建设。2019 年投资 300 万元改建"红堡"、非公企业党建服务站、新时代文明实践站、居家养老服务中心、24 小时图书驿站、长欣社区卫生服务站等综合体，营造"五韵和风"，建设"五型家园"，打造长山特色网格建设和特色党建品牌。

长山村先后被评为张家港市文明村标兵、苏州市先锋村、苏州市文明村、苏州市村级经济发展标兵村、江苏省生态村、江苏省文明村。

1

2

3

4

1 村党委书记陈强
2 村综合大楼
3 安全头盔赠送启动仪式
4 文明实践文化志愿行
5 长山村全景图
6 长欣社区
7 怡馨苑小区

5

6

7

金港镇福民村

以“富民”寓意的江畔小村——福民村，地处张家港市西北部，北依长江，西与保税区、扬子江国际化学工业园接壤，村域面积5.24平方千米，由原福海、福民、天妃、新光四村合并而成，下辖40个村民小组，居民1988户5712人。村党委下设11个支部，党员243人。2019年，完成总产值18.18亿元，实现村级可用财力1330万元，农民人均纯收入3.5万元，总资产16113万元。

2001年村党委成立后，福民村以开发积累—再开发—再积累的“三步走”战略，抓住德积镇商业街区南移，以及城乡一体发展的机遇，通过商业开发将福民村从贫困村建设成为江苏省社会主义新农村建设先进村、苏州市新农村建设示范点、“苏州市经济百强村”。2013年村党委确立“新三步走计划”——挖掘资源深度开发，集聚财力盘活存量，持续投入稳定增长，确保福民村村级经济健康持续增长。

近年，福民村紧紧围绕“为民是永恒的主题，富民是永远的追求”总目标，科学谋划，抢抓机遇，锐意创新，坚持发展成果与村民共享，不断改善居住环境、提高福利待遇、丰富群众文化等，村民生活幸福指数节节攀升。同时福民村党委围绕“安康本色、乡土本色、幸福本色、先锋本色、民情本色、勤俭本色、生态本色”七大主题，打造“本色福民”党建品牌，促使全体党员发挥自身模范带头作用，进一步增强村党委的凝聚力、战斗力和影响力，为推进村级发展提供坚强有力的组织保证。

1 村党委书记陈品锋
2 福民村委办公楼
3 本色教育基地实践活动
4 锋云堂
5 福民村鸟瞰图
6 福民村生态农业园

金港镇新塍村

新塍村位于后塍办事处南侧，南与江阴华士接壤，北面横跨张杨公路。2019年，村域面积3.01平方千米，下辖37个村民小组，居民1562户4496人。村党委下设5个支部，党员171人。村级可用财力729.72万元，人均收入3.4万元，全年实现工业开票销售收入2.5亿元，利税432万元。

近年，新塍村牢固树立“兴业富民、强村惠民”的理念，凝智聚力，创新思维，奋发进取，充分利用自身资源和地理位置优势，因地制宜，筑巢引凤，形成3块工业区，发展和壮大村级经济。同时，鼓励村民自主创业，发展三产，增收致富。村党委高度重视民生实事和村容村貌建设，2012年，投入600余万元建设陆家巷三星级美丽村庄；2017年，投入1000余万元建设朱家桥三星级康居乡村；2019年，投入6700万元用于整村推进美丽村庄建设。新塍村坚持实施“五民”工作法，即党建引领聚民、经济强村富民、民生实事惠民、治理稳村安民、文体活动益民，不断提高基层党组织的凝聚力和向心力，全面提升村民的获得感和幸福感。

新塍村先后被评为江苏省和谐示范社区、江苏省民主法治示范村、苏州市先锋村、张家港市文明村标兵、“区镇十佳经济强村”。

1 村党委书记奚涛
2 新塍村全体工作人员会议
3 部分党员参观张家港湾
4 村舞蹈队参加“武韵香山”武术舞蹈比赛
5 新塍村全景图
6 新塍村健身广场

锦丰镇光明村

光明村位于锦丰镇西部，东临福利村，南连南港村，西邻大新镇。由原光明、欣隆两村于2013年合并而成，区域总面积3.63平方千米，辖31个村民小组，户籍总人口2972人。该村设立党总支，下辖5个党支部，包括4个网格支部和1个非公联合支部，共有党员115人。

光明村是苏州市经济薄弱村和张家港市市级经济一般村，帮扶单位为苏州新城发展有限公司与张家港市城市投资发展有限公司。辖区内村集体有厂房14777平方米，锦丰镇工业集中区内厂房4000平方米；拥有沙洲新城大南三村、五村及红叶视听厂房、土地等部分产权。区域内有落户企业10余家，涉及环保设备、医疗器械、五金工具等行业。耕地面积约153.33公顷，建成规模53.33公顷的绿色水果基地。2019年村可用资金为423.33万元。近年，光明村入选全国“千村万寨展新颜”展示村庄活动名单，获评江苏省生态文明建设示范村（社区）、苏州市康居特色村、苏州市“一村一品一店”示范村、苏州市健康村、2018年度张家港市文明村。

1 市委书记沈国芳一行参观党群睦邻坊

2 光明村退役军人服务站揭牌

3 光明村开展主题党日活动

4 光明村组织党员开展“我和我的祖国”歌颂活动

5 光明村文艺演出

锦丰镇协仁村

协仁村于2004年3月26日由原双福村和协仁村合并而成，位于锦丰镇西南部，二干河、三干河之间，港丰公路贯穿其中。东临西港村，南依交通村，西靠洪福村，北邻郁桥村。全村总面积为431.01公顷，共有17个村民小组，总人口4096人，有党员162人。有耕地面积225公顷，围养水面10.67公顷，林地面积1.53公顷。全村农业生产以传统的稻麦种植为主，大部分土地经流转由种田大户承包种植。

近年，在锦丰镇党委、政府的正确指导下，协仁村经济、社会保持了持续、快速、全面发展的态势。村通过联合收购五月花电影院、华锦电机、投资锦阳工业园等多途径增产增收，可用财力逐步增至2019年的596.85万元，国内唯一中美合资制作骨科医疗器械的公司艾迪尔医疗器械有限公司在境内发展壮大。该村先后被评为江苏省卫生村、省康居示范村、苏州市生态村、苏州市建设新农村示范村、张家港市农业工作先进集体、张家港市星级示范农机合作社、张家港市"绿色行动"先进集体、张家港市"平安家庭"创建活动先进集体、张家港市安全文明先进集体。

1 协仁村党群服务中心
2 市委书记沈国芳调研丰产方
3 睦邻坊象棋友谊赛
4 协仁村工会双山岛之行
5 "我与国旗"同框活动

凤凰镇西参村

西参村位于凤凰镇西，距镇区2千米。苏虞张公路、锡张高速公路、沿江高速公路穿村而过，交通便捷。全村区域面积3.28平方千米，耕地面积103.87公顷，32个村民小组，居民824户，常住人口2822人，外来暂住人口3440人。辖内有大小企业100余家，其中销售超1亿元企业2家。2019年集体经济总收入1425万元，可支配收入856万元，总资产4048万元。

西参村党委下设7个党支部，围绕党建引领网格化社会治理工作目标，进一步提升民生福祉、提高治理成效，在建设美丽西参的事业中，发挥着先锋引领作用。村党群服务中心、新时代文明实践站、综合性文化服务中心、居家养老服务站等阵地功能齐全、惠民便捷，全村各项社会事业全面发展。近年先后获评江苏省卫生村、江苏省生态村、苏州市先锋村、苏州市和谐示范社区、张家港市文明村、信访工作优秀村。

1 西参村党群服务中心
2 西参村新时代文明实践站
3 4 西参村三星级康居乡村马家堂
5 张家港茂欣家居用品有限公司
6 张家港盈盛塑胶有限公司

凤凰镇清水村

清水村位于凤凰镇东南部，与常熟市接壤，高速铁路、老204国道贯穿南北，沿江高速公路横贯东西，西靠奚浦塘，水陆交通便捷。清水村由原清水、先锋、泗安、张巷、庄泾五村合并而成,全村区域面积6.6平方千米，耕地面积276.47公顷，58个村民小组，居民1143户，党员219人，户籍人口3729人，外来人口2187人。辖内有大小企业120家，销售超1000万元的企业18家，标准型厂房5.5万平方米。2019年集体经济总收入1580万元，可支配收入920万元，总资产5434万元。

清水村党委坚持党建引领乡村治理，以创建文明村为目标，以管理为基础，以服务为宗旨，设立党群服务中心、便民服务大厅、警务室、阅览室、舞蹈房等基础设施，老年活动室、卫生服务站、市民学校、远教中心等服务点，逐步完善村级公共事业体系，促进人居、卫生、文化等各项事业的协调发展。清水村先后获评江苏省卫生村、省级和谐社区示范村、苏州市先锋村、张家港市文明村、张家港市文明社区。

1

2

3

4

5

1 清水村村委会办公楼

2 清水村秦家宕健身广场

3 清水村三星康居乡村点位——秦家宕

4 清水村明代古桥富民桥

5 市新菊味精有限公司

南丰镇建农村

建农村地处南丰镇中部，区域面积2.76平方千米，辖22个村民小组，有农户910户、2585人。村党委下设4个支部，党员97人。2019年，建农村实现村级可用财力996万元，人均收入超4.5万元。全村有耕地面积169.2公顷，流转土地率达到90%，其中苗木36.53公顷、稻麦67.33公顷、果品蔬菜41.2公顷。村委设有一站式服务大厅、综合教育活动室、卫生服务站、文化展示厅、廉政文化园、宣传文化长廊、爱心驿站、党员服务中心、村民健康自检屋、居家养老服务站、残疾人康复室。村内建有健身路径4处、健身广场3处等硬件配套设施。村实施"四德"积分管理，是以各家庭户为单位，将家庭成员的日常表现归纳为"个人品德、社会公德、家庭美德、职业道德"4个大项、22个小项，每一项都量化赋分，每月一积分，每季一张榜，年终根据得分情况进行村里的分红表彰。为进一步提升村民居住环境，建农村先后投资3800余万元创建"省级三星级康居乡村"和"苏州市美丽村庄"。农村生活污水全部接入管网并实行无害化处理，污水管网率达到92%，农村卫生保洁、绿化管护在全市率先实行市场化运作。建农村先后获评江苏省文明村、江苏省水美乡村、江苏省生态文明建设示范村、苏州市文明村标兵、苏州市先锋村、苏州市幸福乡村、苏州市新农村建设示范村、苏州市人居环境整治示范村。

1 建农村村委
2 道德长廊
3 和美主题公园
4 村民健康小屋
5 廉政文化馆

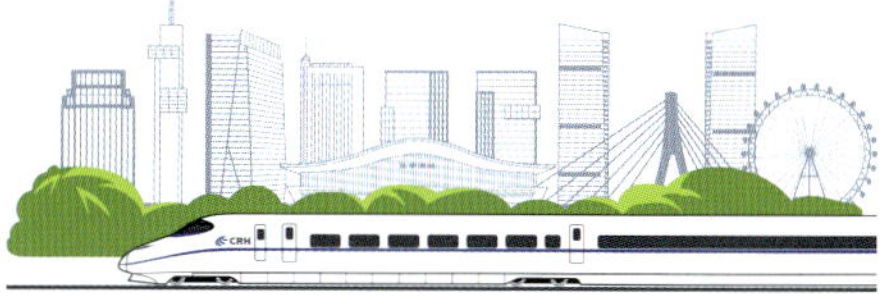

南丰镇南丰村

南丰村位于南丰镇南首，村域总面积4.96平方千米，下辖34个村民小组，住户1767户、4842人。南丰村党总支下设6个支部，党员总数150人。村拥有标准型厂房1.4万平方米，形成以五金加工、交通标志、服装生产、纸箱包装、机械制造和物业管理等多元化的产业格局。村委设有一站式服务大厅、综合教育活动室、居家养老服务站、生态文明教育馆、图书（电子）阅览室、妇女儿童之家、调解室、警务室、纪检信访室、谈心室、书画室、老年活动室、健身房等场所,内部设施配套齐全。村党总支依托基层网格平台，发挥区域内党员、“五老”成员、村民自治团队作用，宣传各类政策。通过先锋引领，建设生态宜居、社会文明、民主法制、生活幸福的新农村。南丰村先后获江苏省生态村、江苏省卫生村、江苏省和谐社区建设示范村、苏州市先锋村、苏州市民主法治村、苏州市文明村、张家港市民主法治村、张家港市五星社区、张家港市文明村标兵、张家港市级廉政文化示范点等称号。其党支部被评为张家港市先进基层党组织，其调委会被评为苏州市规范化人民调解委员会。

1

2

3

1 南丰村村委

2 党建文化长廊

3 组织开展党员四重四亮活动

4 护河卫士在巡河

5 南丰村法制文化园

4

5

大新镇段山村

段山村位于大新镇西北部，由原万年、北场、段山3个村合并而成，全村总面积4.15平方千米，有9个村民小组，户籍人口3576人，常住人口895人，党员95人。近年来，段山村积极转变工作思路，全力推进服务型基层党组织建设，建立“1名村干部+2名党员+30户村民”的“1230”式立体服务网格，努力为群众办好事、做实事、解难事。2019年，段山村新党群服务中心正式启用。该中心集党建活动、便民服务、协商议事、文化宣传等多种功能于一体，成为联系贴近基层群众的“服务站”和“桥头堡”。

1 段山村村“两委”负责人

2 段山村党群服务中心

3 段山村段山支部、企业联合支部开展“寻党员初心、看组织振兴，万名党员进基地”活动

4 “缤纷冬日”寒令营

5 第二届“相约段山，共创美好”党群文艺会演

大新镇龙潭村

龙潭村位于大新镇西南部，由原晨北村、龙潭村、施家村合并而成。村域面积约4.87平方千米，下辖36个村民小组，户籍人口4255人，党员144人。近年来，龙潭村围绕乡村振兴战略部署，积极参与村村抱团发展，2019年村级可支配收入482万元。施家三圩埭、长六圩埭建成苏州市三星级康居村庄。大力弘扬感恩文化，连续四年成功举办“幸福龙潭•感恩有你”党群文艺汇演。“一馆两站一基金一队伍”的双拥工作，被《中国双拥》杂志、苏州电视台等专题报道。实施党建“‘小网格’服务社会‘大民生’”党建项目，创新总结“五小五常”工作法。先后获评张家港市文明村标兵、江苏省农村人居环境整治综合示范典型。

1 村党总支书记孙涛

2 第四届“幸福龙潭 • 感恩有你”党群文艺会演

3 龙潭村美丽村庄建设——北横套

4 龙潭村俯视图

市酒店管理集团有限公司

1

2019年9月，张家港市酒店管理集团有限公司注册成立，注册资本2亿元，为市委、市政府批准设立的一级国有独资公司，业务涉及酒店管理、餐饮服务、投资开发、会展服务、旅游服务等。集团内设党政办公室、人力资源部、财务审计部、市场拓展部、品质管控部5个部室，管理苏州南园宾馆、市沙洲宾馆、沙洲湖酒店、暨阳湖大酒店（暨阳湖茶楼）、金水源酒店、金厦阳光半岛酒店、豪苑大酒店、江洲饭店8家酒店，市君兆丰绿色生态农副产品有限公司、水韵沙洲旅游发展有限公司2家子公司。

2

1 市酒店管理集团有限公司成立大会

2 酒店管理集团贯彻落实全市“三标杆一率先”誓师大会精神专题会议

3 酒店管理集团组织生活开放日活动

4 “使用公勺公筷，倡导文明用餐”主题志愿活动

5 “不忘初心、牢记使命”主题教育党课

6 酒店管理集团奋力夺取疫情防控和经营发展“双胜利”动员大会

3

4

5

6

财税·金融

Taxation & Finance

中国太平洋财产保险股份有限公司张家港中心支公司营业大厅　（太平洋财险张家港中心支公司　提供）

财　政

税　务

金融监管

银　行

保　险

证券·期货

其他金融机构

張家港年鑑(2020)

财 政

【概况】2019年，全市财政工作抓收入强保障，筹资金保建设，推改革促发展，补短板惠民生，严监督提效能，为打造“港城发展升级版”、推动高质量发展走在前列提供财政支撑与保障。全年完成一般公共预算收入247亿元，比上年增5.8%，税收占比86.2%。收入总量位列全省县级市第三，收入增速位列苏州县市第一。

财源建设　建立财政收入高质量增长运行机制，市财政局与市税务局等执收部门沟通协调，做好收入目标分解和责任落实工作，召开财税联席会议，开展财税调研分析，加强一般公共预算收入、税收占比等指标的动态监控，及时全面掌握全市财税形势，落实应对举措，确保收入平稳增长。落实减费降负政策，公布政府性基金项目7项，行政事业性收费项目31项，考试考务费项目66项，职业与技能鉴定等考试考务费21项，确保清单之外无收费。增强财政资金统筹和保障能力，综合运用政府债券、PPP（政府和社会资本合作）等手段筹集各类资金，支持3条铁路、快速环路、高铁新城、高新区、保税区“退港还城”、中车氢能、“三优三保”等全市重大项目建设。按照有利于“产业升级、绩效提升、避免交叉、提升效率”的整合原则，牵头会同工信、商务等部门，反复分析会商和修改完善相关政策，并听取企业家代表意见。6月，提请市委、市政府出台《张家港市高质量发展产业扶持政策意见》，推动全市产业升级，提高产业核心竞争力。加大对先进制造业、服务业、淘汰落后“腾笼换凤”的扶持力度，支持科技创新和人才引进，全年兑现各类企业扶持资金超15亿元；着力缓解中小企业融资难困境，发挥企业贷款周转专项资金作用，全年累计周转金额超70亿元。

政府采购管理　深化政府采购制度改革，强化采购人主体责任，理清政府采购环节采购人主体责任清单，明确责任的具体内容、责任依据和违规风险。指导、督促采购人建立健全内部控制制度，督促各单位完善采购事项的内部决策机制，加强对确定采购需求、选择采购方式、公开采购信息、组织质疑答复、签订采购合同、组织履约验收等环节和过程的内部控制和风险管理。年内，政府采购（货物类、服务类）合同金额10.32亿元，比预算金额节减资金1.12亿元，节约率9%。

财政管理　年内，市财政局对上争取债券额度，推进债务化解，防范债务风险。成立工作推进协调小组，推进地方政府隐性债务综合监管系统建设，不定期召开会议交流工作进度，提出问题，商议处理方法；7月5日，组织全市财政系统、债务单位约70人进行系统操作集中培训；8月中旬，系统全面上线运行，实现“实时、动态、在线监管”的目标。做好政府性债务风险评估预警工作，全年开展3次评估预警，对风险偏大的地区进行风险预警或提示，督促落实风险防控措施。制定区镇债务分类方案，将区镇划分为正常管理、重点管理和上收统筹管理3个类型实施分类管理。指导区镇债务化解工作，全年超额完成化债任务；将债务管理、债务化解、债务风险防范等情况纳入区镇绩效考核和各财政分局（财政所）的年度考核，强化绩效考核效果。着力推进PPP项目建设，做好物有所值和财政承受能力论证工作，推动高铁新城“沪通铁路张家港站客运枢纽配套设施项目”和保税区“退港还城项目”纳入PPP项目库。强化财政投资评审质量，规范制度程序，推进评审工作标准化、信息化、科学化建设，建设财政投资评审信息化管理平台，加强对政府投资项目事前、事中、事后全过程监管，全年审减、节约资金超14亿元。全面实施市级预算部门整体支出和专项资金绩效管理，通过编制绩效目标、开展绩效跟踪、实施绩效评价、加强结果应用等举措，建立全方位、全过程、全覆盖的预算绩效管理体系，强化预算绩效责任，提高资金使用效益。严把支付审核关，确保财政资金安全，围绕支付业务各环节的重点难点、新情况新问题，采用“个人讲解+多人讨论+领导评议”的培训方式，开展差旅费、会议费、培训费、招待费、工会经费、工资发放、政府采购、账务处理等专题160余人次参加的业务点评活动，提高工作人员业务能力和专业素养。组织开展多场财会业务培训，上门核验41个预算单位，出具66条工作建议，夯实预算单位财务管理基础。加强行政事业单位资产全生命周期管理，强化资产配置与资产使用、处置的统筹管理，提升资产管理水平。年内，以锦丰和乐余财政所为改革提升试点，制定通用办公设备等资产配置标准，把好资产入口关。

2019年张家港市公共财政预算收入情况表

表41

项　目	实绩（万元）	比上年增长额（万元）	比上年增长率（%）
税务	1721148	74565	4.53
财政	308922	107904	53.68
保税区	439948	−46739	−9.60
合计	2470018	135730	5.81

2019年张家港市公共财政预算支出情况表

表42

项　　目	实绩（万元）	比上年增长额（万元）	比上年增长率（%）
一、一般公共服务	184028	-1948	-1.04
二、国防和公共安全	132781	14825	12.57
三、教育	344321	8295	2.47
四、科学技术	153983	24205	18.65
五、文化体育与传媒	36906	1596	4.52
六、社会保障和就业	175889	-21154	-10.74
七、医疗卫生	129396	3818	3.04
八、环境保护	103737	20967	25.33
九、城乡社区事务	591404	95033	19.15
十、农林水事务	173825	2221	1.29
十一、交通运输	27619	-42174	-60.43
十二、工业商业金融等事务	173445	21366	14.05
十三、债务付息及发行费	20393	1018	5.25
十四、其他支出	9	-241	-96.40
合计	2247736	127827	6.03

【会计管理】 年内，市财政部门继续深化会计管理"放管服"改革，推动会计代理记账机构设立行政许可服务的"不见面"审批改革，强化会计代理记账机构的资质抽查及年度备案等日常监督。稳步推进会计人员信息采集工作，至年末，全市有15718人进行会计信息采集申请，审核通过13933人。继续开展网络化会计继续教育，全年参加继续教育19670人次。组织4855人和2181人参加全国会计初、中级职称考试，分别通过742人和318人。组织完成2019年度高级会计师考评材料的初审并上报评审材料。加快培养全市高层次会计人才，从2018年度入库税金超5000万元企业的财务骨干中精选66人，组织赴南京财经大学进行为期5天的封闭培训。

【财政惠民】 3月，市财政局提请市政府办公室出台《关于进一步完善张家港市农业保险市场化经营的实施意见》，农业保险经营模式由政府与保险机构"联办共保"转为政府指导下的市场化经营模式。全年承担农业保险财政补贴2467.83万元，发放耕地地力保护、农机购置、农药配送等惠民补贴7801.14万元。12月，市财政局、市卫健委联合出台《张家港市公立医院财政补助暂行办法》，文件充分考虑财力支撑和医疗需求，优化补助方式，全力支持公立医院发展，增强公立医院公益性。

【财政助推公共文化服务】 年内，市财政安排公共文化服务工程经费865万元，用于建设推进全民阅读、实施基层综合性文化服务中心标准化建设、开展"幸福港城"网格文化系列活动等。年内举办各级各类群众文化活动超过1万场，评定五星级村（社区）综合性文化服务中心37家，24小时图书馆驿站累计建成42家，全市居民综合阅读率97.5%，列全省县级市第一。安排"文化育民"常规经费120万元，用于开展"暨阳艺术大讲堂"、民间专业文化团队活动经费。安排重大文化活动经费5650万元，用于保利大剧院运营和演出补贴、"长江文化艺术节"等重大文化活动保障等项目支出。安排文化产业和动漫产业奖励资金1239万元，促进文化产业发展。安排1.5亿元建设城南文体中心，丰富市民生活。

（刘少华）

税　　务

【概况】 2019年是国税地税征管体制改革后新机构完整运作的第一年，全市税务系统以落实减税降费为主题，以完成全年预算任务为主业，以加强税收监管执法为主线，推动学习型、服务型、创新型、智慧型、融合型"五型机关"建设，圆满完成全年各项工作任务。全年共组织收入500.3亿元，比上年增5.71%。其中税收收入401.52亿元，比上年减0.37%；非税收入98.78亿元，比上年增40.53%。完成公共财政预算收入212.81亿元，比上年增1.34%；完成中央级收入188.71亿元，比上年减2.22%。落实税收优惠政策，全年累计减免206.37亿元，占同期税收收入比重51.4%。年内，全系统先后获2016—2018年度江苏省文明单位、苏州市先进基层党组织、苏州市工人先锋号、苏州市青年文明号、苏州市五四红旗团委等多项荣誉。

2019年张家港市入库税收情况表

表43

项　目	实绩（万元）	比上年增长率（%）	项　目	实绩（万元）	比上年增长率（%）
收入合计	5002967	5.71	二、非税收入	987775	40.53
一、税收收入	4015192	-0.37	其中：社会保险费	870070	52.36
其中：增值税	1781730	-10.50	教育费附加	58209	-14.00
企业所得税	1344728	17.73	地方教育费附加	38806	-13.97
个人所得税	207563	-28.25	其他基金（费）	20690	8.88
其他各税	681171	12.11			

说明：以上数据含张家港保税区税务局

【税务机构深度融合】 年内，市税务局以“事合、人合、力合、心合”为目标，推进税收征管体制改革后新机构的深度融合。完善金税三期并库工作机制，建立任务过滤和分解机制、问题收集和反馈机制，开展“小双轨、大双轨”测试，金税三期并库版于4月1日顺利上线，有效解决原国地税两个系统切换、操作流程不一致、涉税信息不对称等问题。持续整合业务事项、规范业务流程，实现“对外一个机关、受理一个窗口、办理一套资料、征管一个标准”。加速智慧平台建设，上线数字人事整合版系统，将原国税地税干部纳入同一系统同打分、同考核，结束了“机内机外”两套考核方式。持续推行内部绩效管理，将考核结果与评优评先结合，调动干部积极性。出台《张家港市税务局重点税源管理办法（试行）》《工会经费管理办法》等各项制度，形成规范统一的管理模式。打造新机构税务文化，开展文艺会演、兴趣小组、趣味运动会等多种主题活动，丰富干部职工业余生活。全局全年捐献爱满港城、阳光扶贫、爱心包裹、结对帮扶等善款78.38万元，无偿献血2.46万毫升。

【减税降费66.5亿元】 年内，市税务局力推各项减税降费、惠企便民服务举措。成立减税降费工作领导小组和工作专班，制定减税降费工作任务职责清单，将9批308项工作内容细化对应到具体职能部门，对标对表，层层推进。依托“减税春风进百强”等活动，9个党员宣讲队深入街道、社区、企业一线开展面对面培训87场次，覆盖纳税人1.3万户，发放宣传资料7万余份，推送政策短信16万余条。全年兑现新增减税降费66.5亿元，其中减税60.83亿元，社保费减收5.67亿元。深化增值税和个人所得税改革，减免增值税40.6亿元，惠及4万户增值税纳税人；个人所得税减税9.54亿元，惠及75万个个人所得税纳税人。市税务局获评税收营商环境指数全省第一，纳税人满意度位居苏州第一。

【税务服务地方发展】 年内，全市税务系统克服经济趋缓、减税降费等诸多复杂因素影响，多举措保持经济、税务协调发展，税收规模继续保持400亿元量级水平。发挥以税咨政职能，全年完成各类经济税收分析报告20余篇，《张家港市个人所得税改革政策效应分析》等多篇专题报告得到市委、市政府主要领导肯定。探索大企业和涉外税收管理新思路，组织开展“你点题·我服务”重点税源企业个性化税务服务发布会，为全市400户重点税源企业制定个性化服务清单。承接苏州市税务局“一户三CE”（即一户一册、一户一测、一户一策）项目试点工作，搭建框架结构并出具全景展示报告，为大企业管理向科学化、精细化、智能化迈进打下基础。主动服务“走出去”企业，针对境外税收抵免、税收协定减免与饶让、涉税争议协商等内容开展专项辅导，帮助企业降低税收成本；开展国际税收专项审核和风险应对，监控跨境税源流动，维护国家税收权益、降低税收流失风险。完善税收协同共治机制，主动参与市财政、各区镇的沟通协调与信息交换，推动市政府出台《张家港市税收协同共治管理办法》，拓展涉

第28个全国税收宣传月启动仪式　（市税务局　提供）

税信息共享渠道，加速构筑全社会协税护税网络。

【税收征管模式创新】 年内，张家港市税务局全面规范岗责配置，根据省税务局“1+5”新税收征管体系建设要求，完成全市重点税源管理办法、落实省税务局新征管体系的实施方案、完善纳税服务运行机制的意见等文件的编制，明确纳税服务、重点税源管理等职责分工。坚持分类分级与属地管理相结合，对征管任务开展结构分析，根据任务来源及风险级别进行分类推送和处理。成立大数据应用中心，发挥技术团队和业务团队的支撑作用，通过现场监控、数据监控对全局各项业务实现实时监控指挥。加强对各类税收数据的分析研判、辅助领导决策，通过应用数据可视化技术，多样化展现各项税收工作成果。推进智慧防控体系建设，针对“放管服”改革背景下税收风险的高发领域，通过梳理任务工作规范、成立专项业务团队、开展风险震荡分析、落实事中事后监管等方式，用技术手段编织严密“防火网”。年内，全局完成各类纳税评估任务1547户，入库成效4.72亿元，总成效8.1亿元；对71户风险企业实施发票控管，有效防止超4000份发票及近2000万元税款的流失。平稳有序开展社保费划转，逐条逐项落实划转事项清单，机关事业单位养老保险费和职业年金征收系统平稳上线，并实现申报率、缴款率每月双100%。全市城乡居民养老保险费和医疗保险费自7月起由市税务局统一征收。

【纳税服务优化】 年内，市税务局提档升级便民服务，企业新办套餐实行网上智能化申办，审核时间由2小时压缩至10分钟；优化企业注销流程，对符合条件的企业推行即办注销、承诺制容缺注销，税务注销即时办结比例73.6%，当天办结比例94.6%；拓展电脑端、手机端、自助端等多种办税渠道，实现上线扫码支付缴税，自助设备扫码认证，发票邮递配送扫码签收；全年“96888740”税收咨询热线接听量14.44万次，接听率97.14%。成功实现电子发票平台落地，发行第一张税务Ukey，为纳税人免费提供电子发票基础服务。简化办税手续，发布“全程网上办、最多跑一次”清单，90%以上涉税事项实现一次性办结。纳税服务经优化后，线上办税业务量占比接近95%，网上办税成为主流办税方式。 （徐　敏）

金融监管

【概况】 2019年，全市有市政府金融工作服务中心（市政府金融办）、中国人民银行张家港市支行（简称市人民银行）、中国银行保险监督管理委员会苏州监管分局张家港监管组（简称市银保监会）、国家外汇管理局张家港市支局（简称市外汇管理局）4家金融监管机构，承担类金融机构监管、货币及外汇管理、银行保险业务监管等职能。有从业人员56人，其中市政府金融办15人、市人民银行38人（含市外汇管理局）、市银保监会3人。

市政府金融办　年内，市政府金融办组织全市金融机构多渠道助力实体经济。全年新增社会融资总量543.94亿元，普惠型金融重点领域贷款余额占比12.74%，年末全市本外币存款余额3170.71亿元，贷款余额2536.54亿元；整村授信金融服务实现区镇全覆盖；民营、小微、人才企业贷款利率低于全市贷款平均利率，制造业基准利率放款规模持续加大，融资成本逐步降低；持续推进金融服务实体经济“百千亿”工程，至年末，张家港市在苏州综合金融服务平台注册企业5776家，新增授信484.15亿元，新增放款377.31亿元，各项数据指标持续位列苏州市第一；启动“港城金融服务千企行”专项行动，组织全市金融机构走访企业7414家次，达成融资合作意向2654项。政银企合作再创佳绩。举办2019年苏州·张家港政银企恳谈会、苏州·张家港金秋政银企对接座谈会、“智造未来，融在港城”投融资对接会等系列融资对接活动，促成银企合作项目签约116项，签约融资金额811.41亿元。党建引领汇聚金融力量。发挥“融之汇”党建联盟作用，举办金融系统首届体育运动会、“金融拥军迎八一”政银合作签约仪式暨关爱革命功臣活动、“活力金融献礼国庆70周年”文艺会演等；牵头组织金融系统“爱心包裹”募捐，“爱满港城”募集善款243万余元，连续两年赴贵州沿河县开展扶贫助学活动。组织举办金融类高端培训班。与厦门大学、苏州大学、苏州科技大学、上海证券交易所等知名高校、机构联合举办“融之汇”金融高质量发展专题研修班、全市金融风险防范处置能力提升培训班、2019年度张家港企业家资本战略（上海）专题研修班、全市类金融机构防范化解风险专题研修班等系列培训。聚力防范化解金融风险。督促全市390家金融机构经营网点全方位开展扫黑除恶宣传；实施防范化解金融风险“攻坚工程”，牵头组织金融先锋志愿者团队，走村入户开展防范非法集资宣讲38场，播放微电影42场，小品“村村演”40场；启动“星火计划”燎原工程，依托花园浜“金融惠民之家”，开展主题宣传19场；开展全面排查放贷、坚决打击“套路贷”专项行动，排查涉贷机构33家；配合市场监管部门完成177家重点机构非法金融活动专项治理现场检查；开展金融领域防范“套路贷”专项宣传活动36次，完成“e租宝”812名投资受损群众核实登记工作，年末完成对省非法金融活动监测预警系统中99.4%存量风险机构处置任务；督促银行加快不良贷款处置，年内处置不良贷款36.14亿元，至年末，银行不良贷款余额38.29亿元，不良率1.51%。

市人民银行　年内，市人民银行科学传导货币政策，聚焦服务实体经济。发挥信贷政策“窗口指导”作用，推动全市融资总量与实体经济发展需求相适应。至年末，全市企业在银行间交易市场债券融资余额435.1亿元，位列苏州市第一；新发行债券融资工具166.1亿元，位列苏州市第二。协助市政府举办2019年苏州·张家港政银企恳谈会，协议融资金额688亿元，比上年增21.78%。会同政府相关部门制定《张家港市金融服务乡村振兴实施方案》，围绕“金融支农资源显著增加、金融服务持续改善、金融产品不断丰富、金融基础设施逐步完善”4个目标推进金融服务乡村振兴工作。至年末，全市涉农贷款余额1707.2亿元，占全部贷款余额增量的60.64%。持续利用再贷款等货币政策工具支持金融机构加大对民营、小微企业的金融支持力度，全年投放支农支小再贷款余额23.8亿元，比上年增36%。全市普惠型金融重点领域贷款余额占比水平实绩12.74%、发展实绩2.2%，位列苏州市十个区县板块第二。在苏州市范围内率先组织开展“金融服务民营和小微无贷企业”专项活动，组织银行机构实地走访考察企业，查看企业生产经营、财务管理、项目建设等情况，了解企业资金需求，提供精准金融服务。至年末，全市无贷企业名单内的306家无贷企业共获授信19.38亿元，名单外602家银行无贷企业共获授信24.39亿元。组织指导泰隆银行完成对杨舍等8个镇区的“整村授信”全覆盖活动，该行近年累计开展“整村授信”活动近百场，授信额度超40亿元。推动辖内银行开拓多元化金融扶贫方式，指导市农业银行对符合国家贫困识别标准的建档立卡贫困人口发放个人精准扶贫贷款630万元、单位精准扶贫贷款850万元，对符合扶贫带动作用标准的企业法人发放产业精准扶贫贷款6940万元。推进移动支付便民示范工程。4月，制定该工程实施方案，以民生项目为切入点，拓展移动支付在农村地区的应用，解决移动支付发展不充分、城乡之间发展不平衡的问题。年内，督促辖内各银行优先推进大型商圈、医疗教育、公共交通、社保缴费、税务缴费等便民领域的移动支付建设；指导张家港农商行承办的公交银联ODA项目和扫码支付项目已覆盖全市所有公交线路；市中行与市公安局合作在出入境智慧大厅推出“中银智慧付”新应用，市民可通过银联移动支付完成出入境手续的缴费；苏州银行张家港支行从食用农产品市场销售惠民服务出发，启动“苏食惠”食品安全溯源平台和移动支付便民工程项目等。试点打造示范农村普惠金融综合服务点。按照《江苏省农村普惠金融服务点提质增效实施意见（2020—2022）》要求，对原有85个农村金融综合服务站进行调整与撤并，并推出2家农村普惠金融综合服务示范点，服务站点为农村居民提供助农取款等多项金融、政务等功能，并与市人民银行联合开展金融知识宣传、志愿者服务以及金融消费者权益保护等工作，基本实现“1+N”的农村综合便民惠民综合体。开展理论研究。年内，市人民银行完成2篇人民银行南京分行国库处的进出口专题，其中《中美贸易摩擦升级对企业影响的快速调查》被中国人民银行总行内刊《国库研究》录用；市人民银行员工参与编译的《美国政府扶持小微企业的相关做法及政策建议》被《国库研究》录用。

市银保监会　年内加强对金融机构的监管指导，规范机构经营行为。开展政策引导，召开银行保险业监管工作会议，传达贯彻分局季度监管工作会议和银保监会文件精神，督促指导银行、保险机构回归本源主业，提升服务实体经济质效；开展现场指导，多次走访市工行、农行、中行、沙钢财务公司等机构，就债委会运行、信访投诉、风险化解及突发事项处置等提出监管意见和建议；开展调研督导，配合市委办开展中小企业融资情况调研，元旦、春节期间会同公安部门对银行基层网点开展安全大检查和安全评估检查。加强风险防控，推进重点风险化解。持续推进高风险机构风险化解，苏州分局专门成立监管组，对苏州唯一的高风险机构渝农商村镇银行实施贴身监管，年末该行主要监管指标已达标；持续推进康得新公司风险处置，督促指导银行债委会统一行动、稳步推进，在保生产、保稳定的同时依法保障银行债权人的合法权益，多次与牵头行深入企业与新管理团队沟通，了解最新动态，加强压力传导，同时协调平衡好债委会各方利益，保障债委会正常运行，年内共参加市政府专题会议14次，列席债委会会议4次；持续推进不良贷款防控，按月监测银行机构不良贷款变动及处置情况，对不良率较高、不良额变动较大的银行实行重点监控提示和跟踪走访，协调相关银行实行差异化政策，对民营企业进行帮扶，对于暂时遇到困难的企业不下调贷款分类，为经营好转的企业争取贷款分类上调。年末全市不良贷款余额42.09亿元，比上年增46.6%；不良率1.67%，比上年上升0.46个百分点。深入开展扫黑除恶和打处非工作，维护金融稳定。多次召开扫黑除恶专项斗争动员部署会和推进会，组织银行、保险机构广泛开展扫黑除恶专项斗争宣传教育工作，开展多轮扫黑除恶线索集中排摸，及时报送相关信息、资料和数据，联合市政府金融办对所有金融

8月16日，“港城金融服务千企行”专项行动开启首场“下基层，走企业”融资畅通活动

（市政府金融办　提供）

机构网点进行督察，发现问题当场整改。深入开展打击和处置非法集资工作，与市处非办（金融办）联合召开银行网点与社区结对开展非法集资网格化监测工作协调会；整合银行机构与社区优势，对非法集资进行网格化监测，将整治非法金融活动与打处非法工作有机结合，利用专班开展现场检查，约谈相关企业负责人，持续加压，停止其相关业务；会同市政府金融办、公安部门赴沈阳调查金融博士P2P平台。组织开展"3·15"金融消费者权益日保护、"与民同心，为你守护——'5·15'经侦宣传日"、"'9·5'港城'融之汇'花园浜社区小木屋金融惠民之家揭牌"等主题公益活动，宣传金融知识、防范和打击非法集资、整治校园贷、套路贷、暴力催贷，将打击非法集资、整治非法金融与扫黑除恶专项斗争宣传相结合，帮助群众提高金融风险防范意识和能力，保护金融消费者权益。

市外汇管理局　2019年，市外汇管理局结合辖内实际情况，一以贯之服务实体经济发展、防控跨境资金流动风险和深化外汇管理改革。推进经常项目便利化措施落地，根据相关政策要求，取消新办企业的辅导期报告，放宽出口收入待核查账户开立，允许企业自主决定是否开立出口收入待核查账户；继续对7家企业实施进口报关信息核验白名单试点，并指导辖内银行落实服务贸易付汇税务备案电子化。研究探索海关特殊监管区域外汇管理创新政策，8月，配合苏州市中心支局完成江苏省分局、国家外汇管理局到张家港和苏州的海关特殊监管区域外汇管理专题调研活动；参与完成的江苏省分局2019年重点调研课题"海关特殊监管区域贸易收支与监管研究"获分局课题竞赛二等奖。继续做好跨国公司外汇资金集中运营管理的增量扩面工作，年内率先在苏州市中心支局辖内完成5家存量跨国公司外汇资金集中运营管理企业的重新备案工作，至年末，全市5家存量试点企业国内外汇资金主账户累计流入391.44亿美元、流出387.31亿美元。推进跨境金融区块链服务平台试点工作，指导辖区试点银行通过区块链服务平台开展融资业务，助力全市企业加大对外出口，至年末，辖内有8家银行通过平台为9家企业办理42笔融资业务，计7056.94万美元。推进资本项目外汇收入支付便利化试点政策，根据苏州市中心支局10月16日发布的《苏州市资本项目外汇收入支付便利化业务实施细则》，在全辖推广实施资本项目收入支付便利化业务，至年末，有3家银行为4家企业办理便利化试点业务82笔，计389.9万美元。强化事中事后监管，防范跨境资金流动风险。完善从"监测分析"到"异常线索锁定"的联动工作机制，聚焦"五重一大"（重点地区、重点银行、重点企业、重点业务、重点国别和大额交易），分业务条线构建事中、事后监测指标；在综合评估基础上以"苏州市离岸转手买卖非现场检查分析"作为参赛课题参加苏州市中心支局工会开展的非现场检查分析系统应用竞赛活动并获第二名。组织开展高风险和重点业务专项核查，综合运用考核扣分、分类降级等方式对辖区内违规情节轻微及存在程序性违规问题的企业进行处理，共降级企业10家、注销4家、约谈3家。组织青年员工参与省分局和苏州市中心支局系统的重点课题研究，围绕跨境资本流动、跨境金融服务以及跨境预期等问题开展研究并形成重点调研课题3篇，在省分局年度重点课题评选中分获1个二等奖、2个三等奖。

【在苏州率先构建银行业自律机制】 根据"放管服"改革要求，为确保2月25日取消企业银行账户许可工作在张家港市顺利实施，2月，市人民银行组织辖内银行召开自律机制讨论会，讨论自律公约、自律准则、工作机制、工作章程、业务操作规范以及秘书处设立等事项，确立组建以市工行、市农行、市中行、市建行、市交行及张家港农商行为核心成员、其他商业银行为基础成员的全市企业银行账户业务自律机制。3月，张家港市企业银行账户业务自律机制正式实施，构建"行业自律+外部监管"管理新模式，此举在苏州全辖尚属首创。各银行发挥自律机制这一平台优势，研究创新企业银行账户服务手段，通过整合资料、优化流程、网上预约等方式提高开户效率。通过实行新模式，企业只需提交一次材料，并在账户开立之日起即可收付资金，开户平均办理时间从原来的4天以上缩短为1天。

【在全市首次试点设立乡镇国库】 根据《中华人民共和国预算法》要求，为顺应乡镇财政发展需求，提高经理国库水平，9月，市人民银行配合市财政局在南丰、凤凰、大新3个镇首次试点设立乡镇国库。乡镇国库账户纳入国库单一账户体系，资金存放由预算单位分散存放改为国库统一存放，财政性资金按规范的程序纳入国库单一账户体系内运作，实现市财政局对乡镇国库每笔财政资金的流动以及预算、支付等业务全流程的控制。同时，乡镇国库推行由市人民银行直接办理财政直接支付业务，促使乡镇财政资金安全高效运行，支出更加规范、透明，有效提升资金使用效率。该举措实施后，试点的3个乡镇金库的预算收支业务完整纳入张家港市支库会计核算体系，有利于市财政局全面掌握地方财力情况，科学安排预算计划；有利于国库加强对预算执行的事中监督，为乡镇国库资金安全运行提供重要保障。　（程　鑫　戴莹杰　赵　静　徐　伟）

银　　行

【存贷业务】 至年末，全市银行业金融机构本外币各项存款余额3170.71亿元，比上年增8.26%。其中人民币各项存款余额3058.8亿元，比上年增8.85%；外币各项存款余额16.04亿美元，比上年减7.11%。在本外币存款余额中，住户存款余额1299.85亿元，比上年增15.57%；非金融企业存款余额1285.3亿元，比上年增5.5%；机关团体存款余额486.15亿元，比上年减0.44%；财政性存款余额34.39亿元，比上年增11.98%；非银行业金融机构存款余额39.26亿元，比上年减34.51%。全市银行业金融机构本外币贷款余额

2536.54亿元，比上年增7.04%。其中，住户贷款增长较快，全市住户贷款余额774.29亿元，比上年增13.82%；人民币各项贷款余额2512.52亿元，比上年增8.11%；外币各项贷款余额3.44亿美元，比上年减47.29%；票据融资余额117.76亿元，比上年增10.56%；本外币中长期贷款余额1374.22亿元，比上年增11.35%；短期贷款余额1038.73亿元，比上年增1.28%；购房贷款持续增长，全市购房贷款余额589.77亿元，比上年增10.76%。

2019年年末张家港市银行机构网点一览表

表44

序号	名称	总行	分行（家）	一级支行（家）	二级支行（家）	分理处（家）	储蓄所	邮储营业所（家）	小微支行	社区支行	合计（家）	从业人员（人）
1	农业发展银行	—	—	1	—	—	—	—	—	—	1	18
2	工商银行	—	1	—	24	—	—	—	—	—	25	404
3	农业银行	—	1	—	28	9	—	—	—	—	38	727
4	中国银行	—	1	—	24	—	—	—	—	—	25	488
5	建设银行	—	1	—	22	2	1	—	—	—	26	498
6	交通银行	—	1	—	8	—	—	—	—	—	9	139
7	中信银行	—	—	1	1	—	—	—	—	—	2	63
8	民生银行	—	—	1	2	—	—	—	—	—	3	83
9	招商银行	—	—	1	2	—	—	—	—	—	3	68
10	浦发银行	—	—	1	1	—	—	—	2	—	4	57
11	光大银行	—	—	1	1	—	—	—	—	3	5	63
12	华夏银行	—	—	1	1	—	—	—	—	1	3	48
13	兴业银行	—	—	1	—	—	—	—	—	—	1	29
14	恒丰银行	—	—	1	—	—	—	—	—	—	1	31
15	广发银行	—	—	1	—	—	—	—	—	—	1	13
16	平安银行	—	—	1	—	—	—	—	—	—	1	23
17	浙商银行	—	—	1	—	—	—	—	—	—	1	33
18	江苏银行	—	—	1	4	—	—	—	—	—	5	69
19	苏州银行	—	—	1	6	—	—	—	—	—	7	125
20	上海银行	—	—	1	—	—	—	—	—	—	1	26
21	南京银行	—	—	1	—	—	—	—	—	—	1	35
22	浙江泰隆商业银行	—	—	1	1	—	—	—	2	—	4	65
23	宁波银行	—	—	1	—	—	—	—	—	—	1	58
24	江西银行	—	—	1	—	—	—	—	—	—	1	20
25	张家港农商银行	1	—	—	27	55	—	—	—	—	83	1551
26	常熟农商银行	—	—	1	—	2	—	—	—	—	3	91
27	渝农商村镇银行	—	—	1	—	—	—	—	—	—	1	23
28	友利银行	—	—	1	—	—	—	—	—	—	1	15
29	汇丰银行	—	—	1	—	—	—	—	—	—	1	5
30	邮政储蓄银行	—	—	1	6	—	—	32	—	—	39	335

续表44

序号	名称	总行	分行（家）	一级支行（家）	二级支行（家）	分理处（家）	储蓄所	邮储营业所（家）	小微支行	社区支行	合计（家）	从业人员（人）
31	沙钢财务公司	—	—	1	—	—	—	—	—	—	1	36
32	国泰财务公司	—	—	1	—	—	—	—	—	—	1	23
合　计		1	5	26	158	68	1	32	4	4	299	5262

说明：张家港农商银行数据不包括异地机构网点20家，故表中数据与文中有所不同

2019年年末张家港市银行机构存款情况表

表45

单位＼类别	人民币存款		其中 单位存款		其中 个人存款		外币存款	
	年末余额（万元）	比上年增长率（%）	年末余额（万元）	比上年增长率（%）	年末余额（万元）	比上年增长率（%）	年末余额（万美元）	比上年增长率（%）
农发行市支行	47878.00	45.30	47878.00	45.30	—	—	—	—
工行市支行	2360947.73	5.44	1398387.41	−1.30	932361.74	14.45	12481.01	26.54
农行市支行	5978819.00	4.32	2756992.00	0.18	3221827.00	8.14	23354.00	−9.71
中行市支行	2458236.00	7.32	1266309.00	2.90	1181504.00	12.25	31896.00	−7.49
建行市支行	2429316.00	−3.82	1316405.00	−11.44	1109873.00	7.02	12540.00	−34.65
交行市支行	1160096.00	12.61	741394.00	12.24	418702.00	13.27	6146.00	−18.49
中信银行张家港支行	646975.00	1.40	607370.00	0.32	39605.00	21.44	9747.00	−29.98
中信银行保税区支行	135550.00	96.01	112600.00	108.29	22950.00	52.03	3577.00	272.22
民生银行市支行	607284.00	−0.65	510042.00	−5.08	97242.00	31.58	368.04	−68.56
招商银行市支行	458429.00	−11.70	384965.00	−15.78	68501.00	20.23	2206.00	68.53
浦发银行市支行	661204.00	9.510	549982.00	8.22	110779.00	16.56	1262.00	−32.66
光大银行市支行	503172.56	60.04	397149.48	59.09	106023.08	63.62	532.28.00	−2.20
华夏银行市支行	612463.00	22.72	499761.00	15.54	112702.00	69.35	1035.00	−28.42
兴业银行市支行	316909.00	26.91	358571.00	22.00	22933.00	90.11	902.00	−30.14
恒丰银行市支行	287734.57	110.01	284413.14	110.98	3321.43	50.95	12.88	31.29
广发银行市支行	133354.00	11.40	127969.00	11.66	6001.00	9.64	—	—
平安银行市支行	75418.00	100.00	36967.00	120.00	38450.00	90.00	85.84	−10.00
浙商银行市支行	374518.00	19.00	133267.00	−16.00	91569.00	187.00	41.00	−42.00
江苏银行市支行	773326.00	11.50	649806.00	6.71	123520.00	45.96	−59.94	−30.23
苏州银行市支行	430417.00	2.40	298044.00	−5.30	132373.00	25.74	35.00	34.61
上海银行市支行	252564.00	−15.54	228348.00	−19.52	21574.00	75.38	282.00	−49.73
南京银行市支行	374842.00	31.49	322021.00	35.23	52821.00	12.51	75.00	46.78
泰隆银行市支行	66684.54	42.78	41988.03	63.00	24696.51	17.91	—	—
宁波银行市支行	395356.00	33.86	363972.00	31.71	31384.00	65.07	7000.00	60.07
江西银行市支行	157439.54	68.10	142857.58	69.75	14581.96	53.48	—	—
张家港农商银行	8766909.54	14.75	4418253.25	14.40	4149845.70	20.15	13550.72	−15.86
常熟农商银行	93889.84	24.82	40389.09	−21.89	53500.74	127.58	—	—

续表45

单位 \ 类别	人民币存款		其中				外币存款	
			单位存款		个人存款			
	年末余额（万元）	比上年增长率（%）	年末余额（万元）	比上年增长率（%）	年末余额（万元）	比上年增长率（%）	年末余额（万美元）	比上年增长率（%）
渝农商村镇银行	10585.68	1.66	4421.82	−43.58	6163.86	139.25	—	—
友利银行市支行	33272.46	42.80	24384.11	76.90	8889.94	−6.60	1123.46	−35.40
汇丰银行市支行	17390.00	−2.34	17390.00	−2.34	—	—	947.42	99.98
邮储银行市支行	1200897.19	17.97	235130.37	27.29	965733.02	15.90	106.91	−35.81
沙钢财务公司	419181.05	−9.91	419181.05	−9.91	—	—	34959.96	−2.61
国泰财务公司	61867.38	−36.35	61867.38	−36.35	—	—	7314.26	7.06

2019年年末张家港市银行机构贷款情况表

表46

单位 \ 类别	人民币贷款		其中				外币贷款	
			短期贷款		中长期贷款			
	年末余额（万元）	比上年增长率（%）	年末余额（万元）	比上年增长率（%）	年末余额（万元）	比上年增长率（%）	年末余额（万美元）	比上年增长率（%）
农发行市支行	223114.00	−1.37	25714.00	−140.23	197400.00	16.72	—	—
工行市支行	2767591.76	9.08	677988.15	−8.29	2024357.16	16.67	3193.15	−47.95
农行市支行	3766326.00	−4.94	1541525.00	−6.80	2026681.00	0.16	6101.00	−52.18
中行市支行	2873368.00	16.42	910534.00	−7.16	1926775.00	36.04	4673.00	−23.23
建行市支行	2619952.00	6.46	505316.00	−12.32	2009528.00	10.29	2737.00	−71.79
交行市支行	870983.00	8.78	454379.00	5.76	361082.00	9.99	2133.00	−36.87
中信银行张家港支行	715684.00	31.95	246903.00	16.37	468781.00	42.16	5200.00	−26.12
中信银行保税区支行	207300.00	15.79	81025.00	23.73	126275.00	11.22	15106.00	170.14
民生银行市支行	432245.00	10.24	253100.00	38.53	179145.00	−14.43	—	—
招商银行市支行	725920.00	14.98	146455.00	13.97	25555.00	−58.60	1043.00	−31.34
浦发银行市支行	609019.00	−2.06	345499.00	−16.07	262961.00	25.43	408.00	288.00
光大银行市支行	281303.56	18.35	59374.76	−36.51	221928.80	53.93	492.22	−60.06
华夏银行市支行	453340.00	6.50	171254.00	82.53	277186.00	−14.31	700.00	−77.95
兴业银行市支行	429979.00	10.82	321508.00	89.59	108472.00	−50.34	943.00	78.58
恒丰银行市支行	214200.47	−31.26	112271.40	14.19	101929.07	−52.21	—	—
广发银行市支行	109573.00	30.86	47668.00	−10.00	19000.00	−25.49	—	—
平安银行市支行	29760.00	10.00	1319.00	−90.00	28441.00	400.00	—	—
浙商银行市支行	194767.00	29.00	123092.00	20.00	68098.00	50.00	120.00	−91.00
江苏银行市支行	632940.00	5.84	457240.00	13.49	175700.00	−9.90	368.00	−55.66
苏州银行市支行	440564.00	5.46	223864.00	31.35	216700.00	−9.32	686.00	100.00
上海银行市支行	342168.00	−13.70	137693.00	−14.45	204432.00	−13.19	—	—
南京银行市支行	389518.00	6.91	251271.00	125.76	138247.00	−1.53	—	—
泰隆银行市支行	112105.84	29.64	69896.68	−9.51	26424.26	200.46	—	—

续表46

类别 单位	人民币贷款		其中				外币贷款	
			短期贷款		中长期贷款			
	年末余额（万元）	比上年增长率（%）	年末余额（万元）	比上年增长率（%）	年末余额（万元）	比上年增长率（%）	年末余额（万美元）	比上年增长率（%）
宁波银行市支行	326000.00	73.32	123540.00	17.23	202460.00	144.70	1689.00	-40.42
江西银行市支行	79145.75	29.17	63884.89	42.07	15260.86	-6.41	—	—
张家港农商银行	6919730.37	19.71	3546519.85	20.95	2764964.61	13.72	6399.99	-42.02
常熟农商银行	256837.53	20.08	162752.59	25.52	94084.94	11.64	—	—
渝农商村镇银行	28211.01	31.54	9727.36	5.19	18483.65	51.51	—	—
友利银行市支行	22274.92	14.40	4544.59	-20.00	10619.48	595.45	290.00	-3.30
汇丰银行市支行	25811.88	336.97	23282.14	297.85	—	—	517.13	-58.72
邮储银行市支行	755986.95	9.68	130514.95	16.41	625472.01	8.37	—	—
沙钢财务公司	251000.00	9.70	249000.00	8.83	2000.00	100.00	—	—
国泰财务公司	34000.00	13.33	4000.00	-86.67	30000.00	100.00	—	—

【政策性银行】 全市有政策性银行1家，为中国农业发展银行张家港市支行。2019年，该行发挥国家农业政策性银行支农功能，服务长江经济带发展、农村土地流转整体城镇化建设、乡村振兴等一系列国家战略。全年投放支农资金13.56亿元，年末贷款总额22.31亿元。保障粮食收储安全，完成储备小麦、稻谷数量5.6万吨；投放县级储备粮油贷款1.44亿元，为产业化龙头企业投放资金1.6亿元，发放产业化龙头企业粮油购销流动资金循环贷款6亿元。助力乡村振兴和生态建设，年内新增“三优三保”项目2个，投放农村土地流转贷款4.5亿元，累计完成“三优三保”项目投放5个，年末农村土地流转贷款余额13.1亿元，乡镇覆盖率62.5%。支持实体经济发展，加强金融宣传与服务，开展“百行进万企”“港城金融服务千企行”等专题活动，为小微实体企业扩大经营提供金融支持，年内为小微企业投放贷款200万元。全年实现利润3360万元，比上年增94%。年内，支行党支部获评江苏省分行“服务型优秀党小组”。（侯新亚）

【国有商业银行】 2019年，全市有5家国有商业银行（工商银行、农业银行、中国银行、建设银行、交通银行）的分支机构。机构网点123家，从业人员2256人。

工商银行　中国工商银行股份有限公司张家港分行（简称市工行）年内主动融入和竭诚服务长江经济带发展、长三角区域一体化发展、乡村振兴等一系列国家战略，支撑地方经济社会高质量发展，年内在先进制造业、污水处理等板块新增项目贷款投放8个、金额31.99亿元。助力乡村振兴繁荣，全年实现“三优三保”项目投放25.67亿元，乡镇覆盖率75%。加快智慧金融转型升级，“智慧永联e钱包”注册用户近1500人，该项目获评苏州分行特别重大创新转型项目。基于5G人工智能、云计算、大数据技术，为永联村搭建“5G智慧乡村空间站”，赋能农业、服务农民，打通金融服务乡村“最后一公里”。深入开展“工银普惠行”“百行进万企”“港城金融服务千企行”等专题活动，发放普惠贷款14.18亿元，新增普惠贷款客户131户。开展“不忘初心、牢记使命”主题教育，11月20日，市工行参加中央第十二巡回督导组主题教育调研座谈会，受到督导组肯定。全年实现中间业务收入33574万元，实现拨备前利润86664万元。年内，市工行获评苏州分行第五届“我身边的榜样”先进集体。

农业银行　中国农业银行股份有限公司张家港分行（简称市农行）年内围绕张家港“推动五大升级、建设五个城市”部署，在城乡基础设施建设、乡村振兴、民营企业、小微企业和新经济等领域开展金融服务。创新融资模式，设立普惠金融专业团队，开展“港城金融服务千企行”活动，全年走访企业524家，了解企业金融需求，为其中152家企业授信2.1亿元。针对小微企业融资难问题，推广“微捷贷”“税e贷”等产品，年末“微捷贷”余额1850万元，“税e贷”余额1.22亿元。全行银保监会普惠金融重点领域贷款余额19.42亿元，比上年增64.86%。助力地方经济，助推产业转型升级，全年人民币对公实体贷款232.5亿元，发放项目贷款26.71亿元，审批通过19个项目，合计批准金额为55.14亿元。加快金融创新，构建高效优质服务体系，创新实施“一项目一方案一授权”，实现同一个行业、一个项目、一个方案的授信模式，推动小微信贷服务的批量、专业、高效化，年内实施项目11个。在曼巴特购物广场设置江苏农行首个云BMP自助收款项目，客户通过扫描商品二维码即可实现微信、支付宝自助结账，提升客户购物体验，减少商场人力成本。全年实现拨备前利润13.75亿元，比上年增14%。年内，市农行获评2016—2018年度江苏省文明单位。

中国银行　中国银行股份有限公司张家港分行（简称市中行）年内实现各类本外币贷款新增40.43亿元，有效投放创历史新高。牵头叙做南丰镇永联村美丽乡村9.85亿元银团贷款，为农村基本水利建设、道路改造、生态农业、旅游休闲等新农村建设提供资金支持，系省内确立村经济合作社法人地位后的首笔项目贷款。对接国家乡村振兴战略，以"村村通"产品为抓手，成功叙做全市21家农村经济组织贷款，授信总量近2亿元。构建社银平台、数字粮仓、云缴费、校园一卡通、智慧停车场、农民工工资等特色金融场景，以惠民、便民、利民的特点在广大客户群体中推广应用。组织行内志愿者赴社区开展"反假币""防范电信诈骗"等知识宣传，参与"同创共建"志愿活动，全年组织志愿者300余人次，志愿服务总时长900余小时。与贵州沿河县土地坳镇开展结对扶贫工作，参与"爱满港城"慈善募捐活动，为土地坳镇红薯基地的发展及"情暖苏城"慈善帮困项目提供资金支持。年内，市中行获评2016—2018年度"江苏省文明单位"称号。

建设银行　中国建设银行股份有限公司张家港分行（简称市建行）年内聚力对接区域重点项目，深度服务乡村振兴战略，提升普惠金融发展质效。10月19日，建设银行苏州分行与永联村签署"美丽乡村、振兴有我"——永联村银团贷款项目合作协议，贷款总金额9.85亿元，该行份额3.87亿元，此为国内金融行业给予全国农村经济合作社首笔大额项目贷款。市建行实施"金智惠民"工程，扩大普惠金融服务覆盖面，普惠金融贷款比上年增5.54亿元，普惠金融小企业客户比上年增685户，并在苏州建行系统内成功投放首笔"乡村农担贷"50万元。以金融科技为切入点为便民惠民深度赋能，与市退役军人事务局签署《拥军优抚合作协议》，通过制定专属银行卡，围绕衣食住行、医疗养老、专属理财、个人金融服务等生活和工作的各方面提供综合金融服务；智慧医疗方面，11家医院、23家社区卫生服务中心扫码付系统上线。同时，重点创新产品取得突破。成功落地建行总行大宗商品融资创新业务，实现国内信用证系统供应链大宗商品代理销售业务的突破，率先在苏州建行系统内实现该模式在化工类商品行业的应用。扎实开展"不忘初心、牢记使命"主题教育，11月7日，建设银行总行第四巡回指导组赴张家港分行调研并参加"学习永联村攻坚克难典型案例"形势教育活动，肯定该行活动效果。至年末，市建行本外币一般性存款日均余额266.92亿元，新增17.33亿元；各项贷款余额263.9亿元，新增11.15亿元。实现中间业务净收入34178.5万元，实现拨备前利润78095万元。该行连续四年获评张家港市金融绩效考核综合贡献一等奖，连续七年获评市先进文明单位，连续两年获评最佳社会满意度银行等奖项；营业部获评"2019年银行业文明规范服务五星级网点"。

交通银行　交通银行股份有限公司张家港分行（简称市交行）年内持续推动金融服务质量提升，为各类企业转型升级提供金融支撑。推动国资、平台类企业发展，为张家港市通洲沙西水道综合整治有限公司投放项目贷款5亿元，新增投放江苏国泰国际集团股份有限公司、江苏金茂商业保理有限公司共6亿元贷款，投放交通控股集团1亿元、张家港港务集团有限公司3000万元贷款；推动民营企业转型升级，为江苏永钢集团物资贸易有限公司、张家港鑫宏铝业开发有限公司、苏州圣汇装备有限公司提供资金支持共2.1亿元，为沙钢集团发行各类债券10亿元。开展由市金融办牵头组织的"港城金融服务千企行"专项行动，实地走访民营企业、小微企业371家，达成授信总额2.04亿元，办理特色业务88笔。创新开展线上税融通、线上抵押贷等新型业务，实现线上审批，深化普惠金融机制改革，监管口径小微客户比上年增77户；持续减费让利，降低企业融资成本，年末监管口径小微企业贷款利率下降1%。年内，市交行被市人民银行评为A级机构、在2019年度执行外汇管理规定考核中获评A类、获评张家港市先进文明单位，市交行党支部被交通银行总行评为全国先进基层党组织。（范天煜　汪少波　李佳蔚　黄　雯　黄晓丹）

【股份制商业银行】　全市有12家全国性股份制商业银行（中信银行、民生银行、招商银行、浦发银行、华夏银行、光大银行、兴业银行、恒丰银行、广发银行、平安银行、浙商银行、江西银行）的分支机构。机构网点26家，从业人员531人。

中信银行　中信银行股份有限公司张家港支行年内落实"稳中求进"的工作主基调和高质量发展要求，各项业务实现较快发展。支行与当地政府深度合作，重点对接"三优三保"项目，全年政府类项目新增表内贷款25亿元；把握市"招商引资突破年""科技创新赋能产业升级"发展机遇，加大与"三大三高三新"和科技型制造企业合作，全年企业类表内授信新增投放23.06亿元；继续强化优势业务，债券承销金额44.3亿元，市场占有率40%，列全市金融系统首位；开展"港城金融服务千企行"专项行动，年内投放民营中小微企业贷款余额9.07亿元，其中普惠金融重点领域贷款22432万元。至年末，支行本外币自营存款82.92亿元，比上年增14.8%，各项贷款余额101.53亿元，比上年增38.23%，存贷款规模、当年增量均创机构设立以来新高，列全市股份制商业银行第一。

民生银行　中国民生银行股份有限公司张家港支行秉持"为民而生、与民共生"的使命，持续提升优质服务水平，服务地方实体经济发展。年内重点拓展发债、金融市场及并购贷款业务，新增发债及金融市场业务投放4笔，金额16.6亿元；新增并购贷款投放2笔，金额13.5亿元。助力中小型科创企业，推出"萤火计划"并与3家科创型企业签约，通过以认股选择权加银行综合服务的业务方式，支持科创企业扩充资本。多举措服务小微企业，通过信用、担保及抵押等方式，发放小微贷款余额5.4亿元，消费贷款10.3亿元。在"不忘初心、牢记使命"主题教育中，开展“强化守法合规文化、防范金融风险、护航转型发展”巡讲，提升全行员工的风险防控能力及履职能力。至年末，实现利润1.6亿元，计划完成率106%。

招商银行　招商银行股份有限公司张家港支行秉持“内建平台、外拓场景、流量经营”的策略，以客户最佳体验为切入点开展零售业务，10月，国泰新天地智慧停车项目成功上线，“小麦乐园快闪店”在招商银行苏州分行活动中获分行零售金融事业部颁发的“最佳执行团队奖”。借力总、分行各级力量，协调上海自贸区分行、香港分行、伦敦分行和离岸中心联合参与，成功落地沙钢收购全球IDC行业龙头之一Global Switch并购贷款，此次银团贷款总规模8亿英镑，招商银行张家港支行牵头落地5亿英镑。成功授信中粮集团在张家港的2家子公司东海粮油和中粮四海丰，分别获批8亿元和3亿元，并实现5000万美元的衍生交易业务。开展“港城金融服务千企行”活动，对接企业融资需求10项，完成放款2.1亿元。开展“普及金融知识万里行”专题活动，宣传普及非法集资、非法金融广告、防诈骗、反假币等金融知识。

浦发银行　上海浦东发展银行股份有限公司张家港支行年内调整业务结构、创新产品运用，开展“千企行”“百行进万企”“金融服务民营和小微无贷企业”等专题活动，拓展优质制造型企业客户25户，新增授信23.28亿元。年末普惠贷款余额4.55亿元，比上年增1.09亿元。支行各项贷款余额61.19亿元，其中向民营企业投放贷款29.55亿元，比上年增3.5亿元；向领军人才企业及科技型企业投放贷款13.6亿元，比上年增3979万元。全年实现营业净收入20189万元，实现拨备前利润15597万元。年内，支行营业部获评中国银行业协会2019年银行业规范服务五星级网点称号。

华夏银行　华夏银行股份有限公司张家港支行年内继续履行融资主渠道责任，年内向全市100余家企业、500余名个人投放贷款92.65亿元，其中为民营企业投放贷款20.99亿元，为小微企业投放贷款13.34亿元，为科技型企业投放贷款2.7亿元。该行以“中小企业服务商”的定位，响应市金融办“港城金融服务千企行”活动，走访民营和小微无贷企业126户，了解客户融资需求。利用“互联网+”优势，运用循环E贷、网络贷等贷款产品，为民营企业提供“随借随还”信贷服务，降低企业贷款成本。履行社会责任，多次组织开展金融知识进校园、进社区、进企业活动；利用电子显示屏等宣传阵地发布公益广告，提醒市民注意防范非法集资、金融诈骗等。至年末，该行实现一般存款余额61.96亿元，贷款余额45.71亿元。年内获评苏州分行系统2019年度先进单位。（蒋愫雯　赵鸣雷　杨福男　赵　璇　赵晓娟）

【城市商业银行】 2019年，全市有6家城市商业银行（江苏银行、苏州银行、上海银行、南京银行、宁波银行、浙江泰隆商业银行）的分支机构。机构网点19家，从业人员378人。

江苏银行　江苏银行股份有限公司张家港支行以“搭建平台、整合资源、组织资金、融创智慧”为目标，全面支持地方经济社会发展。支持当地实体经济发展，年内开展“金融家、企业家战略联盟，走进张家港——江苏银行直通车”活动18场。全年新增民营企业贷款56953万元，其中绿色信贷新增7200万元、普惠小微企业贷款新增2192万元、对公涉农贷款新增23647.16万元。加快推进国际业务发展，完成江苏银行苏州分行首单境外银团贷款2000万美元项目，发放给江苏沙钢集团。9月起，开展由江苏银保监局组织的“百行进万企”活动，搭建金融顾问服务平台，加快实施金融服务实体经济融资畅通工程。全年实现营业净收入16769万元，比上年增9.24%。

苏州银行　苏州银行股份有限公司张家港支行坚持“以小为美、以民唯美”的发展战略，年内在民生金融、科技金融等领域持续发展。推进青草巷食品溯源项目推广工作，组织开发“苏食惠”食品安全溯源平台，为商户免费提供食品溯源秤及应用服务，该项目在市市场监督管理局指导下，于3月在青草巷批发市场试点推广，保障食品安全。加快科技金融转型升级，依托苏州金融服务平台，在全市范围内加强推广“信保贷”产品，为科创型企业提供信用类贷款支持，降低贷款门槛，全年信保贷投放额1.59亿元，位居全市银行类金融机构第三名。作为地方本土银行，高度重视民生金融建设，不断发展普惠金融业务，强化对小微金融客户的扶持，全年投放普惠金融贷款226户，贷款余额71855万元；民营中小微企业贷款161688万元。年内，该行党总支获评苏州银行党委一星党组织、廉洁文化品牌创建二等奖。

（宋张婷　王　坤）

【农村商业银行】 2019年，全市有2家农村商业银行（张家港农商银行、常熟农商银行）及其分支机构。

张家港农商银行　江苏张家港农村商业银行股份有限公司年内在无锡地区新设宜兴支行，年末共计下辖3家分行，1家营业部，43家支行，56家分理处，机构网点总数103家。3月27日，获准开办普通类金融衍生产品交易业务。5月31日，获准以银行间外汇市场衍生品会员资格参与人民币外汇远期、掉期、货币掉期及期权交易。6月27日，发起设立张家港市信用村工程首个信用村——南丰镇新德村。8月20日，采用国产分布式数据库的新一代核心系统上线。9月20日，在全国银行间债券市场成功发行5亿元二级资本债券。11月25日，举行金融创新成果发布会暨政银企合作签约仪式，与市人社局启动张家港市电子社保卡项目合作，向全市有关村级平台和中小微企业授信32亿元。至年末，资产总额1230.45亿元，比上年增8.46%。本外币各项存款余额907.98亿元，比上年增14.21%；本外币各项贷款余额714.06亿元，比上年增18.69%，其中，民营企业贷款余额398.56亿元，比上年增67.18亿元，占公司类贷款增量的78.74%。不良贷款率1.38%，比上年末降0.09个百分点。全年实现归属母公司净利润9.54亿元，比上年增14.25%。在英国《银

张家港农商银行宿豫支行金融助力辖区瓜蒌产业

（张家港农商银行　提供）

行家》杂志发布的2019年全球商业银行1000强中排名第619位，较上年上升33位。

常熟农商银行　常熟农商银行股份有限公司张家港支行贯彻落实“普惠金融”政策，立足“三农”“两小”，以服务实体经济、小微企业、个体工商户为根本目标，年内各项贷款余额25.68亿元，比上年增19.68%，其中为民营企业发放贷款17.52亿元，覆盖率为68.22%。该行“农营贷”“苏农担”“富村贷”等产品新增投放3162万元，为现代农业经营主体及村级集体经济解决融资问题，服务村级经济发展。依托苏州综合金融服务平台，全年“信保贷”授信企业90户，累计投放“信保贷”2.22亿元，缓解小微企业融资担保问题。年内获评市政府“信保贷投放突出贡献奖”，苏州市金融服务实体经济综合评价先进单位第三名。（沈　阳　季丽娜）

【村镇银行】2019年，全市有村镇银行1家。江苏张家港渝农商村镇银行股份有限公司坚持“服务三农、服务中小企业、服务县域经济”的市场定位，主动融入地方经济建设，支持实体经济发展。年末涉农贷款余额比上年增39.88%，占各项贷款余额的94.07%，小微贷款余额比上年增35.69%，占各项贷款余额的74.9%。金融产品创新方面，推出家居贷、家庭工厂贷、建材市场增值贷、创业担保贷等特色金融产品。金融服务方面，出台限时办贷实施细则，强化限时办贷服务，实现最快1天内贷款审批发放。同时，出台小微企业经营性贷款无还本续贷相关制度，推广自助支用和还款、自助续贷等线上服务功能，将小微金融服务落到实处。

（袁蓓钰）

【外资银行】2019年，全市有2家外资银行（友利银行、汇丰银行）的分支机构。友利银行（中国）有限公司张家港支行重点从事贷款融资业务，主要对韩国在张家港投资企业的中、长期资金融资方面提供资助，对高新技术产业、制造业予以重点支持。年内加强行业授信管理和贷款风险管理，调整和优化信贷资产结构、提高资产质量。全年拥有韩国独资企业贷款客户12户，与上年持平，有中资企业贷款客户5户，比上年减1户。至年末，该行本外币贷款余额2.43亿元，比上年增13%；资产总额5.79亿元，比上年增21%；负债总额5.77亿元，比上年增12%；全年实现营业收入1017万元，营业支出844万元，净利润173万元。汇丰银行（中国）有限公司张家港支行内设工商金融服务部、贸易与供应链部、柜台服务部。年内深层次挖掘客户需求，持续扩大贷款规模，降低企业融资成本，支持当地实体经济发展。全年办理银承贴现业务14笔，金额3157万元；办理银承开票业务12笔，金额10878万元；开立信用证6笔，金额7444万美元；备用信用证5笔，金额2036万美元。年末人民币贷款余额26225.84万元，比上年增343.98%；人民币存款余额22759.3万元，比上年增27.81%；外币贷款余额518.03万美元，比上年减58.65%；外币存款余额1158.91万美元，比上年增69.15%。

（苏　南　王亚超）

【邮政储蓄】2019年，中国邮政储蓄银行股份有限公司张家港市支行在辖内有一级支行1家，机构网点39家，其中自营网点7家、代理网点32家。年内，该行秉持“普惠金融”服务理念，立足地方，全面贯彻落实乡村振兴战略部署，提升涉农类贷款放款比例至6.55%，比上年增4.81%。积极推动三农类公司信贷落地，为光大固废项目授信3.1亿元。先后开展“下基层，进企业”“百行进万企”“港城金融服务千企行”等专项行动，畅通企业融资“最后一公里”，年内成功授信71家企业，授信额1.01亿元。拓展“互联网+”产品，线上受理“白领贷”“生意贷”等互联网融资产品3.96亿元。与市科技局联合推出“科技贷”产品，助力科技型企业发展，丰富信用贷款产品体系。持续深化转型，发挥“邮储食堂”权益商城线上线下一体化新零售模式资源和优势，促进平台粉丝向业务客户转化。11月，该行本部营业地址迁至人民东路国泰新天地广场。年末，本外币存款余额120.16亿元，比上年增17.91%。总体资产规模103.45亿元，其中零售信贷及小企业贷款75.6亿元，公司贷款27.85亿元。全年实现利润1.83亿元，比上年增26.47%。年内，该行被邮储银行总行评为“2018—2019年个人金融业务跨年度营销活动储蓄业务发展最佳一级支行一等奖”，“2019年存款发展转型劳动竞赛活动财富产品营销先锋奖”。

（赵　洁）

11月8日，邮储银行举办服务实体经济授信签约仪式

（邮储银行张家港市支行　提供）

【财务公司】 全市有财务公司2家。沙钢财务有限公司于2010年登记成立，注册资金人民币10亿元，年末本外币存款余额66.31亿元，本外币贷款余额31亿元。江苏国泰财务有限公司由江苏国泰国际集团有限公司和江苏国泰国际集团国贸股份有限公司共同出资成立，注册资金人民币15亿元。年末本外币存款余额11.29亿元，本外币贷款余额3.4亿元。

（程　鑫）

【市中行以金融创新助力永联美丽乡村建设】 7月10日，市农业农村局为永联村颁布苏州市第一份“农村集体经济组织登记证”，正式确立永联村经济合作社的法人主体地位。7月18日，市中行牵头发起永联美丽乡村建设项目的贷款审批并在一个月内获得项目批复。10月19日，在全国“村长”论坛“产业振兴共同富裕的路径与方法”分论坛上，中国银行苏州分行、中国建设银行苏州分行和永联村以永联村股份经济合作社为主体，共同签署永联村美丽乡村银团贷款项目，贷款总金额9.85亿元，贷款期限为10年。该项目将现代农业提升工程、村民住房安置工程、酒店群改造工程三大项目打包融合，围绕村级经济主体，旨在将农村三次产业融合发展，初步建成张家港东部区域的旅游集散中心，在全国进一步打响永联旅游品牌，引导农民就业向非农产业转移、居住向城镇和集中居住区转移，实现可持续健康发展。该项目是江苏省首笔以村级合作社为主体的大额融资，也是永联村经济合作社获得法人地位后第一次获得银行授信。

【市邮储银行举行服务实体经济授信签约暨揭牌仪式】 11月8日，市邮储银行在国泰新天地新营业地点举行服务实体经济授信签约暨“三农金融事业部”“中小企业普惠金融团队”揭牌仪式。市委常委、副市长卞东方，邮储银行苏州市分行党委书记、行长孙元杰等领导及市金融办、市人民银行、市银保监组、相关部委办局、市级平台负责人及企业家代表近百人参加活动。此次邮储银行成立“三农金融事业部”旨在坚持服务“三农”的市场定位，进一步打造专业化为农服务体系，统筹推进当地“三农”金融业务各项经营管理工作，提升服务质效，加快转型升级；成立“中小企业普惠金融团队”旨在打造金融支持实体经济、高质量服务中小企业的新引擎，通过聚焦普惠金融领域，深化精准服务，强化区域金融生态环境建设，提升普惠金融服务水平。其间，市邮储银行与沙钢集团、张家港新茂投资建设、江苏百易得医疗科技等6家企业进行授信签约，融资总额35.47亿元。

（李佳蔚　赵　洁）

保　险

【概况】 2019年年末，全市有保险公司46家。其中财险公司23家，寿险公司23家。另有保险代理公司5家。全市保险机构实现全口径保费收入64.67亿元，比上年增5.39%。全年赔付支出18.54亿元，比上年增1.22%。年内，农业保险完成市场化经营改革，创新搭建“政策性险种+商业险+附加险”模式，形成农业保险“中央+地方+商业”的多元化产品体系，全年农险保费2849.05万元，参保农户超7500户次，为农业生产提供了价值6.5亿元的风险保障，累计赔付超1130万元，直接受益农户超2400户次。搭建水稻种植全面保障体系，保障基本物化成本的水稻种植保险、保额覆盖生产收益70%的水稻收入保险完成开发；完成商业性桃综合气象指数保险开发。全市有政策性科技保险参保企业106家，比上年增13.98%；科技保险保费1858.77万元，比上年增16.54%，为全市高新技术企业及领军人才企业提供402.29亿元的风险保障，比上年增9.92%；其中“信用保证保险”等融资类险种发展迅速，累计为380家小微、初创型企业的13.27亿元贷款提供融资增信，位列苏州市第一。首台套、新材料、关税保证保险等创新特色险种精准对接全市智能制造、创新研发产业需求；正式启动警保联动，有效提高交通事故处理效率；建立全省首个共建基层气象服务工作站，打造“保险+气象防灾减灾服务”的张家港样本。

【财产险公司】 全市有财产险公司23家，保费收入18.54亿元，理赔支出11.43亿元。

人保财险　2019年，中国人民财产保险股份有限公司张家港中心支公司下设城中、金港、塘桥等7个营业部和14个营销服务部，有从业人员565人，比上年减83人。年内新增专利代理人职业责任保险、失独家庭救助保险、和谐交通公路责任险、商业性桃综合气象指数保险共4个险种，共设险种10个大类200余个。全年保费收入75248万元，比上年减2.9%。其中车险收入55019万元、非车险收入17881万元、农险收入2348万元。保险收入中，车险占比最大，为73.12%。全年处理赔案300030件，理赔支出49244万元，赔付率65.44%，其中车险理赔支出36684万元、非车险理赔支出11841万元、农险理赔支出719万元。理赔支出中，车险占比最大，为74.49%。

太平洋财险　2019年，中国太平洋财产保险股份有限公司张家港中心支公司下设总经理室、综管部、财务部、销管部、车意险理赔部、非车险理赔部、营销部等部门，下辖1个支公司、8个营销服务部，有从业人员456人，比上年减66人。年内，公司首次入围张家港市农业保险承保名录，签下全市首单粮食烘干机保险，创新开展产品召回保险、充电桩责任保险、"太好租"保险、"居乐保"保险等新业务。公司在全市设立近100个"三农保险服务点"及多个"太好赔"授权体验店，并签下全市首个"太好保"项目，开创"保险+科技+管理"的创新模式。全年完成保费收入62105万元，比上年增11.96%。其中机动车辆险收入45762万元，占比为73.68%；非车险收入16343万元，占比为26.32%。全年处理赔案249224件，比上年增49.2%；理赔支出28220万元，比上年减0.82%；赔付率59.3%。理赔支出中，机动车辆险支出24736万元，占比为87.65%；非车险支出3484万元，占比为12.35%。公司市场占有率29.36%。年内，公司先后获评太平洋财产险总公司"先进职工之家"、苏州分公司"先进集体"、苏州市总工会"工人先锋号"，并在全市金融行业中首家获评由中国质量协会授牌的全国五星级门店。

（袁　龙　刘　恺）

【人身险公司】　全市有人身险公司23家，保费收入46.13亿元，理赔支出7.11亿元。

人保寿险　2019年，中国人寿保险股份有限公司张家港支公司下设营销发展部、收展发展部、个险培训部、综合管理部、客户服务中心，下辖4个营业部和7个营销服务部，有从业人员1713人，比上年增238人。年内新增国寿鑫享至尊年金保险（庆典版）、国寿鑫福临门年金保险、国寿福终身寿险（庆典版）等3个险种，共设险种3个大类365种。全年完成保费收入10.21亿元，比上年增0.91%。处理赔案6825件，理赔支出4001.46万元，比上年增28.27%。

太平洋人寿　2019年，中国太平洋人寿保险股份有限公司张家港中心支公司下设个人业务部、团体业务部、营运部、财务会计部及行政人事部。下辖市区营业部和金港、塘桥、凤凰、乐余、锦丰、杨舍等6个营销服务部，其中塘桥营销服务部为四级机构。有从业人员1109人。年内新增险种10个，分别为简单爱重大疾病保险、至尊鑫享福年金保险、畅想未来少儿医疗保险、爱无忧3.0保险、至尊鑫满意年金保险、药享无忧特定药品医疗保险、守护专享保险、"爸妈好"保险、车享无忧保险、术无忧手术医疗保险，共设险种5个大类118个。全年完成保费收入89945万元，比上年增1.62%。其中个险期缴10265万元、意外险2579万元、续期70235万元。全年处理赔案13426件，理赔支出6383.4万元，其中团险理赔9645件，赔付3173.3万元；营销险种理赔3781件，赔付3210.1万元。综合赔付率42.26%。理赔支出中，传统寿险理赔占比最大，为50.3%。年内，公司党建品牌"红保行动"被评为上海国企党建品牌。　（庞　沁　赵　菲）

证券·期货

【概况】　2019年，全市新增1家证券公司营业部，为申万宏源证券有限公司张家港人民东路营业部。全市累计有证券营业部25家，分别为东吴证券股份有限公司张家港分公司及杨舍镇、杨舍镇沙洲中路、锦丰镇、塘桥镇、金港镇证券营业部，华泰证券股份有限公司张家港杨舍东街、金港镇长江中路证券营业部，南京证券股份有限公司张家港东环路证券营业部、中原证券股份有限公司张家港建农路证券营业部、中信建投证券股份有限公司张家港人民中路证券营业部、华创证券有限责任公司张家港暨阳中路证券营业部、海通证券股份有限公司张家港东环路证券营业部、中泰证券股份有限公司张家港杨舍东街证券营业部、中信证券股份有限公司张家港人民中路证券营业部、中山证券有限责任公司张家港暨阳中路证券营业部、招商证券股份有限公司张家港人民中路证券营业部、中国银河证券股份有限公司张家港沙洲西路证券营业部、光大证券股份有限公司张家港杨舍东街证券营业部、广州证券股份有限公司张家港人民中路证券营业部、国盛证券有限责任公司张家港人民东路证券营业部、东方证券股份有限公司张家港东环路证券营业部、安信证券股份有限公司张家港城北路证券营业部、国联证券股份有限公司张家港南苑东路证券营业部、申万宏源证券有限公司张家港人民东路营业部。全市证券开户数28.08万户，全年证券交易额2973.85亿元。

【东吴证券】　2019年，东吴证券股份有限公司张家港分公司下设总经理室、综合部、财务部、信息技术部、业务管理部、财富管理中心6个部门，下辖杨舍、金港、锦丰、塘桥、杨舍沙洲中路5个证券营业部。该公司及营业部有从业人员66人。分公司提供IPO、中小企业私募债、财务顾问、"新三板"等综合金融业务。各营业部开设沪深A股、B股、权证、期权、港股、期货、国债、企业债券、国债回购、封闭式基金等交易品种，提供融资融券、股票质押回购、小贷宝等融资服务，提供现场交易、电话委托交易、网上交易、手机炒股等交易方式，并与中国银行、农业银行、工商银行、建设银行、交通银行等13家银行建立客户保证金三方存管业务。营业部客服中心实行客户经理制，为客户提供一对一服务，并提供电话咨询、在线咨询、短信、盘中提醒等多种咨询服务，帮助投资者把握投资方向。全年完成交易额1519.93亿元，比上年增35.1%；实现利润4706.21万元，比上年增34.95%。

【华泰证券】 2019年,华泰证券股份有限公司有张家港杨舍东街、金港镇长江中路2个证券营业部。杨舍东街证券营业部有员工24人,开设A股、B股、债券、基金、权证、新三板、H股、融资融券、个股期权、港股通IB业务等交易品种,提供网上交易、电话委托、磁卡委托、手机炒股、网上页面委托等交易方式,与工商银行、农业银行、中国银行、建设银行、交通银行、浦发银行、招商银行、中信银行、农商行等多家银行建立三方存管业务。年末,华泰公司总部推出涨乐财富通App7.0版,营业部每日约有2.92万名客户使用该App交易,覆盖率90.15%。年内股基证券开户2533户,有效户568户,新增融资融券客户492户。全年实现交易额320.44亿元,理财产品销售额13.4亿元。实现利润4170.69万元。2019年,营业部在全国范围内基础市场份额0.58‰,是全国1.2万余家营业部中的"百强营业部",综合排名列第72位;在张家港市场占有率38.3%,市场份额排名第一。

(夏良亮)

【南京证券】 2019年,南京证券股份有限公司张家港东环路证券营业部设有多媒体展示厅、客户体验区、客户区及贵宾区、期货交易专区,从业人员12人。开设A股、B股、港股通、沪伦通、债券、基金、权证、"新三板"、科创板等传统通道业务以及期货IB、融资融券、股票质押式回购融资、各类金融产品代销、股票期权等创新业务。提供现场开户、见证开户、网上开户、手机开户多种开户方式,以及现场交易、电话委托交易、网上交易,手机委托交易等交易方式,与工商银行、农业银行、中国银行、建设银行、交通银行等多家银行建立三方存管转账业务。营业部依托公司的"快乐阳光"网上营业厅、金罗盘掌厅、微信微厅等客户服务平台以及"95386"全国统一客服热线,为客户提供便捷服务。2019年营业部完成交易量253.63亿元,比上年增17.51%;实现收入1174.41万元,实现利润835万元。

(钱文娟)

【东华期货】 2019年,江苏东华期货有限公司张家港营业部设有经理室、技术信息部、业务部、财务部等部门,有从业人员6人,均持有期货从业资格证书。面对近年期货市场急速扩容,期货品种的市场覆盖广度不断增加的新机遇,公司围绕将自身塑造成技术型交易服务商的目标,以经纪业务为基础,拓展更高附加值的资产管理、投资咨询、风险管理、期权、互联网服务、量化交易等业务。至年末,拥有固定客户1051人,成交额266亿元,实现客户保证金收入2232万元。

(陆丽华)

其他金融机构

【小额贷款公司】 全市有小额贷款公司13家,分别为张家港昌盛农村小额贷款有限公司、市华芳农村小额贷款有限公司、张家港保税区锦泰农村小额贷款有限公司、市国泰农村小额贷款有限公司、市广大农村小额贷款有限公司、市沙钢农村小额贷款有限公司、市南丰农村小额贷款有限公司、市亚泰农村小额贷款有限公司、市中昊农村小额贷款有限公司、市金生科技小额贷款有限公司、市长江农村小额贷款有限公司、市金城泰农村小额贷款有限公司、苏州港口张家港保税区科技小额贷款有限公司。年内累计发放贷款48.44亿元,融资余额5.42亿元。年末贷款余额40.41亿元。

【融资租赁公司】 全市有融资租赁公司4家,分别为江苏金茂融资租赁有限公司、华晟融资租赁股份有限公司、马尼托瓦克(中国)租赁有限公司、江苏万盈融资租赁有限公司。其中,江苏金茂融资租赁有限公司是由国有股东张家港市金茂集体资产经营管理中心控股的台港澳与大陆合资有限责任公司,华晟融资租赁股份有限公司是境内法人及自然人出资成立的内资融资租赁公司,马尼托瓦克(中国)租赁有限公司为外国法人独资,江苏万盈融资租赁有限公司为香港企业独资。至年末,融资租赁资产总额31.28亿元,客户数420户。

【担保公司】 全市共有融资性担保公司3家,再担保公司1家,分别为张家港市金港投融资担保有限公司、张家港市农业融资担保有限公司、张家港市金茂融资担保投资有限公司、张家港市信用再担保有限公司。融资性担保公司年内累计担保31.54亿元,累计担保户数548户;再担保公司年内累计担保5.54亿元,累计担保户数89户。

【典当公司】 全市共有典当公司9家,分别为江苏广聚源典当有限公司、张家港市锦泰典当有限公司、张家港市鸿筌典当有限公司、张家港保税区宝盛典当有限公司、张家港市铭达典当有限公司、苏州华富典当有限公司、苏州鼎丰典当有限公司、苏州东鑫典当有限公司、苏州亿通典当有限公司。年内开展典当业务2795笔,典当额6.43亿元。

【拍卖公司】 全市有正常开展业务的拍卖机构6家,分别为苏州天润拍卖有限公司、苏州市富城拍卖有限公司、江苏广聚源拍卖有限公司、苏州泓泰拍卖有限公司、苏州正泰拍卖有限公司、江苏省康力拍卖有限公司。全年共举办拍卖会172场,比上年增27.53%;拍卖成交额83762.68万元,比上年增17.92%。

【保理公司】 全市共有商业保理公司2家,分别为江苏金茂商业保理有限公司、江苏华程商业保理有限公司。金茂商业保理有限公司主营业务为以受让应收账款的方式提供贸易融资,应收账款的收付结算、管理与催收,销售分户账管理,与公司业务相关的信用风险担保等;华程商业保理有限公司业务对象主要是中央企业、大型商业超市、其他上市公司、保税区仓储等。年内,2家商业保理公司资产总额13.5亿元,发放保理融资款本金9.74亿元,客户数45户。

(程 鑫 刘彦庆)

【编辑 陆文琰】

综合经济管理

Comprehensive economic Administration

张家港市沿江经济带转型发展推进会　（市发改委　提供）

宏观经济管理

国有资产经营管理

市场监督管理

质量管理与检验检测

知识产权保护

审　　计

统　　计

張家港年鑑(2020)

宏观经济管理

【概况】2019年，市发改委围绕贯彻落实“三标杆一率先”总目标，聚焦转型核心战略，聚力提升发展品质。全市地区生产总值比上年增6.1%，服务业增加值占地区生产总值比重为47.5%。全社会固定资产投资438.58亿元，其中服务业投资278.43亿元。社会消费品零售总额比上年增5.6%。年内，市发改委获评全省发展改革系统2019年度综合先进单位。

规划实施与研究　启动市“十四五”规划编制工作。加快全市各层级全方位对接上海、融入长三角区域一体化发展，编制印发《张家港市融入长三角地区一体化发展三年行动方案（2018—2020年）》。编制《张家港市乡村振兴战略实施规划（2018—2022年）》，提出全市乡村振兴体制机制创新路径。研究出台《张家港市氢能产业发展规划》《张家港市钢铁产业高质量发展战略规划》等，推动和指导相关行业加快发展。优化服务角度，开展区域大宗固体废品综合利用整体规划，张家港市入选全国首批50家大宗固体废品综合利用基地名单。完善《张家港市热电联产规划（2019—2020年）》，根据环保政策和形势发展新要求，修编《张家港市天然气利用发展规划（2018—2020年）》，启动《张家港分散式风电发展规划》编制。围绕长三角一体化、长江经济带等国家战略，开展“新阶段张家港加快接轨上海总体思路及对策举措研究”“沿江岸线利用与产业布局调整规划研究”“长江大保护形势下张家港沿江区域绿色发展研究”等课题研究。开展“张家港市建设社会主义现代化县域示范区规范”研究，率先进行中国特色社会主义现代化县域实践探索。编发《发改专报》50余期，建立健全月初预报、月中研判、月底对标“三监测”制度。关注宏观经济环境，提高研判和应对能力，重点加强钢铁、化工等六大支柱行业以及重点企业的监测分析，及时配套应对措施。完善金融市场监测预警体系、确保房地产市场健康运行。

政策制定与落实　打造生产性服务业“2+1+6”重点领域，构建生产性服务业支撑体系，制定出台《张家港市优化提升生产性服务业三年行动方案（2019—2021年）》。探索提出《关于提高工业用地容积率的意见》《张家港市港口码头等物流企业资源集约利用综合评价实施细则（试行）》等政策，引导企业转变发展理念，提升资源利用效率。出台《聚焦企业关注进一步优化营商环境实施方案》，印发实施《张家港市沿江经济带转型发展三年行动计划》等文件。牵头市油气输送管道和电力安全生产整治，贯彻落实长江经济带发展决策部署，在全省率先推进码头和仓储等物流类企业资源集约利用综合评价。开展沿江保护修复、环境面貌整治等专项行动，全市生态岸线占比超50%。长江环境大整治环保大提升专项行动35项主要任务，完成率100%，累计完成投入超80亿元，长江沿岸植绿复绿144.13公顷。全方位加大与上海对接力度，组建并实体化运作长三角推进专班，全年推动和协调各区镇各部门与上海开展对接活动300余次，实现推进成果90余项，与绿地、中车、上海输变电集团等签署战略合作协议，上海—张家港技术转移协同发展中心揭牌，与虹桥商务区实现战略合作。“三去一降一补”重点任务全面落实，非电煤炭消费削减240.95万吨，通过减量置换和跨市合作压减粗钢产能152.82万吨，完成2019年钢铁去产能任务。持续深化对口支援、南北挂钩合作和东西扶贫工作，开展教育、卫健等领域组团式帮扶，落实扶贫协作资金1.99亿元（含省级统筹资金），实施帮扶项目40项，助推对口地区出列贫困村74个，脱贫2.5万人。《精准对接助脱贫，智志帮扶显成效》等扶贫案例入选国务院扶贫办《全国东西部扶贫协作培训班案例选编》。

服务创新与深化　建立健全项目评价机制，创新搭建重大项目在线服务管理平台，形成线上线下全链式联动，打造“全天候、全覆盖、零距离”项目跟踪服务。年内，长城宝马汽车、沙钢环保综合提升项目、静脉科技产业园等3个省级重大项目完成投资30.1亿元，江苏进口商品集采分销中心、冶金技术研究院等2个省级服务业重点项目完成投资32亿元，澳洋健康产业、加特可汽车自动变速箱等25个苏州市重点项目完成投资120.9亿元，港区集装箱码头改扩建工程、中科院张家港纳米产业园等14个苏州市服务业重点项目完成投资65.5亿元，华昌化工加氢新材料一期、庄信万丰等50个张家港市级重大项目完成投资143.51亿元。全年组织3次重大项目集中开竣工活动，涉及开工项目140项、总投资559.46亿元，竣工项目62项、总投资174.57亿元，签约项目13项、总投资68.48亿元。12个

2019年张家港市经济社会发展（上海）说明会　　（市发改委　提供）

民生实事项目完成投资2.7亿元,“民生微实事”项目实现区镇全覆盖。系统推进“平安电力”“优粮工程”,粮食安全责任制考核列苏州第一。高标准推进价格认定工作,积极培育“联网+价格认定”新模式,共减少工商业电费8672万元。坚持生态优先,高标准建设生态廊道,东沙化工园实现整建制关停,入选江苏省推动长江经济带绿色发展典型案例。双山岛实现岛屿生态岸线全覆盖,成为省沿江特色示范段之一。张家港湾彻底解决“临江不见江、近水难亲水”等问题。实施服务业发展基金。推进“2330”改革、基层“互联网+政务服务”建设。根据省营商环境试评价方案,制定《张家港市2019年营商环境评价指标体系和责任分工表》,高标准推进营商环境评价工作,通过提升企业开办便利度、优化工程项目许可、改进水电气接入服务、拓展不动产登记服务、全面落实减税降费政策、提升跨境贸易服务水平、改善企业融资环境、简化企业注销和破产程序等方式,打造稳定、公平、透明、可预期和市场化、法治化、国际化的营商环境,2019年高质量发展指标中营商环境考核,张家港市位列全省前5位。

对上衔接与报批 张家港市连续第3年获评中国全面建成小康社会5A+级县级城市。国泰集团、东华能源、玖隆物流、裕景泰贸易等9家企业入选2019年度全国服务业500强,入选企业数量继续位居全省县(市)前列。长城宝马光束汽车项目列入第二批国家重大外资项目。高新区获批江苏省双创示范基地。市粮食购销总公司获得省财政2019年“中国好粮油”补贴资金450万元。江苏国富氢能技术装备有限公司氢能源基础装备研发及产业化项目获得省级战略性新兴产业发展专项资金1700万元。江苏宏泰物流有限公司被认定为2019年江苏省重点物流企业。优居壹佰获评江苏省养老服务业创新示范企业,优居壹佰吉祥家园养老项目获国家城企联动普惠养老专项行动2019年中央预算内投资。电子口岸获评苏州市服务业创新示范企业。9家服务业企业入选首批张家港市小巨人培育企业,其中3家企业获评小巨人认定企业。

【物价管理】 2019年,市发改委聚焦关键领域价格改革,聚力民生价格监管服务,规范市场价格秩序,统筹做好重要商品保供稳价工作。年内,列入价格调控的主要商品价格和服务收费水平低于预期目标,完成价格调控任务。价格管理方面,贯彻“分类调控、因城施策”要求,全力稳控房地产市场价格。严格农产品平价商店准入、考核等制度,优化平价商店结构,全市农产品平价商店销售蔬菜345万千克,为市民节约开支748万元。严格按照“统筹考虑增值税税率降低因素,将增值税改革的红利让利于民”的要求,从4月1日起,调整居民和非居民管道天然气价格。分别于4月1日和7月1日两次降低一般工商业电价,全年全市可减少收费8672万元。清理规范全市转供电环节的不合理加价行为,清理涉及的转供电终端用户7286户,年用电量15955万千瓦小时。收费管理方面,落实普遍性降费政策,共减免1项、优惠1项行政事业性收费项目;放开6项、降低2项经营服务性收费,全年可减轻企业和群众负担1165万元。实施收费项目动态管理,1月,公布《张家港市主要涉农价格和收费目录(截至2018年12月31日)》。6月,会同市财政局公布《张家港市行政事业性收费项目目录(截至2019年6月20日)》。9月,梳理、公示《张家港口岸实行政府定价、政府指导价管理的进出口环节收费目录》。10月,公布《张家港市市级政府定价管理的经营服务性收费目录清单》。12月,公布《张家港市政府部门行政许可中介服务事项清单》。2月21日、9月10日,先后发文降低凤凰山、香山2家AAAA景区的门票价格。发文规定从3月1日起,延长全市实行政府定价、政府指导价的道路泊位及公共停车场免费停放时间。按照规定程序,完成教育、民政等相关收费标准备制定和调整工作。8月末,会同有关部门对保税区(金港镇)口岸收费情况进行摸底排查。排查涵盖口岸部门、码头、检疫理货、船代、货代等8个收费主体单位。成本监审调查和农本调查方面,履行成本监审调查工作职责,积极服务科学定价。全年完成成本监审9项、成本调查5项。开展秋粮成本收益预测调查及分析,针对农民节本、稳价、增收提出对策建议,为上级农产品价格管理提供科学翔实的基础数据。价格服务方面,加强全市粮油、肉禽蛋菜等与群众生活密切相关的主副食品价格监测,密切关注钢铁、水泥、木材、成品油、化肥、粮食、生猪等重要商品价格动态监测。全年搜集上报各类常规价格监测任务582篇,上报月度监测分析12篇,动态分析25篇;发布相知价格专报28期,上报猪肉价格情况专报11期;累计公示各类民生信息7.2万条。

【《张家港市融入长三角区域一体化发展三年行动方案》出台】 5月13日,《长江三角洲区域一体化发展规划纲要》由中共中央政治局会议通过,成为国家战略。江苏省、苏州市随即加快长三角区域一体化发展推进,《江苏省长三角地区一体化发展三年行动计划(2018—2020年)分解任务》《长三角地区一体化发展三年行动计划(2018-2020年)任务分解表(苏州市)》等相关文件密集出台。经市委常委会审议,7月15日,市发展和改革委员会印发《张家港市融入长三角地区一体化发展三年行动方案(2018—2020年)》。行动方案提出坚持问题导向,制定规划、交通、产业、公共服务和科技人才五位一体发展线路图,全力实施规划布局、基础设施、产业合作、科创协同、自然环境、市场环境、公共服务和推进落实共8个方面的173条具体措施,所有措施均进行任务分解,挂图作战,着力推动全市“主动对接上海,融入长三角一体化”发展具象落地。

(樊琳琳 张 芮 邵 帅)

国有资产经营管理

【概况】 2019年,市国资办围绕国资国企高质量发展,推进国资国企改革,为打造“港城发展升级版”贡献国资力量。对全市涉水资源进行优化整合，组建成立市水务集团。对全市国有优质宾馆酒店类资源进行重组整合，组建成立市酒店管理集团。拟定通洲沙西水道公司升格为一级公司重组方案。推进国泰集团整体上市。完善国资监管体制，出台市国资办26项履职事项，明确国资办与监管企业的权责边界。起草《张家港市市属国资公司人员管理暂行办法》，做好国有产权登记、资产评估等基础工作，促进国有产权规范流转，严格国有企业投资审核，推进经营业绩考评，完善薪酬激励机制。全年国有资本经营入库收益2613.33万元。至年末，全市有一级国资公司16家、二级国资公司55家，总资产2327亿元、净资产934.4亿元，实收资本233.9亿元。全年全市国资公司总营业收入531.46亿元，营业利润25.91亿元，实现净利润21.62亿元。（高洪刚）

2019年张家港市一级国资公司主要经济指标一览表

表47 单位：亿元

企业名称	资产总计期末余额	所有者权益	实收资本	营业总收入	营业利润	净利润
市给排水公司	23.98	14.28	0.45	4.82	0.36	0.28
江苏华昌（集团）有限公司	98.39	49.68	0.94	69.94	8.30	7.35
市交通控股有限公司	50.57	42.12	4.44	0.11	0.20	0.21
市沙洲宾馆有限公司	5.24	4.89	5.06	0.46	−0.19	−0.17
市金厦房地产开发公司	80.95	11.52	1.10	2.67	0.58	0.26
市城市投资发展集团有限公司	472.65	184.25	41.00	2.56	−1.56	−1.56
市暨阳湖开发发展有限公司	111.91	66.03	6.30	0.59	−1.07	−1.08
市金城投资发展有限公司	150.50	87.54	36.97	16.93	3.56	2.83
江苏国泰国际贸易有限公司	244.64	115.08	8.00	394.63	18.61	15.34
张家港经济开发区实业总公司	167.81	84.05	17.00	0.42	−0.28	−0.23
市悦丰投资开发建设有限公司	52.90	20.10	10.00	4.58	−0.56	−0.37
市金茂投资发展有限公司	46.17	17.83	8.00	1.99	0.64	0.67
市粮食购销总公司	6.38	3.43	0.20	3.11	−0.29	0.00
张家港保税区金港资产经营有限公司	493.00	164.45	70.79	28.37	3.93	3.23
市通洲沙西水道综合整治有限公司	36.13	8.35	7.20	0.12	−1.25	−0.09
市直属公有资产经营有限公司	285.79	60.81	16.45	0.17	−5.06	−5.06

【城投集团年投资15亿元】2019年，市城市投资发展集团有限公司（简称市城投集团）履行城建职责，经营管理国有资产，实现产值23亿元，资产总额535亿元。全年完成投资14.78亿元。出让土地3块，总面积13.42公顷，实现交易额22.12亿元。城东以黄泗浦生态公园及高铁新城枢纽区域建设为重点。高铁新城枢纽区建设地方配套工程地下空间项目完成主体结构验收，装饰装修工程进场。站房工程完成外立面幕墙龙骨，站房两侧综合体进入主体施工，站前路进场施工。黄泗浦生态公园项目完成4处停车场建设，共设置机动车停车位452个，许庄、南入口配套建筑年末完成主体结构，亮化、智能化及标识标牌工程年末完成60%。城北职工文体中心和国际教育交流中心竣工交付，共完成投资额2800万元。城西以基础教育等配套设施为重点。4月，实验小学西校区、梁丰初中西校区开工建设，至年末主体结构完成并拆除部分脚手架。实验小学泗港校区改造、市六中易地新建年末开工建设。泗港便民服务中心入驻中国电信、宜家生鲜超市、街角训练中心等商户15家，招商率73%。新时代精神文明实践教育基地开始方案招标等前期准备工作。安置房建设方面，范庄花苑2号楼、3号楼10月竣工交付，建筑面积1.61万平方米，其中含42套安置房。市政道路建设方面，共建设骏马大道、暨阳东路东延、科普路等15个项目，总里程13.4千米，总投资1.71亿元，年内骏马大道、金柳路竣工通车。

（姚亚运）

【金茂公司总资产增值逾10%】2019年，市金茂投资发展有限公司（简称市金茂公司）发挥市属国资公司在服务经济转型升级、维护金融生态稳定、服务社会民生事业方面的作用，至年末，公司系统总资产88.6亿元，比上年增8.6亿元，增幅超10%，投资收益率6.72%，国有资产保值增值率103.5%，入库税金5376万元，连续六年进入纳税超5000万元企业行列。全年创投、风投基金（含自主管理基金）考察项目205项，比上年增16.4%，新增投资项目13项2.79亿元，其中科创板上市项目1项。稳步推进担保企业深化改革，普惠金融占比超70%，完成金港投资担保公司2.5亿元增资，农业担保公司、机械担保公司合并重组，年担保业务额35.6亿元，在保余额33.5亿元，分别比上年增35.7%和10.9%。江苏金茂融资租赁有限公司以48亿元总资产规模列全国332家融资租赁公司第137位，重点服务沙洲电力公司、沪通铁路张家港站等地方重大项目建设，提供租赁融资5.7亿元，实现期末资产余额30.79亿元，比上年增11.4%。实施存量资产“健体提质”工程，实现各类资产租赁收益3710万元。启动工业地产提优项目1项，新增租金收益612.92万元。太平洋保险公司、市企业家俱乐部等优质客户入驻金茂大厦，大厦租售率75%。社会职责高效履行。1月18日，市第一集贸市场完成标准化改造升级后投入运营。9月6日，投资1.05亿元的世纪星汽车城二手车交易中心启动建设。年内，A19商务楼项目实现封顶，全市840吨应急储备猪肉完成储存及投放相关工作。（王炯叶）

【金城公司创造税收1.46亿元】2019年，市金城投资发展有限公司(简称市金城公司)新增投资3亿元，实现投资收益2.5亿元，上缴国资收益2082.77万元，实现全口径税收1.46亿元。至年末，公司总资产157.31亿元，净资产88.96亿元，分别比上年增17.48%和33.98%。年内，北京兴港科技咨询服务公司组建成立并开始运营，注册资本200万元。市金城公司上海沙洲企业管理咨询分公司、市金城公司南京分公司设立，为全市经济建设、招商引资、融入长三角区域一体化发展战略提供服务和保障，外联服务平台完成搭建。继续对沙洲电力公司实施应急监管，对华兴电力公司、周口隆达电厂实施延伸监管。为沙洲电力公司提供流动性救助资金2.5亿元，监管各项资金往来112.7亿元，包括代收电费等款项54亿元，支付购煤款及运费33.68亿元，支付日常经营性开支及还本付息等费用25.06亿元，推动沙洲电力公司完成对周口隆达电厂49%股权收购。出资180万元设立市扬子江配售电有限公司，占股比例9%。金城大厦完成租售3.56万平方米，租售率77.8%，入驻业主47户。沙洲湖大厦完成竣工验收，凤凰房产项目按节点实施，联合金厦房产参与高铁新城2018-B24-A地块开发，按照土地款占股30%。金城物业新开发服务项目2项。智能停车平台公司组建成立，顶层设计方案编制完成。资本运作稳健推进，参与组建深圳松禾创智基金，完成出资1000万元。推动已建基金开展项目考察，落实投资金额1亿元，其中乐鑫基金2775万元、金锦联城基金1200万元、松禾成长股权投资基金2700万元、金沙江联合三期股权投资基金2000万元、保税区芯汇基金500万元。全年考察定增项目标的企业5家，调研股权投资项目34项，成功参与二级市场增持项目3项，落实投资1.45亿元。金融业务稳步开展。江苏联嘉资产完成债务重组、配资、合作清收等项目7项，化解不良资产规模10亿元，实现利润4600万元。金城泰小贷公司投放贷款13.4亿元，实现营业收入6500万元，至年末贷款余额6.2亿元，客户存量260户。25亿元私募公司债获批，首期发行5亿元。全年新增融资担保30.53亿元，支付双山存量债务本息16亿元。民生服务稳步推进，完成居民用户天然气配套2.5万户，其中老住宅区天然气改造1.2万户，完成保税区5个老安置小区改造8000户，新增工商用户336户，销售气量5.1亿立方米。至年末，全市民用天然气配套用户30万户，点火用户21.8万户，工商业用户1722家。保税区调压站扩建工程及次高压工程主体完工，乐余高中压调压站改造竣工，实现通气。燃气客服进驻市便民服务中心，物联网表在全市推广，全年安装1.5万户。（曹网云）

【张家港产业资本中心纳税过亿】2019年，张家港产业资本中心加快推进张家港基金建设，投资力度持续加强，全年投资13个项目，拟投资金额17亿元。其中政府产业基金确定投资5个项目，拟投资金额8亿元。产业发展母基金确定投资4个子基金项目，拟投资金额7.4亿元。新兴产业引导基金确定投资4个项目，拟投资金额1.5亿元。张家港产业资本中心获评“2019第一财经年度政府引导基金TOP20”、融资中国“2019年度中国最佳政府引导基金TOP50”、《母基金周刊》“2019中国母基金TOP100”、中国母基金联盟“2019年度中国最佳市场化母基金TOP50”。培育优质税源，年内，张家港产业资本中心成功实施大宗交易创新模式，完成大宗交易2笔，投资金额9.7亿元，全年实现税收1.7亿元。加大入驻规模，至年末，产业资本中心累计引进基金、企业86家，注册资本261亿元，管理规模624亿元，入驻企业累计投资金额69亿元，其中投入张家港的项目有18项，投资总额14亿元。助力招商引资，推荐优质项目与区镇对接，其中中车氢动力、国双智数、高之仙科技等3家企业成功落地，总投资额超15亿元。服务地方经济，全年举办各类金融活动30余场，为张家港企业、投资机构提供交流平台；发挥投融资项目需求信息平台功能，累计发布投融资信息207条；会同保税区、中车产投共同投资设立中车氢能源产业投资基金，总规模18亿元，建设氢能源产业基地。运营管理不断升级，8月14日，张家港产业投资管理有限公司在中国证券投资基金业协会完成私募基金管理人备案登记，获得从事私募股权、创业投资基金管理业务资格，发起设立跟投基金张家港产业资本投资基金。管理制度不断完善，制定并下发公司内控管理制度、投资决策制度和投后管理制度等一系列管理制度，防范经营风险，完善《张家港基金专家顾问委员会议事规则》和专家库。业务流程不断规范，完善公司及其委派人员表决前审议流程，建立第三方中介机构储备库，提高决策的专业性和科学性。按照市委、市政府组建酒店集团的要求，10月，暨阳湖开发公司办理完成暨阳湖大酒店和暨阳湖茶楼经营管理权移交市酒店集团的手续。（冯忆晨）

市场监督管理

【概况】2019年，市市场监督管理局以机构职能调整为契机，围绕市委明确的改革任务和路线图、时间表，整合市场监管、知识产权保护、价格监督检查、粮食流通监督检查和参与反垄断调查等职责，按照划转职责、人员、资产移交、集中办公、组织挂牌等10个环节完成职能划转，原物价局13人和原科技局2人全部划转到位，实现交接工作平稳衔接。2月19日，市市场监督管理局(市知识产权局)挂牌。年内，张家港市作为“落实有关重大政策措施真抓实干成效明显地方”被省

市市场监督管理局（市知识产权局）挂牌　（市市场监督管理局　提供）

政府表彰，市市场监督管理局获评江苏省文明单位、省公共节能示范单位、市级机关单位绩效考核突出贡献奖。

合同管理　3月，根据省市场监督管理局和苏州市场监督管理局要求，联合市住建局燃气办对全市燃气、液化气和工业燃气供应公司进行约谈，共同推进供用气合同示范文本推广工作。4月，牵头联合市教育局、市民政局，开展《江苏省校外培训机构培训服务合同（示范文本）》推广工作。开展苏州市"守合同重信用"申报工作，鼓励各类市场主体加强自身信用建设，推行企业主动承诺制度，率先在产品服务质量、食品安全、安全生产、劳动保障、环境保护、公共资源交易等领域实行公开承诺，公开声明产品服务标准和质量，接受社会监督。共向苏州推荐企业参评148家，通过部门征询109家。

商标和广告管理　组织20家出口品牌企业参加马德里商标国际注册培训，年内新增马德里商标国际注册申请18件。全市新增商标申请5971件、商标注册5862件，累计注册商标30728件，其中中国驰名商标20件、地理标志证明商标2件。每月对有互联网主页的企业进行监测排查，重点排查广告违法导向性问题。对金融类广告进行专项排查，并持续监测电台、电视台等媒体广告。通过对市广告协会、广告经营单位、社区等开展走访送法活动、与广告经营者签订广告经营承诺书、赠送广告相关法律书籍等方式宣传《中华人民共和国广告法》《江苏省广告条例》等相关内容。履行广告监管职能，开展校外培训机构广告、金融广告、房地产广告、虚假违法广告专项整治，排查清理网络平台涉嫌非法金融资讯信息。加强执法检查，打击违法广告，查办各类违法广告案件124件，罚没232.51万元。

特种设备安全监管　年内，为浦项（张家港）不锈钢股份有限公司、华昌化工股份有限公司、沙洲职业工学院等15家企业及院校开展特种设备安全教育培训，培训1600人次。3月至11月，实施特种设备安全大排查大整治工作，坚持每天汇总检查数据，每月汇总隐患情况，形成特种设备行政执法、投诉举报、严重隐患3本台账。共检查特种设备使用单位7125个次，检查在用特种设备39571台，发现隐患534条，消除隐患497条，集中公告注销特种设备2210台，查封、停用310台，开具特种设备安全监察指令书237份，拆除土制吊笼203台，整治无证叉车408台，全年立案74件，罚没款253.78万元。

药品、医疗器械安全监管　完成受理执业药师注册300份，受理并办结药品经营许可筹建35家，核发36家，变更166家，换证160家，注销19家，受理并办结GSP认证申请100家，变更36家；办理外市中药材及中药饮片销售企业登记备案12家。办理第二类医疗器械经营备案首次备案98家，变更备案134家，取消备案8家；办理第一类医疗器械生产企业首次备案13家，变更备案36家；受理并办结第三类医疗器械经营许可申办62家，变更54家，延续7家，注销62家；办理医疗器械网络销售备案首次备案36家，变更备案31家；办理医疗器械出口备案产品61种。开展医疗器械贸易集聚区现场验收及发证工作，共进行10次集中体系考查，完成现场验收10批，共验收50家，发证50家。开展药械保化大排查，对疾病预防控机构、接种单位联合检查92家次，清点报废疫苗3089支，报废疫苗均隔离存放。对零售药店与药品批发企业麻醉药品、精神药品、含特殊管理药品复方制剂进行专项检查，检查零售药店439家次、药品批发企业4家次、医疗机构59家次，排查出风险隐患49项，下达当场行政处罚8家，发放责令改正通知书19份，立案33起。开展保健食品非法添加、非法宣传专项检查，检查保健食品生产企业2家次，保健食品经营企业20家次，未发现产品标签、说明书存在虚假夸大宣传现象。开展保健食品营销企业、权健类产品等专项检查，将群众反映度较高的11家经营企业及21家权健类产品经营企业列入重点检查名单，对产品质量、进货渠道、宣传情况进行全方位检查，共查单位51个，出动检查人员167人次，开展进社区宣传5次。开展中药饮片质量集中整治活动，检查经营中药饮片的批发企业2家、零售药店306家、使用中药饮片的医疗机构9家，发现缺陷问题78项，发出限期整改通知书10份，变更经营范围2家，立案查处18家。开展药品零售企业执业药师"挂证"行为整治，开展《张家港市药品零售企业及其注册执业药师清单》网上公示、组织全市零售药店针对执业药师配备不到位、不凭处方销售处方药等问题开展自查，380家药店均完成自查自纠。开展医疗器械"清网"行动，检查医疗器械网络销售企业5家次，发现未按规定在产品页面展示医疗器械产品注册证或备案凭证2家次。开展化妆品"线上净网、线下清源"专项检查，出动检查人员302人次，核查化妆品网络销售单位157个次，26个网络销售单位无法联系，清查问题产品信息56条。完成药品不良反应（ADR）、不良反应监测及非特殊用途化妆品备案工作。全年完成药品不良反应报表初审1124例，其中新的严重的329例；完成化妆品非特备案审核103例，变更审核15例，注销审核9例，继续生产审核1例。开展高风险医疗器械专项检查，结合青少年视力矫正专项整治，从严打击无证经营三类医疗器械的行为，针对眼镜店无证经营、医疗机构眼视光仪器规范使用、虚假夸大宣传等情况，严格执行硬性角膜接触镜（OK镜）的准入要求，杜绝无证验配OK镜行为。

【食品安全监管】 2019年，市市场监管局持续开展食品安全示范城市区镇达标评估三年行动，所有区镇提前一年通过验收，建成省级餐饮示范街区1个、苏州示范街区4个，省级示范餐饮店50家、苏州市级示范小作坊22家。关注“一老一小”食品安全，全市20家养老机构、160家学校食堂实现日常监管全覆盖、“明厨亮灶”全覆盖、食品安全责任险全覆盖，全市学校食堂量化评级优秀率89.4%，良好率100%。坚持风险管理预防为主方针，对所有食品生产经营单位实行风险分类分级管理，排查整改各类风险隐患1704条。完成法定抽检7898批，快速检测11941批，总体合格率98.5%。将食品安全“智慧化”社会共治防控平台建设列入政府实事工程，572家商业集中区餐饮店、重点食品生产经营单位、学校食堂接入“互联网+明厨亮灶”平台，实现食品加工过程“公开化、透明化、可视化”。突出机制创新，结合全省创新网格化社会治理机制“一张网”建设要求，率先把食品监管纳入全市综合治理大网格，逐步实现食品安全治理平台与区镇综合治理平台的有效衔接。出台《张家港市学校食堂记分管理实施方案（试行）》，参考驾驶证记分规则，推进记分制度落地，校园食品安全“五防法”（一查、二看、三记分、四陪餐、五保险）措施得到上级肯定。

【市场主体事中事后监管】 2019年，市市场监管局在全省率先开展双随机抽查指引制定工作，受到上级部门充分肯定。2019年，制定双随机工作计划8个，检查对象2012户；执行上级制定的双随机任务6个，检查对象1665户。严格按照清单所列检查事项实施，对同一单位涉及多个检查事项的，做到“一次上门、全面体检”。制定并下发《清理吊销长期停业未经营企业工作手册》，明确吊销对象，规范吊销流程，联合税务部门，清理吊销494户长期停业未经营市场主体。开展棋牌室证照专项整治工作，检查各类棋牌室1100余户，责令整改22户，责令关停10户，下发责令改正通知书321份、提示书89份，立案调查9件。开展校外培训机构暑期专项整治行动，检查各类校外培训机构523家，发现涉及广告、价格、食品安全、侵犯消费者个人信息等领域违法行为72项，立案查处20件，抄告教育部门违法线索13件。

【市场执法与维权】 2019年，市市场监管局以民生领域为重点，深度聚焦重点行业乱象治理。全年办结违法一般程序案件997件，比上年增11.2%，罚没入库1699.98万元，比上年增55.8%，涉嫌犯罪移送公安机关案件20件。查办汉酶生物商业秘密侵犯案、百禾医药门店无证销售药品案、河南安德利公司非法改造行车案等一批重大违法案件。5月，开展打击侵犯公民信息执法行动，查处违法案件38件，清理违规收集的个人信息10.7万条。10月，开展成品油走私专项整治行动，查扣涉嫌走私以及质量违法油品4565吨，货值2100余万元。全面落实投诉举报5线整合后“12315”和“12345”的处置规范，强化业务培训，数据准确率、按时办结率明显提高。全年共接投诉2515件、举报1904件、咨询2535件，为市民挽回损失119万元。开展“信用让消费更放心”主题活动，培育诚信企业，7个单位获评苏州市消保委系统“零投诉企业”称号，9个单位获评省级放心消费创建示范（先进）单位。

【创新创优服务行动】 3月起，市市场监管局开展“六大服务行动”，支持民营企业发展，全力服务“招商突破年”主题。开展百名干部进千企“添翼”行动，结合区镇板块产业特点和招商重点，开展班子成员对百强企业、科室联动条线企业、分局包干属地企业实地大走访大调研活动，围绕商事制度改革、营商环境、质量提升、知识产权保护、融资、安全生产六方面内容，了解企业需求，协调化解企业困难，宣传惠企政策，帮助企业量身定制解决方案，共发出政策大礼包1300份，搜集意见建议559条，为345家企业解决问题463个。开展便企惠企助企“阳光”行动，推进商事制度改革，提升准入许可便利度。全年优化准入管理2250件，惠及企业2041家，集聚区入驻三类医疗器械批发企业51家，计量器具强制检定免收鉴定费721.75万元。免费开放仿真、微损检测实验室，为企业提供质量检测和技术服务。检验起重机、电梯、厂机28363台，相比原收费标准为企业节约402万元。开展企业技能人才培养，进行各类考试102期，取证2.75万人，复审7350人次。开展质量提升“领航”行动，启动全市纺织行业质量提升行动，开展纺织行业质量提升微创新成果竞赛。澳洋纺织、龙杰特纤、金陵纺织等9家企业10项成果案例入围决赛。围绕全市重点发展的光学膜、锂电、高端装备制造等新兴产业，培育标准领跑者，申报省级标准化试点2项、省地方标准3项。开展知识产权“护航”行动，开展知识产权大数据预警监测和服务，发现近似商标1388条，涉及企业80家，发放预警文书169份。对张家港农商行、富瑞特装、华芳集团、易华润东新材料等18家企业开展现场行政指导。加大知识产权执法检查力度，查处商标侵权案件55件，罚没款350.79万元。开展企业融资“助力”行动，用活动产抵押、知识产权质押、“诚信贷”“信用贷”等扶持政策。依托报纸、电视台、微信公众号等载体开展动产抵押政策宣传和解读，引导企业通过动产抵押登记盘活存量资产。推动业务网上办理,实现动产抵押登记便利化。向银行和担保公司推荐优秀企业,定期召开"银企对接"洽谈会,搭建融资交易平台,年内办理动产抵押登记218件,帮助企业融资60.72亿元。开展维护市场秩序"亮剑"行动,落实"十大重点专项检查",开展知识产权保护、玻璃产品生产企业、装饰建材等专项执法行动,打击虚假违法广告,集中整治侵权假冒、虚假宣传、违规促销等违法行为。

【市场规范化建设】2019年,市市场监管局推进市场规范化建设。针对城北菜场设施陈旧,供电、供水、排污问题突出,周边交通拥堵等情况,推进城北菜场"农改超"(农贸市场升级为生活超市),提升周边居民购物体验。该项目2月14日开工建设,4月27日建成投用。跟进市第二集贸市场(暂定名)新建,该项目坚持"硬件设施完善先进、软件管理全面规范、消费环境洁美舒适"的高标准高定位,5月18日开工建设,年内主要推进土建工程。推进城区集贸市场雨污分流及垃圾分类工作。5月,城区12家集贸市场垃圾分类工作实现全覆盖。11月,花园浜市场、暨阳菜场雨污管道基本勘察结束,待合理询价后即行改造施工,其余市场年内按照要求稳步推进。

【提升依法行政水平】2019年,市市场监管局整理编制《市场监督管理常用法律法规汇编》电子版,内容涵盖工商、质监、食药监、价格、知识产权、盐业等执法领域,为执法人员全面了解和准确适用市场监管法律法规做好保障工作。修订市市场监管局《行政处罚案件集体审议工作暂行规定》,保留案审会制度,完善案件初审、复审机制,规范案件审核流程。年内共对196件处罚案件进行初审,提出初审意见852条;组织召开25次案审会,对208件处罚案件进行审议。注重事前事中介入,加强疑难问题研讨和新型问题研究,对分局日常监管执法中遇到的新型、复杂、疑难问题,会同相关业务科室、执法大队研究讨论,同时加强与苏州市市场监管局、张家港市司法局、张家港人民法院等部门的交流与沟通,服务基层执法。围绕证据规范、程序要求、文书制作、档案管理等环节开展案件评审"回头看",强化执法监督,着力提升依法行政水平。（刘彦庆）

质量管理与检验检测

【概况】2019年,张家港市全面落实质量提升三年行动计划,开展质量标杆培育,2家企业获评张家港市市长质量奖,2家企业获评张家港市质量管理优秀奖,6家企业获评2019年度苏州市质量奖,1家企业获评苏州市市长质量奖,1家企业获评苏州市质量管理优秀奖,19家企业获评省工业企业质量信用A级企业。强化产商品监督抽检,全年监抽714批,总量比上年增77.6%,消费品抽检数量比上年增近3倍。强化行业集中治理,围绕儿童学生用品、特种劳动防护用品等与市民生活联系密切的重点产品开展专项整治。年内开展各类专项整治12次,检查相关重点生产经营单位640余个,抽检重点产品230余批。建成"质量共享空间"线上+线下双轨企业服务平台,提供奖励政策查询、免费标准查新、在线视频培训等服务,建成标准查新工作站1个。落实质量激励政策,向企业兑付质量提升资助854万元。与上海嘉定区签订两地市场监管服务一体化区域合作协议,初步建立《嘉张两地重点商标保护名录》,纳入重点商标184件。

【标准化工作】2019年,市市场监管局组织申报和实施标准化试点建设和地方标准项目。12月,江苏善港生态农业科技有限公司"蔬菜生产标准化试点"项目以96分通过省级专家组验收。完成江苏多佳维空调系统有限公司"空调后市场服务标准化试点"、市市场监管局"县级市场监督监督管理局监管和服务标准化试点"2项省级标准化试点项目,市市场监管局申报的标准化试点项目获得立项。继续启动技术标准战略资助工作,年内有43家企业参与制订国家标准31项、行业标准33项、省地方标准2项,资助金额563万元。联合市燃气办、市检验检测中心及3家液化石油气充装企业研究制定液化石油气净含量计量检验规则团体标准,对瓶装液化石油气充装净含量的技术要求及其检验方法进行明确。

【计量工作】市市场监管局统筹社会公用计量标准建设,在原有112项社会公用计量标准基础上,完成17项社会公用计量标准和15项企业最高计量标准到期考核工作。针对涉及民生计量器具检定的新形势新要求,新建数字温湿度计检定装置、定碳定硫分析仪检定装置、开口闭口闪点仪校准装置等3项社会公用计量标准。3月,获得冷水水表计量标准授权,作为全市最高社会公用计量标准,开展冷水水表检定工作。联合市检验检测中心组织参加光照度计检定装置、化学需氧量测定仪检定装置、扭矩扳手检定装置、工作用玻璃液体温度计检定装置等计量标准器具量值比对工作。5月,结合"世界计量日"活动,开展计量科普宣传、计量公益检测进社区等活动。督促液化石油气充装企业落实明码标价、计量器具检定、设立公平秤、钢瓶张贴充装量标签等措施,年内抽检76批,结果均符合要求。组织开展民用三表;"呵护眼睛,光明未来"眼镜制配行业;加油机计量模块;汽车用润滑油定量包装商品等计量专项检查。打击超市、餐饮店、水果店、眼镜店等场所使用未经强制检定的计量器具和破坏计量器具准确度的计量违法行为,查处计量违法案件22起、没收电子计价秤9台。全年培育13个单位参与诚信计量示范单位创建,开展现场检查指导,明确具体要求,保证创建质量。对接协调省计量院、苏州市计量测试学会、江苏健安技能培训有限公司,组织3期共212人次的企业计量人员培训。

【检验检测】2019年,市检验检测中心完成各级政府交办的食品、农产品、工业产品监督检验检测任务2592批。其中,苏州市食品安全委员会监督抽检及风险监测647批,不合格6批,阳性率1%;张家港市食品安全委员会监督抽检1568批，不合格47批，阳性率3%。完成全市强制检定计量器具检定58995台件，4月末实现中心计量信息系统与国家强制检定工作计量器具管理系统数据对接。配合市市场监督管理局开展液化气充装量、眼镜店计量器具等监督抽检任务。为政府部门履职提供技术支撑，4月初，为急需权威技术部门对涉案地磅进行检测的三兴派出所，以最快速度安排现场检测并出具相关报告。10月17日，配合市市场监管局和张家港海事局对涉嫌走私成品油进行应急抽检，并于当晚出具检测结论。全年完成企业委托的检验检测服务共211268台件。能力建设得到提升，中心以满足政府监督抽检任务需求为目标，重点做好农产品项目检测参数拓展，顺利通过CATL和CMA资质扩项评审，新增食品、农产品参数101项，并通过省农业农村厅、市食品安全委员会组织的农药残留、兽药残留盲样考核。新增定碳定硫分析仪检定装置等3项计量标准，并申报里氏硬度计、表面粗糙度仪2个国家级计量比对项目，压力变送器和数字指示秤2个省级计量比对，参加在线COD测定仪、扭矩扳子、光照度计和工作用玻璃温度计4个苏州市级量值比对，测量结果均准确可靠。组织人员参加技术交流培训活动，共参加能力验证31项，组织内审员、规程宣传贯彻、仪器操作、农产品检测等方面外部培训24人次，仪器维护、检测技能交流、标准宣传贯彻等方面内部培训58人次。联合中国测试技术研究院为张家港富瑞氢能装备有限公司生产的加氢机提供实验数据，做好制定国家计量检定规程前期准备工作，提升氢能装备检测领域影响力。中心作为主要起草人制定的团体标准《瓶装液化石油气充装净含量检验规则》于12月发布。

【产品质量监督】 年内，市市场监管局以做好全市产商品监督抽查工作为立足点，同步结合对国家、省、苏州市各级产品质量监督抽查活动工作的落实，及时掌握全市产品质量动态，筑牢质量安全防线。全年监督抽查714批，抽检品种涵盖日用消费品、重点工业产品以及特色产业产品等各个门类，总量比上年增77.6%，消费品抽检数量比上年增近3倍。围绕重点工业产品、儿童学生用品、特种劳动防护用品等产品开展专项整治。在重点工业产品质量安全专项整治中，对相关产品销售单位率先探索实施“双随机”检查方式。整理相关单位3000余个，依托省市场监管局“双随机”系统，以3.5%的抽查比例，对97个销售单位组织开展专项检查。在儿童和学生用品安全守护行动中，结合全市产商品质量监督抽查计划，以校园周边商店超市为重点，秋季开学等关键时间为节点，分两次部署完成儿童玩具和学生文具用品的质量安全抽检共70批。在特种劳动防护用品专项抽检中，组织开展对梁丰五金机电城、香港城小商品市场等特种劳动防护用品批发集散地集中执法检查，并同步进行产品质量安全抽查，集中检查相关经销单位30余个，查获2个涉嫌销售过期以及伪造生产日期安全帽产品的经销单位，现场查扣问题安全帽135个。在认证检测行业专项整治行动中，出动监管人员60余人次，对24家获得资质认定的检验检测机构展开拉网式检查，检查领域横跨机动车检验、机械、建工建材、食品、疾控、司法鉴定、环境等各行业，发现相关问题221条，9家机构责令改正，7家机构责令整改。全年共组织完成检查相关重点生产经营单位640余个，抽检重点产品230余批。（*刘彦庆　杨志伟*）

知识产权保护

【概况】 2019年，市市场监督管理局围绕全面建设国家知识产权示范市，加快适应机构改革后工作新局面，快速健全知识产权工作体系，调整成立市知识产权战略实施联席会议，印发《关于加强知识产权培育工作的通知》，推动维权援助分中心实体化运行。结合“添翼”行动走访企业900余家，组织专家指导5家企业应对纠纷，专题开展高新技术企业知识产权维权能力培训，累计培训400余人。加强日常执法保护，通过“双随机、一公开”监督检查开展专利真实性检查，累计查办商标侵权案件55件，罚没350.79万元。建立知识产权预警服务机制，以全市高知名品牌为重点监测对象，结合大数据分析帮助企业开展风险预警监测，共发现近似商标1388条，涉及企业80家，其中高风险近似商标169条、低风险近似商标1219条，发放近似商标及商标到期预警提醒224份，实地走访重点企业9家。主动融入长三角一体化发展，与上海嘉定市场监管局签订知识产权区域品牌保护合作备忘录，初步建立《嘉张两地重点商标保护名录》，共纳入重点商标184件。全年全市新增专利申请11843件，其中发明专利申请3318件；新增专利授权5766件，其中发明专利授权640件；申请国外专利（PCT）76件；万人发明专利拥有量47.37件，比上年增12%。新增商标申请5971件、商标注册5862件，累计拥有有效商标30728件。江苏新美星包装机械股份有限公司、江苏海狮机械集团有限公司、澳洋集团有限公司被认定为国家知识产权示范企业，江苏澳洋纺织实业有限公司、江苏沙钢集团有限公司、江苏启能新能源材料有限公司被认定为国家知识产权优势企业，国家知识产权示范和优势企业累计18家。新增江苏省企业知识产权战略推进计划1项，累计15项；新增苏州市企业知识产权登峰行动计划1项；新增苏州市企业专利导航计划8项，累计36项；新增江苏省企业知识产权管理标准化示范创建备案单位27个，累计206个。新增中国专利优秀奖5项，累计35项，累计数位列苏州市第一；新增苏州市优秀专利奖二等奖4项，累计27项。新增专利执行保险48笔。举办知识产权工程师、知识产权维权等培训活动，新增知识产权工程师113人，企业参训人员累计超500人；新增省知识产权工程师中级职称13人。

【新增中国专利优秀奖5项】 年内，市政府积极发动全市企业参与中国专利奖的申报工作，鼓励有条件的

2019年张家港市各区镇专利申请、授权情况表

表48　　单位：件

区镇名	申请情况		授权情况	
	专利申请	发明申请	专利授权	发明授权
保税区（金港镇）	1896	657	1062	158
经开区（杨舍镇）	3834	1172	1879	248
冶金园（锦丰镇）	1512	466	742	75
塘桥镇	1055	200	420	26
乐余镇	1047	173	555	23
凤凰镇	919	214	414	28
南丰镇	792	264	298	41
大新镇	440	109	247	32
常阴沙现代农业示范园区	348	63	149	9
合　计	11843	3318	5766	640

单位通过行业协会或者院士推荐参评，江苏长园华盛新能源材料有限公司“高纯氯代环状碳酸酯的制备方法（ZL200710171102.X）”、江苏固耐特围栏系统股份有限公司“防撞平移门（ZL201220240391.0）”、华灿光电（苏州）有限公司“一种发光二极管外延片及该外延片的生长方法（ZL201510141885.1）”、江苏宏宝锻造股份有限公司“一种高效去除汽车发动机连杆表面液体防锈油的装置及其除油工艺（ZL201610739242.1）”、杰华特微电子（张家港）有限公司“纹波消除电路及LED控制电路（ZL201610985139.5）”等5项专利获评第二十届中国专利优秀奖。

（刘彦庆）

审　计

【概况】 2019年，市审计局完成财政审计项目7项、经济责任审计项目18项、专项审计调查2项，审计发现问题105个，出具审计决定书2份，出具审计移送书3份，移送审计线索5条，查出管理不规范资金33.4亿元、违规金额17万元，提出审计建议112条。基建工程项目初审定案数89项，初审送审金额7357万元，初审核减614万元，初审核减率8.34%。复审项目135项，送审金额13.04亿元，复审后净核减3129万元。市审计局获评省审计机关先进集体、省级文明单位。

财政审计　从预算法执行、体制机制完善角度开展财政同级审。推进审计全覆盖，对332个部门单位（其中纳入市本级财政预算管理的281个）预算编制、执行、资金支付等情况进行全覆盖审计，部门预算执行审计反映的问题涉及104个部门单位，筛选9个单位进行重点延伸审计，查找出公务费用报支、管理上存在的问题。对市国资办监管的12家一级国资公司近三年的运行情况开展专项审计调查。对工商管理信息系统开展专项审计，指出信息系统建设维护、使用、安全、机房管理以及工商业务管理等方面的问题。审计工作报告反映问题56个，市人大常委会以“全面客观、定性准确、重点突出、反映问题切中要害”肯定同级审报告。审计工作报告中反映问题得到有效整改，促成出台或修改制度15个。

经济责任审计　印发《张家港市镇（区）党政主要领导自然资源资产离任审计办法》，完善评价指标和内容。联合市纪委监委，进行政治生态监测。经济责任审计项目还嵌入稳岗支持政策、地方政府债务和隐性债务相关政策、降费政策落实情况等审计重点。针对一村书记涉嫌购买村集体生产用房，违规获取拆迁补偿，市审计局及时向市纪委监委出具审计移送书。根据审计移送书线索，该人被追究刑事责任。参与审计的昆山开发区领导干部经济责任审计项目查出管理不规范资金8.6亿元，促使昆山开发区社会事业管理局追回多发放的民政补助资金19.58万元。根据审计建议，昆山开发区纪委对相关人员党纪政务立案处理7人，第一种形态11人。

工程审计　推进投资审计向审计监督职能转型，开展市城投集团工程建设管理情况专项审计调查，重点关注工程建设相关内控制度的制定及执行情况、建设程序执行情况、现场管理情况及项目资金使用管理情况等，促使该集团出台《建设项目工程签证管理办法》《建设项目工程变更管理办法》《工程造价审计工作考核办法》等3项内控制度。加强对重大公共基础设施工程的审计监督，重点对港丰公路快速化、疏港高速互通节点改造工程、五棵松路新建工程、镇山大桥

市委审计委员会第一次会议　（市审计局　提供）

工程、香南西路工程、柏林路南横套河桥工程、市看守所建安工程等重点项目开展造价审核。

条线项目 根据上级审计机关统一部署，对乡村振兴、隐形债务化解、减税降费、清理拖欠民营企业中小企业账款等重大政策措施的具体部署、执行进度、实际效果情况进行审计。抽调10名业务骨干对太仓市乡村振兴相关政策和资金开展交叉审计，梳理出相关政策和资金、惠农财政补贴“一卡通”、村级“三资”、经济薄弱村帮扶等4个方面16个问题。根据清理拖欠民营企业中小企业账款要求，对部门单位应退未退民营企业中小企业保证金进行核查，在审计督促下2个单位应付民营企业3笔保证金清退完毕。审计时效性和质量均得到上级机关充分肯定。

【两项审计办法出台】 2014年张家港市率先在全国县级市中出台《镇（区）党政主要领导生态环境责任审计办法（试行）》和配套文件。2017年对原评价办法进行修改完善，量化采集指标。2019年，市审计局牵头对涉及的审计名称、审计评价和8项指标进行修改完善，形成《张家港市镇（区）党政主要领导自然资源资产离任审计办法（审议稿）》。10月22日，市委办公室、市政府办公室下发该办法。12月17日，市委审计委员会出台《张家港市审计整改工作办法》。结合审计整改销号制度的具体操作要求，该办法对审计机关、被审计单位及相关部门单位在审计整改工作环节的各自职责及程序作出规范，同时还强化责任落实和责任追究，强调审计整改成果的运用，为加强审计整改工作提供有力的制度支撑。 （陆 维）

统 计

第四次全国经济普查登记 （市统计局 提供）

【概况】 2019年，市统计部门学习贯彻国家统计方法制度，深化统计基层基础建设，组织城乡居民收入分配与生活状况调查等专项调查，执行联网直报各项规定，按时完成各项年定报任务，如期公布各项统计资料。年内，市统计局获评市级机关绩效考核优胜贡献奖，获全省县级统计规范化建设“十佳单位”称号。

统计监测 围绕“高质量发展”监测，牵头举办“高质量发展监测评价考核专题讲座”，主动对接相关部门协同推进。围绕GDP运行监测，建立部门联席会议制度，做好趋势性分析。围绕先行指标和热点问题，开展化工行业、科技创新企业、服务业企业、中美贸易摩擦对全市相关企业影响等专项调研，研判经济走势。上线张家港统计宏观数据系统。在全市创新型城市创建、百强县评比、中小城市测评等多项活动中，整理提供100余项统计数据。全年撰写各类统计分析报告20余篇，统计信息、动态信息300余条，按季度召开新闻通气会。

依法治统 制订《全市统计法治工作要点》和《统计行政执法检查计划》，部署全年统计法治工作。通过江苏省统计依法行政管理系统“双随机”平台，随机抽取冶金园（锦丰镇）、南丰镇、凤凰镇作为“双随机”检查地区，对统计行政执法全过程进行记录。对“四上”企业（规模以上工业企业、资质等级建筑业企业、限额以上批零住餐企业、国家重点服务业企业）开展法律法规知识宣传培训，将统计法律法规纳入党校、行政学院领导干部教育培训的必修课。结合第四次全国经济普查宣传，联合云盘等社区，开展《中华人民共和国统计法》《统计法实施条例》主题宣传。

统计基层基础建设 年内通过告知500家、辅导50家、提示2000余家次、约谈5家企业，规范全市“四上”企业统计基础工作。实时更新“四上”企业统计人员名录库，并开展统计业务培训和继续教育工作。培育和树立镇、村、企三级统计基层基础建设示范点，17个村（社区）获评全省村（社区）统计规范化建设“千佳单位”。

【第四次经济普查工作展开】 年内，全市第四次全国经济普查工作有序展开。做好业务培训，召开普查指导员普查员、个体户抽样、代理记账公司、市级机关事业单位和教育卫生系统相关单位等类型专题业务培训，提升普查员和普查对象业务素质。抓好登记进度，建立进度通报制度，定期向区镇通报单位、个体户调查登记进度。完成4.92万个单位和3974户个体户样本登记、审核、验收工作，把好数据质量，严格遵守普查方案，对上报平台的数据及时审核，对上级下发的查询认真核实，对容易漏报、错报的指标重点关注，保障普查数据质量。

（钱 莉）

【编辑 朱永平】

科学技术

Science and Technology

8月13日，市创新发展（北京）投资推荐会　（市科技局　提供）

科技创新

科技载体

科技人才

高新技术产业

科技项目

科技成果

科普工作

气象科技

张家港年鉴（2020）

扫码欣赏

创新张家港
永远在路上

科技创新

【概况】 2019年，张家港市委、市政府出台《张家港市高质量发展产业扶持政策意见》，制定实施《创新型县（市）建设方案》《关于推进创新驱动三年行动计划2019年重点工作的意见》，启动《对接上海科技创新三年行动计划》调研，首次建立创新工作例会制度，市政府主要领导召集创新工作例会4次，会商讨论创新型县（市）建设等重要议题16项。7月19日，科技部农村中心在张家港市召开县域创新发展座谈会，交流创新型县（市）建设经验。市财政科技支出15.4亿元，占市级财政一般预算支出的6.85%。净增高新技术企业110家，比上年增69.23%。全社会研发投入占地区生产总值比重达到2.95%，高新技术产业产值占规模以上工业总产值比重达到34.9%。新增省众创空间7家，累计21家；新增省工程技术研究中心6家，累计113家；新增省企业研究生工作站8家，累计303家；"十大新型研发机构"建成运行9家。新增国家"万人计划"人才1人、省"双创计划"人才20人、"姑苏计划"人才31人，引进外国专家102人。全市新增省科学技术奖5项，其中二等奖1项、三等奖4项，累计114项。新增产学研合作项目240项，新建成各类政产学研联合体48家，在张家港产学研综合信息平台上累计发布技术成果1340项、企业需求239项。8月，第十一批"科技镇长团"结束挂职。挂职期间，促成签订产学研合作项目30项，合同金额2350.7万元。张家港市位居"全国科技创新百强县市"同类城市第一方阵、长三角县域城市创新投资竞争力30强第二名，获苏州市创新发展专项考核二等奖。

【科技·人才活动周】 6月29日至7月19日，以"让科学走进生活，让创新点燃梦想"为主题，市委、市政府主办2019年张家港市"科技·人才活动周"。其间，举办开幕式、长三角一体化港城创新发展研讨会、长三角区域一体化发展战略专题讲座、长三角一体化上海科创资源对接会、张家港市集成电路与产业发展大会、第二届中国氢能燃料电池高峰论坛、第二届先进激光制造产业发展大会、院士专家联手进校园活动、"十佳职工科技创新之星、十大职工科技创新金点子企业创新经验交流会"、科技展馆联盟、科技进社区等活动15场。上海—张家港技术转移协作中心、中国科学院EDA中心张家港分中心、长三角一体化集成电路产业合作孵化基地（上海工研院张家港磁传感器创新中心）等3个长三角一体化重大创新平台集中揭牌，氢能院士工作站、航海导航设备及ARPA雷达项目等13个创新发展重点代表性项目集中签约，63家（人）次先进受到表彰。有60位嘉宾作专题报告，推介项目200余项。

【全市科技创新大会】 9月29日，市委、市政府首次召开全市科技创新大会。大会以全国创新型县（市）建设为主题，突出企业创新主体地位，部署全市科技创新工作，推进全市高质量发展。各区镇、各部门主要负责人，科技企业、科技载体、科技中介机构负责人共500余人参加大会。与会人员集中观看科技创新专题片。保税区（金港镇）、经开区（杨舍镇）、高新区、市科技局等作表态发言。张家港市计划每年新增有效高新技术企业超过100家，到2021年，每万家企业法人中高新技术企业数160家，力争规模以上工业企业研发经费支出占主营业务收入比重达到1.45%、全社会研发投入占地区生产总值比重达到2.95%、规模以上工业企业中有研发活动的企业数占比达到95%，累计建成省级以上研发平台600家以上。

【市创新发展（北京）投资推介会】 8月13日，为全面展示张家港经济社会发展成果，推进北京和张家港两地产业协同、创新协作，以"聚力创新，筑梦港城"为主题，市委、市政府在北京举办2019年张家港市创新发展（北京）投资推介会。清华大学副校长、中国工程院院士尤政，市领导、各区镇和市级部门主要负责人以及国内大型企业集团、产业化招商项目、专业机构、科技型企业、高校院所的嘉宾共260余人参会。对接会期间，签约战略合作、产业、人才等23个项目，总投资超100亿元，有24个项目参与电子信息、新能源、智能制造3场路演。

【企业科技创新积分管理】 2019年，根据《张家港市企业科技创新积分管理办法》《张家港市企业科技创新积分管理计分标准（2018年修订）》，市科技局、财政局联合发文，对江苏永钢集团有限公司、江苏富森科技股份有限公司、江苏沙钢集团有限公司、江苏新美星包装机械股份有限公司、华灿光电（苏州）有限公司、江苏金陵体育器材股份有限公司、江苏

6月29日，市科技·人才活动周开幕式 （市科技局 提供）

索尔新能源科技股份有限公司等获得2018年度科技创新积分的976家企业进行资助，涉及55218个创新积分，按照每分2000元的资助标准，共资助1.1亿元。该项举措通过归并整合分散在发改、科技、工信、人社、人才等7个部门的12项相关政策、117个项目，实现创新政策“一本通”、财政扶持“一账清”，提高了财政资金使用效率。企业通过“企业科技创新积分管理平台”网上提交申报材料，不需提交纸质材料，节省企业时间和精力。政策实施后，企业积分年均增长14%，体现创新效益的高新企业、研发投入、知识产权等积分年均增长34.5%至102%。100%的大中型工业企业和规模以上高新技术企业建有研发机构，95%的规模以上高新技术企业开展产学研合作，92%以上的专利申请及授权出自企业，90%的科技人才企业有研发投入。积分管理实施4年中，累计4158家次企业兑现积分178529.05分，兑现奖励资金3.57亿元；有133名企业人才购买“人才房”，累计发放补贴款近4000万元。有32家次年度积分排名前列的企业被授予“科技创新标兵企业”，在全市企业中掀起“大企业看排名、小企业看资助”的创新热潮。科技部领导对市企业科技创新积分工作经验给予肯定，拟在全国高新区和创新型县（市、区）两个层面试点推广。11月，为进一步提升企业科技创新积分管理成效，继续探索更多全国首创经验，市科技局起草《关于开展企业科技创新积分管理工作的意见》。（韦慧杰）

科技载体

【概况】 年内，张家港市新增省级众创空间7家，列全省县市区第一，新增张家港市级众创空间7家，张家港市级以上众创空间累计30家，其中国家级2家、省级19家。张家港市高新技术创业服务中心在国家级科技企业孵化器考核评价中获评优秀，全市3家科技企业孵化器在省级科技企业孵化器绩效评价中获评优秀，5家科技企业孵化器在苏州市科技企业孵化器绩效评价中获评优秀。新增苏州市新型研发机构A类1家、B类1家。新增省企业研究生工作站8家，累计303家。新增省工程技术研究中心6家，累计113家。新增苏州市工程技术研究中心19家，累计323家。新增张家港市企业研究院2家，累计14家。新增张家港市工程技术研究中心25家，累计303家。至年末，全市累计建有省级以上科技企业孵化器10家，省重点实验室2家、省重点企业研发机构30家、省科技公共服务平台4家。

2019年张家港市新增科技载体平台一览表

表49

类　别	载体平台	承担单位
江苏省众创空间	澳洋蒲公英孵化器	张家港澳洋蒲公英孵化器管理有限公司
	深度触网众创空间	江苏深度触网企业管理有限公司
	张家港酷立方众创空间	张家港酷立方众创空间管理有限公司
	清控科创（张家港）	张家港清控科创科技服务有限公司
	哈工智造·筑梦空间	哈工大（张家港）智能装备及新材料技术产业化研究院有限公司
	北工4.0space	西北工业大学（张家港）智能装备技术产业化研究院有限公司
	张家港市新光工场	张家港市新大新科技投资发展有限公司
江苏省工程技术研究中心	江苏省万吨级轮胎工业用功能性树脂工程技术研究中心	华奇（中国）化工有限公司
	江苏省新能源材料工程技术研究中心	江苏国泰超威新材料有限公司
	江苏省智能化效太阳能电池组件工程技术研究中心	张家港协鑫集成科技有限公司
	江苏省中天精密模塑智能制造工程技术研究中心	张家港中天精密模塑有限公司
	江苏省汽车高强钢管焊接成套装备工程技术研究中心	江苏薪泽奇机械股份有限公司
	江苏省个性化增材制造骨科植入物工程技术研究中心	苏州市康力骨科器械有限公司
江苏省企业研究生工作站	德朗能（张家港）动力电池有限公司研究生工作站	德朗能（张家港）动力电池有限公司
	江苏新美星包装机械股份有限公司研究生工作站	江苏新美星包装机械股份有限公司
	苏州锴威特半导体股份有限公司研究生工作站	苏州锴威特半导体股份有限公司
	张家港澳洋医院有限公司研究生工作站	张家港澳洋医院有限公司
	张家港富瑞重型装备有限公司研究生工作站	张家港富瑞重型装备有限公司
	张家港市荣昌涤纶毛条有限公司研究生工作站	张家港市荣昌涤纶毛条有限公司

续表49

类别	载体平台	承担单位
江苏省企业研究生工作站	张家港中环海陆高端装备股份有限公司研究生工作站	张家港中环海陆高端装备股份有限公司
	张家港市佳禾汽车部件有限公司研究生工作站	张家港市佳禾汽车部件有限公司
苏州市新型研发机构A类	中科院大连化物所张家港产研院	中科院大连化学物理研究所张家港产业技术研究院有限公司
苏州市新型研发机构B类	南京工业大学张家港产业研究院	南京工业大学张家港产业学院
苏州市工程技术研究中心	苏州市油脂加工副产品综合利用工程技术研究中心	苏州丰倍生物科技有限公司
	苏州市汽车内外饰精密铝合金配件工程技术研究中心	张家港市旭骏机械部件有限公司
	苏州市新型纤维混纺纱线工程技术研究中心	张家港扬子纺纱有限公司
	苏州市钢铁行业工业大数据工程技术研究中心	江苏恒创软件有限公司
	苏州市电梯空心导轨部件工程技术研究中心	张家港市通达电梯装潢有限公司
	苏州市高端磁传感器芯片工程技术研究中心	江苏多维科技有限公司
	苏州市轻量化纯电动客车工程技术研究中心	牡丹汽车股份有限公司
	苏州市钰特耐磨材料工程技术研究中心	江苏钰特耐磨科技有限公司
	苏州市高可靠性功率器件工程技术研究中心	苏州锴威特半导体股份有限公司
	苏州市环保型聚氨酯材料工程技术研究中心	江苏奥斯佳材料科技股份有限公司
	苏州市贵金属催化剂工程技术研究中心	江苏欣诺科催化剂有限公司
	苏州市浦项高品质不锈钢工程技术研究中心	浦项（张家港）不锈钢股份有限公司
	苏州市特种精密异型钢管工程技术研究中心	张家港市华程异型钢管有限公司
	苏州市半导体沉积设备再制造工程技术研究中心	苏州赛森电子科技有限公司
	苏州市沟槽肖特基工程技术研究中心	张家港意发功率半导体有限公司
	苏州市双绞线通讯电缆工程技术研究中心	张家港特恩驰电缆有限公司
	苏州市超精密智能化金属端加工成组设备工程技术研究中心	苏州金凯达机械科技股份有限公司
	苏州市新型高效过滤吸附用材料工程技术研究中心	江苏浦士达环保科技股份有限公司
	苏州市天然产物精深加工装备工程技术研究中心	江苏哈工药机科技股份有限公司
张家港市众创空间	星火梦工场	张家港华政企业服务有限公司
	智电能源谷	张家港智能电力研究院有限公司
	深度触网	江苏深度触网企业管理有限公司
	智慧氢谷众创空间	中科院大连化学物理研究所张家港产业技术研究院有限公司
	哈工智造·筑梦空间	哈工大（张家港）智能装备及新材料技术产业化研究院有限公司
	71号工坊	张家港柒壹工坊创业服务有限公司
	清控科创（张家港）	张家港清控科创科技服务有限公司
张家港市企业研究院	张家港中环海陆高端装备企业研究院	张家港中环海陆高端装备股份有限公司
	张家港市功能性新型纱线针织品企业研究院	江苏联宏纺织有限公司
张家港市企业院士工作站	氢能装备院士工作站	张家港富瑞氢能装备有限公司

续表49

类　别	载体平台	承担单位
张家港市工程技术研究中心	张家港市电机绿色再制造工程技术研究中心	江苏联峰工业装备科技有限公司
	张家港市化工装备工程技术研究中心	张化机(苏州)重装有限公司
	张家港市LED封装工程技术研究中心	苏州晶台光电有限公司
	张家港市高灵敏度车载摄像头工程技术研究中心	麦格纳电子(张家港)有限公司
	张家港市新能源电池智能制造装备工程技术中心	江苏金帆新程装备有限公司
	张家港市亚楠智能公交站牌工程技术研究中心	江苏亚楠电子科技有限公司
	张家港市定制家具参数化设计与柔性制造工程技术中心	江苏红人实业股份有限公司
	张家港市高性能表面处理材料工程技术研究中心	苏州东杏表面技术有限公司
	张家港市氢能配套阀门工程技术研究中心	张家港富瑞阀门有限公司
	张家港市氢能装备工程技术研究中心	张家港富瑞氢能装备有限公司
	高性能新型聚氨酯材料工程技术研究中心	张家港市东方高新聚氨酯有限公司
张家港市工程技术研究中心	张家港市汽车发动机废气再循环系统工程技术研究中心	张家港科伦斯汽车配件有限公司
	张家港市废塑料回收工艺与装备工程技术研究中心	江苏方圣机械有限公司
	张家港市聚氨酯高压发泡设备工程技术研究中心	张家港力勤机械有限公司
	张家港市精密去连锁元件按键工程技术研究中心	张家港孚冈汽车部件有限公司
	苏州市自升塔式起重机工程技术研究中心	张家港市中联建设机械有限公司
	新型阻燃高分子材料工程技术研究中心	苏州博铭晟新材料有限公司
	张家港市智能电动自行车工程技术研究中心	苏州莱士格车业有限公司
	张家港市光伏发电集成系统工程技术中心	苏州聚晟太阳能科技股份有限公司
	张家港市永达过滤分离机械工程技术研究中心	张家港市永达机械制造有限公司
	绿色高性能混凝土、新型墙材工程技术研究中心	江苏德丰建设集团有限公司
	张家港市优质低损功能性羊毛条工程技术研究中心	张家港天宇精梳羊毛有限公司
	张家港市创基新能源光伏组件工程技术研究中心	江苏创基新能源有限公司
	张家港市矿用防爆电机工程技术研究中心	江苏亚力防爆电机有限公司
	张家港市超耐高温抗腐蚀钛合金管工程技术研究中心	江苏宏宝优特管业制造有限公司

【众创空间建设】 年内,澳洋蒲公英孵化器、深度触网众创空间、张家港酷立方众创空间、清控科创创新基地(张家港)、哈工智造·筑梦空间、北工4.0space、张家港市新光工场等7家众创空间获评省级众创空间。全市累计有省级以上众创空间21家,在孵项目259项,在孵企业134家。其中,清控科创创新基地(张家港)是张家港市与清控科创控股股份有限公司联手打造,聚焦电子信息、氢能和高端装备三大核心产业方向的人才功能载体。至年末,清控科创(张家港)创新基地共洽谈科技人才项目203项,累计注册落户企业10家;累计自主培育张家港市领军型创新创业人才3人,举办双创活动11场,聘请创业导师6人,打造成集“融资路演+技术对接+宣传推广+创新孵化”功能为一体的产业创新基地。

【十大新型研发机构】 2018年,“十大新型研发机构”启动建设,至2019年年末,9家建成运行,分别是江苏冶金技术研究院、南京理工大学军民融合发展研究院、霍尼韦尔UOP中国研发及工程中心、江苏华昌—电子科技大学氢能联合研究院、张家港纺织行业公共服务平台、张家港氢云新能源研究院、南京工业大学张家港产业学院、苏州市氢能产业创新中心、清华大学—张家港氢能与先进锂电技术联合研究中心。实现技术服务收入8196万元,申请发明专利68件,授权发明专利26件;促成产学研合作项目25项,项目合同总金额近9000万元;孵化企业3家,参与承担国家级和省级科研项目6项。新引进全职研发人才103人,其中3人获评张家港市领军人才项目。南京工业大学张家港产业学院坐落于沙洲湖科创园G3幢,于2018年5月成立,由市政府和南京工业大学共同举办,总投资额1亿元,是张家港首所含研究生培养的学院。产业学院依托南京工业大学雄厚的科研力量和张家港地方产业优势,不断深化校地产教融合、校企合作,积极打造新材料研发、新能源研发、高端装备研发及中试平台、实训平台为一体的高端研发平台。在建的中国科学院苏州纳米所张家港研究院位于张家港纳米产业园内，建设经费约1.76亿元。研究院是由市政府、经开区管委会与中科院苏州纳米研究所共建。研究院建设以张家港市半导体产业发展需求为导向，以提升半导体产业创新能力为切入点，致力打造国际一流的化合物半导体外延平台和国内知名的半导体检测服务中心，服务张家港和周边地区半导体企业发展。

【市首家氢能院士工作站揭牌】 4月13日，张家港富瑞氢能装备有限公司举行氢能院士工作站签约揭牌仪式，与中国工程院院士、合肥通用机械研究院有限公司董事长陈学东合作共建氢能院士工作站。陈学东是压力容器与管道等承压类特种设备设计制造与运行维护工程科技专家，主持完成50余项国家级与省部级重点科研课题，获国家科技进步奖一等奖1项、二等奖5项。他带领的合肥通用机械研究院是原机械部直属国家一类科研院所。研究院60余年累计取得成果3000余项，获国家科技奖励47项、省部级科技奖励400余项。张家港富瑞氢能装备有限公司专业从事氢气增压装置与加氢站、车载燃料供氢系统、液氢储运装备等产品的设计、制造和相关的技术服务，并承接制氢和氢气液化工厂等工程项目的设计与装备提供。2017年，公司联合市政府和东南大学成立控股子公司张家港氢云新能源研究院，作为氢能装备领域"产、学、研"三位一体的新型研究机构和创新中心。氢能院士工作站成立后，以张家港富瑞氢能装备有限公司创新需求为导向，全面系统对液氢储运容器、液氢泵与液氢加氢站等系列氢能装备成套技术等进行研究与开发，并实现产业化推广应用。同时，为氢能领域培养一批实践经验丰富、创新能力强的氢能装备专业技术人才，为张家港打造"中国氢港"提供支撑。

（马玉琳 赵 佳 徐 琼）

科技人才

【概况】 年内，张家港市组织4批市领军型创新创业人才项目评审，引进人才项目95项，累计超800项；新增自主培育国家"万人计划"（国家高层次人才特殊支持计划）1人，累计6人；新增省高层次创新创业人才引进计划20人，列苏州县市第一，累计133人；新增姑苏创新创业领军人才计划31人，列苏州县市第一，累计220人。2019年，全市领军人才企业实现销售50.27亿元，纳税1.58亿元，销售收入超1000万元的领军人才企业有78家，其中销售收入超1亿元的企业有10家。

【姑苏领军人才"区域重点引才专项"】 2019年，张家港市半导体产业人才集聚效应更加显著，为进一步提升半导体产业项目集聚，推进半导体产业建设成张家港市先导新兴产业，市科技局在2018年获得姑苏领军人才"区域重点引才专项"资格的基础上，继续以"特色半导体器件及系统"领域向苏州市科技局申请"区域重点引才专项"。张家港梓阳电子科技有限公司、华灿光电（苏州）有限公司、爱特微（张家港）半导体技术有限公司、苏州恒嘉晶体材料有限公司、德佟电子科技（江苏）有限公司、张家港声芯电子科技有限公司、苏州三日电子有限公司、苏州芯海半导体科技有限公司等8家企业获得姑苏领军人才"区域重点引才专项"立项，获得项目经费900万元。至年末，全市累计有15家企业获评姑苏领军人才"区域重点引才专项"，共获项目经费1600万元。

【徐文良入选国家"万人计划"】 年内，苏州同大机械有限公司董事长徐文良第四批入选国家"万人计划"。徐文良作为高级工程师、中国机械专家委员会成员，曾经承担过国家"863"攻关项目、国家火炬计划项目、省科技成果转化项目等，参与的项目累计获得资助资金1100余万元，2018年入选科技部科技创新创业人才。苏州同大机械有限公司专业从事塑料挤出中空吹塑成型装备的研发与产业化，2019年实现销售1.9亿元，连续多年列细分行业第一。公司与北京化工大学、华南理工大学、江苏科技大学等高校开展产学研合作，建有江苏省挤出中空吹塑成型技术工程技术研究中心、江苏省优秀研究生工作站、江苏省博士后实践基地、江苏省企业技术中心等研发平台，拥有授权发明专利36件，主导和参与3项国家标准制定。 （梁玉笛）

2019年张家港市新增苏州市级以上高层次创新创业人才一览表

表50

类 别	姓 名	引才（或创办）企业
国家"万人计划"	徐文良	苏州同大机械有限公司
	顾 悦	迪亚莱博（张家港）生物科技有限公司
	王洪宇	江苏科琪高分子材料研究院有限公司
	王 盟	英谱光（苏州）激光科技有限公司
省高层次创新创业人才计划	安明星	苏州凡赛特材料科技有限公司
	高少龙	苏州软体机器人科技有限公司
	王治平	桃芯科技（苏州）有限公司
	孙 健	科堡科技（江苏）有限公司

续表50

类　　别	姓　名	引才(或创办)企业
省高层次创新创业人才计划	管人宝	江苏博虏智能科技有限公司
	黄久贵(创新)	江苏沙钢集团有限公司
	徐乾耀	苏州超乾信息技术有限公司
	汪建新	苏州艾弗伦智能技术有限公司
	白　杰	苏州聚物电子科技有限公司
	米　山	苏州友尼贝斯蓝天机械有限公司
	伊正阳	江苏优鼎医疗科技有限公司
	马贤好	苏州保邦电气有限公司
	宋卫民	苏州多琜新材料科技有限公司
	薛　山	苏州虎伏新材料科技有限公司
	赵奉东	吴钩科技(苏州)有限公司
	梁　贺	苏州创浩新材料科技有限公司
	易传辉	张家港兴茂昆虫生物科技有限公司
姑苏创新创业领军人才计划	师　强	苏州倍爱尼生物技术有限公司
	许海斌	江苏罗宾康自动化科技有限公司
	丁建武	江苏光惠激光科技有限公司
	张洪生	张家港绿洲新材料科技有限公司
	余　跃	新纳奇材料科技江苏有限公司
	吴　剑	苏州安能捷工具有限公司
	管人宝	江苏博虏智能科技有限公司
	陶冬毅	苏州菲达旭微电子有限公司
	沈玲玲	和烁(张家港)热能设备有限公司
	余建波	沃尔曼科技张家港有限公司
	沈家庆	苏州大懿智能装备有限公司
	李　伟	中科伟博(苏州)智能科技有限公司
	谢方伟	苏州方德锐精密机电科技有限公司
	伊正阳	江苏优鼎医疗科技有限公司
	周明宝	江苏昱昌智能科技有限公司
	汪建新	苏州艾弗伦智能技术有限公司
	赵　靖	张家港梓阳电子科技有限公司
	吴增勋	苏州凡络新材料科技有限公司
	龚逸品	华灿光电(苏州)有限公司
	尹钟晚	爱特微(张家港)半导体技术有限公司
	那木吉拉图	苏州恒嘉晶体材料有限公司
	刘伟宏	德佟电子科技(江苏)有限公司

续表50

类　别	姓　名	引才（或创办）企业
姑苏创新创业领军人才计划	刘　浏	江苏集萃冶金技术研究院有限公司
	张凤泉	江苏集萃冶金技术研究院有限公司
	黄久贵	沙钢集团有限公司
	付　琛	张家港声芯电子科技有限公司
	张永良	苏州三日电子有限公司
	张博光	江苏金动感智能设备有限公司
	沈嘉祺	张家港谱析传感科技有限公司
	程　进	苏州芯海半导体科技有限公司
	程昊天	苏州高之仙自动化科技有限公司

高新技术产业

【概况】 年内，张家港市新认定高新技术企业243家，净增高新技术企业110家，比上年增约70%。至年末，全市有效高新技术企业568家，比上年增24%，有效高新技术企业占苏州市高新技术企业总数的8.07%。高新技术产业产值占张家港市规模以上工业总产值比重达到34.9%。全年新确认张家港富瑞特种装备股份有限公司、江苏省沙钢钢铁研究院有限公司、科堡科技（江苏）有限公司、江苏海狮机械股份有限公司、苏州恒嘉晶体材料有限公司、苏州倍爱尼生物技术有限公司、华灿光电（苏州）有限公司、张家港市蓝鸟机械有限公司、张家港市微纳新材料科技有限公司等省民营科技企业88家。

【项目后补助模式启动】 为加强市级科技计划项目管理，提高科技经费使用绩效，2018年，市科技局首次启动实施市重大研发产业化项目后补助模式。根据项目管理要求，2019年12月26日至27日，市科技局委托省生产力促进中心邀请专家对该批后补助项目进行现场验收。通过听取项目负责人项目实施情况汇报，查阅并审核验收资料，就相关问题进行质询并现场核查，专家组对照项目合同所约定的实施任务、考核指标和经费预算等内容进行核查。液态食品产存一体智能数字化车间研发及产业化、风电用大型偏航变桨驱动锻件的关键技术研发与产业化、耐氧化高比能动力电池电解液、高端照明和背光用LED芯片研发及产业化、高压功率半导体与功率集成的研发及产业化、深海能源勘采装备高性能重型承压密封件的研发及产业化、新一代超低功耗MOSFET的研发及产业化、适用于大型水域的高效多功能全自动水面清洁船研发及产业化、高性能5G基站AAU设备用介质波导滤波器的研发及产业化、基于全生命周期管理的智慧型绿色洗涤工厂研发及产业化等10个项目，均通过专家组验收。下达后补助资金680万元。项目实施期内，10个项目共新增投入1.89亿元，其中研发费8946万元，实现销售收入11.68亿元，实现利润6826万元，申报专利169家，其中发明专利99件，授权专利96件，其中发明专利47件，主持和参与制定标准9项，项目实施产生了良好的示范效益和经济效益。

【“张科贷”首次实施】 为助力科技企业创新发展，积极营造良好的科技金融环境，2月，市科技局制定实施《张家港市科技企业贷款风险补偿资金实施细则》（简称“张科贷”），对放贷银行在科技企业贷款中所产生的损失进行补偿，按孵化类、成长类、发展类分别承担70%、60%、20%的贷款本金实际损失，引导银行降低科技企业贷款门槛，加大对科技企业信贷支持。6月，与张家港农商行、建设银行、民生银行、邮储银行、宁波银行和人保基金等6家金融机构签订合作协议。同时，通过区镇推荐，建立“张科贷”企业库204家，将96家孵化类企业、70家成长类企业、38家发展类企业纳入企业库。至年末，“张科贷”成功放贷9笔共1920万元，惠及企业7家。（李裕芬）

2019年张家港市高新技术企业一览表

表51

序号	企业名称	序号	企业名称
1	苏州双象光学材料有限公司	4	张家港洁利环保科技有限公司
2	张家港保税区天翔电气有限公司	5	张家港市华天药业有限公司
3	张家港瀚康化工有限公司	6	中科院大连化学物理研究所张家港产业技术研究院有限公司

续表51

序号	企业名称	序号	企业名称
7	张家港市华申工业橡塑制品有限公司	43	苏州紫光伟业激光科技有限公司
8	博瑞德（张家港）环保科技有限公司	44	张家港市嘉成新材料有限公司
9	江苏多维科技有限公司	45	江苏普格机械有限公司
10	江苏科奥流体科技有限公司	46	张家港巨盛数控设备科技有限公司
11	舒马克电梯（张家港）有限公司	47	张家港科伦斯汽车配件有限公司
12	苏州体素信息科技有限公司	48	张家港欧思瑞医疗科技有限公司
13	张家港保税区鸿卓光电材料科技有限公司	49	张家港市大新毛纺有限公司
14	张家港保税区泰德瑞尔轨道科技有限公司	50	江苏宏宝工具有限公司
15	张家港保税区亚鑫精密制管有限公司	51	江苏培达塑料有限公司
16	张家港保税区宇联羊毛工业有限公司	52	江苏天昇光伏科技有限公司
17	张家港市德宝化工有限公司	53	苏州矩陈光电有限公司
18	张家港市格雷斯机械有限公司	54	张家港国龙光伏科技有限公司
19	张家港市环宇制药设备有限公司	55	江苏飞鸽友联机械股份有限公司
20	张家港市金星纺织有限公司	56	江苏亚力防爆电机有限公司
21	张家港市利佳纺织有限公司	57	张家港安达塑料制品有限公司
22	张家港市荣达建筑机械制造有限公司	58	张家港奥得森机电设备有限公司
23	张家港市三利密封合金材料有限公司	59	张家港凯诚软件科技有限公司
24	张家港市盛达冶金吊具制造有限公司	60	张家港市大驿汽配科技有限公司
25	中科军联（张家港）新能源科技有限公司	61	张家港市得道电子有限公司
26	江苏德尔森传感器科技有限公司	62	张家港伟宇工艺玻璃制品有限公司
27	江苏清能新能源技术股份有限公司	63	江苏富森科技股份有限公司
28	苏州柔触机器人科技有限公司	64	江苏天翔电气有限公司
29	张家港市东方高新聚氨酯有限公司	65	江苏指南针自动化科技有限公司
30	张家港市方圆管业制造有限公司	66	江苏中炬电机有限公司
31	江苏宝德新材料有限公司	67	苏州多来运家居用品有限公司
32	江苏华夏检验股份有限公司	68	苏州聚微环保科技有限公司
33	张家港富瑞重型装备有限公司	69	张家港倍恩特磁塑科技有限公司
34	张家港市科华化工装备制造有限公司	70	张家港华程特种材料股份有限公司
35	江苏日升恒隆科教设备有限公司	71	张家港玖威机械有限公司
36	苏州普兆农业科技有限公司	72	张家港神港医疗用品有限公司
37	张家港市威尔森环保设备有限公司	73	张家港市亨昌焊材有限公司
38	张家港市联通化机有限公司	74	张家港市科宇信超声有限公司
39	张家港市铭斯特光电科技有限公司	75	张家港市品杰模塑科技有限公司
40	江苏赛康医疗设备股份有限公司	76	张家港市通达电梯装潢有限公司
41	张家港市惠邦机械制造有限公司	77	江苏利多电机有限公司
42	江苏宏宝优特管业制造有限公司	78	张家港羽成机械有限公司

续表51

序号	企业名称	序号	企业名称
79	张家港市永和金属制品有限公司	115	张家港炬弘板业有限公司
80	苏州圣汇装备有限公司	116	张家港凯胜控制设备工程有限公司
81	江苏金和电气有限公司	117	张家港市德昶自动化科技有限公司
82	苏州星倍德管道设备有限公司	118	张家港市海达金属制品有限公司
83	张化机（苏州）重装有限公司	119	张家港市和恒精工机械有限公司
84	张家港市昌源氨纶制造有限公司	120	张家港市星恒电子节能科技有限公司
85	张家港市凯尔圣仪表有限公司	121	张家港欣迈克五金工具有限公司
86	张家港市凯利雅特种纺织纱线有限公司	122	张家港易智自动化装备有限公司
87	江苏澳洋生态园林股份有限公司	123	和烁（张家港）热能设备有限公司
88	江苏和腾热工装备科技有限公司	124	江苏固耐特围栏系统股份有限公司
89	江苏赫夫特齿轮制造有限公司	125	杰莱特（苏州）精密仪器有限公司
90	江苏宏基铝业科技股份有限公司	126	路沃特（张家港）动力再制造科技有限公司
91	苏州恒嘉晶体材料有限公司	127	苏州橙柳电子精密有限公司
92	苏州赛森电子科技有限公司	128	苏州汉酶生物技术有限公司
93	张家港意发功率半导体有限公司	129	苏州金鸿顺汽车部件股份有限公司
94	江苏国安物联网工程技术有限公司	130	苏州拓又达新能源科技有限公司
95	江苏红人实业股份有限公司	131	张家港市昇泰能源有限公司
96	江苏双羊医疗器械有限公司	132	张家港市惠氏电器有限公司
97	江苏星特亮科技有限公司	133	张家港市科达化纤有限公司
98	江苏中能赛创智能装备科技有限公司	134	张家港市智周工业技术有限公司
99	水立通建设（江苏）有限公司	135	张家港智能电力研究院有限公司
100	苏州博立联信息技术有限公司	136	江苏沙洲阀门有限公司
101	苏州迪天机器人自动化有限公司	137	江苏旭龙环境科技有限公司
102	苏州复纳电子科技有限公司	138	劲开环境科技（苏州）有限公司
103	苏州禾研生物技术有限公司	139	锐捷光电科技(江苏)有限公司
104	苏州慧思腾科技有限公司	140	苏州艾弗伦智能技术有限公司
105	苏州凯祥生物科技有限公司	141	苏州耐德新材料科技有限公司
106	苏州凯新分离科技有限公司	142	张家港派恩信精密配件制造有限公司
107	苏州康腾精密医械有限公司	143	江苏朗信电气有限公司
108	苏州蓝柯新能源科技有限公司	144	江苏新泰克软件有限公司
109	苏州如德科技有限公司	145	江苏新特变科技股份有限公司
110	苏州上舜精密工业科技有限公司	146	张家港市超声电气有限公司
111	张家港戴恩机械有限公司	147	张家港市科兴碳纤维制品有限公司
112	张家港鼎力科技有限公司	148	张家港协鑫集成科技有限公司
113	张家港海运金属冷挤压有限公司	149	张家港中天精密模塑有限公司
114	张家港金典软件有限公司	150	张家港孚冈汽车部件有限公司

续表51

序号	企业名称	序号	企业名称
151	江苏友邦精工实业有限公司	187	张家港友谊金属复合材料有限公司
152	张家港市华为电子有限公司	188	苏州博铭晟新材料有限公司
153	张家港市中南化工机械有限公司	189	张家港市博格机械有限公司
154	张家港玉成精机股份有限公司	190	江苏博云塑业股份有限公司
155	江苏古德乐环保科技有限公司	191	江苏爱吉亚电子科技有限公司
156	江苏永道科技有限公司	192	江苏通全球工程管业有限公司
157	苏州汇邦环保科技有限公司	193	苏州吉美瑞医疗器械股份有限公司
158	张家港瑞莱伯机械制造有限公司	194	江苏欣荣普尔斯机械有限公司
159	张家港市华天电子科技有限公司	195	苏州莱能士光电科技股份有限公司
160	张家港市华晟净化设备有限公司	196	信华智能装备(江苏)有限公司
161	张家港市锦越机械有限公司	197	张家港市蓝鸟机械有限公司
162	张家港市友胜机械制造有限公司	198	张家港市蓝田管业设备有限公司
163	张家港市越泰精密机械有限公司	199	张家港市兰马机械有限公司
164	张家港兆恒机械有限公司	200	张家港拓煌软件科技有限公司
165	张家港长力机械有限公司	201	张家港扬子江冷轧板有限公司
166	张家港市宝力机电制造有限公司	202	宝方轴瓦材料(江苏)有限公司
167	张家港市科威信机械有限公司	203	江苏方圣机械有限公司
168	张家港市普信机械有限公司	204	江苏荷普医疗科技股份有限公司
169	张家港市清源水处理有限公司	205	江苏蒙苏自动化系统工程有限公司
170	张家港市沃尔特精密机械有限公司	206	江苏荣程锻造股份有限公司
171	张家港市鑫田机械有限公司	207	江苏兴鑫医用设备有限公司
172	张家港乐达汽车电器有限公司	208	张家港市大辰机械制造有限公司
173	张家港美斐电梯导轨有限公司	209	张家港市恒乐阳方高温材料有限公司
174	张家港市文锋机械有限公司	210	张家港市锦明环保工程装备有限公司
175	张家港鑫峰机电有限公司	211	张家港市三兴医疗器械有限公司
176	张家港市联鑫塑料机械有限公司	212	张家港中环海陆高端装备股份有限公司
177	张家港普坤毛纺织染有限公司	213	江苏新苏承环保设备有限公司
178	张家港市恩沃机电设备有限公司	214	苏州硕亚环保科技有限公司
179	江苏邦润智能科技有限公司	215	苏州苏南捷迈得医疗器械有限公司
180	江苏华程光电科技有限公司	216	苏州睿牛机器人技术有限公司
181	江苏华鹿纺织有限公司	217	张家港市三兴汇丰机械有限公司
182	江苏佳成科技股份有限公司	218	张家港市鑫州焊割机械有限公司
183	张家港立志传导新材料有限公司	219	江苏保丽洁环境科技股份有限公司
184	张家港市创杰环保科技有限公司	220	张家港华日法兰有限公司
185	张家港市乐嘉新材料股份有限公司	221	张家港朗亿机电设备有限公司
186	张家港市天源制漆涂装有限公司	222	张家港市帝达机械有限公司

续表51

序号	企业名称	序号	企业名称
223	张家港市兰航机械有限公司	234	张家港名阳精密机械制造有限公司
224	江苏艾迪尔医疗科技股份有限公司	235	张家港市台和机械制造有限公司
225	江苏创基新能源有限公司	236	张家港市威尔马精密工具有限公司
226	江苏恒创软件有限公司	237	江苏金铭智能装备有限公司
227	江苏中孚达科技股份有限公司	238	江苏联峰能源装备有限公司
228	张家港天工机械制造有限公司	239	联峰钢铁（张家港）有限公司
229	江苏顺航电子科技有限公司	240	张家港和升数控机床制造有限公司
230	苏州福格纳机电有限公司	241	张家港市隆旌汽车零部件有限公司
231	苏州虎伏新材料科技有限公司	242	江苏华管机械制造科技有限公司
232	苏州宇洋环保设备制造有限公司	243	中科探海（苏州）海洋科技有限责任公司
233	张家港合泰机械科技有限公司		

科技项目

【概况】 年内，全市有12个项目列入省级科技计划。其中，省重点研发计划项目3项；省重大科技成果转化项目1项，累计28项；省国际科技合作计划项目3项，累计25项。组织实施张家港市级科技计划项目118项，计划安排经费超过1200万元。其中，重点研发产业化项目立项8项，科技支撑计划（农业）项目立项20项，科技支撑计划（社会发展）面上项目立项10项，科技支撑计划（社会发展）医疗卫生项目立项40项，软科学项目立项7项，国际科技合作项目立项5项，科技基础设施建设计划（企业院士工作站项目）立项1项，科技基础设施建设计划（企业研究院项目）立项2项，科技基础设施建设计划（工程技术研究中心）立项25项。

【三得利染整项目获批省重点研发计划项目】 张家港三得利染整科技有限公司的零排放多功能新型纱线连续涂料染色关键技术应用研究及示范项目，获批省重点研发计划项目。该项目是国内首个旨在实现纱线染色全流程（含前处理在内）零排放的项目。该项目应用现代物理技术代替传统化学品对纱线进行前处理，开发原纱电晕刻蚀改性、超声波改性工艺并有效组合应用，结合纱线开放式焙烘与桥键式固色、连续轧染段染喷染集成于一机等手段，解决了纱线涂料染色质量差、市场接受度差的问题。将使可规模化的纱线染色从源头削减废水99%以上，并将最终所产生的微量废水全部蒸馏回收，提升了中国纱线染色的清洁生产水平。项目计划在3年的实施期内，累计实现销售收入4000万元，利润800万元，纳税350万元，并建成零排放示范生产基地。

【沙工一项目获批省基础研究计划】 沙洲职业工学院的茶多酚/透明质酸自抑菌性伤口辅料的制备及性能研究项目，获批省基础研究计划。该项目利用天然的TP（总蛋白）、HA（透明质酸）与高分子材料PLA（聚乳酸）复合，通过静电纺丝法制备的双层复合纳米材料，是一种亲肤、高效、药物可控的新型伤口敷料。TP高效的广谱抗菌及多种药理药效，作为功能性添加物，与PLA混纺制备的静电纺复合纳米材料在生物医药领域以具有潜在价值，HA的加入，不仅改善原材料的疏水性能，同时双层结构的复合纳米材料更适宜用作伤口敷料，具备一定新颖性。该项目以复合材料独特的纳米结构、TP优异的自抑菌性能为支撑，通过研究该材料的缓控释性能，了解TP的释放规律，从而进一步对调控其对伤口组织的修复，在伤口组织修复领域具有一定的创新性。 （韦慧杰）

2019年张家港市新增省级科技计划项目一览表

表52

项目类别	项目名称	承担单位
省重点研发计划项目	基于三网融合智能云平台的互动电视服务开发	江苏银河电子股份有限公司
	灾害救援用输电线路快速智能架设系统研发	苏州鼎智瑞光智能科技有限公司
	零排放多功能新型纱线连续涂料染色关键技术应用研究及示范	张家港三得利染整科技有限公司
省重大成果转化项目	5G基站用微型低损耗介质波导滤波器的研发及产业化	江苏灿勤科技股份有限公司

续表52

项目类别	项目名称	承担单位
省国际科技合作计划项目	高级酯基制动液的合作研发	张家港迪克汽车化学品有限公司
	5G通讯用复合金属线材关键技术合作研发	江苏广川超导科技有限公司
	使用MOCVD外延生长技术的太赫兹光谱仪和成像仪的研发	苏州矩阵光电有限公司
省基础研究计划	基于CRISPR-Cas系统的空肠弯曲菌分型及其与毒力和耐药的相关性研究	张家港出入境检验检疫局综合技术中心
	消癌解毒方通过lnc-CD56竞争性结合miR-146b调控NK细胞活化抑制结肠癌的机制研究	张家港市第一人民医院
	茶多酚/透明质酸自抑菌性伤口辅料的制备及性能研究	沙洲职业工学院
	脑功能轻微失调图像识别的大规模深度增强保真学习与模糊知识表示及应用研究	张家港江苏科技大学产业技术研究院
	基于氧化应激阻抗探讨TET2调节成骨细胞增殖、分化及凋亡的作用机制	张家港市中医医院

科技成果

【概况】 年内，全市新增省科学技术奖5项，其中二等奖1项、三等奖4项，累计114项。市科技局组织首轮张家港市产学研预研资金项目第二阶段的申报，其中44项立项，向江苏富森科技股份有限公司、江苏索尔新能源科技股份有限公司和江苏贝尔机械有限公司等40家企业发放资助经费379.3万元。

【新美星公司一项目获省科技奖二等奖】 年内，江苏新美星包装机械股份有限公司的高效节能无菌吹灌旋关键技术及智能成套装备项目获得省科学技术奖二等奖。该项目创新研发PET瓶高速吹灌旋技术、液态食品生产过程的全息镜像数据、闭环随动伺服同步控制技术等先进技术。项目填补国内空白，突破国外技术封锁，改变国外无菌吹灌旋技术的“卡脖子”现状，实现了同类进口设备的替代。同时，该项目进一步帮助公司占领国内、国际市场，始终处于国内行业龙头位置，并引领行业创新发展，推动了中国液体饮料包装机械行业赶超国外，并走在前列。近两年内，该项目累计销售近2.2亿元，新增利税近4800万元，新增就业160人。

【康力骨科一项目获中国产学研合作创新成果奖一等奖】 年内，苏州市康力骨科器械有限公司与上海交通大学医学院附属第九人民医院、上海晟实医疗器械科技有限公司合作的基于3D打印技术的骨肿瘤精准切除与骨关节个性化重建关键技术研发与应用推广项目获2019年中国产学研合作创新成果奖一等奖。该项目组作为国内从事骨肿瘤领域研究最早的团队，通过产、学、研紧密合作，突破多项关键技术瓶颈，基于3D打印技术自主研发了国际领先的个性化骨关节（骨盆、髋、膝、肩、踝、腕）假体并产业化，实现骨关节肿瘤的精准切除和个性化功能重建，表现为自主研发专用医学影像处理和三维重建软件实现骨肿瘤边界的精准确定；自主研发系列3D打印个性化骨关节重建金属假体，实现产业化；基于3D打印技术创建“三位一体”的骨肿瘤精准切除和个性化关节重建的全新治疗模式，实现推广应用。

（薛冠愚　许航溶）

2019年张家港市获省级科学技术奖励情况表

表53

序号	获奖项目名称（获奖人）	申报（参与）单位	获奖类别	等级	授奖部门
1	高效节能无菌吹灌旋关键技术及智能成套装备	江苏新美星包装机械股份有限公司	江苏省科学技术奖	二等奖	江苏省政府
2	风电机组驱动用偏航变桨大型环锻件的关键技术及其成套装备	张家港中环海陆特锻股份有限公司	江苏省科学技术奖	三等奖	江苏省政府
3	板带表面缺陷在线检测及追溯技术的开发与应用	江苏沙钢集团有限公司，江苏省沙钢钢铁研究院有限公司	江苏省科学技术奖	三等奖	江苏省政府
4	优质特殊棒线材关键冶炼技术开发及产业化应用	江苏沙钢集团有限公司，江苏省沙钢钢铁研究院有限公司	江苏省科学技术奖	三等奖	江苏省政府
5	自组装纳米银长效抗菌功能纺织品开发与产业化	张家港耐尔纳米科技有限公司	江苏省科学技术奖	三等奖	江苏省政府

科普工作

【概况】 至年末，全市有区镇科协9个、街道科协21个、村（社区）科协143个、企业科协87个、高校科协2个、市级学会21个、科普志愿者团队36个，科普志愿者9356人，其中在江苏省科普志愿者网登记5519人；有科普教育基地57个，其中国家级1个、江苏省级9个、苏州市级12个；有科学教育特色学校24所，其中江苏省级5所、苏州市级9所。年内，推进“四+一”试点工作，积极发挥兼职副主席作用，其中，沙钢集团总经理施一新指导沙钢集团申报的2019年中国科协助力工程项目，是江苏省唯一被中国科协正式立项项目；江苏省梁丰高级中学与上海交通大学开展深度合作，共建“梁丰科学院”；市农技协会会长孟凡珍倡导农业高科技培育模式；市第一人民医院院长王树生提出科技研发“三年工程”，打造“五大中心”建设，争创三级甲等医院。市科协组织的张家港科普电影展映周主题活动获评中国科协全国科普日优秀活动，市科协获评全国科技活动周暨江苏省第31届科普宣传周优秀组织单位、江苏省实施“县级科协创新发展能力提升计划”优秀单位、苏州市2018—2019年度“讲理想，比贡献”创新创业“双杯赛”活动优秀组织单位。江苏善港生态农业科技有限公司获评江苏省优秀科普惠农服务站，张家港梦幻海洋王国获评江苏省优秀科普教育基地，市第八中学获评江苏省科学教育综合示范学校，市常青藤实验学校机器人工作室获评江苏省青少年特色科学工作室，杨舍海智基地和金港海智基地获评江苏省优秀海智基地，市交通安全文明教育基地和市民防宣传教育体验馆获评苏州市科普教育基地，梁丰高级中学、市常青藤实验学校和市第二中学被评为“十三五”苏州市科学教育综合示范学校，常阴沙现代农业示范园区常沙社区和市沙洲绿蔬菜种植基地获评苏州市科普惠农服务站，保税区（金港镇）金都社区、经开区（杨舍镇）景溪社区及冶金园（锦丰镇）永新社区获评苏州市科普示范社区。

【科普宣传】 5月，市科协举办以“科技强国，科普惠民”为主题的市第31届科普宣传周，其间举办首届市家庭创客大赛，全市100个家庭参赛，开幕式当天同步开展6项主场及6项分会场主题科普活动及遍布全市的152场各类特色科普活动。9月，举办“全国科普日”张家港主场活动暨科普电影周启动仪式，举办以“礼赞共和国，智慧新生活”为主题的科普文艺会演。先后在星海剧场、金港中心小学、大新镇文体中心、江帆社区等20个单位播放科普电影，服务市民近9000人次。张家港市被中国科协、中央文明办列为新时代文明实践科技志愿服务试点县市，成立新时代文明实践科普分中心，并印发《张家港市新时代文明实践科普分中心建设实施意见》；开展新时代文明实践科技志愿服务活动。市级层面成立科学普及志愿服务支队，下设五大科普志愿分队，分别开展新时代文明实践——“科普细胞工程进社区”256场、“科普人才进五区”83场、“科普新干线”巡展100场、科普场馆体验行28场、“蓝素行动”活动29场；《“科普三屋”让社区科普细胞激发活力》被市新时代文明实践中心列为新时代文明实践典型案例。全市配置的145块科普电子信息屏精准推广科普知识，《科普零距离》电视节目、《科普中国》电台专栏、“科普零距离”微信公众号、张家港科普网、科普户外大屏及时报道科普资讯，发放《科普零距离》书籍920余册。成立市科普场馆联盟，链接长三角科普场馆联盟，促进各类科普资源共建共享。将市科技馆、海关科普基地、民防交通馆等设立为全市重点科普实践点。沙洲中学成立薛永祺院士科普工作站，暨阳高级中学成立汪集旸院士地热科普工作站。3月，组织“中科院科普团进校园”活动，在乐余高级中学、暨阳高级中学开展前沿科学知识讲座。举办第九届市青少年科技运动会，全市65所中小学、1336名学生报名参赛。市第八中学等5支代表队参加第三届中国（上海）国际发明创新博览会的终评展示活动，获五金四银的优异成绩。重点推进学校创客实践室建设，在全市名师工作室所在学校开展mini创客空间建设试点工作。

【创新驱动助力工程】 年内，市科协贯彻实施中国科协创新驱动助力工程，推进江苏冶金技术研究院与中国金属学会合作，“长三角地区绿色化钢铁生产核心技术推广及应用”项目被中国科协立项，获得专项补助80万元，9月24日至25日，中国金属学会在张家港市举办“长三角绿色钢铁核心技术高级研讨会”，150余位冶金行业专家参加。为张家港市帮扶的贵州省沿河土家族自治县编制《沿河冷链物流体系建设规划》和《空心李保鲜贮藏可行性预研究报告》，并通过验收。举办市生物医学工程医疗器械产业项目推介会，全市120家企业参会，邀请中国生物医药医疗器械学会顾汉卿等专家作专题报告，并与苏州市康力骨科器械有限公司、澳洋医院等企业进行对接洽谈。

【学术交流】 年内，市科协牵头苏州海陆重工股份有限公司、张家港华裕有色金属材料有限公司、张家港中环海陆高端装备股份有限公司赴中南大学与中国工程院院士钟掘商讨在科技成果转化、产业基地建设方面的合作。邀请中科院院士刘嘉麒为全市400余位青年专家人才及科技工作者开展“人生当自强”专题报告会。邀请美国青年华人创新与科技协会常务副会长钱晓东、日本日中经济技术促进会西日本副会长王海峯到市参观洽谈。年内，各学会举办各类专业技术培训130余场、学术交流活动200余场，学会科技工作者开展进社区、进校园、进农村等活动150余场。实施学会换届、年检规范化工程，制定并下发规范化流程，指导学会换届年检，对数理化学会、生物学会等3年以上不活动学会进行整改。

【科技工作者之家】 年内，市科技工作者之家完成科技查新570项，科技文献资料下载4.5万页，共取得科技创新成果120余项，为科技工作者科技创新、项目申报、论文写作提供智力支持。成立市科技工作者之家党建联盟，联盟成员单位深入基层一线作党课、讲座6次。会同市总工会开展“十佳职工科技创新之星”“十佳职工科技创新金点子”评选，举办“科技图书专家荐购”活动，开展新春联谊活动、企业家读书沙龙、科技讲座进企业、“科技工作者日”主题运动会、科技鹊桥、“中国科协会员日”等活动，近2500名科技人员参加。

（许航溶　吕静茹）

气象科技

【概况】 2019年，市气象局推进气象科普宣传工作，全年围绕“3·23”世界气象日、“5·12”防灾减灾日、科普宣传周，开展线上宣传及有奖知识竞答、线下气象科普宣传进校园、进社区、“小小气象员”体验等活动。11月8日，与市邮政局等单位开展文化赋能《二十四节气（四）》特种邮票首发式，并邀请“气象先生”宋英杰举行“简言二十四节气”微课堂分享会。全年组织各类活动32场，惠及1.65万人次。1月将凤凰土壤水分站的太阳能供电改造为市电和太阳能双供电系统。2月25日对自动站雨量计进行标校。5月20日对主站、备站的采集器进行标校。7月至8月，对全市300余名网格员进行气象入格事务应知应会知识培训。与市委政法委、市社会综合治理网格化联动中心对接，8月将气象预警信息传播、气象灾情调查、区域气象站巡查、气象知识宣传等事项纳入网格事务清单。9月5日对气象备站所有传感器标校。10月，在苏州市气象局统一组织下，完成市县一体化突发事件预警信息发布平台建设，市防雷中心更名为市气象灾害防御中心，加挂市预警信息发布中心牌子。年内，进行业务软件ISOS的升级，年末版本为3.0.1.1206。推进气象安全生产和防雷安全监管工作，召开防雷装置检测中介机构工作会议，推进防雷检测信用评价工作。8月14日，举办危险化学品企业防雷安全培训讲座，100人参加安全培训。全年气象窗口受理行政审批防雷工程设计审核22件，竣工验收11件，施放气球审批62件，灾害等级确认57件，开展行政指导1件。开展危险化学品暨粉尘涉爆企业和施放气球安全专项检查，全年检查相关单位177个，出动检查人员375人次，发现防雷安全隐患106个，开具防雷安全生产现场执法检查意见书85份，整改闭环85家，行政指导1家，行政处罚警告1家。

区域自动气象观测站（四干河闸）

（张育萍　摄）

【气象预报】 年内，市气象局启用融合气象业务、服务的市县业务一体化平台。全年围绕防灾减灾工作，做好决策气象服务、公共气象服务，发展专业气象服务，全年制作重要天气报告8期、专题气象服务材料52期、气象为农服务专报4期、森林防火专报9期，发布预警信号40次，发送气象服务短信，接收人次103万次。在抗击第9号台风“利奇马”的过程中，全市没有出现大的险情和经济损失，获市水上搜救中心通报表扬。开展水产养殖气象指数保险服务工作，分别于7月和9月在高温天气及暴雨灾害中提供灾害天气证明，使全市投保该险种的88家养殖户（企业）获得按期足额理赔。继续做好沿江气象服务，2月21日，张家港、常熟、太仓气象部门联合召开沿江气象保障服务系统建设交流座谈会，研究气象监测布点、要素监测、服务需求等，沿江气象保障服务系统启动建设；12月2日，市气象局与张家港海事局签订气象防灾减灾保一方安全航运战略合作协议；年末完成双山海事雷达站、张皋汽渡、南丰海事雷达站的三个沿江自动气象站安装，并投入使用。发挥气象观测数据的作用，年内先后向经开区招商引资、通苏嘉甬铁路南段工可研究项目、苏州港总体规划环评项目、金港江河环境治理及节约用水规划等项目提供数据7次，数据量约20万个。

【气象服务工作站覆盖全市】 年内，市气象局按照“四有”（有职责、有设施、有制度、有名库）标准，开展基层气象灾害预警传播功能配置标准建设。市气象防灾减灾工作领导小组办公室下发《关于落实基层气象灾害预警传播功能配置标准的通知》，制定实施细则、相关评估表，推动建立覆盖乡镇（街道）、建制村（社区）的基层气象灾害预警传播体系。同时将气象灾害预警传播纳入《张家港市2019年度农业和农村工作先进镇（区）考核意见》，推进该项工作的落实。11月29日，市气象局与人保财险张家港中心支公司共建的大新镇气象服务工作站挂牌启动。工作站的建立发挥气象防灾减灾“第一道防线”、地方政府“抗灾救灾中坚力量”和保险理赔“最后一道保障”的优势，气象服务串起“防+救+保”全过程服务。同时，建立市、镇两级气象灾害防御工作微信群，传递组织管理和预警信息。至年末，各区镇气象服务工作站全部挂牌成立，实现区镇全覆盖。（张育萍）

【编辑　沈立平】

教育

Education

市悦丰幼儿园　（市教育局　提供）

教育综情

基础教育

职业教育

高等教育

社会教育

教师队伍

教育综情

【概况】 2019年，全市有各级各类学校163所，其中高等院校3所、普通高中9所（含完全中学2所）、职业院校5所（含开放大学）、初中34所（含国际学校1所、民办新市民子女学校4所）、小学39所（含民办新市民子女学校5所）、幼儿园72所、特殊教育学校1所。另有社区教育中心9所。全市教育系统教育经费总投入47.81亿元，其中公共预算教育经费39.94亿元。招收新生5.76万人，毕业生4.88万人，年末在校学生21.02万人（其中小学幼儿园19.56万人，高校1.46万人），比上年增3100人，其中新市民子女学生9.75万人（不含3所高校）。在全省教育现代化建设监测中，张家港市综合得分89.22，名列苏州各县（市）第一。

教育资源配置优化　年内，加速学校工程项目实施，新建、改扩建工程项目建设60项，世茂小学、悦丰幼儿园等8所学校新（改）建项目竣工投入使用，凤凰高中、实验小学西校区、梁丰初中西校区、民丰苑幼儿园等24个学校工程开工建设。推进小区配套幼儿园建设，阳光锦程小区配套幼儿园调整为公办性质的北庄幼儿园分园。整合教育资源，实施沙洲小学易地新建和梁丰小学扩区工作，与文化、艺术、体育等专业机构签订双向合作办学协议，建设教育发展共同体。引导教育均衡发展，印发《关于扶持民办新市民子女学校高质量发展的意见》，新增教师发展专项奖励、基础设施设备建设奖补等扶持政策。坚持特殊教育升级发展，跨年项目区域融合教育资源中心建设累计投入300万元，建成融合教育资源中心31个，实现各区镇、各学段全覆盖。引进高端国际教育机构，保税区苏州外国语学校张家港校区、高新区张家港莱爵学校等项目相继落地。

教育教学质量提升　打造“学在港城”品牌，制定《张家港市建设“教育名市”工作指导意见》《张家港市教育局关于开展新时代“三超一争”推进“三聚两先”建设“教育名市”的行动方案》等文件，梁丰高中首批入选江苏省高品质示范高中建设立项学校，中等专业学校首批进入省中等职业学校领航计划建设单位名单（全省有50所，其中苏州4所）。启动“基础教育改革行动计划”，全市新建省级课程基地4个、累计14个，新建苏州市级课程基地8个、累计35个，新建苏州市“新时代有效教学研究”项目实验学校17所、累计23所。普通高考本一、本二达线率继续位居苏州市前列，职业学校对口单招本科达线人数连续19年位居苏州第一。张家港开放大学在第十三届VEX亚洲机器人锦标赛中获亚军；中等专业学校连续两年承办全国职业院校技能大赛中职组“制冷与空调设备组装与调试”赛项，全市参赛项目数、获取金牌数均列全省同类县市第一。在省义务教育学生学业质量监测中，全市八年级学生具备中等及以上学生水平占比96.4%，超出江苏省3.1个百分点、苏州市4.2个百分点；市教育局申报的“突出三位一体，深度推进区域课程游戏化建设”项目获评江苏省区域推进幼儿园课程游戏化项目，锦丰中心幼儿园东园创建成为省优质幼儿园，锦秀学校幼儿园、金城学校幼儿园等4家民办幼儿园完成苏州市优质幼儿园复审。

师资队伍建设加强　全市在实施事业编制教师常规招聘基础上，创新实施备案制教师招聘、校园招聘及优质师范生签约。2019年，全市招录新教师529人，其中事业编制教师274人、备案制教师255人，新招录教师中硕士研究生和“双一流”高校本科生43人，签约27名市籍优秀高三毕业生报考“985”“211”师范院校师范类专业，签约7名乡村定向师范生签订定向就业协议，有效缓解师资紧缺压力。成立名师名校长工作室32个，启动实施港城教育人才“5151”计划，以市委市政府名义制定出台《港城教育人才计划实施细则》，通过5年的时间，引进50名教育特聘人才，选拔培养10名教育名家、50名教育领军人才、100名青年拔尖人才。出台《关于进一步加强师德师风建设的意见》等文件，建立健全师德师风负面清单制度，常态化实施对有偿家教、校外培训机构兼职等违反师德师风行为的监督检查，并将检查结果作为文明校园考核、学校班子考评的重要依据。持续开展红色引领“333”提升工程，组织评选第二届“杏坛公仆”“教坛先锋”“美德园丁”的先进典型，该工程获苏州师德建设案例特等奖。

教育服务能力增强　加大义务教育规范办学、小区配套幼儿园等治理力度，实现义务教育学校核查全覆盖，清理无证幼儿园11所，教育生态进一步优化。优化服务惠民质量，实施“四点半学校”建设扩面工程，服务学生6.3万人，参与人数占全市小学生总数的17.51%。调整优化招生入学政策，出台并实施房产产权与学位关联政策和民办学校入学政策，有序改革普高指标生分配方案，推进入学及招生政策更科学、更公平、更合理。加速省“阳光食堂”信息化监管服务平台建设，实现义务教育学校全覆盖，为全省四个试点县市之一，为苏州唯一一家。

【市义务教育优质均衡发展成为全国典型】 2月26日，省教育厅召开全省基础教育工作视频会议，张家港市委教育工委书记、市教育局局长杨志刚作为苏南基础教育的唯一代表作题为“突出教育公平，提升内涵品质，推进义务教育优质均衡发展迈向更高水平”的主题交流。2月28日，苏州市义务教育优质均衡发展现场推进会在市召开，副市长王松石从弘扬城市精神、优化资源配置、坚持共建共享、深化教育改革四个方面介绍张家港市创建全国义务教育优质均衡发展县（市、区）的推进举措。12月30日，省政府召开全省基础教育工作会议，研究部署新时代推进基础教育高质量发展，副市长王松石代表市政府围绕义务教育优质均衡作经验交流。年末，“江苏张家港：治理现代化推进义务教育优质均衡发展”被《人民教育》杂志评为“2019中国基础教育典型案例”。　　（徐晓艳）

基础教育

【概况】 全市有基础教育类学校154所,含特殊教育学校1所。全国青少年校园足球特色学校新增4所、累计32所,全国足球特色幼儿园新增2所、累计2所,全国青少年校园篮球特色学校3所,中华优秀文化艺术传承学校1所,国家级绿色学校(幼儿园)1所,江苏省绿色学校50所,江苏省语言文字规范化示范学校3所,江苏省中华经典诵读基地学校1所,江苏省规范汉字书写教育特色学校1所,江苏省优质幼儿园新增1所、累计43所,江苏省科技教育特色学校5所,江苏省体育传统项目学校3所,江苏省青少年足球特色幼儿园3所,江苏省青少年校园篮球特色学校1所,江苏省艺术特色学校3所,苏州市科技教育特色学校12所,苏州市艺术特色学校新增12所、累计16所,苏州市艺术教育项目学校7所,苏州市体育传统项目学校24所,苏州市德育先进学校68所,苏州市优质幼儿园54所,苏州市绿色学校102所,苏州市语言文字规范化示范学校40所,苏州市中华经典诵读基地学校新增4所、累计8所,苏州市规范汉字书写教育特色学校9所。

学前教育　年内,新增新南幼儿园、新塍幼儿园、爱伦宝幼儿园有限公司、新纽顿康葩幼儿园有限公司,撤销三兴幼儿园西界港分园,暂停南丰幼儿园东沙园区招生,年末全市有幼儿园72所,在园幼儿46157人(含新市民子女19754人),比上年增57人。其中,0周岁至3周岁婴幼儿入园(所)人数451人,适龄幼儿入园率100%。省、苏州市优质园比例75%。锦丰中心幼儿园东园创建成为江苏省优质幼儿园。张家港市推进区域课程游戏化建设项目,首批获评江苏省区域推进幼儿园课程游戏化建设项目。

小学教育　全市有小学39所(含村校1所)。在校学生91759人(含新市民子女52115人),比上年增3646人。小学适龄儿童入学率、巩固率、跟踪毕业率、升学率均为100%。年内,万红小学联盟《浩瀚的星空》获第三届芬兰国际项目式学习峰会课程设计评比第一名;实验小学获全国第六届中小学生艺术展演一等奖;凤凰中心小学获评江苏省足球后备人才示范学校;金港中心小学“印刻童年”儿童版画课程建设项目获批2019年江苏省中小学课程基地建设项目;江帆小学“城郊接合部新建小学3.0版‘微创意’课程开发与实施的研究”项目被确定为苏州市2019年基础教育前瞻性教学改革实验项目;暨阳实验小学、崇真小学、徐市小学、锦丰中心小学创建成苏州市小学特色文化建设项目学校,在苏州市组织的2018年立项的小学特色文化建设项目现场视导调研中,福前实验小学获示范等第,合兴小学、塘市小学获优秀等第。

中学教育　全市有中学43所,其中初中34所、普通高中9所(含完全中学2所)。在校学生50496人,其中初中生35995人、高中生14501人。初中生年度巩固率、毕业率、升学率分别为100%、99%和99%。梁丰高中生物学科发展创新中心立项为2019年江苏省普通高中学科发展创新中心项目,东渡实验学校语文学科发展示范中心立项为2019年江苏省初中学科发展示范中心项目。沙洲中学、崇真中学、第六中学、港口学校课程建设项目列入苏州市初高中课程基地建设项目,南沙中学课程建设项目列入苏州市课程基地培育项目。梁丰高中首批入选江苏省高品质示范高中建设立项学校,梁丰初中、凤凰中学入选江苏省初中课堂教学改革优秀成果。沙洲中学、梁丰初中等11所初高中被第三批认定为“新时代苏州市有效教学研究”项目实验学校。市一中获评苏州市义务教育学校管理标准示范校,梁丰初中、东渡实验学校、暨阳湖实验学校获评苏州市义务教育学校管理标准特色校。第八中学被评为全国青少年人工智能活动特色单位,并被省教育厅认定为江苏省科学教育综合示范学校。暨阳高中、暨阳湖实验学校被评为全国青少年手球传统学校。

【“区域融合教育资源中心建设”项目通过省教育厅视导】 4月15日至16日,江苏省教育厅视导组专家对市“区域融合教育资源中心建设”项目进行实地视导。融合教育是指残疾儿童在普通学校随班就读,和普通学校的孩子融合发展。2018年4月,张家港市通过江苏省特殊教育发展工程项目“区域融合教育资源中心建设”的答辩评审,根据全市融合教育学生分布情况和全市学校分布情况,在全市选定12所幼儿园、8所小学、4所九年一贯制学校、6所初中和1所职业中学作为融合教育资源中心校,用一年时间投入300万元完成31个资源中心的软硬件建设,实现全市融合教育资源中心各镇区各学段全覆盖。2019年5月14日,举行全市幼儿园融合教育工作研讨会,展示幼儿园融合教育和融合资源中心活动情况,分享幼儿园依托融合资源中心对特殊需要幼儿个训的做法和经验,交流融合教育经验和个别化教育案例,学习特殊需要幼儿个训实操训练技能,提高教师的个别化教育水平。10月17日至19日,市教师发展中心和特殊教育指导中心联合江苏省《现代特殊教育》编辑部举办融合教育资源教师研修班,南京特殊教育师范学院李拉副教授等专家作专题培训讲座,学员集中参观南京市中央路小学和南京市光华东街小学等两所南京市融合教育工作示范学校。

【实验小学承办省小学教育专题研讨会】 11月11日至12日,2019年江苏省小学教育专题研讨会在实验小学召开。该活动由省教育厅、省中小学教学研究室主办,张家港市实验小学承办。省教育厅领导、全省各区(市)分管副局长、教育学会会员等400余人参会。11日,进行课堂教学改革研讨,实验小学及江苏省各设区市优秀青年教师共开设公开课10节,覆盖语文、数学、英语、科学、音乐等学科,其中实验小学吴灵燕执教语文“四季之美”、陆晓扬执教语文“司马光”、赵敏执教数学“圆柱和圆锥的认识”、陈方执教英语“We all love cream”、陈喜燕执教科学“设计堆肥箱”课程,通过“现场参与+实况直播”的方式,在场与在线互为融通,省内6位教育专家作深度点评,为与会者提供不同维度的示范和参考。活动期间，进行江苏省教育学会小学教育专业委员会第二届理事会改选，张家港市实验小学教育集团总校长刘慧当选为第二届理事会副理事长。12日，召开专题研讨会，张家港市实验小学教育集团、南京市建邺实验小学、无锡市东林小学从提升学校教育范式的角度对本校教学改革的路径作经验交流。

【省幼特教“师陶杯”教科研论文颁奖暨成果交流研讨会在市举行】 12月4日至5日，2019年江苏省幼特教“师陶杯”教科研论文颁奖暨成果交流研讨会在市举行。该研讨会由江苏省教育科学研究院幼儿教育与特殊教育研究所主办，张家港市教育局承办。全省各区（市）部分幼特教干部、科研人员、幼儿园园长、特殊教育学校校长以及科研骨干、“师陶杯”获奖代表近400人参会。该次“师陶杯”科研论文评选共收到全省参赛论文1567篇，其中幼教1317篇、特教250篇，最终评选出特等奖论文12篇、一等奖99篇、二等奖1146篇。市教师发展中心樊人利《你须寻得你所爱——区域推进幼儿园教师专业阅读的思考与行动》、江帆幼儿园高燕《发现儿童：“小碎件游戏”的园本探索与实践》、南丰幼儿园沈丽华《“江沙资源”转化为幼儿“课程资源”之路径探索》3篇论文获一等奖；周科、张宇丹等40位教师撰写的论文获二等奖。

【高考本科达线率92.5%】 2019年，全市普通类高考实考人数3683人，本科第一批次达线1711人，达线率46.5%；本科以上达线3407人（不含保送生和体艺类达本科学生），本科以上达线率为92.5%，本一、本科达线率均列苏州市前茅。390分以上高分学生80人，400分以上高分学生18人，其中，梁丰高中张嘉棋同学以416分获苏州市文科第一名（江苏省文科第八名）。获江苏省、苏州市三好学生和优秀学生干部荣誉称号46人。在普通高中数学、物理、化学、生物等学科竞赛中，江苏省级及以上获奖人数228人，其中全国一等奖14人、省一等奖55人，梁丰高中10位学生获第33届中国化学奥林匹克（初赛）一等奖，总人数位居全省第一。梁丰高中、常青藤实验学校等学校国际部176名学生分别被美国纽约大学、英国帝国理工学院等国外知名大学录取。

（徐晓艳）

职业教育

【概况】 全市有职业类学校5所，其中公办职业院校4所，民办职业院校1所。2019年，职业院校招收新生91个班3762人，普职比6∶4。全市在校中高职学生12221人，其中五年制高职（含高技）6251人，三年制中职（含中技）5970人。毕业学生2883人。全市职业学校开设制造类、服务类专业32个，其中制造类专业学生8025人，服务类专业学生4196人。全市职业学校电气、机电、机械、汽车、计算机、财会、数控等专业开展“3+3”中职高职衔接项目，项目学生1081人。机电、服装、财会、计算机等专业开展“3+4”中职本科衔接项目，项目学生336人。全市职业学校有在编教师986人，其中高级职称341人，占34.58%；中级职称319人，占32.35%。2019年全市职业学校有624名学生参加江苏省普通高校对口单招考试，本科达线人数300人，达线率48.08%，本科达线人数连续19年位居苏州市第一。在2019年江苏省职业院校师生技能大赛中，获一等奖5项6人、二等奖15项24人、三等奖21项35人。2019年全市有67件创新作品、10个创业模拟项目入围苏州市职业教育创新创业大赛展品会，作品数、项目数位居苏州市第一，获一等奖7个、二等奖20个、三等奖47个，有6件作品和项目入围省赛。中等专业学校创建为江苏省中等职业学校“领航计划”建设学校。

【张家港市9名选手获全国职业院校技能大赛金牌】 5月25日，由教育部联合34个国家部委和单位共同主办的2019年全国职业院校技能大赛“星科杯”制冷与空调设备组装与调试赛项在市中等专业学校举行，全国31个省、自治区、直辖市的111个代表队300余名选手参赛。张家港市入围大赛的电子电路装调与应用、分布式光伏系统的装调与运维、机电一体化设备组装与调试、服装设计与工艺、制冷与空调设备组装与调试等5个项目的9名选手全部摘得金牌，市中等专业学校陆怡栋获制冷与空调设备组装与调试项目第一名；张家港市是全省中职类参赛项目最多、获得金牌数最多的县（市、区）。

【第七届“行行出状元”职业技能大赛学生组比赛】 10月15日至16日，由市教育局、市人社局联合举办的第七届“行行出状元”职业技能大赛学生组比赛在沙洲职业工学院、开放大学、市三职中等赛点举行，全市职业院校173名选手参赛。比赛设加工中心操作、CAD机械设计、图形图像处理、会计电算化、沙盘模拟经营、电子商务技能等6个赛项。市三职中蒋云辉、开放大学常丹阳等15人获一等奖，中等专业学校石富华、市二职中张秋艳等27人获二等奖，开放大学孙馨恬、市二职中蔡芸芸等42人获三等奖。市三职中、市二职中、开放大学被市政府授予“高技能人才培养先进单位”称号。

【职教志愿服务组团式对口帮扶】 3月至9月，全市职业学校先后派出6名教师到贵州省沿河土家族自治县中等职业学校开展组团式帮扶活动，以职教志愿服务为抓手，加强职教富民惠民建设。至年末，帮助沿河职校建立志愿服务队7个，1780名师生注册为贵州志愿者，另借助张家港市友爱港城志愿服务平台，近200名沿河师生成为张家港市注册志愿者，其中20人获张家港市志愿者协会颁发的国家星级志愿者证书，其服务时长均在100小时以上，最高的服务时长超500小时（志愿服务活动均在贵州开展）。志愿服务队开展支农扶贫、文明交通、创卫环保、大型会务赛事服务、关爱老人儿童、技能培训等六大类常态化活动累计200余场，服务时长累计超1万小时，志愿服务活动范围覆盖沿河22个乡镇、街道，宣传和服务群众数万人。

【开放大学机器人FG战队获第十三届VEX亚锦赛亚军】 江苏城市职业学院张家港办学点，又名开放大学。2019年开设34个专业，有各类学历教育班169个，其中全日制班52个。年内，招收新生1313人，其中全日制新生433人。毕业学生1007人，其中全日制毕业生375人。年末有在籍生3898人。全年开展社会培训2万余人次。有教职工184人，其中专任教师145人，副教授56人，讲师69人，助理17人。12月9日至12日，张家港开放大学机器人FG澳洋战队在韩国首尔举行的第十三届VEX亚洲机器人锦标赛中获资格排位赛一等奖、个人技能挑战赛第二名、总决赛亚军。亚洲机器人锦标赛是一项亚洲机器人联盟主办的国际赛事，分别在韩国、新加坡、澳大利亚等国举办13届，全球10万余名青少年参与。张家港开放大学机器人F G澳洋战队成立于2018年，指导老师刘金山、赵君，队员王鑫、周磊、周强、夏逸凡，战队历经苏州、江苏省到全国总决赛，2019年首获亚洲机器人锦标赛参赛资格。

（徐晓艳　叶　虹）

高等教育

【概况】 2019年，全市有沙洲职业工学院（简称沙工）、江苏科技大学张家港校区（简称江科大张家港校区）、江苏科技大学苏州理工学院（简称江科大苏州理工学院）3所高校。其中，江苏科技大学张家港校区和江苏科技大学苏州理工学院实行统筹管理，即两块牌子、一套班子。年内，3所高校在校学生14534人，毕业学生2830人。3所高校教职工656人、专任教师446人，其中教授24人、副教授171人，讲师266人、助教51人。

沙工　设有建筑工程、纺织工程、电子信息工程、机电工程、经济管理、基础科学、思想政治理论教研部7个系（部）42个专业。教职工311人，专任教师237人，其中教授13人、副教授等副高职称108人、讲师137人、助教24人。建筑构造与识图、特种加工技术等7门课程获2018—2019年度省级在线开放课程立项；《自动化生产线安装与调试（西门子S7-200 SMART系列）》《冲压成形工艺与模具设计》等4部教材获省高等学校重点教材立项；“电子信息工程系移动应用开发”专业获评苏州市品牌专业建设点。建筑信息模型（BIM）、电子商务数据分析、工业机器人应用编程、工业机器人操作与运维等4个项目获批“1+X”证书国家级试点。在全国高等职业院校技能大赛中获一等奖1项、三等奖1项；省高等职业院校技能大赛中获一等奖1项、二等奖5项、三等奖8项。2人获评江苏省中青年骨干教师，“移动锂离子动力电源系统团队”成为江苏省高校优秀科技创新团队。2019年，学院招收新生2176人（包括社会人员新生118人），毕业学生1020人，2019届毕业生就业率95.2%。至年末，学院全日制在校生5572人、各类成教在校生2320人。学院创建成江苏省2019年面向社会人员招生试点院校，获江苏省高等学校信息化建设先进单位、江苏省文明校园等称号。

江科大张家港校区和江科大苏州理工学院　设二级学院6个。江科大张家港校区有冶金工程一级学科硕士点1个，本科专业8个；苏州理工学院有本科招生专业23个。2019年，江科大张家港校区实际录取新生500人，苏州理工学院实际录取新生1841人，文理科各批次投档分数线均高于省控线，总报到率95.95%。年末两校有在校学生8962人，其中江科大张家港校区学生1993人、苏州理工学院学生6969人。两校有教职员工345人，其中专任教师209人，包含教授11人、副教授63人、讲师129人、助教27人。江科大张家港校区2019届毕业生465人，毕业率89.08%，学位授予率100%。苏州理工学院2019届毕业生1345人，毕业率89.03%，学位授予率99.85%。毕业生录取研究生268人、公务员4人、事业单位2人，“苏北计划”（大学生志愿服务苏北计划）1人。2019年，学生在省级竞赛获奖356项，其中特等奖7项、一等奖58项、二等奖128项。首次在国际性比赛中获特等奖1项。5名学生获江苏省人文知识竞赛优秀奖。在江苏省优秀毕业设计（论文）评选中，江科大张家港校区获三等奖1项，苏州理工学院获三等奖2项。对外合作中，输送读研及交流生26人。接待国内外访问团12批，签署合作协议2项，新增合作院校3个，组织宣讲会4场，聘请外教2人。2019年科研水平不断提高，获批国家自然基金项目4项（国家自然基金立项3项，共同申报国家重点研发计划立项1项）、省部级2项（联合申报江苏省重大科技成果转化项目1项）、地厅级4项、张家港市级项目1项，其他5项。获江苏省科学技术奖二等奖1项，其他地厅级奖励5项，张家港市级奖励20项。发表论文216篇（ESI论 文18篇，EI论 文6篇，CSSCI论文1篇，SCD论文28篇，专著1篇），申请发明专利44项，授权18项。发明专利“薄壁管材自动成型生产线”获江苏省专利项目优秀奖。在2019年度国家科学技术奖励大会上，江苏科技大学参研的“海上大型绞吸疏浚装备的自主研发与产业化”项目获2019年国家科技进步特等奖。

【江科大与汤普逊河大学“2+2”经济学联合培养项目】 汤普逊河大学位于加拿大哥伦比亚省甘露市，是一所新兴的公立大学。校园占地100公顷，有在读学生1万余人，包括53个国家和地区的800余名国际学生。汤普逊河大学是江科大重要合作伙伴，6月25日，加拿大汤普逊大学代表团到江科大苏州理工学院访问，参加洽谈并签署国际合作项目协议。“2+2”经济学联合培养项目招生对象为经济学、财务管理等相关专业学生，合作模式是学制“2+2”，即在国内学习2年，语言成绩与GPA达到合作院校要求后，可赴国外学习2年，满足双方院校毕业和学位授予条件者，毕业时可获得两校的毕业证与学位证。至年末，该项目招生29人。

【沙工—沿河教育帮扶项目】 2019年，沙工进一步加大对贵州省沿河土家族自治县教育帮扶力度，招生计划由上年300人增加为400人，招生专业由11个增至14个，招收沿河籍新生297人。教育资源方面，学院从开设免费英语补习班、帮助解决学习使用计算机和网络的问题、开展职业规划辅导、举办“职·德”训练营等方面向沿河籍学生倾斜。以企业冠名班形式，对沿河学生开展订单式培养。沿河籍贫困学生获得资助金499人次331.2万元。2019年，在校沿河籍大学生中，学生担任班级、系部学生干部50人，入伍8人，在省级大学生创新创业实践项目获奖6人，获国家励志奖学金5人，在江苏省高等职业院校技能竞赛获奖4人。

（陈　琛　陈　敏）

社会教育

【概况】2019年，市社区教育工作贯彻《省教育厅等部门关于加快发展社区教育的实施意见》《关于加强社区教育工作推进学习型苏州建设的意见》《关于印发2019年苏州市社区教育工作要点的通知》等文件精神，统筹发展城乡社区教育。2019年全市启动社区教育公益服务项目150余项，市镇财政经费投入150余万元，直接受益对象近10万人。常阴沙社区教育中心创建成为省级标准化社区教育中心，大新镇“幸福夕阳”移动课堂和乐余镇的“乐学”共同体项目获评省级“社区教育品牌项目”。

社区居民教育　2019年，社区教育保障机制不断完善，市终身教育促进委员会印发《关于加快推进我市社区教育工作的实施意见》《关于推进我市社区教育项目化工作的指导意见》等文件。全市有负责社区教育从业人员237人，选派47名社区教育从业人员参加苏州市村（居）市民学校校长（负责人）培训班，10名区镇分管社区教育主任参加苏州市社区教育中心校长综合能力提升培训。全市社区教育市级财政年投入超370万元，区镇配套年投入600余万元，全市有156个社区教育项目进入村（社区），社区教育活动的行政村（社区）覆盖率超过50%，全市社区教育活动人口覆盖数近40万人，参与社区教育活动人数近10万人，成为政府“聚人心、暖人心”基本公共服务的好帮手。

成人高考和自学考试　2019年，全市报名参加全国成人高校招生考试5246人，其中退役士兵45人，免试（含二学历、成绩转入、推荐考核）883人，占16.83%；专科起点升本科3144人，占59.93%；高中起点升本科176人，占3.35%；高中起点升专科1926人，占36.71%。全市设考场145个，应考人数4318人，实际参加考试3978人，参考率92.13%。录取3988人，录取率76.02%，其中专科起点升本科录取2485人，高中起点升本科录取131人，高中起点升专科录取1372人。全年报名参加江苏省自学考试5267人，全年毕业147人，其中专科毕业36人、本科毕业111人。参加全国计算机等级考试人数4501人。参加全国公共英语等级考试人数776人。参加教师资格证笔试面试3190人。

青少年校外教育　2019年全市新审批民办教育非学历教育机构55家，其中市教育局集中验收审批民办教育非学历教育机构46家，保税区（金港镇）行政审批局审批民办教育非学历教育机构9家。开展第三轮校外培训机构专项治理行动，市教育局对持有办学许可证的学科类培训机构的办学资质、师资聘任等方面进行全面审核，依法注销和吊销办学许可证机构13家，缩减和取消有学科类办学资质的有证机构10家。年末，全市持有办学许可证面向中小学生开展语数外等学科类培训机构164家，其中保税区（金港镇）27家，星级诚信单位38个（四星级11个、三星级15个、二星级12个）。校外培训机构专项治理行动获省教育厅现场督导组的高度评价，并作为张家港市唯一一个获得年度苏州市“关爱民生法治行”的优秀项目获苏州市财政局的专项奖补资金。

老年教育　2019年，老年大学布点扩面持续推进，新增镇（街）老年大学1所（妙桥老年大学），累计24所；新增村（社区）老年大学办学点8个，累计189个，全年在读老年人2万余人次。年内，市终身教育促进委员会印发《关于推进我市老年教育发展的指导意见》，在全市范围内组织开展老年大学教学成果展演活动，展演分戏曲类、体操类、舞蹈类、器乐类、声乐类5个专场。市老年大学制定“老年乐家”项目年度服务计划，做到“月月有课程、课课有特色、人人有收获”。2019年“老年乐家”开展集中学习、文艺联谊和各类比赛等活动10余次，有“党建一体化，共建促和谐”联谊活动、“孙子兵法”隔代教育讲座、“牢记历史使命”、“情系重阳，老少同乐”与暨阳幼儿园同台演出等。

【社区教育“项目化”推进】2019年，市社区教育项目化工作评估采取由全省社区教育领域的专家组成的第三方专业评估团队评估的方式对全市各区镇社区教育项目进行评估。全市社区教育以服务人民群众、满足群众需求为原则，按照突出重点、鼓励优质项目优先发展的总体思路，通过完善项目设计、项目采购、项目监管等过程性管理，形成能够申报苏州市级以上、代表张家港特色水平的社区教育项目，打造“教育惠民”项目品牌群，社区（村）项目覆盖率50%以上。年内，结合第三方项目评估组评估报告，遴选出金港镇“‘长江名花’护理技能培训”项目、大新镇“幸福夕阳”移动课堂项目、乐余镇“乐学夕阳红”项目、常阴沙现代农业示范园区“田园牧歌传乡音常阴沙农乐源”项目、凤凰镇“非遗”韵恬庄项目、塘桥镇“露荷·能量共同体”项目、南丰镇“金色夕阳·耆彩南丰”社区教育养老服务项目、锦丰镇“行进的家长课堂”走进村（社区）学校项目、杨舍镇“暨阳大学堂进校园——甲骨文与中华礼仪”项目等139个项目获评2019年度张家港市级社区教育项目。

【社区教育“一镇一品”建设】2019年，全市各社区中心结合实际，对镇（街道）的社区教育工作进行提炼总结，根据理念价值、区域优势、个性特点以及生成保障四大品牌要素，在区域生态旅游、文化艺术、岗位技能、实用技术、健康养生、休闲娱乐等方面，归纳、提炼出符合自身实际和社区教育发展要求的特色品牌项目。大新镇社区教育中心创新开设“幸福夕阳”

移动课堂，锦丰镇社区教育中心构筑老年大学“网格化”运作模式，金港镇社区教育中心开展“公益教育项目进社区”“金港大讲堂”“三进”系列活动，杨舍镇社区教育中心组建汇聚20个部门资源的“‘暨阳大学堂’+教育”共同体，塘桥镇社区教育中心做强老年教育特色品牌，凤凰镇社区教育中心培育“乐学新时代”居民体验学习社区教育品牌，常阴沙现代农业示范园区打造以“耕读文化·尚学农场”为主体的社区教育体系，南丰镇社区教育中心深化“青蓝教育”志愿服务建设，乐余镇社区教育中心成立“乐学”共同体品牌提升工作室。其中，乐余镇“乐学共同体的培育”获苏州市首届社区教育成果一等奖，获批全国社区居民学习共同体区域推进实验基地。

【第七届全民终身学习活动周暨老年教育艺术节】 11月21日，2019年张家港市第七届全民终身学习活动周开幕式暨老年教育艺术节在大新镇文化中心举行。该届全民终身学习活动周以“推动全民终身学习，助力港城文明实践”为主题，市终身教育促进委员会成员单位、各区镇社区教育中心、民办非学历教育机构等相关负责人和大新镇社区居民代表300余人参加活动。金港镇“丁老师心灵氧吧”工作室获评省级社区教育“名师工作室”；市社区培训学院《带上英语就出发》获评全国社区教育优秀数字化课程；大新镇社区教育中心《沙上传承》、南丰镇社区教育中心《出国实用英语》、金港镇社区教育中心《寻味金港》获评江苏省社区教育优秀数字化课程；凤凰镇社区教育中心戴卫东获江苏省社会教育十年成果先进个人；金港镇缪一松获评江苏省“百姓学习之星”。节目展演展示了各区镇社教中心和老年大学编排的《吴韵悠悠》《沙上号子》《水墨兰亭》等节目。 （徐晓艳）

教 师 队 伍

【概况】 年内，全市教育系统事业编制教职员工9748人，备案制教师255人，专任教师9929人。专任教师中，普通高中1414人，职业学校957人，初中2297人，小学3630人，幼儿园1375人，特殊教育学校43人，市少年宫、青少年社会实践基地等校外教育机构121人。全市幼儿园、小学教师大专及以上学历比例分别为99.77%和99.45%，初中、高中教师本科及以上学历比例分别为99.35%和99.72%，高中教师中具有研究生学历、教育硕士学位的比例为27.49%。正高级职称教师新增5人，累计16人；新增副高级职称118人、中级职称150人。至年末，全市有“江苏省人民教育家培养工程”培养对象4人；省特级教师32人；江苏省“333高层次人才培养工程”培养对象12人；“姑苏教育人才”25人；苏州市名校长名教师52人；苏州市学科带头人214人。张家港市教坛新秀、教学能手、学科教改带头人及以上骨干教师3088人，占专任教师总数的31.1%。职业类学校“双师型”教师占专业专任教师的73.6%。

【名师队伍建设】 年内，市教育局制定《张家港市名师工作室年度考核办法（试行）》，开展2018—2019年度名师工作室考核评审工作，共有31个名师工作室参加考核，其中刘慧名校长工作室、曹国锋名教师工作室、王宝斌名教师工作室、陈冬名教师工作室、庞燕名教师工作室、陈惠芳名教师工作室、钱爱萍名教师工作室、戴小燕德育（心理教育）名师工作室、徐彩萍德育（家庭教育）名师工作室等9个名师工作室考核优秀，22个名师工作室考核合格。组织2019年张家港市级骨干教师复评，2933人通过复评，其中新评教坛（德育）新秀414人、教学（德育）能手1904人、学科带头人615人。新评中小学、幼儿园正高级职称5人，高级职称106人，中级职称143人；职教高级讲师12人、讲师7人。东渡实验学校陈芳获评全国教育系统模范教师；组织推荐苏州市学科带头人48人，47人进入第二轮考核；组织申报苏州市“姑苏人才”“名教师”评审，获评教育名家2人，教育领军人才4人，青年拔尖人才16人，名教师5人。继续开展优质师范生签约与培养工作，2019年签约27名优质师范生，累计签约103人。

【“守望田园最美教师”评选】 7月，“守望田园最美教师”评选启动，面向市区二环路以外中小学校、幼儿园从事教育教学一线工作10年及以上的教师，在学校初评、评审委员会评选的基础上产生候选人，通过集中展示、网络投票、专家评审等环节，最终选出“守望田园最美教师”10人，分别为塘桥高中王金秋、南丰小学刘兵、港口学校刘娟、崇真小学汤德利、乐余高中吴钱祥、德积小学张惠芬、晨阳学校屈敬根、乐余中心幼儿园袁飞、三兴幼儿园黄芳、第三职业高级中学黄建华；“守望田园最美教师”提名奖10人，分别为大新中心幼儿园任艳、后塍学校余建国、妙桥小学陆惠萍、南丰幼儿园陈玉萍、崇真中学国秀平、凤凰中心小学钱向东、乘航小学钱惠娣、乐余中心小学徐卫星、凤凰中学陶开建、塘市幼儿园缪祺。

【“新时代最美青年教师”评选】 7月，“新时代最美青年教师”评选启动，面向全市中小学、幼儿园（含民办学校）35周岁以下（1984年1月1日以后出生）、教龄5年及以上的一线教师，在学校初评、评审委员会评选的基础上产生候选人，通过集中展示、网络投票、专家评审等环节，最终选出“新时代最美青年教师”10人，分别为乐余高中石贞芳、乘航幼儿园冯佳、港口学校江妍、江帆幼儿园苏海飞、第八中学吴关明、外国语学校周辉、实验小学施波、鹿苑中学钱志锋、常阴沙学校黄文娟、合兴初级中学曹文千；“新时代最美青年教师”提名奖10人，分别为塘桥中心幼儿园马艳萍、暨阳湖实验学校祁丹艳、特殊教育学校芮萍、南丰幼儿园李敏、南沙中学吴静芳、鹿苑小学张晓华、三兴学校陆玲艳、梁丰幼儿园陆璟瑜、梁丰初中周越、中等专业学校蔡佳诺。

（徐晓艳）

【编辑 景力颖】

文化体育

Culture & Sports

暨阳湖短程马拉松赛　（市文体广旅局　提供）

文化综情

【概况】 年内,市文体广旅系统围绕提升公共服务水平、打造文艺生产精品、推进文物保护传承等工作,推进各项文化事业建设。新建成24小时图书馆驿站6家,累计42家。至年末,全市人均公共文化设施面积超2.5平方米。全年购买文艺演出服务30场。《张家港市"书香城市"建设指标体系(试行)》获评中宣部全民阅读优秀项目。"看得见的二十四节气——非物质文化遗产系列活动"获评文旅部2018年度全国美术馆优秀公共教育项目。"绽放在港城"和"艺路同行"两个项目入选文旅部2019年"春雨工程"志愿服务项目。全市拥有市锡剧艺术中心、市评弹艺术传承中心、市文化馆东方艺术团3个专业艺术团体,成员137人,其中国家一级演员(编剧)6人、国家二级演(奏)员13人,具有中级以上职称43人。全年3个团体围绕艺术生产"出高原攀高峰"目标创作文艺作品200余件,涵盖锡剧、曲艺、音乐、舞蹈、美术等门类,包括小品《生日聚会》、中国画《大国工匠·沪通长江大桥建设者》、锡剧《云水谣》、锡剧小戏《嫂娘》、短篇弹词《情在深处》、锡剧《江姐》、舞蹈《谢谢你》等文艺作品。小品《生日聚会》获文旅部第十八届"群星奖",中国画《大国工匠·沪通长江大桥建设者》入选第十二届中国艺术节全国优秀美术作品展览和第十三届全国美术作品展览中国画展,锡剧《云水谣》获2019江苏省紫金文化艺术节"优秀剧目奖",锡剧小戏《嫂娘》、短篇弹词《情在深处》获第四届江苏省文华奖"优秀节目奖";锡剧《江姐》、舞蹈《谢谢你》入选江苏艺术基金2019年度资助项目,7个作品入选苏州市优秀群众文艺作品重点项目。原文广新局获评2018年全国"扫黄打非"先进集体。市文体广旅局被中宣部版权局授予查处重大侵权盗版案件有功单位二等奖,获评2016—2018年度江苏省文明单位,被省文旅厅记集体二等功一次。

【物质文化遗产保护利用】 3月,黄泗浦遗址入选2018年度全国十大考古新发现。《黄泗浦考古遗址公园总体规划》初稿编制完成。5月,黄泗浦遗址入选"海上丝绸之路"申遗预备清单,《张家港市海上丝绸之路文化遗产保护与申遗总体规划》初稿编制完成。年内,黄泗浦遗址——寺院建筑址及唐代河道已发掘区保护展示项目、黄泗浦遗址建设控制地带内张家港市东三环(张杨公路至苏虞张公路)建设项目方案均获国家文物局批复同意。2018—2019年度黄泗浦遗址发掘工作结束,南京博物院提交考古发掘完工报告,重点发掘木桥遗迹、石构件遗存等遗迹共30余处,出土遗物近700件(套);与南京博物院合作开展的黄泗浦遗址多学科课题合作研究中期成果出炉。《张家港东山村遗址保护与展示设施建设方案(修改稿)》获苏州市文物局批复同意。黄泗浦遗址东部考古发掘区保护工程和东山村遗址博物馆新建工程申报张家港市2020年度城建计划。配合中央电视台中文国际频道《国宝·发现》栏目组拍摄《千年黄泗浦》系列节目并播出。对凤凰镇恬庄东街古建恢复工程涉及的文化遗存进行抢救性考古发掘并通过省文物局验收。全年共开展8轮文物安全巡查。至年末,全市累计有全国重点文物保护单位3处,省级文物保护单位3处和市级文物保护单位45处。

(黄 丹)

2019年张家港市文物保护单位情况表

表54

名称	区域	时代	地点	保护类别
太平桥	杨舍镇	清	杨舍镇百桥村	市保
焦家老宅		民国	杨舍镇向阳弄	市保
北新桥		明嘉靖	杨舍镇西新村南蔡河上	市保
塘市长春堂		民国(1923年)	杨舍镇塘市老街南侧	市保
沧江书舍		清	杨舍镇沙洲公园内	市保
黄旂桥		清重修	杨舍镇塘市李巷村	市保
"八不准"碑		清	杨舍镇谷渎港	市保
东风桥		现代	杨舍镇双鹿村	市保
东山村遗址	金港镇	新石器时代	金港镇南沙东山村	国保
香山石室土墩群		春秋	金港镇香山	省保
桃花涧		春秋	金港镇香山北坡	市保
采香径		春秋	金港镇香山西南坡	市保
毗陵寺井		汉	金港镇长山村	市保
烽火台		元	金港镇凤凰山顶	市保
烈士陵园		现代	金港镇南沙香山	市保
香山寺		东汉	金港镇香山	市保
六朝古井		南朝	金港镇南沙街道办事处大院内	市保

续表54

名称	区域	时代	地点	保护类别
梅花堂	金港镇	宋	金港镇香山	市保
渡江战役登陆纪念处		1949年	金港镇巫山	市保
占文农暴旧址		民国(1927年)	金港镇占文村	市保
钱家祖宅		清	金港镇后塍北基墩	市保
杨氏宅第	凤凰镇	清嘉庆	凤凰镇恬庄村	国保
红豆树		南朝梁	凤凰镇邓家堂	市保
富民桥		清	凤凰镇程墩村清水河上	市保
恬庄古镇		清	凤凰镇港口街道恬庄村	市保
永庆寺		南朝梁大同二年(536年)	凤凰镇凤凰山	市保
蒋廷锡墓葬遗址		清	凤凰镇双塘村	市保
黄家新桥		清	凤凰镇魏庄村	市保
蒋宅		清	凤凰镇恬庄后东街	市保
仿苏式粮仓		1958年	凤凰镇港口(江苏省农垦米业集团)	市保
徐宅		清及民国	凤凰镇高庄村(凤凰休闲农业园旁边)	市保
港口蒋宅		民国	凤凰镇港口老街(港口派出所)	市保
黄泗浦遗址	塘桥镇	南朝至宋	塘桥镇滩里村	国保
弘济桥		明天启五年(1625年)	塘桥镇鹿苑东街	省保
徐家湾新石器时代遗址		新石器时代	塘桥镇徐家湾	省保
嘉荫堂兰石轩丛帖刻石		清至民国	塘桥镇初级中学及部分民宅墙壁内	市保
若瑟堂		清	塘桥镇滩里村黄泗浦河西边	市保
萧家桥		明万历十三年(1585年)	塘桥镇李王村三丈浦河上	市保
方桥		清康熙	塘桥镇鹿苑滩里村古黄泗浦河上	市保
徐塘桥		民国	塘桥镇金村村	市保
西资桥		清雍正四年(1726年)	塘桥镇韩山村	市保
嘉荫堂后厅		清乾隆	塘桥镇跃进街(中桥桥北头)	市保
永昌寺		南朝梁普通三年(522年)	塘桥镇金村村	市保
王家花园		清	塘桥镇金村村	市保
钱昌照故居		清	塘桥镇鹿苑小学西侧	市保
伍相庵		元	塘桥镇牛桥村(十四大队)	市保
园茂里		清	塘桥镇金村西横街	市保
鹿苑抗日碉堡群		民国	塘桥鹿苑	市保
锦丰碉堡群	锦丰镇	近现代	锦丰镇常家村、悦来村、明星村、星火村、登瀛村等	市保
乐余民国商贸街	乐余镇	民国	乐余镇	市保
双山渡江战役纪念碑	双山香山旅游度假区	现代	双山岛西北主江堤内侧	市保

2019年张家港市级控保建筑情况表

表55

名称	年代	地点
蔡悲鸿办公旧址	近现代	金港镇长江村东昇社区
张宅	清	凤凰镇恬庄中街
陈宅	清	凤凰镇恬庄北街
钱宅	明	塘桥镇金巷村

续表55

名称	年代	地点
陈厅	清	塘桥镇妙桥人民西路
王宅	清	塘桥镇金村后街
知青下乡居住点	现代	常阴沙现代农业示范园区

【非物质文化遗产保护利用】 至年末，全市非遗名录项目共87项，其中国家级项目4项、省级项目11项、苏州市级项目20项。至年末，全市非遗项目代表性传承人88人，其中健在73人。年内出台《张家港市濒危非物质文化遗产代表性项目保护办法》。命名第二批张家港市非遗传习所6家，累计14家。举办“文化和自然遗产日”主题活动，包括展示展演类、教育普及类、旅游体验类、体育竞技类等4个大类46项，惠及群众10万人次。举办“港城非遗·双山香山杯”张家港市文化旅游创意设计大赛成果展。创新打造“港城绝技”非遗集市小程序，入选2019年度张家港市社科普及扶持项目。

2019年张家港市苏州市级以上非物质文化遗产代表作名录情况表

表56

项目名称	类别	层级	保护单位
苏州评弹	曲艺	国家级	市评弹艺术传承中心
河阳宝卷	曲艺	国家级	凤凰镇文化体育服务中心
河阳山歌	民间文学	国家级	凤凰镇文化体育服务中心
金村庙会	民俗	国家级	塘桥镇文化体育服务中心
沙洲哨口板式风筝制作技艺	传统技艺	江苏省级	乐余镇文化体育服务中心
后塍黄酒（沙洲优黄）酿制技艺	传统技艺	江苏省级	江苏张家港酿酒有限公司
后塍竹编技艺	传统技艺	江苏省级	金港镇文化体育服务中心
雷沟大布制作技艺	传统技艺	江苏省级	金港镇文化体育服务中心
塘桥陆氏中医儿科	传统医药	江苏省级	鹿苑医院
锡剧	传统戏剧	江苏省级	市锡剧艺术中心
沙上宝卷	曲艺	江苏省级	锦丰镇文化体育服务中心
“摸壁鬼”舞蹈	传统舞蹈	苏州市级	乐余镇文化体育服务中心
施耐庵在张家港的传说	民间文学	苏州市级	凤凰镇文化体育服务中心
手工弹棉絮技艺	传统技艺	苏州市级	张家港东好床上用品厂
顾氏中医内科	传统医药	苏州市级	张家港中医医院
香山石锁	传统体育、游艺与杂技	苏州市级	金港镇东山村民委员会
吴歌（沙上山歌）	民间文学	苏州市级	大新镇文体服务中心
苏派酿酒技艺（菊花酒酿造技艺）	传统技艺	苏州市级	凤凰文化旅游发展有限公司
吴派古琴艺术	传统音乐	苏州市级	沙洲琴社
金属抬凿錾刻工艺	传统技艺	苏州市级	张家港幸运金属有限公司

2019年张家港市（县）级非遗代表性传承人情况表

表57

类别	项目名称	代表性传承人	类别	项目名称	代表性传承人
传统技艺	沙洲哨口板式类风筝制作技艺	沈彩林	传统技艺	后塍黄酒（沙洲优黄）制作工艺	黄庭明
		冯太根		雷沟大布织染工艺	黄胜良
		袁凤翔		鹿苑鸡育养技艺	蒋建明
	高庄豆腐干制作工艺	谢建忠		芦苇编织技艺	施洪德
	后塍竹编	陶永飞		塘桥木雕技艺	钱掌林

续表 57

类别	项目名称	代表性传承人
传统技艺	杨舍丁氏风筝制作技艺	丁浩清
	沙上农家草舍建筑工艺	施定相
	杨舍拖炉饼制作技艺	唐培龙
	后塍手工弹棉絮技艺	黄翠萍
	塘桥蒸菜技艺	庞金裕
	河豚烹饪技艺	花小荣
		陶卫军
	西施糕蒸制技艺	陈正明
	菊花酒酿制技艺	张福生
	沙洲木杆秤制作技艺	龚德宰
	沙上虎头鞋制作技艺	孙玉芬
	沙上豆瓣酱制作技艺	沙玉凤
	沙上结绳技艺	张玉祖
	金属抬凿錾刻工艺	黄建良
		蔡玉娟
	珍珠养殖与加工技艺	秦环虎
	欧桥羊毛衫棒针编织	朱雪琴
		张彩芳
	塘桥定胜糕制作技艺	高建芬
	后塍梅花糕制作技艺	倪　明
	菊花酒酿制技艺	张建明
	沙上刀鱼馄饨制作技艺	花晟杰
	沙洲木杆秤制作技艺	龚德元
	乐余竹编	陈国芳
		吴秀祥
	沙洲打油作坊技艺	刘志洪
	圆作技艺	陆照根
	芦苇编织技艺	施凤高
	沙上蟛蜞豆腐制作技艺	魏永柱
		李　刚
传统美术	沙洲对称剪纸	方国智
	塘桥木雕	李惠刚
	河阳烙画	陈友忠
	沙洲对称剪纸	龚保文
		张国珍
	河阳纸马	金惠平
传统音乐	常阴沙号子	倪正明
	斫竹歌	杜惠英
	三兴元宵锣鼓	施家兴
传统音乐	常阴沙号子	陆宝荣
	香山正一道教音乐	黄松春
		顾熙鹏
	吴派古琴艺术	孙海滨
传统戏剧	锡剧	高惠法
		董　红
传统舞蹈	摸壁鬼	姜理新
传统医药	塘桥陆氏中医儿科	陆义进
	塘桥顾氏中医内科	顾仲道
	缪氏中医药	缪南星
传统体育、游艺与杂技	香山民间武术	瞿兴尧
		孙冰军
民间文学	张家港老沙语	苏其增
	金村宝卷	金正球
	香山宝卷	瞿胜尧
	河阳山歌	尹丽芬
		骆小妹
		王祥兴
		陈社珍
	河阳宝卷	虞关保
		胡正兴
	沙上山歌	孙长富
	沙上民间谚语	余玉红
民俗	香山庙会	瞿涌晨
	金村庙会	邹正岳
		钱颂扬
	西旸辟尘道场	张　琪
	河阳“谢洪”习俗	钱卫东
	河阳庙会	蔡香妹
曲艺	苏州评弹	季静娟
		张国良
		金盛侠
	塘桥唱春	庞祖泉
		陆永良
	沙上宝卷	杨美兰
	河阳宝卷	狄秋燕
		蒋健梅
		陈雪珍
		夏根元

2019年张家港市非遗传习所情况表

表58

场所名称	传承项目	代表性传承人
陶永飞竹编工作室	后塍竹编	陶永飞
陆氏中医儿科诊所	塘桥陆氏中医儿科	陆义进
冯太根风筝工作室	沙洲哨口板式风筝制作技艺	冯太根
西门社区剪纸室	沙洲对称剪纸	龚保文、张国珍
凤凰菊花酒坊	菊花酒酿制技艺	张建明
沙洲琴社	吴派古琴艺术	孙海滨
錾刻工作室	金属抬凿錾刻工艺	姚士荣、蔡玉娟
东山村石锁演习场	香山民间武术	卢亚荣、孙冰军
手工弹棉技艺展示馆	手工弹棉絮技艺	黄翠萍
凤凰手工艺传承空间	河阳烙画	陈友忠
元宵锣鼓传承工作室	元宵锣鼓	施家兴
“妙手匠心”非遗传承中心	芦苇编织、虎头鞋制作技艺	施凤高、孙玉芬
老沙上非遗孵化中心	沙上山歌、沙上豆瓣酱制作技艺	沙玉凤、孙长富
鑫香苑大酒店	蟛蜞豆腐制作技艺	魏永柱

【公共文化服务】 5月，市文体广旅局制定下发《张家港市五星级村（社区）综合性文化服务中心评估定级办法》，配合出台《张家港市公共文化服务项目管理办法（试行）》。10月，对全市48家拟评五星级的村（社区）综合性文化服务中心进行实地查验，命名37家。《张家港市“书香城市”建设指标体系（试行）》获评国家新闻出版署2019年全民阅读优秀项目。张家港公园“竹林童话书屋”投入使用，建成24小时图书馆驿站42个，居民阅读率97.5%，位列苏州第一。“看得见的二十四节气——非物质文化遗产系列活动”获评文旅部2018年度全国美术馆优秀公共教育项目。全年创新举办“村村演”282场、“周周演”104场、“天天说”3302场、“暨阳艺术大讲堂”60课时。

【群众文化】 全市有专兼职群众文化工作人员275人，业余创作骨干200人，业余演出骨干600余人，群众文艺团队800余个。创新开展“幸福港城”2019年张家港市网格文化系列活动，分为“春之约”“夏之会”“秋之舞”“冬之章”4个文化季，开展“精彩生活”公共文化创意空间大赛、“新时代·新青年”首届青年文化艺术季、“悦读·从绘本开始”少年儿童原创绘本创作大赛、“行走中的力量”移动美术馆活动、“领航新时代·共说张家港”百姓名嘴故事创作讲演活动、“为你而来·共筑梦想”文化志愿服务行动、“传承文化根脉·共享美好生活”非遗系列活动、“群星璀璨”星级群众文艺团队大比拼活动暨全市广场舞大赛、“礼赞新中国·奋进新时代”主题书画影征集展示活动、“同唱祖国好·幸福舞起来”文化志愿者广场舞大赛、“中国梦·港城梦·我的梦”张家港市第六届小戏小品大赛、“奔跑江苏·2019年张家港沙洲新城四分马”暨美丽金沙洲短程马拉松赛活动、“凝心聚力新时代·书香引领过大年”春节阅读主题活动等36项。全年市文化馆举办演出活动350场，市锡剧艺术中心举办演出活动258场，市评弹艺术传承中心举办演出活动3000余场，各区镇举办文化活动超过6600余场，服务群众累计600万人次。

【文化志愿服务】 至年末，全市文化志愿者团队96个，注册文化志愿者7000余人。新时代文明实践文化文艺志愿服务实施项目100项，全年开展活动1500余次，惠及群众15万余人。“绽放在港城”和“艺路同行”2个项目入选文旅部2019年“春雨工程”志愿服务项目。在第二十三届“中国少儿戏曲小梅花荟萃”中，市文化志愿者协会被授予优秀组织单位称号。贯彻体育社团的志愿服务理念，全市所有健身站点均配备2名以上社会体育指导员，实现大学生村干部等级社会体育指导员全覆盖。组织社团骨干赴各全民健身站点开展义务教学和培训，内容包括全民健身成果展示、健身特色项目培训、新优健身项目教学、体育健身志愿服务等。

【黄泗浦遗址入选2018年度全国十大考古新发现】 3月29日，2018年度全国十大考古新发现终评会在北京举行。黄泗浦遗址入选，成为江苏唯一入选遗址，也是2016—2018年江苏省唯一入选十大考古新发现的遗址。2019年，黄泗浦遗址入围“海上丝绸之路”申遗预备名单。2019年12月30日至2020年1月3日，中央电视台中文国际频道《国宝·发现》连续播出《千年黄泗浦》系列节目。黄泗浦遗址位于杨舍镇庆安村与塘桥镇滩里村交界处，总面积1.2平方千米，于2008年11月被发现。由南京博物院主持历时十年考古，发现众多唐宋时期房址、河道、水井、灶址、灰坑等遗迹，为实证鉴真第六次东渡起航地提供了重要线索。至2018年年末，南京博物院、苏州市考古研究所和张家港博物馆先后对遗址进行了6次考古发掘，发掘面积8000余平方米，出土瓷器、铜镜等在内的文物2000余件，并发现了唐宋时期的寺院遗址和一条古河道。2019年3月9日，由南京博物院、张家港市政府共同主办的“黄泗浦遗址考古成果论证会”举行。与会专家一致认为，黄泗浦是唐宋时期的重要港口、海上“丝绸之路”的发源地。

【《张家港市“书香城市”建设指标体系（试行）》获评全民阅读优秀项目】 11月8日，中宣部召开全国全民阅读经验交流会，表彰20个国家新闻出版署2019年全民阅读优秀项目，《张家港市“书香城市”建设指标体系（试行）》在列。该项目是省内唯一受表彰项目，也是全国唯一获此项荣誉的县级市项目。2012年出台的“书香城市”建设指标体系，围绕阅读设施、阅读资源、阅读组织、阅读成效等7个方面，通过设立城镇书店、报亭设置率、民间阅读组织、阅读推广人队伍建设、著作权登记、文化作品创作能力等131个指标，从硬件设施到资源配置，从活动指引到监测评估，从民间力量培育到政府激励保障，使全民阅读活动体系化，体现党委、政府主导下的公共文化服务普遍均等、城乡一体的核心理念。坚持走“政府主导、专家指导、社会运作、媒体支持”的全民阅读发展之路，将全民阅读写入政府工作报告，纳入社会主义精神文明建设和现代化公共文化服务体系建设的重点内容，不断强化全民阅读建设效能。

【“看得见的二十四节气”获评全国美术馆优秀公共教育项目】 4月23日，文旅部公布2018年度全国美术馆优秀项目评选结果，市美术馆“看得见的二十四节气——非物质文化遗产系列活动”项目获全国美术馆优秀公共教育项目。该项目全国仅评选出10项，市美术馆获奖项目是全国县级市唯一获奖项目，也是江苏省唯一获奖项目。此次获奖是市美术馆继摘得2016年度全国美术馆优秀公共教育项目和2017年度全国美术馆优秀公共教育项目提名后，连续第三年在该项国家级评选中获奖。7月，“学习强国”江苏学习平台《江苏张家港：看得见、摸得着的“二十四节气”》进行宣传推送。“看得见的二十四节气”是美术馆年内开设的弘扬与传承中国非物质文化遗产的公共教育项目，以传统文化的视觉艺术传播为指导理念，以设置在美术馆展厅的“艺术创意工坊”为固定操作展示平台，通过知识讲解、艺术创作、摄影、讲座、微信展示与评比、展览等手段，激励和启发广大市民尤其是青少年通过绘画、拼贴、篆刻等视觉艺术，加深对“二十四节气”的理解和感悟。

【张家港首创“24小时新时代文明实践驿站”在沿河启用】 11月7日，“24小时新时代文明实践驿站”启用仪式在贵州省沿河土家族自治县政府广场举行。张家港市向沿河捐建2家24小时新时代文明实践驿站。其中，沿河县政府广场24小时新时代文明实践驿站建筑面积60平方米，藏书4100册；民族风情街24小时新时代文明实践驿站建筑面积40平方米，藏书3100册，均采用智能管理24小时开放方式，市民通过“刷脸”、刷身份证或微信，可实现随时入室免费借阅。（黄　丹）

2019年市文艺作品主要获奖情况表

表59

主创部门（人员）	获奖项目	获奖情况	颁发机构
市文化馆	小品《生日聚会》	第十八届中国文化艺术政府奖群星奖	文化和旅游部
		国家艺术基金2017年度小型剧（节）目和作品资助结项项目	国家艺术基金管理中心
		江苏省优秀版权作品三等奖	江苏省版权局、江苏省工业和信息化厅
	小品《人在旅途》	首届“黄河情”全国小戏小品交流演出季活动优秀演出剧目	“黄河情”全国小戏小品交流演出季组织组委会
		第八届全国优秀小戏小品展演暨中国剧协小戏小品创作基地交流演出研讨会优秀参演剧目	中国戏剧家协会
	戏剧小品《找钥匙》	国家艺术基金2017年度小型剧（节）目和作品资助结项项目	国家艺术基金管理中心
	小品《换牙》	第八届全国优秀小戏小品展演暨中国剧协小戏小品创作基地交流演出研讨会优秀参演剧目	中国戏剧家协会
	群舞《谢谢你》	江苏艺术基金2019年度小型舞台剧（节）目和作品资助项目	江苏艺术基金管理中心
	歌曲《喊起家乡的号子》	第四届紫金合唱节合唱作品征集评选活动作品奖	中国音乐家协会、中共江苏省委宣传部、江苏省文明办、江苏省教育厅、江苏省文化和旅游厅、江苏省总工会、江苏省文学艺术界联合会

续表59

主创部门（人员）	获奖项目	获奖情况	颁发机构
市文化馆	新编河阳山歌《莳秧歌》	“山花绽放·天工江南”首届长三角民间艺术界·民间文艺展活动最具魅力团队	江苏省民间文艺家协会、浙江省民间文艺家协会、上海民间文艺家协会、安徽省民间文艺家协会、苏州市文学艺术界联合会
	歌曲《扬帆远航》	江苏艺术基金2018年度舞台艺术创作（小型剧目）资助项目结项	江苏省艺术基金管理中心
	歌曲《三生相思》	江苏艺术基金2018年度舞台艺术创作（小型剧目）资助项目结项	江苏省艺术基金管理中心
	数来宝《写作文》	第四届江苏省曲艺、喜剧小品邀请赛（少儿类）优秀创作奖、二等奖	江苏省文化馆
	画作《中华情·民族风》	入选“家国情怀——庆祝新中国成立70周年全省美术书法优秀作品展”	江苏省群众文化学会、江苏省文化馆
市锡剧艺术中心	歌曲《又唱四季歌》	国家艺术基金2017年度小型剧（节）目和作品资助结项项目	国家艺术基金管理中心
	锡剧《独角兽之夜》	国家艺术基金2017年度大型舞台剧和作品资助项目结项	国家艺术基金管理中心
	锡剧《卖水》 锡剧《绣荷包》 锡剧《双推磨》	第二十三届“中国少儿戏曲小梅花荟萃”活动传承类最佳集体节目	中国戏剧家协会、中国戏曲小梅花荟萃组织委员会
	锡剧《君子协定》	2019“第八届全国优秀小戏小品展演”优秀参演剧目	中国戏剧家协会
	锡剧《秋香送茶》	2019“第八届全国优秀小戏小品展演”优秀参演剧目	中国戏剧家协会
	锡剧《云水谣》	2019年紫金文化艺术节“优秀剧目奖”	江苏省委宣传部、江苏省文化和旅游厅、江苏省文学艺术界联合会
		江苏省优秀版权作品二等奖	江苏省版权局、江苏省工业和信息化厅
		2019年度江苏省舞台艺术精品创作扶持工程扶持剧目	江苏省文化和旅游厅
	锡剧《江姐》	江苏艺术基金2019年度传播交流推广资助项目	江苏艺术基金管理中心
	锡剧《江边新娘》	江苏省优秀版权作品三等奖	江苏省版权局、江苏省工业和信息化厅
	折子戏《挡马》	第五届“中国·宜兴·梁祝戏剧节”剧目一等奖	中国田汉研究会、宜兴市文体广电和旅游局
	小戏《冬至大如年》	第五届“中国·宜兴·梁祝戏剧节”剧目二等奖	中国田汉研究会、宜兴市文体广电和旅游局
		2019“第八届全国优秀小戏小品展演”优秀参演剧目	中国戏剧家协会
		“中华颂·长丰杯”第十届全国小戏小品曲艺大展优秀剧目银奖	中国民间文艺家协会民间戏曲艺术委员会、中华颂全国小戏小品曲艺大展组委会、合肥市文化和旅游局、长丰县人民政府
	小戏《嫂娘》	第四届江苏省文华奖	江苏省文化和旅游厅
市评弹艺术传承中心	评弹表演唱《明天我要嫁给你》	第五届“岳池杯”中国曲艺之乡曲艺展演优秀节目	中国曲艺家协会
	短篇弹词《大饼嫂嫂》	第二届中国东部优秀曲艺节目展演优秀节目	中国曲艺家协会
	短篇弹词《情在深处》	第四届江苏省文华奖	江苏省文化和旅游厅

续表59

主创部门（人员）	获奖项目	获奖情况	颁发机构
市美术馆	画作《大国工匠·沪通长江大桥建设者》	入选"第十三届全国美术作品展览"并被评为进京作品	中国美术家协会
		第三届"陆俨少奖"全国中国画展银奖（金奖空缺）	"陆俨少奖"中国画展组委会
		入选第十二届中国艺术节全国优秀美术作品展	文化和旅游部、上海市人民政府
		入选"祖国礼赞·庆祝中华人民共和国成立70周年江苏美术作品展"	江苏省委宣传部、江苏省文化和旅游厅、江苏省文学艺术界联合会
		江苏省优秀版权作品二等奖	江苏省版权局、江苏省工业和信息化厅
	画作《擦肩而过》	入选第三届"青春时光江苏省青年艺术家作品展"	江苏省青年艺术家协会
		入围第四届"以画说话——美术新青年"评选活动50强	美术报社第四届以画说话——美术新青年活动组委会
	画作《父亲的散文诗》	入选"家国情怀——庆祝新中国成立70周年全省美术书法优秀作品展"	江苏省群众文化学会、江苏省文化馆
		入选春华秋实2019江苏省书画院写生创作汇报展	江苏省文学艺术界联合会
	画作《曾经芳华》	青春盛绘——江苏省青年美术家协会庆祝中华人民共和国成立70周年美术作品展	江苏省青年美术家协会、南京市六合区文化和旅游局
		入选春华秋实2019江苏省书画院写生创作汇报展	江苏省文学艺术界联合会
	课例《大国重器——港珠澳大桥》	全国第十七届《少儿美术》杯优秀课例大赛一等奖	中国少年儿童造型艺术学会、全国第十七届少儿美术杯优秀课例大赛评审委员会、天津人民美术出版社、《少儿美术》编辑部
	课例《造园记——墨色的蜕变》 课例《桂林的山山水水》 课例《一窝瓜》	全国第十七届《少儿美术》杯优秀课例大赛二等奖	中国少年儿童造型艺术学会、全国第十七届少儿美术杯优秀课例大赛评审委员会、天津人民美术出版社、《少儿美术》编辑部
徐华翔艺术工作室	画作《阿秋的理发店》	入选中国第二届插图艺术展	中国美术家协会
		第四届江苏省文华奖美术书法作品展入展作品	江苏省文化和旅游厅
	画作《笙歌》	庆祝中华人民共和国成立70周年暨2019"万年浦江"全国中国画（写意）作品展收藏作品奖	中国美术家协会
	画作《境随心转》	入选"红旗漫卷:长三角地区美术馆馆藏及推介主题美术作品展"	刘海粟美术馆、长三角美术馆协作机制
	画作《远方》	入选"红旗漫卷:长三角地区美术馆馆藏及推介主题美术作品展"	刘海粟美术馆、长三角美术馆协作机制
	画作《海岛印象》	入选"江苏省第二届青年油画展"	江苏省文学艺术界联合会、江苏省美术家协会
	画作《烈日+38度》 画作《江山铁铸》 画作《生涯一半在渔舟》 画作《盛装待出》	入选"共和国礼赞——江苏省庆祝新中国成立70周年主题美术作品展"	江苏省委宣传部、江苏省文化和旅游厅、江苏省文学艺术界联合会
	画作《邂逅青浜岛》	入选"壮丽七十年·艺绘新时代——庆祝中华人民共和国成立70周年苏州市美术书法优秀作品展"	江苏省文化和旅游厅、江苏省美术馆
	画作《梦里家山》	入选"壮丽七十年·艺绘新时代——庆祝中华人民共和国成立70周年苏州市美术书法优秀作品展"	江苏省文化和旅游厅、江苏省美术馆

文化设施

【文化中心】 市文化中心设有“七馆一院一广场”，即科技馆、城市展示馆、综合展示馆、文化馆、美术馆、图书馆、档案馆、保利大剧院和文汇广场。年内，推进城市展示馆、综合展示馆更新改造，配合建成“追梦学堂”、布展双拥展示厅，举办2019年度全市讲解员培训班，为常阴沙现代农业示范园区、保税区行政服务中心等5个单位提供讲解业务指导，接待《求是》杂志社社长等领导和考察团1668批，累计接待游客、观众、读者90余万人次。发挥阵地资源优势，开展“千名小画家同绘中国梦现场绘画”、“移动的文化中心”、市第九届科普剧会演等活动30余场；推出“2019年全国两会政府工作报告解读”等临时展览13场；“艺书房”开展书法传承、国学知识、悦读沙龙等文明实践活动20余场；张家港文化中心微信公众号发布“幸福e家”家庭教育在线微课36期，推出“微党课”26期；在友爱港城网发布关爱特殊人群、文明引领等志愿服务活动124场，服务时长3954.5小时。依托保利院线资源，引进舞剧《平潭映象》、歌舞剧《昭君出塞》等优质剧目64场，配合推出2019年张家港小剧场艺术季“港城有戏”活动，组织艺术进校园、保利文化月票等公益活动39场，其中“我和我的祖国”快闪活动、“小剧场让文化港城‘更有戏’”两项活动登上“学习强国”平台。全面开展“五不让”大讨论，扎实推进“不忘初心·牢记使命”主题教育，组织开展“新思想每月谈”“解读‘长征精神’专题党课”“学习党章党规”主题讲座、《红岩》阅读分享会等活动14次。年内，市文化中心获评“江苏省公共机构能效领跑者”、苏州市干部教育培训现场教育基地（共享发展类）、苏州市未成年人社会实践体验站。

【文化馆】 至年末，全市有市级文化馆总馆1个，各镇（办事处）文化中心分馆24个，村（社区）综合性文化服务中心支馆300个，文化网格服务点1015个。2019年，文化馆增设沙洲琴社古琴分馆、江帆小学阮族分馆，累计建成文化馆社会分馆6家。年内完成村村演140场、完成“暨阳艺术大讲堂”主题讲座8场。开展“家长讲坛”志愿服务讲座27期，受众1000余人次。举办“沙洲故事汇”活动30次，参训学员1000人次。举办2019年文化馆老年大学，在册老年学员1238人。举办“绽放在港城”少儿艺术公益培训，全年培训5000余人次。“绽放在港城”入选文旅部2019年“春雨工程”志愿服务项目。参加首届“黄河情”全国小戏小品交流演出和研讨活动等对外交流活动5次。手工弹棉絮技艺、古琴艺术等7个项目入选第七批苏州市非遗代表性项目公示名单。组织开展第二批张家港市非物质文化遗产传习所申报工作，两批次累计公布张家港市非遗传习所14家。举办“歌唱祖国·奋进抒怀”第四届张家港市吴地山歌交流展演等4次非遗文化活动，创新打造“港城绝技”非遗集市小程序。市文化馆党支部获评2019年度张家港市先进基层党组织，市文化馆东方艺术团获评2019年张家港市“工人先锋号”。

【博物馆】 年内，市博物馆征集文物31件，其中石器3件、陶器1件、瓷器16件、铜钱6枚、铜器4件、木器1件。至年末，博物馆共有藏品5784件（套），其中一级文物1件、二级文物8件、三级文物588件。全年举办特色临展12个，接待观众11.3万人次。其中引进“千年书乡——苏州文庙府学历史碑刻拓片展”等江苏省级巡展项目3项；策划“长江文明物语——长江文明与海上丝绸之路展”等原创展览7个；引进“指掌春秋——闽台木偶艺术展”等周边馆展览2个。开展“流动博物馆”送展活动14次，结合学雷锋月、古迹遗址日、博物馆日、文化和自然遗产日、传统节日等，将流动展览配合社教活动送到凤凰镇文化中心、江帆小学、张家港公园、锦丰镇协仁村等地。开展文博专题活动363次，受益人数1.8万人，其中“我们的节日·我们的文明”系列活动41场，“七彩的假日”暑期系列活动11次，“三色花开·快乐成长”活动53次，“最少年——小小历史讲解员”拓展活动17次，“绘生活”传统艺术传承10次，展览配套活动38次，各类志愿服务活动193次。

【图书馆】 至年末，全市有市级公共图书馆1个、市少年儿童图书馆1个，藏书256万册（含分馆）；全市镇、村公共图书馆（室）263个。市图书馆采购新书10.03万册、音像制品194种1008盘，订阅报刊2010种，收集地方文献、名人捐赠89种180册。年内新办借阅证1.16万张，持证读者总数19.21万人，到馆读者220.81万人次，外借册次228.42万册。市图书馆和少儿图书馆年举办各类读书活动1216场，基层图书馆年举办各类读书活动1878场。沧江市民大讲堂举办讲座57场，参与人数8700次。编印《决策参考》12期，出刊《静观》4期。“科技工作者之家”为企事业单位提供科技查新服务581例。张家港公园竹林“童话书屋”6月1日启用。张图“悦读先锋”文化志愿服务队和少年儿童图书馆志愿服务队开展志愿活动106场。年内，市图书馆和市少年儿童图书馆获评全国全民阅读示范基地、2019年全省红领巾读书征文评奖活动组织奖、江苏省社会科学普及示范基地（2020—2023）。

【锡剧艺术中心】 年内，市锡剧艺术中心重点创排锡剧《云水谣》《江姐》、小锡剧《嫂娘》《冬至大如年》《门里门外》《君子协定》《秋香送茶》和经典折子戏《挡马》《跌雪》等作品。全年获国家级荣誉11项，省级荣誉9项，苏州市级荣誉8项。常态化开展新时代文明实践活动，完成“文明百村欢乐行村村演”81场，“广场文艺周周演”26场；开展“弘扬民族文化·传承戏曲精髓”主题戏曲进校园活动，全年完成教学989课时，覆盖全市10所学校及上海5所学校。受邀在上海浦东新区华高小学成立“董红锡剧名师工作室”；依托戏曲艺术传承基地，开设多门艺术课程培训，落实艺术培育和传承工作；围绕文化

"三下乡"集中服务活动，结合自身特色开展"锡剧艺术送展"活动；创排音乐剧《向阳花开》参加第二十九次全国助残日暨"幸福亮居"工程助残活动演出；协办"巾帼心向党·礼赞新中国"家庭文化节闭幕式活动。承办市委组织部"七月阳光进区域"品牌活动，创排大型纪实锡剧《永联小镇》并在全市巡演；承办主题教育"对照先进学"基层点单巡演活动，2019年锡剧《云水谣》巡演29场，锡剧《永联小镇》巡演21场；承办市政法委"扫黑除恶"专题文艺演出活动，创排"扫黑除恶创平安·清风正气促和谐"专场文艺演出节目，并在全市巡演11场，配合营造浓厚的扫黑除恶专项斗争的工作氛围。年内，市锡剧艺术中心演出258场，获评第二十三届中国少儿戏曲小梅花荟萃优秀组织单位、第八届全国优秀小戏小品展演优秀组织单位。

【评弹艺术传承中心】 2019年，市评弹艺术传承中心创演短篇《大饼嫂嫂》《中国地图》、评弹表演唱《明天我要嫁给你》以及中篇苏州评弹《杨记米行》，完成长篇演出6500余场，服务群众70余万人次，对外交流演出30场，赴基层文化交流演出20场，参与文化下基层"村村演"22场，举办长春园"31"书会7期，开展文化志愿服务14次。积极推进"曲艺艺术进校园"活动，在部分小学、中学开设曲艺社团，建立曲艺基地，开展曲艺传承课程，重点培养曲艺新苗，全年共开展40余课时，在沙洲职业工学院、江苏科技大学开展"高雅艺术进校园"活动2场。

【美术馆】 年内，市美术馆策划开展孤独"雨人"的美好视界文献与作品展、袁毅平摄影艺术精品展、郑文山水画展、间性·2019张家港当代水墨国际双年展等精品展览14场，举办公教活动40余场。其中，"行走中·美的力量"移动美术馆进校园系列活动分别先后走进城北小学、市第七中学等6所学校，参观5000余人。持续开展"看得见的二十四节气"——非物质文化遗产系列活动20余场。结合中秋、国庆等节假日，策划开展各类创意亲子活动10余场。编印《张家港美术》2期。至年末，美术馆志愿者人数增至90余人，全年服务40余次，其中，参与公教活动、展览布展及开幕等活动30余次，协助馆内典藏部整理馆藏书籍10余次，累计志愿服务时间1335小时。"艺路同行——张家港市美术馆文化志愿服务"项目获文旅部公共服务司2019年"春雨工程"志愿服务项目。徐华翔艺术工作室学员全年入展、获奖30余次，其中国家级5次、省级14次。陈三石的《大国工匠》系列作品分别入选第十二届中国艺术节全国优秀美术作品展览和第十三届全国美术作品展览进京作品，同时其创作的《曾经芳华》《擦肩而过》等系列作品先后14次参加省级展，并获第三届"陆俨少奖"银奖（金奖空缺），陈三石成为中国美术家协会会员；路丽黎《阿秋的理发店》入选第四届江苏省文华奖美术类作品展，4幅作品入选江苏省庆祝新中国成立70周年主题美术作品展。

【新华书店】 至年末，市新华书店设总店1家，塘桥镇、乐余镇、金港镇、金港镇后塍办事处等门店4家，校园书店6家，联营书店1家。年内完成销售总额14142.85万元，比上年增2.2%；完成图书销售册数800.2万册；实现利润1181.77万元，比上年增2.72%。全年发行《习近平新时代中国特色社会主义思想学习纲要》、第五批全国干部学习培训教材、《新时代·新思想·新征程——学习习近平新时代中国特色社会主义思想》等各类重点政治理论读物7.6万册，销售金额188万元，其中《学习纲要》一书发行7.2万册，创历年党政读物单册发行新高。全年为45家新时代文明实践站所提供图书5.6万册，为贵州省铜仁土家族自治县24小时图书室提供6000册总价15万元的图书加工服务。参与"4·23世界读书日"、张家港港全民阅读月启动仪式及图书"三下乡"设摊服务等活动，在全市两会及各种重大会议期间开展"你扫码，我送书"阅读送书活动。在第九届江苏书展期间，在永联村设立农家书屋分会场，开创江苏书展在农家书屋举办分会场的先河。张家港分公司在店堂内与江苏书展苏州主会场开展"同一天、同一时间段、为读者共读一本图画书"活动。开展"阅读红色经典·传承红色基因"阅读征文活动，收到作品1336篇，创下历年参赛人数及回收作品之最。国庆期间，在杨舍老街举行文化夜市活动7场，展示展出各类优秀图书品种超200余种。配合书香校园建设，开展名家"校园人文行"活动，先后到全市16所中小学校举行各种主题阅读讲座，听众近8000人。开展流动文化进校园活动，全年组织近50次。年内，市新华书店获评2016—2018年度苏州市文明单位、苏州市五一劳动奖状等荣誉，在全省社会效益考评中获优秀等第评定。

【追梦学堂】 4月，市文化中心配合市委宣传部在综合展示馆一楼建设"追梦学堂"。学堂室内面积约750平方米，设公共区（个人自助学习区）和思想之光、星火之耀、磅礴之力、城市之魂4个团队活动区，是张家港市新时代文明实践中心市级点位上理论学习、宣传、传播的重要阵地。至12月末，追梦学堂开展"坚守初心再出发·担当使命勇作为"主题党日活动、"百姓名嘴"风采展示、"IN青春·我想说""我是学习明星""追梦讲堂""圆桌思享会"等活动249场，参与党员干部10028人次。作为"学习强国"线下"实体店"，追梦学堂被省委宣传部授予2019年度全省宣传思想文化工作创新奖提名奖。

（黄　丹　孙玉英）

文化市场

【概况】 2019年，全市新增许可和备案登记文体广旅经营单位37个。其中，新增娱乐场所经营单位11个，艺术品经营单位2个，高危险性体育项目经营单位9个，旅行社分支机构15个。全年审批内地营业性演出59件。至年末，经市文体广旅局许可或备案登记的文化市场、体育、旅游经营单位535个。其中，互联网上网服务经营场所157个，娱乐场所经营单位187个，文艺表演团体11家，艺术品经营单位19个，演出场所经营单位1个，高危险性体育项目经营单位34个，旅行社分支机构126个。市文化市场行业协会下辖印刷、出版物、网吧、歌舞娱乐、电影演艺、版权6个分会，团体会员890个，经营单位入会率超过95%。全市新办娱乐场所经营单位11个，总投资1600余万元。

【文化产业】 2019年，全市文化及相关产业增加值119.7亿元。"闲心公社"田园文化旅游度假综合体、智慧软件园二级工程项目、"云校通"智慧教育云平台、云智慧电子屏媒体及共享发布平台搭建等4个项目获评2019年度苏州市文化产业重点项目。组织开展"文创产业助力全域旅游融合发展""营销的下一个十年""文化自信下的品牌创新"等专题讲座。举办产业发展圆桌对话、"光影点亮沙洲"影视产业沙龙交流活动等文体旅企业交流活动。建立文化产业联络员制度，开发张家港市文体旅产业统计管理系统，建立文化产业统计基础数据库。15家文化企业获828万元市级专项资金奖补助。张家港幸运金属工艺品有限公司董事长黄建良获评"苏州文化产业2018年度人物"、张家港幸运金属工艺品有限公司设计总监刘明飞获张家港市五一劳动奖、形象广告有限公司总经理钱建伟获江苏广告40年突出贡献奖。苏州嘉雄文化传播有限公司的扁形龙井和"香妃红"红茶获评"第四届亚太茶铭大奖"银奖。

【文化市场管理】 年内，市文化市场综合执法大队出动检查人员9846人次，检查经营单位3273个次，立案查处各类违法违规案件235起，收缴各类非法文化制品2.7万件。原文广新局获2018年全国"扫黄打非"先进集体，文化市场综合执法大队获评2018年江苏省打击侵权盗版十大案件办案单位，获全省广电系统行政执法案卷行政处罚类案卷三等奖。以娱乐行业为重点，开展娱乐场所扫黑除恶专项斗争，全面深入摸排黑恶势力，上报扫黑除恶线索4条，查实1条。以解决文化体育旅游市场民生热点问题为导向，对宗教出版物市场、校园周边文化市场、无证文化经营场所、露天KTV、酒吧非法娱乐经营、旅游市场秩序、游泳馆等重点领域和难点问题开展专项整治行动25次。在全省文旅市场整治"百日行动"中，立案查处98起文体旅案件，办结115起案件。查处的"一本读小说网"侵犯著作权案、"1·17"涉嫌销售盗版图书案和"开心盒子"被侵犯著作权系列案均被中宣部版权管理局、全国"扫黄打非"工作领导小组、公安部治安管理局、最高人民检察院第四检察厅四部门列为联合挂牌督办案件。以传播文化市场法律法规、关爱未成年人健康成长为目标，开展"文化法律进万家""网络安全进课堂""文化童行·少年童梦"等文化法律法规宣传活动9次。11月28日，国家版权局发文《关于奖励2018年度查处重大侵权盗版案件的决定》，市文体广电和旅游局、文化市场综合执法大队因查处江苏张家港"4·28"侵犯著作权案获有功单位二等奖，专案组成员4人获有功个人二等奖。文化市场综合执法大队3人因查处侵犯著作权案获有功个人三等奖。这是文体广电和旅游局（原文广新局）连续8年获查处侵权盗版案件有功单位及个人奖项。（黄 丹）

文学艺术

【概况】 2019年，市文学艺术界联合会（简称市文联）下设作家协会、书法家协会、摄影家协会、美术家协会、戏剧家协会、音乐家协会、舞蹈家协会、影视家协会、曲艺家协会、民间文艺家协会、国标舞工作者协会11个专业协会、19个二级文艺家分会，1个艺术指导委员会，市书画院1个事业单位和塘桥、金港、锦丰、南丰、凤凰、乐余和永联7个镇（村）文联。有国家级会员148人，比上年增3人；省级会员348人，比上年增15人；苏州市级会员472人，比上年增30人；张家港市级会员1266人，比上年增53人。年内，市文联及各协会相继举办各类大赛、展览、展示及文艺惠民活动120余项。发挥综合性品牌"文艺进万家""走进·共享"等文艺惠民活动的整体效应，开展"我们的中国梦·文艺进万家"文艺轻骑兵志愿服务活动，组织文艺志愿服务小分队（文艺家和广大文艺工作者）深入基层和群众开展文艺采风交流、文艺辅导培训、文艺扶贫等活动项目，满足人民群众特别是老少边穷地区群众的精神文化生活新期待，参加活动的文艺志愿者超1万人次，惠及群众超100万人次。"春联大放送"公益活动累计开展活动30次，送出春联1万余对。市文联获评苏州市文联系统优秀集体。

【书画影类活动】 1月，市文联联合浙江省平湖市文广体旅局、平湖市文联举办"走近·共享"张家港、平湖两地迎新春文化（书画）交流展，展出作品70余幅。3月，举办《袁毅平摄影精品集》出版发行仪式。4月，主办"沙钢展风华·开放新时代"全国书画作品大赛获奖作品展，展出各地优秀作品56幅。5月，主办"文明港城·美丽家园"美术作品展，展出苏州、常熟、张家港等地美术作品76幅；主办"运河之光——中国书法名城苏州大运河主题书法作品展"，展出作品88件。6月，主办"问道·水墨——2019当代水墨小幅作品邀请展"；承办"第四届新吴门·六月风苏州美术大展中国画展"，展出作品156件，其中包含张家港本土艺术家的作品8件。7月，主办"荒芜的地平线"——周华明绘画作品展、"江边湖畔——顾春阳书法陶刻作品展"。9月，承办江苏省"长江苏韵"摄影作品展，摄影作品展2月启动征稿，历时7个月，收到作品近3000幅，由省摄影家协会组织专家评审，入展作品120幅；主办庆祝新中国成立70周年"不忘初心·牢记使命"张家港市书画院画师作品展，展出4位书画家50余件作品；主办"中国印·印染生活"系列活动启动仪式暨张家港农商银行中秋文化雅集活动；举办庆祝新中国成立70周年"牙博士杯"张家港市中老年书法大赛。11月，主办"我眼中的健康城市"青少年绘画作品展，活动自9月启动，征集作品2000余幅，评选出271幅优秀作品参展。

会同有关部门组织举办“中国梦·劳动美·幸福路”张家港市第二届职工书画影大赛、“法治的力量”优秀法治文艺作品征集评比活动等。全市书画考级有8个科目6135名考生参加，全部通过。

【文学类活动】 市作家协会承办“我们的节日”清明、端午、中秋、重阳2019年张家港市诗词品鉴大会。举办第二届少儿作协朗诵选拔大赛，开展新时代文明实践活动培训4次和演讲选拔3次，并进行汇报演出。参与新时代文明实践采风活动启动仪式、汇报演出仪式，承接市民政局和塘桥镇的民生微实事服务文化润民创作工程。开展各项文学类活动34场，惠及学生及市民群众8000余人次。年内，会员在县市级以上公开出版报刊物发表作品398篇，在省级以上刊物发表文学作品134篇，孙丽萍、徐玲分别有4件作品在国家级刊物《儿童文学》发表，钱欣葆有23篇作品入选《中国儿童文学精选》等图书。作协共出版作品集19部，其中孙丽萍出版儿童文学作品1部、徐玲出版儿童文学作品15部；钱欣葆出版寓言集《熊猫学爬树》，科学童话集《狐狸盗宝记》《奔跑的小企鹅》，12集童话《花猪聪聪的故事》在《小学生世界》杂志连载，12集科学童话在《中外童话·兴趣语文与阅读》连载。徐玲的《永远第一喜欢你》获第七届中华优秀出版物奖图书提名奖，《亲爱的老男孩》入选江苏省作协第四批“托起梦想的翅膀”儿童文学创作工程，《我的世界只有你》获第二届山西出版奖图书奖，《我想有个家》获苏州市第12届精神文明建设“五个一工程”奖。

【文艺创作】 市文艺工作者全年在市级以上报刊发表各类文艺作品2200余件(幅)，省级以上发表、入展(选)、展演、获奖100件。出版图书文艺图书及画册近30部，发表、出版总字数在300万字左右。多件文艺精品获国家级、省级奖项。小品《生日聚会》获第十八届“群星奖”。陈三石美术作品《大国工匠·沪通长江大桥建设者》入选第十二届中国艺术节全国优秀美术作品展览(首次入选)和入展第十三届国展并被评为进京作品，这是全市美术界历史性的重大突破；肖顺清摄影作品《工地协奏曲》入展第27届国展，实现全市摄影界在国展中零的突破；刘山林、陆华书法作品入展全国第12届书法篆刻展。锡剧小戏《嫂娘》、短篇弹词《情在深处》获第四届江苏省文华奖、优秀节目奖。2个作品入选江苏艺术基金2019年度资助项目。

【第八届“长江杯”江苏文学评论奖在市开奖】 11月26日，2019年长江诗会、江苏文学评论家年会活动暨第七届“诗歌里的城”诗歌朗诵会在张家港举行。其间，举行第八届“长江杯”江苏文学评论奖、第七届扬子江诗学奖颁奖仪式。“长江杯”江苏文学评论奖是由江苏省委宣传部指导支持，江苏省作家协会、张家港市人民政府共同设立的省级文学评论奖，由张家港市委宣传部、张家港市文联承办。该奖旨在通过评选、表彰优秀文学评论作品，进一步发挥文艺批评引导创作、多出精品、提高审美、引领风尚的重要作用，推动全省文学事业健康发展。刘霞云《张弦艺术论》等2篇作品获一等奖；李倩冉《“纯诗”及物的可能——朱朱近作的一种启示》等5篇作品获二等奖；华珉朗《汪曾祺的植物书写》等10篇作品获三等奖。扬子江诗学奖由江苏省作家协会和张家港市人民政府联合主办，《扬子江》诗刊、张家港市委宣传部、张家港市文联承办。该奖设立于2013年，每年评选一次。该届扬子江诗学奖获奖作品有：育邦《七月》(长诗)、林莉《你有没有看见过一只斑鸠》(组诗)、桑子《柠檬树——听我给你讲一场战争》获诗歌奖，杨庆祥《与AI的角力——一份诗学和思想实验的提纲》、王士强《从忐忑不宁到心无挂碍——“当代”语境中穆旦的心态与创作》获评论奖。

【市美协、音协、书法界协会换届】 9月17日，市美术家协会第七次会员代表大会召开。大会通过新修订的协会章程和会费管理办法，选举徐华翔为张家港市第七届美协主席，邹四青(常务)、陈三石、侯晓云、陈冶平为副主席。9月29日，市音乐家协会第七次会员代表大会召开。会议审议并通过市音协第六届理事会工作报告，修订《张家港市音乐家协会章程》，选举产生市音协第七届理事会，叶明予当选为常务副主席，杨伟才、支勇、孙钦敏、庞毅为副主席。会议聘请瞿维娜为第七届理事会名誉主席，聘请李刚、马向阳、徐新园、钱俭为顾问。10月18日，市书法家协会第七次会员代表大会召开。会议审议通过市书协第六届理事会工作报告，审议通过新修订的《张家港市书法家协会章程》，选举产生市书协第七届理事会。苏险峰当选为常务副主席兼秘书长，刘山林、陆华、刘开华当选为副主席。会议聘请高卫平为第七届理事会名誉主席，聘请李汉忠、叶效良、奚训达为顾问。

(瞿 诚)

媒 体

【概况】 2月2日，市融媒体中心(传媒集团)(筹)建立，市融媒体中心(传媒集团)(筹)委员会和纪律检查委员会组建。5月16日，《张家港市融媒体中心(传媒集团)改革实施方案》印发。7月12日，市融媒体中心(传媒集团)挂牌。11月26日，中共张家港市融媒体中心委员会和纪律检查委员会建立，张家港市传媒集团有限公司成立，原中共张家港日报社党组、中共张家港市广播电视总台(张家港市广播电视台)委员会撤销。市融媒体中心(传媒集团)在职人员508人，其中公务员3人、事业在编153人、编外352人。有记者90人、编辑53人、播音员18人。高级职称39人、中级职称98人。围绕“引导群众、服务群众”的功能定位，整合张家港日报、张家港市人民广播电台、张家港电视台、“偶俚张家港”“遇见张家港”微信公众号、“今日张家港”客户端、张家港在线网、张家港新闻网、张家港发布微博等媒体平台，形成“声、屏、报、网、微、端、户外”等多个类别的全媒体传播矩阵。与江苏广电总台“荔枝云”平台完成签约，建立面向“报、台、网、端、微、屏”等全媒体传播渠道的技术系统平台。入驻江苏省县级广播电视节目共享平台，上传广播电视节目2万余分钟，积分17713分，名列全省第三，获最佳贡献奖称号。基础设施配套齐全，建有高清新闻演播室、高清虚拟演播室、600平方米多功能演播厅、录音棚、广播直播室等，新辟近1700平方米空间用于指挥调度中心、全媒体采编中心及配套技术用房建设。6月1日，中国少年新闻学院（张家港分院）揭牌成立。6月19日，"今日张家港" App正式上线公测。年内，市融媒体中心（传媒集团）策划推出《张家港精神再弘扬·高质量发展迈新步》《不忘初心·书写新时代"三超一争"的港城答卷》《开展新时代"三超一争"·聚焦聚力"三标杆一率先"》等专题专栏及系列报道76个1577篇。获苏州市级以上奖项作品186件，其中国家级奖项32件、省级奖项43件、苏州级奖项111件。爱心公益项目《和你在一起》《"国学子弟·才艺少年"张视主持人引领新市民子女文化志愿服务项目系列宣传片》分获第二届全国电视公益节目推选活动好公益栏目和优秀公益宣传片。稿件被学习强国平台、新华社App、求是网、荔枝新闻、交汇点、引力播等全国及省市网络平台录用50条。其中策划推出的"一路向黔·为爱行走"融媒公益产品，通过新华社App分发获"100万+"的点击量。科技创新项目《江苏省县级应急广播体系建设试点（张家港）的探索与实践》获2018年度广播影视科技创新奖工程技术类三等奖，是张家港市历史上首次获国家级广播电视科技创新奖。市融媒体中心（传媒集团）获国家广播电视总局《电视指南》杂志、《传媒内参》联合发布的2019年度全国"指尖融媒榜"最具影响力县级融媒中心。陶利国获江苏省"333高层次人才培养工程"（中青年学术技术带头人）。浦江、乔亚萍、顾春燕获2019年度苏州市优秀新闻工作者。

【广播】 2019年，市融媒体中心（传媒集团）广播平台重点开设《张广早新闻》《张广晚新闻》《交通早班车》《晚高峰进行时》《听见》《美丽校园》《102车时代》《游乐天下》等品牌节目19档。年内，推出年度重大主题报道《张家港精神再弘扬·高质量发展迈新步》《乡村振兴·港城样本》《新时代文明实践在港城》《"三治"在行动》《锲而不舍转作风》《扫黑除恶进行时》《壮丽70年·奋进新时代》《智能制造正当时》《五个升级落实在基层》《"不忘初心·牢记使命"主题教育在港城》等挂牌专栏和策划栏目30个。全年被中央台用稿63条，其中《新闻和报纸摘要》录用7条、《新闻联播》录用2条；省台用稿181条。4件作品获2018年江苏省广播电视节目奖，38件作品获2018年度苏州市优秀广播电视节目奖。公益广告累计播出12498分钟、20324条（次）。原创公益广告62条，4件公益广告作品获全国奖。全年策划举办《出行无违章·司机好榜样·全民文明交通挑战赛》《我们的节日·元宵——金猪闹元宵灯谜擂台赛》《我们的节日——重阳·2019张家港市第八届重阳健康养生节》等品牌活动18场，开设志愿服务活动38次。累计安全优质播出1.6万小时。2019年广播平台获省级奖4件，其中特别奖1件，一等奖1件，二等奖1件，三等奖1件；苏州级奖38件，其中一等奖4件，二等奖14件，三等奖17件，优秀栏目2件、特别奖1件。

【电视】 年内，江苏有线张家港分公司以"视界观"企业文化理念为指导，加强电视内容建设。依托4K高清机顶盒和既有机顶盒的TVOS系统升级，落地江苏有线省公司互动平台的《炫力动漫》《孝乐神州》《爱艺在线》《空中课堂》等栏目，引入央视专区、中国互联网电视、凤凰专区、芒果TV、优酷视频、电影院线等电视专区产品。完成华数互动电视平台建设，引入并上线华数节目源，互动电视平台基本形成"上海文广、江苏互动、华数互动、本地互动"四大板块，实现节目源的优势互补。电视专题栏目秉承关注百姓、深入基层的理念，打造社教专题栏目《城事》和《阿辉茶馆》，共摄制播出节目208期，时长近3000分钟。《阿辉茶馆》作为张家港电视台首档方言脱口秀节目，新开设子栏目《茶话会》，聚焦本土文化，介绍地名文化、非遗项目、名人故事等。1月至11月，《阿辉茶馆》栏目的月收视率稳定在1.2左右。区镇特别节目宣传方面，反映乡村振兴的《善美乐余》《金沙洲》《凤凰故事》等节目聚焦各区镇的特色文化、身边好人、道德模范、党建项目等，以纪录片的方式展示各区镇独特的人文风貌。围绕各政府职能部门的中心工作，摄制各类专题汇报片20余部，具体包括"经开区（杨舍镇）智能制造大会汇报片"、"善港善治——善港村村民自治专题片"、"逐梦同行，共奔小康"、"南丰镇十佳道德模范事迹短片"、市新时代文明实践中心推介会总结片、"寻找港城最美退役军人"短片、"网络微力量——让正能量更有力量"、"让耕地更有力量"、市残联实施"幸福亮居"专题汇报片、"民生微实事·微出幸福来"等，总时长150余分钟。2019年电视平台获得国家级荣誉奖项5件；省级奖12件，其中二等奖2件、三等奖10件；苏州市级奖50件，其中一等奖6件、二等奖14件、三等奖23件、特别奖1件，其他类别奖项6件。

【张家港日报】 2019年出版300期，每期为8个版，报纸日发行量3.48万份。年内，重点打造10个专栏，发稿289篇。重点栏目包括《壮丽70年·奋斗新时代》《贯彻市委全会精神·大兴狠抓落实之风》《张家港精神再弘扬·高质量发展迈新步》《五个升级版·落实在基层》《"三标杆一率先"》《港城智造报告》《不忘初心·牢记使命》等。根据全市阶段性重点工作，开设"快速环路""扫黑除恶""安全生产曝光台""长江大保护""文明创建"等8个专栏，刊发稿件170余篇。2019年，《张家港日报》获国家级荣誉奖项26件；省级奖16件，其中一等奖1件、二等奖3件、三等奖10件、其他类别奖项2个；苏州市级奖8件，其中一等奖1件、二等奖2件、三等奖4件、其他类别奖项1件。

【电影】 年内，全市新增2家影院，分别是巨星凤凰镇东方影城和绿景雅苑影城。年末，全市拥有11条院线、22

家影院、134座厅、18440个座位数，平均每10万人拥有屏幕数11块、座位146个。全年实现票房收入10068.7万元，放映25.54万场，观众341.4万人次，票房收入比上年增5.6%。市文体广旅局持续推进江苏省农村电影提升试点工程，指导全市村（社区）公益电影放映由室外向室内转变，推进南丰镇永联村、杨舍镇初心广场及大新镇文体中心等3个点位的全省公益电影放映示范点建设。继续组织开展“千场优秀电影进社区”活动，全年走进252个村（社区）、9家敬老院，全年放映公益电影4906场。

【网络新媒体】 年内，市融媒体中心（传媒集团）利用“偶俚张家港”“遇见张家港”微信公众号、张家港新闻网、张家港在线网、“今日张家港”客户端、张家港发布微博等“两微一端”开设《开展新时代“三超一争”·聚焦聚力“三标杆一率先”》《张家港精神再弘扬·高质量发展迈新步·书记市长在忙啥》等专题专栏65档，重大主题报道7个，H5产品45个，资讯54810条。完成全市新时代“三超一争”·聚焦聚力“三标杆一率先”誓师大会、第十九届全国“村长”论坛系列活动、张家港两会、第五届张家港市道德模范授奖仪式、张家港市旅游文化（上海）推介会、香山山地短程马拉松挑战赛等网络高清直播124场，访问超260万人次。与新华社“现场云”平台合作开展第22届“贝贝杯”青少年足球赛、2019年中国（张家港）长江文化艺术节暨金秋经贸周、第二十三届中国少儿戏曲小梅花荟萃节目展演等活动，直播访问量突破40万人次。深化“媒体+”服务功能，客户端拓展与政务、公益、交通、教育、文旅、健康等行业合作，为用户提供便民查询、便民支付、医疗服务、健康养老等业务，并引入公交查询、停车场查询、图书借阅、公共自行车查询、今日商城等20余项在线服务功能，下载量超10万人次。资讯类微信公众号“偶俚张家港”和生活服务类微信公众号“遇见张家港”在苏州市媒体类微信排行榜、江苏县级融媒体微信公众号榜单上稳居第一方阵，粉丝量超60万人。 （陆玉玲）

2019年张家港市融媒体中心（传媒集团）主要获奖情况表

表60

作品名称	荣誉名称	颁发机构	主创单位（人员）
纪录片《家在巩留》	2019年第一季度优秀国产纪录片	国家广播电视总局	徐学渊 徐敏峰 虞　创 周　涛
纪录片《吴韵丝桐》	第二十届全国电视外宣“彩桥”奖纪录片类三等奖	中国广播电视社会组织联合会	虞东平 李　丽 夏宏伟 钱　科
新闻摄影《“好人殷志兰”：用真情描绘“文明乡村”》	2018年度中国县市传媒新闻奖（摄影类）评选日常生活类三等奖	中国县市传媒新闻摄影学会	褚珊珊 李立峰
版面《张家港日报》（2018年6月15日9版）	2018年度中国县市传媒新闻奖摄影版面评选专版类一等奖	中国县市传媒新闻摄影学会	王敏悦
版面《张家港日报》（2018年12月7日9版）	2018年度中国县市传媒新闻奖摄影版面评选专版类二等奖	中国县市传媒新闻摄影学会	李立峰
版面《张家港日报》（2018年10月26日9版）	2018年度中国县市传媒新闻奖摄影版面评选专版类三等奖	中国县市传媒新闻摄影学会	李立峰
版面《张家港日报》（2018年3月5日01版）	2018年度中国县市区域报新闻作品奖新闻版面类二等奖	中国县市报研究会	包丽芬
版面《张家港日报》（2018年9月27日04版）	2018年度中国县市区域报新闻作品奖新闻版面类三等奖	中国县市报研究会	许志平
版面《国手牵小手》	2018年度中国县市区域报新闻作品奖新闻版面类二等奖	中国县市报研究会	庞瑞和 李立峰
版面《“好人殷志兰”：用真情描绘“文明乡村”》	2018年度中国县市区域报新闻作品奖新闻版面类二等奖	中国县市报研究会	褚珊珊 李立峰 庞秋石
版面《用品牌栏目激发媒体融合新动能》	2018年度中国县市区域报新闻作品奖新闻版面类二等奖	中国县市报研究会	余继峰 陈敬水 马狄武
消息《港城8200亩耕地“带薪休假”》	2018年度中国县市区域报新闻作品奖消息类一等奖	中国县市报研究会	王会信 余继峰

续表60

作品名称	荣誉名称	颁发机构	主创单位（人员）
消息《“港城制造”加快融入“一带一路”》	2018年度中国县市区域报新闻作品奖消息类二等奖	中国县市报研究会	陆　欢
消息《南丰镇的这家馒头店火了》	2018年度中国县市区域报新闻作品奖消息类三等奖	中国县市报研究会	顾素妍
消息《市民开办企业“一个窗口”全搞定》	2018年度中国县市区域报新闻作品奖消息类三等奖	中国县市报研究会	余继峰
消息《港城中医技术“花开”基层》	2018年度中国县市区域报新闻作品奖消息类三等奖	中国县市报研究会	李　燕
消息《我市“贴钱”关停转型一纳税大户》	2018年度中国县市区域报新闻作品奖消息类三等奖	中国县市报研究会	高　燕 张静芳
通讯《他把“善港号”开往全国脱贫的春天》	2018年度中国县市区域报新闻作品奖通讯类一等奖	中国县市报研究会	浦　江
通讯《勇者张康：用歌声唱响生命》	2018年度中国县市区域报新闻作品奖通讯类二等奖	中国县市报研究会	曾　钦
通讯《“大数据”让政务飞上“云”端》	2018年度中国县市区域报新闻作品奖通讯类三等奖	中国县市报研究会	李　燕
通讯《七个未接来电背后的故事》	2018年度中国县市区域报新闻作品奖通讯类三等奖	中国县市报研究会	崔文一
专栏《舌尖上的港城》	2018年度中国县市区域报新闻作品奖专栏类三等奖	中国县市报研究会	杨宇飞 曾　钦
微信《【厉害】这个张家港画家“混迹”工地，拿出了一幅惊艳之作！》	2018年度中国县市区域报新闻作品奖微信公众号、新闻客户端类二等奖	中国县市报研究会	周洁雯
微信《世界第一环张家港造！16个汉子并排站在环内，场面壮观！》	2018年度中国县市区域报新闻作品奖微信公众号、新闻客户端类二等奖	中国县市报研究会	李　燕
微信《桂师，额在家，来剃头哉~鹿苑街上的年代故事……》	2018年度中国县市区域报新闻作品奖微信公众号、新闻客户端类三等奖	中国县市报研究会	徐　娅
专题《壮阔东方潮·奋进新时代》	2018年度中国县市区域报新闻作品奖网络新闻专题类三等奖	中国县市报研究会	张家港日报社集体
新闻作品《大江飞舟张家港》	《回忆思考和展望》庆祝改革开放40周年主题新闻作品奖一等奖	中国县市报研究会	张家港日报社集体
新闻作品《今天，北京人民大会堂，“张家港精神”的塑造者秦振华在主席台就座！》	《回忆思考和展望》庆祝改革开放40周年主题新闻作品奖三等奖	中国县市报研究会	顾珊珊 庞瑞和 褚珊珊 陈佳琪
短视频《小宇，加油》	第二十届全国电视外宣“彩桥”奖短视频类三等奖	中国广播电视社会组织联合会	虞东平 王宇春 钱　科
电视公益节目《国学子弟·才艺少年》张视主持人引领新市民子女宣传片	第二届全国电视公益节目推选活动优秀公益宣传片	中国电视艺术家协会	余晓燕 岳晓东 唐慧等
电视公益节目《和你在一起》	第二届全国电视公益节目推选活动优秀公益栏目	中国电视艺术家协会	刘　征 苏泉等
科技创新项目《江苏省县级应急广播体系建设试点（张家港）的探索与实践》	2018年度广播影视科技创新奖三等奖（工程技术奖）	中国广播电影电视社会组织联合会	朱　健 高建峰 陶利国 郑金龙
微视频《映像张家港》	“锦绣中华·i拍我苏”微视频大赛三等奖	江苏省委宣传部、江苏省文旅厅	影视制作部

续表60

作品名称	荣誉名称	颁发机构	主创单位（人员）
少儿电视栏目《花开朵朵》	2018年度江苏省广播电视少儿精品（少儿电视栏目）三等奖	江苏省文明办、江苏省广播电视局	陈登耀 唐　慧 郭晋斌 朱佳庆 沈　瑶
广播剧《岁月鎏金》	2018年度江苏广播剧奖单本剧一等奖	江苏省新闻出版广电局	陈红霞 严小娟 董　平 朱珊萍 单炜炜 孙钦敏
广播节目《幸会，四十年》	2018年度江苏广播新闻奖连续（系列）报道特别奖	江苏省新闻出版广电局	张家港市广播电视台广播传媒中心集体（与省台合作）
广播节目《岁月从容——〈且将风月作笔辞〉作品赏析》	2018年度江苏广播文艺奖文学节目二等奖	江苏省新闻出版广电局	蒋琳菲 刘　玲 庞　玲 陈　玮
广播节目《红色家书》	2018年度江苏广播社教奖特别节目三等奖	江苏省新闻出版广电局	庞　玲
消息《我市“贴钱”关停转型一纳税大户》	2018年度江苏省报纸优秀作品评选消息类二等奖	江苏省新闻工作者协会	高　燕 张静芳
消息《港城8200亩耕地“带薪休假”》	2018年度江苏省报纸优秀作品评选消息类三等奖	江苏省新闻工作者协会	王会信 余继峰
消息《让纳税人尽享“不见面”服务·张家港地税局全国首推微信开具涉税证明服务》	2018年度江苏省报纸优秀作品评选消息类三等奖	江苏省新闻工作者协会	曹益珠 游　优
消息《港城8200亩耕地“带薪休假”》	2018年度江苏省县市报新闻奖消息类一等奖	江苏省县市报研究会	王会信 余继峰
消息《46项应用新技术“搭起”一座绿色建筑》	2018年度江苏省县市报新闻奖消息类二等奖	江苏省县市报研究会	余继峰 王会信
消息《全市首批中医药适宜技术推广工作室揭牌》	2018年度江苏省县市报新闻奖消息类三等奖	江苏省县市报研究会	李　燕
消息《让纳税人尽享“不见面”服务 张家港地税局全国首推微信开具涉税证明服务》	2018年度江苏省县市报新闻奖消息类三等奖	江苏省县市报研究会	曹益珠 游　优
通讯《两代水利人，护江“父子兵”》	2018年度江苏省县市报新闻奖通讯类二等奖	江苏省县市报研究会	王敏悦
通讯《最美宿管妈妈吴雪芬：为爱坚强》	2018年度江苏省县市报新闻奖通讯类三等奖	江苏省县市报研究会	钱超新
通讯《勇者张康：用歌声唱响生命》	2018年度江苏省县市报新闻奖通讯类三等奖	江苏省县市报研究会	曾　钦
通讯《他把“善港号”开往全国脱贫的春天》	2018年度江苏省报纸优秀作品评选通讯类三等奖	江苏省新闻工作者协会	浦　江
版面《张家港日报》（2018年3月5日头版）	2018年度江苏省报纸版面评选三等奖	江苏省新闻工作者协会	包丽芬
消息《日售4000个馒头，结账全靠顾客自觉——南丰镇的这家馒头店火了》	2018年度江苏省县市报新闻奖消息类三等奖	江苏省县市报研究会	顾素妍
新闻摄影《国手牵小手》	2018年度江苏省县市报新闻奖新闻摄影类三等奖	江苏省县市报研究会	庞瑞和 李立峰

续表60

作品名称	荣誉名称	颁发机构	主创单位（人员）
版面《张家港日报》（2018年12月18日1版）	2018年度江苏省县市报新闻奖好版面	江苏省县市报研究会	杨亚权
标题《"大数据"让政务飞上"云"端》	2018年度江苏省县市报新闻奖好标题	江苏省县市报研究会	李　燕
公益广告《保护方言留住乡音里的乡情》	2018全省广播电视公益广告优秀作品征集评选三等奖	江苏省新闻出版广电局	徐学渊 尹　伟 姜　坤 孔德超
公益广告《立下愚公移山志打赢脱贫攻坚战》	2018全省广播电视公益广告优秀作品征集评选三等奖	江苏省新闻出版广电局	徐学渊 戴建东 尹　伟 郭　昊
公益广告《选择清洁能源共建绿色家园》	江苏省第24届优秀广告作品评选银奖	江苏省广告协会	徐学渊 尹　伟 张志刚 徐　丹
公益广告《立下愚公移山志打赢脱贫攻坚战》	江苏省第24届优秀广告作品评选铜奖	江苏省广告协会	徐学渊 戴建东 尹　伟 郭　昊
新闻《沙钢胜诉"337调查"案启示》	2018年度江苏省广播电视新闻奖（电视评论）三等奖	江苏省广播电视局、江苏省广播电影电视协会	苏州市广电总台、张家港市广播电视台电视传媒中心
新闻《书香港城·阅读汇》第五期	2018年度江苏省广播电视新闻奖（对外电视文艺节目）三等奖	江苏省广播电视局、江苏省广播电影电视协会	张　璇 余晓燕 徐秀梅 陈　静 徐敏峰 花　飞 蔡雷鸣 张品忠
专题片《张家港干河》	2018年度江苏电视社教节目奖（专题片）三等奖	江苏省广播电视局、江苏省广播电影电视协会	虞东平 王宇春 钱　科 王兴亮
歌舞节目《振兴之路——纪念永联村乡村振兴40年文艺晚会》	2018年度江苏电视文艺奖（歌舞节目）三等奖	江苏省广播电视局、江苏省广播电影电视协会	花　飞 徐秀梅 张　贤 张　璇 陈　静 张品忠 蔡雷鸣 徐敏峰
高清综艺《书香港城阅读汇》	2018年度江苏省广播电视播音与主持作品奖（电视主持文艺类）二等奖	江苏省广播电视局、江苏省广播电影电视协会	张　璇
电视播音文艺作品《最美乡愁是凤凰》	2018年度江苏省广播电视播音与主持作品奖（电视播音文艺类）三等奖	江苏省广播电视局、江苏省广播电影电视协会	程一航
科技创新项目《高清播出系统》	2018年度江苏省广播电视科技创新奖二等奖	江苏省广播电影电视协会	陈正兴 罗　涛 秦志强 成海红 季海新 承铁峰

续表60

作品名称	荣誉名称	颁发机构	主创单位（人员）
科技创新项目《县级广播电台融媒体直播室的建设与应用》	2018年度江苏省广播电视科技创新奖三等奖	江苏省广播电影电视协会	蒋晔海 高建峰 黄爱萍 陶利国
科技创新项目《充分利用高清网络直播转播电视车+4G信号传输设备构建全方位新媒体直播系统》	2018年度江苏省广播电视科技创新奖三等奖	江苏省广播电影电视协会	任黎明 赵　强 张敬刘 杨春伟 包　宏
科技创新项目《中波发射台音频监测系统改造》	2018年度江苏省广播电视科技创新奖三等奖	江苏省广播电影电视协会	高建峰 许　杰 吴正江 王永峰 宋艳民
科技创新项目《励图字幕系统二次开发——字幕库软件》	2018年度江苏省广播电视科技创新奖三等奖	江苏省广播电影电视协会	秦志强 陈晓宇 张　达 郑　双
片花《岁月静好》	2019年度江苏省广播电视节目录制技术质量奖（广播）二等奖	江苏省广播电影电视协会	黄爱萍 许　杰
广告《保护水环境》	2019年度江苏省广播电视节目录制技术质量奖（广播）二等奖	江苏省广播电影电视协会	陶利国 许　杰
语言《红色家书》	2019年度江苏省广播电视节目录制技术质量奖（广播）三等奖	江苏省广播电影电视协会	黄爱萍 陶利国
广播剧《加油瑞奇》	2019年度江苏省广播电视节目录制技术质量奖（广播）三等奖	江苏省广播电影电视协会	刘　玲 陶利国 王永峰
高清综艺《春满港城——2019张家港市春节电视文艺晚会》	2019年度江苏省广播电视节目录制技术质量奖（电视）三等奖	江苏省广播电影电视协会	张　贤 杜东松 李　华 宋亚平 周　涵 张　平 邵晓春 任重远

（陆玉玲）

体　　育

【概况】 市文体广旅系统着力提升群众体育服务水平，开展丰富群众体育活动。张家港市获评全国群众体育先进单位、江苏省群众体育先进单位，创建全国体育产业示范基地、全国围棋之乡、全国柔力球之乡、全国老年气排球之乡和首批江苏省公共体育服务体系示范区。3月，制定下发《2019年张家港市全民健身工作意见》。3月至7月，组织开展第七次全国体育场地普查工作。张家港市获评2019年度江苏省县级体育重点工作督察和体育总会重点工作督察“双冠王”。全年增设和更新健身路径180套、篮球架50套。至年末，全市有公共体育健身场地设施2897个，万人拥有公共体育设施30.3个，人均体育场地面积4.5平方米。继续推进中心城区健身步道和常规健身步道建设工程，全年新建便民健身步道23条44.2千米，健身步道总数372条589.1千米。全市“城市5分钟、中心镇（区）10分钟”体育健身圈进一步优化。村（社区）实现“两室一场一路径”全覆盖并开始向自然村巷（宅基）延伸，有91个村（社区）达到省定一类标准，占行政村总数的60%以上。常阴沙现代农业示范园区常北社区长江圩健身公园和金港镇长江村郁金香运动公园被评为2019年度全省最美乡村健身公园。年内，市级体育社会团体新增3个，市级体育民办非企业单位新增4个。至年末，市级体育社会团体有30个，市级体育民办非企业单位有55个。

【青少年体育】 全市中小学持续围绕两个“百分之百”的目标（百分之百

的中小学生实施国家学生体质健康标准，百分之百的中小学生每天锻炼一小时）开展体育运动。所有中小学均施行《国家学生体质健康标准》。各校充分利用课间操时间，结合大课间活动和课外文体活动。2019年，全市招考高中学段的应、往届初中毕业生共10466人参加升学体育考试。年内承办苏州市级竞赛5项（举重、篮球、排球、网球、无线电通信）、张家港市级24项（田径、举重、足球、篮球、排球、网球、羽毛球、游泳、乒乓球、桥牌、象棋、围棋、国际象棋、冬季三项）；参加苏州市级竞赛获得65金72银51铜。5月，参加江苏省县组田径赛（第一赛区），以9金7银3铜总分230分获得金牌总数第二名、混合团体总分第五名。

【体育运动学校】 市体育运动学校有在训学生近400人，教练员22人。年内招生76人，涉及田径、游泳、武术、网球、手球、羽毛球等项目。全年向省优秀运动队输送2人（手球、足球）、省体校5人（田径、武术、网球），向苏州市级体校输送运动员21人（田径、射击、武术、拳击）。全年组队参加各级各类比赛35项次，其中全国比赛7项次，区域比赛3项次，省级比赛10项次，苏州市级比赛15项次。获110金92银95铜，其中省级以上比赛获得28金34银25铜。输送运动员参加全国及洲际以上比赛获得3金8银2铜。参加第22届“贝贝杯”足球赛获第一名，参加江苏省县组田径比赛（第一赛区）获得金牌总数第二名、混合团体总分第五名。参加苏州市级比赛，武术11年蝉联冠军，网球7年蝉联冠军；苏州市中小学生游泳比赛获高中组团体第一名、初中组团体第二名、小学组团体第三名；举重比赛获团体第一名；足球比赛获小学女子第一名、男子第三名；手球比赛获初中女子第一名、小学女子组第三名；1人打破苏州市年龄组纪录，35人50项次达二级以上运动员标准。

【群众体育】 全年举办全民健身大联赛、大展示、大比拼、短程马拉松系列赛、迎新年万人健步行、全民体育嘉年华等品牌赛事等体育活动，参与活动的市民累计超过100万人次。9月，举办2019年江苏省门球大联赛（县级市站）暨第54届江苏省县级市门球比赛。11月初，举办“杨舍杯”2019年中国广场舞大赛（江苏·张家港站）。11月下旬，举办“福前杯”2019年中国桌式足球公开赛暨全国青少年桌式足球冠军赛。12月中旬，举办2019年全国拔河新星系列赛总决赛，张家港市成为全国首家拔河训练和竞赛基地。在全国县级市中首创并连续九年成功举办“全民健身大联赛”，打造县域全民健身品牌赛事的旗帜和标杆。贯彻体育社团的志愿服务理念，全市所有健身站点均配备2名以上社会体育指导员，实现大学生村干部等级社会体育指导员全覆盖。

【竞技体育】 2019年全市承办国际级赛事3项、国家级比赛4项。22名张家港籍运动员参加第二届全国青年运动会，涉及武术套路、田径、橄榄球、自行车、足球、冲浪、水球、跆拳道、排球、篮球、手球、空手道、射击等13个项目，共获13金5银7铜。全年向省优秀运动队输送2人、省体校输送运动员5人，向苏州市级体校输送运动员21人。

【体育产业】 全市有体育产业单位975个。江苏金陵体育器材股份有限公司室外篮球架冲压智能化改造项目、江苏固耐特围栏系统股份有限公司基于物联网技术的周界体育场馆围栏2个项目获评2019年省体育产业发展专项资金资助项目。张家港香山山地短程马拉松挑战赛获评苏州市体育旅游精品赛事；张家港多彩凤凰迷你马拉松路线获评苏州市体育旅游精品线路。体育健康特色小镇——凤凰贝贝足球小镇顺利通过中期评估，获省级200万元的资金资助。江苏金陵体育器材股份有限公司金陵特色体育产业园区建设项目等7个项目获市级专项资金奖补258万元。年内新增游泳场馆9家，全市共有游泳场馆34家。7月22日至25日，市文体广电和旅游局联合市卫健委等部门对全市范围内34家游泳场馆进行夏季游泳场所安全开放专项检查，对16家场所开具整改通知书。7月31日，市文体广电和旅游局对16家游泳场所负责人开展集体约谈。市体育中心在承办各项大型赛事的同时，协助市级机关部门开展公益性活动，推出体育场馆免费、低收费开放优惠措施。

【体彩销售】 全市有体育彩票销售网点229家，其中开通竞彩销售权限的销售网点110家、其他销售网点119家。年内，按照省体彩中心《关于开展2019年江苏体彩销售网点星级评定工作的通知》要求，共评定星级站点71家，其中三星级13家、四星级36家、五星级22家，指导200家网点进行形象更新。全年体育彩票销售收入4.7亿元，其中乐透票销量16511万元、竞彩票销量29074万元、即开票销售1649万元。全年开出1000万元以上大奖2个。

【“贝贝杯”青少年足球赛在市举行】 7月9日，由中国足球协会、中国宋庆龄基金会、张家港市人民政府共同主办的2019年中国足球协会第22届“贝贝杯”青少年（12岁男子组）足球赛在凤凰中心小学足球场开幕。该届赛事参赛队伍由32支精简为16支。其中3支为2018年贝贝杯足球赛的冠、亚、季军代表队，除各省、市、自治区12岁年龄段精英队伍外，特别邀请张家港结对帮扶地区——贵州省沿河代表队以及宋庆龄基金会指定队延边队、江苏苏宁俱乐部12岁梯队参赛。赛事从9日持续到13日，共进行6轮2个阶段，合计48场比赛。7月13日，张家港贝贝队在决赛中以1:0战胜广州队获冠军。季军由深圳队获得，河南队李瑞博获“最佳射手”称号，辽宁队张家硕当选最佳守门员，张家港贝贝队陶家豪获“最佳运动员”称号。

【首届长三角友好城市网球团体邀请赛在市举行】 11月2日至3日，“国泰景云杯”首届长三角友好城市网球团体邀请赛在中国网球学院张家港分院举行。比赛由上海市网球协会、浙江省网球协会、安徽省网球协会、江苏省网球运动协会联合主办，张家港市体育中心承办。比赛为期2天，设中年男双、青年男双、女双、混双和男子单打5个项目，江浙沪皖三省一市的8个团体、100位运动员同台竞技。最终江苏无锡代表队获冠军，浙江徽商银行代表队、苏州国泰景云代表队和江苏南京代表队分获第二至第四名，苏州国泰景云代表队获最佳组织奖。

【2019年国际男子职业网球挑战赛张家港站举行】 3月18日至24日，2019年国际男子职业网球挑战赛——张家港站的决赛在中国网球学院张家港分院举行，赛事由国际职业网球联合会（ATP）授权，中国网球协会（CTA）、江苏省体育局、张家港市人民政府联合主办。该比赛共有澳大利亚、意大利、加拿大等20个国家和地区41名选手参加。澳大利亚的珀塞尔和萨维尔获双打冠军，澳大利亚的波尔曼获男子单打冠军。

（黄　丹）

【张家港桌式足球实现"世界杯"奖牌零突破】 6月28日，2019年西班牙穆尔西亚桌式足球世界杯出征暨张家港市桌式足球运动协会成立仪式在福前实验小学操场上举行。6月30日，受国家体育总局委派，由福前实验小学、市二中、市三中、市八中等学校共同组建的2019西班牙穆尔西亚桌式足球世界杯中国青少年代表队赴西班牙参赛。此次比赛中国青少年桌式足球国家队获1银3铜，实现桌式足球"世界杯"奖牌零的突破。张家港市福前实验小学还被国际桌式足球联合会授予"特别贡献奖"，被国家体育总局评为全国首批桌式足球示范学校和全国青少年桌式足球优秀学校。2014年，桌式足球项目在经开区（杨舍镇）福前实验小学成立，2014年至2019年，福前实验小学校桌式足球队先后参加国内、国际多次重大赛事。2015年代表江苏省在广州斩获全国大奖赛少儿组团体冠军，2016年在台湾获小学组亚洲团体第一。2017年获国家体育总局社体中心出具的桌式足球世界杯入场券，赴德国汉堡参赛。2018年获马来西亚桌式足球公开赛团体冠军和双打冠军。

（徐　琼）

中国（张家港）长江文化艺术节

【概况】 2019年中国（张家港）长江文化艺术节于10月21日至11月26日举行，主要活动包括第八届长江流域民族民间艺术节、张家港小剧场艺术季、首届全国原创曲艺小品优秀节目展演、第八届全国优秀小戏小品展演、"长江文明物语——长江文明与海上丝绸之路"主题展览、第七届"诗歌里的城"长江诗会暨江苏文学评论家年会、张家港市首届文化旅游创意设计大赛成果展等活动。11月1日晚，2019年中国（张家港）长江文化艺术节暨金秋经贸周开幕式在张家港保利大剧院举行，开幕式演出汇聚长江流域12个省（市、区）的特色文艺团队与市优秀团队，是一场展现长江文明的文化盛宴。开幕式由国家公共文化云、江苏公共文化云、"一通文化"App、"今日张家港"App等平台进行全程网络直播，观看人次超70余万。

【第八届长江流域民族民间艺术节】 11月1日至2日举行，中国群文学会、张家港市人民政府主办，江苏省群文学会、张家港市委宣传部、张家港市文体广电和旅游局承办。长江流域民族民间艺术节是长江文化艺术节的常设项目，每两年举办一次。开幕式定于11月1日晚举行，以"奔腾，新时代的大河"为主题，分为港城之约、长江之恋、祖国之歌3个篇章，将沿江特色文艺团队和张家港市优秀团队相结合，诗意贯通藏羌文化、巴蜀文化、荆楚文化、吴越文化等众多有特色的文化，演绎博大精深的长江文化，凸显张家港作为"长江之城"不忘初心、筑梦前行的时代精神。11月2日开展长江流域民族民间文艺进社区和景区巡演，获第十八届群星奖的节目群舞《龙把子》、获2019年上海市群文新人新作展评展演活动"优秀群文新作"的群舞《拔河赋》和安徽特色当涂民歌《唱的绿海泛金波》等节目参加巡演，巡演走进大新镇、乐余镇和塘桥镇文化中心剧场，以及香山旅游景区，让老百姓在基层就能欣赏到长江文化独特魅力，同时又能够促进文旅融合发展。

【张家港小剧场艺术季】 11月3日至14日举行，由张家港市委宣传部、张家港市文体广电和旅游局承办。小剧场艺术季以"港城有戏"为主题，北京、上海、南京等多个剧团走进张家港保利大剧院、星海剧场，演出黑色幽默喜剧《蒋公的面子》、滑稽戏《哎哟爸爸》、儿童剧《恐龙人》等9个剧目12场，受众覆盖儿童、青年、中年人、老年人等。演出期间，结合有关剧目，配套开展"戏精巡游"、生活集市、艺术开放日、剧本朗读会等活动，满足人民群众美好生活需要，为港城文化发展注入新的活力。

【"长江文明物语——长江文明与海上丝绸之路"主题展览】 2019年11月10日至2020年2月23日在张家港博物馆举行，由中国文物报社和张家港市政府主办。展览旨在贯彻落实习近平"让文物活起来"的重要指示精神，深入挖掘长江流域文化遗产的丰富内涵，助力长江经济带文化建设。展览分文明曙光、青铜时代、兼收并蓄、文化勃兴、走向海洋5个单元，从"话说长江文明"的角度，展出青海柳湾彩陶博物馆、四川博物院、湖北省博物馆、景德镇市陶瓷考古研究所、景德镇陶瓷民俗博物馆、张家港博物馆等文博单位收藏的70件文物。展览结合新技术、多媒体、电子地图、全景沙盘等手段，深入解读和诠释长江文明对中华文明的影响、长江文明与海上丝绸之路的关联等一系列学术问题。

（黄　丹）

【编辑　景力颖】

卫生健康

Health

市第二人民医院外景　　（金港镇　提供）

卫生综情　　计划生育和家庭发展
医　　疗　　卫生监督
预防保健　　红十字救护

張家港年鑑(2020)

扫码欣赏

传承中医国粹
打造健康城市

卫生综情

【概况】 年内，市卫健委聚焦目标任务，全力攻坚医改难题，各项改革重点任务渐次突破、有效落地，卫生健康事业高质量发展取得显著成绩。张家港市高标准通过国家中医药工作先进单位复审，全国县级医院首个、全国第六个“肿瘤康复基地”落户市第一人民医院，市第一人民医院继续获批国家自然基金项目4项，医院电子病历应用和信息互联互通水平继续在苏州市范围保持领先，市第一人民医院率先通过电子病历应用水平五级评测，智慧医疗项目作为典型案例入选国家信息中心《新型智慧城市发展报告（2018—2019）》，基层智能化临床决策系统（CDSS）获评“2019中国智慧健康医疗创新成果奖”，公立医院出院患者满意度在苏州市继续领先。市卫健委获评张家港市级机关综合贡献奖。

医药卫生体制改革　年内，市卫健委印发《张家港市2019年深化医改重点工作》《张家港市公立医院财政补助（暂行）办法》，持续推进医药卫生体制改革。凤凰、南丰、大新三家公立医院及各区镇社区卫生服务中心实施首次绩效工资总量浮动管理。严控医疗费用不合理增长，全市平均医疗费用增长率和住院次均费用增长率控制在5%以内。12月，推进区域医共体建设，启动市第一人民医院与冶金园（锦丰镇）、市中医医院与保税区（金港镇）公立医疗机构医共体建设试点，实施市第三人民医院与妙桥社区卫生服务中心、市第二人民医院与金港镇社区卫生服务中心、市第五人民医院与锦丰镇社区卫生服务中心、澳洋医院与杨舍镇社区卫生服务中心托管制运行。推进基层首诊双向转诊，一键式信息化双向转诊模式覆盖大部分一级以上医疗机构和全部社区卫生服务中心（站）。深化重症救治医联体和胸痛、卒中救治联盟建设内涵，启动中医、儿科医联体和创伤救治联盟建设。融入长三角一体化发展，市第二人民医院与上海市第十人民医院实现深度协作，市第一人民医院与上海中山医院、澳洋医院与上海瑞金医院启动专科合作，长三角医疗资源共享和协同发展实现良好开端。

社区卫生　年内，塘桥镇妙桥社区卫生服务中心以及金港镇高桥、长江东区、袁家桥、东山社区卫生服务站等新改扩建工程建成投用，杨舍镇东城社区卫生服务中心开工建设。至年末，全市共有社区卫生服务中心10家，社区卫生服务站206家，家庭医生工作室27家。金港镇马桥家庭医生工作室建成江苏省星级家庭医生工作室。塘桥、乐余、凤凰镇社区卫生服务中心转型成苏州市市民健康管理综合服务平台，全市实现区镇全覆盖。南丰、大新镇社区卫生服务中心会同辖区医院开展优质服务基层行活动，并被确定为2019年江苏省社区医院建设试点单位。杨舍镇双鹿、金港镇金都、塘桥镇周巷、锦丰镇悦来、乐余镇扶海、凤凰镇太平、南丰镇建农、大新镇中山等8家社区卫生服务站创建成“江苏省示范村卫生室”。全市9个社区卫生服务中心（医院）被确认为苏州市健康市民“531”行动倍增计划成人代谢性疾病、儿童哮喘、慢阻肺、骨质疏松症社区防治点。新建基层医生、护士、中医药适宜技术推广工作室14家。社区卫生服务机构微信支付实现区镇全覆盖。与17名应届高中毕业生签订定向资助培养协议，招录进编优秀社区卫技人员41人。开展全科知识轮训和实用技能提升培训，培训社区卫技人员546人、社区医生骨干46人，1人获评苏州市基层卫生岗位练兵和技能竞赛全科医学三等奖，1人获苏州市“健康苏州杯”健康促进技能竞赛三等奖。启动实施慢病患者社区管理项目，将首批遴选出的高血压、糖尿病、高血脂三类疾病86种药品下沉社区，推进慢病患者分级诊疗，落实慢病患者社区健康管理。年内共下转慢病患者14143人。全市基本公共卫生服务数量和质量指标达到省、苏州市工作目标要求。年末第三方考评结果反映，群众对项目满意度96.67%，知晓率90.56%，基本公共卫生服务项目绩效考核名列苏州县市第一名。

科教兴卫　市卫健委组织开展首届青年医师“医教研”全能比拼、高层次研修项目经验分享，对学科带头人进行履职情况考核。全市获评苏州市临床重点专科4个，新增张家港市医学重点学科4个。市第一人民医院的“p53调控程序性坏死参与肿瘤抑制及其分子机制研究”获批国家自然科学基金面上项目，“汉方己甲素通过上调FOXO3a因子拮抗CBA/Ca小鼠噪音性聋的机制研究”“RACK1调控内质网应激—自噬途径对创伤性脑损伤的保护机制研究”“miR-181a-5p/YTHDF2/TRPV4信号通路在炎症性疼痛中的作用和机制研究”获国家自然科学基金青年项目。市第一人民医院、市中医医院获批江苏省自然科学基金面上项目和青年项目各1项，市第一人民医院、市中医医院获批江苏省卫生健康委和中医药局项目各1项，市中医医院获批苏州市卫健委临床重点病种诊疗专项1项，市疾病预防控制中心获批苏州市重大传染病防控专项1项。全市获批苏州市卫健委“科教兴卫”青年项目3项、苏州市科技局项目19项、张家港市科技局项目42项，评出张家港市卫生健康青年科技项目40项。高级别科研项目获批数量继续保持苏州县市同级同类医院前列。全市获评江苏省医学新技术奖4项、首届苏州市医学会医学科技奖3项、苏州市医学新技术奖5项，评出张家港市医学新技术奖35项。全市各医疗卫生机构发表SCI论文41篇，中国科技核心和中文核心期刊论文189篇，授权专利26项。全市举办国家级学术活动2项，省级学术活动18项，苏州市级学术活动79项。

公共卫生　全市人均基本公共卫生服务经费为80元，基本卫生服务项目绩效列苏州县市第一。实施疫苗安全工程，启动省预防接种综合服务管理信息系统一期工程建设。推进健康“531”行动计划，完成老年人健康体检13万人、心脑血管高危人群筛查4.2万人、适龄儿童水痘疫苗免费接种2.1万人。巩固国家慢性病综合防控示范区创建成果，承办省卫生健康委慢性病综合防控示范区建设现场培训会。凤凰镇通过苏州市卫生应急规范镇创建评审。“精防专科门诊前移”实现镇（区）二级公立医院全覆盖，减少群众就医配药往返。实施全民健康素养提升工程，交通广播开设《健康生活》专题节目224期，推进健康教育进社区、进学校、进机关、进企业，共开展健康大讲坛活动197场，发放资料1.7万份。在全市率先通过江苏政务服务网开展“不见面审批”，完成“不见面审批”125家。

计划生育和家庭发展　做实做优妇幼健康公共卫生服务，扎实推进妇幼健康各项惠民工程，实行妇幼健康项目分级服务。全面两孩政策纵深推进，全年共受理生育登记5690例。对生育政策调整前的独生子女家庭继续实行各项奖励扶助政策。做实计划生育特殊家庭扶助关怀工作，计划生育特殊家庭联系人制度、家庭医生签约、就医绿色通道实现“三个全覆盖”，计划生育家庭重疾险和计生特殊困难家庭住院护工险得到落实。深化养老帮扶工作，金港镇金都社区建成国家级暖心家园项目点，南沙社区全省首家“家庭健康服务中心”挂牌，塘桥镇胡同社区建成苏州市连心家园示范点，锦丰镇连心家园获第二届省连心家园优秀项目奖第一名。

行风建设　持续优化服务，推出“2019卫生健康十大健康惠民举措”，开展“5·12”国际护士节、“8·19”中国医师节主题宣传活动。在护士节集中开展2019年度张家港市护理先进工作者宣传报道、“奋进新时代、共筑健康梦”港城护理工作者演讲比赛、2019年张家港市护理科普作品大赛。在医师节集中开展“访初心·送关爱”走访慰问、“港城医师奖”评选、“不忘初心·医路前行”故事分享会等主题活动，在全系统组织开展庆祝新中国成立70周年系列活动，持续开展“身边好人张闻明”“身边好医生、好护士”和“最美公共卫士”等主题宣传活动，宣传身边好人16人，身边好医生好护士、最美公共卫士36人。开展卫生健康系统行业作风突出问题专项整治，整肃医疗卫生行业不正之风。开展“不忘初心、牢记使命”“不忘初心、医路清廉”等主题活动，开展廉政风险排查防控，增强广大干部职工纪律规矩和拒腐防变意识。卫生系统组建10支志愿服务队伍，发布首批志愿服务项目，免费开放市“120”急救指挥中心市民急救体验馆等一批建设阵地，制定“卫”你健康、“救”在身边2项核心特色项目，推进卫生健康系统新时代文明实践工作，常态化发布新时代文明实践服务项目，全年开展各类志愿服务活动1069次。

【重大疾病救治】　年内，市第一人民医院通过国家高级卒中中心建设单位验收，市中医医院、市第三人民医院通过国家基层版胸痛中心验收。至年末，全市建成国家级胸痛中心5个、国家高级卒中中心建设单位1个、苏州市级胸痛救治中心2个、创伤救治中心1个、卒中救治中心2个，张家港市级胸痛、卒中中心9个。开展胸痛、卒中、创伤救治联盟建设，二级以上医院全部加入胸痛救治联盟，急性胸痛分级诊疗体系覆盖全市。11月20日，市卫健委发布全国县级首张胸痛急救地图。地图依托“120”急救体系，涵盖全市8家二级以上、具有胸痛救治能力的医院（市第一人民医院、市中医医院、市第二人民医院、市第三人民医院、市第五人民医院、市第六人民医院、澳洋医院、广和中西医结合医院）、5家胸痛中心（市第一人民医院、市中医医院、市第三人民医院、市第五人民医院、澳洋医院），能帮助患者快速定位并识别周边有胸痛救治能力的医院，实现快速调拨拥有救治能力的急救力量接诊、入院、抢救，实现对心血管疾病患者的精准高效救治。全年“120”急诊共受理报警电话76042次，其中有效电话30539次，指挥调度救护车28787次，转运患者23310人。救治胸痛患者1099人次，转诊140人次。救治卒中患者1107人次，转诊58人次。全市培训急救人员385人。（黄希彤　蔡志锋　蔡映珏　王晓飞　侯　坤　陈妍青）

医　疗

【概况】　2019年年末，全市有医疗卫生机构465个，其中医院41个（综合医院21个、中医医院1个、中西医结合医院1个、专科医院12个、护理院6个），基层医疗卫生机构417个（镇公立医院7个、社区卫生服务机构216个、门诊部22个、卫生室及诊所、护理站172个），专业公共卫生机构6个（卫生监督所、疾病预防控制中心、妇幼保健所、红十字血站、健康促进中心、120急救指挥中心），其他卫生机构1个（医学检验所）。全年总诊疗1114.36万人次，比上年增加22.51万人次，增2.06%。其中门、急诊人次数1075.97万人次；全市医疗机构入院人数29.46万人次，比上年减少1.91万人，减少0.64%。全市医疗机构病床使用率81.66%，其中医院病床使用率82.75%、镇公立医院病床使用率为76.99%。全市医疗机构出院患者平均住院日9.5天，其中医院出院患者平均住院日10.1天，镇公立医院为7.5天。全市医院门急诊均次医疗费用217.8元，比上年增加7元，增3.3%；出院病人均次医疗费用8737.6元，比上年增加235.9元，增2.8%。

医疗队伍　年末，全市医疗卫生机构总人数12696人，比上年增加1023人，增8.76%。其中，卫生技术人员10588人，占83.4%。卫生技术人员中，医疗人员4299人、护理人员4477人、药剂人员528人、医技人员534人，每万人全科医生数达到4.6人。按常住人口计算，每千人口卫生技术人员8.4人、执业(助理)医师3.4人、注册护士3.5人。全市启动首届张家港市卫生高层次人才选拔工作，评出张家港市领军人才1人，重点人才3人，青年拔尖人才5人。加强各类人才培养，获批江苏省“333”人才培养项目1项，“姑苏卫生人才培养项目”4项，新确认苏州市卫生青年骨干人才“全国导师制”培训人员5人。市第一人民医院和市中医医院分别引进上海复旦大学附属中山医院符伟国教授血管外科团队和上海市第六人民医院时海波教授耳鼻咽喉科团队。全年引进高层次人才42人，其中博士后1人。实施卫生紧缺人才和社区卫技人才定向资助培养政策，新增签约24人。

医疗设施设备　年内，市第二人民医院新院正式启用，市第一人民医院科教楼基本完成装修，凤凰医院完成土建工程并启动装修工作，东城社区卫生服务中心正式开工建设。全市批准设置民营医疗机构32个，其中门诊部5个、诊所25个、护理站1个、体检中心1个。年末，全市核定床位总数8328张，实际开放床位数10247张；核定常住人口千人床位数6.61张，实际开放8.11张。全年论证通过医用设备采购104台套，预算金额7828万元。

重点专科　年内，市第一人民医院耳鼻咽喉科、医学检验科，澳洋医院肿瘤科、医学检验科建成苏州市临床重点专科。市第一人民医院耳鼻咽喉科学、医学检验学，市中医院康复医学、中药学建成张家港市级医学重点学科。市第二人民医院妇产科建成张家港市级临床重点专科。年末，全市有各级重点专科45个，其中国家级1个、省级4个、苏州市级16个、张家港市级24个；重点学科14个，其中苏州市级3个、张家港市级11个。

行业监管　年内，市卫健委印发《张家港市开展医疗乱象专项整治行动实施方案》《关于开展全市医疗机构违法违规行为排查整治的工作方案》《张家港市医疗机构高值医用耗材采购使用管理突出问题专项整治工作方案》《关于开展全市医疗机构低值医用耗材专项督查的通知》《辅助用药临床应用管理突出问题专项整治行动方案》，规范诊疗行为，建立健全医疗机构监管长效机制，促进医疗机构健康有序发展。加大对不规范医疗行为的查处力度，将督察结果与医院绩效考核挂钩，对违反相关规定的个人，按照《苏州市医师不良执业行为记分管理办法（试行）》进行记分。2019年实施记分220人，共记462分。对监管中发现问题的医院，按照《江苏省医疗机构不良执业行为记分管理办法(试行)》进行记分，约谈医院负责人、注销诊疗科目、停业整顿直至注销医疗机构执业许可证。2019年共发出监督检查意见书117份，实施单位约谈13家，医疗机构进行记分处理47次，实施行政处罚14户次。

【家庭医生服务】 深入实施家庭医生签约服务扩面工程，全市高血压、糖尿病等慢病重点人群家庭医生签约覆盖率50.16%，计生特殊困难家庭和大病困难群众家庭医生签约覆盖率99.53%，白血病儿童、离休住家干部、重疾劳模实际签约率100%。年内，社区医生开展家庭访视28369户次，提供健康咨询服务40500人次，提供常见病多发病诊断指导35349人次，发放健康科普读物20911份，提供常规检查9825项次，提供转诊服务157人次；二级以上医院专科医生提供面对面服务9796人次，提供健康咨询9522人次，开具个性化健康处方6310张；医院组织家庭护理培训40场、培训1660人次，优先预约就诊5059人次，检查2184人次，住院77人次，健康服务卡刷卡15543次、发生费用2938766.94元。

【中医药服务能力提升】 年内，市卫健委积极贯彻实施《中华人民共和国中医药法》和《中医诊所备案管理暂行办法》等法律法规，备案中医诊所28家，制定《张家港市中医医联体建设实施方案》，启动实施中医医联体建设。推进中医综合服务区建设，建设中医馆、中医阁（室）141家。与南京中医药大学联合举办社区“西学中”继续医学教育班，40名社区临床骨干参加培训。在杨舍片区、金港片区、塘桥片区、乐余片区、锦丰片区开展中医适宜技术理论培训及临床实践5期，培训基层医务人员244人。全年新建中医药适宜技术推广工作室6家，累计11家，实现区镇全覆盖。实施《中医中药中国行——张家港市中医药健康文化推进行动2019年活动计划》，开展大型主题活动张家港站活动，举办第九届“中医药就在你身边”科普巡讲及岐黄校园行活动18场、开展中医药健康文化精品遴选和中医药文创产品设计大赛，推荐选送中医药文化精品作品11件，中医药文创产品设计稿件4件。张家港市高标准通过全国基层中医药工作先进单位复审。

【智慧医疗平台建设】 年内，市卫健委全面提升全民健康信息平台应用效果，完成所有公立医院、社区卫生服务中心（站）和20家民营医院医疗运行大数据智能分析运用系统接入工作，各区镇社区卫生服务中心实现手机支付全覆盖。升级电子健康档案浏览器为360健康视图，居民电子健康档案建档达到104万份，实现电子健康档案“记录一生、管理一生”功能，持续推进档案向公众开放。全面推进信息系统普及化、卫生管理数字化、业务服务协同化、健康信息共享化，建设重大专项、雾霾疾病监测、产妇呼吸道疾病监测等一系列专项监管系统。完成便携式巡诊仪集成建设工作，推动“互联网+”家庭医生签约系统开放，在孕产妇、0—6岁儿童两类重点人群中试点应用健康电子券。完成塘桥镇胡同社区自助药房和金港镇马桥社区家庭医生工作站自助药房建设试点。完成基层医疗中医馆健康信息平台建设，并通过省级现场验收。完善老年人体检、学生体检、妇女病普查等系统，完成慢病智能评估系统和公共卫生信息系统对接。启动健康数据底座建设，优化医院运行数据采集机制，推动医院运行公示数据采用系统直采信息。智慧医疗试点项目“基层医疗智能辅助决策系统”获“中国智慧健康医疗创新成果奖”。智慧医疗建设入选2018—2019年中国新型智慧城市典型案例，并收录于《中国新型智慧城市发展报告（2018—2019）》。

【市第二人民医院新院正式运行】 市第二人民医院位于金港镇后塍办事处，前身为始建于1958年的后塍中心卫生院，2004年更名为金港镇人民医院。2016年1月18日新院开工建设，2017年更名为张家港市第二人民医院，挂张家港保税区医院、张家港市金港镇人民医院牌子。医院按二甲医院标准建设，一期工程总投资4亿元，建有门急诊综合楼、住院楼、后勤楼3幢建筑，建筑面积3.7万平方米，开设10个病区，核定床位308张。2019年1月28日投入试运行，6月18日正式运行。新医院的落成和使用，为保税区（金港镇）及周边地区30余万人口的看病就医创造了舒适便捷的诊疗环境。（侯坤 袁骥 蔡志锋 陆小娜 夏云峰 刘浩哲 黄希彤 邱亚峰）

预防保健

【概况】 2019年，全市人均期望寿命83.3岁，全市医疗机构发生可避免孕产妇死亡率0/10万，婴儿死亡率2.44‰，出生缺陷率4.46‰；法定传染病总发病率每10万人561.67例，全市未发生重大传染病疫情。年内，全市发放健康教育宣传资料169种，播放健康教育视频66252次，设置健康教育宣传栏236个，更新宣传栏内容2832次，开展公众咨询活动144场，举办健康知识讲座1515次。在张家港交通广播开设《健康生活》专题节目，全年共播出224期。组织开展健康教育进社区、进学校、进企业、进机关巡讲活动，巡讲197场。举办微信健康科普知识竞答、健康微课比赛、青年健康讲师技能比赛、健康科普绘画比赛、全市健康促进技能比赛，组织代表队参加苏州市健康促进技能比赛，获得团体三等奖、优秀组织奖，个人二等奖与个人三等奖各1名。开展居民健康素养与烟草流行入户监测，全市9个区镇24个监测点完成调查1200户，完成流动人口和青少年健康素养和烟草流行监测360份，完成江苏省青少年烟草流行监测6所学校834份调查问卷，建成市级健康科普馆。

【疾病预防控制】 全市全年报告乙、丙类传染病9667例，未发生重大传染病疫情。发现活动性肺结核381例，报告伤害监测病例51003例、慢性病26717例、肿瘤6952例，死亡报告7584例。开展国家科技重大专项防治艾滋病、病毒性肝炎和结核病等重大传染病规模化现场流行病学和干预研究，对6.34万人进行调查问卷和体检采血。开展慢性乙型肝炎随访调查1354例，开展结核病患者队列随访调查2500例。开展企业退休人员和非社会化管理65岁以上老年人健康体检24.8万人，高血压健康管理13.81万人、糖尿病健康管理4.21万人。完成骨质疏松及慢性阻塞性肺疾病COPD（Chronic obstructive Pulmonary Disease）高危人员筛查和干预工作问卷调查3492人，体格检查3162人；完成老年人跌倒干预项目相关危险因素基线调查1624人，完成个人跌倒风险评估918人。启用全市预防接种单位疫苗管理系统，全面实施疫苗扫码入库和接种，全市完成扩大免疫规划疫苗免费接种31.7万人次，一类疫苗接种率99.32%，新生儿乙肝疫苗及时接种率94.54%。完成适龄儿童水痘疫苗免费接种20759人，65岁以上户籍老年人肺炎疫苗免费接种20927人，初三学生麻腮风疫苗免费接种9202人。完成职业病危害重点行业监测34家次、哨点监测31家次，市疾病预防控制中心获评江苏省、苏州市重点职业病监测与职业健康风险评估先进单位。实施空气污染（雾霾）人群健康影响监测项目，定期做好监测点空气$PM_{2.5}$采样分析，组织社区人群和学生健康影响调查。实施苏州市食源性疾病监测与食品安全风险监测项目，开展食源性疾病主动监测工作，全市完成采样1088份，其中阳性316份、阳性率29.04%；处置食源性疾病暴发4起，原因查明率100%。开展生活饮用水采样监测，水样检测合格率100%。5—7月，开展医院消毒质量监测，检查41家，合格率为93.5%。9月，检查二级及以上医院9家，合格率95.5%；检查托幼机构16家，合格率96.22%。组织全市中小学校开展学生体检13.16万人，规范学生因病缺课监测网络直报工作，监测学校、学生覆盖率100%。继续实施江苏省儿童口腔疾病干预项目，对64所小学（含分校）11566名三年级学生进行口腔检查和窝沟封闭。完成全市4所学校2880人视力情况筛查和影响因素调查。

【妇幼健康】 推进妇幼健康各项公共卫生服务和惠民工程，全年完成妇女"两癌"（乳腺癌、宫颈癌）筛查38386人，确诊68例。开展艾滋病梅毒乙肝母婴阻断免费检测11489人，落实0—6周岁儿童视力筛查4.4万人，建立视力健康电子档案1.75万份。实施出生缺陷综合防治民生实事项目，将免费产前筛查、免费新生儿先天性心脏病筛查和免费先天性代谢性疾病筛查人群扩大到常住人口。全年完成常住孕产妇免费产前筛查9794人，免费新生儿先天性心脏病筛查7703人，确诊先天性心脏病91人。开展免费新生儿代谢性疾病筛查7449人，确诊异常8人。组织以出生缺陷综合防治为主题的妇幼健康技能竞赛，提升医务人员对出生缺陷综合防治的识别和处理能力。在苏州市2019年度妇幼健康技能竞赛中，张家港市卫健委获团体三等奖和优秀组织奖。强化母婴保健机构、服务项目和服务人员监管，加强医疗机构对高危孕产妇、危重新生儿管理与救治能力建设，确保高危妊娠管理的有效衔接和急救绿色通道畅通。在苏州市范围内创新开发运用早孕报卡信息系统，利用信息化手段，推进孕产妇规范健康管理服务。加强高危妊娠动态监测，全市共筛查11496人，发现高危孕产妇并进行管理登记9506人次。深化出生缺陷社会化干预工程，实施免费计划生育基本技术服务，提高免费孕前优生健康检查服务质量和水平，全年完成3745名育龄夫妇免费孕前优生健康检查。推进优生优育疾病基本保险，目标人群覆盖率100%。加强避孕药具管理服务，新增16台免费避孕药具发放机。在全市公立医院推行避孕药具首诊排查登记，建立完善市、镇、村三级监测网络，实行避孕药具质量定期通报和不良反应报告制度，全年完成避孕药具不良反应监测上报838例，达国家优秀标准，发放各类免费避孕药具77万余份。加强妇幼健康服务阵地建设，南丰镇人民医院和南丰镇社区卫生服务中心被确认为苏州市示范基层医疗机构妇幼健康规范化门诊。

【精神卫生综合管理】 全市登记在册严重精神障碍患者5773人，报告患病率4.59‰；管理患者5486人，管理率95.03%，规范管理率95.03%；面访率85.17%；服药率86.9%，规律服药率78.07%，其中精神分裂症患者服药率89.02%。严重精神障碍管理质控指标在苏州市名列前茅。开展严重精神障碍患者联合排查，上报疑似患者433例，确诊132例，联合随访973人次。加强严重精神障碍患者信息管理，上报门诊确诊患者信息53例，出院信息400例。实施大病困难患者家庭医生签约服务民生实事工程，签约服务贫困精神障碍患者家庭329户。继续落实严重精神障碍患者免费服药、免费体检等优惠政策，实现免费服药5486人，免费体检4699人，体检率81.4%。对近一年中危险性评估在3级（含）以上及近三年中曾在市第四人民医院接受住院治疗的肇事肇祸等严重精神障碍患者开展危险性评估，并会同公安等部门进行联合随访。开展产后抑郁早期筛查和干预，全年筛查726人次。开展严重精神障碍患者亲情照护项目，全年开展技巧性训练6场，组织患者自我才艺展示6场，开展户外拓展2场，共计受益100余人次。实施精神卫生技术服务“门诊前移”，在市第二人民医院、市第三人民医院、市第五人民医院、市第六人民医院开设精神科门诊，服务2645人次。深化“心语桥工作室”心理健康服务，举办心理健康免费讲座21次，受益2300余人次。

【疫苗与预防接种专项整治】 年内，市卫健委启动并全面推进疫苗和预防接种专项整治工作，全年举办预防接种服务与管理培训4期、法制教育培训2期，完成对全市所有预防接种单位全覆盖专项督察7轮，建立问题清单，逐项逐条进行整改销号，并及时对整改情况开展“回头看”。各接种门诊按时更新配备电脑、打印机和服务器等硬件设备，所有一般预防接种单位视频监控全部升级到位。强化疫苗和冷链管理，全面完成预防接种单位冷链设备温度监控设施建设，配备“双回路”电路、发电机或不间断电源，存放疫苗冰箱均升级使用医用冰箱。调整预防接种单位设置，狂犬病暴露预防处置门诊由原27家门诊缩减到15家，取消1家儿童预防接种门诊和1家成人预防接种门诊，增设1家成人预防接种门诊。推进儿童预防接种门诊标准化建设，全市19家儿童预防接种门诊通过苏州市、江苏省标准化建设验收。启用“冷链监测系统”“疫苗管理系统”“成人预防接种服务系统”，强化疫苗流通和接种服务质量控制。在省预防接种综合服务管理信息系统项目实施基础上，增加市级基础硬件和免疫规划综合管理服务平台建设等相关内容，至年末完成项目硬件建设。

【市健康科普馆建成】 市健康科普馆位于市健康促进中心B楼一楼，4月开始筹建，12月建成，总投资近100万元，布展面积约200平方米。科普馆以“健康生活”为主题，围绕健康四大基石，划分为合理膳食、戒烟限酒、适量运动、心理平衡和健康素养知识五大区域，设有膳食宝塔、器官数字橱窗柜、健康素养魔法墙、健身跑步机、互动答题机等互动展项，运用声、光、电、触摸等形式，从科学与应用的角度出发，将生硬的健康科普知识转化为生动的互动体验方式，让市民在沉浸式体验中自觉增强健康意识，养成健康的生活习惯。健康科普馆采用预约参观的形式免费向公众开放。

（陈妍青　王晓飞　朱雨佳）

计划生育和家庭发展

【概况】 2019年，全市户籍人口出生6416人，出生率6.75‰，人口自然增长率-0.54‰。常住人口出生政策符合率99.11%，常住人口出生性别比年均108.29。实施全面两孩政策，二孩及以上出生人数3034人，占出生总数的47.3%。全市全年再生育许可213例，核发独生子女父母光荣证1895本。全年市、镇两级财政共投入人口计生事业经费8640.18万元，人均计生经费68.35元。年内，市卫健委聚焦目标管理，与各区镇签订年度目标管理责任制，健全完善计划生育组织保障体系。全年落实“一票否决”评先评优60批次，对984例集体和个人进行审核，同时将政策生育审核纳入市委组织部党员发展对象的预审工作。贯彻落实全面两孩政策，完善生育登记服务，对符合办理条件且材料真实齐全的，给予现场实时登记、现场发放生育登记服务单，全年完成生育登记服务5690例。全年受理再生育申请213例，完成再生育许可213例，发放批准再生育一个孩子生育证213张。全面落实计划生育家庭利益导向政策，发放2019年农村部分计划生育家庭奖励金1569.216万元，企业退休人员一次性奖励金4015.8万元，计划生育特别扶助金2431.93万元。发放生育关怀基金276.4万元，其中发放计划生育特别扶助家庭社会保险补贴、养老保险补贴147.7万元。“计生家庭健康保险”（参保对象为0—16周岁、符合计生政策的子女）累计投保6万人。落实新一轮住院护工保险，为2468名计划生育特别扶助对象团购住院护工服务保险。将60周岁及以上的计生特殊困难家庭成员纳入市“亲情”虚拟养老院，为969名65周岁以下计生特殊困难家庭父母开展免费体检。

【生育政策宣传】 年内，市卫健委依托多种媒介开展形式多样的全面两孩政策宣传和舆论引导活动。联合市文明办、市妇联、巨星影演公司等单位，采用千场电影进社区、家庭文化节、新市民健康城市行、走基层送健康志愿服务等形式开展家庭发展能力建设宣传服务活动，为市民提供科学育儿、婴幼儿护理、青少年健康、老年日常保健、家庭关系等方面的服务活动，转变市民生活理念，提升健康素养，促进家庭和谐幸福。依托电影宣传1000余场，组织健康专题讲座、健康服务咨询活动300余场，发放健康宣传册、健康科普知识书籍、折页1.1万份。推进村（社区）生育登记、咨询指导、健康教育于一体的“一站式”服务。继续开展青春健康教育校企行活动，开展同伴教育80余场，受教育4500余人。

【流动人口服务均等化】 年内，市卫健委印发《关于深入推进〈居住证暂行条例〉的实施意见》，将新市民纳入免费基本公共卫生服务范畴，推进流动人口基本公共卫生健康服务均等化。全年免费为新市民提供避孕药具30891份、产后访视健康检查4653人、儿童保健36698人次、流动儿童一类疫苗预防接种159891针次。全市6000名新市民子女获得积分参加张家港市居民基本医疗保险资格，31054名新市民子女获得续保资格，4386名新市民子女获得积分入读市公办学校起始年级资格。以“把健康带回家”为主线，开展优生优育知识普及，婚前咨询、孕期保健、产后访视等生殖健康全程服务。进一步完善基本公共服务均等化系列措施，流动人口基本公共卫生健康服务项目目标人群实现全覆盖。 （陈妍青）

卫生监督

【概况】 年内，市卫生监督所承办江苏省餐具、饮具集中消毒服务单位工作现场会，依托信息化实现餐饮具集中消毒实时动态监管。率先通过江苏政务服务网推出“不见面审批”服务，并被纳入张家港市委政法委“关爱民生法治行”项目和张家港市卫健系统年度十大便民服务举措。推行公共场所卫生许可告知承诺、中医诊所备案管理，启动医疗机构医疗污水专项整治行动，医疗废物追溯系统、放射诊疗场所辐射在线监测系统上线试运行，居民饮用水、游泳场所水质在线监督监测深化巩固。全年查处案件145起、罚没149.18万元，分别比上年增长36%和293%，查处大案要案11起，首次聘请法律顾问组织全年度行政执法案卷专业评查，2宗行政处罚案卷获评张家港市优秀案卷，3宗行政处罚案卷、2宗行政许可案卷获评苏州市卫健系统优秀案卷，行政许可、行政处罚案卷评查综合得分均名列苏州市卫健系统前茅。3人入选苏州市首席卫生监督员。

医疗机构监管 组织“蓝盾”执法行动16次，监督检查6671户次，查处案件145起，行政审批2493件次，处置投诉举报106起，医疗机构不良执业行为记分47户次、201分，医师不良执业行为记分190人次、678分，向公安机关移送涉嫌犯罪的非法行医人员6人。完成中医诊所备案管理17家、告知承诺制行政审批20户次。实施放管结合，完成国家“双随机”抽查284户，抽检样品433份，行政处罚4户次。实施“互联网+政务服务”暨“一张网”政府服务模式，创新推出公共场所卫生许可“不见面审批”，125户监管对象得到便捷服务。完成医疗废物、放射诊疗场所在线监测系统建设。市卫生监督所成为江苏省医疗卫生行业信用评价试点单位，全市基本建立信用审批、信用监管、信用惩戒三个信用管理机制，完成2018年度各专业信用评价450户，向社会公布个体诊所依法执业信用评定等级，其中A级7家、B级58家、C级7家。实施医疗服务、传染病防治等专项执法行动9次、临时突击检查21次。推进医疗机构和医师不良执业行为“双记分”，1家个体诊所因记分而被暂缓校验，5名医师因记分而被责令离岗培训和暂停处方权1个月。严厉打击非法行医行为，查实、取缔无证非法行医场所58户次，立案查处无证行医案件47起，罚没款127余万元，向公安部门移送涉嫌犯罪的非法行医人员6人。优化医养结合机构审批流程和环境，有序放开医疗市场准入，在门诊部及以下类别专科医疗机构设置中，对社会力量举办康复、儿童、精神、妇产、护理、安宁疗护等紧缺型专科医疗机构及诊所、门诊部，不受机构数量和规划布局限制。取消“新设置同类别的医院间距离应达500米以上”的限制要求。简化医疗机构审批申请材料，对照《医疗机构管理条例》《苏州市社会资本举办医疗机构设置指南（试行）》等文件规定，清理医疗机构审批申请材料。对社会力量举办的养老机构内设诊所、卫生所（室）、医务室、护理站等医疗机构，实行备案制。21家医疗机构开设老年护理服务，老年护理床位2163张，占全市医疗机构总床位数的23.95%，实现医养融合服务高质量发展。

公共场所监管 全年组织公共场所专项行动、临时检查15次，实施重大活动卫生保障3起，组织重点行业负责人培训4次、广场主题活动7场。深化住宿场所“分色”管理模式，联合市文体广旅局、市总工会举办全市旅游住宿业服务技能大赛，13家酒店的26名选手参赛。全面推行“双随机一公开”监管举措，对4家存在违法行为的单位实施行政处罚，实现“双随机”监督抽查行政处罚“零”突破。

学校卫生监管 加强预防性卫生监督，完善部门沟通协作机制。依托第三方监测完成学校卫生综合评价20所，联合教育局行政约谈直饮水监督抽检不合格学校负责人。组织春季学校卫生专项检查，落实传染病疫情发生学校的跟踪督察。试点引入第三方监测，对20所学校的卫生进行综合

学校卫生监督检查 （市卫健委提供）

评价，建立以传染病、青少年近视防控和饮用水安全为重点的学校卫生综合评价信用监管新模式。

生活饮用水监管　加强与给排水公司沟通，探索启动生活饮用水在线监测，生活饮用水在线监测点扩大到5个，实施生活饮用水、游泳池水定期和不定期“双随机”抽检。落实市政供水日常监管、季度监督抽检和二次供水单位监管工作，组织开展生活饮用水卫生、涉及饮用水卫生安全产品监督和二次供水水质监测，检查涉水产品生产企业17家，监测生活饮用水29份。开展“饮用水宣传周”等主题宣传活动，发放宣传资料、手册1000余份，全面提升群众安全用水意识。

【职业卫生监管】 年内，职业健康监管职能由安全生产监督部门移交卫生监督部门。市卫健委明确工作职责，建立市级职业健康监管体系。政策法规与综合监督科负责统筹全市职业健康监管工作，负责制定年度职业卫生监督检查计划、监督管理建设项目职业病防护设施“三同时”工作、监督管理用人单位职业病危害项目申报工作、受理群众职业健康投诉举报、协调开展职业病诊断与鉴定等工作；市卫生监督所负责职业卫生执法检查、医疗机构放射性危害控制的监督管理、职业健康体检机构日常管理、处理群众职业健康投诉举报、配合做好职业病诊断与鉴定等工作；市疾控中心负责重点职业病监测和职业健康风险评估、专项调查和网络直报的审核管理工作，配合做好突发职业中毒事件的处置、配合做好职业病诊断和鉴定等工作。委机关和各市直单位都配备精干人员专职负责相应工作。全市先后组织《中华人民共和国职业病防治法》和“职业病防治知识进企业”等宣传活动，培训企业负责人2226人、职业卫生管理员3790人。筛选100家企业落实重点监管措施，实施尘毒危害专项治理行动，开展高温季节、新发职业病报告单位、职业健康检查机构、重点监管企业等职业卫生专项执法检查，监督抽检作业场所环境40户次，处置投诉举报12起，监督检查企业477户次，立案查处违法案件21起。

【公共场所卫生许可不见面审批实行】 年内，为深化“放管服”改革和“证照分离”改革，落实政务服务“一网、一门、一次”改革，市卫健委实施“互联网+政务服务”暨“一张网”政府服务模式，率先在江苏政务服务网上启动公共场所卫生许可（延续）办件不见面审批工作。申请人通过江苏政务服务网的在线办理服务（电脑端或手机App端），即可完成在线申请。审批窗口编制不见面审批卫生行政许可服务指南，详细梳理不见面审批事项，并设立“不见面审批”自助体验区。卫生监督员延伸服务上门指导，推行“代办制”“快递送”“一对一帮扶”“特事特办”等服务新举措，实现注册登记从“面对面”向“键对键”的转变。全年开展便捷服务125户。

【中医诊所备案制运行首评制度拓展】 2019年，市卫健委在推行中医诊所备案制运行首评制度的基础上，深化承诺制行政许可和备案管理“首评制度”，将首评制度拓展到新开设医疗机构和告知承诺制行政审批公共场所等领域，进一步健全医疗机构审批管理、中医诊所备案管理、公共场所告知承诺许可管理与事后监管的衔接机制。卫生监督部门在1个月内对备案制、承诺制单位完成首次现场监督检查和卫生普法宣教。全年完成新设医疗机构首次监督检查18户次，其中新开医疗机构4家、中医诊所14家，告知承诺制行政审批公共场所首次监督检查20户次。

【医疗机构医疗污水专项整治】 1月25日，市卫健委、市环保局、市水务局三部门联合召开全市医疗卫生机构医疗污水专项整治工作会议，各类医院、门诊部、个体口腔诊所等单位主要负责人等112人参加会议。年内，市卫健委联合生态环境、公安等部门开展联合执法检查，全市33家医疗机构污水处置情况进行抽查，定期会同环保、水务部门组织联合执法检查，重点检查医疗污水处理设施设备配备、管理运行和排水许可批件办理情况，并落实医疗机构医疗污水处理源头管控，与环保、水务等部门建立医疗机构执业登记信息共享机制。全年共督促指导109家有关诊疗机构全部配备或完善处理设施，对10家医疗污水监督抽检不合格的医疗机构实施约谈和不良执业行为记分。（蒋　敏）

红十字救护

【概况】 9月26日，市红十字会第六次会员代表大会在沙洲宾馆会议中心召开，130名正式代表及14名特邀代表参加会议。市委书记沈国芳，苏州市红十字会党组书记、常务副会长严晓凤，市委副书记、市长潘国强，市人大常委会主任徐仲高，市政协主席黄雪元出席开幕式。大会审议并通过市红十字会第五届理事会工作报告，聘请市委书记沈国芳，市委副书记、市长潘国强为市红十字会名誉会长，选举产生市红十字会第六届理事会理事、监事会监事，选举市政府副市长王松石为第六届理事会会长，市审计局副局长陆小玲为第六届监事会监事长。会议表彰首届张家港市“最美红十字集体”10个、“最美红十字个人”10人。年末，全市有红十字会基层组织119个，其中学校红十字会71个、红十字会团体会员单位48个（其中红十字冠名医疗机构3个）。新增红十字捐献遗体（器官）志愿服务队，共有红十字健康关怀、应急救援、无偿献血、捐献造血干细胞、心理援助、养老照护、捐献遗体（器官）等7个专业志愿服务队，红十字志愿者近1100人，红十字会员176人。全年共接收捐赠款物155.88万元，捐款使用128.61万元。开展“红十字博爱送万家”贫困家庭新春慰问活动，覆盖全市9个区镇430户困难家庭，发放物资22.1万元。实施重大疾病困难家庭救助4人，发放救助金1.2万元；实施当地定向助学145人次，发放助学金43.88万元。组织开展“博爱在港城、人道一元捐”活动，筹集捐款120.12万元，创历史新高。启动“手拉手——益童成长”爱心助学项目，资助贵州省沿河县22名贫困学生。开展第二期“金秋助学圆梦行动”，资助沿河县高一新生30人。为沿河县

4月3日，市红十字捐献遗体（器官）志愿服务队成立 （市红十字会提供）

谯家镇水田完小捐建“博爱书屋”，指导成立沿河县首个学校红十字会。开展星级志愿者评定和先进评选，42人晋级，1人获评全省“优秀红十字志愿者”，1人获评全市“最美巾帼之星”，2个志愿服务队、10名志愿者分别获评年度优秀团队和优秀个人。组织“红十字博爱周”系列活动，举办纪念第72个“世界红十字日”广场活动，开展“寻找最美红十字人”主题宣传。联合市血站举办第三个“无偿献血月”徒步宣传活动，联合市卫建委举办2019年“世界急救日”主题宣传活动暨自救互救情景剧会演、预防艾滋病健康教育微课大赛。联合市教育局举办“红十字精神伴我成长”全市青少年绘画比赛。联合市融媒体中心（传媒集团）举办红十字青少年夏令营——“小记者走进红十字会”主题活动。继续实施公益性应急救护百万培训项目，完成普及性培训319场29129人次，初级救护员培训191场9370人次。启动“企业职工急救素养提升五年行动计划”，首批培训覆盖国泰集团等十大重点企业职工236人。组织第三期贵州沿河对口帮扶，举办现场救护培训3场、心理健康知识讲座2场，450余人参加。在苏州市红十字会系统率先启动新时代文明实践，组建1支新时代文明实践总队，成立红十字新时代文明实践点6个，推出首批新时代文明实践红十字志愿服务项目8项。“‘救’在身边——全民急救能力提升项目”成为全市新时代文明实践首批部门重点项目，累计开展新时代文明实践红十字志愿服务286场，覆盖群众14300人次。凤凰山景区、江南农耕文化园红十字救护站建成启用，实现全市AAAA级景区全覆盖。在张家港公园、沙洲职业工学院等5个人群密集场所投放第二批自动体外除颤仪（AED），全市AED设置点增至11个。举办应急救援演练活动，提升应急救援志愿服务队的能力水平。召开全市“博爱家园”建设现场会，与市民政局联合出台《关于在全市城乡社区推进“博爱家园”建设的实施意见》，在金港镇南沙社区建成启用“博爱家园”，基层组织覆盖进一步扩大。

【“三献”工作】 献血、献造血干细胞、献人体器官组织（简称“三献”）是红十字会的核心工作。年内，全市无偿献血15821人次，献血量4994040毫升。新增造血干细胞血样入库196例，累计2573例。成功捐献志愿者新增1例，累计18例。新增遗体捐献登记33例，成功捐献2例。新增器官捐献登记39例，成功捐献6例；新增眼角膜捐献登记34例，成功捐献6例。组织开展“世界骨髓捐献者日”和“无偿献血宣传月”、捐献遗体（器官）志愿者集体悼念、捐献造血干细胞志愿者春节慰问等活动。3月13日，红十字志愿者包向荣在苏州大学附属第一人民医院成功捐献造血干细胞，成为全市第18例、女性第3例造血干细胞捐献者。市红十字遗体（器官）捐献志愿服务队每月开展一次遗体和器官捐献的徒步宣传活动，动员更多爱心市民加入捐献的行列。市第一人民医院、市中医医院、市第二人民医院加大遗体（器官）捐献知识宣传力度，完成器官捐献6例，为多个重患病人带去重生的希望。市第三人民医院开展“博爱光明行”省级红十字人道项目，为白内障患者免费筛查200人次，完成免费手术12人次。市民急救体验馆被授予张家港市卫生健康系统新时代文明实践点，并分别被苏州市卫健委、苏州大学、张家港市文明办授予苏州市健康教育与健康促进基地、干部教学现场教育基地和张家港市“三色花开，快乐成长”未成年人社会实践驿站称号。市民急救体验馆全年接待学校、社会团体57场次，参观培训4100人次，新时代文明志愿服务达到180小时。

【“5·8”世界红十字日活动】 为纪念第72个“5·8”世界红十字日，传播和弘扬“人道、博爱、奉献”的红十字精神，5月6日晚，市红十字会在万达广场举行“爱心相伴，‘救’在身边”纪念第72个“世界红十字日”暨“红十字博爱周”启动仪式。全市各级红十字会专兼职干部、会员代表和志愿者100余人参加活动。仪式上，市红十字会通报表彰2016—2018年度全省红十字会工作先进集体和优秀组织、2017—2018年度全市优秀红十字志愿者，为“红十字精神伴我成长”绘画比赛10名获奖学生颁奖，启动“寻找最美红十字人”和“博爱在港城，人道一元捐”活动，有8个单位开展现场认捐。红十字工作者、会员、志愿者代表参加了“我是红十字人”主题宣誓。现场还举办红十字志愿服务公益集市，为广大市民提供健康义诊、心理咨询、救护培训等志愿服务。

（夏维英 孙 雯）

【编辑 陆正芳】

社会生活

Social Life

市社会救助服务中心　（市民政局　提供）

居　　民

人事人才

劳动就业与维权

社会保险

社会救助与慈善

民政专项事务

社区治理

养老事业

退役军人事务

关心下一代工作

残疾人事业

新市民服务

便民服务

社会调解服务

張家港年鑑(2020)

扫码欣赏

暖居

扫码欣赏

从美丽乡村
走向美丽生活

居　民

【概况】 全市有居民32.11万户，比上年减2266户；户籍总人口93.04万人，比上年增935人。其中，有女性47.58万人，在校学生169265人，60周岁及以上老年人25.66万人，持证残疾人2.13万人。有常住人口126.4万人，其中城镇人口87.92万人，另有外来暂住人口73.84万人。户籍人口中，姓氏以陈姓数量为最，有62790人，其次分别为张姓53703人，王姓44123人，徐姓37839人，朱姓36474人，李姓33663人，钱姓29997人。全年出生6416人，出生率6.75‰，其中一孩生育3382人、二孩生育2809人、多孩生育225人。全年死亡6927人，人口死亡率7.29‰。疾病死亡中以恶性肿瘤为最，占比31.01%，其次为脑血管病，占比25.9%。平均期望寿命83.3岁，其中男性80.86岁、女性85.74岁。有农村从业人员328755人，其中第一产业30530人、第二产业235917人、第三产业62308人。有城镇非私营单位从业人员218299人，其中制造业从业人数占比最大，为49.79%。从业人员平均工资103565元，其中金融业从业人员平均工资最高，为187213元。居民全年用电13.54万千瓦小时，比上年减1.5%，每日人均生活用电2.93千瓦小时。人均住房面积58平方米，其中城镇居民50.5平方米、农村居民72.9平方米。年末住户有存款1299.85万元，比上年增15.6%。

【居民可支配收入】 城镇居民人均可支配总收入69243元，比上年增8.1%。其中工资性收入45150元、经营净收入6860元、财产净收入8358元、转移净收入8875元，分别比上年增7.93%、5.91%、9.37%、9.51%。农村居民人均可支配总收入35453元，比上年增8.54%。其中工资性收入19830元、经营净收入6915元、财产净收入3749元、转移净收入4959元，分别比上年增8.25%、5.85%、11.08%、11.74%。

【居民生活消费支出】 城镇居民人均消费支出37687元，比上年增6.19%。其中食品烟酒支出10423元、衣着支出2099元、居住支出7306元、生活用品及服务支出1972元、交通和通信支出7905元、教育文化娱乐支出5720元、医疗保健支出1372元，分别比上年增3.93%、0.24%、7.82%、7.58%、6.75%、9.04%、8.12%。农村居民人均消费支出23108元，比上年增6.76%。其中食品烟酒支出6364元、衣着支出1304元、居住支出4843元、生活用品及服务支出1352元、交通和通信支出3646元、教育文化娱乐支出3470元、医疗保健支出1590元，分别比上年增5.1%、0.08%、7.98%、7.22%、6.51%、9.71%、9.58%。

【居民耐用消费品拥有量】 每百户居民拥有家用汽车69辆，其中城镇居民拥有82辆，比上年增5%；农村居民拥有43辆，与上年持平。拥有电冰箱（柜）113台，其中城镇居民拥有108台，与上年持平；农村居民拥有120台，比上年增3%。拥有洗衣机109台，其中城镇居民拥有108台、农村居民拥有111台，分别比上年增3%、1%。拥有空调279台，其中城镇居民拥有285台、农村居民拥有267台，均比上年增1%。拥有彩色电视机193台，其中城镇居民拥有195台，比上年增2%；农村居民拥有187台，比上年减2%。拥有移动电话264台，其中城镇居民拥有268台，农村居民拥有256台，均比上年增2%。拥有空气净化器（含新风系统）17台，其中城镇居民拥有24台，比上年增33%；农村居民拥有3台，与上年持平。

（统计局）

人事人才

【概况】 2019年，市人社局、市人才办围绕全市"招商突破年"目标，做好人事管理、人力资源管理、人才服务等工作，强化人才支撑能力。完成公务员和事业单位招录工作，探索实施的"四分一统"精细化平时考核工作受到中组部调研组肯定。做好各级各类职称评定、专业技术人员管理和人才企业服务等工作。承办省人才创新创业大赛总决赛，举办苏州·张家港全国创新创业大赛、苏州国际精英创业周张家港专场暨第二届"智汇港城"人才峰会等活动；出台人才礼遇办法配套实施细则，位于沙洲湖的市高层次人才创新创业服务中心、位于城东花苑的领军人才活动中心启用；承接产业化项目，扩宽以才引才渠道，年内新聘任招才引智顾问22人；完善人力资源线上产业园功能模块，做好入驻机构扩容工作。年内新增国家领军人才培育计划专家1人，省"双创计划"人才20人、"姑苏计划"人才项目31项、张家港市重大创新创业团队3个。

【人事管理】 2019年，全市分别招录公务员94人，事业单位人员708人，其中普通事业单位88人，定岗特选41人，教育系统269人，卫健系统292人，文广系统18人。市人社局组织开展2020年专业化青年人才定岗特选工作，面向全国"双一流"建设高校公开选聘2020年应届优秀毕业生37人。根据机构改革要求做好职能划转工作，军转干部管理、公务员管理、公务员工资待遇管理等职能从市人社局划转到市退役军人事务局、市公务员局。市人社局实施的"四分一统"（分级授权、分层实施、分岗定责、分类激励、统一考核）精细化平时考核工作实现考核模式从"粗放"向"精细"转变，受到中组部调研组肯定。

【人力资源管理】 2019年，全市评定各级各类职称3081人，其中初级职称1062人、中级职称1170人、高级职称849人（其中正高级职称105人）。核发职业资格证书8472份，其中高级工证书2360份、中级工证书2507份、初级工证书3605份；核发就业培训合格证5145份。由省职业技能鉴定中心等单位核发技师证、高级技师证66份，参加全省统考获证技师24人，高级工256人。首次发放技能等级证书628份，其中高级工证书363份、中级工证书59份、初级工证书206份。至年末，全市有管理、专业技术人员420732人。其中，研究生18201人，本科生168240人，大专生165696人，中专生、高中及以下人员73995人；高级职称15009人，中级职称63395人，初级职称145078人。全市人才企业完成年度销售总额53.32亿元，比上年增18.5%；完成年度纳税总额1.71亿元，比上年增2%。其中销售超1000万元的人才企业83家，销售超1亿元的人才企业10家。年内，始建于2009年的张家港保税区留学人员创业园获评江苏省留学回国人员创新创业示范基地，英谱光（苏州）激光科技有限公司入选国家留学人员回国创业启动支持计划。

【人才服务】 年内，市人才办、市人社局细化落实人才新政，在上年出台的《张家港市人才礼遇办法》基础上，研究出台《张家港市人才礼遇分类认定实施细则》《张家港市人才安居购房贴实施细则》《张家港市紧缺人才薪酬补贴实施细则》等8个配套细则；出台《张家港市"智汇港城"重大创新创业团队引进培育实施办法》，首次开展重大创新创业团队评审，评选出江苏普达迪泰科技有限公司"自主可控高精密智能测控装备的产业化"等3个重大创新创业团队项目；修订完善《张家港市领军人才项目申报规定》《张家港市领军人才项目管理办法》等文件细则，确保政策措施与时俱进。探索"党建+人才"新模式，与南丰镇、上海理工大学材料科学与工程学院组建"红色引领、校地合作"党建联盟，先后举办党建联盟签约、高层次人才专场对接交流会，促进党建与人才工作的深度融合；配合做好苏州市创新创业人才企业党建"沧浪初心"行动启动仪式，成立市领军人才党支部。拓宽招才引智渠道，与上海莘泽创业投资管理股份有限公司、小马创业村（上海）投资管理有限公司、水木汇（北京）科技孵化器有限公司签订合作协议，承接人才项目转移。举办2019年（第十一届）苏州国际精英创业周张家港专场暨第二届"智汇港城"人才峰会、2019年苏州·张家港全国创新创业大赛，承办江苏省规模最大、规格最高的双创赛事——中国江苏人才创新创业大赛，获评优秀组织奖；举办"最美港湾·创业港城"2019年张家港市国际高层次人才创新创业合作洽谈会，组织15场区镇产业专场招才引智活动，组织四批市领军人才项目评审，征集有效人才项目近500个；组团参加深圳国际人才交流会、广州海交会、慕尼黑上海光博会等十余项国内品牌活动，挖掘优质人才项目。聚焦服务保障，在市职工文体中心东广场一楼建设启用220平方米的高层次人才创新创业服务中心，为高层次人才打造业务办理的窗、信息互通的站、人才交流的家；建设"智汇港城人才服务云平台"服务系统，按照"一个平台、两个大厅、多个模块"三层框架优化升级线上平台，提升人才服务水平和工作效率；建立人才企业"一站式"招聘服务平台，开展政策咨询、员工招聘、定向猎头三项服务；成立市场化运作的人才创新创业促进会，通过组建重点产业节点"人才专委会"，组织行业沙龙、商会活动等方式，搭建人才互动交流平台，助力人才企业发展；组建人才新政宣讲团，开展人才政策宣传周，举办专题宣讲5场，全市骨干企业、上市企业、人才企业1000余人次参加。

市人社局走访调研外资企业 （市人社局 提供）

【苏州·张家港全国创新创业大赛】 3月至7月，市人才办、市人社局、市科技局、团市委等部门联合举办2019年苏州·张家港全国创新创业大赛。大赛以"智汇港城·众创未来"为主题，聚焦智能制造、电子信息、新能源新材料三大行业领域，共举办城市分赛12场和张家港总决赛1场。大赛累计征集到829个项目，经初评、区镇意向筛选、行业赛、总决赛，最终决出获奖项目36个，其中特等奖3个、一等奖6个、二等奖9个、三等奖18个。至年末，有13个获奖项目在张家港完成注册落户。

【苏州国际精英创业周张家港专场暨第二届"智汇港城"人才峰会】 7月，张家港市举办2019年（第十一届）苏州国际精英创业周张家港专场暨第二届"智汇港城"人才峰会活动。此次活动以"智汇港城·众创未来"为主题，举办开幕式、智汇港城创业行、创新创业创客赛、先导产业创投会、创业助力创服汇、时代筑梦创青春等6个大类专题、18项主体活动，邀请到500余名海内外高层次创新创业人才（博士占46%，硕士占40%）、风创投机构代表、招才引智合作组织代表、知名高校师生代表参加。活动达成签约项目80余项，初步达成合作意向100余项，新增落户项目100项。

劳动就业与维权

【概况】 2019年，市人社局开发公益性岗位956个，帮助城乡就业困难人员实现就业5733人，全年当地户籍劳动力新增就业1.52万人。城镇登记失业率1.76%。发放就业困难人员灵活就业社会保险补贴8622.29万元，公益性岗位安置就业困难人员就业岗位补贴180.21万元，公益性岗位安置就业困难人员社会保险补贴193.92万元；发放就业援助单位社会保险补贴569.44万元，创业社会保险补贴3080.46万元；发放稳岗补贴888.6万元，稳岗返还782.38万元，职工技能提升补贴202.55万元。继续执行1%的失业保险总费率。年内征缴失业保险费基金2.03亿元，新增领取失业保险1287人，发放失业保险金2252.64万元，期末在领失业保险金1064人。

【劳动就业】 年内，市人社局对5115名张家港市籍需就业的高校毕业生实行实名制管理，通过实名制信息录入、更新，动态掌握高校毕业生就业创业情况。举办春、夏两季"高校毕业生公益性就业双选会"，提供毕业生岗位11997个，达成意向4518人次。开展促进高校毕业生就业创业服务百日行动，举办毕业生小型专场招聘会4场，提供岗位3514个，达成初步意向331人次。提供高校毕业生就业见习岗位398个。开展"莘莘学子看港城"活动，邀请中国人民大学、华中科技大学、中央财经大学等23所高校和7所高职院校共214名师生到市参观考察。全市高校毕业生就业率99.2%，特困家庭毕业生就业率100%，离校未就业高校毕业生实名登记率、就业服务率均为100%。开展"就业援助月"活动，通过"走访户户到访、岗位推荐到手、政策落实到位、援助服务到家"的"四到"服务，走访就业困难人员和零就业家庭1001户，登记认定的未就业困难人员491人，帮助485名就业困难人员实现就业，帮助451名就业困难人员享受政策。出台《张家港市创业补贴实施细则》《关于做好张家港市富民创业担保贷款管理工作的通知》《张家港市创业孵化基地管理实施办法（试行）》等创业扶持政策，年内发放小额贷款128笔1300万元。"高功率紫外皮秒激光器""航海导航设备及ARPA雷""面向高功率半导体法拉第自由空间恒温高通隔离器""防录音器和违章鸣笛抓拍产品"4个项目获评江苏省大学生优秀创业项目。推进创业孵化示范基地建设，张家港保税区科技创业园获评江苏省创业孵化示范基地，张家港市高新技术创业服务中心获评苏州市A级创业孵化基地，张家港市金丰众创空间获评苏州市创业孵化示范基地。

【劳动维权】 年内，市人社局走访、检查用人单位2908个，受理各类投诉、举报680件，其中工资纠纷513件，涉及金额3464万元，立案查处121件。劳动保障监察举报投诉案件结案率100%，全年"双随机"（随机抽取用人单位和执法人员）执法检查用人单位148个。全市有"劳动关系和谐企业"529家，占已建工会企业的50%，其中"和谐劳动关系示范企业"30家。有A级以上劳动保障诚信企业963家，其中A级875家、AA级61家、AAA级18家、AAAA级5家、AAAAA级4家。全年受理劳动人事争议案件2504件，调解1843件，总调解率75.53%，其中网上调解平台收到案件1249件，比上年增52.5%。引导劳动者依法维权，通过法律援助服务申请仲裁703件，总标的1991.83万元。各区镇仲裁庭自有仲裁员办理辖区内劳动人事争议案件163起。年内，市人社局组织完成第三批优秀基层调解组织建设评估，市易华润东新材料有限公司劳动争议调解委员会获评江苏省2019年劳动人事争议优秀基层调解组织，市总工会、江苏沙钢集团有限公司、锦丰镇、乐余镇、凤凰镇、大新镇等6个单位的劳动人事争议基层调解组织获评苏州市劳动人事争议优秀基层调解组织。

【企业用工服务】 年内，市人社局组织市内重点企业到国内35所知名高校开展校园引才活动，提供就业岗位3751个，达成意向1120人次。举办"就业援助月""春风行动""民营企业招聘周活动"等各类招聘会110场，提供岗位116087个，达成意向35330人次。组织沙钢集团、澳洋集团、爱康集团等12家企业赴贵州铜仁、江西南昌、陕西宝鸡、内蒙古包头、宁夏、湖北等地开展对口帮扶专场招聘活动9场，提供就业岗位1095个，达成初步意向257人。组织5家汽车品牌4S企业与江西制造职业技术学院开展招聘活动并签订校企合作协议，43名2020届学生到张家港市实习。协助金鹿集团赴新疆巩留县招聘巩留籍务工人员43人。

【职工工资支付保障行动】 年内，市人社局联合住建、交通、水务、财政等职能部门，共同保障农民工工资支付工作，形成重点牵引、全域覆盖、条线联动、板块协作的工作格局。全年劳动纠纷日常投诉、群体事件分别比上年降8%和20%，未发生有重大影响的劳动纠纷群体性事件，实现案件数、涉案金额数和职工人数的"三下降"；向公安机关移送欠薪类案件13起，市信用平台发布劳动保障黑榜3期14起，向省平台推送欠薪黑名单4起，欠薪势头得到遏制；以"四项制度"（劳动用工实名制管理制度、农民工工资按月足额支付制度、农民工工资保证金制度、农民工工资专用分账管理制度）为重点的"治欠保支"工作稳步推进，按月足额支付工资比例、实名制管理、工资保证金、农民工工资专用账户覆盖率均为100%。在苏州市组织的保障农民工工资支付工作年度考核中，张家港市连续两年蝉联A级等次。

【在全国首创东西部劳务协作驿站】 年内，市人社局组织45家企业赴贵州省沿河县举办劳务协作专场招聘会，达成就业意向712人，其中建档立卡贫困户284人；对21家企业的174名沿河籍务工人员进行跟踪走访，为他们建立帮扶档案，发放联心卡。两地共组织34期891人次参加技能培训班培训（其中建档立卡贫困人员779人），补贴培训资金25万元。8月，由市人社局主办、锦丰镇人社服务中心承办的"两江家园"沿河·张家港劳务协作驿站启用。驿站位于冶金工业园（锦丰镇）科技创业园内，致力于加强东西部劳务协作沟通联系，收集、发布企业用工信息，有针对性地为务工者开展岗位推荐和培训，定期组织沿河籍务工人员座谈等，是东西部劳务协作的中转站、技能培训的加油站和就业扶贫的服务站。12名沿河籍建档立卡贫困劳动力成为驿站首批入住人员，驿站为他们在张家港求职期间提供为期一周的免费食宿，每间宿舍配备全套生活用品、空调及包括热水淋浴设施的单独卫生间，拎包即可入住。此举在全国东西部扶贫协作劳务协作中尚属首创。

【第七届“行行出状元”职业技能大赛】 9月29日至12月8日，市第七届“行行出状元”职业技能大赛举行。经选拔，全市170家企业单位、5个职业院校共673名选手进入总决赛。大赛设职工组和学生组2个组别。职工组设电工、CAD机械设计、针纺织品检验、汽车驾驶员（大客）、木工、起重装卸机械操作工（叉车司机）、妇幼健康技能、动物检验检疫、育婴员、电炉炼钢工10个竞赛项目，学生组设加工中心操作工、CAD机械设计、图形图像处理、会计电算化、沙盘模拟经营、电子商务技能6个竞赛项目。组委会鼓励职业院校学生以个人名义参加职工组项目比赛，并根据学生报名情况和参赛成绩设立特别奖励。最终，职工组评出一等奖10人、二等奖20人、三等奖30人，学生组评出一等奖15人、二等奖28人、三等奖42人，24名教师获评优秀指导教师奖，12个单位获评高技能人才培养先进单位，3个单位获评优秀组织奖。

【十大劳动争议典型案例发布】 3月，市人社局启动典型劳动争议案例征集和筛选活动，在大批案件中选取劳动关系中易发、常发、有一定社会影响的典型案例，最终整理出《用人单位的录用条件应明确并具有可操作性》《人力资源负责人未签订劳动合同，不适用二倍工资罚则》《可自由支配的就餐及工间休息时间不计入工作时间》等涉及劳动关系确认、劳动报酬给付、竞业限制、劳动合同变更和解除、工伤保险待遇等类型的10个典型案例。5月，市人社局开展仲裁开放月活动，市人大代表、政协委员、律师代表、企业人事等30余名社会各界人士观摩公开庭审活动。5月28日，市人社局召开劳动争议典型案例发布会，向新闻媒体及公众通报了近年来劳动争议案件的相关情况并发布十大劳动争议典型案例。通过以案说法、以案释法的形式普及公众合理维权、企业合法用工的意识。（朱嘉骏）

社会保险

【概况】 年内，根据国家关于将社保费征收职能划转税务部门的改革要求，市人社局与税务、财政等部门沟通协调，完成机关养老保险、居民养老保险征管职责划转工作。1月，市医疗保障局成立，将原来分散在市人社局、卫健委、民政局以及原物价局的医保待遇、医疗救助、医保支付、医保基金监管、医药价格管理、药品耗材招标采购等职能进行归并整合。年内，全市社会保险继续扩大覆盖面，社保扩面新增6.4万人。下调社会保险费率，减轻企业负担。持续性降低养老、工伤、失业保险缴费比例，全年为企业减费4.7亿元；自1月1日起，建筑工伤保险基准费率由工程造价的5‰调整为工程造价的2.5‰，同时下调浮动费率幅度；自5月起，阶段性降低全市各行业工伤保险基准费率，一至八类行业基准费率由原0.5%–2.2%下调为0.4%–1.9%，年度合计为用人单位减负约1.3亿元。城乡居民养老保险覆盖率100%，进一步落实城乡居民社会保险扶贫政策，实现城乡居民基本养老保险扶贫登记参保、全额代缴、享受待遇“三个100%”。开展2019年社保基金安全评估、实地评估及工伤保险基金审计工作，落实整改措施，印发《社会保险经办机构内控制度》，防控基金风险，保障基金安全。

【养老保险】 5月1日起，城镇职工基本养老保险（包括企业和机关事业单位基本养老保险）单位缴费比例统一降至16%，每月减收4131万元。稳步推进机关事业单位养老保险制度改革，完成参保登记、业务上线、基金清算等任务，梳理分析非编人员情况，贯彻落实过渡期内视同缴费指数修正办法、一次性退休补贴计发办法等相关政策，完成省人社厅部署的“中人”待遇落地1433人。全年为企业退休人员、城乡居民保险参保人员、机关事业单位退休人员共36.66万人调整退休待遇。1月1日起，为24.65万名企业退休人员调整基本养老金，调整后人均养老金水平为每月1934元；7月1日起，为6085名上半年企业退休人员调整基本养老金，调整后人均养老金水平为每月1471元。7月1日起，为6.74万名城乡居保待遇领取人员调整基础养老金，调整后人均待遇水平为每月393元；为3.55万名征地保养金领取人员调整征地保养金，调整后征地保养金标准为470元，调整后征地保养金和其他养老待遇的合计数低于每月893元的，补足至893元；为705名征地补助金领取人员调整征地补助金，调整后征地补助金标准为每月745元，与省定最低基础养老金合计为每月893元；另外，对于满65周岁、70周岁、75周岁、80周岁征地

1月29日，市医疗保障局揭牌成立　　　　（市医保局　提供）

待遇领取人员分别予以5元、10元、15元、20元倾斜，最高补足可至913元。7月，完成10449名机关事业单位退休人员工资调整，平均每人增资274.55元，合计补发2001万元。

【医疗保险】 张家港市于2000年建立基本医疗保险制度，并逐步形成“主体一体化、托底精细化、补充专业化”的医疗保障体系，即以职工基本医疗保险、居民基本医疗保险两大基本医疗保险作为保障主体，以大病医疗保险、社会医疗救助为体系托底，以生育保险、长期护理保险为体系补充的三层医疗保障体系，实现普惠性和特惠性的融合。至2019年年末，全市职工基本医疗保险和居民基本医疗保险覆盖城乡全体居民，参保人数分别为75万人和35万人，生育保险参保45万人。全市职工医保住院实际报支率（含大病补偿）和政策范围内报支率分别为79.45%和92.77%，居民医保住院实际报支率（含大病补偿）和政策范围内报支率分别为64.22%和71.23%，全市人均医疗保障福利总额位列全省第一方阵。年内，1.5万名参保人员享受大病保险，降低个人负担率9.11%；实时救助17.1万人次，救助金额3533万元。生育7871人次，生育保险支出1.37亿元。全市17家医疗护理机构、9家居家护理服务机构全面铺开长期护理保险业务，5家养老机构推进长期护理保险试点，年末累计有2791人享受长护险待遇共917万元。

【医保基金监管】 年内，市医疗保障局以监管机制制度化、监管手段智能化、监管效果社会化为目标，强化以巡察、约谈、医保诚信、联合惩戒“四项制度”为抓手的靶向监管机制，构建“事前、事中、事后”全过程监管制度体系；构筑以医保大数据分析、实时监控平台、定点药店“进销存”、“人脸识别”、智能审核“五个系统”为支撑的大数据分析监管大平台，实现对定点医药机构、医生药师、参保人员等监管对象全覆盖和就医购药过程全覆盖，形成实时、智能、精确的医保服务和监管体系；建立以第三方监管、专家库、社会监督员“三支队伍”为主体的专业监管力量，实现全方位社会监督。全年现场检查医院419家次，检查社区（诊所）486家次，巡察药店852店次，视频监控巡察5238次。约谈违规单位574家次，暂停医保协议管理39家，取消协议2家，退回及不予支付的违规金额919万元；违规参保人员中，移交司法机关1人，移交公安机关1人，行政处罚1人；追回个人违规金额13.73万元。4月22日，市医疗保障局在全省实施首例医保举报奖励，向1名举报人兑现举报查实欺诈骗保金额5%的举报奖励。

【医药价格和药品耗材招采监管】 3月中旬起，市医疗保障局会同市卫健委、市财政局，对全市52家医疗机构收费管理、政策执行等8个方面情况开展医药价格巡察，覆盖全部公立医疗机构，派驻纪检监察组全过程督察。推行药品耗材阳光采购，将全市22家公立医疗机构的药品耗材采购纳入监管，实施招、采、配、用、管全链条闭环监管。规范医疗机构采购流程，严格落实省平台采购月报、约谈等制度，对线下采购药品及有收费项目耗材实施重点监管、重点核查，逐一落实整改，并会同市纪委监委对公立医院高值耗材采购开展专项整治，杜绝招采不正当行为。年内，全市公立医疗机构药品品规、金额和耗材金额在省平台采购率均为95%以上，位于全省前列。9月25日，国家“4+7”药品集中采购和试点扩围，涉及高血压、高血脂、肿瘤、精神病等疾病的25个品种，药品价格平均降幅59%，最高降幅90%。根据上级部署，市医疗保障局组织全市公立医院参加高值耗材组团联盟采购，涉及血管支架、起搏器等品种，其中血管介入球囊平均降幅74.37%，质优价廉的药品在全市全面落地。

【慢病用药进社区】 为合理利用基层医疗资源，缓解慢病患者到市级医院就医配药难、烦、贵等问题，8月，市医疗保障局启动实施慢病用药进社区项目，对全市9家社区卫生服务中心和11家二级以上医院2018年的高血压、高血脂和糖尿病用药数据进行梳理分析，筛选出常用药品清单，通过医药专家遴选，制定首批《慢病用药优选目录》，将药品统一配送至社区，并实行最长2个月的“长处方”管理，同时调整现行医保支付方式，建立支持慢病下沉社区服务相衔接的医保结算办法。这一项目实施后，慢病患者在社区即可配到最长2个月的用药，解决了配药难问题，同时把医院的慢病配药患者分流到社区，使有限的医疗资源得到合理调配。

【张家港与上海、浙江实现异地就医门诊直接刷卡结算】 年内，市医疗保障局根据市委、市政府长三角一体化战略部署，组建异地结算工作专班，改造调试信息系统，完成与省异地平台的对接；简化异地就医备案手续，优化备案流程，全面落实“不见面备案”；扩容全市异地就医结算医院，将全市一级以上医疗机构和社区卫生服务机构全部纳入异地结算范围。经过前期准备，张家港市分别于6月、10月与长三角地区的上海、浙江实现门诊就医双向实时刷卡结算，标志着全市在2017年实现全国范围内异地住院就医直接刷卡结算的基础上，长三角跨省异地就医门诊直接结算范围实现江浙沪三地互通，住院和门诊医疗费用实现三地直接结算，最大程度减轻就医群众的现金垫支压力。至年末，全市转入结算2.66万人次，医疗总费用3503万元，其中长三角门诊转入结算143人次，医疗总费用1.88万元；转出结算2.04万人次，医疗总费用8089万元，其中长三角门诊转出结算4523人次，医疗总费用103.8万元。

【张家港市率先推行“清单式”按病种付费】 市医疗保障局在苏州率先统一各级医院和医保结算平台的疾病诊断和手术操作编码，建立以体现县域内医疗技术、医务人员劳务价值为标准的临床路径诊疗项目清单，将项目清单细化成医保药品、耗材及医疗服务项目编码价格的费用清单，在充分保护患者利益基础上，科学制定按病种付费的支付标准，达到患者减少付费、医院在保证质量前提下主动控费、医保基金合理支出多方共赢的效果。此项工作以2014年4月起实施的住院费用按病种付费为基础，当年病种数为10个，2016年扩面至42个。年内，按病种付费的病种数达到206个，结算标准达到484个。

【《张家港市因病支出型贫困家庭精准救助办法》出台】 12月27日，市医疗保障局会同市民政局、市财政局、市退役军人事务局联合出台《张家港市因病支出型贫困家庭精准救助办法》，对参加张家港市社会基本医疗保险的张家港户籍人员年度内发生的合理医疗费用，在享受基本医疗保险、医疗救助、大病保险补偿之后，再进行精准救助。重点救助对象包括市民政部门核准的最低生活保障人员、低保边缘重病困难救助人员、市退役军人事务部门核准的重点优抚对象等10类重点对象。罕见病参保患者以及年度内发生心脏、肺、肝脏、肾脏移植的参保患者列为拓展救助对象。

【社保、医保经办服务便捷度提升】 年内，市人社局、市医疗保障局根据“放管服”改革要求，拓展服务形式，优化整合服务窗口，提供网上办理渠道，提升便捷化程度。市人社局将社保业务下沉至各区镇、村（社区）社保办理网点，方便群众“就近办”；各项社会保险待遇基本实现社银平台发放，提高经办效率；与市行政审批局对接，推进社保高频服务事项“网上办”“最多跑一次”，实现“不见面审批”；精简审批服务事项，实现审批服务事项“一站式”办理；完善社保网上申报管理，拓展网上业务范围和服务内容，全年网上申报单位19405个，覆盖全市40.66万名参保人员；打造“掌上社保”，完善电子社保卡灵活就业线上缴费功能，全年有9294人次通过电子社保卡App完成社保缴费，涉及金额928万元。市医疗保障局推进服务事项“网上办”，异地就医备案可通过电子社保卡App办理，转诊可通过备案医院端办理，长三角异地就医备案实现政务服务“一网通办”；推进医保服务事项简化办，建立三级医保经办服务网络，实现12个医保费用结算点、715家定点医药机构信息数据共通共享，参保人员持卡就医实时结算率100%；推行医疗服务事项一窗式、一站式服务模式，实现基本医疗保险、大病保险、医疗救助待遇“一单式”给付；落实“减证便民”服务，取消出生医学证明等多项办事所需证明材料；在市第一人民医院、市中医医院、澳洋医院及中心医院等4家医院开展医疗费用脱卡移动支付试点。

2019年张家港市参加社会保险情况表

表61

项　目	参保单位数（个）	参保人数（人）	人员参保率（%）	基金收缴率（%）	支付情况（万元）
机关事业单位养老保险	551	21517	100.00	100.00	104487.00
企业养老保险	52386	504140	99.76	99.00	726151.00
工伤保险	34952	589328	100.00	99.67	24210.00
失业保险	34420	445734	99.70	100.00	19968.00
职工基本医疗保险	53670	762109	99.80	99.97	241105.00
居民基本医疗保险	—	347308	99.80	100.00	52341.00
生育保险	53670	451799	99.80	99.80	15172.00

（朱嘉骏　张亚蓉）

社会救助与慈善

【概况】 2019年，市民政局继续开展社会救助、慈善事业和社会福利工作。组织为各类困难群众、低保对象发放救助款和补贴，针对生活困难家庭重病重残人员、低收入家庭成员长期患病医疗费用等问题制定出台一系列救助政策，在苏州市率先成立社会救助服务中心，统筹政府和社会救助资源，实现救助需求和各类资源的有效对接。继续实行特困对象和孤儿供养标准自然增长机制，提升供养标准。年内，全国部分省市社会救助综合改革试点工作交流会在张家港市召开，《中国社会报》头版头条刊登张家港市社会救助综合改革的经验做法，中国—欧盟社会保障项目各项试点任务如期完成，顺利通过终期评估。

【社会救助】 2019年，全市组织春节慰问19个大类近10万户困难群众，发放慰问款物1.2亿元。在劳动节、国庆节前对低保、低保边缘、孤儿等困难对象1.13万人次按每人100元发放“节日红包”，共发放113.02万元。配合市委组织部对3255户低保、低保边缘、孤儿等困难对象发放党员关爱基金534.54万元。7月1日起，城乡低保标准由每月945元调整为每月995元。年末在册低保对象2099户、3054人，低保边缘重病困难对象765户、810人，特困对象425户、428人。全年发放低保（含低保边缘、特困人员）补助金4824.57万元，为低保对象发放水费补贴79.22万元。年内，制定并实施各项救助政策。按照苏州市民政局、财政局、残疾人联合会下发的《关于做好生活困难家庭重病重残人员最低生活保障工作的通知》

要求，将张家港市户籍重病重残人员中，同时符合家庭共同生活成员人均月收入在低保标准1倍至2倍之间，本人固定收入低于低保标准，且无法单独立户的一级、二级重度残疾人和三级精神（智力）残疾人、低保边缘重病困难对象救助病种等条件的患者本人纳入低保对象。9月，市民政局出台《关于进一步规范社会救助对象管理的通知》，规范社会救助日常管理工作，明确经办人员工作责任。11月，市民政局、市财政局、市医疗保障局联合出台《关于实施医疗费用支出型低收入家庭帮扶项目的通知》，对在自然年度内，医保系统内门诊费用累计达到3000元（含）以上或住院自付费用累计达到6000元（含）以上的当月在册低收入对象发放生活补贴金，有效缓解全市低收入家庭成员长期患病的医疗费用负担。12月，市民政局、市财政局、市新市民事务中心联合出台《关于进一步加强和改进临时救助工作的实施意见》，将临时救助制度贯穿于社会救助链的前端、中端和后端，发挥临时救助应急性、补充性和过渡性功能。9月至12月，开展城乡低保专项治理督察，通过书面情况汇报、查阅户档材料、入户调研和检查资金发放等方式，对全市低保政策落实情况进行全面监督和检查，落实动态管理机制。全年核查新增低保、低保边缘、特困人员、重残、特残、公共租赁用房等各类救助申请10195户、15781人，预警1491户，检出336户，检出率3.3%。年内继续实施困难群众“安居工程”，为全市29户困难家庭补助安居资金122.53万元，其中帮建（修）户26户，拆迁（预拆迁）安置户3户。至11月22日，自然灾害民生保险全年理赔因雷击、龙卷风等自然灾害和溺水、火灾造成的人身、房屋损毁事件632人次，赔付567.7万元。自11月23日起，民生保险业务移交至市应急管理局。加强流浪乞讨人员救护和困境未成年人保护工作，全年救助流浪乞讨人员296人，其中救助流浪乞讨未成年人13人。

【慈善事业】 年内，市慈善总会（基金会）募集善款7390.17万元，其中“爱满港城”慈善募捐活动募集善款6830万元。年度支出善款8396.21万元，其中，“共享阳光”慈善助学活动为997名贫困学生发放慈善助学金298.74万元，为508名义务教育阶段内困难学生发放图书卡计17.56万元；“因病致贫”系列项目为58名血液病患者、132名尿毒症患者、12名克罗恩病患者提供救助金71.44万元；“走在阳光下”脑瘫儿童慈善援助项目共提供107.33万元援助金，惠及38名脑瘫儿童；为先天性或后天性畸形矫正术后脑瘫后遗症、中枢及周围神经瘫痪后遗症、肢体严重损伤后遗症等需进行手术修复功能重建及其康复治疗的部分患者提供援助费用15万元。年内，开展第五届“江苏慈善奖”、第四届“苏州慈善奖”评比推荐，开展第六届“张家港慈善奖”评选，江苏沙钢集团有限公司等12家企业获评最具爱心慈善捐赠企业，王明华等7人获评最具爱心慈善行为楷模，“村级医疗互助”等8个公益项目获评最具影响力公益慈善项目，张家港保税区（金港镇）慈善会等7家慈善组织获评最具影响力公益慈善组织。结合“中华慈善日”“江苏慈善周”，举办慈善文艺表演、慈善图片展、慈善义卖、《中华人民共和国慈善法》普法宣传等慈善宣传活动。开展“为爱行走·悦动港城”大型徒步公益活动，6363人次参与爱心捐赠，募集善款19万余元。开展慈善对口帮扶工作，市慈善总会联合全市8家社会组织为贵州省沿河县捐赠善款及爱心礼物计33.34万元，受益者7700余人次。

【社会福利】 全市有特困对象428人，其中集中供养418人，分散供养10人。年内继续实行特困对象供养标准自然增长机制，供养标准由每月1323元提高到1393元。有孤儿52人，其中机构供养40人。继续实行孤儿供养标准自然增长机制，集中供养标准由每月2360元提高到2510元；散居孤儿供养标准由每月1880元提高到2070元。确定16名父母监护缺失、父母无力履行监护职责的儿童，基本生活费补助发放标准分别为每月1656元、1242元。建成2家省级补助儿童“关爱之家”，21家市级补助儿童“关爱之家”，共发放补助金57万元。完善困境儿童关爱平台，149名儿童进入个案管理服务系统。儿童保护热线接听报告4例，入户评估3例，提供临时庇护4例，监护权转移儿童个案1例。开展第五届亲子嘉年华活动，450余名儿童参加。开展儿童福利和保护工作人员能力提升项目，从儿童服务安全规范、儿童沟通技巧、儿童个案服务方法等方面开展提升培训，负责儿童工作的社工330人次参加。年末在册享受困难残疾人生活补贴6003人，享受重度残疾人护理补贴8927人，全年为以上两类残疾人发放补贴5813万元。张家港福利彩票全年销售额36747万元，年内开展“福彩爱心敬老”“福彩和你在一起”“福彩生日礼物包”“福彩图书室”“福彩圆梦——寻亲公益行”等公益活动。

【市社会救助服务中心成立】 6月13日，张家港市“弱有所扶”大救助体系启动仪式暨社会救助服务中心揭牌仪式举办，标志着张家港市救助服务中心在苏州市范围内率先建成并试运行，实现三个全覆盖。重点人群基础信息全覆盖。开发运行社会救助管理平台，为全市低保、低保边缘、重病、重残等八大类人群建立“基础人员信息库”；同时建立大病风险预警机制，对接卫健和医保系统，及时分析因病致贫等风险，汇总社会救助帮扶数据，建立以“户”为单位的社会救助帮扶清单，为困难家庭“一户一档一策”精准帮扶机制的推进提供数据保障。线上线下“一门受理”全覆盖。线下除原先区镇“一门受理”窗口和村（社区）一门受理服务点，增加市救助服务中心窗口，困难群众可直接向窗口提交救助申请，也可通过布点在窗口大厅的自助一体机提交申请；线上可通过救助关爱网、微信公众号提交申请。在此基础上，市社会救助服务中心基于社会救助管理平台实现各类社会救助申请的受理、预审、转办、反馈、办结、查询、追踪等工作，形成工作闭环，通过平台变“群众来回跑”为“部门协调办”。社会救助资源全覆盖。市社会救助服务中心负责核查全市救助申请家庭经济状况，深入调查申请对象的户籍状况、家庭收入、家庭财产及家庭支出情况，出具核对报告，为救助政策主管部门作出审批决定提供重要依据；负责统筹全市各类救助资源，在充分整合政府现有救助政策的基础上链接其他社会救助资源，形成参与度高、覆盖面广、影响力大的社会救助资源库。（尹　娴）

民政专项事务

【概况】 年内，市民政局深入推进殡葬领域突出问题专项整治，规范殡仪服务市场，倡导集中文明办丧，建成网上祭祀平台。试点开展镇级地名规划，持续清理不规范地名。根据第二次全国地名普查成果，编纂各类地名工具书。创新推出“一站式”婚姻登记服务平台，加快实施婚姻登记处易地新建工程。

【婚姻和儿童收养登记】 市民政局婚姻登记处全年办理结婚登记4867对，离婚登记2212对；补发婚姻登记证1863对。查档服务2927人次。年内，以科学管理、为民服务为目标，创新婚姻登记服务内容和形式，打造现代化婚姻登记服务模式。8月，启用与江苏省婚姻登记管理系统数据同步的“张家港市一站式婚姻登记”管理平台，该服务平台集婚姻登记管理、人证识别、高拍仪图片自动合成、视频问询和婚姻档案实时（定时）提交功能人证识别功能于一体，提高办证精准度；在全省率先引入和启用智能自助免费拍照系统设施，实现婚姻登记全程一站式、无障碍、全免费的服务模式。开展婚姻家庭辅导220对，劝和成功181对，劝和率82.3%。依法办理收养登记39件，对39个家庭开展收养能力评估并签订回访协议。全年婚姻登记、收养登记均无违法登记事件发生，登记合格率100%。

【殡葬管理】 1月，市民政局起草《关于切实做好排查整治违规建设殡葬设施工作的通知》并以市政府办公室名义印发，联合职能部门对各区镇排查整治违规建设殡葬设施工作开展督查。7月，市民政局联合市委组织部、市政法委等七部门制定《关于进一步做好村规民约和居民公约工作的通知》，把移风易俗、殡葬改革内容写入村规民约。凤凰山墓区完成焚烧炉除尘设备改造，殡葬设施得到完善；随着高峰墓区、天府阁、常安园等墓区完成集中焚烧炉新建，殡葬设施得到进一步完善，墓区祭扫环境持续提升。清明期间，全市各祭祀点累计接待扫墓群众91万人次，车辆17.6万辆次，祭扫管理继续保持零事故。在全市倡导文明祭扫、文明办丧。推广网上祭扫，市殡葬综合服务网站“思亲网”全年点击量超68万次。全市共有殡仪服务中心8家，实现市域各板块全覆盖。全年集中文明办丧353例，实施绿色生态安葬22例。经市财政核定下发殡葬设施建设及散坟搬迁以奖代补资金452.83万元，免除基本殡葬服务费用928.48万元，惠及6940人。

【地名勘界】 全年完成道路命名45个（含更名1个、延伸5个、注销1个），小区命名14个（含归属3个），桥梁命名3个，建筑物（群）命名7个，自然地理实体命名1个。以高铁新城为试点开展镇级地名规划工作。进一步清理整治不规范地名。完成第四轮（锡苏线）行政区域界线联合检查。根据第二次全国地名普查成果，完成《张家港市标准地名图集》《张家港市政区图》《张家港市城区图》编辑校对工作，参与并完成《国家标准地名词典》部分词条、《国家标准地名志》张家港部分的编纂，完成《苏州市吴文化地名保护名录（张家港卷）》出版。（尹　娴）

社区治理

【概况】 年内，全市调整、优化部分村委会和社区居委会设置。1月，杨舍镇撤销6个村委会、39个社区居委会、调整37个社区居委会的管辖范围，增设14个社区居委会。调整后，共下辖23个村委会、51个社区居委会。4月，金港镇新成立金香社区和长欣社区。12月，锦丰镇撤销厚生村、久生村，合并成立十一圩港村。至年末，全市有村委会146个，比上年减7个；有社区居委会121个，比上年减23个。年内，张家港市继续做好“村民自治国家级试点、全省社区治理和服务创新实验区、全国农村社区治理实验区”三大试点融合推进工作，其中“村民自治工作国家试点”及“全省现代社区治理创新实验区”已通过验收，“全国农村社区治理实验区”顺利通过中期评估。《乡镇论坛》杂志上半年全程专题报道张家港市农村社区治理的经验做法。8月，民政部基政司司长陈越良到市考察，对张家港市农村社区治理实验区建设给予高度评价，认为张家港市的社区治理走在全国前列，体现为政治站位高、问题导向强、创新点子多、实践效果好、群众评价高，实现了“政治、自治、法治、德治、智治”五治融合。

【村民自治】 年内，张家港市深化村民自治工作，强化社区减负增效、社区服务改进、加强法律支持等配套措施，打造社区治理的系统性工程。因地制宜开展以村居民议事会为主要形式的社区协商，解决居民群众关心的纠纷调解类、社区治理类、社区活动类等具体问题1000余个；注重发挥村规民约的教化作用，通过修订完善村规民约，移风易俗、整治陋习，引导村居民崇德向善，提高村居民文明意识；对滥办酒席、天价彩礼、薄养厚葬、攀比炫富、铺张浪费、家庭暴力、“黄赌毒”等民间陋习和涉黑涉恶违法犯罪等突出问题，有针对性地提出抵制和约束内容。市民政局指导基层村（社区）开展补选工作，根据12月1日起施行的《江苏省村民委员会选举实施办法》，结合书记、主任“一肩挑”的推进要求，督促各镇做好村（居）委会补选的指导工作，至12月31日，全市补选出村（居）委员会成员110人，其中交叉任职41人。

【社工队伍建设】 年内，全市有335人通过全国社会工作者职业水平考试。至年末，全市持证社会工作者2882人，

5月28日，在北京举办儿童福利和保护服务能力培养策略主题沙龙

（市民政局　提供）

其中社会工作师747人、助理社会工作师2135人。每万人拥有持证社工22人。已注册登记专业社工机构27家，选拔培养第三批本土社工督导27人，选拔港城社工讲师团10人。开展社会组织公益创投活动，举办国际社工日系列活动。市困境儿童关爱中心“SAY NO——暴力零容忍”护童行动获亚洲基金会资助，市亲民社会工作服务中心“三社联动”金都睦邻家园托管运营项目、市暨阳青少年发展事务所“香山公益+——香里乡亲生活馆托管项目”获评江苏省优秀社会工作项目案例。至年末，有8个项目案例获评江苏省优秀社会工作项目案例，包括一等奖3个、二等奖2个、三等奖3个，在年内公布的全国高级社工职业水平考试中，市明德公益事业发展中心姜莎莎成为苏州市通过的3人之一。

【社会组织管理】 2019年，全市新增社会组织38个，其中社会团体12个，民办非企业单位26个；注销社会组织34个，其中社会团体8个，民办非企业单位26个；撤销社会组织14个，其中社会团体7个，民办非企业单位7个。至年末，全市有登记注册社会组织999个，其中社会团体486个（行业性社团84个，学术性社团51个，联合性社团81个，专业性社团270个），民办非企业单位490个（教育类95个，卫生类10个，文化类7个，科技类8个，体育类53个，人社类19个，社区服务类166个，其他类132个），基金会20个，异地商会3个。全市有备案的社区社会组织2260个，每万名户籍人口拥有登记社会组织11个；有等级社会组织436个，等级社会组织数占应评总数的50.3%；有已认定慈善组织17个。年内，依据社会组织管理法律法规有关规定，对多年不参加年检的“僵尸型”社会组织启动撤销登记行政处罚程序，已完成撤销登记行政处罚14个。上半年，开展社会服务机构（民办非企业单位）自查自纠工作，发现名称不规范的9个，证书有效期不规范的118个，已登记但未完成印章、银行账户备案的25个。下半年，重点开展社会组织年度抽查工作，共发放行政指导文书17份，其中行政提醒书6份、行政提示书1份、行政纠错书10份。9月，按照省民政厅统一要求，启动治理规范行业协会商会收费专项行动，重点对收费标准、会费收支、收费管理、评比表彰等4个方面开展自查整改。

2019年张家港市新核准登记社会团体一览表

表62

社会团体名称	法定代表人	业务主管部门	登记日期
凤凰镇魏庄商会	谭卫东	市工商联	1月7日
市文化产业联合会	李　静	市文体广旅局	1月8日
市新的社会阶层人士联谊会	徐　虹	市委统战部	1月21日
市众创空间协会	龚震岐	市科协	3月24日
凤凰镇港口商会	李　刚	市工商联	4月12日
市新一代企业家协会	沈　谦	市工商联	4月23日
市易制毒化学品行业协会	李　健	市公安局	5月24日
市养老志愿者协会	郭　峰	市民政局	6月14日
市职工文化体育协会	吴德凤	市总工会	7月10日

续表62

社会团体名称	法定代表人	业务主管部门	登记日期
市蓝盾志愿者协会	崔国富	市公安局	8月30日
市人才创新创业促进会	张　豪	市委组织部	10月10日
市朗诵协会	李晓华	市文体广旅局	11月12日

2019年张家港市新核准登记民办非企业单位一览表

表63

单位名称	法定代表人	业务主管部门	登记日期
市柒月社会工作服务中心	孙科峰	市民政局	1月7日
市益心社会工作服务中心	钱晓臣	市民政局	1月8日
乐余镇乐民社会服务中心	茅卫萍	乐余镇	3月24日
塘桥镇鹿苑残疾人之家	钱晓春	市残联	4月29日
市长三角教育培训学校	邹鉴明	市教育局	5月13日
市益路邮你志愿服务社	姚志刚	市邮政管理局	5月8日
市橄榄绿退役军人工作室	陈华斌	市退役军人事务局	5月24日
保税区(金港镇)乐康残疾人之家	薛志健	市残联	5月30日
金港镇小燕子爱心服务社	孙燕华	金港镇	5月30日
杨舍镇花园社区卫生服务站	王利红	市卫健委	6月4日
塘桥镇益凡公益服务社	钱　琼	塘桥镇	6月19日
市港城公益服务发展中心	陆　乐	市残联	6月21日
市大智体育俱乐部	卞向前	市体育总会	8月5日
市荣辉社会工作事务所	刘建荣	市退役军人事务局	8月6日
市乐善居养老服务中心	游　通	市民政局	8月5日
锦丰镇大南残疾人之家	季锦菲	市残联	8月12日
市新时代文明实践培训学院	张　璇	市委宣传部	9月5日
常阴沙残疾人之家	顾骁峰	市残联	9月5日
常阴沙现代农业示范园区常乐社会服务社	徐　敏	市常阴沙现代农业示范园区	9月12日
市苏州外国语学校	许　雯	市教育局	10月9日
市红盾综合减灾救援服务中心	景　云	市应急管理局	10月9日
市躬行公益俱乐部	褚卫忠	市民政局	10月12日
市星希望儿童康复训练中心	黄　毅	市残联	10月23日
市金城阳光教育培训中心	宋一兵	市教育局	11月20日
锦丰镇静好社会服务社	陆　静	锦丰镇	12月11日
市佳悦儿童康复发展中心	汤晓飞	市残联	12月25日

【“全科社工”服务模式推行】 年内，因地制宜建设村（社区）便民服务中心。3月，市民政局、市行政审批局联合下发《关于推进村（社区）便民服务中心建设、全面推广“全科社工”服务模式的实施方案》，要求新建社区或改造的便民服务中心大厅不再按条线设置一站式柜台，而是设置前台接待、后台办公、交流等候、自助服务等功能区域；对各村（社区）原有一站式长柜台不便改造的不强求拆柜台，而是因地制宜开设“综合受理”窗口，取消条线分立，并配备便民利民服务设施设备。年内实现全市所有村（社区）便民服务中心全部挂牌。选拔培训全科社工。6月，由市民政局、市人社局、市卫健委、市残联等部门共同设计考试题库，并通过自愿报名、组织考试、人岗相适度打分等环节，从全市村（社区）中选取500余名熟悉社区各项业务、综合能力强、群众满意度高的优秀社区工作者作为“全科社工”初步人选，9月，对“全科社工”初步人员进行上岗培训。至年末，全市村（社区）全科社工覆盖率100%。10月，编制完成《全科社工服务指南》，指导全科社工开展业务学习和服务。协助推广基层“互联网+政务服务”平台使用。12月，苏州市在张家港市召开基层“互联网+政务服务”工作推进现场会。

【民生微实事实施优化】 针对民生微实事在上年实施中出现的流程繁琐、项目落地难等问题，4月，市委办公室、市政府办公室印发《张家港市民生微实事项目实施办法》，文件简化项目工作流程，突出居民议事会作用，扩大民生微实事项目覆盖面。10月，市民政局联合市发改委、市委组织部、市财政局印发《关于张家港市民生微实事项目的补充规定》，进一步优化操作流程，项目从上报到产生压缩至10个工作日，畅通民生微实事项目绿色通道。全年完成民生微实事项目524个，覆盖全市96%的社区，使用资金2316万元。此外，民生微实事项目逐步从社区向村延伸，乐余镇、锦丰镇分别通过村自筹资金和镇村资金1∶1等方式在农村社区参照民生微实事项目流程实施民生项目。年内，有25个农村社区征集民生微实事项目建议56个，实施项目50个，包括工程类项目45个、服务类项目5个，资金预算共约319.7万元。（尹 娴）

养老事业

【概况】 至2019年12月31日，全市有60周岁及以上老年人25.66万人，比上年增2799人，占全市户籍总人口的27.58%。其中，70周岁及以上老年人125051人，比上年增6854人，占全市老年人口的48.73%；80周岁及以上老年人39030人，比上年增1215人，占全市老年人口的15.21%；90周岁及以上老年人5823人，比上年增245人，占全市老年人口的2.27%；全市有100虚岁老人280人，其中100周岁115人。年内，市卫健委发挥医养结合在完善健康养老服务体系建设中的作用，增强健康养老服务保障，推进健康老龄化社会运动，开展多种形式的孝亲敬老活动。9月，拟订《关于调整张家港市老龄工作委员会成员单位的通知》。11月，组织召开市老年协会第二届一次会员大会，审议《张家港市老年协会第一届理事会工作报告》《张家港市老年协会第一届理事会财务报告》《张家港市老年协会第二届选举办法》《张家港市老年协会会费管理办法》，选举产生市老年协会第二届理事会理事、监事以及协会会长、副会长、秘书长、副秘书长。年内，市卫健委获评2019年度“安康关爱行动”先进单位，保税区（金港镇）南沙社区创建成国家级家庭健康服务中心，市华夏乐龄服务中心获评第三届江苏省“敬老文明号”，市老龄工作服务中心、市老干部活动中心、市广播电视台电视传媒中心民生新闻部、市澳洋优居壹佰护理院、市华夏乐龄服务中心、市永联惠民服务中心、经开区（杨舍镇）爱心帮帮团等7个单位获评苏州市第三届“敬老文明号”。

【养老服务体系建设】 2019年，全市养老机构总数40个，各类养老床位总数14098张，每千名老人拥有各类养老床位数55.5张；护理型床位数9050张，占养老机构总床位数的90.9%。新改建居家养老服务中心（站）33家，累计有社区居家养老服务设施252家，标准化居家养老服务中心建成率94%。198家居家养老服务中心（站）实现社会化运营，占比90.4%。7月，全市首个综合为老服务示范阵地——市老年活动中心城南分中心投入运营。市镇两级联合验收新建住宅小区居家养老用房10处，总面积2665平方米。年内，市亲情（虚拟）养老院接受居家上门服务63859人，居家上门服务占比25.2%，总服务677.06万人次，综合满意度99.31%。全面升级“12349”养老热线，开通养老信息咨询、辅具租赁、居家养老和智慧养老服务等功能，基本建成“一站式”养老服务咨询平台。全市39个部门联合成立养老服务联席会议制度，加强对全市养老服务工作的领导、统筹与协调。完成97户老年人家庭适老化改造项目，降低老年人居家意外风险。

【养老服务保障】 市财政全年为80周岁以上老人发放尊老金3397.1万元。其中，发放百岁老人敬老金18.8万元，尊老金79.17万元；发放90周岁及以上、不满100虚岁老年人尊老金1326.94万元；发放80周岁至89周岁老年人尊老金1972.19万元。由政府投保的“幸福港城·惠老保险”保费由每人每年25元提高到27元，赔付标准保持不变，总保费支出685.35万元，“惠老保险”年内理赔2400起，赔付695.04万元，累计受益超过2300人次。成立市养老志愿者协会，整合全市养老志愿服务资源，开展养老志愿服务培训、孵化专业团队和优秀项目，建成养老志愿者信息平台，与友爱港城平台数据互联互通，招募志愿服务团队50个、养老服务志愿者7013人，志愿活动时长36.36万小时，平均每天在平台发布的养老志愿服务活动15个。10月，开展全市养老护理员持证培训，1708人取得养老护理员证书，其中高级护理员50人、中级护理员364人、初级护理员1160人，持证上岗率超95%。11月，《张家港市养老从业人员入职奖励管理细则(试行)》出台,落实养老从业人员扶持举措,对在张家港市同一养老服务机构中连续从事养老服务工作满5周年且继续在市从事养老服务工作、与养老服务机构签订劳动合同或协议,并缴纳社会保险的人员发放3万元至6万元的入职奖励,以吸引更多优秀人才从事养老服务工作。

【养老服务社会化】 年内,完成公办养老机构改革,全市9家镇级公办养老机构全部面向社会老人开放,实现社会化运作,基本实现“三提升一降低”的目标,即提升床位利用率,提升服务水平,提升职工报酬,降低政府财政支出。推进居家养老服务设施社会化运营,村(社区)养老服务设施社会化运营达到90.4%,有16家养老服务机构参与社会化运营,基本满足老年人走出家门、进入社区享受文体娱乐、精神关爱等服务需求。年内,全市村(社区)养老服务设施活跃对象1.7万人,各养老服务机构开展各类主题活动840项6179场,总服务200.5万人次。

【孝亲敬老活动】 10月,全市开展以“孝老爱亲、向上向善”为主题的敬老月活动。活动期间,市老龄办举办庆祝第32个老年节文艺演出、“第八届重阳健康养生文化节”“中国梦我的梦——重阳圆梦微心愿”以及全市老年书画、摄影、剪纸、诗词作品展、乒乓球赛等活动,举办大型传统戏剧专场演出2场,与市老年协会联合举办敬老月文艺演出进社区和“我和我的祖国”老年人精神关爱读书活动,与市退休教师协会联合举办“祝福祖国、感恩时代”纪念新中国成立70周年老园丁文艺会演、厨艺展示、乒乓球比赛,与市老年体育协会联合举办第五届老年人返老还童传统体育项目运动会和柔力球、气排球培训班,与市亲情(虚拟)养老院联合开展养老服务走进养老机构和社区活动,与市老年公寓联合举办“畅享七彩乐龄”敬老月主题活动,与市老年活动中心联合举办全市老年人乒乓球大赛和老年书画、摄影、剪纸、诗词作品展等活动,与市融媒体中心开展“快乐香山”登高比赛、“我和国旗同框”、健康义诊、凤凰湖环湖跑等活动。市人社局慰问当年逢70周岁、80周岁、90周岁及100周岁以上人员,市法院开展老年人法律宣传活动,市老干部局开展“礼赞新中国、奋进新时代”庆祝新中国成立70周年系列活动。各区镇均走访慰问高龄、失能、失智、困难老人和敬老院老人,开展文艺演出、趣味运动会、法律咨询、送戏下乡、义诊、重阳节茶话会、集体生日会等活动。敬老月期间,全市走访慰问老人23.21万人,发放慰问金1720万元。

(陈　瑶　黄希彤)

退役军人事务

【概况】 1月30日,市退役军人事务局挂牌成立。3月18日,市退役军人服务中心正式运行。市退役军人事务局推进双拥工作、优抚安置、权益维护、烈士陵园管理等工作,维护军人及军属的合法权益。1月,举办县市级唯一一场全国“最美退役军人”先进事迹报告会。5月,张家港市在全省率先建成覆盖全市262个区镇、村(社区)的退役军人服务站,并承办苏州市退役军人服务保障体系建设现场推进会。7月,全市争创全国双拥模范城“七连冠”工作启动,12月,高标准接受全国双拥模范城调研组检查。

【双拥工作】 年内,开展各类双拥宣传活动。6月,在万红广场举办为烈属、军属和退役军人家庭悬挂“光荣之家”匾牌启动仪式,市四套班子领导出席仪式并向“光荣之家”代表颁发匾牌,市、镇两级党政主要领导上门为“光荣之家”代表悬挂匾牌,全市所有烈属、军属和退役军人家庭均悬挂“光荣之家”匾牌。7月,《关于退役军人和优抚对象免费游览旅游景点实施办法》出台,香山景区、凤凰山景区、常阴沙生态农业旅游区对具有张家港市常住户籍的退役军人和享受国家定期抚恤补助的优抚对象免费;举行“港城金融拥军”政银合作暨关爱功臣活动,与8家金融机构签署《拥军优抚合作协议书》,为全市退役军人提供优质金融服务。开展走访慰问,密切军地关系。8月,市退役军人事务局联合市人武部等部门赴江西省南昌市、井冈山市等地走访,张家港市与井冈山市两地人武部、退役军人事务局签订“情系革命老区·关爱革命功臣”战略合作协议,由市人武部、市退役军人事务局联合设立“革命功臣关爱基金”,帮扶井冈山市革命功臣。10月,张家港市赴江苏省灌云县开展“心系开山岛、共建固国防”签约揭牌仪式和走访看望活动,建立“关注关心关爱”帮扶机制、“共学共建共育”合作机制、“互联互动互补”协作机制,双方将在支持国防建设、开展退役军人事务工作、组织双拥文化交流等各个方面展开合作,设立“开山岛国防建设专项基金”,助力开山岛国防建设;“张家港市退役军人事务局开山岛党性教育基地”正式揭牌。11月,与市酒店管理集团有限公司、市第一人民商场有限责任公司、江苏凤凰新华书店集团有限公司张家港分公司和市保意电器有限公司等4家集团企业签约,在餐饮、住宿、文化、零售等多个方面推出惠军举措。春节、八一建军节期间,市委、市政府走访慰问9个驻军单位(含已转隶的张家港出入境边防检查站、市消防救援大队),赠送慰问金及物资131万元。市人武部、武警张家港中队等驻军部队勇于承担抢险救灾等各种急难险重任务,妥善处置突发事件;军警民联防联治,开展植树造林、义务献血、爱心捐赠等活动。市人武部与贵州省沿河县退役军人特困家庭、井冈山“百名功臣”家庭结对共建,支援革命老区建设。

【优抚工作】 年内,市退役军人事务局采集全市退役军人和其他优抚对象信息,为全市退役军人和其他优抚对象发放张家港市拥军卡。落实重点优抚对象医疗政策,为重点优抚对象支付各项医疗费1173.2万元。全市为享受国家抚恤补助的优抚对象发放优抚经费3309.5万元,为优抚对象遗属发放补助经费814.4万元,为企业退休“两参”退役人员发放节日慰问金179.64万元。年内为义务兵家庭发放

参加事迹报告会的全国“最美退役军人” （黄智强 摄）

优待金、大学生参军奖励金等2694.4万元，为荣立军功的张家港籍现役军人家庭发放奖励金14.3万元，为重点优抚对象发放优待金308.2万元，为在乡老复员军人发放立功荣誉金2.8万元，为优抚对象发放节日慰问金、物价补贴231.6万元，走访十类优抚对象并发放专项慰问金30万元。9月，为入伍新兵购买综合保障险；为全市新中国成立前入伍的残疾军人和在乡老复员军人等对象发放“庆祝中华人民共和国成立70周年”纪念章。10月，组织重点优抚对象赴江苏省荣军医院开展为期6天的短期疗养。

【移交安置】 年内，市退役军人事务局把移交安置作为重要政治任务抓好落实，提前摸排各单位用人需求情况，13个机关单位主动提出申请接收军转干部；早筹划、早协调，在公务员和事业单位工作人员招录时预留一定的编制和职数；主动服务，帮助退役军人解决子女入学入托、随迁入户、社保接续等实际困难；成立考核小组，严格抓好档案审核、项目考核、积分计算、排名公示等考核选岗全过程，并邀请市纪委监委全程监督，做到公开透明。

【权益维护】 年内，市退役军人事务局联合江苏百年东吴律师事务所、国浩律师（苏州）事务所，在全市设立老兵调解室5家，落实“三到位一处理”（诉求合理的解决问题到位、诉求无理的思想教育到位、生活困难的帮扶救助到位、行为违法的依法处理）要求，合力化解超出受理范围的信访事项，调解化解矛盾36件。9月，设立“张家港市退役军人帮扶关爱基金”，对享受有关保障待遇后生活仍有困难的张家港籍退役军人及其他优抚对象，给予临时性、应急性帮扶援助；举办“与共和国同岁”主题活动暨“老兵邮路”党建项目发布仪式，出台各类政策措施，保障和优化退役军人权益。

【烈士陵园管理】 年内，加强烈士纪念设施改造提升，市财政投入110万元对市烈士陵园内碑柱、围墙、革命烈士纪念馆等室外部分进行整体修缮，7月启动施工。纪念馆内陈列展示张家港市470名烈士的英雄事迹，其中大革命和土地革命战争中牺牲46人、抗日战争中牺牲115人、解放战争中牺牲96人、社会主义建设时期牺牲213人。全年接待瞻仰团体单位349个、1.6万人次，烈士生前亲属及战友165批1500人次。组织开展“9·30”烈士纪念日公祭活动，首次设立“最美退役军人”方阵、军转干部方阵和退役士兵方阵。

【全国“最美退役军人”先进事迹报告会在市召开】 1月12日，县市级唯一一场全国“最美退役军人”先进事迹报告会在张家港市永联村举行。报告团成员有沈阳军区后勤史馆原馆长徐文涛、永联村党委书记吴惠芳、天津市银座集团有限公司董事长王贵武、济南市公安局特警支队作训处副调研员张保国、重庆市支教教师谢彬蓉、湖北省麻城市殡仪馆火化工徐申权。退役军人事务部、省退役军人事务厅、苏州市退役军人事务局、张家港市领导以及现役官兵代表、退役军人代表、市爱心义工协会、党员代表等共1200余人参加并聆听报告。5月起，市委宣传部、市文明办、市退役军人事务局联合开展首届寻找港城“最美退役军人”宣传活动，活动历时3个月，共收到基层推荐、群众举荐退役军人近200人。10月23日举办宣传发布仪式，许艳、花和平、邱其琴等10人当选首届港城“最美退役军人”，王刚、朱建江等12人获提名。

【市双拥展示馆建成】 10月，市双拥展示馆建成开放。展馆位于市文化中心城市展馆内，总建筑面积650平方米，投资20万元。展馆设有领导关怀、领导重视、最美退役军人、服务体系、拥军优属、拥政爱民、书画作品、家乡荣耀8个篇章，通过图片、文字和影像资料，浓缩张家港20余年双拥创建工作的历程，诠释“军民鱼水情”的双拥主题，突出“传承历史、宣扬精神、教育后人”的政治功能，着力打造成张家港市新的爱国主义教育基地。建成后，共接待各级领导及社会各界140余人次参观。

【2家拥军社会组织成立】 年内，全市新注册登记2家拥军社会组织（民办非企业）。5月，市橄榄绿退役军人工作室成立，为退役军人提供政策咨询、心理疏导、资源链接等服务。年内，机构在南丰镇永联村、锦丰镇悦来社区等地开展各类退役军人服务项目，组建老兵志愿服务队，定期为复员老兵提供上门服务；邀请转业军官、立功老兵、企事业单位领导为退役军人疏导思想，结对帮扶，链接资源，成功解决多起诉求。该工作室获市退役军人事务局授予“退役军人之家”称号。8月，市荣辉社会工作事务所成立，该机构在市爱心义工协会基础上成立并延续协会的拥军工作，引导吸收退役军人和热心拥军优属的社工和志愿者，与退役军人等开展结对帮扶，建立常态化、精准化拥军优属服务机制。年内，通过“致敬最可

爱的人”“铭记历史、与爱同行”关爱老兵优抚服务等项目，上门走访服务老兵；为腿脚不便的老兵送上轮椅、手表等，实现老兵“微心愿”；举办老兵茶话会，倾听老兵讲述革命故事；组织老兵参观党史展馆及观看战争电影。通过“别样年华在军营”双拥服务项目，组织80余名志愿者与张家港武警中队开展迎新春军民联欢会，举办“强军梦、沙洲情”庆祝中国人民解放军建军92周年军民联欢会。

市关工委主任钱根祥调研杨舍镇校外教育辅导站活动情况

（市关工委　提供）

关心下一代工作

【概况】 2019年，全市有关心下一代工作委员会（简称关工委）组织1099个，其中区镇、办事处29个，社区（村）276个，教育系统85个，市级机关系统26个，民企系统711个，其中年内新培育江苏富康医疗设备股份有限公司等9家企业关工委典型。从事关工工作的“五老”（老干部、老战士、老专家、老教师、老模范）及志愿者4666人。2月15日，市委办转发《张家港市关心下一代工作委员会2019年工作意见》，各基层关工委按要求制订全年工作计划并以党委办文件名义转发。年内，各区镇根据苏州市关工委的文件精神，对主题教育宣讲员、校外教育辅导员、网吧义务监督员、重点青少年帮教员、特困学生帮困员等五类“五老”志愿者以“以奖代补”形式给予工作补贴，全市200名“五老”志愿者每人获500元补贴，由苏州市和张家港市两级财政提供补贴资金共10万元。5月15日，省委办公厅下发《关于印发〈江苏省关心下一代工作委员会工作规则〉的通知》；5月29日，省委组织部、省委老干部局、省关工委联合下发了《关于完善和落实“党建带关建”工作机制的意见》，两个文件的颁布是全省关工委发展历程中新的里程碑。市关工委于7月9日和10月15日先后举办两期学习贯彻两个文件专题培训班；9月25日，下发通知要求全市各基层关工委认真贯彻落实两个文件精神，并编印学习手册2400本。各区镇和系统关工委共举办两个文件和主题教育培训班71期，培训关工委班子和“五老”成员2500余人。通过学习，各基层关工委按“四个纳入”要求，将关工委工作纳入同级党组织党建工作总体部署和党建工作责任制，落实“党建带关建”的工作机制。9月26日，市关工委下发《关于在全市建立“五老”关爱工作站和评选市级优秀“五老”关爱工作站的通知》，与市公安局在各派出所建立“五老”关爱工作站同步实施。年内，金港镇德丰社区、塘桥镇镇中社区的“五老”志愿者工作站获评苏州市优秀“五老”志愿者工作站。市关工委关工网站全年刊发文章1873篇，图片近4000张，总点击量5万余次；每月一期的《关工工作简讯》共刊发文章480篇，被省级报刊录用文章4篇，市级报刊录用222篇，新媒体录用987篇。省关工委主办的《薪火》杂志第五期刊发市关工委文章《脚踏实地做工作，倾心关爱下一代》。

【“传承爱国精神，争做‘三有’新人”主题教育活动】 3月27日，市关工委下发《关于开展“传承爱国精神，争做‘三有’新人”主题教育活动的通知》，各基层关工委结合实际开展宣讲、征文、参观、书画、文艺等形式的主题教育活动。市教育局组织全市80所中小学校征订《祖国万岁》《祖国是我家》两套丛书，开展读书和征文活动，评出获奖征文300余篇，其中40篇优秀征文参加省教育系统关工委征文评选。各基层关工委共组织宣讲员656人，编写宣讲材料741份，宣讲450余场次，青少年受众20余万人次。6月，市关工委将21篇优秀宣讲稿汇编成《传承爱国精神，争做“三有”新人》主题教育宣讲材料选编，共印2400本。各基层关工委利用寒暑假开展红色之旅夏令营、冬令营活动，共组织7338名中小学生分151批参观市爱国主义教育基地、革命遗址和纪念地。各中小学校关工委利用传统节日、纪念日组织学生开展主题教育活动。3月，开展“学习八礼四仪，争做美德好少年”活动，组织中小学生参加志愿服务，开展服务他人、保护环境、公益宣传、奉献社会的实践活动；清明节期间，开展“我们的节日——清明”主题教育活动，全市有22237名中小学生参加网上祭英烈活动，3387名学生到烈士陵园祭扫烈士墓。“六一”儿童节期间，各中小学校开展主题教育读书征文、演讲、歌咏演唱、亲子趣味游园会等活动，共评出优秀征文504篇，组织演讲活动213场次，参加演讲学生1400人，参加主题教育歌咏、演唱比赛的学生1万余人。市关工委、教育局组织全市2000余名中小学生参加“江苏少年网”开展的“我对祖国说句心里话”网络寄语活动，塘市小学、泗港小学获组织奖。

【校外教育辅导站建设】 全市有校外教育辅导站321家，其中总站1家，中心站18家，辅导站222家，辅导点80个。参加辅导的各类教育、志愿服务人员1887人，其中"五老"553人。假期开展活动5423次，参与学生84011人。按照辅导站"六有六好"的评选条件，12月评选出第三批市级示范校外教育辅导站27家，累计80家；评选出优秀校外教育辅导员60人。各辅导站以"七彩的夏日"和"缤纷的冬日"为主题，开展思想道德法制教育、安全讲座、课业辅导和传统经典诵读活动，以及文明礼仪、节日民俗、社会实践、文体美术、音乐舞蹈和红色基地走访等活动。各辅导站已建电子阅览室179家，有电脑1109台，其中1048台已安装全省统一的客户端软件。利用假期开展电子小报制作等活动2261次，参与学生4.19万人。在苏州市关工委、教育局开展的"祖国在我心中"电子小报竞赛中，张家港市有9张电子小报获奖，市关工委获组织奖。在省关工委组织的校外教育辅导站优秀活动项目和特色活动品牌评选中，张家港市有杨舍、锦丰、凤凰镇关工委和市校外教育辅导总站制作的视频获奖，其中2个项目获推广项目二等奖，2个项目获优秀奖，市关工委获组织奖。各校外教育辅导站持续加强品牌建设，杨舍镇锦绣社区辅导站"锦绣育心读书会"开展国学经典诵读班225期，受众3000余人次；金港镇"徐玲公益书屋"和"丁老师心灵氧吧"共建成18家，服务2万多名中小学生；乐余镇关工委开展的"足迹·乐娃成长录"未成年人建档活动已高标准建成未成年人成长档案124家、1986盒、13621件；塘桥镇"钱氏家训"、凤凰镇的"五老"勇德元手工和剁绣、金港镇德丰社区的"乐朵课堂"等品牌均持续发挥品牌效应。

【预防和减少青少年违法犯罪】 全市建立法制教育报告团、宣讲团64个，宣讲员344人，全年宣讲520场，青少年受众17万人次。政法系统各部门挑选175名优秀政法干警担任学校兼职法治副校长，全年为师生上法治课200余场。市检察院制作"关爱幼苗、守护成长"防性侵微动漫，"爱立方"青少年维权项目获市十佳优秀普法项目。市政法委等七部门联合下发《关于开展全国第四届"关爱明天·普法先行"——青少年普法教育活动实施意见》，各区镇关工委会同司法所、派出所及文明办、工青妇等部门联合开展"关爱明天·普法先行"青少年普法教育，举办法治宣传讲座、演讲辩论、模拟法庭、电子小报、学法知识竞赛等活动。各基层关工委对"五失"（失足、失业、失亲、失管、失学）重点青少年进行调查，落实"一帮一""多帮一"的帮教机制。全年建立帮教小组232个，参加帮教的"五老"627人，78名重点帮教对象有明显转化。各级关工委把困难家庭、问题家庭、单亲家庭、流动儿童、孤贫残未成年人作为关爱重点，全市共筹集扶贫助学助困资金670.4万元，有970名困难家庭子女和孤贫残学生得到帮助。杨舍镇泗港社区关工委等20个村（社区）获评苏州市创建未成年人零犯罪社区（村）工作先进集体，潘锡文等20人获评先进个人。各级关工委组织192名"五老"义务监督员对全市168家网吧、游戏机房等文化娱乐场所开展义务监督，年末，有10名"五老"被评为市优秀文化市场义务监督员。全市247个社区（村）实现未成年人零犯罪，零犯罪率100%。

【农业农村局关工委推进"三扶两创一促进"】 市农业农村局关工委全年围绕乡村振兴战略，以青年农民为主要工作对象，推进"三扶两创一促进"（扶志扶技扶创业，创建青年农民创业示范基地、评选青年农民创业之星，促进农业现代化发展）活动。全年举办部级、省市级职业农民培训班19期，培训职业农民1825人，做好205名新型职业农民的认定工作。发动农业条线的老科技工作者对农业科技入户工程项目365户示范户进行包户技术指导、培训。5月，市蔬之园农产品有限公司总经理谢高峰被评为全省三扶两创工作"创业之星"，受到省农业农村局、省关工委表彰；12月，被中国关工委评为全国"双带"农村致富青年先进个人。 （陆玉生）

残疾人事业

【概况】 2019年年末，全市有持证残疾人21266人，占户籍人口的2.29%。其中肢体残疾11371人，占持证残疾人的53.47%；视力残疾2136人，占10.04%；听力残疾1676人，占7.88%；言语残疾140人，占0.66%；智力残疾2756人，占12.96%；精神残疾2321人，占10.91%；多重残疾866人，占4.07%。年内，市委增强对残疾人工作的领导，残疾人工作列入市委分管，市委主要领导、市人大领导班子、市委市政府分管领导多次调研残疾人工作。市残联投入180万元对市残疾人综合服务中心进行外墙改造和文体服务中心升级等建设，解决建筑老化、环境安全、功能不全等问题。多渠道开展主题宣传。市残联每月编发《残疾人工作简报》，微信公众号全年发布有效推文近300条，阅读量近10万人次；与《张家港新闻》合作编播新闻报道20余条，其中11条被江苏电视台采用；在张家港电视台录播《一样的阳光》残疾人专题节目6期；邀请《苏州日报》、张家港市融媒体中心等主流媒体观摩市肢体残疾康复技术指导中心、市阳光康复中心、锦丰镇大南"残疾人之家"等地，宣传报道残疾人之家建设、幸福亮居工程和残疾人典型事迹；参与市电台《"12345"进行时》政风行风热线、市电视台《周末聊吧》等栏目，解答残疾人关心的话题；在全市重点场所、重要位置按季度轮播公益广告，增强全社会对残疾人事业的关注度；结合第29次全国助残日，开展文艺会演、作品展览、评选表彰先进等系列主题宣传活动。广泛开展群众性宣传文体活动。各区镇残疾人文体团队常年开展各类文体活动；与专业文艺团队合作，把残疾人和助残故事编成音乐剧《向阳花开》、小品《存在的意义》等节目；在苏州市组织的残疾人社区型文体活动展评中，张家港选送的舞蹈《心中的一抹红》、非洲鼓表演《小宝贝》等节目获奖。

【残疾人康复服务】 年内,市残联加强评残服务,注重提升效率,全年864人通过残疾评定。加强残疾预防和康复知识推广,开展残疾筛查服务8000余人次,各类康复宣教活动17场次。新认定残疾人定点康复机构2家,全市累计10家定点康复机构全年提供康复服务6.9万人次,为823名居民基本医疗参保人员提供白内障复明手术,为精神障碍残疾人提供农疗、工疗康复服务2000余人次,为158名成人肢体康复对象提供康复补贴50.6万元,为253名在定点机构康复训练的儿童提供康复补贴400余万元,全市在训的特殊儿童信息均规范录入中残联精准康复服务管理系统。争取市党员关爱基金等配套资金100万元,为全市20户低收入残疾人家庭进行"幸福亮居"改造。实施辅具货币补贴政策,为793人提供辅具适配服务,年度补贴105万元。为200名不易出户的残疾人开展康复体育进家庭服务,个性化选配康复体育器材,入户开展康复指导等。开展"情暖残疾人"入户服务,为623名新办证残疾人发放助残政策宣传册并进行政策宣讲及需求调查,累计发放宣传册1万余份。

【残疾人就业服务】 年内,市残联多渠道开展残疾人就业创业服务。搭建残疾人线上招聘平台,在张家港爱上英才网和市残联微信公众号分别开设残疾人线上招聘专门页面——"残疾人就业绿色通道",开发残疾人就业岗位70余个,吸引残疾人登记注册近百人;线下举办残疾人就业专场招聘会10余场,86个用人单位提供残疾人就业岗位259个。全年新增残疾人实名制就业150人。完成残疾人就业年审,认定264家企业残疾人就业2240人。走访调研25家残疾人集中就业企业,针对问题开展2期残疾人就业稳岗培训,培训残疾人60人。扶持残疾人创业,为市福田针织制造有限公司、市富春五金机械厂等发放创业补贴10余万元。8月,成立肢残人协会自主创业分会,举办就业创业联谊活动,分享创业经验,交流创业项目,搭建残疾人就业创业的交流分享平台。定期对全市10家"残疾人之家"开展安全检查和考核评估,对200余名残疾人开展辅助性就业,残疾人辅助性就业收入稳中有升,最高个人月收入近2000元。开设残疾人电子商务、自媒体、中式面点、咖啡师、园艺师等10项培训班,全年培训180人次。杨舍镇听力残疾选手顾丽萍获全国残疾人职业技能大赛咖啡冲调项目第五名。

【残疾人补贴发放】 年内,市残联深化"两项补贴制度"(困难残疾人生活补贴、重度残疾人护理补贴),和民政部门累计发放困难残疾人生活补贴和重度残疾人护理补贴5813万元。拓宽社会保险参保人群,为16周岁至60周岁残疾人群增设意外住院补贴、癌症住院补贴和护理补贴,全年为2.76万人次购买团体商业保险103.5万元,为26名涉险残疾人提供理赔34.2万元。执行社会保险补贴政策,842名残疾人获得社会保险补贴395.5万元。实施残疾学生助学行动,为343名残疾学生及贫困残疾人家庭子女发放助学金49万元。开展对口帮扶,对贵州省沿河县就业扶贫和新疆维吾尔自治区巩留县康复器材援助各支出10万元。

【残疾人组织建设】 5月,市残联出台《关于加强"残疾人之家"宣传氛围布置工作的意见》,引导残疾人之家建设党员助残活动点,与周边党组织建立结对助残关系。6月,成立市残联党总支,新建"助残先锋"党支部。8月,市残联印发《关于加强残疾人党建工作的意见》,文件提出加强残疾人党建工作,建立健全基层残疾人党组织,做好特殊群体党员发展工作,正常有序开展党的活动。10名优秀残疾人和残疾人工作者递交入党申请书。年内,市残联组织党员开展"寻党员初心、看组织振兴"主题教育实践活动和"不忘初心、牢记使命"主题教育学习活动。9月,组织280余个村、社区残疾人工作者进党校开展两轮培训,提升队伍业务素质和服务能力;召开残疾人代表座谈会,听取并收集残疾人意见建议20余条,残疾人停车难等问题已落实解决措施。加强各专门协会队伍建设,12月,市精神障碍残疾人亲友会增加1名副主席。

【社会助残服务】 年内,市残联继续培育和发展社会助残组织,整合40余个社会助残组织建立助残志愿联盟,形成常态机制。发展助残志愿者队伍,全年开展助残志愿服务100余次,服务残疾人3000余人次。培育助残服务品牌,开展"残疾人游港城""快乐悦跑"等系列助残服务,帮助残疾人走出家门、融入社会。市残疾人协会组织开展残健共融门球邀请赛、"感恩的心"残疾人回报社会等各类公益助残活动。市残联与市教育局、市民政局、市住建局等残工委成员单位对接,做好残疾学生融合教育、残疾人就业培训、全市无障碍环境建设等工作,联合市文广体旅局、市教育局共同主办孤独"雨人"的美好视界:"自闭症儿童绘画干预治疗项目"文献与作品展。

【"自强模范"和"助残先进"评选】 3月至5月,市残联在全市开展第三届张家港市残疾人"自强模范"和"助残先进"评选活动。通过各单位、各区镇、各专门协会推荐,经网络公开投票、评审领导小组审核、候选人名单公示等环节,评选出10名残疾人"自强模范"和10名"助残先进"。5月18日,在第二十九次全国助残日暨"幸福亮居"工程系列助残活动启动仪式上,对评选出的"自强模范"和"助残先进"进行表彰。 (赵丹萍)

新市民服务

【概况】 至年末,全市登记出租房屋8.01万户,流动人口(新市民)73.84万人,其中就业人数53.01万人。发放居住证3.55万张,新增登记18万人,年审25.78万人,变更76.74万人次,注销77.43万人次。市新市民事务中心组织开展全市新市民流动党员排摸核查和信息更新，排查出全市有新市民流动党员1029人。5月，联合锦丰派出所建立红“新”党员驿站，作为新市民流动党员服务管理的重要点位，为新市民党员搭建学习交流、联动协助、资源共享的平台。年内，市新市民事务中心协助破获治安案件578起、刑事案件257起，协助抓获行政处罚人员864人，抓获刑事拘留以上人员363人；提供线索取缔黑网吧、黑诊所、黑作坊等场所27家，提供线索并协助破获涉黑涉恶案件3起、抓获嫌疑人员13人，协助处理计划外怀孕84起。2月至3月，市新市民事务中心联合人社部门开展“春风行动”新市民就业大型公益活动，举办专场招聘会30余次，发放春风卡等宣传资料9000余份，参与人数2万余人。3月至11月，联合市融媒体中心（传媒集团）开展2019年“国学子弟，才艺少年”志愿服务活动，志愿者走进全市10所新市民子女学校，开设国学堂课程10期，并邀请部分优秀新市民子女拍摄“读中华好美文，做中华好少年”系列公益广告2部。11月28日，举办“国学子弟，才艺少年”新市民子女国学知识竞赛，9所新市民子女学校的学生代表参赛，锦秀学校代表队获一等奖。5月至12月，在全市新市民中开展扫黑除恶专项斗争集中宣传活动，发放宣传折页5万余份。8月，举办首届“心连新”羽毛球友谊赛，全市9个区镇的新市民和协管员共100人参赛。9月至10月，联合市司法局、市卫健委举办张家港市第八届新市民法律法规知识竞赛，分学法、预赛、决赛3个阶段。学法阶段有3万余名新市民参与微信线上答题。10月10日，各区镇新市民事务中心推选27名新市民代表区镇参与预赛。10月29日举行决赛，塘桥镇代表队获一等奖，经开区（杨舍镇）、乐余镇代表队获二等奖，冶金园（锦丰镇）、南丰镇、凤凰镇代表队获三等奖。11月，联合市卫健委开展“剧有意思”新市民公益文化活动，累计组织600名新市民免费欣赏戏剧。年内，继续发挥特困新市民救助政策和新市民意外保险作用，救助特困新市民25人、发放救助金12.12万元，新市民意外保险成功理赔35例、赔付87.18万元。不断提升新市民积分管理服务效能，年内有6000名新市民子女获积分参加居民基本医疗保险资格，31054名新市民子女获续保资格；4383名新市民子女获积分入读公办学校资格。

2019年张家港市流动人口分布情况表

表64 单位：人

区镇名	流动人口登记人数	16周岁及以上男性登记人数	16周岁及以上女性登记人数	未满16周岁人数	就业总人数	第一产业人数	第二产业人数	第三产业人数	投资经商人数	无业人员数
保税区（金港镇）	152645	76760	53323	22562	111408	736	76675	28094	5903	1648
经开区（杨舍镇）	269816	133062	98709	38045	187978	766	115379	64039	7794	787
冶金园（锦丰镇）	77901	42282	23152	12467	56539	1184	41366	11030	2959	188
塘桥镇	92363	42681	35516	14166	68218	791	55147	10838	1442	403
乐余镇	21183	10344	6810	4029	14313	991	10415	2433	474	22
凤凰镇	56069	27894	20481	7694	43900	497	37672	4413	1318	47
南丰镇	28827	15124	8628	5075	19538	493	15300	3188	557	20
大新镇	35819	17158	12444	6217	24979	373	20339	3349	918	74
常阴沙现代农业示范园区	3754	1919	1283	552	3202	239	2086	395	482	—
合计	738377	367224	260346	110807	530075	6070	374379	127779	21847	3189

【新市民积分管理电子准入卡启用】 为实现新市民积分管理更加高效便捷，年内，市新市民事务中心在原有新市民积分管理纸质准入卡基础上推出电子版。4月，完成新市民积分入医电子准入卡、续保通知书的开发；5月，完成新市民积分入学电子准入卡的开发；6月10日起，电子准入卡正式推行使用。当年获得积分入医、续保、入学资格的新市民通过“张家港市新市民事务中心”微信公众号绑定申请人账号后，系统将直接向该账号推送准入卡信息，系统后台可查看其签收情况。新市民子女凭电子准入卡（通知书）即可享受医保及入学待遇，实现无纸化、智能化服务。全年共推送积分入医电子准入卡信息4890条，续保通知书信息25303条，积分入学电子准入卡信息4383条。

【《新市民在港城》展现新市民风采】 年内，市新市民事务中心继续在张家港电视台《第一视线》开设《新市民在港城》新闻专题栏目，以一期一人物的形式展现新市民风采，年内播出31期。该栏目自2015年开播后，5年中持续关注和挖掘新市民群体中的优秀典型，传递正能量。至2019年年末，共录制并播出155期。该栏目用纪录片的方式真实展现新市民工作、学习、生活中的喜怒哀乐，也让更多的人走近和了解新市民。

（李聪慧）

便民服务

【概况】 市便民服务中心暨“12345”便民服务热线全年受理市民电话(含网络邮件)求助2493197个,比上年增5.69%。平均每天6830个,正式受理2256638个,占总量的90.5%,其余为重复和骚扰电话。受理电话中,政务咨询类658195个,占30.8%,主要为住房公积金政策、新市民积分、公共服务信息、行政许可办理、社保和其他相关政策等方面的咨询;市民求助类1385693个,占65.0%,主要是家庭生活服务、出租车电召、预约挂号、居家养老、订餐订票等方面的求助;监督投诉类88803个,占4.2%,主要是拆迁、征地补偿、环境污染、物业管理、劳资纠纷、公共设施维修、违章搭建等方面的意见和投诉。至年末,电话求助事项办结率100%,回访综合满意率99.9%。年内,中心开展各类志愿服务。针对自闭症儿童、残疾儿童、困境儿童,启动并开展“12345同筑彩虹梦”党建志愿项目;联合杨舍镇双鹿村,开展残健共融——“创翼”行动,围绕新中国成立70周年主题,与残疾人服务对象开展主题游戏、陪同观影等;持续开展“社会妈妈”帮扶项目,定期探望帮扶对象,帮助缓解生活压力,辅助参与社会活动;建设“三色花开·快乐成长”未成年人社会实践驿站并对外开放,完善“友爱港城网”活动场馆资源库,年内开展未成年人社会实践活动15期,200余人次参与;利用中心服务商团队优势开展困境家庭帮扶项目,无偿提供水电维修等服务。年内编发《“12345”便民服务热线工作周报》20期、《张家港市社会综合治理网格化联动中心热点追踪》3期,市主要领导批示5期。市便民服务中心获评2019年全国最佳政务服务热线“2019年度卓越百姓服务奖”。

【《“12345”进行时》实现全媒体覆盖】 市便民服务中心在上年与市广播电台联合开设《“12345”进行时》专题栏目的基础上,年内扩大与融媒体中心的合作,利用电台、电视台、报纸等载体全方位开设《“12345”进行时》同名栏目,市广播电台每周播出三次,周一、周三受理市民求助,周五邀请职能部门到“12345”直播间现场受理市民求助和咨询,全年播出141期,有47个部门走进直播间受理市民诉求1023个,诉求解决率94%;电视台和《张家港日报》每周不定期采编群众关注的民生热点难点问题,及时追踪部门办理过程,分别制作播出《“12345”进行时》节目95期,编辑刊发专栏23期。该栏目通过全媒体覆盖形成联动机制和品牌优势,实现同步宣传民生资讯,针对与市民密切相关的民生政策进行同步解读,释疑解惑;同步报道热点问题,针对社会关注的热点难点问题同步跟进报道,形成舆论宣传合力,促使问题得到有效解决。

【优化接线平台工作机制】 年内,市便民服务中心业务项目持续扩容,扫黑除恶举报与苏州市污染防治监管平台先后接入“12345”热线,移车求助量不断增长,在业务量持续增加的情况下,市便民服务中心调整优化工作机制,保障接线平台高效有序运转。加强业务培训,编制新版员工手册,优化内控制度,引入“钉钉”管理系统,调整排班方案,强化培训质检等措施,严格内部绩效考核,规范服务内容,不断提高接线效率;依托智能知识库系统升级改造的契机,全面梳理整合各类政策信息,完善查询功能,简化查询流程,提高解答效率,为市民提供标准权威的政策解答服务;加大督办督察力度,通过现场核实督办、牵头召开协调会、预通报制度、周报专报上报市委市政府等手段,有效提高协调处置成效,推动解决一批热点难点问题。全年“12345”热线接通率92.5%,比上年增2%。

(何 威)

社会调解服务

【概况】 2019年,市信访局(市社会调解服务中心)共受理信访事项5368件,其中受理纸质信件432件,网络信件(含微信信访、网络投诉)792件,市长信箱2065件,接待群众到访2079批7090人次,市信访局和市社会调解服务中心分别接访1914批6728人次、165批362人次。全年接待群众集访243批4315人次。接访事项中,城乡建设类648件,劳动社保类257件,农村农业类147件,涉法涉诉类343件,环保类66件,国土资源类105件,其他问题类513件。市社会调解服务中心直接调处社会矛盾纠纷47起,受益当事人233人,涉案金额1355.77万元;市医患纠纷调解办公室接待调处医患纠纷29起,涉及金额700万元。

【信访巡回工作站建立】 年内,市信访局联合市直机关各单位、江苏竹辉律师事务所,在全市各区镇创新设立信访巡回工作站。各巡回工作站成立后,市委、市政府相关领导及市直机关各单位党政领导全年进站接待到访群众59批72人,市信访局联合市直机关进站会商会办疑难复杂信访事项32件。此举措通过“干部多跑腿、群众少跑路、服务送上门”,变群众“向上跑”为干部“向下走”,合力化解疑难复杂信访事项,实现让群众合理诉求“最多访一次”的目标。

【酒后意外死亡事件调解】 8月,河南籍男子武某与老板付某外出应酬时在酒吧饮酒后意外死亡。武某亲属要求付某给予经济赔偿,并到市社会调解服务中心请求调解。市社会调解服务中心接案后,分别与武某亲属及老板付某面谈,一方面安抚武某亲属的情绪,另一方面从法理和情理两方面向付某说明解决此事的紧迫性及必要性,并侧面了解付某的赔付能力。经四天五轮的协调沟通和反复商议,最终付某愿意人道主义补偿武某家庭40万元,当天一同饮酒的另2人也承诺各补偿武某家庭5万元。一起酒后意外死亡事件经调解得到妥善解决,为武某家庭减轻了经济负担。

(冯铄天)

【编辑 陆文琰】

区镇

Zones and Towns

经开区一景　（靳 泉 摄）

保税区（金港镇）
经开区（杨舍镇）
冶金园（锦丰镇）
高新区
塘桥镇
乐余镇
凤凰镇
南丰镇
大新镇
常阴沙现代农业示范园区
双山香山旅游度假区

扫码欣赏
常阴沙的春天花开正浓

扫码欣赏
稻田画

保税区(金港镇)

【概况】 保税区(金港镇)位于市域西部,是张家港港和张家港保税港区所在地。总面积131.62平方千米(统计指标含双山香山旅游度假区),耕地面积3688.24公顷。4月,增设金香社区、长欣社区。年末,辖3个办事处、26个行政村、30个社区(其中12个为“村社合一”体制,分别为长江、巫山、安利、金桥、滩上、镇山、马桥、香山、金丰、文昌、学前、长欣社区)。有户籍65592户,户籍人口179799人,另有外来暂住人口152645人。全年实现地区生产总值694.88亿元。一、二、三产业增加值分别为3.49亿元、342.88亿元、348.51亿元。完成全口径财政收入103.91亿元,其中公共财政预算收入54.39亿元,入库税收100.03亿元。完成全社会固定资产投资90.78亿元,其中工业投资50.86亿元、服务业投资39.92亿元,新兴产业投资42.28亿元。保税区在全省开发区科学发展综合考核中位列第9名。金港镇跻身全国千强镇第4名,获评江苏省文明镇。金港镇新塍村获评苏州市康居特色村。

经济建设　年末,有企业17075家,其中工业企业2563家。工业总产值1416亿元,工业开票销售收入1562.99亿元。382家规模以上工业企业全年实现总产值1190.12亿元,主营业务收入1363.65亿元,利润总额18.46亿元。区(镇)销售收入超1亿元企业151家,其中超10亿元企业31家、超20亿元企业12家;利税超5000万元企业43家。商品销售总额6275.63亿元。外贸进出口总额153.25亿美元,其中出口总额31.68亿美元。新批外资及港澳台资企业8家,注册外资及港澳台资7.08亿美元,到账外资及港澳台资2.1亿美元。新增私营企业1926家,新增注册资本95.5亿元;新增个体工商户4093户,新增注册资金5.7亿元。累计“新三板”挂牌企业18家。总投资270亿元的尤尼威尔高端新材料、中车产业、灿勤科技园、易高碳纤维、彤程新材料、奥洁生物、汉璟基因工程等32个优质项目签约;总投资156亿元的中集圣达因、陶氏有机硅、庄信万丰、梵创产业基地、胜牌润滑油、PPG三期、开米科思等16个项目开工;总投资超30亿元的华奇化工、芬美意食品用香精香料、奥斯佳材料科技公司张家港基地等8个重大项目投产。引进京东数科,化工、纺织、粮油和名贵木材四大专业市场依托易棉购、无锡飞鸟、豆粕团等一批新型产业互联网平台,市场交易实现放量增长,苏交网“易交割”“链交割”完成交割量超5000万吨。总投资5000万美元的嘉里物流项目签约,密尔克卫化工供应链一体化基地建成投运,郑明温控产业园完成主体工程,港区集装箱码头改扩建工程推进,长江航运交易中心、电子口岸入选省道路运输无船无车承运人试点企业,作为全国首批无船无车承运人试点企业的江苏物润船联网络股份有限公司完成税收1.2亿元。保税区专业市场完成商品销售总额6275.63亿元,其中化工品交易所线上线下交易额3694.48亿元。服务业入库税收43.73亿元。新兴产业产值749.13亿元,占工业总产值的53%。区(镇)获评省“双创计划”人才4人,累计34人;获评姑苏创新创业领军人才8人,累计50人;获评张家港市领军型创新创业人才20人,累计182人。新增省级科技项目3项,累计40项;新增省高新技术企业26家,累计120家。灿勤科技跻身国家级科技小巨人企业,其项目获评张家港市唯一省重大科技成果转化项目。迪克化学、润英联、瓦克化学、华盛化学、益江粮油、中粮东海6家企业车间被评为苏州市智能车间。华昌化工、陶氏化学、长江润发等16家企业车间获评省级示范智能车间。总投资25亿元的东恒鑫进口汽车高端定制产业基地项目开工建设,华东房车交易中心开业运营,口岸完成整车进口8000台,完成汽车改装3000余台。区(镇)全年实现农、林、牧、渔业总产值6.93亿元,粮食、油菜籽和水产品总产量分别为16783吨、251吨、2738吨。完成58.8公顷标准化农田建设,新增高效农业58.8公顷。土地规模经营面积281.13公顷。农业基地认定总面积1200公顷。有无公害农产品5种,绿色食品18种,有机食品1种,苏州市级以上名牌农产品5种。

社会事业　年末,有学校27所,其中中学5所、小学10所,教师2053人。有幼儿园15所。中学、小学、幼儿园在校学生分别为7544人、17711人和8201人。总投资6亿元的苏州外国语学校保税区校区幼儿园开工建设。投入700万元对护漕港中学、南沙小学等学校进行综合改造,投入1090万元为金港幼儿园、中兴小学、南沙中学等学校添置设施设备。护漕港中学体育馆、新塍幼儿园建成投用,金香幼儿园建设进展顺利。总投资4.5亿元的金港文化中心基本完成室内装潢和室外配套工程。区(镇)有医疗卫生机构66个,其中医院5家、社区卫生服务机构35家,执业(助理)医师524人。有体育场馆2座、健身广场56个、健身房58个,村、社区有篮球场48片、面积4.98万平方米。新时代文明实践站所实现全覆盖,有效构筑“线上+线下”“固定+流动”的服务模式,重点打造行政服务中心、金港中央广场“千百度”等一批文明实践点,全年开展文明实践志愿服务2000余场。出版9本村志和村规、村赋、村歌系列丛书。“我们的节日”、全民阅读等主题活动形式内容丰富多元,围绕“新中国成立70周年”主题举办香山短程马拉松、刘育熙小提琴独奏音乐会等活动80余场。社区卫生服务站均创建成市慢性病防治社区卫生服务站,18家卫生服务站创建成苏州市示范社区卫生服务站,其中5家卫生服务站创建成省示范村卫生室。南沙香里乡亲生活馆建成江苏省首个家庭健康服务中心,马桥社区建成全市首个智能化家庭医生工作室。保税区(金港镇)卫生服务中心建成省级基层医疗机构中医综合服务区(中医馆),针对718户大病困难群众家庭、计生特殊困难家庭进行家庭医生签约,服务覆盖率99.86%。“家庭健康服务中心”及“暖心家园”示范项目获评国家级计生协会项目。实施“三优三保”拆旧复垦58.61公顷,回购产业用地38公顷,实施“腾笼换凤”地块3宗、11.2公顷。主动调减护漕港至太字圩港3千米化工岸线为非化工岸线，缩减化工园区面积5平方千米。全面启动“张家港湾”生态工程建设，周边10万余平方米违建全部拆除，海宏海工船厂实现拆除清场。高峰宕口、浩波化学、三节桥港等43件上级督察重点问题和群众关注热点问题交办件全面完成整改。完成长源热电、东源纺织等企业燃煤锅炉清洁能源代替和42家企业挥发性有机化合物、14家企业深度异味综合整治。完成总面积9.1万平方米的拦门沙覆绿工程，全年新增绿化面积19.7万平方米。破获各类涉黑涉恶案件100起，采取刑事措施182人，给予行政拘留85人。拆除各类违章建筑超40万平方米，“三合一”场所合规化改造、“9+1”场所隐患整治、出租房安全评定实现三个100%。新建261个集中充电棚，可集中停放、充电电动自行车5200余辆。新塍、学田、袁家桥、长山、福民5个村36个三星级康居乡村点位通过苏州市验收。

福民工程　区（镇）村年均可用财力903万元。总投资6.6亿元的7个大类30项民生实事工程扎实推进。有公共自行车点位59个、锁柱1316个、投放自行车1052辆。整体转换数字电视81850户，整转率99.98%。全年提供就业岗位1.1万个，开发公益岗位142个。新开工金成三期南扩、文昌小区北侧两个地块12余万平方米安置房项目，完成安置房分房4500余套、办证2500余套。6个老小区9000余户居民实现天然气改造入户。完成高标准农田建设37.07公顷。年末参加居民基本养老保险66616人。全年市、镇两级财政补贴6661.6万元。就医门诊结报30.6万人次，报销1584万元；住院结报8724人次，报销3988.8万元；救助16160人次，救助金额352.93万元。春节慰问3万户，发放慰问金2315万元。发放低保（含低保边缘重病困难对象、一户多残）补助金、临时救济金77万元，财政补贴900.64万元，保障444户、643名低保人员及179名低保边缘重病对象等困难群众基本生活。为196名贫困学生发放助学金54.9万元。完成52例民生保险理赔案件，赔付金额100.6万元。有养老服务机构4家，床位1124张，新增护理型床位584张。累计居家养老服务中心10家，居家养老服务站32家，老年人助浴点2个，规范化助餐点4家。年内为6608名80周岁及以上老年人发放尊老金547.04万元。有虚拟养老服务对象5409户，“智慧养老”服务100人。有24个村（社区）试点开展村级医疗互助，受益群众近1万人，发放补助550万元。“民生微实事”投入425万元，实施项目77个。新增老年农（居）补贴100人，社保扩面14795人，住房公积金扩面5255人。为2户困难户提供“安居工程”救助，补贴17万元。“爱满港城”慈善募捐1317万元，市、镇两级慈善助学196人，发放助学补助金60万元。

2019年张家港保税区（金港镇）办事处基本情况表

表65

名　称	所在集镇面积（平方千米）	党工委书记	主任	党工委副书记	副主任
南沙办事处	2.05	孙永华	许燕忠（7月任）	许燕忠（7月任） 谭晓维	谭晓维 方建良
后塍办事处	3.80	王卫东（3月免） 王　希（3月任）	朱启彦	朱启彦 李杏珍（女）	孟　伟
德积办事处	1.98	龚锦乾（3月免） 孙　亮（3月任，11月免） 丁萍芬（女，11月任）	丁萍芬（女，11月免）	丁萍芬（女，11月免）	王　滇（女） 丁向阳

2019年张家港保税区（金港镇）村（社区）基本情况表

表66

村（社区）名	面　积（平方千米）	户数（户）	人口数（人）	集体经济总收入（万元）	可用财力（万元）	总资产（万元）	村（社区）党委（总支、支部）书记	村委（社区）主　任
长江村	5.20	2310	7541	2269	2180.17	18796	郁霞秋（女）	黄忠和
巫山村	2.62	1725	4893	2296	2913.67	26485	李跃进（5月免） 申小芳（女，5月任）	杨惠忠
张家港村	1.53	1790	5345	322	284.29	4810	施忠法	朱阿云
滩上村	4.15	1952	6038	1710	1538.82	19122	李永奇（第一书记，4月任） 戴丽君	郁　兴
长山村	6.90	2105	7810	3856	3036.00	26100	郁江清（辞职） 陈　强（5月任）	陈　强
山北村	4.20	2185	6030	2379	1624.45	7358	庞建华	孙瑞龙
柏林村	4.70	2440	7597	1779	1603.28	16334	殷品龙	谢建兴

续表66

村(社区)名	面　积(平方千米)	户数(户)	人口数(人)	集体经济总收入(万元)	可用财力(万元)	总资产(万元)	村(社区)党委(总支、支部)书记	村委(社区)主　任
占文村	2.41	1145	3949	1587	1401.54	8620	顾凯洪	何　华
东山村	3.21	947	3322	1362	722.21	5787	宋国芳	邬曦忠
港西村	2.60	1250	3554	872	829.81	5546	顾永仁	许国平
新塍村	3.01	1562	4496	856	729.72	10902	陆建新	肖云星
高桥村	4.80	1826	6200	1256	1219.01	8962	向　一	陈　良
袁家桥村	3.50	1471	5231	918	713.34	2498	李永奇(5月免) 许海东(5月任)	张　海
晨阳村	8.54	3300	8684	1979	1776.11	15102	刘荷英(女)	黄　轩(7月免) 刘荷英(女,7月任)
朱家宕村	2.39	1154	3280	1486	1052.56	4783	许海东(4月免) 高　峰(4月任)	缪海平
封庄村	4.30	1537	4566	634	564.66	3992	奚　涛	沈网良
三角滩村	4.50	1596	3138	709	507.69	4252	叶浩翔	唐献忠
学田村	4.30	1845	4951	983	695.54	8302	唐向阳	吴品良
福民村	5.24	1988	5712	1397	1330.64	16113	陈兰清(1月免) 陈品锋(1月任)	张亚华
小明沙村	4.50	1323	5580	768	621.05	6662	赵新浩(5月免) 孙　清(5月任)	姚金全(8月免) 孙　清(8月任)
朝南村	5.64	1755	6051	882	713.11	5535	陈国平(5月免) 曹　俊(5月任)	黄剑锋
新套村	3.06	1211	3297	683	851.15	7365	李云才	李云才
德积村	3.24	1031	3788	1270	562.20	8451	陈春芬(女)	陆晓峰(7月免) 陈春芬(女,7月任)
永兴村	2.90	1294	3581	564	477.60	6394	黄学贤	黄照平
双丰村	2.92	1298	4123	812	677.00	3821	陈永法	王巧芬(女)
北荫村	2.18	2500	6132	953	759.99	8589	王建军	朱卫国
中德社区	0.18	1670	4839	262	282.51	2355	黄秀娟(女)	李　兰(女,7月免) 黄秀娟(女,7月任)
中港社区	0.42	1310	3508	225	180.94	1078	朱建龙	朱建龙
中南社区	0.15	1540	5231	392	278.42	2264	李增宝	李增宝
中苑社区	2.55	2097	4258	361	300.86	2158	朱建刚	居正平
中兴社区	0.05	632	2886	297	178.68	1396	顾永建	顾永建
安定社区	0.08	1098	3818	306	186.07	1109	黄建忠	黄建忠
中圩社区	0.09	1540	4732	340	263.82	3297	朱建良(5月免) 何晓东(5月任)	何晓东
海港社区	0.06	1027	3200	—	—	—	徐相兰(女)	徐相兰(女)
金润社区	0.63	4638	15000	—	—	—	李　兰(女)	李　兰
金都社区	0.43	4841	14523	—	—	—	高燕晓(5月免) 奚　洋(女,5月任)	沙　尧(7月免) 奚　洋(女,7月任)
南沙社区	0.80	2613	7201	—	—	—	张丽琴(女)	张丽琴(女)
廊桥社区	0.23	1055	3275	—	—	—	陈　圆(女,5月免) 王汉明(5月任)	陈　圆(女,5月免) 王汉明(5月任)
金香社区	0.33	831	2493	—	—	—	李　萍(女,7月任)	王海荣(4月任,7月免) 李　萍(女,7月任)
后塍中心社区	4.00	954	18883	588	294.71	1672	沈其明	陶　慧(女)

续表66

村(社区)名	面　积(平方千米)	户数(户)	人口数(人)	集体经济总收入(万元)	可用财力(万元)	总资产(万元)	村(社区)党委(总支、支部)书记	村委(社区)主　任
塍德社区	0.50	4076	13000	—	—	—	高　峰(4月免) 沙　尧(4月任)	沈　辰
塍丰社区	0.79	2896	9060	—	—	—	孙　清(5月免) 黄　轩(5月任)	孙　清(7月免) 黄　轩(7月任)
元丰社区	0.13	586	1964	646	269.82	2033	曹　俊(5月免) 陆晓峰(5月任)	曹　俊(7月免) 陆晓峰(7月任)
德丰社区	0.33	4550	13560	—	—	—	张　华	丁萍芬(女,7月免) 张　华(7月任)

2019年张家港保税区(金港镇)投资1亿元以上开工项目情况表

表67

投资企业名称	项目名称	投资金额(万元)
玛顿模块化工程建造(苏州)有限公司	新型装备制造项目	33550
江苏华昌化工股份有限公司	锅炉升级及配套技术改造项目	24821
胜牌(张家港)润滑油有限公司	新建年产10.8万吨润滑油、1.2万吨防冻液项目	18874
江苏德丰建设集团有限公司	新建年产6万平方米装配式建筑预制构件项目	18675
张家港保税区灿勤科技有限公司	扩建年产介质波导滤波器8000万个项目	18103
张家港保税区亚鑫精密制管有限公司	汽车减震器项目	15880
江苏张家港酿酒有限公司	沙洲优黄展示中心项目	15005
陶氏有机硅(张家港)有限公司	年产1.2万吨有机硅树脂扩建项目	14700
阿胡斯卡尔斯油脂(张家港)有限公司	扩建年产10万吨植物油及制品项目	11514

【金港大桥竣工】 总投资2亿元的金港大桥位于保税区(金港镇)滨江新城镇山路,是保税区(金港镇)重大基础建设工程项目,也是滨江新城核心区基础设施的重要组成部分。金港大桥设计为双向六车道,大桥主桥两侧设有非机动车道和人行道,全长645.2米,其中主桥长285.2米,桥面宽44米。大桥所连接的镇山路是区(镇)一条东西向的主干道。随着滨江新城的建设,大桥东西两侧已逐渐成为政务服务、住宅、商业、教育集聚区。为完善区域交通路网,方便市民出行,2018年1月金港大桥启动建设。因桥所在张家港河是三级航道,为保证航道的通畅,大桥无法采取水面施工模式,施工方特别采取了矮塔斜拉桥设计,采用挂篮施工,主桥跨径120米,是张家港市域范围内跨径最长的桥梁。2019年年末,金港大桥竣工。

金港大桥　　(苏栋汇　摄)

【135亿元投资项目集中开竣工】 2月13日,2019年张家港市"集聚产业转型新动能,打造港城发展升级版"项目集中开工活动在保税区(金港镇)举行。此次活动保税区(金港镇)涉及保税区梵创产业智能光学与视频产业基地、张家港海陆聚力重型装备、江苏开米科思化学有限公司新型环保制冷材料、江苏华昌化工股份有限公司锅炉升级及配套技术改造、保税区亚鑫精密制管有限公司汽车减震器、华奇(中国)化工有限公司橡胶助剂、苏州外国语学校保税区校区等开工项目7项,总投资53亿元。保税区梵创智能光学与视频产业基地是此次集中开工活动中投资体量最大的项目,项目投资20亿元,首期项目视频及光学产业基地达产后,可实现年产1000万套LED汽车光学元件、9600万套视频产品、5000万套镜头模组及配套产品规模,预计新增年销售收入超50亿元、利税8亿元。另外,还有中车城市交通有限公司中车氢能源产业投资基金、江苏汉璟生物科技有限公司基因工程技术研发

总部和产业基地、PPG涂料（张家港）有限公司PPG中国应用创新中心、张家港汉龙新能源科技股份有限公司新能源组件、苏州莱士格车业有限公司智能助力自行车研发及制造等5个项目成功签约。

8月28日，保税区（金港镇）东恒鑫进口汽车高端定制产业基地项目、苏州凡赛特材料科技有限公司半导体及光电高分子膜材料产业化项目、江苏双优环境科技有限公司废活性炭处理并再生环保配套项目、张家港双山旅游发展有限公司南码头集散中心和枫林营地等18个项目集中开竣工，其中开工项目15项、竣工项目3项，总投资82.2亿元。江苏开米科思化学有限公司由上海立新气体有限公司等投资建设，将在扬子江化学工业园投资建设年产25.6万吨新型环保制冷材料项目。项目投资10亿元，占地4.93公顷，主要生产第四代新型环保制冷剂，达产后预计年销售收入20亿元。江苏奥斯佳材料科技股份有限公司是保税区“新材料产业版图”的重要组成部分，获评“江苏省双创人才”“姑苏领军人才”和“张家港市领军人才”项目，并成功挂牌“新三板”。奥斯佳材料科技公司张家港基地的顺利竣工，将为区（镇）高质量发展注入强劲动能。中粮集团作为“世界500强”、中国最大的粮油食品企业，1993年独具慧眼选择还在初创阶段的张家港保税区投资兴业，开始打造中国第一家粮油综合加工产业园。经过20余年的发展，中粮东海粮油工业（张家港）有限公司已成为中粮集团旗下最大的综合性粮油生产基地。中粮东海粮油每天3000吨菜籽压榨及配套项目的奠基，为中粮东海粮油公司后续发展注入新动能。

【三项目在金秋经贸周开工】 11月1日，保税区（金港镇）举办2019年金秋经贸周项目集中开工活动。此次有3个项目集中开工，分别是总投资25亿元的东恒鑫进口汽车高端定制产业基地项目、总投资1.5亿美元的布伦泰格高端精细化工产业项目、总投资1亿美元的易高新型碳材料项目。东恒鑫进口汽车高端定制产业基地项目是全国整车进口口岸中最具特色的进口汽车改装产业生态园项目，可从根本上提升张家港汽车口岸的产业层次、对外形象和品牌影响，有助于加快构建极具竞争优势的平行进口汽车全产业链生态圈。项目重点打造以路虎、宝马、奥迪、保时捷、丰田和奔驰等国际定制品牌为核心，集海外采购、研发、改装、生产和销售为一体的基地项目，规划5年内实现年改装1万台、纯贸易类平行进口车销售2万台，总规模实现销售200亿元、纳税2.5亿元。香港易高环保投资有限公司是国内领先的碳材料产品提供商，此次开工项目主要为生产1000吨碳纤维材料及其他产品，达产后预计年销售收入约10亿元。布伦泰格高端精细化工产品项目注册资本5000万美元，年产10万吨高端精细化工产品，主要给区内化工企业提供专业的服务配套，包括加工生产、分装、销售，达产后预计年销售7亿元。

【密尔克卫张家港基地项目开业】 7月18日，密尔克卫张家港化工供应链一体化基地项目在保税区开业。基地项目总建筑面积1.4万平方米，可为江苏扬子江国际化学工业园及周边地区提供化学品供应链一站式服务。包括国内和国际货运代理、仓储、配送、油轮的租赁及清洗、运输、化学品分装等服务。密尔克卫集团成立21周年，始终秉承“让社会更安全、供应链更高效”的发展理念，致力于为客户提供业内优质、全面的化工供应链服务，和陶氏、杜邦、巴斯夫、瓦克、中石油、中石化等全球顶级化工企业建有紧密的伙伴关系，是国内第一家在主板上市的民营化工供应链企业。

（邱亚峰）

经开区（杨舍镇）

【概况】 经开区（杨舍镇）位于张家港市域西南部，是市委、市政府所在地。总面积153.09平方千米，其中城区面积34平方千米，耕地面积3396.5公顷。年末，辖城郊5个办事处、城区4个街道办事处、23个行政村、51个社区。有户籍97026户，户籍人口284537人，另有外来暂住人口269816人。区（镇）确立“张家港精神最足、改革创新最活、经济质态最优、动能转换最快、城乡统筹最强、文明程度最高、群众获得最多、干部面貌最佳”八大愿景，初步形成以智能制造与再制造、绿色能源、半导体芯片为核心，以国际商贸、服务外包、软件动漫、总部经济等现代服务业为特色的现代产业体系，全年实现地区生产总值752.15亿元，比上年增6.5%。一、二、三产业增加值分别为4.35亿元、243.85亿元和503.95亿元。完成全口径财政收入113.89亿元，其中公共财政预算收入54.71亿元，比上年增4.7%。入库税收111.28亿元。完成全社会固定资产投入163.97亿元，其中工业投资35.04亿元、服务业投资128.93亿元。张家港经济技术开发区列国家级经济技术开发区综合发展水平考核评价结果第32位，比上年进位38位次。杨舍镇蝉联“江苏省文明镇”称号。9月11日，《中国乡镇综合竞争力报告2018》显示，杨舍镇上榜2018年中国乡镇综合竞争力排名第三位；10月8日，2019年中国中小城市高质量发展指数研究成果发布，杨舍镇名列2019年度全国综合实力千强镇第三名。杨舍镇百家桥村获评苏州市康居特色村。

经济建设　年末，有企业13904家，其中工业企业3377家。333家规模以上工业企业全年实现总产值700.06亿元，营业收入727.65亿元，比上年增0.13%，工业利税47.1亿元。超1亿元工业企业实现主营业务收入574.58亿元，占全区规模以上工业企业主营业务收入总量的83.27%。全年外贸进出口总额86.42亿美元，其中出口总额77.67亿美元。新批外资及港澳台资企业22家、增资项目10项。新增注册外资及港澳台资5.84亿美元，比上年增199.8%；实际利用外资及港澳台资1.8亿美元，比上年增12.2%。新批办私营企业2922家，新增注册资本123.8亿元。参与设立KIP、IDG等产业基金，总规模突破160亿元。项目建设成效突出。总投资232亿元的16个三级重大项目加快推进，加特可变速箱、晶台光电LED照明、采埃孚汽车电子转向系统、建和汽车减震器、爱汽科技变速箱关键部件、华荷氢电燃料电池、铁歌科技新型LED显示屏等7个超1亿元项目竣工投产，在建重大项目数量与质量均创历史新高。计划总投资19.5亿元的澳洋健康产业项目（澳洋医院三期、澳洋医药物流异地新建、澳洋优居壹佰暨阳湖医养结合项目）、中科院张家港纳米产业园和国泰智慧软件园二期3个项目被列入市服务业十大重大建设项目；计划总投资172.98亿元的张家港汇金中心、张家港农联新镇项目、市舞蹈学校二期校区、美邻广场、金宝贝幼儿园、前溪商业综合体、新能源物流车平台项目、百信物流（三期）等项目被列入市生产经营性服务业重点项目。软件（动漫）产业园累计入驻企业270家、电子商务产业园入驻企业80家，年平台交易额突破100亿元，获评2019—2020年度江苏省电子商务示范基地。净增高新技术企业27家、新增省级以上研发机构8个，省企业研究生工作站4家，省工程技术研究中心2家，省级众创空间6家、国际科技合作项目6个。区（镇）实现农、林、牧、渔业总产值7.11亿元，粮食、蔬菜、肉类、禽蛋、水产品总产量分别为14669吨、15779吨、79.4吨、9.7吨和618吨。

社会事业　年末，有学校及幼儿园117所。其中中学24所、小学16所、幼儿园37所，教师7376人，在校学生102511人。学校中区（镇）属地管理学校38所，在职教职工3814人，在校学生46971人。年内新建学校6所，乘航幼儿园建成投用。投入826万元为27所中小学、幼儿园添置更新电子白板及触控一体机77套、笔记本电脑42台、教师用电脑334台、学生用电脑68台、图书8200套、学生课桌椅3000套、学生餐桌椅60套。投入800万元为省优质均衡教育创建添置一批教育教学装备；投入283万元为区（镇）18所幼儿园（含4所民办幼儿园）的315间幼儿教室安装新风系统。区（镇）中小学、幼儿园扩班50个，新增青少年学位数量2135个。完成动迁87万平方米，30个重点地块清场交地，启动张家港智慧科学城建设，全市首个PPP项目南横套滨水生态廊道启动。建成24小时自助图书馆3个，获评苏州市五星级综合文化服务中心3家。全年举办文化活动超400场，2件作品获苏州市第三届群众文化“繁星奖”银奖。区（镇）有医疗卫生机构196个，执业（助理）医师2563人。有公园健身广场45片。承办广场舞、桌式足球国家级赛事2场。持续开展“263”“331”、散乱污治理、河长制、扫黑除恶、安全生产大排查大整治等专项行动。落实河长制，疏浚河道260条，拆坝建桥31座，建成新沙河等生态河道11条。通过清洁生产审核评估企业35家，加装高效废气治理设施48套。完成小区雨污分流15个，铺设污水管网20千米，农村生活污水接管1162户。建成省级生态河道12条，新增绿化面积29.87公顷，建成福前等美丽村庄10个。新建、改建道路7条、桥梁6座，总长4.8千米。修补农村道路7550平方米，新建排涝站2座、圩口闸4座。新增道路违停抓拍设备16套。对南新花苑二期、港新花苑一期、塘市花苑一期、包基花苑等13个安置小区进行智能化安防改造。对东莱五金机电广场、锦绣花苑二期、明日嘉园小区等增设高清监控155个。加大交通隐患整治力度，新划交通标线5080平方米；新建临河防撞护栏380米，隔离护栏825米，太阳能爆闪灯8套；修补减速带780米；增添各类交通标志112套。加强巡防基础设施建设，新增警用4轮电瓶车14辆、2轮电瓶车40辆，新建警务工作站2个。

福民工程　全年新增就业岗位17146个，特困家庭劳动力就业率达到100%。全年开展社区门诊57万人次，完成重点人群家庭医生签约9902户、33594人。组织安排15215名65周岁及以上非社会化管理的老年居民参加免费体检。组织高血压、糖尿病筛查7628人次，管理重性精神疾病患者1583人。完成心脑血管疾病筛查61058人次。接种疫苗112873人次。组织9581名妇女参加“两癌”筛查。为8083名老年人提供虚拟养老服务，为155名70周岁及以上空巢失能老人和60周岁及以上失智老人提供智慧养老服务。全年为老年人提供虚拟养老服务39万次，发放80周岁及以上老年人尊老金700余万元，办理老年人优待证800余份。开展“阳光扶贫”大走访、“爱满港城”慈善募捐活动，精准帮扶低保、低保边缘、五保、重残等各类受助人群，全年发放救助金3366万元。41个村（社区）开展医疗互助，村级医疗互助会实现全覆盖。

2019年张家港经济技术开发区（杨舍镇）办事处和街道办事处基本情况表

表68

名　　称	所在集镇（街道）面积（平方千米）	党工委书记	办事处主任	党工委副书记	办事处副主任
塘市办事处	2.50	魏　立	邹丽萍（女）	邹丽萍（女，11月任） 陈韵红（女）	徐海栋（11月任） 陈　云（11月任）
乘航办事处	1.50	郭广益（兼）	刘　忠	刘　忠（11月任） 毛建芳（女，11月任）	葛卫荣　李雪东 季浩锋（11月任） 徐　一（11月免）
东莱办事处	2.00	秦剑洋（8月任）	季　刚（8月任） 秦剑洋（8月免）	季　刚（11月任） 王　蕾（女，11月任）	谢建彪（11月任） 沈　波（11月任） 王　蕾（女，11月免）

续表68

名　　称	所在集镇（街道）面积（平方千米）	党工委书记	办事处主任	党工委副书记	办事处副主任
泗港办事处	2.10	蒋　炜	宋海忠（8月任）	宋海忠（11月任） 徐　波（女）	徐　一（11月任） 吕　浪（11月免）
晨阳办事处	0.80	—	金　忠	金　忠 黄　琴（女，11月任）	钱海峰（11月任） 丁伟民（11月免）
城东街道办事处	12.23	杜永健	沈　敏（女）	沈　敏（女，11月任） 杨荣华（11月任）	贺　妍（女，11月任） 张晓红（女，11月任）
城南街道办事处	18.4	赵琦萍（女，兼）	袁　琦（女）	袁　琦（女，11月任） 陶振祥（11月免）	孙金方　王　献 徐燕萍（女）
城西街道办事处	6.30	许志贤	朱　磊（8月任） 唐　宏（8月免）	朱　磊（11月任） 蔡　健 薛　燕（11月免）	丁伟民（11月任） 黄　英（女）
城北街道办事处	18.20	周　军	—	许利刚（11月任） 陆　豪（11月任）	钱得栋 陈丽萍（女，11月任）

2019年张家港经济技术开发区（杨舍镇）村（社区）基本情况表

表69

村（社区）	面积（平方千米）	户数（户）	人口数（人）	集体经济总收入（万元）	可用财力（万元）	总资产（万元）	村（社区）党委（总支、支部）书记	村委（社区）主任
斜桥村	3.91	1664	4679	1548	754	9334	许利刚（9月免）	许立东
田垛里村	7.14	1834	5218	6077	4119	37734	郭建锋	郭建锋
闸上村	2.41	827	2570	1759	1620	11600	唐　宏	李　华（3月免）
章卿村	4.50	1479	4956	1632	1210	16888	吴　坚	吴　坚
善港村	9.07	2259	6851	5839	2014	21560	葛剑锋	—
百家桥村	4.53	455	1198	2125	1112	15884	王利明	惠晓东
李巷村	7.20	1776	6431	2926	1624	9364	孟雪春	孟雪春
河北村	5.29	1534	4890	1276	1004	10358	徐海栋（9月任）	陆惠良
蒋桥村	2.00	721	1866	2177	1383	28275	支益明（12月任）	支益明
庆安村	7.50	1637	5043	2262	1569	21341	李雪东	魏春雷
农义村	2.38	538	1760	885	492	6545	周正星	周正星
双鹿村	3.50	803	2433	392	304	3609	季建飞	陈海江
新民村	4.50	908	3119	1022	799	9071	季浩锋（9月任）	陆正东
民丰村	4.61	819	2462	1916	1325	28089	陈卫佳（12月任）	陈卫佳
农联村	6.50	1949	5889	7301	7079	81812	赵建军	赵建军
东莱村	11.50	2321	6806	1818	1313	21542	季　刚（12月免）	刘　兵
福前村	8.00	2007	5694	3091	1715	26824	赵国忠	张　园
徐丰村	1.59	681	1743	1041	971	11240	唐永德	唐永德
西闸村	3.25	1203	3617	623	505	5686	戴晓华	戴晓华
黎明村	5.80	1459	4330	1163	712	13942	徐　平（12月任）	徐　益
晨新村	4.27	1270	3369	1287	804	10454	卢向华	陆建东
晨南村	4.90	1318	3735	3018	754	8115	丁耀平	刘　华
南新村	6.14	1942	5486	2666	602	7033	东国平	朱永安
芦庄社区	0.62	782	3030	—	—	—	陈　琳（女）	缪雪芳
塘市社区	0.74	531	1462	—	—	—	张炜浩	张炜浩
南庄社区	3.50	873	2882	1203	586	11530	戴　宇（主持）	顾彩云（女）

续表69

村(社区)	面积(平方千米)	户数(户)	人口数(人)	集体经济总收入(万元)	可用财力(万元)	总资产(万元)	村(社区)党委(总支、支部)书记	村委(社区)主任
棋杆社区	3.00	513	1584	1581	1054	10998	陈　云	许建良
汤联社区	2.50	776	2876	1020	634	6191	徐　江(主持)	高丽萍(女)
河南社区	3.00	360	1255	926	629	7542	徐岳云(9月任)	吴国洪
七里庙社区	12.00	1330	4036	3058	2607	28877	徐　一(9月任)	徐　浩
通桥社区	0.22	619	2499	—	—	—	王利明	惠利波
泗港社区	2.00	391	1230	—	—	—	黄　琴(女,9月免)	张　徐(8月免)
江帆社区	2.28	970	2643	—	—	—	许　春	季利本
东莱社区	5.00	415	944	—	—	—	姚雪青(女)	张小燕(女)
福新苑社区	2.20	412	1402	—	—	—	黄海峰	张卫兴
青草巷社区	3.12	209	537	—	—	—	何永贤(女)	何永贤(女)
乘航社区	2.50	1085	3008	—	—	—	钱　红(女)	黄云舟(女)
江南社区	1.24	416	1391	—	—	—	徐宇洲(女)	许海云
农鹿社区	1.40	177	595	—	—	—	李文艳(女)	李　娟(女)
万红社区	0.93	2940	8853	787	546	7891	匡卫祥	潘永华
景巷社区	1.17	2389	6470	—	—	—	石扣萍(女)	朱　萍(女)
暨阳社区	0.40	1976	5613	—	—	—	路　敏(女)	蒋　燕(女)
云盘社区	0.32	1941	5592	—	—	—	王佩华(女)	陈　果
城西社区	0.53	1902	5342	5340	6765	46614	蔡　健	赵石平
庆丰社区	0.35	1278	3856	—	—	—	王雅芳(女)	徐佩铭
西门社区	0.42	1218	3326	—	—	—	陈　亮(女)	汤　炜
钱塘社区	0.70	782	2089	—	—	—	沈丽红(女)	周　科(女)
悦盛社区	0.72	599	1630	—	—		徐　敏(女)	王季芳
城南社区	0.88	2936	8228	2597	3328	33622	陶振祥	陆晓峰
小城市社区	2.50	2844	8227	1030	1488	11314	朱　磊	曹盘军
南苑社区	5.00	2582	7145	—	—	—	徐　炜	曹　荣
赵庄社区	2.80	1730	5224	1243	982	21795	徐金宝	徐惠锋
暨阳湖社区	1.25	1529	4548	—	—	—	徐　敏(女)	钱雪花(女)
永安社区	1.50	1527	4334	—	—	—	陆彩萍(女)	殷红燕(女)
白鹿社区	0.68	1419	4009	—	—	—	陈红静(女)	高亚娟(女)
旺西社区	4.00	2508	1193	1869	1902	21470	顾剑平	徐国华
包基社区	3.00	427	1360	1105	910	10860	惠　扬	叶　文
联谊社区	2.20	236	613	—	—	—	蔡文娅(女)	许　娟(女)
邻湖社区	0.63	205	490	—	—	—	张　健	陶菲菲(女)
城东社区	1.20	4103	11339	2239	1938	22182	郭新贤	陈瑗瑗(女)
前溪社区	4.50	3839	11185	549	633	26782	唐建新	王晓英(女)
花园浜社区	1.60	3489	9377	—	—	—	许品洁(女)	陶润珂(女)
老宅社区	1.80	1445	4368	—	—	—	陈宇红(女)	任　丹(女)
勤丰社区	0.83	1112	3018	—	—	—	钱雪峰	朱卫平(女)
景溪社区	1.30	1088	3141	—	—	—	潘艳丽(女)	赵海萍(女)
锦程社区	0.47	321	1100	—	—	—	周　艳(女)	陈军伟
南杨社区	0.51	69	162	—	—	—	赵　青(女)	赵　青(女)
横河社区	4.20	2167	6204	1163	1001	4488	钱志杰	陈文晓
城北社区	1.50	1943	5133	848	808	13287	任建刚	徐　虹(女)
范庄社区	1.38	1939	5738	1196	771	7500	钱得栋	陈　洁(女)

续表69

村(社区)	面积(平方千米)	户数(户)	人口数(人)	集体经济总收入(万元)	可用财力(万元)	总资产(万元)	村(社区)党委(总支、支部)书记	村委(社区)主任
锦绣社区	2.60	1180	3440	—	—	—	许颂艳(女)	周海燕(女)
陈东庄社区	1.40	1131	3368	—	—	—	黄 芳(女)	钱蔡荣
仓基社区	1.25	400	1224	563	414	10042	孙 斌	许春芳(女)
晨阳社区	0.83	324	764	—	—	—	丁 静(女,12月任)	丁 静(女)

2019年张家港经济技术开发区(杨舍镇)投资1亿元以上开工项目情况表

表70

投资企业名称	项目名称	投资额(万元)
加特可(苏州)自动变速箱有限公司	变速器生产项目	120335
采埃孚汽车科技(张家港)有限公司	汽车底盘零部件项目	67137
江苏天鹏电源有限公司	锂电池及其模组生产项目	66000
苏州凯毅斯智能驱动技术有限公司	三电模块系统项目	50850
张家港孚冈汽车部件有限公司	座椅控制器等汽车电子产品生产项目	37996
苏州晶台光电有限公司	高端LED照明及智能控制系统项目	30000
江苏国富氢能技术装备有限公司	液氢全产业链装备生产项目	28000
泰林实业(张家港)有限公司	汽车电动助力转向系统核心部件项目	20000
小谷(张家港)精密锻造有限公司	汽车、高铁用精密锻造件及轴承生产项目	20000
铁歌科技(张家港)有限公司	新型LED显示屏项目	15000
江苏瑞铁轨道装备股份有限公司	轨道车辆车厢制造生产项目	12800
江苏华荷氢电科技有限公司	生产车用燃料电池动力系统项目	12500
江苏锋德氢能源科技有限公司	家用热电联供系统生产项目	12500
爱汽科技(苏州)有限公司	汽车变速器及其关键部件生产项目	12208

【区(镇)区划大调整和集成改革】 2月18日,经开区(杨舍镇)召开办事处(街道)、村(社区)区划调整优化动员会,正式启动办事处(街道)、村(社区)区划调整工作。此次区划调整是区镇系列改革的重要一环,经过前期半年的调研准备工作,以“便民、利民、为民”为原则,以高效服务为出发点,将社区管辖区域范围适当放大,由原来的平均2000至2500户、人口6000人左右调整为户数平均5000户、人口1.5万至2万人。调整后村委会由29个变为23个,社区居委会由76个变为51个。撤销旺西、河南、汤联、棋杆、七里庙、南庄6个村委会;撤销向阳、园林、花园、振丰、梁丰、东苑、新城、明珠、中昊、君临、东湖苑、新旺、绿洲、聚龙、沙工、馨港、西湖苑、惠丰、江联、清水湾、金城、悦杨、长安、龙潭、邵巷、汇景、四季、悦丰、通运、体育、扬帆、东渡、东兴苑、南湖苑、香蜜湖、金塘、北海、戴巷39个社区居委会。调整前溪、南苑、庆丰、西门、暨阳、云盘、万红、暨阳湖、锦绣、横河、勤丰、泗港、悦盛、白鹿、景巷、东莱、江帆、乘航、老宅、晨阳、塘市、江南、城东、小城市、范庄、包基、城北、仓基、城南、赵庄、城西、七里庙、通桥、农鹿、福新苑、青草巷、陈东庄37个社区居委会的管辖范围。增设永安、钱塘、花园浜、景溪、旺西、芦庄、南庄、河南、汤联、棋杆、锦程、南杨、联谊、邻湖14个社区居委会。行政体制优化调整,经开区内设机构调整顺利完成,行政审批局挂牌成立,综合行政执法局加快筹建,组织人事局更名为党群工作局,将原在党政办公室挂牌的宣传文明办公室调整为党群工作挂牌机构,相关职责划入党群工作局。集成改革中心和分中心投用,区(镇)政务服务中心开工建设。

【上海电气合作项目落户经开区】 6月3日,张家港经开区与上海电气输配电集团举行战略合作协议暨变压器项目合作签约仪式。上海电气集团(张家港)变压器有限公司作为上海电气输配电集团的控股子公司,拥有国内领先水平的变压器专业生产设备600余台,产品在质量、性能及试验检测技术等方面达到国内国际先进水平。主要产品有500千伏级及以下电力变压器、330千伏级及以下整流变压器、220千伏级及以下电炉变压器、10千伏配电变压器、35千伏级及以下干式变压器、非晶合金变压器、其他特种变压器及电抗器等各类变压器类产品;35千伏级以下预装式变电站、充电桩式变电站、高低压开关柜、计量柜、电缆分支箱、JP柜等各类成套产品;各类变电工程总承包、现场安装、智能运维、综合服务等。产品广泛运用于电网、电站、冶金、化工、机械、交通运输、航天航空、新能源等领域,可辐射国内及国际市场。此次战略合作是经开区在致力于为用户提供安全、可靠、环保、智能的输配电设备,打造国际领先、国内一流的综合性企业,努力跻身国内领先的输配电装备制造企业行列的重要力量。12月20日，完成企业注册。27日，举行开业仪式。

【加特可（苏州）自动变速箱有限公司投运】 11月8日，加特可（苏州）自动变速箱有限公司开业。该公司是全球三大自动变速器生产厂商之一的加特可株式会社在中国独资设立的生产基地。2018年7月，公司落户张家港经开区（杨舍镇），占地面积9.6万平方米，有员工700余人，注册资金3.98亿元，年产能48万台变速器，主要产品Jatco CVT8变速器是一款兼顾环境性能和运动性强劲行驶的无级变速器CVT，搭载在奇骏、逍客、天籁、楼兰、T70、科雷傲、欧蓝德等东风日产、东风启辰、东风雷诺及广汽三菱的中大型车辆上。

【国家认可检测实验室创办】 6月16日，张家港中天精密模塑有限公司与阿姆泰科工业装备科技江苏有限公司、沙洲职业工学院签约，联合创办国家认可检测实验室（CNAS认证）。国家认可检测实验室投资约3000万元，主要用于中小企业产品检测报告、测量人员培训、人力输出及检测设备租赁。实验室还承担张家港中天的数字化信息化的融合，通过模具自动化的生产加工，缩短加工周期，加快注塑产品开发、改进、检验，实现产品质量的开发及质量控制过程控制，并依托沙洲职业工学院的生源基础，开展教学培训。该实验室的成立解决了张家港及江苏地区企业质量过程的控制，和检测仪器投入的压力，同时缓解了企业的用工难、学生就业问题。中天公司加大科研投入，创新改革管理模式，注重人才培养和企业文化建设，正着力打造集研发中心、科堡如厕文化博物馆、智能制造、工业旅游为一体的新工厂。（徐　琼）

冶金园（锦丰镇）

【概况】 冶金园（锦丰镇）位于市域北部，与南通如皋市、通州区隔江相望。有沿江岸线13.8千米，为江苏省首家特色产业园区，是以钢铁冶炼为核心，加工、贸易、仓储、物流全面发展的新型工业基地，拥有高端产业集聚区、科技创业园、新兴产业园、玖隆物流园、医疗器械产业园等产业载体。区域总面积114.32平方千米，耕地面积4512.17公顷。12月，厚生村、久生村合并成立十一圩港村。年末，园（镇）辖2个办事处，23个行政村，11个社区（其中4个为“村社合一”体制，分别为大南、悦来、天福、联兴社区）。有户籍41606户，户籍人口114750人，另有外来暂住人口77901人。全年实现地区生产总值580.74亿元，按可比价比上年增6.9%。按户籍人口计算，人均生产总值50.6万元。一、二、三产业增加值分别为3.93亿元、411.46亿元、165.34亿元。完成全口径财政收入94.72亿元，其中公共财政预算收入48.5亿元，比上年增0.1%。入库税金92.26亿元，比上年增1.8%。全社会固定资产投资77.98亿元，其中工业投资42.93亿元、服务业投资35.05亿元。锦丰名列2018年中国乡镇综合竞争力百强榜第9位、2019年度全国综合实力千强镇第22位。通过国家卫生镇复评，获评江苏省文明乡镇、江苏省级耕地保护激励单位、苏州市推进高质量发展先进地区、苏州市美丽城镇建设先进集体、苏州市平安镇、苏州市扫黑除恶专项斗争先进集体，位居张家港市区镇绩效考核第二，蝉联张家港市文明镇标兵。

经济建设　年末，园（镇）有企业3792家，其中工业企业1453家。107家规模以上工业企业全年实现总产值1554.13亿元，主营业务收入1794.22亿元，工业利润116.57亿元。有销售收入超1亿元企业40家，其中10亿元至50亿元企业有3家，50亿元至100亿元企业有1家，100亿元以上企业3家；入库税收超5000万元企业16家。年内新增投资超1亿元项目16项，完成工业技改投入34.88亿元。新兴产业投资41.71亿元，比上年增46.8%。实现新兴产业产值596.59亿元。沙钢烧结超低排放、环保治理二期，信义玻璃优质浮法玻璃生产线技术改造及配套深加工等21个项目启动建设，浦项真空精密装置技术改造、沙钢焦化烟气脱硫脱硝环保提升二期、球团烟气脱硫脱硝环保提升、新建C型料场环保治理等8个项目竣工投运。新增注册外资及港澳台资1.69亿美元，累计15.41亿美元。新增到账外资及港澳台资6508万美元，外贸进出口总额50.47亿美元，其中出口总额20.91亿美元。新批私营企业517家，新增注册资本22.9亿元。新批个体工商户1858户，新增注册资本2.4亿元。玖隆物流园获评全国优秀物流园区，引进国网进出口、云切智能制造、东北特钢等近200家贸易和加工企业，全年实现开票销售2200亿元，入库税收超6亿元。江苏冶金技术研究院与多家钢企签订技术开发协议。园（镇）有高新技术企业61家，省研究生工作站39家。年内新引进市领军型创新创业人才10位、重大创新创业团队1个，获评苏州市“姑苏计划”人才5人，获批省“双创计划”人才项目1项。完成发明专利申请380件，净增有效发明专利82件。低端低效产能淘汰和整治企业（作坊）关停、淘汰低效产能企业61家，腾出发展空间13.44公顷。水稻种植2294.62公顷，小麦种植1667.57公顷，秸秆综合利用率100%，机械化还田面积95%以上。实现农、林、牧、渔业总产值8.16亿元，粮食、油菜籽和水产品总产量分别为27889.6吨、730吨、1203吨。

社会事业　12月10日，冶金园在安全环保局经济发展科挂金融服务科牌子。12月23日，根据《关于同意锦丰镇综合行政执法局设置内设机构的批复》文件，设立综合行政执法局2个科室、3个执法中队。园（镇）有学校12所，其中中学4所、小学3所，有幼儿园（含办学点）7所。教师1065人，在校学生16437人（含外国语学校北校区1638人），新市民子女10209人中有7300人在公办学校入学。为化解大班额，对合兴小学、锦丰中心小学、锦丰初中（三职中）进行扩班改造，大班由70余个缩减到2个。沙洲幼儿园按计划推进建设，智能化等设备安装调试完成。合兴初中综合楼土建项目结束，室内装饰完成50%。“沙洲小学”新建工程完成设计招标。9月28日，园（镇）召开教育大会，发布《“沙洲教育”品牌建设行动计划》。锦丰中心小学《基于坚毅教育的“砥砺行”特色课程建设》获评苏州市小学特色文化建设项目，园（镇）义务教育中小学校实现苏州市级及以上课程基地创建“满堂红”。园（镇）有体育场馆5座，公园健身广场19片，室外球场36片，晨、晚练健身点140个，健身步道44千米，书场3个，24小时图书驿站4家。有文体团队近70个，社会体育指导员752人。承办“奔跑江苏·2019张家港沙洲新城四分马”暨美丽金沙洲短程马拉松赛等系列赛事，举办“金沙洲艺术团”文化志愿行、“品读经典文明·书声远播沙上”全民阅读活动等文体活动近200场，惠及群众超6万人次。培育市五星级群众文艺团队3支、四星级3支、三星级13支，创编文艺作品200余件，版权作品登记1548件。有医疗卫生机构48家，其中医院4家，有执业（助理）医师457人，床位1116个。“1+1+X”医联体管理模式持续深化，社区卫生服务中心及村（社区）站点全年诊疗44.84万人次；家庭医生累计签约服务居民19789人，全面实施慢病患者社区管理项目。全年接收下转慢病患者2027人，高血压、糖尿病药品下沉到社区，解决慢病患者往返市级医院开药的问题，构建15分钟健康圈。高标准通过全国基层中医药工作先进单位复审，悦来社区卫生服务站创成省示范社区卫生服务站。儿童预防接种门诊标准化建设实现全覆盖。计划免疫门诊接种37254人次，165个公共场所单位持有效卫生许可证率100%。开展健康进“红堡”活动，普及健康保健知识。全方位开展失独家庭关爱行动，“连心家园”项目获评省级优秀项目。发放计划生育奖励和扶助金1209.68万元，4773人受益。完成20个项目的风险评估，消除治安重点地区挂牌督办隐患4处、其他各类安全隐患和问题9100余个。纵深推进扫黑除恶专项斗争，累计破获九类涉黑涉恶刑事案件36起，抓获涉黑涉恶人员88人，捣毁团伙9个，扣押、冻结、查封涉黑涉恶案件资产37万元。累计排查“三合一”、出租房（群租房）、电动自动车停放三类安全隐患近6673处，消除5350处，整改1323处，出租房安全等级评定1万家，拆除违法建筑17.8万平方米。全年办理人大代表建议33件，办复率、满意率100%。通过“12345”便民服务热线转交办理群众意见、建议、诉求4668余件，办结率100%。深化“法润锦丰·普法讲师团”普法团队品牌影响力，组织专题法治宣传56场，投入100万元在合兴泓南广场完成镇级大型法治文化主题园建设，建成第二批村（社区）法治文化广场4片。全面推广“全科社工”服务模式，31个村（社区）统一使用市政务服务管理平台，通过“一门受理”集中对外提供29项高频公共服务事项。关停“散乱污”企业58家、整治提升72家，关停畜禽养殖户6户、整治1户，完成9家企业VOC专项治理。空气质量优良天数比例为74%，$PM_{2.5}$年均浓度为每立方米41.4微克，比上年降13.8%。围绕供给侧结构性改革要求，园（镇）落实去产能结构性改革任务，沙钢集团关停1台50吨转炉，完成钢铁去产能65万吨，另2台50吨转炉待减量置换方案完成后关停。全年园（镇）投入1635万元治理向阳9组河等7条黑臭河道，完成302家工业企业生活污水收集处理。投入100余万元，完成锦丰、三兴两个片区16个老旧安置小区（合兴片区已达到安全防范智能化建设要求）出入口安全防范智能化建设改造。

福民工程　以实施乡村振兴战略为总抓手，坚定不移推动农业农村优先发展，出台《关于“村级经济增长三年行动计划”的补充意见》，两年安排1.5亿元用于村级新增载体建设专项奖补。年末，村级集体总资产284008万元，净资产83296万元；2019年村总收入24547万元，村均1023万元，其中村集体可支配收入（不含上级财政转移支付）16362万元，比上年增3984万元，村均可支配收入681.8万元，比上年增166万元，增幅达到32.18%。总投资4亿元占地7.53公顷的三兴片区村级联合发展项目“五棵松科技园”，一期工程5.5万平方米厂房开工建设；由郁桥、协仁等11村投入资金2685万元收购五月花金逸影城房屋资产；交通、店岸等8村投入3159万元，成功竞拍华锦电机不动产、设备等资产。社区股份合作社实现按股权分红。加强农村集体“三资”管理，推广使用农商行农村集体资金管理系统。开展农村土地承包经营权确权登记颁证工作“回头看”，加强农民专业合作社规范化管理，清理“空壳社”35家。新增家庭农场2家，合兴长兴家庭农场入选苏州市第四批示范性家庭农场。全年发放涉农资金2838.3万元。其中，2018年秋熟秸秆还田农户补贴937户67.8万元、稻谷收购价外补贴农户100户177.68万元；2019年农机户40户农机49台补贴213万元，秸秆还田农户补贴84.7万元，耕地地力保护农户补贴18067户647.9万元，19个村土地适度规模经营补贴131.7万元，23个村生态补偿资金1600.2万元（水稻田生态补偿1438.4万元、水源地生态补偿160万元、生态公益林1.8万元）。新增城镇职工养老保险参保人数6297人，户籍人员参保率99.6%；参加居民基本医疗保险45287人，住房公积金扩面净增2029人；新增享受老年补贴9人。举办创业指导培训班，培训38人，为20人办理开业扶持补贴，为312人办理自办实体补贴。举办各类招聘会24场，累计提供就业岗位6584个；发布就业岗位信息9261个。帮助693名就业困难人员申领政策性补贴，65名特困劳动力实现就业，特困家庭就业率100%。全年发放各类民政经费5210.08万元。投入19.2万元帮助5户困难户建房。有养老床位1430张，千名老人拥有床位数40.5张，民营床位占94.4%。持证社会工作者389人，其中社工师99人、助理社工师290人。有低保户370户484人，低保边缘重病困难对象109户113人，五保户75人，重残救助对象673人，贫困学生164人，发放保障金、救助金等1829.93万元。有优抚对象281人，发放抚恤金532.84万元；退役士兵29人、退役士官1人，发放一次性补助费291.13万元。发放春节慰问金840.9万元，惠及困难群众3.56万户。给66471人次80周岁及以上老年人发放尊老金482.88万元，购买虚拟养老服务计299.2万元。受理民生保险47起，理赔金额62.66万元。

2019年江苏扬子江国际冶金工业园(锦丰镇)办事处基本情况表

表71

名　称	所在集镇(街道)面积(平方千米)	党工委书记	主　任	党工委副书记	副主任
三兴办事处	2.20	惠正刚	陆海燕(女)	陆海燕(女,兼)	樊祥忠　徐　萍(女)
合兴办事处	2.80	陈　英(女)	巩谆贤	巩谆贤(兼)	许天明　施尧平

2019年江苏扬子江国际冶金工业园(锦丰镇)村(社区)基本情况表

表72

村(社区)名	面　积(平方千米)	户数(户)	人口数(人)	集体经济总收入(万元)	可用财力(万元)	总资产(万元)	村(社区)党委(总支、支部)书记	村委(社区)主　任
店岸村	8.23	2061	6410	1490	1002	23846	叶海平	叶海平(兼)
联兴村	9.96	2060	4884	2076	1849	23242	沈晓燕(女)	杨德芳
向阳村	4.21	1007	2925	1108	651	10468	魏天明	丁　浩
郁桥村	2.31	628	1897	827	554	9216	张　彬	张　彬(兼)
建设村	5.01	1747	4960	1339	1034	14282	陈卫菊(女,兼)	—
协仁村	4.32	1319	4096	850	597	10778	袁　鸯(主持工作)	—
西港村	3.97	1268	3775	903	423	9070	邵燕军(主持工作)	邵燕军(兼)
福利村	5.72	1562	4499	635	403	7981	肖正才	肖正才(兼)
交通村	4.94	1372	4065	737	569	9174	张小平	张小平(兼)
新港村	4.00	1378	4172	885	643	14147	黄卫平	黄卫平(兼)
西界港	3.63	1243	3744	1005	564	11392	朱海峰	杜建林
登瀛村	4.36	1472	4380	824	502	11031	王　飞	袁　洁
耕余村	3.24	1112	3090	732	543	12255	孙晓平	孙晓平(兼)
鼎盛村	4.97	1601	4525	737	559	11816	姚兴兵	姚兴兵(兼)
乐杨村	4.74	1684	4825	805	594	9966	吴建清	吴建清(兼)
厚生村	4.29	1723	4420	832	575	10283	陆　杰	倪玉琴(女)
久生村	4.50	1222	3346	553	368	5880	徐　萍(女)	陶小贤(女)
星火村	6.01	1676	5293	1316	889	17776	毛　虎	丁建军
洪桥村	4.00	1098	3427	949	442	12143	聂恩峰	—
洪福村	5.19	1469	4001	859	482	9422	钱李军	钱李军(兼)
悦来村	3.34	749	1852	852	452	6277	徐　萍(女)	徐　萍(兼)
光明村	3.63	1081	2972	1155	423	6765	倪春军(主持工作)	倪春军(兼)
南港村	4.02	1203	3532	924	389	10020	钱　萍(女)	钱　萍(兼)
常家村	4.14	1302	3780	2154	1852	16778	张　涛	张剑平
镇北社区	1.59	2654	6355	366	133	2137	樊　红(女)	费　红(女)
滨江社区	—	—	—	—	—	—	黄　飞(主持工作)	—
三兴社区	—	—	—	—	—	—	倪海洋	倪海洋(兼)
合兴社区	—	—	—	—	—	—	陈晓敏(女,主持工作)	陈晓敏(兼)
永新社区	—	—	—	—	—	—	翟卫华	翟卫华(兼)
书院社区	—	—	—	—	—	—	茅惠慧(女)	—
沙洲社区	—	—	—	—	—	—	孙陈洁(女)	—

说明:因十一圩港村于12月成立,人员2020年1月任职,故表格按原厚生、久生村统计

2019年江苏扬子江国际冶金工业园（锦丰镇）投资1亿元以上开工项目情况表

表73

投资企业名称	项目名称	总投资额（万元）
信义玻璃（江苏）有限公司	优质浮法玻璃制造及深加工项目	200000
张家港金朋新材料有限公司、江苏爱吉亚电子科技有限公司	高端产业集聚区项目（二期）	55000
信义电源（苏州）有限公司	锂电池储能项目	50000
市兴盛企业管理有限公司	五棵松科技园项目	40000
张家港豪杰包装科技有限公司、市鑫茂饮料机械有限公司、张家港博丰新能源科技有限公司等	二干河转型升级区项目（二期）	39000
江苏世纪星汽车城股份有限公司	市旧机动车交易市场项目	18000
江苏芯工半导体科技有限公司	芯工半导体项目	15000
江苏荷普医疗科技股份有限公司	医疗器械生产项目	15000
江苏扬子江冶金产业技术研究院有限公司	江苏冶金技术研究院项目	15000
江苏联峰金盾智能科技有限公司	联峰金盾科技中心项目	15000
市锦丰城乡开发投资有限公司	大南六村东侧安置房项目	13300
江苏扬子江冶金工业园投资发展有限公司	青草巷支路沿街商业项目	12800

【113.8亿元投资项目签约和开竣工】 2月14日，冶金园（锦丰镇）举行项目集中开竣工活动，有开竣工、签约项目12项，总投资45亿元。其中，开工项目有沙钢集团转底炉二期项目、爱吉亚电子智能物联智造项目等6项，总投资21亿元；竣工项目有优易机器人电缆项目、沙钢集团冷轧硅钢加工项目等4项，总投资14亿元；签约项目有五棵松科技园项目、长顺·创谷工业园项目2项，总投资10亿元。10月18日，园（镇）举行下半年集中开竣工活动，有开竣工项目11项，总投资68.8亿元。其中，开工项目有信义玻璃优质浮法玻璃制造及深加工项目、沙钢集团钢渣综合利用项目等9项，总投资56.1亿元；竣工项目有沙钢集团冷轧硅钢加工项目、料场棚化改造项目2项，总投资12.7亿元。两次集中开竣工项目涵盖了高端制造、环保技改、科技研发等多领域，具有智能化程度高、规模效益显著等特点。

【冶金园与沙钢集团深度融合“618”共建】 6月18日，冶金园·沙钢集团深度融合“618”共建成果分享暨2019年度共建项目发布会在沙钢宾馆召开。冶金园围绕“全面服务沙钢、共同推动园企发展”战略，在生产经营、项目建设、安全环保等方面全力以赴支持沙钢集团，启动新一轮“618”共建计划，涉及6个大类，包含硅钢线、超薄带、水污染治理、教育发展基金等49个项目，为企业发展注入新活力。根据共建计划，沙钢集团捐赠1500万元用于锦丰地区的慈善事业；沙钢基金会每年定向捐赠80万元用于“共享阳光”慈善助学，设立“沙钢助学金”，帮助园（镇）困难家庭的学生顺利完成学业。8月26日，园（镇）164名受助学生共收到“共享阳光”沙钢助学金44.95万元。

【园（镇）经济高质量发展大会召开】 6月26日，冶金园（锦丰镇）经济高质量发展大会在沙洲大厦举行，会议包含颁奖仪式和政策发布两个环节。颁

沙钢集团超薄带项目　　　　（沙钢集团　提供）

奖仪式环节颁发“2018年度园镇工业企业奖励”证书，给上海浦东外商投资企业协会，上海浦东各地投资企业协会以及上海浦东新区外商投资企业服务有限公司副秘书长、常务副总经理萧闻，上海麦哲经济发展有限公司董事长杨东，江苏省宏观经济学会会长黄健颁发经济高质量发展顾问聘书；给鼎捷软件副总裁冯宏丽，江苏省企业信息化协会执行秘书长徐泰伟，南京邮电大学张家港研究院执行院长、江苏省企业信息化协会副会长兼张家港代表处秘书长赵亮，苏州坦特拉智能科技有限公司总经理张永安颁发智能工业发展顾问聘书；给董清世、钱正、宋泰维、欧阳小星、袁卫平、余苗颁发招商（才）引资（智）顾问聘书，鼓励辖区企业向高质量和智能化发展。政策发布环节发布了企业培育、结构优化、科技创新、资本利用、质量安全5个方面的扶持政策。为推动高质量发展，11月2日，冶金园举办金秋经贸周精密测控数据应用专场推介会。中国人民解放军军事科学院少将姜春良、工信部军民融合结合司原司长曹志恒，市委常委、市政府常务副市长卞东方等出席会议。其间，冶金园与上海航天电子技术研究所、江苏普达迪泰科技有限公司签订战略合作协议。年末，园（镇）被评为苏州市推进高质量发展先进地区。

【“城乡一体化标杆”建设项目集中开工】 11月23日，冶金园（锦丰镇）主动对照“三标杆一率先”发展目标，响亮喊出“三超两进一争”口号，率先举办“城乡一体化标杆”项目集中开工仪式，实现经济发展与民生事业齐头并进。此次集中开工涉及项目4项，总投资5.6亿元。其中，康养小镇康复医院项目投资1.5亿元，占地面积10000.73平方米，总建筑面积12831.6平方米；沙洲小学项目投资1.2亿元，占地面积3.6万平方米，总建筑面积2.8万平方米，拟建小学8轨48班；五棵松科技园二期项目投资1.6亿元，建造5.8万平方米厂房及1.3万平方米配套房，重点引进智能装备、精密机械、新材料等企业入驻；大南六村二期项目投资1.3亿元，占地2.02万平方米，建筑面积4.5万平方米，建设5栋小高层和4座地下车库。

【“沙洲教育”品牌建设行动计划发布】 9月28日，园（镇）召开教育大会，发布《“沙洲教育”品牌建设行动计划》。“沙洲教育”品牌秉持整体规划、分步实施、科学推进的建设理念，初步确定“‘两步走’建设规划”。第一步（2019—2021年）为品牌的规划建设阶段，第二步（2022—2023年）为品牌成熟扩张阶段。计划到2021年把园（镇）教育打造成教育强镇、到2023年打造成“现代化教育名镇”。主要通过文明创建领跑行动、“五名”工程建设行动、教学质量提升行动、优质资源扩充行动、融合发展增进行动具体实施。文明创建领跑行动即争创“文明校园标兵”和“先进文明校园”，争当“杏坛公仆”“教坛先锋”“美德园丁”，提升“学在锦丰”的获得感和满意度。“五名”工程建设行动分为“名学校”建设工程，到2021年培育2至3所全市有名、全省有位的学校；“名校长”提升工程，培养“苏州市名校长”1人或“长三角名校长”1人；“名教师”培养工程，对接全市“5151人才培养计划”，确保实现园镇“2525人才培养目标”；“名学生”培育工程，落实立德树人根本任务，创设具有“沙洲”特色的德育模式；“名课程”打造工程，传承沙上优秀文化，落实“国家课程校本化，校本课程特色化”工作，各校每年开发2至3门有地方特色的精品课程。教学质量提升行动即未来三年内确保成功申报苏州市级以上教学改革项目（如：前瞻性教学改革实验项目、新时代苏州有效教学研究项目等）1至2个。优质资源扩充行动即加大教育投入，不断扩充优质资源，提升装备水平，不断改善办学条件。融合发展增进行动即以“沙上文化”教育资源为纽带，加强学段间融合发展；以特色项目建设为依托，加强与名校间的融合发展；以“长三角一体化发展”为契机，加强与先进地区教育的融合发展。（俞 峥）

高新区

【概况】 张家港高新区由“一城四园”组成。“一城”沙洲湖科教新城为核心区，位于主城区北部，东至二干河、杨锦公路，西至杨新公路、朝东圩港，南至张杨公路，北至晨丰公路、兴南路，面积23.1平方千米，是全市的创新策源地。“四园”指凤凰镇韩国工业园、塘桥镇新能源产业园、大新镇先进激光（装备）产业园、南丰镇东南工业园四个专业特色科技园区。年内，全区实现地区生产总值400亿元。高新区获批江苏省大众创业万众创新示范基地，在江苏省省级高新区创新驱动发展综合评价中列第8名。

新兴产业　重点发展化合物半导体、绿色能源、智能装备和再制造、新经济等战略性新兴产业，打造“化合物半导体世界之都”“中国氢港”“新能源汽车城”和“新经济高地”。全年完成规模以上工业总产值1149亿元，其中高新技术产业产值745亿元，占规模以上工业总产值约65%。年内，编制市半导体产业规划，举办国际第三代半导体（长三角）专业赛等专场招商，投运中科院张家港纳米产业园、搭建半导体检测公共服务平台，设立中科院EDA张家港分中心，加入台积电晶圆制造联盟，签署华为海思半导体项目保密协议，引进宏诚创新、苏州芯声微、芯晔半导体等半导体产业化项目。建成苏州市氢能产业创新中心膜电极、双极板研发与小试平台，开建全省首座二级商业加氢站，引进世椿智能氢能装备项目。投运九次方数字沙洲、国药润华医药监测、鳌胜生物检测等新经济项目。国家再制造产业示范基地完成循环化改造终期验收审计。

创新体系　年内，高新区实施“高质量发展十五条”，设立5亿元KIP产业基金、4亿元智创高新产业引导基金、4000万元“科技贷”风险补偿资金池。建成中科院苏州纳米所张家港研究院、南理工张家港军民融合发展研究院、南工大张家港产业学院，累计建成产业技术研究院12家。市集成电路产业促进中心揭牌，独联体国际创新中心平台搭建，省生产力促进中心张家港高新区集成创新服务中心建设启动，沙洲湖科创园获评2018年度江苏省优秀科技企业孵化器。新增省级众创空间5家、苏州市级众创空间1家、张家港市级众创空间4家。新增省工程技术研究中心3家、省企业技术中心6家、省企业研究生工作站1家、苏州新型研发机构1个、苏州工程技术研究中心7家。获批高新技术企业93家、省高企培育入库企业113家、苏南自创区瞪羚企业5家、潜在独角兽企业1家。获评省双创人才项目2项、姑苏人才项目3项、姑苏天使项目3项、市领军项目15项。获评市科技项目43项，苏州鼎智瑞光智能科技有限公司“灾害救援用输电线路快速智能架设系统的研制及工程化”项目获批省重点研发计划项目。新增专利申请4008件、授权专利1732件，其中发明专利申请1125件、发明专利授权202件。

产城融合　年内，完成高新区管线综合规划，全面启动张家港智慧科学城建设。总投资32亿元的南横套滨水廊道PPP项目完成社会资本方招标，中国金茂、中建三局联合中标。总投资17亿元的南横套创新创业园一期项目列入苏州市重点项目，河道拓宽工程开工。总投资1.8亿元、建筑面积4.6万平方米的福前人才公寓二期竣工，新增人才公寓952套。新建总面积5万平方米的华夏科技园二期。

【张家港莱爵学校项目签约】 莱爵公学（Reigate Grammar School，简称RGS）1675年创校，是英国最古老的私立学校之一，已有345年历史，是首个被英国官方教育评级机构ISI评为最高等级“卓越”的12年一贯制男女混合学校，学校排名位居英国前十位。8月2日，国开教育与高新区签署张家港莱爵学校项目合作协议，标志着英国名校莱爵公学落户张家港。校址位于高新区南横套生态廊道北侧，占地8.13公顷，学校总投资5.6亿元，将建成幼儿园、小学和初中、高中十五年一贯制学校，能满足在读学生2200人的要求。建成后，英国莱爵公学将对张家港莱爵学校提供管理、课程、运营、师资管理、升学辅导等全方位、立体化支持，确保办学品质。学校还将根据教学及国际交流的需求，引入部分国际交流生，不断融合中西文化，提升高端教育品质，成为区域性具有较大影响力的国际学校。

【全省首座二级加氢站奠基开工】 9月19日，嘉化氢能港城加氢站在高新区奠基开工，这是苏州地区首座商业化加氢站，也是江苏省首座二级加氢站。项目由浙江嘉化能源、江苏国富氢能、上海重塑能源三方出资设立的江苏嘉化氢能科技有限公司建设运营，用地面积3653.2平方米，总投资2919万元，建设规模为二级加氢站，站内储氢量达到1795千克，设计加氢能力每台1000千克，配有双枪加氢机2台，预计在2020年上半年建成投运，届时可为张家港及周边区域的燃料电池物流车、公交大巴车等车辆提供商业化加氢服务。项目的落地，助推了张家港市加快融入长三角氢走廊建设，打造“中国氢港”。

【张家港智慧科学城项目集中开工】 10月30日，高新区举行张家港智慧科学城项目集中开工仪式。张家港市委书记沈国芳，中国金茂高级副总裁、金茂上海总经理陶天海，中国金茂总裁助理、金茂商业总经理丁蕤致辞。智慧科学城是由全国一流的城市运营商中国金茂与高新区联手打造的产城融合项目，开发面积11.36平方千米，总投资约300亿元。此次集中开工项目包括览秀城商业综合体、城市展厅、金茂幼儿园、府·悦高端品质社区等四大核心板块，总投资115亿元，建筑总面积近110万平方米，项目建成后将成为城市未来新地标和繁华中心。其中，览秀城综合体项目总投资约16亿元，建筑面积20.2万平方米，目标打造全市高端优享生活中心；城市展厅项目总投资约1亿元，建筑面积8300平方米，全方位展示高新区城市发展整体规划、产业布局；金茂幼儿园项目总投资约3000万元，建筑面积5700平方米，办学规模为4轨12班，填补高新区学前教育空缺；府·悦高端品质社区总投资97亿元，建筑面积87万平方米，目标打造全市生态宜居示范社区。

（吴　军）

塘桥镇

【概况】 塘桥镇位于市域东南部，与常熟市海虞镇交界，设有张家港高铁枢纽站。总面积94.26平方千米，耕地面积4011公顷。辖2个办事处、14个行政村、7个社区（其中2个为“村社合一”体制，分别为周巷、青龙社区）。有户籍28205户，户籍人口93300人，另有外来暂住人口92363人。年内，全面开启高铁新城“三年成型、五年成城”建设步伐，完成地区生产总值160.89亿元，一、二、三产业增加值分别为3.06亿元、85.06亿元、72.77亿元。按户籍人口计算，人均生产总值20.69万元。完成全口径财政收入13.13亿元，其中公共财政收入8.09亿元，全口径入库税金8.1亿元。完成全社会固定资产投资28.37亿元，其中工业投资7.1亿元、服务业投入21.27亿元，新兴产业投资6.8亿元。塘桥镇列2019年全国综合实力千强镇第91位，获2016—2018年度江苏省文明镇称号，通过江苏省第二批行政体制改革工作验收。

经济建设　年末，141家规模以上工业企业全年完成总产值203.76亿元，主营业务收入202.92亿元，利税总额7.67亿元，利润总额4.87亿元。有主营业务收入超1亿元的企业51家，华芳集团主营业务收入34.36亿元，鹿港、银河、华程、联宏、普坤、华鹿等骨干企业均超5亿元。全镇完成进出口总额8.09亿美元，其中出口总额7.17亿美元。新批外资企业2家，注册外资195万美元，到账外资45万美元。新批办私营企业385家，注册资本12.43亿元。新批办个体工商户2224户，注册资本3.39亿元。康力、友诚、箭牌等企业发展后势强劲，成为“专精特新”企业典型。苏高新节能环保创新园一期一标段全部投用，落地项目39项。兰生产业园开工建设。江苏国泰、亚秦泽锐等8个集中开竣工项目，箭牌智能化全自动生产线改造项目，友诚科技智能车间改造项目、欣诚智能电工器材项目、民华塑胶新型环保塑料纤维项目等15个市级智能制造技改项目进展顺利。华芳集团、宏丰电脑、江苏联宏3家企业通过国家级“两化融合”管理体系认证。绿地AI城际空间站、江苏国泰创新中心、中铁置业世博城、德尔巢代家居设计小镇等11个重大项目签约，规划总投资超300亿元。全年落户市领军人才10人，获评姑苏人才3人、省双创人才2人。规模以上企业全年投入研发经费4.2亿元，新增省高新技术企业8家，净增有效发明专利授权25件。9家房产公司在塘桥镇累计完成投资60.18亿元。重点商贸企业大润发塘桥店零售总额2.59亿元，华芳金陵国际酒店营业收入7770万元，塘桥综合市场成交额4.73亿元。发展现代农业，新增高效设施农业6.67公顷，完成高标准农田建设126.6公顷，全年实现农、林、牧、渔业总产值5.71亿元，粮食、油菜、蔬菜、水产品、牛奶总产量分别为609吨、125吨、3100吨、997吨、553吨。

社会事业　年末，全镇有学校18所，其中中学6所、小学5所、幼儿园6所，在职教师1178人，在校学生18199人。公办学校吸纳新市民子女就读比率超过70%以上。常青藤实验学校东校区启用，一年级新生中招收塘桥户籍学生108人，占总数的50%。塘桥镇投入1.6亿元，启动兴建塘桥中心幼儿园北园；投入5000余万元，完成鹿苑中学体育馆扩建，鹿苑中学报告厅、鹿苑小学教学楼及阳光学校幼儿园新建，塘桥初级中学运动场改造等工程；投入400余万元，更换教师用电脑188台、教室多媒体设备44套，更新学生电脑房2个，增加未来教室1个，完成3所中小学校智慧校园创建，全镇义务教育阶段学校教育装备全部达到省定办学标准。《塘桥镇中小学名师工作室管理试行办法》出台，组建名师工作室4个，连续三届开展塘桥镇“与美同行”优秀教师评选，有80名优秀教师获评“美丽教师”“杏坛公仆”“美德园丁”等称号。全镇有医疗卫生机构50个，其中医院4家、社区卫生服务中心2家、社区卫生服务站16家，执业（助理）医师364人。启用妙桥社区卫生服务中心，由市三院托管，率先在社区卫生服务机构中打造紧密型医共体。联合市中医医院、市三院分别在周巷、金村社区卫生服务站开设基层医生工作室。周巷社区卫生服务站创建成省示范卫生室。刘村新的社区卫生服务站启用，创建成苏州市连心家园示范点。各基层站点实现移动支付终端全覆盖。率先在妙桥中心、金村卫生服务站开展基层智能辅助决策系统试点运用，得到省卫健委专家认可。新招录12名医务工作者，全科医生达到35人。医生刘本金获全国高血压防治管理知识大赛一等奖。根据省预防接种门诊标准化建设要求，全镇完成疫苗存储冷链设备更新，接种系统功能的升级以及启用新的操作流程。为1周岁以下儿童基础免疫接种1263人，为1周岁及以上儿童生物接种8774人。完成健康城市“531”行动计划扩大免疫规划，老年人肺炎疫苗接种2068人次，初三学生麻腮风疫苗接种951人次，适龄儿童水痘疫苗免疫接种2275人。全年为0至3周岁婴幼儿健康检查3266人，开展科学育儿主题活动2次。免费为疑似肺结核病人提供转院服务。1020名孕产妇住院分娩率100%。开展妙桥片区“两癌”筛查及妇女病普查，完成“两癌”筛查5422人，进一步转诊676人。完成全镇65周岁及以上的老年人体检工作，累计体检16048人，体检率78.91%。全年组织开展卫生知识讲座、义诊46场，受益群众3211人次。完善各类人群电子档案，建档率85.45%；规范化管理高血压患者12743人，规范化管理率74%；规范化管理糖尿病患者3413人，规范化管理率73.5%。举行家庭医生签约宣传活动，开展“健康有约，温暖你我”为主题的最美家庭医生点赞助力活动。签约大病困难群众、计生特殊困难家庭330户，签约率99.7%，服务满意率98%；个性化家庭医生签约6807户，签约率54.39%。在全市率先开展电子健康券的试点运行，首先惠及孕产妇和0至6周岁儿童群体。组织开展17场中医适宜技术推广村村行义诊。贯彻落实全面两孩政策，符合政策生育率99.64%。举办塘桥镇红十字会第二次会员代表大会和“红十字博爱周”、红十字博爱送万家慰问等系列活动。社区服务社会化项目覆盖100%城市社区和73%农村社区。社工队伍持续扩大，年内新增17名初级、2名中级社工，持证总数148人，在困境儿童、养老、助残等领域设立10个社工项目。韩山殡仪服务中心建成集中性文明办丧点。深入开展文明创建，开辟公益广告阵地面积6000余平方米，实现镇村文明实践所（站）全覆盖，阵地面积65594平方米，发布项目66项，开展志愿活动2100余场。19个村（社区）完成苏州市村（社区）综合性文化服务中心标准化建设，8个村（社区）通过市五星级综合性文化服务中心验收，塘桥中心小学开辟锡剧校园基地。有体育场馆4座，公园健身广场5片。公共文化投入350余万元，推进多功能运动场、智慧体育指导站、围棋陈列馆、健身步道等项目建设。新建体质监测指导站，对全镇1000名不同人群进行国民体质监测。组织开展“我们的节日”系列活动120次，参加市2019年农民丰收节文艺演出、拔河比赛。打响“善美塘桥，周末大舞台”系列文化惠民品牌，全年开展活动356场，惠及群众10万余人次。组织国家级非遗金村庙会、市第五届划菱桶邀请赛、全民健身节、气排球赛、体育舞蹈展示等活动。举办“放歌新时代，筑梦新征程”迎新春音乐会、“高铁新塘桥，德润方圆间”第十三届围棋文化节暨2019年华为手机杯围甲联赛塘桥专场、“不忘初心再出发，牢记使命建新功”庆祝建党98周年专场文艺演出，以及“壮丽70年，奋斗新时代”舞蹈大赛、书画影展、公益文艺巡演等系列活动。开展全民阅读活动50余次。编排《芦苇青青芦花白》《大唐风再起》《乐在棋中》等歌曲，《盼》《编花篮》《活着》《映山红》等舞蹈，《使命》《猫眼儿》《我找朱书记》等小戏小品。《欧桥村志》首发，这是塘桥镇正式出版的第二部村志。举办张家港市道德模范与身边好人现场交流暨第二届“弘扬新时代清风正气，点赞新城区善美好人”颁奖典礼，“传承先驱

金村庙会　　（侯一华　摄）

红色精神，激活新时代家国情怀”社科项目入选全省重点扶持项目，塘桥镇获2016—2018年江苏省文明镇称号，金村村、横泾村获“2016—2018年江苏省文明村”称号。开展“不忘初心、牢记使命”主题教育活动，全镇320名基层党组织书记及5200名党员参加。开辟镇党群服务中心，设立38个“红堡”阵地、35个“行动支部”，打造“1926红色焰阵”“高铁党建新干线”“黄泗浦党建核”等党建联盟。抽调56名机关干部到动迁一线锤炼。完成市委巡察反馈问题整改落实工作，完成村（社区）巡察。金村村创建成江苏省廉政文化建设示范点。运用监督执纪“第一种形态”处理72人次，开展各类专项督察23次，查办党员违纪案件29件。启动全镇侨情普查，成立镇级侨联，统战工作创新成果与信息获全市第一。开展“扫黑除恶”专项斗争，严厉打击高利贷、非法集资，查处涉黑涉恶嫌疑人128人，刑事发案比上年降42%，破案率68%；妥善化解矛盾纠纷，信访发生率降127%；制定《党政领导安全生产挂钩联系工作方案》，26位领导对52家企业走访检查208次，开展17个领域安全生产大检查，整改隐患11073处，消除市、镇两级挂牌督办隐患5个，104家企业完成双重预防机制建设，对117家提档升级，6家企业完成安全生产二级标准化创建，135家企业完成小微企业标准化创建。对工贸领域实施事前处罚50起。开展冶金、化工、特种设备、企业安全员等培训962人，联合多部门开展镇级应急救援综合演练。对安置小区增设100余个集中充电棚。

福民工程　各村通过区域动迁、“三优三保”整合资源，集聚资金，村级可用财力总量达到1.57亿元，比上年增20.94%。青龙村、何桥村联合投资3700万元收购江阴丰源轧钢标准型厂房，预计增加租金收入400万元。全年培训职业农民150人次，25人通过认定。发放安置资金3320万元，拨付土地租金3750万元。下发耕地地力保护补贴431.07万元、土地规模经营补贴40.29万元、秸秆还田补贴77.75万元、农业受灾补贴147.2万元、农民购买农机具补贴76.37万元、水稻价外补贴199.65万元、小麦价外补贴21.21万元、小麦水稻良种补贴61.94万元、其他涉农补贴568.05万元。完成清产核资“回头看”工作，为各村（居）增加合同租赁收入367.44万元。农村集体经营性资产已上线786份，签订合同772份，占已上线合同的98.22%。建立2018—2020年各村一事一议财政奖补项目库，总奖补资金84.06万元，农户二次分配水平提升。为6500余人次办理社保各项业务，完成40149名2019年度居民医保个人基金征收工作。加大重疾保障力度，累计投入保障资金329万元。落实计生奖扶政策，投入18.29万元，向全镇0至16周岁计生家庭赠送计生家庭险，全年理赔5户，兑付理赔13.48万元。组织20018名城保退休人员进行免费健康体检。净增公积金缴存2030人，新增参保4200人。举办“春风行动”等人力资源招聘活动22场，提供就业信息5103条，组织失业人员、高校毕业生等参加免费技能培训，70人参加创业培训，18人开办实体企业，55人参加焊工、电工、中级育婴员等技能培训，并取得相应合格证书。实施就业扶持措施，就业困难人员647人享受保险补贴；为68人办理创业补贴，75人办理技能补贴。为217名农保转城保灵活就业到龄人员和72名农保人员办理退休手续。居民基本医疗保险参保人数40420人，市、镇两级财政补贴4014.9万元。镇、村两级投入重疾保障资金329万元，有98人次获55.56万元理赔金。实施民生微实事工程项目16项、服务类项目12项，总投入152万元。对原福沁苑实行市场化运作，由市普亲惊蛰老年养护有限公司运营，入住五保老人45人、社会老人46人。韩山老年公寓入住社会老人86人。有居家养老服务中心（站）16家，年内动工新建6家，由麦卅、老伙伴、华夏乐龄等专业社会组织管理，社会化率90%。青龙村开辟全镇首个“福村宝”村级医疗互助项目。镇和19个村、社区挂牌成立退役军人服务站，为136户军属家庭挂“光荣之家”牌。全面规范救助管理，清退62户低保户及21户低保边缘户，向150户发放最低生活保障金358.72万元，发放临时救助金11.9万元，重残补助金356.74万元，民生“两险”出险理赔赔付13457元。向43户贫困家庭发放“爱心书卡”。开展年终慰问，发放慰问金856.2万元，涉及2850人。为163名贫困生发放助学金43.2万元，为316名重病人员发放救助金31.6万元，为3289名80周岁及以上老年人发放老年补贴400.66万元。开展“爱满港城”慈善募捐活动，募集资金421万元。

2019年塘桥镇办事处基本情况表

表74

名　称	集镇面积（平方千米）	党工委书记	党工委副书记	主　任	副主任
鹿苑办事处	4.00	曹　健	李志新	李定康	钱　益　王爱国
妙桥办事处	5.00	朱俊峰	—	张萍华（女）	秦朝华（女）

2019年塘桥镇村（社区）基本情况表

表75

村（社区）名称	面　积（平方千米）	户数（户）	人口数（人）	集体经济总收入（万元）	可用财力（万元）	资产总额（万元）	村（社区）党委（总支、支部）书记	村委（社区）主任
周巷村	7.03	2280	8625	2582.00	1177.00	38954.00	欧义光	王晓峰
何桥村	7.31	1744	7209	3086.00	2013.00	26224.00	钱腾冰	蒋卫新
青龙村	3.88	1169	4499	2601.00	1046.00	17769.00	马卫锋	马卫锋
韩山村	5.22	1475	4500	2178.00	1516.00	29863.00	顾惠明	黄　伟
顾家村	4.46	1086	3879	809.54	344.35	6205.58	言建国	陈　波
横泾村	7.60	4173	7026	1703.00	865.21	11805.00	陆学军	姜卫义
金村村	10.32	2110	7692	1444.00	1022.40	15861.00	钱敏峰	钱颂扬
欧桥村	7.01	1546	5919	1361.00	949.26	8836.00	张小飞	田建林
蒋家村	5.58	1380	4680	1138.00	421.07	14070.99	曹晓明	田建东
花园村	5.59	1438	11350	2020.00	1390.00	59000.00	钱　益	钱伟东
滩里村	6.79	1679	5880	3890.00	1866.00	11996.00	钱再飞	钱再飞
牛桥村	6.20	1466	4761	1179.00	749.00	15832.00	王爱国	钱正龙
巨桥村	5.84	1660	5500	1281.00	890.00	13927.00	李志新	钱国群
刘村村	4.88	1146	4661	1616.01	484.69	19744.82	郑卫兵	陈正江
镇中社区	1.70	1728	5187	855.00	340.00	7859.00	庞利新	朱颂伟
妙桥社区	3.76	1339	5357	685.00	421.62	1525.00	朱建江	卢宏伟
鹿苑社区	1.25	1746	3598	375.00	222.83	4120.00	钱惠星	钱震杰
胡同社区	0.30	203	723	—	—	—	陈向东	陈向东
馨塘社区	0.90	1137	8648	—	—	—	王伟芳（女）	—

【塘桥镇行政管理体制改革】 塘桥镇行政管理体制改革启动于2017年11月。2019年3月16日，塘桥镇举行行政管理体制改革工作动员会。市领导潘国强、卞东方、陆德峰出席，会议贯彻江苏省和苏州市关于经济发达镇行政体制改革的精神要求，全面实施改革工作。根据方案，塘桥镇建立新型基层政府架构，设“一室七局”，即党政办公室、组织人事和社会保障局、经济发展局、财政和资产发展管理局、建设局、社会事业局、综合执法局、行政审批局。设置38个服务窗口，办理企业开办、涉税事务、不动产登记、投资项目审批、社保医保等20余个部门的267项业务，落实“1枚行政印章”审批，发改、工信、住建、城管、应急管理、教育等13个条线部门的91项下放审批权限，市委副书记、市长潘国强为塘桥镇行政审批局和综合行政执法局揭牌。8月14日，省级评估组到塘桥镇开展经济发达镇行政管理体制改革验收评估。10月22日，省委机构编制委员会下发《关于第二批经济发达镇改革评估情况的通报》，塘桥镇通过评估验收。自行政审批局成立至年末，累计办件量10.3万件，日均办件量450余件。

【华芳集团获第二张两化融合管理体系评定证书】 12月6日，华芳集团毛纺织染有限公司通过国家两化融合管理体系贯标评定，取得工信部授权机构颁发的两化融合管理体系评定证书。该证书是华芳集团所获的第二张两化融合管理体系评定证书。华芳集团毛纺织染有限公司是江苏省两化融合管理体系贯标试点企业。5月，公司启动两化融合管理体系贯标工作，成立两化融合管理领导委员会和两化融合管理体系贯标工作组。在工业技术上，淘汰落后国产生产线，重点引进法国NSC生产线，实现高效、智能化生产。在信息技术上，整体导入行业先进的ERP系统来优化管理流程，提高工作效率。经过7个月的努力，打造"订单的快速交付能力"为公司的新型能力，进一步提升了企业在信息化环境下的可持续竞争能力。"两化融合管理体系"是工业化和信息化相互结合的认证标志，实施两化融合管理体系贯标工作是推动"中国制造2025"同步发展的重要举措之一。

【箭牌智能锁亮相国际物联网展会】7月2日，第十一届亚洲国际物联网展览会开幕。展会由北京市商务委员会、中国电子商会、物联网技术产品应用专业委员会主办，北京铭世博国际展览有限公司联合承办，CIO时代、大数据中国等媒体共同支持。箭牌智能科技有限公司作为智能锁行业的引领者和创新者参加展会，展示了用于故宫安防升级改造项目的故宫锁在内的多款箭牌智能锁，吸引大批参观者驻足体验。箭牌营销总监邓亦超接受中央电视台"匠心营造"栏目的采访。箭牌科技是以智能门锁为核心的智能生活系统服务集成商。随着5G技术的诞生，箭牌智能科技自主研制成功首款商业应用的5G物联锁，并已与中国移动、中国联通签署5G战略应用的协议，入围中国电信天翼物联网终端产品库，承接中国电信物联网项目。箭牌智能锁产品入驻苏州移动2000余个营业厅推广销售。箭牌智能科技通过研发生产智能锁、智能安防系统及智能家居系统，增强居民家居生活安全性，打造智慧安全社区。

【高铁新城开启"三年成型、五年成城"帷幕】4月28日，高铁新城开发建设动员会在塘桥镇召开，标志着高铁新城建设迈入新的发展阶段，吹响新城开发的冲锋号。会议提出"三年成型、五年成城"的建设总目标，努力把高铁新城打造成为全市融入长三角一体化发展的"桥头堡"、引领未来发展的"主引擎"。新城规划面积44.2平方千米，建设用地34.2平方千米，其中高铁枢纽区规划面积5.7平方千米。规划以"挖掘生态潜力，释放创新活力，彰显文化魅力"为目标，将高铁新城建设成为服务长三角的"开放引领新门户，科创智慧领航区，港城文化彰显地，宜居健康乐活城"。11月2日，高铁新城投资推介会在华芳金陵酒店举行。国内数字经济、大健康、智能制造、新能源、地产等行业优秀企业代表，相关科创机构、基金投行、投资咨询、行业协会负责人出席。中国环境科学学会副秘书长刘鸿志、上海华顿经济研究院院长沈晗耀分别作了题为"科技成果转化应用助力污染防治攻坚战""将张家港高铁新城打造成世界一流的长三角核心区枢纽型CBD"的演讲。当天，高铁新城有4个项目签约，分别是总投资70亿元的张家港中铁世博城、总投资10亿元的德尔集团巢代设计小镇项目、总投资5亿元的亿华通氢燃料电池发动机张家港基地项目和中国环境科学学会创新驱动助力工程华东地区张家港工作站。12月3日，高铁新城项目精准对接会在深圳举行，深圳及周边地区涉及生命科学、电子信息、智能制造等行业20余名优秀企业代表及有关投资机构负责人参加。高铁新城管委会主任、塘桥镇党委书记夏立新作高铁新城区域规划和产业规划推介。中国民营经济研究会专职研究员、经济学博士刘奇洪，深圳市大地和电气股份有限公司总经理宋高军分别作题为"中国最具投资潜力的高铁新城——张家港高铁新城""融入港城，助力发展"的主题演讲。12月31日，张家港高铁新城与中国中铁股份有限公司的全资子公司中铁（上海）投资集团有限公司签约中铁农旅商城项目，总投资20亿元，占地11.2公顷，建筑面积15万平方米，将打造集农旅体验、国际贸易、商贸展览、电子商务等功能为一体的现代化大型综合服务平台，成为辐射周边地区的农旅产品体验及集散中心、信息中心和价格指导中心。高铁新城招商和建设全面启动。

（张维民）

乐余镇

【概况】乐余镇位于市域东北部，隔长江相望南通，有全市唯一保存完好的民国老街。总面积78.58平方千米，沿江岸线17.84千米，耕地3934公顷。辖1个办事处，19个行政村，6个社区。有户籍25137户，户籍人口74400人，另有外来暂住人口21183人。全年完成地区生产总值51.01亿元，比上年增5.1%。一、二、三产业增加值分别为2.83亿元、27.66亿元、20.52亿元。按户籍人口计算，人均生产总值6.9万元。全年公共预算收入4.46亿元，公共预算税收收入4.21亿元，建设用地税收收入7.87亿元。全社会固定资产投资6.24亿元，比上年增16.4%。其中，工业投资3.38亿元，服务业投资2.86亿元，新兴产业投资2.85亿元。乐余镇获评2016—2018年度江苏省文明镇、江苏省节水型单位、2019年度苏州市全民阅读先进单位。永利村获评苏州市康居特色村。

经济建设　年末，全镇有企业2373家，其中工业企业1587家。完成工业开票收入136.35亿元，比上年增2.33%。67家规模以上工业企业全年实现总产值70.09亿元，比上年降1.9%。全镇完成进出口总额3.11亿美元，其中出口总额3.07亿美元。新批外资企业1家，新增注册外资2135万美元，到账外资1121万美元，比上年增9.2%。新批办私营企业298家，新增注册资本8.28亿元。建立"3+1"项目信息库，即"项目信息库、招商资源库、行业资料库"以及"乐余镇在外成功人士信息库"，全年实施重点项目13项，其中超1亿元项目6项。新城万斯达、致邦新能源、双盈纺织等5个重点项目竣工投产。新增省高新技术企业19家，净增有效发明专利62件，有研发活动企业60家，投入研发费用1.39亿元。新增智能车间诊断项目8项，其中海狮机械获评"国家级专精特新小巨人企业"称号，入选工信部绿色制造名单。自主引进培育张家港市领军人才5人、苏州市"姑苏计划"和省"双创计划"人才3人。大范围"三优三保"工作启动，动迁农户3571户、企业24家，完成拆旧复垦123.67公顷，复垦面积居全市第一。全镇新增高标准农田93.27公顷，完成标准化池塘改造3.33公顷，净化水生态养殖和绿色优质农产品比重比上年增16.8%。全年实现农、林、牧、渔业总产值5.78亿元，其中粮食、油菜籽和水产品产量分别30957吨、803吨、938吨，有绿色食品1种。

社会事业　年末，有学校6所，其中高中1所、九年一贯制学校1所、初中1所、小学1所、幼儿园2所，有教师574人，在校学生8685人，其中新市民子女3808人。投入230万元完成乐余中心小学扩建、幼儿园新风系统安装以及乐余中心小学、兆丰学校过道防滑改造。飞鱼幼儿园主体封顶。打造"乐学益生"老年教育品牌，"择邻处"家庭教育项目获评苏州市优秀项目，"乐学"共同体项目获评江苏省品牌项目。全镇有医疗卫生机构32个，其中医院3家、社区卫生服务中心1家、社区卫生服务站20家，执业（助理）医师219人。家庭医生签约覆盖率持续提升，慢性病患者签约服务率超过50%。全科医生增至26人。有体育场馆5座、公园健身广场3片、健身房4个，村、社区有篮球场24片、1.8万平方米。新增公共文化体育设施面积1.5万平方米。启用新时代文明实践网格化联动中心及志愿服务指导中心，探索实施"1258"（织好"一张网"、依托"两个中心"、用活"五支力量"、开展"八项文明实践活动"）工作模式，精准对接群众需求。承办苏州市乡村振兴档案工作现场推进会，乐余档案工作做法多次被人民网、《新华日报》、"学习强国"等主流媒体报道。乐余镇举办第十三届阅读节、第十三届风筝文化节和第二十八届全民运动会，居民综合阅读率97.5%。"节气课堂"项目获评市社科普及创新引导扶持项目一等奖。成立新时代文明实践理论宣讲团，开展理论宣讲106场、新时代文明实践活动2746场，新增注册志愿者1089人，志愿服务时长39283小时。"学习强国"学习平台覆盖率100%。开展"不忘初心、牢记使命"主题教育，镇班子成员集中学习研讨9次、赴基层单位上党课22次、调研走访等75次，收集问题和意见建议112条，解决民生实事57件。在全市率先挂牌综合行政执法局，首个实现"一网格一专职网格员"配置，完成镇（办事处）、村（社区）24个退役军人服务站建设。开展扫黑除恶专项斗争，核查线索29条，破获涉恶案件6起，化解矛盾纠纷1331件。深化"331"专项行动，排查整治火灾隐患6638处。新增各类交通设施78处，整治安全隐患26处。加强安全生产标准化和双重预防机制，645家企业完成各级标准化创建，新增风险分级管控和隐患排查治理双重预防机制企业110家。沿江1千米钢渣清理全面完成，五干河垃圾填埋场整治年内任务完成。"散乱污"企业（作坊）整治"回头看"实施，关停取缔企业27家，治理提升企业21家。$PM_{2.5}$平均浓度比上年降7.1%，环境空气质量优良率71.6%。"治违、治污、治隐患"专项行动实施，拆除违建27万平方米，整治废品回收站点73家。市首家建筑装潢垃圾利用中心投入使用，再生资源分拣回收中心同步配套。新建四分类垃圾收集亭4座、可回收物及有害垃圾暂存仓库4座，投放户分类垃圾桶7800个，区域内垃圾分类设施实现全覆盖。

福民工程　在全市率先探索出台"村集体厂房优化提升实施办法"，扶海村、闸西村等6个村出资4200万元成立联合发展公司，收购北区标准型厂房2.37万平方米，村均收入可增加135万元。乐余村、东兴村等6个村投资3000万元入股"净谷小镇"开发田园综合体项目，预计每年可增收入210万元。全年培训职业农民300人次，25人通过认定。下发耕地地力保护补贴625.66万元、土地规模经营补贴118.72万元、秸秆还田补贴88.78万元、农业受灾补贴（农业保险理赔）98.04万元、农民购买农机具补贴61.92万元、水稻价外补贴270.27万元、小麦价外补贴62.5万元、规模稻谷生产补贴211万元、休耕补贴435.9万元、育秧基质36.12万元、集中育秧点12.57万元。实行农村资源线上交易，2019年在苏州农村产权交易平台完成交易102笔，金额1586.48万元；全国农村产权交易平台完成交易13笔，金额77.46万元。举办各类招聘会12场，提供就业岗位2729个，开发公益性岗位36个，对472名被征地人员实现动态就业管理，帮助416名就业困难人员进行资格认证并申领了社保补贴，对383名2019届高校毕业生进行动态跟踪就业管理服务，确保年内就业率超过99%。新增社保参保人员1967人、住房公积金缴存职工692人，完成年度目标任务的106.5%，居民医疗保险征缴25516人，其中新市民1098人，收缴个人基金620.49万元。为新生儿参保221人，市外结报2319人次，报销金额1309.5万元。健全困难群众救助机制，全年新增低保户14户，低保边缘户6户，重残救助46人，精神（智力）三、四级救助4人，退出低保59户、低保边缘户13户、重残救助51人，有需救助的低保户327户463人，低保边缘户77户79人，特困人员（含五保户）39人，重残498人，特残26人，精神智力残疾30人，累计发放救助金1205.67万元，慰问金159.83万元，物价补贴金73.24万元。对150户急难型、支出型困难家庭，发放临时救助金19.06万元。新增发放残疾人证111张，为重度残疾人发放护理补贴125.69万元，为25名残疾学生及贫困残疾人家庭子女发放助学金3.18万元，发放无业重度及精神（智力）三、四级残疾人申请社保补贴13.97万元。大病困难群众及计生特殊家庭的家庭医生签约率100%。乐余镇养老综合服务中心投入运营，镇社会福利中心实现公建民营，新增护理型养老床位220张。全年虚拟养老服务32420人次。全镇有65周岁及以上非社会化管理老年居民8559人，参加体检7396人，体检率86.41%，超过市75%的标准，健康体检表完整率100%。全年发放退伍军人优抚补助金533.4万元。募集"爱满港城"善款310.8万元，创历史最高水平，其中七洲化工公司捐款100万元。

2019年乐余镇办事处基本情况表

表76

名　称	所在集镇面积（平方千米）	党工委书记	主　任	党工委副书记	副主任
兆丰办事处	31.25	吴永兵	陈利民	—	—

2019年乐余镇村（社区）基本情况表

表77

村（社区）名	面　积（平方千米）	户数（户）	人口数（人）	集体经济总收入（万元）	可用财力（万元）	总资产（万元）	村（社区）党委（总支、支部）书记	村委（社区）主任
乐余村	4.00	1578	4388	714	601	4744	杨　斌	张兴祥
乐西村	1.70	807	2427	914	301	2864	闻忠贤	张　宇
永利村	2.26	998	3192	1831	1432	8073	许文生	许文生
永乐村	1.50	722	2274	822	701	3688	余　刚	姚叶平
庙港村	0.98	806	2499	499	322	2902	何文忠	—
扶海村	3.48	1079	3361	1307	643	5110	张永清	张永清
向群村	2.40	868	2700	711	425	5503	陈　洪	—
双桥村	2.98	1702	5160	606	447	3513	刘亚飞	沙小康
闸西村	2.00	1028	3104	623	391	2589	吴玉平	马　泉
登全村	2.25	727	2265	632	315	1829	郭晓波	王　征
东兴村	2.80	1313	4068	1139	725	4904	朱建中	张晓波
齐心村	3.70	1727	5250	812	734	6880	司　健	司　健
常丰村	4.95	1531	4542	1125	841	4981	张　勇	张　勇
庆丰村	5.28	1158	3382	534	337	3936	钱耀华	龚利平
联丰村	2.66	1242	3651	969	300	2854	樊益东	樊益东
红闸村	3.50	1064	3113	655	452	5612	张　涛	严　超
红星村	4.00	1353	4078	732	424	2752	胡志明	胡志明
红联村	5.24	1548	4494	767	444	2527	闻　彬	闻　彬
东林村	2.90	1476	4311	595	341	2555	俞　萍	俞　萍
稻麦场社区	1.21	312	863	330	350	1690	陈　峰	—
畜禽场社区	0.42	63	172	220	251	1011	曹亚忠	—
乐余社区	3.50	1469	3695	—	—	—	龚永芬	龚永芬
兆丰社区	1.60	428	855	—	—	—	祁卫勤（主持工作）	祁卫勤
乐江社区	1.10	122	486	—	—	—	张一庆	张一庆
乐海社区	1.00	18	70	—	—	—	黄锦贤	黄锦贤

2019年乐余镇投资1亿元以上开工项目情况表

表78

投资企业名称	项目名称	总投资额（万元）
张家港智造谷置业有限公司	置信智造谷项目	100000

续表78

投资企业名称	项目名称	总投资额(万元)
市云雾新材料科技有限公司	高端金属装饰铝板项目	18000
苏州致邦能源装备有限公司	储氢、LNG罐式集装箱项目	10000

【全市首家建筑装潢垃圾利用中心投用】 乐余镇建筑装潢垃圾利用中心是张家港市首个将建筑装潢垃圾变废为宝资源化利用的中心,位于沿江公路齐心村段,占地2.33公顷。项目由苏州中森环保科技有限公司投资兴建,总投资2200万元,2019年9月开工,12月末建设完成。中心主要由破碎工艺车间、新型制砖工艺车间及分拣打包工艺车间组成,采用钢结构全封闭厂房,降尘减噪。破碎生产设施设备有颚式破碎机及反击式破碎机、震动筛分系统,制砖系统有混凝土砌块生产线,分拣中心有剪铁机、压块机、塑料打包机、纸板打包机等生产系统。生产骨料可制成各类道路环保砖、标准砖、河道砖及透水砖等供应市场。中心预计全年处理能力可达到100万吨,资源利用率可达到85%以上。中心的建成可减轻建筑装潢垃圾的消纳压力,提高资源化利用率,满足城镇发展的需要。

【置信智能制造产业园、中昊港创VOC科技创新产业园落户】 置信智能制造产业园是由温州置信集团投资成立的智造谷置业有限公司以"产城融合+规划建设+招商运营+企业服务"方式打造的全产业链智慧型工业园区。产业园计划总投资10亿元,占地8公顷,总建筑面积约20万平方米,以"智能智造"为核心、"服务、环保、安全、配套"为四轴创新运营模式。建成后,乐余镇将引进一批符合"净谷小镇"产业定位,以智慧清洁、智能制造、医疗器械、新能源汽车及零部件等为主导的高新技术产业入园区。项目达产后预计年销售收入10亿元,入库税收7500万元。中昊港创VOC科技创新产业园总投资约10亿元,总用地面积12.27公顷,建筑面积15万平方米,旨在打造中国环境大数据中心,集研发、生产、数据分析和呼叫中心为一体的高科技专业产业园平台。乐余围绕净谷小镇产业发展规划,吸引智慧清洁产业链上下游企业入园孵化、发展,带领包括空气净化、空气环保、环境辐射、加湿除味、科技研发机构、土壤监测治理、水监测治理等更多品牌,形成与环境产业相关的集监测、标订与收益于一体的品牌孵化平台,构筑新型环境产业生态链。达产后预计年销售收入15亿元,入库税收11.04亿元。

11月28日,江苏海狮机械举行建厂50周年庆典活动 (乐余镇 提供)

【镇新时代文明实践两个中心启用】 11月15日,位于乐余镇新时代文明实践所二楼的新时代文明实践网格化联动中心、志愿服务指导中心启用。两个中心面积240余平方米,配有15个55英寸的液晶拼接屏、100英寸的电子白板、3台电脑,可容纳100人开展活动,集综合协调各类文明实践资源、分析研判群众需求、孵化志愿服务团队等功能于一体。中心探索实施"1258"工作模式,精准对接群众需求。年末,系统平台上报群众需求2226件,事件办结率96.86%。其中,网格员自行处置事件2057起,满足需求的92.4%。

【江苏海狮机械建厂50周年庆】 11月28日,江苏海狮机械股份有限公司建厂50周年暨乐余镇"净谷小镇"孵化器(乐创空间)启动仪式在海狮产业基地举行。江苏海狮机械股份有限公司前身为乐余农机修配厂,始建于1969年,是中国工业洗涤机械开创企业。有职工660余人,其中工程技术人员160余人,致力于为全球化工业洗涤、商用洗涤提供全流程、一站式整体解决方案。企业占地面积16.6万平方米,建筑面积11.68万平方米,总资产6.2亿元,拥有十二大产品系列、20余种品种、100余种规格,年生产能力1.2万台套,年出口额1200万美元。2019年销售收入4.1亿元,实现入库税收3000万元,被评为市重点工业企业、智造先锋企业,获"国家级专精特新小巨人企业"称号,入选工信部绿色制造名单。乐余镇"净谷小镇"孵化器(乐创空间)正式投用,乐余科创园建设验收完成,6个孵化器毕业项目入园开始产业化生产。

(秦 香)

凤凰镇

【概况】 凤凰镇位于市域南部，总面积78.79平方千米，耕地面积2746公顷。年末，辖15个行政村、6个社区。有户籍20389户，户籍人口66543人，另有外来暂住人口56069人。全年实现地区生产总值112.2亿元，比上年增4.5%。一、二、三产业产值分别为3.37亿元、65.62亿元、43.21亿元，分别比上年减1.8%、增3.6%、增6.4%。完成全口径财政收入15.37亿元，其中公共财政预算收入8.96亿元，比上年增5.6%。完成入库税金14.89亿元，比上年增3.1%。完成固定资产投资23.52亿元，比上年增10.7%。其中，工业投资8.02亿元，比上年增11.7%，服务业投资15.49亿元，比上年增10.1%；新兴产业投资6.92亿元，比上年增3.6%。年内，凤凰镇获评省级文明镇，顺利通过"国家卫生镇"复审验收。夏市村获评2019年苏州市人居环境整治工作示范村，凤凰镇杏市村获评苏州市康居特色村，肖家巷特色田园乡村创成苏州市特色田园乡村精品示范村。

经济建设 年末，全镇有企业2239家，其中工业企业1566家。完成工业开票销售收入372亿元，比上年增3.5%。140家规模以上工业企业全年实现总产值230.36亿元；主营业务收入225亿元，比上年减8.2%；实现工业利润总额8.25亿元，比上年增18.9%。有销售超1亿元企业59家，其中超10亿元企业5家、超20亿元企业2家，规模经济总量占全镇经济总量的75%。签约落地薪泽奇高端装备、格林豪泰新能源电动车等优质项目6项；开工国一三期、华程二期等重点项目27项，其中超1亿元项目7项。全镇年完成进出口总额12.7亿美元，其中出口总额8.75亿美元。新增到账外资1810万美元。新增市领军人才7人、"姑苏计划"人才2人、省"双创计划"人才2人。苏州同大机械有限公司总经理徐文良获评全市唯一的国家"万人计划"人才称号。新增销售超1000万元人才企业2家，累计18家。中科纳清王中林院士团队获评全市首批重大创新创业团队。人才企业完成开票销售16亿元，纳税6000万元。净增高新技术企业8家，总量达到63家；新增科技型中小企业10家以上。企业完成智能化改造10家，获评苏州市智能车间1家。净增有效发明专利45件，累计410件。全年规模以上企业投入研发经费4.3亿元，比上年增12.8%。获评市级"小巨人"培育企业16家、省级"小巨人"企业2家、省级企业技术中心1家。新建高标准农田142.67公顷，改造高标准池塘18公顷，推广水稻立体种养23.3公顷，休耕农田433.3公顷。建成水蜜桃全程机械化省级示范基地1个，完成1个烘干中心天然气改造，粮食生产全程机械化水平提升至96%。凤凰水蜜桃通过国家地理标志农产品申报，成为全市首个国家级地理标志农产品。拥有绿色食品14种，苏州市名牌农产品3种，绿色优质农产品比重87%，绿色优质农产品种植面积1604.67公顷。全镇上市农产品上级抽检合格率100%，重点基地产品追溯率100%。实现农、林、牧、渔业总产值6.66亿元，粮食、蔬菜、水产品总产量分别为19144吨、11303.95吨、1722吨。

社会事业 有学校11所，其中公办中小学5所、新市民子女学校1所、幼儿园5所（含分园2所），教师591人，在校学生9314人。张家港市级及以上骨干教师128人，其中苏州市名师1人、苏州市学科带头人5人；张家港市级学科带头18人、教学能手82人。全镇义务教育阶段有3734名新市民子女在公办学校就读，吸纳比例83%。新改扩建教学用房1.2万平方米，维修校舍6900平方米，更新现代化教学设备65套。新建凤凰高级中学建设工程开工奠基。港口学校、凤凰中心小学、徐市小学、凤凰中心幼儿园、港口幼儿园、飞翔幼儿园等获"课程建设""食品安全""体育特色""依法治教"等十项"先进学校"殊荣，凤凰中心幼儿园获评"全国足球特色幼儿园"。全镇五星级文艺团队增至7个，河阳山歌艺术团获市级以上文艺奖项40余项。凤凰区域、港口区域文化中心项目建设完成。贝贝足球主题公园建成开放，中国足协第22届"贝贝杯"青少年男子足球赛举办，省2003—2004年龄段女子足球训练基地建成投用。累计有体育场馆6座，公园健身广场10片，建成健身步道51.3千米。新增星级农家书屋1家，提档升级社区农家书屋2家、五星级村（社区）综合性文化服务中心3家。举办非遗文化季、凤凰桃花节、迷你马拉松、龙舟赛等一系列文体活动。新时代文明实践网络实现镇村（社区）全覆盖。有医疗卫生机构24个，其中公立医院1家、民营医院2家、社区卫生服务中心1家，执业（助理）医师102人。新增预防接种证1156份，全年0至6周岁儿童预防接种17210人次，强化免疫509人次。新建居民健康档案1913份，累计79512份。有产妇560人，新生儿564人，早孕建卡率88.83%，住院分娩率100%，儿童建卡率100%。为13146名老年人开展健康评估。家庭医生签约18150人，大病困难群众和计生特殊家庭家庭医生签约率100%。建成"江苏省示范村卫生室"1个，累计5个。社区卫生服务门诊量34.43万人次，比上年增5.58%。完成《凤凰镇镇村布局规划》及双龙、鹜山、飞翔化工集中区等重点区域控制性详细规划编制。启动凤凰高级中学新建、港口学校初中部扩建、港口集贸市场改造，凤凰人民医院、便民服务中心、社会福利服务中心等在建工程全部封顶。全年报建各类建设项目44项，总建筑面积72万平方米。累计执法检查在建工地643家次，整改隐患问题109处。开展城市管理专项行动10次，综合执法数字化指挥中心处置各类事部件6300余件。关停低端低效企业55家，完成"三优三保"和增减挂钩拆旧复垦土地面积44.89公顷，"腾笼换凤"盘活工业用地7.87公顷。规模以上工业综合能源消费总量压降10%。拆除违章建筑15.7万平方米，整治"散乱污"企业（作坊）118家，完成"三合一"场所整改808家，整治"9+1"场所火灾隐患1887处。排查整改安全生产隐患4700余处。综合执法实施行政处罚340余起，处罚金额440余万元。持续推进挥发性有机物治理、工业废水零排放、燃气锅炉整治，环境空气质量优良率达到74%。深入实施河长制，完成重点河道"两违"项目整治28个，疏浚河道147条，治理黑臭河道2条，拆坝建桥7座，新建排涝闸站和控制闸7座，省考断面合格率100%。建成苏州市康居特色村1个、三星康居乡村4个，创建美丽河道3条，集中开展农村人居环境整治自然村庄200个，启动肖家巷"河阳田园非遗村"建设，双创中心、农家乐坊等一批新建项目加快推进。"乡伴肖家巷理想村"项目完成开工前准备，"田园东方·鸷山蜜桃村"田园综合体项目签约落地。河阳山歌馆实施闭馆改造，恬庄兴隆路商业街完成产业布局和项目招商，"河阳河恬"风物文创一店完成开业准备。镇、村两级"e点通"自助服务终端配备"全覆盖"建设推进，服务功能拓展至28类224项；网上（不见面）审批服务项目拓展至300项。

福民工程　农民人均纯收入4.03万元，比上年增8%。土地适度规模经营比例98%。村级总资产12.59亿元，比上年增6.9%。集体经济总收入2.43亿元，比上年增7.1%。全镇村均可支配收入1100万元，比上年增7.5%；村级惠民支出2300万元，比上年增12%。全年村级联合抱团发展平台投入资金1.5亿元，收购土地8.3公顷，新建厂房4.4万平方米，新增收益850万元。新增就业岗位2000个、社保参保4250人、公积金开户缴存1900人。对上争取企业稳岗政策资金720余万元，惠及经营困难企业73家。开展镇级"救急难"慈善项目6项、村级"村企结缘"慈善项目15项，惠及救助对象1万余人次。加快"好邻帮"村级医疗互助项目建设，推进度居全市前列。"爱满港城"募集善款315万元，累计发放各类保障、救助、慰问资金2360万元。社会福利服务中心市场化运作项目签约。开展亲情（虚拟）养老服务2.6万人次，满意度超过98%。成立退役军人服务站19个，承办全市首届寻找港城"最美退役军人"宣传发布仪式。农村社区"三社联动"覆盖率提升至87%，村（居）民议事平台议决事项210件。实施"民生微实事"项目27项，其中桃源社区"河道增设生态浮床"项目、湖滨社区"义仓义集"参与式社区互助项目获评市级优秀项目。开展"扫黑除恶"专项行动。全镇违法犯罪警情比上年降17.9%，刑事案件发案率降31.7%。办理行政审批服务项目27.7万件，办结率保持99%以上。受理"12345"民生诉求2618件，办结率97.2%。

2019年凤凰镇村（社区）基本情况表

表79

村（社区）	面　积（平方千米）	户数（户）	人口数（人）	集体经济总收入（万元）	可用财力（万元）	总资产（万元）	村（社区）党委（总支、支部）书记	村委（社区）主任
双龙村	8.36	1763	5774	2744	2118	27151	许建江	许建江
安庆村	4.42	1285	4225	1255	933	7634	周　忠（5月免） 徐　卫（5月任）	肖良弟（4月免） 陆仁达（4月任）
金谷村	6.30	1433	4669	1797	1195	6719	陆惠东	徐　卫（4月免） 吉　伟（4月任）
魏庄村	4.30	887	3037	1917	1238	8857	程建华	彭仲贤
西参村	3.28	824	2822	1425	1036	4048	钱仲刚	钱仲刚
程墩村	5.10	927	3060	1823	1439	13739	吕亚平	吕亚平
恬庄村	5.16	1085	3738	1552	1203	4762	陈利新	陈海荣（8月免） 陈利新（8月任）
双塘村	5.52	964	3208	1405	1250	9132	李　新（8月免） 罗　斌（8月任）	—
清水村	6.60	1143	3729	1580	920	5434	杨正元	周建平
杏市村	2.13	448	1604	909	607	4540	张志强	张志强
凤凰村	5.42	1254	3805	2254	1590	13351	陆建东	周文进
支山村	6.12	1189	3774	1373	956	4609	徐云飞	徐卫龙
杨家桥村	5.88	1010	3246	1210	680	3975	卢月萍（女，4月免） 唐月忠（4月任）	唐月忠
高庄村	7.33	1438	4759	1756	538	4497	肖　安	冯建东

续表79

村（社区）	面　积（平方千米）	户数（户）	人口数（人）	集体经济总收入（万元）	可用财力（万元）	总资产（万元）	村（社区）党委（总支、支部）书记	村委（社区）主任
夏市村	2.95	642	2114	1296	702	7416	钱敏刚（4月免） 龚　秋（女，4月任）	钱敏刚（4月免） 龚　秋（女，4月任）
西张社区	—	1038	3108	—	—	—	孙志明（8月免） 李晓燕（女，8月任）	孙志明（8月免） 李晓燕（女，8月任）
凤凰社区	—	603	1615	—	—	—	杨月明（8月免） 肖　军（8月任）	陈　芳（女）
港口社区	—	1750	5199	—	—	—	夏卫东（12月免） 谢钰君（女，12月任）	夏卫东（12月免） 谢钰君（女，12月任）
湖滨社区	—	352	1532	—	—	—	肖春霞（女）	肖春霞（女）
桃源社区	—	290	1237	—	—	—	孙丽萍（女）	孙丽萍（女）
恬源社区	—	64	288	—	—	—	朱绍成（4月免）	朱绍成（4月免）

2019年凤凰镇投资1亿元以上开工项目情况表

表80

投资企业名称	项目名称	投资额（万元）
大一汽配张家港有限公司	年产70万套七速双离合变速箱项目	96000
张家港兰生中睿企业管理有限公司	凤凰兰生智能制造产业园一期项目	50000
江苏七侠新材料科技有限公司	进出口产业园项目	30000
张家港市贝杨橡胶制品有限公司	数控机床制造项目	25000
上海尊马汽车管件股份有限公司（华程二期）	新能源汽车用特种材料及零部件项目	18000

【兰生·凤凰智造产业园开工】 5月28日，兰生·凤凰智造产业园开工典礼暨签约仪式在凤凰镇举行。“兰生·凤凰智造产业园”由苏州兰生集团投资设立的张家港兰生中睿企业管理有限公司开发运营，项目总投资10亿元，占地12.53公顷。其中一期项目投资5亿元，占地7.13公顷，建筑标准型厂房面积9万平方米，重点引进智能制造、精密模具、机电装备、汽车核心零部件等高端制造业。至年末，已有上海慈东叶轮、上海睿朗精密机械、上海科彩数码、苏州先锋装备、苏州毅联信电子、苏州亿利安机电、苏州楚翰装备、苏州艾唯尔装备等20余家企业洽谈入驻。一期项目建成后预计可新增销售收入10亿元，新增税收8000万元。

【凤凰水蜜桃成为全市首个“国家地理标志农产品”】 12月24日，凤凰水蜜桃通过农业农村部专家评审，成为张家港市首个“国家地理标志农产品”。“国家地理标志农产品”是指源于特定地域，以地域名称冠名的特有农产品标识，既是知名农产品的产地标志，也是重要的农产品质量标志，是极具实用价值的地方名片。凤凰镇作为长三角地区著名

凤凰镇桃园　　（侯一华　摄）

的水蜜桃产区，近年一直致力于改良水蜜桃种植品种，推广有机肥料，加强病虫害防治等农业新技术的研究开发，全面提升凤凰水蜜桃特色农产品品质。2018年成功创建"省级水蜜桃绿色防控示范区"。2019年，凤凰水蜜桃种植面积400公顷以上，每公顷产量22.5吨，有10余个品种，主栽品种为"小红花"，采用高光效树形，合理负载、全园套袋。秋季重施发酵黄豆、羊粪等有机肥，病虫害全程绿色防控。凤凰水蜜桃果形圆正，果顶平，果皮底色乳黄稍带绿，皮薄易剥离韧性强，果肉乳白色，肉质致密、汁多，风味甜微酸，香气浓。单果重300至350克，可溶性固形物14%左右。凤凰镇水蜜桃每公顷效益超过19.5万元，农民人均增收超1200元。

【黄泗浦巡检司复建项目启动】 2015年，凤凰镇被列入"江南水乡古镇"申遗名单。以此为契机，为加强古镇的保护与整治，维护并延续古镇传统风貌，继承优秀历史文化遗产，凤凰镇启动安固宿舍地块黄泗浦巡检司建设项目，总投资约4000万元，2019年8月末正式动工，预计2020年8月末土建结束，2021年2月末内部布展完成。项目位于恬庄古镇核心地带，奚浦塘东岸，中桥南侧，与杨氏南宅隔奚浦塘而望，总占地面积7300平方米，建筑面积4535平方米。巡检司按清朝末期九品衙署的规制布局营造，西路为衙署办公区(设大门、正堂、六房等公共空间)，东路为衙署配套区(设巡检宅、监房、兵营、厨房等辅助配套空间)，北花园室外展陈区作为主要的室外石构件展示区域。

【凤凰高级中学新建】 凤凰高级中学新建项目为市2019年实事工程，选址位于凤凰镇新城区支山北侧，占地约8公顷，办学规模16轨48班，在校生总数2400人，总建筑面积约4.58万平方米，项目投资20633万元(不含征地拆迁费、清障费、设备设施费)。8月28日，凤凰高级中学新建项目正式开工。至年末，教学楼一、二阁楼层结构基本完成，食堂、艺术楼结构基本完成，报告厅、体育馆施工至屋面结构，图书馆施工至四层结构，男女生宿舍、实验楼四层结构基本完成，教学楼三基础完成。项目计划于2021年8月竣工。 (谢凤姣)

南丰镇

【概况】 南丰镇位于市域东北部，总面积62.47平方千米，耕地面积2715公顷。年末，辖1个办事处，12个行政村，5个社区。有户籍21447户，户籍人口58036人，另有外来暂住人口28827人。全年实现地区生产总值147.06亿元。一、二、三产业增加值分别为3.69亿元、104.96亿元、38.41亿元。按户籍人口计算，人均生产总值25.33万元。全口径财政收入28.53亿元，其中公共财政预算收入14.37亿元，入库税金27.92亿元。完成全社会固定资产投资11.56亿元，其中工业投资10.99亿元、服务业投资5700万元，新兴产业投资10.2亿元。位列全国千强镇第148位，被授予"国家卫生镇""江苏省文明镇""2019年健康江苏建设示范点"称号，获评苏州市高质量发展先进地区。

经济建设　年末，有企业1387家，其中工业企业722家。33家规模以上工业企业实现总产值537.98亿元，比上年增9.7%，营业收入821.86亿元，工业利润42.13亿元。有销售收入超1亿元的工业企业10家。全镇完成进出口总额27.17亿美元，比上年增33%，其中出口总额9.91亿美元。到账外资1221万美元。新批办个体工商户700户。镇政府围绕"绿色发展特色镇"的目标，全方位开启园区建设、乡村振兴、智能制造三大任务，统筹抓好转型升级、创新发展、生态保护、社会治理、民生改善等工作。东沙物流园LNG综合能源项目纳入国务院长三角区域一体化发展规划纲要，静脉科技产业园完成基础设施(一期)EPC项目开工，北控项目、光大项目落地建设。融入"长三角"一体化发展，举办2019年张家港(上海)招商引智推介会南丰专场活动。有序推进永钢集团"十三五"期间转型升级工程和金陵体育产业园等重大项目，宝冶PC构件区域总部项目等7个总投资超20亿元的工业项目建成投产。推进智能制造三年行动计划，组织申报省级示范智能车间4个、省级小巨人企业(培育)3家。永钢集团、创基新能源公司通过国家两化融合管理体系贯标认证。金陵体育入选工信部第四批"绿色工厂"。金陵体育获"国家知识产权示范企业"和"张家港市市长质量奖"。帮助企业对上争取各类扶持资金超1000万元，腾出低效用地21公顷，淘汰落后企业36家。制定更新科技人才奖励办法，构建科技人才创新体系。与上海高校签订党建联盟合作协议，举办2019年高层次人才专场对接会，获评苏州市科技镇长团先进派驻单位。全年获评江苏省双创人才计划3项，姑苏领军人才项目1项，张家港市领军人才项目5项和市科技计划项目3项。加快高新技术企业和民营科技企业发展，获评高新技术企业20家，净增发明专利66件，规模以上工业企业研发经费超11亿元，有研发活动企业27家。推行领导班子挂钩联系企业制度，落实企业安全生产主体责任，开展安全生产大排查大整治活动，全年排查整改隐患超3000个，立案查处违法行为47起。创建苏州市安全生产标准化示范区，整改三级政府挂牌督办隐患5个，二级、三级标准化达标企业分别达到13家和17家，小微企业安全标准化达标率85%。全面推进"263"、"清江"、"蓝天保卫战"、沿江"三化"等系列整治行动，整改销号所有中央和省级环保督察交办问题，关停整治"散乱污"企业(作坊)32家，专项整治工业炉(窑)74台，推进4家钢渣企业场地土壤调查，连续3年基本实现秸秆禁烧"零火点"目标，$PM_{2.5}$比上年降4.8%。永钢集团深入推进三年环保提升工程，完成环保深度治理项目和超低排放改造，投入LNG新能源运输车100辆，获评"全国推动绿色发展示范基地"和"绿色供应链管理示范单位"。全镇实现农、林、牧、渔业总产值5.38亿元，粮食、蔬菜和水产品总产量分别为1.84万吨、2.69万吨、459吨。顺利完成“四个百万亩”生态水稻面积1552.07公顷，建设绿色优质水稻基地1257.82公顷，新增高标准农田37.8公顷和高标准池塘23.87公顷。建成工厂化育秧点1个，集中育秧点5个，举办省级农机化转型升级现场会。

社会事业　年末，有学校5所，其中中小学校2所、幼儿园2所、成人教育中心校1所，教师373人，在校学生6026人。南丰实验幼儿园主体工程完成；南丰中学体育馆封顶，室外操场改造进入收尾阶段。镇政府深化实施“教育引智”计划，扎实推进特色品牌教育，中考普高录取率再攀新高。南丰小学男、女排球队分别获“苏州市青少年阳光体育联赛”冠、季军。全镇有体育场馆4座，公园健身广场12片，全年举办全民健身活动12场。开展庆祝新中国成立70周年等各类活动300余场，开展书场送演90次。首批通过市非物质文化遗产传承示范基地、传习所评估验收。全镇有医疗卫生机构21个，其中医院2所、社区卫生服务中心1所、社区卫生服务站13个，执业（助理）医师87人。永联社区卫生服务中心启动建设。镇社区卫生服务中心获“苏州市十强家庭医生团队”称号，永丰、和平、海坝、东风、建农、新德社区卫生服务站被评为江苏省示范村卫生室。南丰镇创新家庭医生签约服务模式，大病困难及计生特殊人群的家庭医生签约率达到100%。完成市级河道“两违”整治任务，拆除涉河违建4.4万平方米，补绿7300平方米。开展河网水系整治工程，疏浚村组河道85条，拆坝建桥3座，加高加固泗兴港和平村段圩堤。推进入江支流水岸同治攻坚行动，完成农村居民生活污水接管119户、企业雨污分流40家；关停畜禽养殖场5家，整治并通过认定3家，重点河道断面Ⅲ类水质比例达到100%。制定农村人居环境整治挂钩联席制度，永联村、建农村获评2019年度苏州市农村人居环境整治工作示范村。率先启动永联小镇智能化垃圾分类试点项目，承办全市垃圾分类现场会。高标准建成苏州市三星级康居乡村点位3个，美丽河道1条。围绕构筑新型城镇化格局，调整修编西部新镇区等多项控规，启动镇村布局规划修编、全镇路网规划设计、东部新镇区概念性规划编制，完成城镇形象提升项目方案设计。围绕绿色集约发展，出台系列“三优三保”政策制度，完成“三优三保”拆旧复垦26.67公顷。加快推进永联江南田园风情小镇建设，完成永联菜园等多个重点项目，永联村获评首批“全国乡村旅游重点村”。基本建成年丰新村二期A区、聚成苑二期安置房，新增住宅面积超9万平方米；完成安置小区车库分配工作；启动年丰新村二期B区安置房建设。强化市政设施和道路养护管理，镇村道路综合好路率超过93%。顺利完成东三环动迁、南丰大道动迁扫尾等年度征收搬迁“双清”任务。全年实施民生微实事8项。常态化推进机关干部学法用法，开展执法知识培训。规范推进政务公开工作，新增并办结依申请公开政府信息32件，妥善处理诉讼及复议类案件9件。严格开展合同审查，邀请镇法律顾问共同审核各类文件40件。推进为民服务（行政审批）中心建设，成立镇社会综合治理网格化联动分中心和各村（社区）网格化联动工作站，实现辖区网格全覆盖。深入开展“法律六进”活动，老倪调解工作室首批获评江苏省金牌个人调解工作室。快速推进铁路护路联防工作站建设，净化铁路治安环境。保持扫黑除恶高压态势，查获涉黑涉恶团伙2个，取缔非法集资场所2个，高标准通过中央扫黑除恶督导组的督导调研。完成镇级新时代文明实践所建设，建农村在全省新时代文明实践中心建设试点工作推进会上交流发言。举办镇第五届道德模范颁奖活动，获评苏州市级好人1个。吴惠芳获评第七届全国道德模范提名奖并作为三农代表受邀参加国庆彩车游行。

福民工程　鼓励村级集体经济主体抱团发展，加快推进1.2万平方米标准型厂房和7200平方米民丰商务楼项目，村级经济可用财力达到2.15亿元。全面完成确权确利改革。南丰镇举办“春风行动”等招聘活动7场，提供岗位数3500个，新增社保扩面2120人，居民医保收缴率99.9%，组织退休人员免费健康体检1.3万人。成立退役军人服务站和永钢集团“退役军人之家”，开展“峥嵘岁月·铭记老兵”关爱项目。实施永合社区综合服务托管项目，升级改造南山公寓，实现居家养老服务社会化运作全覆盖，全年服务群众3.4万人次。发放慰问资金、困难补助超1000万元，受惠群众2万余人（户）。通过村民议事会等平台民主协商议事39起，促进“自治、德治、法治”融合，永联村入选全国乡村治理示范村。全年居民基本医疗保险参保人数22192人，缴费率99.9%。镇、村两级补贴居民医保资金980.6万元。市、镇两级补助合作医疗经费1961.2万元。新建居民电子健康档案330份，累计59245份。年内发放低保金439.46万元，困难残疾补助金281.16万元，退役士兵安置费130.61万元，尊老金233.15万元，重残护理补贴109.98万元。组织走访慰问，发放慰问金和慰问品847.97万元，对困难家庭子女开展助学，发放助学金22.6万元。

2019年南丰镇办事处基本情况表

表81

名　称	所在集镇面积（平方千米）	党工委书记	主　任	副主任
东沙办事处	0.70	朱建明	徐美珠（4月任）	曹志忠　陈洪斌 严　芸（女，12月任）

2019年南丰镇村（社区）基本情况表

表82

村（社区）名	面积（平方千米）	户数（户）	人口数（人）	集体经济总收入（万元）	总资产（万元）	村（社区）党委（总支、支部）书记	村委（社区）主任
民乐村	3.01	1115	3088	509	4628	匡亚军（4月免） 曹　娟（女，4月任）	顾慧华（女，4月免） 曹　娟（10任）
南丰村	4.96	1767	4842	616	6448	徐　晋（1月免） 赵　君（1月任）	陆　琴（女，10月免） 赵　君（10月任）
民联村	3.02	1074	3038	424	5577	马亚萍（女）	马亚萍（女，10月任）
东港村	3.38	1701	4743	395	4172	曹　红（女）	蔡东平
海坝村	3.75	1513	4101	632	4947	陈　健	陈　健（10月任）
建农村	2.76	910	2585	996	6984	施建章（1月免） 沈　兰（女，1月任）	钱晓萍（女）
和平村	5.08	2202	6224	662	6110	耿晓斌	耿晓斌（10月任）
永丰村	5.08	1573	4413	558	4848	蒋莉萍（女）	蒋莉萍（10月任）
新德村	3.71	1421	3886	354	5507	赵　君（1月免） 陆　军（11月任）	陆　军（10月任）
永联村	10.50	3173	7382	18142	288892	吴惠芳	—
东风村	7.06	1634	4635	466	5292	周　华	—
东联村	2.63	1003	2858	495	2507	张　琪	陈海琴（女，10月免） 张　琪（10月任）
振兴社区	2.20	864	1680	—	—	王在栋	王在栋（10月任）
新丰社区	—	123	365	—	—	曹　娟（女，4月免） 匡亚军（4月任）	陈栋梁
永合社区	—	1218	3852	—	—	秦　欢	周智岗（1月免） 秦　欢（10月任）
东沙社区	0.70	155	340	—	—	陈　燕（女，10月任）	陈　燕（女）
瑞丰社区	—	1	4	—	—	茅庆花（女，4月任）	

说明：户数及人口为统计站数据，东联村含畜牧场、水产养殖场

2019年南丰镇投资1亿元以上开工项目情况表

表83

投资企业名称	项目名称	投资额（万元）
江苏永钢集团有限公司	露天堆场封闭项目	59718
光大绿色环保固废处置（张家港）有限公司	固体废物填埋场项目	46557
江苏永钢集团有限公司	年处理25万吨含铁锌尘泥综合利用项目	39000
江苏永钢集团有限公司	炼铁事业部烧结二厂2号450平方米烧结活性焦脱硫脱硝超低排放改造项目	13100
江苏永钢集团有限公司	能源事业部新建110千伏2号变电所项目	11260
张家港金陵体育产业园开发有限公司	体育用品制造项目（二期）	10000

【南丰镇争当“绿色发展示范标杆”】南丰镇在接手东沙化工区后，顺应“长江大保护”“蓝天保卫战”发展形势，在落实各项环保举措、推进高质量发展的进程中，提出争当“全市绿色发展示范标杆”的口号，具体举措是化工企业“关”、龙头企业“引”、环境整治“严”、乡村振兴“特”。原东沙化工园区基本完成关停清场，投入2500万元完成环境提升工程，被列为全省长江大保护现场推进会点位，相关经验入选《江苏省推动长江经济带绿色发展典型案例汇编》，被《新闻联播》《人民日报》相继报道。市静脉科技产业园推进基础设施（一期）EPC项目和水系沟通工程建设，预计2025年完成建设，直接带动就业约5000人。东沙物流园LNG综合能源项目总投资约100亿元，以“前港中园后产业”为发展目标，最终形成LNG吞吐量每年300万吨、4台9F热电联产机组的产业规模，打造以休闲旅游、商贸服务为特色的智慧物流园区。帮助引导永钢集团、金陵体育、海锅新能源等骨干企业转型升级，加强人才引进、搭建创新平台、用好政策资源。永钢集团作为全镇企业转型发展的标杆带头示范引领，集团计划投入25亿元，到2020年年末前，完成大气污染超低排放、水污染治理提升、噪声污染治理、大环境整治、绿化改善等五大生态环境工程。全镇实施“清理整顿沿江环境污染攻坚行动”，开展长江环境大整治环保大提升“百日攻坚”行动，落实“263”督办和热线举报问题整改，抓好“散乱污”治理，打响“蓝天保卫战”，在南丰水、绿、文特色上下功夫。建设城镇建设、水利设施、农业发展、教育文化四大民生实事工程，新建年丰新村二期A区、B区和聚成苑二期等安置房及绿化项目，新建垃圾中转站、永联卫生服务中心等公建项目，启动新丰路、振兴路南延工程及相关路段设施配套及公共设施养护工程；疏浚70条镇村河道，整治市、镇两级河道岸坡，新建2座圩口闸，整治安置小区水系等；建设标准化农田37.8公顷，开展休耕轮作400公顷，完成标准化鱼池改造23.87公顷；新建南丰中学体育馆和年丰新村幼儿园等实事项目。

全国“村长”论坛案例分享　　（黄智强　摄）

【第十九届全国“村长”论坛在永联举行】10月17日至19日，中国村社发展促进会主办的第十九届全国“村长”论坛在永联村举行，全国的1200名“村长”、大学生村干部和少数民族村干部代表围绕“共建共享、文明富裕”主题，共论乡村振兴发展之道，共绘乡村振兴美丽图景。在全国“村长”论坛上，张家港市委常委、组织部部长陆德峰讲话：新时代走好乡村振兴之路，党建引领是根本，让老百姓有获得感是核心，要不断提高基层党组织的组织力和服务力，为强村富民、乡村振兴提供保障。安徽小岗村、浙江余村、上海杨王村作为乡村振兴的典型代表，分享了党建引领乡村振兴的实践和创新。张家港市委宣传部副部长、文明办主任何俊表示，实施乡村振兴战略要物质文明和精神文明一起抓，特别要注重提升农民精神风貌。张家港市一直狠抓乡风文明建设，特别是通过创建全国文明城市这个总抓手，围绕“以城市的标准建农村、以市民的理念育农民”目标任务，大力推动城乡一体文明，以城带乡、城乡互动，持续提升乡风文明。江苏省社科院副院长章寿荣在演讲中指出：面对复杂多样的乡村治理环境，各地应该从实际出发，在吸收借鉴典型经验的基础上，因地制宜地创新适合当地实际的乡村治理方式方法，加强和提高乡村治理能力。陕西省西安市西何社区原党委书记、主任赵建平和中国工商银行资深专家，中国城市金融学会常务理事、副秘书长樊志先后就乡村文化建设和发展农业农村现代化发表意见。工商银行苏州分行与永联村达成了战略合作协议。

【全国首个无烟龙窑窑火在永联“点燃”】为推动旅游产业发展，永联村在对农耕园改造升级的同时，对作坊街同步升级，建设了一批以永联陶瓷艺坊为代表的集文化、休闲、生产为一体，前店后坊式的作坊。龙窑又称长窑，是一种半连续式陶瓷烧成窑，它依一定的坡度建筑，以斜卧似龙而得名，是中国古代江南地区烧制陶瓷的传统炉窑之一，最早出现于商代。古法龙窑的烧制工艺，充分反映了劳动人民的聪明才智，以及精工细作、精益求精和乐观向上的精神追求。龙窑属于柴烧窑，因烧窑燃烧木材时产生烟雾影响环境，故大部分龙窑已停产关闭，更多被工艺相对简单、烧制速度更快的电窑和液化气窑代替。而永联龙窑以松木和香樟树枝等为燃料，在柴烧过程中不会产生有毒有害物质，不会污染陶瓷表面。另外，因为紫砂原料中含有氧化铁，经过柴烧氧化还原法烧制的紫砂壶有软水、柔水的功能，净化出有益于人体健康的弱碱性水。因此,柴烧陶瓷具有健康的品质,更适合作为餐具和茶具。永联陶瓷艺坊经过一年多时间筹建,顺利竣工。永联陶瓷艺坊占地4000平方米,是集柴烧窑艺、陶瓷制作、书画创作于一体,兼容艺术性、实用性、传承性的陶瓷与书画艺术众创基地。整体分龙窑、创作区、展示区、研学区、定制区、休闲区、销售区“一窑六区”,运营后可年制陶瓷5万件,接待游客10万人次。9月16上午,在苏州江南农耕文化园内,南丰镇永联村党委书记、永钢集团董事局副主席吴惠芳,著名陶艺家、景德镇陶瓷学院博士生导师、教授黄焕义等,用从永钢炼钢高炉移来的火种为龙窑点燃窑火,标志着全国首个无烟龙窑窑火在永联“点燃”。永联龙窑在全国首个配备烟雾回收系统,在柴烧过程中不但不污染环境,而且松木等的油脂、灰烬和火焰会直接在陶瓷表面留下脂痕、灰痕与火痕,再经过长时间的高温烧制,釉面变化多端,且极具偶然性,从每一个角度端详,都能看到一幅全新的画面,所以龙窑陶瓷真正做到了“入窑一色,出窑万彩”,每一件都是独一无二的艺术孤品,具有很高的使用和收藏价值。

【永联荷风管弦乐团农村娃走上上海北京大舞台】 南丰小学永联校区有1096名学生,其中80%的学生是全国23个省、市、自治区的新市民子女。学校努力践行“丰雅教育”下“礼学乐知”的核心办学理念,在“永联为民基金会”“北京荷风艺术基金会”、南丰镇和永联村的支持下,于2015年9月成立永联荷风管弦乐团。“永联为民基金会”出资200万元用于乐团聘请上海专家到校指导,由李风创办的“北京荷风艺术基金会”出资28.5万元为乐团添置管弦乐器。学校组建导师“金三角”团队,由上海的16名专家组成“外聘”团队担任乐团教学指导,学校4名艺术教师和6名乐团助教组成辅导团队,利用每天早一小时和晚“四点半”课堂,督促、指导孩子练习;乐团家长们组成“后援”团队,在双休日、寒暑假把孩子在家练习的视频上传到QQ群让老师指导。市“保利艺术进校园”活动先后两次走进南丰小学永联校区。芬兰的口琴大师、匈牙利吉卜赛交响乐团的指挥和小提琴首席与乐团学生近距离交流,上海音乐学院的留学生用优美的旋律和自己的成长故事激发“农村娃”学习音乐的热情,学校艺术节更为孩子们提供了展示自我、提升自我的机会。乐团成立近四年,孩子们参加演出比赛20余场,能熟练演奏《茉莉花》《西部人序曲》《拉德斯基进行曲》《我的祖国》《我和我的祖国》等20余首中外曲目。2018年,在“逐梦星空”新年音乐会上,永联荷风管弦乐团160余名孩子登上市保利大剧院舞台。2016—2018年,乐团连续3年获市中小学生器乐比赛一等奖,还参加了市第三届中小学生艺术节优秀节目展演暨颁奖仪式演出。2019年,乐团走进北京天桥艺术中心等地参与公益演出。5月7日,乐团的66名小乐手走进上海大剧院,倾情演绎《E小调第九交响曲》(自新世界)第四乐章和江苏民歌《茉莉花》,为当晚的慈善晚会拉开帷幕。

【颐和公寓2200余套永钢集团员工住房启用】 5月9日颐和公寓落成。2013年8月,永钢集团投资6亿元开始建设颐和公寓,累计有2幢25层、4幢28层,共计2200余套住房,总建筑面积16.8万平方米。公寓按照设施现代、管理智能、服务贴心的总要求,设有宿舍、专家房、廉租房、探亲房等多种房型,所有房屋实施精装修,配备家具、电器等成套设施,让员工“拎包入住”,同时建设餐厅、地下停车场、电瓶车车库、公共自行车、公共洗衣房、健身小公园等配套设施,以及智能门禁系统、停车系统、安防系统、快递系统和移动支付系统等,成为华东地区设施配备最先进的员工公寓,使员工住得安全、便捷和舒心。永钢集团为创建江苏省幸福企业,切实改善员工的居住和生活条件,同时顺应企业转型升级、加快发展的战略需要,投资建设颐和公寓,努力创造吸引人才、留住人才的条件,实现“筑巢引凤”。

(黄云霞　徐永方　沈　立)

大新镇

【概况】 大新镇位于市域北部江滨,与南通如皋市隔江相望,有长江岸线7.9千米。总面积40.48平方千米,耕地面积1681.93公顷。辖10个行政村、4个社区(其中长新社区为“村社合一”体制)。有户籍14069户,户籍人口38804人,另有外来暂住人口35819人。全年实现地区生产总值37.59亿元,一、二、三产业分别为1.81亿元、21.38亿元、14.4亿元。按户籍人口计算,人均生产总值9.69万元。完成全口径财政收入5.64亿元,其中公共财政预算收入3.32亿元,入库税金5.46亿元。完成全社会固定资产投资16.5亿元,其中工业投资6300万元、服务业投资15.82亿元。大新镇获评新一轮省级文明镇,桥头村、朝东圩港村、新海坝村、新东社区获评省级文明村(社区),新芳科技集团获评省级文明单位。

经济建设　年末,有工业企业近700家,完成工业开票销售收入92.93亿元。58家规模以上工业企业实现总产值55.06亿元,比上年增3.1%。有销售收入超1亿元企业14家,税收超5000万元企业3家。全镇年进出口总额1.66亿美元,其中出口总额1.55亿美元。普格机械控温变换炉获江苏省首台(套)重大装备认定,宏宝工具工业设计中心被认定为江苏省工业设计中心,宏宝锻造获评苏州市“专精特新”示范企业。净增省高新技术企业3家、培育库企业7家,新增市领军人才项目4项、“姑苏计划”人才项目1项,新增产学研合作项目12项,净增有效发明专利30件。承办第二届先进激光制造产业发展大会,协助举办创新创业大赛武汉分赛。新增龙潭村高标准农田32.4公顷,长丰村标准化池塘15.47公顷,秸秆综合利用率100%,粮食生产实现全程机械化。全镇实现农、林、牧、渔总产值2.75亿元,粮食、蔬菜、水产品总产量分别为9479吨、8000吨、925吨。新增高低茎植保机10台,有各类农业示范基地11个,全镇农产品检验合格率100%,规模畜禽养殖场治理率100%,规模经营面积734.1公顷,农业电商交易额突破2100万元。

社会事业 年末,有学校6所,其中中小学校2所、幼儿园4所。教师464人,在校学生7339人。中山幼儿园筹建,中心小学改扩建,新南幼儿园投入使用。推进实验学校智慧校园的建设,推行课程改革,强化"一校一品"的特色办学理念。成立社区教育项目工作室,开设老年教育班34个,招收学员2398人次。新华书画指导工作室及老沙传承指导工作室挂牌,"幸福夕阳移动课堂"获评2019省级"社区教育品牌项目"。大新镇发布镇级新时代文明实践重点项目93项,承办江苏省首届最美河长评选发布会、苏州市"三下乡"等大型活动4场,开展"百姓群星大舞台献礼70年"系列文艺活动12场。有体育场馆2座、公园健身广场5片。6月16日,"友恒杯"市第二届沙上体育运动会在大新镇举行,各区镇600余人参加比赛,设有浑水摸鱼、稻场运谷、湖中划船、丢沙包、滚铁环和拔河等特色项目。全镇有医疗卫生机构16个,其中医院1所、社区卫生服务中心1个、社区卫生服务站9个,执业(助理)医师67人。巩固深化家庭医生签约服务,大病困难群众和计生特殊困难家庭签约服务覆盖率98.51%,个性化家庭医生签约服务覆盖率46.57%。持续深化新市民积分管理,积分入医356人、入学364人。镇综合养老服务中心投入使用,9家居家养老服务站实行社会化运作,社会化运行率达到90%以上。推进扫黑除恶专项斗争,严厉打击整治非法金融活动,实施"治违治污治隐患"专项攻坚,落实沿江环境"净化、绿化、美化"行动,开展重点行业、重点领域安全环保隐患大排查大整治,组建镇、村两级社会综合治理网格化联动分中心、工作站。整治"散乱污"企业(作坊)130家、"三合一"场所448处,评定安全出租房屋3317个。完成安全标准化建设二级5家、三级27家、小微企业156家,完成双重预防机制建设70家。工贸生产领域未发生死亡事故,企业工伤事故与上年相比降12%。

福民工程 年内,村均年可支配收入506万元,比上年增24.4%。提供就业岗位3002个,开发公益性岗位70个,免费技能培训129人。社保扩面1837人、公积金扩面883人。调处各类工资纠纷27起,涉及金额277.5万元。城镇职工养老保险参保15127人,参保率99.6%;参加居民基本医疗保险17818人,收缴率99%以上。发放涉农补贴和奖农资金1620万元,惠及农户7475户。举办创业培训、免费技能培训193人次,扶持30名农村劳动力成功自主创业。为全镇低保户、低保边缘户家庭发放低保补助金329.67万元;贫困学生补助33.7万元,其中58名学生享受慈善助学金17.15万元、105名学生享受"阳光午餐"费用15.95万元、5名学生享受优秀学生奖学金6000元。为24名现役军人发放优待金补助106万元,为14名退役士兵发放自谋职业和自主就业补助金145.1万元。完善社会救助体系,开展安居工程,重度残疾、贫困、无业精神智力残疾等人群专项救助,全年累计发放各类补助资金1886.1万元。

2019年大新镇村(社区)基本情况表

表84

村(社区)	面 积(平方千米)	户数(户)	人口数(人)	集体经济总收入(万元)	可用财力(万元)	总资产(万元)	村(社区)党委(总支、支部)书记	村委(社区)主任
新凯村	3.10	1232	3710	906	468	6488	秦燕军	朱耀祥
长丰村	4.00	1623	5095	683	533	9270	李忠华	王国平
桥头村	3.24	1185	3436	525	315	5760	谢 玲(女,5月免)	孙浩明(5月主持工作)
段山村	4.15	1318	3576	865	395	6655	—	严亚新(主持工作)
朝东圩港村	4.10	1151	3336	480	424	4554	肖 斌	陈 建
新闸村	3.60	550	2250	388	291	3328	蒋 军	蒋 军
大新村	3.00	1015	3279	1071	1019	14821	王晓勇(9月任)	王晓勇(1月至9月主持工作)
新海坝村	3.10	1195	2841	1435	664	6293	顾官兴	顾官兴
中山村	5.00	1481	4475	1088	473	5874	刘 钧	刘 钧
龙潭村	4.87	1315	4255	653	482	5764	孙 涛	顾 惠(女)
大新社区	1.30	1411	2525	—	—	—	张玉丽(女)	张玉丽(女)

续表84

村(社区)	面　积(平方千米)	户数(户)	人口数(人)	集体经济总收入(万元)	可用财力(万元)	总资产(万元)	村(社区)党委(总支、支部)书记	村委(社区)主任
新东社区	0.10	995	2964	—	—	—	任亚超	任亚超
新南社区	0.48	66	190	—	—	—	秦燕军	陈冬梅(女)

【两个总投资超1亿元工业项目落地】 华远特种陶瓷制品项目及世珍集装箱部件生产项目分别于4月9日、7月22日开工。其中,华远环境科技有限公司新建特种陶瓷制品生产项目总投资1.2亿元,占地2公顷,12月完成一期主体建设,年内完成投资671万元。投产后可年产纳米平板陶瓷膜20万平方米,新增销售1.2亿元,实现利税3500万元。世珍集装箱部件有限公司新建集装箱门锁具及配件生产项目总投资1.58亿元,占地3公顷,建筑面积1.8万平方米,年内完成投资726万元。投产后可年产集装箱门锁具及配件150万套,年销售额3亿元,实现利税3800万元。两个超1亿元重大项目的引进和建设,实现近10年大新镇超1亿元工业项目招商引资"零"的突破。

【第二届先进激光制造产业发展大会举办】 7月2日,大新镇承办第二届先进激光制造产业发展大会。大会组织激光技术与军民融合应用成果对接会、产业发展大会开幕式暨高峰论坛、激光先进制造研讨暨需求对接会等环节,着重探讨激光制造技术在高端装备、汽车工业、电子制造、轨道交通、钢铁冶金等行业的新挑战、新应用和新发展。有30家高校科研院所、当地100家激光企业代表,约300余人参加,其中院士3人,分别为中国工程院院士范滇元、中国工程院院士周寿恒、中国科学院院士王立君。大会在探索激光前沿技术、谋划未来发展方向的同时,集聚了激光产业各类资源,有效对接储备了一批招才招商项目信息,推动全市先进激光产业加快发展。至年末,大新镇先进激光(装备)产业园有22家企业进驻运行,其中光电类产业企业8家。

【新海坝滨江生态湿地启动建设】 8月,新海坝滨江生态湿地项目开工建设,占地66.67公顷,总投入2000万元。湿地位于市饮用水源地二级保护区范围内,是大新镇落实长江经济带发展"共抓大保护,不搞大开发"部署的重要举措,也是开展沿江环境"净化、绿化、美化"专项行动的有力抓手。项目立足于基地水塘现状,融入水循环的文化概念,以"市郊滨江海绵体,港城网红打卡地"为目标,采用生态湿地设计手法,融入市民休闲、湿地净水、科普展示、文化体验等多种功能,通过打造生态步道、水上森林、水中栈道等林地景观,形成一处生态环境与生活和谐发展、艺术与地域文化有机融合的生态湿地绿肺。

【江苏省首届最美河长评选发布会举办】 9月3日,江苏省首届"最美基层河长""最美民间河长"推选结果在大新镇发布,江苏河长制标志征集、江苏河长制热线"96082"同时开通。2018年12月至2019年5月,江苏省河长制工作办公室联合水利部宣传教育中心、中国水利报社在全省组织开展首届"最美基层河长"和"最美民间河长"推选活动。经单位推荐、个人自荐、组织初审、网络评选、实地考核、评委会评选等程序,最终推选出江苏省首届"最美基层河长"13人、"最美民间河长"13人。张家港市美湖使者志愿服务团队团长钱雪英获评"最美民间河长"。市美湖使者志愿服务团创建于2013年7月,是一群富有爱心、热爱环保事业的志愿者自发组建的公益性团队,共设立暨阳湖、沙洲湖、凤凰湖、张家港公园、梁丰生态园及沙洲公园6个分队,先后建立暨阳湖、梁丰生态公园、张家港公园及小城河4个志愿服务站。团队秉承"关爱自然"的理念,以保护湖泊为己任,努力为改善生态环境、推动生态文明建设贡献力量。

【镇养老综合服务中心暨残疾人之家揭牌】 9月26日,大新镇养老综合服务中心暨残疾人之家正式启用。中心占地面积515平方米,建筑面积1800平方米,总投资近1000万元,设有康复驿站、棋牌室、残疾人之家、阅览、书画区、日间照料区及舞蹈室、银龄KTV、宣教室等。中心以社区居家养老为主,整合各类社会资源,为大新镇60周岁及以上的老人及其家庭提供生活照料、健康管理、精神慰藉、文化娱乐、长者护理等全方位、多样化、专业化的服务,为残疾人朋友提供辅助性就业,形成集社区居家养老、残疾人康复就业为一体的综合服务新模式。至年末,中心共开展拓展活动70场,服务人次24710人次,办理会员登记老人数量519人,平均年龄71岁。 (沈　涛)

常阴沙现代农业示范园区

【概况】 常阴沙现代农业示范园区位于市域东南部,东临长江,与南通市隔江相望。有沿江岸线9.7千米。总面积37.45平方千米,其中耕地面积2411.52公顷。辖7个社区、1个居委会。有户籍7588户,户籍人口20195人,另有外来暂住人口3754人。全年实现地区生产总值10.74亿元。一、二、三产业增加值分别为2.28亿元、5.6亿元、2.86亿元。按户籍人口计算,人均生产总值5.32万元。完成全口径财政收入1.43亿元,其中公共财政预算收入8800万元。入库税金1.55亿元。全社会完成固定资产投资1.16亿元,其中工业投资3300万元、服务业投资8217万元。园区获评2018年度全省基层党员冬训工作示范镇、2019年度苏州市农村人居环境整治工作示范镇。常兴社区获评2019年度江苏省人居环境整治综合示范典型，常北社区获评2019年度江苏省健康社区、省人居环境整治综合示范典型，常北社区长江圩健身公园获评2019年度全省最美乡村健身公园。

经济建设　园区有企业553家，其中工业企业341家，全年完成工业开票销售收入33.67亿元，入库税金1.55亿元。22家规模以上工业企业实现总产值17.5亿元，主营业务收入17.18亿元，实现利税1.36亿元。有销售收入超1亿元企业5家。新兴产业实现产值10.03亿元，占规模以上工业总产值的57%。新批私营企业66家，新增注册资本2.41亿元；新批个体工商户194户，新增注册资本3311.85万元。全年完成进出口总额7280万美元，其中出口总额6444万美元。完成“腾笼换凤”土地面积1.33公顷。获评江苏省信用贯标企业7家，苏州市企业技术中心1家。新增苏州科普惠农服务站1家。新增发明专利申请63件，授权发明专利9件。新增产学研合作项目10项，新建产学研合作基地1家。新增省级民营科技企业2家，新增省高新技术企业7家。获批市科技支撑计划4项，获评市工程技术研究中心2家。举办第二届现代农业专场招才引智推介会，新聘招才引智顾问4人，完成省“双创”人才计划1个、苏州“姑苏天使”计划1个、张家港市领军人才计划4个。推进省级现代农业产业示范园创建，新建连栋大棚及日光温室3.13万平方米，改造提升育苗温室2500平方米，完成内部基础提升工程；新建智能节水灌溉工程5.67公顷；投入600万元建成常阴沙智慧农业公共服务平台一期建设项目；建成稻田画瞭望台1座、科普长廊1座；完成“江苏张家港市现代农业科技示范园”PPP项目省财政厅项目入库申报。种植南粳3908等水稻新品种20种，引进水稻绿色防控、稻鸭共作新技术2项。新增绿色食品4种，绿色优质农产品比重达到80%。新增市级农业产业化龙头企业1家。新增家庭农场4家，专业合作社2家。新增农业机械44台套，农机化总投入322.87万元。关停养殖场2家。全年实现农、林、牧、渔业总产值4.56亿元，粮食、蔬菜瓜果、油菜籽、水产品总产量分别为24560吨、19372吨、106吨、1400吨。秸秆还田率保持100%。成功创建张家港市首家省级绿色优质稻麦基地，新建稻麦示范方40公顷。

社会事业　年末，有九年一贯制学校1所，教师72人，在校学生750人，其中新市民子女505人。义务教育学龄人口入学率100%，初中升学率100%。另有幼儿园1所，教师及保育人员41人，在园幼儿308人，其中新市民子女133人。完成“江苏省标准化社区教育中心”申报验收工作。首次创建“尚学农场”品牌工作室，并获评张家港市级品牌工作室。全民终身教育取得新成效，“田园牧歌传乡音”乡村游学开展活动5期，“嘉言善行·八音迭奏”教育服务进社区活动开展7期，“悦读·阅美”亲子共读开展活动9期。有医疗卫生机构8个，其中民营医院1家、社区卫生服务站7家，执业（助理）医师41人。新建预防接种卡55份，一类接种疫苗2409人次。建立居民健康档案19522份，完成老年人健康评估7266人，对65周岁及以上老年人开展中医体质辨识服务3907人次。园区孕妇早孕建卡率90.1%，住院分娩率、儿童建卡率均为100%。开展35周岁至64周岁育龄妇女“两癌”筛查，服务435人次。社区卫生服务站全年诊疗4.35万人次，与上年基本持平，其中中医诊疗17811人次；药品收入447.22万元，比上年增56.9%。全年出生90人，死亡191人，计划生育率100%。利用横幅、宣传栏、电子屏、“美丽常阴沙”微信公众号、移动短信等载体，大力宣传扫黑除恶专项斗争，累计悬挂横幅400余条，发放“致广大居民的一封信”7000余份，制作“扫黑除恶”宣传桌贴800余份、海报2100余份、各类扫黑除恶宣传品1.79万份，“扫黑除恶”短信宣传网实现区域全覆盖。深入推进污染防治攻坚各项任务，开展固废危废环境隐患排查整治29家，关停取缔“散乱污”企业（作坊）18家，完成挂牌突出环境问题企业整改2家，镇区雨污分流纳管31户、农村雨污分流纳管27户，养殖池塘标准化改造50.53公顷，疏浚河道38条，新增完成生活垃圾分类社区2个，年度环境信访量比上年降26.1%。深入开展“331”火灾隐患专项整治行动，发放各类宣传材料9000余份，受众人次3.1万人；3月12日，园区“治违治污治隐患”工作领导小组办公室揭牌，年内完成安全出租房评定593家、“三合一”隐患整改163处、“9+1”场所整改383家，整治率100%；推动建设充电桩30个。签订各级《安全生产目标管理责任书》238份，二级标准化创建1家、三级标准化创建11家、小微企业标准化创建60家，双重预防机制建设提质增效25家，新创建25家。完成市、镇两级挂牌督办隐患整改5处、开展安全生产技术服务托管21家；完成自建燃气设施隐患整改3处；完成第二类危化品使用企业整治3家；培育有限空间示范企业2家；排摸厂房出租方44家、厂房承租方78家，整改租赁厂房相关隐患305处；组织辖区企业290人参加安全生产知识培训、电焊工培训；在11个重点领域开展大排查大整治，检查企业1700余家次，整改隐患2000余条，责令经营单位停产停业、停止建设10家，关闭违法企业1家。

福民工程　新增城镇职工养老保险人数358人，累计7109人。农村居民合作医疗参保人数3368人。新增住房公积金缴费企业20家，累计127家，住房公积金扩面250人，累计2564人。年内新增就业岗位1150个。开展家庭医生签约服务扩面工程，其中大病困难群众、计生特殊家庭签约84户218人，个性化签约649户1740人，重点人群覆盖率53.05%。为持“独生子女父母光荣证”企业退休人员办理一次性奖励328人次，发放奖励金118万元。新增农村部分计划生育家庭奖励人数33人，新增独生子女伤残死亡家庭扶助对象8人，落实农村计划生育家庭奖励、独生子女伤残死亡家庭帮扶1044人次，合计发放146.76万元。1131位80周岁及以上老人和32位60周岁及以上的特殊帮扶家庭老人，分别享受由政府提供的80元每户每月和

200元每人每月的上门居家养老服务，年服务12465人次。全年发放尊老金93万元。园区配套支出20万元，实现居家养老服务中心（站）100%社会化服务，服务内涵提升，年度服务老人达到1万人次；配套支出70余万元，实现虚拟养老专项服务常态化，年服务80周岁及以上老人达到1万人次。全年发放农机购置补贴162.17万元；农业保险粮油、高效设施农业参保率均达100%，出险定损理赔146.07万元。全年发放低保金、低保边缘生活补助金159万元，发放低保户水费补贴2.7万元，物价补贴10万余元。临时救助10人，发放市、镇两级救助金4.48万元。开展“共享阳光”慈善助学活动，资助11.45万元帮助39名贫困学子入学。对30类慰问对象发放慰问金107.58万元，惠及1371户困难群众。继续实施“红堡关爱计划”保障项目，为低保家庭、低收入家庭及困难党员家庭再增保障，慈善支出2.94万元。实施“扬帆起航·挑战自我”关爱青少年成长项目，接受社会定向捐赠3.5万元，惠及困难家庭青少年18人。实施困境儿童个案管理项目，扶持孤贫儿童7人，上门开展亲情式关爱活动。投入建设资金7000元解决危房改造1户。发放重残生活补贴45万元、无业精智残生活补贴7.5万元、社保补贴4.3万元、重残护理补贴29万元；组织聆听自然·放飞梦想——残障儿童亲子户外活动、“走近”港珠澳大桥助残观影等惠及50余名残疾人；继续开展“爱·从头开始”残疾人免费上门理发项目，惠及50名重度残疾人；开展“椅”路相伴援助项目，24名能够轮椅出行的残疾人走出家门，感受社会关爱。完成“常阴沙残疾人之家”注册工作，15名残疾人得到辅助性就业服务。5月，投入18万元建成镇级标准化退役军人服务站及社区退役军人服务站，配备了专兼职工作人员，采集退役军人信息826人，退役军人拥军卡、光荣牌发放全部到位；退役军人社保接续受理43人；八一建军节、春节慰问优抚对象、现役军人、复退困难军人41人，发放慰问品7.5万元；慰问共建军事单位2个，发放慰问品合计3万元。

2019年常阴沙现代农业示范园区社区（居委会）基本情况表

表85

社区（居委会）名	面积（平方千米）	户数（户）	人口数（人）	集体经济总收入（万元）	可用财力（万元）	总资产（万元）	社区（居委会）党总支书记	社区（居委会）主任
常东社区	5.35	850	2263	592	496	3454	范兴华（3月免） 刘青松（3月任）	杨　红（女）
常南社区	6.50	1350	3680	708	534	2674	陶洪祥（3月免） 孙惠祥（3月任）	吴海平（11月任）
常西社区	4.39	823	2229	1473	407	2470	丁益宇（3月免） 陈　东（11月任）	陆　磊（3月任，11月免） 刘　燕（女，11月任）
常北社区	5.07	1076	2938	753	447	2637	徐卫华	朱鑫刚（1月免） 顾靖霞（女，3月任）
常红社区	5.24	1100	2969	623	487	2898	沈维良	陈　东（11月免）
常兴社区	5.13	727	1981	829	463	3215	陈志华	茅建红（女，3月免） 陆　忠（3月任）
常沙社区	5.75	1195	3141	975	541	2849	李　平	—
集镇居委会	—	467	994	—	—	—	李义楼	刘　燕（女，11月免）

【园区第二届“现代农业”专场招才引智推介交流会举办】 7月4日，2019年张家港市招才引智推介交流会（“现代农业”专场）在沙洲宾馆举行。卢森堡和中国香港、上海、西安等地的17名高层次人才携前沿科技项目相约张家港。西北农林科技大学、江苏省农科院等省内外农业高校院所20余位专家、科技处处长应邀到会推介交流。常阴沙现代农业示范园区管委会分别与常熟理工学院、苏州农业职业技术学院签署校地合作协议，与香港水导场健康水耕蔬果园有限公司签订科技人才项目落户协议；园区三亩良铺农业科技有限公司与常熟理工学院签订校企联合申报项目合作协议。

【常北社区长江圩健身公园获评全省最美乡村健身公园】 9月6日，江苏省体育总会和省农民体育协会联合发文，表彰通报2019年全省最美乡村健身公园，常北社区长江圩健身公园获评上榜。常北社区长江圩健身公园位于常北社区省级康居村庄点位的中心位置，总面积2800平方米，园路占地450平方米，体育用地1500平方米，绿化用地850平方米，是“康居村庄”建设的便民活动载体。公园周围有环境宜人的健身路段1000米，周边融入常阴沙发展史，将1942年首次人工围垦以来的重大历史沿革制作成矮景墙分布于沿线。公园内配套建有健身器材、乒乓球设施、健身步道、健身路径和提供给居民健身用场地，场地景观绿化，附近设有停车场，同时配套建有路灯，管理制度、健身文化氛围标识牌等。

【农民丰收节暨“丰收的礼赞”文艺会演活动举行】 9月23日，秋分，也是中国第二个农民丰收节。张家港市庆祝2019年“中国农民丰收节”暨“丰收的礼赞”文艺会演庆祝活动在常阴沙现代农业示范园区召开。市领导王亚方、张伟、王瑜、景惠新参加活动。苏州市农业农村局副局长何建华致辞。市委副书记王亚方表示，市委、市政府将以更有力的举措实施乡村振兴战略，推动农民群众增收致富，要求各区镇、各部门强化农业农村优先发展理念，做到干部配备、要素配置、资金投入和公共服务“四个优先”，让农业成为有奔头的产业、农民成为有吸引力的职业、农村成为安居乐业的家园。上午9时许，文艺会演在舞蹈《盛世龙腾》中拉开序幕，整场会演分春耕的喜悦、秋收的幸福两大篇章，围绕新时代农业强、农村美、农民富，以歌曲、舞蹈、诗朗诵等形式表达广大农民丰收后的喜悦。开幕式后是各区镇文艺会演，并举行农民运动会，设置了贴近农民工作生活的趣味运动项目，如割水稻、搓草绳、瞎子敲锣、螃蟹运粮、拔河比赛等等。现场安排有农产品展销点，梁丰牛奶、神园葡萄等当地农产品可现场品尝和购买。

【园区启动“田园党建综合体红堡亮灯工程”】 12月5日，常阴沙现代农业示范园区“田园党建综合体红堡亮灯工程”启动仪式在常西社区田园党校实境课堂举行。市委常委、组织部部长陆德峰，园区党工委书记陈雪明，园区党工委副书记、管委会主任钱晓锋等共同触摸背景屏启动“田园党建综合体红堡亮灯工程”。红堡亮灯工程是实施组织力提升工程的重要内容，更是农村党建工作在基层的生动实践。它包括田园领学“指引灯”、田园行动“聚能灯”、田园治理“风尚灯”、田园民生“暖心灯”、田园智慧“领航灯”五大工程。

【常阴沙农村人居环境整治工作荣登苏州市级示范榜单】 12月11日，2019年度苏州市农村人居环境整治工作示范镇、示范村名单发布，常阴沙现代农业示范园区和常西社区名列其中。常阴沙现代农业示范园区党工委、管委会高点谋划，高标准推进农村人居环境整治工作，以“三清一改”为重点，组织开展家前屋后、河塘沟渠清理整治行动，规范畜禽养殖；以苏州康居特色村、特色田园乡村建设为契机，打造美丽庭院、美丽菜园、美丽田园、美丽河道；印发居民倡议书6000余份，制作清洁指挥长公示牌45个，悬挂宣传横幅150余条，张贴宣传版面120余处。以党建为引领，充分发挥党员、志愿者示范引领作用，广泛宣传发动，引导群众主动参与，整治家前屋后4273户，清理垃圾、杂物1529吨，清除河道围网、地笼253个，新建公厕2座，拆除不合格户厕300余个，从源头上控制污染源，改变农村人居的不良习惯，百姓的生活质量得到提升。

（陈佩蕾）

双山香山旅游度假区

【概况】 双山香山旅游度假区规划面积23.32平方千米，分两个片区，其中双山岛片区20平方千米、香山片区3.32平方千米。双山岛片区位于市域西北郊，地处张家港作业航道与长江主航道之间，与苏州、无锡、泰州和南通四市的长江水域相连接，与张家港保税区（金港镇）隔江相望仅1千米，是长江中下游地区“生态岛”之一，岛内堤坝外滩涂湿地面积约4平方千米，堤坝内面积16平方千米，环岛岸线长16.8千米，适度规模经营面积260.48公顷，耕地地力保护面积725.79公顷，辖4个行政村、1个社区（渡口社区，为“村社合一”体制）。香山片区位于保税区（金港镇）境内，东西长2.3千米，南北长1.9千米，东至江海路、南至东横河、西至市界、北至张杨公路，海拔136.6米（张家港制高点），为国家AAAA级旅游景区、江苏省首家“文明旅游示范景区”，区内有采香径、梅花堂、桃花涧等古景，也有明香湖、沁香楼、览胜亭、荷花茶厅等景点，其中香山梅岭占地20公顷，种植万株梅花树，为360度全角度观赏的专类园，在长三角地区具有较高知名度。度假区2019年接待游客超100万人次，举办梅花节、樱花节、红叶节、双山全国青少年高尔夫球比洞赛、环岛马拉松等系列品牌活动，在2018年省级旅游度假区考核排名中上升9位，列第36位。

经济建设 年内，全区粮食、水产品产量分别为1996吨、334.25吨，有以村为经营主体的土地股份合作社4家，全区土地规模经营率100%。加快推进投资15.7亿元的基础设施建设，道路、绿化、水系等基础配套日渐铺开，完成道路及桥梁总工程量的90%，完成大伯墩原码头区域4.67公顷复绿、栈桥修复、鸟类观测站等

双山岛桥头堡　　（双山香山旅游度假区　提供）

建设。临江湿地、枫林营地、海棠园、银杏大道等项目相继完成，渡江胜利公园基本完成主纪念碑广场核心区建设。乡伴理想村项目完成投资量5000余万元，乡伴原舍酒店（老度假村改造）基本完成。5月，第一个民宿改造点位“圃舍有光”正式运营。至年末，共有渔歌、扣山原野、上久楷、哇哦、不务正业、江岛书局等10个点位完成改造并对外开放。双山高尔夫酒店涵田品牌入驻并带来积极效应，全年入住率超过35%。

社会事业　年末，全区有社会卫生服务站1所，面积380平方米，有医护人员5人，病床6张。家庭医生签约66户，另签约计生特困家庭5户。枫林营地、海棠园完成配套服务用房方案设计，垃圾中转站工程完工。持续推进金岛路、振兴路等房屋改造、周边环境提升和道路建设，启动福江路、双山岛路改造，完成以长江生态大保护为主题的振兴路彩绘布置，拆除违章建筑107户、9647.38平方米，岛内人居环境面貌明显提升。对南沙工业集中区开展各类安全生产专项检查16次，排查整改隐患92处。9月，双山岛12项社会事业及双山四村在南沙区域的标准型厂房的安全环保工作移交保税区（金港镇）扎口管理。

福民工程　年内，双山岛各村均可用财力487.3万元，4个村集体获土地规模补贴39.07万元，种田大户获粮食价外补贴32.7万元。安置房二期主体全部封顶。居民集中参保4129人，为辖区10498人购买39.89万元的“港城惠民”意外重疾险，为双山岛户籍及辖区内住房购买自然灾害民生险3.38万元，发放临时救助金8.7万元，为双山岛居民8277人购买村级医疗互助16.57万元，发放其他各类补贴、补助276.42万元。举办免费涉农培训，培训60余人次。

2019年双山香山旅游度假区村基本情况表

表86

村　名	面积（平方千米）	户数（户）	人口数（人）	集体经济总收入（万元）	可用财力（万元）	总资产（万元）	村党支部书　记	村委主任
渡口村	2.08	1016	2409	988	620.86	9649	杜国平	杜国平
双中村	3.73	955	2672	470	420.25	4003	高金荣	高金荣
老圩村	3.71	879	2986	772	424.89	4200	夏龙华	夏龙华
新圩村	3.28	680	2369	554	483.26	5431	陈　忠	陈　忠

【上海市民（万人）游双山活动启动】 4月16日，慢岛双山·生态之旅“2019—2020年上海市民（万人）游双山”欢迎仪式在双山岛城楼广场举行，将赋有“长江慢岛，沙上绿洲”之美誉的“双山岛”作为旅游目的地推向上海市场。上海市民（万人）游双山系列团队活动，与双山岛高尔夫涵田度假村、张家港国贸酒店等合作，推出张家港两日游、三日游等原生态特色旅游产品，主推景点为双山香山旅游度假区，搭配历史悠久的恬庄古街、欧洲风情的飞马水城等周边景点。4月，首发系列团6批，每周一、三、五发团，每团1至2辆大巴，约40至100名游客，两日行程包含环岛深度体验游、高尔夫练习场参观、香山赏花等内容，让游客全方位感受双山香山的风貌和魅力。活动在上海旅游市场得到较好反响，至年末，度假区累计接待过夜游客约4000人次。

【双山岛飞行营地建设启动】 12月27日，双山香山旅游度假区举行双山岛飞行营地项目开工仪式。项目占地26.67公顷，由中国最大的通航企业之一青岛龙运通用航空投资，总投资1亿元，引入固定翼和旋翼机驾驶培训、热气球、滑翔机和低空跳伞等运动体验特色项目，打造华东地区功能最完善的综合性飞行营地标杆。项目依托独特的江岛地理位置和优美的生态环境，将营地打造成四地四区，即：飞行主营地、飞行俱乐部聚集地、航空航模展示及比赛地、旅拍网红地；热气球生态之旅区、四季花园观光区、特色风情小木屋住宿区、文创展示体验区。

【四大国家级赛事在双山举办】 6月5日，2019年中国女子职业高尔夫球巡回赛·张家港双山挑战赛在张家港双山高尔夫俱乐部开幕，比赛由中国高尔夫球协会和张家港市人民政府联合主办，江苏省高尔夫球协会、张家港市文体广电和旅游局、双山香山旅游度假区联合协办，共吸引113名职业球手参战。6月7日，中国台北18岁选手侯羽蔷将冠军奖杯收入囊中，成为女子中巡历史上第6位业余冠军选手。6月10日，2019年双山全国青少年高尔夫球比洞赛拉开序幕，赛事由中国高尔夫球协会、市人民政府主办，市体育中心、张家港双山高尔夫俱乐部承办，市文体广电和旅游局、双山香山旅游度假区协办。该赛事为国内少有的比洞形式的青少年比赛，也是双山高尔夫球俱乐部连续第三年承办。6月12日，分别决出最终获胜者，林嘉濠、王子霄、黄语萌和顾阳阳成为男女AB四个组冠军。7月13日，2019年超级荔枝搜狐体育全国业余高尔夫球希望赛江苏站在张家港双山高尔夫俱乐部落下帷幕，男子组吴汶轩最终赢得个人首个超级荔枝希望赛冠军头衔，女子组冠军被17岁小将殷若宁获得。7月25日，第152届“茅台股份高尔夫酒杯”邀请赛暨奥运选手·欧巡赛冠军吴阿顺双山挑战赛在双山高尔夫俱乐部举办，北京、天津、上海等地的高尔夫球爱好者70余人齐聚，同场竞技、切磋球技。（孟博学）

【编辑　汪丽菁】

人物·先进集体

Personages & Advanced Collectives

全国模范教师陈芳和孩子们在一起　（市教育局　提供）

新闻人物

逝世人物

先进个人

先进集体

张家港年鉴(2020)

新闻人物

秦振华

1936年3月生，杨舍镇人，中共党员，初中文化，苏州市人大常委会原副主任，张家港市委原书记、人大常委会原主任。最美奋斗者。

1951年11月参加工作，1954年7月加入中国共产党，先后任沙洲县杨舍供销社党支部书记、主任，沙洲县化工厂党支部书记、厂长，沙洲县（张家港市）杨舍镇党委副书记、书记，张家港市委副书记等职。1992年1月起任张家港市委书记，1995年4月起任苏州市人大常委会副主任。其间：1998年3月至2008年3月，任江苏省政协八届、九届委员会常务委员。2008年11月退休。任张家港市委书记期间，他大胆解放思想、勇于打破藩篱，抢抓机遇、奋力拼搏，推出一系列改革举措，推动张家港市经济社会跨越式发展，塑造了“团结拼搏、负重奋进、自加压力、敢于争先”的城市精神，创下了28个“全国第一”。1995年，全国精神文明建设经验交流会在张家港召开，推广“张家港精神”和“张家港经验”。张家港改革开放之后的快速崛起，被誉为“伟大理论的成功实践”。他先后获“改革先锋”“全国优秀县（市）委书记”“全国优秀党务工作者”“全国离退休干部先进个人”等称号。2019年9月，被中宣部、中组部、中央统战部授予“最美奋斗者”称号。

王志勇

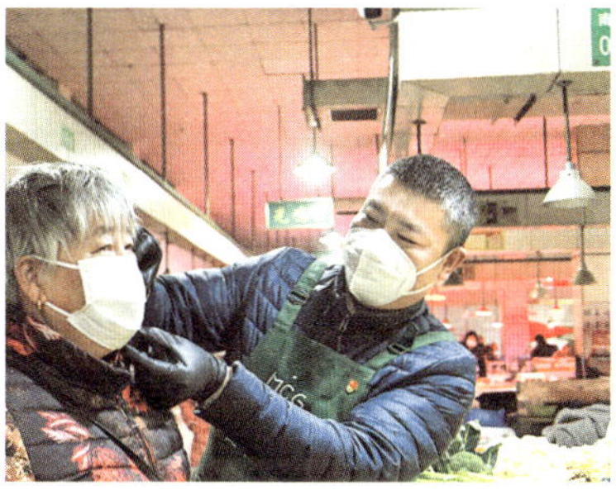

1973年生，大新镇人，中共党员。蔬菜销售户，大新镇金银杏志愿者协会会长。助人为乐“中国好人”。

自2007年起，王志勇先后策划开展“帮扶寒门学子”“温暖过渡房”“贴心小棉袄”等多个优秀志愿服项目，致力于帮扶困难学生、空巢老人等弱势群体，个人累计志愿服务时长超2000个小时。大新当地少年小轩身患重病，生命垂危，他发动志愿者为小轩筹集爱心善款近10万元；牵头策划“牵手成长·寒门学子艺术类培训”志愿服务项目，为99位寒门学子圆了艺术梦想。2019年5月，被中央文明办授予助人为乐“中国好人”称号。 （邹　颖）

顾卫东

1987年2月生，乐余镇人，本科学历，共青团员。江苏沙钢集团有限公司钢板总厂热处理车间自动化电工。全国五一劳动奖章获得者。

2009年8月进入江苏沙钢集团有限公司钢板总厂热处理车间，从事工业自动化调试与维护工作。他在工作中善于发现问题，快速处理。在其带领下，甲班电气组全年热停故障时间为零。他还利用专业知识对设备进行升级改造，减少设备故障率，提高生产效率，累计主持参与设备改造升级30余项。多次参加公司、张家港市、苏州市组织的技能竞赛，取得好成绩，并积极做好“传、帮、带”工作，为公司高压电工、中级技能电工进行培训。5月，被中华全国总工会授予全国五一劳动奖章。 （吴　吉）

唐奇英

女，1967年10月生，金港镇人，本科学历，中共党员，市人民法院金港人民法庭审判员。全国三八红旗手。

1991年进入张家港市人民法院港区人民法庭工作，后调入后塍人民法庭（后改名金港人民法庭），历任书记员、助理审判员、审判员、庭长助理、副庭长。2019年11月任张家港市人民法院金港人民法庭审判员。至2019年年末共审结各类案件6500余件。她审理了大量疑难复杂、矛盾尖锐、社会影响较大的案件，其中2件作为指导案例在《江苏省高级人民法院公报》刊登。她独创的“细心、情重、入案、体味”审理八字诀，取得“案结事了人和”的良好效果，赢得了当地群众和单位的称赞和信服。先后获“苏州市十佳法官”、苏州市政法系统先进个人、五一巾帼建功标兵、江苏省法院调解能手、江苏优秀法官等称号，并多次获苏州市及江苏省法院二等功、三等功。2017年，被最高人民法院评为全国优秀法官。2019年3月，被中华全国妇女联合会评为全国三八红旗手。 （市法院）

陈 芳

女，1976年1月生，金港镇人，本科学历。东渡实验学校教科室主任，特级教师、正高级教师。全国模范教师。

1995年参加工作，1997年从港区职业中学调入后塍中心小学，1999年调入新塍初中，2013年调入东渡实验学校。2015年担任东渡实验学校教科室主任。从教24年，她用爱心教书育人、“立德树人”，用细心呵护每个学生的生命成长，用慧心培育优秀的班集体。她立足语文课堂教学的改革，倡导并践行“生态、生活、生动、生长”的生态教育理念，形成了温度、厚度、效度三者融合的教学品质，其研究成果先后获江苏省教学成果特等奖和国家教学成果二等奖。她注重学科组建设，通过“名师培养”“课程建设”和“基地示范”等路径，积极发挥辐射引领作用，领衔的语文团队成为江苏省初中语文学科示范基地。先后获江苏省教学名师、江苏省特级教师、江苏省优秀教育工作者和苏州市五一劳动奖章等称号。2019年9月，被人力资源和社会保障部、教育部授予“全国模范教师”称号。（徐晓艳）

黄惠珍

女，1966年5月生，凤凰镇人，中共党员，本科学历，市档案馆主任科员。全国档案系统先进工作者。

1987年7月参加工作，任江苏省档案局办事员。1987年10月进入张家港市档案局，先后任编研秘书科科员、副科长。1995年1月至1995年8月，任张家港市档案局秘书科科长。1995年8月至1997年4月，任张家港市档案局党支部委员、秘书科科长。1997年4月至2006年12月，任张家港市档案局（馆）副局（馆）长兼业务指导科科长。2006年12月至2012年1月，任张家港市档案局（馆）党组成员、副局（馆）长。2012年1月至2019年1月，任张家港市档案局（馆）党组书记、局（馆）长。2019年1月至2019年7月，任张家港市档案馆党组书记、馆长。2019年7月起，任张家港市档案馆主任科员。她见证、亲历了档案事业的恢复整顿、起步发展，在“冷清”的岗位上干出了火热的事业。在她的带领下，张家港市档案馆先后获江苏省档案系统先进集体、江苏省档案科技工作先进单位、江苏省青年文明号等诸多荣誉。2019年12月，她被人力资源和社会保障部、国家档案局评为全国档案系统先进工作者。（市档案馆）

黄 强

1982年1月生，金港镇人，大专学历，中共党员，高级技师。张家港港务集团有限公司港埠分公司起重操作部黄强组组长、门机司机。全国“最美港口人”、全国交通技术能手。

2000年8月至2003年7月，任张家港港务管理局港分公司电机队门机司机；2003年8月至2003年12月，任张家港港务集团有限公司港埠分公司电机队门机司机；2003年12月至2007年3月，任张家港港务集团有限公司港埠分公司电机队门机三组组长、门机司机；2007年3月起，任张家港港务集团有限公司港埠分公司起重操作部“黄强组”组长、门机司机。其中，2007年9至2009年7月，在中央广播电视大学函授乡镇企业管理专业学习。黄强始终坚持一生一事、一事一生的信念，在工作中不断精进自己的技能，相继打造了“像做豆腐一样做马口铁”“像放鸡蛋一样作业水泥制品”“像堆积木一样作业大型设备”等门机作业品牌，赢得客户和行业的高度认可和评价，“黄强”两个字成为门机作业质量的保障和品牌的象征。他先后获全国第十一届金锚奖、江苏省劳动模范、江苏省五一劳动奖章等荣誉。2019年4月，获“江苏交通工匠”称号。9月和12月，被交通运输部授予全国“最美港口人”和“全国交通技术能手”称号。（许咏梅）

陶广成

1971年1月生，江苏省盐城市建湖县人，本科学历，中共党员。市司法局副局长。全国“七五”普法中期先进个人。

1995年8月参加工作，1995年8月至2002年2月任张家港艺术职业高中团委书记、办公室主任；2002年2月至2002年7月任兆丰镇党委秘书；2002年8月至2004年12月任市委宣传部宣传科办事员、副科长；2004年12月至2006至9月任市委宣传部宣传科科长；2006年9月至2009年3月任市委外宣办、市政府新闻办副主任（副局级）；2009年3月至2012年1月任市文明办副主任（副局职）、市委宣传部办公室主任；2012年1月起任市司法局副局长、党委委员。司法局工作期间分管基层全民普法与社区矫正工作。他注重创新创优，坚持争先进位，全市法治宣传工作蓬勃开展，取得显著成效。2015年，被苏州市委、市政府表彰为苏州市法治建设先进个人；2016年，被江苏省司法厅评为"六五"普法先进个人；2017年，被江苏省司法厅评为全省司法行政系统首批专家型人才、省级司法行政标准化技术委员会委员。2019年，被全国普法办评为"七五"普法中期全国先进个人，为苏州市唯一受到通报表彰的先进个人。（市司法局）

黄建浩

1979年7月生，锦丰镇人，中共党员，本科学历（研究生学位）。市政府办副主任，沿河土家族自治县政府办副主任、扶贫办副主任（挂职），江苏省对口帮扶贵州省铜仁市沿河土家族自治县工作组副组长。贵州省脱贫攻坚优秀共产党员。

2003年参加工作。2003年3月至2003年4月，任三兴镇机关招商办办事员。2003年4月至2004年4月，任合兴办事处经济服务科办事员。2004年4月至2006年2月，任锦丰镇组织人事办办事员。2006年2月至2009年12月先后任锦丰镇纪检监察办办事员、纪检监察助理、副主任。2009年12月至2012年1月，任锦丰镇政府办公室主任。2012年1月至2013年12月，任锦丰镇副镇长。2014年1月，任张家港市人民政府办公室副主任。2017年10月，挂任贵州省铜仁市沿河土家族自治县人民政府办公室副主任、扶贫办副主任，江苏对口帮扶贵州省铜仁市沿河土家族自治县工作组副组长。2017年，他到沿河挂职后，努力推动张家港与沿河两地积极探索，在全国率先实践"五位一体"东西部扶贫协作全面结对帮扶新模式，率先实施党的建设和精神文明建设全面结对共建，率先实现深度贫困村结对帮扶全覆盖，率先探索实践村村结对的"整村推进结对帮扶"新模式，率先实现县级医院、镇级医院、公共卫生单位"三个全覆盖"医卫结对帮扶，率先实现各个乡镇、各类学校、各个学段"三个全覆盖"教育结对帮扶。他所在的江苏省张家港市对口帮扶贵州省沿河土家族自治县工作组获2019年度"贵州省脱贫攻坚先进集体"称号。2019年6月，他被中共贵州省委授予"全省脱贫攻坚优秀共产党员"称号。（俞 峥）

李建明

1965年3月生，南丰镇人，中国民主建国会会员，大专学历，江苏中孚达科技股份有限公司董事长。民建中央脱贫攻坚奖先进个人。

1987年7月参加工作，任市苎麻纺织厂技术副厂长。1993年4月至1995年6月，任市编织线厂副厂长。1995年6月至2002年9月，自主创业。2002年9月至2005年1月，任杭州江腾纺织设备公司总工程师。2005年1月至2009年12月，自主创业二手纺机公司。2010年1月起，任张家港市中孚达纺织科技有限公司（后更名为"江苏中孚达科技股份有限公司"）董事长；2016年10月起，兼任先进纺纱织造及清洁生产国家地方联合工程实验室（武汉纺织大学）技术委员会委员。从沙洲职业工学院纺织工程系毕业后，他一直致力于特种动物绒纺织技术的研究，持续不断地开展牦牛绒分梳技术创新，成功研制开发出最新一代的牦牛绒系列产品，先后获得核心发明专利9项，并被授予中国纺织工业联合会科学技术奖二等奖、中国纺织行业专利奖、苏州市技术发明奖二等奖。李建明帮助西藏、四川等地藏区牧民脱贫，2019年，中孚达公司在藏区采购牦牛绒90吨，价值2700万元。与此同时，他还创造性提出"企业+牧民+人才+原料基地"的新运营模式，与沙洲职业工学院商议联合成立"中孚达"班，为牧民孩子提供上大学的机会。2019年12月，被中国民主建国会中央委员会评为民建脱贫攻坚奖先进个人。（刘向民）

李晓华

1968年1月生，南通市崇川区人，本科学历，中国民主促进会会员，市文化馆东方艺术团团长，国家一级演员。民进全国组织建设先进个人。

1984年6月参加工作。1987年9月至1989年7月，在江苏省戏剧学校话剧表演专业学习。1989年7月至2003年12月，南通市话剧团演员。2004年1月至2012年9月，任南通市艺术剧院话剧影视中心副主任、主任。2012年9月起，作为特殊人才引进至市文化馆任东方艺术团团长。2017年1月起，任民进张家港支部组织委员。工作期间，他多次获张家港市文化工作先进个人、年度考核优秀；获评港城“英才计划”A类人才，江苏省第四期“333高层次培养人才”第三层次培养对象。2013年至2018年导演的作品《剐蹭》《原来我很陌生》《置换》《一张罚款单》《谁是我的亲爹娘》获张家港市小戏小品大赛金奖。2018年导演的情景剧《山那边》获全国中小学生艺术（戏剧类）展演一等奖、江苏省中小学艺术展演（戏剧类）特等奖。2019年导演的小品《打折》获苏州“繁星奖”戏剧类金奖第一名。2019年10月，他被中国民主促进会中央委员会授予“民进全国组织建设先进个人”称号。（蒋　恒）

樊春海

1974年3月生，凤凰镇人，九三学社第十四届中央委员会委员，上海市第十三届政协委员。中国科学院上海应用物理研究所研究员，上海交通大学化学化工学院王宽诚讲席教授，博士生导师，生物化学家。中国科学院院士。

1996年本科毕业于南京大学，2000年博士毕业于南京大学，2001—2003年在美国圣塔芭芭拉加州大学有机固体研究所和加州纳米系统研究所从事博士后研究。兼任《ACS Applied Materials & Interfaces》副主编，Chem Plus Chem编委会共同主席。在《Nature》等SCI杂志发表论文400余篇，引用3万余次，近6年连续入选“全球高被引科学家”。2004年入选中国科学院百人计划，2007年获国家杰出青年基金资助，2011起年任科技部重大科学研究计划（纳米）首席科学家。2017年起任科技部重点研发计划项目负责人。入选美国科学促进会、美国医学与生物工程学院、国际电化学学会和英国皇家化学会会士。2016年获国家自然科学二等奖（第一完成人），2019年获何梁何利基金科学与技术创新奖、美国化学会“测量科学进展讲座奖”和第十二届“谈家桢生命科学创新奖”。2019年11月22日，当选为中国科学院院士。（谢凤姣）

逝世人物

徐利治

1920年9月生，原名徐泉涌，杨舍镇人。中国著名数学家、教育家。1945年毕业于西南联合大学。1949年后在英国亚贝丁大学、剑桥大学学习。1951年回国，历任清华大学副教授，吉林大学教授、教务长，华中工学院（华中科技大学）数学系教授、系主任，大连工学院教授、应用数学研究所所长。在渐进分析、逼近论方面取得重要成果，在国际上被誉为“徐氏渐进公式”“徐氏逼近”，主要研究领域是分析学、计算数学和组合数学等，他为中国计算数学专业的创始和发展做出了卓越贡献。1956年，苏联科学院邀请中国科学院派代表团参加泛函分析及其应用国际会议，徐利治作为中方三名代表之一赴会。1985年获国家教委科技进步奖二等奖。他是中国组合数学研究的倡导者，组建了全国组合数学研究会，培养了一批组合数学人才。徐利治大力推动数学方法论的研究，他的著作对中国数学教育的改革和发展具有深远影响。2019年3月病逝。

（徐　琼）

童道明

1937年2月生，杨舍镇人。著名戏剧评论家、俄罗斯文学翻译家。1956年被推荐赴莫斯科大学文学系语言文学专业读书，1960年因病肄业，1963年起一直在中国社会科学院外国文学研究所工作，先后担任研究员、博士生导师等职，担任中国作家协会、中国戏剧家协会理事等职务。他自1992年起开始发表作品，1998年加入中国作家协会，撰写、翻译了众多有价值的理论著作和戏剧剧本。获得过中国戏剧界的最高荣誉——全国戏剧文化奖金狮编剧奖。著有论文集《他山集》《论契诃夫》《戏剧笔记》，学术散文集《惜别樱桃园》《潘家园随笔》。另著有剧作集《塞纳河少女的面模》《爱恋·契诃夫》以及译作《樱桃园》《戏剧三种》等。2019年6月病逝。（徐　琼）

袁培春

1929年生，锦丰镇联兴村人，无锡市政协原副主席。早年丧父，家境清贫。9岁进私塾就读，后进锦丰小学读书。1949年2月，参加共产党领导的澄锡虞武工队。1950年，

担任南兴乡第一任乡长，参加和领导反霸斗争与土地改革。后调常阴区区政府工作，不久任副区长。1956年，任沙洲区区长。撤区并乡后，历任中共乐余乡、塘桥乡、兆丰乡党委书记。1966年，任中共沙洲县委副书记。1975年，调任太仓县委常委、太仓县革命委员会副主任，1978年任苏州地区财办副主任兼商业局、工商局局长。1980年，调无锡县工作，先后任县委副书记、县长、县委书记等职。1987年，任无锡市政协副主席。1995年离休。2019年9月病逝。 （俞　峥）

蔡少卿

1933年8月生，锦丰镇人。南京大学历史系教授，历史学家、社会史专家、著名会党研究专家。1960年北京大学历史系中国史专业毕业，留校任教；1966年研究生毕业于北京大学历史系中国近代史专业。1973年调入南京大学，任南京大学历史系教授、博士生导师。曾任中国社会史研究室主任、南京大学民间社会研究中心主任、南京大学韩国研究所所长、中国会党史研究会会长、中国社会史学会顾问、江苏省社会史学会会长等职。长期从事社会史、中国会党史与秘密社会研究，是中国著名的历史学家、社会史专家，为中国秘密社会史学科的建立和繁荣奠定基础。改革开放后，主持国家社科基金项目、省部级重点项目10项，著有《中国近代会党史研究》《中国秘密社会》《秘密社会与中共早期工农运动》（英文版）《民国时期的土匪》《社会史的理论视野》等著作10余部，主编《中国社会史丛书》《秘密社会丛书》共40余部，在国内外刊物发表论文100余篇，多次获国家、省部级科研优秀成果奖，为南京大学指导和培养外国高级进修生65人，中外博士研究生和博士后60人，硕士研究生25人，为中外文化交流和中国的高等教育事业做出了贡献。2019年11月病逝。

（俞　峥）

先　进　个　人

2019年张家港市获国家条线表彰的先进个人一览表

表87

姓　名	荣誉名称	授予单位	工作单位
秦振华	最美奋斗者	中共中央宣传部、中央组织部、中央统战部等	市委
吴惠芳	第七届全国道德模范提名奖	中央精神文明建设指导委员会	南丰镇永联村
王志勇	“中国好人”	中央文明办	大新镇
顾卫东	全国五一劳动奖章	中华全国总工会	江苏沙钢集团有限公司
唐奇英	全国三八红旗手	中华全国妇女联合会	市法院
陈　芳	全国模范教师	人力资源和社会保障部、教育部	市东渡实验学校
黄惠珍	全国档案系统先进工作者	人力资源和社会保障部、国家档案局	市档案馆
黄　强	全国“最美港口人” 全国交通技术能手	交通运输部	张家港港务集团有限公司
陶广成	全国“七五”普法中期先进个人	全国普法办公室	市司法局
李建明	民建脱贫攻坚先进个人	中国民主建国会中央委员会	江苏中孚达科技股份有限公司
李晓华	民进全国组织建设先进个人	中国民主促进会中央委员会	市文化馆东方艺术团
薛怀稳	优秀船舶安检员	长江海事局	张家港海事局
曹风云	渡船安全监管工作先进个人	长江海事局	张家港海事局

2019年张家港市获省级和省条线表彰的先进个人一览表

表88

姓名	荣誉名称	授予单位	工作单位
徐昀宇	个人二等功	江苏省委、江苏省政府	市委政法委
黄建浩	贵州省脱贫攻坚优秀共产党员	贵州省委	市政府办、沿河土家族自治县政府办
沈文荣	改革开放40年百名杰出苏商	江苏省委统战部、江苏省工商业联合会	江苏沙钢集团
刘忠华	江苏省商务系统先进工作者	江苏省人力资源和社会保障厅、江苏省商务厅	张家港保税区
管柳枫	江苏省“七五”普法中期先进个人	江苏省委宣传部、江苏省法治宣传教育工作领导小组办公室、江苏省司法厅	张家港保税区
郁霞秋	江苏省百名示范村书记(首批)	江苏省委组织部	金港镇长江村
聂达	江苏省技术能手	江苏省人力资源和社会保障厅	张家港海事局
徐益兵	江苏省技术能手	江苏省人力资源和社会保障厅	张家港港务集团有限公司
钱会达	江苏省水产高级工程师	江苏省人力资源和社会保障厅	凤凰镇
王建芬	江苏省卫生健康系统劳动模范	江苏省人力资源和社会保障厅、江苏省卫生健康委员会、江苏省中医药管理局	塘桥镇金村村
戴文辉	江苏省审计机关先进工作者	江苏省审计厅、江苏省人力资源和社会保障厅办公室	市审计局
徐增才	江苏省五一创新能手	江苏省水利厅、江苏省人力资源和社会保障厅、江苏省总工会	市水务局水政大队
沈琳	江苏省“岗位学雷锋标兵”	江苏省委宣传部、江苏省文明办	市水务局水政大队
周汛峰家庭	江苏省文明家庭	江苏省精神文明建设指导委员会	市长江防洪工程管理处
季洪良	江苏省五一劳动奖章	江苏省总工会	市总工会
胡默	江苏省五一劳动奖章	江苏省总工会	瓦克化学(张家港)有限公司
姚雪明	2018年度江苏省青年志愿服务事业贡献奖	共青团江苏省委、江苏省志愿者协会	市社会综合治理网络化联动中心
王苏嘉	2018年度江苏省优秀共青团干部	共青团江苏省委	团市委
陈霞	2018年度江苏省优秀团支部书记	共青团江苏省委	杨舍镇棋杆村
秦真智	江苏省妇女儿童工作先进个人	江苏省政府妇女儿童工作委员会	市妇女联合会
陈宇家庭	江苏省健康家庭	江苏省爱国卫生运动委员会	常阴沙现代农业示范园区常西社区
张晓波	江苏省法院“基本解决执行难”工作专项表彰个人三等功	江苏省人民法院	市法院
李军	江苏省法院执行工作先进个人	江苏省人民法院	市法院
葛丹琼	个人三等功	江苏省人民检察院	市检察院
钱国平	江苏省司法行政系统行政审批工作先进个人	江苏省司法厅	市司法局
季宏武	江苏省行政复议办案能手	江苏省司法厅	市司法局
黄强	江苏交通工匠	江苏省交通运输厅	张家港港务集团有限公司
陈国瑾	2018年度环境执法大练兵省级先进个人	江苏省生态环境厅	苏州市张家港生态环境局
朱敏	江苏省预防接种岗位能手	江苏省卫生健康委员会	市疾病预防控制中心
郭秦	2019年度江苏省扶贫济困奖	江苏省扶贫工作领导小组	锦丰镇建设村
宋秋明	2018年度江苏省口岸运行管理先进个人	江苏省商务厅	市商务局(口岸办)
陈忠平	2019年度江苏省“规范统计基层岗位标兵”	江苏省统计局	市统计局

续表88

姓　名	荣誉名称	授予单位	工作单位
徐志斌	2018年度“安康关爱行动”先进个人	江苏省老龄工作委员会办公室	市民政局
张平伟	个人三等功	江苏出入境边防检查总站	市出入境边防检查站
黄晓刚	2018年度江苏省知识产权工作成绩突出个人	江苏省知识产权局	市市场监管局（市知识产权局）

2019年张家港市获苏州市级表彰的先进个人一览表

表89

姓　名	荣誉名称	授予单位	工作单位
卞东方	2018年度苏州市担当作为好干部	苏州市委、苏州市政府	市政府
沈　琳	2018年度苏州市担当作为好干部	苏州市委、苏州市政府	南丰镇
邵永斌	苏州市劳动模范	苏州市委、苏州市政府	江苏港通路桥集团有限公司
黄亚平	2015—2018年苏州市社会治安综合治理先进个人	苏州市委、苏州市政府	市委
陈晓英	2015—2018年苏州市社会治安综合治理先进个人	苏州市委、苏州市政府	南丰镇
李建刚	2015—2018年苏州市社会治安综合治理先进个人	苏州市委、苏州市政府	市委办
赵永宁	2015—2018年苏州市社会治安综合治理先进个人	苏州市委、苏州市政府	市委政法委
吴文斌	2015—2018年苏州市社会治安综合治理先进个人	苏州市委、苏州市政府	市委政法委
叶　锋	2015—2018年苏州市社会治安综合治理先进个人	苏州市委、苏州市政府	市公安局
严燕龙	2015—2018年苏州市社会治安综合治理先进个人	苏州市委、苏州市政府	金港镇
黄逸红	2015—2018年苏州市社会治安综合治理先进个人	苏州市委、苏州市政府	杨舍镇
夏永刚	2015—2018年苏州市社会治安综合治理先进个人	苏州市委、苏州市政府	冶金园（锦丰镇）
丁建军	2015—2018年苏州市社会治安综合治理先进个人	苏州市委、苏州市政府	大新镇
陆　燕	2015—2018年苏州市社会治安综合治理先进个人	苏州市委、苏州市政府	常阴沙现代农业示范园区
韦　红	2015—2018年苏州市社会治安综合治理先进个人 苏州市现代农业建设先进个人	苏州市委、苏州市政府 苏州市委、苏州市政府	冶金园（锦丰镇）
钱　江	苏州市现代农业建设先进个人	苏州市委、苏州市政府	市委农村工作办公室
钱腾冰	苏州市现代农业建设先进个人	苏州市委、苏州市政府	塘桥镇
蒋利春	苏州市现代农业建设先进个人	苏州市委、苏州市政府	凤凰镇
陆　燕	苏州市美丽乡村建设先进个人	苏州市委、苏州市政府	金港镇
袁达新	苏州市美丽乡村建设先进个人	苏州市委、苏州市政府	金港镇
王卫星	苏州市美丽乡村建设先进个人	苏州市委、苏州市政府	常阴沙现代农业示范园区
杨　悦	苏州市美丽乡村建设先进个人	苏州市委、苏州市政府	杨舍镇
杨学斌	苏州市美丽城镇建设先进个人	苏州市委、苏州市政府	塘桥镇
戴　艳	苏州市特色田园乡村建设先进个人	苏州市委、苏州市政府	凤凰镇
葛剑锋	苏州市十佳乡村致富带头人	苏州市委、苏州市政府	杨舍镇善港村
高景云	苏州市十佳乡村致富带头人	苏州市委、苏州市政府	乐余镇
陈凌霄	2018年度苏州市打好污染防治攻坚战贡献突出个人	苏州市委、苏州市政府	冶金园（锦丰镇）
吴建华	2018年度苏州市打好污染防治攻坚战贡献突出个人	苏州市委、苏州市政府	南丰镇
孙耀辉	苏州市农村生活污水治理先进个人	苏州市委、苏州市政府	塘桥镇
钱晓波	苏州市脱贫攻坚先进个人	苏州市委、苏州市政府	凤凰镇
胡志明	苏州市脱贫攻坚先进个人	苏州市委、苏州市政府	乐余镇红星村
史志娟	苏州市农村集体“三资”管理先进个人	苏州市委、苏州市政府	市委农村工作办公室
董　红	第八届苏州市文学艺术奖	苏州市委、苏州市政府	市文联

先 进 集 体

2019年张家港市获国家条线表彰的先进集体一览表

表90

获奖单位	荣誉名称	授予单位
张家港市	2019中国领军智慧城市	商务部、科技部、工信部
	国家节水型城市	住建部
	2018年度健康城市建设示范市（首批）	全国爱国卫生运动委员会办公室
	全国生态文明建设先进市	全国生态文明建设发展论坛组委会
南丰镇永联村	全国乡村治理示范村	中央农村工作领导小组办公室、农业农村部、中共中央宣传部、民政部、司法部
	全国乡村旅游重点村	文化和旅游部
张家港港务集团有限公司港埠分公司设备保障部修理一组	2018年度全国青年安全生产示范岗	共青团中央办公厅、应急管理部办公厅
江苏永钢集团有限公司炼钢三厂连铸甲班团支部	2018年度全国青年安全生产示范岗	共青团中央办公厅、应急管理部办公厅
江省张家港保税区市场监督理局政务服务科	2017—2018年度全国青年文明号	共青团中央、最高人民法院、国家发改委等
市检察院	2017—2018年节约型公共机构示范单位	国家机关事务管理局、国家发展改革委、财政部
张家港海事局	2017—2018年节约型公共机构示范单位	国家机关事务管理局、国家发展改革委、财政部
市委办	舆情信息工作优秀单位	中共中央宣传部
市委宣传部	舆情信息工作先进单位	中共中央宣传部
市妇女联合会	全国巾帼建功先进集体	中华全国妇女联合会
市卫健委	全国基层中医药工作先进单位	国家卫健委
市人民武装部	参与打赢脱贫攻坚战先进单位	中央军委国防动员部
	民兵调整改革先进单位	中央军委国防动员部
市文体广旅局	2018年度全国“扫黄打非”先进集体	全国“扫黄打非”工作小组办公室
市文化市场综合执法大队	2018年度查处重大侵权盗版案件有功单位二等奖	国家版权局
市民族团结进步促进会	全国民族团结进步示范区（单位）	国家民族事务委员会
锦丰镇	国家卫生镇	全国爱国卫生运动委员会
塘桥镇	国家卫生镇	全国爱国卫生运动委员会
金港镇	国家卫生镇	全国爱国卫生运动委员会
乐余镇	国家卫生镇	全国爱国卫生运动委员会
凤凰镇	国家卫生镇	全国爱国卫生运动委员会
南丰镇	国家卫生镇	全国爱国卫生运动委员会
大新镇	国家卫生镇	全国爱国卫生运动委员会

2019年张家港市获省级和省条线表彰的先进集体一览表

表91

获奖单位	荣誉名称	授予单位
张家港市	2018年度推进高质量发展先进县（市、区）	江苏省委、江苏省政府
	2018年度"四好农村路"省级示范县	江苏省政府
	2019年度江苏省国土资源节约集约模范县（市、区）	江苏省自然资源厅
	2019年度江苏省土地执法先进县（市、区）	江苏省自然资源厅
杨舍镇善港村党委	贵州省脱贫攻坚先进党组织	中共贵州省委
市水务局	江苏省水利系统先进集体	江苏省人力资源和社会保障厅、江苏省水利厅
市民政局	江苏省民政系统先进集体	江苏省人力资源和社会保障局、江苏省民政厅
张家港海事局沪通大桥海巡执法大队	2017—2018年度江苏省青年文明号	江苏省委省级机关工作委员会、共青团江苏省委
张家港海事局政务中心	2017—2018年江苏省级机关青年文明号	共青团江苏省级机关工作委员会
市政府	江苏省妇女儿童工作先进集体	江苏省人民政府妇女儿童工作委员会
市妇幼保健所保健科	江苏省巾帼文明岗	江苏省城镇妇女"巾帼建功"活动领导小组、江苏省妇女"双学双比"竞赛活动领导小组
江苏沙钢集团	2017—2018年度慈善之星	江苏省慈善总会
浦项（张家港）不锈钢股份有限公司	江苏省五一劳动奖状	江苏省总工会
江苏永钢集团有限公司智能炼钢生产车间	江苏省工人先锋号	江苏省总工会
江苏培达塑料有限公司技术一部	江苏省工人先锋号	江苏省总工会
市社会福利服务中心护理部	江苏省工人先锋号	江苏省总工会
张家港港务集团有限公司黄强组	江苏省工人先锋号	江苏省总工会
团市委	2019年度江苏共青团十佳理论学习型团组织	共青团江苏省委
市第一人民医院团委	江苏省五四红旗团委	共青团江苏省委
保税区（金港镇）滕丰社区团支部	江苏省五四红旗团支部（总支）	共青团江苏省委
市检察院	2016—2018年度江苏省文明单位	江苏省精神文明建设指导委员会
张家港海关（金港海关）	2016—2018年度江苏省文明单位	江苏省精神文明建设指导委员会
国家税务总局张家港市税务局	2016—2018年度江苏省文明单位	江苏省精神文明建设指导委员会
张家港海事局	2016—2018年度江苏省文明单位	江苏省精神文明建设指导委员会
	江苏省"安全畅通文明航区"先进单位	江苏海事局
	2018年度江苏省口岸运行管理先进单位	江苏省商务厅
	2018年度江苏省五四红旗团委	长航局团委
张家港港务集团有限公司	2016—2018年度江苏省文明单位	江苏省精神文明建设指导委员会
苏州市张家港生态环境局	2016—2018年度江苏省文明单位	江苏省精神文明建设指导委员会
市水政大队	2016—2018年度江苏省文明单位	江苏省精神文明建设指导委员会
张家港出入境边防检查站	2016—2018年度江苏省文明单位	江苏省精神文明建设指导委员会
市市场监管局	2016—2018年度江苏省文明单位	江苏省精神文明建设指导委员会
	江苏省节水型单位	江苏省水利厅
	2019年度江苏省公共机构节能示范单位	江苏省机关事务管理局、江苏省工业和信息化厅、江苏省财政厅

续表91

获奖单位	荣誉名称	授予单位
中国邮政集团有限公司江苏省张家港市分公司	2016—2018年度江苏省文明单位	江苏省精神文明建设指导委员会
长江航运公安局苏州分局	2016—2018年度江苏省文明单位	江苏省精神文明建设指导委员会
市文体广旅局	2016—2018年度江苏省文明单位	江苏省精神文明建设指导委员会
	集体二等功	江苏省文化和旅游厅
市民政局	2016—2018年度江苏省文明单位	江苏省精神文明建设指导委员会
市住建局	2016—2018年度江苏省文明单位	江苏省精神文明建设指导委员会
	2019年度江苏省市县防震减灾工作县级优秀单位	江苏省地震局
江苏永钢集团有限公司	2016—2018年度江苏省文明单位	江苏省精神文明建设指导委员会
江苏澳洋集团有限公司	2016—2019年度江苏省文明单位	江苏省精神文明建设指导委员会
江苏东渡纺织集团有限公司	2016—2018年度江苏省文明单位	江苏省精神文明建设指导委员会
市交通运输局	2016—2018年度江苏省文明单位	江苏省精神文明建设指导委员会
市财政局	2016—2018年度江苏省文明单位	江苏省精神文明建设指导委员会
市行政审批局	2016—2018年度江苏省文明单位	江苏省精神文明建设指导委员会
市卫生健康委员会	2016—2018年度江苏省文明单位	江苏省精神文明建设指导委员会
市教育局	2016—2018年度江苏省文明单位	江苏省精神文明建设指导委员会
中国农业银行股份有限公司张家港分行	2016—2018年度江苏省文明单位	江苏省精神文明建设指导委员会
市审计局	2016—2018年度江苏省文明单位	江苏省精神文明建设指导委员会
市法院	2016—2018年度江苏省文明单位	江苏省精神文明建设指导委员会
市公安局	2016—2018年度江苏省文明单位	江苏省精神文明建设指导委员会
中国移动通信集团江苏有限公司张家港分公司	2016—2018年度江苏省文明单位	江苏省精神文明建设指导委员会
国网江苏省电力有限公司张家港市供电分公司	2016—2018年度江苏省文明单位	江苏省精神文明建设指导委员会
江苏省张家港市烟草专卖局	2016—2018年度江苏省文明单位	江苏省精神文明建设指导委员会
中国银行股份有限公司张家港分公司	2016—2018年度江苏省文明单位	江苏省精神文明建设指导委员会
江苏新芳科技集团	2016—2018年度江苏省文明单位	江苏省精神文明建设指导委员会
塘市小学	2016—2018年度江苏省文明校园	江苏省精神文明建设指导委员会
实验小学	2016—2018年度江苏省文明校园	江苏省精神文明建设指导委员会
江苏省梁丰高级中学	2016—2018年度江苏省文明校园	江苏省精神文明建设指导委员会
张家港保税港区	2018年度营商环境评价先进地区	江苏省机构编制委员会办公室
市水上搜救中心办公室（指挥中心）	2017—2018年度江苏省水上搜救先进集体	江苏省水上搜救中心
市人民武装部	军事训练先进单位	中国人民解放军江苏省军区
市文化中心	2019年度江苏省公共机构能效领跑者	江苏省机关事务管理局、江苏省工业和信息化厅、江苏省财政厅
市司法局	江苏省节水型单位	江苏省水利厅
	江苏省文化科技卫生“三下乡”先进集体	江苏省委宣传部等15个部门
市应急管理局	江苏省节水型单位	江苏省水利厅
市农业农村局	江苏省节水型单位	江苏省水利厅
市城管局	江苏省节水型单位	江苏省水利厅
市社区矫正管理教育服务中心	江苏省社区矫正与安置帮教工作先进集体	江苏省司法厅
市航道管理处	2015—2017年度江苏省交通运输行业精神文明建设先进集体	江苏省交通运输厅

续表91

获奖单位	荣誉名称	授予单位
“市港城车大夫”服务中心	2015—2017年度江苏省交通运输行业精神文明建设先进集体（文明示范窗口）	江苏省交通运输厅
杨舍镇	2016—2018年度江苏省文明镇	江苏省精神文明建设指导委员会
杨舍镇东莱村	2016—2018年度江苏省文明村	江苏省精神文明建设指导委员会
杨舍镇农联村	2016—2018年度江苏省文明村	江苏省精神文明建设指导委员会
杨舍镇福前村	2016—2018年度江苏省文明村	江苏省精神文明建设指导委员会
	2019年江苏省健康村	江苏省爱国卫生运动委员会办公室
杨舍镇金塘社区	2016—2018年江苏省文明社区	江苏省精神文明建设指导委员会
凤凰镇	2016—2018年度江苏省文明镇	江苏省精神文明建设指导委员会
凤凰镇程墩村	2016—2018年度江苏省文明村	江苏省精神文明建设指导委员会
凤凰镇魏庄村	2016—2018年度江苏省文明村	江苏省精神文明建设指导委员会
凤凰镇湖滨社区	2016—2018年江苏省文明社区	江苏省精神文明建设指导委员会
乐余镇	2016—2018年度江苏省文明镇	江苏省精神文明建设指导委员会
乐余镇永利村	2016—2018年度江苏省文明村	江苏省精神文明建设指导委员会
乐余镇常丰村	2016—2018年度江苏省文明村	江苏省精神文明建设指导委员会
乐余镇东林村	2019年江苏省健康村	江苏省爱国卫生运动委员会办公室
乐余镇乐海社区	2019年江苏省健康社区	江苏省爱国卫生运动委员会办公室
乐余镇扶海社区卫生服务站	江苏省示范村卫生室	江苏省卫生健康委员会
锦丰镇	2016—2018年度江苏省文明镇	江苏省精神文明建设指导委员会
	江苏省节水型单位	江苏省水利厅
锦丰镇建设村	2016—2018年度江苏省文明村	江苏省精神文明建设指导委员会
锦丰镇悦来村	2016—2018年度江苏省文明村	江苏省精神文明建设指导委员会
锦丰镇星火村	2016—2018年度江苏省文明村	江苏省精神文明建设指导委员会
锦丰镇书院社区	2016—2018年度江苏省文明社区	江苏省精神文明建设指导委员会
塘桥镇	2016—2018年度江苏省文明镇	江苏省精神文明建设指导委员会
	2019年度江苏省公共机构节能示范单位	江苏省机关事务管理局、江苏省工业和信息化厅、江苏省财政厅
塘桥镇横泾村	2016—2018年度江苏省文明村	江苏省精神文明建设指导委员会
塘桥镇金村村	2016—2018年度江苏省文明村	江苏省精神文明建设指导委员会
塘桥镇胡同社区	2019年江苏省健康社区	江苏省爱国卫生运动委员会办公室
塘桥镇周巷社区卫生服务站	江苏省示范村卫生室	江苏省卫生健康委员会
金港镇	2016—2018年度江苏省文明镇	江苏省精神文明建设指导委员会
金港镇长江村	2016—2018年度江苏省文明村	江苏省精神文明建设指导委员会
金港镇柏林村	2016—2018年度江苏省文明村	江苏省精神文明建设指导委员会
金港镇山北村	2016—2018年度江苏省文明村	江苏省精神文明建设指导委员会
金港镇封庄村	江苏省“一村一品一店”示范村	江苏省农业农村厅
	2019年江苏省健康村	江苏省爱国卫生运动委员会办公室
金港镇北荫村	2019年江苏省健康村	江苏省爱国卫生运动委员会办公室
金港镇塍丰社区	2016—2018年江苏省文明社区	江苏省精神文明建设指导委员会
金港镇元丰社区	2019年江苏省健康社区	江苏省爱国卫生运动委员会办公室
大新镇	2016—2018年度江苏省文明镇	江苏省精神文明建设指导委员会
	2019年江苏省健康镇	江苏省爱国卫生运动委员会
大新镇桥头村	2016—2018年度江苏省文明村	江苏省精神文明建设指导委员会
大新镇朝东圩港村	2016—2018年度江苏省文明村	江苏省精神文明建设指导委员会

续表91

获奖单位	荣誉名称	授予单位
大新镇新海坝村	2016—2018年度江苏省文明村	江苏省精神文明建设指导委员会
大新镇新东社区	2016—2018年江苏省文明社区	江苏省精神文明建设指导委员会
大新镇大新社区	2019年江苏省健康社区	江苏省爱国卫生运动委员会办公室
南丰镇	2016—2018年度江苏省文明镇	江苏省精神文明建设指导委员会
南丰镇新德村	2016—2018年度江苏省文明村	江苏省精神文明建设指导委员会
南丰镇永联村	2016—2018年度江苏省文明村	江苏省精神文明建设指导委员会
南丰镇建农村	2016—2018年度江苏省文明村	江苏省精神文明建设指导委员会
南丰镇海坝村	2019年江苏省健康村	江苏省爱国卫生运动委员会办公室
南丰镇新丰社区	2016—2018年江苏省文明社区	江苏省精神文明建设指导委员会
常阴沙现代农业示范园区	2018年度全省基层党员冬训工作示范镇	江苏省委组织部、江苏省委宣传部
常阴沙现代农业示范园区常北社区	2019年江苏省健康社区	江苏省爱国卫生运动委员会办公室

2019年张家港市获苏州市级表彰的先进集体一览表

表92

获奖单位	荣誉名称	授予单位
市委农村工作办公室	苏州市脱贫攻坚先进集体	苏州市委、苏州市政府
市检察院	2015—2018年苏州市社会治安综合治理先进集体	苏州市委、苏州市政府
市委宣传部	2015—2018年苏州市社会治安综合治理先进集体	苏州市委、苏州市政府
市交通局	2015—2018年苏州市社会治安综合治理先进集体	苏州市委、苏州市政府
市信访局	2015—2018年苏州市社会治安综合治理先进集体	苏州市委、苏州市政府
市农业机械技术推广站	苏州市现代农业建设先进集体	苏州市委、苏州市政府
张家港鸿屹水产养殖有限公司	苏州市十佳农业创新企业	苏州市委、苏州市政府
市水务局	苏州市农村生活污水治理先进集体	苏州市委、苏州市政府
冶金园（锦丰镇）	苏州市美丽城镇建设先进集体	苏州市委、苏州市政府
	苏州市推进高质量发展先进地区	苏州市委、苏州市政府
锦丰镇建设村	2015—2018年苏州市社会治安综合治理先进集体	苏州市委、苏州市政府
锦丰镇悦来社区	2015—2018年苏州市社会治安综合治理先进集体	苏州市委、苏州市政府
锦丰法庭	2015—2018年苏州市社会治安综合治理先进集体	苏州市委、苏州市政府
锦丰派出所	2015—2018年苏州市社会治安综合治理先进集体	苏州市委、苏州市政府
经开区（杨舍镇）	苏州市推进高质量发展先进地区	苏州市委、苏州市政府
	2015—2018年苏州市社会治安综合治理先进集体	苏州市委、苏州市政府
塘桥镇	苏州市推进高质量发展进步地区	苏州市委、苏州市政府
南丰镇	2015—2018年苏州市社会治安综合治理先进集体	苏州市委、苏州市政府
大新镇	苏州市农村集体“三资”管理先进集体	苏州市委、苏州市政府
大新镇中山村	苏州市美丽乡村建设先进集体	苏州市委、苏州市政府
凤凰镇恬庄村	2015—2018年苏州市社会治安综合治理先进集体	苏州市委、苏州市政府
乐余镇常丰村	2015—2018年苏州市社会治安综合治理先进集体	苏州市委、苏州市政府
南丰镇建农村	苏州市十佳乡风文明创新范例	苏州市委、苏州市政府
金港镇柏林村	苏州市美丽乡村建设先进集体	苏州市委、苏州市政府
金港镇司法所	2015—2018年苏州市社会治安综合治理先进集体	苏州市委、苏州市政府
常阴沙现代农业示范园区常西社区	苏州市十佳最美乡村	苏州市委、苏州市政府
常阴沙现代农业示范园区常兴社区	苏州市特色田园乡村	苏州市委、苏州市政府

【编辑　景力颖　陆婷婷】

附录

Appendix

黄泗浦生态园　（靳　泉　摄）

2019 年经济和社会发展统计

文件选录

市委、市政府工作报告

组织机构及其负责人

張家港年鑑(2020)

2019年经济和社会发展统计

2019年张家港市行政区划、面积、人口一览表

表93

项　目	单　位	数　值	项　目	单　位	数　值
一、行政区划			全市人口当年出生数	人	6416
镇	个	8	出生率	‰	6.75
常阴沙现代农业示范园区	个	1	全市人口当年死亡数	人	6927
双山岛旅游度假区	个	1	死亡率	‰	7.29
村	个	146	自然增长率	‰	−0.54
社区	个	121	年内迁入人口	人	2966
二、全市总面积	平方千米	986.73	其中：省内迁入	人	1239
不含长江水域面积	平方千米	791.05	省外迁入	人	1727
三、全市总户数	万户	32.10	年内迁出人口	人	1456
全市总人口	万人	93.04	其中：迁往省内	人	652
			迁往省外	人	804

2019年张家港市地区生产总值一览表

表94　　单位：亿元

项　目	2019年	按可比价计算比上年增长率（%）	项　目	2019年	按可比价计算比上年增长率（%）
地区生产总值（当年价）	2547.26	6.10	工　业	1219.73	5.30
一、按产业分			建筑业	89.89	6.20
第一产业	28.82	−2.00	批发和零售业	276.60	5.20
第二产业	1308.48	5.30	交通运输、仓储和邮政业	75.44	6.60
第三产业	1209.96	7.20	住宿和餐饮业	35.70	2.90
二、按行业分			金融业	177.99	9.50
农、林、牧、渔业	32.86	−2.40	房地产业	158.88	4.30

2019年张家港市平均每日数据表

表95

项　目	单　位	数　值	项　目	单　位	数　值
一、每天创造的财富			工农业总产值（当年价）	万元	127883
地区生产总值（当年价）	万元	69788	其中：农业总产值	万元	1453

续表95

项　目	单　位	数　值	项　目	单　位	数　值
工业总产值	万元	126430	农用化肥	吨	964
公共财政预算收入	万元	6767	食用油	吨	4692
社会消费品零售总额	万元	19678	乳制品	吨	75
进出口总额	万美元	9414	饮料酒	吨	155
其中:出口总额	万美元	4421	粮食	吨	563
全社会用电	万千瓦小时	8535	水产品	吨	30
城乡居民人均生活用电	千瓦小时	2.93	出栏生猪	头	99
固定资产投资完成额	万元	12016	出栏家禽	羽	1665
商品房销售面积	平方米	7692	三、每天人口变动		
二、每天主要产品产出			出生人数	人	18
钢材	吨	110698	死亡人数	人	19
铜材	吨	50	迁入人数	人	8
水泥	吨	8901	迁出人数	人	4

2019年张家港市农、林、牧、渔业总产值和增加值一览表

表96　　单位:万元

项　目	总产值	增加值	项　目	总产值	增加值
合　计	530283	328615	其中:水果	90173	—
一、农业	318224	231914	二、林业	59297	30610
1. 谷物及其他作物	60104	—	三、牧业	30829	9643
其中:谷物	54028	—	其中:牲畜饲养	10252	—
豆类	2175	—	猪饲养	16275	—
油料	2219	—	家禽饲养	3956	—
棉花	—	—	四、渔业	32831	16067
2. 蔬菜园艺作物	167277	—	其中:鱼类	13132	—
其中:蔬菜	154844	—	甲壳类	19504	—
3. 水果、茶作物	90623	—	五、农、林、牧、渔服务业	89102	40381

2019年张家港市农作物播种面积和产量一览表

表97

作物名称	面积（公顷）	总产量（吨）	作物名称	面积（公顷）	总产量（吨）
农作物总播种面积	50227.80	—	二、经济作物	11779	—
一、粮食作物	27990	205597	1.棉花	—	—
1.夏收粮食	11020	55231	2.油料	1260	3244
其中：小麦	10830	54746	其中：花生	121	277
蚕豌豆	190	485	油菜籽	1116	2940
2.秋收粮食	16970	150366	3.甘蔗	10	265
其中：稻谷	16080	147349	4.药材	24	—
薯类	150	1032	5.蔬菜	8827	257682
豆类	740	1985	6.瓜果	1658	64982
玉米	—	—			

2019年张家港市工业总产值一览表

表98　　单位：万元

项　目	数　值	项　目	数　值
一、全部工业合计	46146882	3.按登记注册类型	
1.按轻重工业分		国有企业	27707
轻工业	10648690	集体企业	17182
重工业	35498192	股份合作制企业	3424
2.按企业规模分		有限责任公司	12382018
大型企业	20032391	股份有限公司	3424
中型企业	11595871	私营企业	18525399
小型企业	14150714	港澳台投资企业	2645386
微型企业	367906	外商投资企业	10476265

2019年张家港市规模以上工业企业主要产品产量一览表

表99

产品名称	单　位	数　值	产品名称	单　位	数　值
发电量	亿千瓦小时	244.95	服装	万件	15228.81
小麦粉	万吨	18.24	农用氮、磷、钾化学肥料（折纯）	万吨	35.20
大米	万吨	7.07	化学农药原药（折有效成分100%）	吨	8000.00
饲料	万吨	282.10	化学纤维	万吨	59.93
精制食用植物油	万吨	171.25	橡胶轮胎外胎	万条	612.50
乳制品	万吨	2.74	水泥	万吨	324.87

续表99

产品名称	单 位	数 值	产品名称	单 位	数 值
饮料酒	万千升	5.65	钢化玻璃	万平方米	446.66
纱	万吨	43.08	钢材	万吨	4040.46
布	万米	19030.53	锂离子电池	万只	14602.62
印染布	万米	21762.00	自来水	万立方米	16499.00

2019年张家港市规模以上工业企业分行业能源消耗情况表

表100　　单位:吨标准煤

行业名称	数 值	行业名称	数 值
总 计	24459183	非金属矿物制品业	54381
农副食品加工业	136521	黑色金属冶炼和压延加工业	17931784
食品制造业	4367	有色金属冶炼和压延加工业	52744
酒、饮料和精制茶制造业	3180	金属制品业	137378
纺织业	378519	通用设备制造业	36217
纺织服装、服饰业	20337	专用设备制造业	22475
皮革、毛皮、羽毛及其制品和制鞋业	3010	汽车制造业	43167
木材加工和木、竹、藤、棕、草制品业	1708	铁路、船舶、航空航天和其他运输设备制造业	3355
家具制造业	708	电气机械和器材制造业	35129
造纸和纸制品业	31376	计算机、通信和其他电子设备制造业	75143
印刷和记录媒介复制业	14113	仪器仪表制造业	1793
文教、工美、体育和娱乐用品制造业	34654	其他制造业	1563
石油加工、炼焦和核燃料加工业	2860	废弃资源综合利用业	24079
化学原料和化学制品制造业	1928807	电力、热力生产和供应业	2912016
医药制造业	3019	燃气生产和供应业	769
化学纤维制造业	372377	水的生产和供应业	5215

2019年张家港市外向型经济主要指标一览表

表101

项 目	单 位	数 值	项 目	单 位	数 值
一、进出口总额	万美元	3436055	四、注册外资及港澳台资	万美元	161562
其中:三资企业	万美元	899500	其中:保税区	万美元	70823
保税区	万美元	1532498	五、到账外资及港澳台资	万美元	50344
二、出口总额	万美元	1613592	其中:保税区	万美元	21001
其中:三资企业	万美元	349299	六、当年投产企业	家	4
保税区	万美元	316756	七、新派境外劳务人员	人	36
三、新批三资企业	家	40	八、逐年累积批办三资企业	家	961
其中:保税区	家	9			

2019年张家港市社会消费品零售总额一览表

表102　　　　单位：万元

项　目	数　值	项　目	数　值
社会消费品零售总额	7182596	2.农村	713128
一、按消费地区分		二、按行业分	
1.城镇	6469469	其中：批发和零售业	6629537
其中：城区	5454988	住宿和餐饮业	553060

2019年张家港市全社会固定资产投资完成情况表

表103　　　　单位：万元

项目	合计	项目投资	房地产
总　计	4385760	2191746	2194014
其中：当年开工	1730900	992951	737949
一、按产业性质分			
第一产业	—	—	—
第二产业	1601444	1601444	—
第三产业	2784316	590302	2194014
二、按建设性质分			
新建	3192260	998246	2194014
扩建	580913	580913	—
改建	593973	593973	—
其他	18614	18614	—
三、按工程构成分			
建筑安装工程	2403152	1235047	1168105
设备工器具购置	776928	748904	28024
其他	1205680	207795	997885

2019年张家港市交通、邮电基本情况表

表104

项　目	单　位	数　值	项　目	单　位	数　值
一、交通基本情况			省道	千米	161
1.公路总里程	千米	1604	县道	千米	269
其中：高速公路	千米	56	2.公路桥梁	座/米	773/56830
一级公路	千米	238	3.航道通航里程	千米	425
二级公路	千米	721	4.张家港口岸吞吐量	万吨	23613
其中：国道	千米	68	其中：外贸货物吞吐量	万吨	5971

续表104

项　目	单　位	数　值	项　目	单　位	数　值
港口集装箱运量	万标箱	88	农村投递路线(单程)	千米	11238
5.机动车总计	辆	443382	3.邮政业务总量	万元	23535
其中:汽车	辆	425790	三、电信基本情况		
摩托车	辆	12903	1.电信业务总收入	万元	79670
二、邮政基本情况			2.固定电话用户	户	204056
1.邮政局所总数	处	34	3.移动电话用户	户	510216
其中:设在农村的局所	处	23	4.互联网用户	万户	44.46
2.邮路总条数	条	17	四、移动公司移动通信用户数	万户	100.93
邮路总长度(单程)	千米	650	五、联通公司移动通信用户数	万户	21.66

2019年张家港市预算内财政收入、支出情况表

表105　　单位:万元

项　目	数　值	项　目	数　值
一、财政收入合计	5644188	(12)罚没收入	24456
1.公共财政预算收入	2470018	(13)专项收入	103562
(1)增值税(地方部分)	890865	(14)国有资源有偿使用收入	152558
(2)营业税(地方部分)	—	(15)行政性收费收入	59667
(3)企业所得税(40%部分)	535124	(16)其他收入	3066
(4)个人所得税(40%部分)	83025	2.基金收入	1341169
(5)城市维护建设税	105617	3.中央级财政收入	1821771
(6)房产税	88320	(1)国内消费税	3682
(7)印花税	36435	(2)增值税(中央部分)	890865
(8)城镇土地使用税	38695	(3)企业所得税(60%部分)	802686
(9)土地增值税	78499	(4)个人所得税(60%部分)	124538
(10)车船税	17398	二、财政支出合计	3622369
(11)耕、契两税	226856	1.公共财政预算支出	2246669
其中:耕地占用税	13162	2.基金支出	1375700

2019年张家港市金融机构信贷收支情况表

表106　　单位:万元

项　目	数　值	项　目	数　值
一、各项存款	30587980	(2)定期及其他存款	8653905
(一)境内存款	30534568	2.非金融企业存款	12065629
1.住户存款	12889895	(1)活期存款	3910713
(1)活期存款	4235990	(2)定期及其他存款	8154915

续表106

项　目	数　值	项　目	数　值
3.广义政府存款	5186413	（2）中长期贷款	6387970
（1）财政性存款	343905	消费贷款	5995668
（2）机关团体存款	4842508	经营贷款	392301
4.非银行业金融机构存款	392631	2.非金融企业及机关团体贷款	17361330
（二）境外存款	53412	（1）短期贷款	8808165
二、各项贷款	25175220	（2）中长期贷款	7341080
（一）境内贷款	25103465	（3）票据融资	1177629
1.住户贷款	7742135	（4）融资租赁	—
（1）短期贷款	1354165	（5）各项垫款	34457
消费贷款	649556	3.非银行业金融机构贷款	—
经营贷款	704610	（二）境外贷款	21755

2019年张家港市保险业务情况表

表107　　　　单位：万元

项　目	数　值	项　目	数　值
一、保险收入	646655	二、赔款和给付	185387
1.财产险	185407	1.财产险	114317
其中：企业财产险	11451	其中：企业财产险	3534
机动车辆险	150744	机动车辆险	92887
货物运输险	2143	货物运输险	126
家庭财产险	919	家庭财产险	204
2.人身险	461249	2.人身险	71070
其中：寿险	347379	其中：寿险	47390

2019年张家港市科技基本情况表

表108

项　目	单　位	数　值	项　目	单　位	数　值
一、科技经费			（1）国家科学技术奖	项	—
科学技术支出	亿元	15.40	（2）省科学技术奖	项	5
占财政支出比重	%	6.85	2.省级科技计划项目	项	11
二、高新技术			3.申请专利情况	件	10958
1.高新技术企业	家	568	授权发明专利	件	983
2.当年认定高新技术企业	家	110	四、技术贸易		
3.高新技术产业产值占规上工业总产值比重	%	34.90	1.签订各类技术合同	项	305
三、科研成果			2.技术贸易成交额	亿元	16.19
1.科学技术奖	项	5			

2019年张家港市人才、人事情况表

表109　　单位:人

项　目	数　值	项　目	数　值
一、管理、专业技术人才	420732	二、工人岗位人才	158484
1.人才文化结构		(1)本科	1460
(1)研究生	18201	(2)大专	9789
(2)本科	162840	(3)中专	147235
(3)大专	165696	三、公务员	4960
2.人才职称结构		(1)研究生	539
(1)高级	15009	(2)本科	3668
(2)中级	63395	(3)大专	685
(3)初级	145078	(4)中专及以下	68

2019年张家港市学校基本情况表

表110

项　目	(所)学校	毕业人数(人)	招生人数(人)	在校学生(人)	教职工(人)	专任教师(人)
合　计	90	34993	43292	169265	11968	10990
高校	2	2814	4574	14594	649	434
电大	1	619	744	2197	160	133
中等专业学校	4	3368	2820	9985	889	848
普通中学	43	14742	18332	50496	4397	4059
其中:高中	9	4075	5676	14501	1514	1389
小学	39	13439	16793	91759	5843	5471
特殊教育学校	1	11	29	234	48	45
附:幼儿园	72	14889	14339	46157	3073	2411

2019年张家港市群众文化、广播电视、体育事业基本情况表

表111

项　目	单　位	数　值	项　目	单　位	数　值
一、群众文化			其中:市文化馆	个	76
市文化馆	个	1	组织文艺活动次数	次	10208
区镇文化中心	个	24	其中:市文化馆	次	350
村文化服务中心	个	300	文化志愿者团队	个	96
文化网格服务点	个	1015	文化志愿者	人	7000
群众文化工作人员	个	275	二、广播电视		
其中:市文化馆	人	71	电视覆盖率	%	100
创作艺术作品数	个	2200	电视节目	套	1

续表111

项　目	单　位	数　值	项　目	单　位	数　值
有线电视用户	万户	32	年内输送运动员	人	28
广播电台	座	1	其中:国家队	人	1
广播节目	套	1	省队、省体校	人	7
广播覆盖率	%	100	苏州市级训练单位	人	21
三、体育事业			在全国比赛中获得金牌	枚	—
体育系统体育场(馆)数	个	9	在省级比赛中获得金牌	枚	20
举办省级以上比赛	次	6	在苏州市级比赛中获得金牌	枚	103

2019年张家港市卫生机构基本情况表

表112

项　目	单　位	数　值	项　目	单　位	数　值
一、卫生机构数	个	465	(1)执业助理医师	人	584
1.医院	个	41	(2)注册护士	人	4477
综合医院	个	21	(3)药师	人	584
中医医院	个	1	(4)技师	人	534
中西医结合医院	个	1	其中:检验师	人	392
专科医院	个	12	(5)其他	人	694
护理院	个	6	三、卫生机构床位数	张	8328
2.基层医疗卫生机构	个	417	1.医院	张	6778
3.专业公共卫生机构	个	6	其中:综合医院	张	4773
4.其他卫生机构	个	1	中医医院	张	846
二、卫生机构人员数	人	12696	中西医结合医院	张	300
卫生技术人员	人	10588	专科医院	张	694
医生	人	4299	护理院	张	165
执业医师	人	3715	2.基层医疗卫生机构	张	1550

2019年张家港市前十位疾病死因以及比重一览表

表113

位　次	合　计		男　性		女　性	
	死　因	构成比(%)	死　因	构成比(%)	死　因	构成比(%)
1	恶性肿瘤	31.01	恶性肿瘤	36.19	脑血管病	29.99
2	脑血管病	25.90	脑血管病	22.45	恶性肿瘤	24.87
3	心脏病	10.10	呼吸系统疾病	9.05	心脏病	10.93
4	损伤和中毒	10.00	损伤和中毒	9.89	损伤和中毒	10.12
5	呼吸系统疾病	7.44	心脏病	9.39	内分泌代谢疾病	7.70
6	内分泌代谢疾病	5.72	内分泌代谢疾病	4.06	呼吸系统疾病	5.53

续表113

位次	合计		男性		女性	
	死因	构成比(%)	死因	构成比(%)	死因	构成比(%)
7	精神和行为障碍	1.38	消化系统疾病	1.36	精神和行为障碍	1.77
8	消化系统疾病	1.49	精神和行为障碍	1.05	消化系统疾病	1.65
9	神经系统疾病	2.00	神经系统疾病	1.78	神经系统疾病	2.27
10	泌尿生殖系统	0.68	泌尿生殖系统	0.78	肌肉骨骼和结缔组织	0.62

2019年张家港市城镇非私营单位从业人员及平均工资情况表

表114

行业	平均工资(元/人)	行业	平均工资(元/人)
总计	103565	10.金融业	187213
1.农、林、牧、渔业	32120	11.房地产业	60911
2.采矿业	—	12.租赁和商务服务业	82895
3.制造业	89461	13.科学研究、技术服务业	146138
4.电力、燃气及水的生产和供应业	102650	14.水利、环境和公共设施管理业	94182
5.建筑业	77272	15.居民服务、修理和其他服务业	33437
6.批发和零售业	117845	16.教育	156285
7.交通运输、仓储及邮政业	99022	17.卫生和社会工作	132963
8.住宿和餐饮业	59428	18.文化、体育和娱乐业	141209
9.信息传输、软件和信息技术服务业	99884	19.公共管理、社会保障和社会组织	168277

2019年张家港市居民人均可支配收入情况表

表115 单位:元

项目	全体居民	城镇居民	农村居民
可支配收入合计	57957	69243	35453
一、工资性收入	36693	45150	19830
1.工资	35087	43438	18437
2.实物福利	492	473	529
3.其他	1114	1239	864
二、经营净收入	6878	6860	6915
1.第一产业净收入	1273	1045	1728
2.第二产业净收入	2411	2381	2472
3.第三产业净收入	3194	3434	2715
三、财产净收入	6819	8358	3749
其中:利息净收入	936	1054	700
红利收入	1279	1630	578
转让承包土地经营权租金净收入	207	65	488
出租房屋净收入	1693	1644	1790
自有住房折算净租金	2395	3596	—
四、转移净收入	7567	8875	4959

文 件 选 录

张家港市低碳控制方案

发展思路及目标

一、发展思路

全面贯彻落实党的十九大和习近平新时代中国特色社会主义思想，坚定不移贯彻创新、协调、绿色、开放、共享的发展理念，坚持生态优先、绿色发展，坚持创新驱动、转型发展，以碳排放总量及强度双控为统领，以产业结构调整和能源结构优化为关键，以节能低碳技术创新和产业发展为支撑，以全社会共同参与和监督推进为基础，有效控制温室气体排放，加快推动低碳经济发展，加强碳汇能力建设，建立健全绿色低碳发展的经济体系，全力建设绿色低碳转型发展示范区。

二、基本原则

（一）低碳发展与转型发展相结合。在转变经济发展方式、调整经济结构的战略导向基础上，建立以低碳排放为特征的产业结构、生产方式和消费模式，把低碳发展与转型发展结合起来，促进增长方式转变，加快推进生态文明建设。

（二）技术创新与理念宣传相结合。充分发挥技术引领作用，通过以低碳技术替代高碳技术，逐步提升碳生产率，提高低碳技术在经济社会各个方面的应用水平。加强低碳理念宣传，推动全社会形成低碳生产意识和消费方式。

（三）特色示范与项目带动相结合。结合不同区域、不同领域和不同行业的特点，建设一批示范性强、带动面广、关联度高的低碳示范工程和项目，充分发挥其载体和示范作用，为全市试点工作的全面推广提供宝贵经验。

（四）政府引导与社会参与相结合。加强规划引导、政策激励和组织协调，建立有利于低碳城市建设的政策环境和服务平台。积极发挥社会组织、科研院所、企业和公众的作用，形成全社会共同参与、合力推动低碳发展的良好氛围。

三、发展目标

通过技术创新、制度创新和模式创新，实现经济低碳发展和产业绿色转型，有效控制碳排放总量和强度，节能低碳产业快速发展，能源结构进一步低碳化，节能低碳技术应用加快推进，碳汇能力进一步增长。

（一）碳排放总量。到2020年，单位GDP二氧化碳排放量比2015年下降22%，碳排放总量控制在7400万吨以内，万元GDP碳排放强度不超过2.18吨；到2022年，钢铁、电力、化工等重点行业碳排放达到峰值，全市碳排放总量控制在7500万吨以内。

（二）能源结构。到2020年，累计削减煤炭消费量250万吨，煤炭消费占比较2015年下降5个百分点以上，新增新能源装机容量100兆瓦。

（三）产业结构。到2020年，第三产业增加值占比达到50%左右，“三二一”的产业结构基本形成。高新技术企业累计超过450家，高新技术产业产值占全市规模以上工业总产值的比重达到30%。新兴产业投资占工业投资的比重达到60%。

（四）低碳建筑。到2020年，新建绿色建筑比例达到100%。二星及以上绿色建筑占比达到65%，绿色建筑运行标识达到30%，全市新增可再生能源建筑应用面积400万平方米。单位建筑面积碳排放比2015年下降6%。

（五）低碳交通。到2020年，市区范围内公交出行分担率达到26%左右，中心城区公交站点500米半径覆盖率达到100%，镇村公交开通率100%。居民绿色出行比例达到35%以上，清洁能源及新能源车辆、船舶比例大幅提升。

（六）低碳社会。到2020年，全面推动“碳积分”行动制度，开展“低碳示范”试点建设活动，市区垃圾分类设施覆盖率达到80%以上，低碳教育宣传在社区的普及率达到85%。

（七）生态建设。到2020年，全市林木覆盖率达到19.78%以上，新增林木绿化面积320公顷，市区建成区绿地率达到37.8%，人均公园绿地面积达到14.78平方米。

指标体系表

序号	指　标	2015年	2020年	2022年
1	单位地区生产总值二氧化碳排放（吨/万元）	—	下降22%	下降25%
2	单位工业增加值二氧化碳排放（吨/万元）	—	下降22.5%	下降25.5%
3	碳排放总量（万吨）	—	7400	7500
4	第三产业的比重（%）	45.2	50	52
5	煤炭消费总量（万吨）	—	1570	1500
6	能源消费增量（万吨标煤）	—	192	—

续表

序号	指　标	2015年	2020年	2022年
7	新兴产业投资占工业投资的比重(%)	49.8	60	62
8	高新技术产业产值占全市规模以上工业总产值的比重(%)	31.4	30	32
9	林木覆盖率(%)	19.41	19.78	19.8
10	新增林木绿化面积(公顷)	—	320	333.33
11	新增可再生能源的建筑应用面积(万平方米)	—	300	450
12	二星及以上绿色建筑占比(%)	—	65	65
13	绿色建筑运行标识比例(%)	—	30	30
14	市区公交出行分担率(%)	23.63	26	28
15	绿色出行所占比例(%)	30	35	40
16	市区垃圾分类设施覆盖率(%)	—	＞80	＞80
17	化肥施用总量	—	下降5%	下降5%

重点任务

一、优化低碳空间布局

结合《张家港市城市总体规划(2011—2030年)》以及生态红线区域保护规划要求，根据市域经济社会生态发展特色，参考“一城四片区”整体空间格局，调整优化空间结构，构建五类低碳发展空间，分别是减碳控碳片区、碳汇增量区、低碳农业园区、低碳生活片区、低碳旅游集聚区。通过构建低碳发展空间格局，实现全市“控碳、减碳、增碳”的总目标。

(一)减碳控碳片区

减碳控碳片区将围绕现代物流、化工新材料、智能装备、精品钢材等发展高端化、绿色化、低碳化的战略新兴产业。其中，工业板块以保税区和经开区两个国家级开发区为主体，加快传统化工、冶金、建材产业改造提档升级，其中保税区重点发展化工新材料、重型装备产业等，推动保税区向自贸区转型升级。经开区重点推进再制造、新能源、智能装备、机电等新兴产业发展。围绕沙钢、永钢、浦项等龙头企业，冶金工业园将打造以不锈钢薄板、精密冷轧板和高强度钢为特色的精品钢材产业基地，成为世界一流的千亿级精品钢材产业基地。临港物流服务集聚区以保税物流园区、玖隆物流园区、进口整车物流园以及西水道物流园区等载体，延伸港口物流产业链，发展多式联运，推动现代物流产业发展。

(二)低碳农业园区

低碳农业园区落实苏州“四个百万亩”规划，推进农田综合整治，大力发展以高效农业、都市农业以及观光农业为主导的低碳农业区，形成集中连片、规模适度的空间布局。加强常阴沙现代农业示范园区等载体开发建设，打造现代低碳农业园的亮点和样板。推广使用智能机械，引进高性能联合收割机、高低经喷雾机等机械设备，推广智能监控、水肥一体化物联网管理、循环水养殖等农业新技术，建设工厂化的育秧中心，大力发展无公害农产品、绿色食品、有机农产品，加强农业标准化生产。整合推进“农校对接”“农超对接”销售渠道，建设新鲜农产品“基地—单位”直供模式，通过农产品配菜网平台，实现线上宣传、线下采摘等，建设绿色标准化农业园区。

(三)低碳生活片区

低碳生活片区遴选城北科教研发区、塘桥镇、凤凰镇等特色服务业集聚区、特色小镇为板块，打造低碳生活片区。在供暖供冷供电供热水系统、照明、交通、建筑施工等方面，实施绿色低碳化改造。重点特色小镇/社区制定节电节水、垃圾分类回收等低碳行动规范，引导居民接受绿色低碳的生活方式和消费模式。

(四)低碳旅游集聚区

低碳旅游集聚区以长江文化为引领，重点挖掘全市特色旅游资源，以双山香山旅游度假区、凤凰文化旅游区、黄泗浦文化生态旅游区、滨江生态休闲区和特色乡村旅游区等为载体，推动低碳旅游产业快速健康发展。在旅游景区推广低碳建设，使用新能源工具，完善换乘中心和慢行系统，开展智慧服务、智慧管理和智慧营销。

二、构建低碳产业结构

全面推行绿色制造，大力推进绿色化、低碳化、循环化和集约化发展。以“两区一园”循环化改造为契机，深入开展产业结构调轻调优、发展高新技术产业和战略新兴产业、提升现代服务业、强化发展现代生态农业，进一步加快推进全市低碳产业发展，努力打造低能耗、低污染、低碳的现代产业体系。

(一)制造业转型升级

贯彻落实省委办公厅、省政府办公厅《关于加快全省化工钢铁煤电行业转型升级高质量发展的实施意见》(苏办发〔2018〕32号)，加大对钢铁、化工、电力、纺织等行业存量节能和增量节能的整合力度。钢铁行业，到2020年压减粗钢产能355万吨，严格控制钢铁企业炼焦产能，逐步压缩炼焦产能，增加外购焦炭比例；依托冶金工业园，围绕沙钢、永钢、浦项等龙头企业，推动钢铁企业向精品特钢新材料方向升级，到2020年初步形成沿江钢铁产业集聚效应。化工行业，严格执行全省化工企业“四个一批”专项行动中明确的关停要求，对列入国家淘汰目录内的工业技术落后等10种情形的化工企业或生产装置，限期予以取缔和关闭。全力推进扬子江国际化学工业园区面积到2020年调减18%左右。积极支持重点企业向生物医药、精细化工等价值链高端迈进。电力行业，加快电力行业现有燃煤机组节能技术改造，优化调整全市电（热）源点布局，扩大集中供热区域，在不增加装机容量的基础上，增加供热量，减少煤炭消耗，重点推进张家港沙洲电力、华兴二期对外供热项目建设。加快现役燃煤机组、锅炉的节能减排升级改造，重点推进华兴电力和沙洲电力节能改造项目。依托塘桥镇棉纺织业和金港镇氨纶纱线等产业基地，推进全市纺织行业技术开发和装备升级改造，重点推进骏马集团综合节能改造项目。

（二）发展壮大战略性新兴产业

围绕新技术、新产业、新模式、新业态，依托东华能源、华昌化工、凯凌化工技术优势，大力发展以页岩气综合利用、光学膜为支柱的新材料产业；依托国泰华荣、森田化工、华盛化学、银河锂业等企业建立新能源锂电产业基地，大力发展以太阳能光伏、LED、锂电池为主体的新能源产业；依托本地骨干企业及科研创新平台，打造智能装备产业基地、临港装备产业基地、再制造产业基地，大力发展以智能装备、再制造为代表的高端装备产业。到2020年末，初步形成以新材料、新能源、高端装备为重点的“两新一高”新兴产业发展格局，新兴产业产值占全市规模以上工业产值比重超过50%，新兴产业投资占工业投资的比重达到60%以上。到2022年，新兴产业产值占全市规模以上工业产值比重超过52%。

（三）推动服务业快速发展

围绕全市“一核、一极、一带、多点”服务空间布局，大力推进保税物流集聚区、玖隆钢铁物流园区、进口整车物流园、电子商务产业园、软件产业园、双山香山旅游度假区、金沙洲生态农业示范区等十大服务业项目载体及中国内河航运物流智慧平台、长江航运交易中心、江苏化工品交易中心等十大服务业发展平台建设。在现代物流、专业市场、商务商贸、文化旅游等重点产业引进和培育知名服务业企业，积极鼓励优秀服务业企业上市。以国家“互联网+”行动计划及“智慧江苏”“智慧苏州”建设为契机，加快“互联网+物流”“互联网+金融”“互联网+旅游”“互联网+社区服务”等推广应用，全面提升服务业现代化水平。提升外资利用水平，加快对接上海自贸区，推进苏南区域合作，全面促进服务业对外合作。加强软件动漫集聚区、滨江休闲旅游区等文化休闲旅游品牌效应，以点带面，全力打造“张家港服务”品牌。逐步提升服务业比重和发展水平，到2020年服务业增加占地区生产总值的比重达到50%左右，其中生产性服务业增加值占全市服务业增加值的比重超过60%。到2022年服务业增加值占地区生产总值的比重达到52%左右。

（四）发展壮大文化旅游业

以长江文化为引领，充分挖掘全市特色旅游资源，重点推进双山香山旅游度假区、凤凰文化旅游区、黄泗浦文化生态旅游区、滨江生态休闲区和特色乡村旅游区等产业集聚载体建设，推动休闲旅游产业快速健康发展。到2020年，建成省内沿江旅游的精品区、国内一流的滨江生态文化旅游胜地。建成AAAA级旅游景区4个，省自驾游基地2家，旅游总收入年均增长10%左右，旅游接待人数突破850万人次。

（五）积极推进现代农业发展

加快转变农业发展方式，创新现代农业经营机制，大力提升农业产出高效化、种养规模化、经营产业化、产品品牌化、农民职业化、装备现代化“六化”水平，全面加快农业现代化进程。

1. 优化现代农业产业布局。落实苏州“四个百万亩”规划，围绕“一核三区五园十基地”总体布局，大力推进农田综合整治，加强沙洲生态农业园、常阴沙现代农业示范园区（包括通洲沙西水道）的开发建设，打造现代农业的亮点和样板。

2. 构建现代农业产业体系。以1.67万公顷永久水稻田为基地，大力种植优质水稻品种。推进以农产品精深加工为主的粮油食品工业、农产品物流发展，积极发展融农业生产、生态、休闲、观光为一体的农业休闲旅游业。

3. 推动农业生产方式绿色化。加强农业面源污染控制，全面实施测土配方施肥，鼓励使用有机肥或有机无机复（混）合肥。到2020年，全市化肥施用总量较2015年削减5%以上，农药施用量确保零增长。推进农村面源氮磷流水生态拦截体系建设，秸秆机械化还田率97%以上。

三、调整低碳能源结构

（一）调整能源消费结构

调整优化能源结构，把发展清洁低碳能源作为调整能源结构的主攻方向。逐步提高天然气消费比重，增加太阳能、地热能、生物质能等可再生能源消费比重，逐步降低煤炭消费比重，形成科学合理的能源消费结构。

1. 严格控制能源消费增量。严格落实《江苏省“十三五”节能减排综合实施方案》及苏州市《“十三五”苏州市各地能源消费增量控制目标》，围绕“确保完成苏州市下达‘十三五’期间能源消费增量192万吨标煤的控制目标”的总目标，制定年度分解目标，建立责任分工。

2. 严格控制煤炭消费总量。严格落实《苏州市削减煤炭消费总量专项行动实施方案》，围绕“确保完成苏州市下达到2020年减煤225万吨任务，力争完成250万吨削减任务”总目标，制定年度分解目标，建立责任分工及综合考评机制。以2016年全市58家企业煤炭消费总量1721.32万吨为基数，按照统筹兼顾、区别对待、共同承担原则，将“减煤”任务统一按比例分解到各区镇。

3. 推进天然气合理利用。构筑多种气源、功能互补、区域协调、系统优化、储配可靠、设施配套的安全供气体系。加快管道燃气的发展与建设，提高居民用户天然气气化率。到2020年，力争中心城区居民用户天然气气化率达到70%，其他建制镇居民用户天然气气化率达到40%—50%。与江阴、常熟实现气源互通，完善各区镇中压管网。支持东沙LNG接收站建设，新建LNG气源储配站，保障事故时应急气源供应量不低于3天。加快推进全市天然气高压管网建设，形成多头供气、保障用气的格局，到2020年和2022年，天然气在一次能源消费中的比例分别达到12%、13%以上。

4. 有序推动太阳能光伏和风电利用。依托工业园区、大型企业等大型屋顶，建设分布式光伏项目，支持在学校、医院、党政机关、事业单位、居民社区建筑建设小型分布式光伏发电系统。编制我市分布式风电发展规划，加快推进分布式风电的发展。

5. 着力推动资源综合利用发电。重点推进建设高炉和焦炉余气、余压、余热发电项目。重点建设沙钢集团、永钢集团余气发电项目，到2020年，力争实现资源综合利用发电总装机容量1255MW；到2022年，力争实现资源综合利用发电总装机容量1400MW。

6. 积极开发其他新能源。以“两区一园”循环化改造为契机，积极开发利用生物质能。鼓励工业厂房、学校、医院以及其他建筑屋顶安装光热系统。推广地源热泵、水源热泵应用，推广可再生能源在建筑节能领域的示范应用。

（二）全面实施节能降碳

1. 全面推进热电联产。优化调整燃煤热电厂布局，推进先进集中供热技术应用及供热管网改造，鼓励热电联产项目实施高效环保的燃煤锅炉改造。加快供热管网规划建设，扩大集中供热范围，将全市主要划分为5个片区，即主城片区、城东片区、城西片区、城东南片区和城北片区，关停热源点7处。关停整合现有热电厂，扩大保留热电厂供热能力，提高热电厂能源利用效率，以达到节能减排的目的，每年可节约标准煤128万吨。

2. 加强工业节能减排。以钢铁、化工、电力、纺织行业以及其他行业中年综合能耗3000吨标准煤以上的企业为抓手，重点实施锅炉窑炉改造、电机系统节能、能源系统优化、建筑节能等节能改造工程，推广能量梯级利用、低温余热发电、高压变频调速等节能技术。到2022年，实现年综合能源消费量10万吨标准煤以上的企业单位产品能耗100%达到国内先进水平，其他重点用能企业单位产品能耗85%达到国内先进水平。

四、统筹区域城乡发展

（一）打造低碳生态示范

1. 打造低碳城镇试点示范

依托凤凰镇、塘桥镇等具有文化旅游特色和现代商贸发展特色的小镇，鼓励其开展低碳城镇试点示范申报，促进城镇空间布局、产业结构、能源结构、建筑、交通、现代服务等的低碳化发展。支持凤凰镇按照“经济强镇、旅游名镇、生态美镇”的目标定位，加快科技、文化、生态旅游等多方面发展。加快科技创新，建立镇级科创园和乡镇首家国家级孵化器。以入选“江南水乡古镇世界文化遗产”名录为目标，深挖提炼河阳文化，不断丰富凤凰旅游的历史人文内涵。加快凤凰森林公园和桃主题公园城市绿地建设，完善凤凰湖生态湿地公园、生态健身步道景观带生态系统建设。“十三五”期间，力争全镇林木覆盖率提升至26.5%，创成省级园林小城镇，争创国家级园林小城镇。

2. 打造低碳园区试点示范

鼓励保税区、经开区两个园区开展市级（省级）低碳试点工作，在空间布局、产业、能源、建筑、交通、社会等各个领域发展低碳经济。加强低碳生产设计，开展低碳技术创新与应用，建立低碳技术创新研发、孵化转化的公共综合服务平台。创新低碳管理，建立健全园区碳管理制度，编制碳排放清单，建设园区碳排放信息管理平台。构建从生产源头、生产过程到产品的全生命周期碳排放管理。加强园区低碳基础设施建设，制定园区低碳发展规划，完善空间布局，优化交通物流系统，推广绿色建筑，对园区水电气等基础设施建设或改造实行低碳化、智能化。

选择保税物流园区、玖隆钢铁物流园区等开展低碳循环型物流园区的改造示范建设，构建标准化、网络化、一体化的现代智慧物流体系，提升供应链一体化管理能力。加快电子口岸、电子通关建设，完善运输及配送网络，建成具有张家港特色的智慧物流体系。推广仓储设施利用太阳能和其他清洁能源，采用现代化储存保养技术，降低各类仓储损耗，提升发展港口物流、保税物流、供应链物流等的能源利用效率。开展公铁水“多式联运”试点示范，促进多种运输方式合理分工。

3. 打造低碳社区试点示范

结合白鹿幼儿园等列入苏州市首批低碳试点示范社区工作基础，积极鼓励花园浜社区、暨阳实验小学等单位等开展低碳试点建设工作，打造一批具有示范标杆性的绿色社区。开展低碳模范家庭建设活动，引导和鼓励社区居民普遍和自觉接受绿色低碳的生活方式和消费模式。开展以“节能社区”和“节能家庭”为主题的评选活动。鼓励有条件地区制定低碳社区建设规划，明确工作任务和实施方案。大力推广绿色建筑，在社区规划、建筑设计、公共照明、社区交通等方面实现低碳化。

依托全国“低碳日”，开展低碳生活进社区、进学校活动。组织市民、中小学生，开展节能低碳讲座，普及节能知识。向社区市民发放购物布袋、菜篮，在学校、酒店等公共区域洗手间、用电设备周围粘贴节能、节水标语。投放废旧衣服回收箱，分类垃圾箱等设施，时刻提醒居民践行环保理念。组织市民、中小学生参加植树活动，不断完善城市道路景观、公园绿化的建设。

（二）加强废弃物资源化利用和低碳化处置

1. 推进城乡废弃物资源化利用

（1）创新城乡社区生活垃圾处理理念，合理布局垃圾分类投放设施，科学配置社区垃圾分类回收力量，完善分类收运处置体系。到2020年，市区生活垃圾分类设施覆盖率达到80%以上，建立较为完善的城乡生活垃圾专项分类收运处理系统，全市城乡生活垃圾无害化处理率达到100%。

（2）深化餐厨垃圾“收运处”一体化。落实《张家港市餐厨废弃物管理办法》，推行餐厨垃圾无害化处理（不含居民家庭），加快餐厨废弃物处理厂二期工程建设，提升餐厨废弃物终端处置能力。增加收运车辆，推动餐厨垃圾收运体系向区镇延伸。到2020年，实现市域范围全覆盖，全市餐厨废弃物集中收运处理率达到80%以上。

（3）加强建筑垃圾资源化利用。采用BOT模式，加快建筑材料再生资源利用中心建设，配套建设建筑垃圾回收体系，提高建筑垃圾回收、储运、分类处理能力，完善建筑垃圾的收集、分类、转运和再利用一体化的资源化利用机制。

2.加强一般固废和城市污泥管理

(1)构建规范的危险废弃物"一体化"产业链。落实危险固体废物申报登记、转移联单和经营许可证制度,严格危废和医疗废物收集、贮存、转移、利用、处置全过程监管。推进一般工业固废填埋场建设,处理能力达到5万吨/年。至2020年,危险废物及医疗废物安全处理率达到100%,工业固废综合利用率达到85%,无害化处置率达到100%。

(2)强化污水处理设施污泥综合利用。提高污水处理厂污泥规范处置能力,积极探索应用污泥堆肥、消化制沼气、燃烧化、建材化利用等技术,构建污泥处置循环产业链条。重点建设沙洲电厂2*600MW污泥耦合发电项目、格锐环境工程污泥综合利用项目。

3.加强再生资源回收利用

(1)完善再生资源"三位一体"回收体系。将生活垃圾分类与再生资源回收体系两网衔接,采取连锁经营方式,通过新建、改造和整合,建设形成规范的社区回收点。合理布局加工分拣站点,积极探索再生资源回收利用"互联网+"模式,完善"固定、流动、在线"多元化新型收废方式的服务功能,形成完整的回收站点、分拣中心和集散市场"三位一体"回收体系。

(2)加强"城市矿产"开发与利用。加快废钢铁、废旧金属、废旧汽车、废旧塑料、废旧家电等废弃资源回收再利用技术创新和产业化发展。依托张家港国家再制造产业示范基地,回收利用废旧发动机进行再制造,可再生利用废旧发动机零部件,实现资源回收利用与零部件再制造无缝对接,建立完善的逆向物流体系。到2020年,工业固废综合利用率达到85%;到2022年,工业固废综合利用率达到87%以上。

4.推进资源循环利用基地建设

以张家港市静脉科技产业园建设为载体,以城市废弃物资源化利用为核心,全力推进张家港市资源循环利用基地建设,重点推动生活垃圾、市政污泥、一般工业固废、危险废物、餐厨和厨余垃圾等协同处置综合利用项目,提高产业技术水平,使基地废弃物资源化利用和无害化处置等各项技术均达到国际先进以及国内领先水平。到2020年,实现固废处置量65万吨以上,再生资源加工量达0.5万吨,基地基础设施全覆盖,公共服务平台共享及环保集中处置,功能区配套设施达到国内领先水平。

五、打造绿色交通体系

(一)推进基础设施建设

1.完善公路网建设

以"完善网络、提高等级、增强能力"为核心目标,完善高速公路网建设,开展干线公路提升工程,努力构建市域功能清晰、等级结构合理、布局完善的公路网络。

(1)完善高速公路网建设。推进常合高速公路扩容改造建设,加快无锡至南通过江通道公路南接线工程建设并确保与沪通铁路同步建成,开展双山岛过江通道前期工作。

(2)推进干线公路提级加密。逐步建设由市域快速干道以及市域结构性主干路构成的市域骨架路网。

(3)构建市域快速环路。缓解进出城区主要节点的交通拥堵,加强市区与主要经济板块及综合交通枢纽间的交通畅达性,逐步构建杨舍中心城区环路快速系统。

(4)推动农村公路网建设。根据《关于推进"四好农村路"建设的意见》要求,完善农村公路基础设施建设,扩大县乡公路覆盖范围,加强与国省干线的衔接,提高农村公路安全畅通能力。

2.积极推进铁路建设

以推进铁路干线和铁路客货运枢纽建设为重点,积极配合沪通铁路建设,完成与张家港站、张家港北站对接的道路工程;完成张家港站的交通站点、出租车停靠站、停车设施建设;完善张家港北货运站配套设施。积极争取通苏嘉铁路和苏南沿江铁路的开工建设。立足公铁水联运的有利优势,加快推进铁路支线及货运站点建设。做好铁路周边的配套建设,在塘桥地区形成铁路枢纽。至2020年,完成张家港境内铁路里程30千米,新增铁路客运站1个,货运站1个。

3.推进城市道路建设

以建设"等级合理,密度适中,通达性强"的城市道路网络为目标,重点打造杨舍城区畅通高效安全的道路微循环系统。对杨舍城区及重要功能区范围内的次干路及以下等级道路进行局部改造,贯通一中路、体育路、卫校路等城市支路,增加道路连通度。设立微循环指路标志,打通小区围墙,在"堵点"附近规划设立微循环通道,对拥堵的主干道路段交通进行分流,提高整体路网通行能力。

4.支持低碳港口建设

优化港口空间利用方式,推进公用码头建设,进一步拓展深水岸线和港后纵深腹地,提高岸线资源使用效率和综合利用水平。完善港区对外交通,整治港区客货运混杂现象,减少港口与城市交通间的相互干扰,确保内外交通安全高效。对排放控制区内船舶航行、作业和靠泊期间使用的燃油提出质量要求,推进新能源船舶和作业设施的使用。优化市域骨干航道网的布局,研究六干河航道等级提升的可行性方案,推进申张线凤凰段航道整治工程的前期工作。

(二)推广低碳节能装备

严格实施车辆燃料准入和退出管理,推动实施车辆更高排放标准,同步提升本市油品质量,加快淘汰高耗能、高排放、高污染的废旧车辆。到2020年,淘汰现有1040辆老旧机动车,实施机动车尾气排放检测及综合治理工程,机动车排气污染监管信息系统建成及应用率达100%。推进实施汽车检测与维修(I/M)制度,辖区内累计布设I站6家、M站20家,安装5套遥感监测装置,逐步形成机动车尾气超标治理维护网络体系。

加快新能源汽车推广。进一步提高新能源公交车辆比重;扩大出租车、物流配送车、环卫车、租赁车等领域的新能源车使用比例。编制本市充电设施专项规划,加快新能源充电设施建设布局;分类、分区推进住宅小区、办公场所、公共服务区域充电设施建设。至2022年,新购营运性节能环保型车辆150辆,新能源城市公交占城市公交总数的比重达到65%以上。设立一级公交充电站7处、二级公交充电站12处、公共停车场充电桩6处、大型商业设施配套充电桩6处、公共服务配套充电桩16处。

积极鼓励船舶、港口作业机械使用LNG、电力等清洁能源,完善船用岸电和LNG加气站等能源供应设施的配套布局。加强新能源技术在交通基础设施建设和营运中的应用,加快推进市政道路、服务区、收费站等公路辅助设施太阳能与风能技术的应用。到2022年,沿江码头电动起重机覆盖率达到100%,低压、小容量岸电建成投运总数量累计达到50套。

(三)优化运输组织模式

推进综合货运枢纽、货运通道的规划建设。结合现有货运场站资源整合和调整,构建布局合理的货运场站体系,引导传统货运场站向物流园区,尤其是向具有公共服务性质的货运枢纽型物流园区转型。

优化公共交通布局,重点建设大容量公交快线、大站快线公交、常规公交的多模式公交体系,进一步提升服务水平。至2020年末,中心城区公交站点500米半径覆盖率达到100%,镇村公交开通率100%。以火车枢纽站、客运站为枢纽节点的多点辐射式网络基本形成,中心城区公交出行分担率达到26%左右。到2022年,中心城区公交出行分担率达到28%左右。

加强公共交通及公共开发空间周边步行、非机动车通道及停车设施的建设和管理,保障慢行交通通行空间;在居住、商业、商务、文化和创意产业集聚的区域,逐步打造具有舒适宜人的空间环境、设施品质的慢行交通系统。完善交通无障碍设施建设,保障无障碍设施连续、畅通。继续推进“自行车休闲道”建设,实现非机动车网络连通;启动南丰镇公共自行车二期项目。开展形式多样的公共交通出行宣传,使绿色出行、公交优先成为全行业和社会公众的自觉行动。至2020年,规划慢行交通出行比例达40%,公共自行车站点数达500个,公共自行车总数达8000辆,提高公共自行车租赁点覆盖率,杨舍和塘桥城区500米半径内均不低于35%,中心区不低于65%。

六、完善绿色建筑体系

(一)提升建筑节能水平

民用建筑全面执行65%节能设计标准,开展建筑节能75%的应用及超低能耗被动式建筑试点示范。“十三五”累计建筑节能量达58万吨标煤。到2022年,新建建筑中二星级及以上绿色设计标识建筑面积比例达到65%以上,年度申报绿色运行标识的比例达到30%。开展既有建筑节能和绿色化改造。“十三五”期间,既有建筑节能改造总面积达到70万平方米以上。其中,居住建筑30万平方米,公共建筑40万平方米。

扩大可再生能源在建筑中应用。促进太阳能光电的建筑应用,开展太阳能光电建筑应用示范试点。新建居住建筑统一设计安装太阳能热水系统,屋顶面积大于3000平方米的厂房,应基本安装太阳能光伏系统。鼓励在既有建筑的立面和屋面安装太阳能光伏板。“十三五”期间,全市新增可再生能源的建筑应用面积达到1320万平方米以上。到2020年,完成太阳能光电建筑应用示范项目7—8项,新增总装机容量45兆瓦。到2022年,新增太阳能光伏总装机容量60兆瓦。

加强公共建筑节能运行管理。开展公共建筑能耗定额管理试点,探索建立建筑能耗总量控制基本管理体系。建设建筑能耗监测系统,推动新建机关办公建筑和大型公共建筑安装分项计量装置,实现建筑分类、分项能耗数据动态监测和远程传输。

推进装配式建筑。大力推广适合工业化生产的预制装配式、钢结构、木结构等结构体系,“十三五”期间,力争完成工业化生产和建筑开工面积各50万平方米以上。探索建筑工业化配套集成应用技术,完善工程建设管理制度。到2020年,装配式建筑预制率达到15%以上,装配式建筑比例达到30%以上。

(二)加强建筑节水水平

深入推进节水措施的应用,推动海绵城市建设。筛选全市用水大户,定期开展节水器具调查行动,逐步淘汰落后用水设备。采用节水型卫生器具,减少供水量和供水能耗。推广使用节水型便器冲洗设备、节水型水龙头、节水型淋浴设施、节水型家电等。

积极采取废水利用措施。建立再生水工程,市区第二污水处理厂再生水厂处理规模达到5.0万m·/d,完善再生水管道,扩大再生水的应用范围,提高再生水应用的经济效益,将再生水应用于市政用水、景观用水、工业用水、住宅小区用水及公共建筑用水等。以城市、小区及建筑单体为载体,推进绿色雨水基础设施应用,积极采用绿色屋顶形式,推广道路雨水渗透铺装技术,推行道路生态排水方式,促进雨水资源的利用和生态环境保护,场地雨水进行径流总量控制。“十三五”期末,城市建成区20%以上的面积达到目标要求。到2022年,建成区25%以上的面积达到目标要求。

(三)提高绿色建材利用率

深入推广绿色建材。发展安全耐久、节能环保、循环再利用的绿色建材,生产绿色建材产品,引导高性能水泥、高强混凝土、高强钢筋发展利用。加强建材生产、流通和使用环节的质量监管和检查,强化建材应用备案管理。加大对落后建材产业的淘汰力度,促进建材产业专项升级。在绿色建筑中积极推广绿色建材,争取到2020年,新建建筑中绿色建材应用比例达到50%以上。

(四)推进绿色建筑规模化

凡使用国有资金投资或国家融资的保障性住房和超过5000平方米的公共建筑、社会投资建设超过1万平方米的公共建筑以及超过10万平方米的住宅小区,应达到绿色建筑二星级及以上标准。推进城镇新建民用建筑按照绿色运行和维护的要求进行管理。单体建筑面积超过2万平方米的公共建筑、建筑总面积超过15万平方米的商品住宅、使用国有资金投资或者国家融资的重要公共建筑在建成运行一年后应按照绿色建筑评价标准及时进行绿色建筑运行标识认证。鼓励其他建筑进行绿色建筑运行标识认证。开展绿色建筑后评估工作,通过对绿色设计与运行标识项目的回访、调研,总结以往绿色建筑实施过程中的经验、成效,为绿色建筑的健康发展提供针对性政策与技术解决方案。

(五)完善绿色建支撑体系

出台《张家港市绿色建筑管理暂行办法》,建立绿色建筑发展保障机制，深入推进绿色建筑；出台《张家港市绿色建筑专项引导资金管理办法》，规范专项引导资金管理；编制《张家港市绿色建筑技术指南》。根据国家、省、苏州市相关绿色建筑标准规范，以本土化、低成本、可推广为原则，建立适宜绿色建筑技术指引或技术方案，在新建政府投资项目中强制应用，并逐步推广。

七、增加生态系统碳汇

（一）打造“两横两纵生态绿网”体系

延续现有绿道，沟通次级绿道体系，形成环状绿道网络，使得城乡生态空间成网、成体系。建设郊野公园，为市民提供休闲康乐场所，在中心城区增设城市精品绿道和小微公园，提升生态空间的可进入性和景观精致度。到2020年末，市域形成“两横两纵”绿道网（东横河、南横套河、一干河、朝东圩港—环城河）格局。市区建成区绿地率达到37.8%，人均公园绿地面积达到14.78平方米。

（二）建立生态保护和修复机制

加强系统性布局、协同性建设，整体布局山、水、林、田、湖等各要素，持续推进双山岛、黄泗浦、香山等生态修复工程。实施湿地恢复工程，重点将推进黄泗浦生态湿地、沙洲湖湿地、香山湖湿地等工程项目建设，并在条件具备的情况下，申报苏州市级湿地公园与省级湿地公园，不断提高全市自然湿地保护率。

八、推进重点行业达峰

以控制温室气体排放、实现低碳发展为导向，充分发挥市场机制在温室气体排放资源配置中的决定性作用。重点企业实施多渠道“双控”。在能源消费方面，通过节能监察、减煤量考核、“双控”考核等行政强制手段以及碳交易、节能量交易、绿色证书交易、自愿减排交易等市场激励手段，促使企业实施节能降碳；在工艺生产方面，通过大力推广电炉炼钢—热轧短流程工艺、有色金属冶炼短流程工艺以及碳捕集、利用与封存示范等低碳技术，控制工业生产过程中的温室气体排放。力争到2022年，在满负荷产能情况下，实现钢铁、电力、化工等高耗能行业率先达到碳排放峰值。

九、强化能力建设支撑

（一）强化管理部门能力建设。定期组织开展应对气候变化统计核算体系、能源总量和强度“双控”、节能审查及验收、节能量交易、碳排放权交易等方面的专题培训，将应对气候变化内容纳入国民教育体系和干部培训机构教育计划，提高干部队伍的低碳发展意识，增强低碳发展行动的实操能力。

（二）提高重点排放单位的能力水平。针对重点企（事）业单位，开展节能审查、节能量交易、能源审计、碳交易机制及MRV体系等专题培训，提高企业低碳发展的认识，增强企业应对碳交易的能力。组织企业参加低碳产品推介会、低碳技术交流会等活动，提高企业对节能降碳技术的认知，引导企业对低碳技术的研发与应用。

（三）加强政府主管部门的监督。协助省、苏州市主管部门推进纳入碳交易重点企业积极开展排放报告，制定温室气体排放监测计划和补充数据表，配合省、苏州市主管部门开展重点企业第三方核查和履约监管工作。支持鼓励企业及有关机构、团体和个人开展基于项目的温室气体自愿减排交易活动，以市场机制引导全民参与低碳行动。

十、推进社会共参共治

加强生态文明宣传教育，倡导简约适度、绿色低碳的生活方式，反对奢侈浪费和不合理消费。开展建设绿色家庭、绿色学校、绿色社区、绿色商场、绿色餐馆等行动。大力发展公共交通，鼓励自行车、步行等绿色出行。探索以“碳积分”为主导的低碳生活方式，构建全民共建共享的参与机制。出台《张家港市“碳积分”管理办法》，对居民在的绿色出行、垃圾分类回收、购买新能源汽车等绿色消费方面的低碳行为以“碳积分”的形式进行量化，将“碳积分”计入市民卡。打通“碳积分”在超市、旅游景区、网上商城等方面的应用途径，使“碳积分”发挥普惠效益。定期进行“碳积分”先进团体、单位、个人的评选活动，通过电视、网络、广播、报刊等媒体予以表扬，推动个人和家庭践行绿色低碳生活理念。

重大工程与重点项目

一、重大工程

（一）能源结构优化工程。大力推进煤炭消费总量控制和削减工作，通过整治燃煤锅炉、淘汰落后产能、压缩过剩产能、实施热电联产、深化节煤改造、发展清洁能源等措施，努力控制煤炭消费增量，到2020年，全市煤炭消费总量减少250万吨。加强清洁能源供应保障，加快推进张家港市天然气高压管网建设，形成多头供气、保障用气的格局，到“十三五”末，天然气在一次能源消费中的比例达到12%以上。合理开发可再生能源，加快公共建筑太阳能热水系统和户用太阳能热水器的普及，引导社会推广地源热泵。促进餐厨沼气等生物质能推广利用，推进垃圾焚烧发电，积极开展生物质成型燃料示范工程。

（二）重点耗能企业节能改造工程。提高能源利用效率，推进先进节能技术的广泛应用，深入开展节能低碳行动，“百千万”企业逐步建立能源管理体系。支持鼓励产能过剩“两高”行业企业退出或转型发展，鼓励企业加快生产技术装备更新换代。

（三）重点污染企业清洁生产改造工程。对钢铁、火电、水泥等高耗能高排放行业全面推行清洁生产审核，实施清洁生产改造工程，加快工业绿色化改造，实施行业污染物排放总量减量替代。同时，提高环保准入门槛，建立健全大气污染、水污染重点行业准入条件，严格实施污染物排放总量控制，新建项目实行区域内现役源2倍减量替代。

（四）绿色交通提升工程。以优化综合运输结构、控制污染排放、保护生态环境、集约资源利用为核心，以运输装备升级和运输组织优化为主要抓手，推进绿色循环低碳交通运输体系建设。全面优化绿色交通运输结构，实现中心城区公交出行比例达27%、慢行交通出行比例达40%；推动运输方式节能减排，计划至2020年新型能源公交车、出租车比例达100%；大力提升绿色管理水平，构建全方位绿色交通监管平台。

（五）绿色建筑推广工程。“十三五”期间，开展超低能耗被动式建筑的试点示范工程，建筑节能总量达到58万吨标准煤。扩大可再生能源在建筑中应用，全市新增可再生能源的建筑应用面积达到1320万平方米以上。开展既有建筑节能和绿色化改造，既有建筑节能改造总面积达到70万平方米以上。其中居住建筑30万平方米，公共建筑40万平方米。

二、重点项目

针对张家港市低碳发展基础条件和存在的问题，围绕碳排放控制与经济发展协同发展的目标，“十三五”时期拟统筹实施重点项目44个，涉及低碳生产、低碳能源、低碳交通、低碳建筑、资源综合利用、节能技改、基础设施、绿色生态等方面，总投资486.18亿元。其中，低碳生产体系类项目5个，总投资46.74亿元，占所有重点支撑项目总投资比重的25%；低碳能源类项目5个，总投资148.3 亿元，占所有重点支撑项目总投资比重的25%；资源综合利用类项目7个，总投资21.91亿元；节能改造类项目6个，总投资103.97 亿元，绿色生态类项目7个，总投资137亿元（具体项目分类及概况见附件）。

制度创新

一、建立总量和增量控制制度

（一）总体目标

深入贯彻落实党的十八大、十九大系列会议精神，把控制碳排放总量和能源消费总量作为调整经济结构、转变经济发展方式和推进新产业革命的重要抓手，创新行政管理手段，统筹推进总量登记、备案抄告、增量预控制度，严格执行节能量交易、节能量替代、减煤量替代制度，逐步建立完善能源存量、增量的消费监管制度，确保控制温室气体排放目标任务得以落实。

（二）制度设计

1.总量登记制度。编制全市温室气体排放清单，摸清全市能耗及碳排放总量家底，加强对全市及各区镇碳排放总量、能源消费增量控制目标完成情况的跟踪监测、分析和评估，实施风险预警。同时，通过清单编制明确温室气体排放数据来源、责任部门、报送范围、报送期限等，逐步建立完善温室气体排放统计核算制度，研究出台《张家港市温室气体排放统计制度》，逐步建立完善温室气体排放统计核算制度。

2.增量预控制度。将能源消费总量工作与各区镇新上能源项目和高能耗、高排放固定资产投资项目挂钩，探索实施“能评闭环”管理、节能量交易、能耗增量置换三位一体的能耗增量预控机制。严格实施节能评估审查意见的落实验收，积极探索对部分行业实施能耗增量置换制度，纳入置换制度的行业中所有新建项目新增能耗必须通过节能量交易的方式在市场上进行购置，并按一定比例进行置换，统筹掌握全市新建、改扩建固定资产投资项目的能源消费概况。

3.备案项目能源消费抄告制度。由市发改委总牵头，建立固定资产投资项目的备案抄告制度。市行政审批局以及保税区、凤凰镇等有审批权限的区镇，每月将新立项项目（新建、技改项目）的相关材料抄告市发改委；市发改委定期汇总全市固定资产投资项目的新增能耗及节能技改、淘汰落后产能等节能量并与全市能耗增量目标进行对比分析，逐步建立完善新增能源消费监管制度。

（三）阶段任务

1. 2018年，编制张家港市2015、2016年温室气体排放清单，摸清全市能耗及碳排放总量家底。研究出台《张家港市温室气体排放统计制度》，畅通温室气体相关数据收集渠道，实现温室气体排放清单编制的常态化。

2. “十三五”期间，严格执行《苏州市固定资产投资项目节能审查实施办法》及《江苏省项目节能量交易管理办法（试行）》，做好全市能耗增量的审查与预控；2018年研究针对钢铁、纺织、化工等部分行业的能耗增量置换制度，并于2018年底在部分区域、部分行业内试运行。2022年，实现重点耗能行业能耗增量置换制度全覆盖。

（四）实施步骤

由市发改委牵头建立部门联系责任制，市纪委市监委、市委组织部、市工信局、统计局和各区镇等共同参与。

1.温室气体排放统计制度。由市统计局拟定《张家港市温室气体排放统计制度》实施细则，进一步完善相关统计报表制度。由市统计局牵头加强对全市碳排放总量控制目标完成情况进行跟踪监测、分析和评估，市发改委、工信局、交通局、农业农村局、环保局、住建局、城管局、各区镇共同参与。

2.总量登记、增量预控、备案项目能源消费抄告制度。由市发改委牵头制定，严格实施节能评估审查意见的落实验收，实现节能审查的闭环管理。

二、健全碳排放数据管理制度

（一）总体目标

建立部门碳排放统计制度、企业碳排放数据报送制度、政府碳排放分析管理三位一体的碳排放数据管理制度，为政府摸清城市碳排放家底、评估城市低碳发展现状、预测未来碳排放现状、分析不同领域碳减排潜力、强化关键源汇管理、实现碳排放控制总体目标提供重要抓手和制度保障。

（二）制度设计

1.完善重点单位碳排放管控制度。结合《江苏省重点单位温室气体排放报告暂行管理办法》，完善张家港市重点单位碳排放管控制度，对全市综合能源消费总量达到5000吨标准煤以上的企（事）业单位进行数据上报管理，按时督促企业在江苏省重点企（事）业单位温室气体排放报告平台中进行数据报告、监测计划制定及补充数据的报告。

2.强化碳排放数据应用。每年汇总全市重点企（事）业单位碳排放总量及不同行业碳排放现状，形成分析报告，为政府节能减排、淘汰落后、转型升级提供决策支撑。

（三）阶段任务

1. 2018年6月前，获取江苏省重点企（事）业单位温室气体排放报告系统的管理账户，对张家港市5000吨标煤以上重点企业的碳排放情况进行管控，并结合实际工作需要扩大管控范围。

2. 2018年12月前，完成对全市重点行业的能耗及碳排放对标分析，形成分析报告，挖掘不同行业、重点企业的节能降碳潜力。

（四）实施步骤

重点单位碳排放管控制度。由市发改委、环保局牵头，市工信局、统计局、各区镇参与。市发改委设定纳入管控门槛，联系开通省重点企（事）业单位温室气体排放报送系统管理账户，市统计局提供重点企业名单，各区镇督促各辖区企业完成报送任务。

三、构建共建共享的低碳发展新格局

（一）总体目标

创新实施政府激励导向、企（事）业争创示范、全社会共同参与等三位一体的低碳发展机制，构建政府为主导、企业与社会公众共同参与的低碳发展新格局，逐步提升政府低碳发展意识、提高企业低碳发展能力、培养公众绿色消费理念，营造全社会低碳发展氛围。

（二）制度设计

1.全民参与“碳积分”制度。“碳积分”制度是一种基于激励理念设计的个人碳交易框架，将工业企业、居民日常生活中的碳减排行为用“碳积分”的形式进行量化记录并兑换相应的商品，旨在鼓励企业、公众践行低碳的理念。探索出台《张家港市“碳积分”管理办法》，分两步走建立张家港市“碳积分”制度。

第一阶段（2018—2020年），以生活领域“碳积分”为主，对居民在绿色出行、垃圾分类回收、绿色消费等方面的低碳行为以“碳积分”的形式进行量化，将“碳积分”计入市民卡。将行政力量和市场力量相结合，打通“碳积分”在超市、旅游景区、网上商城、零售商户等方面的应用途径，使“碳积分”发挥其普惠效益。定期举行先进单位和个人的评选活动，将商家、单位、个人兑换的碳积分向社会公布，通过电视、网络、报纸等媒体予以表扬，提高商家的公众影响力和知名度，并给予一定的政策扶持。

第二阶段（2020—2025年），建立工业领域“碳积分”制度，配套建设张家港企业碳积分统计核算体系和交易平台，对工业企业采取的节能技改项目，计入该企业碳积分账户。按照“存量优化、增量置换”原则，建立全市工业“碳积分”交易制度，企业拥有的“碳积分”可在全市范围内交易，新增用能单位需在市场上购买等量的“碳积分”用于置换新增能耗。

2.激励导向机制。在整合现有市级财政专项资金的基础上，适时建立低碳发展专项资金，研究探索全市节能减排激励导向机制，争取财政资金向节能减排、循环利用、节能技改、绿色环保等方面倾斜，按照以奖代补的形式给予资金扶持，激励企业实施节能减排。

（三）阶段任务

1. 2018年，在对国内碳积分、碳普惠实施试点地区调研的基础上，研究形成《张家港市“碳积分”管理办法》。

2. 2019年，完成全市“碳积分”信息化管理系统建设，与市民卡、公共卡、共享单车App、智能垃圾分类回收系统完成系统对接，实现数据实时共享。

3. 2020年，全面推动“碳积分”制度的运行，开展“碳积分”评比活动，并与绿色家庭、生态村（社区）、绿色企业、国家生态文明建设示范镇评选有机衔接。

4. 2020—2025年，逐步将全市“碳积分”制度向工业领域延伸，建立张家港企业碳积分统计核算体系和交易平台，针对重点耗能行业，实施新增能耗的“碳积分”置换制度，打造“碳积分”的交易和置换市场，实现“碳积分”的市场流通。

（四）实施步骤

“碳积分”制度，由市发改委牵头，市工信局、人社局、城管局、文体广电和旅游局、港城公共交通有限公司（以下简称“港城公交”）共同探索出台“碳积分”管理办法，初期先对生活领域中的绿色出行、垃圾分类回收等方面进行积分量化，后期逐步扩大范围并延伸至工业领域。

绿色出行包括公交车、公共自行车、共享单车等，垃圾分类回收包括厨余垃圾、可回收垃圾等，碳积分量化实施步骤如下：

第一步，研究制定《张家港市“碳积分”管理办法》，明确乘坐公交车、使用公共自行车、共享单车、有害垃圾、可回收物分类回收等具体的积分量化标准。

第二步，联合市城管局、市民卡中心、港城公交及共享单车运营商等共同开发“绿色港城”（示意）App软件，用于量化并记录居民的碳积分。

第三步，引入社区智能垃圾分类回收系统，对市民的生活垃圾分类回收行为进行量化与记录，并与“绿色港城”App软件实现数据实时对接共享。

第四步，进行系统对接，将市民卡、公交卡、共享单车App、智能垃圾分类回收系统进行对接，实现数据实时共享。App软件通过对接市民的公交卡、共享单车、市民卡等将市民乘坐公共交通、使用公共自行车、垃圾分类回收的行为量化为碳积分，并记录在市民的个人“碳账户”中。

第五步，联合电商、超市、旅游景点、金融机构等共同打造张家港“低碳商城”，研究制定碳积分换购制度，市民碳积分可用于生活物品、景区门票等的换购，实现张家港市低碳生活的共建共享。

第六步，逐步建立碳积分使用规范和标准，不断扩大碳积分使用范围。

保障措施

一、组织保障

（一）制定印发《张家港市碳排放统计核算制度》，明确碳排放数据报告责任部门、报送范围、报送期限，保障温室气体排放数据的报送渠道的畅通。

（二）制定印发《张家港市固定资产投资项目能耗增量抄告制度》，明确责任部门（单位）、抄告内容、时间要求，建立张家港市能耗增量监控预警机制，保障能耗增量控制目标的顺利完成。

（三）制定印发《张家港市“碳积分”管理办法》，明确“碳积分”制度设计的牵头部门、参与单位，明确各部门责任分工和实施计划，分解落实目标任务，建立各部门协作联动机制，保障“碳积分”制度按时序推进。

二、能力建设

（一）组织开展温室气体清单编制能力建设培训会，结合《张家港市碳排放统计核算制度》，厘清各部门数据报送的内容、时限，对各部门数据收集、上报过程遇到的问题给予指导解答，提高各部门对控制温室气体排放工作的认识，增强温室气体数据收集、报送的能力。

（二）组织市发改委、工信局、行政审批局等固定资产投资项目主管部门以及保税区、经开区、凤凰镇等有审批权限的区镇，开展固定资产投资项目节能审查专题培训会，介绍国家、省、市节能审查工作的相关要求，明确全市实施节能审查工作的具体要求，提高投资主管部门对节能量交易、节能量替代、节能审查等方面的认识和能力。

（三）组织开展"碳积分"宣讲会。通过电视、网络、广播、报刊等多种途径广泛宣传，提高公众对"碳积分"制度的熟知度；充分发动单位、学校、社区等基层组织广泛开展"碳积分"宣讲活动，提高公众的参与度。

三、资金保障

统筹有关低碳领域建设专项资金，将现有财政政策向新能源产业、节能环保产业倾斜，重点扶持节能技改、新能源开发、先进节能技术应用、淘汰落后产能等项目。市财政每年保障专项经费，用于全市碳排放统计核算制度、碳排放总量增量预控制度、能源消费抄告制度、碳积分制度等低碳新政的落实和实施。

——摘自《市政府关于印发张家港市低碳控制方案的通知》（张政发〔2019〕16号）

张家港市深入推进《居住证暂行条例》的实施意见

为进一步加强和改进全市新市民服务管理工作，健全以居住证为载体的公共服务机制，推进城镇基本公共服务和便利常住人口全覆盖，保障公民合法权益，促进社会公平正义，根据国务院《居住证暂行条例》（国务院令第663号）、《江苏省流动人口居住管理办法（试行）》（苏政办发〔2013〕179号）和《省政府关于进一步推进户籍制度改革的意见》（苏政发〔2014〕138号）等有关规定，结合全市实际，现提出如下意见：

一、指导思想

深入学习贯彻党的十九大精神，以习近平新时代中国特色社会主义思想为指导，牢固树立创新、协调、绿色、开放、共享发展理念，建立健全与居住证相挂钩的基本公共服务保障机制，不断提高城市公共服务均等化水平，为促进全市经济社会的可持续发展奠定坚实基础。

二、基本原则

（一）坚持依法办事。将全面实施居住证制度与进一步深化户籍管理制度改革同步推进，实现全市现行人口管理制度和国务院《居住证暂行条例》《江苏省流动人口居住管理办法（试行）》等有关规定的有机衔接。

（二）坚持统筹推进。不断完善配套政策，以深化居住证制度的实施带动提高全市城镇综合承载能力和公共服务提供能力，逐步推进新市民基本公共服务均等化。

（三）坚持以人为本。按照人性化、便民化的要求，坚持管理服务有机结合，积极为广大新市民提供服务和便利，切实维护其合法权益，努力营造和谐友好的社会环境，帮助新市民更好、更快地融入当地社会。

（四）着力提升素质。综合运用行政管理、法律规范、市场机制和思想引导、文化浸润、人文关怀、自助互助等多种手段，着力提升广大新市民的思想、道德、法治、技能和文化五大素养，为全市经济社会发展培养更多更好的新市民人才。

三、居住证申领

（一）居住证概念。居住证是持证人在本市居住、作为常住人口享受基本公共服务和便利、申请登记常住户口的证明。

（二）居住证申领条件。公民离开常住户口所在地，到张家港市居住并办理暂住登记半年以上，符合合法稳定就业、合法稳定住所、连续就读条件之一的，提交相关材料可以到居住地公安派出所申领居住证。

1. 合法稳定就业。应当符合下列情形之一：一是与本市辖区内企业等用工单位签订劳动合同六个月以上，且在张家港市连续缴纳（不含补缴）社会保险六个月以上；二是持有本市有效的工商营业执照并连续经营六个月及以上；三是在张家港市签订并实际履行农业承包合同期限六个月以上；四是其他符合合法稳定就业的情况。

2. 合法稳定住所。应当符合下列条件之一：一是在本市辖区内拥有所有权或者使用权的自购房屋；二是居住在用地与规划建设审批手续齐全且符合消防安全条件的张家港市用工单位集体宿舍；三是居住在具有合法产权且符合安全条件，已签订租赁合同并办理出租登记的张家港市居住出租房屋；四是其他符合合法稳定住所的情况。

3. 连续就读是指在张家港市全日制小学、中学、中高等职业学校或者普通高等学校取得学籍并就读。

对材料齐全、符合申领条件的，公安机关应当在受理后15个工作日内发放居住证。对申请材料不齐全的，公安派出所应当一次性告知申领人需要补充的材料。

四、居住证管理

（一）居住证发换。居住证由公安机关签发。居住证持有人换领新证时，应当交回原证。居住证损坏难以辨认或者丢失的，居住证持有人应当持本人居民身份证到居住地公安派出所办理换领、补领手续。

（二）居住证签注。居住证每年签注1次。居住证持有人在张家港市连续居住的，应当在每满1年之日前1个月内，持本人居住证和居民身份证、居住地住址或者就业、就读等材料，到张家港市公安派出所办理签注手续。逾期未办理签注手续的，居住证使用功能中止；补办签注手续的，居住证的使用功能恢复，居住证持有人在张家港市的居住年限自补办签注手续之日起连续计算。

（三）居住证变更。居住证持有人变更居住地住址的，不再重新换发居住证，可以持本人居住证和居民身份证、新居住地住址或者就业、就读等材料，到新居住地公安派出所办理变更登记。居住证持有人在张家港市的居住年限连续计算。

（四）居住证注销。居住证持证人有下列情形之一的，经有关部门认定后，由公安部门依法办理居住证注销手续：一是持证人在申办时提供虚假材料取得居住证的；二是持证人情况发生变更且不符合居住证办理要求的；三是持证人已转办本市常住户口的；四是法律、法规、规章规定的其他应当注销的情形。

（五）居住证代办。未满16周岁的未成年人和行动不便的老年人、残疾人等办理居住证申领、换领、补领、签注，可以由其监护人、近亲属代为办理。监护人、近亲属代为办理的，应当提供代办人、委托人的合法有效身份证件。

（六）居住证收费。首次申领、换领、补领居住证免收证件工本费，办理签注手续不得收取费用。

五、居住证使用

居住证持有人在享受公共服务机构提供的公共服务时应当出示居住证。公共服务机构和商业服务组织在提供公共服务时，应当为居住证持有人提供服务便利。居住证持有人或与其共同居住生活的未成年子女在张家港市居住期间可享有下列服务及便利：

（一）居住证持有人在张家港市享受的基本公共服务

1.教育服务。适龄儿童就读张家港市公办幼儿园、义务教育阶段公办学校初始年级，凭父母或其他法定监护人居住证，办理新市民积分入学，符合条件的，由教育部门与各区镇统筹安排就读。符合就读要求的，对应学段可连续就读，升入另一学段，凭居住证与积分另行申请学额。在张家港市就读的初中毕业生，可以按照规定在张家港市参加高中阶段学校招生考试录取。具有我省高中阶段学籍并有3年完整学习经历的毕业生，可以就地报名参加普通高考，与张家港市考生享有同等的录取政策。

2.基本公共就业服务。按规定在各级公共就业服务机构享受免费就业政策咨询、职业指导、职业介绍、就业失业登记和就业信息服务。

3.基本公共卫生服务。按规定免费享受建立健康档案、健康教育、传染病防控、孕产期保健、儿童接种国家免疫规划疫苗、0—6周岁儿童保健等基本公共卫生服务。

4.计划生育服务。计划生育免费技术服务项目及避孕节育服务。

5.公共文化体育服务。免费享受图书馆阅览、国有博物馆（纪念馆）陈列展览、文化馆艺术公益培训、科技馆科普和免费或低收费享受公共体育健身场所等公共文化服务。

6.法律援助和其他法律服务。在申请法律援助、人民调解等公共法律服务事项时，享受与张家港市居民同等待遇。

7.社会保险、救助服务。依法参加并享有基本养老保险、基本医疗保险、失业保险、工伤保险、生育保险等各项社会保险待遇；符合条件的新市民可享受张家港市新市民意外保险、新市民临时救助。

8.住房保障服务。按照规定享有缴存、提取和使用住房公积金的权利。按照张家港市住房保障规定，申请公共租赁住房保障。

9.人才优待服务。具备相应的学识、技术和能力的，可以参加张家港市劳动模范、五一劳动奖章、三八红旗手等评选，并享受相应待遇。

10.老年人优待。70周岁以上的新市民按照规定办理相关手续后享受与张家港市老年人同等优待，免费乘坐市内公交车，享受各级各类博物馆、美术馆、科技馆、纪念馆、公共图书馆、文化馆、老年体育中心等公共文化服务设施和已开放文物保护单位的公共文化免费服务。鼓励旅游景点对老年人实行门票减免，景区内的观光车等代步工具对老年人给予优惠。

11.国家和江苏省、苏州市规定的其他基本公共服务。

（二）居住证持有人在张家港市享受的便利

1.有合法有效居住证的人员（登记备案的国家工作人员除外）可以在公安机关申请办理以下出入境证件：

（1）普通护照；

（2）往来港澳通行证及签注；

（3）往来台湾通行证及签注（赴台定居的除外）。

2.在公安机关申请换领、补领居民身份证。

3.在公安交警部门申请机动车注册登记及其他登记业务。

4.在公安交警部门申领机动车驾驶证。

5.按规定参加本省专业技术职务的任职资格评审或者考试、职业（执业）资格考试、执业资格登记，参加各类非学历教育、职业技能培训和国家执业技能鉴定。

6.办理生育服务登记和其他计划生育材料。

7.居住证持有人符合本市落户条件的，可以根据本人意愿，在张家港市办理常住户口登记。

8.国家和江苏省、苏州市规定的其他便利。

六、居住证制度的执行及工作职责

在本市行政区域范围内居住证的申领、制作、发放、使用以及相关服务和管理，除本实施意见有具体明确规定外，按照《江苏省流动人口居住管理办法（试行）》等相关规定执行。

相关职能部门按照以下规定履行各自职责：

（一）市公安局负责居住证的申领受理、制作、发放、签注等证件管理工作。

（二）各区镇政府（管委会）负责核查本行政区域内的居住出租房屋是否符合安全条件规定。

（三）市发改委负责做好收费项目的审批工作。

（四）市财政局负责将实施居住证制度所需经费纳入同级财政预算并予以保障。

（五）市教育局与各区镇实行属地分级管理，按照积分管理规定，负责将居住证持有人子女义务教育纳入本地区教育事业发展规划，按照居住权分类管理原则，结合各学校提供的学额数量，保障居住证持有人子女接受义务教育的权利，努力实现与常住人口居民子女同等条件入学。

（六）市人社局负责为居住证持有人按规定提供公共就

业服务与社会保险等工作。

（七）市房管中心负责为居住证持有人提供房屋租赁信息，逐步将合法稳定就业并在城市居住一定年限的人员通过工作单位统一承租的形式纳入公共租赁住房保障范围等工作。

（八）市卫健委负责将居住证持有人纳入基本公共卫生服务范围，并做好居住证持有人计划生育宣传教育和计划生育技术服务等工作。

（九）市司法局负责做好推进法治宣传、法律服务和法律援助进社区等工作。

（十）市文体广电和旅游局负责为居住证持有人提供公共文化服务，提供公共体育健身场所、活动的管理和服务，以及做好全市旅游景区的管理协调工作。

（十一）市新市民事务中心负责做好新市民居住信息采集登记工作，负责为在张家港市居住一定年限的低收入或家庭生活困难的居住证持有人提供困难救助等工作。

七、工作要求

（一）提高认识，加强组织领导。深入推进国务院《居住证暂行条例》是全面深化改革，提升政府治理能力和管理水平的重要抓手，也是加快推进户籍制度改革，推进新型城镇化体制、机制建设的主要内容。各区镇、各部门要强化深入推进居住证制度重要性和必要性认识，按照市政府总体部署，加强组织领导，细化措施落实，统筹协调推进居住证制度各项工作。要建立完善协同配合机制、综合服务管理机制、监督检查机制和情况反馈机制，确保居住证制度的各项措施落实到位。

（二）落实责任，强化协作配合。各有关部门要按照本实施意见的精神，认真梳理并对外公布本部门落实公共服务和便利的细化措施、所需材料、受理流程、办事程序等，并定期通报居住证基本公共服务和便利的兑现情况，增强居住证持有人的获得感、融入感。居住证持有人根据法律法规、政策规定享受张家港市公共服务和便利、参与张家港市社会事务，相关单位部门不得拒绝。相关部门应根据本地经济社会发展水平，综合考虑连续居住年限、参加社会保险年限等因素，积极创造条件，逐步扩大为居住证持有人提供公共服务和便利的范围，提高服务标准，至少每3年向社会公布一次居住证持有人享受的公共服务和便利的范围，确保居住证持有人的相关待遇得到落实，使居住证持有人逐步享有与张家港市户籍人口同等的公共服务和便利。

（三）主动宣传引导，提升政策知晓面。居住证制度政策性强，社会关注度高，各区镇和相关部门要坚持正确的舆论导向，采取多种形式、多种渠道，贴近基层、贴近群众，广泛宣传政策措施。充分利用广播、电视、报纸、微博、微信等群众喜闻乐见、通俗易懂的宣传方式，广泛宣传国务院《居住证暂行条例》《江苏省流动人口居住管理办法（试行）》和本实施意见，合理引导群众预期，着力提升社会公众对居住证制度和功能的知晓度，合理引导新市民及时主动申报居住登记和申领居住证，为深入推进张家港市居住证制度建设营造良好的社会环境。

（四）强化督察，健全考评机制。各区镇和相关部门要进一步健全考评机制，把居住证的服务和管理工作纳入综治和效能的考评内容，推动居住证制度的顺利、高效实施。各单位兑现居住证持有人享有的基本公共服务和便利工作情况纳入综治责任制检查考评范畴，加大对居住证办理以及相关政策待遇兑现工作的督察力度，对不按时序进度要求完成相关工作和因履职不到位、措施不力等原因，造成居住证持有人基本公共服务和便利不能兑现落实到位的，公开予以通报扣分。对实施居住证制度中出现违纪违规的公职人员，纪检监察机关要依法依规予以严肃查处。

——摘自《关于印发张家港市深入推进〈居住证暂行条例〉的实施意见的通知》（张政发〔2019〕10号）

张家港市实施房产产权与学位关联政策的意见

为合理优化张家港市学校（幼儿园）资源配置，更好地保障适龄儿童、少年公平有序入学（园），根据《中华人民共和国义务教育法》《江苏省实施〈中华人民共和国义务教育法〉办法》《江苏省学前教育条例》等法律文件，认真贯彻执行《关于印发2014年苏州市区义务教育阶段学校入学工作意见的通知》（苏教〔2014〕4号）《2018年苏州市区小学与初中地段生认定办法》（苏教基〔2018〕22号）相关政策规定，结合张家港市实际，现制定如下意见：

一、政策主要内容

从2019年秋季入学开始，全市幼儿园、义务教育学校招生实行同一合法固定住所（本意见特指具有住宅房屋产权证或通过生效法律文书取得房屋产权的居住用房，商业、办公、工业用房、车库等非居住用房除外）每五年认定一户家庭的幼儿园及义务教育学段学位，即某一合法固定住所已认定一户家庭学位，该房产若在使用学位起的五年时间内更换产权所有者，就不能再作为施教区（服务区）的认定依据。

相关说明：

①“每五年”的计算时间是从该房产上一次学位开始使用的时间算起；

②该政策自2019年7月1日起实施；

③执行此政策，原来对房屋性质、取得权证时间、产权拥有人等相关要求不变。

二、政策实施原则

（一）坚持依法办事。实施房产产权与学位关联政策，严格按照相关法律、法规要求，与苏州市相关政策保持高度一致，实现苏州市政策的平稳落地。

（二）坚持统筹推进。政策实施前办理入学的家庭子女，信息不录入查询系统。政策实施后，凭房产证入学家庭的房产信息及时录入系统，方便市民查询。不同学段凭房产入学登记、查询不受相关影响。

（三）坚持以人为本。化解矛盾的同时，确保购得房产家庭子女就近入读公办学校，具体问题具体解决，确保相关家庭子女正常入学。

三、政策实施保障

（一）加强宣传，提高认识。以服务学生、方便家长为宗旨，完善服务措施，优化服务项目。认真做好政策解读、电话咨询、来访接待、实施意见公示等服务工作。

（二）加强督查，推动落实。招生期间，市教育局纪检监督小组对各校招生过程进行明察暗访和随机督查；政策实施过程中，学校定期提供查询服务，确保操作规范，切实提高社会认可度、家长满意度。

（三）加强管理，规范操作。按照《江苏省义务教育学籍管理规定》要求，充分利用全国中小学生学籍信息管理系统组织实施招生入学工作，严格实行“一人一籍、籍随人走”，提高学籍管理信息化水平。

——摘自《关于印发张家港市实施房产产权与学位关联政策的意见的通知》（张政发〔2019〕38号）

2019年中共张家港市委部分文件目录

1月7日	张委发〔2019〕1号	关于上报《张家港市机构改革方案》的请示
1月9日	张委发〔2019〕3号	印发《关于实施社会治理创新“七大工程”服务高质量发展的意见》的通知
1月11日	张委发〔2019〕2号	印发《关于进一步促进民营经济高质量发展意见》的通知
1月11日	张委发〔2019〕4号	印发《关于优化创新生态推进高质量发展实施意见》的通知
1月28日	张委发〔2019〕6号	印发《关于打造高效政务环境的实施意见》的通知
2月3日	张委发〔2019〕7号	关于市委常委分工的通知
2月3日	张委发〔2019〕8号	印发《张家港市创二代“新菁英计划”实施意见》的通知
2月3日	张委发〔2019〕9号	关于认定2018年度张家港市百强企业等经济工作先进的决定
2月3日	张委发〔2019〕10号	关于成立张家港市“治违、治污、治隐患”工作领导小组的通知
2月3日	张委发〔2019〕11号	关于转发《张家港市人大常委会2019年度工作要点和工作安排》的通知
2月3日	张委发〔2019〕12号	关于转发《政协张家港市第十二届委员会常务委员会2019年度工作要点》的通知
2月18日	张委发〔2019〕13号	关于成立张家港市“招商突破年”推进工作领导小组的通知
2月28日	张委发〔2019〕15号	印发《关于落实安全生产领域改革发展的实施意见》的通知
3月13日	张委发〔2019〕17号	关于“大棚房”问题专项清理整治行动工作的报告
3月18日	张委发〔2019〕20号	关于成立张家港市社会综合治理网格化联动机制建设领导小组的通知
4月3日	张委发〔2019〕21号	关于印发《2019年全市党委（党组）理论学习中心组专题学习计划》的通知
4月8日	张委发〔2019〕22号	印发《关于坚持农业农村优先发展加快推动乡村振兴的实施意见》的通知
4月29日	张委发〔2019〕31号	关于印发《张家港市监委向省级以上开发区派出监察工委实施方案》的通知
4月30日	张委发〔2019〕32号	关于印发《集中整治形式主义、官僚主义三年行动计划（2019—2021年）》的通知
5月20日	张委发〔2019〕35号	印发《关于深化双山香山一体化改革的实施意见》的通知
6月5日	张委发〔2019〕36号	印发《关于调整“三优三保”有关政策的意见》的通知
6月21日	张委发〔2019〕41号	关于印发《张家港市高质量发展产业扶持政策意见》的通知
7月1日	张委发〔2019〕42号	关于表彰2019年度优秀共产党员、优秀党务工作者、先进基层党组织的决定
7月17日	张委发〔2019〕47号	印发《关于全面推进城乡社区治理现代化的实施意见》的通知
7月22日	张委发〔2019〕48号	关于印发《张家港市沿江经济带转型发展三年行动计划（2019—2021）》的通知
8月7日	张委发〔2019〕49号	关于印发《张家港市村（社区）干部“三项机制”实施办法（试行）》的通知
8月9日	张委发〔2019〕50号	关于印发《张家港市打好污染防治攻坚战暨打造“港城生态升级版”三年行动计划（2019—2021年）》的通知
9月12日	张委发〔2019〕52号	印发《关于开展“不忘初心、牢记使命”主题教育的实施方案》的通知
9月30日	张委发〔2019〕53号	关于印发《张家港市建设“教育名市”工作指导意见》的通知
12月30日	张委发〔2019〕66号	关于举行张家港市建设社会主义现代化县域示范区规划发布暨学术研讨会的报告
12月31日	张委发〔2019〕67号	关于印发《关于新时代加强和改进人民政协工作的实施意见》的通知

2019年张家港市人民政府部分文件目录

1月7日	张政发〔2019〕1号	市政府关于表彰“行行出状元”张家港市第六届职业技能大赛优秀选手和先进单位的决定
1月9日	张政发〔2019〕2号	市政府印发关于贯彻落实《国务院办公厅关于全面推行行政规范性文件合法性审核机制的指导意见》的实施意见的通知
1月15日	张政发〔2019〕3号	2019年市政府工作目标任务分解落实方案
1月26日	张政发〔2019〕6号	张家港市人民政府关于张家港市政府机构改革有关情况的备案报告
1月29日	张政发〔2019〕7号	市政府关于下达2019年市级财政综合收支预算的通知
1月31日	张政发〔2019〕11号	张家港保障农民工工资支付工作自查报告
2月1日	张政发〔2019〕10号	市政府关于印发《张家港市深入推进〈居住证暂行条例〉的实施意见》的通知
2月26日	张政发〔2019〕18号	市政府关于做好当前和今后一个时期促进就业工作的实施意见
2月27日	张政发〔2019〕16号	市政府关于印发张家港市低碳控制方案的通知
3月1日	张政发〔2019〕15号	张家港市人民政府2018年法治政府建设情况报告
3月6日	张政发〔2019〕19号	张家港市人民政府关于2018年度计划生育目标管理责任制完成情况的报告
3月14日	张政发〔2019〕22号	市政府关于印发张家港市第一批下放塘桥镇权限一览表的通知
3月16日	张政发〔2019〕20号	市政府关于公布2017—2018年度张家港市劳动关系和谐企业和工业园区名单的通知
5月10日	张政发〔2019〕30号	张家港市人民政府关于国有土地上房屋征收的决定
6月6日	张政发〔2019〕38号	市政府关于印发张家港市实施房产产权与学位关联政策的意见的通知
6月6日	张政发〔2019〕39号	市政府印发关于沙洲小学异地新建、梁丰小学扩区的实施意见的通知
6月11日	张政发〔2019〕41号	市政府关于给在《张家港年鉴(2018)》编纂工作中作出突出贡献的集体和个人记功和通报表扬的决定
6月17日	张政发〔2019〕42号	市政府关于印发张家港氢能产业发展规划的通知
7月5日	张政发〔2019〕45号	市政府关于印发张家港市政府投资项目代建管理办法(试行)的通知
7月22日	张政发〔2019〕50号	张家港市人民政府张家港市人民武装部关于通报表扬2018年度全市征兵工作先进单位和先进个人的通知
7月31日	张政发〔2019〕46号	张家港市人民政府关于上报我市政府性债务风险整改工作方案的报告
9月4日	张政发〔2019〕54号	关于表彰2019年度张家港市市长质量奖获奖企业的决定
9月4日	张政发〔2019〕55号	张家港市人民政府关于印发2019年质量月活动方案的通知
9月10日	张政发〔2019〕56号	市政府关于印发“行行出状元”张家港市第七届职业技能大赛方案的通知
9月10日	张政发〔2019〕57号	市政府关于印发张家港市第二批划转至市行政审批局事项清单的通知
9月19日	张政发〔2019〕60号	张家港市人民政府关于国有土地上房屋征收的决定[旧城区改建(小河坝路南侧)项目]
9月20日	张政发〔2019〕67号	关于公布张家港市行政规范性文件制定主体清单的通知
9月30日	张政发〔2019〕64号	市政府关于印发张家港市“十四五”规划编制工作方案的通知
9月30日	张政发〔2019〕68号	张家港市人民政府+江阴市人民政府关于锡苏线江阴与张家港段行政区域界线联合检查情况的报告
11月26日	张政发〔2019〕74号	市政府关于印发张家港市畜禽养殖禁养区划定方案的通知
12月9日	张政发〔2019〕79号	市政府关于公布张家港市行政执法主体(第一批)的通知
12月11日	张政发〔2019〕80号	张家港市人民政府关于国有土地上房屋征收的决定
12月12日	张政发〔2019〕81号	市政府关于印发张家港市镇域相对集中行政处罚权工作实施方案的通知
12月12日	张政发〔2019〕84号	市政府关于对我市22家重大事故隐患单位(部位)实行挂牌督办整改的通知

工作报告

书写好“两个一百年”历史交汇点的港城奋斗篇章

——在市委十一届九次全体（扩大）会议上的报告

（2019年12月28日）

沈国芳

同志们：

这次全会的主要任务是：深入学习贯彻习近平新时代中国特色社会主义思想，党的十九大和十九届二中、三中、四中全会精神，认真贯彻落实中央经济工作会议和省委十三届七次全会、苏州市委十二届九次全会要求，全面总结今年工作，研究部署明年和今后一个时期的任务，动员全市各级党组织、广大党员和干部群众，不忘初心、牢记使命，奋力夺取高水平全面建成小康社会的“决定性胜利”，探索开启基本实现现代化的新征程，在“两个一百年”的历史交汇点上，留下继往开来的奋斗印记。

下面，我根据市委常委会讨论的意见，向大会作报告，共分为四个方面内容。

第一个方面，高擎张家港精神“火炬”，全面点燃港城新时代干事创业的“火红年代”

过去的一年，面对错综复杂的宏观发展形势，市委常委会坚持以习近平新时代中国特色社会主义思想为指导，顺应大势、把握大局，高标准谋划发展、快节奏推进工作，团结带领全市广大党员干部群众，把弘扬张家港精神、大兴狠抓落实的实干之风，贯穿到工作始终、贯彻到方方面面：我们突出重点领域改革，找准了“克难奋进、爬坡过坎”的方法路径。创新设立八个实体化专班，健全完善市委深改委月度例会、市领导联系重点改革任务等制度，集中精力攻坚改革重点关键，10大类24项年度重点改革事项顺利推进，双山香山一体化、融媒体中心、水务集团、酒店集团等重点领域改革取得明显成效。我们以“招商突破年”为抓手，交出了“不同以往、不同凡响”的成绩单。持续优化招商引资的体制机制，瞄准“北上广深”开展专题推介，组织驻沪领馆、央企高管、华侨华人高层次人才走进张家港，精心举办长江文化艺术节暨金秋经贸周活动。全年到账内资160亿元；实际利用外资5亿美元，同比增长26.5%。我们放大高铁新城的框架格局，打下了“三年成形、五年成城”的坚实基础。出台高铁新城总体规划，一体打造44.2平方公里的城市副中心，“七纵七横”主要路网拉开框架。绿地集团“张家港AI城际空间站”、国泰创新中心等重大产业项目签约落户；“独角兽”企业国双智数项目完成注册。我们致力沿江经济带转型发展，坚定了“共抓大保护、不搞大开发”的行动自觉。制定出台《张家港市沿江经济带转型发展三年行动计划》等政策意见，大力实施“十百千万”工程，谋划建设的江海交汇第一湾“张家港湾”，入选省沿江岸线整治和生态修复标志性工程。深入开展沿江环境“三化”专项行动，治理成效在全省长江大保护现场推进会上获得高度肯定。我们推动产业剑指高端，迈出了“创新赋能、智造未来”的坚定步伐。召开智能工业千企推进大会、科技创新大会，加快国家创新型县市建设，智能制造跃居全省前列，获评国家级智能制造项目3个、省级智能工厂1个、省级示范智能车间45个，新增“国家级重大人才培育工程”专家1名，省“双创计划”、“姑苏计划”人才新增数分别位居省、苏州县（市）第一。

过去的一年，全市各项工作在张家港精神再弘扬的总动员中起步开局，在大事要事的节节推进中起势成势，在新时代“三超一争”的横空出世中彻底“燃起来”。面对苏州市委提出的新时代“三超一争”重大命题，市委制定出台了《关于开展新时代“三超一争”聚焦聚力“三标杆一率先”的行动方案》，召开了千人誓师大会，全市上下积极响应、快速行动，板块部门对标找差、细化举措，广大企业自寻对手、攀高比强，百万港城人民主动投身、众志成城，干部群众的精神空前振奋、干事创业的热情充分迸发。“中国率先全面建成小康社会范例城市”、“2019中国县级市全面小康指数”第一名等一系列荣誉，生动诠释了又一个激情燃烧、干事创业的“火红年代”。在这样的氛围和环境中，经济社会各项事业呈现出新气象，取得了新成效。

*一是紧扣“港城经济升级版”，转型成效持续彰显。*长城宝马光束汽车项目正式启动，杜邦中国制造基地、有机硅一体化基地项目加快推进，中车氢能源产业基地成功签约，加特可变速箱项目竣工投产。完成工业投资155亿元、同比增长20%，其中新兴产业投资占比超80%。腾讯云（张家港）工业云基地成功落地。保税区科创园获评省留学回国人员创新创业示范基地。张家港籍科学家樊春海当选中国科学

院院士。新增省众创空间7家，十大新型研发机构建成运行9家。龙杰化纤主板上市，爱丽家居主板过会、广大特材“科创板”过会。“港城上市通”上线运营，“张家港基金”管理规模突破600亿元，产业资本中心入列“2019年度中国最佳市场化母基金50强”。9家企业获评中国服务业企业500强，列全省县（市）第一。预计全年完成地区生产总值2850亿元、公共财政预算收入245.6亿元。

二是紧扣“港城功能升级版”，城乡品质持续优化。沪通铁路张家港长江大桥成功合龙，盐通张铁路、南沿江铁路建设按序推进，福南水道12.5米进港航道治理工程完成验收。高铁枢纽站房、地下空间工程、站前广场等配套项目加快建设。城区快速路建设有序推进。正式开通苏州首条氢燃料公交运行示范线路。职工文体中心及国际教育交流中心投入使用。供水“扩能提质”工程顺利推进。获评省级绿色建筑示范城市。建成4个康居特色村、109个三星级康居乡村，美丽宜居乡村达标率130%，永联村获评首批“全国乡村旅游重点村”。与华为签署共建“华为智慧城市（张家港）应用创新中心”框架协议，携手打造全国首家“智慧城市应用创新中心”，荣膺“2019中国领军智慧城市”称号。

三是紧扣“港城生态升级版”，环境面貌持续改善。扎实推进中央、省环保督察反馈问题整改销号，坚决打赢污染防治攻坚战。全市$PM_{2.5}$均值持续下降，环境空气质量优良率达78%，主要通江支流水质全部达到Ⅲ类，省考断面水质优Ⅲ比例达100%。深入开展大范围“三优三保”，预计完成拆旧复垦440公顷，“腾笼换鸟”土地面积97.47公顷。关停低端低效企业386家，完成非电行业减煤259.5万吨。通州沙西水道生态廊道基本建成，南横套滨水生态廊道建设全面启动，黄泗浦生态公园项目有序实施。扎实推进沿江1千米区外化工及“三高一低”企业清退，东沙化工区整体关停相关经验做法被央视《新闻联播》报道，高标准通过全国人大常委会《水污染防治法》执法检查。

四是紧扣“港城生活升级版”，民生福祉持续提升。全市居民人均可支配收入增长8.1%。“民生微实事”项目实现区镇全覆盖。公共服务“一网通办”扎实推进、全省领先。省教育现代化、义务教育优质均衡发展监测结果均列苏州各县（市）第一。市第二人民医院正式投入使用，在长三角地区拓展实现上海、浙江门诊就医双向实时刷卡，高标准通过国家卫生城市复审。我市中国—欧盟社会保障改革试点项目通过终期评估，“弱有所扶”大救助体系建设成效得到民政部充分肯定。《张家港市“书香城市”建设指标体系（试行）》获评中宣部全民阅读优秀项目。黄泗浦遗址获评“2018年度全国十大考古新发现”。市少儿足球队勇夺第22届“贝贝杯”中国足协青少年足球赛冠军。

五是紧扣“港城治理升级版”，文明质态持续向好。成立社会综合治理网格化联动中心，网格化大联动信息平台完成整合重构，各镇综合行政执法局实现实体化运作。“村民自治国家级试点任务”“全省现代社区治理创新实验区建设”高标准通过验收。新时代文明实践网络实现市、镇、村（社区）全覆盖。在全省率先建成县级退役军人服务中心。高标准配合做好中央扫黑除恶专项斗争督导各项工作，圆满完成新中国成立70周年大庆安保维稳任务。紧扣“三治”目标，累计拆除违建近200万平方米。扎实开展安全生产大排查大整治，对1000家重点企业实行双重预防机制，接受苏州市安全生产专项巡查，并扎实抓好整改落实。全面推行“快警务”实战模式，违法犯罪警情和刑事发案率连续12年下降，群众安全感和法治建设满意度继续位居全省前列。

过去的一年，市委常委会始终坚持把党的政治建设作为党的根本性建设，深入学习贯彻习近平新时代中国特色社会主义思想，认真抓好十九届四中全会精神的学习、宣传和贯彻，扎实开展“不忘初心、牢记使命”主题教育，将主题教育与张家港精神再弘扬相结合、与开展新时代“三超一争”相结合，创新打造“暖风习习”全媒体党课，深入推进“万名党员进基地”活动，广泛开展“四不两直”调研，基层党组织的凝聚力战斗力显著增强，一批群众关切的难点问题有效解决。在全省率先推出村（社区）干部“三项机制”，为基层干部干事创业鼓劲撑腰。组织力提升“红堡”工程深入推进。秦振华同志被中央授予“最美奋斗者”称号。年轻干部培养使用力度持续加大，全市干部年龄结构进一步优化。持之以恒抓好中央巡视江苏和省委巡视张家港反馈意见的整改落实，积极配合省委对苏州开展巡视。出台《工程建设领域“三项禁令”》，切实完善重点领域廉政制度建设。

与此同时，市委常委会全力支持人大、政府、政协充分发挥职能作用，积极推动对口支援、扶贫协作和南北挂钩，统战、人民武装、工青妇、科协、双拥、老干部、统计、党校、史志、档案、残疾人和关心下一代等工作均取得了新进展。

在肯定成绩的同时，我们也要更加清醒地看到，当前发展中还存在着一些突出问题，主要表现为“两个压力、两个短板”：一是稳增长的压力，受中美贸易摩擦等宏观环境影响，经济下行压力加大，实体经济运行面临较为严峻的困难；二是守底线的压力，生态环保、安全稳定仍然是“易碎品”，污染防治、安全生产压力犹存、任重道远；三是空间的短板，重大产业项目和重大基础设施建设面临土地资源瓶颈，有效可利用空间持续收窄；四是创新的短板，数字经济、5G应用等领域起步缓慢，科技成果转化、创新动能培育等方面仍需加力。以上这些问题，需要我们高度重视、认真思考、切实解决，努力在攻坚克难中再造优势、在扬长补短中确保高质量发展始终走在前列。

第二个方面，坚决扛起历史和人民赋予的重要使命，聚焦聚力“三标杆一率先”，勇当现代化建设的“探路者”“先行军”

2020年，承载着历史更迭的光荣与梦想，背负着收官全面小康、开启社会主义现代化建设新征程的担当与使命。站在“两个一百年”的历史交汇点上，我们比以往任何时期都深感自豪，我们比以往任何时候都倍感荣耀，历史的年轮昭示我们，历史将由我们续写、时代将由我们擘画！与生俱来的争先基因、融入血脉的奋斗本能、根植灵魂的拼搏精神，呼唤我们必须着眼更高层次、立足更高站位，砥砺前行、奋勇前进！在前不久召开的新时代“三超一争”誓师大会上，我们响亮地提出了“在全省率先基本实现现代化”的奋斗导向，这是时代赋予我们的历史使命，是再创发展新辉煌的制胜一招，更是百万港城人民众志成城的庄严宣誓！

率先基本实现现代化，使命光荣、任务艰巨，需要我们立足当前、着眼长远，在探索实践中勾勒中国特色社会主义现代化的“县域样板”。具体而言，就是要以习近平新时代中国特色社会主义思想为指导，围绕“富强民主文明和谐美丽”的总体方向，坚持“走在前列、全面协调、独具个性、群众认可”的根本原则，全方位推进经济发展、民主法治、文化发展、社会发展、生态文明和人的现代化，一体构筑普适度高、示范性强、经得起时代和历史检验的现代化建设体系。

——*构筑长三角极富活跃度的现代化经济体系*。准确把握长三角产业协同发展的“张家港定位”，坚持以产业体系高端化、智能化、绿色化为发展方向，推动经济高质量发展。持续深化供给侧结构性改革，深化“互联网+先进制造业”协同，加强制造业前沿领域创新布局，加快新能源汽车、氢能、半导体、高性能材料、智能装备等战略性新兴产业发展，大力培育数字经济、智能经济、流量经济、绿色经济等新产业新业态新模式，打造若干个世界级先进制造业集群和新经济集群，建成具有区域影响力和国际竞争力的先进制造业集聚区、新经济活力区。

——*构筑公平正义充分彰显的现代化治理体系*。健全和完善党领导的自治、法治、德治相结合的城乡基层治理体系。牢牢把握促进社会公平正义的着力点，加强多层次、宽领域的法治创建，持续提升法治建设满意度。深入推进简政放权，深化行政审批制度改革，创新监管方式，充分激发各类市场主体活力，全面营造国际一流的法治化营商环境。推动社会治理模式从单向管理转向双向互动，从线下推进转向线下线上双线融合，从政府单边监管转向政府与社会协同治理，切实提高社会治理现代化水平，全力争当全国同类城市社会治理的典范。

——*构筑具有独特精神内核的现代化文化体系*。推动张家港精神与社会主义核心价值观融合践行，与时俱进赋予张家港精神新的时代内涵，以张家港精神筑牢城市发展之本、立牢城市发展之魂，不断扩大张家港精神的影响力和示范性。牢牢把握“以文立城”“以文化人”两个关键点，优化完善文明城市长效管理机制，勇当文明创建的“标准制定者”，不断拔高新时代精神文明建设新高度；大力探索文化与多领域、多产业、多区域融合发展的新路径，进一步扩大本土文化品牌影响力，力争成为文明与文化交相辉映、融合催生的标兵型现代文明城市。

——*构筑城乡协调一体发展的现代化社会体系*。以完善产权制度和要素市场化配置为重点，促进城乡业态协同发展；推动城乡居民收入水平和收入结构“双向提高、统筹优化”，以创业带动就业，不断增加经营性收入、财产性收入的占比，显著缩小城乡发展差距和居民生活水平差距；加快乡村基础设施提档升级步伐，健全城乡基础设施一体化规划建管机制；推动公共服务向农村延伸、社会事业向农村覆盖，健全全民覆盖、普惠共享、城乡一体的基本公共服务体系，推进城乡基本公共服务均等化、便捷化，争当城乡一体化“领头雁”、打造城乡融合发展示范区。

——*构筑堪当沿江绿色典范的现代化生态体系*。严守“生态保护红线、环境质量底线、资源利用上线”，统筹考虑张家港未来人口分布、经济和城镇化布局，优化国土开发格局，规范空间开发秩序，形成科学合理的空间开发架构；积极构建以产业生态化和生态产业化为主体的生态经济体系，推动形成绿色低碳的发展方式和生活方式；坚持系统化思维，以点带面推动城乡环境整治和生态修复，建立极具辨识度、标识性的“长江大保护”自然生态涵养区。在沿江区域率先形成资源集约节约的空间格局、产业结构、生产方式，坚决扛起“绿水青山就是金山银山”的张家港担当。

——*构筑获得感幸福感最强的现代化民生体系*。坚持以人民为中心的发展思想，将满足人民群众对美好生活的向往，作为一切工作的出发点和落脚点，更加注重经济发展与改善民生的协调性，更加注重民生指标与群众感受的一致性。坚定不移壮大中等收入群体，防止“平均数”掩盖“大多数”；坚定不移满足多样性的民生需求，着力解决结构性的民生问题。健全和完善保障帮扶体系，探索构建“彻底消除绝对贫困”的定型制度、探索建立“彻底消除经济薄弱村”的常态举措。引导社会各阶层各展所长、各尽所能，让“有一种幸福，叫作身在张家港”成为最广泛的共识和认同。

同志们，率先基本实现现代化，是鼓舞人心的战略部署、是催人奋进的宏伟蓝图、是责无旁贷的战斗檄文。开展新时代“三超一争”、聚力打造“三个标杆”，是张家港率先基本实现现代化的首战之役，是未来三到五年港城现代化建设的“主抓手”和“着力点”，我们必须与时俱进大力弘扬张家港精神，秉承“样样工作争第一”的优良传统，紧盯关键指标、把握关键节点、抓牢关键大事，以首战首胜、战无不胜的气概，打赢现代化建设的“第一仗”、攻下现代化征程的“第一城”，全力推动张家港这座光荣之城、梦想之城，在率先基本实现现代化的新长征路上，乘风破浪、扬帆远航！

第三个方面，紧扣“两个一百年”历史交汇点，一举奠定新时代“三超一争”的胜利基础

2020年不仅是“两个一百年”的历史交汇点，更是聚焦聚力“三标杆一率先”的首发年度。做好新一年的工作，既是承上启下，更是继往开来。市委经过慎重考虑，决定将2020年确定为“项目提速年”，就是要延续“招商突破”的旺盛势头，加快推动项目“签约提速、落户提速、审批提速、建设提速、见效提速”，带动全市各领域攀高比强、全方位跨越赶超，为顺利实现新时代“三超一争”奠定坚实的基础，书写好在全省率先基本实现现代化的开篇之作。

明年工作的指导思想是：以习近平新时代中国特色社会主义思想为指导，全面贯彻党的十九大和十九届二中、三中、四中全会精神，深入贯彻中央经济工作会议和省委、苏州市委决策部署，紧紧扭住新发展理念推动发展、牢牢盯住高质量导向聚力发展，以“三标杆一率先”为风向标、以“项目提速年”为发力点，与时俱进大力弘扬张家港精神，全面开展新时代“三超一争”，打好高水平全面建成小康社会“收官仗”，奋力探索开启率先基本实现现代化新征程，以继往开来的生动实践，在“两个一百年”历史交汇点上，留下奋进之

笔、书写精彩篇章!

经济社会发展的主要预期目标是:地区生产总值确保增长6.5%以上、力争7%左右;公共财政预算收入确保增长6.5%、力争7.5%;全社会固定资产投资确保增长20%、力争30%;工业投资确保增长30%、力争40%;实际利用外资确保增长20%、力争30%;居民人均可支配收入增长8%;主要污染物排放总量削减率完成上级下达任务。

2020年的主要预期指标,体现了"跳一跳够得着"的要求,是近年来"最具魄力、最富挑战、最有压力"的指标设定,这是着眼发展大局的应势之举,也是实现新时代"三超一争"的必然要求,全市上下必须在思想和行动上保持绝对统一。要完成"超常规"的目标,必须落实"超常规"的举措,落点到具体工作中,就是"提高两个能级、拔高两项指数":

提高产业能级,这是聚焦聚力"经济高质量标杆"的必然要求,必须一以贯之推动产业提质增效、迈向更高层次

实现高质量发展,重点在产业、关键在投入、抓手在项目。要提升项目"首位度",坚持"聚焦上海、瞄准京粤、放眼世界"的招商定位,紧盯"世界500强、中国500强、央企龙头"等招商重点,主攻新材料、新能源、高端装备等战略性新兴产业,大力引进补链强链的关键项目、节点项目,推动新兴产业蓬勃发展,年内三级重大项目投入增长超20%,新兴产业投资占比提高5个百分点。要凸显项目"加速度",加快光束汽车、有机硅一体化基地、中车氢能源等旗舰型项目建设,全力引进3个以上总投资超10亿美元项目、10个以上超亿美元项目,力争累计实际利用外资突破100亿美元。要增强项目"融合度",深度融入长三角区域一体化发展,加强与上海的资源对接、产业协同,确保长三角一体化项目超20个;大力发展数字经济,加快5G技术落地应用,支持数字口岸、智慧供应链、跨境电商等做优做强,推动互联网、大数据、人工智能等新一代信息技术和实体经济深度融合,培育数字经济优质企业和先导产业,催生新的经济增长点。

存量产业是提升产业能级的有力支撑,存量产业的赋能升级是实现高质量发展最现实的基础。要引导传统产业向"高端"攀升,深入实施智能工业"1211"计划,年内新增国家级智能制造示范项目3个、省级示范智能车间30个以上,打造一批行业领先的智能制造示范项目,带动各行业智能化改造全面推开;引进培育一批行业知名服务商和本土服务商,依托腾讯云工业云基地,创建国家级工业互联网服务平台,打造全国具有影响力的智能制造论坛,构建国内一流的智能制造生态体系。加快制造业服务化步伐,争创省级先进制造业和现代服务业"两业融合"样板区,确保生产性服务业占比达64.5%。要推动优势企业向"高峰"挺进,引导集团型企业做精主业、做大规模,重点扶持一批新地标企业。累计培育"专精特新"小巨人企业100家。持续开展工业企业综合评价,落实针对低效用地的资源要素差别化政策,整治提升重点行业和镇村工业集中区,深入推进"三优三保",推动建设用地向产业集聚区集中,确保拆旧复垦超666.67公顷,以发展要素的有效保障,为优质项目、优势企业开疆拓土、腾挪空间。

只有释放社会创造力,才能发展社会生产力。要推动"载体+平台"互促并进,发挥"三区一园"主阵地功能,推动省级高新区向国家级挺进,全面投运十大新型研发机构,打造资源高度集成、要素充分涌动的"创新集聚环"。推行企业科技创新积分2.0版,实施"高新千企培育工程",力争新增高新技术企业200家、省级以上企业研发平台30家。要推动"招才+引智"双向发力,重点引培"高精尖缺"人才、特别是复合型人才,年内新增市领军人才(团队)项目98个、苏州市级以上人才35名。提升对接高校和科研院所的成果转化率,建办产学研合作项目超200个、国际科技合作项目30项。健全"政府引导、企业为主、社会参与"的多元投融资体系,确保研发经费支出占GDP比重达3.05%。要推动"开放+创新"同频共振,以自贸区苏州片区联动创新区建设为契机,按照"更大范围、更宽领域、更深层次"的开放格局,加快综保区2.0建设,全力争取自贸区、自贸港制度性突破。提升埃塞俄比亚东方工业园等境外载体能级,年内新增国际产能合作项目超20个。发挥"张家港基金"撬动作用,优化"港城上市通"服务,年内新增上市企业3家。

产业能级的提升,离不开全方位、全周期、全链式的服务保障。要推动政务服务"优上加优",持续优化"专班化"工作机制,加速政务服务标准化建设,推进"一网一门一次"和"一件事"改革,加快实现电子证照在政务服务事项中的共享应用,完善"互联网+政务服务"体系,确保常态化实现"2440",健全重大项目"一事一议"制度,打通用地审批、施工许可等"绿色通道",构建更加高效的政务生态。要推动政商关系"亲上加清",落实上级民营企业座谈会精神,健全政企双向互动、企业诉求快速响应机制,持续优化民营企业家月度沙龙、信息直报等制度,全面落实税收优惠、产业扶持等政策,最大限度减轻企业运营负担、保护企业合法权益,营造一流营商环境。

提高城市能级,这是聚焦聚力"城乡一体化标杆"的必然要求,必须一以贯之推动城乡出新出彩、迈向更高品质

城乡建设"不是精品、就是败笔"。要坚持规划先行,全面启动完成国土空间总体规划,完善"一核双副四中心"城乡一体化格局。按照"三年成形、五年成城"的要求,高品位打造高铁新城,启动控规和专项规划编制,完成站前广场、公交枢纽等重点工程建设,"七纵七横"路网初步成型,同步完善公共服务设施,确保"初见形态、初具规模";要全力以赴推进动迁工作,深入开展"双清"攻坚行动,确保高铁新城"一张白纸绘蓝图"。要积极布局枢纽偏好型产业,启动绿地AI城际空间站等项目建设,加快中科院授时中心等已签约项目落地开工,深层次对接一批拟签约项目,确保项目累计签约总额超400亿元。围绕"战略性、网络型"基础设施建设,紧扣交通强市目标,加快构建现代综合交通运输体系,稳步推进沪通、盐通张、南沿江三条铁路建设,沪通铁路年内开通运营;加快建设城区快速路,统筹推进过江通道和航道项目建设,打造全国县域最密集的"公水铁空、江海联运"交通网络。

推进城乡一体,短板在农村,关键在乡村,要深入实施乡村振兴战略,推动农业农村高质量发展。要拓宽强村富民渠道，创新村村联合、村镇联合和村企联合等发展模式，加快村级“工业园区化”和“商业城区化”，巩固社区股份合作制改革成果，力争年内村均可支配收入超1200万元。推动现代农业高质量发展，加快“三高一美”建设，新增高标准农田1000公顷，确保常阴沙建成省级现代农业产业示范园，积极创建全国首批“农作物绿色防控示范县”。推动供水能力和饮用水品质提升，实现从“合格水”到“优质水”的跃升。大力推进农村人居环境整治，统筹抓好河道综合整治、农村改厕、垃圾污水处理、村容村貌提升等工作，全域推进美丽乡村建设，加快建设7个特色田园乡村，建成2个苏州市康居特色村、88个三星级康居乡村，全力打造美丽宜居、独具韵味的江南水乡典范。

张家港因水而生、以港而兴，要以沿江绿色发展的显著成效，彰显“长江大保护”的责任担当。全力打好污染防治攻坚战，实施最严格的环保制度，不折不扣做好上级环保督察反馈问题整改落实。狠抓“气、水、土”联防联控，确保空气质量优良天数占比超过78%，省考以上断面及19条通江支流水质优Ⅲ比例达100%，危废规范处置率达100%。深入推进滨江新城建设，加快“退港还城”步伐，有序实施滨江生态提升工程，推动双山香山一体化运营，积极打造港产城深度融合的示范样板。要严守生态保护红线，全力推动沿江环境整治及“三化”专项行动，年内岸线开发利用率降至48%、生态岸线占比升至50%。高标准建设“张家港湾”，加快实施百年一遇江堤改造提升、生态环境修复等整治工程，以打造江海交汇“第一湾”的大气魄、大格局，再造港城境内又一道靓丽的“风景线”。

拔高文明指数，这是聚焦聚力“新时代文明标杆”的必然要求，必须一以贯之推动文明领先领跑、迈向更高水平

张家港是文明城市的“老典型”，必须以更高站位、更实举措深化文明创建，确保高标准实现全国文明城市“六连冠”。要突出“常创常新、常态长效”，完善文明城市长效管理机制，深入开展“公共秩序优化、窗口服务创优”等专项行动，强化对交通路口、背街小巷等重点区域的整治提升，确保“社会文明程度指数”领先全省同类城市。要突出“品牌带动、优势再造”，深化新时代文明实践中心试点建设，完善中心、所、站的规范化运行工作清单，在升级文明实践志愿服务中创特色、创品牌，确保“注册志愿者占城镇常住人口比重”保持全省领先。要突出“标准制定、示范引领”，深化社会主义核心价值观主题教育，同步提升市民文明素质和社会文明程度，探索更多具有“创新性”和“引领性”的工作模式，确保文明创建持续领跑。

有效治理是文明自觉的“催化剂”，要深入落实十九届四中全会关于加强和创新基层社会治理的重要部署，重点打造“党建引领、村居自治、多元共治、智慧管理”的社会治理架构，切实把党的领导落实到基层社会治理中，充分发挥基层群众自治的积极作用，特别在重点领域、关键环节的治理体系和治理能力建设上，要尊重群众首创精神、激发基层积极性，争取闯出新路、创造经验。要完善社会治理网格化大联动机制，全方位推进网格化社会治理“533”提升行动，分类优化网格服务管理体系，加强网格员培训及考核管理，打造全省领先的网格化联动指挥平台和信息系统；高标准建成市级综治中心，确保区镇二级综治中心建成率100%。实施智慧城市“4115”工程，建成运行“华为智慧城市（张家港）应用创新中心”，扩大智慧应用项目范围，打造全国新型智慧城市县域标杆。提升全域综合执法改革成效，进一步理顺市、镇管理边界及职责，确保城市管理绩效苏州第一。

安全稳定是发展的“压舱石”，也是现代化建设行稳致远的首要前提和基本底线。要围绕“治本”目标推进“无黑城市”建设，建立健全源头治理、综合治理长效机制，全面打赢扫黑除恶专项斗争。全力推进平安张家港建设，实现高清电子监控全覆盖，打造一批“枫桥式”公安派出所，做优蓝盾志愿者、平安志愿者、网格志愿者等服务品牌，确保“公众安全感”指标全省第一。完善矛盾纠纷多元化解机制，优化涉稳信息研判体系，力争矛盾纠纷化解率超95%。严格落实《地方党政领导干部安全生产责任制规定》，强化安全生产责任落实情况考核考察，扎实推进应急管理和安全生产提升工程，建成全省领先的应急管理信息平台，探索重点领域安全监管、风险评估预防机制的“张家港模式”，营造安全稳定的社会环境。

拔高幸福指数，这是聚焦聚力“三标杆一率先”的根本目的，必须一以贯之推动民生向优向好、迈向更高标准

人民对美好生活的向往，就是我们的奋斗目标。要加快构筑共建共享共富的民生普惠格局，让幸福感更加均等、更加可期。以建设全国一流“现代化教育名市”为目标，全面启动教育“五名六区”工程，持续优化教育资源供给，创建首批“全国义务教育优质均衡发展县（市、区）”。深化医药卫生体制改革，构建区域医共体和“互联网+家庭医生”新模式，完善分级诊疗制度和智慧医疗平台，畅通群众异地就医渠道，着力打造现代医疗卫生体系“县域样板”。深化养老服务综合改革，建立养老服务运行和监管大数据平台，确保社区居家养老服务中心（站）实现全覆盖、社会化运营占比达95%。聚焦群众反映强烈的“头等大事”和“关键小事”，做精做优民生实事和“民生微实事”，加强项目推广运用和谋划储备，进一步提高实事工程的实施效率和质量。完善公共文化服务保障标准，提档升级综合性文化服务中心，扩大长江文化艺术节、国际半程马拉松等品牌影响力。进一步深化书香城市建设，力争全民阅读指数位居全省前列。营造拥军爱民的良好氛围，全力夺取全国双拥模范城“七连冠”。

高水平全面小康“一个都不能少”，要突出抓好兜底保障的底线民生，让幸福更有质感、更有温度。将就业作为民生之本，落实社保补贴、岗位补贴等就业扶持政策，做好公益性岗位开发，对就业困难人员开展“一对一”精准化帮扶，确保城镇登记失业率控制在2.5%以内。落实社保惠民政策，实施全民参保计划，推进电子社保卡服务应用，完善全覆盖、可持续、多层次的社会保障体系。健全慈善供需对接机制，鼓励社会力量参与慈善，做优“爱满港城”“阳光慈善”系列品牌，营造全社会“关心慈善、支持慈善、参与慈善”的良好氛围。加大对“因病致贫”等特困群体的救助力度，出台医疗精准救助办法，完善“急诊救助”快速响应机制，推动村级医疗互助项目实现全覆盖。优化升级“弱有所扶”大救助体系，进一步深化社会救助改革，推进社会救助管理平台二期研发，确保困难群众得到及时精准救助。

第四个方面，纵深推进全面从严治党，为聚焦聚力“三标杆一率先”提供政治引领和政治保障

党政军民学，东西南北中，党是领导一切的。开展新时代“三超一争”、聚焦聚力“三标杆一率先”，关键在于坚持党的领导。我们要认真贯彻新时代党的建设总要求，推动全面从严治党向纵深发展，带动全市上下把干劲提起来、把力量聚起来，形成万众一心干事业、众志成城谋发展的生动局面。

一要矢志不渝“守初心、担使命”，锻造过硬的政治担当。始终坚持以习近平新时代中国特色社会主义思想“定向领航”，坚持不懈强化理论武装，切实增强“四个意识”、坚定“四个自信”，坚决做到“两个维护”，在思想上政治上行动上同以习近平同志为核心的党中央保持高度一致。要把“不忘初心、牢记使命”作为加强党的建设的永恒课题，作为全体党员干部的终身课题，巩固主题教育的实践成果，持之以恒推动相关问题整改，围绕中心大局狠抓责任落实、工作落实，永葆共产党人的政治本色、实干本色。要善于用党的创新理论成果指导意识形态工作，压实责任、守好阵地，不断健全分析研判、预警监测、舆情会商等机制，把意识形态工作主导权牢牢掌握在手中，巩固团结奋斗的共同思想基础。

二要始终紧扣“高素质、专业化”，锻造过硬的干部队伍。与时俱进大力弘扬张家港精神，树立“今天再晚也是早、明天再早也是晚”的工作理念，强化“工作项目化、项目目标化、目标节点化、节点责任化”的工作方法，让勇挑“千斤担”、勇闯“无人区”、争当“攀登者”成为张家港党员干部的共同追求。要优化担当作为好单位、好干部考核，强化“三项机制”在实际工作中的运用，把“敢担当、善作为、有实绩”的干部选出来、用起来，让“病灶未除”的干部有压力、受鞭策。要构建高素质专业化干部队伍的教育培养机制，培育一批善于学习研究、善于攻坚突破的行家里手。要更加注重年轻干部的选拔培养，探索实施高质量发展专业人才综合选拔“三年行动计划”，培育壮大干事创业的“生力军”。

三要持之以恒“抓两头、带中间”，锻造过硬的基层组织。深化组织力提升“红堡”工程，全力打造“开放式”基层党建新格局，锻造凝心聚力的“坚强堡垒”。要坚持“抓两头”，狠抓“先进引领、后进转化”。要大力培育先进典型，打造一批“行动支部”的先进标杆，培育一批在全省全国“叫得响、推得开”的新时代基层党组织典型。要积极整顿相对后进的基层党组织，以标准化补短板、强弱项，推动规范化建设的要求落实落地。要坚持“带中间”，带动“全面进步、整体过硬”。要按照“区域联动、要素整合、功能扩展”的导向，巩固区域化城市党建格局，推动党组织在基础网格实现全覆盖，把党的组织根系延伸到“最后一百米”。要积极发挥“堡垒指数”“先锋指数”指挥棒作用，鼓励引导各级党组织争当先进，打造“最具凝聚力、最具战斗力”的基层组织。

四要牢牢把握“越往后、越严格”，锻造过硬的纪律防线。坚持永远在路上的决心和定力，保持“越往后执纪越严”的高压态势。要紧盯“关键少数”，督促各级“一把手”履行“第一责任”，一级抓一级、层层抓落实，构建“全链条、闭环式”的责任体系。要强化运用监督执纪“四种形态”，严格落实《工程建设领域“三项禁令”》，聚焦关键岗位、关键环节，实现“管住大多数”与“惩治极少数”的有机结合。要驰而不息加强作风建设，落实运用“三个有言在先”，坚决根除“十种病灶”、积极倡导“十种优良作风”，集中整治一批形式主义、官僚主义问题。要深化纪检监察体制改革，健全完善“一办一网一机制”工作模式，健全不敢腐、不能腐、不想腐的体制机制。要深入贯彻新修订的《中国共产党问责条例》，准确把握“三个区分开来”的要求，综合运用问责惩处和考核激励双向手段，全力营造风清气正、积极向上的良好政治生态。

同志们，“两个一百年”的历史交汇点，既是时代方位，更是奋斗起点。争先率先的号角已经吹响，干事创业的火红年代已经“点燃”，让我们以习近平新时代中国特色社会主义思想为指导，与时俱进大力弘扬张家港精神，团结拼搏、奋勇争先，切实以新时代“三超一争”的首战首胜，书写好率先基本实现现代化的开篇之作，在“两个一百年”的历史交汇点上，留下我们这代人激情奋斗的独特印记！

政 府 工 作 报 告

——2020年1月4日在张家港市第十四届人民代表大会第四次会议上

市长　潘国强

各位代表：

现在，我代表市人民政府向大会报告工作，请予审议，并请市政协委员和其他列席人员提出意见。

一、2019年工作回顾

过去的一年，面对国内外风险挑战明显上升的复杂局面，我们在中共张家港市委的坚强领导下，坚持以习近平新时代中国特色社会主义思想为指导，认真贯彻党的十九大和十九届二中、三中、四中全会精神，牢牢把握港城高质量发展走在前列的目标要求，与时俱进大力弘扬张家港精神，科学应对经济下行压力，全面奏响新时代“三超一争”主旋律，各项事业在争先率先中创新突破，“港城发展升级版”建设取得重要进展。

一年来，我们始终坚持项目为王，以“招商突破年”为主攻点，掀起新一轮聚焦大项目、攻坚大项目、服务大项目的热潮，项目数量、质量取得新突破，固定资产投资、工业投资、实际利用外资实现两位数增长；我们统筹推进新旧动能转换，高规格举办全市智能工业千企推进大会，高标准推进国家创新型县（市）建设，多措并举防控金融风险，高质量发展内生动力不断增强；我们积极融入长三角区域一体化发展，产业、创新、人才等领域全方位接轨上海，立体化综合交通体系加快构建，高铁新城、滨江新城建设全面提速，长三角枢纽型城市格局逐步彰显；我们牢牢把握“共抓大保护、不搞大开发”的战略导向，以铁的决心、铁的举措狠抓环境治理修复，加快沿江产业绿色转型，生态环境质量持续改善，治理成效在全省长江大保护现场推进会上获得高度肯定；我们大力推动发展成果普惠共享，持续加大对教育、医疗、养老等社会事业的投入，精准实施民生实事和“微实事”，改革发展成果更多更公平惠及港城群众；我们大兴狠抓落实的实干之风，以“三标杆一率先”为引领，大步迈向激情燃烧、干事创业的“火红年代”，获评江苏省2018年度推进高质量发展先进县（市、区），荣膺“2019中国县级市全面小康指数”第一名。预计全年实现地区生产总值2850亿元、增长6%；一般公共预算收入247亿元、增长5.8%；全社会固定资产投资增长10.3%；社会消费品零售总额642亿元、增长6%；居民人均可支配收入5.78万元、增长8.1%。尤其让我们倍感自豪的是，在新中国成立70周年之际，秦振华同志被授予“最美奋斗者”称号。

（一）凝心聚力扩投资、上项目，港城经济质效齐升

“招商突破”成效显著。省、苏州、市本级重大项目完成投资143.5亿元，完成年度投资任务的115.4%。国家第二批重大外资推进项目“光束汽车项目”正式启动。工业投资同比增长20%，其中新兴产业投资占比达80%。举办上海、北京、深圳以及海外系列招商活动，中车氢能源产业基地、中铁世博城等优质项目成功签约。常态化举行项目集中开竣工活动，香港易高碳纤维、陶氏有机硅扩建等140个项目开工建设，杜邦中国制造基地、天合汽车底盘零部件等重点项目稳步推进，沙钢冷轧硅钢、庄信万丰汽车催化剂、加特可变速箱等62个项目竣工投产，高质量发展根基更加坚实。实施智能制造重点项目100个，推进“腾讯云（张家港）工业云基地”建设，获评国家级智能制造项目3个、省级智能工厂1家、省级示范智能车间45家，新增两化融合和智能车间诊断企业185家，智能制造迈向全省前列。实现全市1.6万家工业企业综合评价全覆盖。灿勤科技、海狮机械被认定为国家首批专精特新“小巨人”企业。

经济运行稳健有力。完成规上工业总产值4530亿元。规上工业全员劳动生产率达每人40万元。完成口岸货物吞吐量2.35亿吨、外贸运量5850万吨，实现专业市场成交额4200亿元。4家企业荣登2019中国企业500强，7家企业上榜2019中国民营企业500强；9家企业获评中国服务业企业500强，总数列全省县级市第一。“港城上市通”上线运行，龙杰化纤主板上市，爱丽家居主板过会，广大特材科创板过会。整合优化高质量发展产业扶持政策，实施更大规模减税降费。通过苏州综合金融服务平台新增企业授信430.8亿元、放款327.5亿元，列苏州第一；促成银企合作项目116个、金额811.4亿元。新增国家级农业龙头企业1家。4家企业在江苏股权交易中心“农业板”挂牌上市。建成苏州市“三高一美”示范基地8家，新增高标准农田1.18万亩。

创新能级加速提升。全社会研发投入占地区生产总值比重达2.95%，科技创新积分制获科技部高度肯定，科技创新能力跻身全国同等城市第一方阵。十大新型研发机构建成运行9家。新增产学研合作项目240项。高新区启动建设智慧科学城，设立中科院EDA中心张家港分中心，获批省大众创业万众创新示范基地。保税区科创园获评省留学回国人员创新创业示范基地。净增省高新技术企业111家，每万家企业法人中高新技术企业数达120家。新增省众创空间7家。新增国家“万人计划”人才1名、省“双创计划”人才20名、“姑苏计划”人才31名。万人有效发明专利拥有量达47件。中车氢能产业基金顺利组建，“张科贷”优化实施，产业资本中心基金管理规模超624亿元。

改革开放展现活力。相对集中行政许可权改革不断深化，“2330”改革、基层“互联网+政务服务”、电子证照库建设有力推进，95%以上政务服务事项实现“不见面审批”。荣膺2018年全省营商环境先进市，保税区、经开区获评全省营商环境先进开发区。优化通关服务，“单一窗口”报关实现全覆盖。积极应对中美贸易摩擦，完成一般贸易进出口266亿美元，总额列全省县市区第一；实际利用外资5亿美元、同比增长26.5%；新批境外投资项目15个、总投资4.2亿美元。供给侧结构性改革持续发力，钢铁行业化解过剩产能任务顺利完成。全面融入长三角一体化发展，与绿地、中车、上海输变电集团开展合作，加快与上海杨浦区、虹桥商务区对接融合，上海—张家港技术转移协同发展中心成功揭牌，张家港海进江LNG接收站项目纳入《<长江三角洲区域一体化发展规划纲要>江苏实施方案》。张家港综保区申报稳步推进。供应链创新与应用试点深入实施，长江航运交易中心、电子口岸入选省道路货运无车承运人试点企业。汽车口岸完成整车进口8000台。党政机构改革顺利完成，组建成立融媒体中心、水务集团、酒店管理集团。综合行政执法体制改革全面启动。塘桥经济发达镇改革顺利通过省级评估，双山香山旅游度假区一体化改革不断深化，财税金融体制改革稳步实施，政府性债务管理持续加强。高质量完成国家农村改革试点任务，农村土地“三权分置”改革、农村社区股份合作制改革成果有效巩固，村均可支配收入超1100万元。永联村股份经济合作社获全国农村经济合作社首笔贷款。

（二）精耕细作强管理、提品质，港城功能优化提升

城市建设开启新篇。沪通铁路跨江大桥成功合龙，长轨换铺基本完成；盐通张铁路、南沿江铁路顺利推进。城区

快速路启动建设，晨丰公路改造、新泾路快速化改造、港华路拓宽等重点交通工程加快推进。完成高铁新城总体城市设计、镇村布局规划和地下管线综合规划。高品质推进高铁枢纽区、高铁新城基础设施建设，站房工程主体封顶，站区道路基本贯通。"退港还城"有序实施，概念规划和城市设计方案制定完成。南横套滨水生态廊道全面启动，黄泗浦生态公园有序建设，职工文体中心及国际教育交流中心投入使用。福南水道12.5米进港航道治理工程竣工验收。长江干流江苏段崩岸应急治理工程、六干河东西港堤建设完成，盐铁塘东延工程基本完工，"张家港湾"百年一遇江堤提升改造工程开工建设。

城市管理精细有序。与华为合作建设全国首家智慧城市应用创新中心，完成智慧城市建设顶层设计，公安"数据工厂"、社会综合治理大联动平台等项目基本建成，荣获"中国领军智慧城市"称号。深入开展治违、治污、治隐患"三治"专项行动，拆除违建200万平方米，一大批久拖不决的"老大难"问题得到解决。"双清"攻坚成效明显。老旧小区更新改造持续推进，完成苏州市首个多层住宅加装电梯。新增居民用户天然气配套2.5万户，老住宅区天然气改造1.03万户。启动第四水厂每日20万吨扩建及水质深度处理工程建设，完成老旧小区二次供水改造45个。治理农村生活污水3045户、企业生活污水1947家，城镇污水集中处理率达98.3%。安置房竣工31万平方米，安置过渡户2250户。建成省级绿色建筑示范城市。高标准通过国家卫生城市、国家节水型城市复审。垃圾分类集中处理率达79%。推进"厕所革命"，启动新（改）建城区公厕11座、农村公厕80座。试点推行"潮汐停车"，新增车位1.5万个。更新新能源公交车70辆，建成共享单车网点240个、投放单车6400辆，畅通群众出行"最后一公里"。

（三）持之以恒攻难点、治顽疾，港城生态更加美丽

污染防治坚决有力。中央、省环保督察反馈问题得到有效整改，全面完成沿江1千米钢渣清理，沙钢、永钢环保提升综合项目完成投入超40亿元。立案查处环境案件1020件，实施行政处罚551件，环境信访同比下降32.6%。持续推进有机废气治理、燃煤锅炉整治、钢铁行业超低排放改造，削减非电行业煤炭消费总量240万吨，$PM_{2.5}$平均浓度持续下降，环境空气质量优良率达78%。顺利通过全国人大常委会《水污染防治法》执法检查。深入实施河长制，严厉打击长江非法采砂，完成市级河道"两违"项目整治232个，清理河道乱占乱建37.9万平方米，综合治理黑臭河道96条，疏浚河道806条，省考断面水质优Ⅲ比例达100%，主要河流水质达到功能区要求。静脉科技产业园加快建设。污染地块安全利用率达90%以上，土壤环境质量总体稳定。

绿色转型高效推进。深入开展长江环境大整治环保大提升、沿江环境"三化"专项行动。完成沿江地区生态保护规划、"张家港湾"规划设计和通洲沙江心岛湿地总体规划，推进长江经济带国土空间用途管制与纠错机制试点。长江沿岸完成植绿复绿144.13公顷，长江张家港段生产岸线占比压减至42%，生态岸线占比提升至50%。依法取缔无证无照码头151家。"张家港湾"、双山岛入选省沿江岸线整治和生态修复标志性工程。推进"三优三保"，预计完成拆旧复垦440公顷。"腾笼换凤"土地面积97.47公顷。扬子江化工园综合排名全省第二。东沙化工园成为全省首个整建制关停化工区，相关经验被央视《新闻联播》报道。推广绿色农业技术，实施轮作休耕5233.33公顷。建成2个特色田园乡村、4个苏州市康居特色村、109个三星级康居乡村、23条美丽河道。

（四）倾心倾力解民忧、办实事，港城生活幸福美好

社会保障不断健全。就业形势总体稳定，城镇新增就业1.5万人，城镇登记失业率1.76%，本市籍高校毕业生就业率达99.2%。新增社保参保人员6.3万人。实施"弱有所扶"大救助综合改革试点，社会救助服务中心建成投运，统筹实施医疗救助、大病保险、长期护理保险政策，村级医疗互助覆盖26万人。完成中国—欧盟社会保障项目试点任务。投入2.98亿元帮助困难群众，为残疾人发放补贴6648万元，为困难家庭学生发放慈善助学金299.4万元。"爱满港城"慈善募捐5895万元，全民投身慈善的氛围更加浓厚。市老年活动中心城南分中心投入运营，居家养老上门服务占比达25.2%，护理型床位占比达91%。新增公积金缴存职工4.8万人。

公共服务全面优化。加速实施教育设施专项规划，世茂小学、乘航幼儿园等8所学校投入使用，24个学校工程有力推进。梁丰高中入选首批省高品质示范高中立项建设名单。高考本科达线率、职业学校对口单招本科达线人数继续位居苏州前列。获得全国职业院校技能大赛金牌数列全省县（市）第一。张家港籍科学家樊春海当选中国科学院院士。江苏科技大学张家港校区俞孟蕻获国家科技进步特等奖，苏州理工学院获批国家自然基金项目3个。实施港城教育人才"5151"计划。整治规范学科类校外培训机构135家。4383名新市民子女通过积分入学入读公办学校。启动区域医共体建设三年行动计划。积极融入医疗保障长三角一体化，实现江浙沪跨省异地就医门诊结算，与瑞金医院、中山医院等上海知名医院深度合作。市二院建成投用。建成省级健康镇1个，健康村（社区）、单位23个。在苏州率先推行"清单式"按病种付费模式，首批3类慢病86种用药进社区，大病和计生特殊困难家庭签约服务率达99.5%。每万常住人口拥有执业（助理）医师33.4人、全科医生4.6人。

（五）更大力度建机制、促长效，港城治理优势凸显

文化文明特色彰显。高标准实现新时代文明实践中心、所、站全域覆盖，志愿服务总时长超355万小时。吴惠芳荣获全国道德模范提名奖和首届全国"最美退役军人"。成功举办2019长江文化艺术节，小品《生日聚会》荣获全国第十八届"群星奖"，锡剧《云水谣》获江苏省紫金文化艺术节"优秀剧目奖"。累计建成24小时图书馆驿站42个，居民综合阅读率达97.5%，成为唯一获评全国全民阅读优秀项目的县级市。黄泗浦遗址获评2018年度全国十大考古新发现。市少儿足球队勇夺第22届"贝贝杯"中国足协青少年足球赛冠军。万人拥有公共体育设施30.3个。永联

村获评首批“全国乡村旅游重点村”。

社会治理持续加强。全国农村社区治理实验区建设有力推进，建成全省首批“现代社区治理创新实验区”，高标准通过村民自治国家级试点验收，村（居）民议事会覆盖率达100%。“全科社工”全面推行，万人拥有持证社工22人。组建运行市社会综合治理网格化联动中心，建成并试运行网格化联动指挥平台，实体化运作镇域综合执法局，优化设置区镇、村（社区）、基层三级综合网格和重点单位专属网格，专职网格员配备率达100%。大力推进公共法律服务体系建设，“12348”法律服务热线满意率保持苏州第一。高标准通过省级食品安全示范城市跟踪评价。在全省率先建成县级退役军人服务中心，实现镇、村（社区）退役军人服务体系全覆盖。

社会大局安定有序。全面推行镇（区）党政领导干部挂钩联系企业安全生产制度，深入推进重点领域安全生产大排查大整治，排查治理各类安全隐患8万余处，完成55个三级政府挂牌督办重大隐患整改，生产安全事故起数和死亡人数分别下降12.6%、18.8%。常态化开展“331”专项行动，累计排查整治火灾隐患10万余处。深化安全生产第三方服务机制，新创建双重预防机制企业1000家。启动城市安全风险评估，修订完善突发事件应急预案，培育10支应急救援专业队伍，应急响应能力稳步提升。积极帮助企业克服各类风险隐患，涉企金融风险防控处置力度不断加大，全市金融生态平稳有序。圆满完成新中国成立70周年大庆安保工作。扫黑除恶专项斗争纵深推进，高水平通过上级督导检查和“回头看”，得到中央督导组高度肯定。“快警务”实战模式全面实施，违法犯罪警情和刑事发案率持续下降，群众安全感和法治建设满意度保持全省前列。

与此同时，我们坚持不懈转作风、提效能，全面加强政府自身建设。深入学习贯彻习近平新时代中国特色社会主义思想，扎实有力推进“不忘初心、牢记使命”主题教育，把坚持和加强党的全面领导贯穿政府工作各方面、全过程。积极践行新时代“三超一争”，聚焦聚力“三标杆一率先”，全面落实“三项机制”，政府系统实干争先氛围更加浓厚，机构改革后各项工作有序衔接，政府运行效能不断提高。组建运行8个工作专班，建立重大项目、科技创新、民生工作例会制度，加大对重点工作、重大事项、重要项目的绩效监测和督办推进力度，政府系统抓落实的机制更加系统化、规范化、科学化。推动公共资源交易全流程电子化。严控“三公”经费支出，压减一般性支出，切实过好“紧日子”。纵深推进法治政府建设，出台重大行政决策程序规定实施细则，率先在全省制定行政处罚证据管理指导规范。依法推行政务公开，启用“张家港党政通”，政府门户网站建设全省领先。“12345”受理各类求助240万件，荣获全国最佳政务服务热线“2019年度卓越百姓服务奖”。自觉接受人大、政协和社会各界监督，办复人大代表建议206件、政协提案203件。此外，对口帮扶与援建、台务侨务、民族宗教、兵役、人民武装、气象、外事、档案、地方志、妇女、儿童、残疾人和关心下一代等工作都取得了新的进步。

各位代表，成绩来之不易，这是全市人民在中共张家港市委的坚强领导下，齐心协力、共同奋斗的结果，是市人大、市政协和社会各界监督支持的结果。在此，我谨代表市人民政府，向全市广大干部职工、企业家和全体市民，向人大代表、政协委员，离退休老领导、老同志，各民主党派、工商联和无党派人士，各人民团体、垂直部门和涉外单位，驻军指战员、武警官兵、公安民警、消防救援队伍指战员，以及所有关心支持张家港建设发展的海内外朋友，致以崇高的敬意和衷心的感谢!

同时，我们也清醒地看到，全市经济社会发展中还存在一些问题和挑战，主要表现在：一是结构性、体制性、周期性问题相互交织，“三期叠加”影响持续加深，经济下行压力加大，实体经济困难增多，科技创新能力不强，新动能支撑不足，巩固放大县域经济领先优势还需付出更大努力；二是生态安全挑战依然严峻，节能减排、污染防治任务艰巨，资源环境约束日益趋紧，高水平实现绿色发展还需付出更大努力；三是优质公共资源供给不足，公共服务精准度不高，社会安全稳定的风险和隐患增多，统筹提升群众获得感还需付出更大努力；四是政府行政效率和服务水平仍需提升，政府公务人员担当作为精气神、履职尽责能力与新形势、新任务的要求还有差距，推进学习型、法治型、创新型政府建设还需付出更大努力。对此，我们将本着对人民、对事业、对历史高度负责的精神，紧盯短板弱项，精准攻坚突破，以为民初心、实干实效回应港城群众的新期待。

二、2020年工作安排

各位代表，2020年是全面建成小康社会和“十三五”规划的收官之年，也是践行新时代“三超一争”、率先基本实现现代化的开局之年。站在“两个一百年”奋斗目标的历史交汇点上，我们既要正视前进中的困难挑战，坚持新发展理念，加快破除“路径依赖”、打破“眼光局限”，主动把外部压力转化为深化改革、扩大开放的强大动力，坚定不移推动思想观念往“新”里转、产业结构往“高”里转、城乡建设往“优”里转，着力抓重点、补短板、强弱项，全力推动港城高质量发展走在前列；更要全面顺应世界产业和科技变革大势，积极策应“一带一路”、长江经济带、长三角区域一体化等重大机遇，与时俱进大力弘扬张家港精神，全面激发新时代“三超一争”的奋斗激情，聚焦聚力“三标杆一率先”，紧紧围绕“富强民主文明和谐美丽”总体方向，牢牢把握“走在前列、全面协调、独具特色、群众认可”四大原则，以“样样工作争第一”的豪情和气魄，与最强者比拼、与最快者赛跑，因地制宜在推进经济发展、民主法治、文化发展、社会发展、生态文明和人的现代化上争创更大优势、作出崭新示范、实现集成超越，努力在全省率先基本实现现代化，为探索中国特色社会主义现代化建设提供张家港的“县域样板”。

新的一年，市政府将以“三标杆一率先”为目标引领，全面聚焦高质量发展主战场、改革开放最前沿、社会治理第一线，坚持更高标准，大胆先行先试，努力推动张家港在新时代“三超一争”的新征程中奋楫扬帆、勇立潮头。重点围绕港城现代化建设“六个体系”，做到“六个突出、六个打造”：

——围绕构筑现代化经济体系，更加突出创新驱动，打造跨越赶超新引擎。坚持“项目为王”理念，注重产业链和创新链双向融合，着力增强企业技术创新能力，一以贯之推动传统优势产业智能化改造，加快壮大新能源汽车、氢能、化合物半导体、高性能材料、智能装备等战略性新兴产业，打造若干个世界级先进制造业集群和新经济集群，全面提升港城经济综合竞争力。

——围绕构筑现代化治理体系，更加突出法治引领，打造社会治理新典范。更加注重用行政权力减法换取市场活力加法，集成推进经济社会发展各领域重大改革，更大力度激发市场活力和社会创造力；坚决守牢安全生产“底线”、社会稳定“防线”，全力争当全国同类城市社会治理的典范，使张家港成为创业者称赞、本地人自豪、外来人向往的宜居宜业城市。

——围绕构筑现代化文化体系，更加突出文明特质，打造城市发展新优势。与时俱进赋予张家港精神新的时代内涵，持续擦亮“文明张家港”金字招牌，大力实施“文化+”行动计划，着力构建普惠性、高质量、可持续的城市公共文化服务体系，加快发展民宿经济和夜间经济，力争成为文明与文化交相辉映的标兵型现代文明城市。

——围绕构筑现代化社会体系，更加突出城乡融合，打造协调发展新格局。坚持以高品质规划为引领，务实推动“一核双副四中心”规划衔接、功能互补、服务一体、协同发展，久久为功在充实居民“口袋”、优化公共服务上补短板、扬优势，全力缩小城乡收入差距、改善农村人居环境，争当城乡一体化领头雁、打造城乡融合发展示范区。

——围绕构筑现代化生态体系，更加突出绿色发展，打造生态文明新样本。深入践行“绿水青山就是金山银山”发展理念，创新落实“共抓大保护、不搞大开发”战略要求，更高水平补齐环境治理、生态修复等短板，着力打造沿江最美生态岸线，努力走出经济发展、生态文明相辅相成、相得益彰的新路子，不断赋予生态港城美丽新内涵。

——围绕构筑现代化民生体系，更加突出以人为本，打造民生幸福新高地。将满足人民群众对美好生活的向往，作为一切工作的出发点和落脚点，以普惠性、基础性、兜底性为原则，更好发挥政府系统保基本作用，全力做好关键时点、困难人群的基本生活保障，精准兜底“极少数”“末尾数”，努力让城市发展更有“温度”、民生幸福更有“质感”。

2020年，政府工作的总体要求是：以习近平新时代中国特色社会主义思想为指导，全面贯彻党的十九大和十九届二中、三中、四中全会以及中央经济工作会议精神，深入贯彻省、苏州和张家港市委决策部署，紧紧扭住新发展理念推动发展、牢牢盯住高质量导向聚力发展，以“三标杆一率先”为风向标、以“项目提速年”为发力点，与时俱进大力弘扬张家港精神，全面开展新时代“三超一争”，打好高水平全面建成小康社会的“收官仗”，奋力探索开启率先基本实现现代化新征程，以继往开来的生动实践，在“两个一百年”历史交汇点上，留下奋进之笔、书写精彩篇章。

建议2020年经济社会发展的主要预期目标是：地区生产总值增长6.5%以上；一般公共预算收入增长6.5%左右；固定资产投资、工业投资、实际利用外资继续保持两位数增长，进出口总额增幅高于苏州平均水平；社会消费品零售总额增长6%以上；居民人均可支配收入增速高于地区生产总值增幅。

新的一年，市政府将着重抓好八个方面工作：

（一）项目提速与招商突破同步推进，促进实体经济行稳致远

全力主攻项目建设。以“项目提速年”为发力点，确保工业投资同比增长30%。实施重大项目集中开竣工，全力推进光束汽车项目建设，推动中车张家港氢能基地、江苏国泰创新中心等重大项目早日开工，加快贝内克长顺汽车内饰材料、信义优质浮法玻璃制造及深加工等项目竣工投产，促进苏州LNG储备中心、润英联等储备项目签约落户，确保省、苏州重大项目投资完成率达100%。以项目专班化机制、重大项目在线服务管理平台为抓手，落实重大项目“绿色通道”、“并联审批”和土地指标“一事一议”等制度，确保重点项目报建“零障碍”、受理“零阻力”、服务“零距离”。实施建设用地零增长计划，深入推进“三优三保”“腾笼换凤”专项行动，完成拆旧复垦666.67公顷，为大项目、好项目落地腾出发展空间。充分发挥财政资金杠杆作用和国有企业平台功能，放大“张家港基金”的投资带动效应，撬动金融机构和社会资金更多地向项目建设集聚。

精准推进招商突破。坚持招商引资“一号工程”不动摇，持续加大精准招引力度，奋力跑出新一轮高质量招商的加速度，年内，实际利用外资6亿美元，同比增长20%。立足现有产业基础和资源禀赋，抢抓氢能源、人工智能、大数据、区块链、5G等前瞻产业机遇，全力招引一批投资体量大、科技含量高、带动能力强的旗舰型、基地型项目。常态化赴海内外举办招商推介活动，力争引进一批世界500强企业、央企和总部型企业。积极营造各种所有制主体公平竞争的市场环境，充分激发民间投资活力，不断提振民营企业投资信心。有效发挥招商顾问作用，充分利用各种社会资源和社会力量，大力推进中介招商、专业招商、资本招商。完善招商资源统筹共享、督查考核等机制，强化“三区一园”招商主力军地位，明晰各镇产业定位，促进各板块招商体系实质化联动，形成全市招商突破“一盘棋”格局。强化招商队伍建设，完善招商干部引进培育和激励保障机制，形成你追我赶、竞相突破的浓厚招商氛围。

着力稳定经济运行。坚持稳字当头，严格执行各项减税降费政策，深入实施高质量发展产业扶持政策，大力支持实体经济平稳健康发展。发挥产业资本中心、“港城合伙人”等平台功能，优化“港城上市通”服务。年内，新增上市企业3家；产业资本中心基金管理规模达800亿元。引导企业开拓多元化出口市场，加大对出口信保、应对双反等

方面的扶持力度，推动对外贸易稳中提质。健全政企双向互动、企业诉求快速响应等机制，开展更具针对性的“点对点”帮扶，切实帮助民营企业解决实际困难，构建“亲”“清”新型政商关系。推进民营和小微企业金融服务综合改革，实施港城金融服务万企百亿融通工程，增强对实体经济重点领域的金融支持力度，普惠型金融重点领域贷款余额占比达6.5%。打好防范化解重大风险攻坚战，营造稳健的金融生态环境。坚持“房住不炒”定位，促进房地产市场平稳健康发展。

（二）优化存量与扩大增量两端发力，推动产业能级扩容提质

集聚发展新兴产业。主攻新能源汽车、氢能、化合物半导体、高性能材料、智能装备等五大战略性新兴产业，加快培育生物医药、人工智能等新的产业增长点，年内，新兴产业投资占工业投资比重达83%，新兴产业产值占规上工业总产值比重达51.5%。以光束汽车为龙头，做大做强新能源汽车和高端汽车零部件产业链；以中车张家港氢能基地、国富氢能装备产业基地、氢能产业创新中心等载体建设为依托，加快完善氢能产业体系，全力打造“中国氢港”；以中科院纳米所张家港研究院为支撑，发展壮大先进特色半导体产业；以保税区有机硅一体化基地、杜邦张家港生产基地、胜牌润滑油等重大项目建设为引领，打造千亿级绿色、安全新材料产业基地。

提档升级传统产业。以智能制造和技术改造为抓手，推动传统产业加快升级，壮大发展先进制造业，实现规上工业总产值4900亿元，增长8.2%。实施钢铁产业高质量发展战略规划，推动沙钢、永钢产品向“优特”迈进，开拓高端特钢市场；编制完成纺织行业发展规划，打造高端纺织产业集群。深入推进智能工业“1211”工程，智能制造投资同比增长30%，新增省级示范智能车间30个。推进“腾讯云（张家港）工业云基地”建设运营，服务企业“上云”500家，引入孵化合作腾讯生态圈伙伴企业20家。培优培强一批新地标企业、专精特新企业，提前完成三年培育100家、认定30家市级“小巨人”企业目标。加快打造工业企业高质量发展体系建设平台，健全工企评价机制，优化资源要素差别化配置政策，坚决淘汰低端低效产能。推进省级先进制造业和现代服务业深度融合试点，打造全省“两业融合”样板区。

（三）科技创新与改革开放双轮驱动，激发高质量发展强引擎

系统优化创新生态。高水平推进国家创新型县（市）建设，年内，全社会研发投入占地区生产总值比重达3.3%；规上工业企业中有研发活动企业数占比高于苏州平均水平。推动创新资源要素向“创新集聚环”核心区域集中，全力争创国家级高新区。创新与拓展“飞地经济”发展机制，全面建成投运十大新型研发机构，加快推进科技企业加速器建设，新增苏州市级及以上孵化载体超5家。实施高新千企培育工程，打造企业科技创新积分2.0版本，释放“张科贷”、产学研预研资金等政策效应，激活企业创新主体动能。每万家企业法人中高新技术企业数达140家。健全技术成果转移转化服务体系，引进中科协等资源，新增产学研合作项目超200个。优化高层次人才创新创业服务，支持高新区创建科技部创新人才培养示范基地。年内，新增“姑苏计划”以上人才35名。推进新时代张家港产业工人队伍建设改革，培育一批基层科技人才、技能状元、精工名匠。加强知识产权创造、运用与保护，万人有效发明专利拥有量达50件，支持高新区创建省知识产权示范园区。

集成推进重点改革。优化“专班化”工作机制，加快重要领域和关键环节改革步伐，营商环境指数继续保持全省第一方阵。深化“放管服”改革，率先推动线上“一张网、不见面”与线下“一件事、一窗办”集成融合，全面推广基层“互联网+政务服务”新模式，加快推动相对集中行政许可权改革向区镇延伸，进一步提升企业和群众办事便利度。启动事业单位改革，完善高新区行政体制管理，构建更加简约高效的基层管理制度。复制推广凤凰、塘桥经济发达镇“1+4”行政管理体制改革经验，整合基层审批服务执法力量，健全基层治理结构。推进开发区规范化管理，探索空间整合、机制融合和集中管理。深化综合行政执法体制改革，提高镇域综合行政执法效能；优化城市管理体制机制，提升城市精细化管理水平，力争综合执法工作、城市管理综合考核苏州第一。深化事中事后监管，市场监管领域实现“双随机、一公开”监管全覆盖。稳步推进国有企业混合所有制改革，积极探索资产证券化新模式，适时组建新的国资公司，做大做强做优国有资产。加强财政监督和绩效评价，优化政府采购和资产管理，有效防控政府性债务风险，统筹财政资金保障。

深化拓展开放合作。深入实施融入长三角地区一体化发展三年提升行动，以沪通铁路正式通车为契机，高规格举办上海招商推介会；深化与虹桥商务区、漕河泾、张江高科等园区的战略合作；加速融入长三角“氢走廊”建设和5G创新发展，与中车、华为、上海电气等深化对接合作。加快上海高校联合创新中心建设，研究出台“创新券”扶持政策，协同探索科创产业合作、科技人才“离岸孵化”。加强与上海、舟山江海联运合作，推进长三角“单一窗口”跨区域互联互通协作，加快智慧口岸建设，进一步优化口岸通关环境。深度融入长江经济带高质量发展，加快综保区申报建设。主动承接江苏自贸区辐射，加快复制应用证照分离改革、负面清单管理、贸易监管制度创新等自贸区成果。深化供应链改革试点，加快港口仓储数字化改造与应用，构建大宗商品供应链一体化服务平台，争创国家供应链创新与应用示范城市。培育无船无车承运产业集群，建设临港汽车全产业链生态园，打造长三角区域化工物流示范基地和进口贸易促进创新示范区。抢抓“一带一路”交汇点战略机遇，有效放大境外载体作用，引导企业拓展“一带一路”沿线国家市场，推动形成龙头带动、集聚发展的境外投资格局。

（四）城市建设与乡村振兴一体谋划，放大城乡融合发展优势

高起点提升枢纽功能。以建设“长三角明珠、苏锡通

中心、高质量典范”为目标，完成高铁新城总体规划，编制片区控制性详规和专项规划。建成高铁新城枢纽区站前广场、绿化景观和交通道路，启动绿地AI城际空间站、会展中心等重大项目建设，推进南苑路、黄桥路、青龙路等道路建设，拉开城市空间框架。开通运营沪通铁路，建设完成盐通张铁路张家港段，加快推进南沿江铁路，力争启动建设通苏嘉甬铁路。做好张皋和苏通第二过江通道、沿江高速扩容工程可研报批。加快实施晨丰公路—干河以西段工程，启动建设东渡大道南段、快速路南线和东二环快速路。开展城市综合交通规划编制，完成铁路货运专用线规划和港口岸线整合利用五年规划，构建内联外畅的大交通体系。加快推进南横套河道拓浚整治、常沙河闸改建工程。

高标准优化城建品质。紧扣“一核双副四中心”城乡格局，开展国土空间总体规划编制，推动城乡一体化水平高位跃升，高标准通过国家生态园林城市复查。加快建设保税区滨江新城，有序启动“退港还城”，力争2.2平方千米核心区开工建设。推进黄泗浦生态公园配套工程及西湖景观、南横套滨水生态廊道等项目，打造城市新地标。完成杨舍城区城中村更新规划编制，继续推进老旧小区更新改造、既有多层住宅加装电梯工作。加快海绵城市试点区建设和城区步道系统建设，促进装配式建筑和成品住房稳健发展。改造乡镇集中居住老住宅及农村保留村庄天然气5000户。建成第四水厂扩建及水质深度处理工程，启动第三水厂每日20万吨深度处理改造工程，扩建第三污水处理厂和塘桥污水处理厂，完成老旧小区二次供水改造20个。6月底前，完成2015—2017年度农村生活污水治理工程问题整改。

高水平推进乡村振兴。实施乡村振兴战略实施规划和三年行动计划，争创全省率先基本实现农业农村现代化示范县（市）。完善农村承包土地“三权分置”制度，探索土地承包经营权抵押贷款试点扩面。全面完成农村集体经济组织登记赋码，完善三资监管制度和集体收益股份分红机制，试点探索集体经济与国有资本合作模式，实施更加广泛的村村联合、村镇联合和村企联合，加快“工业园区化”和“商业城区化”步伐。深化农业供给侧结构性改革，规范有序发展家庭农场、农民合作社、新型职业农民，加快构建现代农业产业体系、生产体系、经营体系。新建高标准农田1000公顷，稳定粮食生产能力；改造高标准池塘180公顷，新（改、扩）建优质蔬菜基地13.33公顷；建设标准化规模养猪场，做好猪肉保供稳价工作。实施轮作休耕5000公顷。争创全国农作物绿色防控示范县，确保农产品质量安全水平达98%以上，绿色优质农产品达70%。建成省级现代农业产业示范园。年内，村均可支配收入超1200万元。全域推进美丽乡村建设，加快建设5个特色田园乡村，建成2个苏州市康居特色村、88个三星级康居乡村、30条生态美丽河道。

（五）环境治理与生态优化齐抓共管，提升绿色发展能级

做靓沿江生态。实施沿江经济带转型发展三年行动计划，建设沿江经济带绿色转型示范区。加快划定生态保护红线、永久基本农田和城镇开发边界。严格执行长江经济带负面清单，开展岸线非法占用清除专项行动，岸线开发利用率控制在48%以内，生态岸线占比超50%。推进“安全绿色便利”港口建设，全面推行船舶污染物治理新模式。3月底前，基本建成“张家港湾”生态提升工程，全力打造“江海交汇第一湾”。启动通洲沙生态湿地建设前期准备工作。提标改造扬子江化工园、飞翔化工集中区，推动沿江产业绿色转型。新增长江造林绿化46.67公顷，林木覆盖率达19.8%，自然湿地保护率达61.1%。

强化铁腕治污。坚决打好污染防治攻坚战，严格按时序做好中央及省环保督察重点问题整改落实，全力推进历史遗留环境问题整改及后续修复工作。完成非电行业减煤任务，$PM_{2.5}$年均浓度完成上级下达考核目标，空气优良天数比达78.5%以上。全面提高工业污水处置能力，地表水达到或好于III类水体比例保持100%；推进活水畅流工程建设，疏浚镇村河道635条；实施水环境区域补偿，完成太湖流域水污染防治目标。加快沙钢、永钢钢渣处理后续项目建设，推进静脉科技产业园固体危险废弃物填埋焚烧、生活垃圾焚烧发电等项目，提升固废处置能力。建设环保智慧指挥中心，加快危险废物、大气污染、水环境智能监控平台建设，推动云电力监控运营重点企业全覆盖。

（六）文明建设与改善民生协调并进，创造更高品质生活

织密民生保障网络。城镇新增就业1.5万人，城镇登记失业率控制在2.5%以内，本市籍高校毕业生就业率稳定在99.2%以上，继续保持苏州领先。落实基本医疗保险和生育保险地市级统筹，持续推动跨省异地就医结算。深化“弱有所扶”大救助体系，推广温情社会救助改革，实现村级医疗互助、困境儿童个案分级服务全覆盖，确保困难群众得到及时救助。推进区域性养老服务中心建设，居家和社区养老服务设施社会化运营比例达95%，居家养老上门服务占比达27%。新开工安置房330万平方米，竣工70万平方米，安置过渡户2100户。新增公积金缴存职工3.8万人。深化“五位一体”结对帮扶，助力对口帮扶地区打赢脱贫攻坚战。

优化公共服务供给。重点建办16项民生实事项目，实现民生“微实事”城市社区全覆盖。以打造全国一流“现代化教育名市”为目标，建成首批“全国义务教育优质均衡发展县市”。新（改）建凤凰高中等24个学校工程，启动沙中北校区等28个项目筹建。深化实施港城教育人才“5151”计划，探索中小学衔接教育、普职融通、高中大学合作教学等机制。启动新一轮课堂教学改革。全力支持梁丰高中创建省首批高品质示范高中、中专校创建省首批职业教育领航学校。促进江苏科技大学张家港校区、苏州理工学院向高水平应用型大学迈进，推动沙洲工学院、开放大学打造示范性高职院校。持续加大校外培训机构等重点领域专项治理力度，积极建设人民满意教育。加快建立现代医院管理制度。落实分级诊疗制度，稳步推进医共体建设，实现公立医疗机构全覆盖。深化卫生健康领域长三角一体化发展，推进市一院等开设

"长三角高级专家诊疗中心",建设高品质医院。启动市中医院(妇幼保健院)建设规划。家庭医生特殊人群签约服务率95%以上,重点人群签约服务率保持55%以上。执业(助理)医师、全科医师数量分别增长6%和10%。深入开展爱国卫生运动,高标准推进健康城市建设,居民健康素养水平在苏州领先。

深化文化文明内涵。大力培育和践行社会主义核心价值观,高标准实现全国文明城市"六连冠",力争全国双拥模范城"七连冠"。规范化运行新时代文明实践中心、所、站,建设新时代文明实践教育基地。注册志愿者占城镇常住人口比重保持全省第一。深化"书香城市"建设。推进"全民健心工程",加快构建社会心理服务体系。办好2020长江文化艺术节,举办张家港国际半程马拉松赛、"一带一路"青少年国际足球邀请赛等重大赛事。建成投用城南文体中心,启动城西文体中心建设,人均拥有公共文体设施面积保持苏州领先。设立张家港群众文化"繁花奖",推进艺术精品创作生产,巩固全省文艺创作领先地位。实施"科普细胞工程",不断提升公民科学素质。推进全域旅游,打造滨江综合型景区;发展夜间经济,开发水上游线路,建设培育一批民宿项目,打造长三角知名休闲旅游目的地。推进高铁新城文旅小镇项目建设,永联小镇建成全省首批旅游风情小镇。

(七)和谐共治与平安建设联动互融,提升城市安全发展水平

构建社会治理新格局。坚持自治、法治、德治相结合,打造全省领先、全国一流的县域网格化社会治理"张家港样本"。完善社会综合治理网格化联动机制,推进"五三三"行动,加强网格员队伍管理,建成市级综治中心,区镇二级综治中心规范达标率达100%。深化全国农村社区治理实验区建设,放大村民自治国家级试点成效,探索推行新型城乡社区综合性服务模式,"全科社工"实现全覆盖,城乡社区治理水平全省领先。做好"七五"普法终期考核,深化人民调解,打造高水平公共法律服务平台。实施智慧城市"4115"工程,加快数字平台、城市大脑和云计算中心等基础平台建设,打造"全国智慧城市的县域标杆"。保持"三治"工作高压态势,深化推进"331"行动,加强清单外"散乱污"及回潮反弹问题清理整治。实现居民小区垃圾"四分类"基本全覆盖。加快实施智能停车管理。坚持公交优先战略,公交出行分担率达26%。新(改)建城区公厕81座,推动14家集贸市场标准化建设,让群众生活更加便利、舒适。积极创建国家质量强市示范城市,提升食品安全智慧监管能力。在全省率先成立关爱退役军人协会,打造社会化拥军品牌。

提高群众生活安全感。围绕打造"最具安全感城市",全面实现扫黑除恶专项斗争"三年治本"目标,积极开展"无黑城市"创建。深化"快警务"实战模式,升级立体化社会治安防控网,在全省率先实施刑事案件快侦快诉快判公检法"大协同"机制。完善应急体系,完成城市安全风险评估工作,强化应急救援队伍能力和装备建设,提升专业化救援水平。扎实开展化工、危险化学品等27个重点领域安全生产专项整治。完成三级政府挂牌督办重大隐患整改58个。实体化运作安委会办公室,探索重点领域安全监管的"张家港模式",建强建优化工、冶金专业化安全监管队伍,提升安全监管执法针对性和满意度。加大安全生产"黑名单"和举报奖励机制执行力度,压紧压实企业主体责任。加强镇村工业集中区和出租厂房安全生产规范化监管,推进双重预防机制和安全标准化建设提标扩面。集中力量打一场安全生产的翻身仗,坚决遏制重特大事故发生,大幅压降生产安全事故起数和死亡人数,全面提升本质安全水平。

(八)坚持党建引领、效能优先,树立争先担当清廉的政府形象

坚持依法行政。深入贯彻落实十九届四中全会精神,更大力度推进政府治理体系和治理能力现代化,为实现新时代"三超一争"、开创各项工作新局面提供坚强保障。推进重大行政决策目录化管理、网上运行、流程监控和全过程记录。实现行政执法"三项制度"全覆盖,争创全省法治政府建设示范市。健全权力清单、负面清单、责任清单制度,最大限度简政放权、再造流程。依法接受党内监督、人大法律和工作监督、政协民主监督以及国家监察、司法监督,认真办理人大代表建议、议案和政协委员提案。加大政务公开力度,充分接受社会和舆论监督,让政府工作更加阳光透明、公平公正。同时,准确把握新时代新要求和我市发展的阶段性特征,紧扣率先基本实现现代化的目标定位,突出改革创新,强化法治思维,深入研究、科学编制我市"十四五"发展规划。

坚持加压奋进。聚焦聚力"三标杆一率先",牢固树立"今天再晚也是早,明天再早也是晚"工作理念,强化"工作项目化、项目目标化、目标节点化、节点责任化"工作方法,进一步提升政府工作的执行力、创新力,高效推动上级和市委各项决策部署落地落实。深入推进学习型政府建设,切实加强对宏观经济、政策法规和重点工作的分析研究,大力破除思想坚冰和习惯壁垒,不断提升政府公务人员专业素养和干事创业激情,用新发展理念推动"三标杆一率先"各项工作取得实效。严格实施绩效评价,突出对重点目标任务、重大产业项目、重要民生实事的过程管控、督促检查,以重点突破带动全局发展。深入落实"三项机制",坚持正向激励和反向倒逼并举,树立崇尚实干、担当作为、奋勇争先的鲜明导向,引导广大干部撸起袖子加油干、扑下身子抓落实。紧盯省、苏州高质量发展监测评价指标体系,做好预测分析、督导督察、对上沟通、绩效评估等工作,形成层层抓落实、事事有落实的闭环机制。

坚持廉洁履职。深入学习贯彻习近平新时代中国特色社会主义思想,增强"四个意识",坚定"四个自信",做到"两个维护"。刚性落实全面从严治党主体责任和"一岗双责",推动政府系统党风廉政建设向纵深发展。严格执行中央八项规定及其实施细则精神和省委、苏州市委、张家港市委具体要求,坚决破除形式主义、官僚主义作风,进一步巩固主题教育成果。坚持过"紧日子",严控"三公经费"和一般性支出,把有限的财力更加高效地用

在推动发展、改善民生上。以“零容忍”的态度，深化重点领域和关键环节廉政风险防控，坚决把权力关进制度“笼子”，让干部知敬畏、守底线、善作为，大力营造风清气正的政治生态。

各位代表，实干托起梦想，奋斗铸就辉煌。让我们更加紧密地团结在以习近平同志为核心的党中央周围，在中共张家港市委的坚强领导下，紧紧依靠全市人民，与时俱进大力弘扬张家港精神，聚焦聚力“三标杆一率先”，勠力攻坚、拼搏实干，锐意进取、奋勇争先，努力在新时代“三超一争”的新征程上谱写好港城现代化建设的精彩篇章!

有关用语说明

1.腾讯云（张家港）工业云基地：指建设张家港工业专有云和人工智能创新中心，搭建智能工业展示平台，并通过导入腾讯云工业生态和其他高端智能制造资源，构建工业互联网产业生态体系。

2.“三高一美”示范基地：指苏州市开展的高标准田园小综合体、高标准水产养殖、高标准蔬菜生产和美丽生态牧场示范基地创建活动。

3.“张科贷”：指为缓解科技型企业“贷款难”问题而设立的科技贷款风险补偿专项资金。资金按照“政府引导、市场运作、风险共担”的原则，承担保险（担保）费率和贷款损失后的按比例补偿部分，以降低合作银行对科技型企业放贷的风险，调动银行对科技型企业贷款的积极性。

4.“2330”改革：指开办企业2个工作日内完成，不动产登记3个工作日内完成，一般工业项目施工许可30个工作日内完成。

5.LNG接收站：液化天然气接收站，指接收、储存液化天然气并向外输送天然气的装置。LNG接收站包括LNG码头和LNG储罐区。

6.综保区：综合保税区的简称，指设立在内陆地区的具有保税港区功能的海关特殊监管区域，由海关参照有关规定对综合保税区进行管理，执行保税港区的税收和外汇政策，集保税区、出口加工区、保税物流区、港口的功能于一身。

7.“双清”攻坚：为加快推进重大项目、重大工程、重点地块房屋征收搬迁进程，启动以“清障扫尾、清场交地”为主题的“双清”攻坚工作。

8.“潮汐停车”：指按照城市道路停车设置规范要求，采用黄色T型虚线标线，设置限时停放停车泊位，缓解停车压力。

9.沿江环境“三化”专项行动：指沿江环境“净化、绿化、美化”专项行动。

10.港城教育人才“5151”计划：指根据张家港市教育事业发展和人才队伍建设需要，力争在5年内引进50名左右教育特聘人才，选拔培养10名左右教育名家、50名左右教育领军人才、100名左右青年拔尖人才。

11.区域医共体：指基于县域的医疗卫生服务共同体，建立以县级医院为龙头、乡镇卫生院为枢纽、村卫生室为基础的县乡一体化管理模式。

12.双重预防机制：指安全风险分级管控和事故隐患排查治理双重预防机制。

13.“一核双副四中心”：指以杨舍城区（经开区、高新区）为主核，以高铁新城、金港滨江新城为副中心，以锦丰、乐余、凤凰、南丰为中心镇的城市空间格局。

14.智能工业“1211”工程：指3年内培育10个国家级智能制造重点项目、20个省级智能制造重点项目、100个省级示范智能车间，推进100个智能制造重点项目。

15.“1+4”行政管理体制改革经验：指经济发达镇行政管理体制改革中形成的“加强党的全面领导、审批服务一窗口、综合执法一队伍、基层治理一网格、指挥调度一中心”等“1+4”改革经验。

16.“双随机、一公开”：指在监管过程中随机抽取检查对象，随机选派执法检查人员，抽查情况及查处结果及时向社会公开。

17.“离岸孵化”：基于“飞地经济”进行的孵化器模式创新，即在创新创业要素集聚、资源丰富的外市或地区开展孵化或育成，再把产业化环节放到本市，充分利用国内外顶尖科创资源，推动科研成果和项目来本市落地转化，达到孵育一批高新技术企业和项目的目的。

18.“五三三”行动：指在社会治理领域大力实施红堡、基础、精品、示范、惠民“五大工程”，加快构建联动指挥、综合处置、非警务协同“三大平台”，持续推进影响力、覆盖率、满意度“三大提升”。

19.智慧城市“4115”工程：“4”指4类信息基础设施，包括基础网络、5G网络、云计算中心、安全运维体系；“1”指1个城市数字平台，包括大数据、时空地理信息（GIS）、人工智能（AI）、物联网、视频分析、融合通信和数字使能等“6+1”平台；“1”指1个城市运行中心，即城市大脑；“5”指党建、善政、惠民、兴业、文明实践等5类24项智慧应用工程。

20.垃圾“四分类”：指对可回收物、有害垃圾、厨余垃圾、其他垃圾四个类别的垃圾建立“分类投放、分类收集、分类运输和分类处理”的生活垃圾处理体系。

21.行政执法“三项制度”：指行政执法公示制度、执法全过程记录制度、重大执法决定法制审核制度。

组织机构及其负责人

市级领导机构

中共张家港市第十一届委员会

书　记　沈国芳
副书记　潘国强　王亚方
常　委　杨　芳(女)
　　卞东方　张　玮(12月免)
　　陆德峰　黄亚平　石锡贤
　　邵军民(援疆)
　　赵建明　许晓云
　　王永学(12月任)
　　张志明(12月任)
委　员　(按姓氏笔画为序)
　　万资平　王文伟
　　王松石　卢懂平
　　朱兴华　许剑波
　　严栋兴　吴惠芳
　　沈　琳　陆忠理
　　陆崇珉　陈　稳
　　陈卫兵　陈世海
　　季　宗　季洪良
　　秦真智(女)　夏立新
　　钱锦东　徐凤琪
　　徐仲高　黄雪元
　　常　征
候补委员　(按得票多少为序)
　　朱瑞栋　邵建华
　　黄祥亮　王连生

张家港市第十四届人民代表大会常务委员会

主　任　徐仲高
副主任　陆颂义　顾　放　秦毅峰
　　应　梓
委　员　(按姓氏笔画为序)
　　丁一红(女)
　　王苏嘉(1月任)　王惠忠
　　成家武　朱卫兵
　　刘　佾　许京海(12月免)
　　孙朝枫(4月免)　杨建钟
　　沈学如　张建新(女)
　　张满兴　张耀清(4月免)
　　陆一珉　陆卫东
　　陈建明　季洪良
　　周志虎　周群信
　　赵建军　施向东
　　姚金泉　秦真智(女)
　　袁剑秋　袁雪祥(9月免)
　　顾彩萍(女)　钱云华
　　徐　刚(1月任)
　　徐　敏(女)
　　徐卫明(1月任)
　　唐红英(女)　唐利刚
　　蓬　元　瞿刘华
党组书记　徐仲高(1月免)
　　张　伟(1月任)
党组副书记　徐仲高(1月任)
　　陆颂义
党组成员　秦毅峰　应　梓　周群信
　　钱云华　周志虎

张家港市人民政府

市　长　黄　戟(1月免)
　　潘国强(1月任)
副市长　卞东方　徐平观
　　陆崇珉
　　李兆玮(女,3月免)
　　王松石　周斌伟
　　王　瑜(3月任)
　　陈卫兵(12月任)
　　仇玉山(9月任)
　　胡新华(挂职,9月免)
　　胡　俊(挂职,7月免)
党组书记　潘国强
党组副书记　卞东方
党组成员　赵建明(2月任,兼)
　　陆崇珉
　　李兆玮(女,3月免)
　　王松石　周斌伟
　　王　瑜(3月任)
　　常　征　陈卫兵(2月免)
　　刘东兴(2月任)

政协张家港市第十二届委员会

主　席　黄雪元
副主席　景惠新　刘会荪　丁学东
　　周　兵
秘书长　陈　飞
常务委员　(按姓氏笔画为序)
　　王春松
　　王韶杰(12月免)
　　朱长明　朱亚军
　　刘玉梅(女)　许　峰
　　孙礼江　孙利婵(女)
　　孙浩元　杜思梅(女)
　　苏　勇　苏国兴　李　峰
　　李兴华　李笑梅(女)
　　吴　平
　　吴惠英(女,12月免)
　　何　俊(12月免)
　　何一雷　余爱华(女)
　　沈　祥　张　萍(女)
　　张卫中　张燕清
　　陈世海　陈鹤忠
　　邵振江(12月免)
　　范义东　金双龙
　　周卫君　法　禅
　　孟伟言　施　律
　　赵剑锋　侯蔚枫(女)
　　姜　嵘(女)
　　姜志芳(女)
　　秦国平　夏　敏(女)
　　钱　伟　钱王平
　　徐若海　徐建龙
　　徐锦章　郭宏杰(女)
　　高卫平　高冰峰　唐　锋
　　黄冰青(女)
　　蒋丽华(女)
　　谢永锋　解志荣
　　蔡克荣　翟二生
　　缪闻鼎　樊建兵
　　潘雪平
　　薛　平(12月免)
党组书记　黄雪元
党组副书记　景惠新
党组成员　周　兵　陈世海
　　陈　飞

市纪委(监委)

中共张家港市第十一届纪律检查委员会

书　记　张　玮(12月免)
　　王永学(12月任)
副书记　茅哲峰　李维兵
常　委　徐文虎
　　瞿医蕾(女,3月免)
　　张成兵(3月免)　袁胜华
　　孙朝枫(3月任)
　　张　勇(3月任)
委　员　(按姓氏笔画为序)
　　任和平　杨志刚　吴文军
　　张　婷(女)　张成兵
　　张金珠(女)　张耀明
　　赵煜斌　温献民　瞿医蕾

市监察委员会

主　任　张　玮(12月免)
副主任　茅哲峰　李维兵
委　员　张成兵(4月免)　袁胜华

张　勇　徐培科
张　婷(女,4月任)

市纪委非公有制经济工作委员会

副书记　张　婷(女,兼)

市纪委派驻纪检组

派驻市人民法院纪检监察组组长
陈阳阳(女)
派驻市人民检察院纪检监察组组长
陈　祥
派驻市委办公室纪检监察组组长
倪雅萍(女)
派驻市委组织部纪检监察组组长
钟　桐(女)
派驻市委宣传部纪检监察组组长
陆　骏
派驻市委统战部纪检监察组组长
曹　平
派驻市委政法委纪检监察组组长
薛建华
派驻市政府办公室纪检监察组组长
马筱宇(女)
派驻市发改委纪检监察组组长
夏　良
派驻市教育局纪检监察组组长
李剑龙
派驻市公安局纪检监察组组长
张旦忠
派驻市财政局纪检监察组组长
朱龙友(8月免)
周国忠(11月任)
派驻市人社局纪检监察组组长
钱　剑
派驻市住建局纪检监察组组长
钱凤娟(女)
派驻市交通局纪检监察组组长
陆　斌(7月免)
樊益斌(7月任)
派驻市农业农村局纪检监察组组长
周国忠(11月免)
陈　丽(11月任)
派驻市卫健委纪检监察组组长
张金珠(女,7月免)
钱培红(女,7月任)
派驻市市场监管局纪检监察组组长
钱燕秋

市委巡察工作办公室

主　任　徐文虎(兼)
副主任　唐爱斌(兼)
肖　锋(兼,7月免)
殷　焕　葛永平(7月任)

市委巡察组

组　长　陈维清(3月免)
徐忠袁(7月免)
金　炯(7月免)
瞿医蕾(女,3月任)
朱晓敏(女,7月免)
任和平(7月任)
张金珠(女,7月任)
杨文杰(7月任)
副组长　丁建平　王修亮
陈　丽(女,11月免)
周学军(11月免)
陆　兵
陈子兵(11月免)
刘　丹(女,3月任)
杨志刚(11月任)
张玉海(11月任)
黄明祥(11月任)

保税区、经开区、冶金园、高新区工作机构

保税区

中共张家港保税区工作委员会

书　记　沈国芳
副书记　潘国强　石锡贤
许剑波(9月免)
委　员　季　冬　翁羽人(女)
温献民
季　峰　万资平
朱兴华(1月任)

张家港保税区管理委员会

副主任　潘国强　石锡贤
许剑波(9月免)
季　冬　翁羽人(女)
季　峰　万资平
朱兴华(1月任)
黄晓伟(9月任)

张家港保税区党政办公室(宣传文明办公室)

主　任　潘正云(7月免)
奚卫明(7月任)
副主任　沙卫军
徐卫凤(女,7月任)
周文超(7月任)
张祖宇(5月任,试岗锻炼)

张家港保税区外事办公室

主　任　奚卫明(7月免)
潘正云(7月任)

张家港保税区组织人事局

局　长　孙惠芳(女)
副局长　马建华(3月免)
仇治君
徐　红(女,7月任)

张家港保税区财政局

局　长　施　靖(女,7月任)
副局长　李春洪
吴晓春(11月任)

张家港保税区规划建设局

局　长　张宇洲
副局长　徐　群　李光磊
秦　瑜(11月任)

张家港保税区发展改革局(重大项目办公室)

局　长　刘忠华
副局长　包金华
陆炜炜(女,7月任)
谢　海
季晓阳(5月任,试岗锻炼)

张家港保税区招商局

局　长　张卫星
副局长　章海铭(11月免)
张奎军
卞振磊(8月免)

张家港保税区科技人才局

局　长　黄菊芳(女,3月免)
周晓成(3月任)
副局长　吴仲文
卞振磊(8月免)
张　俊(11月任)
戴　斌(8月免,挂职)
沈　璇(8月任,挂职)

张家港保税区安全环保局

局　长　王卫东(3月任)
副局长　许永华　徐　舟

张家港保税区企业服务管理局

局　长　邹文彪(3月任)
副局长　瞿　锋　宋　波(女)

张家港保税区投资服务中心

主　任　陈　剑(11月免)
章海铭(11月任)
副主任　徐卫凤(女,7月免)
卞　震(7月任)
孟菁菁(女)

张家港保税区物流贸易局(张家港保税物流园区管委会办公室、服务业办公室)

局　长　彭　烨
副局长　赵　旭　廖祚根

任　琰（女）　倪　军

张家港保税区社会事业局

局　长　徐敏娟（女，11月免）
　　　　何　俊（11月任）
副局长　陆　剑
　　　　柳志兵
　　　　周　峰

张家港保税区农村工作局

局　长　曹　东
副局长　李兴华
　　　　徐劲松
　　　　毛东兴

张家港保税区政法和社会管理办公室

主　任　刘　斌
副主任　闻玉林（3月免）
　　　　袁金良
　　　　徐卫峰（7月任）

张家港保税区行政审批局（政务服务中心）

局　长　何　萍（女）
副局长　卢红娟（女，12月免）
　　　　惠　涛

张家港保税区纪律检查工作委员会

书　记　温献民
副书记　夏　琼（女）

张家港保税区监察室（4月撤销）

主　任　夏　琼（女）
副主任　蒋中柱

张家港保税区监察工委（4月成立）

主　任　温献民（兼）
副主任　夏　琼（女，兼）

张家港保税区（金港镇）机关党委

书　记　孙惠芳（女，兼）
副书记　卢向群（女，兼）

张家港保税区（金港镇）非公企业党工委

书　记　卢向群（女，兼）

张家港保税区金港资产经营有限公司

董事长、总经理　杨晓虎

市国土资源局张家港保税区分局

局　长　季佩欣

张家港保税区市场监督管理局

局　长　谷晓晖
副局长　章俊平（女）
　　　　黄敏东
　　　　王　敏（1月任）

张家港保税区食品药品监督管理局

局　长　谷晓晖（兼）

张家港保税区税务局

局　长　徐　伟

经开区

中共张家港经济技术开发区工作委员会

书　记　卞东方（兼，3月任）
副书记　卢懂平
委　员　李　良　张　雷
　　　　赵志凯　顾卫彬
　　　　陆忠理　吴卫中
　　　　马春青（12月任）

张家港经济技术开发区管理委员会

主　任　邵军民（兼）
副主任　卢懂平　李　良
　　　　张　雷　赵志凯
　　　　顾卫彬　陆忠理
　　　　唐善林（8月免）
　　　　马春青（12月任）

张家港经济技术开发区纪律检查工作委员会

书　记　吴卫中
副书记　徐卫杰（4月免）
　　　　金　炯（7月任）

张家港经济技术开发区监察工委（4月成立）

主　任　吴卫中（兼）
副主任　金　炯（兼）

张家港经济技术开发区党政办公室（宣传文明办公室）

主　任　詹亚军（2月免）
　　　　黄　明（4月任）
副主任　朱洪春　石建军（8月免）
　　　　朱　峰

张家港经济技术开发区招商局

局　长　顾卫彬（兼，8月免）
　　　　石建军（8月任）
副局长　杨　岷（女，兼）
　　　　张海军（4月任，8月免）
　　　　徐　宏　苏　斌
　　　　钱　华（女）

张家港经济技术开发区商贸局

局　长　杨立清
副局长　吴建江
　　　　吕　浪（11月任）
　　　　王　伟（6月任，试岗2年）

张家港经济技术开发区发展改革局

局　长　张毓鸿（11月免）
　　　　施林峰（11月任）
副局长　杨立清（兼）
　　　　庞建东（8月任）
　　　　张海军（8月任）
　　　　杨浩东（8月免）
　　　　许文虎

张家港经济技术开发区科技人才局

局　长　杨　岷（女）
副局长　黄　蓉（女）
　　　　庞建东（8月免）
　　　　徐　徵
　　　　赵　亮（8月任，挂职1年）

张家港经济技术开发区安全环保局（8月更名）

局　长　毛建锋
副局长　邱树立　陈银锋
　　　　沈品忠（8月任）

张家港经济技术开发区建设局

局　长　李仲平
副局长　陈俊彪
　　　　陈　光

张家港经济技术开发区财政与资产管理局（8月更名）

局　长　吉鲁平
副局长　卢丹清（4月任）
　　　　郭文彩（女）
　　　　黄宇东（6月任，挂职1年）

张家港经济技术开发区党群工作局（8月更名）

局　长　陈海文（4月任）

张家港经济技术开发区社会事业局

局　长　凌　洁（女，7月免）
　　　　邱晶嘉（女，8月任）
副局长　叶丽娜（女）
　　　　唐　宏（8月任）
　　　　贾雪珍（女）

张家港经济技术开发区农业农村局（8月更名）

局　长　徐建军（4月任）
副局长　石丽华（女）
　　　　施亚忠
　　　　郭建锋

张家港经济技术开发区政法和社会管理办公室

主　任　赵剑锋（4月任）
副主任　缪俐琳（女）

张家港经济技术开发区行行政审批局（8月更名）

主　任　徐卫杰（4月任）
副主任　杨浩东（8月任）
　　　　柯欣荣　徐晓芳（女）

张家港经济技术开发区
（杨舍镇）机关党委

书　记　陈海文（兼，4月任）
副书记　詹亚军（兼，2月免）

市高新技术创业服务中心

主　任　孙海蓉（女）

张家港经济技术开发区机关服务中心

主　任　肖建东

冶金园

中共江苏扬子江国际冶金工业园
工作委员会

书　记　常　征
副书记　严亚明（2月任）　沈晓波
委　员　唐晓东　王静娟

江苏扬子江国际冶金工业园
管理委员会

副主任　严亚明（2月任）

江苏扬子江国际冶金工业园
党政办公室（宣传文明办公室）

主　任　倪惠芬（女，11月免）
　　　　蒋卫军（11月任）
副主任　陈　宇
　　　　赵胜宏（4月任）

江苏扬子江国际冶金工业园
组织人事局

局　长　许海峰
副局长　丁建东
　　　　牛　楠（女，6月任，试岗锻炼）

江苏扬子江国际冶金工业园
科技招商局（发展改革局）

局　长　卞春生
副局长　陈　龙　项　伟
　　　　朱俊杰
　　　　金今花（女，朝鲜族）
　　　　顾　琪（6月任，试岗锻炼）
　　　　张朝磊（9月免，挂职）
　　　　张永军（8月任，挂职）

江苏扬子江国际冶金工业园
经济服务局（安全环保局）

局　长　蒋卫军（11月免）
　　　　蒋忠明（11月任）
副局长　余耀明（11月免）
　　　　朱国生　钱　军
　　　　卞新峰（4月任）

江苏扬子江国际冶金工业园
物流贸易局

局　长　唐晓东
副局长　李　春
　　　　连丽丹（女）

江苏扬子江国际冶金工业园
规划建设局

局　长　张国华
副局长　朱子平　王　振
　　　　徐　峰（11月任）

江苏扬子江国际冶金工业园
财政和资产管理局

局　长　顾　青（11月免）
　　　　徐溪椿（11月任）
副局长　赵向东　李建兴　肖　军
　　　　张小辉（8月任）

江苏扬子江国际冶金工业园
社会事业局（农村工作局）

局　长　糜　正
副局长　李卫忠　宓武忠

江苏扬子江国际冶金工业园
政法和社会管理办公室

主　任　鞠江平（兼，11月任）
副主任　吴　玲（女）　夏永刚

中共江苏扬子江国际冶金工业园
纪工委

书　记　王静娟（女）
副书记　丁正红

江苏扬子江国际冶金工业园监察室
（4月撤销）

主　任　丁正红（4月免）

高新区

中共张家港高新技术产业开发区
工作委员会

书　记　潘国强（兼）
副书记　卢懂平　张　雷
委　员　黄祥亮（8月免）
　　　　曹鹰飞
　　　　陈　稳（11月免）
　　　　黄晓东
　　　　赵　瑜（女，兼，8月任）

张家港高新技术产业开发区
管理委员会

主　任　卢懂平
副主任　张　雷　黄祥亮（8月免）
　　　　曹鹰飞
　　　　赵　瑜（女，兼，8月任）

中共张家港高新技术产业开发区
纪律检查工作委员会

书　记　陈　稳（11月免）

张家港高新技术产业开发区
党政办公室

主　任　黄　明（兼，4月免）
　　　　朱洪春（4月任）

张家港高新技术产业开发区
人力资源局

局　长　陈海文（兼，4月免）
　　　　沈礼强（4月任）

张家港高新技术产业开发区
创新发展局

局　长　张　浩（兼）
副局长　徐　徵（女）
　　　　田景华（挂职）

张家港高新技术产业开发区
科技招商局

局　长　黄晓东（兼）
副局长　丁国秋　钱　华
　　　　季春晨（5月任，试岗锻炼）
　　　　赵颖涛（8月任，挂职）

张家港高新技术产业开发区财政局

局　长　徐溪椿（兼，11月免）
　　　　王丽华（11月任）

张家港高新技术产业开发区
规划建设局

局　长　马海兵
副局长　陶文华

各镇（区）领导机构

杨舍镇

中共杨舍镇委员会

党委书记　卢懂平
副书记　赵国峰（8月任）
　　　　许瑞兴
　　　　赵琦萍（女，8月任）
　　　　赵剑锋（兼）
委　员　崔立华　张耀军
　　　　郭广益（8月免）
　　　　陈　楠（女）　陈　强
　　　　邓衍子　王文华（女）
　　　　朱　尧（8月任）
纪委书记　陈　强
纪委副书记　黄　成

杨舍镇人民代表大会

主　席　陆卫东
副主席　秦建岳

杨舍镇人民政府

镇　长　赵国锋（8月任）
副镇长　张海军（4月免）
　　　　石　勇　杨　悦
　　　　陶文华　展亚东
　　　　马　洁（女）
　　　　张贵林（4月任）

市政协杨舍镇工作委员会

主　任　赵琦萍(女,兼,8月任)

副主任　王文华(女,兼)

杨舍镇经济服务中心
(招商服务中心)

主　任　汤文军

塘桥镇

中共塘桥镇委员会

党委书记　徐华东(8月免)
夏立新(8月任)

副书记　沙立平(2月免)
彭　炜(2月任)
朱栋裕
张艳丽(女)

委　员　卢建刚
庞卫刚
朱　新
黄治平
潘晓忠
袁　飞
殷建刚
许　忠(兼)

纪委书记　袁　飞

纪委副书记　朱志良

塘桥镇人民代表大会

主　席　朱卫兵

副主席　邹海兵

塘桥镇人民政府

镇　长　沙立平(2月免)
彭　炜(2月任)

副镇长　张　溢
许建东
张国平　郑启伟
宋联军　孙耀辉　陶　科
朱　江(5月任,试岗锻炼)
袁　梦(女,5月任,试岗锻炼)

塘桥镇经济服务中心(招商服务中心)

主　任　周爱军

市政协塘桥镇工作委员会

主　任　朱栋裕(兼)

副主任　潘晓忠(兼)

金港镇

中共金港镇委员会

党委书记　石锡贤

副书记　徐敏娟(女,11月免)
何　俊(11月任)
孙永华　王　希
刘　斌(兼)

党委委员　卢向群(女)
王卫东(3月免)
张惠锋　缪　飞
程艳杰(女,11月任)
缪静艺(女)
孙　亮(3月任)
严正斌(7月任)

纪委书记　缪静艺(女)

纪委副书记　丁忠良

金港镇人民代表大会

主　席　王惠忠

副主席　方建祥

金港镇人民政府

镇　长　徐敏娟(女,11月免)

副镇长　卞　震(7月免)
陆炜炜(女,7月免)
曹　军　袁达新
孙　亮(3月免)
封　皎(女)

市政协金港镇工作委员会

主　任　王　希(兼)

副主任　刘金坤
张惠锋(兼)

金港镇经济服务中心主任
(招商服务中心)

主　任　杨忠其

锦丰镇

中共锦丰镇委员会

书　记　常　征

副书记　沈晓波
邱晶嘉(女,8月免)
余耀明(11月任)
黄建浩(11月任)
鞠江平(兼)

委　员　陈卫菊(女)
褚　辉
孙　力
陈　英(女)
丁建东　叶海平
刘新德(11月免)
陈子兵(11月任)

纪委书记　刘新德(11月免)
陈子兵(11月任)

纪委副书记　王志清

锦丰镇人民代表大会

主　席　陈建明

副主席　刘　平

锦丰镇人民政府

镇　长　沈晓波

副镇长　卞春生(兼)
陈卫菊(女)
丁亚军
蒋亚东
黄　宏(女)
张亚芳(女)

市政协锦丰镇工作委员会

主　任　邱晶嘉(女,兼,8月免)
黄建浩(兼,12月任)

副主任　褚　辉(兼)

锦丰镇经济服务中心
(招商服务中心)

主　任　徐　锋(11月免)

乐余镇

中共乐余镇委员会

党委书记　夏立新(8月免)
黄祥亮(8月任)

副书记　陆晓平(2月免)
张莉莎(女,2月任)
钱梁斌(4月免)
於海良(4月任)
薛盘芳(7月免)
吴红波(7月任)

委　员　吴永兵
沈洪源(7月免)
陈　兰(女)
钱　斌
季　忠　杨卫兴
朱文骁(女)
朱礼斌(兼)
王　巍(7月任)

纪委书记　杨卫兴

纪委副书记　魏晓晖(8月免)

乐余镇人民代表大会

主　席　张耀清(4月免)
钱梁斌(4月任)

副主席　朱文骁(女,兼)

乐余镇人民政府

镇　长　陆晓平(2月免)
张莉莎(女,2月任)

副镇长　沈洪源(7月免)
许文生　王　忠
邹　伟　孙顾力
黄利明
赵　蒙(挂职)
袁英凯(5月任,试岗锻炼)

市政协乐余镇工作委员会

主　任　钱梁斌(兼,6月免)
於海良(兼,6月任)

副主任　陈　兰(女,兼)

乐余镇经济服务中心
(招商服务中心)

主　任　方向明

凤凰镇

中共凤凰镇委员会

党委书记　王文伟
副书记　王卫民
　　吴文军
　　戴　艳(女)
党委委员　李　新　朱春秋
　　赵文中　邓　敏(女)
　　黄旭东
　　焦频频(女,11月免)
　　魏新阳
　　张连祥(兼,7月免)
　　郭志浩(兼,7月任)
　　邹丽花(女,11月任)
纪委书记　焦频频(女,11月免)
　　邹丽花(女,11月任)
纪委副书记　常　铨(4月免)
　　周丽群(女,4月任)

凤凰镇人民代表大会

主　席　袁雪祥(1月免)
　　张耀明(1月任)
副主席　何正岳

凤凰镇人民政府

镇　长　王卫民
副镇长　马宏鹏　顾竹江
　　钱晓波　徐丹芸(女)
　　汤伟刚(7月免)
　　邱仲生(7月任)
　　周　忠
　　张晨悦(女,5月任,试岗锻炼)

市政协凤凰镇工作委员会

主　任　吴文军(兼)
副主任　魏新阳(兼,11月免)

凤凰镇经济服务中心
(招商服务中心)

主　任　庞晓畅

南丰镇

中共南丰镇委员会

党委书记　沈　琳
副书记　袁政国(2月免)
　　陈　磊(2月任)
　　陈晓英(女)
　　李　翔(8月免,挂职)
委　员　钱新华(女,4月免)
　　金俊龙(7月免)
　　朱建明　陈　立
　　顾　博　戴　俭
　　钱海东(4月任)
　　成　凯(7月任)
纪委书记　钱新华(女,4月免)
　　钱海东(4月任)
纪委副书记　尤江峰(女)

南丰镇人民代表大会

主　席　陆一珉
副主席　戴　俭(兼)

南丰镇人民政府

镇　长　袁政国(2月免)
　　陈　磊(2月任)
副镇长　倪玉祥
　　方荣胜
　　陆静亚(女)
　　徐　晋
　　朱镕博(5月任,试岗锻炼)

市政协南丰镇工作委员会

主　任　陈晓英(女,兼)
副主任　顾　博(兼)

南丰镇经济服务中心
(招商服务中心)

主　任　邹　江

大新镇

中共大新镇委员会

党委书记　徐凤琪
副书记　何　剑
　　赵　瑜(女,8月免)
　　卞振磊(8月任)
委　员　顾　芳(女)
　　黄建兴
　　张　平　朱浩锋
　　陈晓锋(4月免)
　　秦燕军
　　钱艳红(女,4月任)
　　孟令剑(8月任)
纪委书记　陈晓锋(4月免)
　　钱艳红(女,4月任)

大新镇人民代表大会

主　席　袁剑秋
副主席　赵兰芬(女,兼)

大新镇人民政府

镇　长　何　剑
副镇长　张爱华　俞鹏科
　　肖　斌
　　谢　玲(女)
　　朱伟力(女,5月任,试岗锻炼)

市政协大新镇工作委员会

主　任　赵　瑜(女,兼,8月免)
　　卞振磊(兼,8月任)
副主任　秦燕军(兼)

大新镇经济服务中心
(招商服务中心)

主　任　赵兰芬(女)

常阴沙现代农业示范园区

中共常阴沙现代农业
示范园区工作委员会

党工委书记　陈雪明
副书记　钱晓锋　张左平
　　王卫星(女)
　　朱益波(8月任,挂职)
委　员　杨　彬
　　黄新波(女)
　　宋永乾(11月免)
　　吴振宇
　　陆　燕(女)
纪工委书记　吴振宇

常阴沙现代农业示范园区管委会

主　任　钱晓锋
副主任　虞伟明
　　宋永乾(11月免)
　　钱　平　马耀博
　　陆　燕(女)
　　徐巡军(11月任)

市人大常阴沙现代农业
示范园区工作委员会

主　任　王卫星(女,兼)

市政协常阴沙现代农业
示范园区工作委员会

主　任　张左平(兼)
副主任　杨　彬(兼)

双山岛旅游度假区

中共双山岛旅游度假区工作委员会
(3月更名)

书　记　张　平
副书记　沈　浩　李　彬
　　邹　铜
委　员　李群慧　何兴娟(女)
　　高品强
纪工委书记　李群慧

双山岛旅游度假区管委会
(3月更名)

主　任　沈　浩
副主任　邹　铜　丁　德
　　许燕忠　孟新华

中共双山香山旅游度假区工作委员会
（3月更名）

书　记　许剑波（11月免）
　　　　张　平（11月任）
副书记　张　平（11月免）
　　　　张毓鸿（11月任）
　　　　沈　浩（10月免）
　　　　李　彬　邹　铜
委　员　李群慧　何兴娟（女）
　　　　高品强
纪工委书记　李群慧

双山香山旅游度假区管委会

主　任　张　平（11月免）
　　　　张毓鸿（11月任）
副主任　沈　浩（10月免）
　　　　丁　德　徐　群
　　　　许燕忠（7月免）
　　　　孟新华　曹建峰（7月任）

市人武部、法院、检察院

市人民武装部

部　长　任伏军
政　委　许晓云
副部长　傅衍顺（7月免）

市人民法院

党组书记、院长　朱劼纯
副院长　顾海斌（1月免）
　　　　余爱华（女）
　　　　陆建忠（1月任）
　　　　李清泉
党组副书记　顾海斌（1月免）
党组成员　陆建忠（3月任）
　　　　　赵　晖　李清泉
　　　　　陈阳阳（女）

市人民检察院

党组书记、检察长　邓根保
党组副书记　丁建勤（4月任）
副检察长　丁建勤　陆鹏程
　　　　　马建新（7月任）
党组成员　马建新　刘　霞（女）
　　　　　陈　祥
　　　　　韩广强（7月任）
　　　　　王友艳（女，7月任）

市委工作机构

市委办公室

主　任　朱兴华（兼，2月免）
　　　　陈卫兵（2月任）
副主任　丁　峰（2月免）
　　　　李建刚　薛盘芳（7月任）
　　　　沈海峰　丁　浩
　　　　施林峰（2月任，11月免）

市委机要局

局　长　王彦文
副局长　张晓莉（女）

市委保密委员会办公室
（市国家保密局，市国家密码管理局，在市委办挂牌，2月免）

主　任（局长）　丁　峰（兼，2月免）
副主任（副局长）　龙大华
　　　　　　　　　施林峰（2月免）

市委研究室

主　任　薛　奇（2月任）
副主任　杨小冬（2月任）
　　　　王金武（4月任）

市委组织部

部　长　陆德峰（12月免）
　　　　张志明（12月任）
副部长　庞赞平（12月免）
　　　　刘　俭（兼）
　　　　樊建兵
　　　　徐敏娟（女，兼，12月任）
　　　　成家武
　　　　周　颖（女，3月任）

市公务员局

局　长　成家武（3月任）
副局长　肖　锋（7月任）

市委非公有制企业和
社会组织工作委员会
（与市委组织部合署办公）

副书记　周　颖（女，3月免）
　　　　陈　昕
　　　　周明阳（7月免）

市委党的建设工作领导小组办公室

主　任　周　颖
副主任　王　恒（1月任）

市委老干部局

局　长　庞赞平（11月免）
　　　　徐敏娟（女，11月任）
副局长　朱纯敏（女）　龚向东

市委宣传部

部　长　杨　芳（女）
副部长　陈世海（兼，援贵州沿河）
　　　　袁　勋（2月免）
　　　　张小伟（2月任）
　　　　何　俊（11月免）
　　　　陈　稳（11月任）
　　　　陈永泽
　　　　钱晓东（2月任）

市精神文明建设委员会办公室
（在市委宣传部挂牌）

主　任　何　俊（兼，11月免）
　　　　钱晓东（11月任）
副主任　王海燕（女）　蔡　磊

市政府新闻办公室
（在市委宣传部挂牌）

主　任　陈永泽（兼）
副主任　黄　霞（女，2月免）

市新闻出版局
（市版权局，在市委宣传部挂牌）

副局长　陈东平

市互联网信息办公室

副主任　黄卫琼（女，7月免）
　　　　金俊龙（7月任）

市委统一战线工作部

部　长　赵建明（兼）
副部长　薛　平（7月免）
　　　　唐雷刚（7月任）
　　　　解志荣（兼）
　　　　赵志刚
　　　　谢正国（2月任）
　　　　王世芳（女）

市民族宗教事务局
（在统战部挂牌）

局　长　赵志刚（兼，2月任）
副局长　吴　一（女，10月免）
　　　　侯蔚枫（女，2月免）
　　　　王舒凤（女，11月任）

市委台湾工作办公室
（市政府台湾事务办公室，在市委统战部挂牌）

主　任　张耀清（3月任）
副主任　钱新棣　瞿秋霞（女）

市政府侨务办公室

主　任　谢正国
副主任　董雪明

市委政法委员会

书　记　黄亚平
副书记　周斌伟（兼）
　　　　邓根保（兼）
　　　　朱劼纯（兼）　赵剑锋
　　　　周　钧（2月免）
　　　　沙雪松（回族）
　　　　徐昀宇（2月任）
委　员　万学刚（兼）

市社会治安综合治理委员会办公室
（在市委政法委员会挂牌，2月撤销）

主　任　周　钧（兼）

副主任　徐昀宇
　　　　周文英(女)
　　　　徐　健

市国家安全领导小组办公室

主　任　赵剑锋(兼)
副主任　张国良

市委农村工作办公室

(挂市政府农村集体资产管理办公室牌子,2月撤销)

副主任　陆明程　李　刚
　　　　张　进

市委机构编制委员会

(2月更名)

主　任　沈国芳
副主任　潘国强　卞东方
　　　　张志明(12月任)
　　　　陆德峰　周　兵
委　员　陈卫兵　刘东兴　成家武
　　　　孟　波　刘　俭

市委机构编制委员会办公室

(2月更名)

主　任　孟　波(11月免)
　　　　刘　俭(11月任)
副主任　许　健　唐爱斌
　　　　李　松

市委防范和处理邪教问题办公室

(2月撤销)

主　任　邬海安
副主任　刘　军

市委市级机关工作委员会

(2月撤销)

书　记　施建彬(7月免)
副书记　任和平(3月免)
　　　　钱艳虹(女)
纪工委书记　任和平(兼,2月免)

市人大、政协机关

市人大常委会办公室

主　任　周志虎
副主任　孙朝枫(4月免)
　　　　徐建龙
　　　　张成兵(4月任)
　　　　徐龙斌

市人大常委会研究室

副主任　孙朝枫(兼,4月免)

市人大常委会人事代表联络工作委员会

主　任　徐　敏(女)
副主任　袁赛平(11月免)
　　　　蓬　元(11月任)

市人大常委会内务司法工作委员会

主　任　杨建钟
副主任　李锦华

市人大常委会财政经济工作委员会

主　任　施向东
副主任　李伟星　陈晓平

市人大常委会城建环保工作委员会

主　任　许京海(12月免)
副主任　胡　燕(女)
　　　　朱保明

市人大常委会教科文卫(外事民宗侨台)工作委员会

主　任　唐红英(女)
副主任　苏花兰(女)
　　　　严　武

市人大常委会农业农村工作委员会

主　任　姚金泉
副主任　顾彩萍(女)

市政协

秘书长　陈　飞
副秘书长　朱育才(6月任)
　　　　　陈　丽(女)
　　　　　周小军(6月免)
　　　　　蔡克荣

市政协办公室

主　任　陈　飞
副主任　朱育才(6月任)
　　　　陈　丽(女)
　　　　周小军(6月免)
　　　　蔡克荣
　　　　王舒凤(女,12月免)
　　　　焦频频(女,12月任)

市政协提案委员会

主　任　潘雪平
副主任　张亚萍(女)
　　　　陈　刚(兼)
　　　　丁　浩(兼,6月任)

市政协经济科技和农业农村委员会

(2月更名)

主　任　李笑梅
　　　　葛云芳(女,2月任)
副主任　纪　峰
　　　　孙利婵(女,兼,3月任)
　　　　庞建阳(兼,3月任)
　　　　卜家怡(女,兼,3月任,6月免)
　　　　解志荣(兼,3月任)
　　　　吴彦刚(兼,3月任)
　　　　张　进(兼,3月任)
　　　　蒋　昊(兼,5月任)

市政协社会事业委员会

主　任　张卫中
副主任　陆　洲　张雅红(女)
　　　　何　俊(兼,12月免)
　　　　赵剑锋(兼)
　　　　孙建忠(兼,6月免)
　　　　黄卫星(兼,6月免)
　　　　钱洁雅(女,兼,6月任)
　　　　李忠影(女,兼,6月任)
　　　　朱长春(兼,6月任)
　　　　钱晓东(兼,12月任)

市政协城乡建设委员会

主　任　王春松
副主任　张　曲
　　　　秦国平(兼)
　　　　李建华(兼)

市政协港澳台侨(民族宗教)委员会

主　任　姜志芳(女)
副主任　朱育才(6月免)
　　　　黄冰青(女,6月任)
　　　　赵志刚(兼)
　　　　姜　嵘(女,兼)
　　　　薛　平(兼,8月免)
　　　　谢正国(兼)
　　　　樊建兵(兼)
　　　　唐雷刚(兼,8月任)
　　　　张耀清(兼,12月任)

市政协文化文史委员会

(3月更名)

主　任　许　峰
副主任　朱文焰　高卫平(兼)
　　　　汪丽菁(女,兼)

市政府工作部门

市政府办公室

党组书记、主任　陈卫兵(2月免)
　　　　　　　　刘东兴(2月任)
副主任　陈　刚
　　　　张　毅(兼,11月免)
　　　　巫　刚(3月免)　周建江
　　　　黄建浩(11月免)
　　　　钱　斌　金　鑫
　　　　阳　曦(2月免)　杜锁军
　　　　周荣兴(4月任)
　　　　邵继东(兼,11月任)
　　　　赵中华(10月任)
　　　　范应良(11月任,挂职)
党组成员　陈　刚　马学锋(女)
　　　　　陈剑浩(2月免)

张　毅（11月免）
李秋菊（女）
邵继东（11月任）
巫　刚（4月免）
周建江
黄建浩（11月免）
顾雪峰（2月任）
钱　斌　金　鑫
江建胜（7月免）
阳　曦（2月免）
杜锁军
周荣兴（4月任）
马筱宇（女）
唐　蔚（2月免）
林　源（2月任）
赵中华（10月任）

市金融工作服务中心

（保留市政府金融工作办公室牌子，在市政府办公室挂牌）

主　任　李秋菊（女）
副主任　宋国华　张君华　陆云松

市大数据管理中心

（市信息资源管理中心）

主　任　肖春峰

市政府研究室

主　任　林　源（兼，2月任）

市应急管理办公室

主　任　唐　蔚（2月免）

市政府法制办公室

（在市政府办公室挂牌，1月撤销）

主　任　陈剑浩
副主任　周炳芳

市政府外事办公室

（在市政府办公室挂牌）

主　任　马学锋（女）
副主任　徐丽花（女）

市发展和改革委员会

（4月成立党委）

党委书记、主任　刘东兴（2月免）
　　袁政国（2月任）
党委副书记　龙凤清（2月任，11月免）
　　赵国锋（8月免）
　　顾　青（11月任）
副主任　龙凤清（2月任，11月免）
　　赵国锋（8月免）
　　顾　青（11月任）
　　曹　阳　严　忠（2月任）
　　倪雷兴（2月任）
　　马正阳（2月任）
　　刘恒然　周荣兴（4月免）
　　徐道娟（女）
党委委员　曹　阳
　　蔡惠良（7月免）
　　严　忠　倪雷兴
　　夏　良　马正阳
　　刘恒然
　　周荣兴（4月免）
　　徐道娟（女）
　　严景阳（女）

市粮食和物资储备局

（在市发改委挂牌）

局　长　龙凤清（兼，11月免）
　　顾　青（兼，11月任）
副局长　蔡惠良（2月任，7月免）
　　严景阳（女）

市经济协作办公室

（在市发展和改革委员会挂牌，2月撤销）

主　任　赵国锋（兼，2月免）

市企业上市工作办公室

（在市政府办挂牌，1月撤销）

主　任　李秋菊（女，2月免）

市服务业发展办公室

（在市发展和改革委员会挂牌，2月撤销）

主　任　刘东兴（兼）
副主任　严　忠

市重大项目推进中心

主　任　刘　佾（兼，4月免）
　　沙美秀（女，7月任）

市教育局

（挂市政府教育督导室牌子）

市委教育工委书记、局长　杨志刚
副局长　钱洁雅（女）　王柳军
　　葛敏亚（女）　朱治国
　　高冰峰
市委教育工委委员　钱洁雅（女）
　　李剑龙　朱瑞春
　　王柳军
　　葛敏亚（女）
　　朱治国

市科学技术局

（挂市知识产权局牌子）

党组书记、局长　黄祥亮（8月免）
　　赵　瑜（8月任）
党组副书记　周晓成（4月免）
副局长　周晓成（4月免）
　　俞　萍（女）
　　朱晨阳　张天若
　　孙东亮
　　宓灏文（4月任）
　　戴　斌（挂职）
党组成员　俞　萍（女）　朱晨阳
　　张天若　宓灏文（4月任）

市经济和信息化委员会

（2月撤销）

党委书记、主任　陶彦斌（2月免）
副主任　吴彦刚　夏燕良
　　赵学刚　袁　俊
　　侯　忠
　　朱敏燕（女）
党委副书记　吴彦刚
党委委员　夏燕良　朱敏燕（女）
　　赵学刚　袁　俊
　　侯　忠

市中小企业局

（在市经济和信息化委员会挂牌，2月撤销）

局　长　吴彦刚

市工业和信息化局

（2月成立）

党委书记、局长　陶彦斌
党委副书记、副局长　吴彦刚
党委委员、副局长　夏燕良　赵学刚
　　袁　俊　侯　忠
　　朱敏燕

市公安局

党委书记、局长、督察长　周斌伟
政　委　徐向前（1月任）
副局长　邬海安（1月免）
　　刘　斌
　　谢建华（12月免）
　　赵剑锋　陆　斌
　　黄　晟（10月免）
　　戴冷松（1月任）
　　陈立峰
　　殷沪飞（1月任）
　　徐惠达（挂职）
党委副书记　徐向前（2月任）
　　邬海安（2月任）
党委委员　刘　斌
　　谢建华（12月免）
　　徐晓忠（11月免）
　　赵剑锋　李本清
　　陆　斌
　　黄　晟（10月免）
　　殷沪飞　张旦忠
　　戴冷松
　　陈立峰　陈洪泉
　　沈　军（2月任）

唐新荣(2月任)
徐高峰(2月任)
徐惠达(挂职)
副政委　李本清
政治处主任　殷沪飞(1月免)
徐高峰(1月任)

市民政局

党委书记、局长　范一明
副局长　李军强(2月免)　徐　丹
惠　红(女)
刘振渊(7月免)
孙　海　徐志斌
陶静华(女,7月任)
党委副书记　李军强(2月免)
徐　丹
党委委员　惠　红(女)
刘振渊(7月免)
孙　海　徐志斌
陶静华(女,7月任)

市司法局

党委书记　万学刚(2月免)
陈剑浩(2月任)
局　长　万学刚
党委副书记　万学刚(2月任)
副局长　陈剑浩(2月任)
孙　晔(10月免)
周卫君
陈　霞(女)　陶广成
周炳芳(1月任)
张金龙
党委委员　孙　晔(10月免)
陈　霞(女)
陶广成　周炳芳(1月任)
徐　健(1月任)　张金龙

市财政局

(挂市政府国有资产监督管理办公室牌子,4月成立党委)
党委书记、局长　周　兵
党委副书记　许啸文(女)
副局长　许啸文(女)
陈耀明
许　佳(女)
牛建平(女,4月任)
庞天舒(女)
党委委员　陈耀明
周国忠(11月任)
朱龙友(8月免)
牛建平(女)
庞天舒(女)
周明明(7月任)
徐　旻(女)

市委国有企业工作委员会

(4月成立)
党委书记　周　兵
党委副书记　许啸文
周明明(7月任)

市人力资源和社会保障局

党委书记、局长　刘　俭(11月免)
张　毅(11月任)
副局长　朱志斌　陈晓烽　张远勇
金　雳
党委委员　钱　剑　朱志斌
陈晓烽　张远勇
金　雳　薛　蕾(女)

市国土资源局

(4月撤销)
党组书记、局长　杨惠亚(女)
副局长　季佩欣(兼)
周国强(兼)
孙建华　闻　炯
张峰鹰
党组成员　季佩欣(兼)
周国强(兼)　施文军
孙建华　闻　炯
张峰鹰　秦洪祥
许晓明

市自然资源和规划局

(4月成立)
党委书记、局长　杨惠亚
党委副书记　郭文谦
副局长　郭文谦　季佩欣
陆惠民　孙建华
孟伟言　闻　炯
张峰鹰　张爱民
党委委员　季佩欣　施文军
陆惠民　孙建华
许晓明　闻　炯
张峰鹰　张爱民

市住房和城乡建设局

党委书记　彭　炜(2月免)
邹利明(2月任)
局　长　彭　炜(2月免)
蒋新峰(2月任)
党委副书记　邹利明(2月免)
许进华(2月任,11月免)
副局长　许进华(2月任,11月免)
徐晓立　曹　峥
李建华　钱　耿
党委委员　张　晖　徐晓立
钱凤娟(女)　曹　峥
顾敬贤(11月免)
王　强(2月任)
杨　枫(女,2月任)
刘中平(2月任)
秦　芳(女,2月任)
袁寨平(11月任)

市民防局

(挂市人民防空办公室牌子,2月撤销)
党组书记、局长　许进华
副局长　王　强　杨　枫(女)
刘中平
党组成员　王　强
杨　枫(女)
刘中平

市地震局

(2月撤销)
副局长　管长兴

市房产管理中心

(为市住房和城乡建设局下属正科级单位)
主　任　邹利明
副主任　郭宏杰(女)
秦　芳(女)
袁寨平(11月任)

市规划局

(2月撤销)
局　长　蒋新峰(1月免)
党组书记　郭文谦
副局长　郭文谦　陆惠民
孟伟言　张爱民
党组成员　陆惠民　张爱民

市城市管理局

(挂市城市管理行政执法局牌子)
党委书记　徐向前(2月免)
陆晓平(2月任)
局　长　徐向前(2月免)
陆晓平(2月任)
党委副书记　陈　磊(2月免)
副局长、党委委员　林志宏(7月免)
沈洪源(7月任)
陈洪明　惠海宁
陈　强(11月免)
刘新德(11月任)
高　明(12月任)

市交通运输局

党委书记、局长　朱瑞栋
副局长　李　星　文清泽
张　辉(2月任)
王晓冬　叶德元
沙豫华　徐　德

党委委员　陆　斌(7月免)
李　星　张　辉(2月任)
王晓冬　叶德元　沙豫华
樊益斌(7月任)
徐　德
瞿　伟(2月任)

市水务局

(2月更名)

党委书记、局长　严栋兴
副局长　张永全　翟二生　陈杏明
陶　雷　何继军
党委委员　张永全　陈杏明
陶　雷　何继军
徐　红(7月任)

市农业委员会

(挂市林业局牌子,1月撤销)

主　任　徐　江
党委书记　汤卫华
副主任　汤卫华　孟凡珍(女)
宋向洪　朱新华
党委委员　周国忠　宋向洪
朱新华　戴玉胜

市农业农村局

(1月成立)

党委书记　汤卫华
局　长　徐　江
党委副书记　陆明程
副局长　汤卫华　陆明程
李　刚　孟凡珍
宋向洪　张　进
朱新华
党委委员　周国忠(11月免)
李　刚
陈　丽(11月任)
宋向洪
张　进(2月任)
朱新华
戴玉胜(2月任)

市商务局

(挂市口岸办牌子)

党委书记、局长　尹　洁(女)
副局长　庞建阳　叶　新
黄　炜
蒋忠明(11月免)
张愫阳(2月任)
吴　昊
张　敏(8月任)
党委委员　庞建阳　叶　新　黄　炜
蒋忠明(11月免)
张愫阳(2月任)　吴　昊
张　敏(8月任)

市文化广电新闻出版局

(挂市文物局牌子,1月撤销)

局　长　孙建忠
党委副书记　孙建忠
副局长　王韶杰
陈红霞(女)
俞　刚　李忠影(女)
孙天华
党委委员　陈红霞(女)
俞　刚
李忠影(女)　孙天华

市广播电视总台(市广播电视台)

(8月撤销)

党委书记、总台长(台长)
孙建忠(兼,2月免)
党委副书记　陈东平(2月免)
总编辑　孙建忠(兼,2月免)
陈红霞(女,2月任)
副总台长(副台长)　陈红霞(女,兼)
任黎明
党委委员　陈红霞(女)　任黎明

市体育局

(1月撤销)

党组书记、局长　张莉莎(女)
副局长　金　涌　李　峰'
杜文献
党组成员　金　涌　杜文献

市旅游局

(1月撤销)

党组书记、局长　蔡彩虹(女)
副局长　张　舟　瞿彩娟(女)
吴红波
党组成员　张　舟　瞿彩娟(女)
吴红波

市文体广电和旅游局

(挂市文物局牌子,2月成立)

党委书记　陈世海(2月任)
党委副书记　孙建忠(2月任)
党委委员　张　舟
瞿彩娟(女,2月任)
金　涌　俞　刚
杜文献　李忠影(女)
孙天华
吴红波(2月任,7月免)
钱　凯(11月任)
局　长　孙建忠(1月任)
副局长　张　舟(2月任)
瞿彩娟(女,2月任)
金　涌(2月任)
李　峰(2月任)
王韶杰(2月任,10月免)
俞　刚(2月任)
杜文献(2月任)
李忠影(女,2月任)
孙天华(2月任)
吴红波(2月任,7月免)

市卫生健康委员会

(2月更名)

党委书记、主任　王卫国
党委副书记　阳　曦
党委委员　於海良(4月免)
张金珠(7月免)
陈红卫　蔡　贤
黄卫星　朱长春
朱光华
王群刚(7月任)
钱培红(女,7月任)
副主任　於海良(4月免)　陈红卫
蔡　贤　黄卫星
朱长春　蒋　锋

市退役军人事务局

(2月成立)

党组书记　周　钧(2月任)
党组副书记、局长　李军强(2月任)
副局长　周　钧(2月任)
陈晓峰(4月任)

市城乡环境卫生指导中心

(5月调整为市卫生健康委员会下属事业单位)

主　任　陈　磊(2月免)
阳　曦(2月任)
副主任　徐一中　冯　春
陆海涛

市审计局

党组书记、局长　张耀明(2月免)
袁　勋(2月任)
副局长　陆小玲(女)
徐德华(2月任)
翟爱保(12月免)
陆　嶙(女)
陆维江(12月任)
党组成员　陆小玲(女)
陆　嶙(女)
徐德华(2月任)
陆维江(12月任)

市行政审批局

(挂市政务服务管理办公室牌子)

党组书记、局长(主任)　屈荣杰
党组成员、副局长　顾雪峰(2月免)

顾一武
宋永乾(11月任)
曹 徐
万仁松
林 源(2月任)
袁瑞燕(女,7月任)

市应急管理局

(2月更名,4月成立党委)

党委书记、局长 陈国庆
党委副书记、副局长 匡雄华
党委委员、副局长 管长兴
徐志斌 邵 浒
唐 蔚 林学军

市市场监督管理局

(挂市知识产权局牌子)

党委书记、局长 田文华
党委副书记 高 攀
副局长 高 攀
赵继杰(2月任)
孙跃忠 苏伟刚
陆翠珍(女)
郑大勇
田晓燕
党委委员 周 枫
赵继杰(2月任)
孙跃忠
钱燕秋
苏伟刚
王 敏(2月免)
朱爽秋(4月任)
郑大勇
田晓燕

市统计局

党组书记、局长 罗晓骏(3月免)
巫 刚(3月任)
副局长 孙浩龙 陶晓峰
瞿海丰(11月任)
党组成员 孙浩龙
陶晓峰
瞿海丰(11月任)

市医疗保障局

(2月成立)

党组书记、局长 丁 峰
党组成员 沈 斌 赵 达
副局长 沈 斌 赵 达

市物价局

(2月撤销)

党组书记、局长 张 璇(女)
党组副书记 赵继杰
副局长 倪雷兴
马正阳
沈 斌
党组成员 倪雷兴 马正阳
沈 斌

市粮食局

(2月撤销)

党组书记、局长 龙凤清
副局长 蔡惠良
葛云芳(女)
严景阳(女)
党组成员 蔡惠良
葛云芳(女)
严景阳(女)

市信访局

(2月挂市委信访局牌子)

党组书记、局长
张 毅(11月免)
邵继东(11月任)
副局长 黄耀平(2月任)
陈 珍(女,兼,2月任)
严 武(挂职,1月任)
吴红波(挂职,1月任)
陆文琰(女,挂职,1月任)
任黎明(挂职,1月任)
雷 莹(女,7月任,挂职)
万仁松(7月任,挂职)
瞿 伟(7月任,挂职)
赵 达(7月任,挂职)
督察专员 徐 科
党组成员 黄耀平
陈 珍(女)
徐 科

市社会调解服务中心

(挂市人民政府接访中心牌子)

主 任 张 毅(兼,11月免)
邵继东(兼,11月任)
副主任 邵继东(兼)
孙 晔(兼,10月免)
黄耀平(兼)
陈 珍(女,兼)

苏州市公共资源交易张家港分中心

主 任 顾一武(兼)

市政府派出机构

市政府口岸办公室

(挂市港口管理局牌子,2月撤销)

党组书记、常务副主任(局长)
张小伟
副主任(副局长) 张 辉
张愫阳
杨耀文
党组成员 张 辉 张愫阳
杨耀文 瞿 伟

民主党派、社会团体

中国国民党革命委员会
张家港市基层委员会

主 委 张满兴
副主委 蔡克荣 何一雷
蒋丽华(6月任)
秘书长 蒋丽华(兼)

中国民主同盟张家港市委员会

主 委 丁学东
副主委 姜 嵘(女)
侯蔚枫(女)
周卫君 刘玉梅(女)

中国民主建国会张家港市基层委员会

主 委 刘会荪
副主委 徐建龙 葛庆贤

中国民主促进会苏州市张家港
支部委员会

主 委 李 峰
委 员 李晓华 蒋 恒

中国农工民主党张家港市委员会

主 委 顾 放
副主委 翟二生
杜思梅(女)
蒋 锋

中国致公党苏州市张家港支部委员会

主 委 蓬 元
委 员 吴 健 李 键

九三学社张家港市基层委员会

主 委 徐平观
副主委 秦国平
郭宏杰(女)
严红艳(女)

市无党派人士联谊会

会 长 徐 江
副会长 徐锦章 余爱华
陆鹏程

市工商业联合会(总商会)

党组书记 解志荣
主席(会长) 刘 佾
副主席(副会长) 解志荣
陈志勇
许海萍(女)
沈 彬(兼)

吴耀芳（兼）
沈学如（兼）
杨培兴（兼）
陈玉忠（兼）
黄庭明（兼）
施建刚（兼）
吴建明（兼）
副会长　朱郁健　郁霞秋（女，兼）
邹承慧（兼）
黄和芳（兼）
李兴华（兼）
徐卫民（兼）
徐卫明（兼）
许培新（兼）
刘永华（兼）
严加彬（兼）
徐彩君（女，兼）
金双龙（兼）
唐利刚（兼）
黄刻松（兼）
缪向阳（兼）
朱　忻（兼）
党组成员　陈志勇
许海萍（女）
彭　嫣（女）
熊晓建（兼）

市总工会

（12月换届）
党组书记、主席　季洪良
副主席　张燕清
高　翔
孙卫忠
黄　慧（女）
张　澄（女）
惠　红（女，兼）
朱志斌（兼）
徐　伟（女，兼，11月免）
翟晓东（兼）
翟　涛（挂职）
党组成员　张燕清
高　翔
孙卫忠
黄　慧（女）
黄声笑（女）

共青团张家港市委员会

（8月撤销党组）
书　记　王苏嘉
副书记　陆吟远（女）
施　律
翟梓均（8月任）
郑　晔（11月任，挂职）

市青年联合会

主　席　王苏嘉（兼）
副主席　吴　毅'
陆　超
刘　琨
陆吟远（女，兼）
施　律（兼）
翟梓均（女，兼）

市妇女联合会

党组书记、主席　秦真智（女）
党组成员、副主席　曹丽华（女）
刘晓霞（女）
刘　兰（女）
副主席　钱洁雅（女，兼）
朱光华（女，兼）
郁敏芳（女，兼）
李雯倩（女，挂职）

市文学艺术界联合会

（10月换届）
党组书记、主席　钱晓东
副主席　高卫平
董　红（女）
党组成员　董　红（女）

市科学技术协会

党组书记、主席　董建刚（11月免）
龙凤清（11月任）
党组成员、副主席　徐松林
孙利婵（女）
侯蔚枫（2月任）
孟凡珍（女，兼）
王树生（兼）
谈雅琴（女，兼）
施一新（兼）

市归国华侨联合会

主　席　姜　嵘（女）
副主席　赵　敢　邵忠英（女）
黄　霞（女，2月任）
陈　刚（兼）

市残疾人联合会

党组书记、理事长　曹跃飞
党组成员、副理事长　王新法
姚红梅（女）

市哲学社会科学界联合会

主　席　黄卫琼（2月任）
钱晓东（2月免）
副主席　俞鞠敏

市红十字会

会　长　徐平观（兼，9月免）
王松石（兼，9月任）
常务副会长　王卫国（兼）
专职副会长　朱光华（女）

中国国际贸易促进委员会张家港支会

会　长　尹　洁（女，兼）

直属事业单位

中共张家港市委党校

（挂张家港市行政学校牌子）
校　长　沈国芳（兼）
常务副校长　王连生（2月免）
马狄武（2月任）
副校长　魏　欣　周国新
朱爽秋（4月免）
周小军（4月任）
余　涛
雷　莹（女）

市委党校校务委员会

委　员　王连生（2月免）
马狄武（2月任）
魏　欣
周国新
朱爽秋（4月免）
周小军（4月任）
余　涛
雷　莹（女）

市委党史地方志办公室

主　任　陈飞健
副主任　汪丽菁（女）
陆文琰（女）

市档案馆

党组书记、馆长　黄惠珍（女，7月免）
施建彬（7月任）
副馆长、党组成员　孙　静（女）
王俊峰（11月免）
秦晓芬（女，2月免）
孙晓霞（女，7月任）
徐立恩（11月任）

市委接待办公室

（11月更名市合作交流服务中心）
主　任　陶　惠（2月免）
黄晓伟（2月任，11月免）
吴彦飞（11月任）
副主任　张秀兰（女）
程艳杰（女，11月免）

市融媒体中心

（11月成立）
党委书记、主任　陶　惠
党委副书记　郭晓红
党委副书记、总编辑　陈红霞

党委委员、纪委书记　张立新
党委委员、副主任　钱　萍
任黎明
曹　嵘（11月任）
李云雷（11月任）
党委委员　陈　红

张家港日报社
（8月撤销）

党组书记、社长　马狄武（2月免）
党组副书记、总编辑　郭晓红（女）
副总编辑　钱　萍（女）
陈　红（女）
庞瑞和
党组成员　张立新
钱　萍（女）
陈　红（女）
纪检组组长　张立新

市文化中心管委会办公室

主　任　谭德宝
副主任　蓬　元（11月免）

市级机关事务管理中心

党委书记、主任　黄晓伟（2月免）
詹亚军（2月任）
党委委员、副主任　毛　冀（7月免）
王云良
毛信东
张卫中
曹　忠（7月任）

张家港生态环境局

党组书记、局长　严亚明（2月免）
沙立平（2月任）
副局长　邹建忠　秦国平
黄利忠　陈　贤
张文波
党组成员　邹建忠　陈　浩
黄利忠　陈　贤
张文波
纪检组组长　陈　浩

市土地储备中心
（为市国土资源局下属事业单位）

主　任　施文军
副主任　秦洪祥　许晓明

市新市民事务中心

主　任　徐晓忠（11月免）
陆　斌（11月任）
副主任　徐　伟（女，11月免）
沈春燕
陈　强（11月任）
张功志
雷爱斌（女，瑶族）

市社会综合治理网格化联动中心
（3月成立）

主　任　李建刚
副主任　冯庆华　郁　彬
孙屹东
罗云飞（兼，8月任）

市便民服务中心

主　任　江建胜（7月免）
罗云飞（8月任）
副主任　孙屹东（5月免）
刘庆雅（女）
季　珍（女）

市国有资产管理办公室

主　任　许啸文（女，兼）
副主任　徐　旻（女）
陆桂萍（4月任）

市供销合作总社

党委书记、主任　唐雷刚（7月免）
江建胜（7月任）
党委副书记　穆　军
副主任　穆　军
陆大革
薛　平
戴国强
刘伟芳（女）
党委委员　陆大革
薛　平
戴国强
刘伟芳（女）

市检验检测中心

党组书记、主任　徐国兴
党组成员、副主任　王　刚
李　刚
季春丰

市城市建设基金管理办公室

主　任　张满兴
副主任　顾敬贤（11月免）
张海峰
陈　波
王俊峰（11月任）

沙洲职业工学院

党委书记　王亚方（兼，8月免）
杨　芳（女，8月任）
院　长　钱东东
党委副书记　钱东东
副院长　钱锦东
易顺明
纪委书记　王春林
党委委员　王春林
钱锦东
易顺明
黄中浩（11月免）
陈海英
机关党委书记　黄中浩（11月免）

张家港开放大学

党委书记、校长　朱瑞春（7月任）
党委副书记　陆盘忠
党委委员、副校长　黄黎燕（女）
李　峰
孙慧霞（女）
朱国斌（7月任）
纪委书记　陆盘忠

江苏省梁丰高级中学

党委书记、校长　谈雅琴

市属企业

市城市投资发展集团有限公司

党委书记、董事长　邵建芳
党委副书记、副董事长
孙国兵（4月任）
宋华东（4月任）
总经理　孙国兵（4月任）
副总经理　宋华东　徐东晖
季敏峰
党委委员　李　军　季敏峰
高维华
纪委书记　李　军

市金茂投资发展有限公司

党委书记、董事长　陈建兴
党委委员、副总经理　姚　辉
陆文朝
党委委员、纪委书记　丁中群（女）
总会计师　朱海鹰

市金港投资担保有限公司

董事长　陈建兴（兼）
总经理　姚　辉（兼）

市金城投资发展有限公司

董事长　蔡建林（8月免）
赵　晖（8月任）
党委书记　赵　晖
副总经理　赵　晖（8月免）
龚锦乾　宋一兵
王向军　张永华
党委副书记　龚锦乾
党委委员　蔡建林（8月免）
宋一兵　王向军
邱月花（女）
张永华
纪委书记　邱月花（女）

总会计师　刘颖虹（女）

张家港产业资本中心管委会

主　任　周　兵（兼）

副主任　陆江山

朱龙友（8月任）

宋国华（兼）

连丽丹（兼）

张家港产业资本投资有限公司

（市暨阳湖开发发展有限公司）

董事长　陆江山（8月免）

党委书记　陆江山

董事长、党委副书记　朱龙友（8月任）

副董事长　陆江山（8月任）

副总经理　茅卫忠　张利斌

纪委书记　张玉芳

市水务集团有限公司

党委书记、董事长　罗晓骏

党委委员、副总经理　卢东亮

刘　峰

党委委员、纪委书记　蔡晓峰

市酒店管理集团有限公司

（8月成立）

党委副书记　王义东

副总经理　王义东　季忠明

杨冬梅

江苏沙钢集团有限公司

党委书记　沈　彬

党委第一副书记　龚　盛

党委常务副书记　陈晓东

党委副书记　季永新

党委常委　施一新　马　毅

黄永林　杨龙胜

雷学民　王　科

纪委书记　陈晓东

工会主席　雷学民

江苏国泰国际集团股份有限公司

党委书记、董事长　张子燕

党委副书记　陈晓东　张　斌

才东升　张　健

纪委书记　张　健

江苏华昌（集团）有限公司

党委书记、董事长　胡　波

副董事长、总经理　张光耀

党委副书记　张光耀　贺小伟

副总经理　曹凌云（8月免）

谭　旋

纪委书记　陈饶忠

张家港沙洲电力有限公司

党委书记　张集英

总经理　巩家富

党委副书记　巩家富

张铨平

副总经理　鲁玉强　陈卫国

朱世春　季永华

赵　兵

纪委书记　赵　祥

纪委副书记　俞红星

江苏有线网络发展有限责任公司

张家港分公司

党委书记　陈　浩

党委委员　何伯春

钱文斌

唐　浩

纪委书记　何伯春

张家港市传媒集团有限公司

（11月成立）

董事长　陶　惠

副董事长、总经理　郭晓红

副总经理　陈　红

庞瑞和

条线管理部门、涉外单位

国家税务总局张家港市税务局

党委书记、局长　江伟男

党委委员、副局长　陈卫东　肖维贤

潘　德　唐建国

周　玲（女，11月免）

黄　越　顾志明

纪检组组长　丁利杰（7月免）

李　嵩（7月任）

中国邮政集团公司

江苏省张家港市分公司

党委书记、总经理　席林仙

副总经理、纪委书记　王　俊

副总经理　朱伟民　蒋祖明

中国电信股份有限公司张家港分公司

党委书记、总经理　杨　勇

纪委书记、副总经理　曹唯一

党委委员、副总经理　邵建锋

宋郁峰

中国移动通信集团江苏有限公司

张家港分公司

总经理　徐若海

副总经理　朱洪斌　潘江峰

中国联合网络通信有限公司

张家港市分公司

总经理　陈　华

副总经理　张军辉

周　玲（女）

市气象局

局　长　王建明

副局长　周卫兵

市盐务管理局

局　长　杨　勇

副局长　侯　军

市烟草专卖局

局　长　石冬萍（女）

副局长　邱　峰

副经理　全剑敏

苏州市住房公积金管理中心

张家港分中心

主　任　张新华

副主任　顾　斌

陈　健

中国人民银行张家港市支行

党组书记、行长　蒋　昊

党组成员、副行长　童　琳（女）

党组成员、副行长、纪检组组长

周利兴

中国工商银行股份有限公司

张家港分行

行　长　赵　霆（11月免）

顾佳伟（11月任）

副行长　邵　健（7月免）

许　雷

陈　敏（女）

郑　荣（12月任）

纪委书记　陆群一

中国农业银行股份有限公司

张家港分行

行　长　张曾博

副行长　季玉珍（女，5月免）

张　剑

黄　洁（女，5月免）

吴　伟（6月任）

盛晓颖（女）

赵宇驰（8月任）

王　健（11月任）

纪委书记　陈一意

中国农业发展银行张家港市支行

行　长　陆　林（1月免）

顾晓明（1月任）

副行长　孙晓东（1月免）

韦屹芳（女，1月免）

杨青山（5月任）

吕　婷（女，1月任）

江苏张家港农村商业银行

股份有限公司

党委书记、董事长　季　颖

党委副书记、行长　杨满平
纪委书记、监事长　顾晓菲(女)
党委委员、副行长　黄勇斌
郭卫东
孙　瑜(女)
陆亚明
沙健健

中国建设银行股份有限公司张家港分行

行　长　顾永明
副行长　屈陈洲
成　冲
胡　环(女)
陈　平

中国银行股份有限公司张家港分行

行　长　钱向军
副行长　朱义忠
刘　伟(10月免)
顾惠红
张惠娟(女，12月任)

交通银行股份有限公司张家港分行

行　长　秦晓红(女)
副行长　陈小茹(女)
李　仁
丁莉红(女)

中国邮政储蓄银行张家港市支行

行　长　刘　学
副行长　郭海斌
徐国兴

江苏银行股份有限公司张家港支行

行　长　孙　江

中信银行股份有限公司张家港支行

行　长　刘　毅(2月免)
王　涛(2月任)

中国民生银行股份有限公司张家港支行

行　长　冯如建

上海浦东发展银行股份有限公司张家港支行

行　长　秦少杰
副行长　张晓红(女)
陈　雷
沈　燕(女)

招商银行股份有限公司张家港支行

行　长　薛　栋

江苏张家港渝农商村镇银行股份有限公司

行　长　马天明

华夏银行股份有限公司张家港支行

副行长　彭开颜(女，主持工作)

苏州银行股份有限公司张家港支行

行　长　陈利红
副行长　童　炜　陶　华(女)

国网江苏省电力有限公司张家港市供电分公司(1月更名)

总经理、党委副书记　任孝峰
党委书记、副总经理　姜德宏(12月免)
纪委书记　钱建兵
副总经理　顾马荣
钱祖建
邱　峰
张国庆

中国人民财产保险股份有限公司张家港中心支公司

副总经理　林劲松(主持工作)

中国人寿保险股份有限公司张家港支公司

总经理　缪　江
副总经理　徐国强
陈　莹(女)
蔡　伟

中国太平洋财产保险股份有限公司张家港中心支公司

党委书记、负责人　许兴达(11月免)
陆亚明(11月任)
副总经理　朱　霞(女)

中国太平洋人寿保险股份有限公司张家港中心支公司

总经理　于年中
副总经理　刘建华　范苏仁
衡　彦

中国石化销售有限公司江苏苏州张家港石油分公司

经　理　周艳君

张家港海关

关　长　顾克中(1月任)
副关长　林　骏
樊惠良(1月任)
何松涛(1月任)
尹聚技(1月任)
杜国兴(1月任)
殷厚德(5月任)
王　飞
党委书记　顾克中(11月任)
党委委员　林　骏(11月任)
樊惠良(11月任)
何松涛(11月任)
尹聚技(11月任)
杜国兴(11月任)
殷厚德(11月任)
王　飞(11月任)

金港海关

(1月成立)

关　长　李晓晋
副关长　张宗琪
倪慎新
顾泳洪(12月任)
程　郁
尹　军(12月免)
党委书记　李晓晋
党委副书记　张宗琪
党委委员　倪慎新
顾泳洪(12月任)
程　郁
尹　军(12月免)

张家港保税港区海关

(1月撤销)

关　长　张宗琪
副关长　尹聚技　郭学文

张家港出入境检验检疫局

(1月撤销)

局　长　韦　锋
副局长　樊惠良
倪慎新
杜国兴
殷厚德
尹　军

长江航运公安局苏州分局

党委书记、局长　蒋　健
党委副书记、政委、纪委书记　陶建东
党委委员、副局长　何　健
党委委员、政治处主任　何　健

张家港海事局

党委书记、局长　宋儒卿
党委副书记、政委、纪委书记　王燕辰
党委委员、副局长　陈华文(4月任)
丁　波(4月免)
苏　健
许云刚(6月任)

张家港引航站

站　长　葛剑平
党支部书记　范冬青
副站长　卜荣江　高志华

张家港出入境边防检查站

站　长　张　群(8月任)
政　委　蔡慧江
副站长　吴旭光
王锡华(8月任)

【编辑　宋佳辰】

索引

Index

海力码头　　（沙钢集团　提供）

条目索引

表格索引

随文图片索引

张家港年鉴（2020）

说　明

一、索引采用主题分析法编制，大部分选用关键词。

二、索引设有条目索引、表格索引、随文图片索引三个分目，按标引词首字的汉语拼音音序排列，首字相同按第二字音序排列，以此类推。

三、由类目、分目提取的索引用黑体字标明。标引词后的阿拉伯数字表示内容所在的页码，数字后面的a、b、c分别表示从左至右第一、二、三栏。标引词后第二个页码起，表示该索引参见内容所在位置。

四、为便于读者检索，张家港市的企事业单位以及在张家港市发生的事件名称，除易产生歧义者外，省略"张家港市"或"张家港"。

条目索引

E

F

G

H

J

M

N

O

P

Z

表格索引

B

T

W

X

Y

Z

随文图片索引

A

B

C

D

E

F

G

H

J

【编辑　陆文琰】

主审人员名单

（按姓氏笔画排序）

丁中群	卜荣江	万仁松	马正阳	王世芳	王金武	王建明
王留声	牛建平	毛信东	卞振磊	冯如建	匡雄华	吕 婷
朱 伟	朱亚玲	朱光华	朱志斌	朱洪春	任宪锋	全剑敏
刘玉梅	刘会荪	刘恒然	许晓云	许海萍	孙 江	孙 杰
孙晓霞	孙浩龙	严 佳	严景阳	苏东升	杜思梅	李 刚
李 峰	李 新	李云雷	李如成	李鹤宇	吴 开	吴 伟
吴 昊	吴彦刚	邱月花	何兴娟	汪丽菁	沙美秀	沈 斌
宋华东	宋国华	张功志	张永全	张君华	张惠锋	陆正明
陆益锋	陈 兰	陈 昕	陈 健	陈 锋	陈小茹	陈仁昌
陈华文	陈建刚	陈饶忠	陈晓锋	陈 浩	陈海英	陈 霞
邵红星	林 源	季 珍	金 华	郑大勇	郑 晔	屈陈洲
赵胜宏	侯蔚枫	俞 萍	俞鞠敏	姜 嵘	姚红梅	秦少杰
袁寨平	顾 青	顾 博	顾惠红	钱根祥	钱淑贞	徐 伟
徐 德	徐平观	徐道娟	徐 德	徐德华	高 明	高卫平
高 翔	郭海斌	展亚东	陶静华	黄 越	黄新波	黄耀平
曹丽华	龚向东	彭开颜	葛敏亚	蒋 健	韩广强	童 琳
蓬 元	雷学民	蔡克荣	蔡慧江	谭德宝	潘晓忠	薛 栋
戴 晔	魏 欣					

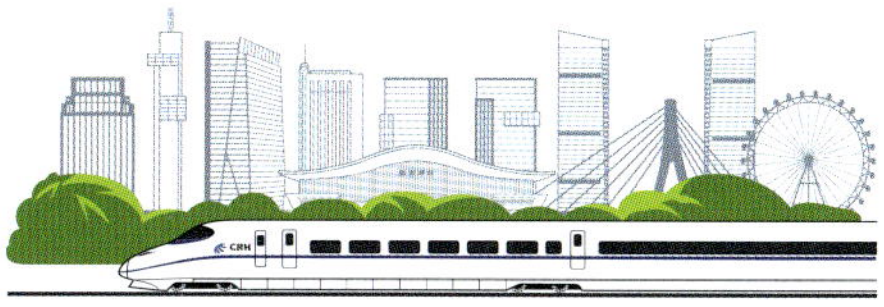

张家港经济技术开发区（杨舍镇）

张家港经济技术开发区（杨舍镇）位于张家港市域西南部，是市委、市政府所在地。总面积 153.09平方千米，其中城区面积34平方千米，耕地面积3396.5公顷。年末，辖城郊5个办事处、城区4个街道办事处、23个行政村、51个社区。有户籍 97026户，户籍人口284537人，另有外来暂住人口269816人。区（镇）确立"张家港精神最足、改革创新最活、经济质态最优、动能转换最快、城乡统筹最强、文明程度最高、群众获得最多、干部面貌最佳"八大愿景，初步形成以智能制造与再制造、绿色能源、半导体芯片为核心，以国际商贸、服务外包、软件动漫、总部经济等现代服务业为特色的现代产业体系，全年实现地区生产总值752.15亿元，比上年增6.5%。一、二、三产业增加值分别为4.35亿元、243.85亿元和503.95亿元。完成全口径财政收入113.89亿元，其中公共财政预算收入54.71亿元，比上年增4.7%。入库税收 111.28亿元。完成全社会固定资产投入163.97亿元，其中工业投资35.04亿元、服务业投资128.93亿元。张家港经济技术开发区列国家级经济技术开发区综合发展水平考核评价结果第32位，比上年进位38位次。杨舍镇蝉联"江苏省文明镇"称号。9月11日，《中国乡镇综合竞争力报告2018》显示，杨舍镇上榜2018中国乡镇综合竞争力排名第三位；10月8日，2019年中国中小城市高质量发展指数研究成果发布，杨舍镇名列2019年度全国综合实力千强镇第三名。杨舍镇百家桥村获评苏州市康居特色村。

1 江苏省委书记娄勤俭，江苏省委副书记、省长吴政隆，贵州省委书记孙志刚，贵州省委副书记、省长谌贻琴到善港农村干部学院专题考察创业致富带头人培育工作

2 10月21日，市委副书记、市长潘国强到经开区（杨舍镇）走访调研（阳光扶贫）

3 江苏省党支部书记学院农村分院（苏州）揭牌仪式暨"书记讲给书记听"首期示范班在善港村举行

4 "张家港精神再弘扬，'八个最'愿景再奋进"会议

5 中共杨舍镇第十三届代表大会第四次会议

6 杨舍镇第十八届人民代表大会第四次会议

张家港经济技术开发区（杨舍镇）

1 一镇两区领导赴组织力提升实训基地学习

2 经开区（杨舍镇）“学习典型”专题党课

3 经开区（杨舍镇）政务服务中心奠基仪式

4 “不忘初心、牢记使命”主题教育动员大会

5 经开区（杨舍镇）统战工作站互看互学活动

6 经开区（杨舍镇）“暨阳清风文化馆”开馆

7

8

9

10

11

12

7 光束汽车项目启动仪式

8 加特可（苏州）自动变速箱有限公司开业典礼

9 采埃孚（张家港）汽车底盘零部件工厂奠基庆典

10 天合汽车安全技术（张家港）有限公司转向工厂开业庆典

11 张家港经济技术开发区与上海电气输配电集团战略合作协议暨变压器项目合作框架协议签约仪式

12 张家港万豪酒店开业

张家港经济技术开发区（杨舍镇）

1 庆祝新中国成立 70 周年大型群众广场音诗舞表演《旗帜飞扬》
2 庆祝中国共产党成立 98 周年大会暨“初心广场”启用仪式
3 一镇两区“同升国旗、同唱国歌”活动
4 庆祝第 35 个教师节暨“杨舍教育榜样标兵”表彰大会
5 经开区（杨舍镇）2019 年度身边好人礼遇活动
6 “幸福网格乐翻天”舞蹈大赛
7 第三届职工文化体育艺术节闭幕式暨杨舍职工跑团成立仪式
8 中国桌式足球青少年国家队赴西班牙穆尔西亚参加 2019 年桌式足球“世界杯”比赛
9 张家港市首个开放式党建文化广场
10 经开区新貌

6

7

中国桌式足球青少年国家队
China Table Soccer National Youth Team
2019.6.30~7.9
征战2019西班牙桌式足球世界杯
8

初心广场
9

10

张家港保税区（金港镇）

1

2

3

4

2019年，保税区（金港镇）深入贯彻落实党的十九大精神，突出高质量发展的鲜明导向，全力做好改革发展稳定各项工作，经济社会保持稳中向好的发展态势。地区生产总值694.88亿元，公共财政预算收入54.39亿元，进出口总额153.25亿美元。保税区在全省开发区科学发展综合考核中位列第9名。金港镇跻身全国千强镇第4名，获评江苏省文明镇。

一是抓牢一批引领发展的关键举措。以“招商突破年”为工作主线，围绕中车、陶氏、杜邦等一批重大项目和重大事项，成立11个工作专班，实施“一对一”跟踪服务。设立上海招商联络处，靠前承接上海的“溢出效应”。总投资270亿元的32个优质项目成功签约。总投资156亿元梵创智能光学与视频产业基地、东恒鑫等16个项目顺利开工。总投资30亿元的华奇化工、芬美意、奥斯佳等8个重大项目竣工投产。密尔克卫化工供应链一体化基地建成投运。总投资5000万美元的嘉里物流项目正式签约。科创园二期、泛半导体产业园、上海工研院张家港磁传感器创新中心、PPG应用创新中心等研发平台开工建设，科创园获评“江苏省留学回国人员创新创业示范基地”。新增省“双创计划”人才4人、苏州“姑苏计划”人才8人、市领军人才20人，新增省高新技术企业26家。灿勤科技获评全市唯一省重大科技成果转化项目，跻身国家级科技小巨人企业。

二是取得一批蓄势增能的改革成果。启动建设供应链科创中心，在国内试点单位中率先上线供应链公共服务平台，供应链公共服务平台、电子口岸智慧物流供应链平台入围苏州市供应链体系建设试点名单。整合区镇执法资源，挂牌成立综合执法局，在“一枚印章管审批”的基础上加快实现“一支队伍管执法”。实体化运作区镇“治违、治污、治隐患领导小组办公室”，完成“三优三保”拆旧复垦58.67公顷，回购产业用地38公顷，实施“腾笼换凤”地块3宗、11.2公顷。

三是办成一批造福群众的民生实事。总投资6.6亿元的7个大类30项民生实事工程有序推进，累计实施“民生微实事”项目53个。金港文化中心完成主体工程。镇山大桥建成通车。深化上海第十人民医院、金港人民医院和社区卫生服务中心医联体建设。南沙香里乡亲生活馆建成全省首个家庭健康服务中心。马桥社区建成全市首个智能化家庭医生工作室。护漕港中学体育馆、新塍幼儿园建成投用。完成安置房分房4500余套、办证2500余套。全面启动张家港湾生态工程建设。高峰宕口、浩波化学、三节桥港等43件上级督察重点交办件完成整改。拆除各类违章建筑超40万平方米。长江村、柏林村、山北村塍丰社区获评江苏省文明村（社区）。

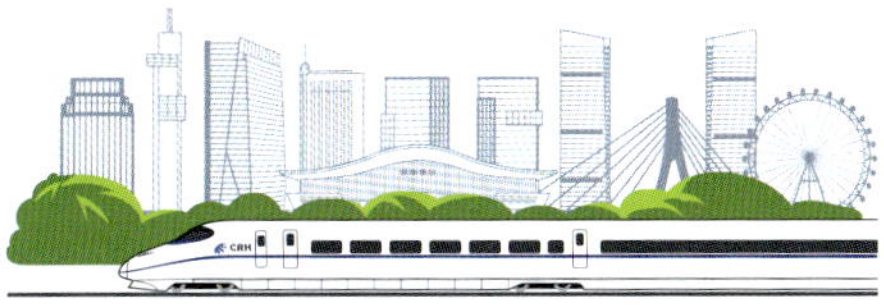

1 2月13日，一季度项目集中签约仪式举行

2 3月15日，芬美意香料张家港工厂开业

3 6月10日，瓦克化学张家港硅橡胶工厂扩建开业

4 6月21日，陶氏张家港生产基地有机硅树脂工厂扩建项目奠基

5 7月18日，苏州中车氢能动力技术有限公司成立大会举行

6 8月27日，易高环保新型碳材料项目签约仪式举行

7 8月28日，江苏开米科思化学有限公司新型环保制冷材料生产项目奠基仪式

8 11月1日，东恒鑫高端定制汽车产业园项目开工仪式举行

9 12月18日，中集圣达因LNG低温装备基地项目开工

10 3月3日，香山山地短程马拉松挑战赛举行

11 张家港湾

江苏扬子江国际冶金工业园（锦丰镇）

1

2

3

江苏扬子江国际冶金工业园是2003年1月由江苏省人民政府批准设立的国内首家省级特色工业园区，规划控制面积36.8平方千米。锦丰镇地处美丽富饶的长江三角洲，2003年由原锦丰、三兴、合兴三镇及原东莱镇3个村合并组建而成。全镇面积114.32平方千米，辖2个办事处、23个行政村、11个社区居委会，总人口18万人，其中户籍人口11.48万人。锦丰镇蝉联第四届、第五届“全国文明镇”。2005年8月，冶金园与锦丰镇实施一体化管理。2009年3月，行政管理体制调整，冶金园党工委、管委会对园、镇实行统一领导和管理。2013年10月，经苏州市编委批准，冶金园、锦丰镇实行“区政合一”管理体制，冶金园党工委、管委会与锦丰镇党委、政府“两块牌子一套班子”，实行“六个统一”，即统一规划建设、经济发展、审批权限、财政结算、组织人事、公共事务。

近年来，冶金园依托沙钢、浦项等核心企业，进一步整合资源综合优势，以优化经济结构为主线，以改革创新为动力，突出转型升级、突出优势培育，聚力创新突破、聚焦民富民享，经济社会持续、稳定、健康发展。区域现有各类企业1400余家，其中有沙钢集团、韩国浦项等世界500强企业5家，形成冶金、新型建材、机械装备、五金医疗等四大产业板块，建有江苏冶金技术研究院、高端产业集聚区、沙洲大厦等八大产业载体。总投资300亿元的集现货和期货交易、剪切加工、运输配送、进出口保税、电子商务及金融担保质押为一体的玖隆物流园，被列入国家级示范物流园区、省级重点物流基地。至2019年年末，冶金园已形成炼铁3325万吨、炼钢4110万吨、轧材4052万吨、不锈钢60万吨、电解铜10万吨的年生产能力。2019年，实现规模以上工业总产值1554.1亿元，公共财政预算收入48.5亿元，入库税金92.3亿元，全社会固定资产投资78亿元，进出口贸易总额50.47亿美元。

4

5

6

7

8

9

1 冶金工业园2019年一季度项目集中开竣工活动

2 冶金工业园·沙钢集团深度融合"618"共建成果分享暨2019年度共建项目发布会

3 江苏世纪星汽车城张家港二手车交易市场奠基仪式

4 冶金工业园上海招商项目签约暨上海大学张家港产业中心启动仪式

5 园（镇）"城乡一体化标杆"项目集中开工仪式

6 市委副书记、市长潘国强到园（镇）调研经济社会发展情况

7 市委书记沈国芳调研园（镇）经济社会发展情况

8 江苏省委书记、省人大常委会主任娄勤俭到沙钢考察调研

9 民政部政策研究中心主任王杰秀一行到园（镇）调研民政创新工作开展情况

10 市人大常委会主任徐仲高一行到园（镇）调研经济社会发展、民生实事、生态文明建设、人大等方面工作

10

江苏扬子江国际冶金工业园（锦丰镇）

1 中共锦丰镇第十一次代表大会第四次会议

2 锦丰镇第二十届人民代表大会第四次会议

3 园（镇）聚焦聚力“三标杆一率先”、实施“三超两进一争”行动大会

4 “爱敬诚善·微影港城”——张家港市首届社会主义核心价值观微视频大赛颁奖仪式暨园（镇）机关学习强国知识竞赛

5 张家港市纪委“明法纪·守初心·担使命”百题万人答活动颁奖暨冶金工业园“清风颂”文艺演出

6 “哦哩沙朗宁”冶金工业园（锦丰镇）第三届故事才艺秀总决赛

7 市新时代好少年（美德少年）现场交流活动暨冶金工业园（锦丰镇）首届“沙洲好少年”颁奖典礼

8 园（镇）庆祝中华人民共和国成立70周年——歌舞说唱剧《锦绣岁月丰如歌》展演

9 2019年园（镇）“一村一品”群众文化展示活动

10 市道德模范与身边好人交流活动暨冶金工业园（锦丰镇）第四届道德模范颁奖典礼

"哦哩沙朗宁"
冶金工业园（ 丰镇）第三届故事才艺秀总

张家港市新时代好少年(美德少年)现场交流活动
暨冶金工业园(锦丰镇)首届"沙洲好少年"颁奖典礼

张家港市道德模范与身边好人交流会
暨冶金工业园（锦丰镇）第四届道德模范
颁奖典礼

江苏扬子江国际冶金工业园（锦丰镇）

1 11月30日，公羊寿文史研讨会召开

2 10月1日，2019年江苏省第五届小学生乒乓球锦标赛（总决赛）开赛

3 12月1日，“奔跑江苏·2019张家港沙洲新城四分马”暨美丽金沙洲短程马拉松赛开赛

4 光明村美丽村庄

5 沪苏通长江公铁大桥

十一圩港村

十一圩港村于2019年12月成立，位于市域东北部锦丰三兴镇区内，由原务本、厚生、久生、永圩和钱叶五村合并而成。村东起接壤三兴耕余村，南临五棵松路，西靠二干河，北至长江，沿江公路穿越其境内。村域土地肥沃，河港贯通，宜耕宜渔，属典型的江南水乡。全村总面积约6.65平方千米，62个村民小组，常住村民3060余户8800余人，流动人口1800余人。村党总支下设17个党支部，党员350余人。

近年，十一圩港村经济、社会保持了持续、快速、全面发展的态势。辖区内共有企业65家，标准型厂房2.2万平方米。2019年，村通过投资五棵松路创业园、悦来门面房等多种途径，可用财力增长至880余万元。

村部设有“一站式”服务大厅、网格化联动工作站、厚生邻里坊、妇女儿童之家等基础阵地，组建了“小区大爱”志愿服务队、“红马甲”家园守卫队、“邻里和”调解队、元宵锣鼓传承队、映山红文体队等多支服务队伍。2020年，十一圩港村将进一步优化发展思路、及时工作部署，坚定走“生态立村、绿色发展”的道路，重点抓好环境保护、发展特色农业、改善民生福祉、促进新村融合等工作，提升村容村貌，加快经济发展，增强村民群众对新村的归属感、责任感，激发荣誉感、使命感，全力推动全村各项事业又快又好发展。

1 十一圩港村揭牌仪式
2 市人大常委会调研十一圩港村人大代表联络站
3 送春联活动
4 十一圩港村春节活动
5 十一圩港村老年人手工课

张家港高新技术产业开发区

1

2

3

4

张家港高新区由“一城四园”组成。“一城”沙洲湖科教新城为核心区，位于主城区北部，东至二干河、杨锦公路，西至杨新公路、朝东圩港，南至张杨公路，北至晨丰公路、兴南路，面积23.1平方千米，是全市的创新策源地。“四园”指凤凰镇韩国工业园、塘桥镇新能源产业园、大新镇先进激光（装备）产业园、南丰镇东南工业园四个专业特色科技园区。2019年，全区实现地区生产总值400亿元，获批江苏省大众创业万众创新示范基地，位列江苏省级高新区第8名。

主导产业势头强劲。半导体方面，引进宏诚创新、苏州芯声微等应用端项目,加入“台积电晶圆制造联盟”，完成国家火炬新型特色半导体产业基地申报。氢能方面，建成苏州市氢能产业创新中心膜电极、双极板研发与小试平台，开建全省首座二级商业加氢站。智能装备和再制造方面，完成国家再制造产业示范基地循环化改造终期验收审计，建成智能工业一站式服务平台。新经济方面，引进鳌胜生物, 投运九次方数字沙洲、国药润华等大数据项目。

创新发展成效显著。设立中科院EDA张家港分中心，投运中科院苏州纳米所张家港研究院、市集成电路产业促进中心，搭建独联体国际创新中心平台，启动省生产力促进中心张家港高新区集成创新服务中心建设，沙洲湖科创园获评江苏省优秀科技企业孵化器。累计获评高新技术企业212家、瞪羚企业10家、潜在独角兽企业1家。年内核心区新增省双创人才2人、姑苏人才3人、市领军人才15人。

产城融合实质突破。全面启动张家港智慧科学城建设，开建80万平方米中国金茂国际社区、20万平方米览秀城商业综合体，完成总投资32亿元的南横套PPP项目社会资本采购，建成总规模1000套的福前人才公寓二期，签约引进英国莱爵公学，开办全市首家K15国际学校。

党的建设全面提升。深入开展“不忘初心、牢记使命”主题教育，延伸党建阵地，建设沙洲湖党建主题公园，打造高新区“XIN悦站”，在全市率先推动科技人才党建创新。科学选配15名中层干部，大力培养90后年轻干部，举办两期浙江大学创新发展专题培训班，推荐业务干部到上级条线、招商机构跟班锻炼，有力提升干部队伍能力水平。

1 2月2日，省政协原常委、苏州市人大常委会原副主任、张家港市委原书记秦振华调研高新区

2 5月16日，市委书记沈国芳调研高新区

3 1月5日，市委副书记、市长潘国强调研高新区

4 5月24日，高新区获批江苏省大众创业万众创新示范基地

5 10月30日，张家港智慧科学城集中开工

6 6月29日，中科院EDA张家港分中心揭牌

7 9月20日，张家港高新区产城融合PPP项目签约

8 8月2日，张家港莱爵学校项目签约

张家港高新技术产业开发区

1

2

3

4

5

6

7

8

1 6月29日，张家港市集成电路与产业发展大会召开
2 9月19日，嘉化氢能港城加氢站奠基
3 9月6日，副市长陆崇珉出席2019第八届中国创新创业大赛·国际第三代半导体专业赛（长三角赛区）张家港大赛开幕式并致辞
4 7月4日，高新区与韩国投资伙伴基金投资合作协议签约
5 11月1日，纳米研究院和集成电路产业促进中心揭牌
6 1月17日，铁歌科技（张家港）有限公司投产运行
7 12月20日，清控科创（张家港）基地揭牌
8 10月24日，奋力“三赶超”，实现“八个最”誓师大会召开
9 5月27日，“一镇两区”创新发展专题培训班举办
10 5月18日，金茂杯环沙洲湖竞速跑开跑
11 9月27日，经开区、高新区、杨舍镇举行“壮丽70年，奋斗新时代”大型群众广场音诗舞表演活动

9

10

11

塘桥镇

塘桥镇位于市域东南部，与常熟市海虞镇交界，设有张家港高铁枢纽站。总面积94.26平方千米，耕地面积4011公顷。辖2个办事处、14个行政村、7个社区（其中2个为“村居合一”社区，分别为周巷、青龙）年内，2019年，塘桥镇全面开启高铁新城“三年成型、五年成城”建设步伐，完成地区生产总值160.89亿元，一、二、三产业增加值分别为3.06亿元、85.06亿元、72.77亿元。按户籍人口计算，人均生产总值20.69万元。完成全口径财政收入13.13亿元，其中公共财政收入8.09亿元，全口径入库税金8.1亿元。完成全社会固定资产投资28.37亿元。苏高新节能环保创新园一期一标段全部投用，落地项目39项，兰生新能源装备产业园开工建设。绿地AI城际空间站、江苏国泰创新中心、中铁置业世博城、德尔巢代家居设计小镇等11个重大项目签约，规划总投资超300亿元。塘桥镇列2019年全国综合实力千强镇第91位，获2016—2018年度江苏省文明镇称号，通过江苏省第二批行政体制改革工作验收。在苏州市2019年度综合考核工作，塘桥镇获“2019年度推进高质量发展进步地区”称号。

1 早稻收割
2 大闸蟹开捕
3 全省农机现场会在塘桥镇举行
4 康力骨科生产线
5 鹿港毛纺生产车间
6 SUNDIA 亚太总部暨新药中试基地签约
7 生技医疗产业发展交流会暨生命科学园区项目推进会
8 中国环境科学学会创新驱动助力工程华东地区服务站张家港工作站揭牌
9 银河电子机器人焊接
10 苏高新创新园

SUNDIA | 高铁新城
SUNDIA亚太总部
暨新药中试基地项目投资意向签约仪式
6

2019张家港生技医疗产业发展交流会
暨生命科学园区项目推进会
7

中国环境科学学会创新驱动助力工程
华东地区服务站张家港工作站
8

9

A区
10

塘桥镇

1 "不忘初心、牢记使命"主题教育动员大会
2 "三治"工作现场推进会
3 "双清"工作誓师动员大会
4 "新城梦青春行"青年干部演讲比赛
5 百米长卷绘祖国
6 全国污泥处理、处置与资源化利用交流研讨会
7 青龙小学民族月活动
8 塘桥镇党群服务中心建成启用，图为内景
9 巨桥村党群服务中心

5

6

7

8

9

HUAWEI
2019
华为手机杯 中国围棋甲级联赛
江苏队 VS 浙江云林棋禅队
张家港金塘桥专场

①

高铁新塘桥 德润方圆间
张家港市塘桥镇第十三届围棋文化节系列活动之
"小棋王"少儿围棋争霸赛

②

高铁新塘桥 德润方圆间
张家港市塘桥镇第十三届围棋文化节
暨2019华为手机杯中国围棋甲级联赛金塘桥专场开幕式
主办单位：张家港市高铁新城管委会 张家港市塘桥镇人民政府
承办单位：塘桥镇宣传文明网信条线 塘桥镇文化体育旅游条线
协办单位：塘桥中心小学 塘桥中心幼儿园 张家港市棋类协会
二〇一九年八月

③

袁叔平摄影精品集
首发仪式

④

献礼新中国成立70周年
中国梦·劳动美
塘桥镇第六届职业技能大赛开幕式

⑤

6

7

8

9

1 全国围棋甲级联赛金塘桥专场
2 “小棋王”少儿围棋争霸赛
3 塘桥镇第十三届围棋文化节开幕式
4 袁毅平摄影精品集首发仪式
5 塘桥镇第六届职业技能大赛开幕式
6 塘桥镇 2019 年“爱满港城”慈善大会

7 “感动塘桥十佳身边好人”颁奖典礼
8 塘桥镇侨界联合会成立
9 塘桥残联朝阳非洲鼓队在苏州市第六届社区型残疾人文体活动兴趣团队展评会表演
10 塘桥镇红十字会第二次代表大会
11 公益文艺巡演

10

11

乐余镇

乐余镇位于市域东北部，有全市唯一保存完好的民国老街。总面积78.58平方千米，沿江岸线17.84千米，耕地3934公顷。辖1个办事处，19个行政村，6个社区。有户籍25137户，户籍人口74400人，另有外来暂住人口21183人。2019年完成地区生产总值51.01亿元。比上年增5.1%。完成公共财政收入4.46亿元，与上年基本持平。全社会固定资产投资6.24亿元，比上年增16.4%。全年实施重点项目13项，其中超1亿元项目6项。新城万斯达、致邦新能源、双盈纺织等5个重点项目竣工投产。新增省高新技术企业19家，净增有效发明专利62件，有研发活动企业60家，投入研发费用1.39亿元。新增智能车间诊断项目8项,其中海狮机械获评“国家级专精特新小巨人企业”称号，入选工信部绿色制造名单。置信智能制造产业园、中昊港创VOC科技创新产业园落户，乐创空间正式投用。“三优三保”工作大范围启动，沿江1千米钢渣清理全面完成，市首家建筑装潢垃圾利用中心投用。乐余镇被评为2016—2018年度江苏省文明镇、江苏省节水型单位、2019年度苏州市全民阅读先进单位。

1 9月6日，江苏省自然资源厅副厅长王国臣一行至乐余镇调研
2 11月12日，苏州市委常委、宣传部部长金洁一行至乐余镇调研新时代文明实践所（站）建设工作
3 3月6日，市委书记沈国芳一行参观红色新沙洲党史展览馆
4 12月16日，市人大常委会主任徐仲高一行走访调研创客中心
5 11月13日，市政协主席黄雪元一行至乐余镇开展走访

6 12月9日，人居环境整治攻坚推进大会召开，市委副书记王亚方一行参观永利村美丽乡村初心路线

7 6月4日，苏州市乡村振兴档案工作推进会在乐余镇召开

8 11月15日，新时代文明实践网格化联动中心、志愿服务指导中心启用

9 3月1日，“张家港精神”再弘扬暨思想作风建设大会召开

10 8月22日，乐余镇二级干部会议召开，“新老书记”交接

11 1月15日，乐余镇新时代文明实践所揭牌

12 9月16日，“不忘初心、牢记使命”主题教育动员大会召开

乐余镇

张家港市乐余置信智造谷项目签约仪式

景能科技有限公司

"5G赋能 共建智慧净谷小镇”战略合作签约仪式

2019年度 乐余镇 常阴沙 "七洲杯"特种设备
（叉车）技能竞赛暨安全应急演练观摩

江苏海狮机械建厂五十周年庆祝典礼
50th Anniversary Celebration
乐创空间

张家港市乐余镇2019年"春风行动"招聘洽谈会

张家港市"三优三保"工作现场推进会

1 1月3日，置信智造谷项目签约
2 11月2日，景能科技风力发电项目签约
3 9月18日，“5G赋能、共建智慧净谷小镇”战略合作项目签约
4 8月，“清凉一夏，幸福安康”职工防暑降温慰问开展
5 10月23日，2019年乐余镇、常阴沙“七洲杯”叉车操作技能大赛
6 11月28日，乐余镇“乐创空间”揭牌
7 2月23日，“春风行动”招聘会举办
8 4月12日，张家港市“三优三保”工作现场推进会在乐余镇召开
9 7月29日，大范围“三优三保”工作推进会暨“三优三保”行动党支部授牌仪式举行
10 10月24日，贯彻落实“三标杆一率先”誓师大会精神专题会议召开
11 11月1日，扫黑除恶专项斗争推进会召开
12 4月30日，乐余镇社会综合治理网格化联动分中心、乐余镇综合行政执法局（筹）揭牌
13 12月27日，中共乐余镇第十一次党员代表大会第五次会议召开
14 9月10日，庆祝第35个教师节座谈会举办

乐余镇

1

2

3

4

5

6

7

8

9

10

11

1 4月4日，长江环境大整治环保大提升“百日攻坚”行动暨安全生产工作部署会召开

2 4月2日，乐余高中师生到香山革命烈士陵园祭扫

3 3月12日，“春风十里，绿意港城”暨《中国植树节》纪念邮票首发

4 5月28日，“传红色基因，共话新时代，放飞青春梦”庆“六一”慰问活动开展

5 7月31日，迎“八一”优秀退役军人事迹宣讲会召开

6 6月12日，市退役军人事务局局长李军强、乐余镇党委书记夏立新到双桥村退役军人顾鹤群家中悬挂“光荣之家”牌匾

7 5月29日，综合养老服务中心正式启用

8 8月3日，“我们的节日·七夕”公益集体婚礼举办

9 3月24日，乐余镇举办新时代文明实践项目发布仪式暨2018年度优秀志愿者表彰大会

10 8月22日，“春雨计划”启动暨首场定向捐赠仪式举办

11 4月2日，新时代文明实践志愿服务集市开办

12 11月1日，2019年“爱满港城”慈善募捐活动举行

13 10月29日，苏州市人大代表接待选民日活动举办

12

13

乐余镇

余镇第十三届阅读节启动仪

乐余镇中小学幼儿园“读诗文,颂祖国”展演活动

張家港
詩詞大會

乐余镇“庆五一、迎五四”文艺汇演
暨首届“乐工巧匠”技能比赛启动仪式

壮丽七十年 筑梦新时代
乐余镇庆祝中华人民共和国成立70周年文艺演出

7

8

9

1 4 月 22 日，第十三届阅读节启动

2 5 月 31 日，“读诗文，颂祖国”阅读展演活动暨“书香乐余”图书捐赠仪式举办

3 9 月 12 日，“我们的节日・中秋”诗词大会召开

4 4 月 28 日，“庆五一、迎五四”文艺会演暨首届“乐工巧匠”技能比赛启动仪式举行

5 9 月 27 日，庆祝新中国成立 70 周年文艺演出活动举办

6 5 月 8 日，扫黑除恶专项斗争知识竞赛举行

7 11 月 16 日，2019 年乐余镇第二十八届全民运动会暨张家港市第八届镇级门球比赛开幕

8 12 月 28 日，乐余镇门球协会正式成立

9 4 月 27 日，“绿色田野，放飞希望”乐余镇第十三届风筝文化节举行

10 6 月 28 日，“富丽华杯”2019 年乐余镇“喝彩中国・舞动幸福”第六届广场舞大赛暨全民健身节启动

10

凤凰镇

凤凰镇位于张家港市南端，总面积78.79平方千米，耕地面积2746公顷。年末，辖15个行政村、6个社区。有户籍20389户，户籍人口66543人，另有外来暂住人口56069人。全年实现地区生产总值112.2亿元，比上年增4.5%。一、二、三产业产值分别为 3.37亿元、65.62亿元、43.21亿元，分别比上年减1.8%、增3.6%、增6.4%。完成全口径财政收入15.37亿元，其中公共财政预算收入8.96亿元，比上年增5.6%。完成入库税金14.89亿元，比上年增3.1%。完成固定资产投资23.52亿元，比上年增10.7%。其中，服务业投资15.49亿元，占固定资产投资的65.9%，比上年增10.1%；新兴产业投资6.92亿元，占固定资产投资的29.4%，比上年增3.6%。年内，凤凰镇获评省级文明镇。

1 11 月 12 日，苏州市委常委、宣传部部长金洁调研凤凰镇新时代文明实践所
2 2 月 12 日，市委书记沈国芳调研广大特钢
3 3 月 8 日，凤凰镇“治违治污治隐患”工作领导小组办公室揭牌
4 3 月 18 日，凤凰镇港口商会成立
5 4 月 8 日，凤凰镇第一批年轻干部赴贵州沿河历练学习
6 3 月 31 日，2019 年凤凰桃花节开幕
7 5 月 28 日，兰生—凤凰智造产业园开工典礼暨签约仪式
8 8 月 21 日，韩国 Hanbyeol 高中女足和江苏省（2003—2004 年龄段）女足在凤凰中学举行友谊赛
9 9 月 26 日，凤凰镇举办庆祝新中国成立 70 周年主题演讲比赛
10 10 月 19 日，王焕波山水画展在凤凰镇苏华美术馆开幕

鲜活张家港 花开满城芳
6

兰生·凤凰智造产业园
开工典礼暨签约仪式
奠基
7

8

壮丽七十载 奋进新时代
凤凰镇庆祝新中国成立70周年主题演讲比赛
9

王焕波山水
10

南丰镇

南丰镇位于张家港市东北部，东连现代农业示范园区，北接乐余镇，南邻塘桥镇，西与杨舍镇、锦丰镇毗邻。区域面积62.47平方千米。2019年年末辖1个办事处，12个行政村，5个社区居委会。有户籍21447户，人口58036人，另有外来暂住人口28827人。2019年，全镇实现地区生产总值147.06亿元。一、二、三产业增加值分别为3.69亿元、104.96亿元、38.41亿元。完成全口径财政收入28.53亿元，入库税金27.92亿元。完成全社会固定资产投资11.56亿元。全镇有企业1387家，其中工业企业722家，销售收入超1亿元的工业企业10家。28家规模以上企业全年实现工业总产值537.98亿元。在全国千强镇中的排名由上年的第150位上升至148位。中共中央政治局常委、全国人大常委会委员长栗战书到永钢集团视察水污染防治法实施情况，原东沙化工区作为全省长江大保护现场推进会点位，高标准接待江苏省委书记娄勤俭等与会领导的考察，典型事迹入选《江苏省推动长江经济带绿色发展典型案例汇编》。被全国爱国卫生运动委员会授予“国家卫生镇”“2019年健康江苏建设示范点”称号。获得“江苏省文明镇”“江苏省公共机构节能示范单位”“苏州市高质量发展先进地区”“2018年度苏州市平安镇”“苏州市科技镇长团先进派驻单位”“2015—2016年度法治建设先进镇”“苏州市‘四好农村路’示范镇”等荣誉。

1 9月4日，省委书记娄勤俭，省委副书记、省长吴政隆到南丰镇检查长江大保护情况

2 11月25日，苏州市委书记蓝绍敏到南丰镇调研东沙填埋场情况

3 12月19日，苏州市委常委、副市长王翔调研东沙填埋场

4 9月11日，张家港市召开长江大保护现场会

5 6月11日，市“三治”工作现场推进会在南丰镇召开

6 6月6日，南丰镇总河长工作会议召开

7 9月24日，南丰镇智能制造推进会召开

8 9月10日，张家港市庆祝新中国成立70周年音乐会暨第35个教师节表彰活动在南丰镇举办

9 6月28日，南丰镇开展纪念建党98周年主题活动

10 10月18日，全国气功大赛张家港站活动在南丰镇开展

11 5月31日，南丰镇党建微型马拉松大赛举行

4

张家港市"三治"工作现场推进会
5

6

7

"我们的节日·中秋"
张家港市庆祝新中国成立70周年音乐会
暨南丰镇第35个教师节表彰活动
主办单位：市委宣传部 市文明办 市教育局 市文体广电和旅游局
8

9

10

11

大新镇

1

2

3

4

大新镇位于张家港市西北部，与如皋市隔江相望，港城大道、杨新公路纵贯南北，港丰公路、沿江公路横穿东西，国泰北路将张家港市区与大新镇紧密相连；省级清水廊道朝东圩港贯通全镇，水陆交通十分便捷。全镇总面积40.48平方千米，境内有7.9千米长江岸线。下辖10个行政村、4个社区（其中“村社合一”社区1个），户籍人口38804人，外来暂住人口35819人。境内有销售超1亿元的工业企业14家，入库税收超5000万元的企业3家。2019年，全镇实现地区生产总值37.59亿元，人均生产总值9.69万元；完成全社会固定资产投资16.5亿元，入库税金5.46亿元；完成工业开票销售收入92.93亿元。年内，有2个超1亿元工业项目顺利落地，在重大项目招引上实现了新突破。高标准获评江苏省健康镇、江苏省文明镇；桥头村、朝东圩港村、新海坝村、新东社区获评江苏省文明村（社区），新芳集团获评江苏省文明单位；居民王志勇获评“中国好人”。

1 张家港高新区先进激光（装备）产业园（武汉）推介会举办

2 “礼赞新中国，追梦新时代”国庆升旗仪式

3 养老综合服务中心揭牌投入使用

4 新东社区先锋管家走访民情

5 2019 年度大新镇“百姓群星大舞台”项目启动

6 承办江苏省首届“最美河长”推选结果发布暨河长制标志征集启动与河长制热线电话开通活动

7 新南幼儿园开园

8 丰沁商贸楼竣工

9 新海坝滨江生态湿地

10 第二届沙上运动会举办

5

江苏首届"最美基层河长""最美民间河长"推选结果发布
"助推绿色发展 建设美丽长江"劳动和技能竞赛颁奖
江苏河长制标志征集启动
江苏河长制热线开通
活 动
6

7

8

9

10

常阴沙现代农业示范园区

常阴沙现代农业示范园区位于市域东南部，东临长江，与南通市隔江相望。有沿江岸线9.7千米。总面积37.45平方千米，其中耕地面积2411.52公顷。辖7个社区、1个居委会。有户籍7588户，户籍人口20195人，另有外来暂住人口1254人。全年实现地区生产总值 10.74亿元。一、二、三产业增加值分别为2.28亿元、5.61 亿元、2.86 亿元。按户籍人口计算，人均生产总值5.32万元。完成全口径财政收入1.43亿元，其中公共财政预算收入8800万元。入库税金1.55亿元。全社会完成固定资产投资1.16亿元，其中工业投资3300万元、服务业投资8217万元。园区获评2018年度全省基层党员冬训工作示范镇、2019年度苏州市农村人居环境整治工作示范镇。常兴社区获评2019年度江苏省人居环境整治综合示范典型，常北社区获评2019年度江苏省健康社区、省人居环境整治综合示范典型，常北社区长江圩健身公园获评2019年度全省最美乡村健身公园。

1 市委书记沈国芳专题调研常阴沙现代农业示范园区经济社会发展情况

2 张家港市庆祝 2019 年“中国农民丰收节”暨“丰收的礼赞”文艺会演庆祝活动在常阴沙现代农业示范园区召开

3 常阴沙新时代文明实践所

4 常阴沙“田园党建综合体红堡亮灯工程”启动仪式在常西社区田园党校实境课堂举行

5 第二届“现代农业”专场招才引智推介会

6 “深化田园党建综合体建设”项目暨党员志愿服务项目发布仪式

7 常兴社区百亩芍药竞相开放

8 稻田劳作

9 庆祝新中国成立 70 周年稻田画

10 常北社区知青怀旧大舞台

11 “文明实践·志愿同行”志愿益集基层行（常阴沙站）暨 2019 年“闲心公社杯”常阴沙田园风情短程马拉松赛在常阴沙花海举行

12 常阴沙常西社区“喜迎国庆·情满中秋”文艺会演

5

6

7

8

9

10

11

12

双山香山旅游度假区

双山香山旅游度假区规划面积23.32平方千米，分两个片区，其中双山岛片区20平方千米、香山片区3.32平方千米。双山岛位于市域西北郊，与苏州、无锡、泰州和南通四市的长江水域相连接，是长江中下游地区“生态岛”之一，环岛岸线长16.8千米，辖4个行政村、1个社区。香山片区位于保税区（金港镇）境内，东西长2.3千米，南北长1.9千米，海拔136.6米（张家港制高点），为国家AAAA级旅游景区、江苏省首家“文明旅游示范景区”。2019年，全区接待游客超100万人次，成功举办梅花节、樱花节、红叶节、2019年女子中巡张家港双山挑战赛、双山全国青少年高尔夫球比洞赛、环岛马拉松等系列品牌活动。

1 慢岛双山·生态之旅行“2019—2020 上海市民(万人)游双山”欢迎仪式
2 “同行春风里，迈向新胜利”张家港·吴江两地媒体主持人诗歌朗诵会
3 2019 年女子中巡张家港双山挑战赛
4 第 152 届“茅台股份高尔夫酒杯”邀请赛暨奥运选手·欧巡比赛冠军吴阿顺双山挑战赛
5 “忆长江，慢时光”环保生态主题之亲子彩绘活动
6 香山景区登上《人民日报》海外版
7 2019 年张家港双山香山红叶节摄影大赛
8 “喜庆七十年，慢岛漫金秋”理想村杯第三届双山环跑赛
9 2019 年“野趣鲜枫”双山岛露营大会
10 双山岛飞行营地开工仪式